学报编辑论丛

（第28集）

主编　刘志强

上海大学出版社

内容提要

本书是由华东编协组织编辑，关于中国高校学报、学术期刊理论研究与实践经验介绍的汇编，也是系列丛书《学报编辑论丛》的第 28 集。全书刊载论文 126 篇，内容包括：学报创新与发展、编辑理论与实践、编辑素质与人才培养、媒体融合与新媒体技术应用、期刊出版工作研究 5 个栏目。本书内容丰富，具有理论研究和实际应用的参考价值，可供各类期刊和图书编辑出版部门及主管部门的编辑工作者和管理人员参考。

图书在版编目(CIP)数据

学报编辑论丛.2021 / 刘志强主编. -- 上海：上海大学出版社，2021.11

ISBN 978-7-5671-4370-8

I.①学… II.①刘… III.①高校学报 - 编辑工作 - 文集 IV.①G237.5-53

中国版本图书馆 CIP 数据核字(2021)第 214051 号

责任编辑　王　婧
封面设计　柯国富
技术编辑　金　鑫

学报编辑论丛(2021)
（第 28 集）
刘志强　主编
上海大学出版社出版发行
（上海市上大路 99 号　邮政编码 200444）
(http://www.press.shu.edu.cn) 发行热线 021-66135112
出版人　戴骏豪

*

上海华业装潢印刷厂有限公司印刷　各地新华书店经销
开本 787 mm×1092 mm　1/16　印张 45　字数 1 080 000
2021 年 11 月第 1 版　2021 年 11 月第 1 次印刷
ISBN 978-7-5671-4370-8/G・3393　　定价：130.00 元

学报编辑论丛(2021)

(第28集)

主　办：华东编协（联盟）

主　编：刘志强

副主编：赵惠祥　李　锋　黄崇亚　王维朗　吴学军　徐海丽
　　　　张芳英

编　委：曹雅坤　陈　鹏　陈石平　方　岩　高建群　胡宝群
　　　　黄崇亚　黄仲一　贾泽军　李　锋　李启正　廖粤新
　　　　林国栋　刘玉姝　刘志强　鲁　敏　陆炳新　罗　杰
　　　　倪　明　寿彩丽　王培珍　王勤芳　王维朗　王晓峰
　　　　吴赣英　吴　坚　吴学军　夏道家　徐海丽　徐　敏
　　　　许玉清　闫杏丽　姚实林　叶　敏　于　杰　余　望
　　　　袁林新　张芳英　张秀峰　张业安　赵惠祥　郑美莺

编　辑：王　婧　段　佳

前 言

2021年，我国广大科技期刊工作者坚持以习近平新时代中国特色社会主义思想为指导，积极响应党和国家的号召，在新冠肺炎病毒防控和恢复经济发展这两大总体任务要求下，克服困难，努力工作，为我国科技交流与传播作出了重要贡献。与此同时，许多科技期刊工作者尤其是广大青年编辑在积极思考、研究和探索我国科技期刊的创新发展之路，其中有部分研究成果和经验总结即将刊登在《学报编辑论丛（2021）》之中。《学报编辑论丛（2021）》为学术集刊《学报编辑论丛》的第28集，共精选刊登"学报创新与发展""编辑理论与实践""编辑素质与人才培养""媒体融合与新媒体技术应用""期刊出版工作研究"等方面的论文126篇。

纵观《学报编辑论丛》自1990年第1集至2021年第28集的论文，可以发现，每一集论丛的内容都与我国当时的科技期刊发展热点息息相关，从中不仅可以看到中国高校自然科学学报30多年来的发展壮大，同时也可以感受到我国科技期刊群体由小变大、由弱变强、由封闭向开放、由国内发展向世界一流迈进的变革。目前，我国科技期刊正在积极贯彻和践行党中央《关于深化改革 培育世界一流科技期刊的意见》的精神，努力探索办刊模式的变革、出版质量的提升、传播方式的创新，而本集论丛所刊载的论文也都和这些主题紧密相关。如在"学报创新与发展"栏目中，有涉及办刊模式专业化、国际化、集群化等方面的论文；在"编辑理论与实践"栏目中，有涉及稿件管理、编校规范、三审三校等方面的论文；在"编辑素质与人才培养"栏目中，有涉及职业规划、专业素养、编辑培养等方面的论文；在"媒体融合与新媒体技术应用"栏目中，有涉及公众号建设、媒体融合、XML编排、精准推送等方面的论文；在"期刊出版工作研究"栏目中，有涉及选题策划、引证分析、出版制度改革等方面的论文。

30多年来，华东编协（联盟）坚持致力于为华东高校自然科学学报编辑乃至全国科技期刊工作者提供一个专业的、贴近一线编辑的学术研究和经验总结的学习交流平台，这就是已经连续编辑出版了28集的《学报编辑论丛》。近年来，随着我国科技期刊的快速发展和"培育一流科技期刊"的兴起，《学报编辑论丛》的影响力也在不断扩大，这不仅体现在投稿量的翻倍增长，而且也体现在作者地域的大幅扩张，从而使得每一集的论文更具实用性与代表性，也更具参考和借鉴价值。

希望本书能一如既往地得到广大科技期刊编辑、学者、专家及相关人员的喜爱与支持。

华东编协（联盟）第十届理事会理事长　赵惠祥

2021年10月8日

目　次

学报创新与发展

高校中文学报(自然科学版)在一流科技期刊建设中的使命担当……孙　静,张黄群,夏道家 (1)

新时代期刊品牌影响力提升的路径与策略……………………………………………罗开礼 (8)

生物医学 OA 期刊 20 年发展启示——以 BioMed Central 所出版期刊为例
……………………………………………………………………………邹　强,倪　明 (14)

畜牧、兽医学中文期刊动态影响力分析及其网站建设调研与启示
………………………………刘珊珊,王浩然,沈洪杰,郭建顺,沈晓峰,张学东 (20)

专业学术期刊的现实困境及突围路径…………………………………………………林丽敏 (27)

"双一流"建设中高校科技期刊的专业化转型探究……………………………………韩　超 (32)

新英格兰医学杂志品牌策略对中国高校医学期刊建设的启示……刘津津,齐　园,李　晶 (38)

国际出版行业人才职业发展的现状及启示……………………………………王丽丽,高　霏 (43)

国际视野对中国科技期刊的关注………………………………………………………杨开英 (50)

新时代我国科技期刊发展的布局与使命………………………………………黄崇亚,张海洋 (56)

科技期刊编辑借助学术会议加强宣传与约稿的策略……李　莉,周翠鸣,邓斯丽,蒋巧媛 (61)

单刊视角下科技期刊知识服务现状及提升策略…………………刘小莉,邓雯静,别雄波 (69)

我国冶金工程类期刊 DOI 使用现状调查分析…………………………………………孔艳妮 (75)

新形势下以交通为特色的高校学报发展策略——以《北京交通大学学报》为例
………………………………………………………………………顾　爽,孙中悦,范志静 (81)

高校学报国际化探索与实践…………余溢文,赵惠祥,张　弘,徐清华,陈爱萍,王东方 (85)

学术期刊创办初心的异化和成因分析浅议……………………………………………张建军 (89)

中国地学 SCI 期刊学术影响力现状分析及发展思考………………李亚敏,崔　红,张　莉 (93)

促进科技期刊发展的策略、投资、人才——稳健发展中国科技期刊提升文化实力
……………………………………………………………………………………姚银坤 (100)

9种综合性区域农业学报现状及可持续发展思考 ············· 史亚歌，郭柏寿，李小平 (107)

2014—2020年我国出版科研机构学术产出简析 ····································· 范　君 (116)

新时期社科类地方本科高校学报发展的思考 ······································· 贾忠峰 (121)

基于文献计量学的单细胞测序研究现状及其应用进展 ················· 王　迪，贾泽军 (127)

破除"唯论文"背景下学术期刊面临的挑战与应对 ································· 龚浩川 (133)

培育世界一流科技期刊的路径思考——基于定性比较分析方法 ······· 林世华，谭富强 (137)

主办专业学术品牌会议发挥期刊学术引领作用 ··············· 宋　扉，蒋　恺，杨海燕 (144)

云南省科技期刊国际化办刊探析 ················ 韩明跃，徐写秋，陆　驰，张　坤 (150)

化学科技期刊实行文章页码编码的必要性及出版流程再造

　　················· 张维维，林　松，段为杰，王燕萍，段桂花，刘　伟 (157)

山东省高校科技期刊的现状分析及发展探讨 ··············· 朱志鹍，张　晓，赵成龙 (162)

双城经济圈背景下成渝地区科技期刊发展现状与融合发展路径 ······· 周红利，冷怀明 (168)

"建设世界一流期刊"背景下地方高校学报发展策略 ····················· 季潇濛，段玉梅 (174)

新形势下高校创办英文科技期刊的思考 ··· 姜春明 (180)

构建"中国学派"视野下的高校哲学社会科学学报特色栏目建设 ·················· 蒋金坤 (183)

编辑理论与实践

回顾与前瞻：对编辑学基本理论研究的审视 ·· 姜红贵 (188)

中文科技论文的英文内容写作进阶 ·········· 何洪英，朱　琳，张曼夏，杨莉娟，朱　丹 (196)

编辑修改权如何合理运用？——上海语文教材中"外婆"与"姥姥"之争对编辑工作的启示

　　··· 祁　寒 (202)

强对流天气分析中常用量符号的规范表达 ································· 周黎明，倪东鸿 (206)

期刊编辑和审稿专家如何发现医学稿件中的统计学问题 ········ 厉建强，耿　波，周晓彬 (211)

宏命令提高期刊编校质量与效率 ··· 张钰斌 (216)

出版社重大项目建设的探索与实践——以成都地图出版社的实践为例 ··· 刘国强，魏玲玲 (223)

科技期刊中地名英语翻译问题 ··· 戚开静 (228)

医学论文英文结构式摘要中小标题的调查与分析 ············· 张儒祥，张琳琳，丁茂平 (233)

物理类论文图表常见问题实例解析 ··············· 王晓梅，陈文琳，胡长进，徐宽业 (237)

科技期刊论文篇幅和版面控制方法及相关思考和建议……………………李 庚，杜承宸（243）
中英文科技论文横线符号对比与转换……刘燕萍，赵惠祥，罗秋林，张 弘，徐清华，陈爱萍（249）
从版面看科技期刊插图的处理——以《钢管》为例………………………………孔艳妮（254）
常见的标点符号误用和不当使用………………………………………………肖 静（260）
药学类科技期刊应重视药品名称的规范书写……………………………………阳凌燕（268）
科技论文英语摘要写作策略………………………………………………………潘斌凤（273）
江苏省科技期刊编校质量审读差错分析………………………张 彤，胥橙庭，夏道家（280）
学术期刊编辑应注意的论文保密审查问题……………冯 景，蒋 恺，宋 扉，杨海燕（287）
科技期刊坚持"三审制"应重点把控"六关"………刘 勇，姚树峰，陈 斐，徐 敏，杜 娟（292）
全要素标注学术论文的基金项目信息…………………………鲁翠涛，张 和，张海燕（297）

编辑素质与人才培养

高校学术期刊学者型编辑培养的实践——以《成都体育学院学报》编辑部为例
　　………………………………………………………李 新，荆 敏，马杰华，王宏江（302）
基于CDIO工程教育理念的学术期刊编辑人才培养………………………………李丽妍（307）
学术编辑在建设科技期刊优秀审稿专家团队中的作用——以《实用医学杂志》为例
　　…………………………………………………………………………………黄月薪（311）
加强审稿专家队伍建设 提升高校科技期刊审稿质量………………………………刘凤祥（316）
巧借"学习强国"学习平台提升青年编辑素养………廖光勇，管兴华，李梓番，常安妮（321）
英文科技期刊新编辑的三期和"三心"……………………………………………梁芬芬（325）
后疫情时代传统出版编辑提升职业素养的反思………………………孙慧明，于成君（329）
基于情境分析的科技期刊青年编辑社交沟通的内容与能力培养………………彭京亚（332）
充分发挥编辑作用 促进编辑全面发展——以《数学进展》编辑部为例…………杨凤霞（336）
责任编辑在终校环节中提高科技期刊编校质量的方法…………………………张 晶（340）
"三强三高"文化强省视域下江苏期刊人才队伍建设策略研究……………………梁赛平（345）
科技期刊复合型编辑的时间管理措施与重要性………………………杨亚红，余党会（350）
军校学报编辑的初审职责探析……………………………………………………刘瑜君（354）
基于科技论文写作发挥"学报育人"的5个维度……………………………………陈春平（357）

完善我国出版专业技术人员网络继续教育的思考……………………………………赵　青，沈　秀 (362)
综合性医学科技期刊编辑培养核心素养的思考………………………………………………陆　祎 (368)
编辑素养提升："被动"编辑转型主动出版人——以《成都体育学院学报》编辑部为例
　　……………………………………………………………………………………马杰华，罗　勇 (372)
浅析新时代青年编辑如何践行"四力"…………………………………………………………丁　寒 (376)

媒体融合与新媒体技术应用

科技期刊 PowerPoint 软件短视频制作方法及实践
　　…………………………………………………魏建晶，李亚敏，崔　红，刘素贞，张　莉 (380)
使好学术搜索引擎"双刃剑" 提升学术期刊可见度………………………………………张　蓓 (385)
媒体融合创新发展模式探索——以《南水北调与水利科技(中英文)》期刊为例
　　……………………………………………………………………马　静，许　丹，郭丹丹 (392)
国际社交媒体平台对提升科技期刊国际影响力的研究…………张丽英，董仕安，张亚非 (400)
基于中国知网合作的数字化环境下高校学报增值模式
　　…………………………………………………………唐志荣，康　锋，陈丽琼，张会巍 (404)
高校学报微信推送内容的版权问题刍议………………………贾丽红，朱　倩，薄小玲 (408)
科技期刊公众号优秀学术传播栏目的推文调查与分析…蒋　霞，孙启艳，黄　伟，孙　伟 (417)
服务型期刊出版平台的功能需求调查和建设思路……………………………………黄　伟 (423)
方正学术出版云服务平台在科技期刊中的应用实践——以《核技术》为例………霍　宏 (430)
媒体融合时代科技期刊数字化运营模式探索……………………………………………李春红 (435)
新媒体视域下期刊编辑工作方式的转变与创新…………………贺　斌，冯　娟，秦福强 (439)
大数据背景下学术期刊融合发展路径选择……………………………………………………于　红 (445)
学术期刊数字化出版提高学术传播力实践……………………………………………………孙丽华 (451)
云平台生产模式下科技期刊的变与不变………………………………………………………王李艳 (456)
实现医学学术期刊微信公众号良好运营策略的探索
　　——以《中华烧伤杂志》微信公众号为例…………………吕艳玲，莫　愚，梁光萍 (460)
综合性社科学术期刊微博发布现状与发展对策……………………………………………黄谷香 (465)
媒体融合背景下高校学报微信平台运营对策………………………………………………刘建朝 (469)

开放获取出版和编委办刊模式下投审稿系统优化实践经验
　　——以 ScholarOne Manuscripts 为例……………………杨　燕,徐海丽,刘志强,杜耀文 (473)
学术期刊微信公众号高阅读量文章标题的语用策略……………………………………祁　寒 (477)
媒体融合背景下科技期刊 OSID 出版应用问题及出路探寻
　　——以《太原理工大学学报》为例……………………………………薄小玲,贾丽红 (482)
顺序编码制参考文献编排顺序自动识别方法……………………………………王　雁,吴　灏 (488)
科技期刊微信公众号影响力提升策略——以"中国科学杂志社"实践为例
　　………………………………………………………李灿灿,王贵林,董少华,闫　蓓 (495)
融媒体时代图书编辑转型发展策略探究……………………………………………………石伟丽 (499)

期刊出版工作研究

《中国卫生资源》零被引分析……………………………………………………张伊人,孙　梅 (503)
我国科技期刊编辑的职业发展调查研究………王　婧,刘志强,郭　伟,张芳英,王维朗 (512)
中医药英文期刊国际合作出版现状浅析——以《针灸和草药(英文)》为例
　　………………………………………………………………………………徐一兰,高　杉 (516)
一流高校科技期刊刊发主办高校论文的情况及启示……………………………………张芳英 (521)
科技期刊论文初审工作的优化与实践——以《南京农业大学学报》为例…………刘怡辰 (525)
学术刊物核心作者群的建立与维护——以《云南社会科学》近年部分载文为例
　　…………………………………………………………………………………………陈慧妮 (529)
国内护理质性研究文献分析………………………………………………徐　晶,汪　悦,钦　嫣 (536)
一流科技期刊审稿人系统建设的思考——基于 Reviewer Locator 和 Reviewer Recommender
　　审稿人推荐系统的分析……………………………………………………………冯　景 (542)
流行病学文章对肿瘤学中文核心期刊影响力的作用
　　………………………………………………………王琳辉,倪　明,李广涛,彭　曼,徐　虹 (547)
SCIE 收录的运筹与管理学期刊分析及启示………………………………………………张济明 (554)
中文期刊出版"新冠"论文的文献计量分析……………………………………张儒祥,张琳琳 (564)
国内外环境科学类期刊被引半衰期的研究……………………………………周丽娟,章　诚 (571)
科技期刊的约稿策划——以《辐射研究与辐射工艺学报》为例………………………赵翠兰 (579)

英文科技期刊创办初期提升影响力的途径···孙　敏，朱永青（584）
科技期刊审稿专家库的建立及运用···杨文英（591）
中医药科技期刊新型冠状病毒肺炎相关论文出版概况分析及建议·······················张　倩（596）
科技期刊同行评议质量的提升策略——以《振动工程学报》为例
　　　　　　　　　　　　　　　　　　　　　　　　　　········郭　欣，姚　巍，朱金才（602）
多渠道组稿和传播促进优秀论文写在祖国大地上——以《中国科学》杂志社期刊为例
　　　　　　　　　　　　　　　　　　　······张学梅，张冰姿，卢　珊，王　晶，王贵林（607）
Journal of Environmental Sciences 提高审稿效率的探索与实践·······王紫萱，冯庆彩（613）
热点专题出版提升英文科技期刊影响力的实践探索
　　——以 Journal of Sport and Health Science 为例··································秦　莉（619）
基于"零缺陷"理论的学术期刊质量提升策略···董　燕（626）
中国学者在 SCIE 收录的 OA 期刊中所发论文的分析································邹　强，马静秋（630）
口腔医学类期刊组稿策略与实践——以《口腔医学》为例···························汪　悦，徐　晶（636）
部分师范类高校学报自然科学版论文参考文献引用情况调查·····························封　毅（640）
利用 WOS 数据库实现英文学术期刊精准传播——以《亚洲两栖爬行动物研究》为例
　　　　　　　　　　　　　　　　　　　　　　　　　　········赵鹤凌，朱　丹，毛　萍（647）
科技期刊编辑对报刊质量管理新规的认识和继续教育需求调查·························张俊彦（651）
简洁的作者须知提升科学出版的效率和质量··杨建霞，黄　伟（658）
学术期刊评价机构与期刊社之间的博弈分析···曾剑锋（665）
《渔业现代化》近 10 年高被引论文及高频关键词分析···············鲍旭腾，黄一心，梁　澄（671）
军校学员自办内刊建设方向及路径方法··王　薇（682）
在循证医学背景下临床研究质量的评价及提升策略的探讨——以《口腔医学》为例
　　　　　　　　　　　　　　　　　　　　　　　　　　　　　　　　　　　　·········曹　丹（689）
高被引论文"名效应"图景和启示——基于人文社科领域高被引论文的特征分析
　　　　　　　　　　　　　　　　　　　　　　　　······张　园，张　丛，杨　越，赵　歌（693）
提高高校科技期刊稿件退修意见的有效性与全面性的策略·····························王开胜（701）
编者的话··编委会（707）
《学报编辑论丛（2022）》第 29 集征稿启事···编委会（708）

高校中文学报(自然科学版)在一流科技期刊建设中的使命担当

孙 静，张黄群，夏道家

(南京航空航天大学学报编辑部，江苏 南京 210016)

摘要：为增强高校中文学报(自然科学版)(以下简称"学报")的价值感和使命感，本文通过统计学报在"中国科技期刊卓越行动计划入选期刊目录 2019"中的层级数量分布，在 2019《中国科技期刊引证报告》(核心版)中的专业分类占比及其排名，以及在 Scopus 数据库(2019)中的收录情况，面向一流中文科技期刊的建设目标，从学报的属性和特点出发，研究了学报在推动期刊差异化特色发展、带动学科和行业发展、提升期刊及论文国际推广、培育一流作者 4 方面的学术服务能力和学术支撑作用。结果表明：学报可以夯实我国科技期刊层级体系，服务高校学科建设，提升期刊、论文及高校的国际影响，服务年轻学者成长。

关键词：一流科技期刊；高校中文学报(自然科学版)；使命担当

2019 年 8 月，中国科协等四部委联合发布了《关于深化改革 培育世界一流科技期刊的意见》(以下简称《意见》)。文件从"传承人类文明，荟萃科学发现，引领科技发展，直接体现国家科技竞争力和文化软实力"的战略高度，加强了对科技期刊服务功能及其重要性的认识，提出了"要以建设世界一流科技期刊为目标，科学编制重点建设期刊目录，做精做强一批基础和传统优势领域期刊"[1]。依据文件精神，中国科协于 2019 年 9 月启动"中国科技期刊卓越行动计划"，对国内中、英文期刊进行资助，目的是打造一批能代表国家科技实力的科技期刊，以带动我国科技期刊行业的整体发展。国家一系列举措之后，很多科技期刊编辑都感叹"科技期刊的春天"到了，可以借助这一阵"春风"提升自己的期刊。

然而，经过为期 1 个月的评审答辩，本次"卓越行动计划"资助的 280 种中、英文科技期刊和 5 个集群化试点尘埃落定[2]。其中，获资助的高校学报仅为 9 种[2]，约占获资助期刊总数的 3.2%，约占全国学报总数的 0.7%，比例较低。如果将入选"卓越行动计划"的期刊作为一流科技期刊建设基础的话，从入选比例来说学报没有被纳入一流科技期刊建设的主流体系。

近 10 年来，在以 SCI 为导向的科技评价体系中，英文期刊和专业期刊快速发展，大部分学报作为综合类期刊面临着语种和期刊类型的双重发展困境，在整个科技期刊发展体系中被边缘化，以至于编辑界无奈地感慨"高校学术期刊是被遗忘的尴尬角色"[3]，甚至已有文献在探讨高校学报的"退出机制"[4]。如此，有百年发展历史、占有相当比例[5]的学报是否真的就没有任何价值呢？学报编辑们自然不愿承认这一点，纷纷撰文探讨学报在"发现具有优秀创新能力

基金项目：中央高校基本科研业务费前瞻性发展策略研究基金资助项目(NW202005)；江苏科技期刊研究基金重点资助项目(JSRFSTP2019A01)

和写作水平的作者""培养能干擅写的人才队伍""为国内广大读者提供持续创新的学术信息""服务高校双一流建设"等方面的作用和贡献[6-9]。但少有文献探讨学报在建设一流科技期刊过程中的作用和价值。

本文根据《意见》针对中文科技期刊提出的"做精做强专业类、综合类学术期刊,带动学科和行业发展;明确工程技术类期刊办刊定位,推动差异化特色发展;加强中文高端学术期刊及论文国际推广,不断提升全球影响力;通过专业化建设,全面提升中文科技期刊对经济社会发展的服务能力"的建设目标[1],结合学报的基本属性和特点,研究总结出学报在4个方面所应承担的使命担当,以此增强学报的价值感和使命感,提升学报编辑的责任感。

1 夯实我国科技期刊体系 依靠高校特色推动期刊差异化发展

一般而言,系统的"金字塔"层级式架构是较稳固的体系结构,科技期刊的级别、种类、数量分布也不例外。正如翁贞林、陈浩元所言:期刊学术水平分布呈"金字塔"式是合理的,不同学术层次的期刊可以满足不同层次作者和读者的需要[9]。孔庆勇等依据《科学技术期刊管理办法》中对科技期刊的分类,找出具有一定纵向联系的科普性期刊、技术性期刊、学术性期刊3种分类,再综合考虑受众、对象、影响力等因素在期刊发展过程中的作用,提出了我国科技期刊的金字塔分层模型[10],但未有定量的分层标准。

为分析学报在我国整个科技期刊体系层级中的数量分布,本文首先依据"中国科技期刊卓越行动计划2019"对期刊的分类,对我国科技期刊进行了定量的"金字塔"式分级,如图1左侧数据所示:①第1层级为该计划资助的"领军"和"重点"期刊,共51种[2]。此类期刊多为英文刊,有较好的国际影响力,代表中国科技期刊的最高水平。②第2层级为该计划资助的"梯队"期刊,除科普期刊外共196种[2]。此类期刊中、英文期刊各半,均有显著的专业特色,中文期刊在本专业核心期刊的综合评价总分排名基本为前3。③第3层级为"重要核心期刊",界定标准基本等同于该计划入围期刊要求,即中文期刊在行业内期刊综合评价总分排名在20%以内,英文期刊被国际重要数据库收录。根据中信所《中国科技期刊引证报告》(2019年核心版)[11]统计,约500种。④第4层级为普通核心期刊,即未达到该计划申报要求但被核心数据库收录的期刊。2019年《中国科技期刊引证报告》共收录核心期刊2 049种[11],除去第1、2、3层级期刊,普通核心期刊共约1 300种。⑤第5层级为非核心期刊,《中国科技期刊引证报告》(2019年扩展版)共收录我国正式出版期刊4 581种[12],除去核心期刊,非核心期刊共2 532种。然后本文统计了学报此模型各层级中的数量分布(数据来源于2019年《中国科技期刊引证报告》(核心版)和(扩展版)),如图1右侧数据所示。

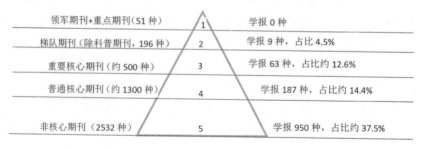

图1 基于"卓越行动计划"分类的科技期刊金字塔定量分级模型及
高校中文学报(自然科学版)在各层级的数量与占比

从图 1 可以看出，在科技期刊金字塔体系中，除全为英文期刊的第 1 层级外，学报在其他 4 个层级均有分布，对整个科技期刊"金字塔"式分布发展体系起到了积极的补充作用。建设世界一流科技期刊是国家战略目标，但从战术上，夯实发展基础、发挥各刊优势、聚集各个层级的科研力量也将是建设一流科技期刊的必由之路。正如刘碧颖等经过统计提出：普通期刊从数量上占大多数；一流期刊建设是科技期刊发展道路中的一种，而数量庞大的普通期刊提供了多样化的尝试，也支撑了中国自己的科技期刊产业生态[13]。因此分布在不同层级的学报可以依靠高校践行多样化的发展模式，例如：第 2、3 层级的学报，本身拥有较好的办刊基础和资源，发展的重点应在于吸引优质资源、服务国家重大战略、以国际化姿态展现高水平大学的一流成果[14]；第 4 层级的学报，则可以依靠学校自身的强势学科，重点关注地方或区域重大问题[15]；第 5 层级的学报则可以依托高校的发展重心，将期刊内容建设与地方经济或企业需求结合起来，把报道重点放在支持和服务与区域经济协同发展的学科上[16]。

综上，学报作为科技期刊发展体系基础中的一个重要组成部分，可以担负起夯实我国科技期刊体系、依靠高校特色推动期刊差异化发展的使命。

2 服务高校学科建设 带动学科和行业发展

学术期刊是学术交流的主要媒介、科研成果发表的主要园地。而高校学报除具备学术期刊的一般属性外，还有其特殊属性[5]。教育部文件指出：高校学报是展示高校学术水平的重要窗口，是开展国内外学术交流的重要桥梁，是发现培养学术人才的重要园地，是塑造学校形象、创造学校品牌的重要途径。高校学报的定位特殊性决定了其与学校学科建设的密切关系，对于高校学科成长过程中学术研究的深入、人才梯队的建设起着带动和桥梁作用[7,17-19]。而且在高校"一流学科""特色学科""重点学科"的指引下，一部分高校学报在大而全的刊登方向上凝练出特色专业方向，逐步向专业化、特色化发展[20-22]，在服务高校学科建设的同时带动学科和行业发展。

2019 年中信所发布的《中国科技期刊引证报告》(核心版)中"自然科学综合大学学报类"和"工程技术大学学报类"共收录 149 种学报，其中有 48 种学报因其专业特色也同时被收录于 18 种不同专业期刊名录中并进行排名，具体如表 1 所示。从表 1 综合评价总分排名来看，这 48 种被列于专业领域的学报中有 13 种排名位于该专业核心期刊前 20%(最高排名第 1)，有 4 个专业领域的学报数量占比达 20%以上(最高占比 50%)。

表 1 入选核心专业期刊名录的学报及综合评价总分排名

专业分类(学报数量占比)	期刊名	综合评价总分排名
地球科学综合类(12.5%)	吉林大学学报(地球科学版)	6/16
	成都理工大学学报(自然科学版)	12/16
海洋科学、水文学类(3.7%)	中国海洋大学学报(自然科学版)	6/27
林学类(26.1%)	北京林业大学学报	2/23
	中南林业科技大学学报	3/23
	南京林业大学学报(自然科学版)	4/23
	东北林业大学学报	7/23
	浙江农业大学学报	9/23
	西南林业大学学报	13/23

续表

专业分类(学报数量占比)	期刊名	综合评价总分排名
水产类(33.3%)	中国海洋大学学报(自然科学版)	3/12
	上海海洋大学学报	6/12
	大连海洋大学学报	8/12
	广东海洋大学学报	9/12
药学类(6.1%)	中国药科大学学报	14/49
	广东药学院学报	16/49
	沈阳药科大学学报	29/49
测绘科学技术类(6.7%)	武汉大学学报(信息科学版)	3/15
矿山工程技术类(4.2%)	中国矿业大学学报	1/24
电气工程类(2.9%)	华北电力大学学报	8/35
石油天然气工程类(13.2%)	中国石油大学学报(自然科学版)	7/38
	西南石油大学学报(自然科学版)	9/38
	西安石油大学学报(自然科学版)	11/38
	东北石油大学学报	16/38
	石油化工高等学校学报	18/38
电子技术类(13.4%)	电子科技大学学报	6/30
	西安电子科技大学学报(自然科学版)	9/30
	武汉理工大学学报(信息与管理工程版)	18/30
	吉林大学学报(信息科学版)	19/30
通信技术类(23.6%)	重庆邮电大学学报(自然科学版)	3/17
	南京邮电大学学报(自然科学版)	7/17
	北京邮电大学学报	8/17
	西安邮电大学学报	12/17
食品科学技术类(3.7%)	河南工业大学学报(自然科学版)	13/27
建筑科学与技术类(9.7%)	沈阳建筑大学学报(自然科学版)	9/31
	西安建筑科技大学学报(自然科学版)	13/31
	河北工程大学学报(自然科学版)	16/31
水利工程类(4.3%)	河海大学学报(自然科学版)	4/23
	三峡大学学报(自然科学版)	8/23
交通运输工程类(50%)	重庆交通大学学报(自然科学版)	4/8
	华东交通大学学报	6/8
	大连交通大学学报	7/8
	武汉理工大学学报(交通科学与工程版)	3/8
铁路运输类(11.1%)	石家庄铁道大学学报(自然科学版)	7/9
水路运输类(13.3%)	大连海事大学学报	2/15
	上海海事大学学报	9/15
航空、航天科学技术类(8.1%)	北京航空航天大学学报	2/37
	南京航空航天大学学报	7/37
	海军航空工程学院学报	24/37

表 1 列出的 48 种有专业特色的学报与专业期刊一起，为该领域学术成果提供了展示和交流的平台，对其专业和行业发展起到了积极的促进作用。从综合评价总分排名来看，这 48 种学报的学术服务能力总体而言并不逊色于专业期刊。

同时，伴随着读者阅读习惯从纸本媒介向电子版本的转变，其他综合类学报在"全媒体""数字化""碎片化"出版模式的支撑下，传播能力早已不限于其刊名或其类型。只要是全网数字出版的论文，通过数据库或搜索引擎进行检索时，被读者搜索到的概率与专业期刊上发表的论文相当。同时综合类学报由于其相对广泛、全面的专业刊登范围，对理工类全学科，特别是新兴的交叉学科给予了专业的平台支撑，对专业和行业发展的服务和促进作用不可被忽略。

综上，学报作为高校主要的学术窗口，不仅可以担负起服务高校学科建设的使命，彰显学校自身的专业特色，而且作为有专业指向的综合类科技期刊，也可以担负起服务学科和行业发展的使命。

3 提升期刊及论文国际推广 弘扬文化自信

一般而言，说到国际影响都会聚焦英文期刊。但实际上，能够在国际上传播推广的学报，不仅能对论文和期刊有很好的国际推广效果，还能提升主办高校的国际影响力，更能在语言上弘扬中国文化自信。

首先在国际推广方面。以全世界最大的摘要和引文数据库 Scopus 为例，在 2019 年 10 月发布的"Scopus201910"列表中收录 739 种中国大陆的科技期刊[23]，其中，中文科技期刊约 400 种[23]，高校中文学报 72 种[23]，在中文期刊中占比约 18%。可以看出，仅在 Scopus 这个国际化平台上，72 种学报全年刊发的 10 000 余篇优秀中文论文被推广到国际上，吸引国外学者了解我国高校各专业的科研成果，在提升论文及期刊国际影响的同时，还能提升主办高校在国际上的影响，促进高校的国际合作。

其次在弘扬文化自信方面。科技期刊提升国际影响力，除了将国内科研成果"输出"宣传，还可以"引入"国外学者将科研成果发表在国内期刊，尤其是中文期刊上，更广泛地服务国内科学研究及工程应用。随着国内高校越来越多地引进一些国际学者作为兼职教授，学报在"引入"环节有更多的优势。这些国际学者中一部分为华人，他们在撰写中文稿件上有一定的便利；而对于非华人的国际学者，可以请国内合作团队甚至编辑团队帮助他们将英文论文翻译成中文发表在学报上。论文整理翻译的过程可以有效促进期刊和国际科研团队的合作；论文以中文的形式发表也强调了科研成果的中国主导性，意义深远。例如，《南京航空航天大学学报》在 2018 年邀请南航材料学院聘任的乌克兰兼职教授亚历山大·莫利亚尔院士以第一作者身份发表中文论文《氢化钛粉制备钛及 Ti-6Al-4V 钛合金粉末冶金工艺与性能研究》，该论文即是该院士在南航的合作团队和编辑帮助整理翻译。此次合作出版不仅服务了国际学者，提高了《南航学报》的国际影响，也吸引了乌克兰的团队成员向《南航学报》(英文版)投稿，成功地达到了"引入"的成效。

综上，在国际影响力方面，学报切不可因为是中文期刊就妄自菲薄，觉得和"国际化"无缘。恰恰相反，学报在提升论文、期刊及高校的国际影响力，以及通过"输出"和"引入"方式弘扬文化自信方面完全可以担负起自身的使命。

4 服务年轻学者成长 培育一流作者

一流科技期刊建设核心是刊发一流论文,而一流论文的核心则是一流作者。一流作者不仅要研究出一流科研成果,还要掌握一流的写作规范,具备一流的学术道德。然而一流作者的成长不可能一蹴而就,其论文不断投稿、退稿、修改、校对、发表的过程,也是其学术思维、科研能力、写作技巧从不成熟到成熟的过程[22]。作者向编辑部提供论文不涉密证明、查重报告、版权转让协议、作者贡献度及无利益冲突说明等相关材料的过程也是强化作者的保密意识、版权意识、署名意识及学术道德规范意识的过程。

一般而言,一流作者的起步阶段即是刚刚接触科研工作的研究生阶段,这时如果接受到规范的论文写作指导及正确的学术道德引导,对于作者个人的成长有很好的培育和促进作用。而学报能比较容易地接触庞大的研究生群体,因此在与其工作交往中,学报编辑应该以"师者"的标准要求自己,以"育人"的心态对待作者,以此担负起服务年轻学者成长、培育一流作者的使命担当。

5 结束语

中国科协学会学术部部长宋军坦言:我国科技期刊与世界一流期刊相比仍存在较大差距,对前沿问题、重大科学问题把控力不够,国际影响力较弱,论文质量、出版能力和管理水平与论文大国地位不相匹配,论文发表需求与科技期刊供给不足的矛盾日益凸显[24]。中国培育自己的一流科技期刊是解决这一矛盾的有力措施,是时代赋予的战略目标。在此背景下,学报编辑们一方面要深刻认识到学报在"夯实我国科技期刊体系、依靠高校特色推动期刊差异化发展""服务高校学科建设、带动学科和行业发展""提升期刊及论文国际推广、弘扬文化自信""服务年轻学者成长、培育一流作者"4方面所应承担的不可推卸的使命职责;另一方面,也要勇于承认自身期刊和一流专业期刊之间的差距,认真研究并借鉴其优秀的办刊模式,在专业化和特色化方面下工夫,不断向"一流"的目标靠近。

参 考 文 献

[1] 中国科协,中宣部,教育部,等.关于深化改革,培育世界一流科技期刊的意见[EB/OL].(2019-08-19)[2019-12-01]. http://www.xinhuanet.com//science/2019/08/19/c_138320888.htm.

[2] 中国科协.关于下达中国科技期刊卓越行动计划入选项目的通知[EB/OL].(2019-08-19)[2019-12-01]. http://www.cast.org.cn/art/2019/11/25/art_458_105664.html.

[3] 朱剑.被遗忘的尴尬角色:"双一流"建设中的高校学术期刊[J].清华大学学报(哲学社会科学版),2020,35(1):1-16,201.

[4] 吴美英.建立高校学报退出机制的理性思考[J].中国科技期刊研究,2017,28(3):209-214.

[5] 乔家君.中国高校学报发展的回顾与展望:对中国高校学报诞生110周年的总结与思考[J].河南大学学报(社会科学版),2016,56(6):128-136.

[6] 姚志昌,段瑞云,等.SCI效应下高校学报发展的启示[J].中国科技期刊研究,2018,29(2):102-112.

[7] 王国栋,郑琰燊,张月红,等.学报对高校学科建设的支撑作用[J].中国科技期刊研究,2014,25(10):1238-1241.

[8] 郑琰燊,李燕文,莫弦丰,等.高校学报在"双一流"建设中的机遇和挑战[J].编辑学报,2017,29(2):160-162.

[9] 翁贞林,陈浩元.学术期刊办刊体制商业化改革的若干思考[J].编辑学报,2012,24(5):453-457.

[10] 孔庆勇,郭红建,孔庆合.我国科技期刊的金字塔分层模型及发展路径初探[J].中国科技期刊研究,2015,26

(10): 1100-1103.

[11] 中国科学技术信息研究所.中国科技期刊引证报告(核心版)[M].北京:科学技术文献出版社,2019.

[12] 中国科学技术信息研究所.中国科技期刊引证报告(扩展版)[M].北京:科学技术文献出版社,2019.

[13] 刘碧颖,贾峰,武晓耕.建设世界一流科技期刊背景下普通期刊的价值与发展建议[J].中国科技期刊研究,2020,31(4):375-380.

[14] 王钱永,任丽清."双一流"建设视角下地方高校区域创新能力建设[J].中国高教研究,2016(10):38-42.

[15] 王瑜,沈广斌."双一流"建设中的大学发展目标的分类选择[J].江苏高教,2016(2):44-48.

[16] 张江.基于高校学术期刊的专栏组约稿路径[J].技术与创新管理,2019(6):45-46.

[17] 蒋晓,谢暄,叶芳,等.高校学报的专业化转型策略[J].传播与出版,2017(1):45-47.

[18] 刘冰,姜永茂.奋力推进中文科技期刊建设的思考[J].编辑学报,2019,31(2):119-123.

[19] 王婧,张芳英,刘志强,等.建设世界一流科技期刊发展之路:盘点 2018 年我国中文科技期刊[J].科技与出版,2019(2):36-43.

[20] 高福.建设中英文兼顾的世界一流科技期刊体系[J].编辑学报,2019,31(5):473-476.

[21] 陈鹏,黄历,叶宏玉,等.培育一流科技期刊助推一流学科建设刊[J].科技与出版,2019(5):17-21.

[22] 高慧芳.高校科技期刊在促进"双一流"建设中的作用[J].西北民族大学学报(自然科学版),2018,39(6):91-95.

[23] Elsevier. Scopus201910 [EB/OL]. (2019-10-01) [2020-03-10]. https://www.elsevier.com/__data/assets/excel_doc/0004/971032/Scopus201910.xlsx.

[24] 余晓洁.中国科协聚力世界一流科技期刊建设[EB/OL].(2018-04-16)[2019-12-01].http://news.sciencenet.cn/htmlnews/2018/4/409294.shtm.

新时代期刊品牌影响力提升的路径与策略

罗开礼

(科学咨询杂志社,重庆 401121)

摘要:期刊是人类文明和智慧的结晶,是文化软实力的重要体现,提升期刊品牌影响力是新时代中国特色社会主义建设的必然要求。高品质的期刊就是要坚守初心、引领创新,展示高水平研究成果,支持优秀人才成长,促进中外交流。为了在新的时代条件下推动期刊的创造性转化和创新性发展,弘扬中华文明,繁荣学术研究,就必须不断提升期刊的品牌影响力。坚持中国道路、弘扬中国精神、凝聚中国力量,不断加快期刊事业发展,让世界更好认识中国、了解中国。本文从新时代期刊品牌影响力提升的必要性和紧迫性出发,提出了新时代期刊品牌影响力提升的路径与策略,具有一定的借鉴意义和参考价值。

关键词:期刊;品牌影响力;路径;策略

习近平总书记指出,高品质的期刊就是要坚守初心、引领创新,展示高水平研究成果,支持优秀人才成长,促进中外交流。坚持中国道路、弘扬中国精神、凝聚中国力量,不断加快期刊事业发展,让世界更好认识中国、了解中国,在新的时代条件下推动中华优秀传统文化创造性转化和创新性发展。建设高水平期刊,加快走向世界,就必须不断提升期刊的品牌影响力。立足中国实际,植根中国大地,服务国家建设需要,大力发展重要期刊,大力发展特色期刊,努力通过期刊品牌影响力提升走上自主发展之路。期刊品牌就是指期刊媒体里面那些由内在的丰富底蕴与外在的完美风采结合而成的高智力产品。只有这样的期刊产品,才能成为读者精神的伴侣、心灵的恩物。个性策划,是品牌期刊超出其他同类的法宝。品牌是期刊媒体里面那些内在的丰富底蕴与外在的完美风采结合而成的高智力产品。高智力,主要指出版人的出神入化的策划能力,特别需要的是个性化策划,这是品牌期刊压倒竞争者的威力所在。其核心内涵就在于所提供的独特内容和服务能与目标读者的价值取向、行为需求和偏好持久而高度地契合。根据新时代的特点和要求,推动期刊的提档升级,推动期刊品牌影响力的快速传播,对于提升我国文化软实力及推动文化产业发展具有重要意义。加强期刊品牌建设的做法有:科研创新,争创行业领先;和谐发展,保障效益显著;合理定位,追求鲜明特色;流程再造,确保质量上乘[1]。期刊品牌打造方法与途径有:准确定位,夯实期刊品牌创建基础;精益求精,为创品牌提高期刊质量;强化特色,增强品牌竞争力;以人为本,为打造期刊品牌提供原动力;和谐发展,营造期刊品牌文化氛围;注重宣传,为品牌发展注入活力[2]。以新时代中国特色社会主义思想为指导,充分认识新时代期刊品牌影响力提升的必要性和紧迫性，加强新时代期刊品牌影响力提升的路径与策略研究，大力促进期刊事业的可持续发展。

1 新时代期刊品牌影响力提升的必要性

在中国特色社会主义新时代，提升期刊的品牌影响力是非常必要的。期刊现状：资源分散，集约化程度低；缺乏特色，同质化现象严重；封闭办刊，缺乏活力和创造力[3]。期刊建设中存在的主要问题有：问题导向性不强，学术思想深度欠缺；作者队伍结构较单一，理论常偏离实际；过于迎合评价需求，没有突出智库功能发挥；解决现实问题的能力难如人意，政策转化效果较差[4]。努力改变期刊过去"全、散、小、弱"的局面，大力塑造期刊品牌，不断提升品牌影响力。提高期刊策划能力，建设特色栏目，打造特色期刊，提升期刊在期刊界和学术界的影响。通过提升期刊品牌影响力，充分发挥期刊的社会效益与经济效益。通过提升期刊品牌影响力，推动新时代期刊事业的快速发展。

1.1 提升期刊品牌影响力，充分发挥期刊的社会效益

期刊要实现发展，还要有一定的社会效益。期刊本质是一种知识服务，对于促进人类文明的进步和发展具有十分重大的作用。从国家发展大局出发，从人民现实需求出发，办好期刊是党和国家寄予的重任。紧扣时代主题，紧盯科技前沿，不断提高期刊的办刊质量和水平。只有大力提升期刊品牌影响力，才能更好地服务社会，发挥期刊的社会效益。期刊是文化的重要组成部分，是文化软实力的重要体现。树立期刊服务意识，运用网络科技手段提升期刊内容的传播能力，丰富广大人民群众的文化生活。大力提升期刊质量和办刊水平，增强中华民族文化自信，广泛参与全球文化竞争。

1.2 提升期刊品牌影响力，充分发挥期刊的经济效益

期刊要实现发展，首先要有一定的经济效益。过去大部分期刊基本为事业性质，对经济效益不是过分看重。随着新时代的发展，期刊也要注重经济效益，自主经营，自负盈亏，实现自我造血，形成自主发展。通过市场机制的作用，优胜劣汰，促进期刊质量的提高。只有大力提升期刊品牌影响力，才能带来稳定的客源，发挥期刊的经济效益。

2 新时代期刊品牌影响力提升的紧迫性

在中国特色社会主义新时代，提升期刊的品牌影响力是非常紧迫的。努力改变以往期刊品牌较弱的局面，提升期刊品牌意识，丰富期刊内涵，强化期刊外功，不断提升品牌影响力。在内容上形成特色，在形式上与众不同，打造期刊标识，吸引读者眼球。大力促进期刊的传播速度和传播效率，提高期刊的转载率和价值，积极扩大影响。打造品牌活动是提升期刊品牌影响力的新方法，如学术沙龙、百家讲坛等，为期刊赢得更广阔的发展空间[5]。开辟符合新媒体特色的原创内容，发掘已有素材的新价值，开发知识付费产品，延伸期刊品牌[6]。期刊品牌影响力提升是新时代中国特色社会主义文化建设的必然要求，是新时代数字化网络通讯技术发展的必然趋势，是新时代期刊品牌价值快速实现溢价的重要手段。

2.1 期刊品牌影响力提升是新时代中国特色社会主义文化建设的必然要求

中国特色社会主义进入新时代，我国社会主要矛盾已经转化为人民日益增长的美好生活需要和不平衡不充分的发展之间的矛盾。人民日益增长的美好生活需要不仅包括物质方面，还包括文化方面。随着人们生活水平的提高，将更加重视文化生活。期刊是一种智力产品，

高质量的期刊对于陶冶情操、提升理论水平和指导实际工作都具有非常重要的作用。大力提升期刊品牌影响力,才能让更多优秀期刊走向更多的受众,走向生活,走向内心。期刊品牌影响力提升是新时代中国特色社会主义文化建设的必然要求,是新时代中国特色社会主义文化建设不可或缺的组成部分。

2.2 期刊品牌影响力提升是新时代数字化网络通信技术发展的必然趋势

中国特色社会主义进入新时代,数字化网络通信技术飞速发展,正在深刻影响着人们现在和未来的生活。随着新时代的发展,各种新媒体不断涌现,各个自媒体风起云涌,改变着人们接受信息和资料的渠道。同时,数字化网络通讯技术的发展,也改变着人们的阅读习惯。从读者偏好出发,形成对应的传播通路,有针对性地进行期刊品牌影响力传播。线上和线下同时发力,在大力发展线上的同时,也要创新线下传播的方式。广泛借助新媒体,抢占期刊品牌影响力传播高地,抢占市场先机。期刊品牌影响力提升是新时代数字化网络通讯技术发展的必然趋势,是新时代期刊快速发展的加速器。

2.3 期刊品牌影响力提升是新时代期刊品牌价值快速实现溢价的重要手段

中国特色社会主义进入新时代,期刊越来越注重品牌价值。通过期刊日积月累的经营,通过各种媒体和渠道的传播,人们自然而然形成了对期刊的印象和评价。不同期刊品牌,其重要性是不一样的,其估值也是不一样的,相应的期刊溢价能力和水平也是不一样的。通过提升期刊品牌影响力,可以不断提升期刊的品牌价值。期刊品牌影响力发展到一定程度,可以实现品牌溢价,形成无形价值。期刊品牌影响力提升是新时代期刊品牌价值快速实现溢价的重要手段,是新时代期刊可持续发展的宝贵财富。

3 新时代期刊品牌影响力提升的路径

随着新时代的快速发展,期刊发展面临着新的机遇与挑战。促进期刊的长久发展,就要不忘办刊初衷,办出期刊特色,树立期刊品牌,打造期刊核心竞争力。改变原来的"全、散、小、弱"的局面,努力提升期刊品牌影响力,实现期刊的提档升级,促进期刊事业的跨越式发展。

3.1 集群化办刊

所谓集群化办刊,就是要努力形成期刊发展集群,实行强强联合,实现优势互补,促进期刊品牌影响力提升。积极创建期刊集群,建立可持续发展机制,完善功能保障,主动走向前台,主动参与市场竞争。推动集群化办刊,建立联合品牌,同时可以形成若干期刊特色品牌,扩大品牌标识,进行集体推广。开展期刊之间的互利合作,鼓励期刊之间的互动交流,壮大集群化办刊的实力。制定扶持政策,推动集群化办刊,快速提升期刊品牌影响力,实现期刊规模化发展。

3.2 市场化运作

所谓市场化运作,就是要按照社会主义市场制度的要求,主动开拓市场,主动适应需求,扩大期刊市场份额,促进期刊品牌影响力提升。充分发挥市场机制的作用,进行市场化运作,期刊内容不断优化和更新,期刊市场不断开拓和巩固,更好地实现期刊与读者之间的连接。加强市场调研力度,不断分析需求变化,不断总结和反馈,提高期刊内容的针对性。加强市场化运作,加快期刊服务,加强机制创新,打造适销对路的期刊,快速提升期刊品牌影响力,实现期刊市场化发展。

3.3 数字化出版

所谓数字化出版，就是要根据新时代的特点，在纸质出版的同时同步数字化出版，更好地对接读者，更好地服务受众，促进期刊品牌影响力提升。数字化出版就是利用数字技术进行内容编辑加工，通过网络传播数字期刊内容，如数字期刊、手机期刊等。数字化出版具有成本低廉、海量存储、互动性强、搜索便捷、传输快速等特点，是期刊发展的重要方向。期刊数字化品牌建设策略有：树立数字化品牌意识；实施灵活高效的数字出版模式；加强个性化网络建设；注重差异化栏目设计；提供品牌体验增值服务；重视数字化建设人才策略[7]。借助互联网、通讯网、卫星网络技术等，可以加快数字出版期刊的传播，快速提升期刊品牌影响力，实现期刊数字化发展。

3.4 媒体化宣传

所谓媒体化宣传，就是要根据新时代的发展，充分运用传统媒体、新媒体、自媒体等进行宣传，多维度进行传播，促进期刊品牌影响力提升。借助各种媒体的介质作用，包括独立网站与新媒体，使期刊动起来，生动地得以展现，以独特的视觉呈现给人们。期刊独立网站品牌推进策略有：提高独立网站的服务创新能力；网站与新媒体平台同中求异；以网站集群化拓展期刊品牌；运用网络技术突出期刊显示度[8]。充分发挥媒体的多种展现形式，不仅是文字形式进行展现，还可以是视频形式进行展现。只要是人们感兴趣的易于接受的方式，都可以在媒体上进行创作。通过新媒体的功能，还可以有效地实现互动，更好地了解读者的诉求和关注点。充分发挥各种媒体的作用，取长补短，全方位覆盖，缩短沟通距离，快速提升期刊品牌影响力，实现期刊媒体化发展。

3.5 国际化推广

所谓国际化推广，就是要根据当今世界的飞速发展，紧跟国际学术和发展前沿，努力建设世界一流期刊，促进期刊品牌影响力提升。开展期刊国际化推广，首先得有国际化视野，把控世界科学技术和文明发展的脉络，紧盯高精尖领域，紧盯紧缺的领域，紧盯新潮流，紧盯新趋势，在期刊内容上严格把关，独具一格。开展期刊国际化推广，还要积极走出去，开展国际交流与合作，开展国际宣传与推广，扩大期刊品牌国际影响力。引进来与走出去相结合，国内与国际相结合，以国际化视野进行国际化推广，主动参与国际市场竞争，快速提升期刊品牌影响力，实现期刊国际化发展。

4 新时代期刊品牌影响力提升的策略

随着新媒体的快速兴起，加上人们阅读习惯的改变，对传统期刊行业造成了越来越大的冲击。随着新生代的快速成长，接受新鲜事物的能力增强，学习、生活和行为习惯也有一定的变化。提升期刊品牌影响力的策略有：以内在质量即内容提升期刊品牌影响力；借助大众媒体提升期刊品牌影响力；借助微信公众平台提升期刊品牌影响力；借助专业特点鲜明的特色文化和活动提升期刊品牌影响力；与图书出版融合发展提升期刊品牌影响力[9]。根据新时代的新特点，要以读者为中心，实现期刊品牌影响力的内容创造；要以需求为导向，实现期刊品牌影响力的精准投放；要以网络为载体，实现期刊品牌影响力的快速传播。打通期刊品牌影响力提升的各个环节，形成正向循环，带来倍增效应，促进品牌溢价。

4.1 以读者为中心，实现期刊品牌影响力的内容创造

以读者为中心，就是要从读者的角度出发，办出期刊特色，办出期刊内涵，办出期刊外

延，在内容创造上独树一帜，形成期刊的核心竞争力。根据期刊的特点和定位，根据新时代新形势的发展，不断推陈出新，不断开拓创新，创造出读者喜爱的期刊内容。同时，在期刊展现形式上也要不断进行创新，更加符合读者的阅读习惯，引起读者更加浓厚的兴趣，使得读者自觉进行宣传推广。只要期刊内容创造不断实现突破，期刊品牌影响力提升就有了基础保障。期刊内容的高质量，就如同产品质量一样，是期刊品牌影响力提升的根本。只有坚持以读者为中心，才能更好地实现期刊创办的初衷，稳步提升期刊品牌影响力，促进期刊的可持续发展。

4.2 以需求为导向，实现期刊品牌影响力的精准投放

以需求为导向，就是要根据市场需求的变化，在期刊特色的基础上不能更新和完善，不断学习和创新，不断调研和反馈，形成期刊的自我发展机制。进入 21 世纪，社会发展日新月异，深刻影响着人们的生活。随着学习、工作和生活习惯的改变，人们对期刊的阅读需求也在发生改变。根据期刊的办刊宗旨，结合人们阅读需求和阅读习惯的改变，不断进行期刊的自主创新，在激烈的市场竞争中突出重围。期刊只有面向相应需求的受众，才能更好地实现期刊品牌影响力的精准投放，才能更快地扩大期刊品牌影响力。期刊品牌影响力提升后，读者需求的要求也在提高，反过来也会促进期刊更加要适应市场需求。期刊除了要契合市场需求，还要主动去创造市场需求，引导人们阅读习惯的改变，这样将会加速期刊品牌影响力的提升。

4.3 以网络为载体，实现期刊品牌影响力的快速传播

以网络为载体，就是要根据新时代的特点和现实情况，在"互联网+"背景下充分发挥网络的作用，快速将期刊传达给受众，形成期刊的链式传播机制。进入 21 世纪，网络信息技术飞速发展，新媒体不断涌现。网络时代期刊品牌建设方法有：充分利用学术与出版资源建设期刊品牌；积极做好栏目策划建设期刊品牌；充分利用优先出版技术建设期刊品牌[10]。随着传统纸质媒体的没落，期刊除了纸质出版以外，应更加重视数字化出版。充分发挥网络的作用，倡导"互联网+期刊"，将期刊由线下发展到线上，线下和线上同时发力。借助互联网平台，引入新媒体、自媒体等，实现期刊品牌影响力的快速传播。以网络为载体，可以极大地提高传播速度，促进期刊品牌影响力的几何级增长。加强期刊品牌视觉形象设计，注重期刊数字化品牌推广，形成强大的期刊品牌冲击力。只有充分发挥网络的载体作用，只有走"互联网+期刊"之路，只有充分借助新媒体的放大效应，才能更快地建设一流期刊。

5 结束语

在建设新时代中国特色社会主义的道路上，必须不断增强文化自信，努力提升期刊品牌影响力。以新时代中国特色社会主义思想为指导，充分认识新时代期刊品牌影响力提升的必要性和紧迫性。加快集群化办刊、市场化运作、数字化出版、媒体化宣传、国际化推广等，增强期刊核心竞争力，加速创建世界一流期刊的步伐。坚持以读者为中心，以需求为导向，以网络为载体，实现期刊品牌影响力从内容创造、精准投放到快速传播的完整链条。加快期刊自我创新和自我革新的速度，实现正向循环，形成自主发展。只有不断加强新时代期刊品牌影响力提升的路径与策略研究，才能走上一条具有新时代中国特色的期刊发展之路，提升期刊品牌影响力。

参 考 文 献

[1] 鲁立,王慧琳,闻浩,等.加强综合性医学期刊品牌建设的探索与实践[J].中国科技期刊研究,2013,24(3):580-581.
[2] 陈峰,徐若冰,刘亮亮,等.简论科技期刊品牌建设[J].编辑学报,2013,25(1):1-2.
[3] 包颖,邱香华,欧宾.高校期刊的现状与改革机制探讨:以重庆市若干高校期刊为例[J].长江师范学院学报,2018,34(3):136-140.
[4] 尤传豹.学术期刊特色栏目建设与智库功能实现的协同发展[J].黄冈师范学院学报,2018,38(5):115-119.
[5] 王丽娜,李娜,陈广仁,等.科技期刊品牌活动与提升品牌影响力:以《科技导报》为例[J].中国科技期刊研究,2018,29(9):946-949.
[6] 杨臻峥,郑晓南.全媒体背景下科技期刊品牌形象推广策略的探索[J].编辑学报,2020,32(3):291-294.
[7] 张静.科技期刊数字化品牌建设及推广策略[J].编辑学报,2013,25(3):287-289.
[8] 王明华,沙勤,顾凯,等.学术期刊独立网站网络传播环境特征及其品牌拓展[J].编辑学报,2015,27(2):112-115.
[9] 俞敏,刘德生.全媒体时代提升科技期刊品牌影响力策略研究[J].中国科技期刊研究,2016,27(12):1328-1333.
[10] 杨锐.论网络时代中文科技学术期刊的品牌建设[J].编辑学报,2014,26(4):321-324.

生物医学 OA 期刊 20 年发展启示
——以 BioMed Central 所出版期刊为例

邹 强[1]，倪 明[2]

(1.上海交通大学医学院附属新华医院，上海市儿科医学研究所，《临床儿科杂志》编辑部，上海 200092；
2.复旦大学附属肿瘤医院抗癌协会与杂志社办公室，复旦大学上海医学院肿瘤学系，《中国癌症杂志》杂志社，上海 200032)

摘要：文章以创办 20 多年的 BioMed Central 出版社为例，通过收集该出版社出版的 316 本期刊，并收集在 Web of Science 和 PubMed 两个数据库中 316 本期刊的收录情况，以了解目前生物医学开放获取(OA)期刊的发展状况和国际大型出版商的办刊经验。在培育世界一流科技期刊的大背景下，我国生物医学期刊应从"借船出海"转变为"造船出海"出版策略，借鉴国外大型 OA 出版商的成功经验，实现走出去的目标。

关键词：BioMed Central；生物医学期刊；开放获取期刊

由于学术出版领域越来越集中于几大国际知名出版商，近几十年来，图书馆学术期刊成本越来越高[1]。期刊开放获取(OA)概念的提出受到了诸多图书馆员、学者、期刊编辑等支持。随着互联网的快速发展，使 OA 期刊依托于互联网得到了更好的发展[2]。OA 期刊在经历了 1991—2000 年兴起阶段、2001—2003 年调整阶段[3]之后，因获取免费、文章可及性高、引证方便，成为了新刊创办的优选模式。

在 2000 年，为了更好地适应 OA 期刊的发展，美国国立医学图书馆(NLM)下属的生物技术信息中心(NCBI)在 PubMed 生物医学文献数据库的基础上，创办了 PubMed Central (PMC) 作为 OA 期刊全文仓储平台[4]。为了加快 OA 期刊仓储的发展，NCBI 在原有 NLM 归档和交换标记套件基础上，于 2012 年发布了期刊文档标签套件(The Journal Article Tag Suite，JATS)，并得到了美国国家信息标准组织(NISO)的认可，逐渐将该标准从生物医学扩展到全学科数字化文献仓储，并于 2015 年发布了更新版本[5]。这一系列期刊的电子文档存储于转化标准的制定[6]、数据库仓储平台的建立，为生物医学 OA 期刊的数字化发展与传播提供的保障。

BioMed Central (BMC)出版社成立于 1999 年，是专业于 OA 模式的生物医学期刊出版商，属于盈利性质的公司[7]，并于 2000 上线了第一篇以 OA 模式阅读的论文[8]。世界第二大出版商 Springer 关注到了 BMC 的 OA 模式的快速扩张及可观的盈利模式，于 2008 年与 BMC 达成了收购协议[9]。

BMC 至今已创办了 20 多年，目前已出版了 300 余本期刊[10]，涉及 19 种专业学科。为更

基金项目：上海市科技期刊学会腾飞项目(2020B03)；上海交通大学期刊中心 2021 年期刊发展研究基金项目(QK-Y-2021006)
通信作者：倪 明，E-mail: 3816754333@163.com

好地了解BMC出版社OA期刊出版现状,本研究收集BMC旗下的316本期刊信息,并在科睿唯安Web of Science和PubMed中检索这些期刊,收集期刊特征进行分析,以期更好地了解国际生物医学OA期刊20多年来的发展,并为我国生物医学期刊选择采用OA模式走向国际时提供选择或参考。

1 数据收集

进入BMC官网,点击期刊列表(https://www.biomedcentral.com/journals),收集全部316本期刊信息,导出Microsoft Excel。根据刊名检索PubMed(https://www.ncbi.nlm.nih.gov/),核对期刊是否被PMC和Medline收录及其收录时间。并在科睿唯安Web of Science(WoS)中核对期刊是否被WoS收录及收录时间。同时收集期刊的审稿模式、出版国家、创刊年份、BMC出版年份、Medline收录年份、PubMed收录年份、WoS收录年份、分区、影响因子,2017—2019年可引用项目(citable items为论著和综述之和)、中国学者发文量等。数据收集截止日期为2021年2月1日。

2 结果

2.1 一般情况

316本期刊分布在19个与生物医学相关的专业中,生物医学56本、化学8本、计算机科学1本、犯罪学与刑事司法2本、口腔科学1本、地球科学1本、教育3本、能源2本、工程4本、环境6本、生命科学58本、材料科学3本、数学1本、医学与公共卫生160本、药剂学1本、哲学3本、物理学1本、心理学2本、社会科学3本,其中,以BMC冠名的有63本。

从历年新出版期刊数量看,平均以每年15本左右均衡增长,如图1所示。

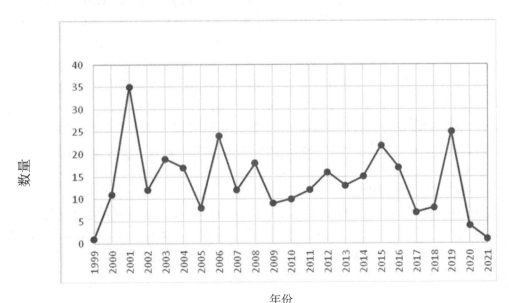

图1 历年BMC新出版期刊数量

2.2 期刊出版地

出版地涉及22个国家和地区,以英国为主(227本),其次为美国15本、中国15本(含台湾地区2本)、韩国10本、日本9本、德国7本、意大利7本等等。

13本出版地为中国大陆,有5本被WoS收录,均为经BMC经营后被WoS收录的,平均时间为2.8年。其中,4本在BMC创刊,另一本是在创刊后第三年加入BMC。8本未被WoS收录的期刊,均在BMC创刊,其中2019年创刊6本,2018年创刊1本,2015年创刊1本。

2.3 审稿模式

BMC使用的同行评审有4种主要类型：①传统的单盲审稿,即审稿人知道作者的姓名。②双盲审稿,即审稿人不知道作者的名字,作者也不知道审稿人姓名。③透明审稿(transparent peer review),审稿人知道作者的名字,但作者不一定知道谁审阅了论文。论文一旦被录用,则匿名审稿意见将与论文一起发布。目前已有41本期刊采用该审稿模式。④开放审稿(open peer review),作者知道谁是审稿人,而审稿人也知道谁是作者。论文一旦被录用,审稿人署名和评审意见将和论文一起发布。目前已有22本期刊采用该审稿模式。

2.4 数据库收录情况

316本期刊中,WoS收录期刊有215本(68.04%),Medline收录156本(49.37%)。McNemar's检验显示,两个数据库所收录的期刊并不一致,差异有统计学意义(χ^2=97.201,P<0.001)。如表1所示。

表1 BMC期刊数据库收录情况 本

组别	WoS未收录	WoS收录	合计
Medline未收录	92	68	160
Medline收录	9	147	156
合计	101	215	316

2.4.1 被WoS收录的期刊情况

215本被WoS收录期刊中,有27本期刊为加入BMC出版社之前已被WoS收录；188本为经BMC经营后被WoS收录,平均被WoS收录需时(5.83±3.55)年。从各分区看,Q1区61本,Q2区71本,Q3区64本,Q4区19本。期刊影响因子>10分的有5本；5~10分的有24本。期刊影响因子平均(3.22±1.98)分,其中有3本为2019年被收录,尚未有影响因子。2017—2019年的3年中位可引用项目214篇(IQR：106~510)。载文量最高的为*BMC Public Health*(4 075篇)、*BMC Cancer*(3 414篇)、*BMC Genomics*(2 939篇)、*BMC Health Services Research*(2 833篇)、*BMC Infectious Diseases*(2 574篇),其他期刊3年载文量均在2 500篇以下。

有61本(28.4%)期刊特别受中国学者欢迎,中国学者2017—2019年3年载文量排名第一。其中,Q1区10本,Q2区18本,Q3区22本,Q4区11本。

2.4.2 被PubMed收录的期刊情况

被PubMed/PubMed Central数据库收录期刊270本(85.44%),未被收录的主要是生命科学领域中与动植物相关的学科及工程、教育、社会科学等领域；但也有1本生物医学和10本医学与公共卫生科学类期刊未被收录,可能与这些刊物刚创刊或者刚加入BMC出版社有关。

3 讨论

经过20多年的发展,BMC的期刊几乎已覆盖所有的生物医学专业,有的热门专业已超过3本,甚至肿瘤学有高达16本被WoS收录。随着BMC出版社的不断壮大,已经开始向与生物医学相关的交叉学科发展,如计算机生物大数据的期刊,生物材料、生物工程、生物能源的期刊,与生命伦理相关的哲学与社会科学的期刊等。被 WoS 收录的期刊 2017—2019 年的 3 年中位载文量 214 篇,有 5 本 3 年载文量偏高(超过 2 500 篇),均是创社初期以 BMC 冠名的期刊。受我国科研评价制度的影响,WoS 收录期刊在我国学者中占有重要地位[11]。BMC 出版社也积极迎合中国学者需求,已有 215 本期刊被 WoS 索引。因为一旦被 WoS 收录后期刊将受中国学者欢迎,成为期刊良性发展的重要因素。目前已有 61 本(28.4%)被 WoS 收录的期刊中国学者的发文量排名第一。BMC 成功的办刊经验吸引了中国等多个亚洲非出版强国在 BMC 创办生物医学期刊。在中国大陆 5 本被 WoS 收录后,2018、2019 年两年又吸引了 7 本大陆期刊加入了 BMC。而亚洲的日韩两国同样也在借 BMC 之船出海,目前有 9 本日本期刊,其中 4 本被 WoS 收录;已有 10 本韩国期刊,但尚未被 WoS 收录。

BMC 除了采用传统单盲和双盲审稿外,在多本期刊上尝试采用开放审稿和透明审稿 2 种新型的审稿模式。2018 年,BMC 出版社 *Genome Biology* 期刊进行透明评审制度的尝试:每一轮的审稿意见和作者在修回时针对审稿意见进行的一一回复的内容都在稿件最终发表上线时作为附件一同发表,读者通过下载发表后的稿件的附件找到稿件从送审之日起的同行评审每个阶段的信息[12]。最终结果发现,测试组与对照组中的平均审稿周期并没有明显差异;也没有发现审稿人由于审稿意见最终将会被发表而对稿件放松要求,从而减低审稿质量。开放审稿模式目前尚未形成统一的标准[13]。目前主要的几家 OA 期刊出版社在使用的开放审稿模式有 4 种。①Frontiers 出版社:仅公开审稿人的身份,不与论文同时发布审稿意见;②Peer J 出版社:公开审稿人的身份,作者可选择是否与论文一起发布审稿人的审稿意见;③BMC 出版社:同时公开审稿人和审稿意见;④F1000Research 出版社:不仅公开审稿人身份和审稿意见,连审稿过程也是公开的。在 OA 模式快速发展之下,尽管 BMC 旗下期刊发生了作者伪造审稿人的大规模撤稿事件[14-15]。但 BMC 积极面对这一问题,基于 OA 期刊不受版面限制、在线出版的天然优势,不断尝试采用新型审稿模式,为避免作者伪造审稿人等事件再次发生。

PubMed 数据库的核心 Medline 是国际上最权威的生物医学文献数据库之一。从表 1 结果看 Medline 的收录要求比 WoS 更为严苛,WoS 收录的期刊中有 68 本 Medline 未收录,而 Medline 收录的期刊中仅有 9 本 WoS 未收录。可能一方面 Medline 以收录生物医学期刊为主,对于一些生物医学交叉学科和社会科学收录较为严格;另一方面近几年 OA 期刊呈快速增长,NLM 降低 PubMed Central 的收录要求的同时,提高了 Medline 收录要求。

尽管 BMC 在 OA 期刊的发展受到瞩目,但是 BMC 出版社的定位是一家盈利性的企业,有着经营的压力。随着其在各学科中的期刊数量的饱和,还是需要对该出版社提高警惕。如有一本 3 年载文量 4 075 篇的 *BMC Public Health*,出现在任胜利等[16]的巨型 OA 期刊载文量期刊列表中。另有 4 本期刊 *BMC Cancer*、*BMC Genomics*、*BMC Health Services Research*、*BMC Infectious Diseases* 的 3 年载文量超过 2 500 篇。巨型 OA 期刊可能会在市场的推动下不断扩张,在发表大量论文同时,可能会降低对学术质量的要求[17]。

4 思考与启示

BMC 已具有 20 多年的 OA 期刊办刊经验,已吸引 13 家中国大陆机构的期刊加入该期刊阵营。相比于科学和技术类期刊,国内医学期刊国际化发展较慢,国内生物医学期刊尚缺少大船可以出海。在培育世界一流科技期刊的大背景下[18],对于生物医学 OA 期刊来说,对期刊出海有着强烈需求。有学者提出，与国际出版巨头合作，借鉴国外成功经验，做到学术规范与国际接轨，才能真正走出去[19]。但是，这一举措可能变成国外大型出版商的商机，通过"借船"给中国期刊，以承诺帮助中国期刊进入国际权威数据库[20]。所以只有"造船出海"才是我国生物医学期刊的最优选择。

　　BMC出版社创立于OA期刊出版的兴起阶段，同时正处于2002年布达佩斯开放获取倡议(Budapest Open Access Initiative)[21]时期，该时期OA期刊的数量快速增长。同时，得益于PMC OA期刊全文仓储平台的建立及JATS期刊数字化文档标签套件这一标准的制定。之后，又有了DOAJ(Directory of Open Access Journals)数据库[22]对OA期刊的不断推广，并得到了传统出版商斯普林格学术资源和雄厚资金的支持。

　　目前，我国已完全有能力打造具有自主知识产权的数字出版平台，将期刊的市场化运营权掌握在自己手中，实现科技期刊的集群化和国际化[23]。中华医学杂志社已经在期刊数字出版方面积累了丰富经验，CMA JATS已经成为国家数字复合出版系统工程XML排版工具的内置标准之一[24]，可以说已经具备了"造船出海"的基础建设。我国香港的AME出版商，起步较晚，成立于2009年，与BMC类似，也致力于生物医学OA期刊的出版[25]，虽然目前仅出版了60多本生物医学期刊，但已有10多本期刊被WoS收录，也有了一定的"造船出海"的办刊经验。相信在国家各部门对学术期刊繁荣发展的指导意见下[26]，国内的生物医学期刊将会得到更好的发展。目前学术界又提出了"OA2020"[27]倡议，希望有越来越多的订阅期刊加入了OA阵营。在新的OA倡议和良好契机下，我国生物医学期刊出版策略应从"借船出海"转变为"造船出海"，借鉴国外大型OA出版商的成功经验，实现走出去的目标。

参 考 文 献

[1] 方晨.开放获取:解困"学术期刊危机"[J].中国教育网络,2005(9):48-50.

[2] 张敏.开放获取发展概述[J].高校图书馆工作,2006,26(112):11-15.

[3] 崔丽芬,季亚娟,江芸,等.2013—2014年OA运动形势的回顾[J].浙江高校图书情报工作,2014(4):12-23.

[4] 邹强,袁庆,康林,等.PubMed Central的数字化出版简介[J].中国科技期刊研究,2014,25(2):240-242.

[5] NISO发布新版期刊文章标签集(JATS)标准[J].现代图书情报技术,2016,32(2):15.

[6] 康宏宇,李姣,侯震,等.基于JATS标准的医学期刊电子资源格式处理与转化[J].中国科技期刊研究,2018,29(8):822-827.

[7] Breast Cancer Research: Celebrating 20 Years [EB/OL]. [2021-08-01]. https://breast-cancer-research.biomedcentral.com/about/breast-cancer-research--celebrating-20-years.

[8] 王应宽,王锦贵.基于盈利模式的开放存储期刊出版:BioMed Central案例研究[J].中国科技期刊研究,2006,17(3):354-359.

[9] Springer Science + Business Media. Springer to acquire BioMed Central Group [EB/OL]. [2021-08-01]. https://www.springer.com/about+springer/media/pressreleases?SGWID=0-11002-6-805003-0.

[10] About BMC [EB/OL]. [2021-08-01]. https://www.biomedcentral.com/about.

[11] LI Y Y. "Publish SCI papers or no degree": practices of Chinese doctoral supervisors in response to the publication pressure on science students [J]. Asia Pac J Educ, 2016, 36(4): 545-558.

[12] COSGROVE A, CHEIFET B. Transparent peer review trial: the results [J]. Genome Biol, 2018, 19: 206.

[13] ROSS-HELLAUER T. What is open peer review? A systematic review [J]. F1000Res, 2017, 6: 588.

[14] Springer, BMC retracting nearly 60 papers for fake reviews and other issues [EB/OL]. [2021-08-01].

https://retractionwatch.com/2016/11/01/springer-bmc-retracting-nearly-60-papers-for-fake-reviews-and-other-issues/.

[15] 付晓霞,李贵存.对 BioMedCentral 撤销中国论文的思考[J].编辑学报,2015,27(6):514-518.

[16] 任胜利,高洋,程维红.巨型 OA 期刊的发展现状及相关思考[J].中国科技期刊研究,2020,31(10):1171-1180.

[17] DA SILVA J A T, TSIGARIS P, AL-KHATIB A. Open access mega-journals: quality, economics and post-publication peer review infrastructure [J]. Pub Res Quart, 2019, 35(3):418-435.

[18] 关于深化改革 培育世界一流科技期刊的意见[EB/OL]. [2021-02-07]. https://www.cast.org.cn/art/2019/8/16/ art_79_100359.html.

[19] 夏侠.学术出版的国际化探索及未来发展路径:以中国社会科学出版社 30 年海外合作出版为例[J].出版与印刷,2020,31(4):56-59.

[20] 游苏宁,陈浩元,冷怀明.砥砺前行实现科技期刊强国梦[J].编辑学报,2018,30(4):331-336.

[21] Budapest Open Access Initiative [EB/OL]. [2021-06-28]. https://www.budapestopenaccessinitiative.org/read.

[22] About DOAJ. [EB/OL]. [2021-02-07]. https://doaj.org/about/.

[23] 于成,古雅琳,张文彦.世界科技出版公司科技期刊"造船出海"模式及对我国的启示[J].中国科技期刊研究,2019,30(7):766-772.

[24] 沈锡宾,李鹏,刘冰,等.CMAJATS 在中华医学会杂志社数字出版中的三年实践总结[J].中国科技期刊研究,2018,29(3):248-252.

[25] AME Publishing Company. Who we are [EB/OL]. [2021-02-07] . https://www.amegroups.com/who-we-are.

[26] 中共中央宣传部教育部科技部印发《关于推动学术期刊繁荣发展的意见》的通知[EB/OL]. [2021-02-07]. http://www.nppa.gov.cn/nppa/contents/312/76209.shtml.

[27] OA2020: A Global Initiative to Drive Large-Scale Transformation of the Subscription System [EB/OL]. [2021-06-28]. https://oa2020.org/wp-content/uploads/OA2020_Conceptual_Framework.pdf.

畜牧、兽医学中文期刊动态影响力分析及其网站建设调研与启示

刘珊珊[1]，王浩然[1]，沈洪杰[2]，郭建顺[1]，沈晓峰[1]，张学东[1]

(1.吉林大学《中国兽医学报》编辑部，吉林 长春 130062；2.吉林大学图书馆，吉林 长春 130062)

摘要：选取《2018 年版中国科技期刊引证报告(核心版)·自然科学卷》畜牧、兽医学综合评价前 5 位期刊，利用学术影响力动态评估模型分析 5 年内(2013—2017)5 种期刊的学术影响力发展趋势。同时根据中国科学技术信息研究所 2017 年版《中国高被引分析报告》，总结兽医领域高被引作者、高产院校、研究所及高影响力期刊的共生链接网络，为畜牧、兽医期刊组稿、选题，创建优势作者群和专家团队，调整办刊策略提供参考数据。最后对比总结 5 种期刊在扩展学术视角、提高传播效率等网络建设方面的经验与不足，为期刊提高影响力和知名度提供参考。

关键词：畜牧、兽医学期刊；JCR；影响力动态评估；高被引分析报告；网络平台

2020 年度国家科技奖励改革方案最近公布，鼓励申请人选择发表在国内期刊的论文作为代表作，这一项改革是学术评价发展进步的里程碑，积极响应习主席"广大科技工作者要把论文写在祖国大地上"号召，这是我们学术自信的表现[1]。然而，对于每个研究领域的中文科技期刊，是否拥有核心竞争力以吸引优秀论文？是否具备足够高的学术影响力和宣传力，对我国科技进步起到真正的推动作用？任何事物的发展必然来源于内部优势力量的倍速积累，期刊发展的王道永远是优秀的稿源，但在数字化办刊大背景下，以网站为平台的数字化建设也是提高刊物的影响力和知名度的重要手段，期刊学术影响力的提升和数字化平台宣传作为期刊发展的重点，是品牌建设的重要举措[2]。

影响因子是评价期刊的静态变化，受出版周期、过度自引等许多非学术因素影响，并不能真实反映期刊的学术影响力，而期刊在其领域的发展规律更需动态衡量。自何学锋等[3]创建科技期刊学术影响力动态评估模型后即得到广泛应用，如诸静英等[4]结合多种方法动、静态评价科技期刊发展；罗惠予等[5]和方红玲等[6]分别统计肿瘤学和眼科学期刊动态影响力，显示出该方法的客观性和可借鉴性。本研究选取《2018 年版中国科技期刊引证报告(核心版)·自然科学卷》畜牧、兽医学类综合评价前 5 位期刊，利用学术影响力动态评估模型分析其 5 年内(2013—2017)学术影响力和动态发展趋势，为期刊的评价与调节办刊策略供参考。

中国高被引分析报告期刊引用报告[7](Journal Citation Reports, JCR)是一个独特的多学科期刊评价工具，以高被引论文为基础，全面展现各个学科领域的高被引情况。总结高被引论文、高被引期刊、高被引作者、高被引机构等，借助可视化工具揭示各领域科研发展及合作动态，

基金项目：2021 年度中国农业期刊网研究基金资助项目(CAJW2021-026)

了解学科领域的核心著作以及整体知识架构,从而进一步发挥科技文献对我国科学研究的促进作用。本研究根据中国科学技术信息研究所《2017年版中国高被引分析报告》,总结兽医领域的高被引作者、高产院校、研究所及高影响力期刊的共生链接网络,为期刊组稿、选题,共生发展提供数据支持。

在数字化办刊大背景下,科技期刊网站数字化建设成为提高刊物影响力和知名度的重要手段之一[8]。中文期刊应丰富网站内容,强化服务功能,让更多读者了解期刊动态,从传播角度看,较大的信息量、较全面的主题、较广的学术信息视野,是组成网络平台建设的重要影响因素,本研究总结5种畜牧、兽医学期刊在网络建设经验方面的经验与不足,为期刊提高影响力和知名度提供参考。

1 材料与方法

1.1 研究对象和评价指标

选取《2018年版中国科技期刊引证报告(核心版)·自然科学卷》畜牧、兽医学类综合评价前5位期刊,分别为《动物营养学报》《中国畜牧兽医》《畜牧兽医学报》《动物医学进展》和《中国兽医学报》。

1.2 评价指标

以《中国科技期刊引证报告》(2013—2017扩刊版)5种期刊的即年指标、国际论文比、基金论文比、总被引频次、影响因子和他引率等9项文献计量学评价指标为依据,进行学术影响力动态评估;根据中国信息研究所《2017年版中国高被引分析报告》[7],总结期刊共引分析,显示畜牧、兽医学科高影响力期刊共被引网络;最后通过网络搜索,可视化归纳总结5种期刊在期刊动态公告、学术拓展、数据库收录、检索平台链接、畜牧、兽医学会链接、期刊大事记及论文被引、被下载排行学术增值服务方面的经验与不足。

1.3 评估方法

利用Microsoft Excel软件统计与分析期刊相关数据,学术影响力动态评估公式如下:

$$I = \sum_{i=1}^{Z} IY - i \tag{1}$$

$$I_{Y-i} = A_{Y-i}(G_{Y-i} + C_{Y-i} + S_{Y-i}) \times R_{Y-i}(G_{Y-i} + F_{Y-i} + Q_{Y-i}) \tag{2}$$

式中:Z为统计年数,本研究为5年;I_{Y-i}为期刊某一年学术影响力评估分值,其中A_{Y-i}、G_{Y-i}、C_{Y-i}、S_{Y-i}、R_{Y-i}、F_{Y-i}和Q_{Y-i}为本年发文量、即年指标、国际论文比、基金论文比、总被引频次、影响因子和他引率。期刊学术影响力增长率=(某时期刊最新I值−某时期平均I值)/某时期平均I值×100%。

2 结果

2.1 畜牧、兽医学期刊学术影响力动态分析

《2018年版中国科技期刊引证报告(核心版)·自然科学卷》畜牧、兽医学综合评价前5位期刊中(见表1),《动物营养学报》影响因子超过1,影响因子平均值为0.716。《动物医学进展》和《畜牧兽医学报》影响因子低于平均值。学术动态评估结果显示《动物营养学报》和《中国畜牧兽医》影响力评估分值I_r大于1(表2、3);5种期刊平均增长率为31.14%,其中《动物营养学报》《中国畜牧兽医》和《中国兽医学报》增长率均高于平均值。结合畜牧、兽医学期

刊 5 年影响因子变化分析显示(见图 1)，《动物营养学报》和《中国畜牧兽医》影响因子一直处于高水平、持续增长状态，《中国兽医学报》增长率明显高于《动物医学进展》和《畜牧兽医学报》，在 2018 年期刊引证报告中显示，《中国兽医学报》影响因子已经跃居第二位。《动物医学进展》和《畜牧兽医学报》增长率缓慢。

表 1　2018 年 5 种畜牧、兽医学期刊主要指标

综合评价排名	刊　名	核心影响因子及排名	核心总被引频次及排名	学科扩散指标	学科影响指标	学科红点指标
1	动物营养学报	1.037/1	3 263/1	16.63	0.94	0.55
2	中国畜牧兽医	0.647/4	2 410/4	15.71	1.00	0.06
3	畜牧兽医学报	0.706/3	1 684/3	12.29	1.00	0.54
4	动物医学进展	0.440/9	1 424/5	19.59	1.00	0.31
5	中国兽医学报	0.758/2	1 684/2	12.63	0.94	0.56

表 2　2013—2017 年 5 种畜牧、兽医学期刊文献计量学评价指标

期刊名称	年份	来源文献量 A	总被引频次 R	影响因子 F	即年指标 G	他引率 Q	国际论文比 C	基金论文比 S
动物营养学报	2013	375	2 263	1.311	0.267	0.80	0.008	0.723
	2014	479	2 985	1.365	0.173	0.76	0.000	0.620
	2015	473	3 319	1.297	0.186	0.84	0.010	0.780
	2016	480	3 965	1.377	0.138	0.83	0.010	0.810
	2017	541	4 776	1.416	0.244	0.77	0.010	0.810
中国畜牧兽医	2013	633	3 152	0.672	0.126	0.82	0.007	0.858
	2014	665	3 812	0.744	0.110	0.78	0.010	0.790
	2015	498	4 041	0.720	0.098	0.84	0.010	0.870
	2016	484	4 211	0.818	0.157	0.83	0.000	0.850
	2017	504	4 648	1.020	0.186	0.83	0.000	0.890
畜牧兽医学报	2013	282	2 218	0.784	0.131	0.91	0.007	0.858
	2014	289	2 271	0.720	0.066	0.93	0.010	0.790
	2015	298	2 474	0.729	0.087	0.92	0.010	0.870
	2016	313	2 467	0.692	0.160	0.91	0.000	0.850
	2017	273	2 535	0.825	0.128	0.90	0.000	0.890
动物医学进展	2013	419	2 205	0.530	0.050	0.91	0.005	0.683
	2014	392	2 610	0.736	0.094	0.84	—	0.712
	2015	391	2 940	0.857	0.192	0.84	0.000	0.730
	2016	356	3 178	0.949	0.171	0.85	0.000	0.720
	2017	349	2 959	0.839	0.135	0.91	0.000	0.730
中国兽医学报	2013	388	1 891	0.556	0.067	0.87	0.003	0.876
	2014	390	2 040	0.608	0.105	0.85	0.010	0.810
	2015	384	2 100	0.702	0.078	0.85	0.010	0.840
	2016	407	2 182	0.810	0.113	0.85	0.000	0.850
	2017	429	2 307	0.832	0.119	0.84	0.000	0.870

表3 5种畜牧、兽医学期刊2013—2017年学术动态影响力评估表

期刊名称	I_{2013}	I_{2014}	I_{2015}	I_{2016}	I_{2017}	平均值	I_r	增长率/%
动物营养学报	0.84	1.09	1.93	1.50	2.81	1.63	1.59	72.3
中国畜牧兽医	1.35	1.59	1.37	1.56	2.16	1.61	1.56	34.2
畜牧兽医学报	0.48	0.41	0.52	0.58	0.59	0.52	0.81	13.5
动物医学进展	0.43	0.58	0.84	0.85	0.71	0.68	0.66	4.40
中国兽医学报	0.44	0.47	0.51	0.64	0.74	0.56	0.54	32.2

注：I值是进行修正后得出的相对评估值。

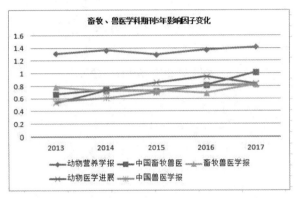

图1 2013—2017年5种畜牧、兽医学期刊影响因子变化

2.2 中国高被引分析报告统计分析

根据中国信息研究所《2017年版中国高被引分析报告》期刊共引分析显示，畜牧、兽医学高影响力期刊相互链接，引导共被引网络，其中《动物营养学报》《中国畜牧兽医》和《动物医学进展》关联性较强，紧跟学术前沿(见图2)；高被引论文统计发现，热点主题主要为预防、生长性能和疾病为主要节点的多概念关联主题簇(见图3)。总被引频次较高的3所高等院校、3所科研院分别为中国农业大学、扬州大学和四川农业大学、中国农业科学院北京畜牧兽医研究所、江苏省农业科学院和中国农业科学院哈尔滨兽医研究所(见图4)。通过作者共引分析显示，畜牧领域高被引作者主导了作者共引网络，成为优势科研力量，学者彭金美和童武等为主要节点的共被引作者(见图5)。

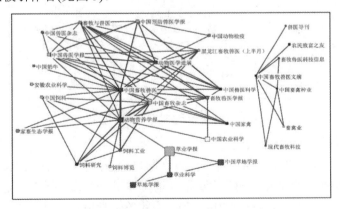

图2 兽医学高影响力期刊载文主题关联

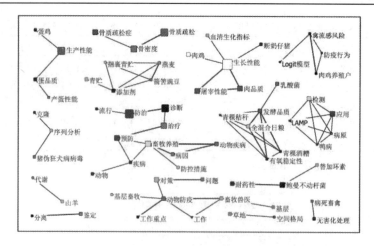

图 3　兽医学 2016 年热点主题关联

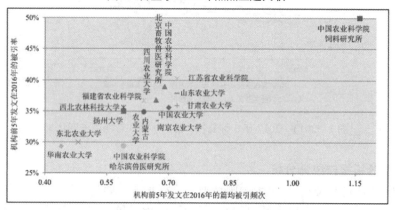

图 4　兽医学高被引机构论文篇均被引频次及被引率对比

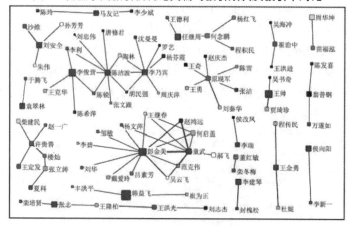

图 5　兽医学高被引作者网络图

2.3　畜牧、兽医学科期刊网络平台建设分析

分别登陆这 5 种期刊网站界面，可视化对比期刊动态公告、学术拓展、数据库收录、检索平台链接、畜牧兽医学会链接、期刊大事记及论文被引、下载排行 7 方面的期刊增值信息，结果显示《动物营养学报》《中国畜牧兽医》和《畜牧兽医学报》期刊动态信息公告滚动播出，而《动物营养学报》同时还设置了相关学科学术会议动态公告和期刊大事记，并链接畜牧、

兽医学会和研究院所；《动物营养学报》和《中国兽医学报》详细列举了期刊数据库收录情况；《动物医学进展》的网站界面仅仅是期刊投稿系统，并未提供任何增值性信息(见表4)。

表4　5种畜牧、兽医学期刊网络平台建设分析

期刊名称	期刊公告总数	学术公告总数	数据库收录	检索平台链接	学会链接	期刊大事记	论文被引、下载排行
动物营养学报	46	18	翔实，实时更新	中国知网(CNKI)、万方	中国畜牧兽医学会、动物营养学会	翔实	有
中国畜牧兽医	12	无	无	无	无	无	有
畜牧兽医学报	29	无	翔实，实时更新	无	中国畜牧兽医学会、中国农业科学院北京畜牧兽医研究所、中国农业科学院、中国科协、农业农村部、科技部	无	有
动物医学进展	无	无	无	无	无	无	无
中国兽医学报	无	无	无	个刊影响力统计分析数据库、学术不端检测系统、优先数字出版系统、国际知识资源总库、协同期刊采编平台、中国知网	无	无	有

3　讨论

我国畜牧、兽医学期刊始于1935年创办《畜牧与兽医》，截至2018年我国已有210种期刊，占科技期刊数量的2.6%。畜牧学、兽医学作为农学下的一级学科，影响因子低于农学核心期刊的平均值[9]，整体学术水平有待提高，每个科技期刊要利用大数据搜索引擎和同领域期刊进行分析比较，从中找出自身存在的问题。他山之石，可以攻玉，借鉴优秀期刊的成功办刊经验，结合期刊优势领域，找寻突破僵局之路。

本研究结果显示，《2018年版中国科技期刊引证报告(核心版)·自然科学卷》中畜牧、兽医学综合评价前5位的期刊中，《动物营养学报》5年内影响因子均已超过1，学术动态评估结果显示《动物营养学报》和《中国畜牧兽医》I_r分值均大于1，可见这两种期刊都具有较好的发展基础，其目前的办刊宗旨及发展策略符合期刊发展规律；《动物营养学报》《中国畜牧兽医》和《中国兽医学报》增长率均高于平均值，显示出良好的发展趋势。《中国兽医学报》增长率明显高于《动物医学进展》和《畜牧兽医学报》，2018年影响因子已经跃居第二位。《动物医学进展》和《畜牧兽医学报》增长率缓慢。根据中国科学技术信息研究所《2017年版中国高被引分析报告》期刊共引分析显示，畜牧、兽医学科高影响力期刊相互链接，引导共被引网络，其中《动物营养学报》《中国畜牧兽医》和《动物医学进展》关联性较强，紧跟学术前沿，期刊间协同发展对于提高整体影响力意义非凡。

学术期刊"内容为王"永远是王道，期刊之间的竞争实质上是一流作者的竞争[10]。学术期

刊要追踪相关学科领域学术带头人的研究动态和科研进展，对于提高发文质量、彰显期刊特色具有重要作用。根据中信所《2017年版中国高被引分析报告》期刊高被引论文分析统计发现，热点主题主要为预防、生长性能和疾病为主要节点的多概念关联主题簇。总被引频次较高的3所高等院校、3所科研院分别为中国农业大学、扬州大学和四川农业大学、中国农业科学院北京畜牧兽医研究所、江苏省农业科学院和中国农业科学院哈尔滨兽医研究所。作者共引分析显示，畜牧领域高被引作者主导了作者共引网络，成为优势科研力量，学者彭金美和童武等为主要节点的共被引作者，畜牧、兽医学期刊应积极主动追踪学术前沿信息，与高被引作者及院校保持合作，策划选题，促进学术期刊的内生发展，确保期刊的主导地位。

学术期刊数字化媒体融合发展是期刊发展和自我宣传的必经之路，期刊网站提供增值信息，宣传学术会议动态、学科研究热点、课题讨论平台，可以提升期刊数字化品牌，能迅速提高刊物的认知度[11]。对这5种期刊网站建设进行比较总结，结果显示《动物营养学报》期刊动态和相关学科学术会议动态公告滚动播出，并链接畜牧、兽医学会和研究院所，详细列举了期刊数据库收录情况。通过网站链接的《动物营养学报》大事件，总结其飞速发展轨迹：2016、2017年荣获科技部中信所2016年"百种中国杰出学术期刊"称号；2018、2019年获中国科协中文科技期刊精品建设计划项目资助，先后有几十篇论文入选"领跑者5000中国精品科技期刊顶尖学术论文"；自2005年期每年举办3期编科技论文写作培训班，先后深入华中农业大学动物医学学院、新疆农业大学动物科学学院、中国农业科学院饲料研究所、浙江大学动物科学学院、青岛农业大学动物科技学院、西北农林科技大学动物科技学院等地，并多次创建和主导大型学术活动。这些举措取得了良好的效果，在读者、作者和高影响力科研机构、专家中增加了互动，大大提高了期刊的显示度，影响因子和学术地位飞速发展。《动物营养学报》办刊理念、发展策略及数字化平台建设模式对我国畜牧、兽医学术期刊发展具有极强的示范效应和借鉴意义。

参 考 文 献

[1] 王晴,袁鹤.新形势下科技期刊发展路径:基于教育部、科技部印发的两文件的思考[J].编辑学报,2020(2):128-131.
[2] 曲红."双一流"背景下高校社科学报特色化发展路径探析[M]//学报编辑论丛(2020).上海:上海大学出版社,2020:114-117.
[3] 何学锋,彭超群.科技期刊学术影响力的动态评估模型[J].编辑学报,2002(4):238-240.
[4] 诸静英,谢School,程杰,等.结合多种方法评价科技期刊的发展[J].中国科技期刊研究,2018(2):179-183.
[5] 罗惠予,游雪梅,阮萃才,等.2008—2012年肿瘤学中文核心期刊学术影响力动态分析[J].中国癌症防治杂志,2015(6):439-445.
[6] 方红玲.2006—2010年我国眼科学期刊学术影响力动态分析[J].中国科技期刊研究,2013(3):498-502.
[7] 曾建勋.中国高被引分析报告2017[M].北京:科学技术文献出版社,2018.
[8] 史强,包雅琳,姜永茂,等.国外四大医学期刊富媒体数字内容开发现状及对国内医学期刊的启示[J].中国科技期刊研究,2018(2):148-152.
[9] 李林.提升科技期刊传播力的实践与探索:以《环境科学》为例[J].编辑学报,2018(1):77-79.
[10] 何代华.编辑如何提高科技期刊稿源质量:以《有色金属材料与工程》为例[M]//学报编辑论丛(2020).上海:上海大学出版社,2020:489-493.
[11] 廖哲平.高校社科学报栏目在数字化出版模式下的瓶颈与突围[M]//学报编辑论丛(2020).上海:上海大学出版社,2020:542-546.

专业学术期刊的现实困境及突围路径

林丽敏

(吉林大学东北亚研究院《现代日本经济》编辑部,吉林 长春 130012)

摘要：中国图书领域主题出版的实践在诸多方面均取得了令人瞩目的成果,其中的经验值得专业学术期刊参考和加以利用。专业学术期刊发展过程中面临着来自作者群、受众群、评价机制等现实困境,而借鉴图书主题出版有其必要性和可能性,进行实际路径探索成为从困境中突围而出的重要渠道。

关键词：专业学术期刊；内容为王；意识导向；精品打造

2021年1月19日,中国出版协会发布了《2020年度中国出版业发展报告》。根据报告内容,中国出版业在2020年度取得了多方面的成绩,例如为抗击疫情所做的贡献、媒体融合与数字出版的推进、线上"走出去"新模式的开拓、主题出版引领价值方向等[1]。以上成果反映了中国出版业在全新阶段的全新布局。可以说,在过去一年国内外环境均发生重大变化的情况下,面临诸多挑战的中国出版业需要发展,更需要突破。中国出版业在数字化、国际化、精品化等方面的耕耘与所得,恰恰是新时期内合理利用有利时机、冲破各种挑战束缚从而谋得可喜佳绩的重要例证。

回顾过往,在中国出版业取得的诸多成果中,非常值得一探的是主题出版在价值引领中的重大作用。主题出版创造的是标杆作品,铸就的是新时代精神高峰[2]。对主题出版的逐步推进是中国出版业重视内容建设和文化繁荣的突出体现。当前,中国主题出版的实践主要以出版社或出版集团为依托,以图书读物为载体,其顶层设计、题材内容、表达技术、社会内涵、经济效益等诸多方面均取得了令人瞩目的成果[3]。值得一提的是,重点选题策划呈现出的上游设计、基层着陆的方式越来越清晰,也越来越完善[4]。图书领域的主题出版获得的成就愈发丰硕之时,期刊尤其是专业学术期刊运行能否复刻在图书出版领域推进主题出版的成功经验,以便在新时代纷繁复杂的环境中争得一方天地以及长远发展？

1 专业学术期刊的现实困境

根据研究范畴的不同,各类专业学术期刊现实难题不尽相同,总体上包括吸引稿源、编辑出版运营、学术市场消费、期刊质量评价、传播推广扩散这几大环节。诸多环节中存在的不同矛盾或窘迫共同作用,形成了专业学术期刊不得不面对的现实困境。尤其是对于学术影响范围有限的小众的专业学术期刊而言,作者群、受众圈、评价体系、学术内容产出等层面的困顿,表现得更加明显。

1.1 作者群体不断固化

一般而言,多数专业学术期刊均是基于特定历史背景或者出于特定学术需求而在某个特定时间节点创刊的。对于这样的学术期刊而言，当时代背景以及学术条件发生巨大变化之后，期刊以往所依靠的出版条件也随之发生天翻地覆的改变，继而进一步导致期刊在学术圈的地位也发生一定反转。伴随着专业学术期刊的学术影响力式微，其辐射范围必然缩小。由此，业已组建的作者群不断固化，很难吸引其他特定研究范畴的学者进入期刊覆盖范围，甚至固有作者群体可能因为研究方向的改变而渐渐脱离原先所处的期刊作者群，该期刊的作者队伍规模便会日益收缩。尤其是在流量当道、热度优先的现实环境下，在过去某段时期内一度被重点关注的部分专业学术期刊，很可能因为研究范畴和选题方向不属于热点而在众期刊之中不够突出。进一步地，由于研究范畴受到局限致使学术地位发生巨大改变的个别专业期刊越发无法吸引更多作者的关注，作者队伍老化(刊文目录很可能反复呈现较为固定的作者名单)，作者群体固化(较少有新生力量的加入)，作者规模缩小(作者数量整体减少)，诸多现实难题严重困扰着专业学术期刊的长久发展。

以专注于研究特定国别经济问题的专业学术期刊为例，这类期刊很可能基于研究对象遭遇"政冷经冷"的情况而导致研究热度一落千丈，已建立长期联系的老作者可能会放弃原有研究领域而转向其他备受追捧的交叉学科的学术期刊，而还未建立起联系的新作者迈入该期刊作者队伍的可能性可以说是非常低。在这样的情况下，十分小众的专业学术期刊很难有效拓展其作者群，作者群固化、优质稿源流失等问题成为其重大困扰。

1.2 受众圈层逐渐收窄

专业学术期刊在面对作者群固化的同时，也不可避免地面临着受众圈层逐渐收窄的现实窘迫。这种困窘与作者群层面的难题从某种意义上讲是相互呼应的。当追逐热点成为学术期刊通往坦途的秘诀，当流量成为学术成果质量的重点评判标准之时，与作者转移研究阵地相互一致的便是受众即读者改变阅读倾向的实际行动。鉴于专业学术期刊具有内容学术化、形式专业化、视域有限化等特点，其作者群体与读者群体存在某种程度的重叠。作者、读者的交互重叠决定了一种后果，即专业学术期刊的读者群可能基于作者构成的改变而发生变化，作者群固化和规模数量减少间接催生了受众圈层的逐渐收窄。

虽然，专业学术期刊一般依托专门的科研机构或者高校院所，日常运营无需考虑市场发行绩效等经济效益问题。然而，读者流失将带来的一种严重后果是专业学术期刊在业界影响力的减弱。对于学术期刊而言，学术影响力就是期刊生命和动力，如若缺失，就很可能在日后长期的萎靡不振中艰难挣扎。因此，专业学术期刊必须重视受众圈层发生哪些变化，并针对这些变化采取有效应对的措施，结合作者队伍的变化，综合考虑各种不利因素，为期刊未来发展而不断稳固市场。

1.3 评价机制存在不足

1.3.1 源于期刊内部的评价

对于学术圈的学者而言，专业学术期刊是评介其学术成果的重要载体。也就是说，除了接受供职单位的评价，以学术成果为重点产出的学者还从某种意义上接受学术期刊的评价，这种评价更多是传播媒介借助载体传达观点的选择属性。专业学术期刊行使的是选择的评价，将符合期刊研究范畴、符合学术规范、达到刊发水平的文章在期刊这一平台上进行展示。因此，隐藏于专业学术期刊出版行为内部的选文评价机制更多地表现出了选择的特征，而决定是否刊用的影响因素无非文稿的选题意义、创新价值、学术逻辑、格式规范等。这样的评价系统主要以文稿品质为判别基准，从实际结果看多数是符合公正原则的，但也会受各种主客观漏洞的影响而在一定程度上导致优质稿件的流失或者劣质稿件的刊发，由此产生了隐匿于专业学术期刊内部的评价不足。比如，一篇具有重要意义价值、观点明确新颖、格式规范准确的优质文章，可能因为偏离期刊研究范畴使得最终被退稿。这种优秀稿源的流失不得不归因于既有规则的客观影响，但也是无奈之举。

1.3.2 来自期刊外部的评价

外界对专业学术期刊的评价，在当前背景下，参考要点主要包括网络下载数量、影响因子大小、微信公众号阅读人次、文献转引条次、重点机构转摘情况等。在数字时代、互联网时代的大环境下，大数据的运用对专业学术期刊的评价相对具有一定的高效性和合理性。收集数据、分析数据，以数据分析结果作为评判依据，建立在数据基础之上的期刊评价行为符合客观实际，也是目前为止相对科学的评价方式。然而，值得一提的是，在这样的评价过程中，部分专业学术期刊由于刊物特质等客观原因，在引导流量的实践中面临很多困难，而且这些困难也很难克服。那么将所有期刊按照相同方法、相同标准加以框定和评价，这样的机制或多或少都存在些许不足。至少在"流量"这一评价指标上，小众且缺少社会资源的专业学术期刊并不具备竞争优势，那么最终的评价结果是否有失公允呢？不可否认的是，既存的评价体系或评价机制，已经是能够适用于所有期刊，并发挥良好评价作用的重要存在。只不过，为了不断完善期刊评价机制，非常有必要找寻其中不足并加以修正。弥补不足无异于对抗固有制度，因而正视和修补评价机制的不足，对于处在弱势地位、缺乏相关社会资源的小众型的专业学术期刊而言，显然非常之难。

综合上述分析，专业学术期刊面临着多重困难，这些困难最终又作用于期刊的学术产出。当作者群、受众圈、评价者等不同程度地陷入难解矛盾中时，必然引起专业学术期刊传播的学术成果存在质量缺陷等问题，学术产出疲软态势将严重制约期刊的未来发展。除了发现问题之外，更加重要的是找到解决问题的渠道。针对众多现实难点，借鉴主题出版在栏目设计、选题策划层面有所变革，以全新的主题导向和栏目建设等方式来拓展作者读者群体和期刊学术影响范围，或许能够成为破解之道。

2 专业学术期刊借鉴主题出版的必要性和可能性

2021年1月28日，国家新闻出版署发布新通知，重点部署"经典中国国际出版工程"和"丝路书香工程"的申报工作。通知明确了出版工作的形势任务和职责使命，提出了内容和打造精品的工作要求，另外还强调了出版要站在构建人类命运共同体的高度，重视主题出版和舆论环境营造[5]。虽然该通知涉及的出版主体是图书，但是也为专业学术期刊的突破重围提供了相关思路。在制定专业学术期刊的"主题出版"路线之前，需要优先明确借鉴该方式的必要性和可能性。

2.1 必要性

全面审视专业学术期刊面临的困境，可以发现，贯穿始终的大抵是数据流量与学术实力的交叠、社会资源与期刊地位的配置、利益争夺与出版职能的抉择等多种因素交互作用的现实。归纳来讲，专业学术期刊的主要难处在于无法实现引流和实力强化、无法获取丰富社会资源、无法掌握评价话语权，处理好以上问题，才能从困境中突围而出。具体而言，专业学术期刊的解困方式重点是巨大流量的支持以及各种资源的优化，为了取得这些，核心还是在于优质内容的构建。图书领域的主题出版所取得的成绩以及相关政策的不断实施，表明主题出版对精品出版和内容建设的突出价值。那么，专业学术期刊稳抓内容生产的一个必要切入点也可以是依托主题并且引领学术。

2.2 可能性

主题出版在图书领域的具体呈现以选择策划环节为核心环节，专业学术期刊的主题出版同样可以从选题层面加以着手。选题策划是专业学术期刊日常出版过程中都会涉及的环节，因此在该环节融入主题出版的元素，具有实践操作的可能性。中国人文社会科学综合评价研究院以423种CSSCI来源期刊作为样本，对众多专业学术期刊的微信公众号进行了统计。根据搜索结果，各期刊的微信公众号发布内容以每期目录、刊文速递、选题公布为主。可见，与传统出版时代一致，选题策划在数字信息时代也仍然是期刊出版谋划的重点。在互联网、信息、数字等各种高新技术的加持下，将符合主流价值观念的栏目设计和选题策略纳入期刊战略框架中，具有坚实的经验基础和技术支撑，借鉴图书主题出版的可能性更加明朗。

3 借鉴图书主题出版实施期刊选题改革和栏目设计的路径探索

世界正处于百年未有之大变革中，经济、社会、文化等各领域都感受到了由大变革带来的诸多影响。其中，学术圈与其他领域都共同面临着的一种事实是社会愈发浮躁功利，由于学术圈的部分参与主体无法沉下心来做科研、搞学术，最终使得以学术成果为重要传播内容的期刊也遭遇发展瓶颈。国家新闻出版署着力推动的主题出版活动恰好为身处出版行业的专业学术期刊的正向跃进，既指明了发展方向，又提供了重要参考。此外，数字化背景之下，学术期刊策划选题的思路实际上更为开阔明朗[6]。结合现实困境，专业学术期刊借鉴主题出版实践发展路径可以从以下几方面着手。

3.1 以意识导向塑造期刊形象

专业学术期刊的办刊宗旨之一是坚持和维护正确的政治立场以及意识导向。在百年大变革的时代环境下，专业学术期刊有责任和义务将社会主义核心价值观融入学术出版，避免学术偏离正向轨道。在学术出版中唱响主旋律，凭借重大选题成为学术主流，如此才有利于塑造专业学术期刊的社会价值和品牌形象，强化存在感，有效扩容，吸引作者、读者的关注，从而解决发展瓶颈，逐步走出困境。

3.2 以质量规范打造精品力作

"内容为王"的原则不管在什么时代都不会褪色。如果表达形式不为内容服务，文字图表不为观点服务，结构设计不为立意服务，那么徒有"热点"的虚表必然不能长期存续，也不能被学术圈收藏。短期内的热点就像街边的围观，短暂而无意义。主题出版绝不是贩卖情怀，而是符合主流价值观的内容出版，只有精品力作才能广泛传播。质量上乘、学术规范的主题内容产出是专业学术期刊长久不衰的不二选择。因此，积极主动制定决策吸引符合主题出版特征的优质稿件，是专业学术期刊主动出击突破稿源流失问题的努力方向。

3.3 以主题出版引领主题阅读

主题出版的源头是顶层设计，但最终归属是宣传下沉。因此，专业学术期刊推进主题出版活动的过程中，如何引领主题阅读应当成为重点施力的层面。在传统出版的基础上，充分利用数字技术、网络技术、信息技术等高效手段，用以丰富推广宣传的渠道手段。例如，以社交媒体日益占据人们日常生活空间为背景，专业学术期刊应尽量自主创建并运营微信公众号，以此为平台推进主题出版的宣发工作。依托平台，以出版引领阅读的目标将很容易达成。

此外，专业学术期刊在条件充分的情况下，可以联合倡议，向相关主管部门提出"主题出版促主题阅读"的项目申请，以获得有力的政策支持和经费支持。

4 结束语

与图书主题出版面临动态交互的传播条件类似，专业学术期刊的出版、运营、传播条件也在时刻变化。但不管条件如何变化，两者所处的时代大环境是一致的。在寻找共性的基础上，陷入困境的专业学术期刊，需要像图书领域一样抓住主题出版的重要契机，进一步探索并实践有助于突围而出的全新路径。

参 考 文 献

[1] 中国新闻出版广电报.中国出版协会发布《2020 年度中国出版业发展报告》 出版业融合发展取得实质性突破[EB/OL].(2021-01-20)[2021-01-29]. http://www.pac.org.cn/xinwengonggao/xiehuidongtai/xiehuiyaowen/2021-01-20/1000000909.html.
[2] 谢清风.新时代主题出版发展策略探析[J].中国编辑,2018(6):10-14.
[3] 韩建民,李婷.我国主题出版研究现状和趋势浅析[J].出版与印刷,2019(2):7-10.
[4] 陈红梅.近五年我国主题出版选题策划特点分析[J].出版广角,2020(1):18-21.
[5] 国家新闻出版署. 国家新闻出版署关于申报经典中国国际出版工程和丝路书香工程 2021 年项目的通知[EB/OL].(2021-01-28)[2021-01-30].http://www.nppa.gov.cn/nppa/contents/279/75556.shtml.
[6] 楼启炜.数字化背景下学术期刊的选题策划策略[M]//学报编辑论丛(2020).上海:上海大学出版社,2020:712-716.

"双一流"建设中高校科技期刊的专业化转型探究

韩 超

(宁波大学学报编辑部,浙江 宁波 315211)

摘要:"双一流"建设背景下期刊发展差异明显,高校综合性科技期刊处境尴尬。文章阐述了"卓越行动计划"等政策对高校科技期刊的启示,对高校综合性科技期刊专业化转型的必要性和途径进行了探讨,以期为高校,特别是一流学科建设高校的期刊建设提供参考。

关键词:"双一流"建设; 高校科技期刊; 综合性科技期刊; 专业化转型

自 2015 年国务院印发《统筹推进世界一流大学和一流学科建设总体方案》[1],提出加快建成一批世界一流大学和一流学科(以下简称"双一流")以来,各高校坚持以创新、协调、绿色、开放、共享为理念,全面提升教育发展水平和国际核心竞争力。高校科技期刊作为高校对外的学术窗口和高校创新学术团队建设的平台,在这场改革和发展潮流中理应发挥培育和促进优势学科发展及培养优势学科人才的作用。

1 高校科技期刊的发展现状

由于历史的原因,我国几乎每一所高校都有自己的学报。高校科技期刊在创办之初曾是各学校重要的科研成果展示窗口和学术交流平台。随着时代的发展,高校科技期刊的作用也发生了变化,窗口展示功能得到固化,期刊稿源多出自校内,学术交流功能大大减弱,与学科建设的关系也有意无意地被人们忽视了。

由于传统的办刊思维和模式,高校科技期刊普遍存在"全、散、小、弱"的特点,形成了"千刊一面"的现状。为了覆盖学校的所有大理工类学科,高校科技期刊通常定位为多学科综合性刊物。按学科设置栏目,学科覆盖全面。一个学科往往有几个不同的专业,而每个专业又有一些不同的研究方向。因此,同一个栏目内的研究论文相关性也不大,显得很零散。若非高校的优势学科,往往难以为打造特色栏目提供支撑,栏目影响小,期刊竞争力弱。

伴随着高校的发展壮大,高校的科研水平也有了很大的提高,目前已呈现出人才培养和科学研究齐头并进的情形,高校科研产出的数量和质量也在快速增长。作为学术传播载体的高校科技期刊虽依托于高校,但较多期刊办刊质量没有与高校的发展水平同步提升,高校科技期刊的发展跟不上高校学科的发展[2]。即使是一流大学建设高校主办的期刊,其与高校的一流学科也达不到较高的匹配度,期刊的总体发展水平滞后于学科的发展[3],高校科技期刊的整体影响力和竞争力并不乐观[4]。

基金资助:浙江省期刊协会浙江省高等教育学会高校期刊分会科研项目(ZGXB202020)

高校科技期刊存在一些现实问题，面临着严峻的挑战。高校科技期刊办刊特色不明显，综合性学报没有清晰的学科边界或问题边界[5]，难以吸引优质稿源。近年来，随着我国改革开放的进一步推进，高校的规模和科研水平等得到了空前发展，但高校科技期刊整体发展水平不高，远远满足不了高校学科发展和学术交流的需要。加上一段时间以来，我国的科研评价和政策导向过于重视SCI论文的作用，中国高校的大量科研成果以英文科技论文的形式发表在国外期刊上。2020年，中国科学技术协会发布的《中国科技期刊发展蓝皮书(2020)》中指出，2010—2019年，中国作者共发表SCI论文275.5万余篇，其中2.2万余篇发表在中国SCI收录期刊上，占8.10%[6]，即绝大部分优秀论文流向了国外。论文外流致使高校科技期刊的发展遇到前所未有的困难，目前绝大多数高校科技期刊面临着难以吸引优质稿源的局面。高校科技期刊数字化建设相对落后，影响力偏低。数字化、网络化是纸质媒体在互联网时代发展的必然方向，高校学术期刊的发展面临着纸本发行量逐年下滑以及信息网络传媒冲击的困境和挑战[7]。高校科技期刊在编辑、出版和传播等各个环节正经历着深刻的数字化变革，但需要意识到，我国还未建成堪与国际学术出版大鳄相抗衡的编辑出版和发行传播平台。北京大学等7所一流大学建设高校的自然科学学报均为CSCD来源期刊和中文核心期刊，整体办刊水平在国内高校科技期刊中居于中上水平，但没有一种被SCI收录[8]。即使是在国内，高校科技期刊的影响力也偏低。"国家期刊奖""中国出版政府奖"等国家级期刊奖获奖期刊中高校科技期刊数量占比明显降低[8]。根据CSCD的统计数据，38种"双一流"建设高校的自然科学学报2014—2018年的影响因子均在0.10~0.63之间波动，影响因子在0.50以上的期刊仅有6种，0.40以上的期刊有14种[4]，高校科技期刊的影响力普遍偏低，已不能满足我国高校人才培养和科学研究快速发展的需要。高校科技期刊办刊人才缺乏，队伍建设亟待加强。高校科技期刊出版单位在绝大多数高校中属于教辅单位，编辑部的建设和发展得不到学校的重视，争取不到学校的人才引进和培养项目，很难招聘到具备核心竞争力的优秀办刊人才。与教学科研岗位人员相比，期刊编辑的待遇没有优势，校内高水平人才没有意愿进入编辑队伍。此外，很多高校的期刊负责人到一定年限就必须轮换到校内其他部门，这也是影响办刊队伍的不利因素。

2 "卓越行动计划"对高校科技期刊的启示

为加快建设世界一流科技期刊，2019年中国科协等四部委联合发布了《关于深化改革 培育世界一流科技期刊的意见》[9]。随后，中国科协等七部委联合启动实施中国科技期刊卓越行动计划[10]。该计划以5年为周期，面向全国科技期刊系统构建支持体系，是迄今为止我国在科技期刊领域实施的力度最大、资金最多、范围最广的重大支持专项。入选计划的高校科技期刊共有67种，占总入选刊数280的23.93%，其中入选领军期刊7种(31.82%)，重点期刊7种(24.14%)，梯队期刊40种(20.10%)，高起点新刊13种(43.33%)。可见高校科技期刊在高水平期刊中占有相对重要的分量，在创办高水平新刊上更展现了巨大的潜力和推动作用。入选第一、二层次的"领军期刊"和"重点期刊"的高校期刊均为专业期刊，"高起点新刊"也是专业期刊，而综合性期刊仅有几家入选第三层次的"梯队期刊"。对照培育意见，不得不承认高校综合性科技期刊已远远地落后于时代的要求。

浙江大学、山东大学、郑州大学、南京农业大学等"双一流"建设高校已将培育世界一流科技期刊纳入学校的"双一流"建设中，在办好原有科技期刊的基础上，充分挖掘校内优势、特色学科,积极创办专业性学术期刊,尤其是英文科技期刊引领国际发展、填补国际空白。以浙江大学为例,原有科技期刊《高校应用数学学报 B 辑(英文版)》《世界儿科杂志(英文)》《世界急诊医学杂志(英文)》《浙江大学学报(英文版)A 辑:应用物理与工程》入选"梯队期刊",2017—2020 年陆续创办了《食品品质与安全(英文)》《可视信息学(英文)》《生物设计与制造(英文)》等 9 种英文版的专业科技期刊。

2020 年 6 月 29 日,科睿唯安正式发布 2020 年度《期刊引证报告》,该报告显示近几年中国大陆的 SCI 期刊数稳步增长,增幅远超国际 SCI 期刊总数增幅。2019 年中国大陆新增 27 种 SCI 期刊,浙江大学的梯队期刊《世界急诊医学杂志(英文)》与 2018 年新刊《生物设计与制造(英文)》入选。2020 年,浙江大学新刊《食品品质与安全(英文)》入选。我国近几年科技期刊国际影响不断提升,一些新刊特别是高校创办的新刊起点较高,迅速进入了国际研究者的视野,但同时需要注意到,我国入选 SCI 的期刊几乎都是专业性期刊,且以英文版居多。

以科睿唯安发布的影响因子作为期刊影响力指标,2019 年入选"领军期刊"和"重点期刊"的高校期刊近几年的影响力变化情况见表 1。从表 1 数据来看,绝大多数入选高校期刊近几年的影响力都是稳步提升,个别刊物影响因子有波动,但总的趋势仍是上升。各刊 2020 年的影响因子均达到历史最高值,其中不少刊物影响因子保持了较大增幅。影响因子的明显增长从一个角度说明了这些入选高校期刊的办刊质量和国际影响力有了明显提高。

表 1 2019 年入选"领军期刊"和"重点期刊"的高校期刊影响力变化

期刊名称		影响因子			
英文	中文	2017 年	2018 年	2019 年	2020 年
International Journal of Oral Science	国际口腔科学杂志	4.138	2.750	3.047	6.344
Journal of Magnesium and Alloys	镁合金学报(英文)	—	4.523	7.115	10.088
Friction	摩擦(英文)	1.869	3.000	5.290	6.167
Nano Research	纳米研究(英文版)	7.994	8.515	8.183	8.897
Petroleum Science	石油科学(英文版)	1.624	1.846	2.096	4.090
Signal Transduction and Targeted Therapy	信号转导与靶向治疗	—	5.873	12.818	18.187
Horticulture Research	园艺研究(英文)	3.368	3.640	5.404	6.793
Journal of Earth Science	地球科学学刊	1.500	1.784	2.209	2.907
Geoscience Frontiers	地学前缘(英文版)	4.051	4.160	4.202	6.853
Journal of Palaeogeography	古地理学报(英文版)	2.632	1.744	2.020	2.519
Journal of Pharmaceutical Analysis	药物分析学报(英文)	—	4.440	2.673	4.769
Applied Mathematics and Mechanics (English Edition)	应用数学和力学(英文版)	1.538	1.699	2.017	2.866
Journal of Sport and Health Science	运动与健康科学	2.591	3.644	5.200	7.179
Translational Neurodegeneration	转化神经变性病(英文)	5.872	5.534	5.551	8.014

注:"—"表示新收录 SCI 期刊尚无数据。

"卓越行动计划"对科技期刊产生的影响已逐渐显现,入选期刊在"卓越行动计划"的支持下正大步流星地向前迈进,成为各领域名副其实的"领军期刊""重点期刊"……对于高校综合性科技期刊来说,临渊羡鱼,不如退而结网。

3 高校科技期刊专业化转型的探析

3.1 转型的必要性

2001年,新闻出版署更名为新闻出版总署(以下简称总署),虽然当年发布的《关于进一步调整高校学报结构的通知》未推进,但总署推动学术期刊走向专业化的意图十分明显。2011年,总署发布了《新闻出版业"十二五"时期发展规划》,明确学术期刊改革的方向是规模化、集约化、专业化[11]。

"卓越行动计划"反映了国家层面对于科技期刊发展方向的意见:通过专业化建设,全面提升中文科技期刊对经济社会发展的服务能力。专业化已被置于首要位置,无论是遴选还是新建,培育世界一流期刊首选一定是专业期刊。

"双一流"建设的远期目标是到21世纪中叶,一流大学和一流学科的数量和实力进入世界前列,基本建成高等教育强国。倘若在近、中期高校科技期刊对"双一流"建设有心无力,那么想要在远期阶段发挥作用,则必须尽早进行专业化转型。

3.2 转型的途径

转型前,需充分调研,精准定位;转型中,编辑队伍需艰苦奋战;转型后,需加强宣传与合作。

(1) 依托高校优势学科,结合社会需求,找准期刊专业定位。

一些实力强劲的一流大学建设高校可以创办高起点的专业科技期刊,但对于多数高校来说,在尚不具备创办专业新刊的条件下,可以利用学校优势学科的力量和资源,使其综合性科技期刊专注于优势学科方向的发展,实现专业化转型。对于一流学科建设高校而言,期刊的专业化转型更应尽早开展,一方面一流学科在校内实力突出,且可结合相关支撑学科发展具有学校特色的交叉学科,为期刊的专业化、特色化找准定位;另一方面,期刊的专业化建设可以促进一流学科的建设,实现学科与期刊互相支撑、共同发展的良性局面。高校科技期刊专业化转型的实施,需要出版单位根据高校的学科建设情况对期刊的学科覆盖面做出调整,同时也需考虑社会需求以及调整后期刊的发展空间。

《北京工商大学学报(自然科学版)》正是在其主办高校确立以"大食品"为核心的特色办学方向背景下转型成为了食品专业期刊,并更名为《食品科学技术学报》,定位为食品行业的精品期刊。转型发展后,《食品科学技术学报》的影响因子逐年大幅提升,近几年稳居食品行业期刊前列[12]。《现代牧业》同样是从高校综合性学报转型并更名而来,其所在地河南是我国畜牧业第一大省,而畜牧及相关学科一直是其主办单位河南牧业经济学院的龙头学科。《现代牧业》的转型依托了高校的优势学科,切合了地方需求。《现代牧业》作为河南省高校唯一一种畜牧类专业期刊,其拥有广阔的发展空间。专业化转型后,《现代牧业》期刊质量和显示度明显提升,成为了河南省畜牧管理部门、企业和行业从业人员的首选读物[13]。《地球科学学刊(英文版)》《药物分析学报(英文)》的前身均为高校学报,得以入选卓越行动计划"重点期刊"说明它们行业影响力大,转型更名成功。

若尚不具备完全专业化以及更名的条件,以专业化转型为目标的特色栏目建设是个有效措施,可以在整体综合性的情况下实现局部专业化,为整体专业化做准备[14]。《电子科技大学学报》通过建设特色专栏提升了期刊的学术影响力,为高校学报的专业化转型提供了借鉴思路[15]。《同济大学学报(自然科学版)》近年来依托优势学科在重点发展土木工程与建筑学、交通运输工程以及机械、车辆与能源工程 3 个栏目,其他栏目则逐渐收缩,重点栏目与其他栏目的年开设以及发文数目情况见表 2。《同济大学学报(自然科学版)》为月刊,每年常规出版 12 期,由表 2 可以看出,3 个重点栏目几乎每期都会出现。从 2010 年到 2020 年,其他栏目平均每期从超过 4 个降至不到 2 个,重点栏目数量占比从 40.4%升到 63.6%,而重点栏目发文数量占比则从 60.8%升到了 78.9%。《同济大学学报(自然科学版)》的特色越来越明显,影响力越来越大,2019 年成功入选卓越行动计划"梯队期刊"。

表 2 《同济大学学报(自然科学版)》历年栏目开设与发文情况

年份	栏目数/个		重点栏目占比/%	发文量/篇		重点栏目发文占比/%
	重点栏目	其他栏目		重点栏目	其他栏目	
2020	35	20	63.6	168	45	78.9
2019	36	29	55.4	180	59	75.3
2018	36	26	58.1	184	55	77.0
2017	36	27	57.1	198	62	76.2
2016	35	30	53.8	212	67	76.0
2015	35	40	46.7	200	91	68.7
2014	35	38	47.9	194	105	64.9
2013	36	38	48.6	215	99	68.5
2012	36	43	45.6	217	110	66.4
2011	36	48	42.9	221	114	66.0
2010	36	53	40.4	203	131	60.8

注:未统计增刊数据。

(2) 争取主办高校的政策支持,特别是对编辑人才队伍建设的支持。高校科技期刊专业化转型面临诸多阻力,同时主办高校对于期刊调整的前景可能存在疑虑。出版单位需要做好充分调研,明确专业性期刊对高校办学能力、科研水平以及社会知名度和美誉度的提升作用,争取得到主办单位的支持。建立一支高素质的编辑队伍,特别是有高影响力且热爱期刊事业的主编,是期刊转型发展的重要支撑。目前高校学报通常是由校长担任主编,若由能真正投入到期刊建设上的专业领军者担任主编或常务副主编,则对期刊转型发展是一大保障。

综合性期刊转型为专业性期刊,学科背景与优势学科不一致的编辑必定受到冲击。高校可允许人员双向流动,其他学科编辑可继续在编辑部从事文字编辑、排版、校对等工作,也可到相关学院从事教学科研或流动到其他教辅、行政岗位。优势学科人才可担任期刊的学术编辑,将期刊建设融入学术共同体。高校人事部门可明确相关政策,降低人才流动成本,引导校内人才到最合适的岗位,做到人尽其用。

综合性期刊作为校内各学科人员的"自留地",转型为专业性期刊,只能保留其高校优势学科或与其相关的交叉学科。而其他学科人员的利益受损,必然要反对,高校需要在考核评价政策上加以考虑,引导其他学科人员转向其他期刊。具体可由高校科技处等相关单位实施,在科研成果以及学科建设考核评价中,筛选补充一些其他学科领域相同档次的专业期刊,在量化计算中与本校期刊同等对待。即原来可在本校刊物上刊发的论文,因刊物转型而改在相关筛选期刊上刊发,则认定作者的业绩不变。

(3) 全方位宣传与合作。高校科技期刊专业化转型特别是更名后,需要在短时间内通过各种渠道对刊物进行大力宣传,以便能尽快得到相关行业的认可。期刊编辑可以走访行业内权威的研究专家、团队，宣传期刊并约稿；在行业学术会议上可设置展台、发放宣传资料；可充分利用社交平台，建立公众号，作者、读者微信群等加强宣传；必要时可在各类媒体平台投放广告。在把握好期刊内容质量的同时，通过宣传，尽快让期刊在行业内形成品牌，是期刊转型后发展成为行业认可的精品期刊的有效方式。

高校期刊还可考虑与不同优势学科的同类学校期刊联盟，扩大学科覆盖面。也可以与有相同或相近优势学科的学校组建相近学科的专业期刊集群，每个刊物在专业特色上形成差异化发展，而整体上形成集群凝聚力量。期刊出版单位可根据学科以及办刊层次筛选目标刊物，与兄弟出版单位之间达成合作意向，根据实际情况在稿件推荐、专家信息共享、人员交流等方面进行合作。期刊主办高校在对期刊转型发展有共同认识的基础上可在学校层面展开合作，进一步提高期刊联盟的合作水平。

4 结束语

"双一流"建设给高校科技期刊的发展带来了希望，然而从现实情况来看，多数综合性的高校科技期刊并没有显示出参与度。而"卓越行动计划"等期刊领域的政策导向更是凸显了综合性科技期刊的边缘化位置。对于尚无条件创办新刊的高校来说，将现有的综合性期刊转型为专业性期刊是利用优势学科提高期刊影响力，并利用期刊平台促进学科建设的可行方法。虽然面临挑战，但是为建设"双一流"值得笃定前行。

参 考 文 献

[1] 国务院.国务院关于印发统筹推进世界一流大学和一流学科建设总体方案的通知[EB/OL].(2015-11-05)[2020-09-15]. http://www.gov.cn/zhengce/content/2015-11/05/content_10269.htm.

[2] 姚远,颜帅.中国高校科技期刊百年史[M].北京:清华大学出版社,2017:376-417.

[3] 尚利娜,牛晓勇,刘改换.我国"双一流"建设高校学术期刊与一流学科建设关系分析[J].中国科技期刊研究,2019,30(9):929-936.

[4] 田爱苹,魏丹梅,杨祖国."双一流"建设背景下高校自然科学学报国际影响力分析:以"C9联盟"高校SCI、EI收录学报为例[J].中国科技期刊研究,2019,30(5):451-456.

[5] 朱剑.被遗忘的尴尬角色:"双一流"建设中的高校学术期刊[J].清华大学学报(哲学社会科学版).2020,35(1):1-16.

[6] 中国科学技术协会.中国科技期刊发展蓝皮书(2020)[M].北京:科学出版社,2020.

[7] 钟秋波.数字化转型:高校学术期刊的改革方向[J].四川师范大学学报(社会科学版),2018,45(3):168-172.

[8] 周志红."双一流"建设中高校科技期刊面临的挑战与机遇[J].中国科技期刊研究,2021,32(1):41-48.

[9] 中国科学技术协会.四部门联合印发《关于深化改革培育世界一流科技期刊的意见》[EB/OL].(2019-08-16)[2020-11-14].https://www.cast.org.cn/art/2019/8/16/art_79_100359.html.

[10] 中国科学技术协会.中国科协等七部门联合实施中国科技期刊卓越行动计划[EB/OL].(2019-09-20)[2020-11-14].https://www.cast.org.cn/art/2019/9/20/art_80_101814.html.

[11] 新闻出版总署.新闻出版业"十二五"时期发展规划[EB/OL].(2011-04-20)[2020-12-21].http://www.gov.cn/gongbao/content/2011/content_1987387.htm.

[12] 叶红波.高校综合性学报的专业化转型与精品化发展:基于《食品科学技术学报》的案例分析[J].中国科技期刊研究,2019,30(11):1206-1210.

[13] 樊霞.地方高校学报专业化转型的布局和着力点:以《现代牧业》为例[J].编辑学报,2019,31(4):381-385.

[14] 钱澄.高校学报专业化转型与特色栏目定位[J].重庆大学学报(社会科学版),2018,24(1):82-91.

[15] 蒋晓,谢暄,叶芳,等.高校学报的专业化转型策略[J].传播与版权,2017(1):45-47.

新英格兰医学杂志品牌策略对中国高校医学期刊建设的启示

刘津津，齐　园，李　晶

(海南医学院杂志社，海南 海口 571199)

摘要：本文运用品牌管理学中的企业识别系统的 3 个维度理念识别、行为识别和视觉识别角度剖析了世界顶级医学期刊——新英格兰杂志(NEJM)的品牌管理策略。并针对学术共同体视域下的中国高校医学期刊的品牌建设提出 4 点建议：严把内容质量关，持续提升学术水平；联合学术共同体内资源，开发特色品牌栏目；灵活处理出版周期，提高响应速度；将核心理念融入网络传播平台设计，提高视觉质量，旨在提升中国高校医学期刊的品牌影响力。

关键词：新英格兰医学杂志(NEJM)；中国高校医学期刊；学术共同体；企业识别系统(CIS)

科技期刊水平代表着一个国家在科研领域的权威性和话语权，随着中国科研工作者研究能力的不断提升，中国作者的论文产量大幅提高，中国期刊面临着前所未有的机遇和挑战。2020 年，中国科技期刊发展蓝皮书揭示了目前中国期刊的发展困境，中国虽是世界第二大科技论文产出国，但中国本土科技期刊的出版体量却比上一年减少了 2.64%[1]，这意味着大量中国论文外流，提升中国科技期刊的品牌影响力迫在眉睫。

近年来，不少学者探讨过期刊的品牌策略，但绝大多数是借用"品牌"这个管理学概念，并未真正运用品牌管理学理论框架分析期刊的品牌发展策略。本文运用品牌管理学项下的"企业识别系统"(Corporate Identity System，CIS)从理念识别、行为识别和视觉识别 3 个维度分析了期刊引文报告中 2020 年全球医药、综合和内科领域影响因子最高的杂志(IF：91.245)——新英格兰医学杂志(*New England Journal of Medicine*，NEJM)的品牌管理策略，以期为中国医学期刊的品牌建设提供启发。

1　从 CIS 维度看新英格兰杂志的品牌管理策略

1.1　NEJM 的核心品牌理念

理念识别(Mind Identity，MI)反映了期刊的核心文化理念，是整个 CIS 的基础，涵盖期刊价值观、期刊使命、期刊定位和期刊风格等。NEJM 已有 200 多年的历史，一直以专业、高效和严格公正为审稿准则，致力于发表最科学准确、极具创新性的医学文章，是全球最权威和最值得信赖的医学期刊之一。NEJM 的使命是在生物医学科学和临床实践的交叉点上发布最先

基金项目：中国高校科技期刊研究会青年基金资助项目(CUJS-QN-2021-047)
通信作者：李　晶，E-mail: 596106631@qq.com

进的研究信息,并将这些信息转化成可理解的、临床实用性强的表现形式,并且持续扩大其可读性和可达性,以改善全球患者处境和医疗困境。每年NEJM会收到超过16 000份投稿论文,经过医学专家、统计学专家、专业编辑等筛选,只有约5%的原创研究成果被录用发表[2],可见其严谨治学、精益求精的办刊理念。

1.2 NEJM的品牌建构行为

行为识别(Behavior Identity,BI)是基于期刊核心理念的、有计划的行为方式,包括对内的组织管理和对外的推广宣传。NEJM已将其核心理念全维度渗透到期刊品牌建构行为中,本文侧重于探讨NEJM的对外行为识别。

1.2.1 期刊政策诠释社会责任

NEJM声明稿件范围侧重于原创性研究、综述、病例报告和论评,致力于改善患者护理和临床实践;或是能提供疾病生物学新信息的研究,以促进科学的进步。同时,NEJM持续提高其国际范围内的可见度,确保最新的医学发现辐射到全球,以帮助更多有需要的国家;NEJM践行研究型文章在出版6个月时滞期后完全向公众免费,NEJM还通过参与Research4Life的Hinari项目,向低收入国家提供立即免费访问,以及为作者提供定制化快速审稿服务,以确保有价值的、对时效性要求高的研究成果得以迅速传播。这些期刊行为都与NEJM作为全球顶尖医学期刊的社会责任和改善临床现状乃至医学现状的愿望和信念不谋而合。

1.2.2 高效应对公共卫生突发事件

新冠肺炎疫情爆发,NEJM迅速响应,开设"新冠专题"(图1),从最初的发表新型冠状病毒临床报告、管理指南和评论,到目前对新冠肺炎疫苗的持续报道,始终站在医学前线,更新最新数据、报道前沿内容。其中的"疫苗常见问题问与答专栏"组织相关专家对临床工作者和大众最关心的问题进行专业剖析和解答,科普相关知识,包括疫苗安全性、疫苗管理和监控、第二剂加强疫苗等。同时,NEJM缩短了新冠肺炎疫情相关内容的出版周期,并对所有新冠肺炎疫情相关内容实行免费获取政策。在突发公共卫生事件面前,医学期刊为医学工作者提供最新研究进展,为大众普及防疫知识,大大提升了期刊的品牌声誉。

在NEJM全周期进程被引量TOP10的文章排名中,位居第一的是1993年发表的《糖尿病强化治疗对胰岛素依赖型糖尿病长期并发症发展的影响》,被引次数高达15 430。而TOP10中仅有2篇文章是于2010年之后发表的,皆为2020年发表的有关新冠病毒的文章,分别为排名第5的《中国2019冠状病毒病临床特征分析》(被引10 591次)和排名第7的《来自2019年中国肺炎患者的新型冠状病毒》(被引9 164次)。2020年1月29日,NEJM官网首发的COVID-19文章《新型冠状病毒感染肺炎在中国武汉的初期传播动力学》浏览量达到127.02万次,文章浏览量位居总排名第6位[3]。NEJM出版者以极高的响应速度应对突发事件,创造性地开发COVID-19专栏并随着疫情发展,针对大众关心的问题,不断调整扩充专栏内容,从而突破性地创造高被引量和高浏览量,持续提升期刊的学术地位和品牌影响力。

1.2.3 利用资源优势,提供多元化的教育资源

作为顶尖医学期刊品牌,NEJM为医生、研究人员、教育工作者和社会大众提供高质量同行评审和交互式的临床研究内容,让医疗工作者始终保持专业性和先进性,并提升其对感兴趣领域的理解广度与深度。NEJM联合马萨诸塞医学会和马萨诸塞总医院利用绝对的资源优势,成功地开拓了教育专栏和职业专栏,为医务工作者和患者提供教育和支持,也带来了巨大的访问量。

NEJM 设立了"医学继续教育专栏"(CME)和"临床病理资源中心",其中 CME 记载了马萨诸塞总医院的病例记录,极具临床价值和实践价值;另外,临床病理资源中心提供交互式的医疗学习案例,案例展示了不断发展的患者病历史和一系列相应的问题练习,旨在提升相关人员的诊断和治疗技能。马萨诸塞医学会批准答题评分达到100%的学员可以申请考试学分。

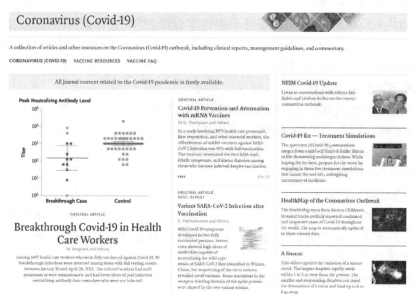

图 1 NEJM 官网首页 COVID-19 专题界面

1.2.4 医学期刊与社群交互式发展

NEJM 建立了一个庞大的学术共同体社群,由临床管理者、临床医生、医疗护理人员、科研人员、行业专家等组成,共同开发 NEJM 社群的各类子专题活动,如建立顶级专家网为应对紧急医疗挑战的"NEJM Catalyst",为医护工作者提供交流平台、就业资源和就业指导的"NEJM Career Center"和专为以中文为母语的人群打造的医学社群"NEJM 医学前沿"等成熟栏目。

NEJM 充分利用顶级医学期刊的强大资源优势,并将优质资源进行创新整合,从而延伸出大量优质栏目,而这些优质栏目几乎囊括了医学工作者职业生涯中所需的一切资源,这些期刊行为使社群与期刊的品牌黏性和互动性逐渐增强,不断扩大期刊品牌影响力。

1.3 NEJM 的品牌视觉设计

视觉识别(Visual Identity,VI)是期刊所呈现的能体现期刊理念的具体化的视觉形式,是将期刊形象传达给大众的一种视觉表现形式。

网页上方导航列出了期刊高频搜索栏目,如卷期、专业、主题和作者中心等。网页下方主导航整齐地列出了六大搜索主题以及各自详细的子目录。NEJM 官方网站色彩并不丰富,但是栏目条理清晰,内容丰富紧凑,重点显而易见,传达给读者严谨和专业的阅读感受,与其期刊核心理念是一致的。

在主色系为黑白的页面背景下,NEJM 适当将图片和视频穿插其中。如在临床病理资源中心展示了颜色鲜明的生动配图,降低了大众对晦涩医学内容的阅读难度,并大大激发了阅读兴趣。同时,期刊文章内容时而穿插视频和互动机制等多元表现形式,有些视频是对文章主题的快速导览，有些视频(如多普勒超声心动图等专业资料)是配合研究内容的实操型解读和论证。

2 NEJM给学术共同体下中国高校医学期刊的启示

2.1 严把内容质量关，持续提升学术水平

学术期刊内容是影响期刊软实力的关键性因素，决定了期刊的生命线[4]。高校医学期刊应完善审稿制度，作者、编辑、编委和审稿人都应具备相应且较高的专业素质和医学科学素养。然而，术业有专攻，在条件允许的情况下，细化分工有助于期刊做精做尖，如将编辑细化为语言润色编辑、医学专业编辑和统计学专业编辑等；不断扩充审稿人研究领域覆盖范围的同时，将现有审稿人的专长和研究领域细化，提高筛选审稿人的效率并提升审稿质量。另外，紧跟本领域前沿动态，以编辑的敏感度和专业性有针对性地约稿组稿，文章类型可呈现多元化，如急诊医学领域期刊中，专家共识和指南类文章被认为阅读量、下载量和被引量较高[5]，编辑可根据自身经验勇于尝试并大胆创新。

高校医学期刊应树立鲜明的品牌风格，坚守期刊使命，无论是医学科学、医学与社会(医患关系等)还是医生发展问题，坚持发表高水平有价值的内容；编辑是高校医学期刊的重要组成，应保持与最新科学发展同步和与读者密切对话，定期派编辑参加培训班、研讨会和国际学术会议等，保持编辑队伍先进性和国际化。一支高素质的编辑团队是期刊可持续发展的不竭动力，优秀编辑队伍联合学术共同体专业资源支撑，共同打造高质量的医学学术内容。

2.2 联合学术共同体内资源，开发特色品牌栏目

积极打造品牌专栏，在学科领域内相对趋同导致无法实现栏目特色化的情况下，注意从与学科建设交互发展和交叉学科角度找突破口。如高校重点学科重点项目研究进展系列报道；关注学科相关基金课题动态，及时跟进相关科研项目，编辑协助科研人员进行高效成果转化，灵活处理出版周期，提升科研成果的影响力；多维度关注医学与社会交叉问题，如就大众关注度较高的问题，邀请专家或政策制定者提供政策解读；为缓解医患关系紧张问题，加深患者对医生工作的理解，可设置医生和患者的对话平台Letter专栏、能充分展示医生情怀的"医生散文"或"医生诗歌"专栏。

依托高校平台的高校医学期刊具备强大的资源优势，包括编委和专家资源，以及科研团队、附属医院临床资源和众多医学生[6]，但中国高校医学期刊学术共同体内成员没有形成紧密的关联网络以实现优势资源共享，报团取暖意识较弱。大多数高校医学期刊栏目较为单一，应主动开发学术共同体内资源，从而成为真正强大的传播共享综合性平台，编辑部可以为科研工作者提供论文写作和投稿技巧等方面的培训以及语言润色方面的支持服务，也可邀请学者为期刊编辑提供专业知识、常见病例分析和图片分析专题讲座，增加期刊社与相关单位的互动联系。建立新媒体平台和核心作者微信群，既能及时获取反馈信息，又能为期刊社群提供互动交流的平台，从而不断加深品牌黏合度并提高品牌识别度。

2.3 灵活处理出版周期，提高响应速度

对学术发展或突发事件的响应速度是评价学术期刊先进性的关键指标[7]。NEJM为周刊并支持特稿特办缩短出版周期，致力于第一时间吸收并刊载科研成果。"响应速度"是学术期刊"赢"的关键因素之一，高校医学期刊也应对医学相关公共事件保持专业敏感度和快速响应度，制定突发事件响应方案，做到"第一时间响应，第一时间报道"。如疫情爆发初期可借助期刊平

台发布科学信息应急共享举措,全球疫情实时地图和有关新型冠状病毒的科普知识等;随着疫情态势发展,适时调整刊载侧重方向,充分利用学术共同体内资源优势,紧紧关注重大医学突破的研究型文章和公众关注问题的科普型文章;也可融入相关主题延展阅读资源,如MERS和SARS的优秀文章可作为当前新冠肺炎的补充。

2.4 将核心理念融入网络传播平台设计,提高视觉质量

随着互联网发展和数字出版时代的到来,期刊的视觉质量已不再局限于封面、字体、间距设计等传统格式设计,期刊官方网站和社交媒体官方公众号逐渐成为展示期刊品牌的主舞台。高校医学期刊网站应简洁清晰体现其专业性,栏目丰富但重点突出体现其严谨性;可插入贴近大众生活的高清晰度科普图或漫画等,增强知识的趣味性和可读性;联合附属医院和实验室提供真实的高清晰度图片和视频,增加点击率,提升其科学性和可信度;可适当融入开放科学元素,电子版文章中可嵌入互动性功能,作者点击文章的某些部分,可直接获取到更详细的来源信息或链接到相关文献资源作为补充和拓展阅读,提升读者阅读效率并增强浏览的可操控性。

3 结束语

NEJM发展至今已有200多年的历史,无论是顺境还是逆境,出版者坚持初心,将期刊理念和使命融入期刊发展的历史长河中,厚积薄发,稳步扩大品牌影响力,最终成为读者信赖的顶尖医学期刊品牌。中国高校医学期刊是医学相关科研成果发布的媒介,是医学科研工作者交流的平台,而优秀的医学期刊应将科学精神和人文精神贯穿期刊发展始终。本研究选取NEJM作为研究对象,通过企业识别系统,从理念识别、行为识别和视觉识别角度剖析了NEJM的品牌管理策略,并对学术共同体视域下的中国高校医学期刊提出合理化建议。

参 考 文 献

[1] Blue Book of China's STM Journals Development [EB/OL] [2020-10-10]. http://paper.sciencenet.cn/htmlnews/2020/9/446124.shtm.
[2] New England Journal of Medicine [EB/OL]. [2021-06-10]. https://www.nejm.org/.
[3] 倪静,常秀青,魏均民,等.世界一流医学期刊网络传播平台特征分析:以COVID-19专题报道为例[J].中国科技期刊研究,2020,31(4):365-370.
[4] 杨晋红,王娜.学术期刊编辑快速判断文稿价值的几个视角[J].编辑之友,2018(4):93-96.
[5] 陈飙,姚荣华,万雅丽,等.基于受众层面的急诊医学期刊传播效果调查研究[J].出版科学,2020,28(1):73-80.
[6] 贾建敏,丁敏娇,毛文明.新媒体时代高校医学期刊实施健康科普的意义及举措[J].编辑学报,2020,32(3):334-337.
[7] 郭庆华.学术期刊品牌:读者认知与知识建构[J].山东大学学报(哲学社会科学版),2015,38(5):77-81.

国际出版行业人才职业发展的现状及启示

王丽丽，高 霏

(中国地质大学(北京)期刊中心，北京 100083)

摘要：通过网络调研，梳理和汇总国际出版行业人员的职业发展情况，包括其岗位、职责和职业成长情况等信息，本文了解到国外出版机构不同管理岗位的级别情况基本上从低一级到高一级为 Coordinator→Manager→Publisher→Director→Vice-President →Chief Executive Officer(CEO)/Chief Technology Officer(CTO)，而且其岗位职责随着不断变化的 STM 出版环境而不断变化，并出现一些新的岗位。通过汇总 85 位受访者的职位发展轨迹，本文了解到国外出版机构传统职能部门的出版人员的岗位设置和职位晋升路径都比较相似，只是大学出版社的岗位晋升速度和跳槽频率相对较低。本文借鉴国外从事出版行业人员的岗位设置和职业成长情况，提出加强我国出版机构组织管理结构合理、根据出版行业的发展和变化按需设岗、全面提升出版人员职业发展空间及提高待遇、重视和鼓励出版人员参加培训等建议，激发我国出版行业活力，促进出版行业创新发展。

关键词：国际出版行业；人才职业发展；职业技能提升

党的十九届五中全会明确提出到 2035 年我国将建成文化强国。建设文化强国，繁荣出版事业，关键靠人才，人才是强国之基、兴国之本。然而，在推动文化产业高质量发展的新时代背景下，我国编辑出版行业人才职业发展面临着诸如职业成长空间狭小[1]、对编辑缺乏足够的职业认可和尊重[2]、出版各环节的分工责任不明确[3]、缺乏完善的人才培养和薪酬机制[4]等问题，学者们均提出了相应的解决方案[1-4]，而针对国外出版行业人才职业发展的研究成果尚不多见。基于此，本研究通过网络调研的方式，旨在了解国外从事出版行业人员的岗位及其职责、职业成长情况和对从事该行业人员的职业建议等信息，通过样本统计与分析，为我国出版从业者个人发展和职业晋升、出版产业结构优化、产业政策调整等方面提供参考，激发我国出版行业活力，促进出版行业创新发展。

1 调查方法

通过 Society for Scholarly Publishing (SSP)协会网站[5]搜集整理到 85 位国际出版行业人才的访谈实录，并结合这些国际出版行业人才在 LinkedIn 网站相关职位的任职时间和任职资格检索，建立国际出版行业人才职业发展路径资料。

基金项目：中国科协科技期刊课题研究项目(2019KJQK006)

2 访谈基本信息情况

本次访谈搜集工作自 2020 年 4 月 5 日开始，截至 2020 年 6 月 1 日，共搜集到 85 位来自国外不同出版机构内不同部门任职人员的访谈资料，内容包括访谈者姓名、所属机构、采访时的职位及职责、从事出版行业的契机、对从事学术出版行业人员的建议等。

2.1 受访者所在机构

本次访谈搜集的访谈材料来自 85 位受访者，其所在机构包括国外商业出版集团(5 位)、国外科技社团(24 位)、国外大学出版社(16 位)、国外知名出版类信息服务企业(24 位)、国外新兴开放获取出版集团(1 位)、其他出版机构(13 位)和国外顶级(系列)期刊(2 位)，来自荷兰、德国、美国、英国、加拿大等国家共 70 家单位，男性出版从业人员 29 人，女性出版从业人员 56 人，具体的机构名单和男女受访人数见表 1。

表 1 国外出版机构调研一览表

国外出版机构类别	国外出版机构名单	受访人数 男	受访人数 女
国外商业出版集团	爱思唯尔、施普林格·自然、威立、塞奇出版公司	2	3
国外科技社团	美国神经病学学会、美国心理学协会、美国土木工程师学会、美国药理学和实验疗法学会、美国管理学会、美国气象学会、美国物理学会、美国临床肿瘤学会、美国化学学会、运筹学和管理学研究协会、美国公共卫生协会、美国地球物理联合会、美国牙科协会、《美国国家科学院院刊》、美国癌症研究协会、美国植物生物学家学会、美国光学学会、美国实验生物学学会联合会、史密森学会	7	17
国外大学出版社	麻省理工学院出版社、康奈尔大学出版社、斯坦福大学 HighWire 出版社、牛津大学出版社、加州大学出版社、犹他大学出版社、哈佛大学学术交流办公室、波士顿东北大学图书馆、德克萨斯大学奥斯汀分校图书馆、美国罗格斯大学图书馆、多伦多大学出版社、马里兰大学巴尔的摩市卫生科学与公共服务图书馆、宾夕法尼亚州立大学出版社、韦恩州立大学出版社	5	11
国外知名出版类信息服务企业	RedLink、Atypon、Research Solutions、Cenveo Publisher Services、国家信息标准组织(NISO)、Google Inc.、Cabell's International、Data Conversion Laboratory、Aries Systems Corporation、eJournal Press、Copyright Clearance Center (CCC)、Project MUSE、Inera、Delta Think、Maverick Outsource Services Ltd.、ORCID、Informed Strategies LLC、Overleaf、KiwiTech	9	15
国外顶级(系列)期刊	Annual Reviews、爱思唯尔旗下的科学出版公司细胞出版社	2	0
国外新兴开放获取出版集团	科学公共图书馆(PLoS)	0	1
其他出版机构	Allen Press、Clarke & Esposito、Missouri Botanical Garden、Ringgold Inc.、BioOne、CrossRef、Publishing Technology、Gunter Media Group、Google Book Rights Registry、Meyers Consulting Services、The Journal of Bone and Joint Surgery Inc.	4	9

2.2 受访者的职位及主要工作职责

本次搜集到的受访者的职位涵盖了国外出版行业中传统职能部门，如 Editorial/Publisher 编辑团队、Marketing 市场营销团队、Sales 销售部门和 Operations 运营部门。结合受访者过往的工作经历，尽管不同出版机构中使用了不同的岗位名称，且职责差异较大，但是也有一些比较常见的岗位名称，如 Managing Editor、Editor、Editorial Manager、Publisher、Publishing Editor、Commissioning Editor、Executive Editor、Director 等。这些常见的岗位名称，在很多情况下，都是通过诸如高级(Senior)、副(Deputy)或者助理(Associate)等冠词彰显组织内部的资历和层级结构。在英国和美国，Director 一职的资历差异较大：在英国，Director 职务通常是资历较高，属于高级别，相当于美国出版行业中副总裁(Vice-President)级别；而在美国，Director 职务介于经理(Manager)和副总裁(Vice-President)之间，即英国出版行业机构的高层管理人员称之为 Managing Director，而该称谓在美国的出版公司中只属于中层管理人员[6]。

通过汇总不同出版机构管理部门的职位及其职责情况可知，国外出版机构不同管理岗位的级别情况基本上从低一级到高一级为 Coordinator→Manager→Publisher→Director→Vice-President→Chief Executive Officer(CEO)/ Chief Technology Officer(CTO)。国外科技社团的 Director 基本负责期刊出版的全过程，即管理 Editorial/Publisher 编辑团队、Production 生产团队、Marketing 市场营销团队、Sales 销售部门和 Operations 运营部门。Marketing 市场营销团队和 Sales 销售部门关系紧密，基本不分家。

此外，多位出版人在访谈中谈到其岗位职责在不断变化，出现一些不常见的岗位名称(表2)，如 Journals Marketing and Sales Coordinator、Editorial Operations Manager、Communications Associate、Director of Publisher Relations 等，从管理型和综合型职位过渡到更侧重于具有创新的职位，这反映了出版行业的变化性，因此要求出版人要适应不断变化的 STM 出版环境，推进所在的出版机构/学协会/组织/期刊的发展。互联网的发展创造了新的竞争者，但是也有许多新的探索机会，出现新的岗位，如欧洲开放获取的大力发展，爱思唯尔作为典型商业出版机构在英国设立了 Director of Access and Policy 岗位(见表2)。

表 2 调研的国外出版行业中不常见的岗位及其主要工作职责情况一览表

岗位名称及所属机构	主要工作职责
Director of Access and Policy (Elsevier UK)	负责研究开放获取出版模式以及围绕这些新模式开展的战略沟通和策略管理，使公司不同部门以创新方式展开合作，应对变革
Head of Acquisitions(德克萨斯大学奥斯汀分校图书馆)	管理着一个由 27 人组成的部门，专门负责该校图书馆的收购和管理工作
Journals Marketing and Sales Coordinator(韦恩州立大学出版社)	负责期刊发行(包括在线和印刷版)，向个人、机构和订阅代理商出售期刊全年、单期和单篇文章订阅，并通过各种营销活动推广期刊
Editorial Operations Manager(Cell Press)	协助 Journal Associates 团队进行期刊的同行评审过程，管理期刊在线投稿系统，积极参与设计、更新和简化编辑工作流程
Communications Associate (BioOne)	专注于 BioOne 知名度和品牌管理，协调 PR 和季度时事通讯 BioOne News；设计各种网络和印刷材料
Director of Publisher Relations (BioOne)	负责 BioOne 的沟通事宜，管理与 100 多家出版商的联系工作

3 国际出版行业人才的职业发展路径

根据搜集到的访谈内容中提到的从事出版行业的契机和个人工作职责，结合 LinkedIn 查询每位受访者的工作经历，汇总 85 位受访者的职位发展轨迹，从侧面了解国外出版机构岗位设置层级、国外出版人员职业晋升和跳槽的频率情况。

通过梳理和统计，不管是国外商业出版集团、科技社团、大学出版社、顶级(系列)期刊，还是其他出版机构，其传统职能部门的出版人员的岗位设置和职位晋升路径都比较相似，如表 3 所示，只是大学出版社的岗位晋升速度和跳槽频率与国外商业出版集团、科技社团、大学出版社、顶级(系列)期刊及其他出版机构相比较低。

表3 调研的国外出版行业中传统职能部门出版人员的职业发展路径

职能部门	职位晋升路径
Editorial 编辑团队	Editorial intern→Editorial Assistant→Editorial Program Coordinator→Assistant Editor→Associate Editor→Managing Editor→Executive Editor→Editor
Publisher 编辑团队	Publisher→Vice President→Managing Vice President→Senior Vice President→President
Production 生产部门	IT & Production roles→Journals Production Manager→Senior Manager→Director→CTO, Executive Vice President→President
Sales 销售部门	Sales Manager→Senior Sales Manager→District Sales Manager→Director of Sales→Associate Vice President of Sales→President
Marketing 市场营销部门	Marketing Manager→Director of Publishing and Marketing→Senior Marketing Executive→Vice President→President
Operations 运营部门	Manager for Publishing Operations→Senior Manager for Publishing Operations→Director, Publications Operations→Vice President→Executive Vice President→President

以爱思唯尔出版集团所属的 Cell Press 为例，了解顶级(系列)期刊岗位设置及职位晋升特点。Patrick Hannon 自 2008 年 2 月加入 Cell Press，职位是 Editorial Assistant，8 个月后岗位晋升为 Senior Editorial Assistant，10 个月后晋升为 Editorial Operations Supervisor，5 年 5 个月后，即 2014 年 10 月晋升为 Editorial Operation Manager，在此岗位工作 2 年 7 个月后离开了工作 9 年 3 个月的 Cell Press 和 Elsevier，于 2017 年 4 月加入 NEJM Group，担任 Director of Editorial Operations 一职。

以其他出版机构 BioOne 为例，了解该类别出版机构的岗位设置及职位晋升特点。Lauren Kane 自 2006 年 10 月加入 BioOne，职位是 Manager of Publisher and Library Relations，1 年后岗位晋升为 Director of Publisher Relations，5 年 3 个月后晋升为 Senior Director of Publishing Administration，2 年后晋升为 Chief Operating Officer，3 年后晋升为 Chief Strategy and Operating Officer，在此岗位工作 1 年 7 个月后离开了工作 12 年 10 个月的 BioOne，于 2017 年 4 月加入 Delta Think，担任 CEO 一职。

以加州大学出版社为例，了解大学出版社的岗位设置及职位晋升特点。Nick Lindsay 自

2005年4月加入加州大学出版社(University of California Press)，职位是Journals Marketing & Circulation Manager，4年后即2009年9月职位晋升为Journals Director，8年后即2017年7月职位晋升为Director of Journals and Open Access，并就任该职至今。

可见，国外商业出版集团、科技社团、大学出版社、顶级(系列)期刊和其他出版机构出版人员基本上每隔1.5~2.0年职位晋升一次，而国外出版人员在国外大学出版社任职时间较长，4~25年，其中多数从事10年以上，而且职位跳槽频率和晋升频率与其他类别的出版机构相比较低，基本上在5年以上晋升一次。

4 对我国期刊出版单位的借鉴与启示

由于国内外出版机构的运营模式不同，导致国内外出版单位编辑岗位设置不同，出版人员职业发展和晋升路径截然不同。通过了解和分析发达国家出版业的运营模式，借鉴国外从事出版行业人员的岗位设置和职业成长情况，对我国打造具有行业影响力的学术期刊，提升我国科技期刊的影响力和竞争力有重要的借鉴意义。

4.1 加强出版机构组织管理结构合理，分工明确，各司其职

国际出版机构绝大部分是刊群化的发展模式，其出版业完全市场化运作，管理、内容、市场运作各司其职，各部门拥有充分的自主选择权。此外，市场分工更加细化和专业化，不断深挖细分工作需求，销售推广服务，形成产业链，在获得收益的同时也不断推动着创新服务，共同推动期刊的发展。例如，Nature Research的工作人员有800多人，分为13个部门，有编辑部、生产部、行政管理部、数字出版部、人力资源部、信息技术部、网络技术与生产部、市场部、网络广告部、广告部、新闻部、客服部、后勤部[7]，细分的分工协作保证了旗下多种高质量学术刊物的出版发行，并在全球各个地区建立办公室，促进期刊的发展。

反观我国，国内期刊多是单刊模式，以编辑部为整体，缺少部门的划分，内容生产与市场运作混杂在一起，编辑部既要负责学术内容质量和编校质量，同时还要考虑期刊的经营与收入，甚至是举办学术会议。在人员有限的情况下，身兼数职(工作范畴常常涉及策划选题、送审稿件、编辑、校对生产以及发行和宣传工作等所有环节)、分身乏术，没有时间和精力利用其学术背景评估和筛选稿件，导致期刊发展受限，影响力不足，市场化经营处于"散、小、弱"的状态，更不用说开展对读者的个性化服务和期刊的国际化与集约化等工作。因此，国内编辑部有必要合理分工，协同作业，实现价值最大化；在有限的人力条件下，尽快尝试内容出版与市场经营逐渐分开，让专业的人做专业的事情——编辑专心出版高质量的学术内容，充分发挥其学术能力，将非学术工作外包，即聘请市场经营人员承担诸如数字出版、多媒体内容策划和宣传、微信公众号运营、广告制作、销售、内容增值等工作，以外部专业化的方式提升我国科技期刊服务体系整体的专业化，全面提升我国科技期刊的出版及运营质量。

4.2 根据出版行业的发展和变化，按需设岗

发达国家出版机构用创新的理念和先进的技术手段实现办刊宗旨和使命。随着出版行业面临着市场和产品转型的挑战，国外出版机构能够做到通过设置多样化的岗位和不断变化的岗位责任，来随时应对挑战，许多新的职业成长道路甚至10年前还不存在。国外很多出版行业人才从管理型、综合型职位过渡到更侧重于创新的职位，适应不断变化的STM环境，并将出版业向前推进。此外，国外顶级期刊和出版单位营销手段多样实用，对用户市场需求反应迅速，能够不断适应市场和读者的变化。正如前文提到，随着欧洲开放获取的大力发展，爱思唯尔作为典型商业出版机构在英国设立了 Director of Access and Policy 岗位。反观我国，国内绝大多数科技期刊编辑部的岗位为编辑部主任和编辑，有时可能还有编务，岗位设置极其单一，事业和产业不分、机制不够灵活，阻碍了科技期刊的数字化、集团化、规模化发展，同时也限制了科技期刊的出版形式创新和内容质量的提升和多样化，无法应对不断变化的出版业行业市场需求。

4.3 全面提升出版人员职业发展空间，提高待遇

通过分析 85 位受访者的工作经历和个人职业发展路径，可知国外出版单位晋升渠道畅通，出版行业人才随时做好应对出版环境变化的准备，岗位和职责不定期变动，个人能力得到提升，而且绝大多数跳槽的出版行业人才仍会选择继续从事出版。Jennifer Pesanelli 在美国联邦社会实验生物学杂志(FASEB)工作了 22 年，但她的职位在不断发展。2005 年她被提升为出版总监(Director of Publications)。6 年后，加入会员部门，之后在业务开发部门、IT 等部门工作 3 年。2014 年 3 月—2018 年 12 月担任运营部副执行总监(Deputy Executive Director for Operations)[8]。反观我国，出版单位目前晋升渠道不畅通、不合理，岗位流动性较弱。调研显示，77%国内出版行业人才从事过的工作岗位在 2 个及以下，很难在不同的岗位得到锻炼，职业能力提升机会受限，对未来职业晋升持较为悲观态度[4]。有近 85%的编辑反映其缺乏明确的职业晋升路径，编辑职业几乎没有上升空间[2]。建议在当前融合出版和新媒体的冲击下，设置多个岗位级别变换的晋升渠道和多样化的晋升路径，提供国内出版行业人才的发展空间和晋升机会。

薪酬和晋升是当前影响国内外出版行业人才职业发展的核心问题。调研结果显示，国际出版集团，例如自然出版集团(Nature Publishing Group)上海办公室在 2016 年初招聘时给出的编辑薪酬就已经达到 2~3 万元／月，而 Managing Editor 则为 3~5 万元／月[2]。反观我国，国内 65%的编辑部主任年薪 12~24 万元，即月薪 1~2 万元，而 26%的编辑部主任月薪低于 1 万元，这个薪酬与发达国家出版机构相比完全没有竞争力[4]。此外，国内大多数出版人对薪酬福利的满意度为 4.8，薪酬福利竞争力评价为 4.42，表示目前出版业薪资水平偏低、薪酬福利低且没有行业竞争力[4]。因此，待遇太低和职业上升空间小，容易导致内办刊人员的积极性不高，或者出现出版行业人才流失的现象。

4.4 重视和鼓励出版人员参加培训，加强学习和提高个人技能

发达国家出版机构重视为员工提供各种外部或者内部专业培训、进修的机会。反观我国，国内的编辑被边缘化，领导不重视、培训机会少。赵玉山等[4]的调研显示，国内 72.94%的出版人员靠自学来提高业务能力，51.61%的出版人员靠请教同事或者同行提升专业技能，很少有机会参加国际出版论坛和培训，行业相对封闭。笔者在从事编辑行业的最初 5 年，单位领导不赞成参加编辑培训，更不允许跨省(市)参加培训或者专业会议，导致对编辑方面的知识和国内外出版行业及同行的现状、进展和未来完全不清楚，整天忙于编辑部的各种琐事，个人的职业发展也得不到提升。

此外，随着国际出版行业越来越走向全球化的集团经营，无论大中小型出版商，对编辑、生产管理、市场营销人员还是制作专业人士，所有国外出版商都鼓励其具有良好的技术技能，例如，要求出版人员能够使用诸如 InDesign 等应用程序进行印刷品的排版编辑工作，市场营销人员能够拥有维护由市场营销驱动的网站等技能。国外出版商认为提升这些技术和技能对以后从事的工作将很有帮助。因此，国内出版单位的编辑们也应该不断地加强学习，不论是

所属的专业领域，抑或是国内外出版业关注和讨论的领域，学习多种技能，以备不时之需。

5 结束语

本次调研搜集到的岗位职位基本涵盖了国外出版机构的传统职能部门，对了解到国外出版机构的岗位设置、岗位职责、国外出版人员职业晋升路径等情况，以及国内学术期刊编辑的职业发展都具有一定的借鉴意义。当然，本次研究存在一定的不足，期待今后搜集到更加全面、多样的受访人数样本，开展更加全面的、深入的调查研究，为培育我国高水平办刊人才队伍、提高办刊人员待遇、提升办刊人员职业发展空间、鼓励办刊人员通过多渠道提高个人职业技能等方面提供参考和借鉴。

参 考 文 献

[1] 杨家健.出版社文字编辑职业现状及发展路径探索[J].新闻研究导刊,2020,11(12):177-178.
[2] 程磊,徐佳珺,姜姝姝,等.我国英文科技期刊编辑人才队伍现状及对策[J].中国科技期刊研究,2019,30(9):989-996.
[3] 骆筱秋,王晴,袁鹤,等.从国际知名医学期刊看"科学编辑"[J].中国编辑,2018(9):66-69.
[4] 赵玉山,程晶晶,刘浩冰.出版人职业生存现状调查样本报告(2019—2020 年度)[J].科技与出版,2021(7):59-69.
[5] Careers [EB/OL]. [2021-06-06]. https://www.sspnet.org/careers/professional-profiles.
[6] CARDEN M. Academic publishing career paths: initial research and observations [J]. Learned Publishing, 2015, 28(3): 184-194.
[7] 张聪,张文红.NPG 期刊运营特点分析[J].科技与出版,2013(2):4-10.
[8] Linkedin [EB/OL]. [2021-06-06]. https://www.linkedin.com/in/jenniferpesanelli/.

国际视野对中国科技期刊的关注

杨开英

(北京工业大学学报编辑部,北京 100124)

摘要:随着中国科技实力的崛起与国际地位的提升,外媒也加大了对中国的科研投入、科研论文产出以及对中国科技期刊的关注。本文检索了 WOS、EI 文献数据库和 JCR 期刊计量指标数据库的相关数据,并对学术出版综述(STM 报告)的内容进行了分析,从国际视野反映中国科技期刊的发展状况。在此基础上,思考中国科技期刊发展中存在的问题并提出建议。促进学术研究和出版融合,把更多中国优秀科技期刊推向世界;在加速国际外循环的同时,又促进中国科技期刊内循环的高质量发展。

关键词:国际视野;中国科技期刊;学术和出版深度融合;STM 报告;内循环的高质量发展

期刊是科技成果的重要载体之一,也是科技交流的主要方式,随着中国科技实力的崛起,需要相应的科技期刊来体现、承载,以融入国际科研环境。中国已经成为科研强国,备受国际学术界、科研团体、政治经济力量的关注,中国科技期刊的发展也因此进入国际视野。分析中国科技期刊在国际视野中的状况,多侧面、多角度透视我国国际期刊的发展,对于挖掘我国科技期刊的发展潜力、寻找发展机遇有着积极的意义。

Scientific, Technical and Medical (STM)[1]报告是由国际科学技术和医学出版商协会资助,由 CIBER Research 负责完成的报告,本文将以此报告为主要数据来源,结合 Web of Science (WOS)、Engineering Index (EI)文献数据库和 Journal Citation Report (JCR)期刊计量指标数据库的相关数据,分析中国期刊在国际视野中的状况,为中国科技期刊的发展提供借鉴。

1 国际视野中中国的科研发展状况

STM 报告(第 5 版,最新版)做了一份自 1968—2018 年历经 50 年的科学与学术出版综述,也称学术出版全球之声。STM 报告多角度对包括中国在内的主要科研强国、大国的科研状况进行揭示。以下以 STM 数据为基础,从国际视野反映中国科研的现状。

1.1 科研投入

依据 STM 报告内容,用于研发的预算拨款,90%的支出发生在世界三大经济区域:北美、欧盟和亚洲。与其他国家相比,美国的科研支出最多,达 4 970 亿美元(为其 GDP 的 2.7%,远高于全球平均水平),占全球研发总额的 26%。中国 2015 年的科研支出已超过欧盟,达到 4 090 亿美元,占全球总额的 21%。中国从 1996 年的占 GDP 的 0.6%增至 2009 年的占 GDP 的 1.7%,增长了 2 倍,2015 年超过了 GDP 的 2%。最新估计显示,到 2020 年,中国的研发支出将达到经合组织 2.4%的平均水平。按照目前的趋势,到 21 世纪 20 年代初,中国的研发支出将超过美国。经济发展与政治需求导致了主要区域集团的研究重点有所不同，中国仅将约 5%的研发资金用于基础研究，并将 84%的研发资金用于实验开发，相应的美国分别为 17%和 64%[2]。STM 报告认为美国和欧洲的主导地位正日益受到中国的挑战。

1.2 科研人员数量

STM 报告认为全球研究人员的数量在较长时间内以每年 3%~4%的速度稳步增长，这种增长主要是由新兴国家推动的。中国在 2010 年的研究人员在数量上已经超过了美国。目前，中国的研究密度(research density)接近世界平均水平，占总人口的 0.1% (以色列的研究密度最高，约为 0.8%)。然而，有迹象表明，中国研究人员数量的增长正在放缓，增长率从 21 世纪头 10 年的每年超过 10%下降到 2010 年以来略高于 5%[3]。

从国际审稿来看，Publons 的调查显示，几乎 1/3(32.9%)的审稿由美国研究人员完成，而他们发表论文的数量仅占 1/4，相比之下，中国研究人员审稿占比为 8.8%，而发表论文数量却占了 23.8%。

1.3 论文数量与引用情况

研究投入对研究产出的正相促进作用是非常明显的。STM 报告认为，2006—2016 年期间，世界科技出版总产出以年均 3.9%的复合速度增长；发展中国家的科技出版总产出增长速度超过平均数量的 2 倍(约 8.6%)[1-2]。目前，中国已超过美国成为全球研究论文的领先产出国，约占 19%，美国占 18%。

近几年来，国际范围内，引文的区域份额正在发生变化。从 2010—2014 年，美国、欧洲和日本的区域份额都在下降，其中欧洲和日本的下降程度较低，而中国和其他亚洲国家的份额有所增长[1]。被引用最多的 1%的文章比例被学术界用于衡量学术影响力，2004—2014 年，美国对被引用最多的 1%文章所贡献的份额大体维持不变，而同期中国的份额稳步上升[1]。2017 年中国正以最大的增长迅速取得进展，高被引作者数量增加了 40%，在如材料科学与工程的一些学科中，中国已经超过了美国[1]。但是过去 20 年来，除中国以外其他主要科研国家的国际引用都在稳步增长，2004 年，中国科研论文 42%的引用来自于其他国家，到了 2014 年，这个比例下降至 38%，说明中国扩增的论文主要是被国内引用的[1-2]。

2 中国科技期刊在国际视野中的表现

2.1 STM 报告对中国科技期刊的报导与揭示

近年来，中国成为科学论文的主要生产国[1]。《中国 STM 期刊发展蓝皮书》收录 5 020 种中国出版的期刊，其中用英语出版的占 548 种[1]。英语刊物有一半是由中国的研究机构和外国出版商合作共同出版发行，其中 Springer Nature 拥有最大的份额，其次是 Elsevier 和 Wiley[1,4]。然而，中国学术出版业仍然很分散，约 96%的期刊，其出版单位只出版一种期刊[1,5]。中国出版业受到高度监管，新刊申请刊号比较困难，而且 STM 出版物在中国国内市场的定价非常低，该行业没有显示出有吸引力的回报，迄今为止，吸引的私人投资者寥寥无几[1]。实体期刊向电子期刊的转移发展和日益激烈的竞争导致了中小型学术期刊携手合作的量的激增，那些世界领先的出版商与中国的学会、出版社在发行或进一步发展当地的英文期刊方面进行合作已经变得很普遍。

2.2 外媒对中国期刊发展政策的关注

STM 等对中国期刊的发展表现出兴趣和关注外，中国科技政策与科技期刊发展策略也备受他国关注。日本等国的新闻媒体对中国的科技与期刊发展政策表示了极大的兴趣。日本国立情报研究所的船守美穗表示:"可以看出中国似乎希望抑制向欧美期刊支付版面费发表论文,以提升国内期刊的水平。"中国的科研动态,被认为是希望在国内培育迈向世界的英文科技期刊[6]。

2.3 中国科技期刊在 JCR 中的数量与占比

为了了解中国科技期刊的现状,笔者检索了 JCR 数据库(2020-10-20 采集数据)。主要代表性国家在 2010—2019 年间的 SCI 期刊的数量和占比如表 1 所示。美国和英国分别约占 JCR 总量的 33%和 20%;荷兰和德国,作为世界著名期刊出版商的创始国,在世界范围内广泛吸收优秀科技成果,份额分别约占 8%和 7%;法国约占 2%,略有下降的趋势;俄罗斯和日本的期刊数量相对稳定,分别为 150 种和 240 种左右,占比分别为 1.7%和 2.7%;中国在近 10 年间的数量整体呈上升趋势,占比从 1.7%增长到 2.6%。中国科技期刊的数量和学术影响力在快速提升中,按专业领域分类,学术质量可以通过 Q 分区来体现。中国主办的 241 种期刊 Q1 区的数量达到 77 种(JCR 数据库 9 370 种期刊中 Q1 期刊共 2 551 种)。中国科技期刊所取得的成绩是和国家在科研方面的投入、科研人员和期刊出版人的共同努力密不可分的。

表 1 主要代表性国家在 2010—2019 年间的 SCI 期刊的数量和占比[7]

年份	JCR/种	中国		美国		英国		法国		荷兰		德国	
		数量	比例/%	数量	比例/%	数量	比例/%	数量	比例/%	数量	比例/%	数量	比例/%
2010	8 073	138	1.7	2 724	33.7	1 592	19.7	189	2.3	655	8.1	545	6.8
2011	8 336	155	1.9	2 795	33.5	1 658	19.9	192	2.3	665	8.0	557	6.7
2012	8 471	152	1.8	2 825	33.4	1 710	20.2	195	2.3	653	7.7	564	6.7
2013	8 539	162	1.9	2 875	33.7	1 745	20.4	186	2.2	655	7.7	563	6.6
2014	8 659	173	2.0	2 910	33.6	1 785	20.6	179	2.1	663	7.7	579	6.7
2015	8 802	185	2.1	2 935	33.3	1 840	20.9	173	2.0	692	7.9	594	6.7
2016	8 879	179	2.0	2 973	33.5	1 856	20.9	178	2.0	700	7.9	600	6.8
2017	9 015	197	2.2	2 995	33.2	1 907	21.6	178	2.0	718	8.0	607	6.7
2018	9 172	215	2.3	3 036	33.1	1 957	21.3	174	1.9	741	8.1	612	6.7
2019	9 370	241	2.6	3 052	32.6	2 022	21.6	172	1.8	762	8.1	643	6.9

3 中国科技期刊发展的现状分析

与欧美国家相比,我国的科技期刊起步晚。历经几十年的发展,科技期刊具备了一定的规模,据《中国科技期刊发展蓝皮书 2020》[8]统计,截至 2019 年底我国科技期刊共有 4 958 种,据 2020 年第 10 届中国英文科技期刊年会的统计,2019 年底我国英文科技期刊共有 359 种。短短几十年的发展,到 2019 年,长期以来被国人看重的 SCI 与 EI 刊源刊物的数量分别为 241、207(2019 年 SCI 和 EI 期刊的总数分别为 9 370、4 567)[7,9],这批期刊已经走在了中国科技期刊的前列,具有较高的国际化程度。纵观我国的科技出版史,成绩令人鼓舞;横观国际出版环境,也带给我们诸多思考。科学家向往高影响力的展示平台,国内主办的期刊的影

响力偏弱,即使在这种不利的情况下,中国的科技期刊正以良好的趋势在发展,同时也存在以下几方面问题:

3.1 中国主办的国际期刊承载量与中国科技实力匹配不够

不同数据库来源的引文数据易产生不同的引文计数,但具有一定的相关性。JCR 数据库收录期刊的学术质量得到广泛认可,JCR 中有一项指标"contributions by country/region",该指标总结了连续近 3 年(2017—2019 年)的期刊出版内容的一些特性,属于描述性指标。每种期刊仅提供前 10 名的贡献者名单,在 TOP100 期刊中,中国贡献位次及数量如表 2 所示。中国贡献位居第 1 的有 8 种期刊(TOP100 中仅 1 种中国主办期刊,且中国贡献位居第 1);26 种期刊,中国贡献不在榜。这 8 种中国贡献位居第 1 的期刊分别为:*Chemical Society Reviews*、*Progress in Materials Science*、*Advanced Materials*、*Materials Science & Engineering R-Reports*、*Advanced Energy Materials*、*Progress in Polymer Science*、*Cell Research*、*Chem*。中国为材料科学方面的国际期刊贡献了相当数量的先进科研成果,但是我国主办的材料科学方面的国际期刊远远不够,中国需要创办更多更好的国际期刊来承载本国的优秀科技成果。

表 2 JCR 中 TOP100 期刊的中国贡献位次及数量

贡献位次	1	2	3	4	5	6	7	8	9	10	没上榜
期刊数量	8	20	6	11	4	8	6	6	2	3	26

3.2 科技成果外溢削弱并阻滞中国科技期刊的健康发展

科学家创造的科技成果经过公开出版后成为可参阅的科技文献被收入相关数据库。世界知名科技出版商在国际上设立分支机构或办事处,凭借先进的数字化技术手段,加强对科技数据库的运营,不断地推陈出新,实现了知识产权的大幅增值。在中国科技实力快速增强,而其科技出版行业相对滞后的情况下,国内科学家创造的优秀科技成果外溢造成了国家层面知识产权的重大损失,同时也削弱并阻滞了中国科技期刊的健康发展。国际知名商业出版社、专业协会,大学出版社已经与我国相对分散的学术期刊建立起了联系,我国的科技期刊出版多处于被合作的阶段。中国科技期刊需要尽早摆脱"借船出海"的不利局面,搭建大型科技出版平台,增强造船出海的实力。

4 中国科技期刊发展的建议

4.1 加强对我国科研工作者的引导

4.1.1 制定更加科学合理的评价体系

20 世纪 80 年代以来,国内唯 SCI 评价导向导致国内的先进科研成果大量外流[10]。为此,习近平总书记在中国科学院第十九次院士大会、中国工程院第十四次院士大会上的讲话中指出:教育部、科技部印发关于规范高等学校 SCI 论文相关指标使用的意见,要创新人才评价机制,建立健全以创新能力、质量、贡献为导向的科技人才评价体系。在新的评价体系中,逐步破除唯 SCI 论,以实际贡献为导向,对科技人员进行均衡评价。发挥科研基金审批部门的监督审查作用,引导和鼓励国内的科研成果发表在中国主办的期刊上,加速促进国内学术研究和学术出版的融合,使两者协同发展,促使我国先进科研成果有效地服务国内科研体系。

4.1.2 鼓励更多科研工作者参与国际国内审稿

鼓励科研工作者更积极活跃地参与科技期刊审稿。由前面所述的审稿人员统计数据可知,中国的国际审稿实力相对薄弱。国内的科学家要积极争取和参与国际审稿，尤其是为国际名刊审稿，有利于紧跟世界科技前沿，形成对科研动向的准确预测，有利于自身科研团队的发展。多次在国际上发表优秀论文且知名度高的专家是入选知名期刊专家库的前提，快速而积极的审稿回应和高水平的审稿[11]建议通常会受到期刊编辑的重视，获得更多的审稿机会。随着中国科研人员知名度的提高，争取和把握更多的国际审稿机会有利于国内通往国际的高水平学术交流，加速外循环。

同时，建议国际审稿人积极为国内的期刊审稿，不要因为国内普通期刊知名度不高而选择不理睬。中文期刊更需要有建设性的意见，让刚踏上科研之路的硕博士生(图书馆的在线数据显示，在培硕博士生访问中文期刊的比重大)或是外语能力相对弱的科技人员能够获得更高水平的中文科技文献，推动内循环的高水平发展，让更多的普通期刊发挥好铺路石的作用，合力将更多的国内优秀期刊推向国际。

4.1.3 鼓励更多科学家深度参与办刊

高起点办新刊，不管是出版社牵头创刊，还是高校、科研院所自行运作办新刊，通常会邀请院士出任主编，借助科学家在专业领域内跨国家组稿，把握领域前沿，科学家的积极参与有力地保证了稿件质量，是较易实现突破的一种办刊模式。鼓励人脉广泛、有办刊意愿的高能量的科学家深度参与办刊，为科技出版奉献力量。

4.2 增强中国科技期刊出版行业的整体运营能力

2019 年 SCI 收录中国科技期刊(241 种)的数据显示国内出版社出品 117 种期刊，占比 49%，这 241 种中国主办期刊的前 10 名的出版社如表 3 所示(2020-10-20 采集)。国内科技期刊出版规模已经形成，虽然这与国际大出版商的出版规模还相差甚远(五大英语出版商[1]分别为 Springer Nature(>3 000)、Elsevier(2 500)、Taylor& Francis(2 500)、Wiley(1 700)、Sage(>1 000))。在科技文献的产生过程中，多数科学家会集中精力从事科研工作，国内科技出版行业负有帮助中国科技工作者公布和传播科技成果，促进成果的广泛交流与应用，服务好中国科研体系的职责和使命。国内大型科技出版行业，需加快整合力度，加强市场运营能力，推出更多享有国际声誉的高水平期刊，只有这样才能在竞争激烈的国际科技出版市场立足并发展强大。

表 3 2019 年 241 种被 SCI 收录的中国期刊的出版社(前 10 名)

序号	出版社	数量
1	SCIENCE PRESS (科学出版社)	32
2	SPRINGER	21
3	ELSEVIER	16
4	WILEY	10
4	SPRINGER HEIDELBERG	10
4	SPRINGEROPEN	10
4	HIGHER EDUCATION PRESS(高教出版社)	10
4	KEAI PUBLISHING LTD(科爱出版集团)	10
9	AME PUBL CO	9
10	NATURE PUBLISHING GROUP	8
10	OXFORD UNIV PRESS	8

5　结束语

　　国际视野对中国科研投入、科研论文产出以及对中国科技期刊的关注显示了中国科技综合实力的日益增强。以往唯 SCI 的评价导向延缓了中国科技期刊的健康发展，但一定程度上增强了国际影响力，中国科技国际话语权正在进一步提升中。数据显示我国优秀期刊所占比重在持续增大，但和欧美国家科技出版行业相比，依然存在数量和质量上的巨大差距。如今，在国家加大研发力度、大力推进科技发展的大背景下，国家也越来越重视基础研究，各学科体系正在不断完善，国内的科研环境也越来越有利于国际优秀科技期刊在中国的发展。中国的科技出版在挑战和机遇面前，要积极应对，努力使中国的科研成果服务好国内建设。"广大科技工作者要把论文写在祖国大地上，把科技成果应用在实现现代化的伟大事业中。"[12]

参 考 文 献

[1] CIBER Research Ltd. The STM report: an overview of scientific and scholarly publishing [R]. 5th ed. Hague: International Association of Scientific, Technical and Medical Publishers, 2018.

[2] National Science Board (2018). Science and Engineering Indicators 2018 [R/OL]. Alexandria, VA: National Science Foundation [2020-07-30]. https://www.nsf.gov/statistics/indicators/.

[3] OECD. OECD.Stat extracts: main science and technology indicators [EB/OL]. [2020-07-20]. http://stats.oecd.org/Index.aspx?DataSetCode=MSTI_PUB#.

[4] XU J, WANG J Y, ZHOU L, et al. Internationalization of China's English-Language Academic Journals: an overview and three approaches [J/OL]. Learned Publishing [2018-09-20]. https://doi.org/10.1002/leap.1198.

[5] MONTGOMERY L, REN X. Understanding open knowledge in China Cultural Science Journal [J/OL]. [2020-06-30]. http://doix.org/10.53334/CSCI.106.

[6] 滝顺一.中国学术发表转向,打造世界级期刊?[N].日本经济新闻,2020-08-04.

[7] Journal Citation Reports [EB/OL]. [2020-10-20]. https://jcr.clarivate.com.

[8] 中国科学技术协会.中国科技期刊发展蓝皮书(2020)[M].北京:科学出版社,2018.

[9] EI 文献来源列表(2019)[EB/OL].[2020-10-20].http://lib.bjut.edu.cn/zy1/dzzydh/hxqkdh.htm.

[10] 刘彩娥.把论文写在祖国大地上:国内科研论文外流现象分析[J].北京工业大学学报(社会科学版),2018,18(2):64-72.

[11] 杨开英.比较式审稿的建议[J].编辑学报,2020,32(5):79-81.

[12] 习近平.为建设世界科技强国而奋斗:在全国科技创新大会、两院院士大会、中国科协第九次全国代表大会上的讲话[N].人民日报,2016-06-01(002).

新时代我国科技期刊发展的布局与使命

黄崇亚[1]，张海洋[2]

(1.西安交通大学期刊中心，陕西 西安 710049；2.长春中医药大学学术期刊社，吉林 长春 130117)

摘要：通过分析研究国内科技期刊发展现状，阐述中英文期刊合理布局的重要性，构建科技期刊多语种出版的有效路径，进而探讨我国中文期刊、英文期刊、双语期刊布局特点及发展趋势。目前，中文、英文以及双语出版是国内科技期刊出版的主要形式，在国际交流日益深入的今天，在给予英文期刊更多政策支持、资金支持的同时，应更加注重培育新时代一流中文科技期刊，进一步增强中文科技期刊的学术话语权，真正让中国科技成果走进世界科技舞台。发展中文期刊不仅是文化自信的体现，更是让中国科技成果引领世界科技学术中心向中国转移，真正实现新时代科技期刊"造船出海"的历史必然。

关键词：中文期刊；英文期刊；双语出版；文化自信

据《中国科技期刊发展蓝皮书2020》报告，截至2019年底，我国有科技期刊4 958种，其中中文科技期刊4 429种(汉文4 387种，其他为少数民族语言期刊)，占比89.33%，英文科技期刊359种，占比7.24%，中英文科技期刊170种，占比3.43%[1]，我国科技期刊发展出现"三足鼎立"的局面。2019年6月，科睿唯安公布的《期刊引证报告》显示，SCI收录中国期刊213种，其中中文期刊18种，英文期刊195种。英文科技期刊总数量仅为中文科技期刊的十分之一，可其学术影响力和交流传播力却10倍于中文科技期刊。可见，这个"三足鼎立"的发展局面是不稳定的，也是不平衡的。

不可否认，国际化是科技期刊发展的必然选择，英文科技期刊出版是期刊国际化发展的关键要素。从1999年，中国国家自然科学基金会协助85本期刊从中文变为英文期刊或者出版发行新的英文期刊；到2013年"中国科技期刊国际影响力提升计划"对中国英文科技期刊给予资金和政策上的大力支持；再到2019年国家新闻出版署批准英文科技期刊CN号17种[2-4]，审批量相比2018年的8种有大幅增加。此外，在"中国科技期刊卓越行动计划(2019—2023年)"资助项目中，受资助的英文期刊共计180种，中文期刊共计100种。随着国家对科技创新支持力度的增加，对英文科技期刊的投资力度也在逐年增加，英文期刊在出版中显示出重要位置。从现阶段看，在一定限度内资助和支持英文科技期刊是合理的，因为在相当长的一段时间内，英语作为国际交流的主要语言的事实很难发生根本性变化，英文科技期刊直接面对国际竞争环境，对提升中国科研成果在国际上的显示度，抢夺我国学术成果首发权，争夺国际话语权，具有重要意义。但是从我国长远发展看，如何更好地对科技期刊出版文种进行精心

基金项目：陕西省出版科学基金项目(20BSC04)

布局，实现中、英文期刊合理布局，协调发展是期刊出版管理者需要思考的问题。

1 大力发展中文期刊，把论文写在祖国的大地上

《国家创新驱动发展战略纲要》明确提出：到2050年把我国建成世界科技创新强国，成为世界主要科学中心和创新高地。习近平总书记更是号召广大科技工作者，"把论文写在祖国的大地上"。中国作为科技大国，并致力于成为科技强国，培育发展一批一流的、具有中国特色的科技期刊是新时代我国科技期刊发展的重要使命。若想要实现这一战略目标，就要充分考虑科技期刊协调发展布局。有数据显示，目前我国1 500多种主流期刊中，能够实现领跑水平的只有10%，实现并跑的期刊只有20%左右，剩余近70%的期刊单位仍处于一种跟跑阶段。此外，国外SCI期刊中国稿件量井喷式地增加，而国内期刊却遭遇稿荒，存在国内日益增长的论文发表需求，与国内高水平国际期刊严重不足之间的矛盾。事实表明，我国的期刊创办能力及发展水平还有巨大的提升空间，高质量的中文期刊、英文期刊在我国仍然是凤毛麟角、稀缺资源，如何培育发展一批世界一流、中国特色的科技期刊，需要国家科技主管部门、科技专家、出版学者三方面力量协同行动[5]，形成合力，不但要发挥中英文期刊资源平台作用，更需要缩小与国家创新驱动发展的战略要求差距，契合国家期刊战略需求。

2 构建以中文科技期刊为金字塔顶端的出版格局

中文科技期刊在传承人类文明，荟萃人类发现，服务我国现代化建设方面发挥着重要的作用。未来，中文科技期刊必将在参与国际学术交流、推动世界科技发展具有举足轻重的地位。因此，构建以中文科技期刊为金字塔顶端，英文期刊、双语期刊协同发展，兼顾多语种期刊的出版格局，才是我国期刊发展的长久之计。目前期刊界普遍存在两种呼声，一种声音是加强中文期刊在国际上的影响地位，加大中文期刊的英文出版平台，推进中文与英文的双译工作，加快资源融合，推动中文期刊国际发展，实现英文期刊的本土化。一种声音是呼吁提升我国英文科技期刊的国际地位，建立国际化的英文科技期刊出版和发布平台，通过双向译介推动中文期刊的国际化和英文资源的本土化。有些学者认为，中国优秀的学术成果就应该以中文的方式出版，这是文化自信的体现，不是办了英文期刊就是国际期刊，而单纯将中国优秀研究成果以英文形式发表在英文期刊或推介给国外同行也不是真正的国际化，一厢情愿的国外输出式国际化，远达不到国际交流的目的，真正要提高的应该是中国期刊在国际上的话语权。事实上，将母语期刊转变成英文期刊，不仅造成了中文期刊资源的浪费，更导致国内学者学术资源的流失。笔者认为，鼓励出版英文期刊固然重要，双语出版也被认为是"双循环"战略视野下最有效的出版方式，但是办好中文科技期刊，提升中文科技期刊的学术影响力及国际显示度，提升中文表达在国际的出镜率才是新时代中国科技期刊发展的最核心要义。

3 有效融合期刊出版的资源优势

"海纳百川，有'融'乃大"，2017年9月，"融合发展"列入《新闻出版广播影视"十三五"发展规划》，上升为国家顶层设计。文化、内容、技术、媒体、平台、渠道、管理、经营融合，融合发展不可避免的带来了中英文期刊的交汇融通。众所周知，中国早期的英文期刊，多数由中国期刊出版机构发行创建的，这种现象自《中国期刊国际影响力提升计划》推行后，就显得越发的明显[7]。据统计，目前我国75%的英文期刊均与国外出版商合作出版[8]，可见，与

国外著名出版机构合作是中国英文科技期刊快速走向国际化及提高影响力的捷径，但却不可避免造成国内期刊出版资源的浪费，造成了国际出版商对中国科技期刊及中文科技成果的掠夺。在文化融合更加深入的今天，如何更好地实现中英文期刊的资源共享？笔者认为，中文期刊需引进具有较强英文撰写能力的编辑人才，英文期刊需加大中文的有效融入，只有在编辑人才方面进行有效融合，满足不同地域读者的阅读需求，实现中英期刊的资源共享才会更加快速与通畅[9]。中英文期刊如同期刊出版的左右手，既分工又合作，本就有着一种资源之间相辅相成的关系，这种资源之间的共享作用，可以推动两者共同发展。资源共享的渠道不仅可以通过建立期刊自主双语平台，也可以组建并依托双语数据库。建立双语期刊数据库可以很好地实现中文期刊与英文期刊两者之间的信息交流和资源共享，可以为科研学术人员提供更好的信息资源服务。如巴西或者日本，为了加快文化信息资源共享，在20世纪就建立了母语期刊数据库与英文期刊数据库，因此我国在期刊创办的过程中，也应该以长远发展的视野，建立属于自身强大的中文数据库与英文数据库。

4 建立多元化的期刊生态圈

所有期刊都有活力及创新元素，建立多元化的期刊生态圈，不仅需要多学科的交叉融合，还需要建立健康的学术链，优化科技期刊生态圈环境，促进科技期刊创新活力。如果科技人员能把大部分的精力用在科研上，能舒心、踏实地做科学研究，就是理想的科技期刊发展生态。为此，期刊学者积极探讨期刊生态圈的建立，以提升期刊对国家科技创新和科技水平、国民科学素养的价值。笔者认为，在建立多元化的期刊生态圈过程中，应从以下几方面发力：

(1) 支持优秀中文期刊出版机构创建英文期刊、双语期刊，提升我国英文期刊的显示度。英语是目前使用国家最多的语言，中国创办英文科技期刊，不仅可以直接参与到国际竞争环境中，还可以扭转"仪器买进来，文章发出去"的"两头在外"现象，对提升中国科研成果的国际显示度，实现科技期刊的国际化有重要意义。目前，我国英文期刊出版，多以"借船出海"的方式来推进自身的国际化，过度依赖国外出版集团的出版方式无疑将我国的期刊出版陷入被动局面。因此，支持优秀中文期刊出版机构创建英文期刊平台建设，借助中文期刊出版资源，实现英文期刊的内容质量、出版流程、数字传播、社会影响等的快速提升，对提高我国英文期刊在国内外的显示度具有积极意义。一方面保证了英文期刊出版的良好条件，吸引国内外优秀论文；另一方面通过学习借鉴国外多刊经营的出版模式，尽早纳入国际期刊评价体系，双管齐下，可以真正实现我国期刊"造船出海"。

(2) 注重培育一流中文期刊承接我国科技创新成果。中文期刊的核心竞争力依然是高水平论文，布局发展国际一流、中国特色的中文科技期刊，不仅有利于保护国家利益，更是服务建设创新型国家、加快科技强国建设步伐，支撑文化强国战略的重要组成部分。正如习近平总书记所说，广大科技工作者要把论文写在祖国的大地上，把科技成果应用在实现现代化的伟大事业中。在日本，保护本土期刊与培育国际化期刊是引领期刊发展的两辆马车，甚至认为"日本人并不是用英语思考和创造的，文化是日本的，特别是工程技术领域，应大力发展本土期刊"。因此，若想培育我国的世界一流科技期刊，必须坚定文化自信，建设好本土期刊，真正实现把论文写在祖国的大地上，进而增强中文期刊在国际的显示度和竞争力，在提升优质论文吸引力的基础上，实现期刊高质量的发展。科技论文的价值由其原创性、创新性、前沿性等内在质量决定，而不是由其发表的语种所决定的。因此，尽管SCI收录的中文科技期刊是 SCI 数据库中的少数期刊，但是其学术质量和影响力是我国科技创新能力的学术名片，是世界学者了解我国中文科技期刊的一个窗口。在当前国家政策导向以及"科学家有祖国"的呼唤下，势必能引导高水平论文向国内中文科技期刊的回流，这就要求我国要加快培育一批一流的中文科技期刊，能更好地承接住优质回流的科技成果。

(3) 鼓励建设双语数据库对接国外英文数据库，提升中国期刊在国际上的学术影响力。目前，我国很多英文期刊出版机构在与国外出版商合作的过程中，都必须要使用或购买他们的数据库，这样就提升了英文期刊出版发行费用，但也扭曲了英文期刊的创办服务宗旨，而在国外也有一些英文出版机构，想要获取中文期刊的学术信息也出现了一定的困难，因此，建立双语数据库，通过双语出版、双向交流和增强出版相结合的方式，可以推动科技前沿领域创新交流[10]。其中，中国知网的中国精品学术期刊双语出版数据库工程(CNKI Journal Translation Project，JTP)，就是知网走出国门的第一步，中文期刊网站的英文界面对期刊国际化，提升显示度有重要影响，同时构建英文期刊的中文发布系统也同样重要，这两者都是有利于提升中国期刊在国际的显示度及影响力。

(4) 布局发展双语期刊促进世界科学中心向我国转移。双语科技期刊兼具中文期刊和外文期刊的优势，其兼容性和包容性使其既能展示国内优秀科技成果，扩大稿源范围和读者群，提升我国科研成果的国际影响力，同时还可以吸收国外的优秀稿源，将国际优秀的科研成果服务于国内的发展需要，最大限度地满足国内外对于科研成果交流和应用的需求，实现期刊的对等交流，将更多的学术话语权掌握在自己手中[11]。由于英语在相当长的时间内将继续保持世界语言的地位，我国也必将采用中英双语出版模式，这是向全世界传播和展示中国科技成果的重要途径之一[12]。也是我国建立自主品牌期刊的国际化出版平台的需要。中文期刊庞大的作者群保证了期刊的学术资源与优势，双语出版又将期刊推向了国际市场。无论是中文期刊翻译成英文，还是英文刊翻译成中文，对于提升期刊的国内外影响力均至关重要。因此，适当布局扩大我国的双语科技期刊也应该是我国科技期刊快速发展，争夺国际期刊话语权的重要一环。为了使我国早日成为世界主要科学中心和创新高地，目前在中英文双语期刊发展尚未取得成效之际，仍需创办英文期刊站稳国际地位的同时，快速培育一大批各行业的一流中文科技期刊，快速提升中文期刊学术高度及国际显示度，以更高的高度、更宽的眼界看待中英文期刊协调发展，是中文期刊的发展战略，可促进中文期刊与英文期刊、双语期刊的协调、平衡、错位发展。

5 结束语

在文化交流不断深入的过程中，读者对于知识的需求更加多变，中国期刊是国际化还是被国际化，是引领还是跟跑是值得深思的问题。如何让国内科技成果"走出去"与让国际成果"走进来"两个方面，双语期刊承担着更多的历史使命。如何引领世界主要科学中心和创新高地向我国转移，优秀的中文科技期刊崛起刻不容缓。中国出版物"走出去"是民族文化复兴的使命要求，而让中国优秀期刊以母语形式参与国际社会科技竞争，却是民族自信，文化自信，科技自信的有力表达。文明因交流而多彩，习近平总书记在十九大报告中指出，发展中国特色社会主义文化，要"加强中外人文交流，以我为主、兼收并蓄。推进国际传播能力建设，讲好中国故事，展现真实、立体、全面的中国，提高国家文化软实力"。一方面，我国要深化改革，重构中文科技期刊发展体系，提升其对弘扬科学精神、传播科学方法、服务国家创新发展的支撑能力；另一方面，优先实现"明星英文期刊"的学术影响力和话语权的突破，使之带动我国英文科技期刊的整体性崛起。通过布局发展中英文双语科技期刊，实现"国内外联动，中英文互补"的格局，将我国科技期刊发展的劣势转变成促进我国科技快速发展的巨大优势[13]。这样才能提升我国期刊在国际上的影响能力，从而推动我国期刊更快更好的发展。

参 考 文 献

[1] 中国科学技术协会.中国科技期刊发展蓝皮书 2020[M].北京:科学出版社,2020:1-20.

[2] 任胜利,肖宏,宁笔,等.2018 年我国英文科技期刊发展回顾[J].科技与出版,2019,38(2):30-36.

[3] 丁以绣,苗伟山.中国英文学术期刊走出去的现状、发展与挑战[J].出版发行研究,2020,35(6):65-69.

[4] 任胜利,宁笔,陈哲,等.2019 年我国英文科技期刊发展回顾[J].科技与出版,2020,39(3):6-13.

[5] 杨永强.如何办好国内英文刊的思考[J].编辑学报,2019,31(增刊 1):77-79.

[6] 刘天星,武文,任胜利,等.中文科技期刊的现状与困境:问卷调查分析的启示[J].中国科学院院刊,2019,34(6):667-676.

[7] 陈征,张昕.中文科技期刊和英文科技期刊协同发展的对策研究[J].编辑学报,2016,28(3):217-219.

[8] 鲍芳,张月红,吴坚.中国英文学术期刊综合数据与国际影响力解析(1887—2017)[J].中国出版,2018(12):3-8.

[9] 牛正光,奉公.构建国际英文期刊论文的中文发布体系研究[J].中国科技期刊研究,2017(2):131-137.

[10] 黄睿春.中文科技期刊开展双语出版的现状及对策[J].中国科技期刊研究,2018,29(6):552-556.

[11] 俞征鹿,马峥,田瑞强.布局发展双语科技期刊助推世界科学中心转移[J].编辑学报,2019,31(3):237-241.

[12] 黄英娟,孙一依,孟令艳.我国中文 SCI 科技期刊发展策略分析[J].中国科技期刊研究,2020,31(5):605-613.

[13] 周平.中国知网双语期刊出版状况分析及思考[J].中国科技期刊研究,2018,29(8):780-785.

科技期刊编辑借助学术会议加强宣传与约稿的策略

李 莉,周翠鸣,邓斯丽,蒋巧媛

(广西壮族自治区中国科学院广西植物研究所《广西植物》编辑部,广西 桂林 541006)

摘要:科技期刊的知名度与影响力取决于所刊发文章的学术质量,而来稿质量在某种程度上取决于期刊的宣传推广力度和编辑的约稿技能。参加学术会议是科技期刊宣传的最主要、最直接的一种方式,也是编辑获取研究前沿信息的有效途径以及约稿的最佳时机。为提高科技期刊的学术质量、知名度和影响力,本文从会前准备、会中宣传与约稿、会后跟踪和会后总结四个方面,提出一些利用学术会议进行期刊宣传和约稿的方法和建议,供广大科技期刊编辑参考。

关键词:科技期刊;编辑;学术会议;期刊宣传;约稿

提高科技期刊的竞争力除了需要考虑高水平的来稿、期刊出版和服务质量、优秀的编委会成员和严格的同行评议以外,还需要树立精品意识、品牌意识和加强自我宣传。通过学术会议宣传,不但可以充分展示期刊自我特色,提升期刊在读者心中的形象,扩大期刊的作者群和读者群,提高来稿水平、被引频次、期刊知名度和学术影响力,而且与专家学者的交流将为期刊编辑带来丰富的反馈意见,从而进一步提高办刊质量[1]。专业性的学术会议是该领域知名学者和专家进行学术交流的聚集场所,是编辑与作者、读者、专家面对面互动的平台[2],也是编辑了解期刊相关领域的最新研究进展和热点问题、展示宣传期刊[3]、组稿约稿的非常好的阵地[4-5]。参加学术会议是编辑工作的一项重要内容[6],期刊编辑应在参加学术会议时充分发挥主观能动作用,有效地进行期刊的宣传和约稿,但编辑的约稿技能并非与生俱来,而要通过不断学习和实践磨炼而成。本文从会前准备、会中宣传与约稿、会后跟踪和会后总结四方面,探讨学术会议中高效宣传和约稿的一些可行方法,希望对广大科技期刊同行有所启发。

1 会前准备

会前准备是参加学术会议的基础工作,但对整个参会期间的期刊宣传和约稿组稿的成功与否起着决定性作用。只有知己知彼,做好各项准备工作,才能有的放矢[5],提高成功的几率。

1.1 合理选定学术报告

大型学术会议一般会有多场学术报告,且很多学术报告安排在同一时间不同地点,所以,编辑在参会前一定要仔细研究大会的日程安排,了解报告题目和发言人、时间、地点等信息[7],经过综合性的权衡比较,从中选出最符合自己需要的学术报告,并在会议手册上做好标记[3]。

基金项目:广西壮族自治区科学技术协会科技期刊示范与水平提升项目(2021-8)
通信作者:蒋巧媛,E-mail:459690362@qq.com

1.2 发布会议信息

确定听取的学术报告之后,在期刊的网站、微信公众号和微博发布会议相关信息,并告知期刊编辑将参加此次会议,以及编辑所去会场的时间和地点,给有需要的参会代表提供与编辑近距离交流的机会[8]。

1.3 准备材料

1.3.1 专家相关信息

根据会议议程表可以判断会议涉及的专业领域和可能参会的审稿专家和学者,采编系统专家库中有专家资料的就整理出来,专家库中没有的可以上网查找。最好能找到专家的照片放在资料中一并打印出来随身携带,有备无患,因为参会的人比较多,如果不认识,很难从中找到目标专家,有照片就可以及时对照确认,抓住和专家交流的机会。交流时,提及专家的一些信息会让其感到备受重视,也会加深专家对编辑和期刊的印象[5]。

1.3.2 期刊宣传材料

1.3.2.1 内插页/宣传单页、台卡、书签和海报

尽早咨询会务组,能否在会议手册中加印期刊宣传的内插页,或放宣传单页在会议资料袋中。因为会议手册翻阅得比较多,所以内插页宣传效果高于宣传单页[8]。不管是内插页还是宣传单页,都要尽早设计好电子版。因为若可在会议手册中加印内插页,需要提前发电子版给主办方或承办方,否则赶不上手册印刷时间;若是宣传单页,时间可以自己控制,但最迟也要在会议开始之前两周印好,避免意外情况发生,而且提前寄去会务组也需要几天时间。

台卡可以制作两个,一个是带有会议和期刊名称的"期刊展示区"台卡,另一个是"免费自取"的台卡,前者大一点,后者小一点。这两个台卡可节省与会代表与编辑之间的寒暄环节,使两者在有限时间内的交流更充分,更具实质性。

书签和海报也要同内插页/宣传单页一样提前制作好。书签设计要简洁、精致,内容仅有期刊名称、研究方向、主要数据库和期刊网站、微信公众号、淘宝及微店的二维码即可,切勿因内容太多,反而看不到重点,宣传效果不佳。虽然海报不容易携带,但是上面期刊名称的字体比较大,摆在展台旁边比较醒目,特别是在展台很多的时候,可以吸引感兴趣的专家学者径直来到期刊展台,起到"领路人"的作用,当场的宣传效果较好。制作海报前,编辑要咨询会务组是否提供展架,若提供,尺寸多少;若不提供,需自己准备,提前寄到会务组或者自身携带。

1.3.2.2 样刊和电子专刊/专栏

准备与会议主题相关的样刊和电子专刊/专栏。样刊最好是专刊或有相关专栏,不但可以加深专家学者对期刊的印象,而且可以提高阅读兴趣并激发其投稿意愿。因为样刊比较重,不易自带,所以需要提前准备并寄出。需要注意的是,要和其他宣传材料一并寄到会务组,这样可以避免因会务组繁忙和场地资料混乱而导致期刊某一宣传资料丢失,影响宣传效果。

另外,通过微信公众号制作电子专刊/专栏也是必要的。电子专刊/专栏是将以前在不同卷期发表过的与会议主题相关的文章的电子版重新整合到一起[8],长按单篇文章二维码即可进到网站该文页面或阅读PDF全文,还可以在推文的末尾加上相关系列专刊/专栏的链接,宣传效果更好,如图1所示。推送时间最好设置在会前最后一次推送,这样与会代表通过扫描宣传单或海报上的微信公众号二维码,就可以直接看到这个页面;如果会前还推送其他内容,这个电子专刊/专栏就会被覆盖,只能从历史消息中查询到,宣传效果肯定欠佳。

图1 《广西植物》微信公众号推送的电子专刊/专栏

1.4 约稿计划

主会场大会的报告人和特约报告人通常是该专业领域比较有权威性的专家,作分会场主题报告的一般是学术水平较高、成果较突出的专家学者。编辑可从这些报告人中初步拟定约稿人名单,并检索这些专家的学术背景、发表论文著作和被引情况[3,9]。出于对专家的重视和礼貌,最好提前发邮件告知约稿意图,避免在会上见面唐突[4]。另外,编辑要特别关注本刊作者和审稿专家,检索相关文章的下载量和被引率,可在会议期间与其沟通,拉近彼此的距离[5,8]。

查阅会议日程,如果有去参会的本刊编委,提前与其联系并告知想在会议现场借其学术影响力宣传期刊和组稿约稿,或者想让其在会场帮忙引荐专家学者的意愿。

1.5 展台

展台可以最直观、全方位地展示期刊的品牌形象;同时可以大批量存放期刊宣传资料,也给与会代表和编辑面对面交流提供专门的场所。参会的编辑需要注意两点:一是提前确认展台是否可选。有的会场展台是按照付款的先后顺便安排的,有的则是先到先得。如果情况是后者,编辑需要提前报到,先到会场选定最佳展台位置,尽可能挨近茶歇区或门口,当然在两者之间最佳,因为与会代表在去茶歇区拿东西、吃完回去以及出入会场时都会路过期刊展台,所以,此展台期刊的展示机会是其他展台期刊的两倍,宣传效果也翻倍。二是提前精心布置好展台,不要迟到。这样与会代表才能放心投稿,并相信编辑部会有条不紊地处理他们的稿件,否则,急忙整理摆放宣传材料的情景会给人以混乱的感觉,可能会错失与某些专家交流的良机，影响期刊整体形象和宣传效果。

1.6 选好座位

落座大有学问，靠近专家为先。参会编辑最好至少2人，报告期间一人值守展台，一人选好座位，方便与选定约稿专家交流。进入会场时，编辑选择合适的座位非常重要。一般学术会议会安排一些知名专家在主席台就座，一些在第一排就座。编辑要比其他与会代表提前到场，在不影响大会组织的前提下，根据桌上的专家名字台签，选定第二排靠近过道的位置落座最佳，既靠近专家，又便于高效、及时和与知名专家进行交流[9]。

2 会中宣传与约稿

2.1 会中宣传

本文从以下几个方面探讨了科技期刊编辑参加学术会议进行期刊宣传的策略，供大家参考。

2.1.1 展台宣传

在会议期间，海报应面向与会代表经过较多的方向，样刊、宣传单和台卡保持整齐有序书，签放最外侧，具有吸引作用。展台需要随时有专人值守，为来到展台的专家学者介绍与会议主题相关的专刊或含有相关专栏的样刊，发放设计精美、图文并茂的宣传页和书签，从而扩大期刊的辨识度。同时，也可邀请与会代表关注期刊微信公众号，以扩大读者群体，提高期刊的显示度、知名度和影响力。如果有的导师对期刊比较感兴趣，因为书比较重、不易带，可以让其多带几个书签回去发给学生，他们可以扫描书签上的二维码进到期刊官网和关注微信公众号了解期刊，最后可能由读者转换为作者，对发掘潜在作者起到一定的作用。另外，有些与会代表可能会提出一些与投稿、审稿、论文发表和期刊现状相关的问题，编辑都要及时给予有效回复；也可让其提出一些办刊建议和意见及设想，有利于编辑部改进工作方式，以便更好地服务读者、作者和审者，编辑认真、严谨、负责的工作态度都是期刊的软宣传。

2.1.2 报告推介

在会议上做报告推介期刊是最直接、受众面最广的一种宣传方式。报告人最好是期刊领导，若同时又是在学术界有威望的专家则更好；报告内容重点应突出期刊比较有吸引力的独特性，除了期刊常规的期刊介绍以外，还可以就作者关心的如审稿周期、发表周期等问题给予一些反馈，以示对作者的尊重。

还有一种推介方式，是提前制作期刊介绍或将以编委为召集人的征稿启事放在该编委的会议报告PPT中。这种方式借助编委的学术影响力，征稿效果较好。

2.1.3 幻灯片宣传

若主办方不能安排报告推介期刊，在会议茶歇时播放期刊宣传幻灯片也是一种很好的宣传方式。可以制作包括征稿简则、栏目、专栏策划和数据库收录等重要信息的宣传短片，并伴有节奏舒缓、旋律优美的音乐背景，在会议茶歇时循环播放。这种轻松舒适的宣传方式可以使会场上大多数与会代表认识了解期刊，加深对期刊的印象。

2.1.4 微信宣传

微信宣传有三种方式：一是扫码关注期刊微信公众号。样刊、宣传单、书签、海报上都印有期刊微信公众号二维码，编辑可以邀请与会代表扫描二维码关注期刊微信公众号，了解更多期刊信息。二是直接发送微信文章给专家。在和专家互加微信之后，找到其研究领域相关文章，直接通过微信转发。三是利用微信群。会务组一般会在会前建一个微信群，选择合适的时间，可将按照本文1.3.2.1提前做好的与此次会议主题相关的电子专刊/专栏转发到这个微信群里，与会代表点开后可以选择自己研究方向的论文阅读，之后可能会点击文末的链接关注更多相关电子专刊/专栏，这样既可节省他们检索文献的时间和精力，又可扩大期刊的读者和作者群，提高期刊微信公众号的关注人数。

2.2 会中约稿

通过参加学术会议与专家面对面交流约稿是最有效的约稿方式，也是科技期刊编辑一项重要的工作技能[4]，而会中是约稿的重要时机，需要编辑提前到场、延后退场、眼观六路、耳听八方，积极主动地向专家表达约稿的诚意，确定邀约稿件的写作方向。

我们在参加"第十一届西部地区植物科学与资源利用研讨会"时，通过充足的会前准备和会中聆听报告、邀请专家担任专刊/专栏特约主编、抓住一切机会与专家交流等，约到"喀斯特专栏/专刊"和两篇植物花粉研究论文，"天坑植物研究专刊/专栏"还在进一步沟通中。

本文从以下几个方面探讨了会中约稿策略，希望对科技期刊编辑提高约稿技能有所帮助。

2.2.1 聆听报告，确定目标专家进行约稿

根据本文1.1和1.4节会前已经选定的学术报告和初步拟定的约稿专家，提前到会，按照1.6节选好最佳座位，认真听取报告，并做好记录。编辑可通过聆听报告了解会议主题相关领域目前研究进展、未来发展趋势和研究热点[5,8]，预判报告人的研究方向、学术水平、撰稿能力和工作严谨程度，最终确定目标约稿专家，抓住其报告结束后的几分钟黄金时机，立即当面表达约稿意愿，留取必要的联系方式，再于茶歇或其他时间详谈约稿相关事宜，不要影响到后面的报告。因为刚刚做完报告，编辑约稿是对其发言的充分肯定，可使其产生很强的荣誉感，所以比较容易接受约稿。如果在合适的场合，给约稿专家展示一些关于已发表成果被引情况及本刊优势的数据分析，将更利于约稿成功从而实现选题组稿。

此外，大多数学术会议都出版为论文集，此时论文已经基本成型，只需要根据期刊要求进行修改即可交稿，约稿成效比较高。

2.2.2 邀请专家担任专刊/专栏特约主编

邀请专家担任专刊/专栏特约主编更易引起读者关注。邀请的专家最好是比较有权威性的大会主席或特约报告人，由其向该领域科研成果突出的学者进行约稿并推荐审稿人[10]，这样文章会比较集中、全面、深入，时效性强，权威度高，可提高期刊稿件质量和出版效率[4]。

还有一种就是邀请杰出的青年学者担任专刊/专栏特约主编，虽然其学术影响力不及上述专家，但是他们会在整个专刊/专栏出版过程更加认真，为以后的长期合作奠定良好基础。可在期刊当期的封二或封三刊登其团队或研究领域介绍，这种宣传有利于其以后的研究发展、评职称或者报奖等。这对青年学者具有一定的吸引力，比较易于接受，是期刊和专家双赢的一种宣传和约稿方式。

2.2.3 发挥编委作用

如果能与编委或熟知专家在同一会场，编辑到会后及时找到编委对会前与其联系的约稿事宜再次确认并表示感谢，借助他们的学术号召力宣传期刊，组织专刊/专栏，可以增加编辑在会议现场约稿的成功率[8]，对挖掘优质稿源和拓展编委队伍都很有益处。通过编委间接约稿，效率稍低，但编委掌握的学术信息深度较广，推荐文章的学术质量一般较高，彰显专家办刊

的效果。

2.2.4 抓住一切机会，适当深入沟通

确定约稿作者后，在会前、会间及会后的自由时间要寻找一切有可能的机会与其进行适当深入的沟通，介绍期刊特点和学术优势，增强其投稿意愿；如有可能，可以介绍撰稿要求，还可洽谈其他更深入的学术合作[9]。需要注意的是，因为约稿文章的内容和写作水平无法确定，所以必须明确告知约稿作者文章也需要通过同行专家评审，给将来拒稿留有余地[4]。

有些机会是自然的，有些是要自己尽力争取的，如一起同桌进餐，同时离开会场，晚饭后一起出去散步，即使等电梯的机会也不要放过，可以帮忙按电梯，借机要到联系方式，以便会后约稿。当然，要尽量选择合适的空闲时间，避免影响会议的进行或约稿作者的其他活动安排。

2.2.5 邀请审稿

对于在会前初步拟定约稿并具有审稿潜质的年轻专家和从研究成果展示区发现的没有会议报告的杰出学者，编辑在会议期间要积极主动地找机会或请自己比较熟悉的专家引荐来结识这些专家，向他们介绍期刊，诚邀审稿或赐稿，若其对期刊不是很了解，则可先邀请他们担任审稿专家，让其进一步了解期刊情况，为将来约稿做好准备；而对于刚刚同意审稿的专家，可进一步确定审稿方向和审稿数量等[3]，等待合适的时机，再发出约稿邀请。

另外，编辑还应与原有审稿专家进行良好的交流。与审稿专家面对面交流，可拉近期刊与专家之间的距离，促使其及时评审本刊送审的稿件；也可了解审稿专家所在单位或研究领域等是否有变化，及时更新审稿系统中的专家信息，以提高送审的准确性；还可征集审稿专家对期刊及编辑部的意见和建议，以便期刊更好地调整工作，提升办刊效果[3,8]。

随着对期刊的了解，有些审稿专家也会转换为作者，提高期刊文章学术质量，增强期刊活力[5]。

3 会后跟踪

学术会议时间短，编辑与专家学者的交流不够充分，因此，会后的跟踪联系十分重要[11]。

3.1 发送邮件以示感谢和约稿确认

编辑要对在会上给予过帮助的编委及时表示感谢，可选择邮件、微信、电话或短信形式，本人觉得邮件最为正式，所以最好发邮件致谢，为今后的进一步合作打好基础。

同时，也要给会议期间认识的审稿专家发邮件表示问候和感谢。一方面可让其更加了解期刊以及对稿件的审理要求，提高审稿意见的准确性；另一方面有利于建立友谊及以后的审稿和约稿工作[3]。

对于已经接受约稿邀请的作者，发送论文模板和有主编签名的正式约稿函，并明确稿件质量要求[8]、撰写要求和同行评议的流程，这种前期的约束比后期再提出修改意见更容易被作者接受。此外，也可在合适的时机发邮件了解稿件的写作进度和交稿时间[4]。

对于暂未受约稿邀请的目标作者，即使当时没有给予肯定答复，也许是时机不对，可保持联络，可定期汇报出版动态，发送与其研究领域相关的专刊、专栏或优秀文章，吸引并培养对方的兴趣，为以后的合作留出时间和空间[12]。

3.2 约稿的处理

编辑部对约到的稿件应尽快给出审稿结果。不是所有的约稿稿件质量都很高，若稿件水

平不高，期刊确实无法发表，应尽快退稿，不要耽误时间，降低作者对期刊的不满。写退稿信时必须要谨慎，态度要诚恳；先肯定优点，再指出不足，一定要有能让作者从中受益且非常明确具体的审稿意见；语句不能太生硬，以免影响作者与期刊的关系[4]，做到"退稿不退人"，为下次成功投稿打下基础。

3.4 约稿的出版

会议约稿的应予以优先出版才能提高作者对期刊的信任度，有利于以后的长期合作。在出版时应注意两点：①尽早出版印刷。期刊的认真负责和高效才能吸引专家再次投稿。②按时出版印刷。作者交稿的时间可能前后不一[4]，但也应按照约稿函中约定的时间出版，对于未能在约定时间交稿的文章只能以后再安排，不能延迟出版，以免影响到已到稿件的进度，进而影响约稿作者对期刊的信任以及后续的合作。

3.5 出版后的宣传和推广

下载率和被引频次，在某种程度上取决于期刊宣传和推广力度。因为会议期间约到的稿件学术质量一般相对较高，影响力也应相对较大，所以期刊一定要提高对已出版约稿文章的宣传和推广力度。期刊对文章的重视程度越高，越有利于作者后续投稿。可以从以下价格方面开展宣传和推广工作：①回访作者，鼓励引用；②继续约稿[4]，产生后续效应；③推送相关专家，提高影响力；④跟踪稿件影响，确定约稿方向；⑤表彰和奖励，提高积极性。

4 会后总结

4.1 会后信息的归纳整理

4.1.1 学术知识

学习会议期间拍照或会后专家同意分享的报告PPT内容，整理成单独的文件夹存放，并总结了解到的与本刊相关领域的最新研究进展和发展趋势，提高初审的判断能力和送审专家的准确性[3]。

4.1.2 审稿专家信息

通过会议期间的交流，编辑可能会了解到一些审稿专家研究领域有新拓展、邮箱或工作单位有变动、无暇审稿等；还有新接受审稿专家的相关信息，如研究方向、职称、学位、邮箱、电话号码、对审稿的要求等，会后都应及时将这些信息录入审稿专家库，以保证期刊审稿的高效性和准确性。

4.1.3 办刊意见和建议

及时归纳整理编委和审稿专家审稿过程中遇到的各种问题，以及对期刊的意见和建议，并向期刊领导汇报并予以解决，以便编辑部更好地调整工作，提高办刊质量[3]。

4.1.4 参会经验总结

及时分析和总结会议宣传和约稿时遇到的各种情况和问题，为以后的宣传和约稿工作提供借鉴[3]。

4.2 约稿失败原因分析

科技期刊编辑通过学术会议约稿是否成功与编辑、专家、期刊三个方面因素均有一定关系。常见的因素有以下几种：①编辑对学科和专家了解不到位；②编辑期刊介绍不充分；③编辑未找到合适交流时机；④专家对期刊印象不佳；⑤专家嫌编辑级别低；⑥专家与某类似期刊主编关系较好；⑦期刊影响力不够。约稿可能不会一次成功，要有耐心，持续而有效的联系，会让作者了解期刊，并感受到编辑的真诚和执著，就会有机会获得优质稿件[10]。

4.3 树立品牌期刊形象

品牌期刊形象决定于期刊编辑的高水平专业技能、认真热情的服务态度、严谨的工作作风[13]。所以，想要树立品牌期刊形象，编辑就要认真对待每一位作者、读者和审稿人以及每一篇稿件，及时解决他们在投稿和审稿中遇到的问题。有些作者不知道针对专家意见怎么修改，编辑可以与其电话沟通，从自己的专业知识角度提供帮助和修改建议。即便是退稿也要做到"退稿不退人"[5,13]，中肯且有理有据的退稿意见可帮助作者认识到自己不足之处，有助于提高作者科研和写作水平，为下次成功投稿打下良好基础，使其成为期刊的固定作者群体。

5 结束语

科技期刊编辑参加高水平的专业学术会议，要在会前做好充分的准备，确定约稿专家；会中深入了解学科的发展前沿，积极发挥主观能动性进行期刊宣传和约稿，发现新的审稿专家，扩大读者群体；会后跟踪约稿情况，及时反馈信息；并归纳总结参会信息和经验，弥补不足，调整工作，促进期刊的发展和科技成果的传播，实现期刊的学术水平和影响力的双提升。

参 考 文 献

[1] 郝丽芳,陈宏宇,武文.科技期刊通过自我宣传提高学术影响力的途径:以《生物工程学报》的实践为例[J].编辑学报,2015,27(3):285-286.

[2] 王晓梅,陈文琳,胡长进,等.科技期刊宣传推广策略与实践:以《大气与环境光学学报》为例[M]//学报编辑论丛(2020).上海:上海大学出版社,2020:749-752.

[3] 张淑敏,辛明红,段为杰,等.如何通过学术会议促进组稿和审稿工作[J].编辑学报,2014,26(1):52-53.

[4] 徐丁尧,步召德.科技期刊学术会议组稿策略[J].中国科技期刊研究,2017,28(2):126-130.

[5] 郭雨齐,董萌,王桂颖.科技期刊编辑参加学术会议策略[J].中国科技期刊研究,2011,22(1):142-144.

[6] 李明敏,李世秋,蔡斐俞,等.英文科技期刊编辑参加国际学术会议的策略与实践:以Chinese Journal of Aeronautics为例[J].中国科技期刊研究,2017,28(8):774-779.

[7] 朱永青,赵玲颖,孙敏.英文科技期刊编辑在国际学术会议中的宣传和实践:以Reproductive and Developmental Medicine为例[M]//学报编辑论丛(2020).上海:上海大学出版社,2020:753-758.

[8] 邵玉娴,王小玲,杨雪,等.借助学术会议提升科技期刊学术水平和影响力[J].编辑学报,2019,31(增刊1):73-76.

[9] 张凤新.利用学术会议拓展作者队伍的方法与技巧[J].科技与出版,2012,31(6):52-53.

[10] 孙贺平,张学梅,杨侠等.依托专业学术会议出版高质量专辑的办刊实践:以《有机化学》出版金属有机化学专辑[J].中国科技期刊研究,2016,27(5):564-569.

[11] 张淑敏,段为杰,林松,等.期刊发展过程中如何提高编辑的服务意识[M]//学报编辑论丛(2015).上海:上海大学出版社,2015:200-204.

[12] 王维,黄延红,郭媛媛,等.学科编辑在学术会议中的宣传和实践:以Chinese Journal of Aeronautics为例[J].编辑学报,2017,29(2):166-167.

[13] 李芬,项磊,严慧,等.传统和现代相结合:加强科技期刊宣传,提升国际影响力[J].传播与版权,2020(6):92-94.

[14] 李红霞,彭冰霞,邱亮斌.新形势下加强科技期刊宣传与推广的思路探讨[J].传播与版权,2019(1):81-83.

[15] 刘艳玲.科技期刊编辑参加科研活动对工作的几点好处[J].编辑学报,2015,27(增刊2):82-84.

单刊视角下科技期刊知识服务现状及提升策略

刘小莉[1,3]，邓雯静[1,3]，别雄波[2,3]

(1.《自动化与仪器仪表》编辑部，重庆 401123；2.《激光杂志》编辑部，重庆 401123；
3.重庆科技发展战略研究院有限责任公司，重庆 401123)

摘要： 采用文献调研法和案例分析法，旨在探讨科技期刊知识服务现状及提升策略。通过现有文献对科技期刊增值服务和科技期刊知识服务概念进行了辨析，指出普遍认同的科技期刊知识服务的定义，并分析了当前科技期刊知识发展现状和模式。通过两个交互视角的知识服务成功案例，提出科技期刊知识服务价值共创体系和科技期刊知识服务提升策略，即提升科技期刊自身能力建设是根本，深入挖掘用户需求为导向，提高参与度和交互是核心，期刊影响力、形成"盈利屏障"是目标。以期为科技期刊知识服务理论研究和实践提供参考。

关键词： 科技期刊；知识服务；价值共创；融合出版；新媒体

移动互联网、大数据、云计算等技术在传媒领域的广泛应用，带来了出版模式、学术传播业态的深刻变革，对科技期刊生产与传播方式提出挑战，也为期刊实现高质量发展提供了良好机遇。面对用户需求的变化、技术创新带来的商业模式革新等诸多挑战，迫使国内科技期刊从传统出版向知识服务转型升级。科技期刊向知识服务转型，不仅是大势所趋，也是传统科技期刊实现跨越发展的机遇所在。错失产业升级的机遇，就会失去与国际出版机构的竞争机会，甚至将难以实现持续发展[1]。因此，研究国内外科技期刊知识服务现状，探索适合当下中国科技期刊发展的知识服务策略是十分必要的，是科技期刊顺应时代发展，提高服务水平的重要途径。

采用文献调研法对知识服务概念和国内知识服务现状进行阐述，采用案例分析方法对基于交互视角下知识服务案例进行了分析，提出了基于交互视角下的科技期刊知识服务价值共创体系，并对价值共创体系下科技期刊知识服务策略给出建议，以期为科技期刊知识服务发展和理论研究提供一些参考。

1 科技期刊增值服务与知识服务概念

近年来，有关科技期刊知识服务的相关研究很多，研究进入成熟期。不少文献资料提到科技期刊增值服务。张维等[2]作者指出科技期刊增值服务是以用户需求为中心，提供比传统纸质期刊内容更丰富、形式更多样的资源，使用户得到更多的满足其个性化需求的服务。在数字化环境下，其内容和形式得到不断的发展。张静[3]提出科技期刊数字化增值服务是指针对用

基金项目： 重庆市高校期刊学会"渝编·仁和基金"项目

户的特定要求，以数字化和网络化为基础，由编辑部加工整理的重组性内容和服务，可以使用户得到更高使用价值的科技期刊相关服务，如情报、资讯、测评、培训和咨询等服务内容，实现用户的增值体验，最终使用户满意的服务。

知识服务被更多的作者提及并研究，知识服务是以信息和知识的搜寻、组织、分析、重组为基础，根据用户的问题和环境，融入用户解决问题的全过程，提供能有效支持知识应用和知识创新的服务[4-5]。张立等作者对国内外知识服务概念进行了追踪与辨析[6]，文中最后提到出版界对知识服务概念的理解，普遍认同的定义是：出版企业围绕目标用户的知识需求，通过整合各种显性和隐性知识资源，向用户提供信息、知识产品和解决方案的信息服务活动。

从各文献提到关于科技期刊的增值服务和知识服务的相关概念，笔者认为，这两个概念本质是相同的，均是以"用户需求"，提供相应的"服务"。数字化增值服务概念本质上是科技期刊在面临技术进步、互联网时代发展，科技期刊采用新的技术、新的形式提供知识服务的一些手段和措施，与知识服务的内涵是一致的。就科技期刊的功能和其搭建的平台而言，其本质就是知识服务，通过将加工、整理好的知识在作者与用户(读者)之间进行传递和交流，实现知识传承、增值与创新的过程。

2 科技期刊知识服务现状及模式

国内科技期刊与国外科技期刊由于历史原因和经营上的差距，知识服务水平还存在很大的差距，国外发达国家已成功实现传统出版向数字出版转型，在知识服务内容上，已完成内容资源的数字化、数字出版平台的搭建、数字内容存储技相关标准化建设，并利用其技术上的优势向其他国家进军。国外期刊重视用户需求，已有较为成熟的互动模式，在专业方面，国外科技期刊依托计算机技术与强大的底层数据，知识服务蓬勃发展。国外科技期刊知识服务是一个庞大的生态体系，各环节向专业化和标准化方向纵深发展，围绕科技期刊的核心功能，每个环节也发展许多辅助工具和分析工具。国外知名科技期刊出版机构知识服务以积极投入知识服务，利用自身优势，积极开展和开发特色知识服务产品为特点，致力于学术交流全流程重要的功能的拥有权，提供从数据收集到注释、共享到分析和评价等全流程的知识服务。

科技期刊知识服务涉及出版全流程并覆盖各个环节，比较而言，因于技术和数据储备等因素，国内期刊更多的是单刊或依托学科刊群开展相关服务，知识服务方式处于探索阶段。沈锡宾等[8]探讨了数字化环境下中国科技期刊知识服务模式，从内容资源整合途径、资源表现形式、个性化服务模式、互动交流模式、信息延展服务角度，对科技期刊知识服务模式的发展进行了总结，提出了科技期刊知识服务模式的思维导图，较全面地总结了国内科技期刊知识服务现状与模式。通过分析国外出版领域前沿项目，对标科技期刊的核心功能，翁彦琴等指出在"互联网+"环境下，科技期刊知识服务表现形式越来越丰富，服务也变得越来越精准，但科技期刊的核心功能，即注册登记、评估鉴定、传播功能和存档功能依然没变，新技术、新的表现形式始终为科技期刊的核心功能服务[9]。

国内科技期刊知识服务发展呈现以下特点：①积极探索期刊数字化出版，逐步加大投入力度，市场化程度高的科技期刊已经逐步实现数字出版，把优势业务发展到线上。有的科技期刊已经开发 APP，实现知识服务方式的升级。②微信公众号成为重要的传播渠道，微信群和网络平台成为国内期刊知识服务的重要方式，如重庆市科技期刊编辑学会在《期刊融合出版现状调查报告》调查报告中指出，在接受调查的期刊中，网站和微信是期刊的主流融媒体形式；其中设有期刊网站的比例均为 86.21%，利用微信的比例与网站相同，也为 86.21%。其他网络媒体形式利用超过 20%。③初步提出科技期刊知识服务，积极围绕个刊文献服务和平台建设探讨知识服务，但以期刊集群和行业刊群形式的知识服务处于探索阶段，影响力不大。如《自动化学报》设计的知识服务平台，基于文献关键词进行整理加工为熟料库，对熟料库进行分词、确定知识节点，并对知识节点在全部文献中进行关联，建立知识体系，实现自动化领域知识本体为基础，开发出了可视化的文献检索、知识拓扑、热点趋势等知识服务工具，为作者、读者和编辑提供服务[7]。不少科技期刊运用学科影响力优势，将期刊网站做成行业资讯门户网站，或利用科技期刊积累的内容资源，再次加工，形成该领域研究方向的专业技术知识网络。④开始关注新技术、新工具在办刊过程中的运用，实现办刊理念、技术手段与运营方式的创新升级。如在新媒体建设方面纷纷创新，凝聚粉丝，扩大期刊影响力。有的科技期刊新媒体走科普路线，有的走服务行业的发展路径。

3 单刊视角下科技期刊知识服务价值共创体系

目前，我国科技期刊办刊分散，主办单位只有一本刊的情况占了整体办刊情况的一半及以上，提出的科技期刊知识服务更多地是围绕个刊文献服务和平台建设探讨知识服务，以期刊集群和行业刊群形式的知识服务处于探索阶段，影响力不大。本部分提到的科技期刊知识服务价值共创体系主要从单个期刊的视角下提出，每一个科技期刊就是本领域的知识服务平台之一。同一行业领域的期刊之间的分别也就是围绕在自身期刊背后的作者资源、读者资源和专家资源的不同。

3.1 基于交互视角的知识服务案例

上述从知识服务的概念和科技期刊整体知识服务现状进行了论述和分析，就单刊而言，因每个科技期刊专业背景、专业定位、平台资源、经营和管理等原因，每个期刊在知识服务上存在差异。但就科技期刊共性而言，科技期刊的核心功能仍是即注册登记、评估鉴定、传播功能和存档功能；目前，其资源均是围绕论文发表凝聚在科技期刊周围的读者、作者、专家(编委和审稿专家)，如何利用和发挥现有资源提高科技期刊知识服务能力，甚至利用知识服务进行业调整和数字化布局，实现科技期在"互联网+知识服务产业"的快速转型，是每个科技期刊都在思考和探索的问题。

笔者从两个交互视角的知识服务案例得到一定的启示。"纳米人"是以纳米技术为主的材料化学前沿科技服务平台，纳米人平台包括：微信公众号、官方网站(手机版、电脑版)、系列化学术交流 QQ 群和微信群。纳米人的读者和供稿人员来自国际名校的顶尖科学家和研究人员、中科院以及国内所有"985"院校的教授、硕博研究生。来自不同国家和地区的研究人员都活跃在其打造的交流讨论平台上，自 2018 年开通微信公众号以来，纳米人微信公众号原创文章 2013 篇，现已打造成集科研论文写作指导、会议报道、直播培训等的科研服务创新平台。另一个行业知识服务成功案例是百道学习 APP，百道学习 APP 成为出版业的知识服务的实验场。百道学习将阶段性成功经验概括为"联盟思维"和"开放思维"。联盟思维是指百道学习产品在开发的整个过程中，都是在一个联盟策略的框架上展开的，结合了官、产、研、学和一线编辑的力量。从项目负责人到产品经理，都来自于外部，而并非是百道的员工。这些项目负责人都是业内资深的出版人和资源节点。百道整个团队形成互补，集合了官员、研究者、企业管理者、一线编辑和学生。在合理运行机制下，集合在一起，成为稳固的团队，成为知识服务价值共创的一员。

原国家新闻出版广电总局数字出版司副司长冯宏声指出，"出版社不但要服务于政府部门、科研机构、教学机构，更主要的是还要服务于产业、企业"。就目前而言，出版企业的竞争对手有新兴的互联网内容企业，还有行业机构、个人网红，这既明确了出版企业知识服务的范围和新的方向，也指出了出版行业面临着的挑战。

3.2 单刊视角下科技期刊知识服务价值共创体系的建立

知识服务以信息和知识的搜寻、组织、分析、重组为基础，根据用户的问题和环境，融入用户解决问题的全过程，提供能有效支持知识应用和知识创新的服务。就科技期刊而言，现有的服务内容和深度与用户需求之间存在一定差距，大部分科技期刊存在单向输出，无调查、无反馈，需提高用户参与度和交互性。目前，科技期刊知识服务需逐渐改变单一的数字信息服务即将期刊内容资源经过数字化和结构化加工，自建或者依托数字平台提供简单的信息文献服务，向精准定位目标需要，通过信息技术，创造和拓展用户目标需求，为其提供高附加值的服务进行转变。用户不仅仅是科技期刊知识服务的接受者，也可以成为科技期刊知识服务的参与者，对信息的需求、问题解决方案设计以及用户的认可与分享创作可以成为用户参与知识服务共创的动机。与单向提供知识服务不同，用户的参与在提升用户成就感和满意度的同时，也能激发知识创造，提升知识服务质量。通过各类目标群体的价值共创，形成基于学术、科研生态圈甚至产业界的商业生态系统，因此提出科技期刊知识服务价值共创体系如图1所示。

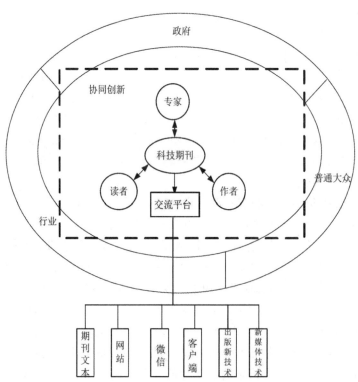

图1 科技期刊知识服务价值共创体系图

在价值共创体系中，科技期刊平台是价值催化器的角色，促进价值创造，是知识服务的组织者、策划者，在强化和提升自身知识服务技能的同时，完善和健全知识服务保障机制，营造和建立互信共赢的知识服务情景。专家、作者通过科技期刊提供的知识产品或服务结合个人的资源进行价值共创，是知识内容的产出者和知识服务的消费者。政府、行业和普通大众可作为读者履行服务诊断，也可以通过科技期刊搭建的知识服务平台，同专家、作者联系，协同创新，实现知识服务共创。

4 单刊视角下价值共创体系的知识服务策略

4.1 科技期刊自身能力建设是根本

每一个科技期刊就是本领域的知识服务平台之一，平台打造得好与坏，离不开自身经营水平和人才素质，科技期刊自身能力建设是根本。新形势下，科技期刊发展需要高水平的人才队伍，科技期刊人才不但要懂本领域的专业知识，对服务的科技期刊各方面有深度了解、较全面的研究能力和增量资源开发能力，还要有较高的组织能力、策划能力和社会交往能力。科技期刊的运营与科技期刊人才的个人能力、社会资源和掌握的信息技术和工具息息相关。科技期刊人才掌握知识技能的高低直接决定了知识的输出能力和推送表达能力，是科技期刊提供知识服务能力强弱的重要表现。

在科技期刊知识服务价值共创体系中，科技期刊平台是以价值催化器的角色，知识服务保障机制的建立是科技期刊主导建立，其保障机制的好坏影响知识输出和知识的创新，这里主要指隐私、版权、知识价值回报机制和知识产品服务机制保障等。专家、作者、读者和用户在完善的保障体系下，更愿意表达和反馈，有效的沟通和良好的协同机制才能促进隐性知识的显性化，促进知识创新和知识服务。

4.2 深入挖掘用户需求为导向，提高参与度和交互是核心

在科技期刊知识服务价值共创体系中，深入挖掘用户需求为导向，提高参与度和交互是核心。这里的用户是指围绕科技期刊平台，和科技期刊产生联系的专家、作者和读者，以及政府、行业甚至包括普通大众。一方面，用户的知识、经验是科技期刊的内容资源，是科技期刊存在和发展的源头，用户的资源和工具在合理的运作机制和保障机制下也可以为科技期刊的知识服务平台所用；另一方面，知识服务能否满足用户需求是成败的关键，可以通过跟踪用户与科技期刊的交互行为，进行状态分析、趋势预测，据此构建用户群体知识需求，也可以嵌入用户的研究团队中，依据其研究任务、研究方向、兴趣偏好等因素，充分调动科研用户的参与积极性，提高用户协同合作和交互，进而建立合作共赢、与用户需求和使用场景适配的知识服务，提高知识服务产品的交互性、权威性和可应用性[10]。

4.3 期刊影响力，形成盈利屏障是目标

科技期刊将作者与用户连接、将科研全体与其他群体连接，在完成引领学术、传播知识等重要使命的同时，也需通过知识服务取得经济效益。扩大期刊影响力，取得经济效益是科技期刊经营和发展的内在需求，多元化经营，形成"盈利屏障"是科技期刊知识服务是否成功的判断标准之一。科技期刊也需高度重视盈利模式的探索，除了工具类知识服务产品开发外，微信自媒体和科技新媒体运营模式和盈利模式可为科技期刊知识服务盈利模式产生借鉴价值。

现在更多的科技新媒体定位专业化，关注细分领域，传播主题多元化，大众参与度高，

服务方式个性化，内容精准订阅。科技期刊在学习其运营模式和经验的同时，也将面临挑战[11]。

5 结束语

期刊出版融合发展、知识服务转型升级是科技期刊顺应时代发展，满足大数据时代用户个性化、专业化的需求面临的重要课题。科技期刊是知识内容和数据资源的提供者，在互联网、大数据环境下，科技期刊需利用自身提供知识服务的优势，深度挖掘新的盈利模式和知识服务边界，多打造交互性、权威性和可用性的知识服务产品。不同领域、不同经营规模的科技期刊出版机构，都需要立足自身优势，根据自身特点和市场成熟程度，选择合适的转型升级方向和知识服务路径，在专业细分领域深耕，逐渐成为有市场刚需、盈利能力强的行业智库和内容服务商。

参 考 文 献

[1] 韩丽,初景利.国际知名出版机构知识服务特征、价值和启示[J].出版发行研究,2018(2):5-10.
[2] 张维,吴培红,冷怀明.数字化环境中国内外科技期刊增值服务的发展现状[J].编辑学报,2014,26(2):156-158.
[3] 张静.科技期刊借助数字化手段提供增值服务探析[J].编辑学报,2013,25(2):105-108.
[4] 林鹏.科技出版向知识服务转型的探索与实践[J].科技与出版,2017(6):4-8.
[5] 王妍,陈银洲.基于移动应用的学术期刊知识服务模式与策略[J].中国科技期刊研究,2017,28(10):929-935.
[6] 张立,吴素平,周丹.国内外知识服务相关概念追踪与辨析[J].科技与出版,2020(2):5-12.
[7] 任艳青,陈培颖,胡蓉,等.科技期刊的知识服务系统:以《自动化学报》知识服务平台为例[J].中国科技期刊研究,2011,22(5):688-692.
[8] 沈锡宾,刘红霞,李鹏,等.数字化环境下中国科技期刊知识服务模式探析[J].编辑学报,2019,31(1):11-16.
[9] 翁彦琴,王雪峰,张恬,等.科技期刊新兴增值服务模式及启示[J].中国科技期刊研究,2019,30(6):635-641.
[10] 聂静.学术出版知识服务的系统动力学分析[J].出版发行研究,2018(5):44-48,22.
[11] 王钧钰,李玲,王春,吴昊.科技新媒体运营模式及其对图书馆移动知识服务平台的启示[J].知识管理论坛,2017,2(6):511-518.

我国冶金工程类期刊DOI使用现状调查分析

孔艳妮

(《钢管》杂志社，四川 成都 610300)

摘要：通过中国知网、万方和"中文DOI"网站调查我国35种冶金工程类科技期刊的DOI使用情况，包括DOI的注册情况、标注位置、构成、参考文献著录情况等。提出重视参考文献DOI著录、加强期刊回溯注册、提高DOI解析准确性等建议。

关键词：DOI；冶金工程；科技期刊

DOI(Digital Object Identifiter)是数字对象的唯一标识码，由数字、符号、字母组成，相当于文献在数字时代的"身份证"，具有唯一性、持久性和兼容性、动态更新等特点[1-2]。目前，国内学者对我国不同行业期刊DOI的使用情况做了相关调查研究，包括地质类、医药卫生类、大气科学类、建筑科学类的期刊[3-6]。冶金工程是我国建设支柱，但对于展示冶金工程科技的冶金工程类期刊，目前尚未看到此类期刊的DOI使用情况的系列调查和分析。鉴于此，笔者对我国冶金工程类期刊DOI的使用情况进行调查，包括DOI的注册、标注位置、引用格式、构成、参考文献著录及解析情况，以期找出我国冶金工程类期刊在使用DOI过程中存在的问题，并据此提出一些建议，希望能促进我国冶金工程类期刊的转型发展。

1 研究对象与方法

2020年12月，中国金属学会公示了中国高质量科技期刊冶金工程技术领域科技期刊分级目录(简称冶金工程分级目录)。现选取列入冶金工程分级目录的35种科技期刊进行研究。

步骤一：登录http://www.chinadoi.cn网站，查询35种冶金工程类期刊是否进行了DOI注册，以及注册数目等。查询时间2021年1月31日。

步骤二：打开万方数据库、中国知网数据库，检索35种冶金工程类期刊的文章，随机抽取2020年刊出的3篇论文，查看论文的DOI标注情况，记录DOI标注位置和标注格式，以及参考文献著录DOI情况。

步骤三：对每个期刊，随机抽取3篇论文(标注了DOI)，登录http://www.chinadoi.cn，将从PDF中抽取的DOI号复制粘贴到解析栏，查看论文的解析情况。

2 统计结果及分析

我国冶金工程类35种期刊中的DOI注册数目及标注位置统计如表1所示。

2.1 DOI注册情况

在35种冶金工程类期刊中，入选2017版北京大学《中文核心期刊要目总览》的期刊共24种，占统计期刊的69%。通过"中文DOI"网站——http://www.chinadoi.cn查询可知，截至

表 1　我国冶金工程类期刊中的 DOI 注册数目及标注位置

期刊名	注册数目/条	论文中是否标注	论文中标注位置	解析地址	过刊回溯标注年份
钢铁	3 255	√	首页左页眉下方	中国知网	全部过刊
工程科学学报	1 240	√	首页左页眉下方	中国知网	全部过刊
中南大学学报(自然科学版)	4 230	√	首页左页眉下方	本刊网站	2000
东北大学学报(自然科学版)	13 801	√	首页左页眉下方	本刊网站	1998
稀有金属	2 704	√	关键词下方	中国知网	全部过刊
钢铁研究学报	1 397	√	首页左页眉下方	中国知网	全部过刊
有色金属工程[①]	2 924	√	首页左页眉下方	万方	2000
中国冶金	1 113	√	首页左页眉下方	万方	全部过刊
冶金分析	2 943	√	首页左页眉下方	中国知网	2000
轧钢	2 136	√	首页左页眉下方	中国知网	全部过刊
金属矿山	5 758	√	关键词下方	中国知网	2000
稀土	1 806	√	左页脚	中国知网	全部过刊
粉末冶金工业	938	√	首页左页眉下方	中国知网	全部过刊
武汉科技大学学报(自然科学版)[②]	2 536	√	首页左页眉下方	万方	2000 年
矿冶工程	3 988	√	文献标识码后方	万方	2000 年
冶金能源	2 074	-	-	万方	2000 年
材料与冶金学报	832	√	首页右页眉下方	中国知网	2002 年
黄金	3 837	√	关键词下方	本刊网站	2001 年
有色金属(冶炼部分)	2 998	√	首页左页眉下方	万方	2011 年
江西理工大学学报	1 114	√	首页左页眉下方	知网	全部过刊
有色金属科学与工程	502	√	首页页眉下方	万方	1999
华北理工大学学报(自然科学版)[③]	2 144	√	首页左页眉下方	万方	2001
粉末冶金技术	1 015	√	首页左页眉下方	中国知网	全部过刊
冶金自动化	1 738	√	首页右页眉下方	万方	1999
中国钨业	1 608	√	首页左页眉下方	万方	2000
硬质合金	783	√	首页左页眉下方	万方	2000
矿冶	2 570	√	关键词下方	万方	1999
连铸	647	√	首页左页眉下方	中国知网	1993
理化检验(化学分册)	5 277	√	首页右页眉下方	本刊网站	2000
特殊钢	2 621	-	-	万方	1998
钢铁钒钛	3 314	√	关键词下方	万方	1999
湿法冶金	755	√	首页左页眉下方	中国知网	1982
炼铁	1 276	-	-	-	-
上海金属	1 819	-	-	-	-
炼钢	885	-	-	-	-

注：①在网站 http://www.chinadoi.cn 中未查到期刊名，但按照该期刊的 ISSN 号，查到为《有色金属》。②《武汉科技大学学报(自然科学版)》在 http://www.chinadoi.cn 中的 ISSN 号为 1672-3090。③曾用名《河北理工大学学报(自然科学版)》。

2021年1月31日，35种冶金工程类期刊均注册有DOI，这说明经过近些年的发展，高质量科技期刊各出版单位已有强烈的数字出版意识，都在努力寻求数字出版途径，重视DOI的注册。

不同期刊的DOI注册数目差距较大。以《钢铁》为例，该刊近5年的发文量不超过1 200篇(5×12×20篇/月)，但其DOI注册数目已达3 255条，DOI注册数目已超过14年刊出论文的总数。同理可计算出其他刊物的。计算结果说明绝大部分期刊不但加强了当前出版刊次的DOI注册，也很注重过刊的DOI回溯注册。在注册了DOI的期刊中，有11种期刊已将过刊都注册了DOI，约占冶金工程类期刊总数的1/3；剩余期刊虽然未将所有过刊都注册DOI，但还是尽可能地进行了这项工作。笔者认为，尽可能多地让期刊论文都注册有DOI，这一方面会加强期刊对论文的管理，另一方面也会提高期刊的传播效能。

2.2 DOI标注情况

虽然35种期刊都注册了DOI，但《冶金能源》《炼钢》《特殊钢》《炼铁》《上海金属》这5种期刊未在刊出论文相应位置标注DOI，处于被动地让万方或中国知网代理注册DOI的阶段。可见，我国一小部分冶金工程类期刊仍处于从DOI注册阶段进入DOI标注阶段。

有23种期刊的DOI标注在论文首页页眉下方，占66%，且以居左为多，个别期刊的DOI在首页居右或居中标注；标注在页脚非常少。可见，虽然期刊出版单位很注重DOI的标注，但各自读者群的喜好不同，或者出版单位对读者群喜好的理解不同，对读者阅读习惯的把握不是很准确。

2.3 DOI构成情况

冶金工程类的35种期刊，除去未在文中标注DOI的5种期刊外，其余30种期刊的DOI都符合DOI编码方案规定，前缀均为"10.+DOI注册机构代码"，但后缀是由出版机构自行编制的，因此后缀的形式呈现多样化。我国冶金工程类30种期刊的DOI后缀构成如表2所示。

表2 我国冶金工程类期刊的DOI后缀构成

DOI后缀	期刊名
ISSN号+论文出版年、期号、流水号	中南大学学报(自然科学版)、东北大学学报(自然科学版)、有色金属工程、武汉科技大学学报、矿冶工程、材料与冶金学报、有色金属(冶炼部分)、冶金自动化、中国钨业、硬质合金、矿冶、钢铁钒钛、华北理工大学学报(自然科学版)
单位简称+ISSN号+收稿年、稿件流水号	钢铁、钢铁研究学报、轧钢、中国冶金、粉末冶金工业、连铸
服务商+中文刊名缩写+论文出版年、期号、排序	有色金属科学与工程、江西理工大学学报、金属矿山、湿法冶金
中文刊名简称+论文出版年、期号、流水号	理化检验(化学分册)、黄金
服务商+国内刊号+论文出版年、期号、排序	粉末冶金技术、稀土
ISSN号+收稿年、月、日、稿件流水号	工程科学学报
ISSN号+稿件录用月份及录用编号	冶金分析
服务商+英文刊名缩写+中文刊名缩写+收稿年份、月、流水号	稀有金属

30种期刊的DOI后缀共有8种形式。其中，较多的一种形式为"ISSN号+论文出版年、期号、流水号"，共有13种；其次是"单位简称+ISSN号+收稿年、稿件流水号"和"服务商+中文

刊名缩写+论文出版年、期号、排序"；"中文刊名简称+论文出版年、期号、流水号""服务商+国内刊号+论文出版年、期号、排序" "ISSN 号+收稿年、月、日、稿件流水号" "ISSN 号+稿件录用月份及录用编号" "服务商+英文刊名缩写+中文刊名缩写+收稿年份、月、流水号"5 种形式的 DOI 后缀较少。

"ISSN 号+论文出版年、期号、流水号"形式的后缀是比较好理解的，但是有个别期刊的后缀很长，将中英文缩写都置于其中，有些还带有学科代码。虽然 DOI 注册代理机构未限定后缀字符的数量，但 DOI 编码最好还是简单一些，以方便读者理解和引用。此外，对于论文的"DOI：10.AAAA/j.AAAA……"，有 10 种期刊的"DOI"用小写，有 1 种期刊没有后面的冒号。但从严谨性方面来讲，DOI 是 Digital Object Identifter 的缩写，建议还是用大写。

2.4 参考文献著录 DOI 情况

部分冶金工程类期刊已完成了期刊的 DOI 回溯工作，其余期刊也完成了 20 年以内刊物的 DOI 回溯工作，近 20 年刊出的冶金工程类论文都已拥有独有的 DOI 号，这已为著录参考文献的 DOI 提供了基础。著录参考文献的 DOI 号，不仅有利于科研人员对论文相关知识的深度挖掘和利用，也在网络知识资源的链接与整合上具有很大的优势[7]。但笔者调查发现，我国 35 种冶金工程类期刊均未著录参考文献的 DOI 号。GB/T 7714—2015《信息与文献参考文献著录规则》[8]实施以来，我国冶金工程类期刊出版单位已认识到 DOI 在文献检索、期刊评价、知识图谱建立等方面的价值，目前绝大多数期刊都进行了论文的 DOI 著录[9]，但我国冶金工程类期刊对文后参考文献 DOI 的著录重视不够，读者也还没有培养成利用 DOI 查询、引用文献的习惯。

3 存在的问题及建议

3.1 存在"一文两证"的情况

同一个论文，有两个 DOI，存在"一文两证"的情况。DOI 号是数字对象的唯一标识码，具有唯一性；但是笔者经过调查却发现，同一篇论文，在不同数据库中的 DOI 号却不相同，造成一篇论文两个"数字身份证"。以《连铸》为例，2007 年 1 期刊登的《铌铁微合金化 HRB400 钢筋的试制》在中国知网中的 DOI 号为"DOI:10.13228/j.boyuan.issn1005-4006.2007.01.007"，解析地址在中国知网数据库；而在万方中的 DOI 号为"DOI:10.3969/j.issn.1005-4006.2002.02.014"，解析地址在万方数据库。这种情况从 2007 年所刊发论文一直延后至 2001 年。但从 2015 年开始，该刊所刊论文的 DOI 号唯一，在万方和中国知网的 DOI 号统一为"DOI:10.13228/j.boyuan.issn1005-4006.XXXX.XX.XXX"。该刊2015年开始在纸刊中标注了DOI 号。造成"一文两证"的现象是因为同一篇论文被不同的 DOI 注册代理机构分配了不同的 DOI，是不同数据库对其收录文献进行整理、编号的结果，是在过刊追溯过程中造成的。这些 DOI 号都是可以成功解析的，还不能算作是错误的 DOI 号，但建议还是采用唯一的 DOI 号。因此，国际数字对象标识基金会(IDF)建议通过元数据对比，不同 DOI 注册代理机构之间提供互操作，以消除"一文两证"情况，这就需要各 DOI 注册代理机构的紧密合作[1]。但是目前元数据的完整收集还存在困难，且各机构也要从安全方面考虑，这就使得 DOI 号的唯一性不好得到保证。

3.2 解析准确度不高，且差异大

DOI 号检索的准确度有待提高，且不同刊物之间的差异很大。调查发现，有些冶金工程类期刊 DOI 的解析成功率接近 100%，而有些刊物的解析成功率却为 0。例如解析时出现"您

请求的 DOI 不存在"或出现"网页走丢了"的提醒语。某期刊内页中的 DOI 号出现格式错误，将 ISSN 号中的连字符标注成半字线，导致当期文献无一篇可以准确解析。某期刊的 DOI 号甚至会将连字符显示为问号。这种情况已丧失了 DOI 的作用，应该避免。所以，杂志社或期刊社在编辑 DOI 后缀时，要严格按照刊物的格式来排版，提高编校质量，以避免编码出现错误。

3.3 DOI 编码后缀简洁度不够

个别刊物的 DOI 后缀编码不够简洁，太长，不易复制。例如某刊物的 DOI 后缀包含有服务商、英文刊名、中文刊名、图书馆学科分类代码、收稿的年份和月份、稿件流水号。笔者认为，DOI 号以简洁、易识别为好，像图书馆学科分类代码这类对于大多数读者来说是不太容易理解的，没必要再列入 DOI 里。

3.4 DOI 编码的多种解析功能有待提升

仅个别期刊的 DOI 编码有多重解析功能。DOI 的多重解析可以为读者访问内容时提供多条途径，使其更快地获取优质的数字资源[10]。但有学者认为，目前 DOI 多重解析功能技术仍不成熟，应注重发展 DOI 的单项解析功能。笔者建议，出版机构不但应该与国内外检索平台、数据库合作，还应注重建设期刊网站的开放获取，以扩大论文的访问途径。

3.5 参考文献 DOI 著录需加强

刘怡辰等[11]总结了科技期刊论文参考文献著录DOI的重要性，认为这不但会方便科研工作者快速获取论文，提高查阅文献的效率，还能增加论文的被引频次，提高期刊的显示度。此外，现在很多期刊都与中国知网或万方有合作，进行网络首发或数字优先出版，在参考文献中著录DOI，也便于优先数字出版论文的标注，解决传统印刷出版与网络优先数字出版的对接问题[9,12]。我国冶金工程类期刊出版单位一方面自身要加强文后参考文献著录DOI的意识，另一方面向作者宣传DOI的优点及其使用方法，在期刊网站、期刊醒目位置对DOI进行普及和宣传，并在"投稿须知"中要求作者自己增添参考文献的DOI。对于作者提供的DOI号，编辑在编校过程时要认真审核，比如利用编程或专业辅助软件快速加工DOI。

3.6 过刊回溯要完善

30种冶金工程类期刊均进行了过刊DOI回溯工作，但除了《钢铁》《工程科学学报》《稀有金属》《钢铁研究学报》《中国冶金》《轧钢》《稀土》《粉末冶金工业》《江西理工大学学报》《粉末冶金技术》这10种刊物外，其余期刊的过刊均存在部分年份论文未进行DOI注册的情况，年份大部分停留在2000年前后。笔者认为，虽然过刊回溯的工作量大，但为了保证学术期刊DOI注册的完整性，便于读者查阅和引用，更好地与国际接轨，出版单位还是应将创刊以来的所有论文进行回溯注册。

3.7 其他著录类型存在的必要性待商榷

在统计的 35 种期刊里，有 23 种期刊著录有中图分类号，29 种期刊著录有文献标志码，28 种期刊著录有文章编号。随着数字化刊物的快速发展，读者越来越倾向于通过网络搜查更多资讯，对传统纸刊的依赖程度已大不如前，这从近些年期刊的印刷数量和订阅量可明显看出；因此，中图分类号的功能越来越弱化。对于文章编号，20 世纪 90 年代国内各期刊开始著录，也是为了便于期刊文章的检索、查询及远程传送和著作权管理而标识的一个数字化编号；而 2007 年 3 月我国首家 DOI 注册机构才由中国科学技术信息研究所与万方数据公司共同成立，2009 年开始免费为期刊提供 DOI 注册与连接服务，比文章编号的出现晚了 10 多年。可见，随着数字出版的快速发展，国内期刊对 DOI 的接受度快且高，目前除少数期刊外，86%

的冶金工程类期刊已在所刊论文的相应位置标注DOI,所有期刊刊出的论文都已拥有DOI号。那么,既然国内期刊普遍采用DOI编码的形式对论文进行标注,而期刊要标注的项目也越来越多,鉴于版面限制,文章编号的存在是否还具有原来的价值,值得编辑部考虑。

4 结束语

我国冶金工程类期刊的DOI参与度较高,DOI已得到我国冶金工程类期刊出版单位的广泛认同;现刊注册和过刊回溯注册的力度都在加强,这与DOI组织宣传力度强劲、冶金工程类期刊借助社会力量意识增强、出版单位数字出版意识增加等有很大关系。但我国冶金工程类期刊的DOI著录存在以下问题:①部分期刊的DOI回溯注册未完成;②部分期刊的DOI后缀复杂,不利于读者理解和引用;③DOI解析准确性不高;④参考文献中的DOI均未著录。

针对我国冶金工程类期刊在使用DOI过程中存在的问题,笔者提出以下建议:①加强与DOI注册机构的联系,提醒DOI注册机构尽快完成DOI的回溯注册;②在DOI编码的组成形式上,后缀应尽量简洁,以便于拷贝、输入和检索;③出版单位要及时跟踪DOI的解析情况,对于一些DOI解析地址或解析结果不正确的问题,及时与DOI注册机构联系进行修改;④出版单位可在期刊醒目位置刊登说明DOI的应用要求与意义,利用官网、微博、微信公众号等进行宣传,让作者、读者明白DOI的作用,逐渐接受并主动使用DOI;在论文首页显著位置如页眉、关键词下方标注DOI,方便读者拷贝使用[3];编辑要扭转传统出版思维,树立数字出版意识,重视参考文献DOI著录,要求作者在投稿或修改稿件时主动标注参考文献的DOI;编辑也要加强责任心,认真核查DOI的正确性,保证DOI解析的准确性[4]。

DOI的著录必然会增加编校人员的工作量,但DOI是数字出版的产物,而数字出版是融合并超越了传统出版内容的新兴出版产业,这将是一场提升出版文明的革命[13],需要编辑人员有更多的恒心、耐心和责任心去克服困难,摒弃"多一事不如少一事"的心态,为实现科技期刊强国梦而努力奋斗。

参 考 文 献

[1] 刘润达,诸云强,刘闯,等.我国科学数据DOI应用现状、问题与对策[J].中国科技资源导刊,2014,46(5):65-71,78.
[2] 姚戈,王亨君,王淑华.中国科技期刊DOI现状分析及对策[J].学报编辑论丛,2014:231-234.
[3] 蒋实,罗辉.我国地质学类期刊DOI使用现状调查[J].图书情报导刊,2017,2(3):74-78.
[4] 江霞.广东省医药卫生期刊DOI标注现状分析[J].编辑学报,2016,28(3):245-246.
[5] 申乐琳.我国科技期刊DOI使用现状分析:以大气科学类2014年版CJCR核心期刊为例[J].中国科技期刊研究,2016,27(6):624-628.
[6] 李笑梅.国内建筑学学术期刊的DOI标注现状分析与对策研究[J].山西科技,2017,33(3):100-103.
[7] 黄晓楠,黄仲一.科技期刊参考文献DOI著录错误实例分析[J].编辑学报,2020,32(4):398-402.
[8] 信息与文献参考文献著录规则:GB/T 7714—2015[S].北京:中国标准出版社,2015.
[9] 尚利娜,牛晓勇.我国学术期刊参考文献中DOI著录现状分析[J].中国科技期刊研究,2015,26(5):484-487.
[10] 戴婷.论DOI对我国科技期刊传播效能的提升[J].西南石油大学学报(社会科学版),2015,17(4):112-117.
[11] 刘怡辰,沈波,夏爱红.科技期刊论文参考文献著录DOI的重要性[J].科技与出版,2013(11):90-91.
[12] 姚戈,王淑华,王亨君.大数据时代DOI的应用意义与中国科技期刊应用现状[J].编辑学报,2014,26(1):63-65.
[13] 林伟丽.数字出版:提升出版文明的一场革命[J].新西部,2021(1):71-72,80.

新形势下以交通为特色的高校学报发展策略
——以《北京交通大学学报》为例

顾 爽，孙中悦，范志静

(北京交通大学学报，北京 100044)

摘要：新形势新条件下，对高校科技期刊尤其是高校学报的发展带来了机遇和挑战。针对当前高校学报发展存在的问题，以《北京交通大学学报》为例，分别从期刊定位、编委会、选题策划、稿件质量、期刊宣传、期刊数字化建设方面，提出整改措施方法。同时，深入贯彻十九大"交通强国"建设战略、响应北京交通大学"双一流"学科建设号召，利用媒介融合、大数据等先进技术手段，充分发挥编辑的主观能动性，策划一系列以交通为特色的专题专刊，吸引优质稿源，扩大学术影响力，树立品牌，服务学校的学科建设。本文可为同类高校科技期刊创新发展提供新思路与新方法。

关键词：高校学报；新媒体；交通强国；青年编辑；《北京交通大学学报》

2020 年 2 月，科技部发布《关于破除科技评价中"唯论文"不良导向的若干措施(试行)》、教育部科技部印发的《关于规范高等学校 SCI 论文相关指标使用树立正确评价导向的若干意见》，新文件精神不以刊评文，并提出"三高质量论文"，三高期刊名单由各单位学术委员会确定，其中具有国际影响力的国内科技期刊参照中国科技期刊卓越行动计划入选期刊目录确定。中国科技期刊卓越行动计划入选项目于 2019 年 11 月发布，现有 280 种卓越期刊基础。新形势新条件下对科技期刊尤其是高校学报的发展带来机遇与挑战。

在高校科技期刊的发展创新过程中，文献[1]提出优质稿源是科技期刊的核心竞争力和生命线，通过策划专刊/专栏获取优质稿源[2-3]。文献[4]利用 SWOT 分析法，对高校学报微信公众平台发展情况进行了静态分析，尝试媒体融合发展。文献[5]采用文献研究对我国学术期刊媒体融合现状及存在的问题进行分析，提出学术期刊媒体融合"一个体系、三大平台、一种机制"的"131"构建模式。但是，其应用效果有待在实践中检验，仅体现在理论研究层面。在高校学报数字化转型方面，文献[6-7]认为以学报内容建设为根本，数字技术为支撑，重视学报网络建设，培养新技术编辑出版队伍。文献[8]提出在"互联网+"时代下构建开放合作的新型数字化出版平台。文献[9]借助"OSID 开放科学计划"SAYS(Scientist at Your System)系统工具，推动期刊轻量化转型，整合运用平台资源，为读者用户提供精准知识服务。此外，"食品科学技术学报"前身"北京工商大学学报"通过更名，走专业化办刊路线，给出了成功转型的借鉴案例[10]。

本文以《北京交通大学学报》为例，针对当前高校学报发展现状以及发展瓶颈，通过分

基金项目：中央高校基本科研业务费(2020JBM314)； 中国科技期刊卓越行动计划选育高水平办刊人才子项目-青年人才支持项目(2020ZZ110601)

析现存面临的问题，探讨如何在新形势下发展以交通为特色的高校学报发展策略。

《北京交通大学学报》由教育部主管、北京交通大学主办的综合性工程技术期刊，于1975年创办，国内外公开发行。主要刊登通信工程、交通信号与控制、无线通信、信息工程等方面的学术论文。现为北大核心期刊、中国科技核心期刊、中国科学引文数据库来源期刊，已被美国《剑桥科学文摘(工程技术)》、荷兰Scopus数据库等多种国内外数据库收录。主办单位北京交通大学是211工程、985工程优势学科创新平台、教育部直属全国重点大学，进入国家"双一流"建设行列，围绕优势特色学科，重点建设"智慧交通"世界一流学科。

1 学报面临的困境

《北京交通大学学报》(以下简称学报)具有高校学报现存的普遍问题，包括内向型，同质化，单刊实力弱，综合性强。此外，学报排名与学校排名不相符，专业特色的稿件不突出，优质稿源外流。人员方面，2014年以来，新编辑和老编辑交接，编辑队伍年轻化，编委换届改选。传统办刊模式向新型出版模式转变，编辑思想认识不断调整。学校政策变化，学生和教师在学报发表论文不记作有效论文。针对以上问题，分别进行采取一系列措施，不断完善改进，不断创新中求发展。

2 整改措施

2.1 期刊定位

围绕期刊定位问题：以本校科研和教学成果为主，为本校服务(综合刊)，还是以突出交通特色，面向全国、面向行业(专业刊)？发展中求变革，综合刊的情况下，走出办特色专业的路线。学报近几年做了不同路线的尝试，原来与大多数高校期刊一样，涵盖学校的理工类各学院的稿件，2016年起，将交通管理的稿件向交通工程靠拢，纯理学的稿件不收。

2.2 发挥编委的作用

2017年起，兼顾一级学科分布和学院情况，增设7名学科主编，学科主编无行政职务，以中青年教授为主，精力充沛，包括国家杰青和优青获得者，这些专家在组稿和期刊宣传方面起到了很大作用。2020年编委会换届改选，编辑委员会由30多名行业内的专业精英组成，编委全部为教授，很多都获得国家科技进步奖，国家杰出及优秀青年科学基金。

2.3 选题策划

根据学校科技发展规划，研究热点组织策划专题。跟踪国家重点研发计划和国家自然基金的研究进展，及时展示成果与宣传，优选刊登，从2013年起期刊基金论文比例和影响因子提升明显。2016年基金论文比93%，2017年的数据应该可以达到95%以上。对学校科技方面取得的成绩及时报道，2018年1月，我校3项主持成果获国家科学技术奖，学报分3期进行了报道。此外，学报与优秀团队建立了良好的关系，并借助于学术会议进行组稿。

2.4 严把稿件质量

所有的稿件(包括约稿和会议稿件全部送审)，采取双盲审制度，送审2名外审专家。迄今为止，外审专家库扩展至800人以上。自由投稿为例，年均收稿500多篇，编辑部初审退稿率60%，外审之后的退稿率为50%。同时为专题专刊稿件开通绿色通道，加急送审和处理流程，保障论文的时效性。

2.5 加强学报的数字化和网络化建设

学报具备多方位全媒体矩阵，开通了微信、微博、领英等社交网络平台。学报的数字化信息化发展进程中，2014 年，注册 DOI 解析链接。2015 年，实施网络化办公系统，并加入优先数字化出版平台。2016 年，实现全文开放获取(OA)，完成过刊回溯。2017 年，开通微信公众平台。2018 年，加入中国知网《中国学术期刊(网络版)》录用定稿网络首发，确保更快更好地确立作者的科研成果首发权，提高了下载率和被引频次。同年，学报英文网站改版，促进期刊的国际化进程。2019 年 5 月正式加入 OSID(Open Science Identity)开放科学计划，通过在论文上添加开放科学二维标识码，为读者和作者提供一个与业界同行和专家进行学术交流研究成果的途径，同时提供系列增值服务，提升论文的科研诚信。同年，完成 XML 格式期刊制作。2020 年，开通抖音短视频平台。同年，与中国知网开展深度合作，包括高质量论文快速传播、新媒体运营、网站及微信平台推广等。

2.6 重视期刊宣传

学报成为多家国内外会议媒体支持和学术合作单位，与 2017 年第三届轨道交通电气与信息技术国际学术会议，2019、2021 年世界交通运输大会，2018、2020 年 NCIG 全国图像图形学学术会议，2015、2020 年中国高校电力电子与电力传动学术年会等国内国际会议进行了媒体合作和学术合作。与会期间，进行期刊宣传，提升了期刊的学术影响力和传播范围。此外，编辑部将会议论文中的优秀稿件汇集为专题出版，扩大了学报的作者群和读者群。

北京交通大学作为国际铁路联盟(UIC)的成员高校、国际铁路联盟城际与高速委员会全体会议的重要组成部分以及高速铁路高校联盟(AUHSR)的牵头单位，学报编辑部积极与 2020 年世界高速铁路大会主办方联系，建立合作关系。

3 突出交通特色的专刊专题策划

3.1 校庆专刊

《学报》具有较强的策划组稿能力。2016 年，学报成功策划了第 4 期北京交通大学 120 周年校庆专刊。专刊得到了院士积极响应，师生也投稿踊跃，校庆刊展示我校师生的重点研究成果，在校庆当天对校友进行发放。

3.2 智慧交通专刊

为了深入贯彻十九大"交通强国"建设战略、响应北京交通大学"双一流"学科建设号召，《学报》联合轨道交通控制与安全国家重点实验室、轨道交通运行控制系统国家工程研究中心和轨道交通安全协同创新中心，围绕系统科学、交通运输工程、信息与通信工程等重点学科，针对构建"安全、便捷、高效、绿色、经济"的现代交通运输体系重大需实现问题与核心关键技术，2019 年 2 月策划出版了智慧交通专刊，专刊栏目包括前言热点、智慧铁路交通、智慧城市轨道交通、智慧城市道路交通、未来智能交通，为北京交通大学建设"智慧交通"世界一流学科领域提供助力。

3.3 交通岩土专刊

2019 年 6 月，出版交通岩土专刊。专刊跟踪了第二届全国交通岩土工程学术会议，全面探讨了高速铁路、城市轨道交通、高速公路、城市道路等现代交通基础设施中的岩土工程关键科学问题及工程技术难题，为"一带一路"的国家重大战略实施提供支持，同时也为从事交通岩土工程的设计、施工、科研和教学人员提供参考。

3.4 "轨道交通安全与杂散电流"专题

2020 年,学报联合北京交通大学、西南交通大学、中国矿业大学、同济大学、苏州大学等高校的专家学者,针对现代轨道交通运营安全保障和管理效率需求,策划组织了"轨道交通安全与杂散电流"专题,集中展示轨道交通供电安全及轨道电位与杂散电流防护领域的最新研究成果,专题已于 2020 年第 3 期出版。

4 结束语

到 2020 年,学报已六次荣获"中国科技论文在线优秀期刊"一等奖,入选中国高校科技期刊"优秀编辑",荣膺"中国高校优秀科技期刊"奖项,入选中国高校科技期刊优秀团队等。获得国家新闻出版署出版融合发展(武汉)重点实验室"学术期刊融合出版能力提升计划项目"A 类项目资助,以及中央高校基本科研业务费科研学术活动资助。2020 年入选中国高校科技期刊百佳期刊。拟入选中国科技期刊卓越行动计划选育高水平办刊人才子项目——青年人才支持项目。5 年内,学报的影响因子提升 10%(《中国学术期刊影响因子年报(自然科学与工程技术版)》),已策划的专题和专刊下载量和被引频次明显高于同期。

2019 年,学报编辑部组织召开了高校科技期刊学术研讨会,北京 20 余家高校科技期刊近 50 名代表参会,会议就高校科技期刊服务"双一流"学科建设、推进高校一流科技期刊的实践与探索、实现高校科技期刊自身可持续发展等问题进行了探讨。

在新媒体融合形势下,通过提升团队青年编辑新媒体业务能力,使青年编辑自身专业背景优势在新媒体编辑工作中发挥最大化,初步尝试与短视频平台的新媒体数据融合,分别在抖音和哔哩哔哩短视频平台上完成开通、官方认证,利用平台推送短视频作品,现已完成设计制作的学报宣传短视频的推送。从而搭建学报与短视频平台的媒体融合框架,借助 5G 通信网络和移动媒体,学报开展持续的创新活动,提高学术声誉和影响力。

参 考 文 献

[1] 蔡斐,苏磊,李世秋.科技期刊争取优质稿源的重要抓手:策划出版专刊/专栏[J].编辑学报,2018,30(4):416-419.
[2] 郝丽芳,陈宏宇,武文.科技期刊编辑提高选题策划能力的重要性和途径[J].编辑学报,2015,27(增刊 1):48-49.
[3] 宋春元,游小菊.科技期刊稿源分析及拓展优质稿源的途径:以《系统科学与数学》《系统工程理论与实践》为例[J].编辑学报,2019,31(3):331-334.
[4] 赵新科,赵金丽.高校学报微信公众平台发展的 SWOT 分析[J].新媒体研究,2016(20):53-55.
[5] 王欣.学术期刊媒体融合新体系构建与运行机制[J].中国科技期刊研究,2019,30(7):693-698.
[6] 吴志猛.新媒体时代高校学报数字出版发展思考[J].东华理工大学学报(社会科学版),2015,34(4):432-435.
[7] 梁徐静.现代学术期刊出版融合的创新分析[J].新闻与传播研究,2019(8):7-10.
[8] 钟秋波.数字化转型:高校学术期刊的改革方向[J].四川师范大学学报(社会科学版)2018,45(3):168-172.
[9] 李婷,施其明,刘琦."OSID 开放科学计划"助力学术期刊融合创新发展[J].出版与印刷,2018(3):11-17.
[10] 叶红波.高校综合性学报专业化改革的可行性:基于成功案例的分析[J].出版发行研究,2014(6):39-42.

高校学报国际化探索与实践

余溢文,赵惠祥,张 弘,徐清华,陈爱萍,王东方

(同济大学学报编辑部,上海 200092)

摘要:阐述高校学报的发展困境及高校学报国际化的内涵,提出高校学报国际化的措施:聘请国际编委组织优质稿源;利用高校在国际上的学术影响力提高传播能力;加强英文形式规范,促进科研成果在国际上传播;与国外文献检索机构及办刊机构开展交流合作;坚持合规办刊、学术诚信、阳光竞争的理念。

关键词:国际化;探索与实践;高校学报

近年来,以习近平同志为核心的党中央高度重视一流科技期刊的建设工作,2018年,中央全面深化改革委员会第五次会议审议通过《关于深化改革培育世界一流科技期刊的意见》[1],为科技期刊改革创新确立了行动纲领。2019年,中国科协、财政部、教育部、科学技术部、国家新闻出版署、中国科学院、中国工程院联合下发通知,启动实施中国科技期刊卓越行动计划。高校学报是高校展示科研成果的重要门户和学术传播平台,对于促进优秀科研成果在中国乃至世界范围内的传播和交流有着非常重要的意义。但是第一批入选卓越计划的高校学报在领军和重点期刊中全军覆没,仅有数十家学报在梯队中硕果仅存。

1 高校学报发展面临的困境

当前,"双一流"建设是中国高校的重大发展战略,有利于提升中国高等教育综合实力和国际竞争力。在此背景下的期刊建设,尤其是以大学学报命名的高校学报也面临着艰巨的挑战。学报稿源的质量与数量不能与高校优势学科的发展相匹配,不能满足科研产出的需求,加上没有科学的评价体系的指引,导致优质稿源的外流倾向日趋严重。同时受到学报体制的影响,稿源和作者的圈层已固化。收到体制庇护的学报,编辑内部缺乏积极主动性,更多地等待作者"送米上门",原始的收稿模式某种程度尚也导致了学报稿源质量的下滑,优质稿源是学术期刊的生命,高校学报亟须在争取优质稿源方面开展新思路。

高校学报在媒体融合建设方面尚处于起步阶段。学报受制于管理体制,缺乏探索意识与互联网思维,在网站建设、微信公众平台等方面同质化倾向严重,与日新月异的智能化操作相距甚远。媒体融合的建设的缺失导致高校学报的传播和宣传成了短板,精准推送尚未普及,宣传渠道尚未完善,高校学报的新媒体建设步伐亟待加强。

高层次编辑人才缺乏。高校学报面临着编辑业务能力单一的窘迫局面,侧重于编辑业务,

基金项目:2021年度中国科技期刊卓越行动计划选育高水平办刊人才子项目-青年人才支持项目;上海市文教结合"高等教育高水平学术期刊建设计划"(20205766)

而缺乏经营管理能力，缺乏媒体运作能力，缺乏策划能力，版权意识单薄。近几年在优秀编辑的评选中有少量高层次编辑崭露头角，但是高校学报的编辑凤毛麟角。高校学报的办刊人才结构亟待优化。

2　高校学报国际化发展的新尝试

为应对优质稿源缺失、新媒体步伐缓慢、编辑人才队伍不够到位和成熟的局面，特别是面临着各类专业期刊的迅猛发展，高校学报的发展必须开拓新的发展思路，制定新的发展策略。在无法改变期刊语种和多学科综合类性质的情况下，向国际化发展不失为一项值得去策划与尝试的新方向。

2.1　高校学报国际化的内涵

参照学术界对科技期刊国际化内涵的探讨和分析，高虹认为"国际化"的本质属性是"一种通行的状态、趋势和过程"，学术期刊国际化更多地是指学术期刊在经济全球化和一体化进程中，通过对期刊形式、内容和经营方式等方面的创新，逐步融入国际期刊市场的过程[2]；朴长戈认为科技期刊的国际化是内容与形式的统一，即既要实现国际化的论文编排和出版发行，也要有国际化的作者、编委和审稿专家队伍[3]。杨惠等认为国际化包括稿源、编委和编辑团队、稿件处理流程、出版发行及宣传推介国际化[4]。总体来看，学界对科技期刊国际化的内涵认知较统一：都认同期刊的国际化，即拥有开放的国际视野，面向世界办刊，又兼顾办刊的具体模式，从语种、稿源、出版与发行国际化等方面进行探索。具体应用到高校学报，也可以此定位参照，笔者认为，高校学报"国际化"的内涵有三点：①具有前沿性与新颖性，指的是学报的内容，应聚焦科技创新点，争做科学研究的"领跑者"。②具有广泛的国际作者群与国际读者群。作者的产出是期刊内容的源泉，广泛的作者群是期刊具有国际视野的重要保证。广泛的国际读者群是检验期刊国际化的重要手段，是衡量期刊是否被广泛阅读与交流的重要标准。③具有国际辨识性，即被国际重要或专业数据库收录，这样有助于论文的传播与交流。

2.2　高校学报国际化、本土化的关系

随着世界经济相互融合，彼此间思想的沟通变得十分重要，好的研究成果应该在世界范围内传播和交流。高校学报也需要打通学术交流的壁垒，开拓更多的交流渠道和平台。从这个意义上讲，国际化是学报发展的方向。高校学报作为高校学术资源的重要组成部分，不仅仅是学术展示和交流的需要，同时与促进双一流大学建设相辅相成。一方面通过挖掘一流学科的人才，为高校学报提供作者储备；另一方面一流学科的成果为高校学报提供优质资源，通过双一流建设促进提升高校学报学术影响力。从这个意义来讲，本土化是学报发展的源泉。高校学报的国际化与本土化的统一，为高校学报的发展提供了方向和资源，高校学报影响力和传播力的提升，又并非向英文科技期刊照搬办刊模式，而是要凸显高校学报独特的文化品位和期刊特色，将论文写在祖国大地上，坚定我们的文化自信。从这一角度来讲，打造国内统一的高校传播平台，以助力高校学报的国际化发展是一项值得尝试的工作。高校学报的本土化，较为可行的方式之一就是把知名高校学者有价值的观点与研究成果发表在中国特色的高校传播平台上，推进国际传播能力建设，讲好中国故事，提高国家文化软实力。

3　高校学报国际化的探索与实践

高校学报受语种和综合性的限制，在国际传播与影响力方面一直较为薄弱，与专业英文

期刊相比存在较大的差距。高校学报有责任、有义务传承包括高校在内的科技成果。可以探索与实践的具体措施有如下几种：

3.1 聘请国际编委组织优质稿源

通过特聘国外学科主编和特邀编委，开拓国外高质量稿源新渠道，提高高校学报内在学术质量，提升学报的参考、引用、应用价值。设立高校学报海外学科主编与特邀编委，全球范围内组约中文期刊稿件，是一种值得去探索和实践的国际化发展方向，对于文化自信和科技多语种学术传播具有重要的社会意义。同时与学科相关的国际国内会议合作，邀请参会者发表会议论文在期刊上；向领域内优秀国际学者约稿，提升国际知名度；组建国际学术编委会等。从文章的源头控制质量，做到精益求精，从而提升期刊的国际影响力。

高校学报在确立国外特聘编委会时可采取国内学科主编推荐的方式，同时考虑到国外编委们对学报的归属感和认同感，可以借助校友会的力量。一方面扩大宣传影响，另一方面也切实建立起与海外校友的联系，利用校友在海外的学术科研圈来组约稿件。根据主编是否有时间和精力发展期刊，根据办刊方向以及编委对期刊的贡献度，及时对国外编委成员进行动态调整[5]。同时，定期与国外特聘编委进行线上沟通，探讨学报的短期和长期发展规划以及落实组稿方案，探讨国际最新研究热点以及国内外相关研究，充分发挥国际特聘编委们的学术影响力进行约稿和组稿。

3.2 利用高校在国际上的学术影响力提高传播能力

积极联系与高校有学术合作的欧美日大学，建立高校学报的国际合作推广网络，探讨高校学报的海外发行与推广代理的可行性。学报的主办单位是高校，具有人力资源丰富、学科齐全、文理兼备、教学与科研紧密结合的优势，近年来在国际交流方面日益增多，学报应充分挖掘这些资源[6]，学习国际性期刊的办刊经验和先进理念，向国际学术界介绍和宣传刊物；同时整合国内编委的力量，在与国外高校学术交流的过程中，把专家学者请进来，积极争取国外优质稿源。

3.3 加强英文形式规范，促进将科研成果在国际上传播

英语作为全球通用语种，能够更好地将科研成果在国际上传播，也更容易被国际数据库收录，进一步提升高校学报的国际显示度与话语权。通过外聘英文编辑及委外加工，加强高校学报的形式规范，尤其是加强英文摘要等方面的表达规范性，以便于国际交流；通过建设英文网站，英文采编系统提高国际化服务水平。同时兼顾双语出版，可使国内外科研工作者打消投稿中文期刊会造成国际学术交流不便的顾虑，为优质稿源回流提供条件[7]。

3.4 与国外文献检索机构及办刊机构开展交流合作

通过与国外文献机构的合作交流，方便国际作者投稿及海外读者检索及阅览。当期国内科技期刊的国际化运作能力普遍不强，缺乏国际化发展的成熟经验和运作模式，但国际上不乏专业化的学术期刊出版商或大型出版机构，因此，国内科技期刊可以借鉴和参考国际优秀期刊的发展模式，依托国外学术期刊出版商成熟的运作经验和平台，系统地提高期刊的国际显示度和影响力，加快高校学报的国际化进程。

3.5 坚持合规办刊、学术诚信、阳光竞争的理念

通过不断提高学术质量和形式质量来全面提高高校学报传播质量与服务质量，坚持专家学者办学术期刊，编辑同仁科学办刊的原则，坚持把高校学报国际影响力提升，形成学报可持续发展的良性循环。

4　结束语

高校学报的国际化任重而道远,建设具有品牌特色的高校学报需要出版界、学术界、高校及编辑人员等多方面的共同努力。作为高校学报的编辑,要博采众长,善于向专业领先期刊学习先进的经验。国家在政策和经济上给予大力支持,高校学报应抓住这一历史机遇,立足高校需求和办刊特色,以学术引领为标杆,以优质稿源为基石,以开放协作为准则,全面提升高校学报的传播力和国际竞争能力。

参 考 文 献

[1] 习近平主持召开中央全面深化改革委员会第五次会议强调:深刻总结改革开放伟大成就宝贵经验 不断把新时代改革开放继续推向前进[N].人民日报,2018-11-15.
[2] 高虹.我国学术期刊国际化研究的动态演进及主要内容[J].科技与出版,2019(10):41-46.
[3] 朴长戈,吴昊南.科技期刊国际化发展路径研究[J].科技传播,2017,9(17):16-17.
[4] 杨惠,吴婷.深化改革,创一流科技期刊:浅谈中国科技期刊的国际化之路[J].出版广角,2019(2):6-9.
[5] 赵燕萍.世界一流科技期刊建设背景下中文高校学报提升之路:以9种入选"中国科技期刊卓越行动计划"的高校学报为例[J].编辑之友,2020(11):57-62.
[6] 崔国平.论高校学报的国际传播能力建设[J].出版发行研究,2018(06):67-71.
[7] 高梦潇.国际化视角下我国科技期刊影响力研究[J].价值工程,2020,39(13):238-239.

学术期刊创办初心的异化和成因分析浅议

张建军

(首都医科大学学报编辑部,北京 100069)

摘要：为了促进中国学术期刊的健康发展，本文综合探讨了当下中国学术期刊违背期刊创办初心存在的一些异化现象，并从内因(主要是编辑从业者职业道德)和社会外因两方面对学术期刊办刊异化现象进行了剖析。国家近两年对科技人才评价政策的调整，对学术期刊的大力支持，再加上编辑从业者自身素质的不断提高，相信中国的学术期刊会进一步遵从办刊初心，健康发展。

关键词：初心；学术期刊；职业素养

世界上最早创办的期刊就是科技期刊，它改变了科学信息传播和承载的方式，促进和完善了科学研究的制度化建设，使科学研究从独立的、封闭的传统模式转变为制度化、组织化、专业化，具有开放和集纳特征的现代科研模式，极大地促进了科学技术的发展和人类社会的进步[1]。从1792年拉开中国科技期刊序幕的《吴医汇讲》创刊至今，中国科技期刊的发展已经历二百余年[2]。目前，世界上学术期刊总数大概在4万种，中国学术期刊总量也超过上万种，其中学术类期刊(自然科学类和社会科学类期刊)共计超过7 000种。据统计，SCI收录的10 000余种期刊年发文量共计200万篇左右。从这些数字可以看出，学术期刊在学术交流和传播中承载了极其重要的作用，是世界范围内科技发展的一个重要推动力。由此可以看出，完全不同于其他非学术期刊，学术期刊创刊伊始，就主要承载着学术传播和交流的作用，这也是学术期刊创刊的初心。当然，随着社会发展需要，科技期刊逐渐成为科技创新体系的重要组成部分，肩负着支撑、推动、引领科技创新的重要使命；在知识积累、知识传播、知识服务中发挥着至关重要的作用；担负着首次记录并传播原始科研成果、促进学术交流、发挥学术引导和学术评价的作用[2-3]。

目前，中国学术期刊发展态势良好，处于上升阶段，期刊的规模数量、办刊水平以及学术影响力都在不断提升，有些期刊已形成了一定的国际影响力，为促进学术繁荣和推动科技创新做出了重要贡献。尤其最近几年，为了中国学术期刊快速、高质量发展，国家相关部门出台了一系列提升期刊影响力的政策，如：2018年11月14日，中央深化改革委员会第五次会议审议通过了《关于深化改革培育世界一流科技期刊的意见》，要求"以建设一流科技期刊为目标，做精做强一批基础和传统优势领域期刊"，并强调科技期刊直接体现国家科技竞争力和文化软实力，明确指出科技期刊在引领国家科技创新发展中的重要作用[3-4]；2019年11月，中国科学技术协会、财政部、教育部、科技部、国家新闻出版署、中国科学院、中国工程院联合启动了"中国科技期刊卓越行动计划",以建设世界一流科技期刊为核心目标,设立了领军期刊、重点期刊、梯队期刊、高起点新刊、集群化试点以及建设国际化数字出版服务平台、选育高水平办刊人才7个子项目,瞄准了国家创新发展的关键领域和战略方向,意在推动科技期刊服务强国建设[3]。不可否认,这些政策的制定和项目的实施,进一步提高了中国学术期刊的质量和水平,提升中国学术期刊的发展国际影响力。但我们也要清晰地认识到,中国学术期刊的发展还存在很多问题:具有国际影响力和竞争力的期刊数量偏少;国内优质稿源外流严重;办刊分散、重复,理念有待提升;现行期刊学术评价体系不够健全;传播能力和市场竞争力不足;期刊人才队伍亟待加强等[2]。除此,有一些期刊存在更为严重的问题:违背期刊创办初心,不以追求文章科学性、创新性为主,不遵循期刊自身发展规律,片面追求被所谓知名数据库收录,一切工作也都围绕这个目的开展,久而久之,被所谓这些数据库所制定的各种期刊指标牵着鼻子走,逐渐丧失了期刊发展的独立性;更为严重的是,在期刊改革过程中,有些期刊单方面追求经济效益,忽视期刊社会效益,发文量不断增加,刊文学术水平却随之降低,甚至有些文章严违背科学道德规范,严重破坏了期刊科技传播和交流的作用。可以说,现在社会中论文代写代发机构的存在也与期刊自身的一些不良现象有关。为了中国学术期刊持续健康发展,我们有必要在中国社会各个行业回顾初心的时候,也认真回顾一下期刊创办的初心,因为从长远来看,只有不忘办刊的初心,才能安分乐道,行稳致远[5]。

1 学术期刊一些违背创办初心现象

1.1 学术期刊功能异化

学术期刊主要作用是学术传播和交流,这也是有学术期刊的创办初心。诚然,在学术期刊发展过程中,学术期刊也可以起到人才评价方面的作用,但这方面作用应该由所发文章而非文章所刊载期刊体现,否则会造成一些期刊片面追求期刊各种影响指标,而忽视了期刊自身发展规律和期刊学术质量。当然,本人并不否认期刊的各种指标对期刊发展具有一定的指导意义,但绝对不应让其成为期刊发展的决定因素;一旦学术期刊被这些指标牵着鼻子走,就会离期刊创办初心越来越远,从某种意义上说失去了中国学术期刊创办的自由权,成为这些指标制定机构的附庸,从长远看,对中国学术期刊和中国科技的发展都是不利的。

1.2 学术期刊存在一些不合规或不合法办刊现象

随着全球化发展,很多国际行业开始与中国本土行业竞争,中国的期刊行业也不例外,随着国际一些知名出版社进驻中国出版领域,中国本土期刊业也发现了自身存在的很多问题,如没有强有力的出版机构、单刊作战多、期刊重编辑、轻经营等。为了提高中国期刊的国际竞争力,中国出版界进行了一系列的改革,如出版社的市场化、集团办刊等,这些改革为中国期刊发展注入了新的动力,但我们也看到,在改革过程中,有些期刊片面追求经济效益,不重视甚至忽视期刊的社会效益,不考虑稿件质量,只要缴纳版面费,简单初审甚至不予审阅,就予以发表,每年载文量飞速增加,这固然快速提高了期刊的经济收入,但也不可避免影响到期刊学术质量,给期刊带来长远负面影响。甚至有些期刊,主办单位无心办刊,直接把版面卖给一些文化公司或论文代发机构,甚至直接把期刊交付这些机构管理,这严重影响了中国学术期刊的声誉,给中国期刊发展带来不良影响。

2 学术期刊初心异化现象成因分析

2.1 社会外因

期刊产生于社会发展需要之中,又在产生、发展后反作用于社会,促进或阻碍社会文化的发展[6]。学术期刊作为一种重要类型的期刊,其发展也不能脱离整个社会的发展,必然受到各种社会因素的影响和制约,尤其是科研发展水平和期刊出版相关政策的影响。中国的学术期刊数量激增期发生在1959年后,数据显示,2019年全国共出版期刊10 171种,其中自然科学、技术类期刊5 062种,占期刊总品种49.77%[7]。而学术期刊功能异化现象开始于20世纪80年代"SCI"概念被引入中国以后。改革开放之前,中国科研水平高低、科研经费的拨付,并没有什么量化标准,也没有同行参与评价,基本由行政部门官员说了算,在这种情况下,南京大学率先用SCI量化指标来衡量科研人员水平,之后国内广大高校和科研机构广泛沿用,在当时而言,这对引导国内学者在全球高水平期刊发表论文,提升中国科研在国际上的影响力是起到了积极作用的。但随着后期"唯SCI论"越演越盛,造成了中国大量优秀论文外流,国内期刊为了生存和发展,也开始越来越注重各种国内外期刊评价机构所谓的"期刊影响因子",而逐渐忽视了期刊出版的本质意义。近几年,随着科技工作者和期刊从业者更多理性的探讨、反思和推动,政府相关部门重新评价了科技期刊对人才评价的作用,陆续制定了一系列相关政策和意见,如2015年11月3日,中国科协与教育部、科技部、国家新闻出版广电总局等部门发布《关于准确把握科技期刊在学术评价中的作用的若干意见》,对科技期刊在评价人才方面做了更为准确的定位,为科技期刊的发展创造了良好的政策环境;2020年人力资源社会保障部和教育部联合下发的《关于深化高等学校教师职称制度改革的指导意见(征求意见稿)》,提出了"破五唯"概念,在为高等学校教师职称制度改革探路的同时,也对期刊功能的回归具有重要意义。当然,我们更希望这些良好的政策能真正实施,从根本上改变目前中国科研评价中存在的一些问题,从而促进中国学术期刊回归创办初心。

期刊除了社会效益,经济效益对期刊,尤其是市场化经营的期刊而言同样重要,为了经济效益,与论文代写、代发机构之间的期刊版面买卖现象可能还会存在一段或者更长的时间,但随着学术期刊功能异化现象逐渐解决、学术期刊回归论文发表本质意义之后,这些不合规或不合法办刊现象也会逐渐解决。近几年随着国家相关机构对论文代写、代发机构进行的查处和整顿,论文代写、代发等不良现象有所好转,但我们不能掉以轻心,还需要继续保持国家层面的治理和整顿。作为学术期刊本身,也要洁身自好,避免为了经济利益,或明或暗与这些学术论文代写代发机构合作,损害中国学术期刊的声誉。

2.2 内因——从业者的职业道德

学术期刊创办初心异化自然受一些社会外因影响,但期刊终归是由期刊从业者操作,期刊创办初心的实现最终还是由期刊从业者完成,所以,学术期刊初心异化和期刊从业者的职业素养和职业道德,尤其是从业者的职业道德息息相关。随着科学的发展,技术的进步,期刊从业者整体的科学素养和技能在不断提高,但这并不意味着期刊从业者职业素养和职业道德的提高。有一些期刊从业者,依旧缺乏最基本的职业素养,对待工作不认真、不负责,缺乏主动工作意识,对待作者缺乏足够的服务意识和耐心,甚至有些期刊从业者,缺乏职业道德,把对论文的处理工作异化成掌握论文发表的权力,对作者收取一些不合理费用或者不公平对待作者,以此满足个人利益。

学术期刊从业者职业道德的提高，除了有赖于政府相关部门制定的一些政策和管理条例，如《发表学术论文"五不准"》《科技工作者道德行为自律规范》《科技期刊出版伦理规范》等的规范和约束，更要依靠从业者的自觉性。学术期刊从业者除了要有认真负责的工作态度、较强的服务意识、公平和公正的原则外，也要坚决抵制为了个人经济利益，私下收受作者财物或者和论文代写、代发机构合作，赚取一些违法收入等违规违法行为。可以说，学术期刊从业者的职业道德是学术期刊初心保持的重要保障。

3　结束语

党的十九大报告中提出要"不忘初心，牢记使命"，在新时期下，我们回顾期刊创办初心，真正牢记期刊使命，才能更好地指导和引领我们沿着正确的道路发展，才能真正实现中国科技期刊发展大业。在期刊发展道路上，我们要恪守"求真创新，追求卓越"的办刊理念，初心不改，倾力打造精品学术期刊，在追求学术的道路上砥砺前行[8]。当然，实现这个目标，期刊从业人员在不断提高自身的业务水平的同时，也要注重在期刊发展过程中自身职业道德修养的提高。作为学术期刊从业者，只有不忘初心、牢记使命、严格遵守各项规章制度、提高业务水平和素质、保障工作高质高效以及树立为作者服务的意识，才能真正发挥编辑在期刊中的作用[9]。当然，本文只是对学术期刊创办初心的异化和成因分析的一些浅议，希望本文可以起到抛砖引玉的作用，未来有作者可以结合期刊发展的历史脉络和一些实证研究对此问题有更深入的探讨和分析。

参 考 文 献

[1]　雷雁林.中国近代科技期刊的初心与自信[J].西北大学学报(自然科学版),2017,47(3):461-464.
[2]　项昌乐.不忘初心砥砺前行:持续推动中国科技期刊上新台阶[J].中国期刊年鉴,2018(1):176-177.
[3]　王敏,韩丽,郝丽芳,等.科技期刊服务国家创新发展的路径研究[J].中国科技期刊研究,2020,31(2):127-134.
[4]　张薇.创造一流走中国特色科技期刊发展之路[J].中国科技期刊研究,2020,31(1):2-3.
[5]　詹杏芳.科技期刊编辑如何培育和践行工匠精神[J].武汉轻工大学学报,2017,36(4):87-90.
[6]　唐玉宏.从中国近现代期刊发展史看期刊的社会功能[J].中州学刊,2006(6):248-250.
[7]　国家新闻出版署.2019 年全国新闻出版业基本情况[EB/OL].(2020-11-03)[2021-07-15].http://www.nppa.gov.cn/nppa/upload/files/2020/11/a0fbd38dab39dd1f.pdf.
[8]　任红.初心不改铸精品学术期刊[J].中华肝脏病杂志,2019,29(1):1-2.
[9]　李冬利.浅谈编辑如何更好地为作者服务[J].中国医师进修杂志,2019,42(5):479-480.

中国地学 SCI 期刊学术影响力现状分析及发展思考

李亚敏，崔 红，张 莉

(《中国科学》杂志社，北京 100717)

摘要：基于科睿唯安 Web of Science 数据库和 2020 年 6 月公布的《科技期刊引证报告》，对中国地学 SCI 期刊的影响力现状进行分析。结果显示，中国地学 SCI 期刊的影响因子、总被引频次、特征因子等期刊计量指标偏低，与国际同类期刊相比排位靠后，国际影响力偏低。这与中国地球科学的发展不相匹配。针对这种现状，结合当前科技期刊发展新形势，从确立全局意识、加强内容质量、提升服务意识和宣传手段等方面提出几点思考，以期更好地服务于中国地学科技期刊发展。

关键词：中国科技期刊；学术影响力；地球科学；科研评价；SCI

伴随着"把论文写在祖国大地上"号角的吹响，国内科技期刊迎来了大发展的机遇，围绕科技期刊发展的视点和观点空前繁荣[1-3]。2019 年 8 月 5 日国家多部门联合印发了《关于深化改革 培育世界一流科技期刊的意见》，并从科技期刊的管理[4-6]、学科布局[7-8]、学术影响力提升举措[9-12]等方面引发了如何提升我国学术期刊国际竞争力的热议。除了诸多有关科技期刊发展普适性的讨论之外，也有少量关于国际、国内地学类期刊的国际影响力分析[13-14]，但具体针对国内地学科技期刊整体的影响力研究目前尚不多见。

随着中国科技期刊卓越行动计划(2019—2023 年)的实施，国内地球科学领域的科技期刊也需抓住机遇以谋发展。本文从多个统计指标入手，对中国地学 SCI 期刊整体现状进行定量分析，并与国际同类期刊进行比较，以期厘清中国地学 SCI 期刊的学术影响力现状，提出对中国地学期刊未来发展的思考。

1 中国地学 SCI 期刊学术影响力现状

1.1 期刊计量指标值偏低

2019 年度《科技期刊引证报告》(Journal Citation Reports，JCR)(2020 年 6 月 29 日公布)收录的地学类 SCI 期刊共有 491 份(涵盖以下学科分类：'Geochemistry & Geophysics', 'Geography, Physical', 'Geology', 'Geosciences, Multidisciplinary', 'Limnology', 'Meteorology & Atmospheric Sciences', 'Oceanography', 'Remote Sensing')，其中中国大陆 21 份，中国台湾 1 份，中国香港和中国澳门均无，即中国总计 22 份。从总被引频次、影响因子和期刊特征因子这 3 个统计指标看，中国地学 SCI 期刊的指标平均值都明显低于国际平均值(见表 1)，其中总被引频次和特征因子尚不足国际平均值的一半。说明尽管多年来国内各刊都有明显发展，但放在国际舞台上

基金项目：中国科技期刊卓越行动计划选育高水平人才子项目(2020ZZ110930)

比较，差距还很大。

表 1　中国地学 SCI 期刊与全部地学 SCI 期刊 2019 年度 JCR 主要指标平均值比较

类别	总被引频次	影响因子	特征因子分值
中国地学 SCI 期刊	2 357	1.958	0.003 25
全部地学 SCI 期刊	6 720	2.544	0.007 82

(1) 影响因子。JCR 每年公布的期刊指标中，影响因子(Impact Factor，IF)最受关注。受制于科技发展程度[15]以及语言障碍[13]等多种因素，国内地学 SCI 期刊的 IF 大都从初期的微小起点慢慢攀爬升高(个别高起点新办英文期刊除外)。表 2 汇总了 2019 年度国内 22 份地学 SCI 期刊的期刊计量指标，其中影响因子大致分为四个区间：①IF>3(4 份)；②2<IF<3(7 份)；③1<IF<2(5 份)；④IF<1(6 份)。可见，目前中国地学 SCI 期刊的 IF 大都还在中低层次，超过国际平均值 2.544 的只有 7 份(31.8%)，而 IF 大于 3 的期刊更少(18.2%)。

(2) 总被引频次。期刊的总被引频次(Total Citations, TC)是指该期刊自创刊以来所登载的全部论文截至统计当年被引用的总次数。从表 2 可知，中国地学 SCI 期刊中《岩石学报》的总被引频次最高(8 490)，超过了国际地学 SCI 期刊的平均总被引频次 6 270，这与其创刊时间早、发文量较大相匹配，也未受期刊更名影响；其余各刊的总被引频次均低于国际地学平均被引频次。

(3) 特征因子。Eigenfactor(特征因子)由 Bergstrom(2007)[16]提出，用以衡量期刊影响力。该指标的统计借助于引文链接，基于整个社会网络结构对每篇论文的重要性进行评价。不仅考察了引文的数量，而且考虑了施引期刊的影响力，在计算中赋予不同施引期刊的引文以不同的权重。即：某期刊如果越多地被高影响力的期刊引用，则该期刊特征因子也越高[17]。表 2 显示，国内地学期刊中仅有 2 份期刊的特征因子分值超过国际平均值 0.007 82，其中《中国科学：地球科学》的特征因子分值最高，为 0.01。其余期刊均明显低于国际平均特征因子。

1.2　在国际同类期刊中排位靠后

中国地学 SCI 期刊 IF 和 TC 的分区情况如表 2 所示，从 IF 分区情况看，22 份中国地学 SCI 期刊中，只有 8 份(约占 36.4%)期刊的 IF 进入了 Q1 或 Q2 区，即在国际同类期刊中排在前 50%，其中仅 3 份期刊进入了其各自类别的 Q1 区。目前 Journal Impact Factor (JIF)百分位数最高的是《地学前缘》(英文版)(88.75)，进入了地学综合类期刊前 12%，但其 TC 属于 Q2 区，这与该刊创刊时间晚、发文量较小有关。大约 64%的期刊处于 Q3 和 Q4 区，尚未达到国际同类期刊平均水平。

从 TC 的分区可知，2019 年度只有 9 份中国地学 SCI 期刊的 TC 进入了国际同类期刊的前 50%，其中只有《岩石学报》进入了地学类 TC 分区的 Q1 区，但该刊的 IF 在国际同类期刊中仅排在 Q3 区，其 TC 排位靠前受益于创刊早、总发文量较大。

1.3　国际化程度偏低

期刊的国际化可以从稿源、评审、出版、发行、施引等多方面进行考察，本文仅从稿源和施引结构上分析。依据 Web of Science 核心数据库中各刊文章检索结果和引文报告，我们选择了 10 份中、外代表性地学期刊，针对 2018—2019 年出版的文章，分析其稿源及施引文献的国别分布(表 3)，其中中国期刊我们选择了影响因子位于前列的《地学前缘》(英文版)、《气候变化研究进展》和《国际数字地球》，国际上我们选择了国内地学研究者熟知的 7 份地学大刊，包括英国的 *Nat Geosci*、美国的 *Geophys Res Lett* 和 *JGR*

三个子刊、荷兰的 *Earth Planet Sci Lett* 和 *Tectonophysics*。

表2 2019 年度中国地学 SCI 期刊的 JCR 分区情况 a)

序号	刊名缩写/中文	总被引频次	影响因子	特征因子	IF 分区	JIF 百分数	TC 分区
1	*Geosci Front*/地学前缘	3 421	4.202	0.00840	Q1/地学综合	88.75	Q2
2	*Adv Clim Change Res*/气候变化研究进展	944	3.967	0.00152	Q1/气象和大气科学	76.89	Q3
3	*Sci China Earth Sci*/中国科学：地球科学	5 118	3.242	0.01009	Q1/地学综合	76.25	Q2
4	*Inter J Digital Earth*/国际数字地球	1 718	3.097	0.00262	Q2/自然地理学	67.00	Q3
5	*J Geograph Sci*/地理学报	3,298	2.851	0.00386	Q2/自然地理学	61.00	Q2
6	*Petrol Explo Devel*/石油勘探与开发	3 818	2.845	0.00441	Q2/地学综合	68.75	Q2
7	*Adv Atmos Sci*/大气科学进展	4 123	2.583	0.00638	Q2/气象和大气科学	52.15	Q2
8	*J Meteorol Res*/气象学报	878	2.302	0.00321	Q3/气象和大气科学	45.70	Q3
9	*J Earth Sci*/地球科学	1 535	2.209	0.00255	Q2/地学综合	50.25	Q3
10	*Inter J Disast Risk Sci*/国际灾害风险科学	691	2.048	0.00131	Q3/地学综合	45.25	Q2
11	*J Palaeogeography*/古地理学报	387	2.02	0.00107	Q3/地学综合	44.25	Q4
12	*Acta Geol Sin*/地质学报	4 558	1.973	0.00506	Q3/地学综合	41.75	Q2
13	*Front Earth Sci*/地学前沿	772	1.62	0.00138	Q3/地学综合	33.25	Q3
14	*Acta Petrol Sin*/岩石学报	8 490	1.265	0.00607	Q3/地质学	50.00	Q1
15	*Acta Oceanol Sin*/海洋学报	2 194	1.146	0.00329	Q3/海洋学	26.12	Q2
16	*Chin J Oceanol Limn*/中国海洋湖沼学报	1 553	1.068	0.00164	Q4/海洋学	23.13	Q3
17	*Appl Geophys*/应用地球物理	756	0.954	0.00104	Q4/地化、地球物理	14.71	Q3
18	*Chin J Geophys*/地球物理学报	4 768	0.811	0.00429	Q4/地化、地球物理	10.00	Q2
19	*J Ocean Univ China*/中国海洋大学学报	1 150	0.802	0.00157	Q4/海洋学	20.15	Q3
20	*J Trop Meteorol*/热带气象学报	479	0.75	0.00047	Q4/气象和大气科学	6.99	Q4
21	*Terr Atmos Ocean Sci*/陆地大气和海洋学	993	0.703	0.00089	Q4/地学综合	6.75	Q3
22	*J Oceanol Limn*/海洋湖沼学报	213	0.617	0.00034	Q4/海洋学	6.72	Q4

a) 数据均来自 2019 年度 JCR 期刊引证报告，按照影响因子由高到低排序；《海洋湖沼学报》英文版自 2018 年第 1 期起更改刊名，2019 年度 JCR 收录 SCI 期刊中，该刊存在新旧两个刊名，被当做 2 份期刊分别统计；TC 分区中只有《海洋湖沼学报》属于环境生态类，其余期刊的 TC 分区均为 Geoscience 类别；IF 分区中，对于有多个类别归属的期刊，以最贴近地学的类别进行统计，例如《石油勘探与开发》分属能源燃料类、工程/石油类和地学综合类，就选用其在地学综合类的 IF 分区情况。

从表 3 可以发现：①国家\地区总数(即分布广度)方面，中国的 3 份期刊稿源分别来自 59、15 和 43 个国家\地区，施引文献分别来自 113、68 和 80 个国家\地区；而 7 份国外期刊中，只有 *J Geophys Res Earth Surface* 略低(稿源和施引分别为 48 和 90)，其余期刊在稿源和施引的分布广度上都明显超过国内期刊。②具体地区分布方面，中国 3 份期刊中，《地学前缘》(英文版)稿源和施引占比大于 10%的有 4 个国家：中、美、澳和印度；

而另外 2 份期刊只有来自中美两国的占比超过 10%，相对集中。7 份国际期刊中，有 5 份期刊的稿源和施引结构比较均匀，占比大于 10%的国家有 5~7 个，*J Geophys Res-Atmos* 和 *Tectonophysics* 的稿源和施引占比大于 10%的国家较少，但也有 3~4 个，且多数来自科技强国。整体而言，中国地学 SCI 期刊稿源和施引的国际分布广度和来自科技强国的比例都低于国际地学大刊。

在表 2 的 22 份中国地学 SCI 期刊中，《地学前缘》(英文版)和《国际数字地球》的国际化程度是最高的，其余 20 份期刊的稿源和施引都主要来自中国作者的贡献。可见中国地学 SCI 期刊的国际影响力整体较弱，个别国际化程度较高的，相比国际知名大刊仍然有较大差距。

表 3　代表性期刊 2018—2019 年稿源和施引文献的来源 Top 6[a]

刊名简写(刊属国)	发文数	国家\地区数	美国	中国	英国	法国
Geosci Front (中国)	293	59\113	15.4\17.4	38.9\39.5		
Adv Clim Change Res (中国)	57	15\68	8.8\13.8	89.5\62.4		
Inter J Digital Earth (中国)	179	43\80	33.5\22.1	44.1\44.3		
Nat Geosci (英国)	473	59\147	51.2\43.1	8.2\26.5	23.3\16.8	15.6\13.0
Geophys Res Lett (美国)	3 077	94\158	63.7\49.3	18.7\25.7	13.0\13.6	11.3\10.9
Earth Planet Sci Lett (荷兰)	1 121	77\138	50.5\39.0	19.4\29.0	21.6\16.1	17.2\15.1
J Geophys Res-Solid (美国)	1 313	78\126	43.9\34.0	25.1\32.8	11.0\10.6	12.9\12.1
J Geophys Res-Surface (美国)	325	48\90	54.2\41.4	9.8\17.9	13.8\13.5	12.0\9.1
J Geophys Res-Atmos (美国)	1 586	69\125	56.1\42.5	35.1\40.4		
Tectonophysics (荷兰)	601	79\120	19.5\22.3	23.3\31.1		15.8\14.2
刊名简写(刊属国)	德国	澳大利亚	印度	日本	荷兰	
Geosci Front (中国)		27.0\18.6	13.3\8.2			
Adv Clim Change Res (中国)						
Inter J Digital Earth (中国)						
Nat Geosci (英国)	15.0\16.2	10.1\9.7				
Geophys Res Lett (美国)	10.3\12.8					
Earth Planet Sci Lett (荷兰)	19.4\16.7	10.4\9.3				
J Geophys Res-Solid (美国)	11.0\11.2			12.0\8.7		
J Geophys Res-Surface (美国)	9.2\10.7				12.3\10.4	
J Geophys Res-Atmos (美国)	8.6\11.5					
Tectonophysics (荷兰)	11.5\11.4					

a) 发文数是指期刊在 2018—2019 两年的出版文章数，后面各列是针对这些文章，分析其作者和施引文献的作者所在的国家\地区。"\"前后分别是稿源\施引的国别占比，其中稿源和施引占比都小于 10%的未列出。

2　在新形势下中国地学 SCI 期刊的发展思考

新中国成立以来，中国的地球科学研究发展迅速，某些方面甚至走在国际前沿。中国地学领域科技论文的产出在世界排名第二[19]。但是作为科研论文的重要载体，中国地学期刊的现状与中国地球科学的发展不相匹配，期刊计量指标偏低，在国际上排位相对靠后，国际影响力不够高。多年来制约中国科技期刊发展的因素包括科研评价体制、科技出版人才紧缺、办刊理念和运营机制、出版和传播平台等多方面[8,20-21]。相比 AGU、Springer-Nature、Elsevier、Wiley 等国际期刊学术团体和出版巨头的集群和平台优势等，国内众多期刊人都意识到了中国期刊传统出版的劣势，提出了诸如改革科研评价体系、集群化办刊、建立数字传播平台、培养和引进编辑人才、增强国际合作等见解和对策[13,22-25]。地球科学研究本身还具有周期性长、地域性明显等特征，中国地学期刊也具有办刊模式相对传统、出版周期过长等特点。2018 年以来，多个涉及科研评价改革的文件相继出台，众多期刊资助项目开始实施，国内期刊迎来大发展的政策机遇。地学科技期刊需要抓住机遇，从战略高度调整期刊布局、从内容上狠抓学术质量、提升服务意识和宣传手段等多方面着手，切实提升自身竞争力，促进期刊健康发展。

2.1 从战略高度出发，统筹期刊布局和发展

地球科学属于传统学科，地学领域的高校、科研院所和企事业单位较多，各大高校、科研院所和学/协会一度争相办刊抢占出版资源，导致目前中国有数百种地学期刊，其中很多期刊在内容偏重、学科方向、办刊形式等方面存在雷同，造成人力和物力的分散及浪费。需要从战略高度出发，统筹安排、合理布局，充分发挥资源集中优势。

首先，全力支持办好几个英文强刊，使之能够在国际上具有较高的知名度和话语权，带动中国期刊整体的发展。其次，合理布局一批梯队期刊，在内容特色、办刊形式、基础研究和应用等方面各有侧重。再次，对大部分内容资源匮乏、办刊力量薄弱的期刊进行合并重组，或者转给其他办刊机构，通过资源整合进行效益最大化。最后，在注重国际化的同时，适当给予中文刊发展空间。地学的地域性特征明显，中国有多个得天独厚的地学天然实验室，例如青藏高原的陆-陆碰撞造山带、南海的新生代洋盆扩张等，地学中文刊有发展的空间和必要。长远看，科学和文化的传承也需要中文刊，在中国科技实力和经济实力达到更高的高度时，中文期刊成为全球化期刊也未必不可能。

2.2 加强组稿与编审，依靠学术团队提升学术质量

稿源的学术质量是科技期刊的影响力之源，也是科技期刊质量的核心。中国地学 SCI 期刊起步晚、起点低，国际知名度不够，来自科技发达国家的优质稿源少，同时国内优质稿源持续外流[18-19]。在自由投稿缺少优质稿源的时期，需要期刊主动出击，加强针对性约稿。例如利用国际合作项目，向国际合作者发起约请；选择热点和重点研究方向，向国内外知名科学家约请系列稿件。通过具有高影响力的作者和研究成果吸引读者，提升期刊影响力。只有在期刊内容质量和学术影响力达到一定高度后，得到科学家的学术认同，才会吸引到高质量的自由投稿，包括国际稿源，从而形成期刊优质稿源和高影响力的良性循环。引次统计数据(表4)显示，约请稿件的篇均被引频次明显高于自由来稿，对期刊影响力有明显提升作用。

同行评审方面，需要制定科学有效的评审准则，充分调动评审人积极性和责任心，严格学术评审时效和质量，提出既有全局观又有细节针对性的修改建议，帮助作者提升文稿质量。无论评审结果如何，抓住要点、言之有物的可行性修改建议会给作者留下好印象，使他们有新成果时乐于继续投稿。公正、快速和高质量的专业评审可以提升既有稿源质量，也兼有吸引优质稿源之效。对高质量的稿件，评审时可以邀请国际审稿人，一方面获取国际化的评审，另一方面增进期刊和审稿人之间的相互了解，发展潜在作者。在选题策划、编校和出版质量

等方面，依靠专业的编辑团队，精益求精，兼顾质量与速度。

表 4 代表性期刊 2017—2018 年度出版的文章在 2019 年的被引频次

刊名缩写/中文	IF2019	约稿篇均被引频次	自由来稿篇均被引频次
Chin J Geophys/地球物理学报	0.811	1.319	0.675
Sci Bull/科学通报	9.511	11.804	5.840
Sci China Earth Sci/中国科学：地球科学	3.242	5.732	2.076

2.3 增强编辑力量，做好传播、宣传和服务

酒香也怕巷子深，有了优质内容，还需要对其进行多方位宣传推广。除了保持传统的学术会议展示和邮件推送方式之外，期刊还要善于运用如微信、博客、领英、Facebook 和 Eurekalert 等多种媒体社交网络，开设访谈、新闻、点评等多种栏目，利用图文、音频、视频、现场发布会等多种形式，全方位推送期刊的优质文章和发展动态，增加在国内外的显示度。期刊的高频显示也能彰显期刊品牌，有助于吸引稿源。

期刊面对的服务对象是一线科学家，这些科学家可能同时是期刊的作者、读者、审稿人等，不同角色需要的服务内容有所不同。期刊需要以人为本，增强服务意识，推进数字出版服务，对接国际化传播；创建自有平台[26-29]；深度挖掘平台资源，开发多种增值服务[30]。尽最大可能为科学家的成果展示和传播做好服务。

新技术、新手段对期刊编辑提出了新要求，传统的编辑技能已经不能满足新形势下的期刊工作要求。引进和培养编辑人才、增强编辑力量是期刊进一步发展的必然要求。例如《中国科学》杂志社设立了专职新闻编辑岗位，负责杂志社微信公众号、视频号的运营、人物访谈和新闻发布会的组织，协助期刊编委会和编辑部做好成果宣传；还设立了平台运维小组，负责自主研发的 SciEngine 全流程平台的开发和运营，目前该平台小组已经与中国科技出版传媒旗下的数字出版部门合并重组，共同运营 SciEngine 全流程平台，期待未来能助力中国科技出版摆脱对海外出版商的依赖。

致谢：审稿专家对本文提出建设性意见和建议，《中国科学》杂志社任胜利总编辑在成文和修改过程中给予指导，《地球物理学报》编辑部何燕老师提供部分数据，并提供有益讨论，在此一并致谢。

参 考 文 献

[1] 喻思南.打造世界一流的科技期刊[N].人民日报,2018-05-28(18).
[2] 中国科技峰会:世界科技期刊论坛在乌镇成功举办[EB/OL].(2018-05-28)[2019-01-01].http://www.sohu.com/a/233279437_578964.
[3] 新华网.世界科技期刊论坛:更好的期刊,更好的科学[EB/OL].(2018-05-28)[2019-01-01].http://www.zj.xinhuanet.com/2018/05/28/c_1122897015.htm.
[4] 任胜利.培育世界一流科技期刊背景下我国学术期刊国际竞争力的提升[J].科学通报,2019,64(33):3393-3398.
[5] 张盖伦.中国科技期刊之怪现状:指挥棒往"西",优秀论文怎能往"东"[N].科技日报,2018-09-21(01).
[6] 操秀英.戴着"行政化"脚镣跳不了"市场化"的舞[N].科技日报,2018-09-25(01).

[7] 张晓宇,翟亚丽,朱琳,等.基于 WoS 分析我国创办英文科技期刊的学科需求[J].中国科技期刊研究,2018,29(11):1148-1152.

[8] 任胜利,程维红,刘筱敏,等.关于加快推进我国科技期刊高质量发展的思考[J].中国科学基金,2018,32(6):645-651.

[9] 何满潮,佘诗刚,林松清,等.我国英文科技期刊国际影响力提升的战略与对策[J].编辑学报,2018,30(4):337-343.

[10] 范爱红,管翠中,曾晓牧.英文科技期刊办刊现状调查及发展对策研究[J].出版科学,2018,26(2):56-61.

[11] 甘可建,刘清海,李扬桦.中国科技期刊国际影响力提升计划实施效果调查与对策建议[J].编辑学报,2018,30(2):116-121.

[12] 王燕."中国科技期刊国际影响力提升计划"对科技期刊影响力提升效果的评价研究[J].中国科技期刊研究,2018,29(10):1048-1053.

[13] 高霏,王丽丽.SCI 收录地球科学及交叉学科期刊现状分析与发展启示[J].科技传播,2018,10(3):175-178.

[14] 胡静,李俊姣,周义炎,薛宏交.中国地学期刊近六年(2012—2017)的国际影响力发展概况[J].湖北师范大学学报(自然科学版),2018(3):100-103.

[15] 张春丽,盛春蕾,倪四秀.中国地学类 SCIE 收录期刊的学术影响力分析[J].地理学报,2014,69(11):1725-1733.

[16] BERGSTROM C. Eigenfactor: Measuring the value and prestige of scholarly journals [J]. College and Research Library News, 2007, 68:314-316.

[17] 任胜利.特征因子(Eigenfactor):基于引证网络分析期刊和论文的重要性[J].中国科技期刊研究,2009,20(3):415-418.

[18] 刘彩娥.把论文写在祖国大地上:国内科研论文外流现象分析[J].北京工业大学学报(社会科学版).2018,18(2):64-72.

[19] 中国科学技术信息研究所.中国科技论文统计结果(2):2019 中国卓越科技论文报告[R].2019-11-19.

[20] 鲍芳,张月红,吴坚.中国英文学术期刊综合数据与国际影响力解析(1887—2017)[J].中国出版,2018(12):3-8.

[21] 冷怀明.培育世界一流期刊需要实际行动[J].科技与出版,2019(1):45-49.

[22] 朱作言,郑永飞.如何办好中国科技期刊[N].光明日报,2017-12-21(16).

[23] 初景利,闫群.我国科技期刊国际化战略与策略[J].中国科学院院刊,2018,33(12):1358-1365.

[24] 任胜利,肖宏,宁笔,等.2018 年我国英文科技期刊回顾[J].科技与出版,2019(2):30-35.

[25] 张莹,李自乐,郭宸孜,等.国际一流期刊的办刊探索:以 *Light: Science & Applications* 为例[J].中国科技期刊研究,2019,30(1):53-59.

[26] 朱晓华,何书金,袁丽华.中国地理与资源期刊集群化服务平台的发展与实践[J].地理学报,2017,72(5):918-941.

[27] 黄延红.SciEngine:助力中国科技期刊走向国际[EB/OL].2016,科学网博客[2021-07-15].http://blog.sciencenet.cn/blog-299986-971465.html.

[28] 黄延红.SciEngine 平台与 Web of Science 数据库成功对接[EB/OL].2016,科学网博客[2021-07-15].http://blog.sciencenet.cn/blog-299986-1005806.html.

[29] 侯修洲.SciEngine 出版平台助力"两刊"共成长[EB/OL].2018,科学网博客[2021-07-15]. http://blog.sciencenet.cn/blog-306503-1124856.html.

[30] 任艳青,王雪峰,翁彦琴,等.数字环境下我国科技期刊增值服务模式探析及思考[J].中国科技期刊研究,2020,31(3):248-252.

促进科技期刊发展的策略、投资、人才
——稳健发展中国科技期刊提升文化实力

姚银坤

(中国农业大学科学技术发展研究院《农业科学与工程前沿》编辑部,北京 100193)

摘要:科技期刊传播科学知识,传导技术发展前沿,是科学家的学术交流平台,也是体现国家科学技术竞争力和文化实力的重要工具。据分析,我国对科技期刊发展的支持有立有破,中国科技期刊取得了辉煌的成绩,但在发展过程中其国际影响力有待提升,中文和英文科技期刊增长不平衡,以及办刊人才培养不足等问题亟待解决。本文通过分析国内外主要办刊做法,从制定期刊发展策略、投入项目物资、培养办刊人才等方面对其科技期刊发展给予支持。本文目的是以遵循我国期刊建设根本要求为原则,激发创新,为我国科技期刊稳健发展提供借鉴。

关键词:科技期刊;中文科技期刊;英文科技期刊;科研诚信

据《中国科技期刊发展蓝皮书(2020)》[1]报道,截至 2019 年底中国科技期刊总量为 4 958 种,包含中文刊 4 599 种,英文刊 359 种。中文科技期刊的国内影响力逐步提升,刊均复合影响因子为 0.664,从 2014 年至 2018 年增长了 27.4%,年均增幅为 6.21%。中文科技期刊国际他引总被引频次呈上升趋势,5 年平均增长率为 13.81%。同时,我国英文科技期刊从 2005 年至 2015 年 9 月,中国科技人员共发表国际论文 158.11 万篇,共被引 1 287.60 万次,比 2014 年增加了 24.2%,中国国际科技论文被引次数连续两年排在世界第 4 位[2]。据报道[1]2015—2019 年的统计,我国英文科技期刊近 5 年刊均复合影响因子平均值为 0.733,2018 年比 2014 年增长了 14.97%,年均增幅为 3.55%,国际他引总被引频次呈上升趋势,5 年平均增长率为 20.66%,说明我国的英文科技期刊已经获得越来越多的国际关注。

办好科技期刊主要是为了拓展国际交流,而出现的问题引起了国内的担忧,我国优秀科研成果纷纷投向国外的 SCI 期刊。原因之一是我国科研人员如果不能从国内科技期刊中及时地检索到国际学术前沿及科技创新成果的最新报道,如果不能在国内科技期刊平台上有效地做学术交流,就必然会把注意力投向国外期刊,那么就会导致大多数国内一流的论文成果投向国外期刊的局面。这迫切需要对科研成果的评价体系及时调整。原因之二,就办刊而言,几乎所有英文科技期刊的目标就是进入国外 SCI、EI 等大型数据库,由于目前我国英文期刊的国际传播缺乏自主的渠道,大多数被 Springer、Elsevier 等国际大型出版集团控制,长此以往不利于保护自主知识产权,也阻碍我国科技期刊的发展[3]。目前,我国科技期刊的英文刊仅占其总数的 7%左右。即使是近年来新创刊的英文刊所占比例较高,但整体上我国英文期刊严重短缺的状况并没有根本缓解,期刊的品牌和影响力水平还有很大提升空间。中国科技出版传媒股份有限公司依据中宣部传媒监管局提供的新刊名单,分析了 2013—2018 年我国科技类新创办的 151 种期刊。其中英文新科技期刊 81 种，占新创办科技期刊总数的 53.6%，中文刊 55 种只占 36.4%，其他 15 种占 10%。研究者进一步对这些新创刊进行了全景式统计分析，其主办单位在北京市的占比 64.24%(97 种)，远高于其他省、自治区、直辖市，其次是浙江(仅 8 种)，上海和四川并列第 3(各有 7 种)，表现出地域分布不均衡状况有加重趋势[4]。

简言之，我国科技期刊的中文刊总量较大且占比高，而刊均复合影响因子较低；英文科技期刊总量不充足且占比较低，国际影响力有待提升，增长不平衡。科技期刊的发展是一个系统工程，不仅需要科技界、出版界的努力，还需要行政力量的推动和支持。为此，国家及时出台了政策措施，规范科技期刊发展。

1 中国发展科技期刊的现实意义

宪法赋予我国文化事业为人民服务，为社会主义服务的方向，科技期刊作为其中的重要组成，这也是中国期刊建设遵循的根本要求。科技期刊具有知识性、科学性、独创性，特别是政治性和思想性尤为重要。中国共产党的思想政治工作，是其他一切工作的生命线。包括科技期刊在内，编辑出版工作实际上也是一种思想政治工作。无论是科技期刊工作者，还是广大的读者，都是社会主义文化事业的一员，都应该服务于我国建设。应当自觉在思想上、政治上、行动上与中国共产党党中央保持高度一致，确保正确办刊方向。在认真贯彻总体国家安全观，有效防范和化解各类风险的基础上，探索科学正确的传播途径，既要"百花齐放、百家争鸣"，又能坚持各自的期刊宗旨。

"科技期刊传承人类文明，荟萃科学发现，引领科技发展，直接体现国家科技竞争力和文化软实力。"2018 年 11 月 14 日，习近平总书记主持召开中央全面深化改革委员会第五次会议审议通过《关于深化改革培育世界一流科技期刊的意见》[5]，提出要以建设世界一流科技期刊为目标，科学编制重点建设期刊目录，做精做强一批基础和传统优势领域期刊。2019 年 8 月，由中国科协、中宣部、教育部、科技部联合印发。这是我国科技期刊的纲领性文件，具有里程碑意义，对期刊建设和发展提出新的更高要求。2018 年 9 月，刘鹤副总理就《中国工程院关于加强〈Engineering〉(工程)系列院刊建设向世界一流期刊进军的报告》做出批示："发展中国科技期刊，提升我国在世界科技界的话语权。"作为一名期刊人必须深入思考，深刻领会中国科技期刊建设的内涵，既不能盲目追捧或打压论文发表，又要确保高质量的稿源，始终克服急功近利的浮躁。根据自身刊物的特色定位，发挥好科技文化传播的作用。对于基础前沿期刊，需要慧眼甄别出高精尖领域的前沿，夯实科学基础理论，服务于我国科技创新。对于科学普及期刊，需要修炼语言文字表达的艺术，以达到科学理论武装人，正确的舆论引导人的作用。对于文化教育期刊，用高尚的精神塑造人，用优秀的作品鼓舞人，传递中国声音，讲好中国故事。

在政策形势的利好背景下，近年来我国自主创办中文、英文科技期刊进入了春和景明、波澜不惊的大好发展机遇本。为把《关于深化改革 培育世界一流科技期刊的意见》落到实处，中国科协、财政部、教育部、科学技术部、国家新闻出版署、中国科学院、中国工程院于 2019 年联合实施了中国科技期刊卓越行动计划这一重要项目[6]。该计划从 2019 年开始到 2023 年历时 5 年，制定了详细的实施方案，针对领军期刊、重点期刊、梯队期刊、高起点新刊和集群化试点等 5 个子项目给予支持。其中领军期刊包括入选的《分子植物》《工程》等 22 个期刊；重点期刊包括《癌症生物学与医学》等 29 个期刊入选；梯队期刊包括《半导体学报》等 199

个期刊入选；高起点新刊包括《复杂系统建模与仿真(英文版)》等 30 个期刊入选；同时，还有 5 家单位作为集群化试点入选获得项目支持。

2　国内外可借鉴的科技期刊发展做法

针对怎样建设和发展好中国科技期刊，纵观国外较成功的办刊做法是值得我们借鉴的。自 1665 年，法国巴黎出版的《学者杂志》是近代意义上最早的期刊，西方国家的科技期刊已经历了 300 多年的历史。本文将从支持科技期刊的政府策略、物资投入和人才培养三个方面初步分析成功的办刊特点。

2.1　制定科技期刊发展策略

众所周知，美国科学促进会主办的期刊《科学》(Science)，英国格奥尔格·冯·霍茨布林克出版集团出版的《自然》(Nature)期刊都是在全世界颇具名望、历史悠久的学术期刊，在其中刊登了许多科学研究领域重要的、前沿的研究结果。荷兰拥有学术出版业巨头爱思唯尔(Elsevier)出版了 2 500 多种期刊，包括《柳叶刀》(The Lancet)、《细胞》(Cell)等国际知名学术刊物。2017 年，爱思唯尔出版集团与中国科学出版社合作，为我国《科学通报》提供平台和推广渠道，数据分析报告等服务，助力提升此刊的国际传播力和影响力。在欧洲，为加快学术研究成果的国际传播、促进影响力提升、加快实现向完全开放获取的转变，自 2020 年 1 月 1 日起，法国、英国、荷兰、意大利等 11 个欧洲国家相关出版机构必须按照欧盟"OA 2020"要求将研究成果发表在完全开放获取的期刊或平台上。

科技期刊发达国家在支持办刊的管理体制、法律体系、行业协会方面体现了三个特点。

第一，以市场为中心的科技期刊管理体制。由政府制定法律和规章制度并监督、执行，把科技期刊所涉及的职能交给社会，由社会经济组织去承担并处理相关事务。如英国，由其图书馆学会、工会及版权服务公司来替政府行使检查和控制科技期刊的职能。政府在宏观层面进行管理和调控，经过市场优胜劣汰生存和发展下来的科技期刊对市场有很强的适应性[7]。

第二，完善的法律保障体系。在科技期刊管理史上，国外曾实施了审查制度、特别许可证制、保证金制等多种管理制度。18 世纪后，各国陆续取消了审查制度，注册登记制度取而代之，并与之相配套了追惩制，其意义在于把过程管理更多地从政府职能中移出，纳入市场监管、行业自律和法律惩处。国外涉及科技期刊业的法律主要有三个方面：一是保护出版自由和限制出版自由的滥用，如美国涉及科技期刊出版的专业法规有《宪法》第一修正案和《出版法》，荷兰的《民法典》中有很多条款都适用于荷兰的科技期刊商业出版公司；二是保护著作权及邻接权，如英国的《版权法》《数据保护法》；三是管理出版发行的业务活动，如英国涉及科技期刊的法律涵盖了该产业各个环节，包括《商品销售法》《贸易活动限制法》和《竞争法》等[7]。

第三，充分发挥行业协会的作用。如美国充分发挥了行业协会等第三部门的作用，帮助政府管理科技期刊，这些部门主要是行业学会协会，包括：电气与电子工程协会(IEEE)作为《IEEE 微波》(IEEE Microwave Magazine)等多本期刊的出版机构，美国科学促进会(AAAS)是《科学》(Science)期刊的主办者和出版者。英国对科技期刊采取宏观管理，把一些事物委托给行业协会，允许协会代表行业就各项政策与政府进行谈判和磋商。

综上所述，政府制定政策为出版业提供完善的市场和法律环境，这些国家的政府部门虽然没有设立专门的出版管理部门，但是通过市场化的科技期刊管理体制，并充分发挥行业协会在组织、协调、规范、自律、教育和培训等方面的作用。以上做法所起到的效果是我国科技期刊管理值得借鉴的经验。

2.2 投入科技期刊项目物资

国内学者的研究显示，法国文化部图书与阅读局每年都拿出一部分资金用于扶植、帮助中小出版社和书店，帮助它们对付大型出版集团的竞争；加拿大遗产部文化产业司为了应对美国等出版集团和保护本国出版事业，每年都向加拿大全资拥有的出版社提供必要的资助，以扩大其出版物销售市场。减免税收是国外多数国家扶持出版业发展的一个重要措施。英国、加拿大、澳大利亚、葡萄牙对出版物一直采取零税收政策，法国、瑞士、西班牙等只征收极低的出版税。美国将大学出版社归类为非营利出版机构，也有一定税负优惠或减免。一些国家对出版物设置关税壁垒，出口免税，进口加税，还有鼓励期刊出国参展等政策。我国目前对科技期刊出版业的税收政策是先征后返，与国外相关措施比较起来，这个政策至少增加了一些工作环节[8]。

近40年来，我国为鼓励和加快科技期刊发展出台了很多期刊资金资助项目。1989年，中国科学院设立了"中国科学院出版基金"来支持优秀科技书刊出版[9]。1999年，国家自然科学基金委员会设立国家自然科学基金重点学术期刊专项资金资助，为促进国内外学术交流、为科教兴国培养人才、为推动科技成果向现实生产力转化，为促进科技进步和国民经济建设的发展[9]。2002年，科技部研究并实施了"精品科技期刊发展战略"，为促进中国科学技术快速发展，并满足科技期刊的迫切需求[10]。2005年，国家启动了"精品科技期刊发展战略研究"[11]。2012年，中国科协出台了"学会能力提升专项—优秀国际科技期刊奖项"，以鼓励和加强英文版科技期刊的国际竞争力[9]。2021年，中国科协出台了《2021年度中国科技期刊卓越行动计划选育高水平办刊人才子项目——优秀编辑、优秀审稿人案例遴选汇编项目》，对国际国内学者、编辑共同为我国科技期刊建设和发展所做工作的不断支持和肯定。

有了国家层面的正确指引和支持，科技期刊的快车逐渐提速驶入了高速车道。那么，必须要有与之相适应的"交通法规"予以规范。为此，我国在国家层面有破有立，不断探索走出一条中国特色的科技期刊发展道路。

有破是指破除唯论文至上。发展好中国自主的科技期刊。我国拥有广泛的科研基础，高校、科研机构等企事业单位的广大科研工作者们勤勤恳恳、兢兢业业，源源不断地产出大量科研成果，具有发表文章的主观意愿和客观需求，很多单位制定了相应的评价体系和激励措施。2020年2月17日科技部印发《关于破除科技评价中"唯论文"不良导向的若干措施(试行)》的通知[12]。2020年2月20日教育部、科技部联合印发《关于规范高等学校SCI论文相关指标使用 树立正确评价导向的若干意见》[13]，要求破除"唯论文""SCI至上"等不良导向，强化分类考核评价。国家层面未雨绸缪，对科研工作者予以及时规范，引导和树立正确的论文观和学术贡献评价观。

有立是指树立学术道德规范。科研诚信是科学技术创新的基石，在论文成果方面禁止"一文多发"、杜绝"学术造假"等学术不端行为。使作者们清楚不盲目追求文章数量和影响因子，消除铤而走险的侥幸心理，共同保护和维护科研诚信的生态环境。为此，2018年5月30日中共中央办公厅、国务院办公厅印发的《关于进一步加强科研诚信建设的若干意见》[14]，针对科研诚信建设中尚存在的薄弱环节防微杜渐，坚持预防与惩治双管齐下，坚持自律与监督缺一不可。以无禁区、全覆盖、零容忍的态度，严肃查处违背科研诚信要求的行为，着力打造共建共享共治的科研诚信建设新格局。这既是科研工作者的科研诚信的行为准则，也是编辑出版工作者指导工作实践的行动指南，尽职尽责确保审稿质量，坚守科研诚信和出版伦理的底线，维护好科技期刊生态环境。

依托科技期刊项目、基金等投入，国家及时指导和规范，使越来越多的优秀成果获得了在国内发表的平台，国际国内学者交流科学技术成果的渠道更加通畅。长远来看，国内逐渐汇聚了大批一流的科研队伍、一流的学科、源源不断地产出一流的科研成果，共同打造出一流学术交流平台，一流学科和一流科技期刊相辅相成，获得双赢。久久为功，使更多优秀科研成果能够回流，这对提高中国文化实力，建设一流学科都具有非常重大深远的作用。

2.3 培养科技期刊办刊人才

笔者结合工作实践，从科技期刊自身发展来考虑应树立两个人才的理念：一是树立用人所长(长：cháng，长处)的理念。发挥国际国内学者专家的学术影响力，从获取优质稿源进行探索，编辑部主动联系学者，邀请在其领域内颇有声望的学者担任编委，并协助约请一批合适的作者共同完成撰稿。这需要编辑队伍积极拓展稿件渠道，研究组稿各环节，通过参加国际国内的学术会议来了解学术前沿和热点，围绕期刊宗旨善于挖掘优质稿源、发现有潜质的作者。通过期刊编辑的组稿活动，能逐渐建成一批专家团队，作为期刊学者智库，按研究领域和主题分类、存储并更新审稿、供稿的专业人才。二是树立用人所长(长：zhǎng，成长)的理念。编辑部是以服务读者为技术导向，应主动发挥策划选题的作用，在编辑人才管理机制方面应该倡导策划、鼓励策划、激励策划。注重科技期刊专业人才的培养，一方面通过办刊人积极争取国家的项目、基金支持来保障科技期刊发展，也能在从事期刊研究项目中不断提升业务能力，采取个别约稿、群体集稿、社会征稿件等方式也是对所在期刊影响力的扩大宣传，编辑和期刊共同成长。另一方面，编辑应积极参加业务培训和同行交流，成为懂专业、会编辑、能经营，会管理的复合型办刊人才。

建设科技期刊主要是发挥人的作用，通过办刊培养人才、凝聚人才，形成永不枯竭的资源。成功的科技期刊不仅体现在一流的刊物、优秀的出版平台，广大办刊机构还应当承担科技传播、业务培训和科普宣传的义务。出版编辑同行有很多好的做法。近年来，为了全面提升科技期刊一流人才的汇聚能力，变革办刊理念与办刊格局，提高中国科技期刊运营、出版、传播、服务等方面的核心竞争力。中国科技期刊卓越行动计划办公室、北京中科期刊出版有限公司举办了一系列培训。浙江大学出版社也依托中国科技期刊卓越行动计划选育高水平办刊人才项目，采取线上、线下立体化的形式、加强专业化、建设高水平办刊队伍的专题培训。早在 2007 年，中国科技出版传媒股份有限公司(科学出版社)与爱思唯尔强强联合成立合资公司北京科爱森蓝文化传播有限公司(科爱)，科爱的主要业务是为中国科学、技术和医学领域的英文期刊提供出版服务和科学评估以及推出高水平国际英文期刊。在提升我国科技期刊竞争力和文化实力方面充分运用政策支持，严守出版规范，发挥科学传播作用。

3 结束语

科技期刊发达国家为出版业提供完善的市场和法律环境。其服务作用与职能主要表现在：①科技期刊管理体制以市场为中心，利用社会力量，使公共服务社会化；②提供完善的法律体系保障，运用法律规则进行市场干预；③政府设立基金和企业、学会协会资助学术出版物，对科技期刊予以税收优惠；④注重科技期刊专业人才的培养，利用各种条件在全球吸引知识面广泛的科技期刊专业人才，如高等教育工程培养人才等。

综合而言，我国科技期刊的发展借鉴以上做法，也要从以下方面进一步发力：一靠政策保障，二靠资金投入，三靠人才培养，四靠平台展示。

(1) 政策保障，优化期刊管理体制。通过期刊工作实践，能够为国家层面出台相应政策提供依据，引导国内科技工作者把国家重大前沿性研究成果，形成高水平论文发表在中国科技期刊，缩小领域内与国外一流学术期刊的差距。这也是探索用科学的依据来评价科学的成果，优化科研成果评价体系。

(2) 拓展期刊资金投入。加大财政扶持力度，增加物资投入，一方面设立政府专项对科技期刊发展资助基金，实施文化人才培养工程，如继续大力发展期刊研究项目基金资助。另一方面加强对科技期刊网络化、信息化等公共资源建设的投入。此外，不能仅靠单方面的政府投入，科技期刊也要通过与国内企业合作、拓展利用民间资本等融资渠道对自身建设和发展寻求支持。

(3) 培养复合型办刊人才。科技期刊的专业人才培养是其发展的重要因素之一，拓展科技期刊编辑队伍和办刊人才的知识面，培养善于策划、营销、经营，并运用现代科技手段快速获取科技信息，综合素质更好的办刊人才。建立健全人才培养体系、人才培养制度的激励手段，建设科技期刊人才交流网络服务系统，这些对科技期刊的生存、发展和我国科学技术进步有很大的推动作用。

(4) 拓展运营模式，拓宽吸引稿件的平台。打造集宣传期刊和投稿功能为一体的交流平台，或直接与国际知名出版商合作。如《智慧农业》期刊开通了"论文回归"绿色通道，并运用新媒体融合推广论文成果来吸引国内学者投稿。《科学通报》与爱思唯尔出版集团合作，由其 ScienceDirect 数据库提供"接受即出版模式"，形成以"快速"为优势的出版特色，吸引国际国内更多优质稿源。日本在国家层面搭建科技期刊开放出版平台向全世界开放地展示学术成果和文化[15]。

近年来，我国取得了举世瞩目的科研成果，在国际科技论文数量方面也稳居世界第 2 位，说明我们国家具有很强的科技产能。一方面需要国内优质稿源持续回流，另一方面需要自主创建国际化的科技期刊数据库作为开放交流平台，这两方面"一进一出"共同提升我国科技期刊的水平。相信学术界和期刊界通过认真贯彻国家有破有立的政策，借鉴国际国内同行的成功经验，一定能引领中国科技期刊蒸蒸日上，在赶超国际一流期刊的征途中取得辉煌成就。一定能通过期刊建设，对完善和调整学术评价体系等管理体制提供依据，发挥出推波助澜的作用。

参 考 文 献

[1] 中国科学技术协会.中国科技期刊发展蓝皮书(2020)[M].北京:科学出版社,2020.

[2] 余晓洁.中国国际科技论文被引次数连续两年居世界第四[EB/OL].人民网(2015-10-22)[2021-08-01]. https://lx.huanqiu.com/article/9CaKrnJQN7p.

[3] 周志红.加快实现我国科技期刊国际化途径[M]//学报编辑丛论(2018).上海:上海大学出版社,2018:108-112.

[4] 朱蔚,胡升华,周洲,等.2013—2018 年我国新创办科技期刊统计分析[J].中国科技期刊研究.2020,31(5):598-604.

[5] 中国科学技术协会.2018 年 11 月 14 日《关于深化改革培育世界一流科技期刊的意见》[EB/OL].

[2021-08-02].https://www.cast.org.cn/art/2019/8/16/art_79_100359.html.
[6] 中国科学技术协会.关于组织实施中国科技期刊卓越行动计划有关项目申报的通知[EB/OL].(2019-08-16)[2021-08-02].https://www.cast.org.cn/art/2019/9/19/art_43_102333.html.
[7] 王丽莲.中国科技期刊发展的问题与对策[D].上海:上海交通大学,2009.
[8] 武夷山,潘云涛.换个角度看中国科技期刊出版体制改革[J].科协论坛,2013(12):29-30.
[9] 林松清.外部因素对中国科技期刊发展的影响[J].中国科技期刊研究,2012,23(6):932-937.
[10] 郭志明.开展"精品科技期刊发展战略研究"[J].中国科技期刊研究,2006,17(1):2.
[11] 任胜利.有关精品科技期刊发展战略的思考[J].编辑学报,2005,17(6):393-395.
[12] 中华人民共和国科学技术部.科技部印发《关于破除科技评价中"唯论文"不良导向的若干措施(试行)》的通知[EB/OL].(2020-02-17)[2021-08-02].http://www.most.gov.cn/xxgk/xinxifenlei/fdzdgknr/fgzc/gfxwj/gfxwj2020/202002/t20200223_151781.html.
[13] 中华人民共和国教育部.2020年2月20日教育部、科技部联合印发《关于规范高等学校SCI论文相关指标使用树立正确评价导向的若干意见》[EB/OL].(2020-02-20)[2021-08-02].http://www.moe.gov.cn/srcsite/A16/moe_784/202002/t20200223_423334.html.
[14] 2018年5月30日中共中央办公厅、国务院办公厅印发的《关于进一步加强科研诚信建设的若干意见》[EB/OL].(2018-05-30)[2021-08-02].http://www.gov.cn/zhengce/2018-05/30/content_5294886.htm.
[15] 郭如良.我国科技期刊国际化的12P模式内在逻辑与实现理路[J].出版发行研究,2019(10):68-71.

9 种综合性区域农业学报现状及可持续发展思考

史亚歌[1]，郭柏寿[1]，李小平[2]

(1.西北农林科技大学农学院《西北农业学报》编辑部，陕西 杨凌 712100；
2.《西北农林科技大学学报(自然科学版)》编辑部，陕西 杨凌 712100)

摘要：了解中国区域性农业学报发展的基本情况及趋势，为提升区域性农业学报学术影响力提供参考。以 9 种综合性区域农业学报为研究对象，对 2008—2019 年间各期刊的发展现状(主办单位、创刊时间、出版周期、网站建设、新媒体应用、机制创新)及影响力(载文量及载文主题、影响因子、被引频次)进行分析，研究各刊发展动态及存在问题，为各刊可持续发展提供参考。结果表明：12 年间各刊通过刊期变更、载文量调整、新媒体应用、机制创新等措施逐步提升办刊能力和刊物质量；各刊载文量总体呈下降趋势，影响因子及被引频次呈逐年上升趋势。为进一步提高各刊办刊能力和刊物影响力水平，各刊应继续加强自身能力建设，优化办刊策略，创新办刊机制，提高刊文质量。

关键词：综合性区域农业学报；载文量；影响因子；被引频次；可持续发展

农业科技期刊是农业科技学术交流的重要工具，反映了一个国家或地区在农业科技领域的成果和发展动态。2020 年版《中国科技期刊引证报告(核心版)自然科学卷》来源期刊中与农业相关的科技期刊包括农业综合、农业大学学报、农艺学、园艺学、土壤学、植物保护学与应用化学工程、林学、畜牧兽医科学、草原学、水产学等 10 类共 171 种期刊，其中农业综合期刊 37 种，占 21.64%。农业综合期刊中 21 种期刊是由相关省(直辖市或自治区)农(林)业科学院创办或联办，其中有 9 种为区域性农业学报。综合性区域农业学报涵盖农业多学科发展动态，兼顾区域性地方特色，覆盖面广，发行量大，在促进我国各地农业科技进步、提高农业科研水平、解决"三农"问题方面上发挥着重要作用。

针对综合性农业科技期刊的研究报道较多，袁伟等[1]对 2007—2011 年 37 种综合性农业类核心期刊学术影响力和发展趋势进行了评价。梁凤鸣[2]基于 10 种综合性农业科学核心期刊 1999—2017 年发文量、研究热点、基金论文比以及高被引论文的学科分布情况开展分析。张韵等[3]对国内外综合性农业科学类核心期刊全文阅读模式进行了比较分析。高峻[4]对 34 种农业综合类核心期刊"互联网+"发展现状进行了研究。何婧等[5]对 34 种农业综合类核心期刊微信公众号运营模式进行了分析。王倩等[6]对地方农(林)业科学院及中国农业科学院主管或主办的综合性农业期刊基本情况进行了调查和比较。徐艳等[7]研究了 2018 年度江浙沪地区 10 类农业综合类期刊的栏目类别与分析。上述学者的研究各有侧重，但鲜有学者就 9 种综合性区域农业学报发展现状进行研究分析。

本研究拟以 9 种区域性农业学报为对象,从各刊发展现状、2008—2019 年载文量、载文主题、影响因子、被引频次等方面入手,探讨其取得的成绩和存在的问题,并就进一步提高综合性区域农业学报的办刊能力及水平提出对策。

1 研究对象及方法

选取中国科学技术信息研究所编制的 2020 年版《中国科技期刊引证报告(核心版)》农业综合类期刊中的 9 种区域农业学报为研究对象,包括《华北农学报》《江西农业学报》《南方农业学报》《江苏农业学报》《浙江农业学报》《福建农业学报》《上海农业学报》《西北农业学报》和《西南农业学报》。利用网站查询、期刊编辑部调研等方法获取各刊的发展现状,包括创刊年份、刊期、主办单位、审稿系统、开放获取、网络出版及微信公众平台情况。利用期刊引证报告[8]统计分析 2008—2019 年各期刊载文量、载文主题、影响因子、被引频次变化趋势;为了直观显示期刊载文量的变化,以各刊 2019 年的载文量为基础,计算 2008—2019 年的最大载文量与 2019 年相比增减的幅度 P[9]:

$$P = (N_1 - N_2) / N_1 \times 100\%$$

式中:N_1 为 2008—2019 年的最大载文量;N_2 为 2019 年期刊的载文量。

用直线方程模拟各刊影响因子随年度的变化趋势,以直线方程的斜率作为趋势指数[10],采用期刊多年来影响因子的标准偏差除以平均值来表示稳定指数[11]。

2 结果与分析

2.1 9 种综合性区域农业学报现状

2.1.1 基本情况

9 种区域性农业学报,从创刊时间来看,除《南方农业学报》是在新中国成立之前创办外,其余 8 种期刊主要创刊于 20 世纪 80 或 90 年代,各期刊均有较长的发展历史。各期刊主办单位包括高校、科研院所、学会与协会;其中,《华北农学报》《西南农业学报》及《西北农业学报》均由 6 个或 6 个以上的单位联合办刊。随着稿源、办刊环境、技术支撑等条件的改善及办刊目标的调整,9 种期刊均在创办一定年限后缩短刊期;其中,《华北农学报》《江苏农业学报》和《上海农业学报》分别自 2005 年、2007 年和 2010 年改为双月刊,《江西农业学报》《福建农业学报》《西北农业学报》《浙江农业学报》《西南农业学报》和《南方农业学报》分别自 2007 年、2012 年、2010 年、2016 年、2015 年和 2009 年由双月刊改为月刊;目前,9 种期刊中 6 种为月刊、3 种为双月刊。

2.1.2 网络系统建设及新媒体应用

与网络系统建设及新媒体技术融合发展,9 种期刊在 12 年间均逐步建立了自己的官方网站,有完善的采编系统,供投稿者和审稿人远程在线进行投稿及审稿、编辑等操作;分别为玛格泰克(3 种)、勤云(2 种)、三才(2 种)、中国知网(1 种)和康益佳(1 种);各刊采编、出版流程均实现程序化、规范化。9 种期刊均采取开放获取(open access,OA)的出版模式,其中 7 种期刊采用网络首发出版。9 种期刊中,开通微信公众号的有 6 种,2015 年 8 月起有期刊开始推送消息。

2.1.3 办刊机制创新

围绕办刊机制创新,部分期刊做出了积极的探索及尝试。其中《江苏农业学报》响应国家期刊企业化改制和集群发展的号召，于 2014 年进行期刊企业化改制，成立江苏农科传媒有限公司负责期刊管理、运营。期刊改制运行后，管理规范、思路灵活、工作效率提高，对国家一系列政策的反馈较快，期刊质量和学术影响力不断提高。《南方农业学报》坚持新媒与纸媒融合发展，加速农业科技成果转化，开设优秀青年学者论坛等栏目，以及坚持创意化的选题策划、专业化的同行评议、规范化的编辑加工、工艺化的排版印刷和渠道化的发行传播五化办刊模式，刊物影响力平提升较快。《江西农业学报》于 2012 年开始转变办刊理念，围绕打造精品期刊的策略，大幅压缩载文量，刊物影响力逐步提高。

2.2　9 种综合性区域农业学报影响力分析

2.2.1　载文量变化及载文主题剖析

由图 1 发现，2008—2019 年 9 种期刊载文量变化呈 4 种趋势。高位先升后降型：包括《江西农业学报》和《西北农业学报》，其中《江西农业学报》年度载文量 12 年间变化趋势最为突出，2008—2012 年载文量一直居最高数量，700 篇上下浮动，2013 后则大幅度逐年降低，2019 年降至 300 余篇；《西北农业学报》变化趋势与《江西农业学报》较为一致，2010 年载文量为最高值 500 余篇，2014 年后大幅降低。高位浮动型：包括《西南农业学报》与《南方农业学报》，12 年间载文量一直处于较高数量，年均载文量 500 及 400 篇上下浮动，年度载文量较为稳定。低位逐年降低型：包括《华北农学报》和《江苏农业学报》，从 2009 年载文量 300 篇左右逐年降低至 200 篇上下。低位先升后降型：包括《浙江农业学报》《福建农业学报》和《上海农业学报》，其中前两者从 2008 年年载文量 100 余篇逐年上升至最高点 2015 年 363 篇、2012 年 252 篇后降低；《上海农业学报》载文量则缓慢变化，一直保持 200 篇以下，12 年间变化幅度较小。12 年间，各刊载文量从 100~800 篇逐渐向 150~400 篇变化，有整体减少发展趋势；其中，《江西农业学报》《西北农业学报》《华北农学报》《江苏农业学报》4 种刊物年载文量减少较为显著(见表 1)，依次为 62.16%、50.00%、38.01%、31.02%，其他刊物年载文量降幅 20%~30%有 3 个刊物，20%以下有 2 个刊物；2019 年各刊总载文量比 2008 年减少 176 篇(平均 19.56 篇/刊)，平均降幅 28.04%。从总的趋势来看，各刊 2019 年载文量 300 篇以下为发展主流，共计 6 个刊物。

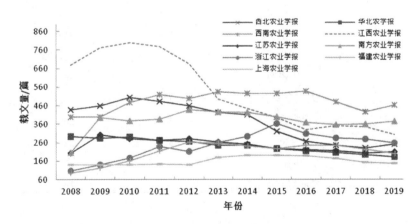

图 1　2008—2019 年 9 种期刊载文量统计

统计各刊 12 年总载文排名前 10 位主题情况(见表 2)，经汇总分析可以看出，12 年间 9 种刊物重点主题排序依次为遗传多样性、农艺性状、DNA、序列分析、种质资源、基因克隆与表达、聚类分析、光合特性及拟南芥等，包含刊物数量依次为 7~3 个，载文数量依次为 471~191 篇。不同刊物载文重点主题数量及载文数量差异较大，其中含 7 个重点主题的刊物为《南方农业学报)和《江苏农业学报》、含 6 个重点主题的刊物为《华北农学报》和《福建农业学报》、含 4 个重点主题的刊物依次为《西南农业学报》《西北农业学报》和《浙江农业学报》；从重点主题载文数量看，《华北农业学报》《南方农业学报》《西南农业学报》《西北农业学报》《江苏农业学报》等表现突出，重点主题载文数量为578~311 篇。另外《福建农业学报》《江西农业学报》《浙江农业学报》《上海农业学报》及《江苏农业学报》等刊物主题 1 均为省名，载文地方性特色明显。

表1 2008—2019 年 9 种期刊影响力分析

刊名	载文量			影响因子			被引频次	
	12 年载文量/篇	P/%	12 年平均值	稳定指数	趋势指数		12 年被引/次	篇均被引/次
江西农业学报	6 377	62.16	0.402	0.220	0.020 2		16 837	2.64
西南农业学报	5 776	13.99	0.539	0.195	0.014 7		24 561	4.25
南方农业学报	4 514	14.16	0.629	0.369	0.051 8		16 205	3.59
西北农业学报	4 491	50.00	0.571	0.206	0.001 2		24 938	5.55
江苏农业学报	2 931	31.02	0.894	0.191	0.036 3		15 959	5.44
华北农学报	2 921	38.01	0.749	0.173	0.001 8		24 473	8.38
浙江农业学报	2 917	29.20	0.493	0.159	0.014 5		11 581	3.97
福建农业学报	2 497	24.05	0.455	0.101	-0.005 6		8 876	3.55
上海农业学报	1 923	23.68	0.288	0.141	-0.001 5		7 509	3.90

表2 9 种期刊载文重点主题统计

序号	主题名称	包含刊物数量/个	载文数量/篇
1	遗传多样性	7	471
2	农艺性状	6	441
3	DNA	5	355
4	序列分析	5	300
5	种质资源	4	268
6	基因克隆与表达	4	253
7	聚类分析	4	207
8	光合特性	3	227
9	拟南芥	3	179
10	研究简报与进展*	3	167

2.2.2 影响因子变化

由图 2 可以发现，除《上海农业学报》和《福建农业学报》12 年影响因子上下波动不大外，其他 7 种刊物影响因子均有总体增加趋势；其中，《江苏农业学报》《华北农业学报》影响因子表现突出，基本处于高位变化，刊物影响力水平较高；《南方农业学报》2014 年后影响因子也有较大突破，快速上升至各期刊前 3 位，刊物影响力提升较高；《西北农业学报》《西南农业学报》和《浙江农业农学》3 种刊物 12 年间影响因子变化提升不太显著；《江西农业学报》影响因子在各刊中处于较低水平，但 2013 年后逐年提升。从各刊 12 年平均影响因子分析(表 1)，《江苏农业学报》《华北农学报》《南方农业学报》居于前 3 位，进一步印证这 3 种刊物的影响力水平。考察各刊 12 年影响因子趋势指数及稳定指数，《南方农业学报》表现最为突出，趋势指数及稳定指数均最大，说明该刊近年来影响力上升最快；《江西农业学报》在这方面也有较好表现，趋势指数居于各刊第 3 位，稳定指数居第 2 位，说明该刊尽管影响因子整体水平较低，但发展势头良好。总体来说，《江苏农业学报》《华北农学报》刊文质量较高，多年来刊物影响因子均有良好表现；《南方农业学报》发展快速，2014 年后影响因子显著提升，发展前景较好；《江西农业学报》2013 年后刊物影响力也有较快提升。

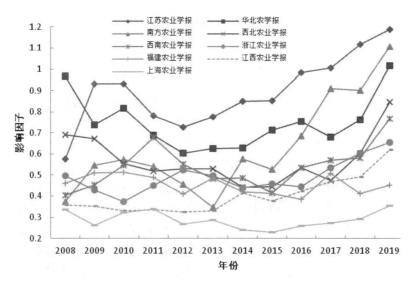

图 2 2008—2019 年 9 种期刊影响因子统计

2.2.3 被引频次变化

由表 1 可知，2008—2019 年 9 种区域性农业学报的总被引频次差别较大，总被引频次最高的期刊是《西北农业学报》，达 24 938，最低为《上海农业学报》，为 7 509。除《上海农业学报》被引频次各年度上下波动不大外(图 3)，其他 8 种期刊被引频次均逐年呈整体增长趋势。《西南农业学报》与《南方农业学报》被引频次增长趋势较为显著，分别从 2008 年 1 040、549 增加至 2019 年的 2 959、2 404；尤其《南方农业学报》表现最为突出，12 年间增长 3.4 倍左右。《华北农学报》与《西北农业学报》被引频次较为稳定，12 年间均在高位缓慢增长。《江苏农业学报》《江西农业学报》《浙江农业学报》被引频次较低，但增长趋势也较为明显。考察 12 年各期刊总被引频次与总载文量相对值变化(篇均被引频次)可以发现(见表 1)，《华北农学报》表现最为突出，篇均被引频次居各期刊首位，表明该刊易于被科研工作同行所接受，具有可持续发展的能力，有较高的学术质量[17]；《西北农业学报》与《江苏农业学报》篇均被引频次也有较好表现，居于各刊第 2 和第 3 位，说明两个刊物近年来办刊质量也较为稳定。

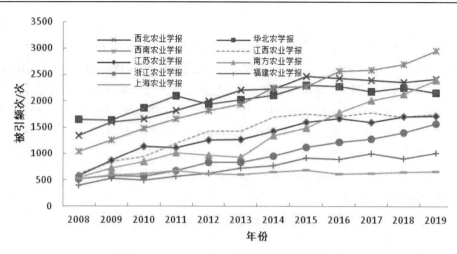

图 3 2008—2019 年 9 种期刊被引频次统计

3 讨论

3.1 期刊建设

主办机构及其办刊能力是刊物承办的最核心因素，本研究 9 种综合性区域农业学报主要创刊于 20 世纪八九十年代，由各省农业科学院主办或联合办刊；综合比较，《华北农学报》《西南农业学报》及《西北农业学报》等 3 种联合办刊刊物技术依托及办刊能力优势明显。其中《华北农学报》办刊经验更具有代表性并值得思考与借鉴，该刊由华北六省市农科院及农学会联合办刊，各地设 6 个编辑室，各编辑室版面分片包干，主编单位每年轮流，总编辑室负责刊物的校对、印刷、出版和发行；该刊主办单位众多，技术力量强大，组织机构健全，责任分工明确，从而有力保障刊物高质量发展。该刊一直以来优秀的表现也足以证明其强大的技术支撑和组织保障。与之不同，目前随各学术期刊的快速发展，部分刊物主办机构及人员保障建设明显不足，作为科研单位的一个部门，刊物主办机构有边缘化发展趋势，人员梯队建设参差不齐，刊物承办能力及后劲不足；作为一种普遍现象，这亟须各主办单位重视和改进。2008—2019 年，本研究多个刊物在发展过程中变更刊期，缩短出版周期，这一定程度促进刊物发展及影响力的提高，但相应地也需及时加强办刊能力的建设工作。

网络及新媒体技术是时代的产物，已融入人们日常生活的方方面面，借助网络及新媒体手段对于学术期刊自动化办公、内容推送、品牌传播、个性化服务、互动化沟通等方面具有重要的促进作用。在这方面，本研究各刊在网站自动化办公及部分小程序、新功能方面已做出一些成效，但网络和新媒体技术发展日新月异，相互借鉴、与时俱进，各刊在这方面仍有较大的发展空间。完善微信小程序，期刊可以完成内容预告、新技术和新产品的发布、期刊预定、读者调查；利用哔哩哔哩、腾讯会议、钉钉、小鹅通、短书和 Zoom 等平台和软件可提升刊物知名度、关注度和认可度；通过举办在线学术会议整合期刊读者、作者以及新媒体粉丝三大群资源可提升期刊品牌影响力[12-14]；期刊也可以尝试利用新出版技术，例如 OSID 开放科学计划、网络首发、数字出版、优先出版(Online first)、及时出版(ASAP)等，增加作者、读者、编辑及审稿专家四者间的良性互动，提升稿件出版速度，扩大传播范围。

办刊机制创新是刊物发展的动力渊源，涉及刊物承办组织保障、人员能力提升、工作程序优化、任务目标调整、激励机制形成及制度建设等多个方面内容，本研究《江苏农业学报》

《南方农业学报》《江西农业学报》等刊物最近几年结合自身发展，在企业化改制、办刊程序优化、精品期刊打造等方面已做出积极探索和创新，同时也取得显著的成绩；其创新经验值得各刊借鉴，其探索过程值得各刊思考；各刊应结合自身发展现状和存在问题，及时进行办刊机制的调整、优化、创新，进而激发机构内在活力，促进刊物良性发展。

3.2 影响力评价

刊物影响力评价最常用的一个指标为刊物影响因子，与刊物载文量负相关，与刊文被引频次正相关，同时受刊物办刊特色、刊文领域、办刊目标及办刊能力等因素间接影响；刊物影响因子一定程度反映刊物的学术影响力及刊文质量水平。

载文量是学术期刊的一个重要指标，载文量的调整必须结合主办机构办刊能力，同时考虑刊物载文数量与质量的协调发展。本研究各刊 12 年间载文量呈先增后降趋势，分析原因，载文量增加主要与各刊稿源增加、刊期缩短等有关，载文量下降则与各刊提高刊文质量、办刊目标调整等有关。在这方面，《江西农业学报》发展过程最具代表性，前期载文量大肆扩张，后期围绕精品期刊建设大幅压缩载文量，该刊转变办刊理念和办刊策略进行的相应调整[15-16]值得借鉴和探讨，也反映刊物发展的一个探索过程。12 年间载文量整体下降是各刊发展总体趋势，也是各刊办刊目标优化调整的一个必然结果；《华北农学报》及《江苏农业学报》多年来严格控制载文量，刊物载文量逐年降低，刊物质量稳步提升，是刊物载文量控制最成功的范例。各区域性农业学报载文量减少是普遍趋势，与近年来我国学术期刊整体出现的载文量逐渐下降[17]及某类学术期刊载文量下降[9,18-19]的趋势一致。各刊应认真研判自身办刊能力，吸取其他刊物发展经验教训，优化刊物载文量，确保刊文质量提升。

载文被引频次是刊物影响因子评价的主要依据，刊文被引用与刊文质量水平及刊文研究热点等密切相关。本研究结果表明，各刊 12 年被引频次总体呈逐年增加趋势，其中，《西南农业学报》《南方农业学报》《华北农学报》与《西北农业学报》等刊物载文被引频次表现突出。分析原因，各刊载文被引频次总体增加与载文数量增加及质量提高有关，部分刊物载文被引频次表现突出则与刊文研究热点关系较大。本研究《华北农学报》《南方农业学报》《西南农业学报》《西北农业学报》《江苏农业学报》等刊物刊文涵盖较多的热点主题以及具有较高的热点主题载文量，其所反映出的规律与刊物刊文被引频次具有较高的一致性，说明刊物热点主题及其载文量对提高刊文被引频次具有更为重要的作用。

影响因子综合表现方面，《江苏农业学报》和《华北农学报》表现突出，多年来一直位居各刊前列；这应该与两个刊物办刊目标明确、刊文数量质量严格控制及办刊机制创新等密切相关。《南方农业学报》影响因子变化趋势指数最为显著，该刊 2014 年影响因子快速上升至各刊第 3 位，2017 年后处各刊第 2 位，影响因子提升较快；该刊近年来异军突起，发展迅速，说明该刊近年来所采取的多项创新措施对于刊物影响力及质量提升具有显著的效果。借鉴《江苏农业学报》《华北农学报》及《南方农业学报》等发展经验，各刊应继续明确办刊目标，强化刊物质量，突出特色，精确定位[20-21]，不断提高刊物影响因子水平。

4 9 种综合性区域农业学报可持续发展对策

本研究 9 种综合性区域农业学报主要创刊于 20 世纪八九十年代，均具有较长的发展历史及较强的技术支撑。12 年间，为提高办刊能力和水平，各刊通过刊期变更、载文量调整、新媒体应用、机制创新等措施逐步提升办刊能力和刊物质量；各刊载文量总体呈下降趋势，影响因子及被引频次呈逐年上升趋势。为进一步提高各刊办刊能力，各刊应继续加强自身能力建设，优化办刊策略，创新办刊机制；同时，围绕刊文主题及质量这一核心因素，本着关注社会热点、服务科研生产等原则，笔者提以下几点建议，以积极开拓创新，确保刊物学术影响力稳步提高。

4.1 精准策划选题，组织优秀论文

要提高期刊影响力，名家大作必不可缺。除了以研究报告为主要报道方向外，还要重点培植"专论与综述"栏目。编辑部组织相关专家，针对不同专业前沿研究动态、热点，策划专论或综述专题，邀请或网络征集专家撰稿。这类稿件对年轻研究人员具有较强的指导作用，下载及被引量往往非常可观。这项工作可由编辑部的学科责任编辑牵头，并全程负责实施。

4.2 大胆展开创新报道，活跃学术气氛

1927年，比利时牧师勒梅特依据爱因斯坦的广义相对论方程式的解，首次提出宇宙产生的大爆炸理论，该理论尽管在当时没有试验和实测证据支持，但在逻辑上是严谨的。勒梅特的论文当年发表在一家很不出名的刊物上，直到亚瑟·爱丁顿知道了这篇文章并请人将它译成英文发表在1931年的《皇家天文学会月报》上，才引起了轰动。以后的很多科学试验证明，大爆炸理论是科学。仅举这一例，可见创新报道的价值及重大影响，其实自从西方国家创立以科学研究报道为己任的期刊以来，始终把科学假说作为其内容之一。本研究各刊亦可增设"学术争鸣"类的栏目，重点报道新理念、新假说或对已有方法与理论的商榷、质疑方面的论文，对于新的理念和假说，不必苛责严谨的试验验证，只要逻辑自洽，符合三审流程，就应抢先发表，逐步改观各刊以刊登现有理论框架内的试验研究为主的现状，促进学术创新，活跃学术交流氛围。

4.3 前移编辑出版工作，深入科研一线，培植优秀稿件

目前的编辑工作趋于保守，编辑出版以自由投稿为主要对象，无法自主控制论文学术质量，没有先天的学术质量作为支撑，再精美细致的编辑加工，也难以提高期刊的整体质量。所以，要把编辑出版工作前移，深入科研一线，利用编辑部掌握科研信息的优势，在科研团队项目申报时给予帮助，出谋划策，主动参与其中，在后续的项目结题、论文撰写时，也要鼎力支援，有目的地提前培植优秀稿件，为期刊贯彻"内容为主"的工作原则，提供充裕的资粮。

参 考 文 献

[1] 袁伟,蒋永忠,孙宁,等.综合性农业科学类核心期刊发展趋势分析[J].农业图书情报学刊,2012,24(12):153-158.

[2] 梁凤鸣.我国综合性农业科学研究现状:基于10种综合性农业科学类核心期刊相关数据的分析[J].泰山学院学报,2020,42(5):100-104.

[3] 张韵,高峻,陈华平,等.国内外农业科技期刊全文阅读模式比较与分析[J].科技通报,2017,3(8):259-263.

[4] 高峻.农业综合类核心期刊"互联网+"发展现状研究[J].中国科技期刊研究,2017,28(10):941-947.

[5] 何婧,张琼,王芳,等.综合性农业类科技期刊微信公众号运营模式分析探讨[J].农业图书情报学刊,2018,30(4):148-150.

[6] 王倩,王丽学,刘玉晓,等.22种综合性农业期刊基本情况及部分评价指标比较[J].天津科技,2019,46(10):104-108.

[7] 徐艳,邝文国,吴桂亮,等.2018年度江浙沪地区10类农业综合类期刊的栏目类别设置与分析[J].北京印刷学

院学报,2019,27(11):6-11.

[8] 中国学术文献评价研究中心,清华大学图书馆.期刊引证报告(核心版)(2009—2020 年)[Z].北京:中国学术期刊(光盘版)电子,2009—2020.

[9] 许力琴,顾黎,周英智,等.中文科技期刊载文量"瘦身"现象的调查与建议:基于 71 种高校自然科学学报的统计分析[J].中国科技期刊研究,2019,30(5):443-450.

[10] 姜联合,姜丹.科技期刊动态评价指标:趋势指数[J].编辑学报,2001,13(2):81-83.

[11] 姜联合.科技期刊学术质量动态评价指标分析[J].中国科技期刊研究,2001,12(6):437-439.

[12] 王丽娜,李娜,陈广仁,等.科技期刊品牌活动与提升品牌影响力:以《科技导报》为例[J].中国科技期刊研究,2018,29(9):946-949.

[13] 杨臻峥,郑晓南.全媒体背景下科技期刊品牌形象推广策略的探索[J].编辑学报,2020,32(3):291-294.

[14] 张学梅,马振,王贵林,等.举办在线学术会议提升科技期刊品牌影响力[J].中国科技期刊研究,2020,31(11):1276-1280.

[15] 管珊红,付英,曾小军,等.《江西农业学报》2008—2012 年载文统计分析[J].江西农业学报,2014,26(6):139-142.

[16] 许晶晶.《江西农业学报》2014—2018 年栏目学术影响力评价[J].江西农业学报,2019,31(12):146-150.

[17] 中国科学技术协会.中国科技期刊发展蓝皮书(2019)[M].北京:科学出版社,2019.

[18] 李建忠,俞立平,张再杰.国内学术期刊载文量持续下降现象分析:以图书馆、情报与文献学期刊为例[J].情报杂志,2020,39(2):176-182,198.

[19] 陈钢,颜志森,谢文亮,等.我国 33 种学术期刊 11 年间刊名、载文量和出版方式变化分析[J].韶关学院学报,2017,38(6):93-96.

[20] 曹红亮,闫其涛.关于新形势下农业科研院所期刊发展模式的思考[J].编辑学报,2017,29(增刊 2):S95-S98.

[21] 闫其涛,王晓华,郭姣,等.2008—2016 年《上海农业学报》刊载论文被引频次分析[J].编辑学报,2018,30(增刊 1):227-228.

2014—2020 年我国出版科研机构学术产出简析

范 君

(安徽理工大学学术出版中心,安徽 淮南 232001)

摘要:为在出版科学研究热点、发文高采用率、机构及个体间学术合作、相关专业学生学习深造及就业等方面提供参考,为今后出版科研集中攻克技术难题提供启示法,抽取北京师范大学出版科学研究院、上海出版传媒研究院、南京大学出版研究院三家出版科研机构为样本统计分析其学术产出。国内出版科研机构众多,统计时间区间设定为 2014—2020 年,因三家出版科研机构研究内容及关注取向不同,学术产出呈现各自个性特征,在此仅作发文量分布特征简析。通过文献检索,数据收集,统计比较,综合分析后认为:出版学科科研活动跨地域开放合作,更有助于整合人力资源,实现多方共赢,将更利于学术产出影响力提升和学术传播。

关键词:出版科研机构;发文量;出版科学

构成出版行业代表性的科研机构有几种类型,即设出版学科的高等院校、出版行政管理部门、大型出版公司及出版社下属科研院所、第三方数据库平台公司、出版行业学(协)会,以及专门的出版科研机构等。基于样本数据 OA 获取的局限性,仅遴选我国三家代表性科研机构进行学术产出特征分析,分析结果期待行业内多家科研机构联动,建设专业化、有规模成体系的出版科研集群以促进出版科研集中攻关,为参与国际传播提供点滴启发。

1 三家出版科研机构学术论文发文量分类分析

1.1 发文趋势分析

研究抽取国内北京师范大学出版科学研究院、上海出版传媒研究院、南京大学出版研究院三家出版科研机构为样本对象,经文献检索、分类统计、特征总结生成机构分析报告。首先做发文量分析(见图 1)。从图 1 可以看出:南京大学出版研究院 6 年间发文总量最高,上海出版传媒研究院次之,北京师范大学出版科学研究院居末;南京大学出版研究院和上海出版传媒研究院发文量分别于 2016、2017 年达到峰值;北京师范大学出版科学研究院 2018 与 2020 年发文数量持平。

1.2 研究主题分析

对三家出版科研机构学术论文研究主题比较后发现,南京大学出版研究院主题集中度更高(见表 1),以出版学和阅读研究为主,仅从论文主题来看,体现出学科研究的纯粹性。而北

基金资助:国家新闻出版署出版融合发展(武汉)重点实验室项目(MTRH2019-278)

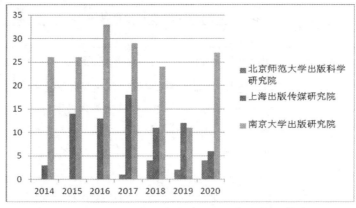

图 1　2014—2020 年三家出版科研机构发文量(篇/年)

京师范大学出版科学研究院的主题则侧重国家宏观政策、出版事业发展等方向，体现出北京作为国家政治中心的地缘特征。上海出版传媒研究院的学术产出，在阅读分析时可总结发现其主题有偏重出版印刷技术、高校教研等方向的迹象，推断与其成立时由五家相关行业协会共建而依托上海出版印刷高等专科学校设立有关。需要说明的是，研究主题分析仅代表出版科研机构学术产出的主题相关不能代表其内容相关，分析结果不免有一定的局限性和主观推定，谨希望以此引发同仁参与讨论以共同完善分析结果和科学评价。

表 1　发文主题偏重分析表

机构名称	研究主题	发文量
北京师范大学出版科学研究院	出版企业/大学出版/出版业/出版事业/出版单位/发展/图书订货会/大学教育/竞争力/十四五规划	3/3/2/2/2/2/2/2/2/1
上海出版传媒研究院	承认正义/成文规则/高校/Chinese cooperation/relationtal/中产阶层/中国情境/众筹出版/关系认同/包装材料	4/3/3/2/2/2/2/2/2/2
南京大学出版研究院	出版/出版业/数字出版/全民阅读/电子书/出版学/学术出版/中国/知识付费/出版社	13/12/12/9/8/7/6/5/5/4

1.3　学科分布分析

北京师范大学出版科学研究院发文涉及的学科包含出版事业、经济、教育、历史等，总体是偏文、经、史的理论探讨；上海出版传媒研究院的成果涵盖计算机技术、经济、哲学、管理等学科，样本论文通览后可知：发文以解决实际问题的应用分析为显著特征；南京大学出版研究院科研成果则明显与南京大学的学科体系特征吻合，以出版传播理论、文化产业发展、出版教育相关研究见长(见表 2)。

1.4　期刊分布分析

分析发现，北京师范大学出版科学研究院发文既有出版编辑专业期刊，又有教育、高校学报等平台的成果展示；上海出版传媒研究院论文分布数在各类型期刊中较为平均，有管理类、计算机类、经济类、高校社科学报、贸易类、教育类、美术类，多类型期刊出版平台相对均衡，因而推断其学科知识面涵盖较为广域；南京大学出版研究院之期刊分布数递减趋势可看出，其以出版类 CSSCI 来源期刊为目标期刊，相对集中(见表 3)。

表 2　发文相对集中学科分布表

机构名称	学科分布	发文量
北京师范大学出版科学研究院	出版事业/企业经济/中等教育/半殖民地半封建	10/1/1/1
上海出版传媒研究院	计算技术、计算机技术/高等教育/出版事业/企业经济/图书馆学、图书馆事业/工业通用技术与设备/先秦哲学/管理技术与方法/中国革命与建设问题/中国	8/7/3/2/2/1/1/1/1/1
南京大学出版研究院	出版事业/图书馆学、图书馆事业/信息与传播理论/毛泽东思想的学习和研究/社会团体/群众文化事业/教育学/教育理论/初等教育/中等教育	44/7/3/1/1/1/1/1/1/1

表 3 发文期刊分布表

机构名称	期刊分布	发文量
北京师范大学出版科学研究院	现代出版/出版发行研究/科技与出版/出版广角/中国编辑/大学出版/中国期刊年鉴/前线/基础教育课程/山西财经大学学报	5/4/4/3/2/2/1/1/1/1
上海出版传媒研究院	现代管理/编辑学刊/计算机仿真/中国集体经济/出版与印刷/哈尔滨师范大学社会科学版/国际贸易问题/大学教育科学/江苏高教/美术大观	4/4/4/3/3/3/3/3/3
南京大学出版研究院	科技与出版/中国出版/现代出版/编辑之友/出版发行研究/出版广角/中国编辑/图书馆论坛/出版科学/中国图书评论	28/24/19/18/17/15/11/6/5/4

1.5　代表作者分析

北京师范大学出版科学研究院以赵玉山老师产出最为丰厚；上海出版传媒研究院潘艺林、蒋冬梅两位老师学术贡献较为突出，可以说为主力前锋；南京大学出版研究院张志强教授学术产出出类拔萃，著名出版家、韬奋基金会理事长聂震宁前辈关于"全民阅读""青年编辑素养"培育的专题讨论既有学术性又有针对性，面对的是出版业真正的民生问题，值得每一位编辑出版学人学习和借鉴(见表 4)。

表 4　各机构单位代表作者发文量分析表

机构名称	代表作者	发文量
北京师范大学出版科学研究院	赵玉山/张其友/吕建生/李桂福/栾学东/万安伦/段艳文/马朝阳/何绍仁/刘浩冰	9/5/3/3/3/2/2/1/1
上海出版传媒研究院	潘艺林/蒋冬梅/孙明贵/苏云霞/方恩印/吴丽萍/蒋冬梅、潘艺林/任娟/张翠/徐恒	10/10/7/7/5/4/4/3/3/3
南京大学出版研究院	张志强/聂震宁/杨海平/朱宇/乔晓鹏/张月萍/杨阳/刘艺潇/杜川/杜恩龙	72/22/17/7/5/5/5/4/4/4

2 三家出版科研机构学术产出收录情况分析

目前机构学术产出较为薄弱的是相关专利成果的申领，仍以论文为主，包括期刊论文和会议论文。比较后有显著发现的是，南京大学出版研究院体现出较强的"四多"特征，即期刊刊载量最多，会议论文集收录最多，基金资助发文最多，核心数据库收录最多(见表5)。我们认为其出版学科专业研究人员及相关师生即作者资源较为丰富，拥有相对庞大的科研队伍，使得其在发文量上的排名较为靠前。

表 5 机构发文核心期刊收录情况表

机构名称	期刊论文	会议论文	基金论文	核心收录	收录占比/%
北京师范大学出版科学研究院	27	0	0	22	81.5
上海出版传媒研究院	76	1	18	34	36.2
南京大学出版研究院	176	6	31	107	49.5

3 机构合作及基金资助情况分析

出版科研机构论文在成稿和发表期间不可避免要与高校科研院所、行业学会(协会)、出版行政管理部门等相关人员合作，而基金资助情况一定程度下可反映科研经费来源是否充足、研究期间是否获得政府、基金组织等官方或非官方的资助情况，因此认为关于发文的机构合作及基金情况分析还是很有必要的，在此仅选择数量排名前十的合作机构和基金项目加以统计分析(见表 6)。北京师范大学出版科学研究院资助基金以文化名家暨"四个一批"人才工程研究项目、国家新闻出版署重点实验室及北京师范大学出版科学研究院课题、教育部人文社会科学研究项目为主。上海出版传媒研究院资助基金包括：上海出版传媒研究院招标课题、上海出版传媒研究院市教育委员会科研创新项目、上海出版传媒研究院出版印刷高等专科学校项目博士创新基金和国家骨干校建设项目、上海出版传媒研究院市教委晨光计划项目、上海出版传媒研究院市教委青年教师计划项目。南京大学出版研究院资助基金包括：国家社会科学基金、教育部哲学社会科学发展报告资助项目、江苏省 333 高层次人才培养工程、江苏省教育厅青蓝工程"中国出版转型与发展"创新团队、江苏省社会科学基金、中央高校基本科研业务专项基金、江苏省普通高校研究生科研创新计划项目、江苏省"六大人才高峰"创新人才团队项目等。分析发现，项目种类多样、支持经费充足是学术成果丰硕的重要保障，又势必形成激励效应，使得学术研究得以良性循环。

北京师范大学出版科学研究院合作机构排名前十有中国新闻技术工作者联合会、清华大学、电子工业出版社华信研究院、英国谢菲尔德大学、哈尔滨学院等，涉及高校、出版社及行业组织，地域以北京为代表性。上海出版传媒研究院合作机构排名前十有上海出版传媒研究院理工大学、上海出版传媒研究院交通大学、华东理工大学、东北财经大学、富林特集团、东华大学等上海出版传媒研究院本地高校和公司。南京大学出版研究院合作机构排名前十有河北大学、中央民族大学、韬奋基金会、江苏凤凰出版传媒集团、北京师范大学出版科学研究院印刷学院、华东师范大学、南方日报社、上海出版传媒研究院、上海理工大学等单位，涉及高校、出版集团、基金会、报社等各种实体。

研究总结：北京师范大学出版科学研究院偏重以自身内涵式发展为主。上海出版传媒研究院合作实体不仅包含高校,亦有技术公司的参与,凸显其综合优势;值得注意的是,合作实体分布更体现地域特征,以上海本地实体合作较为集中,或许因为便利、联系互访更多或者距离较近等多种因素。南京大学出版研究院合作机构地域跨度较大,显示其在资源整合、协调发展和组织能力方面的优势;合作机构既涉及北方期刊发展联盟成员、基金会组织,又包含出版传媒集团、日报社等单位,其对理论与出版实践的融合研究更富有广域性和生命力,研究主体门类齐全,领域广泛,有出版科学学术研究从小学科到大科学的发展趋势,呈现外延式发展的特征。

表6 三家出版科研机构发文机构合作数及基金资助数统计表

机构名称	机构合作排名前 10 数	资助基金排名前 10 数
北京师范大学出版科学研究院	5	7
上海出版传媒研究院	55(含上海出版印刷高等专科学校 22)	16
南京大学出版研究院	31	51

除以上分析以外,被引量分析也是机构学术影响分析的重要指标,经分析研究发现,被引量最高为上海出版传媒研究院,被引量为 66,篇均被引量为 0.86,其余两样本机构在这方面的表现略为低调,但不排除被引半衰期的影响,也需引起必要的重视。

综上分析,若能探索在出版科研机构间、高校科研院所间通过基金激励、经费支持,整合人力资源,围绕分类选题集中攻关、协同合作的集群式发展之路,也许可为实现多方共赢之道。与此同时,此次统计结果以期为相关学者及从业人士读研深造、论文发表提供参考。

参 考 文 献

[1] MCINERNY D Q.简单的逻辑学[M].赵明燕,译.杭州:浙江人民出版社,2019.
[2] 鸿雁.图解博弈论[M].长春:吉林文史出版社,2018.
[3] 李树青,苏新宁,袁培国.我国高等院校社会科学学科的机构被引分析[J].情报科学,2005,23(11):1734-1740.
[4] 杨华,邱菊.国内医疗机构论文发表排名分析[J].中华医学科研管理杂志,2006,19(2):115-118.
[5] 吴志红,胡志荣,杨鲁捷,等.基于数据库分析的机构发文量及学术影响力实证研究[J].情报科学,2013,31(11):69-74.
[6] 杨华.2018 年中国主要医疗机构在 PubMed 发文情况分析[J].中华医学科研管理杂志,2020,33(1):44-49.
[7] 赵蓉英,全薇.中国学者在世界顶级期刊的发文分析:基于 2000—2015 年 Cell、Nature 和 Science 的载文统计分析[J].情报杂志,2015(10):95-99.
[8] 李非凡.高校科研合作网络及演化研究:以京津冀地区 211 及省部共建高校为例[J].农业图书情报,2019,31(8):31-39.
[9] 周美汐,王子朴,董梦也.我国体育人文社会学作者、机构学术影响力分析[J].西南民族大学学报(人文社会科学版),2013(11):234-242.
[10] 钟柏昌,李艺.社会网络分析在教育研究领域的应用:基于教育类核心期刊刊文的评述[J].教育研究,2013,34(9):25-32.
[11] 崔鹤,王丹.中国高等教育研究领域个体、机构及地域科研合作情况研究:基于 2016 年 18 家教育类中文核心期刊的合著文献分析[J].中国高教研究,2017(4):48-55.
[12] 张方,杨华.国内主要医疗机构发表高水平论文情况分析[J].预防医学情报杂志,2018,34(4):534-540.

新时期社科类地方本科高校学报发展的思考

贾忠峰

(《黄河科技学院学报》编辑部,河南 郑州 450063)

摘要:社科类地方本科高校学报在社科类学术期刊中处于较低的层级。究其原因,大致有四方面:发展定位不当;主办单位效应;对编辑队伍建设不够重视;学术期刊评价结果使用不当。当前,社科类地方本科高校学报应调整办刊定位、坚定发展方向,精心设置栏目、优化出版内容,建设编辑队伍、提高编辑水平,积累作者资源、扩充优质稿源,采用先进技术手段、提高工作效率,重视刊物宣传、扩大知晓度,从而提升学术质量和影响力。同时,相关部门应建立更加完善的学术期刊评价体系,并合理使用评价结果。

关键词:社科类地方本科高校学报;队伍建设;宣传

  高校学报是我国学术期刊的重要组成部分,其中地方本科高校(注:不包括省部共建高校,不包括各省份内处于领先地位的省属高校)主办的学报数量较多。在社科类学术期刊中,社科类地方本科高校学报处于较低的层级,目前不同程度地存在"同质化严重、学术影响力低、数字化建设滞后"等问题[1]。当前,我国经济社会发展进入新时代,地方本科高校学报所处的外部环境已有了很大变化。2015年,教育部发布了《关于引导部分地方普通本科高校向应用型转变的指导意见》(教发〔2015〕7号),随后,广东、河南等20多个省份出台实施该《意见》的文件,300多所地方本科高校参与了改革试点[2]。主办高校的转型发展必定会对地方本科高校学报产生一定影响。2018年11月,中央全面深化改革委员会第五次会议审议通过的《关于加强和改进出版工作的意见》提出,出版工作要"坚持中国特色社会主义文化发展道路,加强内容建设,深化改革创新"。2020年12月,教育部发布的《关于破除高校哲学社会科学研究评价中"唯论文"不良导向的若干意见》(教社科〔2020〕3号)提出,"加强学术期刊建设和管理","健全质量监控机制和退出机制"。因此,社科类地方本科高校学报必须思考未来如何发展,如何才能在学术期刊体系中争得一席之地。

  近10年来,关于地方高校学报如何发展,已有人做了一些探讨。例如,曲晓红等[3]认为,应用型本科高校学报应加强栏目建设,为教学科研提供服务。冼春梅等[4]认为,地方高校学报应优化审稿模式,培养专业编辑,加大宣传力度,从而提升学术影响力。罗传清[5]提出,地方本科高校学报应做好顶层设计、依托地方特色资源、抓好队伍建设,实现内涵式发展。王兴全[6]认为,地方高校学报发展应采用地方化、数字化、品牌化策略。总的来说,现有成果对于地方本科高校学报的发展提出了一些好的建议,但其研究对象是地方高校学报,没有区分社科类和自科类,提出的建议中,有些建议论述得较为笼统。鉴于自科类地方本科高校学报和社科类地方本科高校学报发展状况有较大差异，本文针对社科类地方本科高校学报发展进行讨论，分析影响发展的因素，提出较为全面、实用性较强的发展建议。

1　社科类地方本科高校学报发展现状的成因

综合来看，造成社科类地方本科高校学报发展现状的内外因素分为四方面。

一是发展定位不当。首先，一些社科类地方本科高校学报在栏目设置、发文内容等方面不同程度地模仿重点高校学报或本省龙头高校学报。鉴于社科类地方本科高校学报和这两类学报在学术质量、社会声望等方面的差距，在稿件竞争中，社科类地方本科高校学报只能获得相对较差的稿件。其次，发展定位变动较为频繁，可称为"任期型定位"[7]。很多社科类地方本科高校学报更换主编或主管领导后，刊物定位甚至版式都会变更。但在这个过程中，多数不注意继承前期发展中积累的有益经验和做法。或者生搬硬套，移植优秀学报的成功经验；或者急功近利，提出一些不切实际的目标和做法。这不利于学报持续健康发展。

二是主办单位效应。高校学报的内向性是其固有的特征和定位[8]。社科类地方本科高校学报的主办高校产出的科研成果是其重要的稿源。如果主办高校拥有水平较高的学科专业，其主办的学报获得本校优质稿件的机会相对较大；反之亦然。同时，学报的主办高校也是校外作者投稿时的重要参照。学报的刊名大多是校名+"学报"，大多数作者投稿时是拿主办高校的综合实力类比其主办的学报。因此，地方本科高校的综合实力和知名度，对于其主办学报的稿源质量具有重要影响。

三是对编辑队伍建设不够重视。首先，一些社科类地方本科高校学报中，部分编辑是"不得已"才做编辑，对编辑职业存在片面认知，工作积极性不高。很多编辑双线作战，为达到教师系列职称晋升的要求，在学院里上一定数量的课。这也分散了编辑的部分精力。其次，一些社科类地方本科高校学报编辑外出参加培训、学习的机会较少，闭门造车，对出版的新业态、新理念、新发展了解得较少，出现了能力不足的问题。编辑队伍存在的问题也是制约地方本科高校学报质量提升的重要因素。

四是学术期刊评价结果使用不当。近年来，高校、科研机构及其管理部门的各类评价指标中，如职称评定、课题结项、学科评价、博士生毕业、绩效考核等，都要求在"SCI收录期刊、核心期刊"上发表一定数量的论文。有些重点高校甚至规定，非核心期刊上发表的论文不计入科研成果。这种情况下，作者的优质稿件第一选择是核心期刊，社科类地方本科高校学报不得不退而求其次。

2　新时期社科类地方本科高校学报发展的对策

有为才有位。在新形势下，社科类地方本科高校学报应从以下方面着手，以提升学术质量和影响力。同时，也需要改善引导学报发展的外部环境。

2.1　调整办刊定位，坚定发展方向

社科类地方本科高校学报的主要读者(作者)群体包括三类：地方本科高校教师和科研人员，所属地市和省份研究机构、企事业单位的研究人员、技术人员，以及部分在读硕士生、博士生。转型高校要把办学思路转到培养应用型技术技能人才上，转到服务地方经济社会发展上，这必然促使绝大多数地方本科高校教师、科研人员转向面向一线的应用性研究上。如何解决本市或本省经济社会发展中面临的难点、痛点问题，一直是各地市和省份研究机构关

注的焦点,在供给侧结构性改革背景下,他们对本地发展中各方面的问题会更加关注。部分硕士生、博士生也在从事应用性研究。可见,社科类地方本科高校学报的主要读者(作者)群体在未来很长一段时间内主要从事应用性研究。基于市场细分理论,社科类地方本科高校学报要以刊发应用性研究成果为主,与地方本科高校转型发展同行同向,把为地方经济社会文化发展和地方本科高校转型服务作为办刊方向。

2.2 精心设置栏目,优化出版内容

栏目是期刊办刊定位具体化的有力抓手,也是作者投稿的指南。社科类地方本科高校学报应做好栏目建设。

一是培育重点栏目。重点栏目应当是常设的、比较稳固的栏目。首先,学报可以以主办高校的优势学科专业、重点研究机构为依托设置重点栏目。这有利于重点栏目从校内获得较多的优质稿件。同时,起点较高的栏目更容易形成良性循环,会吸引部分优质外稿。其次,根据所属地市或省份的重点行业设置重点栏目,为该行业持续健康发展服务。

重点栏目中有一类特殊栏目——特色栏目。特色栏目的"特"可以理解为"独此一家"或者和同类栏目相比具有明显的区别性特征。关于特色栏目对期刊发展的诸多益处,已有较多论述,笔者不再赘述。地方本科高校学报可以聘请相关专家作为特色栏目的特约主持人。特约主持人主要是策划选题、组稿、约稿,外加部分审稿工作,与栏目责编合作,打造特色栏目。

二是不定期策划专题文章。好的专题文章通常会受到较多的关注、下载和引用,从而提高刊物关注度和影响力。策划专题文章应以问题为导向,及时关注社会上或某一学科中的热点、难点、痛点问题。在策划专题文章时,要注意发挥编委团队的作用,加强和编委沟通联系,协同编辑选题[9]。

2.3 建设编辑队伍,提高编辑水平

编辑的工作态度、工作能力对学报质量有着非常大的影响。社科类地方本科高校学报一定要重视编辑队伍建设,多措并举,不断提高编辑水平。

一是提高编辑的政治素质。出版工作是我国意识形态工作的重要组成部分,编辑一定要讲政治。编辑要认真学习马列主义、毛泽东思想、邓小平理论、"三个代表"重要思想、科学发展观、习近平新时代中国特色社会主义思想,及时了解党和国家新发布的方针政策,严格遵守相关法律法规,熟知《出版管理条例》第二十六条规定的禁止出版的10项内容,严格执行重大选题备案制度。在审稿和加工整理稿件中,把好政治关。

二是提高编辑的文化素质[10]。当前,多个学科交叉融合,各种新理论、新知识不断出现,编辑必须不断学习,才能提升判断能力,才能和作者、读者进行高效的对话。大多数社科类地方本科高校学报的编辑是一人负责两三个栏目。要想把负责的栏目办好,编辑就得了解相关学科的基本知识、发展动态等,还要广泛涉猎,拓宽知识面,努力把自己培养成"杂家"。

三是提高编辑的职业素质。首先,正确认识编辑这个职业。编辑工作不只是"为他人作嫁衣",也是"编作相长"的过程。比如,编辑在阅读、加工高水平作者的稿件时,可以学到一些新方法、新理论,提高了自己的写作水平和鉴赏力;在与作者反复的沟通中,提高了自己的人际交往能力。社科类地方本科高校学报一定要关注编辑的思想动态,及时帮助编辑解决思想上的困惑和工作中的困难,使编辑以饱满的热情投入出版工作中。其次,提升编辑选题策划、审稿、加工整理、校对等环节的水平。学习借鉴出版社和一些高水平学术期刊的成功策划经验,逐步提高编辑的选题策划能力。在审稿中,应当把住"五关"(政治关、理论关、学术

关、法规关、政策关)，要求稿件具备"四识"(学识、智识、常识、见识)，符合"二顺"(顺理成章、文从字顺)[11]。应当熟悉出版物中使用文字、词语、标点符号、数字、参考文献的最新国家标准，按照相关标准加工、校对稿件。特别需要提出的是，编辑应积极关注媒体融合发展，提升媒介素养，积极使用出版的先进技术手段，学习数字化技能[12]。社科类地方本科高校学报应支持编辑参加各类继续教育，线上线下学习，不断提高职业技能。再次，培育职业精神。一要严谨认真，遇到问题时勤查工具书，勤向作者请教，尽力提高内容质量和编校质量。二要团结合作。编辑虽各有分工，相对独立，但也必须有团队合作精神，在交叉校对、讨论选题时互相帮助，互相启发。这有利于形成合力，提高学报质量。

2.4 积累作者资源，扩充优质稿源

社科类地方本科高校学报一定要重视作者队伍建设，稳定较高水平的"老"作者，发掘培养新作者，保持良好的编辑-作者关系，逐步积累作者资源，扩充优质稿源。

一是主动"找"作者。编辑在参加学术会议和各种培训时，要留意参会人员的学术专长，根据学报的栏目设置和发文特点，主动联系相关人员；要调动自己的资源，把自己水平较高的老师、同学发展成学报的作者；要关注国家级、省部级课题的立项情况，积极联系项目成员，特别是当本校和平时联系较多的高校获得立项时，更要积极争取部分项目成果在本刊发表。

二是通过自来稿发现作者，并注重培养青年作者。对于来稿中发现的较高水平的作者，编辑应和其建立联系，争取使其成为学报较稳定的作者。为地方本科高校学报投稿的青年作者占比较高。青年作者一般选题比较新颖，但很多稿件存在结构、论证等方面的问题。编辑应及时提出修改建议，帮助青年作者提高稿件质量。培养青年作者对学报大有裨益。一方面，部分青年作者在攻读更高的学位或学术水平大幅提高后，仍然会给学报投稿；另一方面，这些青年作者不是孤立存在的，他们和周围的同学或同事形成了学术小群体，学报的情况会在小群体内快速传播，常常给学报带来更多的作者。

三是处理好编辑-作者关系。保持良好的编辑-作者关系，也是作者队伍建设中的重要环节。首先，要尊重作者的知识产权。学报决定采用的稿件，一定要取得作者授权后再排版。涉及稿件内容的改动时，最好让作者自己修改，如果编辑做了改动，改动之处要征得作者同意。其次，热心为作者(包括读者)服务。对于作者的询问和合理要求，编辑应耐心解答和解决，做到有问必答，邮件必回。再次，恰当处理关系稿。一是坚持底线原则，稿件质量至少达到学报发稿的最低要求。二是给作者提出修改建议，多改几遍，尽可能提高稿件质量。三是在讨论是否采用时，"可以多人集体审读"，集体意见"更全面，也更能让作者及推荐人信服并接受"[13]。

2.5 采用先进技术手段，提高工作效率

一是采用投审稿系统。该系统把作者投稿、编辑和外审专家审稿整合在一个可以在线操作的网络平台里。以中国知网的"期刊协同采编系统"为例，作者投稿后，系统对稿件自动编号、自动进行学术不端检测，自动审校参考文献。作者提交返修稿件后，系统自动分发给相关编辑。所有稿件的审稿数据记录在系统中，方便查询稿件情况。在稿件的接收和初处理阶段，该系统代替了编务的工作；在审稿阶段，呈现了每位审稿人员所负责稿件的情况，避免了审稿时间拖延、遗漏稿件等情况；同时，作者可以自己查询所投稿件的审稿进度及结果。相对于传统方式，该系统极大地提高了工作效率。

二是使用校对软件。使用校对软件可以消除部分差错，提高校对质量和效率。如黑马校

对软件(V21.0)，对于不符合《通用规范汉字表》要求的汉字、异形词、存有错误语素的成语俗语、国外地名和人名的不规范译名，能够准确地检出。需要注意的是，目前的校对软件对于涉及古代语言、文献的文史哲类稿件，误报率很高；对于图表、版式、标点符号校对能力弱[14]；对于整句话的纠错能力不强，不能发现句子中的逻辑、语义错误[14]。因此，校对工作中应以人工为主、软件为辅，充分发挥校对软件的长处。

三是采用网络快速出版模式。很多稿件具有一定的时效性，早发表才能抢占先机，因此网络快速出版模式具有一定优势。该模式包括网络优先出版和网络首发[15]。在网络优先出版模式中，论文定稿后即可上传到网络，编辑部可以选择其中几篇上传，也可以整期上传。网络首发模式是指录用后就传到网络公开发布，因为论文没有经过编辑加工，可能存在一些错误。社科类地方本科高校学报可选择其中一种方式，加快本刊论文的传播速度。

2.6 重视刊物宣传，扩大知晓度

大多数社科类地方本科高校学报刊物宣传推广工作做得不好，效果不佳，应加大刊物宣传力度，线上线下发力，扩大知晓度。

一是赠阅样刊。学报可以筛选一些作者，不定期给他们邮寄样刊；在主办高校举办学术会议时，给与会者赠送学报；给一些高校的图书馆、研究机构定期邮寄学报。

二是发挥好网站的宣传作用。多数社科类地方本科高校学报在所属高校的官网中有子网站，学报应做好网页的界面设计，充实内容。刊登最新的征稿要求、栏目设置、学报简介、每期发文目录、学报活动等，为作者和读者了解学报提供便利。同时，绝大多数社科类地方本科高校学报和中国知网、万方数据库、维普网建立了合作关系。这些数据库刊登了所收录学报的简介。学报应重视这个简介，不能三言两语，草草了事，要给数据库提供完整准确的刊物简介和清晰美观的封面图片。

三是使用新媒体宣传学报。高校学报特别是地方本科高校学报中，微信公众号的使用状况不佳。据刘建朝的调查，截至2018年12月，福建高校学术期刊开通微信公众号的占比20.5%，且开通的多数为重点高校学报和专业期刊[16]。库雪飞等统计得出，截至2018年年初，河北56家高校学报中开通微信公众号的只有10家[17]。社科类地方本科高校学报应积极接纳新媒体，开通微信公众号并充实内容，如推送每期目录、重点文章、学报动态等，积极和作者互动，提高宣传效果，以吸引更多的作者关注，扩大学报的知晓度。

2.7 建立多元的学术期刊评价体系，合理使用评价结果

国内使用较为普遍的以文献计量学为基础的几种学术期刊评价方式，其直接目的是把高水平学术期刊挑选出来。学术期刊评价的目的不应仅限于此，还应本着"以评促建，评建结合"的原则，促进学术期刊总体协调发展。既然学术期刊存在分层是不争的事实，就应该建立多元的评价体系，分类施策。就社科类高校学报来说，应对重点高校学报、地方普通本科高校学报、高职高专学报分类评价。

同时，相关单位应正确、合理使用学术期刊评价结果，以消除其不当使用带来的负面影响。令人欣喜的是，《关于破除高校哲学社会科学研究评价中"唯论文"不良导向的若干意见》中提出对人文学科、社会科学等不同学科领域实施分类评价，要求"各地各高校要针对10个'不得'组织'唯论文'问题专项整治"。该《意见》的进一步落实，将会极大地改善学术期刊群体发展的外部环境。

3 结束语

面对当前学术期刊发展的新情况、新要求,以及地方本科高校较长时期的转型发展,社科类地方本科高校学报应当积极主动作为。要调整办刊定位,优化出版内容,加大编辑队伍和作者队伍建设力度,积极使用与编辑出版相关的新工具、新手段,努力成为社科学术期刊体系中的重要部分,努力成为服务地方经济社会文化发展的重要力量。

参 考 文 献

[1] 祁刚,伯灵,吴兴伟.普通本科转型高校学报发展现状研究[J].沈阳工程学院学报(社会科学版),2017(1):76-80.

[2] 教育部:300 所地方本科高校将向应用型转变改革[EB/OL].[2020-04-08]. https://www.sohu.com/a/295939758_204802.

[3] 曲晓红,王艳.地方应用型本科高校学报的发展路径探讨[J].安徽理工大学学报(社会科学版),2013(4):76-79.

[4] 冼春梅,梁晓道,贺嫁姿.普通高校学术期刊学术影响力提升研究[J].广东石油化工学院学报,2019(4):89-94.

[5] 罗传清.转型背景下地方高校学报的内涵式发展[J].贺州学院学报,2016(4):129-133.

[6] 王兴全.新时代地方高校学报多元化发展策略[J].西安航空学院学报,2019(2):74-78.

[7] 韦承燕.应用型本科高校学报品牌建设的途径探析[J].科技传播,2018(12 下):176.

[8] 李永莲.高校学报的内向性与其所属高校实力的相关性探索[J].黄冈师范学院学报,2018(2):109.

[9] 杨明春.提高科技期刊服务能力的举措刍议[M]//学报编辑论丛(2020).上海:上海大学出版社,2020:143.

[10] 中国编辑学会,全国出版专业职业资格考试办公室.出版专业基础[M].上海:上海辞书出版社,2007:71.

[11] 牟国胜.书稿审读报告的写作及相关内容[EB/OL].[2020-04-08]. http://www.gappedu.gov.cn/xwzscms/.

[12] 李敏娜.媒介融合视域下的地方高校学报编辑思维转型问题探讨[J].普洱学院学报,2019(4):131.

[13] 韦杨波,韦志巧.地方本科高校学报的"关系稿"及其处置[J].传播与版权,2018(12):42.

[14] 金鑫.浅谈校对工作的现状与对策[M]//学报编辑论丛(2020).上海:上海大学出版社,2020:280.

[15] 姜旭.预印本平台 bioRxiv 剖析及对期刊的启示[M]//学报编辑论丛(2020).上海:上海大学出版社,2020:132.

[16] 刘建朝.高校学术期刊微信公众号应用研究:以福建省高校为例[J].绥化学院学报,2019(11):111.

[17] 库雪飞,许航,王晓阳,等.河北省高校学报微信公众号传播力的现状与提升策略[J].华北理工大学学报(社会科学版),2018(3):45-49.

基于文献计量学的单细胞测序研究现状及其应用进展

王 迪,贾泽军

(复旦大学附属中山医院,上海 200032)

摘要: 借助文献计量学方法探讨单细胞测序研究的总体情况、研究热点与发展趋势,为期刊专题策划、组稿等提供依据。Web of Science 核心合集数据库中检索以单细胞测序为主题的相关文献。采用 VOSviewer 等软件对导出数据进行可视化分析。分析的参数主要为文献篇数、发文国家和地区、基金资助机构、热门研究领域等。2011 年至 2020 年全球共发表与单细胞测序有关的论文 61 015 篇。美国、中国、欧洲为主要基金资助机构和论文高产的研究机构。可视化分析发现,肿瘤发生机制、微生物鉴定、生物发育是热门研究领域。单细胞测序来越多地被应用在科研各个细分领域。肿瘤学、微生物学、发育生物学是应用该技术的主要学科。

关键词: 文献计量学;单细胞测序;可视化分析

  单细胞测序(single cell sequencing)是一种新兴的强大且实用的生物技术,可在单个细胞水平测序研究基因组、转录组、表观基因组和蛋白质组特征。经生物信息学统计和计算后可得到丰富、多维、大量的数据。此方法可研究细胞异质性,识别样本中细胞多样性、复杂性[1]。它克服了传统测序方法测量细胞群中基因的平均表达情况,进而丢失异质性信息的局限性。

  目前,单细胞测序已被广泛应用于肿瘤、微生物学、神经生物学、遗传病、免疫疾病、新冠肺炎(COVID-19)、表观遗传学等生物医学领域研究[2-5]。利用文献计量学分析单细胞测序的文献较少,本文对单细胞基因组学的研究现状进行计量学分析,总结该领域研究现状、热点和发展方向,为后期专题组稿提供参考。

1 资料与方法

1.1 文献来源和检索条件

  在 Web of Science(WoS)中,以 SCI-EXPANDED、SSCI、A&HCI、CPCI-S、CPCI-SSH、BKCI-S、BKCI-SSH、ESCI、CCR-EXPANDED、IC 为索引,以"single cell sequencing"或"scRNA-seq"或"RNA-seq"为主题,以 2011—2020 年为时间跨度进行检索。

1.2 研究方法

  将检索结果导出并保存为 txt 文件。分别将论文发表时间、国家或地区、研究方向、研究机构、基金资助机构等导入 Excel 统计或 VOSviewer 软件(1.6.16 版)绘制共被引图谱,探讨研究热点。

通信作者:贾泽军,E-mail: smmujiazejun@163.com

2 结果

2.1 发表文献概况

2011年至2020年全球共发表单细胞测序相关论文61 015篇(图1),从2011年起,单细胞测序相关论文发表数量逐年增长,至2020年已达11 303篇,约为2011年(2 305篇)的5倍。

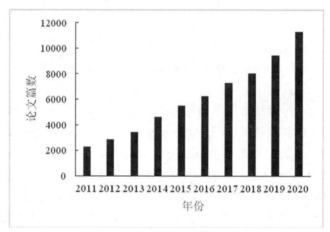

图1 全球单细胞测序发文量年度趋势图

2.2 研究学科的分布

检索到的文献所涉及的学科主要为生化分子生物学(Biochemistry molecular biology)12 188篇、遗传学(Genetics heredity)9 790篇、科技其他专题(Science technology other topics)8 549篇、微生物学(biotechnology applied microbiology)7 151篇(图2)。随着单细胞测序技术的发展和普及,多种基础生物和临床科研学科(如肿瘤、植物、免疫学、神经生物学、血液学等)已采用该技术进行研究。

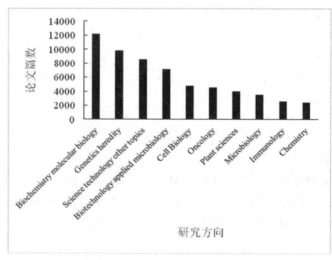

图2 单细胞测序研究学科的分布

2.3 基金资助机构

美国、中国、欧洲、日本等国家或地区为单细胞测序研究提供了主要的基金支持。美国卫生部公共服务部(United States Department of Health and Human Services,HHS)资助、美国国家卫生研究院(National Institutes of Health,NIH)、中国国家自然科学基金(National Natural Science Foundation of China,NSFC)等(见表1)。

表 1　基金资助情况

基金资助机构	篇数
United States Department of Health Human Services	14 119
National Institutes of Health	14 088
National Natural Science Foundation of China	9 976
European Commission	5 120
NIH National Cancer Institute	3 819

2.4　研究机构分布情况

美国加州大学发文居首位,3 119篇,哈佛大学2 261篇,中国科学院2 132篇。经VOSviewer软件分析发现,美国研究机构居多,且联系密切,中国研究机构主要为中国科学院、上海交通大学、复旦大学等(图3)。

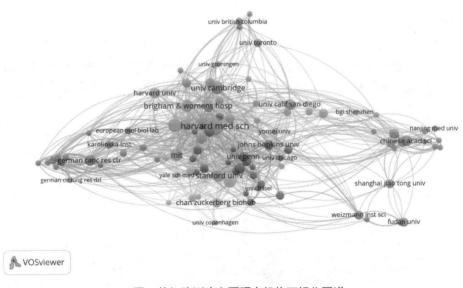

图 3　单细胞测序主要研究机构可视化图谱

2.5　主要发文期刊分析

发文量位于前20的期刊中,*PLOS One* 载文量最高(2 984篇),其次是 *BMC Genomics*(2 020篇)和 *Scientific Reports*(1 962 篇)。影响因子较高的刊物分别是 *Nucleic Acids Research*、*Nature Communications*、*Genome Biology* 和 *Proceedings of the National Academy of Sciences*(表2)。这些高影响因子刊物多侧重基因、遗传等研究方向,表明单细胞测序在这些领域的论文可能更有影响力。另外,发表于影响力较低的期刊的论文数量较多,表明大量研究水平较弱,仍有提升的空间。

表 2 单细胞测序发文量居前 20 位的期刊

期刊名称	载文量	影响因子
PLOS One	2 984	3.24
BMC Genomics	2 020	3.97
Scientific Reports	1 962	4.38
Nucleic Acids Research	871	16.97
Nature Communications	724	14.92
Proceedings of the National Academy of Sciences	704	11.21
Bioinformatics	684	6.94
International Journal of Molecular Sciences	660	5.92
Frontiers in Plant Science	596	5.75
Frontiers in Microbiology	535	5.64
Methods in Molecular Biology	535	—
BMC Bioinformatics	486	3.17
Frontiers in Genetics	429	4.60
Genome Biology	427	13.58
BMC Plant Biology	415	4.22

2.6 热门研究领域

可视化聚类分析(图 4)显示，单细胞测序研究关键词分析可聚集为以下三大类：①肿瘤发生机制类，包含肿瘤、T-细胞、化疗、生存期等；②微生物鉴定类，包含新型冠状病毒肺炎(COVID-19)、感染、病毒等；③生物发育类，包含祖细胞、谱系、发育命运等。

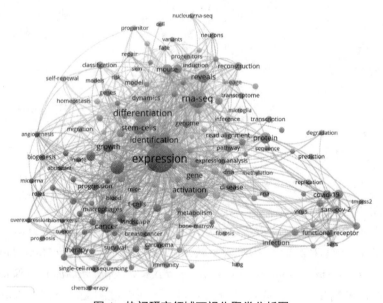

图 4 热门研究领域可视化聚类分析图

每一个圆圈的大小代表这个关键字的权重，两个圆圈之间的距离表示两个圆圈之间的亲缘性，如果亲缘性越强则距离越短，亲缘性越弱则距离越远。圆圈的颜色代表了各自的簇类。

3 讨论

3.1 全球单细胞测序研究情况

经文献计量学及可视化图片分析发现，单细胞测序研究数量显著增长，由 2011 年的 2 305 篇增至 2020 年的 11 303 篇。美国在该领域的技术先进，处于主导地位，科研经费投入最多。此外，中国、欧洲、日本等国家或地区对单细胞测序研究的快速增长贡献较大。肿瘤学、微生物学、发育生物学等是单细胞测序主要的研究领域。

3.2 单细胞测序热门研究领域及前沿分析

3.2.1 肿瘤学中的应用

在肿瘤组织中，位于中心的细胞和位于外周或远端的转移细胞的遗传信息，是有异质性的，且异质性在多种肿瘤普遍存在。而经单细胞测序后，可剖析肿瘤细胞的药物敏感性性、浸润与转移能力、代谢特征及免疫应答等复杂差异。因此，单细胞测序对于肿瘤早期的诊断、个体化治疗、预后判断具有重要意义[6-7]。

3.2.2 微生物学中的应用

首先，经单细胞测序可识别新的免疫细胞亚型并了解它们在感染过程中的分子特征、动力学和功能，将极大地促进对传染病机制的理解和后续治疗策略的发展[8]。此外，单细胞测序有助于了解感染动力学，帮助分析病原体如何在体内增殖和传播以及这些与发病机制的联系，开发个性化疗法，缩短治疗时间。scRNA-seq 还可用于监测感染后的 T 细胞应答或测试疫苗接种的功效，为感染的适应性免疫反应提供重要的见解，并加速中和抗体和特定疫苗的开发[9]。

3.2.3 发育生物学中的应用

单细胞基因表达谱有助于更好地理解组织学相同的相邻细胞如何在发育过程中做出不同的分化决定[10]。此外，单细胞基因表达研究使以前已知的细胞类型的特征得到更充分的阐释，并促进了新细胞类别的识别，有助于提高对正常和疾病生理过程的认知[11]。尽管仍有待克服的局限性，但分析单细胞基因表达的技术正在迅速改进，并开始提供人体所有细胞类型基因表达模式的详细图谱。

3.3 未来组稿规划和设计

笔者所在期刊为综合类医学刊物，收稿范围较广，数量多，但收稿大多为现有知识的重复及验证或套路式、跟风式等创新性较弱的论文。突破性论文收稿较少，应用前沿技术类论文尤其像单细胞测序这类耗资较高的论文收稿更少，导致本刊目前暂未有单细胞测序方面的文章发表。

为解决该问题，首先要积极约稿。策划单细胞测序应用于临床医学的相关专题。责任编辑可以联系活跃于该领域内研究人员，查阅其课题组相关最新研究，与专家建立联系，主动提供写作方向及简要提纲，积极沟通后续写作、编辑加工事宜。由文献计量学结果知，中国在单细胞测序方面的研究机构主要为中国科学院、上海交通大学、复旦大学等，责任编辑可重点与这些科研院校的教授进行联系。另外，责任编辑可借助融媒体(如微信公众号)或期刊补白等，对外发布单细胞测序相关论文收稿通知，并采取降低版面费、优先出版等措施吸引来稿。

其次，建立该领域专业的审稿专家库。责任编辑应根据近几年文献计量学结果，广泛收集、整理该领域高产的，有一定学术权威的专业研究者的邮箱等信息。也可由编委推荐加入审稿专家库。在目前本刊已有审稿专家库中,相关审稿人的信息备注多为细胞生物学领域,并不清楚专家是否适合审阅单细胞测序相关稿件,后续应联系审稿人进行明确。只有建立专业的审稿平台,对投稿论文进行客观、深入的同行评议,才能使论文更加严谨,文章质量得到提升。

此外,责任编辑要有足够的专业背景知识积累,学习单细胞测序原理,了解其最新进展。责任编辑应具有判断论文在领域内的贡献和地位的能力,遴选出有新想法、新方法、新发现的创新性研究,淘汰掉低水平的重复性论文。对应用于肿瘤发生、微生物鉴定、生物发育等热门研究领域的单细胞测序论文积极收稿,提高期刊的影响力。

4 结束语

综上所述,单细胞研究能在复杂的细胞群(如肿瘤或发育中的器官)中对所有细胞类型进行分子层面区分。扩展了研究人员对生物体细胞亚群多样性和个体细胞异质性的认识。近年来,随着技术的不断更新,单细胞测序结果可靠性提高,成本降低,逐渐被广泛应用于多个基础科研和临床科研领域,成为强大的生命科学、医学、农业学等研究工具之一。目前笔者所在期刊较少收到单细胞测序相关来稿,后续可通过策划专题等方式加强组稿、约稿;建立健全审稿专家信息库;提升责任编辑专业知识水平等措施进行组稿,提高期刊的核心竞争力。

参 考 文 献

[1] KASHIMA Y, SAKAMOTO Y, KANEKO K, et al. Single-cell sequencing techniques from individual to multiomics analyses [J]. Exp Mol Med, 2020, 52(9):1419-1427.

[2] CHEN S, ZHU G, YANG Y, et al. Single-cell analysis reveals transcriptomic remodellings in distinct cell types that contribute to human prostate cancer progression [J]. Nat Cell Biol, 2021, 23(1):87-98.

[3] WANG P, JIN X, ZHOU W, et al. Comprehensive analysis of TCR repertoire in COVID-19 using single cell sequencing [J]. Genomics, 2021, 113(2):456-462.

[4] GOHIL S H, IORGULESCU J B, BRAUN D A, et al. Applying high-dimensional single-cell technologies to the analysis of cancer immunotherapy [J]. Nat Rev Clin Oncol, 2021, 18(4):244-256.

[5] ARMAND E J, LI J, XIE F, et al. Single-cell sequencing of brain cell transcriptomes and epigenomes [J]. Neuron, 2021, 109(1):11-26.

[6] ROZENBLATT-ROSEN O, REGEV A, OBERDOERFFER P, et al. The human tumor atlas network: charting tumor transitions across space and time at single-cell resolution [J]. Cell, 2020, 181(2):236-249.

[7] LIM B, LIN Y, NAVIN N. Advancing cancer research and medicine with single-cell genomics [J].Cancer Cell, 2020, 37(4):456-470.

[8] GIERAHN T M, WADSWORTH M H, HUGHES T K, et al. Seq-Well: portable, low-cost RNA sequencing of single cells at high throughput [J]. Nat Methods, 2017, 14:395-398.

[9] LUO G, GAO Q, ZHANG S, et al.Probing infectious disease by single-cell RNA sequencing: progresses and perspectives [J]. Comput Struct Biotechnol J, 2020, 18:2962-2971.

[10] WAGNER D E, KLEIN A M. Lineage tracing meets single-cell omics: opportunities and challenges [J].Nat Rev Genet, 2020, 21(7):410-427.

[11] POTTER S S. Single-cell RNA sequencing for the study of development, physiology and disease [J].Nat Rev Nephrol, 2018, 14(8):479-492.

破除"唯论文"背景下学术期刊面临的挑战与应对

龚浩川

(吉林大学法学院《当代法学》编辑部，吉林 长春 130012)

摘要：学术期刊并非高校学术权力的争夺者，而是高校进行学术评价的"帮手"。在破除"唯论文"的背景下，学术期刊将面临更加激烈的稿件竞争。学术期刊更应该坚持"刊发优质稿件、推动学术发展"的初心使命，传播中国理论、打造特色品牌、积极发掘佳作、秉持程序正义，方能在激烈的稿件竞争中获得优势，成为作者信赖、高校尊重的学术交流平台。

关键词：唯论文；学术期刊；稿件竞争

2020年10月13日中共中央、国务院印发了《深化新时代教育评价改革总体方案》指出："坚决克服唯分数、唯升学、唯文凭、唯论文、唯帽子的顽瘴痼疾"，并制定了一系列新部署。随后，教育部印发《关于破除高校哲学社会科学研究评价中"唯论文"不良导向的若干意见》(以下简称《若干意见》)指出："切实扭转当前高校哲学社会科学研究评价中存在的'唯论文'不良导向，建立健全中国特色哲学社会科学学术规范和评价体系，全面优化学术生态，不断提高研究质量，推动高校加快构建中国特色哲学社会科学。"高校为了积极回应国家要求，也开始对目前的职称、科研评价体系进行积极的反思。清华大学校长邱勇在一次讲话中提出："大学不能把学术权力，交给期刊编辑和审稿人。"[1] "唯论文"已成为在高校教职评价和科研评价制度"破五唯"中最亟须解决的问题。那么"唯论文"弊端为何？这些弊端的受害者是否只是高校和教师？"唯论文"是否由期刊导致？在破除"唯论文"的背景下，学术期刊面临着何种挑战，又应该如何应对？本文将尝试对这些问题进行分析。

1 "唯论文"的弊病与产生原因

1.1 "唯论文"的弊病

期刊论文是一种重要的学术成果形式，将教师发表的论文作为高校教职评价或者学术水平评价的参考在世界均是普遍现象，优秀的期刊和编辑在学术界也受到尊重。"唯论文"的弊病在于"唯"，而非在"论文"。一方面，高校对教师在学术上的评价标准过于单一，往往将期刊论文作为主要、甚至唯一的学术评价指标，个人的学术专著、译著或研究报告在一些高校的评价体系中权重很小。这导致教师不得不专攻具体问题进行论文写作，无暇进行体系化和理论化的思考，或者为了评职称不得不把写好的专著拆开发表。另一方面，"唯论文"也一定程度上转化为"唯论文等级"和"唯论文数量"。高校在评价过程中往往忽视论文实质上的学术水平，而

基金项目：2019年国家社会科学基金青年项目"财产法视角下廉价表决权规制研究"(20CFX044)

是看重形式上的等级和数量。在高校科研考核和职称评审"唯论文"导向日趋明显的情况下，高校教师，特别是青年教师，不得不在研究中更多考虑如何"追热点""博眼球""争发表"，而不是自己写的论文能为理论和实践作出什么贡献，加剧了教师学术研究的功利化[2]。这也导致我国学术论文的产量虽然不断提高，但是与学术发展的推进未成正比。

"唯论文"的评价体系其实也间接地给期刊编辑带来许多困扰，这种体制压缩了学者创作的周期和思考的深度，导致许多论文的研究流于"表面化"，期刊编辑每天不得不处理大量这样的稿件，很难找到真正的好文章，也无暇与作者就论文的完善进行深入沟通[3]。没有好的学术研究成果，学术期刊的发展也就是"无源之水"和"无本之木"。"唯论文"的评价制度不仅无益于教师的学术研究，也不利于学术期刊的发展和期刊编辑工作的展开。

1.2 "唯论文"的产生原因

如果说目前学术期刊和期刊编辑掌握着某种学术权力，那么这种权力并不是他们索取的，而是高校通过"唯论文"的教职评价体系主动赋予的。高校将手中的权力拱手相让的主要原因可能有以下几点：首先，学术成果评价具有相对主观性，特别是对于人文社会科学而言，正所谓"文无第一"，对于论文类成果的水平难以作出完全客观的评价。其次，人情因素可能对学术成果的个案评价产生不良影响，不易做到公平公正。最后，为职称评审建立一套科研成果外审机制，将产生的高昂的成本，这又非所有高校均可负担，即使建立，其运行效果也未必理想。

为了完成职称评审工作，高校需要寻找相对客观的标准对学术成果进行评价，学术期刊在某种程度上也就成为了高校评价科研成果水平的"第三方评价机构"。高校依靠期刊评价论文学术水平具有一定合理性：一是期刊具有学术评价的相对专业性和公正性。目前大多数学术期刊建立了三审制，专业编辑和学术同行从不同角度对文章进行评审，对论文的意识形态、学术水平、学术规范等问题进行全方位的专业评价；同时，部分期刊采取的双向匿名评审制度在程序上也保障了评审的相对客观和公正。二是期刊业对期刊的评级体系可以帮助高校判断期刊水平和论文水平。经过多年的摸索，我国期刊业已经形成了一些公认的评价指标和体系(例如，中国法学核心科研评价来源期刊目录、中文核心期刊要目总览和中国人文社会科学核心期刊要览等)，高校借此相对客观地评价期刊质量，进而判断发表其上的文章质量，这使期刊论文成为可以被用于相对客观和公平地评价教师学术成果水平的一种成果形式。当然，并不是说进入某些评价体系的所有期刊都好，发表在这些期刊上的论文的水平都高，但是动态的评审机制会激励期刊在整体上选取优质的文章，保持期刊的学术水平，这也使高校将学术期刊作为科研成果水平的"第三方评价机构"的互动机制得以运行。因此，"唯论文"的产生并不是"学术期刊"或者"期刊编辑"导致，而是高校在自身资源有限、内部评价体系专业性和公允性不足的情况下做出的次优选择。

2　破除"唯论文"背景下学术期刊的挑战

"唯论文"的弊病在"唯"，而非"论文"，更非"学术期刊"。《若干意见》将"推行代表性成果评价"作为对"唯论文"问题的回应：一方面，纳入更多的成果形式，"探索项目报告、技术报告、学术会议报告、教学成果、著作、论文、标准规范、创作作品等多种成果形式，将高水平成果作为代表性成果"；另一方面，更重视成果的质量而非数量，"注重代表性成果的质量、贡献、影响，突出评价成果质量、原创价值和对社会发展的实际贡献以及支撑人才培养情况"，不得"简单以发表论文期刊级别、数量、引用率、影响因子、转载情况等作为主要评价指标"。

破除"唯论文"有利于推动高校职称评审回归学术本真,但也给期刊发展带来了挑战。"代表作制"将引导高校重新审视作为"第三方评价机构"的期刊,重视学术论文水平的个案评价而非仅基于期刊等级进行评价,反思"SSCI、CSSCI 等相关引文索引的作用与功能"。这会对教师的科研和投稿产生新的激励,教师在科研中将更倾向于求质而不求量,论文产量的减少将使教师更加珍惜自己的成果,优先将论文投到心目中既有学术品味又能作出公正评价的期刊,或者以其他形式呈现自己的成果。在新体制下,教师对于口碑不好的期刊无须委曲求全,稿件的供求关系也会发生大幅变化,这将导致学术期刊之间对高质量稿件的竞争更加激烈,这是破除"唯论文"对学术期刊最重要的挑战。

3 破除"唯论文"背景下学术期刊的应对措施

在破除"唯论文"背景下,学术期刊应该坚持"刊发优质稿件、推动学术发展"的初心使命,刊发高质量论文,公正地评价每一篇稿件,是学术期刊在作者和读者中提升信任和树立品牌的根本措施,也是学术期刊在破除"唯论文"背景下面对挑战的应对之法。为此,学术期刊可以在以下几点着力。

第一,关注中国实践,传播中国智慧。高质量的学术作品不应仅是概念的游戏,而应关注中国实践,研究中国问题,让论文写在祖国大地上。同时,学术论文也不应简单套用西方理论解释中国实践,而应该努力构建中国自己的理论,"不断推进学科体系、学术体系、话语体系建设和创新"[5],"从历史和现实、理论和实践相结合的角度深入阐释如何更好坚持中国道路、弘扬中国精神、凝聚中国力量"[6]。关注中国实践,回答中国问题,凝练中国理论,传播中国智慧,既是学术研究的应然方向,也是学术期刊选稿的应然标准。

第二,明确期刊特色,打造学术品牌。学术期刊数量众多,无论是综合类还是专业类学术期刊,都应有自己的特色,这样才能避免同质化,从行业的激烈竞争中脱颖而出。以法学专业期刊为例,学术期刊可从以下几方面打造自己的特色和品牌:一是可在期刊整体的专业定位上塑造特色,例如《法制与社会发展》多年来重视选取法理学的优秀稿件,成为中国法理学研究成果展示的重要平台,取得了学界的认可和关注;二是明确期刊的学术品味,公开期刊的选文偏好,吸引符合标准的论文投稿,例如《法学》长期坚持自己"短、平、快""麻、辣、烫"的风格,在法学期刊中独树一帜;三是可以在期刊中打造一些常设的特色栏目,以点带面,既可以从具体学科的具体领域入手,例如《政治与法律》常年开设的"经济刑法"栏目在学术界获得了认可;又可以从交叉学科入手,例如《当代法学》设置的"实体法与程序法交叉研究"专栏在学术界取得了较好的反响。

第三,亲近作者,主动出击。学术期刊应鼓励编辑亲近作者,并不是亲近某个作者,而应该是亲近这个群体,融入学术界,成为学术共同体中的一员,如此才能发现好稿件。成为学术共同体中的一员,一方面,编辑要了解自己负责领域的重要理论问题和前沿问题,跟进最新的学术成果,了解学界的动态。期刊编辑虽非学术成果的生产者,未必有学术写作的专业性,但是可以有学术品鉴上的专业性,即从形式上和内容上快速判断学术成果水平和价值的能力[4]。编辑的这种专业性可在对自己所负责领域的文献进行持续跟进和比较中获得,正如品酒师的专业性不是源于造酒的经历而是靠品遍酒香的味蕾。编辑具有学术品鉴上的专业性,既是成为学术共同体一员的基础,也是发现好稿件的前提。另一方面,编辑要熟悉自己负责领域的学者。编辑应积极参与所负责领域的学术研讨会，在了解学术研究动态的同时，也要熟悉学术界的专家和新锐，了解他们的学术兴趣、学术水平和学风人品，与作者建立畅通的沟通渠道，这样才能打造自己的学术朋友圈和作者群，更好地在激烈的稿件竞争中抢占先机。当然，编辑若能尝试自己开展研究，撰写学术文章，做一个学者型编辑，则是成为学术共同体一员更直接的方式。这可以让期刊编辑通过自己做研究，了解学术研究的重点难点，更好地发现学术成果的价值，也能够与作者共情，在编辑工作中更好地为作者服务[7]。

在破除"唯论文"的背景下，论文不再是高校教师职称评审的唯一成果形式，这使期刊对优质稿件的竞争更加激烈，好的文章很难靠等待获得，消极等待不如主动出击，为了获得好的稿件，学术期刊应鼓励编辑主动寻找优质稿件，或者为获得好稿件创造机会。主动出击，既可以走出去，又可以引进来。走出去，就是多参加高水平的学术会议，看到好的文章，就主动提出投稿邀请；引进来，期刊可以主办一些"小而精"的学术研讨会或者学术讲座，邀请相关领域中有建树的学者进行学术争鸣，将好的观点和文章转化为稿件储备。

第四，坚持稿件评审的程序正义。国家新闻出版署2020年5月发布的《报纸期刊质量管理规定》第9条明确规定："报纸、期刊出版单位应当落实'三审三校'等管理制度，加强业务培训，保证出版质量。"程序正义有利于实质正义的实现，公正的审稿程序是论文质量和学术公信力的重要保障。在审稿程序上，学术期刊应努力落实以下三点：一是审稿中切实做到三审制度，保证在初审、外审和终审由不同审稿人对稿件内容进行多层次多角度的审读，以确保对文章质量评价的公允性，避免因单一审稿人的偏好导致对稿件的判断出现偏差。二是推广外审中的双向匿名评审制度，有助于保证审稿程序的客观公正，增强作者对期刊的信赖。三是保证程序的透明和信息的沟通，有利于让作者对审稿结果更加信服。四是期刊应制定明确且详细的编辑岗位职责和编审流程等规范，加强对编审程序的监督[8]。

4 结束语

学术评价的天然困难导致学术期刊成为高校对论文类学术成果的"第三方评价机构"。在破除"唯论文"背景下，学术期刊之间对高质量稿件的竞争将更加激烈。面对挑战，学术期刊可从传播中国理论、打造特色品牌、积极发掘佳作、秉持程序正义四方面进行应对。

参 考 文 献

[1] 清华大学校长邱勇:大学不能把学术权力交给期刊的编辑和审稿人[EB/OL].[2021-03-01].https://edu.ifeng.com/c/84FoC2Lf5m7.
[2] 付八军.高校"五唯":实质、缘起与治理[J].浙江社会科学,2020(2):90-94.
[3] 王人博:中国法学期刊的现状与走向[EB/OL].[2011-08-10].http://old.civillaw.com.cn/article/default.asp?id=53706.
[4] 杨晋红,王娜.学术期刊编辑快速判断文稿价值的几个视角[J].编辑之友,2018(4):93-96.
[5] 习近平主持召开哲学社会科学工作座谈会[EB/OL].新华网[2016-05-17].http://www.xinhuanet.com/politics/2016-05/17/c_1118882832.htm.
[6] 习近平给《文史哲》编辑部全体编辑人员的回信[EB/OL].新华网[2021-05-10].http://www.xinhuanet.com/politics/2021-05/10/c_1127428330.htm.
[7] 霍振响.编辑个体成长与期刊发展的关系刍议:基于编辑写论文视角[J].科技与出版,2021(2):78-83.
[8] 付一静,孙晓雯.论学术期刊的编辑引导职能[J].中国编辑,2021(4):50-53.

培育世界一流科技期刊的路径思考
——基于定性比较分析方法

林世华[1]，谭富强[2]

(1.深圳大学传播学院，广东 深圳 518060；2.深圳大学文化产业研究院，广东 深圳 518060)

摘要：在培育世界一流科技期刊的背景下，本文聚焦培育世界一流科技期刊的路径，探索世界一流科技期刊受制于哪些因素的影响，哪些因素组合是建设世界一流科技期刊的最优路径。以对20位科技期刊编辑的定性访谈与问卷调查的数据为研究资料，通过QCA研究分析方法，对培育世界一流科技期刊的路径进行了考察。研究结果显示，培育世界一流科技期刊不能依赖单一具体因素，其中存在复杂多变的条件组合，共计 9 种路径。研究进一步发现，科研评价体系是影响世界一流科技期刊建设的多个因素中的关键因素。

关键词：科技期刊；世界一流期刊；路径；定性比较分析

科技创新是凝结人类智慧的重要领域，是推动国家和社会发展的重要力量。改革开放以来，特别是党的十八大以来，党中央始终把科技创新作为引领发展的第一动力，不断深化科技创新体制改革，加快建设世界科技强国。科技期刊以刊登科学技术为主要内容，向人们揭示最新的科研成果和发展动态，直接体现国家科技竞争力和文化软实力。2018年11月14日，中央全面深化改革委员会第五次会议审议通过了《关于深化改革 培育世界一流科技期刊的意见》(以下简称《意见》)，提出要建设世界一流科技期刊。历经数月，《意见》于2019年8月5日由中国科学技术协会、中宣部、教育部、科技部联合印发，为建设世界一流科技期刊指明了具体方向和重点任务。但是，关于世界一流科技期刊的内涵和具体评价指标，《意见》没有给出明确界定，学界和业界也尚未作出权威解读。

基于此，本文聚焦建设世界一流科技期刊的路径，主要研究问题为：世界一流科技期刊受制于哪些因素的影响，哪些因素组合是建设世界一流科技期刊的最优路径？需要特别强调的是，本研究是在梳理既往研究的基础上，构建起相应的指标并设置条件变量，运用定性比较分析法(Qualitative Comparative Analysis，QCA)的研究方法考察这一问题。

1 世界一流科技期刊的内涵特征

对于什么是世界一流科技期刊，学者从不同角度有着不同的认识，其内涵涉及多方面。一项对发表在 *BMJ Open*、*PeerJ*、*PLoS ONE* 或 *SAGE Open* 等国际巨型期刊(mega journal)上的2 128名作者网络调查[1]显示，期刊质量高、声誉好、传播范围广、发表快速、影响力大等是他们认可期刊的主要因素。国内研究者认为一流科技期刊应当拥有以下特征：源源不断的优质稿源、国际影响力和国际传播力、实现科技期刊国际化，拥有国际话语权、大型出版平台、职业化编辑人才、一流的编委会、提供优质的服务[2-8]等。《意见》指出建设世界一流科技期刊的目标是，未来五年，科技期刊的学术组织力、人才凝聚力、创新引领力、国际影响力明显提高，到2035年，"我国科技期刊综合实力跃居世界第一方阵，建成一批具有国际竞争力的品牌期刊和若干出版集团，有效引领新兴交叉领域科技发展，科技评价的影响力和话语权明显上升"[9]。结合已有研究，本文将世界一流科技期刊的内涵特征归纳为以下几个方面：

一流的内容影响力。优质的内容是一切影响力的基石，科技期刊的核心竞争力在于源源不断的优质内容，一流的科技期刊需要集聚一流的科研成果。着眼于世界范围内重大科研问题，洞察学科、行业前沿动态，瞄准所在领域热点话题，制定行之有效的战略计划，能够在涉及人类创新的高精尖领域持续刊登一批重大原创性科研成果。

一流的国际传播力。国际传播能力不仅是科技期刊的需要，更是国家战略的需要，是提升国家文化软实力的重要手段。一流的国际传播能力体现在能够积极利用多种传播渠道，创新传播方式，切实把控传播渠道和期刊市场，提高传播效果和期刊知名度，形成一批具有影响力的品牌期刊，从而在科学技术领域掌握国际话语权。

一流的人才凝聚力。凝聚一流的人才是建设一流科技期刊的有力保障。从期刊编辑队伍方面来说，拥有一流的主编、编委会和专业化的编辑人才，吸纳国际化的领导人才、专业人才。从审稿人方面来说，以国际化视野，遵循国际标准，选用行业知名学者作为期刊审稿人。从作者方面来说，集聚领军人才、杰出中坚人才、青年优秀学者，呈阶梯式发展。

一流的服务供给力。一流的科技期刊还体现在提供一流的服务方面。牢固树立习近平新时代中国特色社会主义思想，结合期刊定位和资源优势，服务国家创新发展需要。从专题策划、组稿、审稿、刊发以及传播等环节为作者提供优质服务，实现良性互动、合作共赢。服务广大读者群，创新表达方式，将晦涩难懂的专业知识传播给更多的读者。

2 建设世界一流科技期刊的影响因素

2.1 宏观层面

科技期刊作为一种特殊的媒介形态，承载着人类发展的知识与文明，直接体现国家的科技竞争力和文化软实力。因此，科技期刊的发展关联着学术评价体系、科技出版产业升级、科技管理政策[10]、科技体制机制、文化产业体系等一系列宏观命题[11]。从已有研究看，创造有利于期刊发展的政策环境，能够推进中国科技期刊全面发展，掌握国际科技出版领域话语权[12]。长期以来，我国科研评价体系存在唯SCI论，期刊评价存在唯影响因子论，针对这一弊端，学界呼吁改变单纯以影响因子、国际论文为指标，而应该以刊发论文的实际社会效益、期刊的声望等方面综合评判[13]。为此，相关管理部门开始从政策导向方面采取措施，但能否从根本上解决这一问题尚需时间检验[14]。

2.2 中观层面

从国际科技期刊发展来看，集群化发展程度明显，国际科技出版领域已经形成由Elsevier、Springer、Sage等大型出版集团垄断的局面。我国科技期刊正处在向集群化、集团化发展的过程，为此《意见》也指出要推动科技期刊出版集团化发展。科技期刊集团化发展，可以发挥优势刊群的带动效能，实现优势互补，资源贡献[15]。传统出版模式下，我国科技期刊需要通过借船出海的方式实现国际化传播，过度依赖海外出版集团。在数字出版时代，建设科技期刊数字出版平台[8,15]，主动掌握科研成果的出版权，对于科技期刊转型、国际化传播意义重大。

2.3 微观层面

要建设世界一流科技期刊,最重要的还是要落实到科技期刊自身层面。能否吸引一流的作者、刊发一流的科研成果,是期刊影响力的关键因素,同时也是建设世界一流科技期刊的关键因素。吸引优质稿件,则需要拥有一流的人才队伍,其中包括国际化编委会、职业化编辑。已有研究显示,国际化编委会和职业化编辑对于期刊发展起着非常显著的促进作用[16],而一流的编委会和编辑则需要与国际接轨[8],国际化的编委会能够提升期刊的影响力和传播力,而国际化的编辑队伍能够开拓期刊选题视野,紧跟学科发展前沿[17]。

3 研究设计

3.1 研究方法

20 世纪 80 年代,社会学家拉金发展了 QCA,以整体论为基点,定性比较方法将案例视为原因与条件所组合的整体,因此,该方法更为关注条件组态(configurations)与结果之间的复杂因果关系[18]。方法诞生初期,主要运用于社会学、政治学等社会科学领域中,用于解决小样本且跨案例的定性比较。近年来,定性比较方法被许多学者运用至大样本以及复杂组态问题的分析与处理上,并逐步拓展至管理学、营销学、历史学等领域解决复杂因果关系以及相应因果机制的重要工具[19]。目前,该方法已被广泛运用至社会科学的各个领域。依据该方法的研究范式,QCA 的基础在于将案例数据做二分变量设计,即:解释变量与结果皆有两种,变量取值为 1,则代表某种条件发生或是存在,以大写字母表示;变量取值为 0 则表示某条件不发生或是不存在,以"~"表示;乘法为"和"运算,即条件同时存在,用"*"表示。使用 QCA 做研究:首先,研究者应确定研究案例以及解释变量;其次,以对所有个案进行赋值并予以汇总,得到相应的解释变量、被解释变量的所有组合(configurations);最后,依据布尔代数(Booleanalgebra)简化案例条件组合[20]。

3.2 数据来源及变量说明

本研究数据基于研究者通过滚雪球方式对多家杂志社编辑的定性访谈与问卷数据收集得来。

首先,在梳理既有研究的基础上,得到宏观、中观、微观三个层面共计 8 个影响建设世界一流科技期刊的关键因素。其次,研究依据这 8 个关键影响因子构建相应的调查表,将调查表发送给科技期刊杂志社编辑进行打分,并依据调查所得的数据权重进行赋值。具体情况如表 1 所示。

表 1 变量选择与赋值

测量维度	宏观层面	中观层面	微观层面
测量变量	科技管理政策	集团化/集群化	一流作者
	科技体制机制	数字出版平台	国际化编委会
	科研评价体系		职业化编辑
赋值范围	1~5		

注:1~5 表示更加认同上述因子的作用。

在表 1 中,研究检验了建设一流科技期刊的宏观层面、中观层面以及微观层面三个维度的影响因素,其中宏观层面主要包括科技管理政策、科技体制机制、科研评价体系三个变量。中观层面主要包括集团化/集群化、数字出版平台两个变量。微观层面主要包括一流作者、国际化编委会以及职业化编辑三个变量。本次研究采用模糊集 QCA 方法，因此在赋值范围上就以 1~5 为标准，1 表示不赞同，5 表示十分赞同。

4 研究结果

4.1 真值表构建

依据 QCA 的研究步骤，在建构起变量赋值表后，本研究对 20 个案例进行编码汇总，从而得到解释变量与结果变量的原始数据，亦即真值表(Truth Table)，并将其作为后续研究的基础[21]。

表 2 案例变量组合情况赋值表

科技管理政策	科技体制机制	科研评价体系	集团化/集群化	数字出版平台	一流的作者	国际化编委会	职业化编辑
3	2	5	3	2	5	5	4
2	4	5	3	2	5	5	5
3	4	5	2	2	5	5	5
3	5	5	2	3	5	5	5
2	3	5	1	3	5	5	5
3	4	5	1	1	5	5	5
1	4	5	2	3	5	5	5
3	5	5	2	2	5	5	5
3	3	4	3	1	5	5	4
3	4	4	3	3	5	5	5
2	2	5	2	2	5	5	5
2	4	5	3	1	5	5	5
3	5	5	3	1	5	5	5
4	4	5	3	2	5	5	5
3	3	5	3	3	5	5	5
3	3	5	2	2	5	5	5
3	4	5	3	1	5	5	4
3	5	5	1	2	5	5	5
2	2	5	1	2	5	5	5
2	4	5	2	1	5	5	4

4.2 单变量必要性分析

在 QCA 中，决定变量之间必要性关系以及充分性关系的是一致性(consistency)以及覆盖率(coverage)。首先，一致性的含义为纳入研究分析中的所有个案在何种程度上能够共享导致结果发生的某个给定条件或是条件组合；其次，覆盖率则是指在给定的条件或是条件组合上，多大程度上能够解释结果的出现[22]。最后，当条件 X 成为 Y 的必要条件，那么 Y 所对应的集合是 X 所对应集合的一个子集，因而其相应的必要一致性指标的取值则应大于 0.9。反之，当必要一致性指标的取值小于 0.9 时，视为 X 不能作为 Y 的必要条件[23]。

需要说明的是，在本研究中，对单个变量能够构成"世界一流科技期刊"的必要条件分析时，单一变量的必要一致性均小于 0.9，这表明建设世界一流科技期刊不能依赖某一具体关键因素，而是多个关键因素共同作用的结果。

4.3 基于模糊集定性比较分析的结果

对本研究所建构的真值表进行计算后，结果见表 3。

表 3 定性比较分析结果表

序号	条件变量组合	原覆盖率	净覆盖率	一致性
1	~tes*~stim*sres*~gc*~dpp*fca*fceb	0.133 333	0.066 667	1.000 000
2	~tes*~stim*sres*~gc*fca*fceb*fce	0.133 333	0.066 667	1.000 000
3	tes*stim*sres*~gc*~dpp*fca*fceb	0.200 000	0.200 000	1.000 000
4	tes*stim*sres*~gc*~fca*fceb*fce	0.133 333	0.133 333	1.000 000
5	tes*sres*gc*dpp*fca*fceb*fce	0.133 333	0.133 333	1.000 000
6	~tes*stim*sres*gc*~dpp*~fca*~fceb*fce	0.066 667	0.066 667	1.000 000
7	~tes*stim*~sres*gc*dpp*fca*fceb*~fce	0.066 667	0.066 667	1.000 000
8	tes*stim*sres*gc*dpp*fca*~fceb*fce	0.066 667	0.066 667	1.000 000
9	~tes*stim*sres*gc*~dpp*fca*fceb*fce	0.133 333	0.133 333	1.000 000

整体覆盖率: 1.000000
整体一致性: 1.000000

注：因研究需要，将"科技管理政策"缩写为"tes"，将"科技体制机制"缩写为"stim"，将"科研评价体系"缩写为"sres"，将"集团化/集群化"缩写为"gc"，将"数字出版平台"缩写为"dpp"，将"一流作者"缩写为"fca"，将"国际化编委会"缩写为"fceb"，将"职业化编辑"缩写为"fce"。"*"是条件变量的连接符号，表示"且"，即所连接的条件变量一起形成一个条件组合，"~"表示非，即表示该条件变量不存在；原覆盖率表示该原因组合能够解释的案例占总案例的比重；净覆盖率是指某一组合剔除与其他组合相重合的部分，只能被这一条件变量组合解释的案例占总案例的比重，这一指标用来度量组合对结果的重要程度和解释能力。

根据以上分析，本研究发现培育世界一流科技期刊存在 9 种路径。除了路径 7 以外，科研评价体系这一关键因素包含在其他 8 种路径组合之中，这表明改变当前的科研评价体系是培育世界一流科技期刊的重要条件变量。根据已有研究发现，以"唯 SCI"论为代表的科研评价体系一直深受学界、期刊界诟病，导致我国大量优秀科研成果外流。本研究进一步验证了已有的研究发现，发挥科研评价体系的宏观引导作用，吸引高质量论文在中国科技期刊首发，是培育世界一流科技期刊的重要影响因素。

研究依据原覆盖率，发现其中最佳组合方式为路径 3(科技管理政策*科技体制机制*科研评价体系*一流作者*一流编委会)，这一路径的原覆盖率达到 0.20。在此路径中，宏观层面和微观层面的影响因素被认为是培育世界一流科技期刊的重要变量，而中观层面的集团化/集群化发展和数字出版平台建设的影响相对较小。这并不意味着中观层面的影响因素和一流编辑在培育世界一流科技期刊中不发挥作用，而是相对其他影响因素来说不是最重要的影响因素。事实上，根据笔者的访谈，多数期刊编辑表示期刊的集群化发展和数字出版平台建设已经具备条件，与国际一流出版集团和出版平台存在的差距较小，而宏观层面的政策、体制机制目前是制约中国科技期刊发展的关键因素，同时微观层面的一流作者和一流编委会与国际一流科技期刊相比存在较大差距。

路径 1、2、4、5、9 的原覆盖率为 0.13，应当值得关注：

路径 1：科研评价体系*一流作者*一流编委会。

路径2：科研评价体系*一流作者*一流编委会*一流编辑。
路径4：科技管理政策*科技体制机制*科研评价体系*一流编委会*一流编辑。
路径5：科技管理政策*科研评价体系*集团化/集群化*数字出版平台*一流作者*一流编委会*一流编辑。
路径9：科技体制机制*科研评价体系*集团化/集群化*一流作者*一流编委会*一流编辑。

5 结束语

区别于以往宏观层面的研究或具体对某一期刊的个案研究，本研究对培育世界一流科技期刊的影响因素进行宏观、中观及微观层面的界定，通过QCA研究方法，以对20位科技期刊编辑的定性访谈与问卷调查的数据为研究资料，对培育世界一流科技期刊的路径与机制进行考察。研究结果显示，培育世界一流科技期刊不能依赖单一具体因素，其中存在复杂多变的条件组合，共计9种路径。在具体构成路径中，科研评价体系作为重要因素存在于8条路径之中。这意味着，在当前世界一流科技期刊建设工作中，科研评价体系已经成为绕不过去的问题。既往的科研评价体系过分倚重国外期刊指标，在一定程度上误导了我国期刊的建设方向。

进一步看，在所有路径中都需要不同层面的影响因素共同作用。培育世界一流科技期刊是一项复杂而艰巨的系统工程，涉及内容、市场、政策、评价、传播等多个要素和环节。因此，建设世界一流科技期刊既需要国家宏观层面的精准施策和统筹规划，也需要期刊社、出版集团、高校、科研院所等中观层面的多元主体协同参与，同时离不开一流的作者、编辑和编委会等专业化人才队伍。

需要指出的是，本研究也存在一些问题。受调查地点、既往研究成果以及定性访谈资料等方面的影响，研究结论仅能在本研究所采用的数据范围内做有效说明。未来，相关研究可以通过扩大受访人数、改善访谈纲领以及使用更加精确的指标维度来继续提升该研究领域的科学性与精确性，为培育世界一流科技期刊提供高效、可行的路径。

参 考 文 献

[1] SOLOMON D J. A survey of authors publishing in four megajournals [EB/OL]. [2020-04-25]. https://peerj.com/articles/365.
[2] 蔡斐,李世秋,苏磊,李明敏.争优质稿件 创一流期刊[J].编辑学报,2019,31(5):486-489.
[3] 许丽佳,杨淇名,庞洪,等.中国建设世界一流科技期刊发展策略研究[J].编辑学报,2019,31(增刊2):4-5.
[4] 梁小建.影响力、传播力与平台建设:世界一流科技期刊相关话题的思考[J].出版广角,2019(2):14-17.
[5] 杨惠,吴婷.深化改革,创一流科技期刊:浅谈中国科技期刊的国际化之路[J].出版广角,2019(2):6-9.
[6] 周江川.建设世界一流科技期刊亟需职业化编辑[J].科技与出版,2019(6):150-152.
[7] 朱海玲,张品纯.做一流编辑 创一流期刊[J].编辑学报,2019,31(3):339-342.
[8] 李自乐,郭宸孜,张莹,等.成为一流科技期刊的几个必要条件[J].科技与出版,2019(1):6-12.
[9] 中国科协,中宣部,教育部,等.关于深化改革 培育世界一流科技期刊的意见[EB/OL].[2019-08-16]. https://www.cast.org.cn/art/2019/8/16/ art_79_100359.html
[10] 肖宏.冲刺"世界一流科技期刊"必须练就四大能力[J].科技与出版,2019(10):29-34.
[11] 林鹏.中国科技期刊的困境与出路[N].光明日报,2018-01-18(13) .
[12] 郭伟.坚定出版自信,实现中国科技期刊强国梦:从出版政策的视角思考[J].科技与出版,2018(9):137.

[13] 王继红,骆振福,李金齐,等.培育中国特色世界一流科技期刊的内涵与措施[J].中国科技期刊研究,2020,31(1):6.
[14] 张品纯.对培育世界一流科技期刊几个相关问题的思考[J].出版广角,2019(5):9.
[15] 张昕,王素,刘兴平.培育世界一流科技期刊的机遇、挑战与对策研究[J].科学通报,2020,65(9):776.
[16] 李耀彪,马健,白雨虹,等.树立精品意识 实现期刊"中国梦":Light 创刊实践[J].中国科技期刊研究,2014,25(4):574-577.
[17] 柳丰.我国学术期刊国际影响力与传播力提升策略研究[J].出版广角,2019(22):26.
[18] 毛湛文.定性比较分析(QCA)与新闻传播学研究[J].国际新闻界,2016,38(4):6-25.
[19] GUINEA A O D, RAYMOND L. Enabling innovation in the face of uncertainty through IT ambidexterity: a fuzzy set qualitative comparative analysis of industrial service SMEs [J]. International Journal of Information Management, 2020, 50:244-260.
[20] 李良荣,郑雯,张盛.网络群体性事件爆发机理:"传播属性"与"事件属性"双重建模研究:基于 195 个案例的定性比较分析(QCA)[J].现代传播(中国传媒大学学报),2013,35(2):25-34.
[21] 徐越倩,楼鑫鑫.政府与商会的关系及其合作路径:基于 34 家在杭异地商会的模糊集定性比较分析[J].浙江社会科学,2019(7):56-65.
[22] 何俊志.比较政治分析中的模糊集方法[J].社会科学,2013(5):30-38.
[23] 周俊,王敏.网络流行语传播的微观影响机制研究:基于 12 例公共事件的清晰集定性比较分析[J].国际新闻界,2016,38(4):26-46.

主办专业学术品牌会议发挥期刊学术引领作用

宋 扉,蒋 恺,杨海燕

(《中国科学》杂志社,北京 100717)

摘要: 为探讨主办学术会议对期刊发展的重要作用,本文以《中国科学:信息科学》主办"《中国科学》信息科学前沿研讨会"的实践为例,介绍研讨会的组织概况和会议形式,总结会议定位、主办条件、组织流程等实施细节和实践经验,然后结合期刊出版数据,从吸引高水平专家进入编委会、邀请高水平学术论文和组织学科前沿专题三个方面分析研讨会的办会效果,说明主办专业学术品牌会议是期刊快速提升期刊影响力、推动和引领学术发展的重要途径。

关键词: 期刊影响力;专业学术会议;品牌会议;学术引领;国际一流期刊

近年来各国科技竞争日趋白热化,2020 年 10 月,美国政府发布《关键和新兴技术国家战略》以促进和保护美国在生物科技、人工智能、能源、量子信息科学、通信和网络技术、半导体等领域的竞争优势。英国国防部发布《2020 年科技战略》,强化对未来技术前景的理解,积极采取行动获取先发优势。欧盟也发布《人工智能白皮书》,旨在促进欧洲在人工智能领域的创新发展。与此同时,我国科技实力也在不断进步。2019 年,国际重要数据库收录我国科研论文已达 49.59 万篇[1],连续 11 年居世界第 2 位,高被引论文数量、热点论文数量也居于世界第 2 位[2];我国研发人员总量已达 535 万人,连续 6 年稳居世界第一;中国已成为世界上规模最大、成长最快的科研产出国。然而,与我国快速发展的科研水平相比,我国科技期刊的数量虽有约 5 000 种,但国际显示度低、学术影响力弱的短板十分突出,大量原创科技成果都投稿到国外期刊发表。2019 年 5 月,美国电气与电子工程师学会(IEEE)限制华为员工参与审稿的事件,对我国及全球学术共同体造成了危害,也让人们更加深刻地认识到科技期刊对于掌握科技话语权的重要性。

因此,亟须尽快打造一批国际一流品牌期刊,以确保我国一流科研成果的首发权、传播权,掌握学术创新话语权[1]。而国际一流期刊的塑造,除了出版大量原创性、引领性的科研文章,提供全方位、国际化的优质服务之外,紧密围绕科研成果举办有影响力的学术会议是提升期刊品牌知名度和关注度的重要手段和方法[2]。尤其是在当前严峻的国际环境下,学术会议能更好地营造互利互惠的国际学术交流环境,维护学术社团的共同利益,促进科学的健康发展。

学术会议将科研人员、学会、期刊、出版人等资源有效地凝聚在一起,成为促进前沿科技创新的重要平台。一些重要学术会议的受关注程度已超越期刊。根据 2021 年 7 月谷歌学术

基金项目: 中国科技期刊卓越行动计划重点项目(卓越计划-B-023)

搜索[3]公布的全球期刊和会议出版物排行榜，计算机视觉和模式识别会议(IEEE/CVF Conference on Computer Vision and Pattern Recognition)位列第4名，而前100名中有7个是会议。这些会议一般都属于新兴的学科领域，最早的创办于1979年，最晚的2013年创办，短时间内形成品牌并被学术界认可，受关注度的增长速度是一般期刊无法比拟的。国外期刊依托专业学会或科研机构等联合举办专业学术会议已经成为潮流，以IEEE为例，旗下的汇刊与会议联动，每年主办会议1 600多场[4]，吸引了信息科学领域绝大多数的优秀科研成果。已有不少研究[5-7]论证了学术会议与学术期刊相辅相成、共同发展的关系，也有一些编辑同仁[8-10]分享了依托专业学术会议开展组稿、约请访谈、出版高质量专题的经验和体会，还有一些期刊已经认识到举办会议的重要性，采用与已有会议合作、联合主办、独立主办等模式，通过举办高端学术会议[11-14]、在线学术会议[15-16]、行业会议[17-19]等形式，进行了一系列的成功尝试。

专业学术会议能够帮助期刊吸引优秀研究成果，当期刊主办专业学术会议并形成自己的品牌后，更能提升期刊的影响力，并引领学术发展、掌握学术话语权。从专业学术会议到专业学术品牌会议，是期刊成长的需要，更是发展的必然。期刊影响力的不断提升呼唤其在学术共同体中扮演更加重要的角色，从而帮助期刊尽快完成从依赖作者到获得作者认可、从记录科研成果到引领和推动学术发展的重大转变。随着我国科技实力的崛起，已有不少期刊意识到这一转变的重要性，纷纷创办和宣传自己的品牌会议。例如，*Light: Science & Application* 举办"Light Conference 光学大会"，扩大国际学术影响力，拓展科学家圈层，搭建多边学术交流和科研合作平台；*Engineering* 举办"Engineering 青年前沿论坛"，结合期刊表彰大会和前沿主题报告，增进青年专家之间的交流；*National Science Review* 围绕后疫情时代医学教育、区块链、药物发现、数据共享等国家科技政策与前沿热点论题组织了30余场"NSR 云讲座"；*Science Bulletin* 创办了"Science Bulletin 学术沙龙"，以在线讲座的方式介绍前沿科学研究成果。笔者所在的 *Science China Information Sciences*(简称SCIS)近年来连续举办了11次"《中国科学》信息科学前沿研讨会"，为国内外学者提供了一个高端学术交流平台，展示最新理论与技术成果，并加强了编辑部与同行学者们的交流与互动。

本文结合 SCIS 主办"《中国科学》信息科学前沿研讨会"的实践和成果，介绍会议组织概况、会议形式、会议定位、主办条件和组织流程等实施细节，并结合会议的实施效果说明期刊主办专业学术品牌会议在快速提升期刊影响力、推动和引领学术发展等方面的重要作用。

1 《中国科学》信息科学前沿研讨会办会实践

1.1 会议概况

2016年，《中国科学：信息科学》在经过主编责任制、双月刊改成月刊，以及《中国科学》走进科研院所等一系列改革后，影响力逐渐提高。编委会希望能够进一步快速提升期刊在学术圈的影响力，于是提出创办学术研讨会的想法，旨在为国内外学者提供一个高端学术交流平台，展示最新理论与技术成果，并加强编辑部与同行学者们的交流与互动。与此同时，期刊获得了"中国科技期刊国际影响力提升计划"的支持，财力得到加强，召开学术研讨会的时机相对成熟。2016年10月，"第一届《中国科学》控制科学热点问题研讨会"在编委会的指导和杂志社的支持下，在中国科学院数学与系统研究院顺利召开。会议当天，期刊主编、副主编到会主持，陈翰馥院士受邀参会，并有38位一线专家参会，完成20个学术报告。从2016年至今，SCIS共举办了11届研讨会，具体情况如表1所示。

表 1 各届《中国科学》信息科学前沿研讨会举办情况

届次	日期	地点	会议主题	会议形式	承办单位
1	2016.10	北京	控制科学	20 个学术报告 期刊介绍报告	中国科学院数学与系统科学研究院
2	2017.4	临沂	控制科学	39 个学术报告 期刊介绍报告	临沂大学
3	2017.8	昆明	人工智能	14 个学术报告 期刊介绍报告	昆明理工大学
4	2017.10	西安	控制科学	30 个学术报告 期刊介绍报告	西北工业大学
5	2018.4	杭州	物理信息融合系统的基础理论与应用	12 个学术报告 期刊介绍报告	浙江大学
6	2018.7	北京	计算机软件、理论与系统	22 个学术报告 期刊介绍报告	北京大学
7	2018.10	北京	认知时代的机器人及智能控制	8 个学术报告	清华大学
8	2019.4	武汉	无人系统中的自主协同控制与优化决策	23 个学术报告 期刊介绍报告/主题研讨	华中科技大学
9	2019.10	大连	工业人工智能关键科学问题及应用	8 个学术报告 期刊介绍报告/主题研讨	大连理工大学
10	2021.5	上海	系统控制与工业智能	9 个学术报告 期刊介绍报告/主题研讨	上海交通大学
11	2021.7	西安	信息科学前沿技术	5 个院士报告	西北工业大学

研讨会邀请的报告人一般都是相关学术领域科研团队的学术带头人,在该领域有独到见解和重要贡献。在会议主题方面,前期举办的会议以聚集人气为主,在大学科方向广泛征集大会报告,会议规模大、涉及面广;随着该研讨会在学术圈的影响力逐步扩大,后期举办的会议一般聚焦于某专业学术领域,以便于进行更深入的学术交流;特别是 2021 年 7 月,期刊主办了一场院士专场报告会,就信息科学领域的前沿学术问题展开交流,以发挥期刊的学术引领作用。在会议形式方面,研讨会以学术报告为主,编辑部以报告形式宣讲期刊工作;后期举办的研讨会还加入了主题研讨环节,邀请更多参会嘉宾积极参与讨论。在会议选址方面,一般会优先选择尚未举办过研讨会的城市,从而尽可能地将前沿研讨会的影响力扩大到全国各地。

1.2 会议定位

学术研讨会创办之初,编委会对会议的定位提出了指导思想,即办成"高端、前沿、交流"的大会,并逐步成为一个能够代表期刊学术水平、引领学术发展的品牌会议。编辑部经过深入讨论后,制定了"聚焦前沿,促进融合,推动创新"的会议目标,并对会议的专家、主题和报告进行了进一步的解读:①参会专家在专业学术领域具有较高学术地位;②会议的主题是前沿选题,甚至是超前的、具有争议的话题;③报告选取可促进学科交叉以及可指导与产业融合的选题,为学术创新提供新思路,为行业发展提供新依据;④会议报告一般是最新研究成果或具有前瞻性、权威性的观点。

事实上,期刊作为承载和传播专业学术研究成果的媒介,掌握的专家资源和宣传资源决定了其在主办专业学术会议上具备特殊优势。首先，专家是学术研讨会的主体，一流专家参会是会议成功举办的基本条件。优秀的学术期刊一般都是同行评议期刊，必然拥有一支高水平的编委会和评审专家队伍，以这支队伍为核心进一步联系和团结更多一流专家是水到渠成的方式。其次，主题是学术研讨会的核心，前沿选题是会议引领学术研究的重要依据。在当今互联网时代，学术期刊不再只是简单地记录学术研究成果，而是通过快速广泛的传播成为学术发展的引导者和推动者。这使得期刊对学术前沿的动向具有更加敏锐的洞察力，能够为会议主题、会议报告、参会专家的遴选提供准确的意见。第三，学术研讨会成功举办后，由热点议题形成的论文可以直接发表在期刊上。由于这类文章已经经过了充分讨论和交流，期刊一般都会提供快审、快发的"绿色通道"，并以专题或专刊形式出版，为读者系统展现该主题的前沿进展。

1.3 主办条件

根据历次前沿研讨会的组织经验，笔者认为期刊成功举办专业学术品牌会议需要具备以下两个条件：首先是一定的影响力。报告专家是会议成功与否的关键因素，若能请到院士、学科带头人、优秀的一线青年专家作为会议报告专家，将能够彰显会议的品质，提升会议的影响力。当会议在学术圈获得认可后，才能进一步帮助期刊扩大影响力，逐步形成期刊与会议齐头并进、协同发展的新局面。其次是一定规模的财力支持。期刊主办专业学术品牌会议一般不以经营为目的，主要侧重学术前沿问题的深度探讨和学术交流，因此，需要期刊的财力支持。重要专家的交通、住宿、餐饮，以及报告专家的劳务费等都是必要的支出。特别是会议刚刚创办时，由于尚未得到学术圈的认可，期刊需要在邀请重要专家、学术宣传和推广等多方面投入更多经费。

1.4 组织流程

随着学术研讨会的影响力逐步扩大，申请承办的学术单位越来越多，编辑部规范了会议申请流程。首先，有意向承办研讨会的研究单位填写"研讨会申请表"，介绍会议主题及邀请报告专家等的初步意向。编辑部收集所有申请后，每年在固定时间举行申请答辩，请承办单位介绍申办理由，并由每位编委根据答辩情况，特别是承办单位在该领域的科研能力和方案可行性等给出是否同意的意见。最后，统计投票情况决定本年度成功竞选的1~2家申办单位。

承办方获得承办许可后，需根据拟定的会议主题，遴选该方向的相关专家，制定拟邀请专家名单报编委会审批。考虑到专家的时间安排情况，一般会请承办方提供拟邀请专家和候补专家名单。编辑部提供统一的邀请函，并注明邀请的会议报告主题，由编辑部和承办方联名邀请报告专家。

在研讨会召开前期，编辑部将拟定的会议手册规范、会议须知、日程安排建议、期刊图片等材料交付承办单位供组织会议使用。

2 前沿研讨会的办会效果

自2016年至今，《中国科学》信息科学前沿研讨会已成功举办11届，在本学科领域初步具备品牌和口碑，对期刊的发展起到了非常重要的促进作用，直观体现在吸引高水平专家进入编委会、邀请高水平学术论文和组织学科前沿专题三个方面，并对期刊影响力的快速提升起到重要的推动作用。表2列举了2016—2019年期刊通过主办前沿研讨会发展编委、发表高水平论文和组织前沿热点专题的情况。

表 2 2016—2019 年《中国科学》信息科学前沿研讨会取得效果

届次	日期	会议主题	发展编委/人	发表高水平论文/篇	组织前沿热点专题/个
1	2016.10	控制科学	3	1	2(英)
2	2017.4	控制科学	6	2	3(英)
3	2017.8	人工智能	2	0	1(中)
4	2017.10	控制科学	3	1	0
5	2018.4	物理信息融合系统的基础理论与应用	1	0	1(英)
6	2018.7	软件、理论与系统	1	2	1(中)
7	2018.10	认知时代的机器人及智能控制	0	1	0
8	2019.4	无人系统中的自主协同控制与优化决策	0	2	0
9	2019.10	工业人工智能关键科学问题及应用	0	1	0
合计			16	10	8

2.1 吸引高水平专家进入编委会

通过举办研讨会，越来越多的高水平专家不断地认识、了解和信任期刊，与期刊建立起深厚的友谊。他们具有高水平的学术研究能力，熟知学科领域的一流科研动态，了解期刊定位和发展目标，愿意为期刊发展作出贡献，是期刊编委会成员的优秀候选人。根据学科分工和期刊发展的需要，SCIS 从研讨会参会专家中发展了 16 位编委，他们都是科研团队的负责人或学科带头人，在相关国际学术刊物任职，并对期刊的建设和发展具有极大的热情，不仅负责约稿、评审等常规工作，还主动承担了组织交流、媒体合作、学术推广等宣传工作。

2.2 邀请高水平学术论文

期刊副主编、相关学科方向的编委会全程参加研讨会，对邀请报告的学术质量再进行现场评估。对于引起参会嘉宾热烈讨论的学术报告一般会给予更多关注，其内容很可能比其他报告更具前瞻性，也具有更高的发表价值。编辑部在编委的指导下，在会议过程中及时邀请这些报告专家撰写文章，并积极配合做好后续服务。其中已出版的 9 篇论文目前获得 SCI 引次 298 次，篇均 33.11 次。例如，第 8 届研讨会上参与研讨并后续成文的"Integral Barrier Lyapunov function-based adaptive control for switched nonlinear systems"发表于 2020 年，目前引次已达 74 次，是 ESI 高被引论文。

2.3 组织学科前沿专题

会议中通过充分的研讨形成了 8 个前沿热点专题，其中 6 个英文专题目前获得 SCI 引次 498 次，篇均 15.56 次。经过参会专家的启发和思考、讨论和总结，形成的专题策划更具学术引领性、前瞻性和建设性。例如，第 2 届研讨会后编辑部迅速组织了"有限值网络系统的分析和控制专题"，发表在 2018 年第 1 期，目前 SCI 篇均引用已达 33.2 次，远超期刊平均水平。

2.4 快速提升期刊影响力

除了上述三个方面的直观效果，主办研讨会还为期刊带来了影响力的整体提升。首先，从 SCI 影响因子数据分析，SCIS 从 2016 年的 1.628 上升到 2020 年的 4.380，增长了 169%；从期刊学科发展角度看，大部分研讨会涉及的学科领域是控制科学，该学科在期刊的四大学科方向中排名领先，2020 年单学科影响因子达到 6.054。其次，从施引数据分析，2016 年来自海外的施引比例仅为 8.7%，而 2020 年这一比例已提升到 20%，说明期刊的学术水平正被越来越多的国际专家认可。第三，从对学术发展的引领作用看，在开完研讨会后一段时间，该会议主题的文章就会投到期刊,且已出版文章的关注度也会有所上升。例如,2019年4月第8届研讨会后,"无人系统"主题的相关文章数量和引用都有显著增长。2018年4月—2019年3月相关方向共发文25篇,到2020年5月,篇均引用3.32次;2019年4月—2020年3月相关方向共发文44篇(不包含第8届研讨会邀请的2篇文章),到2021年5月,篇均引用6.05次。

3 结束语

当前国内学术期刊还处在国际影响力弱、对前沿优质稿源缺乏吸引力、国际竞争力不足的艰难爬坡期,要加强期刊的国际竞争力,在学术领域有更高的话语权,期刊更需要主动出击,主办专业学术会议并形成自己的品牌,从而加强与高水平专家的紧密联系,并通过学术交流和研讨推动和引领该领域方向的学术发展。SCIS主办"《中国科学》信息科学前沿研讨会"的实践证明了专业学术品牌会议对期刊吸引高水平专家、提高学术影响力、推动和引领学术发展的积极促进作用。未来还将继续探索研讨会的国际化措施,从而进一步实现期刊与会议的互相促进、协同发展。

参 考 文 献

[1] 中国科技论文统计与分析课题组.2019年中国科技论文统计与分析简报[J].中国科技期刊研究,2021,32(1):99-109.
[2] 田菁,戴罡,刘洁清,等.拓展科技期刊多元化服务,搭建新型知识服务平台[J].传播与版权,2020(11):36-38.
[3] 谷歌.谷歌学术搜索[EB/OL][2021-07-27].https://scholar.google.com/citations?view_op=top_venues&hl=zh-CN.
[4] IEEE. IEEE Conference [EB/OL][2021-08-08]. https://www.ieee.org/conferences/index.html.
[5] 潘晓蓉,丁遒劲.国外学术会议录出版特征研究[J].科技与出版,2013(5):49-52.
[6] 黄明睿.论学术会议与期刊的关系[J].编辑学报,2016,28(1):18-20.
[7] 徐志英.专业学术会议与期刊影响力关系的初步探讨[J].中国科技期刊研究,2015,26(4):345-350.
[8] 张淑敏,辛明红,段为杰,等.如何通过学术会议促进组稿和审稿工作[J].编辑学报,2014,26(1):52-53.
[9] 王维,黄延红,郭媛媛,等.学科编辑在学术会议中的宣传和实践[J].编辑学报,2017,29(2):166-168.
[10] 李明敏,李世秋,蔡斐,等.英文科技期刊编辑参加国际学术会议的策略与实践:以Chinese Journal of Aeronautics为例[J].中国科技期刊研究,2017,28(8):774-779.
[11] 张彤,耿珊珊,张蓓,等.论航空航天科技期刊如何"走出去"[J].科技与出版,2019(10):98-103.
[12] 陈禾.我国高校英文科技期刊出版的国际拓展[J].科技与出版,2019(6):31-34.
[13] 张莹,李自乐,郭宸孜,等.国际一流期刊的办刊探索:以Light: Science & Applications为例[J].中国科技期刊研究,2019,30(1):53-59.
[14] 滕蓉,郑晓蕾,曹洪武.以期刊为根本打造精品大型国际学术会议:以"中国控制与决策会议"为例[J].编辑学报,2017,29(4):371-374.
[15] 张学梅,马振,王贵林,等.举办在线学术会议提升科技期刊品牌影响力[J].中国科技期刊研究,2020,31(11):1276-1280.
[16] 王丽娜,李娜,陈广仁,等.科技期刊品牌活动与提升品牌影响力:以《科技导报》为例[J].中国科技期刊研究,2018,29(9):946-949.
[17] 寿景依,任红梅,张宏翔.塑造科技期刊的会议品牌[J].中国科技期刊研究,2014,25(6):858-862.
[18] 张琳琳,游苏宁,高宏.依托期刊打造全方位会议服务平台:以《中华放射学杂志》为例[J].编辑学报,2018,30(5):506-509.
[19] 韩景春,蒋亚报,曹雪雷.打造精品行业会议,提升科技期刊品牌影响力[J].编辑学报,2020,32(3):326-329.

云南省科技期刊国际化办刊探析

韩明跃,徐写秋,陆 驰,张 坤

(《西南林业大学学报》编辑部,云南 昆明 650233)

摘要:探索云南省国际一流期刊可持续发展之路,以云南省科协项目为基础,通过文献综述、资料回溯法、问卷调查法及抽样座谈调查,从云南省国际化办刊现状等方面总结面向国际一流期刊的基础条件,提出国际化办刊的路径及建议。云南省 64 种期刊可划分英文版、中英混合及纯中文 3 种科技期刊类型,其中英文版 3 种,占 4.69%,主动国际化程度较低。在总结国际化办刊成功经验的基础上,探讨了英文期刊创办申请、主编的聘任、建立期刊国际化的编委会、审稿专家、运营平台及投审稿系统为国际化办刊的重要路径。提出了实现科技期刊国际化精准定位,提高国际论文比率,借助国际大型网络数据库,有效利用新兴社交媒体平台,加快云南省科技期刊数字化建设进程等国际化办刊的建议,为云南创办国际一流期刊科技期刊提供参考。

关键词:科技期刊;国际化;办刊;云南

我国的科技期刊已超过 5 020 种,数量位居世界第二[1]。但我国优势学科及重点学科的高水平论文大多发表在欧美发达国家的期刊上,既不利于我国期刊取得首发权,也难以有效提高中国期刊的学术影响力[2]。SCI 期刊数据库收录了 178 个自然科学学科的 9 213 种期刊,据 2019 年公布的 JCR 2018,我国 SCI 期刊为 224,占比为 2.4%;EI 数据库收录 5 100 种工程类期刊,中国科技期刊 159 种,占比为 3.1%。因此,我国科技期刊的总体发展规模和水平与国际一流期刊还存在较大差距,与中宣部、教育部、科技部、中国科协联合印发了《关于深化改革 培育世界一流科技期刊的意见》,建成世界科技强国的战略目标相比,缺乏能够代表中国科研水平的国际高影响力品牌期刊。

科技期刊的国际化要求论文质量与审稿专家的国际化、作者与读者的国际化、编委构成的国际化、编辑管理与出版语言的国际化、编排标准与印刷质量的国际化、入选数据库与检索系统的国际化[3],期刊报道要迅速,论文内容为最新国际高水平科研成果,重点是在国际交流中具有重要的价值,核心为较高的国际影响力,其中国际化期刊的最根本标志就是期刊内容国际化和读者国际化。云南省科技期刊编辑学会在云南省科协支持下,专项调研云南省科技期刊现状及发展建议。其中通过文献综述、资料回溯法就、问卷调查法及抽样座谈调查,从云南省国际化办刊现状、优势等方面总结面向国际一流期刊的基础条件,探讨国际化办刊策略,提出了云南省国际化办刊的发展建议,以期为编辑出版同行提供借鉴。

1 云南省科技期刊国际化现状

科技期刊国际化要求编辑出版不封闭于本土，参与世界科学技术交流与合作，在国际交流中不断提高期刊质量和服务水平。随着我国科研实力的不断提高，急需要提高我国学术期刊的国际竞争力和国际化程度，把我国的学术期刊打造成国际知名品牌是我们期刊人的目标。但云南省大多数科技期刊依然面临国际影响力不高、市场竞争力太弱的困境。国际化期刊的最根本标志就是期刊内容国际化和读者国际化，实现内容和读者国际化的最重要的措施是语言文字的国际通用性。通过对云南省 64 种期刊进行调查，按照国际化要求划分，目前主要有英文版、中英混合版及纯中文版 3 种科技期刊类型。英文期刊有 *Zoological Research*、*Plant Diversity*、*Ecological Economy* 3 种，占 4.69%，因此云南省科技期刊英文期刊和中英文合刊太少，应积极鼓励发展，才适应期刊走国际化战略的需要。

1.1 英文科技期刊

云南英文版科技期刊国际化程度相对较高。通过调查及座谈，云南省创办了 *Zoological Research*、*Plant Diversity*、*Ecological Economy* 3 份英文期刊，占比为 4.7%。其中 *Zoological Research* 及 *Plant Diversity* 国际化程度较高，分别于 2018 年、2019 年进入 SCI。

(1) *Zoological Research* 主办单位为中国科学院昆明动物研究所。*Zoological Research* 是由原《动物学研究》于 2014 年更改语种创办，现有专职编辑 3 名，2 名中国人，1 名外国人；期刊编委会主要以原《动物学研究》编委为主。稿件以约稿为主，每期以出版专刊为主，稿件均采用网站的期刊投稿系统处理，由编辑部负责网站维护。稿件排版采用在线网络排版，加入了科学出版社旗下的科爱公司，进行期刊出版、印刷和推广，连续投入 5 年，于 2018 年被 SCI 收录。

(2) *Plant Diversity* 主办单位为中国科学院昆明植物研究所。*Plant Diversity* 是由原《植物多样性》于 2016 年更改语种创办，现编辑部有编辑 2 名，均为中国人。*Plant Diversity* 加入了科学出版社旗下的科爱公司，进行期刊出版、印刷和推广。期刊编委会由科学出版社和中国科学院昆明植物研究所共同组建，期刊由 2 名专职主编负责约稿和稿件处理，采取年薪制聘用。*Plant Diversity* 进行了完整的数字化建设，创建了期刊在线投审稿平台、在线编校平台、微信公众号，由编辑部负责期刊稿件的数字化处理，稿件排版由科爱公司委托第三方公司负责。每年投入经费较为充足，连续投入 4 年，于 2019 年被 SCI 收录。

(3) *Ecological Economy* 由云南教育出版社有限责任公司主办。*Ecological Economy* 已被 CNKI 收录，可以查阅相关数据，但 2011—2013 年没有文章收录，期刊曾于 2011—2013 年停刊。*Ecological Economy* 没有相应的投审稿系统或其他数字化建设，缺少期刊的推广工作，虽然文种国际化，缺乏资金投入，没有主动国际推广，国际化水平较低，期刊运行十分困难。

1.2 中英混合科技期刊

云南中英混合科技期刊基本是中文版加英文目次、英文题名、作者姓名、所在单位、英文摘要、关键词，属于被动国际化，进入一些国际文摘数据库。以国内读者为主，兼顾国外读者，这是科技期刊国际化的中间形态，也是当前我国科技期刊的主体。主要以大学学报及科研单位主办学术及技术期刊为主，约 45 种，占比为 70.3%。这类型期刊国际化程度参差不齐，有的只有提示性英文摘要，没有国际宣传平台；有的主动加入国际数据库，建设英文网站，积极宣传。《云南大学学报》《云南农业大学学报》《西南林业大学学报》《西部林业科学》

等期刊国际化程度较高，其中《西南林业大学学报》加入美国的化学文摘(Chemical Abstracts，CA)及乌利希期刊指南(Ulrich's Periodicals Directory)、英国的国际农业与生物科学研究中心(Centre for Agriculture and Bioscience International，CABI)和动物学记录(Zoological Record，ZR)、波兰的哥白尼索引(Index Copernicus，IC)；《西部林业科学》聘请了 2 名外国专家任编委，有时刊发全英文学术论文；有的学报正准备建英文网站，积极主动加入更多国际数据库，也借助一些国际平台发行。

1.3 纯中文科技期刊

云南纯中文科技期刊以国内读者为主，偶尔也会向境外华人赠送或发行，极少数科技期刊也能在境外华人圈中造成影响，这是科技期刊国际化的低级形态，但绝大多数期刊没有向国外华人发行或赠送，国际化程度非常低，约 16 种，占比为 25%。主要生产单位、行政部门及企业主办的技术性、政策导向性和科普性期刊为主，受文种及宣传平台限制，基本上没有国际化。

目前高校英文期刊的专业化程度普遍较低，没有呈现出系列化和专业化的发展态势。要加快期刊国际化建设，在期刊内容应与国际先进水平同步，办刊过程应实现国际信息交流。云南省科技期刊总体国际化水平较低，在国际范围内的创新性和影响力不高，对外宣传力度不够，除中国科学院主办的 2 种期刊外，其他期刊国际化投入不大，对科学研究成果走出去、请进来贡献太小。

2 国际化办刊的路径

2.1 英文期刊创办申请

语言国际化是期刊国际化办刊的一个基本特征，期刊语种的国际化既利于国际检索机构的收录及读者的阅读，又有利于期刊的交流，目前国际交流普遍使用的语言仍是英语[4]。英语是世界第一出版语言，还是国际科技界的主要交流语言。目前有 2 种方式实现语言的国际化：一种方式是把原来创办的中文期刊改为英文，*Zoological Research* 是由原《动物学研究》于 2014 年更改语种，*Plant Diversity* 是由原《植物多样性》于 2016 年更改语种；另一种方式是向新闻出版署申请英文期刊。目前国内期刊对于刊号管控比较严格，新刊的刊号申请比较困难，在暂时获得不了国内刊号的情况下，可以通过和国外出版集团合作的方式取得国际刊号，或者与国外出版机构合办英文刊物及引进外文期刊，有一定办刊基础和条件后，待刊物各方面发展成熟后再申请 CN 号，可能会容易一些。

2.2 国际化主编的聘任

"好主编决定好期刊"，主编作为一个期刊的"领头羊"，其办刊理念和专业素质决定了一个期刊的发展方向。鉴于我国英文期刊的国际化总体水平并不理想，为体现英文科技期刊的国际显示度和影响力，国际化发展显得至关重要。英文期刊的作者群和读者群应面向全世界，由于语言和地域的限制，创办英文刊物时，编辑部应引进以英语为母语国家的专业性人士作为主编，该主编应具有较高的学术影响力和学术声望，有能力通过组织国际会议吸引高水平稿件，采用双主编的办刊模式。目前国内很多国内优秀的英文期刊均有此方面成功的案例，国内主编主要负责国内高水平稿件的开发，外籍主编主要负责国际稿件的征集和策划，2 位主编分别负责期刊国内和国际影响力的提升，逐渐将刊物推向国际一流期刊的行列。因此，通过有效方式聘请高国际影响力且能够发挥作用的主编，对英文科技期刊国际影响力的提升非常重用。

2.3 建立期刊国际化的编委会及审稿专家

编委的国际化,能给期刊带国来国际化的作者与稿源、国际化的审稿与出版、国际化的宣传和发行等。因此,只有拥有国际化的编委,才有可能真正使期刊走向国际化。要发挥国际编委的作用,提高他们的参与度,积极参与办刊过程中的重要环节,充分发挥专家办刊的创造力[5],做到论文质量"更高"、编辑能力"更强"、出版速度"更快"、期刊影响力"更大"。编委国籍多元化及水平的高低在一定程度上反映了一个期刊的国际化程度的高低,拥有国际知名度较高的不同国籍科学家组成编委会,是科技期刊国际化的一个重要特征。国际化的编委及审稿专家能够有效保证对科技论文的评审与鉴定,在世界行业协会具有较高的权威性能精准筛选高水平学术论文;同时也保证了作者、读者与稿源的国际化,使期刊得到可持续发展。随着论文来源的国际化,根据论文特点邀请的审稿专家必须来自不同国家,才能对论文做出科学的分析与中肯的评价。期刊的编委和审稿专家如果局限在国内,不利于争取境外稿源,很难保证所刊文的地域性、广泛性、特色性、科学性及学术性,更不可能在国际市场占有一席之地。*Science* 的 1/3 编委来自美国以外的世界各地科学家,*Nature* 拥有几千位世界各地的知名专家与学者,组成庞大及权威的网络审稿专家团队。因此,若要提高期刊的国际地位,必须要提高期刊编委会、审稿专家国际化的程度与水平,具体措施如下:①参与组织召开行业国际学术论坛,充分发挥国内编委的国际影响力,借此机会邀请行业及学科的国外一些知名专家进入编委会,并参与期刊的审稿与组稿工作。②查阅国际上较为知名数字化期刊,了解期刊主要学科的最新发展方向与动态,挖掘网上资源,搜集国际知名学科带头人的联系方式,主动赠刊期刊,请求专家推荐,吸纳权威的专家加入编委会,或者聘为审稿专家,从而提高英文期刊的知名度与刊发论文的权威性。③世界各地有许多中国留学生、访问学者及著名科学家,他们经常在国际知名刊物上发表论文,主动联系他们,立起一个庞大的编委、作者及审稿队伍,鼓励他们参考引用主办的英文期刊论文,借此提高国际影响。

2.4 建立期刊国际化投审稿系统

经调研,目前国内英文期刊采用 ScholarOne 和 Editorial Manager 的较多。其中,ScholarOne 在线投审稿系统隶属于汤森路透,简单清晰的界面方便作者投稿,支持稿件的多种电子文件格式,能直观显示图形与全文,作者可随时跟踪论文的发表进度。全球 3 800 多种期刊选用了该系统作为在线投稿、审稿平台,注册用户超过 1 350 万人,稿件流量每月达 10 万余篇,与 EndNote、Web of Science 无缝链接,传播效率大大提高。Editorial Manager 在线投审稿系统由 Aries Systems Corporation 公司开发,全球 3 300 多种学术期刊使用,能提供 4 种用户群,包括编辑、作者、审稿人及出版者。

2.5 建立期刊国际化的合作运营平台

期刊被国际重要检索系统收录是衡量科技期刊的发展水平与国际地位的一个重要标志[6]。国内检索系统这几年发展虽然很快,可在国际上的影响力还不大,要实现期刊的国际化,须深入了解 SCI、EI、Scopus 等国际重要检索系统,解决期刊自身存在的问题,加强宣传与交流,扩大期刊影响力,积极主动进入国际著名检索系统。运用和发展好搭建的国际平台,主动联系国内外广大科学家和整个编辑团队,多发表来自国内外高水平原创性科研论文,不断提高科技期刊的学术水平,继续提升科技期刊的国际影响力。根据国际化出版的要求,打造集"组稿、审稿、编辑、出版、发行、信息服务"为一体的国际化出版与宣传平台,采取与国外出版商合作出版的形式，推荐国外出版商平台为：

(1) Springer Nature 是 2015 年 5 月 6 日由施普林格科学与商业媒体(Springer Science+Business Media)和麦克米伦科学与教育(Macmillan Science and Education)多数业务合并而成的出版公司。

(2) 科爱(KeAi)是由科学出版社和 Elsevier 共同投资成立的出版公司。通过凝聚科学出版社和 Elsevier 的出版知识和经验，为中国科学、技术和医学领域的英文期刊提供出版服务和科学评估，以及创办高水平国际英文期刊。

期刊要真正走向国际，成为国际性期刊，发行方法的国际化是期刊国际化的催化剂[7]，争取更多的国内外读者和作者，是扩大期刊在国际上的影响，在国际学术交流中体现它的价值。借助国际出版平台，使期刊的知名度相应得到提高[8]。加强与国外出版商出版的沟通，及时掌握有用的信息，更有效地利用出版商的推广资源，促进国际化期刊的可持续发展[9]。

3 国际化办刊的建议

国务院及云南省委、省政府围绕习近平总书记对云南的定位分别出台了政策、提出了意见、制定了方案，不仅对云南社会经济发展指明了方向，同时也为云南科技期刊国际化办刊提供了机遇。云南省地处祖国西南边陲，是全国重点林区，也是世界十大生物多样性核心区域之一，素有世界文明的"植物王国""动物王国"和"有色金属王国"的美誉。丰富的资源吸引着世界各国专家学者到云南开展研究，研发出一些代表国际水平的科研成果，为国际化办刊创造了良好的条件。云南省高校加大与国外院校的合作力度，增强"留学云南"吸引力，与柬埔寨、老挝共建海外中国文化中心云南省逐渐成为南亚东南亚国家来华留学重要目的地。云南大学、西南林业大学、云南农大、云南民族大学也跟很多国家建立合作关系，共同培养学生，共同建立研发机构。因此，云南具有较好的国际合作基础，为创办英文期刊提供了可持续发展的条件，为培育国际化的审稿专家、国际化的作者群提供了保障。因此，云南国际化办刊具有政策优势、资源优势及对外合作优势，为国际化办刊创造了良好的条件。

3.1 实现科技期刊国际化精准定位

我国的科技期刊已达 5 020 种，数量位居世界第二。云南省科技期刊 64 种，占比约为 1%，比重小，定位不够精准，市场化程度比较低，整体发展实力很弱，强的不强，弱的太弱，呈现严重的两极分化。科技期刊国际化的目标定位是云南省科技期刊的一个薄弱环节，目标定位直接决定期刊发展的方向、特色与竞争力，特别是在地方科技期刊办刊同质化与国际化进程中的同质化背景下，竞争越来越激烈，科学精准的目标定位是科技期刊是否能走向国际化最重要的因素。云南省科技期刊国际化要把握政策优势，利用资源优势，抓住对外合作优势，依托行业优势进行特色定位，寻找自己的发展位置或发展空间。云南的民族文化研究、动物学研究、植物化学与分类学研究、生态学研究、高原湿地研究、有色金属开采等方面的研究在国际上已经达到较高水平，有很高的话语权，组织大型、广泛、权威的国际研讨会有机会、有条件、有优势，更有竞争力，以此为基础精准定位，创办科技期刊，相对容易走向国际化。在市场竞争意识日益强烈的今天，精准定位后，编辑应树立起强烈的期刊品牌意识，突出办刊特色，转变观念，与时俱进，使云南科技期刊得到持续发展，从而打造中国科技期刊的品牌形象。

3.2 提高国际论文比率及著名检索系统收录概率

提高国际论文比率是期刊走向国际化的重要途径，科技期刊的论文来自不同国家、水平达到国际领先是科技期刊国际化的核心，因此期刊发表论文的研究对象和水平保持世界权威性，在国际上教育、科研及生产上具有明显指导作用，得到作者、读者及科学机构对期刊的高度认可。同时要被国际著名检索系统 SCI、EI、英国 SA、PЖ 收录，其中最有影响力为美国 SCI 数据库，Nature、Science、Cell 等国际著名期刊都在 SCI 的收录之列[10]。

英文期刊是国际学术交流的重要媒介，因此国际论文比尤其重要[11]。国内有许多研究课题由国际性组织或中外合作共同承担，英文期刊不仅要吸引国内领先的研究成果，还应吸引国际高水的平论文。具体措施如下：①主动参加国内举办的区域性和全球性的高水平学术会议，在会议中加强科技期刊的宣传，以获取更多的国际稿源[12]；②积极与各国期刊相关及重点专业学会的联系和沟通，对国外专家及学者有针对性的赠送期刊，附带发放征稿简则，扩大期刊的国际影响力；③定期邀请国外编委和著名学者为期刊撰写交叉学科、重点学科的热点论文，对国际来稿制订优稿优酬政策，吸引高水平国际稿源；④追踪国际合作重点项目，刊发国际领先的科研成果。

3.3 借助国际大型网络数据库推广平台

英文期刊编辑部制作推送内容网页及移动客户端的阅读文件，并提供检索目标期刊。采用汤森路透的推广服务方式，通过其数据库查找目标作者并发送推广邮件，应用"邮件包含链接点击总次数""打开邮件的总次数"等方法推送效果评估数据，再进一步制定推广策略。利用各种大型网络数据库的检索资源，查找和确定推广目标用户，进行期刊精准推广，其中 Scopus 等数据库信息更新速快，收录资源丰富，可切换中文操作界面，为比较理想的资源数据库。主动加入更多著名的重要数据库，提高期刊的影响力，推荐申请加入 SCI、EI 等国外的数据库及国内的中国科学引文数据库、中国学术期刊文摘等国内重要数据库，以中国知网专门为中国英文期刊打造的国际传播平台(China STM Focus)。根据期刊自身的学科特点，实时跟踪竞争期刊的发展动态，由易到难，制定策略，申请合适的数据库对期刊进行推广。

3.4 有效利用新兴社交媒体平台

新兴社交网络媒体平台在论文的传播中越来越重要，可以评价学术论文在社交网络中的影响力，得到了 Nature、Science 等多家国际著名期刊大力推广，已成为论文评价的重要标准之一。因此，编辑部可以加强与这些综合性社交网络平台的合作，同时利用微信、微博等社交媒体扩大期刊的影响力。另外 ResearchGate、Academia.edu、Mendeley 等为科研人员提供研究成果分享和交流的科研社交网络平台也不断涌现，期刊可以直接在这些平台上发布全文，将刊发论文推荐给专家、作者与读者，推广效果非常好。

3.5 加快云南省科技期刊数字化建设进程

云南省相当多的科技期刊已在 CNKI、万方和维普等数据库全文上网，基本实现期刊内容的"出版数字化"。而实现从投稿、审稿、编辑、出版到发行的全过程的"数字化出版"的期刊还相对较少，仅有 11 种，占 17%，高达 83% 的期刊未实行在线出版。今后，云南省的科技期刊信息化建设应把重心应转移到实现编辑出版全流程的数字化和网络化上来。因此，急需期刊管理部门尽快出台相关政策，要求期刊创办自主性网站，同时应出台相应的激励措施和管理规范，以引导云南省网络科技期刊参与国内外同行竞争。借助计算机网络，完全以电子化、数字化形式组稿、审稿、制作、出版、发布，并以计算机网络为传输工具，定期连续出版附有编号或日期标识的连续性电子出版物。期刊论文优先数字出版已成为国际出版的大趋势，建立科技期刊的投审稿和编校系统，建立微信公众号，实现在线出版；完善中英文网站网站建设，加入国内搜索引擎；优化出版方式，提高出版效率，加快云南省科技期刊国际化进程。

参 考 文 献

[1] 詹媛.我国科技期刊数量达到5020种[N].光明日报,2018-01-29(08)-67.
[2] 罗东,黄春晓,周海燕,等.学术期刊国际化发展的思考与探索:以《材料科学技术(英文版)》为例[J].中国科技期刊研究,2015,26(3):223-228.
[3] 陈念生.努力提高我国科技期刊的国际地位[J].编辑学报,2002,14(4):290-291.
[4] 任胜利,王宝庆,严谨,等.1997年《Nature》载文和引文统计分析[J].中国科技期刊研究,1999,10(2):111-113.
[5] 李雪,赵一方,王少朋,等.科技期刊编委国际化分析与策略研究:以海洋学期刊为例[J].中国科技期刊研究,2019,30(10):1066-1072.
[6] 杨志华.关于学术期刊国际化的思考[J].中国科技期刊研究,2013,24(1):154-157.
[7] 蔡斐.加速中国英文版科技期刊国际化的举措[J].中国科技期刊研究,2005,16(3):397-399.
[8] 熊春茹.高校英文版学报国际化办刊改革实践谈[J].编辑学报,2001,13(5):275-276.
[9] 张莹,李自乐,郭宸孜,等.国际一流期刊的办刊探索:以Light: Science & Applications为例[J].中国科技期刊研究,2019,30(1):53-59.
[10] 高雪山,王晶,钟紫红,等.六种与生物医学相关的国际著名检索系统的收录评价体系[J].中国科技期刊研究,2008,19(6):964-968.
[11] 杜晓宁,罗东,陈新贵,等.《材料科学技术(英文版)》国际化办刊理念与实践[J].中国科技期刊研究,2011,22(4):584-588.
[12] 张莹,李耀彪,王惟彪,等.科技文摘向学术期刊转型之路.《中国光学》转型探索[J].中国科技期刊研究,2016,27(6):664-670.

化学科技期刊实行文章页码编码的
必要性及出版流程再造

张维维，林 松，段为杰，王燕萍，段桂花，刘 伟

(吉林大学《高等学校化学学报》编辑部，吉林 长春 130012)

摘要：为适应数字化出版的新需求，加快稿件发表速度，介绍了一种新的页码编排方式——编码制，对其必要性和可行性进行了分析。结合中文化学期刊的现状，对文章编码、DOI、出版流程进行了再设计。该方法不仅可以大大加快单篇稿件的发表速度，还有利于读者根据内容精准检索和阅读，有利于编辑部根据稿件内容精准推广，进而有利于提高期刊影响力。

关键词：编码制；化学期刊；快速出版

传统期刊的页码是用来标明页面排列顺序的数字，即书刊页面的顺序号，也是页面的定位码，它表明了书刊中各页面的排列顺序和各页面的相对位置。科学技术期刊编排格式[1]规定，期刊可以采取每期单独排序和每年(即每卷)连续排序两种排序方式。当纸质印刷期刊为主要生产、阅读方式时，尽早确定整期内容编排在一起后的期刊页码有利于编辑部内部进行编辑、排版、校对、组版，也有利于印刷厂计算印张、印刷和装订期刊。

随着信息技术的迅猛发展，电子期刊和网络期刊成为了读者主要的阅读途径，读者根据感兴趣的内容单篇查阅、下载、阅读、引用已成为科学研究过程中调阅科研论文的主要方式。在科研信息数字化、网络化的大背景下，传统页码编排体系难以满足读者及时查阅相关科研领域最新研究成果的要求，同时，作者希望快速出版、抢占科研成果首发权的强烈需求也对出版过程的时效性提出了更高要求[2]。对此，国际出版商的通用做法是采取优先数字出版的生产模式。Springer公司早在1998年就采用了Online First的做法；Nature创办了"AOP"模式；Elsevier提出了"InPress"的概念。2010年中国知网正式启动了数字出版平台。国际出版商数字出版起步早，出版流程相对成熟，数字出版是主要的出版方式，纸质期刊只是按需印刷(POD)。

数字对象唯一标识符(Digital Object Identifier, DOI)[3-4]和编码制这些新的页码编排方式的出现，扩展了优化传统页码的功能，使页码不仅具有传统页码定位文章位置的作用，而且，由于文章ID具有唯一性、时间代表性、学科分类属性等，它和DOI协同作用能够体现一篇文章的全部索引信息，提高每篇文章的定位准确性、发表和索引时效性以及稿件统筹生产管理效率。目前，DOI已经得到了普及和广泛认可，以论文编码作为文章ID代替传统页码是明显改善科技期刊时滞性的办刊策略之一[5]，但其在国内化学类科技期刊中尚未得到足够重视和广泛应用。本文介绍了编码制的制定原则，调研了国内外采用编码制的科技期刊编码模式，分析了采用编码制的优势，并结合本刊实际办刊条件讨论了化学科技期刊实行编码的可行性、相应的出版流程再造方法以及可能产生的影响。

1 编码制的制定规则及优势

如表 1 所示，国际上著名的物理学期刊 *Physical Review* 和 SCI 收录的中文物理期刊《物理学报》分别在 2001 年和 2010 年开始采取了六位编码的页码排序方式。即，此六位数字的前两位代表当期的期号，中间两位数字是论文所属二级学科的分类码，最后两位数字代表该论文在本类目下的流水号。上述 2 种期刊的学科分类码采用的是美国物理学会提供的全球通用的 PACS 分类码(Physics and Astronomy Classification Scheme)。由《中国激光》杂志社主办的《光学学报》采取的是七位编码制，编码方法与六位编码制类似还是期号+学科代码+流水号的模式，只不过其学科代码是《光学分类与标引体系表》(Optics Classification and Indexing Scheme，OCIS)，由三位数代表其二级学科的分类代码。

表 1 国内外期刊采取编码制的概况

期刊名称	出版或主管单位	编码制开始年	2020 年公布的影响因子(IF)	2020 年发文量
Sensors and Actuators B: Chemical	Elsevier	2020	7.100	1 468
Applied Catalysis B: Environmental	Elsevier	2019	16.683	1 086
Advanced Energy Materials	Wiley	2014	25.425	725
Small	Wiley	2017	11.459	1 126
Nature Communications	Nature Research	2010	12.121	6 482
Physical Review B	美国物理学会	2001	12.577	5 056
物理化学学报	中国化学会和中国科协	2020	1.379	219
物理学报	中国物理学会	2010	0.732	803

还有部分期刊采用的是 8 位编码制(由卷号+发表月+全年文章总篇序+文章类型英文字母组成)；也有部分期刊将 7 位或者 8 位的稿件登记号既作文章的身份 ID 也作其出版时文章的页码编码[6]。无论何种编码方法，尽管表现形式不同，但其本质就是为了脱离传统页码的连续性的限制，实现单篇文章优先数字出版。数字出版，如其字面意思，就是将以往是线下的文章内容等进行线上数字化，也就是互联网化。数字化出版能使阅读变得更轻便，受众人群变得更广泛，并带来出版成本的大幅降低，数字化出版将成为未来内容出版的主要途径之一。在内容数字化的大趋势下，科技期刊在页码编排方式上做出相应调整以适应新的出版形式会带来如下优势：

1.1 带来更加便利的阅读体验

信息大爆炸的年代，碎片化信息蜂拥而至，使读者的阅读方式发生了根本性变化[7]。在信息匮乏的年代，学术期刊种类少、可选择性低，但随着国家对科研投入的不断加大，我国科技工作者在国内外期刊发表科技论文的数量大幅度增长。阅读方式早已从传统的整本纸质期刊浏览转向了单篇文章的电子版精读，以满足科研人员使用各种终端设备随时阅读的需求，阅读模式的转变也促使传统出版模式向单篇网络出版的方式转变。

1.2 有利于跨越期、卷来分类集成相关内容

由于使用编码制之后脱离了单篇文章与本期其他文章的强相关性，文章编码在表现形式上类似于文章的身份代码，在期刊官网等新媒体推广平台上，可以将相同研究方向的内容分类组合在一起或者以虚拟专刊的方式呈现给相关读者以方便整体浏览，这种方式有利于读者

查找自己感兴趣的研究内容，也有利于期刊对具体研究内容进行精准宣传。而且假以时日，随着研究数据的不断积累，读者在官网上也可以追踪到某一细分领域的研究发展脉络。

1.3 有利于文章的快速出版和索引

只要论文的校样得到作者确认即可根据编辑部的稿件数量和学科分布统筹安排稿件的排期出版，因为文章前后顺序不受连续页码制约，整期文章数量达到要求后即可快速成集，而且采用文章编码制后割裂了整期文章前后顺序的连续性，使删减、增加文章更加便利。文章编码相当于传统排序方式中文章的起始页码，只要确定文章编号，理论上已经具备了 SCI 索引的全部要素，具备可收录条件，这有利于创新性成果的快速分享、传播和有效利用。

2 化学科技期刊实行编码制的必要性及出版流程再造

化学学科作为基础研究的优势学科，在科技自主创新领域占有举足轻重的地位，体现在科技论文出版领域，从 2008 年起我国即成为全球化学学科发表论文数量第一的国家，2019 年中国作者发表了 7.167 8 万篇化学科技论文，约占世界份额的 1/4。2010—2019 年期间，中国作者发表的化学论文在被引频次方面也迅速提升，2010—2019 年期间中国作者发表的化学论文被引频次为 799.091 0 万次，占全球论文被引频次(2 880.557 万次)的 27.74%[8]。从化学学科发文量和中国作者所发表论文的总被引频次来看，中国化学科研工作者在国内外均具有不可忽视的影响力。

从 2019 年统计数据来看，中国作者发表在中国科技期刊的化学类论文为 4 949 篇，占中国作者在国内外发表化学类论文总数的 6.90%[8]。被 SCI 收录的中文科技期刊只有 18 本，其中化学类期刊《化学学报》《有机化学》《物理化学学报》《分析化学》《化学进展》《无机化学学报》和《高等学校化学学报》的影响因子(IF)均排在 SCI 收录中文期刊的前列。但是无论是影响因子、期刊影响力还是办刊模式与国际化学期刊相比均存在较大差距。

从表 1 中可以看出，国外期刊发文量很大，每年都在千篇左右。开放获取(OA)期刊的典型代表 *Nature Communication* 和综述类期刊 *Physical Review* 2020 年发文量高达 6 482 和 5 056 篇，但巨大的发文量并未降低期刊影响力，反而由于期刊载文量高、覆盖面广、信息含量大在本领域备受科研工作者关注，实现了发文量和影响因子的双增长。由于发表论文的时效性是影响期刊影响力的关键因素，所以上述两刊较早采用了编码制的编排方式，以求单篇文献尽快网络在线，这也有利于创新性成果的快速发表、传播。但是国内 SCI 收录的化学类中文期刊，除了《物理化学学报》于 2020 年开始采用编码制外，其他化学类 SCI 期刊仍然维持了传统的页码编排方式。虽然传统页码的排序方式直观、易定位、易检索，但其对发表时效以及学术内容传播和利用速度的制约使其明显不能适应数字出版新形势下的新要求[9]。下面将尝试以本刊为例重点讨论化学类期刊实行编码制的可行性、可能产生的影响以及遇到的问题和解决方案。

2.1 文章编码和 DOI 的设计

和传统页码排序方式相比，编码制的弊端是每篇文章的总页数不明显，该问题可以采用在文章内页标注每篇文章页码的方式解决。本刊从 2021 年开始采用全部文章彩色印刷，未来按需印刷的模式使编码制在印刷拼版的劣势大大降低。虽然期刊目录不再体现整期文章总页数，但每期发表文章总数和总页数在目录页的期刊基本参数处有记载，不影响全年的数据统计分析。

综合各大出版商的编码方法认为，中文化学期刊采用七位编码制(期号+学科代码+流水号)更加精准，单纯采用顺序号或者登记号作为编码制的页码，信息含量少不利于学科分类，虽然化学学科没有国际统一的学科分类码，但是作为中文科技期刊可以采用中图分类号作为论文学科代码来体现学科分类，内部可以按照学科分类进行管理，并向读者进行相关内容的精准推送。以本刊发表在 2021 年第 1 期的文章《介孔分子筛制备技术新进展——二次合成、超分子自组装和介孔生成剂法》为例，该稿件于 2020 年 9 月投稿，文章登记号是 20200687，可以将改文章编码为 0161402，前两位"01"表示发表的期号，中间三位"614"为中图分类号的数字部分代表内容分类，最后两位"02"代表该文为该子类目下的第二篇文章。

为了方便编辑部内部管理、索引，相应的 DOI 字段可以设计为卷号+文章的登记号+文章编码。以上方文章为例，可以将 DOI 设计成 10.7503/42cjcu20200687.0161402。"/"之前是 DOI 分配给每个期刊的固定代码，"/"之后的"42"代表文章发表时所在卷号，cjcu 为期刊的英文缩写，20200687 为稿件登记号，0161402 是该文的文章编码。从 DOI 号中可以看出文章发表的年、卷号、期号、内部管理的登记号和文章编码，包括了全部索引信息和管理信息，对于查找、引用十分方便高效。

2.2 稿件出版流程的再设计

在全世界范围内与其他学科相比，化学学科无论是从全球论文发文量、中国学者发文量、文章总被引频次均居世界前列[8]，这对提高化学类科技期刊发文量、缩短出版时滞、加快最新科研成果的传播速度均提出了更高要求。本刊作为化学类综合期刊，采用页码编码制来加快出版周期以吸引优秀稿源的紧迫性尤其突出。本刊一直按照传统方式采取整年所有文章顺序编排页码的方式，文章处理流程是：审稿—接收(或者退稿)—作者修改—排版生产—校样确认—单篇优先在线(尚不能确定具体的卷号、期号和页码)—联机整期组版—整期纸板印刷—电子期刊整期在线出版。可以看出，上述出版流程是一种线型工作流程，即使本刊稿源相对充足，由于每篇文章之间用起止页码连接以及需要等待前一期的终页码，生产出版部门一直处在线型流程末端的等待状态。这使稿件等待出版的时间大约是审稿和修改稿件时间之和，虽然有单篇优先在线的环节，但是没有文章页码，不具备完整的收录引用信息。如果采用编码制后，在稿件达到接收标准之后根据期刊接收稿件数量、是专刊约稿还是自由来稿、全年发文量计划、兼顾二级学科分布等因素统筹安排，可以在稿件进入生产环节之前就确定刊期，从而确定文章编码(即页码)和 DOI，完成全部的检索信息。改造之后的生产流程变为：审稿—接收(或者退稿)—作者修改—排版生产—校样确认—单篇文章正式网络出版—整期纸板印刷。编码制"定刊期即定页码"的特点，在流程上删减了"单篇优先在线—联机整期组版"两个阶段，并且将单篇正式网络出版前置到整期纸刊印刷之前，达到了单篇稿件一次定版，随时取用组版的效果，十分灵活便捷。采用编码制之后，整期稿件组版速度大幅度提高，这种类似于树枝型的统筹组版方式大大缩短了稿件的出版时滞，尤其适合稿件量较大的综合性期刊。

2.3 对期刊评价指标的影响

采用编码制之后文章发表周期大大缩短。以本刊稿件为例，将专刊约稿和自由来稿分别统筹安排后如果采用编码制，可以同时进行若干期的生产出版工作，出版周期能够缩短 40 天左右，解决了国内期刊发表周期长这个老大难问题，该举措不但有利于抢占新颖性科研成果的首发权，还有利于大幅度提高作者的投稿体验，为吸引优质稿源积累良好的服务口碑。而且，由于单篇数字出版对发表周期产生深远影响，网络优先出版会导致部分文章的在线出版时间和其正式刊出日期不在同一个自然年,进而对期刊的影响因子产生影响[10]。这也是编码制缩短网络出版周期进而影响 IF 评价指标的优势之一[11]。

3 结束语

科技期刊页码传统编排方式在数字化出版的新要求下存在较大弊端,在此基础上,介绍了编码制这种新的页码编排方式的基本编排规则,调研了国内外部分期刊的出版模式,结合中文化学期刊的发展状况,建议以中图分类号作为化学学科的学科分类号以便区分二级学科内容,以此可以用六位或者七位编码作为文章 ID。该方法可以为读者带来更加便利的阅读体验,有利于编辑部跨越卷、期组版,大幅度提高生产效率,快速集成同领域研究内容,也有利于读者精准索引、引用。基于此页码编排方式,可以协同设计期刊版式、DOI 和期刊官网,以达到分类内容精准推广的效果,从而进一步提高科技期刊的学术影响力。

参 考 文 献

[1] 科学技术期刊编排格式:GB/T 3179—92[S].1992-04-13.
[2] 中国知网."学术期刊优先数字出版"介绍[EB/OL].[2019-09-01].http://caj.cnki.net/eapf/Html/优先数字出版简介.html.
[3] 陈益君,胡华华,周敏.科技期刊页码编排体系及其未来演变探析[J].大学图书馆学报,2012(1):41.
[4] 代小秋,殷宝侠,王书亚,等.数字对象唯一标识符后缀标注规则的解析[J].中国科技期刊研究,2020,31(9):1110.
[5] 李江,伍军红.论文发表时滞与优先数字出版[J].编辑学报,2011(4):357.
[6] 刘红.科技期刊中新的页码排序方法[J].中国科技期刊研究,2002,3(2):171.
[7] 新闻出版研究院:第十七次全国国民阅读调查[EB/OL].[2020-04-25].http://www.199it.com/archives/1040053.html.
[8] 中国科学技术学会.中国科技期刊发展蓝皮书(2020)[M].北京:科学出版社,2020.
[9] 徐会永,许玉清.中国科技期刊优先数字出版存在的问题及对策[J].中国科技期刊研究,2016,27(3):296.
[10] 宁笔.适应学术出版的变化趋势,明年影响因子的计算将微调[EB/OL].[2020-12-01].http://blog.sciencenet.cn/home.php?mod=space&uid=408109&do=blog&id=1260651.
[11] YU G, WANG X H, YU D R. The influence of publication delays on impact factors[J]. Scientometrics, 2005, 64(2):235.

山东省高校科技期刊的现状分析及发展探讨

朱志鸥,张 晓,赵成龙

(山东建筑大学学报编辑部,山东 济南 250101)

摘要:我国高校科技期刊数量约占科技期刊总数的1/5,是学术体系的重要组成部分。文章统计分析了山东省普通高等学校(不含非本科高校及民办高校)主办的科技期刊的现状,以中国科学技术信息研究所发布的《中国科技期刊引证报告(扩刊版)》期刊评价指标为基础,评估了2015—2019年山东省高校科技期刊整体的影响力水平,并通过分析优秀期刊的成功案例,探讨了山东省高校科技期刊未来高质量发展的道路,为推动本省一流科技期刊建设提供参考。

关键词:山东省高校;科技期刊;办刊现状;发展道路

高校科技期刊是高校对外学术交流的窗口以及科学研究平台,在高校中发挥着促进学科发展的重要作用[1]。2019年,高校主办或参与主办的科技期刊共994种[2],基于国家新闻出版署全国期刊年检数据,全国科技期刊共4 958种[3],高校科技期刊数量约为科技期刊总数的1/5。近年来,我国高度重视科技期刊的发展,相关部门陆续出台了一系列文件。2018年11月,中央全面深化改革委员会第五次会议审议通过了《关于深化改革 培育世界一流科技期刊的意见》出台。2019年8月,中国科协、中宣部、教育部、科技部联合印发了纲领性文件《关于深化改革 培育世界一流科技期刊的意见》,指出要在数学、物理、化学、地学、生命、材料、医学等基础和优势学科领域,遴选一批优秀期刊,并推动其做精做强。2019年9月中国科协发布了《中国科技期刊卓越行动计划实施方案(2019—2023年)》,11月正式公布了中国科技期刊卓越行动计划首批入选项目,2021年又将评选出一批中国科技期刊卓越行动计划高起点新刊项目。这些文件的颁布和相关举措的实施,在顶层设计上为我国科技期刊的发展指明了方向。我国科技期刊迎来了跨越式发展的历史机遇。

山东省是人口大省和经济大省,根据第七次全国人口普查数据,山东省总人口数超过1亿,排在全国第2位[4],2020年国内生产总值(GDP)排名全国第三。山东省也是高等教育大省,全省共有152所高校,高校数量仅次于江苏省和广东省,排在全国第三位。然而,如果不计民办高校和专科、高职院校,山东省仅有44所本科高校,而入选教育部"一流大学建设高校"和"一流学科建设高校"(以下简称"双一流"建设高校)的只有3所。

根据《中国科技期刊发展蓝皮书(2020)》统计,出版科技期刊最多的前三位地区分别是北京、上海和江苏。而山东省的科技期刊仅有130种,数量约为北京市的8%、上海市的37%、江苏省的51%[5],在全国仅排第12位[3],明显与其人口数量和GDP排名不相匹配。山东省的

基金项目:山东建筑大学博士基金项目(XNBS1845)

科技期刊数量在全国排名并不靠前,而山东省每年产出的科技论文数量一直稳居全国前列。根据中国科技论文统计与分析课题组的统计结果,2019年山东省的卓越科技论文数量近2万篇,排在全国第7位[6]。目前,对山东省高校科技期刊的整体发展现状及影响力情况的研究开展较少,多数研究都是针对单刊的情况展开分析[7-8]。因此,文章利用中国知网、万方和高校科技期刊官网等网站,统计并分析近五年山东省高校科技期刊(包含与各种专业学会联合主办的期刊,但不含非本科院校及人文社科类的期刊)的基本办刊情况,利用2016—2020年的《中国科技期刊引证报告(扩刊版)》的期刊评价指标数据[9],分析其影响力水平,以期为山东省高校科技期刊的未来发展提供参考。

1 山东省高校科技期刊的现状

山东省高校主办的科技期刊共56种,分布在10个城市。主办地在济南的期刊最多,共29种(占比为51.2%),其次为青岛,共15种(占比为26.8%)。高校数量多的城市,相应地期刊数量也较多。

1.1 中文期刊

山东省高校主办中文科技期刊共44种(占比为78.6%)。以"学校名称+学报"形式命名的期刊有27种,其他专业期刊17种。从创刊年份看,1977—2000年创办的期刊数达到27种,占期刊总数的61.4%;其中创办于20世纪80年代的期刊共15种,2000年后创刊的只有4种。

从主管单位来看,山东省高校科技期刊的主管单位共有8家,其中由山东省教育厅主管的数量最多,有26种(占比达59.1%);其次为教育部主管的期刊,有10种(占比约为22.7%)。国家卫生健康委员会、山东省农业科学院分别主管2种期刊,科技部、中国科协、山东省卫生健康委员会、中国建筑材料联合会分别主管1种期刊。

山东省高校科技期刊的主办单位共有23所高校,其中12所高校同时还出版社科版。主办期刊数量最多的为山东大学,共8种;其次为青岛大学,共5种。有5所高校只主办一种期刊。

从出版周期看,双月刊共21种,占比达49%;其他依次为月刊11种,季刊10种,半月刊1种。从期刊归属学科来看,医药卫生类和工程技术类期刊最多,均为15种;其次为基础科学类10种,农学类4种。

1.2 英文期刊

山东省高校主办的英文期刊共12种。其中创刊最早的为《中国人口·资源与环境(英文版)》,创办于1992年;其次是《中国海洋大学学报(英文版)》,创办于2002年。2019年后创刊的有7种,其中山东大学有5种,中国海洋大学和山东科技大学各1种。

主办英文期刊最多的是山东大学,共有7种,其中已有3种入选中国科技期刊卓越行动计划高起点新刊项目。中国海洋大学主办了2种英文期刊,山东师范大学、山东科技大学和曲阜师范大学各1种英文期刊。高校主办的英文期刊基本都与国际知名出版集团合作,其中5种期刊与Elsevier或KeAi合作出版,而中国海洋大学主办的两种英文期刊均与Springer合作出版,山东大学两种医学类英文期刊均与Wolters Kluwer合作出版。

1.3 数字化情况

2018年,甘慧敏等[10]调查了山东省47种高校科技期刊网站,发现只有34种具有采编系统。而根据本文调查,截止到2021年8月,56种山东省高校科技期刊中,只有2种没有采用网上投稿系统。可见,近年来山东省高校科技期刊数字化加快,数字化程度较高。

1.4 期刊主要评价指标

为了客观评价山东省高校科技期刊的影响力,收集并整理了2016—2020年版的《中国期刊引证报告(扩刊版)》发布的期刊评价指标数据。近五年,山东省高校中文科技期刊被收录的数量,除2016年和2018年为41种,其他年份均为43种。选取这些期刊的主要被引指标(包括总被引频次、影响因子和他引率等)和来源指标(包括来源文献量、基金论文比、平均引文数等),分析其变化趋势,评价影响力水平。

1.4.1 主要期刊被引指标

现有的期刊评价指标中,总被引频次和影响因子仍是两个重要的指标。2015—2019年,山东省高校科技期刊这两项指标呈逐年增加的趋势。2015年影响因子大于1的期刊只有4种,其中医学类期刊2种。2019年影响因子大于1的期刊共13种(约占统计期刊数的30%),而这其中医学类期刊达到了11种,占比高达85%。可以看出山东省高校科技期刊整体的影响力水平提升非常显著。近年来医学类期刊发展迅猛,影响力提升较快,也带动了山东省高校科技期刊整体水平提升。

总被引频次大于2 000的期刊,2015年有8种,而2019年有13种,增加了5种,分别为《中国现代普通外科进展》《泰山医学院学报》《山东化工》《山东大学学报(医学版)》《山东中医药大学学报》。可以看出,新增期刊有4种为医学类,且其影响因子均超过1;而另外一种工程技术类期刊的影响因子并未超过0.5,只是载文量的增加提高了其总被引频次。

2015—2019年,《中国人口·资源与环境》影响因子和总被引频次在山东省高校科技期刊中一直高居首位,从2016年开始,其影响因子一直在4以上,远远高于其他期刊。2019年《中国人口·资源与环境》的总被引频次首次过万,远超其他期刊(总被引频次排名第二的期刊仅为3 588)。这可能与该刊也被中文社会科学引文索引(Chinese Social Sciences Citation Index, CSSCI)收录有关,这也是山东省高校科技期刊唯一被自然科学和社会科学类核心数据库同时收录的期刊,学科交叉特色极其鲜明。此外,《现代妇产科进展》和《腹腔镜外科杂志》办刊成效显著,近两年的影响因子稳居前三位。

2015—2019年,山东省高校科技期刊的平均他引率均超过0.9,除2018年他引率较低,其他年份平均他引率均为0.93。相应地,平均引用刊数在2017年和2018年连续两年下降,在2018年达到最低(少于390),2019年略有回升(超过400)。

1.4.2 主要期刊来源指标

2015—2019年,统计的山东省高校科技期刊的来源文献量逐年减少,2019年来源文献量为8 642篇,减少了5.6%,平均每年减少约1.1%。基金论文比逐年递增,至2019年增长了约18%,平均每年增加3.6%。相较于2015年,2019年平均引文数增加了约50%,平均每年增加10%。

近5年,山东省高校科技期刊的平均地区分布数基本稳定,而平均机构分布数在2017年和2018年明显减少,2018年机构分布数下降到最低(85),在2019年略有回升(92)。

2 数据库收录情况

2.1 北大中文核心收录期刊

《中文核心期刊要目总览》(2020年版)由北京大学图书馆主持研究,联合了全国28家单位研制，共收录中文期刊 1 990 种，而自然科学类期刊共 1 251 种。山东省共有 43 种期刊入选，仅排名全国第 14 位。而由山东省高校主办的科技期刊共 12 种入选，其中山东大学主办的期刊有 4 种。

2.2　中国科学引文数据库

中国科学引文数据库(Chinese Science Citation Database, CSCD)是由中国科学院文献情报中心负责管理，其来源期刊每两年遴选一次。2021—2022 年中国科学引文数据库来源期刊共 1 262 种，其中英文期刊 245 种，中文期刊 1 017 种。山东省高校科技期刊共 10 种入选，其中中文刊 9 种，英文刊 1 种；核心期刊 6 种，扩展库期刊 4 种。

2.3　中国科技论文与引文数据库

中国科技论文与引文数据库(Chinese Scientific and Technical Papers and Citation Database, CSTPCD)由中国科技核心期刊(即中国科技论文统计源期刊)上刊发的论文构成。中国科学技术信息研究所自 1987 年开始研制 CSTPCD，每年进行科技论文统计与分析，并出版《中国科技期刊引证报告》。2020 年，《中国科技期刊引证报告(核心版)》发布的中文期刊共 1 946 种，英文期刊 124 种。其中，入选中国科技核心期刊的山东省高校科技期刊中文刊有 21 种，英文刊 2 种，其中医学类期刊 9 种。

2.4　SCIE 和 EI 收录

山东省高校主办的英文期刊大多为近年来新创办的期刊，被国际知名科技文献检索系统收录的并不多。目前，仅《中国海洋大学学报(英文版)》一种期刊被《科学引文索引》(Science Citation Index Expanded, SCIE)收录，JCR 分区为 Q4，2020 年影响因子为 0.913(五年影响因子 1.012)。被《工程索引》(Engineering Index, EI)收录的也只有《中国石油大学学报(自然科学版)》。

3　山东省高校科技期刊的发展探讨

3.1　高校综合性学报的专业化转型

截至 2020 年 5 月底，山东省普通高等学校学报数量为 69 种，而上海市只有 44 种普通高校学报[11]。如果不计人文社科类高校学报，则上海市高校主办的自然科学类学报数量更少。而上海市高校主办的中文科技期刊共有 71 种[12]，这说明上海市高校主办的科技期刊大多为专业类期刊，而山东省高校主办的专业科技期刊比例较低(约 40%)。

综合性高校学报的专业化转型是普通高校期刊提升学术质量和影响力的有效发展路径，且专业化办刊具有较强的普适性[2]，已有很多成功案例[13-14]。如《北京工商大学学报(自然科学版)》于 2013 年更名为更具学术性的专业刊名《食品科学技术学报》，并成功实现了专业化转型和精品化发展。这也是未来山东省高校科技期刊高质量发展的一个方向。

3.2　充分挖掘本校资源，支撑高校科技期刊持续发展

(1) 争取政策支持。在我国推进"双一流"高校建设的背景下，很多高校已经意识到创办和建设世界一流期刊是高校"双一流"建设的核心举措之一。例如，山东大学已经出台《山东大学世界一流科技期刊培育计划》(2019—2035)》(即《"强刊兴学"计划》)，目标是培育一批在全球范围内具有广泛影响力的世界一流科技期刊。在这一计划的支撑下，山东大学近年来新办了 3 种英文期刊入选中国科技期刊"卓越行动计划"高起点新刊项目，为全省乃至全国高校的科技期刊发展做出了很好的示范作用。

(2) 争取智力支持。对于数量众多的普通高校学报而言，创办高起点英文期刊或者完全实

现学报专业化转型存在较大困难，而坚持"内容为王"、走内涵式发展道路是可行的措施。高校学报应努力争取高校优势学科支持，充分挖掘利用好本校优势学科资源，遵循科技期刊发展规律，积极探索适合自身的专业特色化期刊之路。高校学报可以为本校优势学科开设固定栏目，或者每年一期的专辑，采用组建专栏或专辑编委会、创新组约稿模式等手段，集中报导优势学科的最新学术成果，打造学报的学术品牌。另外，鼓励对期刊工作有热情的优秀青年学者进入编委会，为期刊的发展建言献策。

3.3 引进优秀人才，优化编辑队伍结构

科技期刊编辑是期刊高质量发展的第一资源，建设世界一流期刊对科技期刊编辑人才队伍建设提出了更高要求。如中国科学院期刊出版领域执行多年的引进优秀人才计划，引进了多名高端管理型人才、学科专业人才以及新媒体人才，建立了"科学家+专业编辑"为一体的办刊人才队伍，在新刊创立、影响力提升、国际化发展、媒体融合发展等方面发挥了重要作用[15]。山东省高校科技期刊应努力将编辑队伍建设纳入学校的整体发展规划中，利用好学校和地方人才引进政策，引进各类优秀专业人才，优化编辑队伍结构，为建设一流期刊储备人才资源。

3.4 利用新媒体构建虚拟学术社区，提升期刊传播质量

随着移动互联技术的广泛应用，碎片化阅读已经逐渐成为信息获取的主要方式，学术期刊的跨媒体融合发展成为必然趋势。而构建期刊主导的虚拟学术社区对于提升期刊影响力具有显著的作用。如南京农业大学主办的《园艺研究》(*Horticulture Research*)2014年创刊，通过举办学术会议、作者分享会、精准邮件推送、云实习编辑、线下展板、微信作者交流群等多种方式构建学术社区，汇聚了大批科研人员，办刊效果十分突出，受到了学术界及期刊届的广泛关注。而且，借助《园艺研究》的学术社区，新创办的期刊《植物表型组学》在短时间内获得了科研人员的大量关注[16]。

大部分高校科技期刊建立了微信作者交流群、微信公众号，然而发布的内容大多是纸刊内容的简单重复，并未充分发挥新媒体平台的灵活性、移动性、互动性、社交性等特点，传播效果大打折扣。高校学术期刊应在期刊内容质量建设基础上，加大利用新媒体平台进行科技成果传播的力度，持续扩大影响范围，提升影响力。

4 结束语

总体上看，山东省高校科技期刊的整体影响力不足，对高水平论文吸引力不足。"双一流"高校主办的科技期刊，无论是从数量还是质量上均优于其他高校。尤其是山东大学，不仅核心期刊数量多，而且积极创办英文期刊，有多种新刊入选中国科技期刊卓越行动计划高起点新刊项目，为培育世界一流科技期刊奠定了坚实基础，引领了山东省高校科技期刊的高质量发展方向。

从全国来看，已有很多普通高校主办优秀期刊的成功案例，也有很多关于"双一流"建设和培养世界一流期刊背景下高校科技期刊发展策略研究成果。对山东省大多数的普通高校科技期刊来说，修炼好"内功"仍是当前最重要的工作。高校主办的科技期刊要做强，离不开本校学科支持。同样，建设好一流期刊可以帮助学校集聚高端人才，助推学科建设，提升学校的学术水平和影响力。高校科技期刊应依托本校优势特色学科，抓住发展机遇，做好顶层设计，突破同质化办刊瓶颈，主动采取多种措施提升办刊质量。

参 考 文 献

[1] 刘志强,王婧,张芳英,等.建设中国高校一流科技期刊的发展展望:基于《中国高校科技期刊年度观察报告(2018)》[J].科技与出版,2019(1):13-19.
[2] 段尊雷.高校科技期刊影响力分析及发展策略探讨[J].中国科技期刊研究,2021,32(4):537-544.
[3] 中国科学技术协会.中国科技期刊发展蓝皮书(2020)[M].北京:科学出版社,2020.
[4] 国家统计局,国务院第七次全国人口普查领导小组办公室.第七次全国人口普查公报(第三号):地区人口情况 [EB/OL].[2021-08-12].http://www.stats.gov.cn/ztjc/zdtjgz/zgrkpc/dqcrkpc/ggl/202105/t20210519_1817696.html.
[5] 中国科学技术协会.中国科技期刊发展蓝皮书(2018)[M].北京:科学出版社,2018.
[6] 中国科技论文统计与分析课题组.2019年中国科技论文统计与分析简报[J].中国科技期刊研究,2021,32(1):99-109.
[7] 王丽丽,孟静,张丽荣,等.《山东农业科学》近十年期刊评价指标变化动态及学术影响力分析[J].山东农业科学,2019,51(12):137-143.
[8] 刘二稳,陈光美.《山东建筑大学学报》2007—2018年文献计量统计分析[J].山东建筑大学学报,2019,34(5):88-94.
[9] 北京万方数据股份有限公司.2020年版中国科技期刊引证报告(扩刊版)[M].北京:科学技术文献出版社,2021.
[10] 甘慧敏,林琳,石俊强.山东省高校科技期刊网站建设现状分析[J].济宁医学院学报,2018,41(3):223-225.
[11] 郭伟,李伟.普通高校学报办刊现状调查与分析[J].中国科技期刊研究,2020,31(12):1486-1494.
[12] 王婧,吴领叶,张芳英,等.上海高校科技期刊的发展现状与对策研究[M]//学报编辑论丛(2020).上海:上海大学出版社,2020:604-608.
[13] 赵新科.高校综合性学报专业特色化更名后的现状与思考[J].中国科技期刊研究,2017,28(2):112-116.
[14] 叶红波.高校综合性学报的专业化转型与精品化发展:基于《食品科学技术学报》的案例分析[J].中国科技期刊研究,2019,30(11):1206-1210.
[15] 杨丹丹,陆朦朦.媒体融合背景下科技期刊编辑人才队伍建设研究:以中国科学院期刊出版领域引进优秀人才计划(2008—2019)为例[J].中国出版,2021(16):37-41.
[16] 尹欢,孔敏,张彤,等.英文学术期刊学术社区的探索与思考:以《园艺研究》为例[J].中国科技期刊研究,2021,32(8):1040-1048.

双城经济圈背景下成渝地区科技期刊发展现状与融合发展路径

周红利[1]，冷怀明[2]

(1.《成都医学院学报》编辑部，成都 610500；2.《第三军医大学学报》编辑部，重庆 400038)

摘要：文化的创新发展驱动着成渝地区双城经济圈的发展，期刊出版是文化工作中的重要组成。本文通过分析川刊和渝刊在知网、维普、万方数据库中收录的基本情况，期刊论文在知网数据库中被引情况，入围 2020 中国精品科技期刊情况，全面了解成渝科技期刊发展现状，探讨成渝地区科技期刊集群式融合发展路径，从而促进成渝地区科技期刊高质量发展新格局。

关键词：成渝双城经济圈；高质量发展；科技期刊；川刊；渝刊；融合发展

科技期刊是科技工作者的智慧结晶，是我国学术知识传播及社会主义文化创新的重要源泉，是国家和民族的精神食粮。科技期刊的发展推动着社会主义文化的前进脉搏。"文化是一个国家、一个民族的灵魂。文化兴国运兴，文化强民族强。"文化的创新发展为经济赋能，文化产业推动经济的发展。文化在经济发展中起着举足轻重的作用。2020 年 1 月 3 日，习近平总书记在中央财经委员会第六次会议上专题部署了推动成渝地区双城经济圈建设[1]。由此，成渝地区双城经济圈建设上升为国家战略。在知识经济时代，文化是经济发展的动力，如果"经济圈"仅抓经济，那么成渝经济圈建设目标将难以实现。随着 5G 技术的发展，文化产业的重要地位越来越凸显，文化的高质量发展将为经济带来新元素和新动能。

科技期刊是文化产业的重要组成部分。一流大学助推成渝双城创新发展，应建立双城高校协同联动机制[2]。高校学报是由高等院校主办的学术性期刊，在双一流大学建设中具有重要地位。与科研院所、行业协会、学会等主办的科技期刊不同，高校学报是高校科技创新体系的重要组成部分，是展示高校科研水平高低、创新能力强弱的重要平台，在推动高校科技进步、学科发展、创新型人才培养、服务国家与社会等方面发挥着不可替代的作用[3-4]。2019 年 8 月，中国科协、中宣部、教育部、科技部四部门联合发布《关于深化改革 培育世界一流科技期刊的意见》，明确指出：要建设一批富有国际竞争力和影响力的世界一流科技期刊，构建开放创新、协同融合、世界一流的中国科技期刊体系，夯实进军世界科技强国的科技与文化基础，将高校学报建设成为世界一流科技期刊，这是国家赋予当代期刊人的神圣使命和艰

基金项目：四川省社会科学重点研究基地——四川学术成果分析与应用研究中心基金项目(XSCG2020-002)；四川省社会科学重点研究基地——文化产业发展研究中心基金项目(WHCY2021B07)；2020 年度成都医学院"党建特色品牌培育"研究基金项目(DJZX20-016)；四川应用心理学研究中心基金项目(CSXL-202A21)

通信作者：冷怀明，E-mail:lenghuaiming@tmmu.edu.cn

巨任务，可谓是任重而道远[3]。目前，成渝经济圈的发展势头良好，为出版工作的发展带来了新机遇，作为期刊人需要牢牢把握时代脉搏。基于此，本文通过对川刊和渝刊在知网、维普、万方数据库中的收录情况，期刊论文在知网数据库中被引情况，入围2020中国精品科技期刊情况进行全面分析成渝期刊发展现状，探讨在双城经济圈背景下成渝两地科技期刊高质量融合发展路径。

1 成渝期刊基本情况分析

1.1 成渝期刊在知网数据库中收录情况

根据2021年5月在知网数据库查询，西南地区共有807种期刊，成渝期刊在知网收录共有559种，占比69.27%。其中四川地区收录的期刊有377种，重庆地区有182种。成渝期刊在西南地区占比较高。然而从全国地区分布来看，华北(4 422种)、华东(2 506种)、华中(1 128种)、东北(939种)、西南(807种)、华南(649种)、西北(631种)，西南地区的期刊数量与华北、华东、华中地区相比，差异还很大，作为西南地区的重要组成成渝期刊的数量还不足。成渝地区网络首发期刊情况：四川地区网络首发期刊有93种；重庆地区网络首发期刊有53种。成渝期刊首发情况在成渝期刊总数中占比29.12%，还处于较低水平。

1.2 成渝期刊在知网数据库中被引TOP10基本情况

截至2021年5月9日在知网数据库显示，渝刊被引TOP10的期刊中医学类期刊较多，其中，除《中国药业》《现代医药卫生》这两种期刊没有网络首发以外，其余被引TOP10的期刊均进行了网络首发。除了《现代法学》是双月刊外，其余渝刊被引TOP10的期刊为月刊或是半月刊，可见出版周期对期刊的被引频次有一定影响，如表1所示。另一方面，《现代法学》作为双月刊，其被引频次也比较高，可能与期刊论文质量、网络首发等原因有关。与渝刊相比，被引TOP10的川刊学科种类较多，总被引频次居于20万以上的是计算机学科，并且这两本期刊的被引频次明显高于其他期刊。除了自然科学类的期刊外，社科类的期刊也出现在川刊知网被引TOP10内，如《西南民族大学学报(人文社会科学版)》《软科学》《农村经济》，而《西南民族大学学报(人文社会科学版)》和《农村经济》2种期刊没有网络优先出版，如表2所示。

表1 渝刊知网被引TOP10基本情况

序号	期刊名称	主办单位	出版周期	被引频次/次
1	重庆医学	重庆市医学会，重庆市卫生信息中心	半月刊	208 133
2	中国药房	中国医院协会，中国药房杂志社	半月刊	194 333
3	材料导报	重庆西南信息有限公司	半月刊	191 808
4	计算机科学	重庆西南信息有限公司	月刊	186 657
5	中国中医急症	中华中医药学会	月刊	143 544
6	包装工程	中国兵器工业第五九研究所	半月刊	132 730
7	现代法学	西南政法大学	双月刊	124 194
8	功能材料	国家仪表功能材料工程技术研究中心，重庆仪表材料研究所，中国仪器仪表学会仪表材料学会	月刊	117 594
9	中国药业	重庆市食品药品监督管理局	半月刊	116 821
10	现代医药卫生	重庆市卫生健康统计信息中心	半月刊	113 993

表2 川刊知网被引TOP10基本情况

序号	期刊名称	主办单位	出版周期	被引频次/次
1	计算机应用研究	四川省计算机研究院	月刊	268 723
2	计算机应用	四川省计算机学会，中国科学院成都分院	月刊	230 085
3	现代预防医学	中华预防医学会，四川大学华西公共卫生学院	半月刊	181 990
4	天然气工业	四川石油管理局，中国石油西南油气田公司，中国石油川庆钻探工程公司	月刊	173 309
5	四川中医	四川省中医药学会	月刊	141 086
6	西南民族大学学报(人文社会科学版)	西南民族大学	月刊	136 802
7	软科学	四川省科技促进发展研究中心	月刊	116 412
8	高分子材料科学与工程	中国石油化工股份有限公司科技开发部，国家自然科学基金委员会化学科学部，高分子材料工程国家重点实验室，四川大学高分子研究所	月刊	114 137
9	实用妇产科杂志	四川省医学会	月刊	109 212
10	农村经济	四川省农业经济学会	月刊	109 027

1.3 成渝期刊在维普数据库中收录情况

根据 2021 年 5 月在维普数据库查询，四川地区收录的期刊有 639 种，重庆地区有 324 种，川刊和渝刊在维普收录的数量均比知网多，成渝期刊在维普数据库共收录有 963 种。与全国各地区维普数据库收录期刊 TOP5(北京 3 259 种、辽宁 1 230 种、湖北 977 种、江苏 799 种、广东 658 种)比较，还有一定距离。相比渝刊而言，川刊在维普数据库收录排名靠前。

1.4 成渝期刊在万方数据库中收录情况

据统计，当前成渝期刊在万方数据库中收录期刊共 520 种，四川地区收录的期刊有 352 种，重庆地区有 168 种。由此可见，川刊和渝刊在万方收录的总数与在知网数据库收录比较接近，而比维普数据库少。

1.5 成渝地区荣获第五届中国精品科技期刊基本情况

为推动中国科技期刊评价体系的构建，提高我国科技期刊发展水平，从 2000 年开始，国家科技部开展了"中国精品科技期刊战略研究"战略计划，中国科学技术信息研究所承担了相关研究任务并提出"中国精品科技期刊"的概念。从 2008 年开始，"中国精品科技期刊"的评选拉开帷幕。该项评选工作每三年一届，分别于 2008 年、2011 年、2014 年、2017 年和 2020 年发布了五届中国精品科技期刊评选结果。

精品期刊在一定程度上能够反映国内期刊的办刊水平。在《2020 中国精品科技期刊目录》中，成渝地区科技期刊荣获精品期刊的总数与北京地区相比较，数量还十分有限。四川地区《爆炸与冲击》《高分子材料科学与工程》《工程科学与技术》《华西口腔医学杂志》《塑料工业》《天然气工业》《现代预防医学》《中国修复重建外科杂志》《中国循证医学杂志》9 种川刊入选，其中 6 种期刊均来自四川大学，精品主办单位高度集中。而重庆地区有《应用数学和力学》《中华肝脏病杂志》《表面技术》《材料导报》《中华消化外科杂志》《第三军医大学学报》《西南大学学报自然科学版》7 种渝刊入选。这 7 种渝刊的主办单位相对川刊来说比较分散。总的来说，成渝精品期刊还比较少，并且成渝地区精品期刊集中在成都和重庆地区，其他周边地区仅有绵阳市(见表 3)。

表3 成渝地区获第5届中国精品科技期刊基本信息

序号	期刊名称	主办单位	出版地	出版周期
1	爆炸与冲击	中国力学学会，四川省力学学会，中物院流体物理研究所	四川省绵阳市	月刊
2	高分子材料科学与工程	中国石油化工股份有限公司科技开发部，国家自然科学基金委员会化学科学部，高分子材料工程国家重点实验室，四川大学高分子研究所	四川省成都市	月刊
3	工程科学与技术	四川大学	四川省成都市	双月
4	塑料工业	中蓝晨光化工研究院	四川省成都市	月刊
5	天然气工业	四川石油管理局，中国石油西南油气田公司，中国石油川庆钻探工程公司	四川省成都市	月刊
6	现代预防医学	中华预防医学会，四川大学华西公共卫生学院	四川省成都市	半月
7	中国修复重建外科杂志	中国康复医学会，四川大学华西医院	四川省成都市	月刊
8	中国循证医学杂志	四川大学	四川省成都市	月刊
9	华西口腔医学杂志	四川大学	四川省成都市	双月
10	第三军医大学学报	第三军医大学	重庆市	半月
11	应用数学和力学	重庆交通大学	重庆市	月刊
12	中华肝脏病杂志	中华医学会	重庆市	月刊
13	中华消化外科杂志	中华医学会	重庆市	月刊
14	西南大学学报自然科学版	西南大学	重庆市	月刊
15	表面技术	中国兵器工业第五九研究所，中国兵工学会防腐包装分会，中国兵器工业防腐包装情报网	重庆市	月刊
16	材料导报	重庆西南信息有限公司	重庆市	半月

2 成渝科技期刊发展现状分析

科技期刊为我国文化事业的繁荣与发展做出了重要贡献。目前，成渝地区科技期刊的整体发展现状还不佳，存在一定不足。从数据库收录的期刊统计分析可得，不管是知网还是维普，成渝期刊总数比华北、华东、华中地区数量较少，川刊比渝刊数量稍多。郭伟等[5]截至2020年5月统计普通高校学报不同地区的分布情况，其中四川普通高校学报有50种，重庆普通高校学报有24种，由此可见成渝地区高校学报总量离江苏普通高校学报99种还有一定距离。从被引情况来看，成都和重庆两地的学科优势有所不同。渝刊的优势期刊在医学期刊领域，而四川期刊的优势学科较分散，计算机、天然气、四川中医等都体现了四川期刊的多条路多学科发展。成渝地区精品期刊不足，地区差异明显，据统计显示除成都市和重庆市外，仅有来自四川省绵阳市中国力学学会、四川省力学学会、中物院流体物理研究所主办的《爆炸与冲击》入围精品期刊，这说明成渝科技期刊分散经营显著。另外，从知网期刊被引总数分析也可以，被引高TOP10的成渝期刊的出版地均在成都市和重庆市，而成渝其他地区的期刊发展相对很缓慢。

3 成渝科技期刊高质量融合发展路径

3.1 整合资源，加快期刊集群化融合发展

在西部大开发及成渝双城经济圈的推进下，以重庆市、四川省、贵州省等西部地区科学

技术期刊编辑学会发起，西部科技期刊联盟于2020年11月成立，这对西部地区科技期刊交流和发展诸注入了新动能，带来了新的发展理念，促进西部跨区域科技期刊集群化发展。目前，重庆和成都在各自的地区都为进一步传播好和发展好期刊组织了一系列活动，如由四川省期刊协会主办的"期刊大讲堂"活动，这是四川省期刊协会的大活动之一，促进了各期刊单位交流学习。重庆地区的"编辑大碗茶"举办得非常成功，深受编辑喜爱。如"编辑大碗茶"推出的编辑师承制，对年轻编辑的学习和工作进行全面指导，提高了青年编辑的业务能力。这些活动希望能在成渝地区全面推进，促进成渝期刊的建设和发展。成渝地区科技期刊通过资源整合、出版融合实现高质量发展。①构建成渝科技期刊专家资源库。由于现在学科研究的细分领域越来越广，找到精准要求方向的专家非常有限，在未来相关学科的审稿专家可以整合，以便促进期刊审稿质量的提升。②共建成渝学术期刊学会。通过筹建成渝期刊协会、成渝社科类期刊学会、成渝自科类期刊学会，召集成渝地区的办刊人、编辑共聚一堂，共同探讨、交流，共谋成渝科技期刊高质量发展。③共建成渝地区期刊继续教育培训活动。从2021年起，根据国家新闻出版署规定出版专业技术人员继续教育的时间每年需要达到90学时，而目前根据相关的继教活动开展来看，获批继教学时的活动并不多；而有些单位由于经费有限、出远门培训学习交通费大大增加，如在成渝地区举行的继续教育活动，由于成渝地区高铁交通的便捷，编辑的参与度高，相关培训活动组织也比较容易，这需要重庆市科学技术期刊编辑学会和四川省科技期刊编辑学会相互交流，共同分享培训信息及内容。④共建成渝地区期刊学习交流平台。如出版单位实地学习；构建成渝期刊编辑学术交流圈，如成渝地区编辑交流的QQ群、微信圈等，增加相关领域专业编辑方面的了解以提升自我编校业务能力。

3.2 构建成渝地区科技期刊发展的三维动态对策体系

在成渝科技期刊发展现状调研中发现，成渝两地的科技期刊发展是以成都和重庆为中心，期刊出版单位比较集中，相比较而言除成都、重庆以外的成渝地区其他地区，期刊发展比较缓慢，成渝科技期刊融合发展的空间还有很大空间。成渝地区各市科技发展水平呈现明显的两极分化。根据区域发展特点，制定符合不同发展程度的三维动态对策体系，即分别以时间(为处于不同融合阶段的科技期刊提供不同的支持措施)、空间(促进不同区域的期刊选择有效发展的空间)和期刊产业(根据不同期刊类型的具体特征采取差别化的融合发展策略)为维度进行全方面分析提升期刊融合发展的对策，综合运用成渝地区各级政府、四川及重庆科技期刊协会及读者市场等方面力量来进行期刊融合发展。具体对策包括财税政策、金融政策、出版法律法规、期刊业发展规划、5G服务体系、跨区域协调、数字价值链整合、编辑媒介素养培养等方面。在成渝期刊中需要精品带动更多的普刊发展，普刊单位主动向精品期刊学习。通过实地考察，学习期刊发展的特色及数字化发展路径，相信会有更多的精品期刊，从而促进成渝地区期刊高质量发展。

3.3 期刊编辑主动学习新媒体，提高成渝期刊传播力

网络首发比纸质版在网络上查询的时间早，能使期刊的内容早日呈现在读者面前，这样可扩大期刊的下载量和被引频次，这是期刊传播力提升的有效方式。在本研究中发现，川渝期刊网络优先出版的数量还不多，后期可以加强与知网合作。近年来，期刊微信公众号的传播利逐步提升，成渝地区部分期刊还没有进行网络传播，期刊编辑亟需要加强新媒体学习，争取扩大期刊出版影响力。成都及重庆周边城市也有一些综合实力强的出版单位，可以充分调动他们的发展潜力从而扩大影响力，带动相对水平低的期刊发展。重庆图书馆、四川图书

馆都拥有着非常丰富的期刊资源,而成渝其他地区的文化发展相对落后,在双城经济圈发展的同时,打破地域间障碍,让数据库资源集群化管理与传播,让成渝地区的更多的读者和作者收益,提高成渝期刊的传播力。

4 结束语

地铁在高速运行,成渝高铁的发展带动了成渝地区之间的交流与沟通,双城经济圈为成渝地区的文化带来了新的空间和视觉。目前,成渝期刊以成都和重庆为中心,期刊出版单位比较集中,而成都、重庆以外的成渝地区期刊发展比较缓慢,成渝科技期刊融合发展的空间还有很大空间。5G时代是信息高速发展的时代,期刊工作者应利用好人工智能技术,将成渝地区科技期刊进行推广、分享,提高传播力和影响力。目前,成渝期刊的发展还不平衡,需要国家及地方政府对相对发展缓慢的成都和重庆周边地区期刊单位给予更多的政策扶持。相关期刊出版者需借力双城经济圈发展的优势和有利条件进行深度融合,促进成渝地区科技期刊高质量发展。科技期刊工作者应担负起新时代赋予的责任与使命,构建成渝经济圈科技期刊高质量发展的新格局,为成渝双城经济圈的发展添砖加瓦。

参 考 文 献

[1] 习近平主持召开中央财经委员会第六次会议[EB/OL].[2020-01-03].http://www.xinhuanet.com/2020-01/03/c_1125420604.htm.
[2] 陈涛,唐教成.高等教育如何推动成渝地区双城经济圈发展:高等教育集群建设的基础、目标与路径[J].重庆高教研究,2020,8(4):40-57.
[3] 晏如松."范式"变革:高校学报创办世界一流期刊的路径选择[J].科技与出版,2021(1):150-155.
[4] 蒋学东,邓履翔,涂鹏,等.中国科技期刊卓越行动计划引领下的工程技术类期刊角色功能重塑途径探析[J].科技与出版,2021(1):145-150.
[5] 郭伟,李伟.普通高校学报办刊现状调查与分析[J].中国科技期刊研究,2020,31(12):1486-1494.

"建设世界一流期刊"背景下地方高校学报发展策略

季潇濛，段玉梅

(榆林学院学报编辑部，陕西 榆林 719000)

摘要： 在"建设世界一流期刊"的背景下，地方高校学报应重塑其在学术传播新秩序中的定位，改革其落后的管理体制，积极向应用性、开放性、多元性、专业性转型；应顺应传统出版业与数字出版融合发展的潮流，重视网络采编、网络出版、新媒体传播方面的数字化建设；应参与集约化管理模式，形成区域内的期刊出版集团，进行统一管理经营，实现优势资源共享。以此，地方高校学报才能在学术影响力、传播力、竞争力上更进一步，支撑期刊产业的生态体系，保证期刊产业的多元化稳定发展。

关键词： 地方高校学报；世界一流期刊；再定位；数字出版；集约化经营

2018年11月14日，中央全面深化改革委员会第五次会议上审议通过了《关于深化改革 培育世界一流科技期刊的意见》(以下简称《意见》)。会议强调，要以建设世界一流科技期刊为目标，做精做强一批基础和传统优势领域期刊[1]。科技期刊传承人类文明，荟萃科学发现，引领科技发展，直接体现国家科技竞争力和文化软实力。《意见》的发布对于科技期刊来说既是机遇，又是挑战，如何建设世界一流期刊成为业界共同关注的一大热点。

首先，世界一流期刊的定义决定了未来科技期刊的发展方向。中国科协经过调研，认为世界一流期刊指"能发表最具原始创新意义的研究成果并在世界范围内得到广泛认可、学科影响力指标位居世界综合或学科领域定量统计排名前5%的期刊"[2]。然而，不同指标体系和不同的评价方式下，期刊的排名呈现出明显的差异性。因此，朱邦芬提出，世界一流期刊应该从内涵和外延两个方面来界定。从内涵来看，世界一流期刊是指能够持续、集中地刊登某一个学科或多个学科的具有世界一流水准的科研成果的载体；从外延来看，其发表的论文必须对学术、技术、产业等某个方面或某几个方面产生重大影响，能够引领某个领域，甚至对社会的发展、人类的发展产生较大影响[3]。

其次，建设世界一流期刊的受众范围决定了中国学术期刊的整体水平。武晓耕等[4]认为，建设世界一流期刊不仅是科技期刊的奋斗目标，同时也对社科期刊产生深刻的影响。宁笔[5]指出，打造中国的世界一流期刊的路径有三：一是强刊做大，二是大刊做强，三是弱刊、小刊或者新刊同时做大做强。刘碧颖等[6]提出，普通学术期刊支撑着中国期刊产业的生态体系，保证了期刊多元化稳定发展，在我国建设世界一流期刊的过程中发挥着无可替代的重要作用。朱邦芬[3]也强调，建设世界一流期刊，不应该只是少数几个优秀期刊关心的事，而是中国

基金项目： 陕西省2020年度出版科学基金项目(20BSC05)

科技期刊界共同的任务。

目前，国内公开发行的学术期刊共 6 000 种左右，高校主办的学报数量达到 2 500 种左右，其中地方高校学报占比 94%以上[7]。由于依托平台低、学术影响小、稿源质量差等自限性问题，地方高校学报成为"小弱散"的典型代表，短期内并不具备冲击世界一流期刊的条件。然而，在建设世界一流期刊的浪潮中，地方高校学报作为整个学术期刊行业的"基石"部分，也要抓住难得的发展机遇，既能促进整个行业的良性联动发展，又符合《意见》中提到的"夯实发展基础，构建期刊可持续发展的体制机制和生态保障"的基本原则。本文结合《意见》，以地方高校学报为研究对象，探讨其在"建设世界一流期刊"背景下的未来发展策略，以凸显在学术国际化的浪潮中地方高校学报的存在意义。

1 地方高校学报的发展困境

1.1 "校本性"严重

高等学校学报是高等学校主办的、以反映本校科研和教学成果为主的学术理论刊物，是开展国内外学术交流的重要园地[8]，这一定义决定了高校学报的"校本性"。地方高校是地方所属高等学校的简称，指隶属各省、自治区、直辖市，大多数靠地方财政提供资金，由地方行政部门划拨经费的普通高等学校，具有学科定位模糊、经费短缺、人才流动性大等特点。学报依托于此，其"校本性"主要体现在以下两个方面：

第一，办刊定位不明。大多数地方高校学报属于综合类学术期刊，兼并文理。学校学科设置普遍齐全且重复，优势学科是相对于本校其他学科而言的，与"双一流"大学或者其他名牌大学相比则无优势可言。学报跟随学校定位，服务于本校科研与教学，在栏目设置时只能根据投稿随时调整，没有明确的选题策划和组稿过程，无法凸显其特色。有的学报即使有特色栏目，也因为普通期刊的级别限制无法收到学术质量高的文章，无法做大做强。以陕西省 8 家地方高校学报为例，8 家学报均设置了彰显其地域特色的特色栏目，但 2012—2016 年五年内只有两家学报的特色栏目平均每期发文量超过 4 篇，最低的只有 1.1 篇[1]。载文量较少，制约了特色栏目及学报的影响力。学报陷入了特定的栏目组不到稿，只能根据现有稿件灵活调整栏目的尴尬境地，无法突出学报的"特色"。

第二，稿源单一。学报投稿大多来自于本校师生，读者和作者基本上是固定人群，不利于学术传播。而且，考虑到职称和基金项目评价体系，本校作者存在把质量高的文章投在核心期刊，三流文章投在本校学报的现象。内稿占比过大且质量不佳使学报的学术影响力陷入恶性循环。而且，由于地方高校学报没有院士和杰出青年等可以依靠的人力资源，运行经费主要来自学校拨款，仅能维持编辑部日常工作运行，创造的经济效益也几乎为零，难以在邀约名家专稿、举办学术会议等方面打开局面[6]。以《榆林学院学报》为例，2009—2018 年十年间内稿占比 34%，专家约稿也都是主编或编辑个人的"人情稿"。在优质稿源的争夺战中，地方高校学报即使支付高额稿酬也很难与核心期刊抗衡，长久以来，不利于提升显示度、增强学术影响力。

1.2 管理体制落后

高校学报作为一种学术产品，是学术出版市场的一部分。同时，学报编辑部作为高校的

---

[1]数据来源: 贺晴.地方高校社会科学学报特色栏目建设研究:以陕西省 8 种高校学报为例[J].渭南师范学院学报,2017,32(20):82-87.

一个部门，不是独立的市场主体，也没有独立的经营资格，就导致其在学术出版市场化的趋势中发展滞后。尤其是地方高校的学报，多在二、三线城市，资源优势较弱，发行量小，经济效益微不足道，同时，学术质量不佳，导致其不能产生应有的社会效益，陷入两难境地。究其根源，在于其管理体制上的落后。尤其是在数字时代到来后，落后的管理体制已经严重制约了地方高校学报的发展。

落后的管理体制首先体现在政策实施方面。近年来，国家大力支持期刊出版体制改革，发布了多个指导性文件，如，新闻出版署 2007 年发布的《高等学校出版体制改革工作实施方案》、2012 年与教育部联合印发的《关于报刊编辑部体制改革的实施办法》都提倡高校报刊编辑部转企改革。然而，地方高校学报编辑部不依靠市场配置资源，参与市场竞争较少；地方高校学报发行量小，不具备市场竞争力，因此，在具体的政策落实中，地方高校学报在参与改革中"力不从心"，只能被动维持传统的管理体制。

其次，落后的管理体制还体现在办刊模式上。除了政策与实际之间难以相适的矛盾以外，地方高校学报编辑部沿用传统的管理体制还有其主观原因，即固化的出版思维。一成不变的出版思维导致编辑人员不愿意接受新技术，办刊模式落后。具体表现为：编辑模式陈旧。编辑闲置采编系统，与作者、审稿人仍采用邮件或电话联系，降低了工作效率，延长了稿件周期；出版模式单一。地方高校学报在"数字化建设"的号召下对于出版模式的革新仅仅停留在把纸质出版物的电子版上传到各大数据库的阶段，离真正的"数字出版"相差甚远；经营模式分散。地方高校学报发行量小，常常是以赠阅的方式分发给读者，再加上没有广告收益，所以一直处于亏损状态。学报在各个高校统筹管理下，各自经营，只能利用有限的资源，无力做更多的新尝试。

2 "建设世界一流期刊"背景下地方高校学报的发展策略

在"建设世界一流期刊"的背景下，要重塑地方高校学报在学术传播新秩序中的定位，必须加快改革管理体制，重新定位，围绕自身需求，推动其向专业化、数字化、集约化转型。在历史变革下，只有体制改革和期刊转型并轨，地方高校学报才能真正实现可持续发展。

2.1 地方高校学报的再定位

(1) 由"理论性"向"应用性"转型。2014 年 6 月，国务院印发《关于加快发展现代职业教育的决定》，引导一批普通本科高等学校向应用技术型高等学校转型[9]，尤其是地方本科院校和新建本科院校[10]。地方高校向应用技术大学转型的过程中，学科建设向应用性、技术性、地方性偏重。同时，《意见》中也提到，期刊要"围绕重大需求""服务创新发展的战略需求"，这为地方高校学报指明了发展方向。因此，地方高校学报在"建设世界一流期刊"的浪潮中也应该跟随定位，栏目设置时应从处于弱势的基础型理论研究向立足当地需求的创新型应用研究转型，服务当地产业发展和地域文化传播。

(2) 由"封闭性"向"开放性"转型。长期以来，高校学报服务校内科研和教学的属性使其处于"闭门造车"的办刊状态。尤其是地方高校学报，在校内稿源质量不高的情况下，依然坚持"守株待兔"的办刊模式，导致学报的发展动力不足，竞争力趋弱。统计数据显示，在相同的评价指标和体系下，严重依赖内稿的学术期刊和外稿占比较高的学术期刊相比，总体评价数据较差，成长性较弱[11]。"建设世界一流期刊"本身就是对开放办刊的号召，在此背景下，地方高校学报只有打开视野，打破传统的封闭式办刊模式，向外打破桎梏，不仅能提高学报的影响力，还能提升学校的科研竞争力,获得脱胎换骨的成长。

(3) 由"单一性"向"多元性"转型。地方高校学报在进行文献专业细分时,往往采用"非此即彼"的方式。然而,近几年,交叉学科发展势头迅猛,《意见》也多次提及,期刊要"抢抓新兴交叉学科发展",才能实现高质量发展,实现在重大发展拐点的创新跨越。学报在组稿时要关注多学科交叉的应用型研究,这些文章在评价体系中往往因为跨学科的指标优势,而带动学报的整体评价数据上涨,获得更多的关注和更大的发展空间。例如,语言学、教育学、心理学等较容易形成文理学科交叉点,这些学科与优势学科相结合,用数据支撑理论,实现定性与定量研究的结合,使研究方法更加多元,研究结果更加权威。学报作为科研成果的载体,专业性和创新性也因此得到保障,提高了学术竞争力。

(4) 由"综合性"向"专业性"转型。地方高校学报"综合性"的特征已经成为限制其发展的"绊脚石",但是彻底改革成为"专业性"学术期刊也不符合地方高校学报的实际情况。学报在转型中可以把经验成熟的特色栏目作为核心依托,深度挖掘其内涵,把特色栏目中的要素分解出来,在组稿时重点围绕这些要素,形成各个栏目。此外,地方高校学报特色栏目一般是以地域文化研究为主,在专业化的转型中,可以扩大特色栏目的研究范围,把与当地文化有共同点或者来自共同文明的文化研究都包括在其中。如《榆林学院学报》的特色栏目是"陕北文化研究",在专业化转型中可以依托陕北文化,把"陕北文化"解构成为多个要素,即"剪纸""民歌""说书"等,围绕这些要素设置栏目,或者把"陕北文化"扩充成为"黄土文化"或"黄河流域文化"。

2.2 数字化建设

随着信息技术的飞速发展,国内数字出版产业整体收入规模持续增长,传统书报刊数字化业务占比逐年增加[12]。2015 年 3 月 31 日,国家新闻出版广电总局和财政部联合发布《关于推动传统出版和新兴出版融合发展的指导意见》,意见指出"推动传统出版和新兴出版融合发展,把传统出版的影响力向网络空间延伸,是出版业巩固壮大宣传思想文化阵地的迫切需要,是履行文化职责的迫切需要,是自身生存发展的迫切需要"[13],数字化建设成为必然趋势。作为传统出版业主体之一,期刊已经进入了与数字出版融合发展的加速转型期。《意见》中也强调,建设世界一流期刊要"抢抓数字化转型的战略机遇,实现在重大发展拐点的创新跨越"。在政策与技术的双重驱动下,地方高校学报想要在全媒体时代求生存,谋发展,就必须顺应发展趋势,探索有效的数字出版模式。

数字出版是指利用数字技术进行内容编辑加工,并通过网络传播数字内容产品的一种新型出版方式,其主要特征为内容生产数字化、管理过程数字化、产品形态数字化和传播渠道网络化[14],在地方高校学报的具体工作中,应着重三个方面:

(1) 网络采编。网络采编系统是指以科技期刊专业网站为平台,利用相关 IT 及数字化技术将科技期刊采、编、审流程网络系统化,实现低成本、高效的办刊目的[15]。随着互联网技术的高速发展,大多数地方高校学报已经意识到了传统编辑流程时效性差、信息易泄露的弊端,引进了技术成熟的网络采编系统,但在日常工作中依旧使用邮箱或纸质收稿,造成了资源浪费。究其根源,主要是编辑缺乏信息处理和资源整合的创新意识。编辑的思想数字化,学报的出版数字化才能得到落实。编辑要转变思想观念,提高信息处理水平,积极地投入到数字化建设中去。

(2) 网络出版。近年来,地方高校学报在数字化转型的道路上初见成效,基本实现了网络出版。学报通过加入中国知网、万方数据、维普网、超星期刊等大型数据库实现了数字化出版，改善了地方高校学报发行量小导致影响力不足的弊端。但是，其数字化的整体水平仍停留在初级阶段，编辑仅仅是在文章纸质出版后把电子版发送给平台，工作模式和业务流程没有任何改变。地方高校学报一般为双月刊，甚至还有季刊，出版周期长，从投稿到正式出版需要半年甚至一年的时间，因此，为了保持科研成果的实效性、培养作者的积极性，开通"优先出版"、缩短出版时滞成为学报数字化建设的大势所趋[16]。

(3) 新媒体传播。建设世界一流期刊，鼓励探索全媒体一体化新型出版模式。然而，全媒体一体化的出版平台需要专业的运营团队，地方高校学报由于编辑的信息处理技术有限，无法独立建设出版平台，且经费不足，难以承担专业运营团队的费用。因此，借助成熟完善的新媒体平台进行数字化知识服务成为地方高校学报的优先选择。以微信社交平台为例，地方高校学报可以通过公众号定期发布学术动态、提前刊载特色文章，进行点对面的广泛宣传；还可以通过后台获得读者的精确反馈，实现点对点的交流。新媒体平台在提升学术传播、增强读者黏性方面发挥着举足轻重的作用。

2.3 集约化管理

我国期刊数量众多，但国际影响力较弱，想要发展壮大，需要形成合力，形成规模化、集约化的经营模式。《意见》设立了"到 2035 年，建成若干具有国际竞争力的出版集团"的目标，对期刊集约化管理提出了具体要求。地方高校学报具有规模小、影响力弱、经营模式分散的特点，继续单打独斗、各自为营，只会在"建设世界一流期刊"的大潮中迷失方向，而采用集约化的管理经营模式，可以推动出版集团化发展，形成期刊命运共同体，有助于整合优势资源，将"弱刊"做大做强。

"集约化"经营指在社会经济活动中集合要素优势、降低生产成本、增进效益的经营方式。地方高校学报作为学术科研成果的载体，集约化首先应体现在学科专业上。2004 年，教育部印发《教育部高校哲学社会科学学报名栏建设实施方案》，推动高校学报向特色化发展。地方高校学报依托地方产业和区域文化，在"名栏工程"的催化下，产生了大批的特色栏目，推动了地方高校学报的特色化发展。然而，由于依托平台低，特色栏目的发展也举步维艰。"域出版"的出现打破了特色栏目发展的僵局，是学科专业集约化的最佳体现。第一，"域出版"集合了上万个特色栏目，组成了子平台服务群[17]，将特色栏目带到了更多人的视野中，"以栏带刊"，提升了地方高校学报的影响力。第二，"域出版"建立了由主编和责任编辑组成的名家专家智库，分享不同地区、不同专业的编辑的学术见解。第三，"域出版"通过相同标识和专域下的网络化聚集实现学科特色聚类，提升栏目的品牌形象。

其次，地方高校学报的集约化还应体现在管理模式上。建设世界一流期刊，鼓励探索"高校+企业""高校+学会"等多种办刊模式，推动产学研深度合作，提高高校学术期刊社会化水平，催生期刊发展新业态，创新特色期刊发展模式。地方高校学报自给自足的传统办刊模式已无法满足做大做强的发展目标，加入期刊集群、借助优势资源可以助其改善"小弱散"的现状。地方高校学报可以建立以省或市为单位的期刊出版集团，采用统一办刊思想、办刊模式、办刊标准的集团化出版模式，统筹优化稿件、人力、市场等资源，共享优势资源，提高集团品牌效应和核心竞争力，实现整体的可持续发展。

近几年国家对学术期刊"集约化"经营大力支持，然而，对于地方高校学报而言，如何落实"集约化"仍停留在理论层面。在实践中，除了建立地区学术期刊集群，更需要相关部门的政策扶持，如推行"帮扶计划"，以"强刊"带"弱刊"，实行"一对一"的指导，最终实现共同进步。

3 展望

地方高校学报虽然暂时不具备建设世界一流期刊的基本条件，但是"建设世界一流期刊"的目标不是少数期刊的突围，而是整体做大做强。地方高校学报作为学术期刊中的大多数，其发展关系着整个期刊产业是否能多元发展、健康发展、持续发展。而期刊产业的整体发展离不开政策的支持，没有政策的外在指引，学术期刊的发展内驱力无处落实。近年来，国家发布了诸多促进学术期刊发展的指导性意见，要求加强属地管理[18]，地方相关部门也积极贯彻。各地出版管理部门立足当地，提出适合当地高校学报发展的目标和指导。因此，在冲击"一流"的大潮中，地方高校学报要积极响应政策，参与到其中，发挥无可替代的支撑作用。尤其是在"破五唯"的号召下，地方高校学报将迎来新的发展机遇，只有积极改革，才能迎接挑战。

参 考 文 献

[1] 习近平主持召开中央全面深化改革委员会第五次会议[EB/OL].(2018-11-14)[2021-08-10]. http://www.gov.cn/xinwen/2018-11/14/content_5340391.htm.

[2] 上了中央深改委会议,科技期刊的春天到来啦！[EB/OL]. (2018-11-15)[2021-08-10]. https://www.sohu.com/a/ 275782663_749128.

[3] 我国科技期刊5 000多种,还没有被世界科研人员公认的世界一流期刊！朱邦芬院士:建设世界一流期刊不是少数期刊的工作[EB/OL]. (2021-02-21)[2021-08-10]. http://www.whb.cn/zhuzhan/xue/20210221/392806.html.

[4] 武晓耕,胡小洋,占莉娟,等."建设世界一流科技期刊"背景下的社科期刊发展策略探究[J].中国科技期刊研究,2019,30(8):801-805.

[5] 宁笔.中国离世界一流期刊到底有多远？怎么办？[EB/OL].(2018-04-30)[2021-08-10].http://blog.sciencenet.cn/blog-408109-1111652.html.

[6] 刘碧颖,贾峰,武晓耕.建设世界一流科技期刊背景下普通期刊的价值与发展建议[J].中国科技期刊研究,2020,31(4):375-380.

[7] 李利霞.地方高校学报质量的困境与对策[J].榆林学院学报,2018,28(5):119-124.

[8] 教育部办公厅关于印发《高等学校学报管理办法》的通知[EB/OL].(1998-04-01)[2021-08-10]. http://www.moe.gov.cn/s78/A13/sks_left/s6388/moe_771/tnull_1049.html.

[9] 国务院印发《关于加快发展现代职业教育的决定》[EB/OL].(2014-06-22)[2021-08-10].http://www.gov.cn/xinwen/2014-06/22/content_2705926.htm.

[10] 董立平.地方高校转型发展与建设应用技术大学[J].教育研究,2014(8):67-74.

[11] 王静.回归本应:新时代地方高校学术期刊再定位的必要性[J].编辑学报,2019(S2):95-98.

[12] 步入高质量发展的中国数字出版:2019—2020 中国数字出版产业年度报告[EB/OL].(2020-12-21)[2021-08-10].https://www.sohu.com/a/439641611_120060294.

[13] 关于推动传统出版和新兴出版融合发展的指导意见[EB/OL].(2015-04-10)[2021-08-10]. http://www.cac.gov.cn/2015-04/10/c_1115079278.htm.

[14] 新闻出版总署关于加快我国数字出版产业发展的若干意见[EB/OL].(2010-08-24)[2021-08-10]. http://www.nppa.gov.cn/nppa/contents/312/23777.shtml.

[15] 李艳.数字化出版对高校学报的影响及对策[J].中国出版,2009(增刊1):7-9.

[16] 季潇濛.《榆林学院学报》的文献计量分析:基于 2009—2018 年载文的研究[J].榆林学院学报,2020,30(4):97-101.

[17] 詹丽,邓喆.新媒体融合背景下地方性学术期刊如何走出困境:以"域出版"为中心[J].苏州教育学院学报,2020,37(1):54-59.

[18] 中共中央宣传部教育部科技部印发《关于推动学术期刊繁荣发展的意见》的通知[EB/OL].(2021-06-23)[2021-09-18].http://www.nppa.gov.cn/nppa/contents/312/76209.shtml.

新形势下高校创办英文科技期刊的思考

姜春明

(上海大学期刊社 Advances in Manufacturing 编辑部，上海 200444)

摘要：本文通过对近两年高校主办的高起点新刊项目进行简要分析，提出了新形势下高校创办英文科技期刊的一些思考与建议，以期对今后高校英文科技期刊的发展提供借鉴思考。

关键词：高校；英文科技期刊；创办

2019年8月，中国科协、中宣部、教育部、科技部联合印发《关于深化改革 培育世界一流科技期刊的意见》。随后，中国科协等七部门联合实施了"中国科技期刊卓越行动计划"，促进科技期刊的发展。入选期刊中，领军期刊22种，重点期刊29种，梯队期刊199种，共250种，其中高校主办的为53种。在创办新刊方面，高校的积极性空前高涨。如，2019年和2020年入选中国科技期刊卓越行动计划高起点新刊项目60种，其中高校主办的为30种。在2021年公布的高起点新刊初评入选项目92种，高校主办的为52种。目前，关于高校科技期刊发展的研究报道很多，主要聚焦在高校科技期刊与"一流学科"之间的关系[1-6]，关于高校新创英文科技期刊的研究不多。基于此，本文提出了一些新形势下高校创办英文科技期刊的思考与建议，以期对今后高校科技期刊的发展提供借鉴。

1 高校主办的高起点新刊项目

2019年和2020年高校主办的高起点新刊如表1所示。30种获得高起点新刊计划的期刊来自20所高校。其中，入选期刊数量前三的学校是北京理工大学(5种)，山东大学(3种)、清华大学(3种)。申请高起点新刊项目时期刊一般分两种情况：一种是创刊筹备中，创刊期尚未出版。如北京理工大学主办的《类生命系统》《无人系统》《新能源与智能载运》《空天：科学与技术》《能源材料前沿》5种期刊。另一种是期刊已出版，但只有ISSN号，如沈阳农业大学的《生物炭》2019年创刊，2021年被SCIE收录；电子科技大学的《信息材料》和华东师范大学的《统计理论及其应用》均是2017年创刊；上海中医药大学的《中医药文化》2018年创刊。

2 思考与建议

2.1 主办单位高校支持

首先，必须要取得主办单位高校的支持，以学校资源为后盾。据统计，目前国内高校期

基金项目：中国高校科技期刊研究会专项基金课题(CUJS2021-045)

刊数量相对较多的传统强校为上海交通大学、浙江大学、清华大学等。随着形势的发展，不断有高校加入创刊的队伍。如北京理工大学 2020 年 1 月成立北京理工大学出版社学术融合科

表 1 2019 年和 2020 年高校主办的高起点新刊

序号	主办高校	期刊名称
1	北京大学	健康数据科学
		国家医学评论
2	北京理工大学	类生命系统
		无人系统
		新能源与智能载运
		空天：科学与技术
		能源材料前沿
3	重庆医科大学	基因与疾病
4	电子科技大学	信息材料
5	华东师范大学	统计理论及其应用
6	南京农业大学	植物表型组学
7	南开大学	e 科学
8	清华大学	复杂系统建模与仿真
		国际肝胆健康
		感染医学
9	山东大学	化学物理材料
		仿生智能与机器人
		急危重症医学
10	上海交通大学	芯片
11	上海科技大学	材料研究述评
12	上海中医药大学	中医药文化
13	沈阳农业大学	生物炭
14	天津中医药大学	针灸和草药
15	同济大学	智能建造
16	温州大学	碳能源
17	浙江大学	废弃物处置与可持续能源
		腔镜、内镜与机器人外科
18	中国科学技术大学	数学与统计通讯
19	中国矿业大学	深地科学
20	中国农业大学	农业信息处理

技中心，全面负责已新创的 5 种期刊。山东大学世界一流科技期刊培育计划(即"强刊兴学"计划)成功实施，山东大学有 6 种新办期刊入选该计划。浙江大学成立高水平期刊项目重点资助创办新刊。因此，无一例外，这些期刊的成功创办均获得了学校的鼎力支持。

2.2 编辑团队全力以赴

除了主办单位高等学校支持外，第二个重要构成部分是编辑团队。此处编辑团队是泛指，包括主编、编委会以及编辑部成员等。首先，确定期刊的顶层设计，如主编人员，编委会结构。期刊主编是核心人物，对期刊的学术质量起着非常重要的作用。获得资助的 30 种高起点

新刊项目的主编大都是院士、海外知名专家或与海外专家共同担任联合主编。其次，搭建编委会结构，新创办的期刊中，编委会结构中海外编委均占有一定的比例，且编委国别来源多样化。最后，编辑部成员的鼎力配合与落实。众所周知，期刊的主编和编委等大都是兼职的，期刊的事务性工作大多是由编辑部具体落实完成的。

2.3 与国际出版商携手合作

英文科技期刊走向全球，创办期刊大都选择国际合作出版商。目前，国内合作期刊相对较多的出版商为 Springer、Elsevier 等。其次是 John Wiley & Sons Inc.、Taylor & Francis 等。其他一些出版商或协会也已陆续在国内拓展业务。如北京理工大学新创的 5 种期刊中，3 种期刊与美国科学促进会(AAAS)合作出版。近来，期刊出版在从"借船出海"走向"造船出海"方面，开展了一系列工作，取得了一定的成效，但短时间内，新创英文期刊在打开国际知名度方面可能仍需把国际合作出版商作为必选项。

2.4 服务学科建设

期刊的创办都是与服务学科建设密不可分的。已有研究表明，高校主办的 SCI 期刊从发文量和被引频次两个方面对其高校 ESI 学科建设作出了较大贡献[7]。获得资助的 30 种期刊来自 20 所高校，其中，北京大学、北京理工大学、电子科技大学、华东师范大学、南京农业大学、南开大学、清华大学、山东大学、上海交通大学、天津中医药大学、同济大学、浙江大学、中国科学技术大学、中国矿业大学、中国农业大学等主办的期刊与其一流学科之间存在强的关联性，这种关联性是一种纽带。有一流学科支持，更易办好优质期刊，优质期刊更易促进学科建设和发展。期刊与学科建设共生，实现双赢发展。

3 结束语

高校作为学术期刊重要的重要主办单位之一，与科研院所、协(学)会相比，因其具有强大的多元的学术资源背景，新形势下，高校主办的期刊占比持续不断增加。很多高校纷纷对期刊还采取了集约化的管理模式，提供了强大的后盾支持，这些均为我国科技期刊的发展奠定了坚实的基础，期待高校主办的科技期刊迎来新的春天。

参 考 文 献

[1] 尚利娜,牛晓勇,刘改换.我国"双一流"建设高校学术期刊与一流学科建设关系分析[J].中国科技期刊研究,2019,30(9):929-936

[2] 周志红."双一流"建设中高校科技期刊面临的挑战与机遇[J].中国科技期刊研究,2021,32(1):41-48

[3] 段尊雷.高校科技期刊影响力分析及发展策略探讨[J].中国科技期刊研究,2021,32(4):537-544

[4] 张彤,唐慧,丁佐奇,等.中国高校科技期刊服务学科建设的现状与对策:基于全国191所高校科研人员问卷调查[J].中国科技期刊研究,2021,32(3):313-324

[5] 接雅俐,唐震.高校卓越期刊与"双一流"建设的关联性分析及期刊提升策略[J].中国科技期刊研究,2021,32(3):290-298

[6] 姜春明."双一流"建设高校学术期刊集约化管理现状分析与思考[J].科技与出版,2021(6):46-50

[7] 丁佐奇.科技期刊多维度助力科技创新与"双一流"建设[J].科技与出版,2018(9):11-15

构建"中国学派"视野下的高校哲学社会科学学报特色栏目建设

蒋金珅

(《杭州师范大学学报(社会科学版)》编辑部,浙江 杭州 311121)

摘要: 高校哲学社会科学学报作为公共学术平台、专业学术窗口、传播思想文化的重要阵地,要承担起推动哲学社会科学发展、构建中国学术话语体系的使命,必然与近年来呼声日益高涨的多学科"中国学派"构建存在内在的联结。"中国学派"构建时根据学科特性形成了两种构建模式,这与特色栏目建设的现状相对应,对于调整特色栏目建设定位具有借鉴意义:一是摆脱比较优势思维,开拓特色栏目建设的全新视界;二是发掘中国经验,推动以学科优势为基础的特色栏目;三是加强文明互鉴,提升因地域优势形成的特色栏目。在此基础上,提出新形势下特色栏目建设的有效路径,即特色栏目主题设置的中国化、研究对象的体系化和作者群体的国际化。

关键词: 特色栏目;中国学派;中国经验;文明互鉴

1 构建"中国学派"与特色栏目建设的内在联结

高校哲学社会科学学报是推动高等学校教学科研、繁荣发展我国哲学社会科学的重要阵地,也必然要随着我国哲学社会科学全方位的发展而应时调整。习近平总书记在2018年全国宣传思想工作会议上强调,要把坚定"四个自信"作为建设社会主义意识形态的关键,坚持马克思主义在我国哲学社会科学领域的指导地位,建设具有中国特色、中国风格、中国气派的哲学社会科学。这点明了我国哲学社会科学以"中国特色、中国风格、中国气派"为指归的发展方向,近些年来日益高涨的构建哲学社会科学"中国学派"的呼声正逢其时。何谓"中国学派"?有学者认为,"受中国特殊性的启发,在社科人文各学科里对已有知识做出具有突破性的贡献,就是中国学派"[1]。也有学者指出,"中国学派"的构建不是某一学科流派的建构,而是一场涉及哲学、历史学、经济学、政治学、法学、社会学、民族学等多学科的范式变革,也是一场"大本大源""动天下之心""大气量"的思想革命[2]。由此可见,构建"中国学派"之于中国哲学社会科学有着重大意义。

应对我国哲学社会科学形势转换时,作为关联刊物整体面貌、体现刊物独特风貌的高校哲学社会科学学报特色栏目建设是绕不开的核心话题。学界已经反复撰文讨论过高校哲学社会科学学报存在的"全、散、小、弱"状况,并逐渐将特色化作为现阶段办刊的可行方向[3]。特色栏目建设自然是高校哲学社会科学学报实现特色化发展的重要抓手。2002年发布的《教育部关于加强和改进高等学校哲学社会科学学报工作的意见》就指出,打造学报品牌的举措之

基金项目: 浙江省期刊协会浙江省高等教育学会高校期刊分会2020年科研项目(ZGXB202012)

一是"重点办好特色栏目,推出更多有较高学术水平和较大学术影响的精品力作"[4]。2004年推出的《教育部高校哲学社会科学学报名栏建设实施方案》,明确指出名栏建设应达到的标准:能够在某一学科或重大问题研究领域推出一批高质量、高品位、代表中国高校哲学社会科学研究水平、能够产生较大学术影响和社会效益的优秀论文[5]。名栏建设应达到的标准实则是特色栏目建设目标的具体化,其核心在于推出代表中国高校哲学社会科学研究水平,兼具水平、品味、影响和效益的学术精品。高校哲学社会科学学报最突出的面貌,锚定在特色栏目的建设,决定于学科发展的水准。

从上述讨论可见,构建"中国学派"与特色栏目建设之间存在着内在的联结:

第一,高校哲学社会科学学报作为公共学术平台,必然要紧盯中国哲学社会科学发展的新形势,为"中国学派"建设提供支撑力量。学术期刊界早就在呼吁"肩负起引领学术对话和思想冲击的责任,保护、扶植、培育学派"[6]。特色栏目建设在其中要起到"先锋"作用,使之成为登载"中国学派"学术成果的优质渠道。构建"中国学派"是特色栏目建设的有力支持,学报特色栏目是"中国学派"成果的公共载体,两者构成学术成果生产和展示的互动生态。"中国学派"的命名本身就是一种特殊性的展现,特色栏目与之紧密结合是必然的选择。

第二,高校哲学社会科学学报作为专业学术窗口,必然要追求中国哲学社会科学最具原创性的学术成果,以构建"中国学派"的学术标准要求和带动高校学报的专业水准,进而提升学报特色栏目的建设层次。"中国学派"得以成立的重要标志就是具有突破性的学术贡献。构建"中国学派"的目标是针对学科的学术水准来说,特色栏目建设的要求是针对特定学科所刊文章的学术水准而言,"中国学派"所达到的学术水准可以为高校学报发文树立标杆,让特色栏目建设的学术标准增添更有时代特征、更富指标意义的内涵,两者良性互动,带动中国哲学社会科学整体学术生态的优化和提升。

第三,高校哲学社会科学学报作为传播思想文化的重要阵地,必然要承担起"讲好中国故事、传播好中国声音"的使命,构建"中国学派"无疑是中国哲学社会科学界在学术领域发出的最强音,特色栏目作为高校哲学社会科学学报的"前沿阵地",也必然是传播"中国学派"声音的优先选择。特色栏目和"中国学派"的结合,有利于推动中国学术对外传播,也有利于提升学术期刊国际影响力。

因此,在哲学社会科学多学科构建"中国学派"的大背景下,作为展现我国哲学社会科学各学科研究水准的学报特色栏目,需要进一步思考新形势下的栏目定位及建设路径。

2 构建"中国学派"视野下特色栏目定位的再讨论

"中国学派"是近年来学界热议的话题,但从"中国学派"构建的历史来看,个别学科关于"中国学派"问题的讨论可追溯到20世纪80年代。早期对于"中国学派"的集中讨论,最典型的是两个学科:比较文学和国际关系。20世纪八九十年代,比较文学学者就已经在激烈地讨论建立比较文学的"中国学派",在各类期刊上发表一系列论证比较文学的"中国学派"成立的文章。国际关系的"中国学派"讨论在本世纪初兴起,相关论文层出不穷,现在依旧是学界关注的重要话题。比较文学和国际关系两个学科在"中国学派"构建史上是有意识自主探索本学科"中国学派"成立的代表,这与它们的学科特性存在必然的联系,而它们两者之间也有所区别,展现出"中国学派"构建中的两种学科样态。

比较文学是两种或以上文学主体的比较研究。构建比较文学的"中国学派"意味着以自成体系的、辉煌灿烂的中国文学为立足点，在有别于外国文学的文学传统和理论体系上，开展与外国文学的比较研究。有学者指出："正在兴起的比较文学的中国学派是一个以中国文学为本位，以东西方文学比较为特色的学派。"[7] 国际关系学科是西方现代社会发展的产物，中国国际关系的学科体系基本学习自西方。构建国际关系的"中国学派"意味着在西方现代学科体系中创造性地建立中国学术话语体系，将中国经验反向贡献于西方现代学术体系。有学者呼吁要"超越理论借鉴""彰显本土意识"，指出"经过30年的西学东渐，中国国际关系理论在借鉴西方理论方面取得了公认的成绩……学界应该增加注重自身理论建设，为中国理论在世界有一席之地而努力，中体西用、西学中国化应该成为今后中国国际关系理论界努力的主要方面"[8]。比较文学和国际关系两个学科在构建"中国学派"时都强调中国的特殊性，区别在于前者的基础是中国文化的原生性，凝练形成与西方对照的中国学术话语体系，后者的基础是中国经验的原创性，突破西方已有体系自成一系。这两种模式恰好与高校哲学社会科学学报特色栏目建设的现状相对应，对于调整特色栏目建设定位具有以下三方面借鉴意义：

(1) 摆脱比较优势思维，开拓特色栏目建设的全新视界。以"教育部高校哲学社会科学名栏建设"为例，名栏工程共遴选3批65个栏目，许多栏目建设之时是秉持"人无我有，人有我优"的理念，以相互之间的比较优势来建设特色栏目，所寻求的是学报栏目之间的区分度，而非栏目所在学科的前沿性。从栏目名称来看主要是发挥入选高校学报的地域优势和学科优势。地域优势，是中国文化原生性在区域的表现，只是容易表现为有局部而无体系；学科优势，是对西方学科体系研究深入程度的体现，只是更多表现为重吸收而轻输出。因此，构建"中国学派"视野下，高校哲学社会科学学报特色栏目建设要摆脱简单的比较优势思维，重新调整栏目的建设定位。首先，发挥地域优势特色栏目的文化优势，在坚持文化主体性基础上，关注中国学术话语体系建设，从本土走向世界，超越地域性而产生世界性影响；其次，锚定学科优势特色栏目的学术水准，将眼光从高校间的学科内比较，扩展到与现有西方学科体系的对话，将带有中国经验的学术话语传播出去。

(2) 发掘中国经验，推动以学科优势为基础的特色栏目。众所周知，我国现有社会科学知识体系主要自近代以来从西方传播而来。名栏工程建设的栏目中，如《西北师大学报(社会科学版)》"教育学、心理学"、《广西民族大学学报(哲学社会科学版)》"人类学研究"、《西安交通大学学报(社会科学版)》"经济与管理研究"等，这些学科都是建基于西方的现代学术体系。构建"中国学派"就是要在西方知识体系中利用中国经验产生新知，以此形成独立于固有知识体系的中国学术话语体系。《广西民族大学学报(哲学社会科学版)》"人类学研究"栏目在这一方面就有探索：2019年第4到6期人类学主打栏目相继推出"中医人类学""人类学中国话语""人类学华西学派研究"专题，都是推进人类学中国经验研究的例证。因此，今后在建设以现代社会科学为基础的特色栏目时，需要注重发掘具有中国经验的研究成果，文章的学术标准要注重同步、对话、反哺三个原则：同步指已掌握西方知识体系，对话指有实力用中国经验对话，反哺指有能力以中国方案反哺。由此，以学科优势为基础设置的特色栏目，在新形势下不仅要满足于高校学报之间"人有我优"的比较优势，而是要主动探索中国自身的经验，贯彻同步、对话、反哺原则的高标准学术成果。

(3) 加强文明互鉴，提升因地域优势形成的特色栏目。世界上各大文明皆有自身的特殊性，中国亦不例外。相对来说，由于中国具有丰富的传世典籍和出土文献、多样的地理形态和社会风貌，中国文化的特殊性可以得到清晰有力地彰显和论证。因此，各个地方高校学报吸纳在地的中国文化因素，创设特色栏目是自然之理。利用地域优势形成的特色栏目能够展现中国的历史底蕴和文化品格，也最具有中国特色。如以地域文化设置的栏目：《闽江学院学报》"闽文化研究"、《安徽大学学报(哲学社会科学版)》"徽学"等；以当地名人设置的栏目：《滨州学院学报》"孙子研究"、《渭南师范学院学报》"司马迁与《史记》研究"等；以在地王朝设置的栏目：《殷都学刊》"殷商文化研究"、《许昌学院学报》"魏晋史研究"等；以民族特色设置的栏目：《内蒙古大学学报(人文社会科学版)》"蒙古学研究"、《西藏大学学报(社会科学版)》"藏学研究"等。目前来看，这类特色栏目普遍存在研究对象相对小众、研究人员相对有限、辐射范围相对较弱的问题[9]，且容易形成碎片化的个案研究，缺乏理论的建设和体系的构建，难以进一步拓展影响。在构建"中国学派"的大背景之下，因地域优势形成的特色栏目在坚守中国文化主体性的同时，要不仅仅满足于"人无我有"的区位优势，文章的学术标准要注重凝练、提升、互鉴三个原则：凝练指将地域优势凝练出学术特色，提升指将学术特色提升为中国经验，互鉴指将中国经验贡献于世界文明。如此，以地域优势为基础设置的特色栏目，才能超出既有的框架，真正地讲好中国故事、传播好中国声音。

3 构建"中国学派"视野下特色栏目的建设路径

在构建哲学社会科学"中国学派"视野之下，参照其构建的历史经验，重新厘清了高校哲学社会科学学报特色栏目的定位，在此基础上有必要继续探寻其今后的建设路径。具体来说，可以从以下三个方面着手：

(1) 特色栏目主题设置的中国化。在构建"中国学派"视野下，高校哲学社会科学学报要"紧紧围绕具有世界意义的'中国问题'策划组织稿件，立足'中国式实践'，发现'中国式问题'，发出'中国式提问'，生成'中国式答案'，形成一批具有中国特色的原创思想"[10]。因此，在新形势下特色栏目在主题设置之初就可以包含构建"中国学派"的意识，设置中国化的栏目主题，带动一系列中国问题的讨论。《华东师范大学学报(哲学社会科学版)》"再写中国伦理学"栏目于2018年开设，从名称看这就是关注中国问题的栏目，其设置初衷就是将"再写中国伦理学"提升到"做中国伦理学"的学理层面上来[11]，其中探讨的重要问题就是构建"中国伦理学"。栏目推出后不久就刊文来探讨如何构建"当代中国特色伦理学"。"构建当代中国特色伦理学才能体现伦理学的学科性质，才能传承并创新中西伦理学的学术传统，才能为世界伦理学界提供中国道德主张，贡献中国道德智慧。"[12]栏目主题设置对于学术潮流起到了带动作用。以中国化栏目设置为中心，形成探讨中国问题、寻找中国答案、贡献中国智慧的学术生成方式。因此，构建"中国学派"和栏目主题设置中国化可以形成相互呼应的关系，从而真正将中国智慧推向学界，推广到世界。

(2) 特色栏目研究对象的体系化。所谓研究对象的体系化，是指长久经营的特色栏目，在不断学术积累的基础上，将栏目所关注的对象从个案到整体、由分散到系统进行体系建构的过程。这是为了克服特色栏目建设中出现的专注于碎片化个案的问题。以《云南师范大学学报(哲学社会科学版)》"中国边疆学研究"栏目为例，自2008年第5期栏目开设，发文200余篇，内容主要是"对中国边疆治理从历史到现状宏观与微观的研究"[13]，栏目长期发稿以个案研究为主。近两年栏目发文在多年积累基础上系统地探讨构建中国边疆学问题，如马大正《再议中国边疆学构筑与中国边疆治理研究的深化》(2020年第1期)、李国强《夯实构建中国边疆学的基础》(2020年第1期)、何明《如何破茧成蝶？——论边疆研究的范式转换与中国边疆学的建构》(2021年第4期)等文章。由此,《云南师范大学学报(哲学社会科学版)》被认为是"当代中国边疆研究热潮形成的重要推动力之一"[13]。这里构建中国边疆学的讨论实质上就是对于中国学术话语体系的建构。从中可以看出,特色栏目建设可以由个案起步,但不能拘泥于个案,而要在学术积累后做理论提升,推动学科的体系化建构,最终形成中国特色的学术话语体系。因此,构建"中国学派"和栏目研究对象体系化可谓是一体两面的关系,两者都是形成中国学术话语体系的外在表现。

(3) 特色栏目作者群体的国际化。在构建"中国学派"视野下,特色栏目建设不仅要加强发掘中国经验,更要注重吸收外来声音,推进文明互鉴。通过开设特色栏目,邀请国内外学者共同讨论相关话题,可以推动中外学术思想碰撞、对话和交流。特色栏目作者群体的国际化可以有效地打破高校学报特色栏目视野相对狭窄、传播力度不足的困境。以《杭州师范大学学报(社会科学版)》为例,其"传统与现代"栏目被评为首届华东地区期刊优秀栏目,栏目核心关注是在国际社会"中国崛起"的呼声不断响起之际,如何重新思考中国文明的走向,其内核是锚定文化自信,还原中国文化的本来面貌,揭示传统与现代之间的关系。为保证栏目编发的学术质量,该栏目在设立之初即面向全球邀请一流学者撰写稿件。经20年积淀,栏目的作者队伍日益壮大,像美国成中英、安乐哲、信广来,日本荒木龙太郎、柴田笃、土田健次郎、池田知久,韩国崔在穆、梁承武,德国马恺之,新加坡劳悦强等国际知名学者,都成为特色栏目的作者。特色栏目作者群体的国际化,自然就会形成中外学术话语体系的对话,在共同的学术平台上一方面让海外汉学家思想被国内学界了解,另一方面也推介了国内学者的学术思想,产生了良好的学术互动效果。栏目作者群体国际化带来的学术效应是构建"中国学派"的重要参照,构建"中国学派"也需要特色栏目带动能够进行对话的国际声音,两者相辅相成,共同推动中国哲学社会科学的深入发展。

总之,特色栏目主题设置的中国化、研究对象的体系化和作者群体的国际化,是在构建"中国学派"视野下,推动高校哲学社会科学学报特色栏目建设在新形势下实现蜕变的有效路径。

参 考 文 献

[1] 蔡如鹏.吹响中国学派的总号角[J].中国新闻周刊,2017-12-08.
[2] 鄢一龙.基于复兴实践构建中国学派[N].人民日报,2017-09-24.
[3] 朱剑.柄凿之惑:特色化与高校学报的发展[J].云南师范大学学报(哲学社会科学版),2009,41(5):89.
[4] 教育部关于加强和改进高等学校哲学社会科学学报工作的意见[Z].教育部文件,教社政[2002]10号.
[5] 教育部高校哲学社会科学学报名栏建设实施方案[Z].教育部文件.教社政[2004]11号.
[6] 金得存.学术期刊要勇于扶植和培育学派[J].编辑之友,2005(3):59.
[7] 黄宝生.建立比较文学的中国学派:读《中国比较文学》创刊号[J].世界文学,1985(5):262.
[8] 郭树勇.创建中国学派的呼吁:国际关系理论研究会综述[J].现代国际关系,2005(2):59.
[9] 倪贝贝.特色栏目的成长性与教育部名栏工程的再建设[J].河南大学学报(社会科学版),2020,60(4):153.
[10] 韩璞庚.学术期刊、学术原创与中国学派的形成.探索与争鸣[J].2021(7):7.
[11] 万俊人.关于"再写中国伦理学"的小引:"再写中国伦理学"专栏主持人导语[J].华东师范大学学报(哲学社会科学版),2019(1):1.
[12] 江畅."中国伦理学"的三种意义之辨析:兼论当代中国特色伦理学构建[J].华东师范大学学报(哲学社会科学版),2020(1):19.
[13] 马大正.再议中国边疆学构筑与中国边疆治理研究的深化[J].云南师范大学学报(哲学社会科学版),2020,52(1):1.

回顾与前瞻：对编辑学基本理论研究的审视

姜红贵

(华东交通大学学报编辑部，江西 南昌 330013)

摘要：伴随改革开放以来中国特色社会主义文化体制的建设，出版生产力得到空前释放，编辑学理论研究取得了一系列成果，编辑学理论体系构建的深度和广度在不断扩大，文章尝试对这一过程进行回顾与反思。展望编辑学的未来，应以深化改革为动力，以新时代全球科学技术进展所带来媒介传播的变革为契机，丰富并完善编辑学理论研究体系，开启编辑学理论研究的新篇章。

关键词：编辑学；理论研究；回顾；前瞻

与社会政治变革和传播媒介变迁相契合，编辑出版活动带有强烈的时代烙印，编辑学理论研究根植于编辑出版活动，也与时代发展密切相适应。本文立足于社会发展进程的变化，提出编辑学理论研究的历史发展阶段，并尝试对学科构建过程中基本理论研究的发展状况进行回顾与反思。

1 历史经度：时代变迁与编辑学理论研究简析

1.1 新中国成立初期：编辑学理论研究的萌芽

我国的编辑学理论研究自1949年发端[1]。新中国成立伊始(1949—1956)，党和国家非常重视出版事业，毛泽东、朱德、周恩来、刘少奇等党和国家领导人先后多次对全国出版工作做出指示。这一时期相继出台了《关于发展人民出版事业的基针》《政务院关于改进和发展全国出版事业的指示》《关于公营出版社编辑结构及工作制度的规定》等文件。相关系列文件的发布，促进了我国出版事业的发展，客观上为编辑学理论研究提供了丰厚的土壤。同时，受"百花齐放，百家争鸣"方针的引导，编辑学研究也得到了较快发展，中国人民大学设立新闻系，并编写了教材《报纸编辑学习参考资料》；译自苏联的《书刊编辑学教学大纲》也在这一时期出版。

这一时期的编辑学处于萌芽阶段，编辑学理论研究在借鉴别国尤其是苏联经验的同时，开始了一些自发地创造性研究工作。

1.2 社会主义建设时期：编辑学理论研究的曲折探索

由于特殊的历史原因，很长一段时间内(1956—1976)，我国经济、教育、科技、文化等社会各方面都在曲折中探索前行。新中国社会主义的出版事业遭受重创，刚刚兴起的编辑学研究也无可避免地陷入低潮。

基金项目：江西省高校人文社会科学研究项目(JY20119)

1.3 改革开放初期：编辑学理论研究的恢复与繁荣

十一届三中全会的拨乱反正使得社会各方面形势都有所改观，1979 年国务院政府工作报告指出"广大群众对理论问题的热烈关心达到了新中国成立以来的高潮。新闻、广播、电视和出版事业的发展生动活泼，欣欣向荣。"并要求"新闻、广播、电视、出版、图书馆、博物馆、文艺、卫生、体育等各项事业，都要适应形势的需要和根据国家财力物力的可能，统筹安排，有一个新的发展。"1983 年 6 月颁布的《中共中央、国务院关于加强出版工作的决定》是改革开放以来指导编辑出版工作的纲领性文件，也是开展编辑出版理论研究总的指导方针，具有长远的指导作用。在改革开放的春风吹拂下，在党和国家的高度重视与指引下，编辑学理论研究开始复苏。

总括而言，20 世纪八九十年代，编辑学理论研究具有如下显明特点：第一，专门研究编辑学的教材、著作不断问世，为编辑学理论研究打下坚实基础；第二，一批编辑学研究专门理论刊物的创办，形成编辑学人的学术研讨阵地，从客观上推动了对编辑学理论的研究[2]。

1.4 进入 21 世纪：编辑学理论研究的拓展

进入新世纪后，随着改革开放的不断深入，社会经济面貌发生翻天覆地的变化，人民群众的物质生活得到改善，在"物质文明精神文明两手都要抓，两手都要硬"的政策指引下，反映在精神文明领域很重要的一点是，全国各类出版物得到了极大的繁荣。编辑出版活动的兴盛，无疑为编辑学理论研究的丰富提供了足够的实践支持。同时，随着科技的不断发展，出版及传播的形式和手段日新月异，电子媒介特别是网络媒介成为世界性传播媒介，在时代发展的浪潮中，随之而来的是编辑技术不断调整，编辑模式不断创新。

一大批根植于我国实际国情的编辑学理论工作者，做出了大量的研究与探索，这一时期最主要的特点是编辑学理论研究开始逐渐自成一体，以阙道隆先生的《编辑学理论纲要》为主要代表的编辑学论纲性著作开始了编辑学理论框架的搭建，强有力地推动了编辑学理论体系构建的进程[2]。

1.5 新时代编辑学理论研究的深化

党的十九大作出我国进入了中国特色社会主义新时代的重大论断，国家社会政治、经济、科技、教育、文化等各方面都处于深化改革的新时代。就编辑学而言，随着科技不断的发展，人们社会生活交流方式的不断转变，媒介传播的状态与体系不断发生变化，编辑出版方式也发生了深刻变革，不断有专家学者丰富了新技术、新环境下编辑学的拓展与发展。

这一时期尽管短暂，并且仍在发展过程之中，编辑学理论在研究的深度和广度上都有明显提升，不断地对编辑学理论框架进行丰富、完善和创新。学界在诸如编辑学原理、编辑史学、各内容编辑学、编辑实务、编辑职业发展、编辑技术等各个领域的探讨都取得了丰硕成就，初步形成了我国较为完备的编辑学理论体系[3]。

2 学科维度：编辑学基本理论研究发展状况简析

基于上述分析，再对编辑学的逻辑起点、编辑的基本概念、编辑领域论、编辑学科论、编辑研究方法、科技发展与编辑技术的应用等编辑学基本理论研究的发展状况做一简要回顾。

2.1 编辑学逻辑起点之辨

逻辑起点，又称元理论，是一门学科理论体系中最简单最抽象的概念，是其他一切相关事物发展的哲学依据。就编辑学而言，其逻辑起点就是编辑学得以阐发的源点与最终诉求所在。目前,学界对此争议较大,主要有"文化缔构""编辑活动""信息三化"三种观点,如表 1 所示。

表 1 编辑学逻辑起点的主要代表性观点

逻辑起点	主要代表人物	主要观点
文化缔构	王振铎[4]、王玉堂[5]、王栾生[6]	文化缔构是更重要的编辑学概念,编辑学体系构建应以建设、构成文化知识系统并向社会广泛传播的实现状态为起点和标准
编辑活动	阙道隆[7]、徐柏容[8]、林穗芳[9]、杨焕章[10]	编辑活动具有概括性和包容性,是编辑学的逻辑起点和编辑学研究的核心部分
信息三化	任定华、胡爱玲、郭西山[11]	"信息、知识"是编辑活动、编辑学研究对象及编辑目标的"最大公约数"。将"信息、知识有序化、媒体化与社会化"是文化生产、编辑出版赖以生存和发展的基础,也是编辑学研究得以持续深入的内驱力

如表 1 所示,不同学者对编辑学逻辑起点的理解存在较大区别,对这些观点进行对比分析可以发现,分歧主要在于:第一,对于文化的生产与文字的组织是否类同具有不同的认识;第二,对于编辑与出版的界限是否明确具有各自的理解;第三,对于信息、知识与文化有何种区别,它们各自的组织方式与表现形式如何,具有不同的领会;第四,对于编辑活动与编辑学研究之间的关系看法并不一致。逻辑起点之辨对编辑学理论的深入研究十分重要。无论是将"文化缔构""编辑活动",还是"信息三化",抑或其他不同观点作为编辑学理论的逻辑起点,均需要放在整个现代编辑学理论体系中去考察,以构建理论体系的整体观对此展开争鸣,从而成为编辑学持续发展的原动力。

2.2 编辑学理论基本概念的界定

"编辑"无疑是编辑学理论中最重要且基本的概念,查阅已出版的文献,对于编辑概念的界定可以说是众说纷纭。概括起来,主要有以下不同阐释:一是从历史的发展角度看。20 世纪八九十年代,我国正处于改革开放初期,国家社会经济文化各层面刚迈入正轨,学术研究处于对历史的经验总结阶段,大多学者论及编辑,追本溯源,取"顺其次第,编列简策而成书"之义。二是从编辑概念的功能性看,如杨焕章先生认为编辑是一种策划、审理作品使之适合流传的再创造活动[10]。三是从编辑一词的词性分析,如武汉大学博士生导师吴平教授认为编辑有作为名词的编辑,有作为动词的编辑,应分别定义[12]。四是从学科性质的角度来认识,如周国清博士认为编辑学作为一门独特的学科,有自己的研究对象、研究内容和学科内容,形成了区别于其他学科的概念体系[13]。五是从时代进步的角度来看,如邵益文和张积玉先生都提出了在新的历史时期,"编辑的概念需要重新界定,编辑过程论需要重新改写"的主张[14]。当代部分著名学者(王勇安、李建伟、吴平、周国清)也曾针对编辑概念进行过一次沙龙探讨,特别是提出了数字时代编辑概念的革新以及编辑内涵的扩延[2]。

"百家齐放,百花争鸣"是学术研究的一个基本准则,源于站在不同的研究角度引发对编辑学基本概念的争论。一方面,对争议部分进行深入探讨是学术理论科学性的基本体现,随着认识的深入和各种视角的不断整合,在基本概念上进行充分的争议有助于使学界逐渐达成共识;另一方面,各种观点的争论不会也不能随着编辑学理论的成熟而消亡,反而能起到活跃学术气氛,并进一步推动编辑学理论体系构建的作用。

2.3 编辑学理论的研究视阈

从哲学范畴上说,视阈是指人们对事物进行感知、想象、感受、直观、判断等进行的意识行为。编辑学理论的研究视阈是学者对构建编辑学理论体系的认识论、方法论、本体论的具体反映。梳理改革开放以来的相关文献,不难发现,对编辑学的认识,主要存在"领域论"与"学科论"这两种视阈。

2.3.1 编辑学理论研究的"领域论"视阈

以"领域论"为研究视阈的学者认为,编辑内容最有很强的出版传播属性,也正是由于这个显明特性,使得内容出版传播的表象常常掩盖了编辑的具体工作。对编辑学持"领域论"的学者内部至少又分为两种观点。

一种认为,传播学理论特别是新闻传播学理论的形成与成熟先于编辑学理论。虽然从过程上来看,对内容的编辑应先于内容的传播,但是从学理上来看,编辑学理论的研究在很大程度上却脱胎于新闻传播学理论,作为新闻传播学理论的一个分支研究呈现,属于新闻传播学领域。持这一观点的学者往往举我国第一本《编辑学》著作为例,该书共22章,其中用19章讲述新闻、新闻学、新闻纸,然后从新闻编辑的角度引入了3章编辑理论的探讨[1]。随着社会的发展,特别是改革开放以后出版业界的复苏,出版形态由以前的报纸、图书为主,扩展到报纸、图书、刊物、教科书、工具书等各类出版物类型迅猛增多,形态丰富;进入到新世纪以后,又有各类电子出版物和互联网出版物的兴盛。除了传播之外,编辑出版物更具有教育、保存、查阅、娱乐、引导社会舆论等功能,新闻传播已经不能完全概括编辑活动的功能属性;因此,仍然持有这一观点的学者已经不是很多了。

学者们发现传播学难以对编辑学进行全覆盖,又提出了另一种更为易于接受的观点,认为编辑活动贯穿于出版活动,编辑工作立足于出版物,编辑学应属于出版学的研究领域。持这一论点的学者以《中共中央、国务院关于加强出版工作的决定》中"编辑工作是整个出版工作的中心环节"为主要论据。比如陕西师范大学李聚峰教授就直截了当地说:给编辑这一名词下定义时,就要限定在出版领域之内[15]。王振铎先生也提出:编辑活动与出版活动具有浓厚的历史根源。编辑的文化内容与出版的媒体形式不可分割地结合在一起,从编辑学与出版学的实际发生角度看,是共生共长的,属于同一领域[16]。

在"领域论"视阈下,不论是认为编辑属于新闻传播领域还是属于出版领域,从学理上看,都有其承袭。王鹏飞博士认为,这是由于研究学者的群体不同所决定的。编辑学初生时,以第一本《编辑学》著作者李次民教授为例,主要的研究者是新闻传播学的学者;其后随着出版业的兴盛,编辑学的研究群体逐渐以出版界人士为主体[17]。在展开编辑学理论研究的时候,无可厚非的,他们会自发将各自的学术和工作背景纳入到编辑学理论研究当中,从而不自觉地把编辑学理论研究限定在新闻传播学领域或是出版学领域。

以"领域论"视阈来展开编辑学的理论研究,在编辑学初生和理论形成时期,的确很有帮助。然而,在编辑学理论研究发展至一定程度之后,如若再以这一视阈进行编辑学的理论研究及体系构建,会一步步将编辑学束缚于传播或出版领域之内,使编辑学打上传播学或出版学的烙印,有偏离编辑理论研究中心之虞,可能导致编辑学理论研究的停滞不前。

2.3.2 编辑学理论研究的"学科论"视阈

社会学家华勒斯坦认为:称一门学术理论为学科,即有严格和具有认受性的蕴意[18]。学者以"学科论"为编辑学理论的研究视阈,道出了学界对"编辑学学科存在合法性"的诉求与渴望。持"学科论"视阈的编辑学理论研究工作者认为,编辑学是一门统筹相关问题的独立学科。

在编辑学理论研究领域,以"学科论"为视阈的学者大有人在。比如阙道隆先生就明确指出:编辑学的学科体系是编辑学特有的知识体系,它与出版学、新闻学、传播学既有交叉,又有区别;作为一门独立学科,它和出版学、新闻学、传播学并无隶属关系[7]。并且这一观点得到了诸如林穗芳、蔡克难等名家的响应与支持。

至于理论界及教育界常提的"编辑出版学",中国传媒大学博士生导师李频教授认为:第一,编辑出版学不是一个学科概念,而只是政府认可的高校本科专业名称;第二,编辑出版理论研究要将编辑、出版,以及相应的编辑学、出版学明确而清楚、清晰地区分开来,通过明确不同的概念谱系以谋求新发展[19]。可以说,编辑学理论研究发展至今,将编辑学作为一门学科存在,并以"学科论"的视阈对其进行研究已成为学界大多数人的共识。

事实上,以编辑学作为一门学科存在而言,其意义还不止于学科认受性,即合法性的问题。王鹏飞博士认为,若编辑不成学科,那么学界对编辑学的探讨可能仅止于"编辑术"而矣[17]。如此一来,将会禁锢编辑学的发展,并且对出版学、新闻学、传播学等相关学科的发展亦无助益。然而,在"学科论"视阈下对编辑学展开研究,通过观测编辑学的学科事实与发展趋势,应答"编辑学的本质""编辑学的研究对象""编辑学的学科形象""编辑学的学科起点和学科走向"等问题,既能够深化对编辑学的理论研究,而且还能对出版学、新闻学、传播学等邻接学科产生溢出效应。

2.4 编辑学理论的研究方法

研究方法是研究者针对研究对象展开研究,借以达到发现现象,认识本质,或实现某种特定研究目的而采用的手段和工具。研究方法的运用,是编辑学理论研究得以顺利进行的重要环节;运用何种研究方法开展编辑学理论研究,对编辑学理论研究成果的质量起重要影响。学界对编辑学理论研究方法的探讨由来已久,观点既有共识,也有分歧。

戴文葆[20]、徐柏容[8]等老一辈学者认为,编辑学应是传统社会科学中的一支,都提出过要使用社会科学中诸如:历史观照法,经验总结法,哲学分析法,系统分类法等方法对编辑学进行研究的论断。

王振铎[4]、蔡克难[21]等资深学者认为,编辑学既是社会科学中理论性很强的一门应用科学,又是一门与诸如新闻传播、出版、传媒等时代性很强的其他学科联系非常紧密的综合性学科;因此,除了采用传统的社会科学所普遍使用的经验总结、系统分类、逻辑推理等研究方法外,还应注重诸如数学分析法、控制论方法、信息论方法等现代科学方法。

随着计算机,特别是智能手机与空中互联网技术的广泛应用,我国社会方方面面都发生了巨大的变革,时代的进步、科技的发展、文化的交汇、教育的普及、经济的繁荣、生活水平的提升等等,这些既是社会发展的组合与因素,也是编辑实践与编辑学理论所依存的环境。普遍存在于出版业界、新闻业界的编辑实践,也不断渗透到各种诸如流媒体、自媒体、云媒体、数字化出版等新的文化生产领域。时代不断进步,在为编辑学的理论研究增添了新内容的同时,也对编辑学理论研究产生了深刻的冲击。吴平[22]、姬建敏[3]、李频[23]等知名学者认为,应努力拥抱时代发展,在编辑理论研究中应主动运用数字出版革命和现代互联网多媒体技术引领编辑实践;积极引入辩证哲学、传播学、文化学、经济学等各学科的研究方法阐述编辑基础理论;注意融合心理学、历史学、管理学对编辑主体进行研究。

综合以上各种不同论断,可以发现,学界在编辑学研究方法上所形成的共识主要得益于编辑学研究历史的累积，尚有的分歧则是随着时代的发展，编辑实践的理论研究的深入而产生，特别随着不同时代的学者对于编辑学的所处地位认识而产生的，亦可以说是新生代学者对老一辈学者观点阐述的总结与创新。

同时可以发现，在方法论层面，编辑学理论研究在不同的时代具有可适用的方法选项颇多，然而时至今日，尚没有形成专属于编辑学理论的独特研究方法[24]。至于常被运用于统计学术文献影响因子、被引量、转载量等技术指标的引文索引法(又称加菲尔德法或成绩指数法)，被首先运用于情报学，现在仍被广泛应用于情报学、图书馆学、文献计量学，并非编辑学所创制及特有。

2.5 新环境下编辑学理论研究的发展

随着计算机(及智能手机)与互联网技术的广泛应用，我国社会方方面面都发生了巨大的变革，时代的进步、科技的发展、文化的交汇、教育的普及、经济的繁荣、生活水平的提升等等，这些既是社会发展的组合与因素，也是我国现代编辑学理论所依存的新环境。新环境下特别是网络技术的迅猛发展，网络媒体、自媒体、数字化出版等新的社交、传播、出版形式不断催生，为编辑学的理论研究增添了新的内容，也影响了编辑学理论研究的发展方向。从理论研究的发展与深化方向上来看，概括起来，主要有以下几个倾向：

一是有从新环境下编辑角色定位转向新环境下编辑主体发展的研究倾向；

二是有从基于计算机应用技术(如编校软件、文字及图像处理软件等应用程序)在编辑技术中的应用转向基于网络的应用技术(如各种网络媒体、自媒体、新媒体：播客、博客、微博、微信公众平台、互联网+、大数据、区块链、APP、HTML5、5G等)如何运用于编辑工作中展开论述的倾向；

三是有从针对传统媒体在新环境下如何进行编辑策划转向传统媒体与新兴媒体融合发展研究的倾向；

四是有从论述新环境下编辑工作特点、编辑素养转向论述编辑工作、编辑主体、编辑对象如何适应新环境发展的倾向。

客观来看，这四个倾向既是业界对实践经验进行总结、学界理论研究不断深入的结果，也是社会科技发展对编辑业界、传媒业界、出版业界，及编辑学界的时代要求。从目前所观测的文献情况来看，新环境下对编辑学的研究还处于重在对业界的实践经验总结阶段，对理论成果的提炼和升华相对来说还不够多；在未来可以预测的一段时期内，这四个发展倾向还存在加深或分化的可能。相信随着新环境下编辑业界实践的不断丰富，人们对新环境下编辑学理论的认识也将更加清晰，编辑理论研究也将在实践中不断发展与丰富。

3 若干反思：对现代编辑学理论研究的展望

纵观编辑学理论研究的发展，编辑学这一学科经过从建国伊始的萌芽到改革开放时期的恢复与繁荣，再到新时代的深化拓展，编辑学在回应实践需求和自身理论体系建构上，都取得了长足进步，其基本理论框架已经初步形成，并且仍然在不断发展和完善当中。当前，全球科学技术进展所带来媒介传播变革的新形势下，网络媒体、流媒体、自媒体、云媒体等各种新兴媒介不断涌现，互联网+、云计算、大数据在各行业得到普遍运用，编辑实践内容越来越丰富，编辑技术方法越来越复杂。媒介传播手段和技术的快速变化对编辑学理论研究提出了崭新的要求，尤其表现在要立足于文化强国、科技强国、科教兴国等重要国家战略的大背景下形成对现代编辑学基本理论的科学而深入的认识。目前为止，从编辑学基本理论建设的现有成果来看，对编辑基本概念的讨论颇丰，然而尚未形成受学界绝大多数学者共同认可的概念。从编辑学理论研究的过程来看，学界可供使用的研究方法较多，以经验总结法，历史观照法，逻辑推理法，系统分类法等人文社会科学中所常见的方法为主；自然科学中所常用严谨有序的数学分析在涉及编辑学基本理论研究中使用较少；没有形成编辑学独特的研究方法。从编辑学理论体系的发展来看，基于不同的研究视角，学界有"领域论"和"学科论"两种论断，主要的争论点在于编辑学是否隶属于新闻学、传播学，或出版学，编辑学应成为独立学科的观点在学界呼声也很高。总体而言，当前的编辑学基本理论研究正在从初始阶段的自然状态(Natural State)向成熟阶段的自觉状态(Conscious State)全面转型，必须对如下问题给予足够的重视：

第一，现代编辑学理论服务新时代社会主义建设问题研究。2017年习近平总书记站在历史的高度在党的十九大报告中向全世界庄严宣告：中国特色社会主义建设已进入全面深化改革的新时代。我国社会基本矛盾发生了新的变化，编辑出版业、新闻传播业所依存的社会背景也发生了变化。在这一历史背景下，现代编辑学理论的深入研究必须继续并更好地服务于社会主义文化体系建设，服务于国家创新体系和舆论传播体系建设。

第二，编辑学的元理论与现代编辑职业的社会功能关系研究。编辑学的逻辑起点与编辑职业的社会功能看起来似乎没有关联，事实上，从深层而言，编辑学的逻辑起点、编辑的概念界定、编辑学的研究对象长期以来难有定论与编辑职业的社会功能、社会地位长期处于"为人作嫁衣"的状态，编辑职业自信不强的边缘化困境这一现实不无关系。对于这一问题，需要从职业分类、社会公正等社会学、心理学、人力资源管理学视角进行客观深入的分析，以准确地刻画现代编辑职业的社会功能，为编辑学的元理论研究提供实践支持。

第三，现代编辑学理论与实践同现代出版学理论与实践的联结模式研究。正如上文所述，编辑既离不开出版，又有别于出版，将编辑学与出版学混为一谈或者简单割裂的研究方法都不可取，也不符合业界实践的需要。为此，需要将这两者之间内在的理论联系和实践模式加以深入研究，结合现代科技社会发展的需要，建立起现代编辑学理论与实践同现代出版学理论与实践的联结模式。

第四，新闻传播学的新进展与现代编辑学促进社会主义文化体系建设与舆论传播体系建设的功能研究。编辑是社会文化传承和舆论传播过程中所不可缺少的助推力，深入研究新闻传播规律，在此基础上建立起编辑何以促进现代新闻传播的理论和实践模式，从而明确编辑在文化传承与舆论传播，尤其是引导科技文化发展、引导社会舆论中所能起到的重要作用。

第五，现代编辑角色定位与编辑培养培训的理论与模式研究。现代编辑在提倡职业化的同时，学科专业化也同样重要。长期以来，编辑人才的培养和培训在理论研究上没有得到足够重视，编辑培养培训制度是一个完整的体系，包括业前培养(学科教育、从业准入)制度、专业技术职称考试(资格评审)制度、继续教育(培训)制度、注册(登记)制度、从业管理制度等。

第六，现代编辑学体系构建与发展的背景、原则与目标研究。随着电子计算机(特别是智能手机)与互联网技术的广泛应用，我国社会方方面面都发生了巨大的变革，时代的进步、科技的发展、文化的交汇、教育的普及、经济的繁荣、生活水平的提升等等，这些既是社会发展的组合与因素，也是我国现代编辑学理论所依存的新环境。新环境下特别是网络技术的迅猛发展，网络媒体、自媒体、数字化出版等新的社交、传播、出版形式不断催生，为编辑学的理论研究增添了新的内容,也影响了编辑学理论研究的发展方向,构建现代编辑学理论体系需要从编辑学的发展背景、构建原则、符合科技发展的长远目标出发。

参 考 文 献

[1] 姬建敏.我国第一部编辑学著作简论[J].出版发行研究,2010(10):72-75.
[2] 姜红贵.我国现代编辑学理论体系构建的历史寻径与现实审视[J].编辑之友,2018(8):44-49.
[3] 姬建敏.开拓、创新、发展:新中国编辑学研究 70 年[J].出版发行研究,2020(1):16-21.
[4] 王振铎,司锡明.编辑学通论[M].郑州:河南大学出版社,1989.
[5] 王玉堂.试论编辑学的逻辑起点[J].河南社会科学,1994(4):37-38.
[6] 王栾生.文化缔构编辑观辩证[J].编辑之友,1996(3):14-16.
[7] 阙道隆.编辑学理论纲要(上)[J].出版科学,2001(3):9-24.
[8] 徐柏容.编辑治学与编辑治学之道[J].编辑之友,2010(6):92-94.
[9] 林穗芳.编辑基本规律新探[J].中国编辑研究,2004(1):72-83.
[10] 杨焕章.论编辑的定义和编辑学的理论框架[J].河北师范大学学报(哲学社会科学版),2001,24(3):129-131.
[11] 任定华,胡爱玲,郭西山.编辑学导论[M].北京:中国经济出版社,2001.
[12] 吴平,芦珊珊.编辑学原理[M].武汉:武汉大学出版社,2011.
[13] 周国清.编辑学导论[M].长沙:湖南师范大学出版社,2008.
[14] 胡之鑫.从当代编辑学论著的出版现状看编辑学学科建设情况[D].太原:山西大学,2016.
[15] 李聚峰.编辑学研究的分歧探讨[J].编辑之友,2000(1):51-52.
[16] 王振铎,蔡冬丽.编辑出版学的学科体系建设[J].出版发行研究,2007(12):55-59.
[17] 王鹏飞.编辑学研究的范式危机[J].河南大学学报(哲学社会科学版),2009,49(1):147-152.
[18] 伊曼纽·华勒斯坦.学科·知识·权利[M].北京:生活·读书·新知三联书店,1997.
[19] 李频.编辑出版学科的发展与变革管窥[J].现代出版,2018(3):73-75.
[20] 戴文葆.编辑学研究问题答客问[J].中国编辑,2003(3):24-25.
[21] 蔡克难.呼唤编辑学理论体系早日建立[J].编辑学刊,2008(5):20-23.
[22] 张炯,吴平.人工智能时代的编辑力体系重构及生成路径[J].出版发行研究,2020(4):72-77.
[23] 李频.数字时代出版理论的一种建构:《耿相新先生访谈提纲》疏证[J].中国出版,2021(2):15-20.
[24] 黄新斌.编辑学合法性考察:基于学科评判标准视域[J].中国编辑,2019(4):26-31.

中文科技论文的英文内容写作进阶

何洪英[1]，朱 琳[2]，张曼夏[1]，杨莉娟[1]，朱 丹[1]

(1.中国科学院成都生物研究所知识管理中心期刊编辑部，四川 成都 610041；
2.《中国工程科学》杂志社，北京 100029)

摘要：在加快推动科技期刊国际化交流、高质量发展时期，应高度重视中文科技论文的英文内容质量。本文基于《应用与环境生物学报》连续一年发表的近 200 篇论文的外籍专家英文润色实例分析，梳理和总结英文写作进阶方法：题名遵循准确(Accuracy)、简明(Brevity)、清楚(Clarity)(简称 ABC)原则，句式应多样化，其中主副题名式和完整句式有助于论文被阅读与引用；摘要实施清楚(Clarity)、简洁(Conciseness)、连贯(Consistency)(简称 3C)原则，突出创新和特色内容；此外也总结了文字、图表英文写作的若干小技巧。本文可为相关人员提升英文写作水平和编辑提升论文出版质量提供有益的实践参考。

关键词：科技论文；英文题名；英文摘要；图表英文；写作进阶

科技期刊是科技成果交流互鉴的重要平台，目前国际交流最主要的语言仍然是英语，科技成果的英文报道有助于促进国际间合作与创新。我国正处于由科技大国迈向科技强国的阶段，科技创新由跟跑为主转向更多领域并跑、领跑[1]，科技交流必须更广泛更深入地在全球范围内进行，培育世界一流科技期刊也必须坚持国际化开放办刊。我国现有科技期刊 4 958 种，中文刊占比达 89.33%[2]，在不具备条件转为英文刊的情况下，大量中文科技期刊需要提供翔实、高质量的英文内容，才能真正发挥在全球范围内及时展示和交流我国科技成果并促进创新的重要作用。

《应用与环境生物学报》由中国科学院主管、中国科学院成都生物研究所主办、科学出版社出版，为《中文核心期刊要目总览》、CSCD、CSTPCD 和 Scopus、CA、ZR、AJ、JST 等国内外多个核心/知名数据库收录的中文科技期刊，发表生态、环境、资源及工农业相关领域的生物学研究论文及综述，英文部分由科学出版社聘请英语为母语的外籍专家进行润色。从论文润色情况看，过去常常提及的时态、从句目前并不是英文写作和编校中的主要问题，但仍然存在很多需要提升的地方；一些语言的发展变化和灵活应用无法在教科书上找到；同时，文献检索发现，近年来关于英文摘要的写作探讨非常少见。因此，本文主要基于该期刊 2019 年发表的 195 篇学术论文的英文润色情况进行了整理分析和归纳总结，旨在为高质量的学术论文英文写作和中文科技期刊出版提供实用技巧和进阶指导。

通信作者：朱 丹，E-mail: zhudan@cib.ac.cn

1 题名

笔者曾发表英文题名写作论文，提及英文题名写作要把握好准确(Accuracy)、简明(Brevity)、清楚(Clarity)3个原则(简称 ABC 原则)[3]。题名需要准确涵盖和高度凝练论文主要内容，是反映内容范围和深度最恰当、最简明的逻辑组合。题名起得到位，对吸引读者检索以及阅读论文很有帮助，但是不能偏离内容、哗众取宠，应当科学严谨、符合主题、重点突出、颇具特色。

英文题名主要有名词短语、动词短语、主副题名、陈述句、疑问句、系列题名 6 种形式，国内期刊采用名词短语式最为普遍。ESI(基本科学指标数据库)基于 SCI 和 SSCI 收录的全球期刊文献持续开展论文、期刊、科学家、国家/地区等的国际学术水平及影响力评价。据统计，在 ESI 收录 2000—2010 年 110 篇涉及 21 个一级学科的高被引论文中，主副题名式为 45 篇，占比达 41%[4]；此外，陈述句直接亮出研究结果、疑问句引人关注。《应用与环境生物学报》经外籍专家润色后的英文题名句式灵活多样，有效提升了论文的可读性、表现力和传播影响力。示例如下。

(1) 主副题名式。

主要有两种形式，一种为名词术语+内容阐述形式(例 1 和例 2)，另一种为主体内容+补充说明形式(例 3、例 4 和例 5)，均能更加突出主题、明朗易读。

例 1：(原句)Physiological responses of *Oryza sativa* L. seedlings to multi-walled carbon nanotubes and alleviative effects of multi-walled carbon nanotubes on toxicity of trichlorobenzene

(润色后改变了结构、理顺了逻辑，突出了中心词、避免了重复)Multi-walled carbon nanotubes: their effects on the physiological responses of *Oryza sativa* L. seedlings and the toxicity of trichlorobenzene(多壁碳纳米管对水稻幼苗的生理学效应及对 1,2,4-三氯苯毒性的缓解)

例 2：Microbial direct electron transfer: advances in its study in the metabolism of methane by archaea(微生物直接电子传递：甲烷代谢古菌研究进展)

例 3：Role of mushrooms in soil mycoremediation: a review(蘑菇在土壤真菌修复中的作用研究进展)

例 4：Effects of petroleum pollution on germination and seedling growth: *Suaeda salsa* vs. *Suaeda glauca*(石油污染胁迫下碱蓬和翅碱蓬萌发与生长的响应特征)

例 5：Characteristics of antibiotic resistance genes in the soil of a medical waste disposal site: a case study of a disposal site in the hilly area of eastern China(医疗废物堆置场地土壤抗生素抗性基因组成特征——以华东丘陵地区某医废堆场为例)

(2) 动词短语式。

动词短语式强调了人的主动作为，立刻让句子灵动起来，且常常会简化句子。

例 6：(原句)Isolation and identification of heterotrophic nitrification-aerobic denitrifying strain TS-1 and its nitrogen removal characteristics

(润色后大大简化了冗余表述)Characterizing the heterotrophically nitrifying and aerobically denitrifying TS-1 strain(高效异养硝化–好氧反硝化菌株 TS-1 的筛选及降解特性)

例 7：Applying mathematical models in the construction of synthetic microbial communities(数学模型在合成微生物群落构建中的应用)

(3) 疑问句式。

疑问句式显然增强了吸引力和可读性。

例8：(原句)Effects of land use types on soil moisture characteristics of sunny slopes in the loess area of western Shanxi Province

(润色后)How land-use types affect the soil moisture characteristics of sunny slopes in the loess area of western Shanxi Province? (晋西黄土区土地利用类型对阳坡土壤水分特征的影响)

(4) 陈述句式。

陈述句式直接给出和突出了主要研究成果，现在也是科研和出版人员倾向使用的句式。

例9：The smaller Taliang crocodile newt invests more in sperm quality to gain advantage in post-copulatory sperm competition(小个体大凉螈增加精子质量投入获得交配后竞争优势)

英文题名写作进阶方法总结见表1。

表1 英文题名写作进阶方法

基本原则	ABC原则 1.准确(Accuracy)，找准主题 2.简明(Brevity)，高度凝练 3.清楚(Clarity)，符合逻辑
句式选择	1.主副题名式：两种形式(名词术语+内容阐述；主体内容+补充说明)；推荐使用 2.动词短语式：Characterizing、Applying、Screening、Assessing、Constructing等词开头 3.疑问句式：点缀使用 4.陈述句式：突出研究成果；推荐使用 5.名词短语式：常用 6.系列题名：谨慎使用
其他技巧	1.不用数字开头，直接给出数字的单词拼写或补充同位语或调整结构 2.准确使用介词，省略不甚必要的冠词和"分析/研究/调查"等冗余词 3.不使用简称，也避免使用非公认通用缩写和化学式、角标等特殊符号

2 摘要

国家标准指出：摘要是以提供文献内容梗概为目的，不加评论和补充解释，简明、确切地记述文献重要内容的短文。摘要是论文的重要组成部分，决定了读者是否进一步阅读正文进而加以利用；在国际化和网络化的当下，中文期刊论文的英文摘要质量决定了其传播广泛性和内容认可度。国际著名数据库EI(工程索引)不收录论文全文，但对英文摘要要求很高[5]。

2.1 摘要内容要素化

摘要主要的写作形式包括指示式、报道式、结构式或融合方式，其中指示性摘要在题名基础上增加的内容极少、不适合开放传播，国际前沿和热点话题相关论文可采用结构式英文长摘要，而报道式摘要的采用更为普遍，也很灵活，结构化、连贯式切换方便。报道式研究论文摘要包含目的、方法、结果、结论4个要素，其中目的和方法部分可串联表达，一般用2~3句简要介绍研究背景、目的和主题，以及研究的原理、对象、材料、条件、实验设计和统计学方法等，结果部分用3句或更长适当详细地阐述研究得到的重要数据和主要结果，结论部分通常用1~3句简明表达研究的主要结论性观点、应用评价和启发建议等。重点应放在结果与结论，突出创新和特色。报道式综述论文摘要则应包含背景和主题、重要和亮点进展分析与总结、结论与展望3个要素，同样篇幅通常依次采用2~3句、3句或更长、1~3句，前瞻性综述的结论与展望还可更长。

2.2 摘要实施3C原则

在编辑工作实践和分析总结外籍专家英文摘要润色的基础上，我们提出摘要写作需要遵循清楚(Clarity)、简洁(Conciseness)、连贯(Consistency)3个原则(简称3C原则)[6]，适用于中文摘要，也适用于英文摘要。

2.2.1 清楚完整

这种情况下，即使语法、逻辑存在问题，也容易修改，但如果其意思没有表达完整和明确，则无法修改润色。如以下句子没有比较对象，难以理解也无法修改，需要补充 compared with that of X。

例10：The phylum, class, order, and family abundance of the bacterial community were all lower in *Prorocentrum lima*.(*Prorocentrum lima* 细菌群落的门、纲、目、科丰度均较低。)

2.2.2 简洁准确

这里的简洁并非指内容少而是在内容完整基础上的文字表述简洁且准确。如摘要不能重复题目、常识；其主题阐述方面不必通过意义、局限、目的多角度来表达同样的意思，如"…remain unclear"可不要，直接给出目的或主题即可；选用更加简短的形式，对意思明晰的词不用赘述，如已有明确的意思就不再加"characteristics""role""link""effect"等词，改"all over the world"为"worldwide"更简洁，"an urgent problem to be solved"删去"to be solved"，"heavy metal Ca"保留"Ca"即可，"within short time (6 days)"只保留"6 days"，"leads to an increase"直接用"increases"即可。意思较简单的句子尽量采用单句，如：

例11：(原句)The slope orchard, which distributes in the Dry Valley of the Dadu River, has been a common land-use type.

(润色后简化成单句)Slope orchards are a common land-use type in the dry valley of the Dadu River. (坡地果园是大渡河干旱河谷地区常见的土地利用类型。)

此外，表述中宜采用"limitations"或"challenges"代替具有否定意义的"problems"，用"work/research/study/review"而非"paper"，用"contains"较"has"正式，"be superior at promoting"比"be better to promote"更准确，在统计分析中用"significant"而非"notable"。

2.2.3 连贯流畅

英文摘要润色中我们感受较深的问题就是多个短句前后不连贯、表述生硬和单调，因此增强摘要可读性和流畅性是英文进阶的重要主题，主要途径除适当使用从句外，准确添加连接词，丰富句式，可以促进表述行云流水般顺畅。

总结外籍专家的润色和建议情况，在摘要中根据层次采用了recently/presently, firstly—next—then—thereafter—furthermore—meanwhile—finally, specifically/interestingly, moreover/in addition/additionally/also/besides, by contrast, while/whereas, however/ nonetheless/nevertheless, evidently/briefly/thereby/therefore/thus/hence/consequently/in summary/as a result/in conclusion/in the end/in total/overall/altogether/together 等连接词。有些同类词意思上有微妙区别，如 while 可用于前后同时发生但 whereas 没有这个意思，强调前后差异时更推荐用 whereas 等，需要在实际写作或修改中分辨使用，在此不予赘述。

文献[4-5]总结了摘要背景(主题)、方法、结果、结论(讨论)几个部分使用的动词，可供多样化或区分使用。分析外籍专家的润色情况，各部分还有一些明快地道的范式表达可以参考：如在表述摘要主题的时候尽量避免采用比较生硬的"In order to"或"The objectives were"，而选用"This study aimed to/focused on/sought to/was conducted to"或"We aimed to/examined/investigated/determined/discussed"或"The aim/purpose/task of this study was to"等；在阐述结果和结论中常用的动词有 find/show/indicate/reveal/prove/confirm/demonstrate/suggest/recommend/propose 等；在结论中进行评价展望时可以选用"which can act as (lay) a theoretical (scientific/practical) foundation (reference/basis/support) for/are aimed to provide recommendations (guidance/new information/new insights into) for/set a promising foundation for/allow a better understanding of/have a positive significance in/help us better understand/help expand the understanding of"等方式。

英文摘要写作进阶方法总结见表 2。

表 2 英文摘要写作进阶方法

内容要素	1.研究论文含目的、方法、结果、结论 4 个要素，突出创新和特色成果 2.综述论文含背景和主题、进展分析与总结、结论与展望 3 个要素，突出创新和特色观点
基本原则	3C 原则 1.清楚(Clarity)，意思完整明确 2.简洁(Conciseness)，文字简洁准确(大量实例见正文) 3.连贯(Consistency)，准确添加连接词和丰富句式(大量实例见正文)，适当使用从句
其他技巧	1.避免与题名重复、意义/目的/主题重复、常识性表述 2.适当翔实，定性阐述结合重要的定量数据 3.避免采用通用空泛的或者夸大性语言 4.句子开头不用阿拉伯数字、简称符号、拉丁属名简称、小写字母、括号等 5.避免直接用非通用公认的简称，如复杂术语多次出现，第一次给出全称和简称，后面用简称，不能全称、简称掺杂使用，但如出现不超过两次，只用全称即可 6.十以下宜用单词而非数字，除非紧接单位符号，或表示年龄、时间，或与其他数字并列等 7.术语前后一致，如 maize 和 corn 不混用 8.避免非正式表述"there are"，"best"(用"optimum")，"about"(用"approximately")等 9.摘要中不能引用参考文献

3 图表

由于读者阅读论文的习惯是先看文章的标题、摘要，再看图表，以期在最短时间内了解文章的主题内容和主要结果，然后再确定是否看正文，所以图表对重要材料方法与创新性结果等的英文展示对在国际范围增强论文可读性和传播力有重要作用。

如果中文论文内容具有国际创新性和国际交流必要性，其图表文字可使用中英双文。图表题写作原则同论文题名一样要遵循 ABC 原则来概括图表内容，各图表题尤其是系列内容图表题的句式应统一便于对比阅读，注意术语表达规范、意思确切、避免语法错误等[7]；英文应与中文意思一致。图表须具有独立性和自明性，在结构优化的基础上尽量在图表里结合中英文注解、图例，就特定内容给予适当完整的表达。图表还须简洁明朗，文字不宜太繁杂，尽量采用国际通用符号如量和单位、化学符号以及其他通用公认符号等，非通用公认的简称应在图表题中体现出完整意思或者给出中英文注解。

4 结束语

基于外籍专家的英文润色实例分析，我们总结和发展了中文科技论文英文部分的写作技巧：题名践行 ABC 原则，灵活选用句式、特别是主副题名句式和陈述句式更利于突出主题和创新性；摘要实施 3C 原则，通过优化要素和多样化使用词汇、句式等提升表述的可读性和流畅性。上述分析结果对作者撰写和编辑加工处理中文论文的英文部分具有进阶指导和借鉴提升作用。

中文科技期刊及报道成果的国际影响力由其在国际传播的广度和深度决定，而这又与其英文部分的质量息息相关。2021 年 5 月由中宣部、教育部、科技部印发的《关于推动学术期刊繁荣发展的意见》就专门指出要提升国际传播能力，提升开放办刊水平，鼓励中文学术期刊提供论文英文长摘要等。无论是否聘请外籍专家润色论文英文部分，编辑作为把关期刊质量的责任主体，需要具有更高的科学素养、编辑业务素养等[8]，进一步精进英文水平。目前中文期刊论文英文长摘要还较少见，英文写作质量因作者、编辑英文水平以及编辑部重视程度等的差异当前也还参差不齐，在科技和科技期刊国际化、高质量发展的新阶段，进一步提升中文科技论文的英文写作质量值得继续关注和重视。

参 考 文 献

[1] 新华网.我国科技创新由跟跑为主转向更多领域并跑、领跑[EB/OL].(2018-03-05)[2021-08-13] http://www.xinhuanet.com/politics/2018lh/2018-03/05/c_137016824.htm.
[2] 中国科学技术协会.中国科技期刊发展蓝皮书(2020)[M].北京:科学出版社,2020.
[3] 朱丹,李家林,何洪英,等.科技论文英文题名的编辑加工[J].中国科技期刊研究,2007,18(5):903-905.
[4] 任胜利.英文科技论文撰写与投稿[M].2 版.北京:科学出版社,2018:22.
[5] 金丹,王华菊,李洁,等.从《EI》收录谈科技论文英文摘要的规范化写作[J].编辑学报,2014,26(增刊 1):118-120.
[6] 何洪英,张曼夏.学术论文写作进阶[J].时代教育,2020(11):90.
[7] 熊婉,何洪英,葛亮,等.从"读者中心"的角度探讨科技期刊双语表格的编辑重点[M]//学报编辑论丛(2014).上海:上海大学出版社,2014:74-79.
[8] 何洪英,葛亮,杨莉娟,等.论媒体融合趋势下科技期刊编辑的素养[J].编辑学报,2018,30(5):541-544.

编辑修改权如何合理运用？
——上海语文教材中"外婆"与"姥姥"之争对编辑工作的启示

祁 寒

(徐州医科大学《国际麻醉学与复苏杂志》编辑部，江苏 徐州 221000)

摘要： 上海小学语文课本将"外婆"改为"姥姥"引发全网抗议，出版编辑修改动一词险些引发法律诉讼。在新媒体时代，编辑如何合理运用修改权，避免因修改工作导致对作者作品的侵权，是当前每一位编辑都需要关注的重点，而"外婆"变"姥姥"事件，也为广大编辑工作者带来新的启示。

关键词： 编辑；修改权；版权保护

关于编辑对作者作品修改权保护的研究由来已久，在出版行业快速发展、激烈竞争的大环境下，编辑对他人作品的修改已经成为常态，这一方面体现出编辑岗位在我国出版传媒行业的重要地位，另一方面也反映出我国新《著作权法》对编辑修改权的保护。然而，在沪教版小学语文课本中，出版社在作者不知情的情况下将"外婆"改为"姥姥"，引发全网关于"外祖母"称谓差别的讨论，上海市教委在舆论的重压下将课文重新改回"外婆"。该事件也引发了业内人士关于编辑修改权的热烈讨论。本文以这一事件为基础，对当前国内外出版行业编辑修改权的运用现状进行分析，并结合司法实践来探索编辑工作的完整性和审慎性。

1 "外婆"变"姥姥"引发的编辑修改权争议

1.1 "外婆"变"姥姥"事件的背景

2018年6月20日，沪教版小学语文课本第24课《打碗碗花》中，原文的"外婆"被改为"姥姥"，有民众对此表示质疑，而上海教育出版社教研室给出的官方答复为：《现代汉语规范词典》中的"外婆"属于方言，且《新英汉词典》中对"grandmother"一词的解释为外祖母，因而采用普通话的"姥姥"更贴近实际生活，能够扩展学生对于汉语多样性的了解和认识。此文一出立刻点燃舆论，该话题在当时迅速登上微博热搜，部分微信公众号对此文转载的阅读量也达到10万以上。绝大部分民众对出版社的这一改动表达了强烈不满，认为出版社有方言歧视之嫌，并列举了大量使用"外婆"这一称谓的著名文学作品加以反驳，一些知名作家、学者也纷纷发声支持民众看法。原文作者李天芳表示，出版社应尊重作者与原著，且这一改动"毫无必要"。同年7月，上海市教委会同上海市教育出版社发布处理意见，称已将"姥姥"恢复为"外婆"，并向作者与社会各界致歉，表示将进一步依法保障作者有关权益。除了为"外婆"正名外，该事件的出现也引发了学者对于编辑修改权的广泛讨论，相关话题的热度至今依然在延续。

1.2 事件引发的编辑修改权争议

客观来看，根据《著作权法》第二十三条规定，在教材中汇编已经发表的作品片段或者短小的文字作品可以不经著作权人许可，但不得侵犯著作权人的合法权益。教材汇编作为一种法定权利,不许经过著作权人许可,然而却要遵守"给付报酬"和"尊重著作权人权利"的规定,表明法律充分保障著作权人的修改权[1]。同时,根据《国家通用语言文字法》中的规定,语文教材中的内容应以普通话和规范文字为标准,上海教育出版社教研组认为"姥姥"是普通话中外祖母的标准称呼,这即是"外婆"变"姥姥"的来源。上海教育出版社的做法尽管符合《国家通用语言文字法》的要求,但客观上也的确构成了对作者作品的侵权,这也是上海市教委在回复中表示"切实依法维护作者正当权益"的主要原因。

对于这一观点,也有学者提出,上海教育出版社修改原文词汇表述有法可依,且收录汇编作者作品作为一种法定许可,上海教育出版社仅对个别词语进行依法"修正",并非是对原作品进行篡改和歪曲,即便符合构成侵权的形式要件,也不能贸然认为是一种对著作权人修改权和作品完整权的侵害。在当前互联网社会中,过度限制编辑修改权,亦同新媒体时代下的信息传播特点相悖,另外,《著作权法》第三十六条把编辑修改权限于报社、期刊的做法存在区别对待的问题,应给予出版社编辑同期刊、报社编辑同等的作品修改权利。

目前,著作权法对于出版者编辑修改权的规定并不明确,但可以确定的是,出版者编辑对于作品中涉及政治错误、思想道德和国家秘密等的内容进行修改和删除,是一个编辑职业道德和社会责任的体现,必然不被视为对著作权人的权利侵犯[2]。因此,我国《著作权法》对于编辑修改权的规定并未发挥定纷止争的效果,缺乏细节的规定也使得编辑和作者之间的矛盾更加突出。

2　出版编辑修改权的运用现状

正如前文所列举的上海教育出版社修改原作之例,近年来,以图书、报社、期刊为主的传统出版机构编辑,对于作者作品的修改已经成为常态,因修改产生的纠纷数量也在不断增加,这一现象在数字、互联网出版行业则更为普遍,凸显出当前我国编辑修改权的混乱状态。

2.1　我国传统出版机构编辑修改权的运用现状

在我国传统出版机构中,编辑在收到稿件后进行内容方面的修改已经成为行业常态,笔者也就相关现象对不同出版机构的编辑和作者进行了访谈调查中了解到,修改内容是行业中的一个不成文规定,有的编辑会将修改的内容发给作者核对以征求其意见,但也有很多编辑则是在修改后直接发行。受访作者指出,很多时候自己的作品被改得面目全非,完全超出了原作品的内容范围,甚至有被增加相反观点、无关内容和广告的现象。对于编辑修改权的滥用乃至侵权行为,绝大多数作者为了维持同出版方的关系,选择息事宁人。这也无怪乎我国作家老舍当年投稿曾在书稿侧边空白写上"改我一字,男盗女娼"以抗议编辑对其作品的修改。

2.2　国外传统出版机构编辑修改权的运用现状

不仅是我国,国外传统出版行业也大量存在着编辑滥用修改权的现象。根据一项针对322名高影响力期刊编辑的调查显示,有超过 90%的编辑坦诚自己修改过包括评审意见在内的文章。其中,有超过 8%的编辑曾在未经作者和审稿人同意的情况下擅自改动文章或推荐意见。对此,不同机构也表示出不同的态度,美国科学编辑委员(CSE)明确规定了编辑对作者的责任,其修改职能仅限于为作者提供写作方面的指南,且修改要以公平、礼貌、客观、诚实和透明的原则与作者进行沟通;而《药物滥用与治疗杂志》(JSAT)则指出,任何稿件都必须经过编辑的修改和同行评审,编辑有权对稿件进行自行修改并发表。对于这一点,Teixeira da Silva 在其发表的文章中指出,要合理分配作者、编辑和出版商三者之间的责任,而且要严格限制编辑随意修改作者文章的权利[3]。

由此看出，编辑修改权争议在国内外都普遍存在。目前，海外学者对于编辑修改权问题已经越来越重视，特别是针对著作和学术文章发表的编辑修改权，有一些学者提出要进行规制，而我们当前在出版机构掌握话语权的背景下，几乎没有作者就自身权利的保障付诸实践。

3 现行法律框架下编辑修改权规制的现实困境

3.1 编辑修改权"滥用"现象越发普遍

从司法实践的角度来看，当前我国关于编辑修改引发的侵权纠纷数量正呈现上升态势。通过中国文书裁判网中搜索到关于修改权在内的相关纠纷案件数量也超过了200件，绝大多数发生于2015年之后。此外，从案件情况来看，随着作者法律意识的提高，对于编辑的修改行为也越发敏感，在知乎、豆瓣、微博等社交媒体中，很多作者对于编辑越权修改现象也表达了一定程度的不满[4]。可见，在当前的出版行业中，编辑在未经作者许可的情况下依照自身想法修改作者作品的行为，将可能带来一系列不良影响与法律后果。

3.2 编辑修改权限的法律边界仍未确定

我国2020年新修订的《著作权法》中关于编辑修改权、作品完整权方面依然维持同上一版《著作权法》一样的规定，没有做任何修改。我国《著作权法》第三十六条规定：图书出版者经作者许可，可以对作品修改、删节。报社、期刊社可以对作品作文字性修改、删节。对内容的修改，应当经作者许可。受这一条款的约束，在图书出版领域，编辑的修改行为涉及侵害著作权人权益的现象较期刊报社要少。在此之前，我国大多数学者认为应当对编辑修改权作出进一步保护，通过减少编辑修改责任事由的方式来加快我国出版业在新媒体时代下的发展，但由于我国著作权司法实践的现状，对编辑修改权的保护势必将弱化作者的地位[5]。可见，当前我国立法机关依然保持着折中立场，将这类侵权的法律事实交由法官进行裁判。

3.3 编辑修改行为导致的侵权诉讼

对于编辑对作者修改权尚无统一标准，如在陈世清与北京快乐共享文化发展有限公司等侵害保护作品完整权纠纷案中[6]，对于被告方北京快乐共享文化发展有限公司未经作者许可下对作品的非实质性修改行为就予以了支持，相反，冯力等与北京泗玥砭道文化传播有限责任公司侵害保护作品完整权纠纷案中[7]，二审法院认定被告方北京泗玥砭道文化传播有限责任公司仅改一字的情况侵犯了他人著作权。因此，从上述案件的情况来看，法院对于编辑修改权的认定存在一定的主观性，但可以肯定的是，编辑的修改权仍需要著作权人的同意才能得以完整实现，即便对于期刊、报社来说，其对于文字修改权独立于著作权人，然而"外婆"变"姥姥"这一案例也为广大编辑工作者敲响警钟，尽量避免由于文字修改而产生的法律风险[8-9]。

4 "外婆"变"姥姥"对出版业编辑修改工作的启示

站在事后角度重视"外婆"变"姥姥"事件，实际并未对作品原意以及读者的作品完整性造成影响，也正因如此，"外婆"与"姥姥"之争作为民众最朴素的情感表达，足以引起社会的强烈反响。从法律角度出发，作为编辑，需要进一步提升职业素养和道德水平，在规避法律风险的同时，保障作者作品的可读性。

4.1 加强同作者的改前沟通

编辑运用自己的文字功底对作者的作品进行加工本无可厚非，许多编辑指出，在对一些行文较为杂乱的稿件进行修改时,自然会做出较大幅度的改动,但即便如此,依然需要搞清楚作者的原意,编辑不明白作者意图自行做出不当修改的现象屡见不鲜,甚至有被退稿后靠着原稿获得诺贝尔学奖的案例。"外婆"变"姥姥"也是编辑在缺乏沟通的情况下自行修改,进而产生客观侵权事实。所以,保持同作者积极、有效的沟通是编辑工作中避免法律风险的最关键一环。

4.2 修改内容分类明示

在编辑日常工作中,对于往来稿件的校订有时不会将全部修改内容向作者明示,作者核对过程也时有忽略,但这一做法也不能完全规避责任,编辑在按照"信、达、雅"的标准修改文章时,同样应当在不同修改阶段作出差别化的明示,对不同类型的修改作出区别化的说明,让作者对修改之处一目了然,了解哪些修改是文字性的,哪些修改是内容性的,这不仅能够体现对作者的尊重,也符合《著作权法》对编辑工作的要求。

4.3 减少编辑个人风格的影响

每位编辑都有自己的独特风格,特别是当编辑在自己擅长的领域中发挥知识优势,以自己的理解对作品进行调整,从而将作品以最佳的表现方式呈现出来,原则上来看,编辑个人风格在他人作品中的融入有助于提升作品的整体文字水平,但不可否认,即便编辑在该领域是专家,也必然会存在一些知识"盲点","外婆"变"姥姥"事件中的编辑正是基于自身常年从事文字领域工作而作出的错误解读,招致大批网友的言论挞伐,最终被迫公开致歉。可见,编辑在处理稿件的过程中,要尽量控制自我对知识的过度解读,在听取其他专业人士的意见后再开展文字的修改工作。

5 结束语

"外婆"变"姥姥"事件中,上海市教委声明尊重作者的著作权,并承诺将还原文章"外婆"的表述。由此可见,对于作者作品的修改,编辑须以审慎的态度来处理,在期刊等出版物中,尽管法律赋予编辑相应的修改权,但从当前期刊编辑对投稿人作品的修改程度来看,依然存在着大量的法律风险,在我国民众的法律意识越来越强,法制社会建设不断推动的背景下,编辑在运用修改权的同时,应严格遵照著作权法的相关要求以及出版社内部的规定,进而有效避免法律风险。

参 考 文 献

[1] 李照东,郭谦.论著作权法定许可制度的完善:以《著作权法》第23条为例[J].山东社会科学,2018(2):159-163.
[2] 柳亚男.论书稿的编辑加工[J].传媒论坛,2021,4(14):95-96.
[3] JIMMYN P, PATRICK M. The true impact of shorter and longer copyright durations: from authors' earnings to cultural creativity and diversity [J]. International Journal of Cultural Policy, 2021, 27(5): 26.
[4] 高凌燕.编辑加工过程中作者著作权的保护研究[J].传媒论坛,2021,4(1):86-87.
[5] 米小鸽.新媒体时代图书编辑修改权的规范行使及其保证[J].新闻文化建设,2020(18):106-107.
[6] 谭洋."隐匿"的编辑:对编辑成果产权化的批判及编辑权益保护的非产权化安排[J].科技与出版,2019(12):75-83.
[7] 林景浩.编辑在出版物审稿加工中应加强的著作权意识的浅谈[J].文化创新比较研究,2018,2(19):53-56.
[8] 徐丹丽.关于完善对编辑修改权立法保护的思考[J].出版参考,2017(6):23-24.
[9] DA SILVA T. Responsibilities and rights of authors, peer reviewers, editors and publishers: a status quo inquiry and assessment [J]. The Asian and Australasian Journal of Plant Science and Biotechnology, 2013(7): 7.

强对流天气分析中常用量符号的规范表达

周黎明[1]，倪东鸿[2]

(1.山东省气象科学研究所《海洋气象学报》编辑部，山东 济南 250031；
2.南京信息工程大学期刊部，江苏 南京 210044)

摘要：鉴于目前大气科学类期刊中关于强对流天气诊断物理量符号表达形式较为混乱的现状，统计分析了 22 家期刊关于此类量符号及量名称的表达形式；在此基础上，选取了 9 种常用物理量，通过几类典型例子做细致分析，并根据国家标准给出此类量符号及量名称规范表达的建议，期望对提高期刊质量和促进学术交流有所裨益。

关键词：强对流天气；物理量；量符号；规范化

有利的环境条件是强对流天气发生的基础，因此，环境条件的诊断对于强对流天气预报十分重要[1]。为了科学表达环境大气的稳定度及其变化，气象学家定义了一些强对流天气诊断物理量，常用的强对流天气诊断物理量包括反映大气稳定度的 K 指数和沙瓦特指数(Showalter index，SI)，以及决定灾害天气发生与否的稳定度指数——抬升指数(lifting index，LI)、强天气威胁指数(severe weather threat index，SWEAT)、对流有效位能(convective available potential energy，CAPE)、对流抑制能(convective inhibition energy，CIN)、下沉对流有效位能(downdraft convective available potential energy，DCAPE)、抬升凝结高度(lifting condensation level，LCL)、对流凝结高度(convective condensation level，CCL)等。这些诊断物理量在天气分析及科学研究中得到了广泛应用。然而，这些物理量的量符号、量名称还存在表达不规范的问题，例如：在大气科学类期刊论文中，作者往往习惯将量名称的英文缩略词作为量符号来使用等。众所周知，期刊出版必须符合国家标准及相应规范[2-4]，而有关量符号及名称的规范表达历来受到广泛重视[5-6]。这里，笔者将调查 22 家大气科学类期刊有关强对流天气分析中常见物理量的表达形式，并根据我国国家标准对这些常见物理量的表达形式做细致分析，由此提出规范表达这些物理量的建议。

1 调查分析

通过中国知网学术期刊网络出版总库，查阅 2017—2020 年 22 家大气科学类期刊，对常用强对流天气诊断物理量符号做统计，发现在论文的正文、图、表和公式中，此类量符号的表达形式主要有 9 种：

(1) 正文、图、表、公式均使用多字母正体(5 家)；
(2) 正文、图、表、公式均使用多字母斜体(5 家)；
(3) 正文、图、表多字母正斜体混用，公式使用多字母斜体(3 家)；
(4) 正文、图、表多字母正斜体混用，公式使用多字母正体(1 家)；

(5) 正文、图、表使用汉字(量名称)，公式使用多字母正体(3 家)；

(6) 正文、公式使用汉字(量名称)，图、表使用多字母斜体(1 家)；

(7) 正文、图、表使用多字母正体，公式中主符号使用单字母正体、下标使用修饰性符号(1 家)；

(8) 正文、图、表使用多字母正体，公式中主符号使用物理量英文名称的首单词首字母斜体、下标使用其他单词首字母正体小写(2 家)；

(9) 正文、图、表使用多字母正体，或者正文、表使用主符号并辅以多字母正体下标(1 家)。

由此可见：①各期刊对强对流天气分析中常用物理量符号的表达不统一，甚至同一期刊也不统一；②多数期刊的量符号使用物理量英文名称的缩略词，不符合国家标准[2]。下面依据调查结果，举例分析常用强对流天气物理量符号的规范表达。

示例 1(正文)[7]：K 指数都超过 40 ℃，抬升指数 LI<−1 ℃，远远大于章国材(2011)统计的产生短历时强降水有利的环境条件(K≥32 ℃、LI≤0 ℃)，说明京津冀区域处于强的位势不稳定层结和有利于发生短时强降水的状态。

分析：①"K 指数"为量名称，此处 K 用斜体不妥，建议用正体；②"K≥32 ℃、LI≤0 ℃" 用 K、LI 作为不同指数的量符号，则不符合国家标准的要求[2]，应改为 I_K、I_L。

国家标准[2]规定：主符号通常为单个拉丁字母或希腊字母(25 个用来描述特征数由 2 个字母构成的量符号除外)，必要时带有下标或其他的说明性标记，而不是采用来自英文量名称构成多个字母的缩写形式。若使用英文名称缩略词，则易造成同一种量有多种不同的符号，使同一种量受到异化，从而造成混乱[5,8-9]。需要注意的是，量符号的书写规则中主符号需使用斜体字母(pH 是例外，应采用正体)；下标一般情况下用小写字母，若其为量符号、表示变动性数字的字母、坐标轴符号，以及表示几何图形中的点、线、面、体的字母时用斜体字母，其余均用正体字母[2]。

示例 2(正文)[10]：低涡切变线型强降水过程的自由对流高度较低，平均为 2.3 km，7 次过程中有 3 次过程 500 hPa 以下层结曲线较紧靠，这 3 次过程的平均降水量均在 30 mm 以上，$CAPE$ 形状均呈瘦高状，其余 4 次过程平均降水量均在 23 mm 以下，$CAPE$ 较小。

分析："$CAPE$"为量名称，使用斜体不妥，应在文中第一次提及"CAPE"时加括号写明英文全称，并注明中文含义。

示例 3(图)[11]：对冰雹日的临近探空指数分布特征进行统计(图 2)，从中可见：①从不稳定能量看，冰雹出现之前探空的 $CAPE$ 均值为 1 785 J·kg^{-1}，极大值为 4 802 J·kg^{-1}，极小值为 162 J·kg^{-1}；……

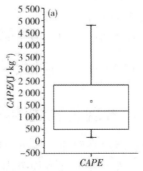

例图(图 2)　2007—2015 年金华地区冰雹日临近探空指数分布特征

(a) $CAPE$(单位：J·kg^{-1})，……

分析：①在正文、图题及图的横坐标处，"$CAPE$"是使用缩略词的英文量名称，应为正体，或者直接使用中文量名称"对流有效位能"。②在图的纵坐标标目中，若"$CAPE$"为量符号，则此表达形式不符合国家标准的要求[2]。对流有效位能(CAPE)的本质是能量转化[12]，故建议其主符号使用国家标准中能(量)的量符号E，应改为E_{cap}。若"$CAPE$"为量名称，则应改为正体。图中标目应采用标准化的标注形式"量的符号或名称/单位符号"[13]，故图中标目可改为"E_{cap}/(J·kg^{-1})"或"CAPE/(J·kg^{-1})"或"对流有效位能/(J·kg^{-1})"。

示例4(表)[14]：K指数、SI指数和LI指数等作为反映大气层结稳定度的物理量，常用于强对流天气预报中。表1可见，SI指数和LI指数分别由-2.93 ℃和-2.91 ℃增大至-4.28 ℃和-5.12 ℃，说明大气层结不稳定度进一步增强；$CAPE$值由08时1 273.8 J·kg^{-1}猛增至3 907.2 J·kg^{-1}，说明热力不稳定也进一步增大。

例表(表1) 2017年7月27—28日温江站对流参数

时间	K/°C	SI/°C	LI/°C	$CAPE$/(J·kg^{-1})
27日08时	45	-2.93	-2.19	1 273.8
27日20时	44	-4.28	-5.12	3 907.2

分析：此例涉及强对流天气分析中常用的诊断物理量——K指数、沙瓦特指数(SI)、抬升指数(LI)和对流有效位能(CAPE)。文字叙述部分，①"K指数""$CAPE$"是量名称而不是量符号，用斜体不妥，应改为正体；②"SI指数"和"LI指数"的I原本就是指数(index)的缩写形式，其后用"指数"属于重复，应删除。表格中，①SI/°C、LI/°C、$CAPE$/(J·kg^{-1})用SI、LI、$CAPE$作为量符号，显然不符合国家标准的要求[2]，改为I_S、I_l、E_{cap}较妥；②K/°C的写法应考虑此处的"K"实际上是K指数的量符号，宜改为I_K。

示例5(公式)[12]：由H_f到平衡高度(H_{EL})进行积分，可得：

$$CAPE = \left[c_{pd} + q_0(c_w - c_{pd})\right](T_f - T_{\text{EL}}) + \left(L_{\text{vf}}\frac{r_f}{1+r_T} - L_{\text{EL}}\frac{r_{\text{EL}}}{1+r_T}\right) - g_0 H_f^{\text{EL}} \quad \text{例(7)}$$

……

式(7)体现了CAPE的本质。它表明，从LFC到EL，气块中的一部分"广义湿静力能"转化为气块的垂直运动动能。式(7)具有广义性，亦可用于假绝热过程CAPE的计算。

分析：GB/T 1.1—2009[15]指出，公式不应使用量的名称或描述量的术语表示；量的名称或多字母缩略术语，不论正体或斜体，亦不论是否含有下标，均不应用来代替量的符号。因此，公式中使用"$CAPE$"是不规范的。使用英文量名称首字母缩写构成的多字母作为量符号，既不符合国家标准[2,15]，又易引起混乱，甚至被误解为多个量的乘积[5]。故上述公式应改为：

$$E_{\text{CAP}} = \left[c_{pd} + q_0(c_w - c_{pd})\right](T_f - T_{\text{EL}}) + \left(L_{\text{vf}}\frac{r_f}{1+r_T} - L_{\text{EL}}\frac{r_{\text{EL}}}{1+r_T}\right) - g_0 H_f^{\text{EL}}$$

2 强对流天气分析常用量符号规范表达的建议

上述分析表明，大气科学类期刊涉及强对流天气分析的论文对常用量符号及量名称的表达存在诸多不规范的问题，且现有气象行业标准或规范尚未制作统一规定。为此，本文根据国家标准对量符号书写规则的规定[2]，对强对流天气分析中常用物理量符号的规范表达提出以下建议：

(1) 根据量的物理含义，给出符合国家标准[2]的量的主符号，例如能量的量符号为 E、高度的量符号为 h 等。因此，涉及能量的物理量(如对流有效位能、对流抑制能、下沉对流有效位能)，其量符号以 E 作为主符号；涉及高度的物理量(如抬升凝结高度、对流凝结高度)，其量符号以高度 h 作为主符号。而涉及指数的物理量(如 K 指数、沙瓦特指数、抬升指数、强天气威胁指数)，则其量符号可以用 I 作为主符号[5]。

(2) 在强对流天气分析中，同样是能量量符号 E 或高度量符号 h 或指数量符号 I，有可能表示的是不同种的量或有不同的单位，所以为了区分具有相同主符号的不同物理量，应采用下标予以区分。根据"如在某种情况下，不同的量有相同的符号或是对一个量有不同的应用或要表示不同的值，可采用下标予以区分"的规定[2]，这里给出强对流天气分析中常用物理量的主符号并辅以下标以作区别，同时归纳出此类量符号的错误使用情况(见表 1)。此外，量符号和单位符号等作下标时，字母大小写、正斜体应与原符号相同；来源于人名的缩写作下标时，需大写，其他一般用小写。

表 1　常见强对流天气分析中常用物理量符号的规范表达及错误使用

量名称	规范表达	错误使用
K 指数	I_K	K、K
沙瓦特指数	I_S	SI、SI
抬升指数	I_l	LI、LI
强天气威胁指数	I_{sweat}	$SWEAT$、SWEAT
对流有效位能	E_{cap}	$CAPE$、CAPE、C_{ape}
对流抑制能	E_{cin}	CIN、CIN、C_{in}
下沉对流有效位能	E_{dcap}	$DCAPE$、DCAPE
抬升凝结高度	h_{lc}	LCL、LCL
对流凝结高度	h_{cc}	CCL、CCL

(3) 应根据物理量的使用场合采用合适的表达方式，确定是使用量符号还是使用量名称。在正文或摘要中，作为文字叙述的一部分，可直接使用物理量的名称，这样表达清楚易懂；在图、表中，物理量作为标目的一部分，应尽可能使用量符号，这样表达直观规范；在公式中，不应采用多字母缩略词书写[16]，不宜采用量的名称或描述量的术语来表示[15,17-19]，应使用规范的量符号。需要注意的，当量名称为英文缩略词时，应在文中第一次出现时，注明量的中英文全称，如"CAPE(convective available potential energy，对流有效位能)"。

3　结束语

强对流天气具有历时短、天气剧烈、破坏性强等特点，且作为我国主要的气象灾害之一，在天气预报中受到重点关注。为提高强对流天气预报的准确率，强对流天气诊断物理量得到广泛应用。鉴于目前大气科学类期刊中关于强对流天气诊断物理量符号表达形式存在较为混乱的现象，本文统计分析了 22 家期刊关于此类量符号及量名称的多种表达形式，在此基础上，选取 9 种常用物理量，通过几类典型例子进行细致分析，并根据国家标准给出了此类量符号及量名称规范表达的建议，期望引起编辑同仁和作者的关注，为提高期刊质量和促进学术交流有所裨益。

参 考 文 献

[1] 章国材.强对流天气分析与预报[M].北京:气象出版社,2011:58.

[2] 国家技术监督局.有关量、单位和符号的一般原则:GB 3101—1993[S].北京:中国标准出版社,1993.

[3] 陈浩元.科技书刊标准化18讲[M].北京:北京师范大学出版社,1998.

[4] 中国科学技术期刊编辑学会.科学技术期刊编辑教程[M].北京:人民军医出版社,2007.

[5] 倪东鸿.大气科学论著中如何规范表达温度等量的符号[J].编辑学报,2002,14(5):354-355.

[6] 丛敏.关于周期的量符号及其单位的使用辨析[J].科技与创新,2018(4):137-138.

[7] 王华,李宏宇,仲跻芹,等.京津冀一次罕见的双雨带暴雨过程成因分析[J].高原气象,2019,38(4):856-871.

[8] 孙丽莉,陈春平,周田惠,等.关于物理量"门尼黏度"规范使用的探讨[M]//学报编辑论丛(2018).上海:上海大学出版社,2018:151-154.

[9] 周莉花,章晓光,沈亚芳,等.农林科技期刊中非国标量符号的探讨[M]//学报编辑论丛(2019).上海:上海大学出版社,2019:108-111.

[10] 高帆,尹承美,蔡哲,等.济南市重大短时强降水过程特征分析[J].海洋气象学报,2019,39(1):131-141.

[11] 严红梅,梁亮,黄艳,等.金华地区18次冰雹天气的大气环境与雷达回波特征分析[J].暴雨灾害,2019,38(1):48-58.

[12] 邹丽丽,谭桂容,李任承,等.对流有效位能的本质和一种新的计算方法[J].气象科技进展,2017,7(3):6-15.

[13] 浩元.规范标注坐标曲线图的坐标原点、标目和标值[J].编辑学报,2019,31(6):641.

[14] 唐钱奎,张涛.成都一次雷暴大风的中尺度特征分析[J].暴雨灾害,2019,38(4):338-345.

[15] 白殿一,逄征虎,刘慎斋,等.标准化工作导则第1部分:标准的结构和编写:GB/T 1.1—2009[S].北京:中国标准出版社,2009.

[16] 陈浩元.公式不应采用多字母缩略词书写[J].编辑学报,2019,31(6):609.

[17] International Organization for Standardization. Quantities and units: ISO 80000-1:2009 [S]. Switzerland: ISO Copyright Office, 2009.

[18] 张坤,赵粉侠,曹龙.植物光合特性相关指标量符号规范使用探讨[J].中国科技期刊研究,2013,24(1):206-208.

[19] 陈浩元.公式不应使用量名称表示[J].编辑学报,2019,31(3):346.

期刊编辑和审稿专家如何发现医学稿件中的统计学问题

厉建强[1]，耿 波[1]，周晓彬[2]

(1.青岛大学《精准医学杂志》编辑部，山东 青岛 266003；
2.青岛大学公共卫生学院流行病与卫生统计学系，山东 青岛 266021)

摘要：随着生物医学科技的发展，医学研究中应用的统计学方法越来越复杂。一篇论文中的设计、方法学部分、结果及其解释、讨论、研究的优点和局限性都会涉及统计学的内容。对于还没有实施统计学审稿程序的医学期刊，审稿专家和期刊编辑如何发现稿件中可能存在的统计学问题，以及清晰正确地描述统计学内容是十分重要的。本文从稿件的编辑和审稿的实际工作出发，为非统计专业的期刊编辑和审稿专家如何审核稿件中的常见统计学问题提出了一些建议。

关键词：医学期刊；审稿人；编辑；统计学问题

在稿件的同行评议过程中，统计学评审是非常重要的一部分内容，正确的统计分析和完整清晰的统计报告可以大幅度地提高稿件的科学质量[1-5]。有些杂志有专门的统计学评审专家，进入这些杂志同行评议过程的所有稿件都要经过统计专家的统计学评审。但是有些杂志则没有统计学评审程序，只有当专业评审专家提出要求或编辑认为有必要时再送统计学专家评审。针对没有统计学评审程序的生物医学期刊，本文作者结合多年的编辑工作及其统计学审稿经验，提出一些稿件初审时的统计学审核建议，这些审核内容涉及医学论文中常见统计学误用问题，也是医学统计学的常用基本方法，主要涵盖以下内容：对照试验的组间均衡性、正确选择统计描述指标、定量数据常用假设检验方法、定性数据常用假设检验方法、有序变量的常用假设检验方法、正确理解假设检验中的 P 值，以及提倡报告效应量的置信区间等问题，以期为非统计学专业审稿专家及期刊编辑如何发现稿件中存在的统计学问题有所帮助。

1 医学文稿审稿中需要审核的常见统计学问题

1.1 关于组间均衡性的审核

对照试验中，要保持结论的可靠性，一般要求对比组间均衡可比，因此要审核是否描述了对比组间的基线数据。需要注意的是，对于基线数据，笔者建议只进行统计描述即可，不必进行假设检验。因为基线因素(尤其是临床试验)较多的话，所有因素都满足均衡可比几乎是不可能实现的。另外，从统计学的角度来说，样本量越大，越容易发现统计学差异，但很可

基金项目：山东省社会科学规划研究项目(19CZDJ13)；全国医学专业学位研究生教育指导委员会 2018 年课题(B2-YX20180203-01)；山东省教育厅 2018 研究生教育质量提升计划项目(研究生教学案例库项目，SDYAL18047)；2018 青岛大学研究生教育创新基金资助项目

能没有临床(专业)意义。如果杂志编辑、审稿专家强行要求所有基线数据都必须满足组间均衡可比，而且要求组间差异没有统计学意义，则可能会诱使某些作者篡改数据、进行造假。如果某些因素在对比组间不均衡，则可以采用倾向性评分[6]或多因素分析[7]等方法对不均衡的因素进行校正(或称为消除混杂因素的影响)。

1.2 关于结果的统计描述的审核

(1) 用均数和标准差描述数据的集中趋势和离散趋势的条件是数据符合正态分布。对于用"均数±标准差"描述平均水平和离散程度的，要审核是否说明数据为正态分布以及是如何检测数据的正态性的。

(2) 对于不服从正态分布、数据两端没有确切值或有序变量的数据，应用中位数和四分位数间距描述数据的集中趋势和离散趋势。对于用"中位数(四分位数间距)"描述平均水平和离散程度的，要审核是否说明了原因，否则应用"均数±标准差"进行描述。

(3) 定性数据的百分数指标，除给出百分数外，要审核是否给出了百分数的分子和分母，同样都是有效率80%，8/10(80%)跟400/500(80%)的可信性还是相差很大的。

1.3 关于 t 检验的审核

应用 t 检验比较均数差异的，要审核是否说明了是哪种类型的 t 检验(单样本均数的 t 检验、两独立样本均数的 t 检验、配对样本均数的 t 检验)，笼统的称为 t 检验是不妥的。

1.4 关于方差分析的审核

应用方差分析比较均数差异的，要审核是否说明了是哪种类型的方差分析(完全随机设计的方差分析、随机区组设计的方差分析、析因设计的方差分析、重复测量设计的方差分析等)，笼统的称为方差分析是不妥的；还要说明方差分析后多重比较采用的方法是什么。

1.5 关于 x^2 检验的审核

对于列联表资料组间率和构成比等相对数指标比较的假设检验(用得最多的是 x^2 检验)，要审核是否说明了是哪种类型的 x^2 检验(pearson x^2 检验、连续校正 x^2 检验、McNemar 配对检验或 Fisher 确切概率法)，笼统的称为 x^2 检验是不妥的。

1.6 关于秩和检验的审核

(1) 基于秩次的秩和检验相对于参数检验来说统计效率相对较低，一般情况下在无法使用参数检验(例如 t 检验、方差分析等)的情况下(不是正态分布、数据两端没有确切值或数据为有序变量)才考虑使用秩和检验，使用秩和检验的要审核是否说明了原因，否则应用参数检验。

(2) 应用非参数检验的，要说明是否是秩和检验(目前用得最多的一种非参数检验)，还要审核是否说明了是哪种类型的秩和检验(单样本符号秩和检验、两独立样本秩和检验、完全随机多样本秩和检验、随机区组秩和检验)，笼统的称为秩和检验是不妥的。

1.7 关于相关分析的审核

应用相关分析的，要审核是否说明了相关系数的种类(Pearson 相关系数(适用于双变量正态分布的定量变量), Spearman 相关系数和 Kendall's tau_b 相关系数(适用于非正态分布定量变量及有序变量))及其原因，笼统的称为相关系数是不妥的。

1.8 关于生存分析的审核

(1) 要审核是否明确定义了"生存时间"的开始时间和结束时间。

(2) 要审核是否报告了重要的随访信息(如随访时间或人年、是否有删失数据及如何处理的等内容)。

1.9 正确理解假设检验中 P 值的含义

P 值是在 H_0 成立的前提下，统计量获得现有数据以及更不利于零假设的概率，即 $P(D|H_0)$。"显著"是统计学专业术语，是指差异有"显著性"，与治疗效果的"显著"、影响因素作用的"显著"是不同的概念[8]。

1.10 不要忽视置信(可信)区间的结果

假设检验的"显著性差异"不能说明统计量间差异的实际意义或临床意义，要判定差异是否有临床意义，一定要结合专业知识来判定。国际上常用效应值来判定差异的实际意义，最常用也是最简单的效应值是置信区间。因此要审核论文结果中是否报告了置信区间[9]。

1.11 要审核是否定义了假设检验的显著性水准及单双侧检验

显著性水准没有统一的标准，不同的研究可以定义不同的水平；采用单侧还是双侧检验与统计学本身没有关系，由研究者根据专业知识来确定。

1.12 审核是否报告了统计软件的名称及版本

统计软件的名称及版本在论文中需要注明，因为随着信息技术的不断发展，统计软件会及时引进新的统计模型和分析方法，新版本的软件功能更加强大。

1.13 关于回归分析的审核

回归分析尤其是多元回归分析是医学研究中非常重要、应用非常广泛的一部分内容，常用的主要有线性回归、Logistic 回归和 Cox 回归等方法，由于该部分内容在应用、结果表达和解释方面的复杂性，我们将另外著文撰写，本文在此不再赘述。

2 统计学误用案例

下面为投到本刊的稿件中统计学误用的几个案例(我们对题目进行了修改)。

2.1 定量数据统计描述误用案例

《A、B 两种驱铅药物的疗效比较》一文对 A、B 两种驱铅药物的疗效进行了比较研究，结果见表 1。作者采用均数和标准差进行统计描述，采用 t 检验进行假设检验。

表 1 A、B 两种驱铅药物的驱铅(血铅(mg/L))效果比较

驱铅药物	治疗前	治疗后
A 药(n=30)	2.42±5.86	1.62±4.88
B 药(n=30)	2.36±2.03	0.64±1.88

统计辨析：从表 1 中数据可以看出，标准差基本上都大于均数，有的甚至是均数的 3 倍，因此可以认定此数据很可能不服从正态分布，不适合用"均数±标准差"来描述集中趋势和离散趋势，应该用中位数和四分位数间距描述，采用秩和检验进行比较。

2.2 卡方检验误用案例

《A、B 两种软膏维持治疗预防面部湿疹复发的疗效对比观察》一文，研究者将 38 例面部湿疹患者，外用卤米松乳膏治疗后临床痊愈者随机分为 2 组，分别给 A 软膏或 B 软膏外用维持治疗 3 周，停药后观察 8 周，记录复发情况，结果见表 2。作者采用四格表 pearson x^2 检验对两种 A、B 两种软膏维持治疗预防面部湿疹复发的复发率进行比较，两组复发率差异有统计学意义(x^2=3.958, P=0.047<0.05)，B 软膏的复发率较高。

表2 A、B两种软膏维持治疗预防面部湿疹复发的复发率比较

治疗方案	复发	未复发	合计	复发率/%
A 软膏	1	22	23	4.34
B 软膏	4	11	15	26.67
合计	5	33	38	

统计分析辨析：四格表资料的 pearson x^2 检验需要满足的条件是总例数≥40，理论数≥5。本研究的总例数为38，不满足条件，不能盲目使用 pearson x^2 检验。应采用 Fisher 确切概率法，$P=0.069>0.05$，两组复发率的差异无统计学意义，尚不能认为 B 软膏的复发率高于 A 软膏，与原文结论相反。

2.3 t 检验误用案例

《血清肿瘤标志在结直肠癌诊断中的作用》一文，作者为研究 CEA、CA19-9、CA72-4 和 CA242 四项肿瘤标志在直肠癌患者、结肠癌患者及痔疮患者间有无差异，分别检测了 50 名直肠癌患者、40 名痔疮患者及 30 名结肠癌患者，测量其 4 项指标，作者采用均数和标准差进行统计描述，并采用两独立样本均数比较的 t 检验对 3 组患者的肿瘤标注物进行比较，与痔疮组比较，直肠癌组和结肠癌组指标均高于痔疮组，差异有统计学意义($P<0.05$)。见表 3。

表3 直肠癌患者、结肠癌患者及痔疮患者 4 项肿瘤标志物检测结果 ($\bar{x} \pm s$)

不同病种	CEA/(μg/L)	CA19-9/(10^3U/L)	CA72-4/(10^3U/L)	CA242/(10^3U/L)
直肠癌(n=50)	36.0±77.0	206.0±742.0	7.6±4.9	113.0±178.0
痔疮(n=40)	2.1±1.6*	11.2±12.9*	4.5±3.8*	11.2±18.5*
结肠癌(n=30)	89.0±109.0*#	215.0±539.0	9.9±3.7	148.6±248.0*#

注：*与直肠癌组比较，$P<0.05$；#与痔疮组组比较，$P<0.05$。

统计分析辨析：本研究有直肠癌组、结肠癌组及痔疮组，为单因素 3 水平设计的资料，应采用单因素 3 水平方差分析。作者用了重复 t 检验进行分析，是错误的，因为 t 检验仅适合分析单组、配对及 2 组设计的资料。另外本例中若干个单元格中标准差的数值是均值的 2 倍以上，可以认为此资料为偏态分布，不同组间标准差也相差悬殊，并不满足方差齐性的要求。正确的假设检验方法为先进行参数检验的前提条件(正态性和方差齐性)的验证，若资料不满足前提条件，可选用适合分析偏态分布资料的非参数检验(如秩和检验)进行分析，或找到满足前述两个前提条件的相应变量变换方法后，再用相应的单因素 3 水平的方差分析进行处理。

作者在收到我们的统计学审稿意见后，按照要求重新进行了统计分析，完善了统计学报告质量，稿件的整体质量也得到了提升。

统计学在医学研究中占有非常重要的地位，统计学理论的正确应用对论文质量提升的作用是不言而喻的。但是由于研究人员统计学知识的缺乏、数据统计分析技能的不足以及期刊方面原因，导致一些已经发表的文章出现统计学缺陷和不足[10-13]。

3 结论

综上所述，期刊编辑和审稿专家是稿件统计学质量高低的把关人，他们被期望提供清晰、建设性的反馈意见，并就研究设计、统计分析、结果呈现及解释发表评审和编辑意见。他们

应该让作者意识到稿件中的统计学问题,并通过相应的修改来提高医学论文的学术质量。如果期刊编辑和审稿专家缺乏适当统计学背景,通过本文提供的建议也无法解决统计学问题时,建议期刊编辑部设立专门的统计学评审程序,即所有的稿件在初审、复审及终审时都有统计学家的参与审核以保证稿件统计学质量的科学性。稿件的统计学评审可以提高医学论文的学术质量,是医学期刊科学质量的保证,也是促进作者提高统计学知识及其应用能力以及编辑提高统计学审查能力的方法之一。

参 考 文 献

[1] CHAUVIN A, RAVAUD P, BARON G, et al. The most important tasks for peer reviewers evaluating a randomized controlled trial are not congruent with the tasks most often requested by journal editors [J]. BMC Med, 2015, 13(1):158.

[2] GARDNER M J, BOND J. An exploratory study of statistical assessment of papers published in the British Medical Journal [J]. J Am Med Assoc, 1990, 263(10):1355.

[3] SCHOR S, KARTEN I. Statistical evaluation of medical journal manuscripts [J]. JAMA, 1966, 195(13):1123.

[4] 罗云梅,孙艳梅,苟莉,等.中文医学期刊中常用的统计分析方法[J].编辑学报,2017,29(4):351.

[5] 官鑫,王丽,姜瑾秋,等.医学论文中常用统计指标的误解误用[J].编辑学报,2017,29(3):233.

[6] 李智文,张乐,刘建蒙,等.倾向评分配比在流行病学设计中的应用[J].中华流行病学杂志,2009,30(5):514.

[7] 陈锋主.医用多元统计分析方法[M].2版.北京:人民卫生出版社,2007.

[8] 颜虹,徐勇勇.医学统计学[M].3版.北京:人民卫生出版社,2017:100.

[9] 李晓松.卫生统计学[M].8版.北京:人民卫生出版社,2017:126

[10] LANG T A, ALTMAN D G. Basic statistical reporting for articles published in biomedical journals: the "Statistical Analyses and Methods in the Published Literature" or the SAMPL Guidelines [J]. Int J Nurs Stud, 2015, 52(1):5.

[11] VESTERINEN H V, EGAN N K, DEISTER A, et al. Systematic survey of the design, statistical analysis, and reporting of studies published in the 2008 volume of the Journal of Cerebral Blood Flow and Metabolism [J]. J Cereb Blood Flow Metab, 2011, 31(4):1064.

[12] 张亘稼.略论科技期刊论文中统计方法的误用[J].中国科技期刊研究,2012,23(3):413.

[13] 罗云梅,蒲素清,李缨来.中文医学期刊编辑对生存分析的核查要点[J].编辑学报,2018,30(1):32.

宏命令提高期刊编校质量与效率

张钰斌

(成都市第三人民医院《心血管病学进展》编辑部,成都 610031)

摘要:随着科技的飞速发展,计算机技术已在各个领域广泛应用。本文着眼于期刊编校实务,通过计算机对文本进行自动处理,旨在帮助编辑快速准确地处理稿件,促进期刊编辑校对常用操作的自动化,最终创建一个适用于各编辑部、实用高效的编校平台,减轻校对负担、提高编校效率,使内容更好地呈现给读者。具体利用计算机编校软件中内嵌的宏命令功能,通过个性化录制宏操作或者编辑宏代码,并联系医学科技期刊编校实际提出了切实可行的编校方法。分别对名词术语、相关符号及单位以及参考文献进行了处理,可实现多种类型的自动校对。

关键词:计算机技术;宏命令;编校;自动校对

随着信息技术更加深入地应用于科学研究的各个领域,出版行业也体现出越来越多对新技术新方法的需求。第九届中国数字出版博览会上发布的《2018—2019 中国数字出版产业年度报告》,显示人工智能技术在优化出版流程方面正在发挥更大作用,将大大提升出版效率,实现出版流程的智能化[1]。医学科技期刊作为专业学术期刊,在促进医学事业信息交流方面发挥着越来越重要的作用,而编辑工作是整个出版工作的中心环节。医学科技期刊需要更高的专业性以及更低的容错率,要求编辑人员必须具备较高的专业素质和严谨的工作态度,能够将精益求精的工匠精神带到工作实践中[2]。当前科技期刊编校在内容和人才方面存在诸多问题。科技类书稿专业性强,编校工作中的问题存在一定的特殊性,例如:①不规范用语的使用,例如,"通讯"应改为"通信","几率"应改为"概率","心肌梗塞"应改为"心肌梗死"等[3];②标点符号的错用,例如在医学论文的校对中,常出现冒号":"与比号":"的混淆,半字线"-"和一字线"—"的混淆,中圆点"·"与小数点"."的混淆等;③计量单位表达不规范,例如 kPa 写成 Kpa,kg 写成 Kg 等[4]。学术型编辑不足,受专业性限制,很多编辑"跨界"去编自己并不了解或熟悉的专业内容,只能借助他人编校把关,这就不可避免地为出版物埋下了内容质量的隐患[5]。作为医学科技期刊的编校工作者,可以通过计算机技术快速准确地处理稿件,将本刊专业领域需要注意的一些问题数据化,从而促进编辑校对常用操作的自动化,减轻校对负担、提高编校效率,使内容更好地呈现给读者。

本文将计算机语言——宏命令应用于实际的期刊编校过程中,宏命令能够实现实现电子稿件的高效规范编辑,降低差错率,其内嵌于常见编辑软件中方便调用[6],已有的相关研究例如游中胜等[7]利用宏命令实现编校信息快速查询,夏成锋等[8-9]利用宏编程检索校对科技期刊不规范词和易错词,陈晓梅[10]将 word 宏技术对参考文献进行修正,研究都显示出宏命令在编校工作中的优势，但存在处理单一、不够全面实用等问题，本文对其进行具体研究讨论。

1 宏命令的定义

在现代期刊编辑校对工作中，经常会使用到 Word 和 WPS，常常会遇到一些反复进行的工作，如果每次都要手动执行一遍这些操作，十分繁琐，而且需要花费大量的时间和精力，例如常见字词错误的校对、计量单位符号不规范用法的订正和参考文献的整理等。Word 虽然提供了查找替换功能，但是只能一个个查找替换，无法满足信息的批量处理。Word 和 WPS 中嵌入的宏命令可以提供更灵活的文档编辑方式，让编辑的内容批量自动运行，避免重复相同的动作，甚至自定义特有的编辑功能。程序利用简单的语法，把常用的动作写成宏，需要使用时直接调用事先编好的宏自动运行，去完成某项特定重复的任务。

总的说，宏就是一系列 Word 命令和指令，这些命令和指令组合在一起形成了一个单独的命令，以实现任务执行的自动化。Word 和 WPS 使用宏语言 Visual Basic 将宏作为一系列指令来编写，它能使日常工作变得更容易。对于宏的使用，主要包括两个方面：一是录制(即定义、创建宏)，二是使用(即运用、执行宏)。

2 宏命令在期刊发展中的应用

目前关于宏的应用，大多数都是在理论方面，与实际结合并不密切，特别是将其运用到期刊编校当中的较少，本文将宏的使用运用到期刊编校工作中，以期能提高编辑的工作效率。笔者基于日常编辑工作所使用软件 WPS 且其为中国自主开发软件，故以下内容均以 WPS 为例。WPS 的宏有两种开发方式：①通过"开发工具—录制新宏"直接录制获得；②通过 Visual Basic for Applications(VBA)代码编写自定义宏。本文就是利用 VBA 编写具有编校特色的宏，通过以下三个步骤来实现自动校对：①创建宏；②编辑宏；③调用宏。具体流程如图 1 所示，创建调用界面如图 2 所示。

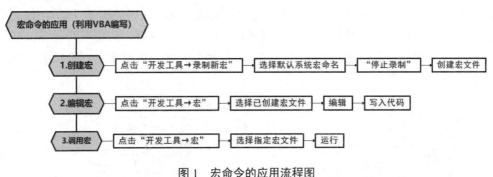

图 1 宏命令的应用流程图

图 2 宏命令的创建调用界面

宏命令利用 VBA 提供的可视化编辑操作，通过正则表达式进行逻辑操作，所谓正则表达式是对字符串进行操作的一种逻辑公式，用预先定义好的特定字符及其组合，组成一个可以表达特殊规则的字符串。其部分语法和功能见表 1。

表 1　宏命令部分语法和功能

语法		示例	说明
代替任意字符	?	"发？几率"	检索"发×几率"等固定格式的语句
代替零至多个字符	*	"冠脉*"	检索"冠脉××"类型的语句
代替任意数字	^#	"^# mL"	检索"× mL"此种数量+单位类型的语句
搜索"[ ]"范围内的字符	[ ]	"[2-8]"	检索"2～8"范围内的字符
替换	普通替换	"冠脉"→"冠状动脉"	将"冠脉"替换为"冠状动脉"
	高亮替换	"冠脉"→"冠脉(+突出显示)"	检索全部"冠脉"并高亮标记

下文主要对宏命令处理名词术语、相关符号及单位以及参考文献进行介绍，表 1 中的基本语法指令是宏命令编校具体功能实现的基础。

2.1　宏命令处理名词术语

名词术语一直是期刊编校的重点，特别是在互联网信息泛滥的当下。互联网信息乱象对编校工作造成干扰，特别是在对名词术语的把关上。学术期刊是学术信息的载体，对名词术语的使用要严谨规范，否则会对学术研究造成误导，对学术交流形成障碍。然而，利用不同的互联网搜索引擎进行搜索，经常会出现互联网上不同的知识传播平台对同一名词术语释义不同，对同一概念使用多个名称[11]。所以规范化名词术语是办好一个期刊的重要任务。

笔者利用宏命令对本刊常见的名词术语进行了自动校对，针对于本刊不同名词术语的规范要求将具体情况分为两类：①确定唯一用法的名词术语，此类可直接进行替换，例如："心梗"应改为"心肌梗死"；②不确定唯一用法的名词术语，此类可进行文字突出显示，二次校对时人工校对，例如："冠脉"，单独出现时需改为"冠状动脉"；但在"急性冠脉综合征"和"经皮冠脉介入术"等名词术语中又允许使用。

通过编辑已经创建的宏命令，可轻易实现上述功能，核心代码如图 2 所示。如此利用简单的查找、替换、高亮突出显示功能，实现名词术语的自动校对，后期可通过编辑过程中经验的总结扩充编码库，对需要重点校对的词汇进行高亮显示，突出重点，不仅大大提高编校效率，还可降低差错率。

```
With Selection.Find
    .Text = "心梗"
    .Forward = True
    .Wrap = wdFindContinue
    .MatchCase = False
    .MatchByte = True
    .MatchWildcards = False
    .MatchWholeWord = False
    .MatchFuzzy = False
    .Replacement.Text = "心肌梗死"
End With
With Selection.Find
    .Style = ""
    .Highlight = wdUndefined
    With .Replacement
        .Style = ""
        .Highlight = wdUndefined
    End With
End With
Selection.Find.Execute Replace:=wdReplaceAll
Selection.Find.Replacement.Text = "心肌梗死"
```
(a) 替换

```
With Selection.Find
    .Text = "冠脉"
    .Forward = True
    .Wrap = wdFindContinue
    .MatchCase = False
    .MatchByte = True
    .MatchWildcards = False
    .MatchWholeWord = False
    .MatchFuzzy = False
    .Replacement.Text = "冠脉"
End With
With Selection.Find
    .Style = ""
    .Highlight = wdUndefined
    With .Replacement
        .Style = ""
        .Highlight = 1
    End With
End With
Selection.Find.Execute Replace:=wdReplaceAll
Selection.Find.Replacement.Text = "冠脉"
```
(b) 突出显示

图 2　宏程序"名词术语校对"函数部分代码

2.2 宏命令处理相关符号及单位

医学科技期刊中无论是临床类或是基础类文章都涉及很多数字、符号及单位。其用法需要遵循统一的标准，笔者参考国标 GB 3100—1993《国际单位制及其应用》和 GB/T 3101—1993《有关量、单位和符号的一般原则》利用宏命令对其进行规范化处理。笔者对以下两种情况进行举例。

2.2.1 全角/半角符号转换

在正文中行文为中文时，标点符号应为全角，在下述代码中将半角","替换为全角"，"，类似的符号还有句号、括号及冒号等，核心代码如图 3 所示。而在英文摘要行文中，标点符号应为半角；在参考文献中又存在中文行文+半角符号的情况。这就要求调用程序时注意将摘要、正文和参考文献分开，程序原理相同，此处不做赘述。

2.2.2 单位大小写转换

在单位符号表述中，经常遇到不规范使用的情况，例如毫升符号"ml"建议改为"mL"，但在宏命令编写时需要考虑到"ml"存在的特殊情况并将其区分，例如英文单词"html"或英文名"Hamlin"等，如要区分这种情况，需要加上对"ml"搜索的限制指令。根据 GB 3101—1993《有关量、单位和符号的一般原则》规定："单位符号应当置于量的整个数值之后，并在其间留一空隙"[12]，在单位"mL"前一般都会有数字出现，WPS 中使用通配符"^#"代表任意数字，其后加 1 个空格，检索特征为"^# ml"。与此同时，还要注意识别一些"ml"前不是空格的特殊情况：①量和单位间未留空隙，检索特征为"^#ml"；②组合单位中的"ml"，检索特征为"/ml"。将上述可能出现的情况写入宏命令即可实现自动校对。

在写入指令时，由于"替换为"中指令不能使用通配符"^#"，简单直接替换不能完成自动校对的目标，故实际的编程需两步完成：①对"^# ml"、"^#ml"和"/ml"进行区分大小写的突出处理；②将已突出处理的"ml"替换为"mL"。核心代码如图 4 所示。

```
With Selection.Find
    .Text = ","
    .Forward = True
    .Wrap = wdFindContinue
    .MatchCase = False
    .MatchByte = True
    .MatchWildcards = False
    .MatchWholeWord = False
    .MatchFuzzy = False
    .Replacement.Text = "，"
End With
With Selection.Find
    .Style = ""
    .Highlight = wdUndefined
    With .Replacement
        .Style = ""
        .Highlight = wdUndefined
    End With
End With
Selection.Find.Execute Replace:=wdReplaceAll
Selection.Find.Replacement.Text = "，"
```

```
Selection.Find.Execute Replace:=wdReplaceAll
Selection.Find.Replacement.Text = ""
With Selection.Find
    .Text = "ml"
    .Forward = True
    .Wrap = wdFindContinue
    .MatchCase = True
    .MatchByte = False
    .MatchWildcards = False
    .MatchWholeWord = False
    .MatchFuzzy = False
    .Replacement.Text = "mL"
End With
With Selection.Find
    .Style = ""
    .Highlight = 1
    With .Replacement
        .Style = ""
        .Highlight = 1
    End With
End With
Selection.Find.Execute Replace:=wdReplaceAll
Selection.Find.Replacement.Text = "mL"
End Sub
```

图 3　宏程序"全角/半角符号转换"函数部分代码　　图 4　宏程序"单位大小写转换"函数部分代码

2.3 宏命令处理参考文献

在医学科技期刊编校中，经常面对巨大的参考文献引用量，特别是在综述类文章中，经常多达 30~40 篇，作者对参考文献进行引用和编辑时有时会手动录入和编辑，也会使用专业的文献管理软件，这些文献与引用的内容及格式经常不一致，利用办公软件进行参考文献的引用和编辑，在编校过程中可按照期刊要求快速统一内容格式，减少编校工作量，与此同时还能提高参考文献引用的正确率；在论文写作中作者如对其方法加以利用，也可提高写作效率，降低退稿率，参考文献的正确著录也反映了作者的科学态度。

2.3.1 引文标识

学术期刊正文中的引文标识通常是以数字上标的形式标示，但由于作者的习惯或者文献管理软件内嵌程序的设计，在编辑编校过程中经常见到引文标识未上标的情况，故需要通过别的方式来对引文标识进行格式修正。陈晓梅[10]使用宏对引文标识进行了自动化的修改，但笔者的指令更加简单，且覆盖更多的引用形式，容易理解和操作。

在下述代码中"0-9"代表数字的范围，"{1,2}"代表数字的位数，参考本刊综述类文章参考文献最大条数，选择2位。通过该函数可将编号[1]~[99]的引文标识自动上标，代码如图5所示。在实际应用中，可以将核心代码"\[([0-9]{1,2})\]"替换为表中所需要编辑引用形式的代码，从而可以对[a]、[a,b]、[a-b]、[a-b,c]、[a,b-c]、[a,b-c,d]、[a,b,c-d]、[a-b,c,d]和[a-b,c-d]等各种形式的引文标识进行上标，根据编辑的不同指令能够涵盖所有可能的情况，不同引文标识形式代码如表1所示。

此外，并不是所有的"[x]"都应该是上标，例如"文献[3]给出了很好的研究结果"中的"[3]"就不是上标。此类情况在医学类科技期刊中一般的规律有：①出现的频率较少；②出现在特定的文章论述中。针对此类情况在编辑的过程中还需要编辑的把关，毕竟计算机并不能完全取代人工。

```
Sub Macro3()
    Selection.Find.Wrap = wdFindContinue
    Selection.Find.Wrap = wdFindContinue
    With Selection.Find.Replacement.Font
        .Subscript = 0
        .Superscript = 1
        .SmallCaps = 0
        .AllCaps = 0
        .DisableCharacterSpaceGrid = False
        .NameFarEast = ""
        .NameAscii = ""
        .NameOther = ""
        .NameBi = ""
        .Bold = wdUndefined
        .Italic = wdUndefined
        .BoldBi = wdUndefined
        .ItalicBi = wdUndefined
        .StrikeThrough = wdUndefined
        .DoubleStrikeThrough = wdUndefined
        .SmallCaps = wdUndefined
        .AllCaps = wdUndefined
        .Hidden = wdUndefined
        .Scaling = wdUndefined
    End With
    With Selection.Find
        .Text = "\[([0-9]{1,2})\]"
        .Forward = True
        .Wrap = wdFindContinue
        .MatchCase = True
        .MatchByte = True
        .MatchWildcards = True
        .MatchWholeWord = False
        .MatchFuzzy = False
        .Replacement.Text = ""
    End With
    With Selection.Find
        .Style = ""
        .Highlight = wdUndefined
        With .Replacement
            .Style = ""
            .Highlight = wdUndefined
        End With
    End With
    Selection.Find.Execute Replace:=wdReplaceAll
    Selection.Find.Replacement.Text = ""
End Sub
```

图5 宏程序"引文标识上标"函数代码

表 1　参考文献不同引文标识形式代码表

核心代码	引文标识形式
\[([0-9]{1,2})\]	[a]
\[([0-9]{1,2}),([0-9]{1,2})\]	[a,b]
\[([0-9]{1,2})-([0-9]{1,2})\]	[a-b]
\[([0-9]{1,2})-([0-9]{1,2}),([0-9]{1,2})\]	[a-b,c]
\[([0-9]{1,2},([0-9]{1,2})-([0-9]{1,2}))\]	[a,b-c]
\[([0-9]{1,2}),([0-9]{1,2})-([0-9]{1,2}),([0-9]{1,2})\]	[a,b-c,d]
\[([0-9]{1,2}),([0-9]{1,2}),([0-9]{1,2}-([0-9]{1,2})\]	[a,b,c-d]
\[([0-9]{1,2})-([0-9]{1,2}),([0-9]{1,2}),([0-9]{1,2})\]	[a-b,c,d]
\[([0-9]{1,2})-([0-9]{1,2}),([0-9]{1,2})-([0-9]{1,2})\]	[a-b,c-d]
\[([0-9]{1,2}),([0-9]{1,2})-([0-9]{1,2}),([0-9]{1,2})-([0-9]{1,2})\]	[a,b-c,d-e]
\[([0-9]{1,2})-([0-9]{1,2}),([0-9]{1,2}),([0-9]{1,2})-([0-9]{1,2})\]	[a-b,c,d-e]
\[([0-9]{1,2})-([0-9]{1,2}),([0-9]{1,2})-([0-9]{1,2}),([0-9]{1,2})\]	[a-b,c-d,e]
\[([0-9]{1,2})-([0-9]{1,2}),([0-9]{1,2})-([0-9]{1,2}),([0-9]{1,2})-([0-9]{1,2})\]	[a-b,c-d,e-f]

2.3.2　参考文献格式

根据不同期刊的不同要求，参考文献引用的格式也不尽相同，在实际编校工作中，统一其格式需要很大工作量。以本刊格式示例(以期刊为例)："[编号]作者.文题[J].刊名,年,卷(期):起页-止页."，例如："[1] Song R, Janssen A, Li Y, et al. Prorenin receptor controls renal branching morphogenesis via Wnt/beta-catenin signaling [J]. Am J Physiol Renal Physiol, 2017, 312(3):F407-F417."。示例中参考文献显示的期刊名为：Am J Physiol Renal Physiol，但很多作者引用时使用期刊全称：American Journal of Physiology-Renal Physiology。根据笔者经验，其中编校次数最多的就为刊名不规范，本刊要求刊名使用缩写，但作者投稿很多不符合此要求，笔者随机抽取 2020 年 1 月本编辑部投稿系统 20 篇录用文章初投稿，有 20%(4/20)的稿件存在明显的刊名使用未缩写情况。笔者根据编校情况，将所编校的参考文献收集整理成数据库，利用宏可将刊名用全称自动替换为刊名用缩写。

下述函数可将刊名用全称替换为刊名用缩写，程序的核心是"Selection.Find.Replacement.Text="Am J Physiol Renal Physiol""，利用"替换数据"将"查找数据"的内容替换掉，从而完成自动校对。以此类推，将所收集到的刊名用全称和缩写依次整理进入编码库，最终实现一键自动校对。核心代码如图 6 所示。

```
Selection.Find.Wrap = wdFindContinue
Selection.Find.Wrap = wdFindContinue
With Selection.Find
    .Text = "American Journal of Physiology-Renal Physiology"
    .Forward = True
    .Wrap = wdFindContinue
    .MatchCase = False
    .MatchByte = True
    .MatchWildcards = False
    .MatchWholeWord = False
    .MatchFuzzy = False
    .Replacement.Text = "Am J Physiol Renal Physiol"
End With
With Selection.Find
    .Style = ""
    .Highlight = wdUndefined
    With .Replacement
        .Style = ""
        .Highlight = wdUndefined
    End With
End With
Selection.Find.Execute Replace:=wdReplaceAll
Selection.Find.Replacement.Text = "Am J Physiol Renal Physiol"
End Sub
```

图 6　宏程序"刊名替换"函数部分代码

3 结束语

本文针对期刊编校过程中存在的问题,将计算机语言——宏命令程序引入到传统医学科技期刊编校工作中,以期运用计算机自动编校从而简化编辑工作,减轻校对负担,提高编校效率。因为编校过程中存在很多规则与问题,将其编入编码库中仍是一项庞大的工程,需要一定时间和积累。通常编辑都不是计算机专家或编程高手,所以当编校功能宏设计好后,编辑只要会调用即可。编者应不断创新思维、提升能力,充实和完善宏命令编码库,更好地为编辑出版事业服务,最终创建一个适用于各编辑部、实用高效的编校平台。文中对宏命令编写一些细节上的处理和修饰部分处理方法可供参考,希望能对医学科技期刊编辑同仁在提高编辑效率方面有所帮助。在自动校对的使用中我们也看到计算机技术在某些方面并不可能穷尽所有问题,人工校对不可能被完全替代。罗飞宁[13]认为,伴随着人工智能的发展,编辑的部分任务将被分担,编辑工作将逐渐迈入专业化与智能化并重的时代。这就要求编辑不仅要提高自身专业素养,专注于学科的发展,还要积极联系实际,充分利用现有的技术条件,参与科学研究,不断提高科技期刊的标准化、规范化水平,以工匠精神严格要求自己,提高期刊的全面质量。

参 考 文 献

[1] 中国数字出版产业年度报告课题组.迈向纵深融合发展的中国数字出版:2018—2019中国数字出版产业年度报告(摘要)[J].出版发行研究,2019(8):16-21.
[2] 李静,游苏宁.回归本源:论新时期科技期刊编辑的基本素养[J].编辑学报,2017,29(3):210-213.
[3] 黄聪.浅析科技类书稿编校过程中需要注意的问题[J].新闻研究导刊,2019,10(5):188-188.
[4] 陈明伟,林江.医药期刊常见编校差错分析及提高编校质量刍议[J].应用预防医学,2011,17(4):253-256.
[5] 张丹.浅析媒介融合生态下编校工作的问题与对策[J].中国传媒科技,2020(10):100-102.
[6] 饶莉,邓英,叶超.巧用"宏"实现电子稿件的高效规范编辑[J].新闻研究导刊,2017(3):28-29.
[7] 游中胜,李若溪,欧红叶,等.利用WordVBA及宏实现编校信息快速查询[J].编辑学报,2009,21(1):72-73.
[8] 夏成锋.科技期刊不规范易错词群的批量提示[J].编辑学报,2013,25(3):296-297.
[9] 黄城烟.基于Word宏技术的易错词自动检索与校对[J].编辑学报,2014,26(4):356-358.
[10] 陈晓梅.基于word宏技术的参考文献引用与编辑[J].电脑与信息技术,2018,26(4):28-29,98.
[11] 张琴.互联网信息乱象对学术期刊编校工作的干扰及对策[J].科技与出版,2018,37(4):71-75.
[12] 有关量、单位和符号的一般原则:GB 3101—1993[S]//作者编辑常用标准及规范:3版.北京:中国标准出版社,2008:295.
[13] 罗飞宁.人工智能时代:编辑的能与不能[J].出版广角,2018(14):41-43.

出版社重大项目建设的探索与实践
——以成都地图出版社的实践为例

刘国强，魏玲玲

(成都地图出版社，成都 610199)

摘要： 近年来，成都地图出版社依托专业化的编辑制作团队、独具专业特色的地图数据，对具有地图出版特色的重大项目建设进行了一系列的探索，形成了符合社情的规范化出版流程。本文以《印记·征程——我们这 70 年》项目成功实施为例，从流程化建设等方面探讨成都地图出版社在重大项目建设方面的经验。

关键词： 重大项目建设的必要性；流程化探索；主题出版；探索与实践

随着互联网地图的兴起以及地图产品的日益同质化，成都地图出版社(简称成图社)如何在专业化的优势中寻找到多元化的互补成为当下的问题。而实践表明，地图类重大项目建设已成为未来成都地图出版社出版的方向之一。特别是近年来，成都地图出版社依托专业化的编辑制作团队、独具专业特色的地图数据，编制出版了一系列优秀大型专题图集，对具有地图出版特色的重大项目建设进行了一系列的探索，形成了符合社情的规范化出版流程。目前，成图社的重大项目一般指对全社的中长期发展具有全局性、战略性的重大影响，在一定的时间和一定的预算内，通过完成一系列复杂的相互关联活动，并实现明确的目标或达成特定目的的骨干项目。

本文着力从重大项目建设的必要性、流程化探索及实践(《印记·征程——我们这 70 年》项目成功实施案例)等方面探讨成图社在重大项目建设方面的经验。

1 进行重大项目建设的必要性

1.1 认清现状，转型蜕变

目前我国有 580 多家出版社，其中很多是专业出版社，地图出版社也是其中的一类[1]。作为专业的地图类出版社，其精、专、特的产品优势和特色优势在强手如林的出版队伍中撑起了一片天空。但也因为专业归口的原因，地图出版社出版的同质出版物较多，出版产品容易撞车。如何在专业化的优势中寻找到多元化的互补成为众多出版社思考的问题。实践表明，除了深挖行业潜在市场、开发地图类衍生产品和数字产品外，地图类重大项目建设已成为未来成图社出版的方向之一。一方面，地图类重大项目建设反映了出版从规模数量型向质量精品型的转变，既强化了成图社的优势和特色，又为读者提供了更优质的文化产品；另一方面，在专业化发展的基础上，选择了与原来专业方向相邻的相关方向，既扩展了主业，又补充了主业，形成了专业化为主，多元化为辅的经营发展模式。

1.2 发挥优势，取长补短

地图出版社以出版各种地图、地图册和交通、旅游、测绘、农林、地理等相关类别图书为主，具有较强的编制出版地图的技术力量。而对于成图社来说，除了具备强大的编制地图的技术人才和一系列先进设备外，还通过资源引进与技术交流，并结合本社自身技术特点和资源储备，对地图生产工艺流程重新整合，完善了地图出版数据管理、交换及更新模式的技术体系，彻底解决了地图出版物"无源之水、无本之木"的尴尬状况。同时，由于专业地图社的地图数据库、地图专业人才优势，既兼顾了内容创造，又掌握了技术创新，不仅能承担地图数字化产品生产任务及外来地图数据加工任务，还能将重大项目转化为数字产品，利用数据驱动出版物产品优化，形成内容优势和传播优势。

1.3 紧跟时代，创新求变

党的十九大召开后，党领导的革命文化、中华优秀传统文化和社会主义先进文化成为鲜明的时代特征，出版界也因事而化，因时而进，因势而新，在唱响主旋律、积聚正能量的同时，聆听时代新声音，展示时代新成就，体现时代新风貌[2]。一大批反映时代最强音的高质量、高水准的出版物出现在读者面前。与此同时，出版业的产业规模不断扩大，经济实力增强，固定资产和流动资产都大大增长，出版能力大大提高，对于重大项目的建设也有了一定的底气[3]。面对如此的大好时代环境，成图社立足本社社情，紧跟时代最强音，在已形成的地图特色优势下，在坚守中创新，于继承中发展，既顺应形势，又不迷失自我，在创新中彰显特色。

1.4 精品立社，项目强社

出版是内容产业，优质的内容是产品的核心竞争力[4]。而精品则是既体现了内容的优质，又展示了出版社的优势与特色。虽然在地图类出版社的排名上，成图社一直处于领先地位，重点板块和系列图书出版都日渐显著，拥有的重点项目与主题出版项目也日益增多。但是相对于全国的出版社来说，成图社的积累还不够深厚，在品牌特色、重大项目建设方面的工夫还亟待加强。作为一家中央文化企业，除了保持高度的文化自信和文化清醒、坚持方向、崇尚精品、服务社会、贡献书香外，还应牢固把握发展机会，充分利用优势资源、专业特色，不断推动重大项目开发，推进并实施重大项目，把出版社做大做强。所以实施精品立社、项目强社战略既是优质高效的要求，又是成图社不断发展与前进的思路与方向。

1.5 社会效益优先原则

"从事出版活动应将社会效益放在首位，实现社会效益和经济效益相结合"，这是我国《出版管理条例》的规定。对于新时代背景下的出版行业，追求社会效益依旧是出版单位的根本任务[5]。自2018年以来，图书出版单位社会效益评价成为了中宣部常态化考核各出版社的一项指标，也成了主管主办单位的业绩指标之一。成图社的重大项目建设，在坚持以社会效益为主、经济效益为辅，"两个效益"相统一的要求下，一方面体现精品意识、强社意识，另一方面也体现了坚持社会效益优先原则。不仅能推动成图社努力创作生产更多传播当代中国价值观念、体现中华文化精神的优秀文化产品，还能督促成图社不断加大重大项目建设的力度，建立健全相关规范，讲好地图故事，传承地图文化，弘扬主流文化价值。

2 重大项目建设的流程化探索

2.1 重大项目的定义

一般来说，成图社的重大项目是指由社委会规划并指定实施的，对全社的中长期发展具有全局性、战略性的重大影响，在一定的时间和一定的预算内，通过完成一系列复杂的相互关联的活动，并实现明确的目标或达成特定目的的骨干项目。且必须具备以下三种标准：对全社的发展具有战略意义；需要协调社内外多种资源；人力、物力、财力投入量大。

2.2 重大项目建设的流程化探索

由于重大项目具有投入大、参与人员多、实施难度大、跨度时间长等特点，所以在其实施前必须要有方案以保证项目实施的必要性，而在实施过程中必须要有一系列的制度保障项目的顺利实施，即必须要有符合社情的规范化出版流程。

2.2.1 建设重大项目选题库

选题在图书出版中具有重要的意义，但以前成图社都是在每年的秋季讨论第二年的选题计划，没有中期和远期的选题规划，即使有也仅仅限于方向性的。近年来，成图社从社情出发，成立重大项目和主题出版项目的管理工作小组，每年定期向全社员工征集重大项目选题，从国家发展、时代变迁以及社会和文明演进等多维视角去挖掘选题资源[6]。由社委会、相关人员等进行初选，将具有重要意义的重大项目选题纳入重大项目选题库。同时，每年组织两次专家库学者进行务虚会议，搜集与重大项目相关信息，形成具有我社特色的重大项目选题思路。

目前，成图社重大项目选题库已形成了"储备一批、推进一批、谋划一批"的良好态势。

2.2.2 举行重大项目选题论证会

入选重大项目选题库的选题将会在每年7—8月进行论证，相关选题的提出者将进一步阐述选题的价值、选题实施的计划及意义等，参与论证会的相关方面专家、学者从选题的导向性、创新型、战略性、精品性等方面进行讨论与优化，再次确定该选题是否符合重大选题的标准，以及该选题实施的必要性。

2.2.3 成立重大项目实施小组

经过论证的重大项目选题在实施之前，将由社委会牵头，从全社员工中挑选合适的人员组建项目实施小组。其组员包括项目负责人、文字编辑、地图编辑、财务、质检、生产安排监督员、应急支援人员等。各成员在项目负责人的带领下，各司其职，将计划实施的项目进行运作前工作分解，并以文字的形式阐述接下来的工作安排。项目负责人是每个项目都必不可少的一分子，起着统领全局的作用，在这里不用赘述。而在成图社重大项目实施小组成员中最值得提及的是生产安排监督员和应急支援人员，一个是项目实施进度的吹哨人，一个是项目实施中的隐形人。吹哨人负责项目实施过程中每个阶段的合理进度，保证着项目顺利推进。隐形人负责项目中的应急支援，保证着项目的顺利完成。

2.2.4 制定相关制度

为保证重大项目的顺利实施，一系列的保障制度必须先行，且每年根据实际情况不断更新完善。为了保证重大项目的顺利实施，成图社从选题策划、经费使用、项目管理等方面制定了相关的制度，明确了重大项目的重要意义、指导项目的顺利实施。如《关于成立成都地图出版社主题出版项目申报和管理工作小组的通知》《成都地图出版社有限公司项目申报及经费使用管理办法》《成都地图出版社有限公司科技项目管理办法》等。

2.2.5 成立专家审读委员会

除了社内编辑、社委会领导对重大项目的质量进行把关外，成图社还按照相关规定将稿件送相应主管部门审读，如党史办、民宗委等部门。除此之外，按照《成都地图出版社有限公司专家库管理办法》的相关规定，成图社按各项目成立相应的专家审读委员会，由专家再次审读稿件，确保图书的正确性，严把导向、严控质量。

2.2.6 成立项目宣传小组

俗话说得好,好酒也怕巷子深。重大项目实施完成后,其宣传和营销也是重要的一个环节。在宣传方面,首先会利用重大事件的时间节点开展集中宣传,形成良好的社会宣传氛围;其次充分发挥媒体的宣传作用,从社公众号、到纸媒,再到小视频进行有层次、系统化的宣传推广。在营销方面,因重大项目的社会效益性,故有针对性地联系相关单位、人员进行点对点营销。当然,在新媒体时代,网络媒介当然不能缺席,线上与线下的紧密衔接和呼应[7],我们不断做大网络渠道,配合各种营销手段,壮大经济效益,努力实现以效益带动事业壮大。

3 重大项目建设的实践——以《印记·征程——我们这 70 年》为例

以成图社 2019 年 9 月出版的《印记·征程——我们这 70 年》为例,来具体看看成图社是如何利用重大项目建设规范化流程来完成这一项目的。

《印记·征程——我们这 70 年》是 2019 年度中宣部主题出版重点选题出版物四川唯一入选的选题,是献礼中华人民共和国成立 70 周年华诞的主题出版物。该项目从选题策划、选题实施、图书出版等方面均利用重大项目建设的规范化流程来操作,使该项目得以顺利完成。

3.1 提前谋划,精心准备

2016 年,编辑部根据近几年重大事件、重大时间节点,立足自己长项,精耕细作,强化优势,避开劣势,拒绝选题跟风[8],提出了献礼新中国成立 70 年的重大项目选题,用地图的形式展示中国各项重要成就和辉煌瞬间。2016 年底,经社委会及相关人员讨论后一致同意将该选题列入重大项目选题库。2017 年初,该选题经过编辑部进一步的丰富和完善,并进一步优化方案后,在年度项目生产安排的选题论证会上,经专家组研究讨论后,同意实施该项目。

3.2 统筹安排,合理分工

2017 年 2 月,该项目立项,成立了重大项目实施小组。因该项目涉及地图编制、文字撰写、图片展示等重要内容,故根据实际情况,项目实施小组分设了不同类别的项目负责人及小组成员,统一由社委会领导,统筹安排。

3.2.1 地图编制方面

该项目将地理数据进行有效的规划和梳理,以地图为载体,展现中华人民共和国成立以来的主要成就,其地图编制任务重、难度大。鉴于此,除任以编辑部主任为该类别的项目负责人外,还配以专职副总编负责地图内容整合、版式设计,以及返聘优秀的地图老编辑参与制作等。

3.2.2 文字撰写方面

该项目的文字内容汇集了中华人民共和国发展历程的重要信息,其涉及内容时间长,涉及重大事件多,对于文字内容的撰写除了有相应的文字编辑负责人外,还聘请了社外专家负责文字内容的撰写,其均由总编辑把关整体文字内容。

3.2.3 图片展示方面

该项目以时间为经,以重大事件为纬,除展示地图和文字外,还辅以精美高清的图片以及精心制作的图例图表,直观地展示中华人民共和国的成长历程。在图片展示和设计方面,由文创部主任担任项目负责人,除搜集和整理老旧照片外,还对部分内容进行实地拍照,以求客观真实。

3.3 攻坚克难，度危求进

该项目自立项以来，各小组相互配合，按计划时间推进，2018年9月形成初稿。但当地图数据、文字内容、图片展现整合到一起后，出现了地图展示不协调、内容不统一、版式设计不美观等问题，且到制作后期，经费预算已即将封顶。面对如此情况，为了使这一部能展现国家成就、展现成图社实力的图书顺利完成，成图社进行资源整合、人员重新分配、加入职能部门人员、应急保障人员协助项目开展，并根据实际情况制定了最新的实施方案。

3.4 后期保障，顺利实施

为了保证项目的顺利实施，根据最新的实施方案，成图社一系列后期保障措施推进项目开展。在时间进度方面，由总编室负责项目生产时间安排，制定每周实施计划，并督促完成，成为了项目的"吹哨人"。在人员调配方面，由办公室协调人员安排，将需要的人员第一时间进行调整，保证该项目的需求。在经费使用方面，财务室根据项目的最新进度，适时调整经费分配，保证经费的使用。同时，为了鼓励项目的顺利完成，制定了《成都地图出版社有限公司关于2019年重大项目配套奖励的通知》，全力支持、鼓励项目保质保量完成。

3.5 专家审读，严保质量

当定稿后的内容，除按相关规定进行送审外，还请了成图社的专家库的专家进行审稿统稿，组织了专家进行评审，保证成图出品必是精品。

4 结束语

成图社对重大项目建设的流程化探索实现了从选题策划、选题论证、选题实施到图书营销的一系列模式化流程，它既保证了重大项目的实施，也保证了重大项目源源不断的供给。但总体来说，出版社重大项目建设的探索与实践是一个且做且思的过程，我们必须要坚守自己的特色定位，扬长避短，依托专业或特色出版优势，打造出符合自身特色或专业领域的精品[9]。用更多重大项目的实践去不断完善现有的流程化模式，使之更加合理，更加适应不断变化的新时代出版的要求。

参 考 文 献

[1] 胡本光.试论地图专业出版社的现状及发展对策:以2013年第23届全国书展地图出版社情况为例[J].出版广角,2013(14):46-48.
[2] 崔波,韩建民,郝振省,等.新时代主题出版新理念[J].编辑之友,2019(10):14-22.
[3] 齐峰.纵论出版产业的科学发展[M].北京:人民出版社,2011.
[4] 刘杲.出版笔记[M].石家庄:河北教育出版社,2006.
[5] 丁一平.出版实践探索与思考[M].北京:中国出版集团,2018.
[6] 申作宏.主题出版:中小出版社发展新契机[N].中国新闻出版广电报,2021-01-15(004).
[7] 中共党史出版社王鸽子."心中有读者":析主题出版图书的畅销特质[N].中国新闻出版广电报,2019-05-27(004).
[8] 一秀.主题出版选题须注意"八忌"[N].中国新闻出版广电报,2021-02-26(003).
[9] 申作宏.主题出版:中小出版社发展新契机[N].中国新闻出版广电报,2021-01-15(004).

科技期刊中地名英语翻译问题

戚开静

(中国地质大学(北京)期刊中心,北京 100083)

摘要: 科技期刊编辑过程中常涉及地名的英语翻译,目前地名英译尚不完全统一。在简要回顾中文地名英译历史的基础上,探讨地名英译的基本原则。认为科技期刊中地名英文翻译应遵循专名音译、通名意译原则,名从主人原则和约定俗成原则。重点对实际应用中存在的问题进行解析并提出相关的建议,强调应注意尊重历史与政治事实及专名拼写规范性、通名的同名异译与多名同义、区别地名翻译与地名标志等问题。

关键词: 科技期刊;地名;英语翻译

地名(toponymy)是专名(proper name,包括人名、地名、事物名称三类)中的一类。地名是人们在相互交流中为了识别周围的环境而对位于地表特定位置上的地方所赋予的名称(《中国大百科全书》),具有社会性、时代性、历史性和地方性特征。科技期刊论文一般都会涉及大小不一、类型不同的地名。地名类型一般可分为专名+通名、通名(写实)+通名和通名(写意)+通名3类。在翻译过程中,一般遵循"音译为主,适当意译,照顾通译"的原则。

由于地名涉及面广,来源形式多样,实际翻译过程中出现诸多问题。如用"google"对庐山关键词进行检索,其结果就有十余种之多:Mount Lushan (Mt. Lushan),Mount Lu,Lushan,Lushan Mountain (LUSHAN MOUNTAIN),Mt. Lu,Lu Shan,LuShan,the Mt. Lushan,Mt. LU,Lu Shan Mountain,the Lu Mountain,Mountain Lushan,Mountain Lu,Lu Mountain和the Mountain of the Thatched Cottage等[1]。而"中国北方"在国内中文期刊中,特别是在题目与摘要中,也有多种表述方法,如North China(岩石学报)、north of China(古地理学报)、northern China(地理学报)。

虽然前人对地名翻译进行了一定的研究[1-3],国家也有了规范要求,但无论是国内外英文期刊还是中文期刊,地名英译存在较多不统一的问题。本文在简要回顾中文地名英译历史的基础上,分析地名英译的基本原则,重点对实际工作中存在的问题进行解析并提出相关的建议,以期对科技论文中地名英译的规范性、统一性、科学性和准确性提供依据。

1 地名英译历史

不同语言间的人名、地名的翻译一般采用音译的方法。早在唐代,就有"五不翻"使用音译的认识,即"秘密""含多义""此无""顺古"和"生善",这里的"此无"是对首次出现的事物采用音译。这一翻译原则现在仍在遵循。我国地名在目的语中应属"此无"的情形,因此成为地名翻译的基本原则。近现代的徐继畬、章士钊、陈独秀等学者及同文馆等机构对译名音译问题都有一定的见解[2]。

中国近代地名英译主要包括两种拼法,第一种是"威妥玛式",另一种是"旧邮电式"。第一种拼法是英国外交官(曾任英国驻华公使)Thomas Francis Wade创立的一套拉丁字母拼音系统，北京拼写为Pei-ching，济南拼写为Chi-nan。而"旧邮电式"是在第一种拼法的基础上演变而来，而后在18世纪初，由"帝国邮电联席会议"通过并统一使用，它不采用任何附加符号[3]。在民国时期，大多西方国家采用"旧邮电式"拼法来拼写翻译中国地名，常见的北京拼写Peking、济南拼写Tsinan就是按旧邮电式的拼法翻译而来。

20世纪60年代，为了达到一地一名的目的，联合国呼吁世界范围内的地名统一罗马(拉丁)字母拼写，这就是地名"单一罗马化"或者"国际罗马化"。1958年，我国通过了汉语拼音方案的决议，为汉语的地名外语翻译提供了便利条件。1977年，我国"关于采用汉语拼音方案作为中国地名罗马字母拼法的国际标准的提案"在联合国第三届地名标准化会议通过。1978年，国务院批转了《关于改用汉语拼音方案拼写中国人名地名作为罗马字母拼写法的实施说明》(简称实施说明)。其中第三条内容是，"在各外语中地名的专名部分原则上音译，用汉语拼音字母拼写，通名部分(如省、市、自治区、江、河、湖、海等)采取意译"。从此我国确定了地名英译基本原则，该实施说明成为地名译写统一规范的一个里程碑。

2 地名英译基本原则

目前，国际上一般采用罗马字母拼写地名的方式，而我国采用汉语拼音方案拼写地名。我国地名翻译的具体规则如下。

2.1 专名音译，通名意译

地名的专名部分原则上音译，用汉语拼音字母拼写，通名部分采取意译。这是地名译写的最主要原则，也符合联合国地名标准化组织规定的罗马字母拼写的要求。如我国行政区域名称译写，河北省 Hebei Province，山西省 Shanxi Province，陕西省 Shaanxi Province。其他各级行政区划通名分别译为 Autonomous Region(自治区)、Municipality(直辖市)、Special Administration Region(SAR，特别行政区)、Prefecture(地区、盟)、Autonomous Prefecture(自治州)、City(市)、县和旗(County)、自治县(Autonomous County)、市辖区(District)、Township(乡)、Ethnic Township(民族乡)、Town(镇)、Sub-district(街道办事处)。

目前，我国对外宣传的权威机构，如 CCTV-9、《中国日报》、新华网英文版、人民日报社的人民网英文版和中华人民共和国中央人民政府网英文版等，均采用地名专名音译、通名意译的拼写法进行中国地名对外翻译。我国的科技期刊也要以此规则对论文进行把关。

2.2 名从主人原则

"名从主人，物从中国"是孔子关于专名翻译的最早论述，体现了儒家的"夷夏之辨"思想[4]。也就是说，事物的专名应该尊重原主人的名称来命名，具体在翻译中是指人名地名应按照该地所属的国家(民族)的读法来译。一些少数民族的地名，如新疆、西藏、内蒙古等地，应该尊重少数民族的语言文字习惯，遵循"名从主人"的原则，根据少数民族语言的发音特点对其地名进行罗马化翻译。例如：乌鲁木齐，Urumqi；阿克苏地区，Aksu Prefecture；拉萨市，Lhasa City；昌都地区，Qamdo Prefecture；呼和浩特市，Hohhot City；白云鄂博，Bayan Obo等。

2.3 约定俗成原则

约定俗成指事物的命名和社会习惯经过群众的长期社会实践而确定、形成。在翻译中的约定俗成，则是指虽然一些地名并未按"名从主人"的原则翻译，但长期以来已经被社会各界认可，因此可不需要修改[5]。如长江译为 the Yangtze River，黄河意译为 the Yellow River，而清华、青岛国际上习惯分别拼写为"Tsinghua"和"Tsingtao"，香港和澳门则分别拼写为"Hong Kong"

和"Macao"。

虽然对这类地名约定俗成的译写不符合规范,但译文应用广泛,流传久远,得到公认并起到了国际交流作用。此类译写如果没有政治上的错误,可以继续使用[6]。当然也可以改为国家颁布的标准译名(改用新拼法后可在后面标注传统习惯用法),如长江、黄河按国家公布的英译法分别为 the Changjiang River、the Huanghe River[7]。目前,上述两种译法都通用。

另外,有一些地名,如一些景点,除了作为地名指向外,其本身有一定的含义。这些地名一般情况下意译为好,如苏州拙政园,比较 Zhuozhengyuan Garden 和 The Humble Administrator's Garden,显然后者更好一些。又如颐和园中的万寿山和清漪园分别译为"Longevity Hill"和"Garden of Clear Ripples"

3 几点需要注意的问题

3.1 尊重历史与政治事实

地名是历史的产物,约定俗成原则是对历史事实的尊重。地名也是国家领土主权的象征,地名的拼写与译写都应当维护我国领土主权和民族尊严。国际仲裁对南海问题做出最终裁决后,中国外交部发布了"涉南海问题立场文件",其中对南海诸岛等地名一改以往"专名音译,通名意译"的译法,而全部采用音译法[8]。如,"南沙群岛""西沙群岛""东沙群岛""曾母暗沙""永暑礁"等,分别用拼写的原则翻译,为"Nansha Qundao" "Xisha Qundao" "Dongsha Qundao" "Zengmu Ansha" "Yongshu Jiao"等。全部拼音的译法体现了"名从主人"的原则,尊重事实,有利于扩大政治意识形态影响,维护国家主权与形象。

3.2 注意专名拼写规范性

专名拼写应当规范统一,需要注意以下几个方面[9]:①地名中的专名连写,中间不加连接符号,如洞庭湖 the Dongting Lake、太行山 the Taihang Mountains;②专名如为单字,其通名一般作为专名的一部分,先音译,再重复意译,如巢湖译为 the Chaohu Lake,蓟县译为 Jixian County;地名中的专名若为多字,则通名不作为专名一部分,无需重复意译,如"天津市"不译为 Tianjinshi Municipality 或者 Tianjinshi,正确的译名应为 Tianjin Municipality[10];③包含人名的非自然地理实体,按上述汉语人名标注法执行专名标注(姓名分开写),如李白故居应译为 the Former Residence of Li Bai;叶剑英纪念馆应译为 Ye Jianying Memorial;④含有人名的自然地理实体,姓名不分开写,如左权县 Zuoquan County;赵登禹路 Zhaodengyu Road。

3.3 注意通名的同名异译与多名同义

科技期刊中论文中常出现各种山的翻译。中文的山,根据其海拔高度、成因类型、地形地貌、语源特征等因素,可以分别译为 Mountain(如湖北武当山,Wudang Mountain)、Hill(如湖北龟山,Guishan Hill)、Mount(如四川峨眉山,Emei Mount)、Range(新疆天山,指天山山脉,the Tianshan Range,或 the Tianshan Mountains)、Mesa(如湖北十堰四方山,Sifang Mesa)、Island(如湖南岳阳君山,实为洞庭湖中岛屿,Junshan Island)、Peak(如香港新界青门山,Castle Peak)、Seamount(如黄岩海山,Huangyan Seamount)等。

而通名中不同汉字可能具有相同译法,如汉语中的江、河、水、川、溪、曲、沟、涌、藏布、弄巴在英语中都可能表示为 river。当然也要注意根据河流长短、水流地貌特征等区分为 river、stream、riverlet、rivulet、brook、creek、brooklet、streamlet 等[11]。

3.4 区分地名翻译与地名标志

地名标志涉及的范围广,内容复杂。如,街道、路牌、巷牌及门牌号码,城市地图及旅游地图，火车站、机场及相关名称，包括指路牌和公汽站牌等。科技论文中地名标志译法是否正确，一般不是翻译的问题，而是拼写法的问题[12]。《中华人民共和国国家通用语言文字法》于 2000 年颁布，其中规定，国家通用语言以《汉语拼音方案》作为拼写和注音工具；《汉语拼音方案》是中国人名、地名和中文文献罗马字母拼写法的统一规范，并用于汉字不便或不能使用的领域。《地名标志》(GB 17733)于 2008 年修订发布，规定地名标志无论是专名还是通名，均须采用汉语拼音译写。仔细辨读可以发现这些规定是针对汉语语言本身的发展，不涉及中国地名外译。因此，地名标志拼写应按《汉语拼音方案》原则执行。单位或个人通信地址、科技论文和文学翻译作品中地名的译写等均属于地名翻译的范畴。例如，胜利大街在地名标志中应拼为 Shengli Dajie，而英译名应为 Shengli Street。地名译写的混乱很大一部分原因是相关法律法规和规范理解不到位和执行不到位造成的。

3.5 注意行政区划与地理区域

地名英译应注意区分行政区划名称和地域名称。在汉语里，"山东省"相较"山东"具有更强的行政意味。试比较"2020 年全年山东省生产总值 73 129 亿元"和"山东栖霞金矿床的区域地质特征"，翻译的时候是有区别的。行政区划名称的翻译，一般是地域名称加行政分类名称，如山东省 Shandong Province。原则上采用汉语拼音只译出地理名称的方式进行地域名称的翻译，不加行政分类名称，如河南、河北、江苏分别译为 Henan、Hebei、Jiangsu。绝大部分科技论文中的地名属于地域名称，因此不需要加上行政分类译名。就像美国的 Indiana、Alabama，一般不会写为 Indiana State、Alabama State。

3.6 注意地名翻译的时效性

地名在一定历史时期具有稳定性，也会随着时代的政治、经济发展而发生变更。改革开放以来我国经济社会发展迅速，为适应城市化进程的需要，全国行政区划的变动较为频繁。主要包括地市合并、县级市升为地级市、撤县设市、撤县(市)设区、乡改(并)镇等。我国地级市、县级市、市辖区县(自治县、旗等)1983 年分别为 145、141、2 080 个，而 2004 则变化为 288、361、1 596 个，可见地名的变动较大；因此在编辑加工时需要熟悉相关地名的变动而进行把关。如，2020 年 6 月 12 日，经国务院批准、民政部批复同意撤销湖北省监利县，设立县级监利市，自此科技期刊论文中关于监利的翻译则应为 Jianli City，而不能再译为 Jianli County。

3.7 正确运用符号

地名译写中有两种符号较为重要，如果将其省略则会造成读音甚至语义错误。一是隔音符号(')。有些音节的界限易于混淆，则用隔音符号加以表示，当 a、o、e 开头的音节连接在其他音节后面的时候适用于此种情况。试比较"兴安县(广西)"和"新干县(江西)"的译法，前者采用隔音符号，分别为 Xing'an County 和 Xingan County；"西安市"常被误译为 Xian City，正确的译名应为 Xi'an City。二是汉语拼音 ü 与声母 n、l 连接的时候，上面的两点不能省略。比较闾河(山西)the Lǚhe River 和芦河(江西)the Luhe River，两者不能混淆；"吕梁山"正确的译名应为 Lüliang Mountains，而不是 Lvliang Mountains。在不需要的情况下，不必强行加上符号，如河南，有的作者为了与"Hen'an(很安)"区别而写为 He'nan，编辑人员没有这方面的知识储备，造成差错。其实 "Hen'an(很安)"的第二个音节以 a 开头，加隔音符号，而在拼作"He nan(河南)"时第二个音节以 n 开头，而不是以"a"开头的，故不必加隔音符。

3.8 正确运用冠词

有些科技期刊在地名翻译的时候往往为了全文统一，误把定冠词全去掉，或在所有地名前都加 the。一般来说，江、河、湖、海洋、山脉、群岛、海湾、海峡等名称前要加定冠词。

例如：the Yellow River(黄河)、the Tianshan Mountains(天山)、the Taiwan Straits(台湾海峡)。而街名、广场名等前面不用定冠词，如 Xueyuan Road(学院路)、Chang'an Street(长安街)。而山不译为山脉时用单数 mountain，通常不用带定冠词。例如：云台山 Yuntai Mountain (China Today，2012(10): 63)。若专名前有形容词修饰，则要加上定冠词 the。例如：山势险峻的崂山 the vertiginous Laoshan Mountain (China Today，2012(10): inside back cover)。

4 结束语

科技期刊的英文题名和摘要中，中文地名的英译看似简单，但实际操作上有不少问题。既有两种语言固有的组词造句习惯问题，也有国家政策规范前后不一以及对相关规范理解不一致的问题。要提高科技论文中文地名英译科学性、规范性，还需要在以下方面做深入工作：

(1) 加强规范管理，推动地名英译标准化。汉语拼音"单一罗马化"是遵循国家标准和国际标准的选择，也就是说，地名罗马化时只能选用汉语拼音这一罗马拼写法。英译过程中要遵循国家标准《中国地名汉语拼音字母拼写规则》(汉语地名)及《少数民族语地名汉语拼音字母音译转写法》。

(2) 准确辨析中文地名含义。中国文字博大精深，语义深刻。编辑加工的英译工作应对每一词、每一字进行深入分析。一个山字是表示的山脉(译为 mountains)，还是独立的山峰(译为 mountain)；中国北方表示为 Northern China，而不是 North China(华北)；这些都应该充分理解地名的内在寓意，才能准确翻译并在编辑工作中严格把关。

(3) 提高科技期刊的作者和编辑人员中文、英文及专业水平。虽然多数作者和编辑工作者学历高，科研业务能力强，但对于拼音法却掌握一知半解，更何况地名区域来源复杂，不容易熟悉每一个少数民族的拼读方法；因此在论文写作和编辑工作中建议参考《英汉汉英中国地名词典》等工具，避免错译和误译。

参 考 文 献

[1] 张金福,吴兰.中国地名翻译混乱的成因分析:以江西"庐山"英译为例[J].九江学院学报(社会科学版),2015,34(2):84-89.
[2] 张捷.关于人名地名音译的研究综述[J].学理论,2011,27(2):72-74.
[3] 梅欢.中国地名英译中的语言规范问题探讨[J].产业与科技论坛,2019,18(11):160-161.
[4] 赵巍.中国传统译论中的"意识形态":从"名从主人,物从中国"谈起[J].解放军外国语学院学报,2011,34(3):69-72.
[5] 林宝煊.谈"名从主人"与"约定俗成"[J].外语学刊(黑龙江大学学报),1998,13(4):78-81.
[6] 胡占斌.城市地名翻译实践中存在的一些问题及其解决方法[J].邵阳学院学报(社会科学版),2007(6):51-53.
[7] 连真然.论《中国地名汉英翻译词典》的翻译原则[J].中国科技翻译,2012,25(4):44-47.
[8] 朱雁.地名音译与国家主权形象:以"涉南海问题立场文件"为例[J].广东职业技术教育与研究,2016,6(6):205-208.
[9] 林永成.中国人名地名英译范式探析[J].岳阳职业技术学院学报,2018,33(5):91-94.
[10] 曹会聪.地理学期刊中国地名英文表达探析[J].编辑学报,2013,25(5)441-445.
[11] 连真然,许立红.论青藏高原河流名称藏英翻译模式及其意义[J].西藏大学学报(社会科学版),2020,35(3):51-60.
[12] 郭建中.关于路名标识的拼写问题[J].中国翻译,2003,24(5):85-86.

医学论文英文结构式摘要中小标题的调查与分析

张儒祥,张琳琳,丁茂平

(《东南大学学报(医学版)》编辑部,江苏 南京 210009)

摘要:探讨目前国内外医学期刊结构式英文摘要中小标题所使用的不同形式。采用文献调查和案例分析对几种著名国内外医学期刊常用的小标题模式及其变体进行分析。英文期刊研究性医学论文采用完全型结构式摘要较常见,而国内期刊英文摘要为简明型结构式摘要,形式过于单一,缺乏个性。国内高质量医学论文的英文摘要宜采用完全型结构式摘要;摘要中小标题的形式须统一,避免单复数混乱使用。

关键词:医学论文;结构式摘要;小标题;单复数

1987年美国《内科学纪事》(*Ann Intern Med*)在Haynes RB倡导下首先采用结构式摘要以来,生物医学期刊陆续开始应用结构式摘要[1]。随后,刘雪立等[2]调查发现,我国已有7种生物医学期刊在应用结构式摘要。我们对1993—1995年Medline数据库收录期刊应用结构式摘要进行了调查,国际上至少有263种期刊应用了结构式摘要,其中包括一些具有世界影响的期刊,如《美国医学会杂志》(*JAMA*)、《新英格兰医学杂志》(*N Engl J Med*)、《英国医学杂志》(*BMJ*)以及我国的《中国药理学报》《中华医学杂志》(台北)等[3]。Kim[4]从PubMed数据库中提取2010—2015年随机样本数据,调查结构式摘要小标题的使用范围、小标题的变体以及在频率分析的帮助下小标题的常见形式,发现常用的小标题集,特别是目的、方法、结果、结论的组合已经大量增加。结构式摘要具有内容完整、层次清楚、一目了然的优点,而且方便作者书写,易于成文,不致遗漏重要内容,同时也便于读者、编辑阅读和审核[5]。因此,目前国内绝大多数医学期刊都要求采用结构式摘要。英文结构式摘要类型多样,没有统一的格式。因此,英文摘要的结构类型及小标题的选用便存在较大差异。国内医学期刊英文摘要基本上是简明型结构式摘要,即目的、方法、结果和结论,但具体小标题的形式也有较大的差异。本文通过对国内外医学期刊英文结构式摘要类型、小标题的编排方式及其单复数使用的分析,以此找出较为合理的摘要类型和表达形式。

1 英文结构式摘要小标题的结构类型

结构式摘要与传统式摘要的区别之一是每项内容用醒目的小标题表示,但小标题的英文表达形式却不尽相同。国内外期刊英文摘要中"目的"常用"Purpose""Aim"和"Objective","背景"常用"Background"和"Context","结果"常用"Results"和"Findings","结论"常用"Conclusions"和"Interpretation"。同样英文结构式摘要类型多样,有多种组合,但大致可分为简明型和完全型结构式摘要。不同医学期刊根据自身特点、办刊风格及论文类型等选择摘要结构类型,但国内中华系列医学期刊与国际知名医学期刊存在差异,摘要格式非常统一,均采用简明型结构式摘要[6]，即目的(Objective)、方法(Method)、结果(Result)、结论(Conclusion)。国内其他医学期刊基本采用与中华系列医学期刊相似的结构类型。国外知名医学期刊两种英文摘要类型均都采用，如 *N Engl J Med* 采用的是简明型结构式摘要或其变体，小标题有BACKGROUND、METHODS、RESULTS和CONCLUSIONS；*JAMA* 则使用完全型结构式摘要，小标题包括IMPORTANCE、OBJECTIVE、"DESIGN, SETTING, AND PARTICIPANTS"、INTERVENTIONS、MAIN OUTCOMES AND MEASURES、RESULTS、CONCLUSIONS AND RELEVANCE；*Ann Intern Med* 临床试验和随机对照试验论文采用完全型结构式摘要，小标题包括Background、Objective、Design、Setting、Participants、Intervention、Measurements、Results、Limitations、Conclusion，荟萃分析论文的小标题增加了Data source、Study selection、Data extraction和Data synthesis，而综述论文采用了指标性摘要。《柳叶刀》(*The Lancet*)主要是发表可引发医学实践变革的高质量临床试验性论文，其结构式摘要中小标题为Background、Methods、Findings、Interpretation。完全型结构式摘要可提供更全面的论文信息，使读者通过阅读该摘要就能判断研究的科学性。

2 结构式摘要小标题的编排方式及其单复数

2.1 编排方式

不同期刊英文摘要中小标题编排方法也不相同，主要区别在于[7]：①小标题的字体不同。有的小标题用粗体，有的用斜体，有的用大写，如 *N Engl J Med* 的小标题全部采用大写字母(BACKGROUND、METHODS、RESULUTS、CONCLUSIONS)。②小标题的空格方式不同。有的小标题缩进，内容另外起行；有的小标题后直接地接内容；有的小标题之间空一行，而有的不空；有的小标题用冒号。*JAMA* 原来所有小标题都采用大写字母，后空两个英文字符，然后再接内容，一个小标题下面的内容结束后，另一段内容的小标题另外起行(*Ann Intern Med* 和 *The Lancet* 也是另外起行)。总之，小标题的书写没有一个统一标准，但多数读者倾向于摘要小标题用粗体大写字母，各小标题之间均空一行[7]。国内医学期刊英文摘要的小标题基本采取首字母大写，后接内容。

2.2 小标题的单复数

汉语小标题目的、方法、结果、结论无单复数之分，所以习惯于汉语表达方式的编辑及作者经常疏忽小标题单复数形式。通过对国内外期刊英文摘要中小标题单复数的研究分析发现，期刊对小标题单复数没有明确规定，因而小标题单复数使用非常混乱。国内中华系列医学期刊多数采用Objective、Methods、Results和Conclusion的形式，但摘要小标题在单复数使用上也没有统一，在同一本期刊中"目的"部分有时使用复数形式(Objectives)，有时却使用单数形式(Objective)，方法、结果和结论部分也是如此，即Method/Methods、Result/Results和Conclusion/Conclusions。

小标题单复数的选择应根据其所含内容而定[8]，内容非单一时小标题用复数，反之用单数。而很多期刊并没有按照这样的要求去做，总是千篇一律地使用同一格式，即使多个"目的"也用Objective而不用Objectives，一个方法用Methods而不用Method，一个"结果"用Results而不用Result，一个结论不用Conclusion而用Conclusions。例如：Methods The clinical data of 9 patients who developed TA-TMA after allogeneic hematopoietic stem cell transplantation (allo-HSCT) were retrospectively analyzed from January 2011 to August 2018 in Affiliated Tumor Hospital of Zhengzhou University(《中华内科杂志》, 2019)。虽然方法只有一种，但它的小标题还是使用

了复数形式，它严格执行了其期刊所规定的格式，即小标题为Objective、Methods、Results、Conclusions。每个期刊如果能严格遵循自己规定小标题的书写原则，做到格式统一，也无可厚非，但很多期刊并没有这样去做：《中华医学杂志》的小标题采用的是Objective、Methods、Results和Conclusion这样的格式，但在结论小标题使用上并没有按照该原则去做，单项内容的结论有时用单数，有时却用复数，如"Conclusion The serum KL-6 is an important biomarker for the diagnosis of CTD-ILD and when the level of KL-6 is increased, the ILD should be alert."(2019)、"Conclusions Dexmedetomidine is safe and effective as a basic drug for analgesic and sedative in patients with liver tumor radiofrequency ablation."(2019)。在同一期杂志中，其结论都是一句话，为何第一个结论小标题不加s，而另一个结论小标题要加s。

国外有些医学期刊小标题单复数的书写也不规范，如*BMJ*结论小标题有时用单数，有时却用复数，如"Conclusions: *H pylori* treatment for two weeks and vitamin or garlic supplementation for seven years were associated with a statistically significant reduced risk of death due to gastric cancer for more than 22 years. *H pylori* treatment and vitamin supplementation were also associated with a statistically significantly reduced incidence of gastric cancer."(2019)、"Conclusion:An integrative, accurate, and readily implementable risk prediction score for kidney allograft failure has been developed, which shows generalisability across centres worldwide and common clinical scenarios. The iBox risk prediction score may help to guide monitoring of patients and further improve the design and development of a valid and early surrogate endpoint for clinical trials."(2019)。*N Engl J Med*的小标题严格遵守其规定格式，整个期刊统一格式，前后一致，其形式为BACKGROUND、METHODS、RESULTS、CONCLUSIONS，即使单一的结论，其小标题也采用复数形式，如"CONCLUSIONS: In this trial involving patients with type 2 diabetes, the cardiovascular risk profile of oral semaglutide was not inferior to that of placebo."(2019)。*JAMA*原来在结论内容只有一项时，有时用单数，有时却复数，如"CONCLUSION AND RELEVANCE In participants with acute heart failure and renal dysfunction, neither low-dose dopamine nor low-dose nesiritide enahanced decongestions or improved renal function when added to diuretic therapy."(2014)、"CONCLUSIONS AND RELEVANCE In patients with stable coronary artery disease or low-risk ACS treated with zotarolimus-eluting stents, 3 months of dual antiplatelet therapy was noninferior to 12 months for NACCE, without significantly increasing the risk of stent thrombosis."(2014)；现在小标题均采用复数形式，如"CONCLUSIONS AND RELEVANCE: Among patients with a preoperative clinical stage indicating locally advanced gastric cancer, laparoscopic distal gastrectomy, compared with open distal gastrectomy, did not result in inferior disease-free survival at 3 years."(2019)。

从以上例句可以看出，编辑对小标题单复数的应用没有给予足够重视，从而导致小标题单复数使用得较混乱。

3 讨论

自医学论文结构式摘要提出后，国内办刊人也在关注和推广，全国医学期刊也进行过结构式摘要研讨。目前国内医学期刊绝大多数提倡使用结构式摘要，论文摘要撰写格式也有了新的要求，指示性摘要和报道-指示性摘要的形式几乎已被结构式摘要所替代。结构式摘要类型多样，没有统一的格式。每种期刊根据自己的期刊风格和特点以及英文摘要信息量、篇幅及读者需求选择摘要类型[6]。因此与中文摘要对应的英文摘要的结构类型及小标题的选用存在较大差异。据Bilić-Zulle等[9]报道，大约有三分之一的医学期刊采用完全型结构式摘要，三分之二采用的是简明型结构式摘要。

虽然多数期刊使用的是简明型结构式摘要，但国内医学期刊英文摘要格式较为统一，基本都使用简明型结构式摘要，这在一定程度上反映了多数国内医学期刊缺乏创新意识，提炼和推广论文信息的主动性不够，期刊国际化意识不高，没有鲜明的期刊个性和品牌意识[6]。现在越来越多的中文医学期刊加入了国际检索系统，须从多层面多角度推送信息。完全型结构式摘要能更全面地反映研究设计的科学性，可向读者提供更详细的研究信息，因此使用完全型结构式英文摘要可弥补国际读者的中文水平不足，增加中文论文的识别度和被引频次，提升中文刊物的国际影响力。国内期刊应根据自身特点和论文类型对英文摘要结构进行合理设计和优化，提高英文摘要信息质量[6]，对基础和临床研究论文尽可能地使用完全型结构式摘要。

结构式英文摘要中的小标题相当于文章中的小标题。从语言学的角度进行分析，标题一般有两种类型：一种是逻辑概括，另一种是形象概括。形象概括性小标题一般适用于文学作品，而"因事而作"的应用性文章，如学术论文和调查报告的小标题则更多的是逻辑概括。逻辑概括可以着眼于论述内容和论述范围[7]。英文摘要中的小标题起到厘清层次的效果，是对范围的限定和内容的概括。既然小标题是方便读者定位查找内容，起分门别类的作用，小标题应采用统一的形式，这样既简单明了，符合摘要要求，又避免小标题单复数使用的混乱现象。

小标题单复数的使用是医学论文英文结构式摘要中经常被疏忽的一个问题。本调查结果显示，英文结构式摘要小标题中的方法和结果基本使用了复数，主要差异在于结论。像主题词中的特征词男人、大鼠等用复数一样，结论用复数也未尝不可。因此，英文编辑在编辑加工时应予以重视，根据自身期刊特点和规定，规范小标题单复数的书写形式，避免小标题单复数使用的混乱现状，至少让作者在投稿前能从已刊出的论文中找到使用小标题的规律，也利于提高期刊出版质量。

总之，中文医学期刊提升国际影响力的途径之一就是充实论文的英文摘要，即对于高质量的医学论文尽量采用完全型结构式摘要，并规范英文摘要的小标题。

参 考 文 献

[1] 刘雪立,刘国伟,乔汉臣,等.生物医学期刊运用结构式摘要的现状和建议[J].中国科技期刊研究,1994,5(2):46-49.

[2] 刘雪立,李胜利,谭豫川.中国生物医学期刊应用结构式摘要的现状与建议[J].中国医学学报研究,1995,12(2):6-10.

[3] 朱正娥,张儒祥.Medline数据库应用结构式摘要的调查[J].新乡医学院学报,1996,13(3):297-298,299.

[4] KIM E. Abstracts in medical science journals: an analysis of subheadings in structured abstracts [J]. Journal of Korean Library and Information Science Society, 2016, 47(3):199-216.

[5] Addressing the limitations of structured abstracts [J]. Annals of Internal Medicine, 2004, 140(6):480.

[6] 宋建武,朱静,黄开颜,等.高影响因子国际医学期刊摘要类型的分析与思考[J].中国科技期刊研究,2010,21(2):181-184.

[7] 张春芳,刘立雪. 国外结构式摘要研究回顾:以James Hartley的研究为例[J].中国科技期刊研究,2012,23(1):56-61.

[8] 成桂春.拟定应用性文章的小标题要讲逻辑[J].逻辑与语言学习,1986(3):37-38.

[9] BILIĆ-ZULLE L, FRKOVIĆ V, TUR T, et al. Prevalence of plagiarism among medical students [J]. Croat Med J, 2005, 46(1): 126-131.

物理类论文图表常见问题实例解析

王晓梅,陈文琳,胡长进,徐宽业

(中国科学院合肥物质科学研究院文献情报与期刊中心,安徽 合肥 230031)

摘要:为更好地发挥图表在物理类论文中的积极作用,提高论文的内容质量和编排质量,结合多年来从事物理类论文编辑工作的实践,通过 7 个较为典型的实例,从科学性、规范性等方面对物理类论文图表内容及表达形式中常出现的错误进行了解析。对图表编辑过程中常遇到的问题提出了相应的解决方案,最终使图表兼具自明性与简明性,配合正文准确地表达其物理含义。实践表明,要想做好物理类论文图表的编辑工作,提高学术素养与掌握编辑规范缺一不可。

关键词:物理类论文;图表;科学性;规范性;实例解析

图表是物理类论文不可或缺的重要组成部分。插图可以用于表达实验原理(如原理框图)、过程(如流程图)及结果(如函数图),展示实验装置(如实物图),具有形象、直观、简洁、集中和逻辑性强等特点[1]。表格将数字(或文字)进行分类、排列、对比,以直观地阐述实验参数、实验结果等,与插图相比,表格更容易看出实验数据的精确度[2]。然而,不少作者在撰写论文时对图表的设计不够科学和规范,如果不做处理将直接影响到论文的内容质量和编排质量。为此,笔者结合多年来从事编辑工作的实践,从科学性、规范性等方面实例探讨了物理类论文中图表常出现的问题,并提出了相应对策,以更好地发挥图表的积极作用。

1 物理类论文插图常见问题实例解析

1.1 插图的科学性

插图在科学性上出问题在物理类论文中较常见。例如[3]:确定关系曲线的根据不足。除少数情况(如由理论或其他实验已知曲线的大致形状和走向)外,仅仅依据少量几个实验点来确定函数关系曲线是不科学的;在重新描绘的谱线图或设计某些假象性模型图时也常会发生科学性问题。在对论文插图进行编辑的过程中,责任编辑必须具备一定的物理学专业知识和敏锐的洞察力,对插图的科学性进行把关,给作者提出建设性修改意见。下文以实例的形式进行解析。

例 1 图 1(a)为作者原图(说明:英文案例,因此标目及标注均为英文),在正文中对应的描述为"图 1 为一次迭代平滑处理后得到的发射率光谱。"

从插图的科学性角度考虑,原图存在严重的问题:无法分辨 11 条曲线和温度的对应关系,正文中也缺少对图 1(a)所表示物理意义的解释,让人摸不着头脑。笔者通读全文后与作者进行了深入沟通,发现作者想通过此图展示在 57.542 8~67.542 8 ℃温度范围内、每间隔 1 ℃所对应的发射率光谱一次迭代平滑处理结果,并由此反映出发射率光谱较平滑的曲线所对应的温度。基于此笔者就插图的绘制向作者提出了建设性意见,修改后的插图如图 1(b)所示,并在正文中把对应的描述修改为:"图 1 为一次迭代平滑处理后得到的发射率光谱,图中曲线自上而下对应温度范围为 57.542 8~67.542 8 ℃,每 1 ℃一个间隔,由图可见发射率光谱较平滑的曲线对应的温度为 64.542 8 ℃"。修改后插图具备了自明性,包含了所有的必要信息,与正文中对图 1 的描述相呼应,清晰地表达了作者想要展现的物理意义。

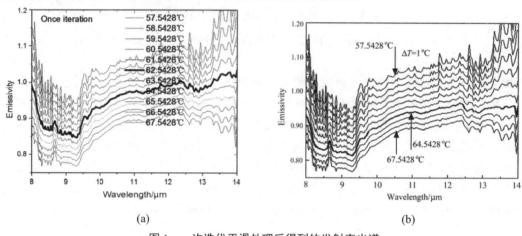

图 1 一次迭代平滑处理后得到的发射率光谱

1.2 插图的规范性

一个完整的图所包含的基本元素主要有:图序、图题、标目、标值、图形、图注、图例等[4]。下文将以实例的形式对物理类论文插图在这几个方面常出现的问题进行分析。

1.2.1 图序与图题

图序:因论文在录用前通常都几经修改,可能存在图形增删的情况,作者很可能只在正文描述中做了相应修改,却忘记修改图序,从而出现图文不一致的情况。

图题:应兼具自明性与简明性。

例 2 图 2 为作者原图,题名为"大气干扰模拟结果",是较常见的题名欠缺自明性的实例,虽然图中的 3 个小图用(a)、(b)、(c)序号加以区分,但在图题中并没有给出对应的说明,导致读者阅读图形后无法准确了解插图的研究条件和作者的绘图意图。通读上下文后发现,作者想通过图 2 比较参数取不同数值时对应的不同模拟结果,编辑给出修改意见后作者把题名改为"大气干扰模拟结果。(a) 条纹宽度和间距为 0.4 m;(b) 条纹宽度和间距为 0.3 m;(c) 条纹宽度和间距为 0.2 m"。虽然修改后的标题具备了自明性,但过于冗长,缺乏简明性,不符合题名应当精炼的要求。编辑对此题名进行了进一步修改,最终表述为"大气干扰模拟结果。条纹宽度和间距分别为(a) 0.4 m,(b) 0.3 m,(c) 0.2 m"。至此,图 2 的题名兼具自明性与简明性,让读者一目了然。另外,还有一种可行的方案是分图序号后直接跟分图题。

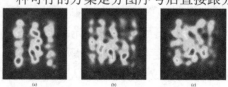

图 2 大气干扰模拟结果

总之,物理类论文对插图题名的要求主要有以下两点[5]:①要具有自明性,即题名本身能充分表达插图所示内容;②要简短确切,即题名应当精炼,准确表达所要表述的对象内容。因此,编辑在对题名进行加工时要兼顾这两个方面。

1.2.2 标目、标值及图例

例3 图3(a)为作者原图,作者想通过此图表达在2019年9月16日16:00至24:00时间段,特定波长的激光传输1 km、3 km时所测得的光轴偏转角差。但是在作图的时候出现了很多问题:①坐标轴的标值线和标值已经表示了增量方向,因此箭头是多余的;②横坐标物理量的单位及标值、标目物理量与单位间的符号均出现了差错;③图例表述不符规范。修改后的插图如图3(b)。

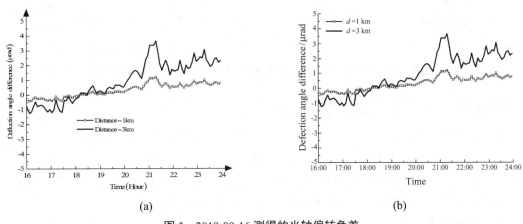

图3 2019-09-16测得的光轴偏转角差

在物理类论文中,标目最常见的问题是使用错误的单位符号或废弃的非法定单位,如表示"任意单位"时,很多作者及刊物采用"a.u."的形式,而实际上"a.u."代表的是"原子单位(atomic unit)","任意单位"的正确表示形式是"arb. units";又如 ppm 等缩写的混乱使用,关于如何将 ppm 修改为法定计量单位可参考文献[6]。另外,物理量名称字母的大小写、正斜体、黑白体表述不规范也是常见的问题。而关于标值,常出现的问题是疏密不当、轴区间设定不恰当等等。要解决这些问题,编辑必须不断加强对物理专业知识的学习,将专业知识和编辑规范相结合应用到实践中。

1.2.3 图形

在物理类论文中,关于图形常遇到的问题是:①在有多条曲线的图中,作者采用不同颜色对线条进行区分。而考虑到费用问题,目前大多数物理类期刊均采用黑白印刷,在把彩图转灰度图时常常会丢失颜色浅的曲线,即使不丢失线条,也很难保证灰度转换后的图形具备相同的表达效果[7];②使用的线条区别不大。如图1(a)所示,用不同粗细的线条代表不同曲线,导致图片看上去层次模糊、线条混乱,起不到辨识对比的作用。

为解决这些问题,通常把多条曲线分别用实线、点划线、圆点等表示,如图3(b)所示;或者添加箭头进行辅助说明,如图1(b)所示。

1.2.4 图注

并非所有的图都有图注,对于图中的符号、缩写以及图题中不能涵盖的必要信息,才应加图注以解释,所以不能是重复信息。

例4　图4(a)为作者原图，是基于飞秒脉冲振荡器的光纤型差频产生(DFG)光梳结构示意图。考虑到图形的简明性，图中很多物理器件均采用了缩写形式，但并未给出对这些缩写的解释，因此缺乏自明性。这种情况必须添加图注，以使图形兼具自明性与简明性，修改后如图4(b)所示。

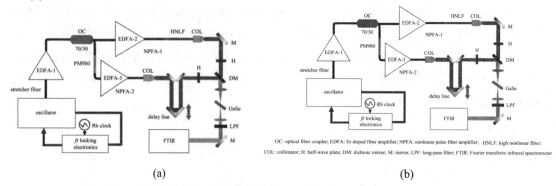

图4　基于飞秒脉冲振荡器的光纤型差频产生(DFG)光梳结构示意图

2　物理类论文表格常见问题实例解析

表格是物理类论文中不可缺少的一种表达形式。与卡线表相比，三线表具有更强的直观性和简洁性，是大多数物理类论文所采用的表格形式。就图与表的转换而言，一般来说，展示数据对比、比较时，图和表可转换表达，但如果其中项目的层次较多时，选用三线表表达优于图形表达[8]。下文将以实例的形式对表格常出现的问题进行解析。

2.1　表格的科学性

2.1.1　表格误用

例5　表1为作者原表。且不论表格是否规范，可以发现，此表格仅仅列出了所提出MDI-QKD协议的5个仿真参数，完全不需要采用表格。将表格删除，在正文中添加相应描述"所提出MDI-QKD协议的仿真参数p_d、e_0、e_d、f、α分别为3×10^{-6}、50%、1.5%、1.16、0.2 dB·km^{-1}"即可。

表1　所提出MDI-QKD协议的仿真参数

p_d	e_0	e_d	f	α
3×10^{-6}	50%	1.5%	1.16	0.2 dB/km

事实上，并非所有数据都适宜用表格表述，在物理类论文中错误使用表格比较多的情形主要有两种[9]：①数据较少、内容单一，此时用表格描述不但使内容复杂化，而且浪费版面，采用简洁的文字表述清楚即可。②数据缺乏可比性。如果将无可比性的数据列入同一表格，往往会误导读者，具体案例可参考文献[9]。

2.1.2　表格设计不合理

在物理类论文中，有些表格因为设计不合理，无法准确表达作者的意图。实际上，栏目安排必须具有科学性，各项栏目之间的关系应准确、清楚[10]。可通过添加必要的辅助线，使栏目信息归类正确[11]，从而使表格具备自明性。

例 6　表 2 为作者原表。作者想通过表格展示光场评价因子预估模型的最优参数和决定系数，但是由于表格设计的不合理，从原表无法看出最优参数对应的物理量是哪些，表格物理意义不明确。修改后的表格如表 3 所示。

表 2　光场评价因子预估模型的最优参数和决定系数(原表)

Evaluation factors	c	σ	ε	R^2
ω	464	1.00	0.02	0.99
P_{IB}	464	1.00	0.05	0.98
B_Q	464	0.46	0.01	0.99

表 3　光场评价因子预估模型的最优参数和决定系数(修改后)

Evaluation factors	Optimal parameters			R^2
	c	σ	ε	
ω	464	1.00	0.02	0.99
P_{IB}	464	1.00	0.05	0.98
B_Q	464	0.46	0.01	0.99

2.2　表格的规范性

表格的编排一定要遵循标准规范，应有自明性，切忌内容与文字论述重复。下面以实例的形式进行解析。

例 7　表 4 为作者原表。出现的问题主要有：①表格题名缺少定语，未明确表述研究对象；②栏目不对应。项目栏中的每个栏目应与其下面的内容相对应，即表格应当纵读，这是表格尤其是三线表最重要的特征[12-13]。③表头栏目不规范，左上角空白(1、2、3、4、5 为样本序号，应补充对应栏目名称)。④物理量单位位置处置不当(单位应紧跟物理量，与物理量之间用"/"隔开，即"物理量/单位")，而且其中有一个物理量单位出错(速度单位应为 m·s^{-1}，而非 m^{-1}·s)。依据规范修改后的表格如表 5 所示。

表 4　部分数据集(原表)

	1	2	3	4	5
ω_0	0.05 m	0.08 m	0.10 m	0.10 m	0.10 m
L	500 m	600 m	700 m	800 m	900 m
C_n^2	10^{-16} m$^{-3/2}$	10^{-16} m$^{-3/2}$	10^{-14} m$^{-3/2}$	10^{-14} m$^{-3/2}$	10^{-16} m$^{-3/2}$
T	298 K	298 K	298 K	298 K	298 K
v	3 m^{-1}s	3 m^{-1}s	3 m^{-1}s	3 m^{-1}s	3 m^{-1}s
P_0	1 kW	1 kW	5 kW	1 kW	1 kW

表 5　相屏模型参数的部分数据集(修改后)

Sample No.	ω_0/m	L/m	C_n^2/m$^{-3/2}$	T/K	v/(m·s^{-1})	P_0/kW
1	0.05	500	10^{-16}	298	3	1
2	0.08	600	10^{-16}	298	3	1
3	0.10	700	10^{-16}	298	3	5
4	0.10	800	10^{-14}	298	3	1
5	0.10	900	10^{-16}	298	3	1

另外,物理类论文表格中还有以下常见问题:如关于量的名称必须用标准的量,不能笼统地用"含量"一词代替物理量,需要明确含量具体表示的哪个物理量[14];表格中数据"空缺"的真实含义易混淆(表内标注为"空白"时,代表未测定或无此项目;标注为"—"时,代表未发现;标注为"0"时,代表实测结果为零[15])。

3　结束语

物理类论文图表只有同时具有科学性和规范性,才能准确反映其物理意义,避免读者产生歧义。要想做好图表的把关工作,必须具备一定的学术素养和敏锐的洞察力,明白图表背后隐含的物理意义,进而给作者提出建设性意见。在保证图表科学性的前提下对其进行加工,从而使图表能够准确地展示实验设计、实验结果等,兼具自明性与简明性。因此,编辑在熟悉图表编辑规范的同时必须加强对物理学专业知识的学习,不断提升自身综合素质。

参 考 文 献

[1]　石幸利.科技期刊中图表及公式的编排规范[J].重庆科技学院学报(自然科学版),2013,15(3):174-176.
[2]　郭冰江.科技期刊图表存在的问题及规范化处理[J].昆明理工大学学报(理工版),2007,32(增刊1):49-54.
[3]　王立名.科学技术期刊编辑教程[M].北京:人民军医出版社,1995.
[4]　刘瑜君,李玉江.论科技论文中的图表编校[J].湖北师范学院学报(自然科学版),2016,36(3):255-257.
[5]　李宁.科技论文图表题名编辑规范及实例分析[J].苏州教育学院学报,2016,33(4):89-92.
[6]　郑晓梅.怎样将 ppm 修改为法定计量单位[J].编辑学报,2019,31(1):40.
[7]　张洋,陈勇.科技论文图形的编辑处理[J].湖北师范学院学报(自然科学版),2016,36(3):262-265.
[8]　陈先军.科技期刊论文的图表审读处理方法探讨[J].编辑学报,2018,30(3):266-268.
[9]　于荣利,曹晖,朱丽娜,等.科技论文表格常见错误分析[J].上海农业学报,2010,26(2):97-99.
[10]　ROBERT A D. How to write and publish a scientific paper [M]. 5th ed. Phoenix:Oryx Press,1998.
[11]　阮惠宁.表格中数据的编辑加工技巧[J].科技与出版,2011,30(7):45-47.
[12]　汪碧蓉,杜玉环.医学期刊表格的编辑加工[J].编辑学报,2002,14(6):421-422.
[13]　刘少华,谢桂英.科技期刊表格的规范化[J].广州大学学报(自然科学版),2003,2(1):96-100.
[14]　新闻出版总署科技发展司.作者编辑常用标准及规范:第三版[M].北京:中国标准出版社,2011.
[15]　陈浩元.科技书刊标准化18讲[M].北京:北京师范大学出版社,2000.

科技期刊论文篇幅和版面控制方法及相关思考和建议

李 庚,杜承宸

(《大地测量与地球动力学》编辑部,湖北 武汉 430071)

摘要: 分析科技期刊版面利用率的情况,发现大部分期刊存在篇幅过长、内容繁复、末页留白的问题。对此,本文首先提出基于逻辑性的删减法,给出对科技论文进行大幅精简的具体思路,即先梳理论文脉络,了解文章的论点、论据、论证,再删除与核心内容无关的旁枝末节。然后,在前人的研究基础上,总结了如何在校对阶段处理版面余缺,巧妙利用增行和缩行尽量保证整版的方法。最后,给出关于篇幅控制的相关思考和建议。

关键词: 科技期刊;版面利用率;篇幅控制;精炼;版面余缺

随着科学技术的飞速发展,科技期刊的来稿量也在逐年增加,导致稿件见刊周期不断拉长,影响论文的时效性[1]。如果可以控制好版面,在不损害文章核心内容的基础上,尽量精简文章篇幅,将所有文章调整为整版,就能在一期中安排更多的文章[2],既能提高期刊的信息密度,又缩短了见刊周期,降低了出版成本。事实上,有限版面内包含信息量的多少也是评价科技期刊编辑质量的指标之一[3]。但笔者在图书馆翻阅大量知名中文科技期刊,发现版面浪费现象严重。基于以上问题,本文分析了科技期刊版面利用率低的原因,讨论了如何基于逻辑性在编辑加工时对科技期刊论文进行大篇幅删减,同时总结、补充了校对时页面余缺的处理方法。

1 科技期刊版面利用率概况及原因分析

在图书馆随机选取 10 种中文科技期刊进行分析,选取标准为获评过"中国百种杰出学术期刊",且在行业和全国内具有相当知名度。统计这些期刊 2019 年至少 10 期(双月刊为 6 期)的版面利用率,结果见表 1。表中,规定某页空白超过版心的 25%不到 50%为"留白小于半页"(也有文献提出为 1/6,本文认为太苛刻),空白大于等于版心的 50%为"留白大于等于半页",所以一篇文章可能会出现多次缺版;"发文量"和"页码"仅统计学术论文,不包括卷首语、编者按、书评、博士论文摘要、整页的广告等;补白和转页都按次统计。

从表 1 中可以看出,《岩土工程学报》的满版率最高,但也不到 70%,最低的《地球物理学报》仅为 37.82%,但各刊留白大于等于半页的次数明显低于小于半页的次数,其中 5 种刊物几乎没有留白半页以上的情况;转页和补白出现的次数基本可以忽略。此外,每本期刊的论文篇幅都很长,篇均在 7 个页码以上,最长的篇均在 16 个页码以上。

但仔细阅读这些杂志后,发现其中很多论文过于"臃肿",包含大量与主题相关性低的内容、

表 1 10 种科技期刊版面利用率

期刊名称	发文量	页码	满版	留白小于半页	留白大于等于半页	补白	转页	满版率/%	篇均页码
地球物理学报(1~11 期)	349	4 477	132	89	128			37.82	12.83
科学通报(1~12 期)	124	1 308	53	33	50			42.74	10.55
清华大学学报：自然科学版(1~11 期)	125	968	79	45	0			63.20	7.74
北京大学学报：自然科学版(1~6 期)	131	1 178	65	52	14			49.62	8.99
软件学报(1~12 期)	239	3 903	120	61	58			50.21	16.33
地质学报(1~11 期)	194	2 990	104	110	4			53.61	15.41
地理学报(1~11 期)	164	2 378	112	58	0			68.29	14.50
遥感学报(1~6 期)	107	1 278	45	56	18			42.06	11.94
岩土工程学报(1~11 期)	256	2 172	176	74	6	29	1	68.75	8.48
测绘学报(1~11 期)	146	1 439	85	56	5	1		58.22	9.86

低信息量的图片、无意义的文献引用，完全可以进行大篇幅压缩。事实上，从收集的文献资料[4-6]来看，版面利用率低的问题一直都存在，不过似乎并没有得到足够的重视。其原因可能有：①编辑部人手不足，没有精力挖空心思去控制文章篇幅和版面，以《地球物理学报》为例，2019 年 1~11 期正文 4 477 个页码，而其编辑仅有 4 人，工作量堪称巨大。②没有重视，不愿意浪费时间。③没有积极性。大部分科技期刊都是"吃皇粮"，不担心办刊经费问题，所以不存在控制出版成本，提高出版质量的烦恼，这一点从企业化的期刊版面利用率相当高可以得到印证。④与版面费收取方式有关。国内大部分科技期刊按照页码收取版面费，不控制论文篇幅，可以收取更多版面费，将出版成本转接给作者。按篇收取版面费或者不收版面费的期刊往往没有空版，如《地理空间信息》《测绘科学与工程》。

值得一提的是，笔者同时查阅大量英文期刊发现，也少有期刊会刻意处理版面余缺。以 nature 为例，其 7 737~7 746 期共发表学术性论文 164 篇，其中满版为 84 篇，占比略高于 50%。但有趣的是，nature 的"新闻""观点""报道""讨论"类栏目中的文章都会调整为整版。仅刊登科技论文的期刊版面利用率则更低，以 Journal of Geophysical Research: Solid Earth 为例，其 2019 年 9~12 期共刊登学术论文 214 篇，满版的论文为 56 篇，占比仅为 26.17%。有少量英文期刊会采用连排法，如 Science，可以做到几乎不浪费版面，但这种排版法在国内科技期刊中非常罕见。没有英文期刊会转页或补白。可见科技期刊版面利用率低是一个全球性的问题，但本文主要讨论如何提高中文科技期刊版面利用率，故此处不再详述。

2 提高版面利用率的意义

GB 7713—87《科学技术报告、学位论文和学术论文的编写格式》要求学术论文编写时应做到"层次分明、简练可读"；陈浩元[7]也提出"论文不必要讲求辞藻华丽，但要求思路清晰、合乎逻辑，用语简洁准确、明快流畅"。一篇论文水平的高低绝不是以篇幅的长短来衡量，精炼、信息量高的论文才是上乘之作[8]。

提高版面利用率的意义在于提高论文的有用信息密度，突出论文的创新点。科技论文不同于图书或者科普论文，其目的是对某些现象或问题进行科学分析、研究、阐述，总结和创新出一些结果和结论，除了学术性和科学性之外，最重要的是创新性。所以科技论文不需要长篇大论地讲解一些常识、技术，也没必要详细重复别人的研究方法、结果，即使是综述类型的文章，而是应该突出自己和他人研究的不同之处，具体论述自己文章的亮点。对于啰唆的文章，如果编辑不进行大篇幅的删减，不仅会造成出版资源的浪费，也会使读者花费更多的时间提取有效信息。接下来本文将从编辑加工和一校两个阶段详细讲述如何提高科技期刊版面的利用率。

3 编辑加工时如何精简论文

前人从实践中摸索出了很多缩减篇幅的经验[9-10]，这些经验非常实用，但没有从本质上阐述如何大篇幅、准确地精炼科技论文。本文认为，科技论文的精炼要从文章的逻辑性出发。

研究性论文大致可以归纳为两种：①先有理论，根据理论进行预测，观测事实现象是否符合理论；②先收集数据、材料，再进行分析，寻找规律并解释论证。编辑在看稿的时候应该先按此进行分类，然后根据论文的逻辑性提炼其脉络，如此在下笔的时候才会胸有成竹。要明白作者使用了什么样的研究方法，推导出了什么样的结果和结论，即了解文章的论点、论据、论证，除此之外的内容都属于非核心的旁枝末节，可以尽量概括性地论述、用参考文献替代，甚至完全删除。

本章以此思想为指导，具体讨论应该如何在编辑加工的时候精炼科技论文。

3.1 摘要的精炼

摘要通常只应该包括研究目的、方法、结果和结论这 4 个部分，每个部分分别仅用一句话描述，或者将其中两个部分融合到一句话中表达。其余的内容，如评论、解释、介绍等都应该删除或者放到正文中。

3.2 前言的精炼

撰写前言的基本要求是言简意赅，包括的内容应该是前人研究现状和本文研究亮点或内容。前人研究现状的部分应该和本文研究的创新点、结论紧密相连，列举的文献要么是本文提出新方法的基础，要么在后文讨论、结论部分能用得上，如果仅仅是研究方法相似、区域相同，而和论文核心内容毫无联系，句与句也之间没有逻辑性，应该果断删除。

3.3 材料(数据)与方法的精炼

材料(数据)与方法是科技论文中"水分"较多的部分。不少作者不知道科技论文和图书、毕业论文的区别，同时又害怕编辑、外审专家看不懂文章使用的研究方法，所以将教科书上几十年前就有的公式、定理、方法在论文中又重复了一遍。其实完全没有必要，因为阅读科技论文的人基本都是科研、学术人员，对于业内基础研究方法肯定是烂熟于胸。所以编辑在修改研究材料和方法这部分时，只需要保留论文研究方法的创新点、和前人研究的不同之处，对于已有的结论，应该用参考文献代替，甚至不着笔墨都可以。同时应删除与文章整体相关性低、后文完全用不到、与讨论结论都无关的内容。

3.4 结果的精炼

结果部分作者一般着墨不多，可删减的文字较少。但有的作者会将所得数据以图、表的形式同时给出，这时候只用保留其中之一。对于图或者表中已经出现的数据、计算结果，没必要用文字再表达一遍，仅需保留图表中没有的信息，对于显而易见的计算结果也应该删除。

3.5 讨论及结论的精炼

讨论及结论是一篇科技论文的核心部分，体现了这篇论文的发表价值，应该写的尽量详细。很多编辑不敢对这部分内容下手，一是觉得自己并非专家，对作者的研究内容不甚了解，没有信心进行修整；二是觉得不应删减论文最核心的章节。所以加工这部分的时候，往往草草了事。其实在通读全文，把握论文研究内容的基础上，编辑也一样可以对讨论及结论部分进行大幅调整与删减。

讨论部分一般是以论据为基础，围绕文章的论点进行阐述，可以夹杂一些与前人的对比、自己的推测、对问题的看法、对自己提出方法的评价，但这些必须和文章论点紧密相关，能够加强论证力度，强化论点。无意义的比较、无根据的猜测都可以删除；对于前人的相关研究，只需要给出结果与本文进行对比，不用详细讲解其研究目的、方法；结果部分已经列出的数据，在讨论部分就不要重复了；前言和摘要部分已有的叙述也要避免再次出现，或者进行位置调整。

结论部分是对全文的总结，起到画龙点睛的作用，不必再次出现研究目的、研究方法，可以简单写出研究结果，然后给出清晰、简明的定论。很多作者在讨论部分写的兴起，把结论一并给出了，然后到了结论部分无话可说，只能再次重复之前的内容，编辑在修改的时候一定要注意讨论和结论之间的区别与联系，同样的话语最好只出现一遍。有的作者在结论部分会给出未来工作展望，这也不符合结论的书写要求，应删除。

3.6 二次精炼

在完成第一次删减之后，编辑已经对文章的条理和层次有了深度把握，这时可以将文章作为一个整体进行二次精炼。比如看过讨论部分之后，发现前文结果中给出的某个表格数据完全没有进行分析，某张图没有给出任何解释，或者前言部分某些看似相关的研究现状后文没有提及也没有引用，这些情况编辑都应该再次删减。

4 校对时如何处理页面余缺

页面余缺的处理主要在一校的时候完成，后面校次应该尽量避免大篇幅的改动和调整。处理页面余缺的方法一般有抽稿、增稿、转页、补白、缩行、增行等[11]。但根据笔者观察，现在很多期刊每期的页码并不固定，甚至变动很大，抽稿和增稿法已经不再适用。GB/T 3179—92《科学技术期刊编排格式》提出，每篇文章应该避免分散跳页排印。为了保证文章的整体性，笔者也不提倡采用转页的方式。

想要保证整版，缩行和增行是最实用的方法。本章将重点介绍大幅缩行的技巧。

4.1 小幅缩行

如果文章最后剩下小半页甚至更少，一般采用缩行法。小幅度的缩行可以使用文字处理法、公式处理法、段首标题法、专业词汇缩写法等，这些方法前人都有过详述[12-14]，本文不再重复，只进行简单介绍。

文字处理法即是删除某些不重要的文字或者改变叙述方法，使段落减少一行或数行，也可以将关系紧密的段落进行接排。公式处理法是通过调整公式结构、排版方式，缩小长公式字号，短公式直接入文等方法缩行。段首标题法是将标题和正文放于同一行以节省版面。专业词汇缩写法是将较长的专业词语、词组、化学式等进行简写或者用英文缩写替代，只在第一次出现时使用全称。

4.2 大幅缩行

大幅缩行主要是对文章的图片和参考文献进行处理，因为这两个部分占的行数较多，可操作性较强,在编辑加工时也未进行大的改动。

对于一些示意图、趋势图,可以稀释横纵坐标后,将其从单栏排版压缩到双栏排版,因为示意图本身的特点就是简单明了,突出重点,没有多少细节,趋势图注重的是数据的大概走势,两者都不用太高的分辨率。对于信息量很少的图片,甚至可以直接删除后用简短的文字替代。对于几幅相似的图片,可以以分图的形式进行合并,这样能减少图名、图例、横纵坐标的位置;如果都是线条图可以考虑将图片内容合并到一起。但是图片的压缩和删除不可滥用,因为好的绘图可以增强科技论文的观赏性,让读者一目了然地明白文章的实验结果和作者想要表达的意思,切忌为了凑版强行压缩文章的核心图片或者非等比例缩小图片[15]。

参考文献往往是作者"注水"最严重的部分,有的文章动辄上百篇参考文献,且不谈作者是否都认真读过这些文献,即使囫囵吞枣般看过,全部列举出来是否有意义也是一个值得商榷的问题。笔者认为,引用参考文献绝非是多多益善,而应该做到恰当、适量、只引用与文章相关的文献。在提及他人论点、结果时必须要引注,使用他人结论、数据、公式时必须引注。对于与论文不相关、意义不大或者重复堆积的参考文献都可以考虑删除。如"前人对 XX 工作进行了大量研究[1-10]",这里引用的 10 篇文献如果在后文中都没有发挥作用,那么就属于不相关的引用;如"研究 XX 的方法很多,包括 A[1]、B[2]、C[3]、D[4]",这里引用的 4 种方法如果都很陈旧并且常见,读者非常熟悉,那么就属于意义不大的引用;如"和本文结论相似的文献很多[15-30]",这里引用的 16 篇文献属于重复堆积,只需要挑选几篇代表性强的、较新的、刊登在较权威杂志上的保留。此外,特殊类型的文献可以考虑直接放入文中,以括号的形式给出,如各类国家标准、电子文献、仪器说明书、内部文件,既可以节省版面,又能节约查找、校正这些文献信息的时间。

建议最后删减参考文献,因为参考文献都放在正文之后,相对独立,最好控制篇幅,有较大改变也不怕版式出错。

4.3 增行

当末页版面空出 10 行左右的时候,可以进行增行操作。具体方法大致与缩行相反,但原则是不能为了凑字数而把简单的语句复杂化,不能把简短的缩写改为很长的全称,不能将信息量低的图刻意放大。也可以与作者联系,补充一些编辑认为欠缺的内容,如充实讨论部分,添加最新的参考文献等。

5 关于版面利用率的一些建议和思考

有的期刊在投稿说明中会限定来稿字数和篇幅,这是不可取的。一是会限制作者的发挥,可能使文章表述不清,该写的东西没有写出来;二是会使文章结构不完整,有的文章工作量很大、内容很多,强行限制篇幅可能会导致作者舍弃文章的部分核心内容,导致出现逻辑性问题。有的期刊会略微调整某页字距、行距以撑版,看起来省事,但会使页面之间明显不同,影响美观,并不提倡。有的期刊会将一篇文章多次转页,或者在一个页码上转来多篇文章,以达到不浪费任何版面的目的,这样也不合适,不仅会严重割裂文章的完整性,同时也影响阅读的舒适感。

有些期刊会在篇首给出文章的引用格式及英译,图表名和中文参考文献有英译的期刊也不在少数,有的期刊甚至连基金项目和作者简介都有对应英译,这些英译和引用格式其实都可以删除,既节省了版面,又减少了工作量和出现差错的可能性。之所以有如此多的英译,可能是为了所谓的"国际化",争取被更多外国数据库收录。但进入了"SCI""EI"并不代表期刊质量高、办得好,国内期刊不应该随波逐流、盲目追求这些虚名。当然这种行为与主办单位要求、期刊评价机制也有很大关系,此处不详细展开。

这里提出几个关于格式和排版的小建议。一是建议参考文献使用顺序编码制,这样可以在正文节省大量空间,也能保证阅读的连贯性。二是将英文摘要放在文末。这样即使转页,对阅读的影响也非常小。三是按篇提前收取版面费。很多期刊因为按排版后页码收取版面费,所以后期校对时不敢增加或者减少内容,也不进行转页处理,导致版面的浪费。其实科技期刊印刷成本更多在于彩图而不是页数,完全可以预估整期或整卷的成本,然后按篇提前收取版面费,或者干脆按照作者是否愿意彩印收费。如此既能避免文章出版了版面费还没有收到,或者文章加工、排版完了,作者因为各种原因退稿,白费编辑工作量的情况,同时也让编辑在调整版面的时候不必顾忌太多。

也有不少科技期刊做到了版面利用率接近100%,但这些期刊总占比不高,且在业内排名、影响力基本都位于中上游(有些以营利为目的的期刊也可以做到,但其文章质量堪忧,不计入此列),顶尖期刊和排名靠后的期刊反而都和国外期刊一样"散漫",这一现象值得深思。

6 结束语

精炼论文就像庖丁解牛,一定要先了解文章的构架,才能在加工时做到游刃有余,在有限的版面中展现尽可能多的有用信息。笔者每年编校3~4期杂志,每期20余篇论文,篇均5.5页,整版率在90%左右,其余进行转页处理,没有留白和补白。不过,目前无纸化、网络出版已经成为未来出版业的趋势,将来如果期刊完全电子化,那么将页面调整为整版除了美观之外再无他用,自然不用太过严格,转页、补白之类的处理也意义不大,但仍应该控制论文篇幅,精简文章内容,做到言简意赅。

致谢:感谢柳建乔编审对本文思路提出的建议。

参 考 文 献

[1] 李庚,魏玉芳,邢乐林,等.提高期刊编务工作效率的方法[J].编辑学报,2018,30(3):282-284.
[2] 雷琪.学术期刊校样页面余缺的完美应对[J].编辑学报,2014,26(6):553-554.
[3] 方秀菊.对科技期刊提高版面利用率的思考[C]//超越平凡:2004'中国科技期刊发展论坛文萃.2004:301-308.
[4] 杨蕴林,郭国庆,周晓文.应当重视高校学报版面利用率偏低的问题[J].编辑学报,2001,13(3):153-154.
[5] 郭开选,赵海霞.充分利用学术期刊的版面资源[J].报刊之友,2002(3):55-56.
[6] 林亚平.也谈提高高校学报版面利用率[J].科技与出版,2003(1):41-43.
[7] 陈浩元.科技书刊标准化18讲[M].北京:北京师范大学出版社,1998:68-69.
[8] 吴正明,陈金伟.力戒文章冗长力求语言精练[J].中国科技期刊研究,2000,11(4):257-258.
[9] 程代荣.在编辑实践中探索控制文章篇幅[J].成都大学学报(社会科学版),1990(3):64-66.
[10] 李欣然,施清波.学术期刊的版面控制方法[J].中国编辑,2018(2):77-79.
[11] 国家新闻出版广电总局出版专业资格考试办公室.出版专业务实(中级)[M].北京:商务印书馆,2015:117.
[12] 宁亚东,朱诚.科技期刊版面的控制[J].中国科技期刊研究,1996,7(4):53-55.
[13] 胡海霞,明经平.科技期刊版面编排的处理[J].中国科技期刊研究,2006,17(1):159-160.
[14] 崔国平.学术期刊页面余缺的处理[J].科技情报开发与经济,2008,18(28):209-210.
[15] 黎文丽,高时阔,宇文高峰,等.科技期刊版面设计的审美原则[J].中国科技期刊研究,2007,18(1):176-178.

中英文科技论文横线符号对比与转换

刘燕萍[1]，赵惠祥[1]，罗秋林[2]，张　弘[1]，徐清华[1]，陈爱萍[1]

(1.同济大学学报编辑部，上海 200092；2.同济大学外国语学院，上海 200092)

摘要：标点符号是书面语言的重要组成部分，它不仅有助于语言准确明晰表达，还可以增强语言表达效果。通过对比分析中英文破折号和连接符号的基本用法与表达特点，对连接符号在科技论文使用过程中容易出现的不规范现象从使用原则及规范上进行分析与梳理，探讨了英文连接符号转换中文连接符号的对策和建议。该研究结果可供科技期刊编校人员参考和借鉴，为编辑规范提供了依据。

关键词：连接符号；科技论文；对比；转换

标点符号是编辑工作中不可避免的一部分，它除了具有使语言准确明晰的表意功能之外，还具有增强语言表达效果的修辞功能。陈望道在《标点之革新》一文中说："标点可以神文字之用。"吕叔湘、朱德熙也说："每一个标点符号有一个独特的作用，说它们是另一形式的虚字，也不为过分。"[1]

中文的标点符号规范虽然日臻完善，可操作性也越来越强，但是各种连接符号用法、范围和标准一直以来未能十分清晰界定。1990年前，缺乏这类符号规范；1990年3月修订的《标点符号用法》"由于其条文过于笼统，也不够全面，如未把科技书刊中用的很多的半字线连接号列入，因此，出版物对连接号的使用仍然比较混乱"；至1995年颁布的新标准"也使人无所适从，实际上并没起到规范连接号使用的作用。"[2]

相较于中文，英文出版界目前没有统一的标点符号规范，但通常各行业有势力较大的出版社或协会推行自己的体例指南，包括标点符号的用法。比较著名的有*The Elements of Style*、*The Chicago Manual of Style*(书刊)、*The Associated Press Stylebook*(新闻)、*The MLA Style Manual*(人文学术)等。

本文力图在比较2012年6月1日开始实施的由国家语委、新闻出版署联合颁布的新版国标本GB/T 15834—2011《标点符号用法》和*The Chicago Manual of Style*中短横线符号用法的基础上，探讨两种语言转换过程中，短横线符号转换的原则，进而对连接的用法进一步总结归纳。

1　中英文的短横线符号

确切地说，中文的横线符号包括破折号和连接符(一字符和半字符以及浪纹)。本文将中文破折号、一字符和半字符以及浪纹依据英文表述(dash)统称为横线符号。

中文的一字符形式为"—"，占一个字的位置。半字符(-)，占半个字的位置；浪纹(~)，占一个字的位置；破折号，即长横(——)，占两个字的位置[3]。英文横线形式标点符号相对来说形式更多样，基本用法界定更明确，主要有：连字符hyphen (-)、en横线(–)和em横线(—)，2em

横线(——)和3em横线(———)以及浪纹符(~)等[4]。本文将2012年6月1日开始实施的由国家语委、新闻出版署联合颁布的新版国标本GB/T 15834—2011《标点符号用法》和 *The Chicago Manual of Style* 的中英文横线符号具体形式和基本用法进行归纳，具体分别见表1和表2。

表1 中文横线符号基本形式和用法[3]

形式	基本用法
一字线(—)	两个相关的名词构成一个意义单位
	相关的时间、地点或数目之间用连接号，表示起止
	相关的字母、阿拉伯数字等之间，表示产品型号
	几个相关的项目表示递进式发展
半字线(-)	未作详细说明
浪纹(~)	未做详细说明
长横 (——)	行文中解释说明的语句
	话题突然转变
	声音延长
	事项列举分承

表2 英文横线符号基本形式和用法[4]

形式	基本用法
连字符(-)	构成复合词
	数字拆分
en横线(–)	主要用于连接数字，较少连接单词
	连接地点、方向、分值、日期、时间，表起止
	连接未完、仍在继续的数值
	偶尔连接复合词
	用作减号或用于表格中的空格项
em横线 (—)	替代逗号、圆括号和冒号
	连接名词和代词
	突然中断
	和"that is", "namely", "for example"等单词或短语连用
2em横线(——)	替代表示空缺字母或单词
3em横线(———)	参考文献列表时使用，避免重复作者和编辑
浪纹符(~)	*The Chicago Manual of Style* 未作具体说明

注：en、em、2em和3em的横线宽度分别等同拉丁大写字母"N"、"M"、2个"M"和3个"M"，故得名，中文目前尚未有相应表述。

2 中英文横线符号相应的转换

中文的横线符号目前通用的有4种，英文的横线符号通用的有6种，所以中英文的横线符号不完全对等，在相互转换时不能简单处理。本文着重探讨英文在转换成中文时，英文横线符号即连字符 hyphen(-)、en 横线(–)、em 横线(—)、2em 横线(——)和 3em 横线(———)以及浪纹符(~)如何转换成中文相应横线符号。

(1) 连字符 hyphen (-)。

英文连字符长短相当于中文 1/4 字符，它的功用有部分类似于中文的半字符，中文的标点符号系统没有连字符。根据 The Chicago Manual of Style，连字符(hyphen)主要用于："Hyphens in compound words.(连字符用于复合词)"。例如："…es-pecially 7.31-43 and 7.77-85"；"hyphens as separator(连字符作为分隔符)"。例如："My name is Phyllis; that's p-h-y-l-l-i-s"。英语连字符用于连接复合词时，转换为汉语的半字符。作为分隔号时，形式保持不变。

(2) en 横线(–)。

长度等于大写字母 N，是 em 横线的一半，用法更接近中文的一字符，在中英文转换时，可转换为中文的一字符。en 横线主要用于："en dash as 'to'."(en dash 表示"起止")。例如："1:00–2:00 p.m.; the years 1993–2000; chapters 14–16"；"en dash with an unfinished number range"(en dash 数值范围未完)。例如："Jack Stag(1950–)"；"en dashes with compound adjectives"(在某些特殊情况下，en 横线用于连接形容词复合词)。例如：the post–World War II years. 它与连字符的区别主要在于，连字符连接的词往往被当作一个单独的词语出现。此外，由于 en 横线的长度通常与加号(+)一样，所以有的时候也被用来替代减号(–)，但实际上 en 横线与减号是不同的。en 横线有时用于大学有多个校园时候，连接在一起作为大学名。例如：the University of Wisconsin–Madison. 威斯康星大学麦迪逊分校。en 横线有时也用作表示两者之间的关系和联系，如 Boston–Hartford route; mother–daughter relationship。

(3) em 横线(—)。

长度等于大写字母 M，相当于英文的破折号，所以一般也直接称之为"dash"。它一般用于替代逗号、分号和括号。中英文的破折号使用原则基本一致，可直接进行转换。例如：She wrote a book—a book that would, she hoped, solve the problem; "Will he—can he—describe the picture?" asked the teacher.

关于 en 横线和 em 横线的用法，在英、美略有习惯差异，例如有的英国出版机构，如剑桥大学出版社、企鹅等，喜欢用两边带空格的 en 横线来替代两边不带空格的 em 横线，但这在美国很少见，而另一部分英国出版机构，如牛津大学出版社，也支持美国那种两边不带空格的 em 横线风格。

(4) 2em 和 3em 横线

2em 横线符号常常用于替代句子中省略或不方便提及的单词或者单词部分字母。

例如：" The region gives its —— to the language spoken there." "Admiral N —— and Lady R ——were among the guests."

3em 横线符号一般用于参考文献替代列表相同的作者或编辑。

例如：McCloskey，Deirdre N. The Bourgeois Virtues. Chicago: University of Chicago Press, 2006.

———. Crossing: A Memoir. Chicago: University of Chicago Press, 1999.

英文这两个符号的用法比较单一，基本与中文破折号用法相似。

(5) 浪纹符 swung dash(~)。

浪纹符在英文中是表示替代重复出现的单词，不用于表示起止。根据韦氏词典"a character ~ used in printing to conserve space by representing part or all of a previously spelled-out word"，"a mark, ~, traditionally used in text to indicate the omission of a word or part of a word"[5]。浪纹符的

这种用法在中文字典解释词条时也非常常见,用于替代重复出现的字词,但是在中文正式文体未见此种用法,在中英文转换时,可通过增补词语的方式转换。

3 中、英文横线符号编辑错误实例分析

据 20 世纪 90 年代以来多次进行的全国性书报刊编校质量检查结果,出版物上的标点差错率远远高于错别字或其他任何一类差错。鉴于中英文横线符号在构成、形式、作用以及使用各方面的差异,在转换过程中,中、英文横线符号容易出现以下三种错误:对横线符号的理解错误和使用标准不明晰选择错误;横线符号的使用形式及位置错误;中英文横线符号之间相互干扰转换错误。

3.1 对横线符号的理解错误和使用标准不明晰选择错误

中文横线符号使用范围和规则历经多年修订,在 GB/T 15834—2011《标点符号用法》已经有较为清晰的界定,但这些符号在使用范围和规则上一直在修订变化,使用范围和规则时有交叉,因此,横线符号使用界限常常因为之前的习惯而出现混用和误用。

比如,1998 年陈浩元[2]在《连接号的形式与规范使用》一文在阐释浪纹符的使用场合时提及实例"鲁迅(1881～1936)",时过境迁,这个例子里的浪纹符必须改为一字符。又比如,"人类的发展可以分为古猿—猿人—古人—新人这四个阶段。"[2]该例句里使用了一字符,已经摈弃了多年前的长横线。陈浩元 2021 年重新提出中文的浪纹符"在出版物特别是科技书刊中,凡标示数值(量值)范围的起止,应采用 '～';标示时间(非物理量)、地域、方位(如北东－南西走向)等相关项目的起止,采用'—'。"[6]

中文期刊由于理解错误常用混淆的还有半字符和一字符。比如"应力-应变曲线""孟戴斯-弗朗斯"都应该使用半字符,连接相关词语构成一个意义单元的复合词,而不能用一字符。

英文科技论文中,由于理解错误混用较多的是连字符和 en 横线。当复合名词被当作一个单词来看时,使用连字符,而不用 en 横线,比如"US-Canadian relations",此处不能使用 en 横线。

易和连字符混淆的还有 em 横线。em 横线经常用来表示对话被干扰,语句或思路中断而突然停顿,和连字符"0-226-10389-7"这种用法区别开来。比如:"Will he—can he—obtain the necessary signatures?"asked Mill.

3.2 标点符号的使用形式及位置错误

中文的横线符号与前后文的空格在规范里并未详细规定,因此基本上按排版默认处理。此外,要注意的是长横线(——)不能打成双横线(- -)形式。英文的连接符号在位置和形式这方面的规定比较详细。

首先,在使用连接号时,必须两个音节以上的词才能使用,在元音后分割,如"criti-cism";其次,在哪里断开有讲究,比如-ing 分词,一般在 ing 处分开,不写"certi-fying",而选择"certify-ing"。双写结尾字母加 ing 时,必须在双写的字母之间分开,不能写作"runn-ing",而必须"run-ning";对于本身含有连字符的单词,在转行时,尽量在原连字符后转行,而不另外拆分,比如不写"si-siter-in-law"而在"sister-in-law"中有连字符的地方自然分割。此外,en 横线符号在表示未完的数值范围时,比如"Yang Zhenning(1922–)",在 en 横线符号前后不须空格或插入符号。

值得注意的是，由于英文是线性语言，名词通常有单复数变化，但是仅有"a two-thirds majority"这种分数表达存在复数出现在连字符之后的情况，其他时候，连字符之后的名词都只使用单数形式。比如："of 2-or multi-particle，particle"使用单数形式，而不是"of 2 or multi-particles"[7]。

3.3 中、英文横线符号之间相互干扰转换错误

连接、一字线和浪纹线由于中英文界定范围各不相同，在中英文转换过程中因为缺乏实际可操作规范，容易出现转换错误。比如中文俗称的"港珠澳大桥"，在转换为英文时，一般不宜翻译为"Gangaozhu Bridge"，因为英文读者无法接收到该桥包含的三个地名的信息，建议译出每个地名，并在地名中间加上en横线，即"Hong Kong–Zhuhai–Macao Bridge"。

此外，在表示数值范围的时候，比如中文表达"从75到110"这个概念，英文需要注意，如果已打算用介词"from"和"between"，这时选择单词"to"和"and"而不是符号en横线，比如"from 75 to 110(注意：不是 from 75-110)"或 "between 75 and 110"。[8]

4 结束语

目前，英文横线符号的使用在 *The Chicago Manual of Style*(书刊)等都有非常严谨的详尽阐述。相对而言，中文横线符号使用标准比较粗略，在《科技书刊标准化18讲》和《作者编辑常用标准规范》都未有详尽阐述，编辑人员在编辑稿件过程感到无相应规则可循，只能见仁见智，尤其是中、英文横线符号转换的标准更无章可循，中、英文横线符号的转换规范亟需早日出台。

参 考 文 献

[1] 吕叔湘,朱德熙.语法修辞讲话[M].北京:商务印书馆,2013:217.
[2] 陈浩元.连接号的形式与规范使用[J].语文建设,1998(12):6.
[3] 新闻出版总署科技发展司,新闻出版总署图书出版管理司.作者编辑常用标准及规范:第三版[S].北京:中国标准出版社,2011.
[4] The University of Chicago Press Stuff. The Chicago manual of style [M]. 16th ed. Chicago: The University of Chicago Press, 2010:3053.
[5] Definition of swung dash [EB/OL]. [2019-02-15].https://www.merriam-webster.com/dictionary/swung%20dash.
[6] 陈浩元."—"和"~"使用场合辨析[J].编辑学报,2021,33(1):66.
[7] The University of Chicago Press Stuff. The Chicago manual of style [M]. 16th ed. Chicago: The University of Chicago Press, 2010:332.
[8] The University of Chicago Press Stuff. The Chicago manual of style [M]. 16th ed. Chicago: The University of Chicago Press, 2010:483.

从版面看科技期刊插图的处理
——以《钢管》为例

孔艳妮

(《钢管》杂志社,四川 成都 610300)

摘要：为了减少插图所占版面而一味地压缩插图是不理智的。编辑人员在插图处理时，要在理解论文的基础上，熟悉学科常用数据分析工具，熟练运用不同制图软件及方法对插图进行处理，从而提高插图的表现效果，提升论文水平，提高刊物出版质量。本文基于工作实践，介绍了一些如何在不压缩或拉伸原图的情况下，清晰完整地表述文章内容的插图处理方法，以期为类似插图的处理提供参考。

关键词：冶金期刊；编辑；插图；版面压缩

文字是科技论文研究成果的主要呈现方式，但为了更形象、直观地表达科技成果，作为辅助表述手段的插图是不可或缺的，插图已成为科技论文的重要组成部分。与文字叙述相比，图形内容表达效果更直观，使科技内容的叙述更加简洁、准确和清晰，还能美化版面，提高读者的阅读兴趣[1-2]。科技论文中试验比较多，包含大量插图，为了满足科技期刊有限版面的要求，必须对插图进行适当处理。不过，为了减少插图所占版面而一味地压缩插图是非常不理智的做法，易造成削足适履，从而损伤论文的完整性[3]。因此，笔者以《钢管》为例，介绍一些有效的插图处理方法，这些方法可以在不压缩或拉伸原图的情况下，清晰完整地保留插图所要表述的文章内容。

1 《钢管》插图介绍

《钢管》是一种全面反映钢管及相关行业学科发展水平的应用型科技期刊，其插图从图形类别上来讲，大致有曲线图、流程图、金相图、CAD 机械图、实物图、有限元分析图、软件运行界面等；从色彩上讲，可分为彩色、灰度、黑白三种。有限元分析图中的不同颜色代表不同的状态，且色彩丰富，灰度图根本无法表现细节；软件界面图中的元素比较多，灰度图在细节方面的表现力不够。因此，有限元分析图和设备运行软件界面图一般设置为彩色，曲线图、流程图、CAD 机械图一般设置为黑白，实物图、金相图一般设置为灰度。当然，是否设置为彩色或灰度或黑白，还需要根据图形的具体情况来定，原则是确保插图所要展现的内容能够清晰、简洁、完整地表述出来。彩图虽能完全清晰地展现插图内容，但印刷成本较高，且有些插图(如流程图、机械示意图)即使是黑白的，也能清晰地展现其内容。

《钢管》主要采用 CorelDraw 软件绘制插图，有时还需要借助 CAD、Photoshop、Adobe Illustrator 等。CorelDraw 是一款功能强大的图形、图像编辑软件，目前在国内期刊社已有很多应用[4-5]。

2 插图处理实践

科技论文里有很多试验结果照片，且未必都由作者亲自试验获得。比如一篇产品研发类论文，里面的图片不但包含常规力学性能测试、金相组织检测的结果，有时还包含抗挤毁试验、腐蚀试验、超声波检测等结果，论文作者不可能每项试验都亲力亲为，部分试验需要外委给有检测资质的单位进行。另外，论文中的有些插图是作者参考了其他文献获得，并不一定符合出版要求。因此，对于作者提供的插图，编辑很有必要进行规范化处理。插图由图、图号、图题和图注(有些插图没有)构成，其处理应符合 CY/T 171—2019《学术出版规范 插图》要求，以保证插图的科学性、规范性、一致性、艺术性。

(1) 部分放大法，即放大插图中的部分内容。图 1 所示是螺纹接头的有限元分析云纹图，左侧颜色标尺是用不同颜色代表不同应力值，以此来表征右侧图形中螺纹接头不同位置的应力。图 1(a)所示左侧标尺部分小，里面的数字模糊不清，若直接放大整图会占较多版面。对于此类图，可利用 CorelDraw 软件，将图 1(a)左右两部分分开，然后再放大左侧，再将左右两部分组合为图 1(b)，这样图 1(b)的清晰度就较高，印刷质量比较好，而且所占版面并不大。

图 1(a)的清晰度不够，除了用局部放大的办法外，还可混合运用 CorelDRAW、Photoshop 等制图软件处理插图[6-7]，以获得清晰度高、分辨率高、表述效果理想的插图[8]，例如用 Photoshop 调整图形的色阶、亮度、饱和度、对比度等。这种方法仅用于插图可以拆分，且放大一部分不影响图意的情况，如有限元分析图、软件运行界面、金相图。如果金相图的标尺太小，影响阅读，也可采用该方法，将标尺放大一倍或数倍，但要注意标尺上的数据也需要更改；因金相图主要是为了显示材料组织结构，因此也可根据需要截取一部分原图，并放大。

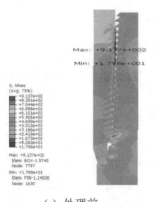 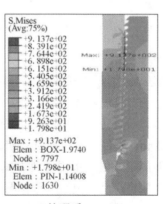

(a) 处理前　　　　　　　　(b)处理后

图 1　有限元分析图实例

(2) 文字+图处理法。若图中元素太多，已经无法简洁、准确和清晰地表述内容时，可采取文字+插图的方法进行表述。图 2 所示是作者提供的原图，该图表示不同回火温度下材料的力学性能变化情况，横纵坐标标志不清。图 2(a)虽然采用了彩色，但线条众多，且色彩混杂，部分色彩相近，线条重叠，标志不清，阅读效果不好。经过与作者沟通，了解到图 2(a)中包含屈服强度、抗拉强度和冲击功的实测值和相关标准的要求值(最大值和最小值)。由于标准要求值(最大值、最小值)是定值，因此以文字的形式将最大值、最小值放置到正文文字中，图中仅保留实测的强度和冲击功，又因冲击功与强度数值差别很大，而抗拉强度和屈服强度差别不大,所以图 2(b)左侧纵坐标标注为"强度/MPa",右侧纵坐标标注为"冲击功/J"。运用 CorelDraw 软件绘制时,先缩放图 2(a)至合适尺寸(《钢管》采用双栏排版,半栏图形的宽度一般设置为 50 mm),再按照原图纵坐标将强度曲线及各点实测值绘制出来并进行"群组"(群组 1),随后再绘制冲击功曲线、各点实测值、冲击功坐标并进行"群组"(群组 2);然后再以新坐标为基准,将群组 2 拉高至适当位置;最后编排其他元素(数字、单位、文字等)。处理后的曲线图如图 4(b)所示。

在处理坐标曲线图(见图 2(a))时,坐标轴、标值线的画法应规范,标目、标值、坐标原点应标注完整、规范。文字+图处理法适用于图中元素可以用文字方式表述的情况,例如图 2 这种曲线图或者简单的流程图(见图 3)。

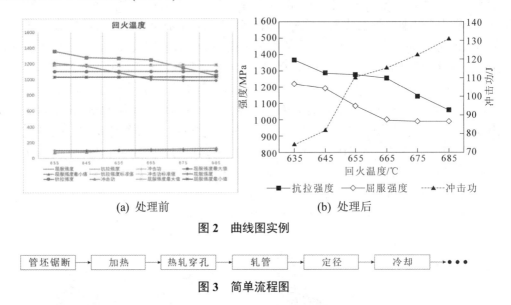

图 2 曲线图实例

图 3 简单流程图

(3) 删减法。删减法在机械图的处理中用的很频繁。编辑在插图处理过程中,对一些不必要的元素、冗余的线条可做删减处理,以突出主题。图 4(a)所示机械图非常繁琐,里面包含剖面线、尺寸线、设备边线、中心线、辅助线、指引线、字符等,表述不清、不准确;因此,可先在 CorelDraw 软件中设置所导入机械图的尺寸,再将剖面线及重复的线条删掉,保留设备边线以及必要的中心线、指引线等,随后按照制图要求对线型等进行调整,然后统一设置字符大小并将其放置在适当位置,最后导出图形到指定位置。与删减前的图 4(a)相比,图 4(b)的表述非常清楚,不会出现印刷缺陷。对于一些含义相近或内容相似的插图,可与作者沟通,删减一些意义不大的图,使论文中的插图重点突出、主次有序。

一般不宜直接选用图 4(a)所示的工程图(施工图、装配图),要在原图的基础上进行简化、提炼,突出主题,提高实际表达效果。结构示意图、工作原理图等的设计应符合国家标准或行业标准,如 GB/T 4457.4—2002《机械制图 图样画法 图线》、GB/T 4458《机械制图》、ISO 128《技术制图 一般表示原则》等;流程图的制作应参考 GB/T 1526—1989《信息处理—数据流程图、程序流程图、系统流程图、程序网络图和系统资源图的文件编制符号和约定》,在绘制过程中根据流程图类型选择使用规定的符号标记。

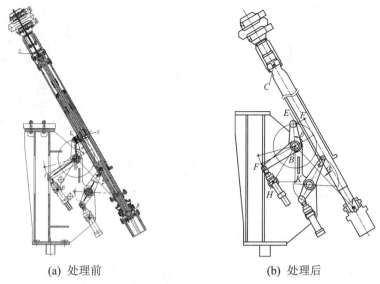

(a) 处理前　　　　　　　　(b) 处理后

图 4　机械图简化实例

(4) 更改颜色法。图 5 所示是某产品生产工艺流程，彩色原图色彩丰富，有视觉享受，问题是：图中的字符都是英文，不符合读者的阅读习惯；每个工艺过程都用图来显示，对未从事现场操作的人员来讲识别度不够；图需通栏排版，所需的版面多，占整个页面的 2/3，造成版面的严重浪费。鉴于此，笔者以黑色流程图来展示。相较于原图，处理后的图虽然色彩单一，但非常直观，能简洁、准确地描述工艺流程，符合读者阅读习惯，且也节省了大量版面。此种方法适用于较复杂、带设备图像的流程图。

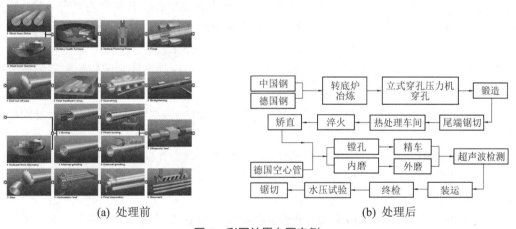

(a) 处理前　　　　　　　　(b) 处理后

图 5　彩图转黑白图实例

(5) 多图合一法。多图合一在科技期刊中比较常用，而以曲线图、柱状图居多。多图合一处理实例如图 6 所示。如图 6(a)所示，作者提供来的原图为 3 幅，分别对 6 种钢级作了平均腐蚀速率图、最大点蚀速率图和平均点蚀速率图，造成了版面的极大浪费。因此，笔者将作者提供来的 3 幅图合为一幅，得到图 6(a)，这样不仅可以观察不同钢级之间的腐蚀速率，也能对比相同钢级的不同腐蚀速率。多图合一可以极大地节约版面，也能加强对比效果，但在处理过程中要注意各图的横纵坐标是否一致，如果曲线数量太多或线型接近影响阅读时，可以共用一个坐标轴，而将另一个坐标轴分立(如图 2(b)的左右两侧纵坐标)[1]。

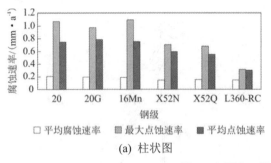 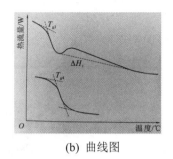

(a) 柱状图　　　　　　　　　　(b) 曲线图

图 6　多图合一处理实例

(6) 改图为表法。改图为表法用得较少，一般用在图中都是文字、且能用表格列出的情况下。

3　插图处理中需注意的问题

(1) 从制图软件中导出彩图时，要特别注意彩图的颜色设置和分辨率。比如，CorelDraw 软件中的图形颜色模式有"黑白""灰度(8 位)""16 颜色""调色板调色 8 位""RGB 颜色(24 位)""CMYK 颜色(32 位)"，在导出彩图时"RGB 颜色(24 位)"与"CMYK 颜色(32 位)"有很大区别。通俗来讲，CMYK 颜色是印刷色，RGB 颜色是电脑显示色，因此印刷品插图要选用"CMYK 颜色(32 位)"。此外，分辨率也没必要设置太高，曲线图设置为 600 dpi 即可，彩色图及要求高的图设置为 1 000 dpi 即可。

(2) 若坐标轴上给出了标值线和标值，则坐标原点应用实际数值标注，标目应与被标注的坐标轴平行，且居中排在坐标轴、标值外侧，纵轴标目逆时针旋转 90°、"顶左底右"排版，另外标目的标注也应采用"量符号/单位符号"的形式(如"强度/MPa")，若单位为复合单位，应采用负指数形式[如"速度/(m·s^{-1})"]。若坐标轴上未给出标值线和标值，则坐标原点应用斜体的字母"O"标注，坐标轴末端应画出表示增量方向的箭头(如图 6(b))。

(3) 对于机械图，尽量请作者提供低版本 CAD 文件，这样不同制图软件之间的兼容性会好一些。如果原 CAD 简图不能用 CorelDraw 软件打开，可以先用 Adobe Illustrator 软件打开".dwg"文件，然后将其转换为".eps"矢量图形，再用 CorelDraw 软件打开该".eps"矢量图形即可开始处理。

(4) 全刊的插图的图号、图题、图注的写法和格式应统一，同一内容的表示方法、同类图的画法、指引线的表示方法等也应一致；插图中的术语、数值、符号等也应与表格、公式中的编号方式一致。

(5) 图中的字符应采用 Times New Roman 字体，以便将变量符号改为斜体；保证插图中表述、数据等与正文、表格保持一致。插图与文字描述不一致的情况一般都是由作者疏忽或编辑在编校过程中代入的，这个需要编辑掌握全文内容，把握文章核心，在后续校对过程中反复对照原稿、与作者沟通核查，保证插图、表格、文字的前后呼应、数据统一[9]。

4　结束语

插图是作者表达其研究成果的重要手段，一篇优秀的论文，除了文字和表格的叙述外，插图的作用不容忽视。如何在有限的版面内，尽可能地不压缩或拉伸插图，又能完整清晰地表述含义，成为一项重要工作。本文介绍了几种影响版面的插图处理典型案例，并给出了处理方案和解决对策，这几种方案可以单一采用或混合采用，适用于绝大多数冶金工程类期刊的插图处理。编辑人员在插图处理时，要在理解论文的基础上，熟悉本学科的常用数据分析工具，熟练运用不同制图软件及方法对插图进行后期加工处理，以提高插图的表现效果，提升论文水平，提高刊物出版质量。

参 考 文 献

[1] 陈浩元.科技书刊标准化18讲[M].北京:北京师范大学出版社,1998.
[2] 杨冬梅.科技期刊插图的改进[J].编辑学报,2006,18(1):33-35.
[3] 孙慧兰.慎重对待医学论文的版面压缩[J].编辑学报,2015,27(2):140-141.
[4] 许佩丽.CorelDraw在科技期刊插图中的应用[J].编辑学报,2016,29(9):53.
[5] 路杰,徐国艳.利用CorelDraw、Photoshop处理科技期刊插图的简便方法[J].中国科技期刊研究,2006,17(4):616-617.
[6] 熊水斌,方宇彤,赵勤.利用Photoshop处理科技期刊插图的几种技巧[J].中国科技期刊研究,2007,18(5):821-823.
[7] 廖微,李楷中.采用CorelDRAW、Photoshop处理科技期刊插图探讨[J].云南科技管理,2016,29(3):67-69.
[8] 王金川,黄定光.核物理类期刊一些常用插图的处理方法[J].编辑学报,2017,29(2):128-131.
[9] 金芝艳.科技期刊插图编辑加工中典型案例的分析与处理[J].湖北科技学院学报,2020,40(6):115-118.

常见的标点符号误用和不当使用

肖 静

(《中国民用航空》杂志社编辑部,北京 100028)

摘要: 本文总结了部分常见的标点符号的误用和不当使用情况,以及一些不容易处理的标点符号使用问题,涉及逗号、顿号、分号、冒号、引号、括号、连接号和书名号,并一一予以纠正或辨析,以达到规范、准确使用标点符号的目的。

关键词: 标点符号;规范;混淆

笔者在多年的期刊编辑工作中发现,多数作者都或多或少地存在对标点符号的错误和不当使用问题。这其中的原因不外两点:一是认为标点符号并不那么重要,大致掌握就可以了,即便用错也无伤大意、无伤大雅;二是对标点符号使用规范了解、理解、掌握得不够。

2011 年,政府相关部门颁布了新的国家标准《标点符号用法》(GB/T 15834—2011,以下简称新标准),用以取代旧标准(GB/T 15834—1995),新标准于 2012 年 6 月 1 日开始实施。新标准中增加了对标点符号的定义:"标点符号是辅助文字记录语言的符号,是书面语的有机组成部分,用来表示语句的停顿、语气以及标示某些成分(主要是词语)的特定性质和作用。"[1] 书面语是一种正式的语言记录形式,具有记录语言用以留存、回溯、学习、参考的特点,也因此具有严谨的要求。将标点符号作为"书面语的有机组成部分",以国家标准的形式对标点符号用法予以规范,凸显出国家对于标点符号统一和规范使用的重视。具体到我们个人,为了在行文创作、书面表述中使我们的文字不留歧义、不让人费解,并尽可能严谨、流畅、优美,学习并掌握标点符号的正确和恰当使用,是有必要的。

笔者根据自己的工作实践,整理了部分常见的标点符号误用和不当使用情况,以及一些不容易处理的标点符号使用问题,并予以纠正或辨析。文中举例全部来自笔者所处理或阅读过的民航专业期刊文章和民航专业书籍。

1 逗号、顿号的混淆使用

逗号和顿号都是句内点号,从停顿的时间上说,逗号比顿号长,顿号比逗号短。新标准对于逗号、顿号的使用规定是比较清楚的,顿号的用法相对比较简单,主要是"表示语段中并列词语之间或某些序次语之后的停顿"[1]4。

逗号、顿号的混淆使用常见于并列的成分之间。《〈标点符号用法〉解读》一书在"第四章 功能交叉标点符号的辨析 1.逗号和顿号"中清楚地说明了逗号和顿号在表示并列成分之间的停顿时的共通性和差别:①顿号只能表示并列词语之间的停顿,不能表示并列分句之间的停顿;逗号则两种情况都可以。表示并列词语之间的停顿时,如果停顿比较长,就用逗号,停顿比较短,则用顿号。②从句法成分的限制看,并列词语做主语和宾语时,中间用顿号或逗号都很常见；做定语时，中间用顿号多一些；做状语时，中间用顿号，很少用逗号；做谓语或补语时，中间用逗号，不用顿号。③如果并列短语是多层次的，则用顿号表示较低层次的停顿，用逗号表示较高层次的停顿[2]101。

例如："危机发生时，各单位各部门统一指挥、分工协作，天地一家，迅速、及时、有效地处置危机事件。"这句话中，"统一指挥""分工协作"是句中谓语的一部分，它们中间应使用逗号，不用顿号。再如："军民合用机场还存在军机、民机同场飞行，运行标准不统一、通信不在一个波道、保障协调难落实等现实问题，经常导致空中发生冲突、地面发生侵入等问题。"这句存在两个层次的并列成分，"军机""民机"是较低层次的并列成分，"军机、民机同场飞行""运行标准不统一""通信不在一个波道""保障协调难落实"是较高层次的并列成分，因此，"运行标准不统一""通信不在一个波道""保障协调难落实"3 个并列成分之间的顿号应改为逗号。总结如表 1 所示。

表 1 逗号、顿号的混淆使用及纠正

错误类型	正确用法	举例
并列词语间逗号、顿号混淆使用。	并列词语做主语和宾语时，中间用顿号或逗号都很常见；做定语时，中间用顿号多一些；做状语时，中间用顿号，很少用逗号；做谓语或补语时，中间用逗号，不用顿号。	危机发生时，各单位各部门统一指挥、*(顿号应改为逗号)*分工协作，天地一家，迅速、及时、有效地处置危机事件。
多层次的并列短语间逗号、顿号混淆使用。	用顿号表示较低层次的停顿，用逗号表示较高层次的停顿。	军民合用机场还存在军机、民机同场飞行，运行标准不统一、*(顿号应改为逗号)*通信不在一个波道、*(顿号应改为逗号)*保障协调难落实等现实问题，经常导致空中发生冲突、地面发生侵入等问题。

2 分号

2.1 分项列举的各项有一项或多项已包含分号或句号，各项的末尾用了分号

新标准附录 A"A.5 分号用法补充规则"明确指出："分项列举的各项有一项或多项已包含句号时，各项的末尾不能再用分号[1]15。"笔者认为，分项列举的各项有一项或多项已包含分号时，各项的末尾同样不能再用分号。这类错误原因在于作者对分号的使用一知半解，只了解分号在分项列举时的分隔作用，而忽略了它与其他标点符号的搭配使用规则。

例如，"手册编写的常见问题有：1)飞机维护手册的程序操作性、完整性存在缺陷，部分程序缺失；信息表述错误，例如工具、耗材、警告指示、方向等信息；2)维修大纲中'特殊详细检查'项目在无损检测中的描述不够详细，操作性差；3)……"。这句话分 1)、2)、3)……项列举了手册编写的常见问题，其中 1)项中间"部分程序缺失"后已使用分号对两部分意思进行分割，因此，不应再在 1)、2)、3)……各句之间再使用分号，而应改用句号。

2.2 用分号隔开的几个并列分句由逗号统领或总结

新标准附录 B"B.1.4 顿号、逗号、分号在标示层次关系时的区别"中指出："用分号隔开的几个并列分句不能由逗号统领或总结[1]19。"这是因为如此使用会使句子的第一层关系和第二层关系模糊不清，引起歧义或令人费解。这类错误十分常见。如："安全建议(措施)的生成有两

种形式,一种是调查报告的"安全建议";一种为单独下发的"预防与纠正通知书",来源主要出自上级单位文件。"此句中,"安全建议(措施)的生成有两种形式"统领全句,是句子的第一层次,后面由分号隔开的 2 部分是具体说明这两种形式,是第二层次的内容,因此,"安全建议(措施)的生成有两种形式"后不能用逗号,而应改为冒号。总结如表 2 所示。

表2 与分号有关的标点符号误用和纠正

错误类型	正确用法	举例
分项列举的各项有一项或多项已包含分号或句号,各项的末尾用了分号。	分项列举的各项有一项或多项已包含分号或句号,各项的末尾应用句号。	手册编写的常见问题有:1)飞机维护手册的程序操作性、完整性存在缺陷,部分程序缺失;信息表述错误,例如工具、耗材、警告指示、方向等信息；*(此处分号应改为句号)*2)维修大纲中'特殊详细检查'项目在无损检测中的描述不够详细,操作性差；*(此处分号应改为句号)*3)……
用分号隔开的几个并列分句由逗号统领或总结。	用分号隔开的几个并列分句要么共同组成一个独立完整的复句,要么由冒号统领或总结。	安全建议(措施)的生成有两种形式,*(此处逗号应改为冒号)*一种是调查报告的"安全建议";一种为单独下发的"预防与纠正通知书",来源主要出自上级单位文件。

3　冒号涵盖范围过宽

新标准附录 A"A.6 冒号用法补充规则"中规定:"应避免冒号涵盖范围过窄或过宽[1]16。"冒号涵盖范围过宽是许多文章中常见的冒号使用问题,常见于作者在提示性话语和冒号之后,另起多段进行论述,各段落篇幅较长,结构复杂。如:

"从上面的分析和整体回顾来看,民航在公共危机防控方面暴露出 5 个弱点:

"1)现有体系'散、多、小'。现有体系分类较为散乱,名目较多,且多局限于民航行业内,功能和作用范围较小(主要是应急处理飞行不安全事件或事故),民航外部的互动机制和体系不健全,不利于各级人员有效应对公共危机。

"2)理念较为陈旧。目前,大多数民航公共危机防控部门理念陈旧,没有将民航业与其他行业的公共危机防控体系区分开。民航业作为交通运输服务行业,具有区别于其他行业的独特性,这就需要民航行业构建独特的危机防控体系。因此,构建民航公共危机防控体系,不能墨守成规,要结合民航行业特点,寻求突破,建立适用于民航行业的防控体系。

"3)……

"4)……

"5)……"

这段话中,冒号之后作者用了 5 个段落、800 多字对冒号前的提示性话语展开论述,冒号涵盖范围过宽,这种情况宜将提示性话语改为"民航在公共危机防控方面暴露出以下 5 个弱点",将其后的冒号改为句号。总结如表 3 所示。

4　引号

4.1　滥用引号

一些作者在行文中特别爱使用引号来对自己文章中的某些词或短语作出强调,如:"剖析上述的不安全事件,可以发现机组的飞行表现都存在一定的瑕疵。要么'操纵飞行员'(PF)、'监

表3 冒号的不当使用和纠正

错误类型	正确用法	举例
冒号涵盖范围过宽。	冒号涵盖的段落较多、篇幅较长时，冒号宜改为句号。	从上面的分析和整体回顾来看，民航在公共危机防控方面暴露出5个弱点：(此处冒号宜改为句号，并在"暴露出"后面加上"以下"两个字) 1) 现有体系'散、多、小'。现有体系分类较为散乱，名目较多，且多局限于民航行业内，功能和作用范围较小(主要是应急处理飞行不安全事件或事故)，民航外部的互动机制和体系不健全，不利于各级人员有效应对公共危机。 2) 理念较为陈旧。目前，大多数民航公共危机防控部门理念陈旧，没有将民航业与其他行业的公共危机防控体系区分开。民航业作为交通运输服务行业，具有区别于其他行业的独特性，这就需要民航行业构建独特的危机防控体系。因此，构建民航公共危机防控体系，不能墨守成规，要结合民航行业特点，寻求突破，建立适用于民航行业的防控体系。 3) …… 4) …… 5) ……

视飞行员'(PM)各干各的，缺乏交叉检查；要么程序混乱，丢三落四；要么置关键限制点的要求不顾，天马行空，任性飞行。某航空公司总裁告诉我说，飞行员中'胆子大的''没规矩的'和'不说话的'应该作为安全监控的重点"。引号确实有"标示需要着重论述或强调的内容、标示语段中具有特殊含义而需要特别指出的成分"这两方面的作用[1]7，但上文中的"操纵飞行员""监视飞行员""胆子大的""没规矩的"等短语，本身语义清楚，无需额外强调，也不具有特殊含义，去掉也不会引起任何歧义，本着标点符号使用经济美观的原则，应当去掉这些多余的引号。《〈标点符号用法〉解读》一书中也明确指出："新编制的标点符号用法标准应当坚持经济简洁、形式美观的原则，不仅要使用方便，还要有良好的视觉效果[2]27。"

4.2 应使用引号而未使用引号

《〈标点符号用法〉解读》"书名号用法"中规定："称说报刊、文件中的部分时，报刊、文件名用书名号，其中的部分用引号[2]91。"因此，对于规章、标准等文件中的某一章节名应使用引号。但一些作者要么是在章节名上误用书名号，要么是出于拿不准或图省事什么也不用。如："在航空器运行实践中，不断识别出需要重点关注的问题，从而修订规章要求。例如25-36飞机和发动机适航审定程序和标准、25-88应急出口要求、25-91修改结构载荷要求等。"在这句话中，25-36、25-88、25-91都是某规章的一部分，所以其名称应加引号，改为："25-36飞机和发动机适航审定程序和标准""25-88应急出口要求""25-91修改结构载荷要求"。

4.3 引号内外标点的处理

引号内外标点的处理是引号使用中的一个难点，原因是其涉及的情况比较多样，《〈标点符号用法〉解读》一书在"第五章 不同标点符号的连用 1.引号内外"中，将引号内外标点的使用按照是否完整、是否独立、是否位于句子停顿处3个参考标准分为了8种情况。实际上，对这8种情况的处理可以遵循一个简单的原则，《〈标点符号用法〉解读》"第三章 标号的用法 1.引号用法"中将这一原则总结为："除问号、叹号外，引号内保留点号的情况只有一种，即引文完整且独立时[2]62"。

例如，"《国际民用航空公约》规定：'缔约各国由于军事需要或公共安全的理由，可以一律限制或禁止其他国家的航空器在其领土内的某些地区上空飞行。'"在非常情况下，或在紧急时期内，或为了公共安全，缔约各国也保留暂时限制或禁止航空器在其全部或部分领土上空飞行的权利并立即生效。"'这句话中，"规定"后面是 2 句完整的公约条文的引文，它们构成句子的宾语，这种情况引文虽完整，但不独立，又位于停顿处，参照上述原则，引号内不应保留点号，应在引号外使用合适的点号。因此，修改此句标点如下：《国际民用航空公约》规定："缔约各国由于军事需要或公共安全的理由，可以一律限制或禁止其他国家的航空器在其领土内的某些地区上空飞行"，"在非常情况下，或在紧急时期内，或为了公共安全，缔约各国也保留暂时限制或禁止航空器在其全部或部分领土上空飞行的权利并立即生效"。总结见表 4。

表 4 与引号有关的标点符号误用和纠正

错误类型	正确用法	举例
滥用引号。	无需着重强调、无特殊含义的词或短语，应尽量不用引号。	剖析上述的不安全事件，可以发现机组的飞行表现都存在一定的瑕疵。要么"操纵飞行员"(PF)、"监视飞行员"(PM)各干各的，缺乏交叉检查；要么程序混乱，丢三落四；要么置关键限制点的要求不顾，天马行空，任性飞行。某航空公司总裁告诉我说，飞行员中"胆子大的""没规矩的"和"不说话的"应该作为安全监控的重点。*(句中的引号都应删除)*
应使用引号而未使用引号。	称说报刊、文件中的部分时用引号。	在航空器运行实践中，不断识别出需要重点关注的问题，从而修订规章要求。例如 <u>25-36 飞机和发动机适航审定程序和标准</u>、<u>25-88 应急出口要求</u>、<u>25-91 修改结构载荷要求</u>等。*(句中的划线文字都应加上引号)*
引号内外点号使用错误。	除问号、叹号外，引号内保留点号的情况只有一种，即引文完整且独立时。	《国际民用航空公约》规定："缔约各国由于军事需要或公共安全的理由，可以一律限制或禁止其他国家的航空器在其领土内的某些地区上空飞行<u>。"*(。"应改为"，)* "</u>在非常情况下，或在紧急时期内，或为了公共安全，缔约各国也保留暂时限制或禁止航空器在其全部或部分领土上空飞行的权利并立即生效<u>。"*(。"应改为"。)*</u>

5 句外括号误为句内括号

这种情况常见于带括号的图表注释语，如"(见图 1)""(如表 2 所示)"，作者常常不分情况地将它们放在句内。新标准附录 A"A.8 括号用法补充规则"明确指出："句内括号用于注释句子里的某些词语，即本身就是句子的一部分，应紧跟在被注释的词语之后。句外括号则用于注释句子、句群或段落，即本身结构独立，不属于前面的句子、句群或段落，应位于所注释语段的句末点号之后[1]16。"根据这一规定，只要一个图形或表格说明的是一个句子、句群甚至整个段落，其括号注释语如"(见图 1)""(如表 2 所示)"等就应放在句末点号之后。如：

"信息反馈'及时化'。信息反馈在信息管理中扮演着重要角色，是提高员工信息报告量的有力推手。春秋航为了让员工第一时间掌握信息处理状况，在信息处理的各节点，通过短信、站内信、'春秋之家'推送处理进度和结果，反馈信息处理进程。这既对信息处理质量提出了更高要求，也对岗位责任履行起到了监督作用(见图 5)。" (注：图 5 为安全信息反馈节点流程图，图略。)

这段中，图 5 并非注释的是括号前面的词语，而是对整段文字的一个图形说明，因此"(见图 5)"应置于句末点号之后。

但有时，带括号注释语并非位于一段末尾，此时将其放在句末点号之后，再接排后面的文字，可能使读者误认为带括号注释语是对下一句的解释说明。在这种情况下，建议换一种处理方式，不用括号，而改为直接陈述。如："报告出入'唯一化'。SQM 作为信息报告的唯一出入口,将飞行运行、地面保障、信息安全、空防安全、航班正常、旅客服务等各专业信息报告实现统一输入、整体分发、分类处理,如图 4 所示,同时满足局方航安办、运输司、公安局等信息报告要求。"总结见表 5。

表5 与括号有关的标点符号误用和纠正

错误类型	正确用法	举例
句外括号误为句内括号。	句外括号用于注释句子、句群或段落,本身结构独立,不属于前面的句子、句群或段落,应位于所注释语段的句末点号之后。	信息反馈"及时化"。信息反馈在信息管理中扮演着重要角色,是提高员工信息报告量的有力推手。春秋航为了让员工第一时间掌握信息处理状况,在信息处理的各节点,通过短信、站内信、"春秋之家"推送处理进度和结果,反馈信息处理进程。这既对信息处理质量提出了更高要求,也对岗位责任履行起到了监督作用(见图 5)。("(见图 5)"应置于句末句号之后)

6 连接号

新标准将连接号分为短横线"-"、一字线"—"和浪纹线"～"3 种。浪纹线标示数值范围的起止,掌握起来相对简单;而短横线和一字线则容易被一些作者混淆使用,或被与破折号混淆使用。

6.1 短横线、一字线、英文连字符的混淆使用

由于对连接号的用法了解不够,或出于省事,一些作者不分情况,在需用连接号的地方一概使用英文连字符"-"。实际上,英文连字符与中文连接号是不能混用的。英文连字符不仅比中文的短横线短,中文的短横线占半个字位置,英文连字符长度大体为字母m的1/3,而且英文连字符因为要照顾字母的高度不是齐底线的特点,位置是偏下的,两者不能混用[3-4]。

《〈标点符号用法〉解读》"连接号用法"中对短横线和一字线的用法有非常清楚的说明:"标示时间、地域等相关项目间的起止或相关项之间递进式发展时用一字线连接号","短横线……主要用于产品型号、化合物名称、代码及其他相关项目间的连接"[2]80。但一些作者将短横线和一字线混淆使用,例如:"根据 2016-2018 年发生明显过载时飞机 QAR 的经纬度绘制地形图,发现颠簸最为集中的区域为广东省区域,其次是长江流域(上海-南京-合肥-武汉)区域,一是与上述地区航班总量大有关,二是与两地的天气特点有关"。这句中"2016-2018""上海-南京-合肥-武汉"中的短横线都属误用,应改为一字线。

6.2 连接号与破折号的混淆使用

这种错误常犯于一些项目或图表的注释说明中。如:"威胁(1～5分,按照威胁的严重程度打分,1—最轻微,5—最严重)",又如:"1—2004年销售曲线;2—2005年销售曲线",这两处文字都包含对数字所代表的含义进行解释说明,因此数字后面应使用破折号,不应使用一字线。总结如表6所示。

7 书名号

7.1 不应使用书名号而使用书名号

这种情况常见于项目或课题名称。新标准附录A"A.13 书名号用法补充规则"中规定:"不能视为作品的课程、课题、奖品奖状、商标、证照、组织机构、会议、活动等名称,不应用书名号"[1]17。如:有作者为自己的文章署名为"《分布式操作无人机系统安全操作合格证研究》

表 6 连接号的误用和纠正

错误类型	正确用法	举例
连接号与英文连字符混淆使用。	英文连字符不仅比中文的短横线短，中文的短横线占半个字位置，英文连字符长度大体为字母m的1/3，而且英文连字符因为要照顾字母的高度不是齐底线的特点，位置是偏下的，两者不能混用。	略
短横线和一字线混淆使用。	标示时间、地域等相关项目间的起止或相关项之间递进式发展时用一字线，短横线主要用于产品型号、化合物名称、代码及其他相关项目间的连接。	根据2016-2018年发生明显过载时飞机QAR的经纬度绘制地形图，发现颠簸最为集中的区域为广东省区域，其次是长江流域(上海-南京-合肥-武汉)区域，一是与上述地区航班总量大有关，二是与两地的天气特点有关。*(句中的短横线"-"应全部改为一字线"—")*
连接号与破折号混淆使用。	项目或图表的注释说明中对数字或字母等代表的含义进行解释说明时，应使用破折号，不应使用一字线。	威胁(1~5分，按照威胁的严重程度打分，*1—最轻微，5—最严重)(应改为1——最轻微，5——最严重)*

项目组"，还有作者为自己的文章标注"资助项目：民航局安全能力项目《型号合格审定技巧和技术研究及应用推广》"，这里的"分布式操作无人机系统安全操作合格证研究""型号合格审定技巧和技术研究及应用推广"都是科研项目名称，不应用书名号，而应改用引号。

7.2 应使用书名号而未使用书名号

有的作者对书名号的用法掌握不全面，因此其文章中会出现该用书名号而未用书名号的情况。如："为促进规章协调，FAA 与 EASA 和加拿大民航局……分别于 2013 年和 2014 年签署了规章制定合作指导意见("Rulemaking Cooperation Guidelines")。"这句话中，"规章制定合作指导意见"是文件名称，应使用书名号。

有的作者将书名号与引号混淆，如："我国现行有效的 CCAR-25-R5(《运输类飞机适航标准》)的修订主要参考 FAA Part 25 第 25-101 至第 25-124 修正案，并且考虑了第 25-125 修正案'降低燃油箱爆炸的概率'"。这句话中，第 25-125 修正案是美国联邦航空局为对《运输类飞机适航标准》的特定条款进行修订而陆续颁布的若干修订文件之一，作为文件名称的"降低燃油箱爆炸的概率"应使用书名号，不应使用引号。总结见表 7。

表 7 与书名号有关的标点符号误用和纠正

错误类型	正确用法	举例
不应使用书名号而使用书名号。	不能视为作品的课程、课题、奖品奖状、商标、证照、组织机构、会议、活动等名称，不应用书名号。	*《分布式操作无人机系统安全操作合格证研究》(应改为"分布式操作无人机系统安全操作合格证研究")*项目组
应使用书名号而未使用书名号	文件名称应使用书名号，不应不用标点符号或使用引号。	1.为促进规章协调，FAA 与 EASA 和加拿大民航局……分别于 2013 年和 2014 年签署了*规章制定合作指导意见(应加上书名号)*("Rulemaking Cooperation Guidelines")。 2.我国现行有效的 CCAR-25-R5(《运输类飞机适航标准》)的修订主要参考 FAA Part 25 第 25-101 至第 25-124 修正案，并且考虑了第 25-125 修正案*"降低燃油箱爆炸的概率"(引号应改为书名号)*。

8 结束语

为在书面语中规范地使用标点符号,达到行文准确、流畅、优美的目的,本文对民航专业期刊编辑工作中常见的一些标点符号使用错误和一些不易处理的标点符号使用问题进行了梳理、纠正和辨析,以使读者可以纠正标点符号使用中的错误、规范地使用标点符号,使标点符号为行文增添色彩和助力。

参 考 文 献

[1] 教育部语言文字信息管理司.标点符号用法:GB/T 15834—2011[S].北京:中华人民共和国国家质量监督检验检疫总局,中国国家标准化管理委员会,2011.
[2] 教育部语言文字信息管理司.《标点符号用法》解读[M].北京:语文出版社,2012.
[3] 林穗芳.连接号用法例析[J].出版科学,1999(4):20-22.
[4] 高东升.三论连接号的用法[J].语文建设,1999(3):46-48.
[5] 郭爱民,丁义浩.标点符号规范用法19讲[M].北京:北京大学出版社,2019.
[6] 杜维东.正确使用标点符号[EB/OL].[2021-03-06].http://www.gappedu.gov.cn/xwzs/xwzs/user/xwzsPersonalCenter.action.
[7] 苏培成.常见标点符号的规范用法[EB/OL].[2021-03-06].http://www.gappedu.gov.cn/xwzs/user/studycenter/TrainStudy.action?ldid=4358&SelectedContent=1&joinStudyTrain=1.

药学类科技期刊应重视药品名称的规范书写

阳凌燕

(海军军医大学《药学服务与研究》编辑部，上海 200433)

摘要：药品名称的规范化对于药物的生产、质量管理、流通和临床应用均有重要的影响。本文通过调查 45 种药学类中国科技核心期刊关于药品名称书写方面的规定，发现存在对药品名称书写的规定不明确、药品名称书写不规范、部分新药名称无从考证、部分由全国科学技术名词审定委员会审定的药品名称与国家药典委员会制定的药品名称存在出入等问题。建议药学类科技期刊应重视药品名称的规范书写。药品在科技论文中出现时应首先写出药品的通用名，具体应以最新版《中华人民共和国药典》及国家药品监督管理局网站上查询到的药品通用名为准。

关键词：药品名称；规范化；药学类科技期刊

药品的名称是药品标准化、规范化的主要内容之一[1]。国际非专利药名(international nonproprietary name, INN)是药物制剂中活性物质的全世界认可的通用名称。许多国家都有相应的组织负责对本国的非专利药名(即药品通用名称)进行命名。我国药品通用名是由国家药典委员会根据中国药品通用名称命名原则研究制定的[2]。

近年来，国家对于药品通用名的使用越来越重视，一系列关于规范药品名称的规定相继颁布，如原国家食品药品监督管理局颁布的《关于进一步规范药品名称管理的通知》《药品说明书和标签管理规定》，原国家卫生部颁布的《处方管理办法》等，均强调了药品通用名的重要性。药学类科技期刊中经常会出现药品名称，大部分药学类科技期刊均规定药品名称应使用通用名。但是随着新药不断上市，相关标准和规范修订的滞后，一些药品通用名没有规范和标准可参考，导致在实际工作中药品通用名书写混乱。本文通过查阅期刊稿约，调查 45 种药学类中国科技核心期刊对药品名称书写的规定，探讨存在的问题，并提出书写建议，供同行参考。

1 研究对象和方法

《中国科技期刊引证报告》由中国科学技术信息研究所研制，可用于正确评估某种期刊在科学交流体系中的作用和地位。该引证报告选用的"中国科技核心期刊(中国科技论文统计源期刊)"是在经过严格定量和定性分析的基础上选取的各个学科的重要科技期刊。本文以《2019 年中国科技期刊引证报告(自然科学版)》中收录的药学类科技核心期刊为研究对象。《2019 年中国科技期刊引证报告(自然科学版)》共收录药学类科技核心期刊 49 种，除去其中 4 种英文期刊，查阅其余 45 种药学类科技核心期刊最新一期杂志上的稿约或投稿须知，如果最新一期杂志没有稿约，则登录该期刊官方网站查看稿约或投稿须知，摘录对药品名称书写方面的规定并进行分析。

2　各期刊对药品名称书写方面的规定

在调查的 45 种药学类期刊中，有 13 种期刊规定药品名称以《中国药品通用名称》为准；10 种期刊规定以《中华人民共和国药典》(简称药典)及《中国药品通用名称》为准；6 种期刊在药品名称书写方面没有相关规定；3 种期刊规定以药典为准；2 种期刊规定以药典和《药名词汇》为准；1 种期刊规定以药典和《药学名词》为准；1 种期刊规定以药典、《中国药品通用名称》和《化学名词》为准；1 种期刊规定以药典和《化学名词》为准；1 种期刊规定以药典、《中国药品通用名称》和《临床用药指南》为准；1 种期刊规定以药典、《中国药品通用名称》《药学名称》和《化学名词》为准。另有 3 种期刊仅规定药品名称用通用名，但未列出参考标准；1 种期刊仅规定用国际非专利药名，但未列出参考标准；1 种期刊仅规定药品名称不用代号，不用商品名；1 种期刊仅规定药名可用缩写，新药首次出现时应注明英文。

在以药典为药品名称参照标准的 20 种期刊中，有 9 种期刊规定以最新版药典为准；4 种期刊规定以 2015 版药典为准；3 种期刊规定以 2010 版药典为准；1 种期刊规定以 2005 版药典为准；1 种期刊规定以 2000 版药典为准；1 种期刊规定以 1995 版药典为准；1 种期刊仅规定以药典为准，未写出具体版次。

3　存在的问题探讨

3.1　部分期刊药品名称书写不规范，稿约中对药品名称书写的规定不明确

本次调查发现，部分期刊稿约在药品名称书写方面没有相关规定；有的期刊仅规定药品名称用通用名或国际非专利药名，但未列出相应的参考标准或资料；有的仅规定药品名称不用代号，不用商品名，但未写明应如何规范书写药名。目前在我国药品通常有化学名、通用名、商品名和别名。化学名是药物的学术名称，表达了药物的确切化学结构，一般较为复杂；通用名是药典正式收载的法定名称；商品名是制药厂商起的具有企业特点、易于被消费者接受并记住的药品名称[1]；别名是由于一定历史原因造成某药曾在一段时间内使用过一个名称，后又统一改为现在的通用名，那个曾使用一段时间、人们已习惯的名称即为别名[3]。由于一些药品的商品名和别名较通用名更简单易记，且在临床使用多年，部分医药学工作者在撰写稿件时习惯用药品的商品名和别名，如糖皮质激素类药物甲泼尼龙琥珀酸钠(商品名：甲强龙)，质子泵抑制剂艾司奥美拉唑(别名：埃索美拉唑)，解痉药盐酸消旋山莨菪碱(别名：654-2)等。

调查发现，药学类科技核心期刊存在药品通用名书写不规范的现象。药品名称的书写存在如下几个问题：①使用错别字，如将哮喘和过敏性鼻炎治疗药物"孟鲁司特钠"写成"孟鲁斯特钠"；②添加符号"/"或"-"，如将用于细菌感染治疗的碳青霉烯类药物"亚胺培南西司他丁钠"写成"亚胺培南/西司他丁钠"或者"亚胺培南-西司他丁钠"；③将药名"砍头去尾"，如将抑制血小板聚集药"硫酸氢氯吡格雷"写成"氯吡格雷"。在上述 45 种期刊中，免疫抑制剂"环孢素"药品名称书写不规范的期刊占到 80%以上，大多数期刊存在"环孢素"与"环孢素 A"混用的情况。

3.2　现有的参照标准版本陈旧，新药药名无从考证

调查发现，药学类科技核心期刊中以药典和《中国药品通用名称》为参考标准的期刊最多。药典是国家为保证药品质量所制定的法典，由政府组织编制，具有法定约束力，是对药品进行监督检验的技术法规，也是药品生产、供应、使用与管理所必须遵循的法定依据[4]。药

典以年号表示版次，到目前为止，我国已出版了1953年版、1963年版、1977年版、1985年版、1990年版、1995年版、2000年版、2005年版、2010年版、2015年版、2020年版共11版药典。不同版次的药典收载的药品数不同，此外，还会对部分内容进行一定的修订。如2015年版药典收载药物品种总计5 608种，较2010年版药典新增1 082种。然而实际应用于临床的药品品种远不止药典中收载的品种。在国家药品监督管理局网站中查询药品信息，仅国产化学药品就有99 683条记录。现行版《中国药品通用名称》由第六届药典委员会编写，于1997年由化学工业出版社出版，共收载药名7 500多个。《中国药品通用名称》增补本(1998年)于1997年7月出版发行，收载药品名称285个，此后未见再版。

随着药学科研工作和临床工作的进展，新药不断上市。2010—2019年，美国药品监督管理局(FDA)共批准385种新药上市。2017年12月28日，我国国家药品监督管理局(CFDA)发布了《中国上市药品目录集》，该目录集收录了国家药品监督管理局历年批准上市的131个品种的药品信息。仅2020上半年，国家药品监督管理局就批准了27种新药上市，包括18种进口药品和9种国产药品。科技期刊是科技工作者展示学术成果的重要载体，尤其是一些综述类文章，经常会对学科研究前沿和热点进行介绍，不可避免地涉及国内、国外新上市的药品。这些不常见的"新药"的标准中文通用名，且不说作者，连科技期刊从业人员也难以考证，所以常出现作者或者期刊编辑根据英文药名自行翻译的情况。如治疗自身免疫性疾病的新药巴瑞替尼(baricitinib)于2019年7月1日被国家药品监督管理局正式批准在中国上市。检索文献发现，在部分医药学科技期刊中该药的通用名写成巴里替尼或巴瑞克替尼。

3.3 部分期刊规定的参考标准中没有药品名称，权威网站上部分药名存在出入

部分药学类科技核心期刊规定药品名称以《化学名词》和《药学名词》为准。查阅相关资料发现，这两本书均由全国科学技术名词审定委员会审定。《化学名词》(第二版)于2016年12月由科学出版社正式出版，共收词9 142条，均为化学名词的基本词，无药品名称；《药学名词》(第二版)于2014年12月公布，共收词3 142条，其中收录了药品类名，并只在药品类名定义中提到了少部分药品名称，无法检索具体药品名称。

在全国科学技术名词审定委员会主办的术语在线网站(网址 http://www.termonline.cn/index.htm)检索药品名称时发现，其收录的药品名称非常有限，许多临床常用的药品无检索结果，如临床治疗细菌感染常用的第三代头孢菌素头孢克肟、镇静催眠药艾司唑仑等。此外，部分药品名称与2015年版药典中记载的药名及在国家药品监督管理局网站上检索到的药名有出入。如治疗细菌感染的药物"亚胺培南西司他丁钠"是在国家药品监督管理局网站上检索到的药名，而在术语在线网站上检索到的药名为"亚胺培南-西司他丁"(网站标记"来源于《感染病学名词》")；肿瘤化疗药物"氟尿嘧啶"是2015年版药典中记载的药名，而在术语在线网站上检索到的药名为"5-氟尿嘧啶"[网站标记"来源于《生物化学与分子生物学名词》(第二版)"]；免疫抑制剂"环孢素"是国家药品监督管理局网站上检索到的药名，而在术语在线网站上有两种写法，分别为"环孢素"[网站标记"来源于《药学名词》(第二版)"]和"环孢素A"(网站标记"来源于《感染病学名词》和《免疫学名词》")。

4 规范书写药品名称的建议

目前绝大多数药学类科技期刊在书写药品名称时采用的通用名，但仍然存在药品通用名书写不规范的现象。稿约或投稿须知是期刊社向投稿人说明期刊性质、投稿注意事项等信息

的重要告白，可以为作者规范书写药品名称提供参考标准和依据。建议在期刊稿约或投稿须知中明确规定药品在科技论文中出现时应首先写出药品的通用名，并提供规范书写药品通用名的参照标准，注明以最新版药典、药品说明书等为准。

编辑是期刊编校质量的把关人。作为药学编辑，应熟悉临床常用药品的通用名。针对一些容易出错的常用药品通用名，可整理汇总后打印出来，张贴在编辑部醒目位置，便于参考。针对稿件中出现的药品通用名，无确切把握的一定要予以核实。药典是国家记载药品标准和规格的法典。如果药品为药典收录的品种，应以最新版药典中记载的药品通用名为准。药学编辑还应熟练使用各种专业参考书，熟悉本专业的权威网站，以便快速核实编辑稿件时遇到的问题。如果稿件中出现的药品是药典中未收载的品种，建议登录国家药品监督管理局网站(网址 https://www.nmpa.gov.cn/)，在"药品查询"页面查询药品的通用名。该页面提供多种查询方式，可根据药品的英文名称、商品名等查询。如果是国内尚未上市、国外已上市的新药或尚处于研究阶段的药品，在国家药品监督管理局网站查询不到规范的中文通用名，建议直接写英文药名，即国际非专利药名，可以在世界卫生组织官方网站(网址为 https://www.who.int/medicines/publications/druginformation/innlists/en/)上查询。

随着科技的进步，医药学专业知识和技术不断更新，新药层出不穷，药学编辑还要时刻学习药学专业知识及编校规则，了解行业发展动态，不断提升自身专业素养，以便在规范书写药品通用名的前提下，综合考虑稿件内容，合理标注药品的其他名称。如涉及临床试验和药品不良反应的稿件，如果需要明确药品的生产厂家，建议在药品通用名后加上括号，写明商品名和生产厂家。一些药品在临床前研究阶段尚无规范名称，只有一个代号。综述类稿件或部分稿件的讨论部分，如果介绍新上市的药品或尚处于研究阶段的药品，还可以在药品的国际非专利药名后加上括号，写出药品之前使用过的代号，以便感兴趣的读者查询相关文献资料。

5 讨论

由于已有多篇涉及中成药和中药药名规范性研究的论文发表[5-6]，本文仅以化学药的药品名称为研究对象。

针对调查中发现的全国科学技术名词审定委员会发布的名词术语与国家药典委员会、国家药品监督管理局发布的药品名称不统一的情况，建议国家相关部门在制定相关标准时应协商一致，采用统一的药品名称，以便于相关专业的人员引用和参考。

值得注意的是，部分药品名称中存在生僻字，如"盐酸地尔硫ZHUO"中的ZHUO字，应该为草字头+卓，一般的输入法中均没有该字，在稿件排版时需要造字。可能由于现有的技术限制，有时无法规范输入该汉字。查阅国家药品监督管理局官网，该药的通用名写成"盐酸地尔硫?"；检索文献发现，部分期刊中将该药药名直接写成"盐酸地尔硫卓"。针对这种情况，如何在现有的技术水平下实现药品名称的规范书写？是否建议相关软件研发机构针对专业名词扩大字库，或者提请药事管理部门考虑实际工作中存在的问题，找到合适的替代方案？这些问题都值得进一步商榷。

6 结束语

总之，药品名称对于药物的生产、质量管理、流通和临床应用均有重要的影响[7]。在实际工作中，规范书写药品名称有利于学术交流、患者疾病的治疗、患者用药的查证及医师正确选用药物[8]。医药学科技期刊是医药行业从业人员了解学术前沿、展示研究成果、交流工作经验的重要平台，更应该重视药品名称的规范书写，以体现科技论文的科学性和严谨性。

参 考 文 献

[1] 沈璐,邵蓉.药品名称探究[J].首都医药,2003(19):23-24.
[2] 任跃明.国际非专利药品名(INN)在我国生物制品命名领域的应用[J].中国药品标准,2008,9(3):189-194.
[3] 科苑.药为何有多种名称[J].今日科苑,2014(4):63.
[4] 李静.《中华人民共和国药典》的变化情况概述[J].生物学教学,2010,35(8):4-7.
[5] 李太兵.中药名称规范化研究[J].亚太传统医药,2014,10(4):8-9.
[6] 孙慧明,李成华.从中药药名多音误读看其规范化[J].中医药导报,2014,20(9):82-84.
[7] 汤光.药名的规范化与国际非专有药名(INN)的推广[J].中国医院药学杂志,1995,15(5):225-230.
[8] 张志,吴鑫,殷乐平.应规范书写药品名称[J].中国医院药学杂志,2007,27(4):543-544.

科技论文英语摘要写作策略

潘斌凤

(上海电机学院期刊编辑部，上海 201602)

摘要：科技论文被国际检索机构和数据库收录，其英语摘要起着重要的作用。实例分析了科技论文英语摘要写作中内容信息不全、"中式英语"、专业术语不准确等问题，提出了了解英语摘要语类结构分析模式、掌握英语摘要的常用句型、遵循英语摘要的用词原则等写作策略，为解决科技论文英语摘要写作中的问题和科技论文英语摘要正确写作提供参考。

关键词：科技论文；英语摘要；语类结构；写作策略

科技论文摘要是沟通读者和作者的桥梁，读者首先从数据库检索摘要，获得文章必要的信息，接着判断是否是读者所需信息，最后决定是否提取全文。科技论文摘要的索引是读者检索文献的重要工具。当前国际上重要的检索系统通常采用英语，国际检索机构和数据库对英语摘要有着很强的依赖性。一篇符合国际标准的合格的科技论文英语摘要，容易被国际检索系统收录，反之就无法被国际检索机构收录。一篇科技论文英语摘要一旦被国际检索系统收录，便可以通过检索系统的平台被全球检索和引用。一篇好的科技论文英语摘要可以吸引读者，扩大国际影响，同时增加了期刊、论文被检索和引用的机会。可见，科技论文英语摘要有着特殊的作用。

然而，科技论文英语摘要写作现状却不尽如人意。在科技论文英语摘要的语篇结构方面，在科技论文英语摘要中人称、语态和时态的使用方面，以及在科技论文英语摘要写作中长句、短句、复合句的使用等方面都存在各自迥异的问题，很多学者也对此进行了不同角度、不同层面的研究[1-9]。

笔者结合《上海电机学院学报》编辑工作，对《上海电机学院学报》2016—2020 年共计 30 期 360 篇采用稿件的英文摘要作了统计分析，统计结果显示，《上海电机学院学报》英语摘要写作中主要存在以下几种现象：①摘要过于简要、抽象，导致摘要内容信息不全现象；②作者根据自己撰写的中文摘要逐字逐句硬译，产生"中式英语"现象；③作者请英语专业人士帮忙翻译，导致科技论文英语摘要中专业术语使用不准确等现象。

1 科技论文英语摘要写作现象实例分析

笔者对上述《上海电机学院学报》英语摘要写作中主要存在的几种现象进行了实例分析，发现了在英语摘要写作中几种积重难返的问题。

1.1 由于摘要过于简要、抽象，导致摘要内容信息不全

科技论文英语摘要写作中作者或者是一味追求摘要简要、抽象，或者是缺乏英语摘要写

作的具体知识和实践经验，往往出现摘要内容信息不全的问题。如有的摘要研究结果很具体，研究过程一笔带过。如果研究过程不明确，容易让读者怀疑研究结果的正确性。同样，有的摘要有研究结果，没有研究结论，这就容易让读者看不到研究的理论和应用价值[10]。

例 1　With the development of the Internet, online marking has become an important trend for all kinds of examinations. And image processing algorithms play a key role in the online marking system. The system combines the edge recognition algorithm and image processing algorithm and uses the image processing algorithm to grayscale and binarize the test paper image. On the basis of image binarization, the system enhances the image, detects the foreground contour, and corrects the image[11]。

分析：这是"试卷自适应分割算法的设计与实现"一文的英语摘要。很显然，此摘要有研究背景概述、研究方法、研究过程和研究结果，没有研究结论，这就容易让读者看不到此论文的理论和应用价值。该摘要修改建议在原摘要最后加上研究结论"Studies have shown that the system outputs the corrected foreground image, which has a good recognition effect"。

1.2　作者根据自己撰写的中文摘要逐字逐句硬译，产生"中式英语"现象

作者根据自己撰写的中文摘要逐字逐句翻译，由于受中文干扰、生硬套用英语形式的非规范英语，往往会导致"中式英语"(Chinese English, Chinglish)，语法不过关，翻译不合理。

例 2　The changes of its some physical and chemical properties in production were used to research its phase transition process.

分析：该句中 its some physical and chemical properties，显然是从中文硬套过来的，是从"其某些物理和化学性质"硬译而来，典型的"中式英语"。该句建议改为"Changes in some of its physical and chemical properties in the production were used to study its phase transition process"。

例 3　Naturally, the customer information needs to use the large-scale database carries on the management, such as Oracle.

分析：该句显然是从该句中文"客户信息自然需要用 Oracle 等大型数据库进行管理"硬译过来，并硬译出病句。该句建议改为"Naturally, it is necessary to use a large-scale database such as Oracle to manage the customer information"。

1.3　请英语专业人士翻译，导致摘要中专业术语使用不准确现象

科技论文英语摘要请英语专业人士翻译时，由于非某个科技领域专业人士，翻译时常出现翻译者自创的主要专业术语，主要表现为专业术语不规范、不统一、不准确的问题。有时还故意卖弄使用复杂长句和不必要的修饰，甚至刻意使用难字偏字和复杂的结构，这样即使没有语法错误也已矫揉造作。

例 4　As background of product creation design, we put forward model of product collaborative innovation development (PCID) based knowledge.

分析：该句中 product collaborative innovation development(PCID)是翻译者自创的专业术语，专业术语翻译不准确，建议改为 collaborative innovation development of products(CIDP)；句中 put forward 用词生僻，不必要的冗长，建议改为 propose。该句建议改为"As a background of creative product design, we propose a knowledge model based on collaborative innovation development of products (CIDP)"。

例 5　原文：鉴于目前数码显微系统没有针对金属切削刀具的图像分析软件的问题，以

VC++为平台开发了专用的分析软件。

译文：According to the present numerical microsystem, there is no specialized microscope that can detect cutting-tool. Special analysis software has been developed through VC++ platform.

分析：原文说"没有软件"，译文却说"没有显微镜"；原文中"没有软件"是状语，英译将"没有显微镜"变成结果；原文中"数码显微系统"专业用语不准确，不用"数码"，应用"数字"；译文中 numerical，through 用词不当。该句中文建议改为"鉴于目前数字显微系统缺乏针对金属切削刀具的图像分析手段，以 VC++为平台开发了专用的分析软件。" 该句英文建议改为"As the present digital microscope systems do not include any means for analyzing cutting-tool images, dedicated image analysis software has been developed with VC++"。

例 6 As background of product creation design, we put forward model of product collaborative innovation development (PCID) based knowledge.

分析：该句中 product collaborative innovation development (PCID)是翻译者自创的专业术语，专业术语翻译不准确，建议改为 collaborative innovation development of products(CIDP)；句中 put forward 建议改为 propose。该句建议改为"As a background of creative product design, we propose a knowledge model based on collaborative innovation development of products (CIDP)"。

综上所述，科技论文英语摘要内容信息不全、摘要中"中式英语"现象严重、专业术语使用不准确等问题是当前《上海电机学院学报》英语摘要写作中出现的主要问题。

2 科技论文英语摘要写作策略

英语摘要在一篇科技论文中是一段独立的语篇，有着其完整的语篇结构及特殊的重要作用。笔者尝试分析科技论文英语摘要的语类内在结构，了解英语摘要的语类结构特征，针对英语摘要的语类结构特征分析英语摘要的语言特征，并根据英语摘要的语言特征研究其常用句型、常用表达和常用词，以解决上述科技论文英语摘要写作中的问题，供读者参考。

2.1 了解英语摘要语类结构分析模式

1990 年美国密执安大学学者斯威尔斯(Swales) 提出了"建立学术研究空间模式"(Create A Research Space Mode，CARS Mode)的分析理论，建立以语步和步骤为出发点的学术论文引言部分语类结构分析模式，该模式得到广泛认可[12]。笔者基于 CARS Mode 的分析理论，尝试同样建立以语步和步骤为出发点的科技论文英语摘要部分语类结构分析模式，此分析模式主要包括 4 个语步，每个语步又包含不同的步骤。这些步骤有的是必要内容，有的是可选内容。

语步 1：研究概述，即概述研究现状，说明研究背景，指出研究不足、研究范围，确立研究主题。该语步主要有研究背景、研究不足、研究目的和研究主题 4 个步骤。

语步 2：研究方法，即说明研究中使用的研究材料、研究方法以及所需研究条件等。该语步主要有研究材料、研究方法 2 个步骤。

语步 3：研究结果，即说明本研究发现了哪些新的规律，解决了什么现实问题等。该语步主要有研究成果、研究发现 2 个步骤。

语步 4：研究结论，即对研究结果的价值、作用、意义做出判断。该语步主要有研究的价值、研究的应用、未来研究建议 3 个步骤。

科技工作者在撰写科技论文英语摘要的时候，应了解上述语类结构分析模式，这将很好地解决在英语摘要写作中摘要内容信息不全等问题。同样，作为期刊的编辑，了解上述语类结构分析模式，在编辑工作中做到认真把关，也可以杜绝英语摘要信息不全的问题。

2.2 掌握英语摘要的常用句型

科技论文英语摘要应避免晦涩难懂的复杂长句、避免不必要的并列复合句。过度使用 and、or、while 常导致不必要的长句，过度使用逗号会使读者喘不过气。总之，避免不必要的长句，将超长句子分解成几个短句。长句、短句，简单句、复合句应配合使用。以语步和步骤为出发点的英语摘要语类结构分析模式，基于科技论文英语摘要的内部结构分析，对应不同的语步和步骤，具有较多的常用句型。掌握英语摘要写作中的常用句型，能很好地帮助科技工作者在科技论文英语摘要撰写中避免"中式英语"等问题。科技论文英语摘要中的语步、步骤及常用句型具体见图表 1。

表 1 科技论文英语摘要中的语步、步骤及常用句型

语步	步骤	常用句型
语步一： 研究概述	步骤 1：研究背景 步骤 2：研究不足	(1) The previous work on … has indicated that it is … (2) In most studies of … attention has been given to … (3) Previous research has shown that … (4) There have been a few studies highlighting … (5) Great concerns have arisen … due to the increasing number of … (6) However, the problems exist in … …
	步骤 3：研究目的 步骤 4：研究主题	(1) This paper aims at providing … (2) This paper is intended to … (3) With the aim of … (4) This paper begins with the discussion of … (5) This paper analyzes some important characteristics of … (6) The importance of … is discussed and the solution to … is addressed in this paper. …
语步二： 研究方法	步骤 1：研究材料 步骤 2：研究方法	(1) The test is demonstrated by using … (2) The Analysis was made with … (3) The tests were carried out on … (4) The experiment consisted of … (5) The method used in the study is known as … (6) A new method for solving this problem is presented … …
语步三： 研究结果	步骤 1：研究成果 步骤 2：研究发现	(1) Studies have shown that … (2) Results show that … (3) It has proved that … (4) New evidence indicates that … (5) The experimental results are summarized as follows. (6) A new model was found that … …

续表

语步	步骤	常用句型
语步四：研究结论	步骤1：研究的价值 步骤2：研究的应用 步骤3：未来研究建议	(1) The findings of the research have led to the conclusion that … (2) The paper concludes that … (3) Such a statistical method has been applied to … (4) The author proposes an approach to … (5) The research conducted suggests that … (6) Suggestions were made for further study of … …

2.3 遵循英语摘要的用词策略

英语摘要的用词原则力求简练，避免冗词，删繁就简。尽量用简短、含义清楚、熟知的词语，使用单词的主要释义。各英语词汇在不同的英语条件下，具有不同的意思，在选择用词时要充分考虑叙述内容的专业范围。汉英词典中查到的词不可直接使用，应详细研读此词的用法解释和例句注释，确保用词精准。掌握英语摘要的用词策略，能很好地帮助科技工作者在科技论文英语摘要撰写中确保英语摘要语言的准确、简洁和清晰。

(1) 尽量使用简单的常用词，避免生僻词，避免多余的罕用词。使用词义确切的常用词，不用无把握的词，即使用母语写作也不宜用生僻词语，何况用外语写作。常用词、生僻词一览具体见表2。

表2 常用词、生僻词一览

常用词	生僻词	常用词	生僻词
try	Endeavor	begin	initiate
end, stop	terminate	start	commence
send	transmit	about	in respect to
help	facilitate	part	portion
now	at this time	produce	generate
use	utilize	current	ongoing

(2) 避免繁琐和不必要的修饰，避免复杂结构，避免无意义的陈词滥调。用短语代替从句可使文字更简练。可长可短时，坚决取短的。可长修饰、可短修饰一览具体见表3。

表3 可长修饰、可短修饰一览

可长修饰	可短修饰	可长修饰	可短修饰
this kind of method …	this method …	due to the fact that …	because …
by making use of …	using …	owing to the fact that …	since …
in view of the fact that …	considering …	In the event that …	When …
a sufficient quantity of …	enough …	at this point in time …	at this time …
It is evident that …	evidently …	It is often the case that …	Usually …
The aforementioned people have agreed …	A and B have agreed …	The said software compiler …	The software compiler …

2.4 英语摘要写作策略实例分析

英语摘要写作中除上述了解英语摘要语类结构分析模式、掌握英语摘要的常用句型、遵循英语摘要的用词策略外，还有根据国际标准及美国《工程索引》(EI)，倾向于多用主动语态、少用被动语态的写作策略和英语摘要中使用一般现在时态为主的策略等。以下面一篇英语摘要为例分析上述英语摘要写作策略在具体写作中的应用。

例 7　The throughput of mobile ad hoc network (MANET) is limited by collision avoidance. But for CDMA-based MANET, this limitation can be overcome by multiuser detection (MUD) because conventional colliding packets can be detached and detected by MUD so that multi-packet reception (MPR) is possible. In this paper, the principles of MUD algorithm for MANET are given firstly, and then a new adaptive blind MUD algorithm satisfied with given principles is proposed out. Furthermore, a specially designed MAC protocol is brought forward to make MANET work more efficiently by arranging more packets to be sent to a destination simultaneously. The proposed MUD algorithm and MAC protocol builds up a solution for CDMA-based MANET supporting MPR. Simulations show that the throughput performance of MANET is remarkably promoted under this solution.

分析：上述英语摘要共六句，时态以一般现在时为主，根据英语摘要语类结构分析模式，此摘要内容信息齐全。但是，此摘要在句型、语态的选用、用词等方面还存在较多问题。第一、二句中原文多处用词不当或冗余。第三句被动语态使用不当，显得冗长和繁琐，建议改为主动语态，因为大多数情况下主动语态更为清晰，简洁，易读；同时 firstly … then 是典型的八股文章；satisfied with given principles is proposed out 语法错误。第四句中用词繁琐，可精简。最后两句中 builds up a solution for 不通，并多处用词不当。此英语摘要建议改为"Throughput of mobile ad hoc network (MANET) is limited by collision avoidance. In the CDMA-based MANET, the problem can be resolved by multiuser detection (MUD) as colliding packets can be separated and detected by MUD so that multi-packet reception (MPR) is possible. This paper introduces the principles of MUD algorithm for MANET, and proposes an adaptive blind MUD algorithm. A special MAC protocol is designed to make MANET more efficient by sending more packets to a destination simultaneously. The proposed MUD algorithm and MAC protocol allow CDMA-based MANET to support MPR. Simulations show remarkable improvement in the throughput performance of MANET"。

3　结束语

科技论文是科学文献，是创新的见证，是后人继续研究、推动科技进步的基础。科技论文英文摘要是一种特殊的体裁，有其自身的特征和作用。在科技全球化的今天，科技论文英语摘要的写作起着越来越重要的作用。因为科技论文被国际检索机构和数据库的收录主要依赖科技论文的英语摘要。但是，国内科技论文英语摘要的写作受传统的写作观点和做法，在一定程度上限制了被国际检索机构和数据库的收录。国内的科技论文英语摘要写作中对摘要的语步和步骤，句型和用词等的重视程度没有国外的高。

本研究认为科技论文英语摘要写作应紧跟国际科技论文的撰写趋势，以及国际重要检索系统和数据库的收录标准。本研究提出的了解英语摘要语类结构分析模式、掌握英语摘要的常用句型、遵循英语摘要的用词策略以及多用主动语态、少用被动语态的写作策略、英语摘要中使用一般现在时态为主的写作策略是符合当今国际趋势的。同时,科技论文英语摘要可脱离原文存在,应具有其完整性和独立性。科技论文英语摘要可直接用英语撰写,尽量不要先写中文再译成英语。如果一定要翻译,应大胆突破中文表达约束,决不要简单地逐字硬译。

参 考 文 献

[1] 徐玉臣.学术英语写作[M].上海:上海外语教育出版社,2013:113-123.

[2] 宋立臣.石油英文科技论文编辑与润色[J].编辑学报,2021,33(3):262-266.

[3] 李晶,袁志祥.科技论文摘要英文翻译存在问题探析[J].经济研究导刊,2014(29):287-288,297.

[4] 杨建霞.英文学术期刊长句常见的语法问题解析[M]//学报编辑论丛(2020).上海:上海大学出版社,2020:377-381.

[5] 许力琴.科技论文英文摘要语言特征规范辨析[J].海外英语,2019(9):200-211,220.

[6] 苑超玲.基于语料库的材料类论文摘要体裁分析[J]. 海外英语,2019(14):126-128.

[7] 张帅,于红芳,王雪敏.对《河北中医药学报》来稿中文题、摘要的英文翻译存在问题的分析[J].河北中医药学报,2021,36(3):62-64.

[8] 王敏芳.国际重要检索系统收录标准对科技论文摘要翻译的启示[J].安徽文学(下半月),2018(10):241-242.

[9] 蒋霞,黄龙旺,黄伟.科技期刊论文英文对照部分的介词使用浅析[M]//学报编辑论丛(2020).上海:上海大学出版社,2020:372-376.

[10] 邹小荣,苗变,陈金芳.科技论文摘要中信息不对称现象解读[M]//学报编辑论丛(2014).上海:上海大学出版社,2014:94-96.

[11] 刘红,许传林.试卷自适应分割算法的设计与实现[J].上海电机学院学报,2021(2):108-111.

[12] SWALES J. Genre analysis: English in academic and research settings [M]. Cambridge: Cambridge University Press, 1990.

江苏省科技期刊编校质量审读差错分析

张 彤，胥橙庭，夏道家

(《南京航空航天大学学报》、Transactions of Nanjing University of Aeronautics and Astronautics、
《数据采集与处理》编辑部，江苏 南京 210016)

摘要：高质量编校是创办高质量科技期刊的必要条件。为了提高科技期刊的编校质量，以江苏省科技期刊审读工作中检出的差错为研究对象，首先将所有差错按文字差错、标点和其他符号差错、格式差错进行分类分析，进而剖析差错成因，最后提出规避措施。科技期刊可通过重视作者自校、建立质控体系、定期学习交流、采用智能校对等措施来提高编校工作的质量和效率。

关键词：编校质量；差错率；期刊质量控制；智能校对；科技期刊

期刊编校质量是衡量期刊质量的重要因素之一，编校质量不合格，期刊质量即为不合格[1]。根据《出版管理条例》(2016年修正本)第二十八条规定：出版物的规格、开本、版式、装帧、校对等必须符合国家标准和规范要求，以保证出版物的质量。出版物使用语言文字必须符合国家法律规定和相关标准、规范。因此，编校质量值得每一本期刊高度重视。为了响应国家广播电视总局《关于开展出版物"质量管理"专项工作的通知》的号召，江苏省新闻出版局组织了全省报刊编校质量审读工作。本研究通过统计审读科技期刊过程中检出的差错，并按文字、词语、语法、标点符号、数字用法、量和单位分类，进而分析差错成因，最后提出规避措施，以供编辑同仁借鉴。

1 审读方法与差错率统计结果

审读员由全省报刊出版单位推荐，经省新闻出版局筛选，推荐标准为从事一线编校工作多年的期刊编辑，可以说是各报刊出版单位的中坚力量。英文期刊专设英文审读员，由负责英文期刊出版工作多年的编辑担任。审读的对象为由江苏省内出版单位主办的 234 种科技期刊。为体现公平公正，抽样时尽量选择同月出版的期次，每刊审读连续页码内的 1 万字内容，且所有版面内容的编校质量也在检查范围之列。为提高审读速度、减少误判率，被审期刊按所刊发论文的专业分类，分配给与自身专业相近的审读员审查。审读参照国家标准和规范[2-8]的要求，采用集中封闭式审读方式，按"三审—三核—一反馈"的工作流程，即由 3 位不同审读员进行初审、复审、终审 3 次审读和初核、复核、终核 3 遍核对，将最终检查结果向相关期刊出版单位反馈，听取并收集申辩意见；召开质量认定小组工作会议，集体研究讨论后形成最终结果，最后公布。此外，本次审读活动管理利用互联网技术，充分发挥社交软件实时通

通信作者：夏道家，E-mail: xdjym@ nuaa.edu.cn

信的便利性,开通了审读专属 QQ 群与微信群,就审读中的疑难点及时讨论和沟通。

编校质量由编校差错率 e 来衡量[9-10]。新闻出版产品质量监督检测中心近两年在期刊质检中使用的标准为:期刊合格线差错率 2/万字。此次审读共抽查 234 万字,差错基数为 363.7,平均差错率为 1.554/万字,最高差错率为 7.2/万字,最低差错率为 0,超过平均差错率的期刊有 109 种,其中,《土壤圈》《南京林业大学学报(自然科学版)》《南京信息工程大学学报(自然科学版)》《水利水运工程学报》4 种期刊编校零差错。表 1 给出了此次审读的差错率分布情况。

表 1 江苏省科技期刊编校质量审读差错率分布范围

差错率范围	科技期刊数量/种	占比/%
$0<e\leq1/万$	94	40.2
$1/万<e\leq2/万$	78	33.3
$2/万<e\leq3/万$	43	18.4
$3/万<e\leq5/万$	15	6.4
$e>5/万$	4	1.7

2 差错的分类分析

参照《报纸期刊质量管理规定》编校差错的分类方法,此次审读中出现的差错可分为文字差错、标点符号和其他符号差错、格式差错等。按占比由大到小排列,文字差错占 29.4%,标点符号和其他符号差错占 15.8%,格式差错占 54.8%。

2.1 文字差错

2.1.1 中文文字差错

中文文字差错主要有错别字、漏字、多字、赘词、语法和逻辑错误等。

(1) 错别字、漏字、多字的差错主要有:"部份"应为"部分","粘度"应为"黏度","震荡"应为"振荡"[11],"暴发"应为"爆发","沙质"应为"砂质","配置"应为"配制","对水"应为"兑水","反应"应为"反映","组份"应为"组分",以及"的、地、得"混用等。特别值得注意的是,不少文字差错明显由键盘输入错误而引起,如"发大"应为"放大";"雨"应为"与";"再结晶区流动应 σ_{re}"中漏字,应为"流动应力";"趋趋势"应为"趋势";"且莫"应为"切莫";"兔肉产量确低于往年"中的"确"应为"却";"毫米极"应为"毫米级";"万顿"应为"万吨";"改策"应为"政策";人名中出现的数字"0"应为英文字母"O",等。还有一些错误疑似由电子文本转换引起,如罗马数字差错;希腊字母 α 误为英文字母 a。编辑需要警惕此类差错,在编校过程中保持较高的敏感度。

(2) 赘词。"约 250~2 000 bp 左右"应去掉"约"或者"左右","近 1 200 元/吨左右"应为"近 1 200 元/吨"或"1 200 元/吨左右","在目前"应为"目前"。

(3) 语法错误。"成活率分别达到在 91.2%和 93.5%"应为"成活率分别为 91.2%和 93.5%";"阈值只能根据图像特征人为选定的经验值,并作用于整幅图像"应为"阈值只能根据图像特征人为选定一经验值,并应用于整幅图像";"积累了丰富的研究成果工程和……"应为"积累了丰富的工程经验和……"。

(4) 逻辑错误。"主要来源于两个因素的影响,一是……",下文没有"二是……"的内容;"产量减少 5 倍",减少不用"倍"来描述;"结晶硅较高"应为"结晶硅较多"或"结晶硅含量较高";"保护神经元损伤"应为"防止神经元损伤"。

(5) 其他差错。"上世纪70年代"应为"20世纪70年代";"自70年代发现以来"应为"自20世纪70年代发现以来";元月和1月全文用法应统一;"鲜重"与"鲜质量"全文不统一,应统一为"鲜质量"。

2.1.2 英文表达和名词术语差错

英文表达差错主要包括:冠词滥用,如英文题名、作者单位、关键词、节标题等开头的定冠词"the"应该去掉;中文人名全拼前后鼻音混淆,如"段静瑶"全拼"Duan Jinyao"应为"Duan Jingyao";单复数形式错误,如"2 month"中的"month"要用加"s"的复数形式;所有格误用,按照上下文该用所有格处而未用,如"a passengers'"应为"a passenger's";连词误用,如"As…, thus…"中的"thus"应删除;助动词、谓语动词误用或主谓不一致,如"It easy to know…"应为"It is easy to know…","does not belongs to"应为"does not belong to","The simulation analysis show that"中的"show"应为"shows"等。

名词术语差错主要包括:名词术语不规范,如"参考资料"应为"参考文献","起爆网络"应为"起爆网路","方差齐"应为"方差齐性","养成管理"应为"养殖管理","国标NY/T"应为"行业标准NY/T";量名称错误或不明确,如"反射系数"应为"反射因数"[12],使用废弃的量名称,如将"密度"写成"比重",将"质量分数"或"体积分数"写成"浓度"等。

2.1.3 数字用法和计量单位差错

数字用法差错主要包括:阿拉伯数字误用,如"1次性"应为"一次性";汉字与阿拉伯数字混用,如"第1级、第二级、第三级"应当统一;数字与文字表述不相符,如"相关系数的负值 $r=0.219$"中的数值应补上负号;小数点后的有效位数不一致;带百分号数值范围的错误,如"1.60+0.01%"应为"(1.60+0.01)%";"0.5~7%"应为"0.5%~7%";值得引起注意的是,数字计算的错误,如"57.3%(283/294)"应为"57.3%(283/494)"、"0.51% (1/193)"应为"0.52% (1/193)"、百分比相加总和不为100%等。

计量单位差错主要包括:缺少单位,如"每天注射15有着不错的效果";单位前缺少数值,如"可置于℃的冰箱保存";未使用规范的国际单位,如"mol/(mL·hour)"应为"mol/(mL·h)","rpm"应为"r·min^{-1}";计量单位形式不统一,如时而用m/s时而用m·s^{-1},时而用bit/s时而用bit·s^{-1};单位词头k用大写K;温度单位"开尔文"用小写k;单位不全等。

2.2 标点符号和其他符号差错

标点符号差错主要包括:逗号与顿号混用;冒号套用;缺少标点,如:"假设小区……构建",构建前应加",";一段话的逻辑意义结束应用句号,不能用逗号,如:"电流的变化将产生一定的影响,电压的幅值出现在……",结合上下文,此处的逗号应改为句号;英文缩写点滥用,如"April"为全拼,后面无需加缩写点。

其他符号差错主要包括:半角撇号与全角撇号混用;句点误用为点乘;大写英文字母X误用为乘号;量符号英文字母和希腊字母混用,如μ(希腊)和u(英文)。半字线、连字符、一字线、减号符、波浪线混用,需特别指出英文中无波浪线;"Arakawa-Schubert方案"中两个单词应用半字线而不是一字线连接;化学键、一字线混用;使用全数字式日期表示法时,应用半字线间隔年、月、日,等。此外,还有使用量名称代替量符号的差错,如SMZ应为ρ(SMZ);以及"氧化铅粉:硫酸:水:添加剂=100.0:9.5:12.5:0.2"的表述不当,应改为"m(氧化铅粉):m(硫酸):m(水):m(添加剂) =100.0:9.5:12.5:0.2"。

2.3 格式差错

本次审读中,格式差错因涵盖的差错类型最多而占比过半,其中参考文献著录格式、另页/面/段/行、与空格相关的格式、图表格式等格式差错较多,占格式差错总数的70%。所有格式差错可分为以下几类:

2.3.1 参考文献著录格式差错

参照《信息与文献 参考文献著录规则》(GB/T 7714—2015)的要求,此次审读中参考文献文中标引不规范的差错包括:漏标、错标、未按文中出现先后顺序标引;有时列出一位作者加"等"的形式,有时列出全部作者的形式,全文未统一;不是同一位作者的参考文献在文中归至一位作者名下,应当分开标引;标引的文献序号位置不当,如放在"等"字前作者姓名后;文中列出的作者姓名与文后著录的不一致;文中表述的年份与文后列出的文献出版年不一致。文后著录不规范的差错包括:缺项、漏项;英文文献题名大小写不统一;英文缩写形式不规范,如 University 的缩写应为"Univ"而不是"Univer"。

2.3.2 另页/面/段/行以及与空格相关的差错

如长数字另行断开;数值三位分节时不空或错空;数值和单位之间未留空格,%和数字之间无需加空格,单词之间缺少空格。

2.3.3 图表格式差错

如文中缺少图/表的文字说明;先出现图表后出现文字说明;重复编图/表号;文中未指明具体图/表号,或文中描述的图/表号与实际图/表号不对应;中英文图/表题不一致;图/表缺乏自明性;图/表缺项,如图的纵横坐标缺少标目,非量纲一单位标目缺少单位,缺少图/表题,缺少"续表"字样;缺少总图题,用分图题接排作为总图题,分图题未放在每一分图下方;图纵坐标标目未逆时针旋转 90º;标目中有%,标值又重复出现%;标值线在坐标轴外侧(应在内侧);缺少某些标值线的值;标值与标值线未一一对应;图中数值前的负号误用半字线;表头中的线条断开有误;表中出现虚线;转页接排的表格中,前页表格最下端的行线应用细线而非粗线,转页接排表格的顶线应用粗线[13-14];表头设计不合理,使用了 1 条或多条斜线;表头中的单位与数值后的单位重复。

2.3.4 天头、地脚、题名、作者单位、关键词、节标题格式差错

如天头、地脚著录格式不一致;题名格式不统一,有些题名后多句点;作者所属单位序号未在作者姓名右上角标注;一级和二级作者单位顺序颠倒;6 位邮编漏掉一个 0;关键词之间漏掉分号;最后一个关键词后多加分号;英文关键词大小写全刊不统一;中英文关键词顺序不一致;章/节标题序号不连续;章/节标题编号规则全刊不统一;收稿日期不在修订日期之前。

2.3.5 字号、字体不统一,黑白体、正斜体、大小写、上下标误用

如全文为宋体,却出现一"癣"字为楷体;马赫数 Ma、雷诺数 Re 等应为斜体;自然对数 e、微分符号 d、偏微分符号 ∂ 和增量符号 Δ 等应为正体;矩阵应为黑斜体,而非黑正体;下标为变量时应为斜体,不为变量时应为正体;单位因输入问题而误为上标,如 10^{2J} 应为 $10^2 J$ 等。

2.3.6 其他格式差错

出现多级公式括号时,括号匹配不成对;花括号不应断开,而应连贯;期刊条码错误或缺少条码等。

3 差错成因及规避措施

为避免因编校质量下降削弱科技期刊的公信力和权威性，继而对期刊口碑造成不良影响，甚至损害期刊品牌，本研究从剖析审读差错的成因入手，尝试提出合理的规避措施来减少差错的发生。

首先，审读员的专业水平、关注偏好等因素可能导致某类差错更容易被检出或某类差错未被检出，如此次审读中共发现了 26 处条形码错误；甚至会出现误判，如在并列引号或并列书名号之间加顿号，判为差错是不恰当的[15]。除上述因素外，此次审读发现的差错主要成因有以下几方面：①文字差错多因作者疏忽且编校人员未认真审校而导致，故编辑应与作者协同杜绝此类差错的发生。②格式差错常因编校人员时间仓促，未能严谨细致地通读全文而导致。目前办刊单位编校人员配备不足，很少专设或外聘专职校对人员；加之为提升期刊学术质量，编辑的工作重心更多转向策划组稿、外联服务等，严重挤占了编校时间。因此，可考虑通过优化设计编校流程，合理配置各校次人员、重视作者校对来减少差错。③术语差错和计量单位差错等常因编辑未能及时学习和掌握最新修订的科技期刊编校规范、不能熟练运用规范所致，故应重视编辑的职业再教育和培训工作。④对参考文献的编校在编校工作中重复性最强，易引起编校人员的职业倦怠，从而导致相关差错，可寻求辅助软件的帮助，从而减少此类差错的发生。

3.1 明确编辑定位、重视作者自校

期刊编辑作为链接作者与读者的纽带，虽不能分享作者贡献和知识产权，但绝不是论文的简单规范者和修饰者，而应在理解作者文章信息、知识归纳与演绎的前提下，参与作者信息和知识的创造过程[16]。同时，他们也不仅是论文的简单发布者和推广者，而是需融入学术群体、贴近读者需求，促进信息和知识的共享与传播。科技期刊编辑首先要明确自身定位，在了解科技期刊作者和读者的基础上，开展编辑校对工作，切忌以"文责自负"为由推诿塞责，将文章差错皆归咎于作者；又忌越俎代庖，擅自篡改作者原意。作者是自身专业领域的行家里手，而编辑稔知出版规范且遣词造句水平略胜一筹，两者相互协作，可从不同的角度发现论文中存在的不同问题。为使作者能更好地表达创新思想，保证论文逻辑清晰、行文流畅，编辑在编校过程中必须与作者及时、充分地沟通；对有疑问处要多向作者请教，以免误改。

作者自校，即科技期刊论文作者自行校对论文清样，是在传统的"三校制"或"三校一读制"编校流程上增设的一个环节[17-18]。为了把控作者自校环节的校对质量，编辑可拟定用以指导作者进行校对的标准文档，详细罗列期刊的校对要求，务必使作者知晓学术出版规范和期刊的格式要求，从而让作者在尊重学术标准的前提下严格遵守格式规范。为调动作者在校对过程中的主观能动性，编辑可主动加强与作者的沟通，并对认真校对的作者进行表彰。这一举措一方面能保障期刊的编校质量，另一方面也发挥了期刊的育人功能。

3.2 拟定编校制度、建立质控体系

学术期刊出版单位普遍人员偏少，而严格执行"三审制""三校一读制"需要参与编校工作的人员投入大量时间和精力。有些出版单位因人手不足，会将全部或部分编校工作外包出去。因各出版单位的情况不一，故应结合实际，拟定适宜操作的编校制度，阐明责任编辑和各校次校对人员的职责分工，明确编校的不同环节以及各环节的具体目标和要求，高度重视稿件在逻辑性、数据、文字、格式等方面的准确性和规范性。

为了有效监督编校制度的执行，还应建立严格的编校质量控制体系，除了根据出版工作的相关法律法规制定期刊出版单位的具体编校制度外，还可成立由相关负责人和外部编辑出版专家组成的质量监督评审委员会，对期刊进行质量检查，定期汇总并公布检查结果。南京航空航天大学学报编辑部三刊《南京航空航天大学学报》、Transactions of Nanjing University of Aeronautics and Astronautics、《数据采集与处理》强化期刊过程管理，由专人负责编校质量管理，优化三刊格式要求，拟定了编辑部编校管理制度，并定期公布编校过程中发现的共性问题，组织编辑集中学习，从而有效避免了部分编校差错的重复发生。

3.3 强化人才培训、定期学习交流

国家新闻出版主管部门强调要走精品化办刊路线，破解发展难题[19]。经验丰富的编辑校对人员是高质量编校的基础。编校人员不断学习最新的编校知识及规范，可拓展编校知识面，坚持正确的编校标准，从而提高编校技能，高质量完成编校工作。中国高校科技期刊研究会、中国科学技术期刊编辑学会、江苏省科技期刊学会等机构每年均组织编辑培训班、学术研讨会等形式的短期培训，其中编校主题的培训班可供期刊出版单位选择学习。若培训班在异地开课，也可派代表参加，回来后传达培训学习的重要知识点。随着网络培训不断融入编辑的继续教育培训，还可以参加线上的编校培训。

出版机构管理层可通过组织编校主题座谈会、分享会，营造集体内部持续学习、主动交流的良好氛围，构建与时俱进的学习型编校团队，形成在编校方面精益求精的编辑部文化。除了集体学习，编辑还可开展自学，积跬步、汇小流，将编校知识学习融入日常，例如，平时可关注"木铎书声""术语中国""啄木鸟的天空"等专注编校知识的微信公众号，加强学习和积累；也可至"术语在线"网站(http://www.termonline.cn/index.htm)查询规范化名词术语，这是全国科学技术名词审定委员会创办的规范术语用户知识服务平台。

3.4 借助新兴技术、实现智能校对

出版业数字化的普及使编校工作正在向数字化方向发展。目前利用黑马校对、方寸校对、善锋软件等中文校对软件和白雾作家(WhiteSmoke)、润色作家(StyleWriter)、易改(1Checker)等英文校对软件，可实现校对的自动化；伴随自然语言处理、图象识别等人工智能技术的不断发展，编校还将进一步由自动化走向智能化。由于校对工作中重复劳动多、结构化程度高，因此，人工智能技术更容易被应用于处理微观细节的编校工作[20]。利用海量数据(语料库)对人工智能进行训练后，有望使其拥有比人更强的查错纠错能力[21]，从而节省人力成本，从根本上解决出版人员不足的问题。因此，期刊出版单位应实时关注编校领域人工智能技术的发展，在条件允许的情况下，争取采用新兴技术实现智能校对，通过人机协作来提高编校工作的效率和质量。

4 结束语

高质量的编校是创办高质量期刊的必要条件。期刊出版单位应从审读差错分析中总结原因，采取合理的规避措施来减少编校差错的发生，尽量尝试利用新方法、新技术来提高编校效率，为编辑们走出办公室办刊创造时间和精力上的条件。

参 考 文 献

[1] 国家新闻出版署.报纸期刊质量管理规定[EB/OL].(2020-06-18)[2021-07-06].http://www.nppa.gov.cn/nppa/

contents/279/74416.shtml.

[2] 中国国家标准化管理委员会.汉语拼音正词法基本规则:GB/T 16159—2012[S].北京:中国标准出版社,2012.

[3] 中国国家标准化管理委员会.标点符号用法:GB/T 15834—2011[S].北京:中国标准出版社,2011.

[4] 中国国家标准化管理委员会.量和单位[M].北京:中国标准出版社,1993.

[5] 国家新闻出版广电总局.中文出版物夹用英文的编辑规范:CY/T 154-2017[S].北京:国家新闻出版广电总局,2017.

[6] 国家新闻出版署.学术出版规范表格:CY/T 170—2019[S].北京:国家新闻出版署,2019.

[7] 国家新闻出版署.学术出版规范插图:CY/T 171—2019[S].北京:国家新闻出版署,2019.

[8] 陈浩元.科技书刊标准化18讲[M].北京:北京师范大学出版社,1998.

[9] 付中静,刘雪立,张新.河南省105种科技期刊编校质量审读差错分析[J].中文科技期刊研究,2011,22(5):724.

[10] 张伟潼,王正.期刊语言文字规范问题与对策[J].学习与探索,2003,145(2):137.

[11] 胥橙庭,张彤,夏道家.科技期刊中3组异形词的辨析[J].编辑学报,2013,25(6):549.

[12] 陈浩元.GB 3100-3102—1993《量和单位》中若干差错的辨析[J].编辑学报,2014,26(4):369.

[13] 学术出版规范表格:CY/T 170—2019[S].北京:国家新闻出版署,2019.

[14] 陈浩元,王媛媛.科技学术期刊使用《学术出版规范表格》的要点提示[J].编辑学报,2019,31(4):386.

[15] 陈浩元.请勿篡改、误读GB/T 15834—2011《标点符号用法》的条款[J].编辑学报,2017,29(4):347.

[16] 刘庆昌.论编辑的文化素养[J].编辑之友,2017(1):80.

[17] 陈静.学报编辑与作者在学术语境中的互动[J].编辑学报,2016,28(6):525.

[18] 梁倩.小环节,大作用:科技期刊应重视作者自校环节[J].编辑学报,2017,29(3):268.

[19] 王凌.质量管理的规与矩:关于"如何为报刊质量管理立规矩"的观察与探讨[J].中国出版,2018(10):7.

[20] 易龙,周涛.基于实测数据的中英文智能编校系统对比研究[J].出版科学,2020,28(4):15.

[21] 胡佩,李小青."人工智能+校对"的应用前景分析[J].现代出版,2019(2):59.

学术期刊编辑应注意的论文保密审查问题

冯 景,蒋 恺,宋 扉,杨海燕

(《中国科学》杂志社,北京 100717)

摘要:近年来随着国内期刊国际化的发展、编辑队伍不断扩大、国外资本进入中国学术出版市场,对论文投稿的保密审查问题逐渐被忽视。论文投稿的保密审查主体应该是作者和所属单位,但是出版单位也负有不可推卸的责任。本文介绍了基本的保密审查流程,列举了学术论文中可能出现泄密问题的几种情况,分析了编辑在初筛时需要进行保密审查稿件的研究方向、来源等,希望引起同行,特别是非军事类学术期刊的编辑对学术出版中保密审查工作的进一步重视。

关键词:保密审查;学术期刊;国际化;知识产权保护

随着中国的经济不断发展,科研水平不断提高,促进了国内学术出版行业的蓬勃发展。据最新统计,中国作者的论文发表量在2020年已达到世界第一。在科协"卓越计划"的支持下,国内新刊层出不穷,很多国际出版商(如 Springer·Nature、Elsevier、Science、Oxford 等)纷纷投资中国学术出版市场,和中国的科研单位合作创办新刊。另一方面,由于我国的科技实力不断增强,美国逐渐对自己的科技统治地位信心动摇,在高新技术领域的各个方面遏制我们,中美之间的竞争越来越激烈,像华为、中兴这样的 IT 高科技企业和中电、中航等军工企业受到美方的禁售、禁运,很多中美学术交流活动被取消,双方都越来越重视知识产权的保护。在这种新形势下,保障我国科研工作者的科学发现首发权,维护科学发现的可持续安全共享,是中国学术期刊的重要使命。我们有必要居安思危,针对国内学术出版的一个特点——保密审查工作展开探讨。

1 保密审查的基本要求

1.1 学科发展要求

在科协"中国科技期刊国际影响力提升计划"和"中国科技期刊卓越行动计划"的持续的大力推动下,中国期刊的国际化获得了极大的进步[1],中国作者发表论文的数量和质量逐步提高,带动了中国学术期刊整体水平的提高,越来越多的中国期刊在国际权威的期刊引用统计报告 Journal Citation Reports(JCR)分区里达到前50%(Q2)甚至前25%(Q1)的水平,受到越来越多的国际关注。

期刊的发展和本学科的发展、本刊主要作者群的发展密不可分。国内科研领域各学科的发展水平从论文出版量统计数据里可见一斑。从2020年在 Web of Science 核心数据库里,可以检索到589 408篇中国论文,发文前10的学科如表1所示。

从表1中可以看出,我国在材料科学、电子电气、环境科学、能源化学、应用物理、计算

表1 2020年中国SCI论文出版量前10名的学科

排名	研究方向	出版量/篇
1	MATERIALS SCIENCE MULTIDISCIPLINARY	63 506
2	ENGINEERING ELECTRICAL ELECTRONIC	43 571
3	ENVIRONMENTAL SCIENCES	36 324
4	CHEMISTRY PHYSICAL	34 981
5	CHEMISTRY MULTIDISCIPLINAR	34 793
6	PHYSICS APPLIED	33 793
7	ONCOLOGY	23 707
8	NANOSCIENCE NANOTECHNOLOGY	23 606
9	ENERGY FUELS	22 584
10	COMPUTER SCIENCE INFORMATION SYSTEMS	20 964

机科学等学科发展较好，学术出版体量较大。同时，这些热点研究方向都涵盖了涉密研究方向，比如高新材料的制备技术、计算机领域的信息安全技术等都涉及国家安全问题，需要科研单位和学术期刊出版单位共同负起责任。关于保密主体的讨论见文献[3-4]。保密审查在很多军队期刊的编辑工作讨论中都有深入的探讨[5-8]，但是对一般非军事类学术期刊编辑来说，是一个比较陌生的话题。根据习近平总书记对"科技兴军、科技强军"的指示，我国军队的科研水平不断提高，越来越多的军队院校在培养人才时提出了对论文发表的要求。以国防科技大学为例，近10年来SCI论文的年发文量增长了将近2倍，如图1所示。同时，也有越来越多的非军工科研单位参与到涉密项目的研发任务中。所以，国内非军事类学术期刊的编辑，包括一些国外出版商在国内投资创办的学术期刊编辑，在遇到涉密方向的投稿时需要对保密审查问题有所了解，为保护我国知识产权、国家机密尽到自己的职责。

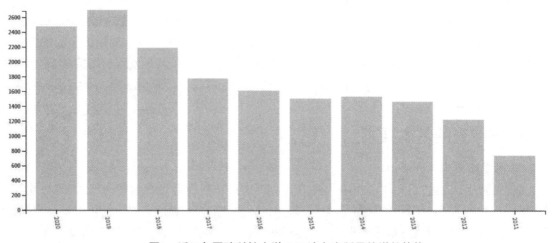

图1 近10年国防科技大学SCI论文出版量的增长趋势

1.2 国家保密制度要求

《中华人民共和国保守国家秘密法》第二十七条规定，报刊、图书、音像制品、电子出版物的编辑、出版、印制、发行，广播节目、电视节目、电影的制作和播放，互联网、移动通信网等公共信息网络及其他传媒的信息编辑、发布，应当遵守有关保密规定[9]。根据"文责自负"原则,论文作者和所属单位是保密审查的主体,但一旦出现重大泄密,编辑部、出版单位、审稿专家都有不可推卸的责任。朱大明等[6]讨论了"五级保密审查制度",五级分别是:①作者及其所在科研单位;②期刊责任编辑;③期刊审稿人;④期刊主编;⑤期刊保密委员会。

2 对各级保密主体的要求

2.1 对作者及其所在单位的要求

一般来说,军队院校、国防科研机构等具有保密资质的单位,承担或参与国防项目的单位,以及一些从事容易涉密的学科研究的单位向军事科技期刊投稿前,都会在本单位内部进行保密审查,他们在投稿时应将保密审查证明和投稿论文一起提交。投稿的保密证明应由作者所在单位提供,按严格的保密审查制度,保密证明应由文章的指导老师、单位各级分管领导等签字,由单位的保密委员会盖章。具体到不同的单位,根据需要有不同的保密审查要求,保密审查证明格式也各有不同,如图2所示。一般普通高校提供的是图2(a)这种简略版的保密证明,而军队院校有严格的分级审查制度,需由学校各级保密委员会经过层层审批才能出具证明,如图2(b)所示。

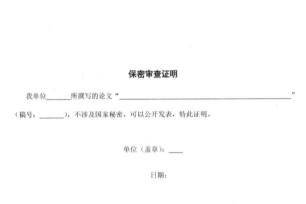

(a) 简略版　　　　　　　　　　　　(b) 详细版

图2　不同单位开具的不同格式的保密审查证明

2.2 对出版单位的要求

编辑部在收到作者来稿后,在初筛阶段,应判断投稿的研究方向是否属于涉密方向,作者所在单位是否属于涉密单位,相应地检查作者是否提供保密审查证明。如果是需要保密审查的研究方向,且作者未提供保密审查证明,编辑应通知作者补充保密审查证明后再送同行评议。在评审阶段,审稿人除了对稿件的学术性、创新性等进行评估外,对有可能涉密的论文,应评估其是否有涉密内容,给编辑部提供参考意见。编辑部在给审稿人提供的评审表中,应包含是否涉密的选项。论文评审基本完成后由主编终审。主编是对期刊总体把关的人,根据审稿专家、编辑部的意见决定论文是否录用,这一环节也是主编对论文是否涉密问题把关的节点。

2.3 其他相关责任单位

最后,期刊的主管和主办单位也需要履行自己应尽的保密职责[6],例如中科院系统的期刊，每年由中科院出版委员会组织定期年审，对涉密等方面的情况进行审核。原则上，各学会所属期刊应由各学会定期组织年审。

3　论文涉密实例

一般军事院校、科研院所都有固定的保密审查流程，每年还有专门的涉密培训和考核。大多数学术期刊编辑却没有经过这样的系统培训，要提高保密审查的专业能力，需要多和有经验的老师、编辑前辈交流，不断学习积累。在笔者10多年编辑工作经验中，遇到过以下的涉密问题：

（1）作者署名部分出现涉密单位名称，例如出现部队番号和驻地具体地址。国外情报机关如果能大量收集到这类信息，就可以总体了解我国军事部署情况。

（2）在论文的实验部分出现需保密设备的具体型号或具体参数，例如精度、覆盖范围、版本号等。曾经有一位雷达专业的老师告诉我，在中美军事装备对抗中"既不能让对方知道我们能看到什么，也不能让对方知道我们看不到什么"。

（3）国家地质矿产资源的分布是重要的国家机密，需严格保密，具体见《地质矿产工作中国家秘密及其密级具体范围的规定》。

（4）如果投稿论文中的实验结果来自保密的国防测试平台，则应根据相关单位的规定，对实验数据予以删除。

（5）国防重大项目的名称最好不要出现在公开发表的论文中。一方面是保密需要，另一方面，有可能影响作者以后的国际学术交流。和作者详细沟通说明后，一般作者都能理解。

以上问题主要是在审稿流程中发现的，所以专业的编委会、审稿人队伍是期刊保密审查的主要保障。

4　期刊保密审查注意事项

一般来说，军事期刊、涉密方向的专业学报在投稿时会要求所有作者都提交保密审查证明，保密检查执行比较严格。非军事类的学术期刊编辑收到的稿件只有很小一部分属于涉密方向，则需要编辑部在初筛时对每篇稿件进行判断，是否需要作者提供保密审查证明。一般从以下几个方面进行判断：

（1）看作者单位：如果作者单位是军事院校或国防科工委下属单位等涉密单位，都需要提供保密审查证明。

一般军事国防单位的保密审查都有严格的流程，根据《保密法》第三十六条规定："涉密人员上岗应当经过保密教育培训，掌握保密知识技能，签订保密承诺书，严格遵守保密规章制度，不得以任何方式泄露国家秘密。反而要特别注意普通高校的研究人员和军事院校合作的研究成果。普通高校的师生接受保密培训的机会不多，有些学校甚至没有专门的保密审查流程，也没有专门的保密办公室。如果收到的投稿涉及军民多个单位，应要求所有署名单位提交保密审查证明，而不能由一个单位代理。"

（2）看学科和研究方向：一般基础理论研究，研究的是广义通用的科学问题，例如数学、理论物理等，涉及保密问题的可能性较低。工程应用方面的研究比较容易涉密，例如雷达遥感、信息安全、航空航天、高新材料、高端芯片等。

（3）敏感数据：文中有具体的地质、矿产、遥感数据等则需要保密审查证明。如果编辑不能判断，也可以发给国内专家帮助评估。

编辑部初筛通过，且作者单位提供了保密审查证明，仍然可能有漏网之鱼。建议在同行评议的审稿表单上加上"是否涉密"的选项，提醒审稿人在评审时注意检查稿件是否存在涉密问题。

走国际化路线的英文期刊的审稿工作可能比较国际化，经常邀请国外审稿人评审，审稿表单不方便添加保密审查选项，编辑部可能要负担更多的保密审查工作，要在初筛送外审前完成保密审查。对于不易判断的投稿，可以依靠编委会的国内成员，利用国内编委的专业能力进行判断。

近年来国外知名学术期刊对中国作者越来越重视，国内科研人员也以在国外顶尖期刊上发表学术成果为荣，国内期刊走向国际化的步子迈得十分困难。编辑部要把好涉密关，但作者可能会认为办理保密审查证明手续麻烦，转而投稿给外刊。编辑部需要做好和作者的沟通工作，把保密审查的重要性解释清楚，在做好保密审查工作的同时留住优质稿源和优秀作者。

5 结束语

随着中国国力的不断提升，逐渐动摇了美国的"世界霸主"地位，中美贸易冲突已全面展开。双方的核心竞争是科研创新能力的竞争，知识产权保护是双方重要的武器。科技期刊编辑一方面要做好科技传播工作，促进期刊的国际化发展，促进我国科研创新成果的传播，帮助科研团队争夺话语权、首发权；另一方面，也要做好对国家安全、民生问题等重大机密的保密工作，尽到一个学术期刊责编应尽的职责，保证期刊在不断提升学术影响力的同时，保护好国家机密。

国内军事类期刊编辑有比较丰富的保密审查工作经验，编辑部也有系统的保密审查流程。国内非军事类学术期刊的编辑应该和军事类期刊的编辑进行交流，学习他们先进的工作经验，充分认识学术出版中保密审查工作的严肃性，强化保密意识，提高自己的专业能力，成为保密审查的一道防线。期刊的各级主管单位也需要重视保密审查问题，加强监管和审核。建议在每年的编辑专业技能培训中加入相关课程，邀请专业人员授课和考核，提高期刊编辑整体的专业能力。

参 考 文 献

[1] 蒋恺,宋扉,冯景.我国信息科学期刊国际化发展的比较分析[J].中国科技期刊研究,2016,27(4):438-443.
[2] 潘伟.科技期刊编辑应重视保密和伦理学原则[J].编辑学报,2009,21(5):388-389.
[3] 林平,秦江敏,王荣,等.新时期军队科技期刊保密工作的几点思考[J].黄冈师范学院学报,2011,36(3):3-5.
[4] 高春燕.也谈科技论文的保密审查[J].编辑学报,2008,20(1):60.
[5] 郭柏寿,潘学燕,杨继民,等.科技期刊保密工作中存在的问题及其对策[J].编辑学报,2001(2):36-37.
[6] 朱大明,高永红,任飞.试论军事科技期刊内容的"五级保密审查制"[J].中国编辑,2014(4):47-50.
[7] 李江涛,王高翔,孙陆青.网络环境下军事学术期刊编辑工作保密隐患及对策[J].编辑学报,2008,20(2):138-139.
[8] 胡晓莉,王春莉.基于网络环境下军事期刊保密工作的分析[J].知识经济,2015,20:30.
[9] 李晓光.我国科技期刊贯彻执行《保密法》工作亟待加强[J].中国科技期刊研究,2004(2):144-147.
[10] 元海平.科技论文保密审查审批应注意把握哪些环节[J].国防科技工业,2014(12):46-47.

科技期刊坚持"三审制"应重点把控"六关"

刘 勇,姚树峰,陈 斐,徐 敏,杜 娟

(空军工程大学学报编辑部,西安 710051)

摘要: 为严格落实"三审制",确保编辑出版质量,提高审稿效率,立足《空军工程大学学报》贯彻"三审制"实践,提出了科技期刊审稿中应重点把控的"六关":分稿关、评阅关、退修关、初审关、复审关、终审关,也可以称为六个审稿阶段,各阶段编辑工作紧密衔接、互为补充、互为制约,既严格落实了"三审制",也从编辑出版流程上杜绝了人情稿,以期为编辑同仁提供参考。

关键词: 科技期刊;三审制;六关

2019 年底,国家新闻出版署下发"开展出版单位'三审三校'制度执行情况专项检查"通知,重点检查"三审三校"制度落实情况、人员资质情况、主管主办职责落实情况、新媒体内容把关管理情况。中宣发[2021]17 号文件《关于推动学术期刊繁荣发展的意见》中也明确要对"三审三校"等制度执行情况、期刊负责人任职资格等加强检查。"三审制"是我国出版单位长期以来一直实行的审稿制度[1],各科技期刊出版单位如何结合自身出版特点,严格落实"三审制",形成审稿特色和优势是需要深入研究的问题[2]。"三审制"的核心是用集体的力量来把控论文的学术质量,各出版单位在落实过程中会有所不同,需要结合自身期刊编辑出版特点。本文立足《空军工程大学学报》贯彻三审制的主要做法,从学报编辑出版流程和一篇稿件的处理流程两个维度,从论文责任编辑、复审编辑、终审编辑三个审查主体出发,分析如何充分发挥三个审级的互相监督检查作用,分析总结了科技期刊审稿应重点把控的"六关",也可以称为"六个阶段",各阶段的工作内容既是循序渐进的,同时也是相互补充的,既能确保论文内容的学术性、政治性、保密性,又能提升审稿效率,主要观点是从编辑工作实践中凝练得出的,论文内容注重编辑工作实践,以期为编辑同仁开展业务工作提供参考和借鉴。

1 注重效率严把"分稿关"

分稿是作者稿件进入审稿流程的第一环节,使符合"刊发要求"的稿件进入审稿流程,并及时精准分送栏目责编,避免造成编辑精力、专家资源浪费,影响作者论文刊发是"分稿关"应重点把控的目标。分稿关一般建议由主编或执行主编负责,亦可由具有较长时间编辑工作经历的编辑人员负责。做好分稿工作一是便于从源头上掌握来稿数量和质量,二是便于对交叉栏目稿件进行优化分稿,平衡编辑工作量。最终达到既选出适合期刊的稿件,也要达到把稿件分给合适的编辑。

1.1 判断是否符合刊发范围

由于作者可能对所投期刊不甚了解,往往会出现稿件不符合期刊刊发范围的问题,因此在分稿环节，应依据办刊宗旨、栏目设定、报道范围等对来稿选题进行审查，不符合期刊刊发范围的稿件应及时退稿。此外，对于某些论文选题陈旧、格式不规范、图表较乱、撰写质量明显不高的稿件亦可直接做退稿处理，避免进入审稿环节浪费编辑和专家精力。

1.2 判断有无涉密、政治性问题

部分科技期刊可能不需要作者提供保密证明，但保密审查是科技期刊编辑出版必须重点审查的内容之一，保密证明密级应表述为"公开发表"。以《空军工程大学学报》为例，要求作者投稿时上传保密证明和原创声明，在审稿工作中，通常会发现部分作者稿件保密证明密级为"内部"或文字表述为"限内部发表"，此类文章应在第一时间退稿，绝不能进入审稿流程，并督促作者删除原稿。同时，从文章题目、摘要、引言、结构、正文、结论等进行多方面审查，避免存在涉密、政治方面问题的论文进入审稿流程。

1.3 作者是否满足期刊有关限制

部分科技期刊可能对作者单位、基金资助、年度第一作者发表论文篇数有限制。以《空军工程大学学报》为例，作者以第一作者身份年度最多只可发表 1 篇论文，特殊情况最多不超过 2 篇；作者单位应于论文选题具有一定相关性，论文应有省部以上基金资助。在分稿阶段应将作者单位、基金资助不符合刊发要求稿件及时退稿，年度以第一作者身份已发表过论文的作者再投稿或一名作者同时投送两篇以上稿件时，应主动与作者沟通，说明缘由，视情退稿或分送责任编辑处理。

2 依托专家严把"评阅关"

部分科技期刊办刊中，将专家评审作为"三审"中的第二审，即编辑初审、专家复审、主编终审，按照"三审制"要求，专家评审不能作为"三审"中的任何一级审稿，但它又不可或缺。专家意见可为坚持"三审制"，把控文章质量提供重要依据和参考[3]。评阅关是责任编辑充分利用期刊评审专家库资源，对论文质量进行评阅的重要环节，专家意见也是形成编辑初审意见的重要依据，必须做到结合稿件内容找到合适的审稿人[3]。

2.1 初步判断稿件质量和栏目范围

责任编辑在收到分配稿件后应从论文作者、题目、研究方法、结论、文字和图表等方面仔细分析稿件，判断选题是否是前言问题或热点问题，综合分析撰写质量，重点与往期栏目刊发稿件情况进行对比，认为论文选题前沿性不足、内容质量不高、没必要送专家评阅的稿件给出退稿意见，作退稿处理；认为选题新颖、内容独特、观点超前，但写作水平欠佳，责编可指导作者修改后再送专家评审，有助于培养作者、挽救论文[4]。对于不属于责任编辑负责栏目范围的稿件，提交分稿负责人调整分配给其他编辑处理。稿件送审前，应通过中国知网"科技期刊学术不端文献检测系统"进行检测，根据"空军工程大学学报处理学术不端检测结果细则(暂行)"比对检测结果，判断论文是否有学术不端行为，对于存在学术不端问题的稿件应及时退稿，并对作者进行批评教育，必要时可通报其所在单位。

2.2 根据稿件内容及时送专家评审

《空军工程大学学报》坚持专家"双盲审制"，评审专家一般应具有副高以上职称或具有博士以上学历且在本研究领域有一定的学术影响力。根据稿件内容特点，在评审专家库中遴选专业对口的两位专家，送审前，应提前与专家进行电话联系，告知稿件基本情况，避免送审后因为专家研究方向不对口或专家近期没时间评阅文章而影响评审效率。专家审稿周期一般为 1 个月，但专家一般因课程多、研究任务重等原因经常会忘记有稿件待审，编辑应重点关注送审 15 天左右未反馈评审意见的稿件，可采用短信、邮件、电话、微信留言等方式提醒专家，科技期刊编辑部现用的"在线投审系统"一般都有定期发送邮件催审功能，但部分专家由于工作习惯可能不会经常登录邮箱。目前，手机是专家常用随身的通讯工具，因此，可尽量采用短信、电话、微信等方式提醒专家，避免因专家遗忘而我们提醒不到造成审稿进度滞后。

2.3 据评审意见视情加审

稿件双审是科技期刊通常坚持的专家审稿机制，专家重点对稿件的科学性、知识性和创新性进行把关，主要考察论文的科学意义和结果的可信性[5]。审稿结论一般为"采用" "修改后采用" "修改后重审"和"退稿"。在专家反馈审稿意见时，有时会出现两位评审专家意见不一致，或者专家审稿提出修改意见不具体、针对性不强的现象，需要责任编辑结合专家意见对稿件质量进行判断。此外，亦可采取"2+X"审稿模式[6]，如果认为稿件质量不高，不需要再请专家把关，可作退稿处理；如果认为稿件内容还有待商榷考证的需要，可将稿件再送一名或多名专家，并告知专家应重点审查的问题要点，进行针对性评阅。

3 提升质量严把"退修关"

作者修改质量是确保论文内容质量的关键，因此在退修环节，责任编辑应根据专家意见、指导作者修改完善稿件，确保内容质量，此环节尤其在评审结论为"修改后发表"，专家不要求重审的情况下显得尤为重要，做到专家意见与作者修改情况的良好匹配。严控修改质量可避免在专家重审、稿件复审、终审阶段发现未按评审意见修改的问题，造成工作反复[7]。

3.1 将专家与编辑意见综合反馈给作者

除专家评审意见外，责任编辑应对稿件摘要、关键词、引言、各级标题、插图、表格、公式、量、单位、参考文献等进行规范性、可读性审查，把具体修改意见和专家意见一并返给作者，让作者一次性修改完善，避免多次要求作者修改影响工作效率，同时也为下一步期刊排版、编辑校对打好基础。

3.2 及时回答作者对退修意见的疑问

作者在修改稿件的过程中，通常会对退修意见有疑问之处，编辑应及时给予解答，视情况咨询评审专家，搭建好作者与专家之间沟通的桥梁[8]，一方面使作者充分理解专家的意见，切实发挥专家意见对提升论文修改质量的指导作用，避免作者错误领会专家意见；另一方面尊重作者意见，避免因专家意见与论文研究实际不符而造成作者无法修改，值得商榷之处可视情咨询其他专家意见。

3.3 做好比对检查内容修改情况

作者上传修改稿和修改说明后，责任编辑应根据退修意见，结合作者修改说明，将作者修改稿和初投稿进行比对，为方便检查，应要求作者将修改之处标红，及时指出作者未修改或修改不足之处，避免作者规避专家意见，切实把控论文修改质量。对于专家要求再审的稿件，编辑应将作者修改说明和论文修改稿送给专家，请专家再次评阅把关。

4 问题牵引严把"初审关"

初审是编辑出版"三审制"的一审，是在专家评阅的基础上，责任编辑对稿件学术性、政治性、保密性给出的综合性评审意见，对稿件能否被录用具有关键性的作用。初审应由出版单位具有编辑职称或具备一定条件的助理编辑人员担任(一般为注册责任编辑)。

4.1 做好政治性、保密性审查

论文在修改过程中,通常会对内容文字、图表等有较多调整,亦会出现不符合政治要求和涉密内容的问题。因此,责任编辑应通读全文,进行政治和保密审查,对于有问题之处应指导作者及时修改调整。

4.2 分析论文评审情况和存疑之处

分析梳理论文送审、退修过程及作者修改情况,专家意见、修改过程中面临的问题及解决情况,提出论文目前仍存在的需提请复审把关的问题,对存疑之处表明自身观点,请复审编辑重点审查。

4.3 综合判断论文质量形成初审意见

应依据专家评审意见,从政治性、保密性、论文选题、研究内容和方法、研究结论等方面对论文的科学性、先进性、可读性进行综合判断,形成初审意见,给出是否录用的意见。整理保密审查证明、版权转让协议、原始稿、修改稿、修改说明、专家意见、初审意见等过程文档提交复审。

5 查漏补缺严把"复审关"

稿件复审是编辑出版"三审制"的第二审,复审应由出版单位具有副编审以上职称人员担任,复审人员应为出版单位中层及以上负责人。复审是在编辑初审的基础上,对稿件内容质量进行再判断[9],主要应做好以下三方面工作。

5.1 审读全文进行政治性、保密性审查

政治、保密问题是科技期刊编辑出版审查的重点内容,复审环节应审读全文,在初审的基础上继续进行审查,及时指出存在的问题。

5.2 重点判断论文学术质量

根据审稿记录、专家意见、编辑意见、作者修改情况、编辑初审意见,对论文选题的前沿性、内容学术质量、文字图表规范等进行综合判断。其中。重点应依据专家意见对论文学术质量进行分析判断,针对性指出存疑之处。

5.3 综合判断形成复审意见

复审环节若认为内容学术质量不符合刊发要求,可给出"退稿"结论;对于论文存疑之处还需再审的情况,可给出修改意见后由责任编辑送专家再审;对于论文修改后还需复审把关的情况,复审结论可为"修改后复审";对于需要修改的小问题,复审结论可为"修改后提交终审";对于不好评判的问题可提出疑问,请终审重点把关。

6 综合评判严把"终审关"

终审是编辑出版"三审制"的最后一审,是决定论文是否被录用的最后一个环节。终审应由具有正、副编审职称的社长(副社长)、总编辑(副总编辑)或报刊编辑部主编担任[1]。终审应重点做好以下三方面工作。

6.1 依据初审、复审意见对论文进行全面审读

终审应根据初审意见、复审意见,从论文选题、方法、结论,专家评阅意见,作者修改情况等方面对论文质量进行综合评判,给出是否录用或退修、退稿意见。

6.2 对存疑、待商榷之处给出具体意见

综合分析初审、复审意见对论文质量的存疑或商榷之处，给出明确意见，如果认为论文还需修改或再审，应指出论文存在的具体问题，退回责任编辑处理，请作者修改后再审，或修改后终审，或修改后刊发。

6.3 全面进行政治性、保密性审查

对论文内容的政治性、保密性审查应贯穿编辑出版全过程，是贯穿"三审制"必须审查的重点内容，需要在审稿流程"六关"环节层层把关。尤其在终审环节，对于认为可以录用的稿件，应充分发挥终审人员出版经验丰富的特长，全面对论文内容的政治性、保密性进行审查，确保不出现政治性、保密性问题。在后续的"三校一读"环节、出版报批中亦需要加强审查。对涉及重大选题备案内容的选题，应按规定履行重大选题备案程序。

7 结束语

初审、复审、终审中任何两个环节的审稿工作不能同时由一人担任，以达到互相制约的目的。《空军工程大学学报》严格落实"三审制"，以提升审稿效率为目标，扎实做好"六关"，来稿1 336篇中"分稿关"退稿率约为31.8%，有效地节省了编辑和专家精力；同时，通过规范"分稿、评阅、退修、初审、复审、终审"六个环节工作完成时限，通过"三审"确定录用的462稿件中，约73.6%稿件"三审"时间可控制在3个月内。坚持"三审制"做好"六关"，既确保了审稿质量、提高了审稿效率，也利于避免人情稿和关系稿危害期刊的质量和水平。

参 考 文 献

[1] 周伟良.论三审人员的分工与协作[J].编辑学刊,2013(5):80-84.
[2] 任卫娜.近年来我国科技期刊审稿问题研究综述[J].出版科学,2020,28(2):45.
[3] 高毅.科技期刊审稿过程中的问题及解决措施[J].技术与市场,2019,26(4):99.
[4] 佘诗刚,林松清.责编初编和复审:"三审制"的有益补充[J].中国科技期刊研究,2013,24(2):375.
[5] 刘大乾.学术期刊"三审制"自尊自律准则[J].中国科技期刊研究,2012,23(4):651.
[6] 韩丽,王敏,武文.编委送审制在国内学术期刊中的应用[J].编辑学报,2012,24(4):361.
[7] 陈双燕.三审制、匿名审稿制与责任编辑的责任[J].河南师范大学学报(哲学社会科学版),2006,33(4):214.
[8] 韩翠娥.改进和完善审稿制度保证期刊的学术质量[J].编辑学报,2016,28(9):34.
[9] 冯昱旻.学术期刊三审制的局限及优化之路[J].新闻研究导刊,2014,5(15):51.

全要素标注学术论文的基金项目信息

鲁翠涛，张 和，张海燕

(温州医科大学期刊社《肝胆胰外科杂志》编辑部，浙江 温州 325035)

摘要：基金项目是学术论文附加信息的重要组成部分，目前论文中基金项目不实标注问题严重。本文总结了我国自然科学期刊、社会科学期刊论文中基金项目不实标注的现状，梳理了国内学者的相关对策，分析了当前对策实施的困难。基于笔者实际编审经验，结合科研项目管理的规范要求，提出在论文中全要素标注基金项目信息、控制论文中基金项目的标注数量、在论文中按照相关性对基金项目进行排序的建议，主动防范基金项目不实标注的问题。

关键词：学术论文；基金项目标注；学术不端；现状问题；全要素标注

基金项目是学术论文附加内容的重要组成部分。基金项目所含信息有利于文献检索、查询、统计以及期刊评价，成为影响学术论文传播的重要因素之一。但是，在作者的投稿中以及期刊已发表的论文中，基金项目不实标注发生率均较高，这已成为一种不容忽视的学术不端现象。国家自然科学基金委员会 2020 年 12 月 25 日公布《国家自然科学基金项目科研不端行为调查处理办法》[1]，其中第 40 条、42 条、43 条、47 条针对论文相关的科研不端提出了明确的处理细则。《学术出版规范——期刊学术不端行为界定(CY/T 174—2019)》对论文作者、审稿专家和编辑的学术不端行为也作了明确定义[2]，基金项目不实标注也是一种学术不端。近几年期刊出版界不断有学者关注这个问题，有的是对本领域期刊的基金项目标注情况进行调查，有的是对论文基金项目不实标注的问题进行分析，有的是提出针对性的应对策略。作为学术论文的最后把关者，编辑部一方面有责任也有义务要求作者如实标注与论文有关的基金项目，而另一方面由于信息来源不畅，编辑部没有足够的时间和精力去核实基金项目标注的准确性，这个问题一直未得到有效解决。近日笔者在浏览文献时发现有期刊进行"基金项目全要素标注"，深受启发：这真是一种操作性较强的防范学术不端方式！本文通过文献回顾，总结了我国自然科学期刊、社会科学期刊论文中基金项目不实标注的现状，梳理了国内学者的相关对策，分析了当前对策实施的困难，并基于笔者实际经验结合科研项目管理的规范要求，提出在论文中全要素标注基金项目信息、控制论文中基金项目的标注数量、在论文中按照相关性对基金项目进行排序的建议，从编辑角度出发，构建有效遏制基金项目不实标注的可行策略。

1 论文中基金项目标注情况的相关调查

在中国知网以"基金项目标注"为主题词，对 2015 年 1 月至 2020 年 1 月内的数据库文献进

基金项目：温州市哲学社会科学规划课题(21wsk354)；中国高校科技期刊研究会专项基金课题(CUJS2021-037)

行系统检索和回顾。

1.1 自然科学期刊

舒安琴等[3]对 2 种综合性医药卫生类期刊[中文核心期刊要目总览(2017 版)]国家自然科学基金标注情况进行调查，158 篇文章中共标注了 250 个基金，有 30 篇文章标注的基金数量>2 个，过度标引率为 23.08%(30/130)。51 个自科基金中，有 6 个为过期基金，1 个为补充基金，33 个基金内容与研究论文内容无关。

白雪娜等[4]抽样调查了 9 种综合性农业科学类期刊[《中文核心期刊要目总览》(2014 版)]2015—2016 年国家自然科学基金项目标注情况，178 篇论文共标注 209 个基金项目，其中至少 51 篇论文内容与项目内容严重不符，22 篇论文收稿日期与项目期限不符，3 个项目疑为凭空捏造；同一项目在多篇论文中随意挂靠的现象较为普遍。

孔艳等[5]对林业学领域 7 种学术期刊 2019 年刊发论文进行调查，184 篇论文中仅 1 篇没有标注基金项目，共引用基金项目 391 个，篇均引用 2.125 个。在 183 篇标注基金项目的论文中，基金项目标注信息完整，含项目来源单位、项目名称、项目编号的共 42 篇(占 23%)；包含基金来源和基金编号，缺少基金名称的共 135 篇(占 74%)；其他缺少其中一种或两种信息的共 6 篇(占 3%)。

王小艳等[6]等对某样本期刊 2000—2010 年基金标注情况进行调查，共标注国家自然科学基金 1 393 个，9 个没标基金号，11 个基金号标错，基金项目结题后还标注基金号的有 188 个(认为项目正常结题)，占标注基金总数年平均 13.50%；共有 144 个基金号是在论文收稿日期后加上的，占标注基金总数的 10.34%。

金丹等[7]以某样本期刊 2000—2010 年国家自然科学基金标注情况进行统计，结题后仍标注的基金项目占总数的 13.50%，其中超过期限 1~2 年的基金标注所占比例达到 50%以上。基金项目标注在时效性、真实性、多项性方面均存在问题。

除了上述的期刊编辑部针对已刊发的学术论文进行的特定调查，还有编辑部日常工作的总结。向晓莉等[8]汇总《中国计划生育和妇产科》编辑部工作中近 5 年与作者往来事件并结合对同行的调查探讨及相关文献查阅，总结基金论文存在的问题：有基金项目标注但提供不出批文、伪造基金项目批复文件、挂靠他人不相符课题、基金项目标注数个、标注已结题的基金项目、标注基金的论文数据造假等等。

另外，科研项目管理部门也有相关调查研究。谢翔等[9]以"国家自然"为全部字段，以温州医科大学附属第二医院 2010—2014 年国家自然科学基金项目的负责人名字为作者在万方医学网和中国知网进行检索，48 项国家自然科学基金项目中 11 项的标注存在问题，包括项目标注名称不规范、基金项目标注遗漏、一篇论文标注多个基金项目、标注基金的论文中第一单位与第一作者并非负责单位和项目负责人、基金项目擅自署名等。

1.2 社会科学期刊

徐红萍[10]抽样调查了 8 所"211"师范大学社科版学报(均属于《中文核心期刊要目总览(2017 版)》和《中国社会科学引文索引 CSSCI 来源期刊目录(2017—2018)》)2017—2018 年刊发的 343 篇论文，论文存在一文标注多个项目、收稿日期早于标注项目获批日期或晚于项目结项日期、项目名称和项目编号不全、项目编号错误或编号不存在等问题。

许敏等[11]对《云南农业大学学报(社会科学)》2007 年办刊以来发表的 70 篇标注有国家社会科学基金项目的论文进行调查，论文中存在标注编号错误、乱挂项目、超期使用、不实挂名等诸多问题。

刘燕等[12]等对8种出版类核心期刊《编辑学报》《编辑学刊》《编辑之友》《出版发行研究》《出版科学》《科技与出版》《现代出版》《中国科技期刊研究》2012年发表的基金论文标注情况进行统计，8种期刊有超过50%基金论文的未标注项目名称，近12%的基金论文与标注的基金项目相关性微乎其微。

作为高校科研处，蔡宗珍[13]从某高校学报(高教版)的学术论文基金项目标注情况的统计数据入手，分析学术论文基金项目标注存在的问题：一篇论文标注多个基金项目、标注不相关基金项目、基金项目超期使用、基金项目标注内容错误或者格式不规范等。

2 论文基金项目不实标注的相关对策

2.1 针对基金项目管理部门

就学术期刊论文基金项目标注存在的问题，孔艳等[5]从基金、课题管理部门角度提出建议，规范基金、课题的重复申请监测和结项标准，不鼓励或禁止相同的人在不同地域、不同级别的单位重复申请实质研究内容相同的基金项目，禁止以同一篇论文作为不同基金项目的成果产出，不论基金或课题级别，实行"一刀切"。舒安琴等[3]认为，目前综合性医药卫生类期刊普遍存在基金项目不实标注的问题，基金项目管理机构、科研院所、科研审查监督机构等部门应联合起来，加大基金信息审核力度和科研失信惩治力度。谢翔等[10]、蔡宗珍[13]分别代表医院科研管理处和高校科研管理处提出建议：基金管理部门应加强管理，各大院校的科研管理部门要加强宣传和审查。

2.2 针对期刊编辑部

笔者以为，期刊编辑虽然可以向基金项目、科研课题的管理部门提出建议，但具体的改进尚需时日，目前我们最重要的工作是变被动为主动，积极寻找对策。

相关科研管理处对期刊编辑部也有意见建议。蔡宗珍[13]认为，论文中基金项目标注存在的诸多问题与期刊出版社更倾向于录用基金项目的研究成果、更多地满足作者的个性化需求、论文编辑没有核实基金项目内容的真实性和准确性有关。谢翔等[10]认为，期刊要坚持以文章质量为重，编辑要注重审核，惩防并举。该医院科管部门曾经给刊登了擅属该院国家自然科学基金项目论文的期刊编辑部发函，要求刊登声明，表明该论文内容与其标注的基金项目无关。

为了防范基金项目标注的不端行为，大多数期刊编辑在"稿约"或补白中声明了本刊的基金项目标注要求。比如《中国实用外科杂志》关于文章基金项目标注的要求[14]："基金项目是指文章产出的资助背景，如国家自然科学基金、国家科技攻关计划、卫计委科学研究基金等。获得各种基金资助产出的文章应在文章首页地脚以"基金项目："作为标识，注明基金项目名称，并在圆括号内注明其项目编号。"《上海口腔医学》要求作者投稿时务必出具基金项目复印件作为证明[15]。

此外，期刊编辑也提出了很多建议对策。韩磊等[16]认为，学术期刊应承担起加强基金项目审核的责任，在审稿流程中加入针对基金项目的审核机制，规范对基金项目标注的要求，加强对基金项目标注要求的宣传。刘燕等[12]提出基金项目信息规范化建议：严格限制论文基金标注数量，编辑要认真审核标注2个以上基金资助项目的论文，要求作者标注与论文内容相关度最高的基金项目；客观看待基金论文，并非所有标注基金项目的论文水平就很高，而没有标注基金项目的论文水平就不高。向晓莉等[8]提出编辑部内控制度建议：设立科研诚信黑名单，建立集体初审制度。

3　编辑部对基金项目审查存在难度

在实际工作中，编辑部要核查基金项目的真实性存在一定的难度，学术论文与基金项目的匹配检查还没有形成有效的体系，主要原因包括以下几方面：

(1) 信息公开不对称。一般情况下，通过国内外文献数据库平台就可以检索到已发表的学术论文的各项信息。相较之下，论文中标注的基金项目信息显示度较差。我国采用多层次、多类型的科技计划资助体系，整合程度低。除了国家级别、某些省级的基金项目可以随时在线查询，其他基金项目信息的跨部门共享均存在较大的障碍，难以实现公开检索。

(2) 专业术语缺乏规范。学科分类是科学进步的必然，也是近现代科学加速发展与深化发展的需要，随着众多新兴学科的崛起，专业术语不断更新，存在"一词多义"和"多词同义"的现象，直接影响了检查的准确性。

(3) 检查存在盲区。当前学术论文已经实现高精度查重检测，并自动生成一个详细的检测报告，方便主动而有效地控制论文学术不端。同一类别或同一部门管理的基金项目之间也容易实现项目的查重。但是，针对学术论文基金项目标注尚没有明确的检查机制，在论文投稿、论文出版、成果登记、结题评审等环节上都缺乏针对性的检查，仅仅停留在形式检查和个人主观判断层面，没有类似论文查重检测报告的客观数据供参考。

4　建议在学术论文中全要素标注基金项目信息

经前述文献梳理，很多期刊编辑都不约而同地提出了规范论文基金项目标注格式的建议[3,7,9,11-12,16]，建议相关部门参考《参考文献标注格式》，制定《基金项目标注格式》，如"项目来源+项目名称+项目编号"。另外，邓媛[17]提出基金项目标注内容完整化：补充具体课题名称、课题负责人、课题执行单位和课题起止时间。事实上也确实有期刊在这样标注(见下图[18])。根据笔者实际编审经验，结合科研项目管理的规范要求，提出以下应对基金项目不实标注的建议。这些建议不是孤立的，而是"有机结合、分层递进"的关系。

收稿日期：2018-01-22
修回日期：2019-03-18
上海市科委科研基金资助项目(14401930300)；清肺通络汤治疗儿童肺炎支原体肺炎疗效评价，负责人：肖臻；上海市卫生计生系统重要薄弱学科建设计划项目(2016ZB0103-02)，负责人：姜之炎；上海市申康医院发展中心市级医院新兴前沿技术联合攻关项目(SHDC12014110)；中西医结合治疗儿童支原体肺炎诊疗方案规范化研究，负责人：肖臻。
通讯作者：肖臻，博士生导师，主任医师，主要研究方向：中医治疗小儿呼吸系统疾病及杂病临床研究。

(1) 在论文中全要素标注基金项目信息。虽然全要素标注基金项目信息会占用一定的版面空间，但可以有效提高编辑和读者的判别能力，作者也会更加自觉地如实标注相关信息，毕竟在论文刊出之后这些基金项目信息全部公开，会受到更多更全面的监督。在论文中全要素标注基金项目信息将极大地遏制基金项目不实标注问题的发生。

(2) 控制论文中基金项目的标注数量。为了减少将一篇论文用于多个项目结题的学术不端现象，建议控制论文中基金项目的标注数量。在编辑部收稿工作中，标注 3 个及以上基金项目的论文"挂名结题"的现象时有发生，因此建议一篇论文最多标注 2 个基金项目。医学期刊涉及到全国多中心的大型临床病例研究,另可特殊处理。

(3) 在论文中按照相关性对基金项目进行排序。目前国家自然科学基金对于结题论文要求标示出其基金号在致谢中的排序位置,因此,基于前面的建议基础,针对由 2 个基金项目资助的论文,建议在论文中按照相关性对基金项目进行排序,这样不仅便于编辑的审校和读者大众的监督,也有利于项目结题评审时的学术诚信监管。这样,在应对基金项目不实标注这个问题时,编辑部变被动为主动,不仅提高了编辑工作质量,还为基金审批和科研管理部门提供了便利,一举多得。

5 结束语

反对学术不端行为是一项长期而艰巨的系统工程。从调查情况来看,自然科学、社会科学的各类核心期刊的已刊发论文中均存在较多的基金项目不实标注的问题,这严重影响了我国期刊的高质量发展。作为期刊编辑,建议大家正确客观地看待基金论文,坚持"质量为王"的原则,保持职业操守,坚持科学态度,做好学术不端防范。

参 考 文 献

[1] 国家自然科学基金委员会.关于印发《国家自然科学基金项目科研不端行为调查处理办法》的通知[EB/OL].[2020-12-29].http://www.nsfc.gov.cn/publish/portal0/tab434/info79519.htm.
[2] 国家新闻出版署.学术出版规范:期刊学术不端行为界定:CY/T 147—2019[S/OL].[2019-05-29].http://www.sohu.com/a/329116930_305341.
[3] 舒安琴,罗瑞,张耀元,等.科技期刊中国家自然科学基金标注失范现象的调查[J].中国科技期刊研究,2020,31(4):413-418.
[4] 白雪娜,张辉玲,黄修杰.科技论文基金项目标注的不端行为及防范对策研究:基于178篇论文标注209个国家自然科学基金项目的实证分析[J].编辑学报,2017,29(3):260-264.
[5] 孔艳,张铁明.学术期刊论文基金项目的不当标注:基于林业行业学术期刊论文基金项目标注的调查统计[J].编辑学报,2020,32(4):413-417.
[6] 王小艳,蔡明科,宋妍娟.从科技论文基金标注谈制定基金项目批准号管理办法的必要性:以国家自然科学基金标注为例[J].科教导刊(下旬),2015(1):16-18.
[7] 金丹,王华菊,李洁,等.科技论文中基金项目标注存在的问题及常见错误分析[J].编辑学报,2019,31(增刊1):137-139.
[8] 向晓莉,吕永胜,杨叶,等.基金论文的科研诚信问题及编辑部对策探讨[J].传媒论坛,2020,3(3):81-83.
[9] 谢翔,陈苑,朱雪琼.论文中国家自然科学基金项目标注存在的问题分析及对策[J].中华医学科研管理杂志,2016,29(2):110-112+124.
[10] 徐红萍.社科期刊论文基金项目标注不端行为实证研究:基于八所"211"师范大学社科版学报的343篇论文[J].苏州教育学院学报,2020,37(3):56-63.
[11] 许敏,李庆华,窦薇.科研论文基金项目标注问题研究:以《云南农业大学学报(社会科学)》为例[J].云南农业大学学报(社会科学),2019,13(5):142-146.
[12] 刘燕,杨燕萍.出版类期刊基金论文和基金项目相关性研究:以 8 种出版类期刊为参照[J].集美大学学报(教育科学版),2017,18(1):78-81.
[13] 蔡宗珍.学术论文基金项目标注的精细化管理研究[J].福建教育学院学报,2020,21(10):54-57.
[14] 《中国实用外科杂志》关于文章基金项目标注的要求[J].中国实用外科杂志,2021,41(1):84.
[15] 关于出示论文基金资助证明的说明[J].上海口腔医学,2020,29(6):655.
[16] 韩磊,邱源.学术期刊须警惕基金论文中基金项目不实标注现象[J].编辑学报,2017,29(2):151-154.
[17] 邓媛.重视对科技期刊论文基金项目挂靠现象的防范[J].科技传播,2019,11(12):9-10,108.
[18] 姜之炎,肖臻,姜永红,等.清肺通络汤对肺炎支原体肺炎患儿中医证候积分及血清炎性因子水平的影响[J].世界科学技术-中医药现代化,2019,21(4):623-628.

高校学术期刊学者型编辑培养的实践
——以《成都体育学院学报》编辑部为例

李 新，荆 敏，马杰华，王宏江

(成都体育学院，四川 成都 610041)

摘要： 以《成都体育学院学报》编辑部为例，总结高校学术期刊培养学者型编辑的实践经验，促进刊物质量提升。以《成都体育学院学报》提升编辑部内涵建设为例，运用参与式观察法进行调查，总结编辑部从编辑业务素质和学科素养两个方面培养学者型编辑部的具体实践。编辑部提升编辑业务素质的经验包括，定期组织编辑进行集体业务学习，撰写编辑学论文；主动检视自身编校错误；向优秀编辑部交流学习；主动承办会议，打造学术共同体。提高编辑学科素养的措施包括：鼓励编辑结合自己的专业方向积极深造；鼓励编辑参与学科教学活动；鼓励编辑积极从事科学研究工作。《成都体育学院学报》狠抓编辑部内涵建设的举措对同行编辑有一定的参考价值，具有现实指导意义。

关键词： 高校学报；学术期刊；学者型编辑；人才培养；实践经验

2015年8月中央通过《统筹推进世界一流大学和一流学科建设总体方案》，明确提出要建设一流学科和一流大学，该方案中提到，要"突出人才培养的核心地位"，"着力培养各类创新型、应用型、复合型优秀人才"[1]。随着"双一流"建设的深入推进，各个高校对人才培养和人才引进的重视不断增强，作为展示高校优秀科研成果的重要窗口，高校学术期刊对高层次、学术化等复合型编辑人才的需求也日益增长。编辑从业者是现代出版事业的核心力量，其素质和水平直接决定出版物的质量[2]。有研究表明，在"双一流"建设契机下，高校学术期刊中拥有博士学位的编辑比例显著提升[3]，而期刊编辑参与科研活动的现象也日益增多，越来越多的编辑不再满足于"为人作嫁衣"，逐渐从幕后走向台前，渐渐成长为学者型编辑。20世纪80年代，林辰先生首提"编辑学者化"的思想，他指出，编辑必须像学者那样去研究、了解，以及把握所编学科的学术和学术动态、动向、趋势，努力使自己成为所编学科的行家乃至专家。只有这样，才能使编辑工作立于主导地位，取信于作者，工作才能更加具有主动性[4]。成为学者型编辑，不仅需要编辑自身努力，更需要高校解放思想，突破各种行政制度的桎梏，在"双一流"建设浪潮中，为培养新时代的复合型编辑人才创造条件。

《成都体育学院学报》(以下简称《学报》)创办于1960年，创刊60余年来，一直是体育领域的重要学术刊物。《学报》是全国中文核心期刊、中文社会科学引文索引来源期刊，在学术界享有良好的声誉。《学报》取得的成就离不开编辑的辛勤劳动。一直以来，《学报》都把提升编辑素养、促进学科编辑向学者型编辑转型作为编辑部人才培养的重要目标。目前，编

基金项目： 国家社科基金项目(17BTY025)；四川省社科联教育厅人文社会科学(体育社会科学)重点研究基地研究项目(TY2021305)

辑部共有5名编辑，其中高级职称3人，中级职称1人，初级职称1人。3名博士，2名在读博士研究生。《学报》编辑部培养的一些学科编辑既能够完成稿件审校又能够自己著书立说，他们不仅仅是优秀成果的加工者，也是优质稿件的重要创造者和把关者，逐步走出了一条"编研合一"的道路。因此，文章以《学报》编辑部培养学者型编辑的实践为例，通过参与式观察，总结其中的经验并提出相应举措，以期为高校科技期刊培育复合型编辑人才提供借鉴。

1 《学报》学科编辑的角色定位与工作任务

《学报》作为体育类综合性学术刊物，现设有体育人文社会学、体育教育训练学、民族传统体育学、运动人体科学等栏目，每个栏目配备有相应的学科编辑。学科编辑的工作任务主要包含两个方面：第一，学科编辑要对所负责栏目的稿件进行审校。稿件分配给学科编辑后，学科编辑需要对稿件的选题和研究内容进行评估，给出初步的评审意见。一方面，学科编辑拥有直接退稿或提交外审的权利。另一方面，学科编辑拥有选择评审专家的权利。学科编辑根据专家给予的不同审稿意见再进入下一阶段流程。稿件确定录用后，学科编辑还需要对其进行编辑、加工和校对工作。第二，学科编辑可以依据学术动态及期刊选题向本领域的专家学者约稿和组稿。因此，学科编辑学术素养的优劣直接关系到能否将那些选题创新、设计严谨、方法规范、具有理论及实践意义的稿件筛选出来；学科编辑编校业务能力的强弱则直接关系到优秀论文是否表达得更为规范、确切，能否被其他作者阅读与引用。

编辑的业务素质与学科专业素养不可偏废，两者都是保证出版物质量与水平的关键所在，因此《学报》编辑部出台了一系列举措培养年轻编辑，为每位编辑自身的发展提供尽可能多的空间，增加编辑工作的主观能动性，树立编辑的职业认同感，下面分别从学者型编辑的业务素质和学科素质两个方面阐述《学报》编辑部的具体实践。

2 《学报》提升编辑业务素质的举措

2.1 定期举行编辑业务集体学习，撰写编辑学论文

集体进行编辑出版业务学习是编辑部成员间业务交流的重要方式，也是编辑增长见识、开阔视野的重要途径[5]。目前，《学报》编辑部每两周定期举行一次集体业务学习。学习内容主要包括编辑出版规范、最新的编辑出版成果、新媒体技术等方面，同时结合近期的时事热点、工作中遇到的编校困难进行，每次学习通常设置一个主题，大家形成头脑风暴，共同进步。集体进行编辑业务学习是帮助编辑主动研究编辑学规律、撰写编辑学论文的途径之一。

2.2 主动检视错误，提高编校水平

编校能力是编辑的立身之本。随着编辑工作年限的增加，入职之初的新鲜感散去，职业惰性就会慢慢显现。如果编辑不积极学习编校业务，有些错误就会熟视无睹，甚至酿成大错。因此，编辑部主动发力，专门邀请期刊方面的专家对已经发表的《学报》论文进行审读，查找编校错误，大家再共同审视自己常犯的错误，提高自身编校素养。例如，编辑部曾邀请电子科技大学徐安玉编审为《学报》审读，徐老师为编辑们指出了很多日常工作中常常忽视的小问题，大家收获颇丰。主动检视错误，开展自我剖析，是提高编校水平的重要途径。

2.3 向优秀编辑部交流学习

向他人学习，向优秀的编辑学习，找到自身差距，是促进个人成长进步的重要手段。编辑部会提供多种途径组织编辑到其他优秀的编辑部交流学习，或者邀请其他编辑部成员到本

部门座谈。借助地理优势,编辑部曾多次到访《工程科学与技术》编辑部、四川大学华西口腔医学院编辑部等进行学习交流。四川大学华西口腔医学院编辑部拥有一流的口腔医学专业期刊群,虽然该编辑部出版的都是医学期刊,但是他们的管理制度和办刊思路为《学报》提供了借鉴。正是在与该编辑部的多次交流中,我们了解到,编辑工作和个人的临床、教学工作不仅不冲突,而且还能起到互相促进的作用,因此也能够吸引更多的青年人才加入编辑部,起到良性循环的效果。该编辑团队"医编研"实践的成功[8]为《学报》编辑部打造体育领域编辑业务素养和学科专业发展齐头并进的可能提供了经验。这也成为了成都体育学院教师人事制度改革的重要参考之一。打破岗位壁垒,充分调动编辑岗位教师的教学与科研积极性,使之成为学者型编辑,不仅是我们努力的方向,也应是未来很多高校学术期刊编辑部发展的方向。

2.4 承办会议,打造学术共同体

学术会议是学术交流的重要形式,参加学术会议是科技期刊编辑提高业务能力的有效途径[9]。研究表明[10],作为期刊编辑,除了要具备组织策划能力、语言能力、编辑能力等业务素质,还需要具有一定的信息素质,以及思想道德、团队协作、社交能力等人文素质。《学报》不仅支持编辑参加相关学术会议,还主动作为,承办会议。迄今为止,编辑部已经作为承办单位之一承办了六届"体育学科发展青年论坛"。通过青年论坛,《学报》不仅扩大了自身的影响力,培育了一批忠实的青年作者,各位编辑也得到了全方位锻炼。通过青年论坛的举办,《学报》的学科编辑们与专家学者形成了紧密的联系,这不仅有助于组稿约稿,同时也扩展了编辑个人的学术圈。正是在青年论坛上,一位编辑结识了本学科的一名重要专家,通过后期的联系与交流,该学科编辑深得这位专家的赏识,最终成功考取了他的博士研究生,为自己转型为学者型编辑开辟了新的道路。

3 《学报》促进学科编辑向学者型编辑转型的举措

具有一定的专业学术能力和编辑业务能力,能够对本学科领域稿件的选题价值、研究内容等作出初步判断,是一个学科编辑的基本素质。随着工作的深入,当编辑主动探索所在学科的学术前沿、准确把握该学科的学术动向和发展趋势,逐渐形成自己的学术思想和见解,也就实现了学科编辑向学者型编辑转型的过程。《学报》编辑部创造了多种条件帮助学科编辑向学者型编辑发展。

3.1 鼓励编辑结合自己的专业方向,积极深造

编辑在日常工作中要进行繁忙的审稿、编辑、校对、加工等琐碎事宜,同时还有大量的编务工作要做。尽管任务繁重,但是《学报》仍鼓励各位编辑在学业上进行深造,并且出台一系列措施鼓励大家攻读博士学位,使得《学报》的博士研究生比例位居全校前列。

为了让当年准备考博的编辑有充足的时间复习,执行主编会有意识地减少其承担的工作,而编辑部的其他同事也会主动为其分担工作,减少其后顾之忧。《学报》的一位编辑当年是以硕士学位招聘的,但工作几年后,遇到了职业发展的瓶颈,于是在工作之余努力学习,经历了 2 次尝试后最终成功考取了博士。而本编辑部最年轻的一位编辑也于 2019 年顺利考取了国内一流的体育专业院校攻读博士学位。该校的博士研究生入学考试中有一题是让考生论述"如何理解体育改革成果的惠民利民?" 2018 年是改革开放 40 周年,不少体育类的期刊都组织了以改革开放 40 周年为主题的专题文章。正因为在编辑一线工作,日常工作中会密切关注各相关期刊的专栏文章,因此,拿到这道考题后,该编辑迅速有了答题思路,从学术角度梳理了

体育产业、体育场馆、体育法等不同专题的改革成果，回答起来颇感得心应手。如今，博士生入学考试的题目设置与社会热点结合越发紧密，编辑在工作当中能够第一时间接触到很多各种热点论文，在备考时就会有事半功倍的效果，而在学科专业上的继续深造，无疑能够增加编辑对稿件学术水平的研判能力，促进学者型编辑的转化进程。

3.2 鼓励编辑参与学科教学，克服职业倦怠

虽然编辑的主要工作是编辑出版，但是《学报》作为成都体育学院的一个重要部门，在学校"全员育人"的要求下，编辑不仅是与冰冷文字打交道的工匠，更是一名人民教师。

在编辑的日常工作之外，《学报》编辑部还积极鼓励各编辑到院系为本科生和研究生授课。一方面，站上讲台，与学生面对面，是对编辑日常枯燥工作的良好调剂；另一方面，备课和上课能够倒逼编辑查阅最新的研究成果，拓展自身的学术外延，激励编辑不断夯实专业知识。同时，打破行政壁垒，深入到各院系和教研室，编辑不仅能够评编审系列职称，在完成相应的教学和科研任务后，还有资格评教授系列职称，这也是克服编辑职业倦怠的有效手段[11]。

目前，除了正在攻读博士学位的 2 名编辑外，编辑部其余的 3 名成员全都参与了学校一线的教学工作。其中，执行主编来自历史文化系，她除了担任期刊部主任，同时也是体育史方向的博士研究生导师。《学报》编辑部另外一位专职编辑同时也是运动医学与健康学院的硕士生导师。而本文的第一作者 2016 年博士毕业后直接来到编辑部，经过一年的编辑实践，顺利考取了编辑出版系列中级资格证书，她同时也担任了学校通识课程《信息检索与利用》以及运动人体科学专业部分课程的教学工作。在高校，如果不参与教学工作，不直接面对学生，就会有被边缘化之感。这位编辑提到，每年教师节，当看到教学岗位的老师们笑容满面接受学生的祝福时，感觉最为失落，好像与学校格格不入，愈发感觉到编辑是一个"辛苦、少名、缺利"的职业。自从该编辑开始兼顾教学工作后，不仅没有对编辑业务产生影响，反而促进了自己审稿能力的提升。该编辑有一次在课堂上讲授跑步运动对膝关节健康影响的相关内容，有学生提出，他看到过一篇微信公众号转载的文章，提到每天健身跑对膝关节起保护作用，而久坐不动的生活方式和长时间大强度的跑步则会损伤膝关节。在我们的生活体验中，关节是有寿命的，用得越多、坏的越快，似乎久坐不动是最好的膝关节保护方式。虽然与自己的主观认识不符，但该编辑并没有匆忙否定学生的看法，而是在课下寻找那篇公众号的文章，并且成功追溯到了依据。原来该文章参考了一篇发表在《骨科与运动物理治疗杂志》(*Journal of Orthopaedic & Sports Physical Therapy*) 上的论文[12]，这篇论文采用荟萃分析的研究方法，收集了 25 项总计 125 810 人的研究，甄选和剔除了那些低质量的研究后，最终选取了 17 项总计 114 829 人的研究进行了荟萃分析，结果发现，健身跑者髋膝关节炎发生率仅为 3.5%，久坐不动人群的髋膝关节炎发生率为 10.2%，竞技跑者的髋膝关节炎发生率为 13.3%，总体来说，跑步有利于关节健康，但过量、高强度的跑步可能会引发关节问题。荟萃分析是运动医学相关领域重要的研究方法，通过对这篇文章的认真研读，该编辑对采用荟萃分析方法的论文有了更深入的了解，对投向《学报》中类似文章的辨别能力明显增强，实现了编辑业务和学科专业知识的双提升，向成长为学者型编辑迈出了坚实的脚步。

3.3 鼓励编辑申报科研项目，发表学术论文

除了完成日常的编辑工作，编辑部还鼓励学科编辑走出办公室，加入自己学科的研究团队，积极申报科研课题、发表学术论文，努力发展成为学者型编辑。这不仅能够大幅度增强编辑的审稿判断能力，筛选出优质稿件，并且向专家约稿时，有较好学科素养的学者型编辑

往往在约稿前内心已经形成主题和框架，讨论稿件时就会更有针对性，而经过编辑和专家之间反复沟通后形成的学术论文质量也会更高。

《学报》的前任常务副主编曾在编辑岗位上工作了 18 年，从普通编辑一路做到常务副主编。他在编辑工作之余积极申报课题，主持了国家社科基金项目、教育部人文社会科学项目等科研课题，发表了一系列体育史、体育文化传播方向的研究论文和专著，被学校聘任为博士研究生导师，成功实现了从学科编辑向学者型编辑的转型。由此可见，不仅学者可以兼职做编辑，编辑科研搞得好的情况下也能够转行做学者。做编辑使学者的思维能够始终处于科研的最前沿，做学者使编辑的眼光更具前瞻性和洞察力。正如国际知名期刊 *Journal of Clinical Investigation* 科学编辑 Thomas L. Clemens 教授所言："会写文章才能做好科学编辑，只有会写文章的编辑才能一眼就看出文章题目是不是简洁，文章语言是不是流畅自然，编辑全文从而使文章更精美；才能对文章的题目、摘要和前言进行语言和内容精加工，吸引读者的眼球。"[13]

4 结束语

建设一流大学和一流学科政策的出台开启了我国高等教育新一轮的激烈竞争。高校学术期刊是高校科研和教学工作的组成部分，它不仅是传播科研成果的窗口，也承担着高校人才培养的根本任务[14]。当今学术界正快速发展，科研成果一日千里，学科编辑不仅要耕耘在自己的编校园地，同时也要依靠自身的学科素养和业务素养把有潜力的作者和审稿人凝聚在一起，并在这一编辑、作者、审稿人构成的学术共同体中发挥主导作用。学者型编辑，正是既能够进行文字规范和语言加工，又有自己的学术观点，对文章有自己思考和判断能力的人，只有这样编辑才能在作者面前具有发言权，也更利于邀约到高水平的学术论文，为把更多的优秀"论文写在祖国大地上"贡献力量。

参 考 文 献

[1] 国务院.国务院关于印发统筹推进世界一流大学和一流学科建设总体方案的通知[EB/OL].[2019-10-21]. http://www.gov.cn/zhengce/content/2015-11/05/content_10269.htm.
[2] 邢维春,马琪奇.培养青年编辑工匠精神对策研究[J].中国报业,2019(13):86-87.
[3] 李文娟,张红霞."双一流"建设契机下高校学术期刊编辑人才的发展之路[J].中国科技期刊研究,2019,30(1):64-69.
[4] 林辰.说说我的编辑思想[J].出版工作,1990(3):38-49.
[5] 孔红梅.科技期刊应加强编辑团队建设:以《生态学报》编辑部为例[J].编辑学报,2012,24(4):390-392.
[8] 吴婷,王晴,王姝,等.四川大学华西口腔医学院编辑部团队建设的一些体会[J].中国科技期刊研究,2013,24(6):1202-1205.
[9] 邵玉娴,王小玲,杨雪,等.借助学术会议提升科技期刊学术水平和影响力[J].编辑学报,2019(增刊1):73-76.
[10] 孙冬花,朱亚娜,刘彤,等.科技期刊编辑素质评价体系研究[J].中国科技期刊研究,2019,30(3):300-305.
[11] 万家练,阮征.科技期刊青年编辑克服职业倦怠的良策[J].编辑学报,2017,29(5):498-499.
[12] EDUARD A G, SAMUELSSON K, MUSAHL V, et al. The association of recreational and competitive running with hip and knee osteoarthritis: a systematic review and meta-analysis[J]. Journal of Orthopaedic & Sports Physical Therapy, 2017, 47(6):373-390.
[13] 骆筱秋,王晴,袁鹤,等.从国际知名医学期刊看"科学编辑"[J].中国编辑,2018(9):66-69.
[14] 李燕文,郑琰燚,刘昌来,等.高校学术期刊在"双一流"学科建设人才培养中发挥作用的途径[J].科技与出版,2019(9):113-115.

基于 CDIO 工程教育理念的学术期刊编辑人才培养

李丽妍

(华东理工大学高等教育研究所《化工高等教育》编辑部，上海 200237)

摘要： 学术期刊编辑是我国建设一流学术期刊的重要力量，加强学术期刊编辑人才培养至关重要。基于 CDIO 工程教育理念，将学术期刊人才应具备的能力分为专业知识和技能、个人素质和能力、人际能力、工程项目建造能力四个方面，并从构思、设计、实践、执行四个阶段出发，构建了学术期刊编辑人才培养方案，为出版单位的人才培养提供参考。

关键词： 学术期刊；编辑；CDIO 理念；人才培养

2019 年，中国科协、中宣部、教育部和科技部联合印发了《关于深化改革 培育世界一流科技期刊的意见》，明确提出了我国科技期刊的发展目标。随后，中国科协联合其他单位组织实施"中国科技期刊卓越行动计划"，推动我国科技期刊高质量发展。2021 年，习近平总书记在给《文史哲》编辑部全体编辑人员的回信中，肯定了期刊工作的重要性，并指出高水平的学术期刊应"坚守初心、引领创新，展示高水平研究成果"。随着国家对期刊出版工作越来越重视，对期刊发展的要求越来越高，期刊从业者的能力和素质也应不断加强，这样才能在创建世界一流期刊的过程中作出更大的贡献。编辑人员作为期刊编辑出版队伍中的重要组成部分，在整个出版过程中发挥着举足轻重的作用，因此加强期刊编辑人才培养，对于提高期刊出版质量、助力我国一流期刊建设具有重要的意义。

期刊出版是一项实践性非常强的工作，也是一项系统工程，对于编辑从业者的要求是多方面的。对于期刊出版单位，尤其是高校的期刊编辑部而言，编辑不仅承担着传统意义上稿件录用后的文字加工工作，还承担着组稿、栏目策划等工作，是整个出版过程的重要参与者。因此，培养具有全局思维、能够系统参与期刊出版全过程的编辑人才十分必要。而基于实际工作培养编辑人才，是当前编辑人才培养的主要方式。为此，本文拟借鉴在高等教育中广泛应用的 CDIO 工程教育理念，立足期刊编辑出版实践，探讨学术期刊编辑人才的培养。

1 CDIO 工程教育理念

CDIO 是美国麻省理工学院联合其他三所高校共同开发的一种全新的工程教育理念和实施体系[1]，其核心是围绕工程产品或系统的生命周期，从构思(Conceive)、设计(Design)、实施(Implement)和运行(Operate)的具体情境出发，从工程基础知识、个人能力、人际团队能力和工程系统能力四个层面制定培养大纲，使人才培养达到预定目标。CDIO 理念是对近 20 年来欧美工程教育改革理念的继承和发展，体现了系统性、科学性和先进性，2005 年被我国汕头大学引入，取得了较好的效果[2]。此后，各高校纷纷引入 CDIO 工程教育模式。经过 10 多年的发展，2016 年 CDIO 工程教育联盟在汕头成立，目前该联盟成员单位有 171 家[3]。

该理念强调以工程项目的整个生命周期为载体，通过"做中学"，让学生以主动实践的方式学习工程。CDIO 的 12 项标准从知识和能力之间的关联、学生能力培养需求、实践项目的设置等方面提出了具体要求[4]，充分体现了实践与学生能力培养之间的关联。

编辑学是一门实践性非常强的学科，对编辑从业者的要求也是多方面的。而当前我国编辑出版学专业布点数非常少，大多数编辑人才都是依靠出版单位培养的。另外，编辑出版作为一项流程规范的系统工程，在不同环节有不同的侧重点，对从业者的要求也不同。这就使得编辑人才的培养具有了鲜明的系统性和实践性特征，与 CDIO 理念有了天然的契合点。

2 学术期刊编辑人才的能力和素质要求

就学术期刊而言，编辑出版内容的宽广性和学术传播方式的多样性对编辑人员提出了多方面的要求。当代学术期刊编辑作为一种多元角色，除应具备敏锐的政治意识、深厚的知识基础、对文字的敏感性和良好的沟通能力之外，还应具备媒介传播意识、资源整合能力等[5]。20 世纪，联合国教科文组织提出了教育目标的四个支柱理论：学以求知、学以做人、学以共处和学以致用，将学生培养目标分为四个层次。而美国麻省理工学院的 CDIO 能力大纲也相应地将职场对专业人才的要求分为专业知识和技能、个人素质和能力、人际能力、工程项目建造能力四个方面[6]。因此，本文也从这四个方面定义学术期刊编辑的能力。

在专业知识和技能方面，学术期刊编辑一方面应具有扎实的学科基础，能够深入理解文稿内容和了解学科发展前沿，以便更准确地判断稿件的创新性和学术水平；另一方面应具备良好的编辑素养，能够胜任文稿的编辑加工等工作，并能够根据内容和刊物特色进行栏目策划，甚至能够开展编辑学相关的学术研究。

在个人素质和能力方面，学术期刊编辑应具有主动服务意识，努力塑造期刊品牌形象，吸引优秀的作者，增加作者和读者的满意度[7]；还应具备创新精神，在约稿和组稿、编辑流程管理、读者和作者服务、内容呈现等各个环节主动求变，以期提升稿件的质量，提高稿件处理的效率，从而提升期刊的整体水平；也应具备自主学习能力，适应在线办公和数字化传播的需要，增强内容多元化处理水平。

在人际能力方面，学术期刊编辑应具备良好的沟通交流能力，加强与审稿人、作者和读者之间的互动，了解各方的需求，准确表达自己并增强沟通的有效性和针对性；同时应具备组织协调能力，在期刊组织的学术会议、专题研讨等活动中充分发挥桥梁作用，体现自己的"东道主"身份，组织并协调好相识学者的日程安排，为日后约稿打下基础。

在工程项目建造能力(这里对应期刊出版)能力方面，学术期刊编辑应具备系统管理能力和前瞻性思维，能够从系统角度出发，主动将自己融入出版的整个流程，了解各个环节的工作，在提升个人工作能力的同时兼顾出版流程的整体优化，并能根据行业的发展趋势学习和使用新技术、组织热点栏目和反映学科发展前沿的稿件。

3 基于 CDIO 理念的学术期刊编辑人才培养

根据 CDIO 理念，一个工程项目被划分为构思、设计、实施和运行四个阶段。项目工程师在构思阶段，要能够围绕主题和内容，构思并形成项目方案；在设计阶段，要具备根据方案进行设计的能力;在实施阶段,应能够将设计转变为现实;在运行阶段,要具备项目实践与展示能力[8]。与之相对应,本文将学术期刊从栏目设计到完成内容传播的整个流程看作一个学术传播工程项目,对应各阶段的任务如表1所示。

表1 基于CDIO理念的学术传播工程项目各阶段任务

工程项目阶段	项目实践能力	对应学术传播工程项目实践能力
构思	围绕项目主题和内容,构思并形成项目方案的能力	栏目策划与组织能力
设计	根据方案进行设计的能力	挑选稿件的能力(包括约稿组稿和审稿)
实施	将项目构思和设计转换为现实的能力	编辑出版能力
运行	完成项目实践与展示的能力	内容多元化呈现与传播能力

根据表1,结合上文定义的学术期刊编辑四个方面的能力,本文构建了基于CDIO理念的学术期刊编辑人才培养方案,如图1所示。该方案立足编辑出版实践,具有很强的可操作性。

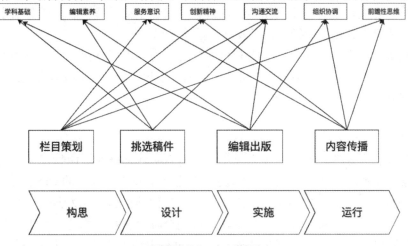

图1 基于CDIO理念的学术期刊编辑人才培养方案

在构思阶段,主要工作是围绕期刊的办刊宗旨,结合学术热点话题等,进行栏目策划与组织。该阶段可以培养编辑的服务意识、创新精神、沟通交流能力和前瞻性思维。期刊出版单位可以选派编辑人员参加学术会议,了解某一领域的前沿进展;围绕该领域开展调研,梳理出主要研究方向、研究人员、热点研究问题等,并结合期刊特色和定位打造精品栏目。编辑在进行栏目策划和组织的过程中,可以与读者沟通,了解读者的阅读需求,增强服务意识和沟通交流能力,使栏目设置更加合理。在这一过程中,编辑可以充分发挥创新精神,结合新媒体技术的发展,构思栏目内容的多元呈现方式,培养前瞻性思维,通过"头脑风暴"完成一次模拟的学术传播过程。

在设计阶段,主要工作是根据栏目,挑选相应的稿件。稿件来源一般包括约稿、组稿和作者自由投稿。该阶段可以有意识地增强编辑的学科基础知识和编辑业务能力,培养其沟通交流能力。参加学术会议除了能够为编辑人员了解学科前沿提供机会,还是一个组稿和约稿的良好契机。在前期栏目策划工作的基础上,学术期刊编辑通过在学术会议上与他人进行学术交流,可以发展潜在作者,同时锻炼自己的沟通交流能力。而这个过程必然要求编辑人员不断学习，掌握更多的学科知识。此外，期刊出版单位可以让编辑人员参与稿件的评审和筛选，通过提出修改意见、撰写退修意见等，提升学术编辑的业务能力。

在实施阶段，主要工作是完成编辑出版的整个流程。在这一过程中，期刊出版单位可以有针对性地培养编辑的业务能力及基本素养、沟通交流能力和组织协调能力。同时，编辑出版过程中对学科基础知识的反复使用和质疑探究也有助于加深编辑人员对学科知识的理解。在该阶段，编辑的主要工作是运用所学的学科基础知识和编辑业务知识进行稿件的编辑加工，在这一过程中会多次与作者、排版人员等反复沟通，可以有效锻炼沟通交流能力，同时提高编辑业务水平和相关素养。除此之外，期刊出版单位也可以让编辑人员观摩或参与编辑部主任等人的工作，了解本单位编辑出版的整个流程安排，提高组织协调能力。

在运行阶段，主要工作是完成内容的传播。在这一过程中，期刊出版单位可以培养编辑的服务意识、创新精神、组织协调能力和前瞻性思维。尤其在新媒体时代，传播方式多元化，如何使内容的传播最大化和最优化，值得编辑人员思考。出版单位可以加强编辑与新媒体运营人员的合作，让编辑也参与到网络传播的过程中来，主动了解读者的服务需求，创新内容传播形式，形成对内容传播途径和技术发展的前瞻性思维。

在整个出版过程中，系统管理能力和自主学习能力的培养贯穿始终。加强编辑的系统管理能力，有助于期刊各环节的协调性改进；而加强自主学习能力，是编辑人员适应行业发展、持续进步的基础。

4 结束语

学术期刊编辑人才的培养是一项系统工程，具有实践性强的鲜明特征。立足实践培养编辑人才，才能使人才的适应性更好。本文基于高等教育领域广泛使用的 CDIO 工程教育理念，从专业知识和技能、个人素质和能力、人际能力、工程项目建造能力四个方面提出了编辑人才应具备的能力，并从构思、设计、实施、运行四个阶段出发，构建了学术期刊编辑人才培养方案，供期刊出版单位参考。CDIO 理念在应用过程中还关注学生能力的培养效果评价，以便对培养大纲等进行检验和反思。本文仅给出了学术期刊编辑人才培养方案，如何确保人才培养取得实效，有待进一步研究。

参 考 文 献

[1] 王硕旺,洪成文.CDIO:美国麻省理工学院工程教育的经典模式:基于对 CDIO 课程大纲的解读[J].理工高教研究,2009,28(4):116-119.

[2] 沈民奋,李升平,庄哲民,等.从 CDIO 到 EIP-CDIO:汕头大学工程教育与人才培养模式探索[J].高等工程教育研究,2008(1):12-20.

[3] CDIO 联盟成员单位 [EB/OL]. [2021-08-04]. http://www.chinacdio.stu.edu.cn/Detail.aspx?id=108&type=channel#.

[4] 查建中.论"做中学"战略下的 CDIO 模式[J].高等工程教育研究,2008(3):1-6,9.

[5] 庞达.论媒体融合时代科技期刊编辑的新角色与自我发展[J].编辑学报,2018,30(1):21-24.

[6] 查建中,徐文胜,顾学雍,等.从能力大纲到集成化课程体系设计的 CDIO 模式:北京交通大学创新教育实验区系列报告之一[J].高等工程教育研究,2013(2):10-23.

[7] 申玉美.论科技期刊编辑的服务意识[J].产业与科技论坛,2021,20(5):218-219.

[8] 史桂红.基于 CDIO 的智能农业管理系统教学实战项目设计[J].办公自动化,2021,26(14):14-17.

学术编辑在建设科技期刊优秀审稿专家团队中的作用
——以《实用医学杂志》为例

黄月薪

(广东省医学学术交流中心(广东省医学情报研究所)实用医学杂志编辑部，广东 广州 510180)

摘要：科技期刊的学术质量与期刊的影响力息息相关，稿件的学术质量离不开审稿专家和学术编辑的共同把关，随着交叉学科和边缘学科的不断增加，审稿难度越来越大，因此建设优秀审稿专家团队是科技期刊编辑部非常重要的工作。建设优秀审稿专家团队，需要充分发挥学术编辑的能动性，对现有审稿专家库进行动态管理，严格把控送审稿件质量，注重学科建设管理并提供优质服务。本文以《实用医学杂志》为例，探索学术编辑在保障审稿工作顺利进行方面的重要作用，审稿专家学科分布均衡、充足也是科技期刊吸引优秀稿源的一个重要方式，学术编辑邀请、培养、管理及维护审稿专家显得尤为重要。

关键词：审稿专家；管理；维护；发掘；培养

审稿专家是科技期刊学术质量的守门人，学术编辑在稿件送审的整个过程中都要重视审稿专家的选择，合适的审稿人更能对稿件把握准确，给出高质量的审稿意见，有利于提高稿件的审稿质量[1-2]。专家审稿是学术期刊审稿工作的中心环节，审稿专家对稿件的处理态度直接影响到该稿件的审稿速度及审稿结果，直接影响到期刊论文的质量，在整个审稿过程中有相当重要的作用。优秀的审稿专家团队对科技期刊非常重要，不仅能快速而精准地筛选出高质量的稿件，还能帮杂志吸引优秀稿源，指导期刊办刊，学术期刊编辑如何邀请、培养、管理及维护审稿专家非常重要[3]。

1 审稿专家团队存在的主要问题

《实用医学杂志》作者年投稿量已连续 11 年均超过 1 万份，随着优秀稿源不断增多，审稿专家的专业构成和审稿专家的审稿时效和质量显得尤为重要，本刊对审稿专家的建设尤为重视，本刊审稿专家现有 818 人，为了进一步缩短稿件的审理周期，保证文章的先进性、实用性、严谨性，学术编辑要对审稿专家进行动态管理。结合本刊的具体情况，本刊审稿专家存在的主要问题如下：①本刊自身局限性，省级刊物，高学术质量的稿件相对不多，影响审稿专家审稿积极性。②审稿专家一般都是本单位的骨干力量，有繁重的临床、教学和科研任务再加上社会活动多，很可能出现没精力审稿或让学生代审等。③审稿专家审稿热情不高，有些专家只是为求杂志"审稿专家"的头衔，而不是做实事的。④编辑部编辑与审稿专家缺少感情建立和沟通交流环节，有些专家帮杂志审阅了很多稿件，可能学术编辑连他性别都不确定[4]。

⑤本刊的稿源来自全国 30 多个地区，近 800 家科研机构。作者囊括各个大小学科，审稿专家专业分布不够广和细，会出现稿件与专家不匹配的情况，影响审稿热情及审稿时效。本刊在稿件的实际评审过程中，投稿稿件涵盖各学科分支，很难选择研究方向与待审稿件学科方向高度匹配的审稿专家，审稿专业往往是审稿专家研究方向所属的一级学科，很容易造成审稿专家研究方向与送审稿件内容不完全匹配，进而无法完成稿件评审或者出现审稿结果不准确，导致同一篇稿件可能需要进行多次评审[5]。审稿专家不审稿、审稿慢、审稿质量不高、审稿专家专业构成不合理及编审沟通不足是本刊审稿专家团队存在主要问题。

2 动态管理审稿专家库

2.1 精简审稿专家

随着审稿专家的壮大，学术编辑要对审稿专家进行评价，定期上报审稿懈怠及审稿质量不高的审稿专家，如删除审稿敷衍了事，意见简单、模糊或总是延期审回稿件甚至几乎不审稿的审稿专家，并建立完整记录备份，保存全部审稿专家的相关数据并做详细备注，如系统已删除的专家特殊颜色标记。系统删除是为了不影响审稿流程，每一位审稿专家都是相关领域的专业的骨干力量，所有信息都是杂志的资源，如在节假日我们可以节日问候的同时附上感谢信并请专家帮忙推荐新的审稿专家，从而不断扩充审稿专家数据库。

2.2 扩充审稿专家

一名合格的审稿专家不仅需要热爱医学专业期刊审稿工作，能及时完成审稿工作并有明确而稳定的研究方向，具有丰富的科研和临床工作经验，具备一定的学术影响力，还要具有较高的学术造诣、严谨的治学态度，责任心强，乐于奉献，公正无私，了解学术基本规范或者具备一定的审稿能力和经验。以此为标准，我们可以通过以下途径扩充审稿专家：①网络(数据库)查找。互联网的便捷为扩大审稿专家队伍提供了更多的资源，高校/医院的网站都有师资力量、学科带头人的介绍。各大数据库也可进一步了解专家的研究方向、发表过的论文或专著。②学术会议。召开的各科学术会议越来越多，编辑可以利用参会的机会，充分交流，取长补短，发掘优质专家资源。③高校/医院科教科推荐。本单位科教科推荐，资源丰富。此外可以充分调动和挖掘编委会的潜力，利用期刊编委会对期刊的建设发挥出应有的作用。④青年专家。科研人员、科研工作中崛起的青年专家，专门从事科研与教学，审稿效率也比较高[6]。⑤单位资源。充分利用本单位广东省医学会各分会专家现有资源优势。

3 充分发挥学术编辑的能动作用

3.1 吸引优质稿源

如果学术期刊送审的高学术质量的稿件不多，很容易引起审稿专家的审稿倦怠，由于本刊为省级刊物的自身局限性，本刊在吸引优质稿源方面也在不断地尝试创新，新型冠状病毒肺炎疫情发生以来，本刊编辑部针对抗击疫情积极践行学术担当和社会责任，于 2020 年 2 月 13 日开设了"新型冠状病毒肺炎"专栏论文征集活动，在第一时间报告新型冠状病毒的科研成果和诊治防控经验，针对此次疫情防控，架起了一座抗疫一线医生和学者沟通的桥梁，共克新型冠状病毒，得到社会各界众多专家的大力支持。截至日前，《实用医学杂志》已收到新冠肺炎相关稿件 800 余篇，其中，经审理认为可刊用的稿件 50 余篇，全部论文免收审稿费及版面费用，快速审稿刊出并在中国知网"新型冠状病毒肺炎专题研究成果网络首发平台"进行网络首发。

3.2 服务至上

在当前的市场环境下，科技期刊想要抓住审稿专家，就必须在注重自主特色并构建品牌的基础上突出体现服务意识，以服务为核心提高自身竞争能力[7]。①注重期刊网站建设。期刊网站需要智能化和专业化，与国际接轨，提供给专家审稿的网页界面智能、友好、专业[7]。②开放审稿专家对数据库的临时使用权。审稿专家作为稿件质量的专业把关者，其正常审稿离不开权威数据库的使用权，学术编辑可以提供专业数据库的临时账号并指导其使用。③为了体现服务的人性化，编辑应在收到审稿专家介绍的稿件时要第一时间给予反馈，并尽力缩短审稿周期，针对文章内容与其进行深入细致的沟通，利用自身的信息资源，为其提供具体且真实的建议[8]。④尊重审稿专家。当某些观点有争议性或者模棱两可，要在进行充分沟通的基础上，请求审稿专家对这部分内容进行批注或修改。科技期刊编辑开展审稿工作的前应积极转变服务理念，以审稿专家为主体，高度尊重审稿专家并与其构建平等、亲切、融合的关系，积极构建一支充满活力且可以持续稳定发展的审稿专家团队。

3.3 加强联系

学术编辑不仅在稿件的整个评审过程中要做好与审稿专家的沟通交流工作，在工作中也要重视与审稿专家建立长期、稳定的联系，要经常关注相关专家的研究方向和课题进展情况。编辑部还可定期召开审稿专家联谊会，交流审稿经验，增进编辑与审稿专家之间的友谊。当下新媒体沟通便捷，学术编辑也可以通过各种方式经常与审稿专家保持联系，如节假日送上一份问候，对经常承担审稿任务、审稿质量高又不拖延时间的专家，学术编辑要给予更多的关注。每年编辑部还可以评选杰出/优秀审稿专家，及时将证书及感谢信寄给专家，并在期刊网站展示优秀审稿专家。科技期刊学术编辑积极主动地与专家保持良好的沟通，一定能更好地做好审稿工作。学术编辑是科技期刊与审稿专家的沟通桥梁，只有建立良好的沟通与合作关系，维系感情保持稳定性，才能使专家队伍稳定持久，减少优秀审稿专家的流失。学术编辑也要加强对审稿专家审稿业务的指导，让审稿专家了解期刊的定位及整体情况，更加熟悉期刊的审稿标准及审稿要点，以便能准确把握审稿的方法、技巧和要求[9]。

3.4 严格把控送审稿件质量

学术编辑在稿件送审之前要对稿件进行筛选，严把初审质量关，严格控制送审稿件质量，如在初审阶段根据投稿稿件的选题和报道方向等直接筛选稿件，将不符合期刊发表要求的稿件在初审时即做出建议增刊或者退稿的决定，并对剩下的稿件进行学术不端检测。对选题太旧、报道方向不符合期刊方向，复制比较高的稿件做出直接退稿建议，以节省流程并及时将处理意见反馈给作者，提高工作效率。将初审筛选出的稿件，再通过学术编辑审稿来判断是否需要送外审专家审稿，学术编辑可以直接判断稿件价值的可直接处理不用送外审，以提高送审稿件的质量，减少因稿件质量不高浪费审稿专家的宝贵时间而引起的审稿倦怠。送审稿件后学术编辑要保证审稿邀请有效，适当增加有效的审稿提醒[9-10]。

3.5 学术编辑也是学科编辑

本刊实行学术编辑分学科管理稿件，各编辑在自己的分管学科中处理对应学科的投稿，在实际审稿中取得良好成效，学科编辑分管学科一般是相对熟悉学科或者需要学科编辑在日常审稿过程中不断自我学习成长。分学科管理实行以来，各学科编辑会根据分管学科的需求情况有针对性邀请审稿专家，不断地扩充分管学科的审稿专家。学科编辑对所分管方向和领域的审稿专家的审稿情况要逐步了解清楚,并对审稿快捷、对稿件的把握能力强的审稿专家进行评价及标记,以备下次送审稿件查询参考。对审稿质量高又不拖时间的专家,编辑部应给予回馈及鼓励。学科编辑要了解专家的最新研究方向、课题情况甚至工作情况,以便选择在合适的时候送审,专家如因出差或身体不适等在现阶段不宜审稿等,要避免送审以免延误审稿。相应地,学科编辑也要了解哪些是不负责任专家,分析原因并加以引导,可委婉提醒,如果长期这样则可将其标记或从审稿专家中删除。学术编辑应密切关注科研动态,不断地将在科研工作中崛起的青年专家和科研人员充实到审稿队伍中来。通过做好审稿专家队伍的动态调整工作,适时增添新的中年专家,适量增加青年学者,编辑部可以建立自己的优秀审稿专家队伍,并尽可能地争取他们的长期支持[9]。通过动态地掌握各学科审稿专家审稿质量、审稿态度和审稿能力等的情况,以便及时有针对性地为审稿专家队伍补充新生力量[11-12]。

4 管理建议

优秀审稿专家的发掘、培养与管理维护是学术期刊编辑的一项重要工作,对其进行科学化、规范化、动态化、人性化的管理维护,才能更好地发挥审稿专家的作用,推动学术期刊的质量提升[13]。通过本刊的稿件外审经验总结,建议如下:①学术编辑送审稿件时需要合理分配送审稿件数量,如同学科稿件较多时不要过于集中于某一两位专家,导致专家审稿工作超负荷,学术编辑要严格控制每位审稿专家每个月的审稿数量[14];②送审稿件时请一定查询该审稿专家在审稿件数量,切勿超过 2 篇在审的时候还继续送审,也不要长时间让某些审稿专家无稿可审,影响审稿习惯和积极性[15];③学术编辑可以适时地主动联系审稿专家组稿,以增强联系;④送审稿件超时未回的请一定通过邮件、电话、短信等途径与审稿专家建立联系,并作出进一步处理,切勿把把该审稿流程停滞在系统,影响审稿效率;⑤有些专家的工作单位、研究方向和重点也会变动,学术编辑要不断完善更新数据库中现有审稿专家的有关信息,保证其完整性、准确性和时效性;⑥学术编辑应将作者对稿件的反馈信息及时地传达给审稿专家,使其更加重视自己的审稿工作;⑦相同研究领域要多储备专家,当某些专家暂时无法审稿时,也不会影响稿件送审,当送审稿意见出现分歧时,学术编辑可以再送同学科专家复审。审稿专家各学科合理分配,专家储备充足,才能防止送审稿件过于集中,保证审稿的时效性[16]。审稿劳务费相对是很少的报酬,审稿专家经常会为一篇稿件花费很多时间,这种对学术的传递,不计名利的奉献精神值得我们感动。

5 结束语

在网络化的今天,科技期刊可以利用各种网络信息手段,对审稿专家数据库进行拓展与维护,定期对审稿专家进行信息更新,提高审稿专家信息化管理运转效率,通过建立准确、充足、优质的审稿专家团队,提升刊物学术质量,吸引优质稿源、扩大期刊影响力[17]。

参 考 文 献

[1] 张琼,王芳,李朝晖,等.科技期刊审稿中系统检测与专家审稿相结合的研究与实践:以《新疆农业科学》为例[J].科技传播,2020,11(3):20-21.
[2] 庄亚华.高校学报责任编辑应做好与审稿专家的沟通交流[J].常州信息职业技术学院学报,2018,17(6):83-85.

[3] 张小庆,陈春雪.科技编辑如何管理和开发审稿专家资源[J].编辑学报,2016,28(9):37-38.
[4] 朱银周,唐虹.学术期刊审稿专家研究领域与稿件匹配度的优化[J].中国科技期刊研究,2019,30(2):132-136.
[5] 刘凤祥.专家审稿周期超期的原因及对策[J].内蒙古师范大学学报(教育科学版),2018,31(12):104-106.
[6] 王丽兰,李艳双.科技期刊邀请青年审稿专家参与审稿工作的必要性[J].新闻研究导刊,2020,11(8):181-182.
[7] 于化东.英文数学期刊国际审稿人专家库创建探索:以《数学研究及应用》为例[J].编辑学报,2021,33(1):86-89.
[8] 张爱净,焦骞.科技期刊编辑如何提升服务意识[J].新闻世界,2021(3):16-18.
[9] 尚淑贤,周良佳,颜艳.提高医学期刊审稿时效和质量的对策探讨:基于审稿专家的调查[J].中国科技期刊研究,2019,30(8):832-838.
[10] 杨滨,崔护社,吕欢欢.科技期刊青年编辑自我成长"五气"法[J].编辑学报,2018,30(增刊1):193-195.
[11] 李小平,郭丽军,杜永红.学术期刊审稿专家队伍的建设和维护[J].山东理工大学学报(社会科学版),2010,26(3):78-80.
[12] 王维朗,黄江华,游滨,等.科技期刊同行评议中编辑-审稿专家-作者之间关系的重构与强化[J].编辑学报,2019,31(12):145-147.
[13] 聂兰英,王钢,金丹,等.论科技期刊审稿专家队伍的建设[J].编辑学报,2008,20(3):241-242.
[14] 李笑梅.学术期刊优秀审稿专家的发掘、培养与管理维护[J].传播与版权,2019,8(2):25-26.
[15] 汪全伟,周海慧,黄东杰,等.于科技期刊专家审稿超期的思考[J].编辑学报,2018,30(2):185-187.
[16] 郑晓艳.学术期刊审稿专家的建设与管理[J].黄冈师范学院学报,2015,35(3):129-131.
[17] 程立雪,梁光川,李桂东.高校自然科学学报审稿专家现状与建设研究[J].科技与出版,2020,39(6):120-124.

加强审稿专家队伍建设 提升高校科技期刊审稿质量

刘凤祥

(内蒙古师范大学学报编辑部，内蒙古 呼和浩特 010022)

摘要： 审稿专家是评价高校科技期刊稿件具有科学性和创造性的重要把关人。针对审稿专家在审稿中存在的问题，通过建立审稿专家数据库，建立健全审稿制度，建立审稿专家激励措施和退出机制以及探索采用其他审稿流程来提升高校科技期刊的审稿质量。为充分发挥审稿专家在审稿中的作用以及弥补审稿专家的不足，亟须加强审稿专家队伍建设，助推高校科技期刊多出"精品"，打造高校科技期刊优质品牌。

关键词： 高校科技期刊；审稿专家；审稿制度；稿件质量

2021年5月18日，中共中央宣传部教育部科技部印发《关于推动学术期刊繁荣发展的意见》的通知，指出加强学术期刊作风学风建设，弘扬科学家精神，有效发挥学术期刊在学术质量、学术规范、学术伦理和科研诚信建设方面的引导把关作用，力戒功利浮躁，杜绝"关系稿""人情稿"，坚决抵制和纠正学术不端行为[1]。送审稿件是有效处理学术质量的方法之一。稿件质量是决定高校科技期刊学术影响力的重要因素，因此，要建设一流科技期刊，必须加强高校科技期刊审稿队伍建设。研究显示，目前高校审稿专家良莠不齐，审稿效率也不统一。如段为杰等[2]提到"如果3个月内连续邀请同一位专家审稿多篇，就是和审者关系再好，也会引起审者的反感，最直接的后果就是，突然该专家不给审理稿件了。"李丹等[3]提到"审稿专家拒审、拖延""审稿意见笼统、片面"。为此，笔者重点探讨审稿专家队伍建设来提升审稿质量，供同行参考和借鉴。

1 送审现状

高校科技期刊编辑部选择审稿专家，通常是依靠本校教职工、检索专家数据库以及网络搜索等多种途径来寻找。经过长时间的积累，编辑们会建立一套完整科学有效的审稿专家队伍数据库。在送审过程中，采用调整送审稿件篇数和送审时间，以免给审稿专家带来审稿工作量太大。

1.1 选择审稿专家的难点

Publons全球审稿调查报告显示[4]，75%的期刊编辑认为找审稿人是最难的工作。高校科技期刊的编辑选择审稿专家会遇到同样的问题，特别是遇到交叉学科或者小学科的稿件，让编辑寻找审稿专家难度加大。可以总结为：一是拥有的审稿专家队伍储备若不足，寻找这部分稿件的审稿专家有难度。需要通过其他途径搜索审稿专家，给编辑也无形中增加工作量，往往还会出现审稿专家的研究方向与稿件的研究方向有偏差。二是编辑选用审稿专家能否评审同一所单位作者的稿件或者曾经共同发表过文章的稿件。三是能否采用作者推荐的审稿专家，以及编辑选择审稿专家依据哪些规章制度送审才能杜绝"人情稿""关系稿"。

1.2 审稿意见有待完善

审稿专家的意见是为评判稿件能否接受的重要参考性依据。但是可能会出现的问题：一是高校科技期刊经常遇到审稿专家给的审稿意见不全面、不客观，能否经得起历史的检验，有待商榷；二是审稿专家给的审稿意见模糊，没有从学术的角度给出判断；三是审稿专家给出的审稿意见是"接受发表"，但审稿意见未给出详细"接受发表"的原因供参考；四是审稿专家的意见可能不是专家写的意见，是由别人代写的审稿意见。如："编辑部将作者的申辩发给审稿专家看后，审稿专家说是他的一名研究生审查的，确实存在问题[5]"。那么该类审稿意见严重影响到后续的工作，甚至会影响该刊物的公信力和口碑。

1.3 送审周期长

高校科技期刊送审稿件的过程中，还会遇到稿件送审周期较长的现象。编辑将稿件转发给审稿专家，有时会出现审稿专家长时间没有反馈审稿信息。一是审稿专家不了解该研究方向，采取回避的方式拒绝审稿；二是编辑选择数据库中的审稿专家信息不准确，专家未收到稿件的审稿信息；三是审稿专家同意审稿，但未及时给予回复审稿意见，原因是对稿件研究领域不好把握，本着负责严谨的态度，不敢随意提供审稿意见，需要花费一段时间细读、斟酌或者其他原因等。如果以上情况持续循环，审稿周期自然会较长。

2 立足自身定位，办好审稿工作

针对审稿专家在审稿中存在的一系列问题，为了更好地开展高校科技期刊的审稿工作，有必要制定一套合情合理审稿专家的规章制度，有助于编辑能够"更好""更快""更准"地处理稿件。

2.1 建立审稿专家数据库

高校科技期刊要尽快组建审稿专家数据库，不能仅仅依靠校内专家、CNKI 数据库、网络搜索等来做支撑，要建立能够适合期刊自身发展的审稿专家数据库，这样有利于编辑能更便捷地寻找审稿专家，并迅速地处理送审工作。构建审稿专家数据库需要把专家的信息尽可能补充完整，将其研究方向分类细化。如：补充审稿专家有哪些研究成果，评审过几篇稿件，以及曾经给编辑部审稿的具体时间，给出详细的审稿意见等信息。目的是为编辑能随时可以搜索到这类审稿专家信息作为选择审稿专家送审提供参考。

2.2 建立健全审稿专家的审稿制度

选择审稿专家需要建立一套科学完善的审稿规章制度，这样才有助于编辑更容易处理稿件，避免选择审稿专家时容易违反规则，减少工作衔接摩擦，影响到审稿工作的公正性和公平性。选择审稿专家通常需要考虑：一是审稿专家与作者稿件的研究方向应尽可能保持相匹配；二是审稿专家与作者要采取回避机制；三是选择审稿专家对职称的要求，需要制定相应的标准，比如能否让中级职称的审稿专家去评审副高及以上职称的稿件；四是选择审稿专家所在单位与作者单位能否在同一所单位；五是选择审稿专家需要几位同行专家审稿才符合审稿要求；六是送审稿件的保密工作需要做到"位"。因此，高校科技期刊需要制定一套严格规范的审稿规章制度并进行事中事后监管，做到明规矩、知敬畏、存戒惧、守底线。本着坚守稿件质量为王的原则进行送审，才能保证送审稿件的科学公平。

2.3 建立审稿专家激励机制

高校科技期刊审稿专家的激励措施要有章可循。这是因为审稿专家在审稿中付出辛勤脑力劳动,特别是那些认真负责的审稿专家,毫不含糊提出稿件中存在的问题和具备的优点,每次给出的意见都非常具有参考价值。对于这部分审稿专家应该给予奖励(如除了给予评审稿件薪酬外,年终对审稿专家进行评估,颁发优秀审稿专家奖章)。刘玲给出"降低专家审稿劳动强度,帮助审稿专家规避风险,帮助审稿专家在学术共同体内建立更广泛友好的人际关系,帮助审稿专家获得更多的利益和精神回报,助力审稿专家科研事业的发展"来给予审稿专家足够的关注和做好贴心的服务[6]。这样让审稿专家心灵上具有荣誉感,以保持良好的审稿合作意愿。

2.4 建立审稿专家退出机制

期刊经常会遇到审稿专家给出的审稿意见缺乏参考价值,因此有必要建立审稿专家退出机制。金丽群[7]指出解聘审稿专家,主要考虑达到退休年龄、职务或岗位不在从事技术工作,学术水平低和学术态度不够严谨,不能客观评价论文的科学性和创新性的专家。笔者认为审稿专家在审稿中存在的一些问题(通常是指"审稿拖延、审稿意见敷衍,甚至审稿过程中存在学术不端行为"[8]),需要在审稿专家数据库中有详细记录,经过期刊评估,决定今后是否继续让其审稿。王立争[9]在《完善学术期刊双向匿名审稿制度的几点思考》一文中提到"建立审稿专家信用档案制度,不仅在淘汰缺乏学术良知的专家方面具有良好的作用,也有利于鼓励信誉良好的专家进一步开展工作"。因此,非常有必要制定严格规范合理的审稿专家退出机制。

2.5 探索采用其他审稿流程

高校科技期刊在传统同行审稿方式基础上,也可以尝试采用开放性同行评审方式。如《心理学报》增加了"公开审稿意见"这种"开放性同行评审"方式,即在稿件接受发表后,将审稿意见匿名公开,并同时提供作者对审稿意见的回应[10]。条件允许的情况下,还可以把送审稿件采用比较式的审稿方式审稿,这样有助于保障审稿质量的基础上,节约审稿时间和避免重复性审稿[11]。*Gastroenterology Report* 编辑部为加快稿件处理流程,组建青年学术委员会,由青年学术委员会推荐审稿专家进行审稿[12]。高校科技期刊根据自身的实际情况,可以进行适当的尝试新方法来审稿。

3 加强审稿专家队伍建设

3.1 稳定核心审稿专家队伍

为促进审稿工作的顺利开展,提高稿件的审稿质量,有必要组建优秀稳定的审稿专家队伍来支撑高校科技期刊的发展。一部好的作品需要有"伯乐"去发现。因此,核心审稿专家[13]队伍是促进高校科技期刊正常出刊并发表优质稿件的重要保障之一。对于审稿时效性强以及评审稿件质量好的审稿专家,要保持该领域审稿专家的规模。可以借助节假日寄送高校科技期刊做的贺卡或定期组织网上视频活动等方式保持稳定的畅通渠道。对于一些学术水平较高的审稿专家可以吸收到编委成员中,如遴选高层次人才作为青年执行编委参与审稿[14]。给他们颁发聘书的方式来增加审稿专家的荣誉感。只有维护好、建设好稳定的核心审稿专家队伍,才能保证按时顺利地完成稿件的送审工作。

3.2 借助编委、审稿专家和作者拓宽审稿专家队伍

审稿专家队伍需要不断地补充优秀的科研工作者,可以借助编委成员、审稿专家和作者

推荐的方式来扩充审稿专家队伍。编委成员都是优秀的科研人才，有自己的学术研究团队，接触到相关领域的科研朋友圈较大，甚至认识其他科研领域的优秀科研工作者，可以向高校科技期刊推荐。而审稿专家在评审稿件过程中，也能推荐其他审稿专家作为审稿人；在作者投稿过程中，作者也可以推荐审稿专家，经过编辑人员核实身份信息，都可以补充到审稿专家队伍中。

3.3 发掘优秀作者补充审稿专家队伍

高校科技期刊发表稿件时，要把一些优秀的作者发展成审稿专家，可以补充到审稿专家队伍中。特别是年轻的科研工作者，时间充足、精力充沛，学术上能认真把关的优秀青年专家，要大胆的吸收到审稿专家队伍中。还可以通过微信、微博和期刊网站等进行宣传自荐审稿专家访问路径，方便一些作者愿意通过自荐的方式申请成为审稿专家，经过编辑部确认信息的真实性，并通过适当考核纳入审稿专家队伍中。

3.4 其他途径扩大审稿专家队伍

近几年国内高等科研院所引进海内外知名科研工作者较多，高校科技期刊应该主动邀请这部分专家加入审稿专家队伍中，特别是具有学术头衔的科研工作者(如两院院士、长江学者、国家杰青、万人计划领军人才、中组部海外人才计划专家等)。另外，每年都有很多不同科技类专业领域的学术会议，高校科技期刊应该抓住机遇，主动参与学术会议，这样可以认识不同领域的优秀科研工作者，并邀请其加入审稿专家队伍中。还可以借助参加编辑类学术会议以及继续教育培训学习认识其他兄弟单位的编辑同行，以互帮互助的方式，共享审稿专家信息。如郑晓艳[15]提到"有些刊物的栏目做得比较有特色，并且在行业内受到过好评，他们一定具备与这个栏目相关的较为稳定的高水平审稿专家，其他编辑部在自身审稿专家储备不够的情况下，完全可以借用其优势，达到省时省力的功效。"

4 结束语

高校科技期刊的品牌需要稿件质量做支撑，对于提高期刊稿件质量而言，审稿专家功不可没。针对评审稿件中遇到的问题，需要进行一系列改革，才能行得稳，走得远。通过立足自身定位，办好审稿专家审稿工作，稳定核心审稿专家队伍以及拓宽审稿专家队伍渠道的方式来促进审稿质量的提升和弥补审稿专家的不足，助推高校建设世界一流科技期刊。

参 考 文 献

[1] 中共中央宣传部教育部科技部印发《关于推动学术期刊繁荣发展的意见》的通知(中宣发〔2021〕17号)[EB/OL].(2021-05-18)[2021-07-12]. http://www.cessp.org.cn/info/74177.jspx.

[2] 段为杰,段桂花,于洋,等.如何提高审稿效率而保持科技期刊的竞争力[J].编辑学报,2017,29(增刊1):95-96.

[3] 李丹,苏磊,蔡斐.新形势下科技期刊审稿专家队伍建设[J].编辑学报,2019,31(增刊2):208-210.

[4] Publons global state of peer review 2018[EB/OL]. (2019-01-15)[2020-01-09]. https://publons.com/static/Publons-Global-State-Of-Peer-Review-2018.pdf.

[5] 陈志贤.科技期刊中替审行为及应对措施[J].编辑学报,2021,33(2):179-181.

[6] 刘岭.科技期刊审稿专家审稿中的需求与服务建议[J].中国科技期刊研究,2014,25(10):1242-1245+1249.

[7] 金丽群,张蕾.同行评审专家库动态管理及有效方法探讨[J].编辑学报,2018,30(3):288-291.

[8] 常唯,袁境泽.国际学术出版中的同行评议进展与展望[J].中国科技期刊研究,2020,31(10):1181-1192.

[9] 王立争.完善学术期刊双向匿名审稿制度的几点思考[J].编辑之友,2014(11):76-79.

[10] 李金珍,庄景春,邱炳武.《心理学报》开放性同行评审方式探索及初步成效[J].中国科技期刊研究,2015,26(2):139-142.

[11] 杨开英.比较式审稿的建议[J].编辑学报,2020,32(5):546-548.

[12] 甘可建,汪挺,梁碧霞,等.《Gastroenterology Report》青年学术委员会初筛稿件的效果[J].编辑学报,2020,32(6):659-662.

[13] 向飞.科技期刊核心审稿专家评价[J].新闻研究导刊,2020,11(22):213-214.

[14] 张娅彭,王紫霞.优化送审流程,构建科学、公正、高效的审稿机制:以《高等学校化学学报》为例[J].编辑学报,2020,32(6):652-654,658.

[15] 郑晓艳.学术期刊审稿专家库的建设与管理[J].黄冈师范学院学报,2015,35(3):129-131.

巧借"学习强国"学习平台提升青年编辑素养

廖光勇，管兴华，李梓番，常安妮

(中国科学院分子细胞科学卓越创新中心，上海 200031)

摘要："学习强国"学习平台内容权威、丰富，是"科学理论的学习阵地"，为广大青年编辑提供了重要的学习和借鉴的机会。本文梳理了在"学习强国"学习平台使用过程中的一些启示，探讨了巧借"学习强国"学习平台提升青年编辑素养的方法，旨在为青年编辑成长提供新的路径。

关键词："学习强国"学习平台；融媒体；青年编辑；素养

2019 年 1 月 1 日，"学习强国"学习平台正式上线，成为"科学理论的学习阵地"[1]，"学习强国"被评为"2019 中国媒体十大流行语"[2]。"学习强国"学习平台具有权威性强、内容质量高、更新快、信息量大等优点，成为了融媒体发展典范，被读者跨界应用于思想宣传[3]、党建[4]、教育[5-6]等领域。

"学习强国"学习平台已快速融入众多读者的生活和工作中，甚至"今天你强国了吗？"成为了相互问候语。青年编辑做个有心人，在阅读的过程中巧借"学习强国"学习平台通过多种途径提升自身素养。本文简要总结了我们使用"学习强国"学习平台的一些体会，并探索了如何借助"学习强国"学习平台提升青年编辑素养，旨在为其他新入行的青年编辑同仁提供借鉴和参考。

1 从"学习强国"学习平台学习内容组织与融媒体构建

"学习强国"学习平台是以学习宣传习近平新时代中国特色社会主义思想为主要内容的互联网平台[1]，是"一个多媒体呈现、多资源聚合、多技术应用的融媒体平台"[7]。"学习强国"学习平台上线后，赢得了广大读者的认可，走出了一条快速、高效的发展之路，成为了新媒体发展的典范。当然有人说，"学习强国"学习平台拥有其他期刊、报纸等无法拥有的资源，但我们认为，"学习强国"学习平台的发展有很多经验是值得新时代青年编辑学习借鉴的，比如内容整合与传播[1,8]、创新模式[7]、提升主流媒体舆论引导力[9]等。

1.1 内容整合与传播

"学习强国"学习平台坚持"内容为王"，它不只是"信息转发者""技术集成者""渠道融合者""市场营销者"，更是烹调师，善于做大餐、特色餐、个性餐，提供订制、个性化、点播服务，坚守高品质[1]。"学习强国"学习平台发布的内容具有主题鲜明性、内容权威性、表现形式多样性等特点[8]，此外，内容丰富、时效性强、涉及面广。不论什么媒体，如果能具备以上特征，那么必定受到读者青睐。这为青年编辑在组织、策划内容方面提供了重要借鉴。首先，青年编辑应提高"天下媒体，内容为王"的意识，以组织、策划高质量内容为己任，并具体落实在行动上。其次，有了打造高质量内容的意识，青年编辑更需要锻炼具体实施的技巧、方式、方法。青年编辑重点培养组织策划原创性高质量内容的能力，了解自己的领域，并对其前沿及领路人了然于心，对发展动向有敏锐的洞察。第三，在新媒体方面，整合各种媒体高质量内容也是青年编辑的一项重要技能。通过"学习强国"学习平台，我们可以看电视、听广播、读图文[1]、听书、看电视剧、看电影等。过去很多经典内容在"学习强国"学习平台上多能如愿找到，如电视剧、电影、戏曲等，这给读者带来"一网打尽"的感觉和体验。第四，组织、策划内容更要注重深度和广度。青年编辑需要与专家建立良好的关系和联系，通过小领域专家撰稿提升内容的深度，通过多专家集思广益拓展内容的广度。"学习强国"学习平台内容形式多样，图表、文字、视频、音频应有尽有，全网融合。"学习强国"学习平台成为党员干部的"加油站"，更是广大群众自觉学习的权威平台，真正满足读者的需求[8]。"学习强国"学习平台刘汉俊总编辑提出，他们正在塑造以"I 文化"为基本特征的人类互联网思维，即 information(信息)、image(图像)、interaction(互动)、immensity(巨大)、immediate(立刻)、intelligence(智能)、imagination(想象)、infinite(无限)、indetermination(不确定)、innovation(创新)、individuality(个性)、inexpensive(低成本)、insecurity(不安全)、IOT(物联网)等[1]。第五，"学习强国"学习平台在内容上具有引领性、前瞻性。青年编辑树立责任意识、引领意识和前瞻意识，站在学科的高度，策划具有创新性、开创性的前沿内容，引领学科发展，敢于策划高精尖的研究方向内容。这也是我国科技强国战略从跟跑、并跑到领跑的必经之路。第六，青年编辑积极向"学习强国"学习平台学习内容整合能力。"学习强国"学习平台很多内容来自各种各样媒体，如主要央媒、行业媒体、机关企业媒体、高校、地方媒体、地方平台等。策划内容不能只靠单枪匹马、一条道走到黑，而是要做平台、拓渠道，努力做到全网融合。"学习强国"学习平台在内容组织、策划上为青年编辑提供了多方面的借鉴和学习的典范。

在内容传播方面，有了高质量内容保障后，"学习强国"学习平台设计了一套积分制，鼓励读者每日阅读文章、观看视频、答题等。每项积分每日有上限和各自要求，如：阅读/播报文章每阅读一篇积 1 分，每日上限为 6 分；有效阅读/播报文章累计 1 分钟积累 1 分，文章学习时长每日上限 6 分。积分制是激励主动学习、积极参与的重要形式，有效激发用户的活跃度、参与度和学习热情[7]。"学习强国"学习平台的 App 使用方便，界面浏览流畅，栏目设置简洁合理，且免费。在推广方面，"学习强国"学习平台通过多种渠道鼓励全体党员使用其 App，这使得其 App 很快得到了普及。内容分享便捷，一键可以分享到学习强国、微信好友、微信朋友圈、短信、微薄等其他媒体平台。"学习强国"学习平台采用智能播报拓展用户群体。音频和视频让大量文字阅读能力不强或者视力衰退的老人成为用户，为他们提供优质的内容。"学习强国"学习平台还推出订阅模式，用户可以根据个人兴趣订阅"学习强国"学习平台上"强国号"或其他"学习平台"。"学习强国"学习平台在内容传播和吸引、激励用户方面为新媒体青年编辑提供了途径和方法的借鉴。

1.2 建成融平台，打造融媒体

"学习强国"学习平台起步就是以"融、动、快、全"四大特点的融媒体，大平台，是互联网、电信网、广电网三网融合的终端[1]。利用"学习强国"学习平台不仅可用于学习，还可用于工作、生活，如开视频会议、打电话、看视频、听广播等。融媒体时代的到来对青年编辑有更高要求。探讨融媒体的编辑主要是新闻编辑、记者、广播编辑等，但图书编辑、期刊编辑、自媒体编辑相对要少，但这些行业编辑仍需要了解融媒体、学习融媒体的思维方式和方法。例如，科技期刊编辑更要学习融媒体，想方设法打造专业性融媒体，为科技服务。融媒体不是简单"相加",更重要的是"相融",传统媒体与新兴媒体融合发展,纸媒与数字媒体融合发展,图文媒体与视频、音频媒体融合发展;专业媒体与大众媒体融合发展,甚至是中西媒体融合发展等。"学习强国"学习平台在该方面为青年编辑提供了一些可供借鉴的经验。真正的融媒体时代还远没有到来,青年编辑在学习的过程中,不妨大胆创新,拓展融媒体的发展途径和方式方法。青年编辑是在网络世界和移动通讯中成长起来的,熟悉新媒体,擅长移动通讯信息的获取、制作、传播等[9],这正是青年编辑的优势。青年编辑学好融媒体的相关技能,必有用武之地。

2 借助"学习强国"学习平台增加知识储备

"学习强国"学习平台除了在内容组织策划、融媒体等方面为青年编辑提供学习和借鉴外,还因其内容涉及政治、经济、历史、文化、社会、生态、科技等各领域内容的知识体系,是一个有知识的平台[1],信息量大,内容质量高,因此,"学习强国"也是青年编辑增加知识储备、提高通识水平的良好工具。

2.1 增强政治意识,增加综合知识储备

"学习强国"学习平台是以学习宣传习近平新时代中国特色社会主义思想为主要内容和核心内容的互联网平台[1],因此,是培养青年编辑政治意识的特训班,为增强青年编辑树立正确的政治意识具有积极作用。青年编辑在文化传播中发挥重要作用,是文化产品质量监督员,是我国建立文化自信的堡垒之一。青年编辑首先要坚定信心,不应妄自菲薄[10],务必头脑清醒,立场坚定,为实现中华民族伟大复兴宣传、呐喊、加油、助威,甚至建言献策。

"学习强国"学习平台是"科学理论的学习阵地"[1],拥有大量通识理论知识。编辑不要求是专家,但最好是通才,不能亲自撰写专业领域内容,却能分辨内容品质的高低,辨别正误,善于发现优质稿源等。青年编辑要保持积极学习的心态,增加综合知识储备。只有紧跟时代步伐,才不为时代所抛弃,才能提升自我判断能力、分析能力。"学习强国"学习平台是一个很合适青年编辑学习和增加知识储备的平台。

2.2 增加专业知识储备

除了有丰富的通识内容外,"学习强国"学习平台也有很多科技专业知识,比如很多优秀高校专业慕课内容。如在"学习强国"学习平台搜索框里输入"生物化学",搜索结果就会弹出众多关于"生物化学"条目,有生物化学相关的课程,也有如139集的《结构生物化学》。这为从事生物化学学科相关青年编辑提供了不少视频、课程等学习资料。科学技术一直在不断发展,科学知识不断更新,青年编辑要与时俱进,不断学习和了解甚至掌握最新科技成果。通常最新科技成果可以通过阅读科技期刊发表的最新研究论文来获取。"学习强国"学习平台上也会有一些关于最新研究成果的报道或者其他视频资料,这也为我们青年编辑提供了一些了解最新前沿进展的学习平台和窗口。

3 编校技能的培养

编辑和校对是青年编辑必备的技能。青年编辑对一些规范还不够熟悉,偶尔遇到问题手足无措。通常,老编辑"传、帮、带"解决类似问题。还有另一种快速培养编校水平的办法就是阅读权威,比如人民日报等。"学习强国"学习平台是由中央宣传部主管,中央宣传部舆情研究中心(中央宣传部思想政治工作研究所)出品,具有权威性。青年编辑在平时工作中用心收集问题,然后,在阅读"学习强国"学习平台的文章时做个有心人,在阅读中寻找答案。对照权威,

寻找标杆，这是解决实际问题的一种可行的办法。

编校无法做到绝对零差错，"三审三校"是保证编校质量的重要制度。严格执行"三审三校"通常能解决绝大部分问题，但难免会有遗漏。除了做有心人通过阅读权威解决编校中的疑问提高编校能力外，对权威进行找错也许是更好的办法：首先，有利于青年编辑提高自信心；其次，有利于青年编辑正常心理的养成，有效减轻新入职青年编辑的恐慌；再次，有利于青年编辑对行业树立正确的认识。权威的"学习强国"学习平台仍难免有遗漏，这是可以理解的。在"学习强国"学习平台使用的过程中不妨也带着平常校对的心态阅读，将其当作工作中的"终校"。发现权威平台上的编校错误，并为平台提供更正意见，无疑对培养青年编辑素养、增强自信具有重要意义，也是快速提高青年编辑编校技能的重要方法。

4 结束语

综上，青年编辑是媒体发展的生力军。提升青年编辑的素养对文化产品的发展具有重要作用，也是推动文化产业发展的重要内容。"学习强国"学习平台是新媒体发展的一个典范，具有权威性强、内容质高、更新快、信息量大等优点，为青年编辑提供了多维度的学习与借鉴。青年编辑在使用"学习强国"App 的过程中做个有心人，不断从中吸取养分，巧借"学习强国"学习平台有效提升自身的编辑素养。

参 考 文 献

[1] 刘汉俊."学习强国"学习平台的实践与探索[J].传媒,2020(1 下):17-18.
[2] 2019 中国媒体十大流行语揭榜[J].新闻论坛,2019(6):74.
[3] 严丹宁.探析"学习强国"平台对推动宣传思想工作的深层意义[J].新闻潮,2019(10):18-21.
[4] 雷婧."学习强国"平台在高校党建工作创新中的应用研究[J].高教学刊,2020(14):40-43.
[5] 燕文华,吴淑霞.基于"学习强国"APP 优化高校思政课程教学供给侧配置要素[J].牡丹江大学学报,2019(12):136-144.
[6] 孙少春,李伟.新媒体时代思想政治教育的载体创新:以"学习强国"平台为例[J].决策与信息,2020(1):42-47.
[7] 苏钰婷,张原."学习强国"学习平台的创新模式与经验启示[J].新兴传媒,2020(4 下):42-44.
[8] 董路营."学习强国"的传播内容浅析[J].声屏世界,2019(12):81-82.
[9] 管兴华,廖光勇,常安妮.论科技期刊青年编辑业务能力的培养[M]//学报编辑论丛(2019).上海:上海大学出版社,2019:245-248.
[10] 高峻.新时代科技期刊青年编辑要"三心""二意"[J].编辑学报,2018(6):655-657.

英文科技期刊新编辑的三期和"三心"

梁芬芬

(中国材料研究学会《自然科学进展：国际材料(英文版)》编辑部，北京 100048)

摘要：英文科技期刊的发展需要越来越多的高学历综合型编辑人才。新编辑加入工作岗位后应在适应期保持平常心，勤学编辑专业知识；成长期要有进取心，精练编辑业务内功；稳定期具备事业心，做好职业规划。本文结合笔者自身的工作经历，就青年新编辑如何尽快适应科技期刊编辑工作谈谈自己的感受和想法，希望与进入科技期刊工作的新同行共勉。

关键词：英文科技期刊；新编辑；平常心；进取心；责任心

近年来，我国英文科技期刊在数量和规模上增速平稳，2019年底全国4 958种科技期刊中，英文科技期刊为359种，占比为7.24%。此外，国际学术影响力方面，英文科技期刊国际他引总被引频次呈上升趋势，年均增长率达20.66%，年被引频次同时呈上升趋势。这表明在国际学术交流中，我国英文学术期刊的地位和作用日益显现，得到国际知名数据库的关注并收录[1]。随着我国科研管理与评价政策对本土期刊的日益重视，我国英文科技期刊获取优质稿源的环境正在不断改善，大多数具有一定学术影响力的英文科技期刊的办刊经费已经大有改善，新创办英文科技期刊的数量也呈持续快速增长的态势。随着"卓越行动计划"等各类资助项目的实施及研究评价政策向利好我国本土期刊的不断转变，我国英文科技期刊在国际化发展方面必将不断加速[2]。科技期刊的发展离不开高素质的编辑人才，英文科技期刊编辑部或期刊社更是如此。英文期刊编辑由于受语言和专业的限制，相比于中文科技期刊编辑来说，对英文稿件进行初审、外审、编辑加工以及校对等工作都更加费时费神，英文科技期刊从业人员的工作更有挑战性，也更难胜任[3-4]。目前科技期刊编辑部或期刊社编辑人员的学历层次明显提高，大部分编辑部尤其是英文期刊要求招聘的新编辑具有硕士甚至博士研究生学历。笔者也是从学校博士后出站之后选择了编辑这一职业，至今从事英文科技期刊出版工作已有5年。根据这几年在《自然科学进展：国际材料(英文版)》实践工作的心得和自身成长的体会，就青年新编辑如何尽快适应科技期刊编辑工作谈谈自己的感受和想法，希望与进入科技期刊工作的新同行共勉。

1 适应期保持平常心，勤学编辑专业知识

一般来说，硕士博士毕业或者博士后出站，最好的选择或许就是去科研院所做研究，或者进高等院校教书育人，去当科技期刊编辑可能不需要那么高深的专业素养，也没有较高的社会地位。但也有人认为期刊编辑部环境相对民主与宽松，压力相对较小；工作连续而规律，加班和出差少，因此有些科研人员也愿意转岗从事期刊编辑工作。笔者刚入职时，对即将开

始的编辑生涯还是充满了无限期待。因为编辑部人员紧缺,要求新编辑能尽快胜任工作,自己也认为具有了一定的专业领域知识,也有过海外英文科技期刊投稿、审稿的经验,做编辑工作可能都会"大材小用"了。可真正开始工作后才发现自己是未入门的新手,并不具备系统的编辑理论教育知识和与科技期刊编辑匹配的全面的专业知识及技能,因为缺乏编辑经验、工作琐碎枯燥、价值感低等产生了很大的畏难情绪。编辑部的一位老同志告诉我:"你从做学术变成了服务学术,并不是没有优势,万事开头难,只要调整心态,用做科研的耐心和恒心,一样能做优秀的编辑。"因此离开科研岗位做一名科技期刊编辑,首先要抱有"从零开始"的决心,不要自我否定和怀疑,保持平常心,从编辑专业基础学起,快速适应新的岗位。笔者从《出版专业知识》《出版专业实务》等基础教材的学习到坚持阅读《编辑学报》《中国科技期刊研究》和《出版与印刷》等编辑方面的优秀期刊;从备考出版专业资格考试到积极参加各级各类继续教育培训,不断熟悉了编辑出版的知识,提升编辑素质。编辑部的日常工作也是从头做起,无论是编辑的工作,如稿件的登记、初审、送审和文稿编辑校对;还是编务的工作,如与作者读者、印刷厂、邮局等联系沟通和寄送刊物等工作都主动承担,在实际工作中全面地了解熟悉期刊运营模式,提升拓展多方面的业务能力。在及时实现这样的角色转换之后,很快适应了新的集体生活。

2 成长期要有进取心,精练编辑业务内功

科技期刊编辑是一项实务性很强的工作,一名合格的英文科技期刊编辑(简称英文编辑)必须具备广博的专业知识、熟练的编辑技能、深厚的科技英语写作功底。经过编辑和英文方面的培训和在实际编辑工作中锻炼后,才能更好地胜任英文科技期刊编辑的工作[5]。以《自然科学进展:国际材料(英文版)》为例,它是由中国科协主管,中国材料研究学会主办,国际材料研究联盟联合主办的一本材料学科专业英文期刊,也是国内为数不多的材料综合类英文期刊。虽然笔者也有一定的材料学科背景,但是期刊涉及新能源、新信息、生物科学及高技术领域的新材料,如纳米材料、超导材料、稀土材料、复合材料等等,专业面非常广,需要在工作中不断地学习、积累和总结,不断更新材料学科知识和学术研究进展,才能在审读稿件中快速发掘文章的创新点,准确把握作者的意图,对稿件做出正确的判断。因此,笔者利用微信关注"材料科学与工程""材料人""今日新材料"等公众号,并不定期阅读等 *Progress in Materials Science*、*Advanced Materials*、*Annual Review of Materials Research* 等材料类英文期刊,及时了解材料领域的最新科研成果和研究热点。也坚持参加中国材料研究学会主办的一年一度的"中国材料大会",借助编辑部独有的优势,与到会的专家交流,掌握专家的科研状况,了解材料领域的最新进展。记忆犹新的是有一篇"起死回生"的稿件:两位外审专家均为"拒稿"意见,文章质量确实较差,语言表述也存在较大的问题,但在处理稿件时笔者想起曾经在一个分会论坛上听过类似作者提出的创新点,并翻查初审记录时发现初审专家曾经强调过这篇文章"有新颖性"。于是笔者向主编请示,与外审专家探讨,协助作者重新撰写,最终发表了这篇文章。而这个例子同时也说明了英文科技期刊编辑需要具备的另外一个素养——扎实的英文编辑加工能力。

学校硕士、博士科研论文英文写作训练,对英文科技期刊编辑工作来说远远不够。英文科技期刊编辑在初审阶段除"新颖性"的判断外,需要对投稿进行语言评价,决定是否可以送审;在收到作者回复的外审意见后,需要审核作者的修回稿,确认作者是否正确领会并回答了审

稿人的问题；在稿件录用之前还需要对作者修改稿的进行内容审查和校对、语言加工与润色等等一系列英文编辑工作。因此要成为合格的英文科技期刊编辑，必须积极主动采取行之有效的方法提升英语水平。笔者认为向前辈学习是提高英语水平的"捷径"。在工作实践中，有经验的编辑只要读一遍就能发现很多问题，比如英文标题表达不规范、摘要和论文结构不合理、语法和拼写错误、图表标题不对应和序号编排不规范等等。新编辑可以多多多借阅老编辑以前加工的稿件，取长补短，举一反三，深入思考，沉淀经验[6]。《自然科学进展：国际材料(英文版)》的主编韩雅芳教授有丰富的专业知识，并亲自参与稿件的处理，尤其是稿件的终审把关。为确保了稿件的内容质量和学术水平，期刊出版的每一篇论文都经她的科学评审和语言润色之后进行出版。韩主编的语言润色不仅是免费的，返回作者的稿件也都是带有标注的修改，极大地帮助作者提高了英文写作水平。当然作为期刊部的编辑更是"近水楼台"，避免了很多"弯路"，受益匪浅。

3 稳定期具备事业心，做好职业规划

在经历适应期、成长期熟练掌握编辑技能和积累编辑工作经验之后，英文科技期刊编辑对自己长期从事的编辑工作确定清晰的职业目标，进行正确合理的规划非常重要。一般来说，到这个阶段新编辑的工作渐入佳境，都能成为编辑部或者期刊社的业务骨干，所以这一时期也是英文科技期刊编辑真正走向职业化的阶段。但也可能会出现"职业倦怠现象"，因为英文科技期刊的编辑工作比较繁琐、枯燥和单调，还常常会有"为他人作嫁衣"的局外感和失落感[7]。所以青年新编辑要正确认识自己的职业性质和意义，进行自我调整，摆正心态，合理做好职业规划。

随着英文科技期刊从传统出版向媒体服务的转型，英文科技期刊编辑也向着研究型编辑转变，在掌握学科专业知识和编辑技巧之外，还应培养研究科技期刊长远发展的能力，做一名集编辑、策划和经营为一体的复合型人才[8-9]。他们不但可以从整个科技期刊行业未来发展的层面给予同行们专业知识服务，给读者提供的专业学术成果的分析研究报告，提出更新的编辑观念、管理模式和运用机制等，还可以从科技期刊编辑本身发展的层面总结编辑发展过程中的研究性结果，去探求新的编辑方式方法，寻找到解决实际问题的方案。"只编不研则浅，只研不写则失"，撰写编辑类研究论文是新编辑快速成长为复合型人才的好方法。青年新编辑可以积累、总结在平时工作中碰到的问题，进行分析和汇总，将工作的心得体会和经验收获撰写成编辑学研究论文，在撰写过程中可以全面发现期刊存在的问题，不仅有助于提高编辑方面的专业水平，还能通过对比找出与顶级期刊之间的差距，更专业性地提出改进措施。笔者根据工作实践撰写的"《自然科学进展：国际材料(英文版)》办刊实践与学术探索》"一文参加第十八届(2020)全国核心期刊与期刊国际化、网络化研讨会会议论文评比，获得了与同行交流的机会，也获得了一等奖的肯定。这对笔者是极大的鼓舞，增强了笔者作为英文科技期刊编辑的信心。

4 结束语

科技期刊是国家科技发展的一个重要方面，随着我国科学研究水平的持续发展和不断提高，未来对英文科技期刊的需求还将持续快速增长，对编辑队伍的要求也赋予了新的内容和新的挑战。编辑人员职业素养的滞后势必极大地影响期刊质量、竞争力和影响力的提高。只

有不断加强编辑人才队伍建设,提高编辑人员专业技能和综合素质,才能满足科技期刊与科技创新协同发展的战略要求。新编辑是加入英文科技期刊编辑队伍的新鲜血液。要成为一名合格的英文科技期刊编辑,绝不是一朝一夕的事,需要较强的责任心与意志力,需要经过适应期、成长期和稳定期,拥有平常心、进取心和事业心。怀揣编辑情怀,在工作中积累,坚持不懈地学习,全面提高综合素质,争做既脚踏实地又能谋划发展的复合型人才。这样才有助于将更多科研成果在我国的英文科技期刊上,为我国英文科技期刊的健康、可持续发展贡献力量。

参 考 文 献

[1] 中国科学技术协会.中国科技期刊发展蓝皮书(2020)[M].北京:科学出版社,2020.
[2] 任胜利,宁笔,陈哲,等.2019年我国英文科技期刊发展回顾[J].科技与出版,2020(3):6-13.
[3] 林松,段桂花,张娅彭,等.英文科技期刊青年编辑素质提升对策[J].编辑学报,2017,29(增刊1):S135-S137.
[4] 王岩,程磊,李党生.英文科技期刊编辑素质培养[M]//学报编辑论丛(2019).上海:上海大学出版社,2019:223-226.
[5] 宋福南,柴瑞海,朱虹.英文版科技期刊编辑人员业务素质的自我培养[J].编辑学报,2006,18(1):62-63.
[6] 郭涛.从科研到科技期刊编辑的转岗体会[J].新闻研究导刊,2017,8(11):249-251.
[7] 万家练,阮征.科技期刊青年编辑克服职业倦怠的良策[J].编辑学报,2017,29(5):498-499.
[8] 蓝艳华.论新时期科技期刊青年编辑的职业素养[J].传播与版权,2015(7):39-41.
[9] 苏畅,陈玮嘉,陈健.顺应行业大发展树立职业编辑观:关于科技期刊编辑职业规划思考究[J].科技资讯,2018(27):109-112.

后疫情时代传统出版编辑提升职业素养的反思

孙慧明，于成君

(山东中医药大学，山东 济南 250355)

摘要：新冠肺炎疫情暴发后，医学期刊编辑积极策划，迅速刊发了一批新冠肺炎疫情相关文章，科学有效地引导读者正确地应对疫情，增强自我防范意识和能力，为疫情防控作出了应有贡献。本文就传统出版编辑面对疫情及其他突发公共卫生事件，如何提升职业素养，更好地为社会文化传播服务进了反思，以更好地服务社会。

关键词：后疫情时代；传统出版编辑；职业素养；反思

历史上，古代编修的志书中，对霍乱、鼠疫、天花、麻疹、白喉、流行性脑脊髓膜炎、病毒性肝炎等各类疫病的发生情况(泛称疫、疠、瘟)进行了记载。《山东中医药志》根据山东六十多部州、府、县志灾异资料，包含始于隋炀帝大业八(612)年，止于民国三十五(1946)年间1 300余年，历经隋、唐、元、明、清及民国六代，部分疫病流行史略，汇总了大疫(全省)6次，中疫(50县以上)10次，小疫(30县以上)21次，计37次。记录了朝廷、地方官吏、民间采取的治疗和防疫措施，特别强调了中医在疫情治疗中所起到的重要作用[1]。历代文字工作者为记载疫情与防治作出了积极贡献。

在疫情肆虐期间，编辑们以实际行动诠释了媒体编辑的责任与使命担当[2]。2020年新冠肺炎疫情暴发后，我国多家期刊如《疾病监测》《中华实验和临床感染病杂志(电子版)》等迅速反应，刊发多篇关于新冠肺炎疫情的文章。山东中医药大学报社及期刊编辑部也积极响应国家新闻出版署发布的《加强出版服务助力打赢疫情防控阻击战》，针对新冠肺炎疫情防控刊发系列文章。如校报出版抗疫专刊，记录学校49名赴鄂抗疫英雄的风采等，全方位立体化呈现了学校抗击疫情的情况。学报连续刊发疫情相关学术论文，如《山东中医杂志》在2020年第4期刊发《新型冠状病毒肺炎的中医辨治探析》《从寒温结合理论探析新型冠状病毒肺炎轻型证治思路》，截至2020年第12期刊发新冠肺炎专题论文12篇，但反应速度还是比其他期刊稍微迟缓了些，值得编辑深刻反思。

1 后疫情时代传统出版编辑的总结与反思

传统出版编辑在疫情期间展现出了极强的责任感，但是在助力疫情防控中也显露出了一些问题。面对重大突发公共卫生事件，传统出版编辑应该进行总结与反思，那就是如何提高政治敏感度及传播的时效性[3]，更好地履行编辑应尽的社会责任和义务。

基金项目：山东中医药大学校级课题项目(GJYJY202003)
通信作者：于成君，E-mail: 1207304003@qq.com

1.1 编辑对突发公共卫生事件反应的敏锐性和时效性

周报、期刊等纸质媒体由于受发刊周期性的局限性，对新冠肺炎疫情的反应稍显滞后。经过此次疫情，传统出版编辑应当反思，在平时注重积累专业作者资源，能争取在公共卫生事件发生后的第一时间，及时向相关专业的作者约到科普或学术性文章，尽快在最新一期的报纸或期刊上刊发，借助新型媒体，可以先发布电子版。面对突发公共卫生事件的反应，周报、期刊即使是最迅速的反应，由于其本身的周期性也会有一段时间。随着融媒体时代的到来，传统出版编辑能否利用新媒体手段，在维护作者版权的前提下，通过网络及时将文章呈现给读者，做好传统媒体与新媒体的融合利用，也是一个值得深思的问题。

1.2 医学期刊编辑应努力提高自身专业素养

医学期刊青年编辑可以说是期刊编辑工作的生力军，他们有活力和创造力，但他们的能力和素质还有待于进一步提高。现代社会科技发展迅速，医学知识和技术更迭快，因此，编辑在工作之余，应及时学习医学专业及其他领域的新的理论知识。只有具备了一定的专业知识，才能在编校过程中更好地把好质量关。此外，编辑还要提升自身的协调能力和沟通能力，以便于和评审专家、作者沟通交流。在新形势下，为了推动医学期刊的创新发展，医学期刊编辑必须要培养提升编辑能力与专业素养。

2 传统出版编辑提升职业素养的路径

2.1 严把选稿质量关，坚守职业道德

面对新冠肺炎疫情的稿件，可以建立迅速快审通道优先处理，但由于来稿多，质量参差不齐，编辑应始终坚守办刊宗旨，严把稿件质量关，不能因为是新冠肺炎的相关文章就放宽选稿标准。对于编辑不熟悉的专业领域，应找相关专业审稿专家进行审稿，杜绝因为文章内容把关不严而导致的质量问题，以免误导读者。此外，编辑应在初审阶段就做好论文规范及文字的审核工作。

在新媒体背景下，传统出版编辑要提升自身理论素养和专业素养，坚守职业道德情操。面对重大突发公共卫生事件，编辑特别是具有专业背景的编辑，更要提高学术敏锐度，以业严谨审慎的态度研究选题，不能只盲目跟风热点，要发掘有意义、有价值的出版点[4]。始终将社会效益放在第一位，避免蹭热度文章影响出版质量。

2.2 善于创新内容和方式，做好相关选题策划

从某种意义来说，这个全新时代所带来的机遇远远大于危机，疫情打乱了我们正常的工作生活，也为我们带来了出版机遇和选题资源。编辑尤其是专业编辑积极发挥主观能动性，发挥专业优势，围绕防疫、抗"疫"主题进行选题策划，开发精准定位的内容栏目。

后疫情时代，传统出版编辑不仅要把握利用传统的选稿方法来筛选优秀的稿件，更要利用新技术创建信息化系统，创新思路，寻找具有独特性的选题，并借助网络平台实现选题价值的最大化[5]。

2.3 开阔视野，发挥新兴媒体在期刊宣传中的作用

习近平总书记指出："推动媒体融合发展、建设全媒体成为我们面临的一项紧迫课题。要运用信息革命成果，推动媒体融合发展，做大做强主流舆论，巩固全党全国人民团结奋斗的共同思想基础，为实现'两个一百年'奋斗目标、实现中华民族伟大复兴中国梦提供强大精神力量和舆论支持。"[6]传统媒体与新兴媒体的融合发展是时代必然，如何更好地促进新兴媒体与

传统媒体的融合，值得我们研究。

在全媒体时代，追求的是网媒的速度，纸媒的深度。读者获取知识的途径逐渐从"线下"到"线上"，传统出版编辑应顺应读者的需求，除了具备扎实的基本功，更应该积极应对新媒体时代提出的更高要求和挑战。面对融媒体时代的挑战与机遇，传统出版编辑应突破传统观念的束缚，敢于创新，适应时代需求，提升自身素质，培养网络环境中的数字化期刊编辑理念，适应与互联网密切相关的新工作方式[7]。积极掌握新媒体手段，利用客户端、微信公众号、微博、电子期刊等各种渠道，实现信息资源的最大利用，为受众提供便捷快速的阅读方式，满足大众的阅读需求。

3 结束语

作为新时代文字编辑工作者，面对今后可能发生的突发公共事件，应积极服务于党和国家的工作大局服务，坚定办刊宗旨，坚持社会效益第一位，转变思想、找准方向、创新方式，时刻保持敏锐的洞察力，提高获取、传播科学信息的能力。同时，面对融媒体时代的挑战与机遇，编辑应意识到进行媒体融合，开展数字化出版的紧迫性和必要性。传统出版编辑面对融合发展的大趋势，应把握时机，面对挑战，迎难而上，不断提升自己，学习新媒体知识和方法，面对新型冠状病毒肺炎等突发公共卫生事件时，借助互联网、客户端、新媒体等多方平台，以编辑的责任与使命担当更从容自如地应对诸多变局，做好编辑、宣传和传播者，为出版业的创新发展贡献自己的力量。

参 考 文 献

[1] 张奇文.山东中医药志[M].济南:山东科技出版社,1991:89.
[2] 邬文.全媒体时代编辑的职业素养[J].天津科技,2019,46(10):45-46,49.
[3] 杨臻峥,郑晓南.新型冠状病毒肺炎疫情下医药类科技期刊编辑的担当与思考[J].苏州教育学院学报,2020, 37(3):64-67.
[4] 李娜,王凤廷.公共突发事件中的应急出版:以新冠肺炎出版物为例[J].现代出版,2020(2):86-88.
[5] 胡艳.新冠疫情背景下编辑出版工作的 SWOT 分析[J].出版参考,2020(10):75-77.
[6] 舒畅.全媒体时代如何提升新闻编辑职业素养[J].中国报业,2020(11 上):118-119.
[7] 荆林波.构建科学的人文社科期刊评价体系(新知新觉)[EB/OL].人民网[2021-07-15].http://theory.people.com.cn/n1/2018/0603/c40531-30030736.html,2018-06-03.

基于情境分析的科技期刊青年编辑社交沟通的内容与能力培养

彭京亚

(皖南医学院弋矶山医院《中国临床药理学与治疗学》杂志社,安徽 芜湖 241001)

摘要:社交沟通能力是科技期刊青年编辑综合业务能力的重要组成部分,对维护期刊作者群和审稿专家群、提升杂志形象有重要作用。本文从电话、社交媒体和会议三个场景讨论青年编辑应该注意的沟通技巧和礼仪,通过具体案例梳理注意细节,为青年编辑提升社交沟通能力提供参考。

关键词:科技期刊;青年编辑;社交沟通能力;场景;电话;微信;会议

目前,我国科技期刊改革和发展正步入快车道。2019 年 8 月,中国科协、中宣部、教育部、科技部联合发布《关于深化改革 培育世界一流科技期刊的意见》,明确了以建设世界一流科技期刊为目标,实施"中国科技期刊卓越行动计划",全力推进数字化、专业化、集团化、国际化进程,构建开放创新、协同融合、世界一流的中国科技期刊体系[1]。青年编辑肩负着我国科技期刊未来的建设重任,建设一流的科技期刊必须重视一流的编辑人才培养。科技期刊编辑工作有一定的特殊性,不仅需要具备专业的学科知识素养,还要善于交流,维护作者、编委和审稿人之间的良性沟通。我国科技期刊有 5 000 多种,青年编辑工作者约有 1 万人,尤其是近些年,从招聘网站上可以看到,很多单位编辑岗位招聘的门槛逐步提高,很多高学历的青年人才进入出版行业[2]。

科技期刊青年编辑在入职之初往往比较重视提升个人学术素养和编辑能力等编辑"硬实力",忽视个人职场礼仪和沟通话术等编辑"软实力"的培养。然而,在编辑日常工作中,特别是在青年编辑的日常工作中,接电话、跑腿、发邮件、参加学术会议这些场景沟通也占比很大[3]。能否恰当合理地应对并传递有效信息对期刊的形象和发展具有不可忽视的影响[4]。本文从电话、社交媒体和会议三个场景讨论青年编辑应该注意的沟通技巧和职场礼仪。

1 电话沟通技巧

电话沟通是作者和编辑沟通最直接、最迅速的方式,相较于邮件和微信,编辑主动电话沟通作者和审稿人也更显尊重和慎重[5]。在编辑部日常来电中,作者催审、询问刊期、发票和申诉退稿等占据约 90%。处理作者来电,良好的沟通应该首先能解决问题,其次能安抚情绪,最后能留下好的印象。

1.1 举例

作者问:两个月之前的投稿,为什么至今仍未审回?

编辑答:XX 老师您好,首先跟您核实一下您的来稿题名为 xxxx,投稿日期为 2020 年 4

月 2 日。我刊在收稿以后，于 4 月 8 日送两名专家外审，至今已返回部分外审意见，现将催审另外一位审稿人，如一周内您仍未收到外审意见，请务必再次来电，我们将第一时间处理。

作者问：文章在编辑加工阶段，什么时候发表？

编辑答：XX 老师您好，您的文章于 2020 年 4 月 2 日投稿，5 月 8 日通过外审，5 月 17 日通过终审，目前确认可用，处于编辑加工阶段。后续待编辑加工完毕会发排版、给您发看校样，请您注意查收邮件。在看校样完成后我们会尽快安排发表。抱歉现阶段无法确定具体的刊期，只能告诉您我们会遵流程尽快处理，也请您关注自己稿件的处理情况，有问题及时电话沟通。

作者问：文章已发表，为什么至今未收到发票？

编辑答：XX 老师您好，首先跟您声明一下，我刊不会不开具版面费发票。但是，因为财务入账流程需要时间，会导致发票的延迟。刚刚我们已经查询到您的发票正在开具中，开好后会第一时间邮寄给您，还请您理解。

作者问：外审意见不合理，为什么会退稿？

编辑答：XX 老师您好，您的来稿 xxxxxx 共收到了两位外审意见，其中的意见"xxxxxx"经过编辑部讨论确实不符合我刊刊发要求，如果您持有异议，可以整理意见发送至收稿邮箱，邮件备注"退稿申诉"，我们会在收到邮件后第一时间处理。

1.2 注意要点

(1) 先听清楚作者的问题，面对抱怨，宜先道歉和安抚，回答问题时，语速放缓，语气放轻。

(2) 重复作者名、文章名和收稿具体日期等信息，一为核实，二为缓解作者焦躁的情绪。

(3) 回复编辑部已经对稿件作的处理，向作者表明编辑已经注意到您的来稿[6]。

(4) 一定要给出下一步的处理，并加上期限，鼓励作者监督反馈，让作者感觉编辑有站在作者的角度考虑问题，但切勿承诺刊期。

(5) 切勿直接将问题甩给审稿人或者排版人员，"我们已经第一时间送审(排版)了，他不处理我能怎么办"之类的回答不能解决问题，反而给作者留下了敷衍的印象。

(6) 面对退稿申诉，编辑一定要仔细阅读该稿件和审稿人的具体意见，如果事前对稿件不了解，可以要求对方发邮件申诉或者先说明情况再回电话给作者，切勿直接说"外审退稿"[7]。

(7) 及时处理和反馈，不要让作者再次电话询问的是同样的内容，会降低对杂志的信任度。

在接打作者电话时，要事先整理好手头工作和情绪。愉悦的沟通和及时的反馈可以给作者"杂志认真负责"的好印象，吸引他再次投稿、主动引用和积极推荐。青年编辑在工作之初，面对一天几十通作者来电，难免产生消极情绪，掌握一些常用的话术可以帮助沟通，缓解情绪，提高工作效率[8]。

2 社交媒体的礼仪

现下，微信和 QQ 等社交软件的普及更新了期刊编辑与作者、审稿人、编委等的沟通方式。除邮件外，各编辑部还会利用微信和 QQ 等建立作者群、审稿人群方便及时沟通。区别于传统电话和面对面交流，这些社交媒体因其群体性、及时性和公开性，实质就是一个个小型的虚拟社交场，因而也有其独特的社交礼仪规范需要学习和掌握[9]。

2.1 群礼仪

无论是作者群、读者群还是编委群、审稿人群，编辑部作为群建立者，有维护之职。而青年编辑作为编辑部成员，担任着"群助手"的角色。在管理和维护群生态时，青年编辑需要注意以下几点：

(1) 勿屏蔽群消息提醒，及时回答群内提问。
(2) 回答内容应注意语言文字规范。
(3) 群内讨论内容较多时应整理内容，交编辑部讨论，及时反馈。
(4) 群内公布信息宜选上班时间，内容尽量整合为一条信息，优选图片格式代替文本和PDF格式。
(5) 不私发个人信息和擅自推送内容；如无必要，不私加群内成员微信和QQ。
(6) 勿轻易@群内人员，可选择私聊；被@时，应第一时间回复。
(7) 作者群可主动推送期刊公众号内容，鼓励投稿和关注。
(8) 群信息、群讨论内容不宜外泄。

2.2 邮件礼仪

邮件作为比较传统的沟通方式，因其可及性强、可及面广和比较正式的特点[10]，一直在期刊编辑部的投稿、审稿和日常工作中应用。青年编辑在入职之初，经常会接触发邮件通知会议、回复期刊邮箱来信等工作。如何能通过邮件有效沟通，收发邮件需要注意哪些细节都应是青年编辑学习的内容。

(1) 整理邮件通讯录，细分为作者、审稿人、编委、青年编委等。
(2) 个人邮箱请设置签名，显示姓名、单位和联系方式。
(3) 邮件标题请省略客套话，尽量简洁、切题，提供关键词。
(4) 邮件内容注意语言文字规范，字体适宜、排版得当。
(5) 附件不宜过大、过多，核心内容尽量在文本框内展示。附件名宜修改为具体文件名，不宜直接用附件一、附件二命名。
(6) 群发邮件请设置邮箱地址群发单显。
(7) 邮件开头和结尾的用语可整理几套备用，注意同时整理英文邮件用语。
(8) 邮件写好后，宜先发另外一个邮箱预览效果，注意保证手机端显示效果同样完整。

社交媒体的交流与"表演"有相似性，有观众，有表演者[11]。青年编辑一旦进入角色，应该对自己的身份有着清醒的认识，必须考虑到表演的礼仪、道德和规范，尤其是要注意到表演所产生的可能后果，加强表演过程的"印象"管理，为杂志加"口碑分"。

3 会务礼仪

科技期刊编辑经常参加各种专业学术会议，在这些会议场合经常会遇到潜在的作者、读者、审稿人，或是编辑同行和领导，如何在这些场合表现"得体"，需要注意以下几点：

(1) 带好你的名片和刊物，同时准备好电子名片和期刊公众号二维码。
(2) 被介绍时，请主动上前握手并重复姓名。
(3) 遇到对期刊感兴趣的读者，可以邀请关注期刊公众号。
(4) 同行交流，在添加对方微信前，可以先关注对方刊物公众号。
(5) 宜在友好的交流沟通后询问是否可以添加对方微信，不宜直接要求。

(6) 主动扫码对方微信名片，主动打招呼，备注姓名单位。

(7) 会议遇到的人应及时整理通讯信息，建议微信名备注"某次会议"，努力记住对你和你的刊物关注的人，包括姓名和长相。

(8) 微笑是最好的名片。

学术会议是青年编辑成才的好平台[12]。科技期刊编辑学会非常重视青年编辑的成长和发展，每年都会举办青年编辑学术研讨会，主办的各种科技期刊发展学术会议也会分设青年编辑论坛，广大青年编辑应该积极参会并且志愿参与到学术会议的组织中。

4 结束语

编辑工作的核心是"人"，编辑工作的自始至终都是"传播行为"和"交流过程"[13]。科技期刊青年编辑大多有着专业的理工科学术背景，交流方式偏向直接。出版专业培训一直非常重视编辑业务能力和专业能力的培养，对编辑社交场景的交流能力培训较少。近年来，有的杂志社在青年编辑入职培训时已引入规范化的情商培训课程[14]。已经举办了四届的科技期刊青年编辑业务能力大赛也将场景交流能力融入到比赛环节中，考察编辑的综合素质。这些都表明青年编辑的"软实力"日益受到关注[15]。

在对标世界一流期刊的发展时需要一流的编辑人才，青年编辑有着独属于自己的朝气，敢于挑战，领悟能力强。在日常工作中，青年编辑应该发挥这些优势，多观察、多接触、多总结，从"硬实力"和"软实力"两方面不断提升自己，努力成为期刊发展中最耀眼的"后浪"。

参 考 文 献

[1] 金琦,王书亚,代小秋.打造一流科技期刊 提升青年编辑素养[J].中国编辑,2020(7):89-92.
[2] 金琦,李静,王书亚,等.科技期刊青年编辑的培养与成长[J].编辑学报,2018(4):429-431.
[3] 卢妙清.科技期刊青年编辑应当提升正能量[J].编辑学报,2014,26(1):83-85.
[4] 李世秋,蔡斐,张广萌.新形势下科技期刊青年编辑应注重培养的若干能力[J].编辑学报,2016,28(6):597-598.
[5] 林海妹,张海东,孙继华.科技期刊编辑应注重电话沟通的礼节问题[J].编辑学报,2015,27(5):488-489.
[6] 于军民.试论科技期刊编辑的稿件处理艺术[J].编辑学报,2013,25(3):220-222.
[7] 乔玉兰.退稿过程中应注意的问题[J].编辑学报,2016,28(增刊1):S25-S26.
[8] 张茹.公务活动中电话礼仪与技巧[J].科技创新导报,2014,11(9):255.
[9] 晏青,支庭荣.社交媒体礼仪:数字关系情景下的伦理方案与效果辨析[J].现代传播(中国传媒大学学报),2017,39(8):127-128.
[10] 尹晓叶,张长春.于细微处见精神:办公电子邮件撰写与处理探析[J].应用写作,2016(11):30-32.
[11] 蒋建国.网络社交媒体的角色展演、交往报酬与社会规范[J].南京社会科学,2015(8):113-120.
[12] 王维朗.学术会议是青年编辑成才的好平台[J].编辑学报,2013,25(3):304-305.
[13] 刘振东,金强.青年编辑如何学习珀金斯:兼谈麦克斯韦尔·珀金斯的"人"与"书"的沟通艺术[J].出版发行研究,2019(7):91-95.
[14] 夏爽.规范并优化科技期刊青年编辑的入职培训[J].编辑学报,2018,30(1):83-85.
[15] 许海燕.科技期刊编辑大赛对青年编辑的作用及完善建议[J].编辑学报,2021,33(2):226-228.

充分发挥编辑作用 促进编辑全面发展
——以《数学进展》编辑部为例

杨凤霞

(北京大学数学科学学院《数学进展》编辑部, 北京 100871)

摘要: 期刊的发展与编辑息息相关, 相辅相成。期刊要努力创造各种有效方式充分发挥编辑的作用, 促进编辑全面发展。现以《数学进展》编辑部为例, 探讨如何在期刊建设、学科建设、教学科研活动、社会服务等方面发挥编辑作用。

关键词: 编辑; 学术期刊; 编辑作用; 编辑成长; 期刊建设

编辑工作是我们整个科技事业的重要组成部分。学术期刊编辑承担着学术交流、科研传播的重要使命, 责任重大。正是由于编辑的辛勤劳动和再创造, 科研成果才得以及时交流和不断更新, 科学价值才得以社会化实现。毋庸置疑, 编辑在办刊中承担着重要任务, 起着重要作用[1-7]。青年编辑是出版编辑行业的主力军, 肩负着我国科技期刊发展的希望, 也是编辑队伍建设重点研究的对象[8-9]。近年来, 期刊越来越重视培养编辑人才, 挖掘编辑的潜能, 发挥编辑的作用, 增强编辑的工作成就感和使命感, 不断创新编辑成长与培养模式[10-12]。

笔者所在的《数学进展》编辑部现有 4 名工作人员: 3 名编辑(其中 2 人是数学专业博士, 1 人是数学专业硕士)、1 名编务, 年龄在 27 至 38 岁之间, 平均年龄 33 岁, 年轻有活力。编辑部注重培养编辑的主体意识[13], 经常给他们创造各种锻炼和大展身手的契机, 增强他们的工作成就感。另外, 编辑部浓厚的学术氛围无形中加深了编辑对期刊的认同感和工作使命感。

本文现以《数学进展》编辑部为例, 阐述如何充分发挥编辑作用, 以期为编辑同仁和其他期刊的编辑队伍建设提供借鉴和参考。

1 鼓励编辑发挥专业特长, 勇把期刊学术质量关

编辑的科学素养对期刊的学术质量影响甚大。编辑对所负责学科发展动态的了解与掌握程度, 在鉴赏学术论文的创新性中有着非常重要的作用[14]。发挥编辑在把关期刊学术水平中的重要作用, 不仅有利于提升期刊的学术质量, 还有利于营造学术成果发表与传播的良性竞争环境[15]。学术期刊青年编辑大多是硕士及以上学历, 具有一定的科研能力和学术水平。其中具有博士学位者亦不乏其人。《数学进展》编辑部鼓励编辑保持科研热情, 利用业余时间继续从事科研研究, 持续关注学科前沿与热点领域的最新动态和发展前景, 不断提高自身的科学素养, 鼓励他们发挥专业特长, 在稿件初审、稿件查重等方面勇把期刊学术质量关。

(1) 专人专稿, 按照审稿标准严把稿件初审质量关。编辑初审是严把稿件质量的第一道工序。《数学进展》有 2 名编辑专门负责稿件初审, 并赋予编辑初审更多权限。编辑除了审查来

基金项目: 国家自然科学基金资助项目(8200904605)

稿是否符合办刊宗旨，其内容是否属于期刊征稿范畴，写作是否规范，来稿与已发表和拟发表的同类文章相比是否有创新之处，编辑要发挥专业所长，把自己当成真正的审稿专家，按照审稿标准，需要重点审查稿件的主要结论与研究方法的学术价值、难易程度、是否热点以及国内外研究现状等，另外还要检查稿件主要引用的参考文献的学术价值，从各个方面对来稿的内容和质量做出判断。编辑严格把关稿件初审质量，每年大约有三分之一的来稿在编辑初审环节被退稿，有效减轻了编委和审稿专家的工作，提高了稿件的处理速度。

(2) 两次稿件查重，严谨细致把关刊物学术质量。稿件从投稿到录用往往经过几个月的时长，为把关稿件的原创性和学术水平，编辑人员在稿件录用和见刊之前分别再进行网络查重。这两次查重都非常重要，要求编辑有过硬的专业素养以及敏锐的洞察力和判断力。编辑要仔细比对论文题目、摘要、主要结果、研究方法、参考文献等，一旦发现涉嫌学术不端行为的稿件，立即提交编委会讨论，对证据确凿的稿件坚决进行退稿，最大程度上保证了刊物的学术水准。

2 鼓励编辑"走出去，多交流"，助力期刊组稿和宣传工作

《数学进展》是以发表综述性文章为主的数学刊物。与国内其他数学期刊相比，特色鲜明且独特。但目前，《数学进展》的综述文章稿源不够充足，特别是优秀稿源较少。究其原因，我们认为，当前老一辈数学家退居二线，与此同时，年轻一辈在学术、生活、职称评比诸方面压力过于沉重，导致很多人没有精力和动力撰写综述文章，这一局面已成为综述文章组稿的桎梏。针对这种困难局面，编辑部加大了组稿和宣传力度，鼓励编辑"走出去，多交流"。

(1) 发挥编辑在组稿工作中的作用。编辑每天与稿件打交道，最了解期刊需要什么样的文章。在组稿方面，编辑的重要作用就更加凸现出来。编辑除了自己积极组稿，另一个重要的工作是协助编委组稿。《数学进展》编辑部要求编辑关注每年的优青、杰青、重要奖项的获得者，以及重大(重点)研发项目的负责人，深入了解他们的研究成果，在适当的时候向这些学者约稿。编辑还经常关注年轻学者(年轻教师、博士后、博士生等)，利用各种机会向他们介绍期刊的历史、特点和发展前景等，使他们对期刊有一个较为全面客观的认识，从而今后能把优秀论文投稿到本刊上。另外，编辑要主动联系一些高校邀请的访问学者，并针对性地向他们约稿。总之，编辑要根据学者的研究成果和学者的特点，选择适合的方式约稿，例如可以按综述文章、问题与猜想、研究简报等栏目形式约稿，提前做好充分准备工作，保证约稿的成功率。

2010 年以来，《数学进展》编辑通过自组稿和协助编委组稿的方式成功约稿综述文章近60 篇，其中一篇综述文章获评 2016 年度中国科协优秀科技论文遴选计划优秀论文。

(2) 发挥编辑在期刊宣传工作中的作用。编辑部鼓励编辑积极参加国内外学术会议宣传期刊。编辑在会议期间设置易拉宝、发放宣传彩页、赠送样刊及综述汇编等，并积极与参会代表进行交流。编辑还通过关注 ResearchGate、科研在线、科学网等在线科研交流平台，利用这些平台去组稿、宣传期刊等。此外，编辑还通过微信公众号、微信群、微信朋友圈、QQ 群等多个渠道宣传期刊。

有的编辑心理上有一定的恐惧或者畏缩，不好意思出去交流。针对这种现象，编辑部采取耐心疏导、组织有关培训、请有经验的编辑带领出去交流等措施，让大家解放思想压力，逐渐树立信心，能够在期刊组稿和宣传工作上从容应对。另外，编辑部还会对表现突出、进

步较大的编辑进行一定的表扬和奖励。总之，编辑部注重发挥编辑在期刊建设中的主体作用，让他们对期刊有使命感和责任感，同时促进编辑更好地成长和发展。

3 鼓励编辑参与学科建设和教学科研活动，拉近编辑与科研的距离

《数学进展》编辑部鼓励并支持编辑积极参与学科建设工作和教学科研活动，发挥编辑在学科建设和教学科研活动中的辅助作用。这些工作同期刊工作相得益彰、相互促进。

3.1 发挥编辑在学科建设工作中的作用

近几年，国家加大了对学科建设的支持力度。学科建设是一项长期而艰巨的战略任务，意义重大、影响深远。编辑每天与学术论文和科研人员打交道，对学科发展动态有一定的了解与掌握。《数学进展》编辑部鼓励编辑积极参与数学学科建设工作。例如，编辑可以参与学科评估、学科中长期规划的内容整理和学科前沿项目研究等工作。上述工作让编辑增添成就感的同时，也加深了对所在学科的理解和认识，从侧面对期刊工作有所裨益。

3.2 发挥编辑在教学科研活动中的作用

编辑人员虽然不在教学科研第一线，但可以通过各种渠道参与教学科研活动，为教学科研事业的发展贡献力量。

(1) 参与项目申报工作。编辑可以发挥专业特长，与科研人员合作共同申报基金项目。通过整理收集材料和撰写申报书，编辑不仅可以了解各个研究方向的最新研究动态、进展和热点问题，还可以了解各个研究方向的知名学者，有助于针对性地进行组稿和约稿。

(2) 参与科研活动组织工作。编辑除了积极参加学术会议来宣传期刊，还可以参与一些学术会议/学术研讨会、学术讲座等科研活动的会务组织工作。学术会议的会务组织工作，不仅锻炼编辑的组织能力和沟通能力，还可以使编辑结识更多学者并与其有效沟通，进一步为组稿和宣传期刊助力。

(3) 参与教学活动。编辑可以利用自身的工作经验和优势，积极在教学活动中发挥作用。例如，主动帮助教师校对一些教材，并联系出版社出版；帮助一些研究生润色论文，提供论文写作的模板；为研究生讲授《论文写作指导》课程等。这些工作不仅能拉近编辑与师生的距离，还为期刊赢得了声誉。

4 引导编辑参与社会服务工作，培养编辑奉献精神

期刊可以引导编辑积极参与社会服务工作，在其中发挥应有的作用。编辑结合自身能力和特点，参与社会服务的形式可以多种多样，例如参与科技志愿服务工作、科普志愿服务工作等。这些工作既是奉献也是一种回馈，对进一步提升期刊的影响力和感染力起到促进作用，对编辑自身成长也是有效的锻炼。

5 结束语

办刊如逆水行舟，不进则退。期刊的发展与编辑息息相关，相辅相成。期刊要采取科学有效的措施调动编辑的工作积极性，努力创造各种有效方式充分发挥编辑的作用，为编辑提供更多的成长机会和更加广阔的发展空间。作为一名新时代的编辑，要有强烈的使命感和高度的责任心，努力进取，促进自身全面发展。

参 考 文 献

[1] 季魏红,谢浩煌,吴飞盈,等.专家组稿模式中编辑作用的发挥:以《中华眼视光学与视觉科学杂志》为例[J].编辑学报,2019,31(1):94.
[2] 卢伟.论学术期刊责任编辑在加强学术规范中的责任[J].浙江师范大学学报(社会科学版),2011,36(3):121.
[3] 谭京晶.做好期刊守门人:充分发挥编辑初审的作用[J].编辑学报,2016,28(增刊2):111.
[4] 王海霞.如何发挥编辑的"桥梁"作用[J].科技风,2015,17:214.
[5] 王银平.科技期刊编辑在办刊中的能动作用[J].中国科技期刊研究,2000,11(3):187.
[6] 赵宝瑄.编辑在提高论文质量中的作用[J].编辑研究,1996,8(2):82.
[7] 赵粉侠,曹龙,张坤.学科编辑在期刊发展中的导向作用[M]//学报编辑丛论(2013).上海:上海大学出版社,2013:22.
[8] 崔天宇,方圆,尹晓桐.基于新发展理念的科技期刊青年编辑队伍建设[J].编辑学报,2019,31(增刊2):254.
[9] 高淼,颜廷梅,刘瑾,等.科技期刊青年编辑成长与培养新模式探讨[J].编辑学报,2010,22(1):80.
[10] 李国昌,马严,陈琪.论编辑新发展观[J].出版科学,2018,26(3):28.
[11] 李文娟.我国编辑人才队伍的发展现状与对策研究[J].出版与印刷,2017(4):5.
[12] 林松清,佘诗刚.试论科技期刊编辑人才梯队建设与对策[J].中国科技期刊研究,2012,23(3):49.
[13] 李小玲.论科技期刊编辑的主体意识[J].编辑学刊,2003(3):31.
[14] 赵粉侠,许易琦.编辑科学素养与期刊学术质量[J].中国科技期刊研究,2006,17(1):22.
[15] 卢伟.论学术期刊责任编辑在加强学术规范中的责任[J].浙江师范大学学报(社会科学版),2011,36(3):121.

责任编辑在终校环节中提高科技期刊编校质量的方法

张 晶

(上海市医学会《中华消化杂志》编辑部，上海 200040)

摘要：期刊审读结果反映出大多数科技期刊的出版质量仍有待提高，定稿印刷后发现的差错也困扰着新承担责任编辑工作的青年编辑。期刊的校对有一定方法，特别是终校环节，应根据期刊基本参数和科技论文结构精细化提取不同校对要素，以整体化观念进行终校。非本期责任编辑的其他编辑人员和作者在终校环节中，也应精细化分工协作以协助当期责任编辑对全刊进行最后把关，共同提高科技期刊的编校质量。

关键词：期刊审读；终校；校对要素；整体化；精细化分工协作

目前，我国大多数期刊仍保持一定的印刷量和发行量，印刷后的纸质版一旦发现差错，不及网络版方便更新，甚至有时需重新印刷，造成成本资源的消耗，严重影响期刊的编校质量，也困扰着新承担责任编辑工作的青年编辑。2020 年 5 月 28 日，新闻出版署发布的《报纸期刊质量管理规定》[1]指出，期刊编校差错率不超过万分之二的，其编校质量为合格；差错率超过万分之二的，其编校质量为不合格，新发布的审读标准对期刊的编校质量提出更高要求。

期刊校对步骤包括三校，校对工作中的每一校次对期刊的出版质量起着不同的作用，3 个校次各自独立又相互联系，前面的校次是基础工作，但并不能确保最后的出版质量，出版前终校对期刊的编校质量起重要作用。尽管时下出现一系列自动校对的人工智能型软件和产品，但其中的主要操作还需人力完成，特别是终校工作，尚不能替代人工校对，更不能完全依赖，不能解决实际编校工作中的现实问题[2-3]。根据论文构架提取要素、分步校对的分项校对法和分步编校法，条理清晰，可有效避免漏校[4-5]。当期责任编辑出版前终校时需在通读的基础上，做到有目的性的校对，这是因为无目的性的全刊通读可能留意不到一些细节，如全文的标题序号、图表序号、参考文献序号的连续性，以及图表题名表述和版式的统一性等，每篇文章是一个整体，同一期同一要素也是一个整体，整体化观念和精细化分工协作等途径有助于发现这些问题，对整期文章的编校质量进行宏观把控[6]。现通过介绍终校环节中提高科技期刊编校质量的步骤和方法，望有助于提高科技期刊的出版质量和责任编辑的编校能力。

1 整体化观念

终校之前的校次工作是以每篇文章为校对重点，校对的方式是以单篇文章为重点，尽管全刊每位编辑人员包括当期责任编辑对全刊的每篇文章都进行过校对，但由于不同校次有时间先后，并非同期完成，责任编辑会有记忆缺失，仍会有许多细节和差错不能顾及，这也是需对全刊进行终校的原因[7]。终校的校对方式与前几次校对不完全相同，特别是正文部分，前几次校对是单篇文章为整体，以该单篇文章的开头部分为校对起始，结尾部分为校对终点。终校时，责任编辑面对的是全刊所有文章，单篇文章校对的阅读方式不能有效地识别和发现差错，此时应将全刊所有文章作为一个整体进行校对，即树立整体化观念。责任编辑的整体化观念能有效做到整体和局部的同步准确，有助于提高编校质量，控制差错率。

科技期刊终校要素包括封面、封底、版权页、目次、广告、正文、附属内容，这 7 个部分作为独立的整体进行分块校对。封面、封底、版权页、目次和广告的校对方法同前面几个校次，正文和附属内容的终校有别于其他校次。终校正文时，需根据科技论文的结构，将正文拆解为题名、作者信息、摘要、关键词、基金项目、文章层次标题、表格、图片和参考文献等校对要素；附属内容包括页眉、页脚、数字唯一识别码、作者贡献声明、收稿日期、编校人员信息等校对要素。正文和附属内容的整体化观念是将全刊所有文章看作"单篇文章"，以第一个校对要素为校对起始，最后一个校对要素为校对终点，终校时建议先校对正文和附属内容，之后再次核对作者的校对意见，然后校对全刊文章的转行不当，最后再校对封面、封底、版权页、目次和广告，终校校对步骤见图1。

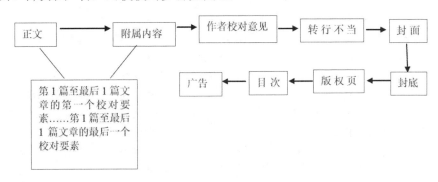

图 1　终校校对步骤

2　校对要素的精细化提取

期刊印刷前的终校工作通常由当期责任编辑主要负责，责任编辑需要对当期整刊的质量做最后把关，大多数期刊都会培养青年编辑承担这部分工作，而且也需要这些青年编辑尽快胜任这部分工作。印刷前终校时，需运用特殊的阅读方式，对期刊的基本组成部分，包括封面、版权页、目次、每篇刊登文章等内容制作校对清单，注意校对要点和常见问题(见表1)，按照精细化提取的校对要素进行针对性校对，每完成一项内容，可适当标记确认校对完毕，建议校对两次及以上。

3　精细化分工协作模式

由于编辑和校对人员的阅读方式有很大差异，编校合一的运作模式难以保证编校质量[8]。目前，多数期刊印刷前的终校工作由当期责任编辑一人主要负责，对整本刊物的出版质量做最后把关。整本期刊的文章数量多，终校环节的校对时间又相对较短，当期责任编辑在终校环节中往往深感任务重、压力大，亟须科学的方法。精细化分工协作的流水线校对模式不仅可提高工作效率，还能有效提高编校质量[9-10]。

表 1 终校校对要素的校对要点和常见问题

校对要素		分项校对内容	校对要点	常见问题
正文				
	题名	中文和英文	名称和转行	误用缩写，转行不当
	作者信息	中文和英文姓名、通信作者、作者单位	姓名书写、单位名称和邮编、信息的完整性	同音字、前后鼻音、大小写、中英文信息不一致、遗漏相关信息
	摘要	中文和英文	数据、转行	中英文数据不一致、转行不当
	关键词	中文和英文	名称	中英文关键词排序不一致
	基金项目	中文和英文	名称和编号	中英文编号不一致
	文章层次标题	标题序号和标题名称	连续性、表述与格式	序号不连续、表述不统一，背题
	表格	表题	自明性和体例	表述不统一
		表注	完整性和准确性	多项或漏项，标注内容与表格无关
		数据	数据类型和对齐方式	偏态数据呈现方式不当，未按本刊规定对齐
		在正文中引出	见表几字样	缺如
		排版格式	排版位置	违反表格的排版要求
	图片	图题	自明性和体例	表述不统一
		图注	完整性和准确性	多项或漏项，与图片无关
		图示	名称和颜色	与图题和图注表述是否一致
		图片内容和编号	图片顺序	图片是否正确，与正文表述是否一致
		图中线条	颜色	与图注表述是否一致
		图中箭头	长度和颜色	长度大小统一，颜色与图注表述是否一致
		在正文中引出	见图几字样	缺如
		排版格式	排版位置	违反图片的排版要求
	参考文献	文献序号	连续性	不连续
		在正文中引出	出现姓名的引用	与文末参考文献姓名不一致
附属内容				
	页眉	年卷期	格式和信息完整性	遗漏和格式差错
	页脚	作者简介等	格式和信息完整性	遗漏和格式差错
	数字唯一识别码	中文和英文	需更新的编号	编号位数不对、不一致或遗漏
	作者贡献声明	作者姓名和排序	姓名和排序的一致性	姓名和排序不一致
	收稿日期	相关信息	格式	格式差错，信息缺失
	编校人员信息	相关信息	相关内容	内容缺失
作者校对意见		作者的修改痕迹	有异议和需作者确认的表述	漏项或修改错误
转行不当		分栏内容的行首和行尾	数据、符号	数字拆分，符号行首不当出现
封面		基本参数	所有信息	期号和条形码未更新

续表

校对要素	分项校对内容	校对要点	常见问题
封底	基本参数	所有信息	信息缺失和错误
版权页	基本参数	地址或电话	未更新
目次	中文和英文	题名、作者和页码	题名多字或少字、页码、大小写、格式差错
广告	内容和位置	批准文号	过期未更新，排版位置不当

3.1 非本期责任编辑的其他编辑人员的配合

终校工作尽管由当期责任编辑主要负责，但是并不是说与其他编辑人员无关，其他编辑人员在完成终校核红工作的基础上，仍需对自己所负责编辑加工的稿件进行整体把关，确保印刷版的准确无误[10]。其他编辑人员在终校时也应按照终校校对步骤，精细化校对分块部分的相应校对要素，协助当期责任编辑完成终校工作。

3.2 校对要素的任务划分

当期责任编辑也可以将精细化提取的校对要素划块包干分配给相应的编辑或校对人员进行分项精细化校对，如正文、附属内容等相关校对要素分配给不同的编辑人员进行分项校对，将校对意见分别反馈给当期责任编辑。这样不仅可以使工作量适当分配，还能提高编校效率和质量。

3.3 本期每篇文章作者的配合

由于经过前面几次的校对，稿件内容与作者的首次校对稿件已有很大差别，终校环节中有必要让作者也参与其中，让作者知晓印刷前的稿件内容，也同时让作者对其稿件进行终校，再次确认稿件内容的科学性和正确性，从作者的角度协助责任编辑的终校工作，共同合作助力提高期刊编校质量[11]。当期责任编辑可自拟作者终校校对事项和校对重点内容，通过邮件或企业微信等形式通知作者进行印刷前终校，按照规定的时间及时反馈回校对意见。校对重点内容包括前面几次校对中的重大修改，稿件涉及的作者单位的书写，作者姓名和作者简介内容、基金项目名称和编号等这些与作者关系密切的相关信息，更重要的是不可忽视表格和图片的校对，特别是图片，因为部分稿件在编校过程中，图片的位置和摆放与作者最初的投稿不同，易导致图片错位、图片线条缺失等差错，当期责任编辑在终校图片时应与作者原稿进行对照，与作者共同合作确保这些信息的准确性。

4 重视重复校对理念

三审三校制度即体现重复的理念，当期责任编辑在终校环节中同样应有重复校对理念，对一些容易出现差错的校对要素宜进行两次及以上重复校对，如封面、封底、目次、作者信息等。校对目次时，在通读校对完成的基础上，应与已出版的最近一期的目次进行对照校对，确认是否有些更新的信息已体现在即将出版的刊期中。其他编辑人员和作者对当期责任编辑的协助和精细化分工协作也体现重复校对的理念。

5 结束语

每年的期刊审读工作都反映出大多数杂志的出版质量仍有待提高，这种事务性的工作对编辑也提出了更高要求，编辑应当重视校对职责，当作一门学问去研究。相关部门每年都会进行期刊审读工作，编辑应认真学习审读结果，对于有问题的地方要钻研学习，真正理解扣分的原因，同时要学习期刊出版的国家标准有无变化，如图表、计量单位和参考文献相关标准的更新等，这样才能有助于改进期刊质量[12]。每本科技期刊在遵循国家标准的基础上又有各自的出版版式，应根据每刊的特殊格式进行相关元素的校对，不要缺漏，特别注意内容的一致性和版式的统一性。每次校对过程中，期刊版式都有微调，这些细微的变化往往是校对修改的关键，也是错误容易潜伏的地方，仔细和有经验的责任编辑往往能发现这些问题，如政治差错、对数字具备敏感性，特别是行首或行尾有数据出现时，注意是否有数字被拆分的情况，或数学符号错误转行的情况。

其他编辑人员在终校时不应有事不关己的想法，也应在核红的基础上对自己负责的文章进行最后的质量把控。在修改作者校对意见时，由于部分作者的纸质校对字迹潦草或电子校对标识不明，改错的情况时有发生，因此建议至少核对作者校对意见两次以上，这样多次的核对会发现问题，终校时再通过与作者沟通核实，能较好地确保正确率。

出版前终校技能的培养是个长期学习、训练和实践的过程，当期责任编辑在出版前终校时应针对校对要点和常见问题，一一解决、消除差错。当期出版质量是一个编辑部团队协作的成果，期刊出版前终校时每篇稿件的本文编辑应对所负责的文章在终校核红时进行最后把关，协助当期责任编辑最后校对，共同提高期刊的出版质量。

参 考 文 献

[1] 新闻出版署.《报纸期刊质量管理规定》的通知[EB/OL].(2020-05-28)(2021-02-18).http://www.gov.cn/gongbao/content/2020/content_5551815.htm.
[2] 侯修洲,黄延红.基于逻辑原则的科技论文自动校对方法[J].中国科技期刊研究,2018,29(9):920-924.
[3] 官鑫,韩宏志,姜瑾秋,等.基于 xodo 软件的实时交互和远程协同办公的稿件编校模式[J].编辑学报,2019,31(2):212-213.
[4] 于海.高校学报应用分项校对法实施终校的几点建议[J].辽宁师专学报(自然科学版),2010,12(4):106-108.
[5] 薛子俭,付利.科技论文分步编校法及注意事项[J].中国科技期刊研究,2012,23(2):325-328.
[6] 谢玉华.期刊校对中几种关系的处理[J].内江师范学院学报,2020,35(10):120-124.
[7] 潘秋岑,张立新,苏俊宏.责编利用终校自查表提高学术期刊校对质量:以《西安工业大学学报》为例[J].科技传播,2020,12(10):67-69,161.
[8] 王中男.在"编校合一"运作中如何保证编校质量:高校学报的视角[M]//科技期刊发展与导向(第11辑).上海:上海大学出版社,2018:188-192.
[9] 武晓耕.科技期刊编辑的精细化分工研究:以创办世界一流科技期刊为背景[J].出版广角,2019(2):18-20.
[10] 张彦艳.新时校对工作的方式方法探究[J].新闻研究导刊,2021,12(1):209-210.
[11] 袁理.编辑与作者新型合作关系探索[J].新闻传播,2020(7):69-70.
[12] 沈云才,周纯钧.新媒体背景下编校质量的"把关之道"[J].传媒评论,2020(12):69-71.

"三强三高"文化强省视域下江苏期刊人才队伍建设策略研究

梁赛平

(江苏建筑职业技术学院学报编辑部,江苏 徐州 221116)

摘要: 从江苏省期刊人才队伍的建设需求出发,分析了江苏省期刊人才队伍建设整体现状和存在的问题,包括编辑人员所擅长的专业知识有限、办刊和编辑人员数量相对较少以及期刊人才的岗位分工不明确等,提出了在"三强三高"文化强省背景下江苏省期刊人才队伍建设策略,包括落实"三强三高"人才培养计划、提高期刊人才的专业素养和道德素养以及拓宽期刊人才的职业生涯通道等。

关键词: 江苏省;期刊;人才队伍;三强三高

近年来,信息技术和网络技术的快速发展进一步推动了出版行业的发展,从而导致各出版企业之间的竞争也日益激烈,对期刊人才队伍建设也提出了更高的要求。作为我国的文化强省,江苏省内的期刊数量和质量虽然表现为不断上升的发展趋势,但由于受到信息化背景的影响,现有的期刊人才队伍已经无法满足省内的期刊产业健康发展的要求,并出现了编辑人员地位边缘化、缺乏有效的激励机制以及全面型人才短缺等问题,致使江苏省的期刊产业发展面临着巨大的困境。"三强三高"作为组织系统对于组织内干部提出的总体要求,江苏省有必要以"三强三高"为基础,加强省内的期刊人才队伍建设,才能对省内期刊质量的进一步提升产生积极的推动作用。

1 江苏期刊人才队伍的整体现状

人力资源作为知识经济时代背景下各类企业中的第一资源,同时也是推动行业发展的主要力量。江苏省作为我国的文化强省,随着省内期刊产业的快速发展,如何打造专业的期刊人才队伍是江苏省期刊产业发展面临的主要问题。根据中国科协、中宣部和教育部等联合印发的《关于深化改革培育世界一流科技期刊的意见》,加快建设世界一流的科技期刊成为我国期刊产业在发展过程中的主要战略目标。其中,江苏省作为我国的期刊大省,虽然近年来的期刊数量和质量均有所提升,但距离世界一流期刊的水平依然存在一定的差距,究其主要原因则是未能建设专业化的期刊人才队伍[1]。针对江苏省期刊人才队伍的整体现状进行调查,本次研究共计向江苏省内的期刊人员发放了调查问卷 200 份,其中回收有效问卷 183 份,问卷

基金项目: 2021 年度中国高校科技期刊研究会"一流高校科技期刊建设"专项基金课题:"双高计划"背景下高职学报助力构建学术生态圈的路径探索(CUJS2021-012);江苏省教育厅 2020 年度高校哲学社会科学研究项目:"双高"建设背景下学术期刊培养科技人才对高校科研提升的作用研究(2020SJA1122);2019 年江苏建筑职业技术学院科研项目:"三强三高"文化强省视域下江苏期刊人才队伍建设对策研究(2019022)

采取网络发放和填写的方式。

1.1 编辑人员所擅长的专业知识有限

江苏省作为我国的期刊大省,从省内期刊的分类和主要学科情况来看,所涉及的学科内容十分广泛。从期刊的发展来看,期刊的专业化程度越高,对于编辑人员的专业能力要求也就越高。然而,由于受到人才资源数量不足等因素的影响,导致江苏省内期刊编辑人员所擅长的专业知识有限,且即使部分期刊从业人员的学历水平相对较高,且对某些专业知识的了解较为深入,但其所涉猎的专业领域依然有限。通过调查发现,183 名期刊人才中包括 161 名编辑人员,而通过对编辑人员的基本情况调查,发现有 44.72%的编辑人员学历为硕士,同时有 21.12%编辑人员的学历为博士,但其中仅有 75.78%的编辑人员表示学习过除所学专业知识之外的其他专业知识,见表 1。由于受到专业素质和专业水平等因素的影响,进而会影响编辑人员的工作效率。同时,同一学科下级二级、三级学科较多,编辑人员很难全面了解某一学科的下属细分学科,这对编辑人员的稿件选择和策划能力均产生了一定的影响,制约了期刊的健康发展[2]。

表 1 江苏省编辑人员的基本情况调查表(n=161)

基本情况		人数(n)	比例/%
性别	男	99	61.49
	女	62	38.51
年龄	<30 岁	27	16.77
	30 岁~50 岁	86	53.42
	50 岁以上	48	29.81
学历	本科及以下	55	34.16
	硕士	72	44.72
	博士	34	21.12
是否深入学习过除所学专业之外其他专业知识	是	39	24.22
	否	122	75.78

1.2 办刊和编辑人员数量相对较少

目前,江苏省的期刊产业发展虽然在全国范围内处于领先地位,但从办刊和编辑人员的整体现状来看,却存在办刊和编辑人员数量明显不足的问题,且专职编辑人员的数量完全无法满足现有期刊产业的发展。编辑人员的数量不足,必然会导致现有工作人员的工作量增加,从而影响了期刊的整体发展水平[2]。而从办刊编辑人员的综合水平来看,平均年龄相对较高也是江苏省在构建期刊人才队伍时存在的主要问题。由表 1 可知,年龄<30 岁的编辑人员仅占 16.77%,而 50 岁以上的编辑人员数量有 48 名,办刊人员的平均年龄较高。一方面,由于许多期刊都不属于非独立的法人机构,且待遇水平相对较低,因此存在人才流失的问题;另一方面,由于受到岗位设定和职称指标等因素的限制,导致人员的晋升渠道受到了限制,缺乏对年轻人的吸引力,导致办刊和编辑人员的整体年龄水平偏高[3]。

1.3 期刊人才的岗位分工不明确

在对期刊人才进行岗位分工的过程中,虽然不同的工作人员都有不同的分类,但大部分情况下,都会按照主编、副主编、编辑部主任、执行编辑和责任编辑等分类进行划分,很少有企业会对不同期刊人才的工作内容进行更为细致的划分,如排版人员、校对人员等,在实际工作的过程中，都采取了编辑校对一体化的模式，即编辑人员负责承担校对人员的职责，不仅增加了编辑人员的工作负担，同时也不利于构建良好的岗位分工制度。同时，目前省内设有全职编务人员的期刊数量相对较少，尤其是在中小型的期刊企业当中，甚至有部分编辑还参与了选稿、排版和发行等工作，存在明显的分工不明确问题，使编辑人员无法专一工作。近年来，随着人们思维模式的不断转变，对于期刊内容的要求也逐渐提高，尤其是随着新媒体技术的快速发展，信息化时代的到来使期刊的内容也成了吸引群众眼球的关键所在，只有实现对期刊人才岗位分工的明确化，构建合理的岗位分配职责，才能推动期刊企业的良好发展，尤其是在当前期刊人才紧缺的情况下，如何实现对期刊人才的合理分工成为了江苏省期刊发展需要关注的主要问题[4]。

1.4 期刊人才的创新能力明显不足

创新能力作为当前社会背景下期刊人才必须具备的主要能力，良好的创新能力可以为推动期刊的发展并产生积极的作用[5]。从目前江苏省期刊人才的整体现状来看，许多期刊的编辑人员均存在创新意识不强、创新能力不足等问题，究其根本原因，则与编辑人员的培训交流和继续教育机会较少相关，从而导致编辑人员自身的专业素养和专业能力等方面的提升受到了阻碍，期刊人才队伍相对薄弱。尤其是在数字化信息时代背景下，受到数字化期刊出版条件的限制，部分期刊的发展也受到了一定的制约。因此，只有充分提高期刊人才的创新能力，加强对其专业素养和技能的综合培养，才能打造专业的期刊人才队伍。

2 "三强三高"文化强省视域下江苏期刊人才队伍建设策略

2.1 落实"三强三高"人才培养计划

在期刊人才队伍进行建设的过程中，首先应当落实"三强三高"人才的培养计划，加强对期刊人才的岗位培训和继续教育。从期刊长期发展角度出发，将期刊人才的成长和培养作为期刊发展的主要目标，结合期刊的实际情况，为期刊人才拓宽现有的成长渠道，使其关注自身综合水平的提升，提高期刊人才的自我发展能力，为企业培养大量的学习型复合型人才[6]。在培训方法上，应当遵循内训为主、外训为辅的基本模式，根据不同人员的实际情况，采取学习和实践结合的培训方式，拓展广大编辑人员的思维模式，使其可以掌握现代化的理念和编辑方法等，学习现代化的知识技能。

2.2 提高期刊人才的专业素养和道德素养

根据"三强三高"的基本原则，在建设期刊人才的队伍过程中，必须提高期刊人员的发展能力、协调能力、政治素养和文化水平，而这也要求必须提高广大期刊人才的整体职业素养水平。一方面，提高期刊人才的专业素养水平。作为新时代的期刊人才，在自身发展的过程中，必须充分理解并掌握中国特色社会主义新时代背景的基本内涵，结合自身的实际工作内容，使个人的政治素养和编辑水平均有所提升，发挥并承担起传播信息知识的基本使命，引导人们树立正确的人生观、价值观和社会观[7]。同时，作为信息传播的主要载体，期刊同时也担负着信息知识传播的社会职责，因此随着国内对知识产权保护的高度重视，各期刊内的编辑人员也必须树立良好的责任意识和服务意识，把控好期刊的整体质量。另一方面，提高期刊人才的道德素养水平。在江苏省期刊的发展过程中，除了需要依附国家的政策性支持，同时也需要从期刊自身的角度出发，充分提高期刊人才的道德素养水平，才能为期刊人才队伍的建设点的良好的基础。良好的道德素养培养是一项长期的人才培养计划，因此期刊必须有计划、有目标地为期刊人才的培养制定培训计划和开展相应的进修活动，通过制定相应的人才储备方案，做好对人才的培养和引进工作，大力提升编辑人才的综合素养水平。同时，应当结合新时代背景下期刊人才需求的基本特点，加强对复合型人才的培养，使期刊人才不仅具备专业的知识，同时还了解有关互联网、人工智能以及新媒体传播技术等现代化的专业知识，提高自身的综合实力[8]。

2.3 拓宽期刊人才的职业生涯通道

江苏省应当拓宽期刊人才的职业生涯通道，拓宽期刊人才的成长空间。职业生涯管理作为开发人才资源的重要手段，同时也可以为产业的健康发展提供有力的人才储备力量。因此，江苏省可以根据"三强三高"的人才培养理念，实现对期刊人才职业生涯发展通道的进一步拓宽，为其设计符合其未来发展方向的职业规划，明确期刊人才未来的发展方向，为其日后的成长创造有利的发展空间，以此来激励期刊人才的成长和发展。除此之外，"三强三高"理念十分注重对高技能人才的培养，各期刊也应当加强对科技期刊人才的大力培养，使其掌握有关科技专业的相关知识，为推动江苏省的科技期刊发展奠定良好的基础。

2.4 实现对岗位制度的合理分配

第一，构建健全的岗位分配制度。实践经验表明，良好的岗位分配制度是确保工作稳定运行的关键所在，江苏省在对期刊人才进行构建的过程中，必须根据期刊人才所熟悉的专业领域和业务流程不同，实现对岗位类型的合理分配，并为不同的岗位设置不同的工作内容和相关职责，按照岗位的工作量和工作难度不同，设置不同的薪酬等级制度，为不同岗位的薪酬等级留有一定的浮动空间，使岗位之间可以产生一定的人员流动，但员工所具备的能力超出了岗位需求的同时，可以获得薪资提升的奖励[9]。第二，实现对现有期刊人才的合理选拔，建立有效的竞争机制。在对期刊人才进行培养和管理的过程中，应当根据期刊人才的实际工作内容等设定相应的考核指标，建立相应的岗位问责制度，对于能力不足的期刊人才采取一定的处罚措施。

2.5 发挥出编委会的积极作用

从江苏省的期刊人才整体现状来看，由于其存在专业化程度不高以及办刊和编辑人员整体数量较少且年龄较大等问题，因此期刊必须充分发挥出编委会的积极作用，才能进一步推进省内期刊人才队伍的建设。一方面，江苏省应当成立青年编辑委员会等组织，提高青年编辑的归属感和价值感，通过扶持青年编辑委员会的设立，构建良好的交流平台。比如可以通过定期开展各类活动的方式，在促进青年编辑发展的基础上，提高其对期刊的向心力，发挥出对人才的吸引作用。同时，针对各类期刊学以及协议组织的职称评定和奖励评定方面，适当增加青年编辑的整体比例，以此来提高对青年编辑人才的吸引力[10]。另一方面，目前许多发达国家都会采取编委送审制度，除了部分成员为专职的编辑之外，其他的成员均为优秀的专业领域工作者，或为某一学科的专家，拥有优质的作者和审稿专家双重身份，从而有效保证了期刊的整体学术质量。但从目前江苏省的期刊发展现状来看，编委会所发挥的作用仍有待提升，只有充分提高编委会的主观能动性，才能推进期刊人才建设工作的顺利开展[12]。

2.6 树立正确的期刊人才用人理念

编辑人员的综合素养会对期刊的发展产生影响，而对编辑的培养及其自身发展也将决定江苏省整体期刊的发展水平。因此，江苏省在对期刊人才队伍进行建设时，必须树立正确的期刊人才用人理念，坚持以人为本的基本原则，充分尊重人才，将"三强三高"的人才培养特点应用于期刊人才的培养当中，关注期刊人才的真实需求，引导期刊人才做好相应的职业发展规划，促进期刊人才自我价值的实现。同时，借鉴其他省份的成功期刊人才队伍建设成功经验，结合江苏省期刊产业的实际发展情况和人才需求情况，实现对现有人才选拔机制的创新，并引入人才竞争机制，树立双向选择的用人模式，提高期刊人才的凝聚力和团队精神，发挥出期刊人才的真正价值，为期刊产业的发展提供更多的创造性和主动性[13]。

2.7 构建完善的期刊人才考核及激励机制

从长期发展角度来看，为了确保江苏省期刊产业的健康发展，必须在对期刊人才队伍进行建设的基础上，构建完善的期刊人才考核及激励机制，才能提高期刊人才的工作效率和工作积极性。首先，期刊企业必须结合自身的实际发展现状，逐步实现对现有内部编辑人才的综合性评价，并构建相应的激励模式，将日常的综合考评体现在编辑人才的薪酬待遇方面，促进编辑人员工作积极性的提升，同时提高编辑人员的主观能动性，使其重视自我发展的重要性，提高其对业务学习的积极性。其次，严格遵循按劳分配的基本原则，实现能者多劳，多劳多得的激励机制，激发期刊人才的积极性和创造性。

3 结束语

通过对江苏省期刊人才发展现状的分析，发现其面临着编辑人员所擅长的专业知识有限、办刊和编辑人员数量相对较少以及期刊人才的岗位分工并不明确等困境，对期刊产业的健康发展产生了阻碍。"三强三高"作为当前社会背景下我国组织系统针对组织内成员发展所提出的总体要求，以"三强三高"理念为基础，在落实"三强三高"人才培养计划的基础上，通过提高期刊人才的整体职业素养、实现对岗位制度的合理分配以及发挥出编委会的积极作用等方式，构建并完善期刊的人才考核和激励机制，为期刊人才提供更为广阔的发展空间。

参 考 文 献

[1] 梁赛平.媒体融合发展对科技期刊创新的影响与数字营销的应对措施[J].编辑学报,2016,28(4):320-323.
[2] 梁赛平.基于Citespace的高职院校学报可视化分析:以《江苏建筑职业技术学院学报》为例[M]//学报编辑论丛(2015).上海:上海大学出版社,2015:379-387.
[3] 刘晓毅.湖南省科技期刊人才队伍建设研究[J].中国科技期刊研究,2019,30(11):1211-1217.
[4] 刘恋,郝梓国,费红彩.中国地质学期刊编辑人才队伍建设的现状及建议[J].编辑学报,2019,31(5):567-570.
[5] 李艳艳,宋文琦.科技期刊人才队伍素质建设思考[J].天津科技,2019,46(6):100-102.
[6] 张立新.本刊荣获"第五届陕西省科技期刊优秀期刊"[J].西安工业大学学报,2019,39(1):120.
[7] 钱宸,季春.科技期刊人才队伍培养的路径研究[J].科技风,2019(5):239.
[8] 成燕玲,李春雷,王斌,等.新时代科技期刊人才队伍素养建设与发展研究[J].常州信息职业技术学院学报,2018,17(6):89-92.
[9] 王顺善.新媒体背景下高校学术期刊人才队伍建设研究[J].南通大学学报(社会科学版),2018,34(4):150-154.
[10] 孙书平.贯彻党的十九大人才工作思想,加强学术期刊编辑人才队伍建设[J].人才研究,2017(1):221-228.
[11] 侯建春,邓媛.科技期刊数字化人才队伍建设[J].科技传播,2017,9(20):35-36,69.
[12] 梁赛平.地方高校学报特色栏目建设调查研究[J].中国科技期刊研究,2019,30(6):596-600.
[13] 高国赋,贺艺.科技期刊编辑人才队伍建设的实践与思考:以《湖南农业科学》为例[J].中国市场,2016(48):244-246.

科技期刊复合型编辑的时间管理措施与重要性

杨亚红，余党会

(《第二军医大学学报》编辑部，上海 200433)

摘要：科技期刊复合型编辑事务繁杂，工作周期性强，即使工作很有成效，仍可能存在时间浪费的现象，而时间管理是减少时间浪费的重要手段。鉴于此，本文提出若干时间管理措施，如编辑可以通过预先制订工作计划、明确工作重点、设立阶段性目标、提高工作能力及合理预留突发事件的处理时间等减少时间浪费。同时本文也指出了时间管理对编辑自身、期刊发展、作者和读者的重要性，以期引起编辑对时间管理的重视，提高工作效率。

关键词：时间管理；复合型编辑；科技期刊；时间浪费

在新时期，复合型编辑为期刊出版事业发展所必需。复合型编辑是指不仅在某一领域具有出类拔萃的能力，而且能熟练完成各项编辑出版工作，同时能适应市场经济发展需求的新时代编辑人才[1-2]。随着我国科技出版事业的蓬勃发展，科技期刊编辑的工作量与日俱增，工作内容越来越繁杂，要求编辑在继承优良传统编辑经验的基础上，不断地更新理念、学习新知识和新技术、丰富实践经验，提升自身综合能力，还要求编辑有效利用时间提高工作效率。由于科技期刊的出版具有周期性，编辑工作节奏性强，编辑为了加快稿件处理速度、缩短发表周期、保证期刊如期出版，往往间歇性地甚至长期处于超负荷工作状态，既影响科技期刊出版质量，也可能导致编辑的身心健康受损[3]。因此，分清各项事务的轻重缓急、合理管理时间对提高期刊的时效性、缩短出版时滞及促使编辑提升自我并维持身心健康具有重要意义。

1 科技期刊复合型编辑时间浪费的原因

科技期刊复合型编辑在工作过程中往往同时面临着多项事务，即使工作很有成效，也可能在选择优先开展哪项事务时仍会浪费一部分时间，这不利于工作效率的提升，也不利于期刊的长期高质量发展。明确导致科技期刊编辑时间浪费的原因，促使编辑对具体工作进行合理规划，提高时间管理能力，对缩短出版时滞、提高期刊影响力有重要意义。有学者从主观和客观两个方面分析了导致科技期刊编辑时间浪费的原因，认为主观因素包括时间安排太随意、没有计划，目标不明确、重点不突出，工作方法不当，以及编辑工作能力不足导致业务质量低下而反复返工等；客观因素主要是各种意外事件，如作者修改或校对不及时、审稿人提交审稿意见时忘记上传附件或因突发事件需调整刊发稿件等[4]。针对上述主客观原因所致的不必要时间浪费，科技期刊复合型编辑可通过合理的时间管理予以改善、避免。

通信作者：余党会，E-mail: medyudanghui@163.com

2 时间管理的概念

时间是一个较为抽象的概念，不能贮存，不可替代，人只能通过描述物质的持续性、顺序性运动和变化认识时间的流逝，时间由于这些独特性质而极易被浪费。在工作过程中，为减少时间浪费、提高工作效率，需要进行有效的时间管理。所谓时间管理，是指通过事先规划或运用一定的技巧、方法与工具提高时间利用的灵活性和有效性，在最短或预定的时间范围内顺利完成一系列预期工作的方法和过程[5]。在商业管理、教育等多个领域，时间管理能力已被作为管理者的一项基本要求[6]。在期刊出版领域，也有研究者认为时间管理是学术期刊编辑必须掌握的技巧之一，有效的时间管理对于提高编辑责任感和工作热情、缩短出版时滞保持论文观点新颖性、提高期刊影响力有重要价值[7]。

3 科技期刊复合型编辑的时间管理措施

科技期刊复合型编辑往往同时面临多项事务，可通过预先制订工作计划、明确工作重点、设立阶段性目标及提高工作能力等措施减少时间浪费。对于客观因素所致的时间浪费，复合型编辑需通过尽可能减少突发事件并在制订工作计划时预留突发事件的处置时间来避免。

3.1 预先制订工作计划和行动清单

科技期刊实施编辑工作计划有助于避免编辑工作的无目的性，也能更有效地体现期刊的总体发展方向[8]。Allen 在 *Getting Things Done* 一书中提出，可通过收集、整理、组织、回顾与行动 5 个步骤(即 GTD 工作法)对各项事务进行规划，一步一步条理清晰地完成各项事务，并且其认为在 5 个步骤中组织，即制订下一步行动清单是最核心的步骤。科技期刊编辑在工作中时间碎片化明显，尤其是担任责任编辑时工作步骤更为烦琐。对此编辑可按照 GTD 工作法的 5 个步骤，在每周、每个出版周期或担任责任编辑初始，将该周期内未尽事宜一一罗列，然后定期或不定期整理，将已经完成的事宜清空，对尚未付诸行动或已启动但未完成的事宜进行区分。

3.2 明确工作重点，区分紧急、重要、不重要事件

通过制订行动清单进行时间管理，首先需要区分紧急、重要、不重要事件，特别要明确哪些事件重要但不紧急，哪些重要又紧急，对于重要又紧急的事件可以马上完成，但这也提示时间管理存在不足，应该尝试减少这类事件。编辑由于工作周期性强，尤其在担任责任编辑期间，因此还需明确哪些事件是编辑例行工作，哪些事件可以由作者完成。然后根据以往工作经验，预测完成每项事务需要的时间，如此才能制订合理的工作计划。编辑在工作时常会遇到各种难以预料的事务，如需作者完成的工作未及时回复、审稿人未按期完成审稿或参加会议等，这些意外事件往往会造成工作混乱，导致时间管理并不理想，所以在制订行动清单前务必防患于未然，预留一些时间以及时解决这类突发事件。此外，互联网时代邮件管理必不可少，编辑在制订行动清单之前，也可通过邮箱中的红旗邮件、待办事项等对重要和不重要、紧急和不紧急邮件进行区分，或者合理利用标签邮件对邮箱中的各项事务进行归类。

3.3 设立阶段性目标

制订工作计划是整体规划，明确工作重点是将工作进行分块，设立阶段性目标则是制订工作计划的先决条件。阶段性目标是指通往终极目标的一个个中间目标，比较容易达到，一个个阶段性目标的完成也将一定程度激发编辑的工作激情，最终促使终极目标实现[9]。设立阶

段性目标在编辑担任责任编辑期间尤为重要，如通过设立稿件整理、排版、一校、二校和核红、三校和作者自校、印前审读、印刷、发行等小目标，然后结合既往工作经验，针对各阶段性目标制订行动清单。

3.4 提高工作能力

提高工作能力对时间管理至关重要，是科技期刊复合型编辑减少时间浪费、保证工作质量的前提。复合型编辑不仅要精通编辑业务、有扎实的专业知识，而且要有较强的市场经营能力、管理能力、沟通能力、公关能力，此外还要有创新思维、自我学习能力[10]。编辑可以通过书籍、课件、网络等系统学习相关专业知识，同时查阅、学习编辑相关规范、标准提高编辑加工能力。编辑还可走进科研一线，通过与专业人员探讨相关研究成果，从而掌握最新专业知识，这不仅有助于提高编辑的服务意识和沟通能力，还可为期刊争取到大量的最新稿源[11]。策划专题、组优质稿件是科技期刊编辑的工作重点，也对提升期刊影响力非常重要，这要求编辑具备较强的市场经营能力和公关能力。而编辑只有关注市场，了解市场需求，及时发现研究热点，才能不断提升自身的市场经营能力。一旦开始策划专题、组稿，则需要编辑介入市场、协调相关工作，即发挥其公关能力。对于公关能力的提高，需要编辑自身不断积累经验并敢于尝试，也应多学习相关经验性知识总结，如定期学习相关文献、阅读相关书籍等。

4 科技期刊复合型编辑时间管理的重要性

4.1 时间管理对编辑提升自我的重要性

合理的时间分配可以使编辑自身的工作更有规划性，不仅提高工作效率，而且避免编辑因始终忙个不停造成工作压力过大而导致生活质量低下。通过制订时间预定表，编辑可以在最佳的时间段，如最放松的时间段，但不是休息时间，或者在每天(月)固定时间段安排学习，这不仅提高了学习效率，而且避免了工作、学习时间安排混乱的现象。此外，编辑可以在按照时间表完成各项事务后，通过比对各事件完成所需的实际时间和计划时间的差异，分析各工作环节中存在的不足和优势，坚持发扬优势，并不断完善不足之处，从而有针对性地提升自身水平。

4.2 时间管理对提升期刊影响力的重要性

增强期刊时效性、保持期刊出版活力对提升期刊影响力非常重要。论文出版时滞是指自作者投稿之日至论文发表的时长[12]，互联网时代信息传播迅速，科研成果往往能快速转化为众所周知的信息，若新的科研成果出版时滞长，论文发表越慢，所含信息越陈旧，这不仅导致科研成果的价值降低，也降低了产品转化率，不利于我国科技发展；对于期刊而言，这种现象可能导致作者一投多投，造成编辑重复劳动、效率低下，长此以往将引起期刊优质稿源流失，使期刊影响力受到影响。

4.3 时间管理对作者投稿的重要性

叶喜艳等[13]统计了31项作者投稿影响因素，其中出现频次最高的5个因素依次是期刊品牌、主题相关度、期刊影响因子、发表周期和编辑素质，说明论文发表周期对作者选择期刊投稿有一定的决定性作用。时间管理是缩短论文出版时滞的有效手段[4]。编辑可以在制订时间表时进行合理的时间分配，如每天用约 1 h 的时间进行新稿处理、审稿人意见的退修、超时未审回稿件的处理等，及时将初审、一审、复审意见反馈给作者，可避免编辑处理环节因时间

4.4 时间管理对读者群体的重要性

读者群体是期刊长久发展的基石,没有读者期刊出版就没有任何价值。期刊出版后及时发行对维持读者群体十分重要,期刊发表的论文所展示的前沿信息也在很大程度影响了读者的思考方向。编辑在时间管理时需合理规划出版后相关事宜,也应了解读者的体验及其关注的科研方向,这不仅能促使编辑更好地为读者服务,准确处理读者提出的意见和建议,也能创新编辑策划和采编方向,并定位读者掌握期刊发展方向[14]。

5 结束语

科技期刊复合型编辑在工作中事务繁杂,时间管理是其提高工作效率和编辑业务能力的重要手段。科技期刊复合型编辑可以通过预先制订工作计划、明确工作重点、设立阶段性目标、提高工作能力及合理预留突发事件的处理时间等措施进行有效时间管理,这对编辑自身、期刊发展、作者投稿和读者维持有重要意义。

参 考 文 献

[1] 陈华峰,段喜华.论复合型编辑人才的培养[J].传播力研究,2019(20):163.
[2] 贾卫华.传统出版编辑向复合型编辑转型途径的探析[J].记者观察,2019(9):37.
[3] 张琪,李朋.科技期刊编辑的职业健康问题浅论[J].湖北师范学院学报(自然科学版),2016,36(3):311-314.
[4] 何成伟,张玉静.论学术期刊编辑的时间管理[J].齐齐哈尔医学院报,2008,29(14):1792-1793.
[5] 吴迎峰.大学生时间管理现状与对策[J].科协论坛,2007(4):309-310.
[6] 文风.如何有效管理组织的时间[J].科学大观园,2014(18):75-76.
[7] 曹娟,范永德.时间管理在科技期刊编辑工作中的应用[J].编辑之友,2011(S2):12-15.
[8] 袁桂清.中华医学会医学期刊编辑策划的原则与方法[C]//第六届全国医药卫生期刊编辑出版学术会议论文集.西宁:中国科学技术期刊编辑学会,中华医学会,2008:140-144.
[9] 李德太.浅谈团队工作激情的激发[J].中国科技博览,2008(17):164.
[10] 石朝云,游苏宁.科技期刊复合型编辑出版人才培养的实践与思考[J].编辑学报,2007,19:317-319.
[11] 代艳玲,朱拴成.科技期刊青年编辑综合能力的培养与实践[J].编辑学报,2016,28(1):92-94.
[12] 于国艺.科技学术期刊缩短论文发表时滞的若干措施[J].编辑学报,2003,15(4):249-250.
[13] 叶喜艳,常宗强,张静辉.影响作者向中文科技期刊投稿的因素以及期刊改进措施[J].中国科技期刊研究,2018,29(8):771-779.
[14] 陈淑琴.由社群概念引发的对期刊与读者关系的新思考[J].新闻传播,2018(7):114-115.

军校学报编辑的初审职责探析

刘瑜君

(海军工程大学教研保障中心编辑部,湖北 武汉 430033)

摘要: 初审是编辑收到投稿后展开工作流程的第一环节,是把握文稿质量的第一道防线。因此,初审工作十分重要,军校学报编辑必须结合自身期刊的特点,认真履行好初审职责,做到责任分工定位明确,审稿态度谨慎细致,审读内容分清主次,利用科学的方法提升初审的质量和效率,有效发挥初审的作用和意义,从而提升期刊的整体水平。

关键词: 军校学报;编辑初审;责任分工;审读标准

初审是对书稿进行全面检查,做出评价,提出初步的处理意见,一般由责任编辑承担。对于军校学报而言,因为所发表的论文一般专业性较强,编辑在收到投稿时能够准确判断论文的价值,是顺利开展下一步编辑工作的关键。而且,优化编辑初审环节,不仅是扎实刊物稿件质量的基础,也是缩短审稿时滞、树立期刊品牌的关键[1]。因此,本文立足编辑部工作实际,对学报编辑的初审职责进行了探析。

1 分工明确

初审是"三审制"的第一环节,责任编辑在履行初审职责时要认清定位、明确职责,要和"二审""终审""外审"工作区别开来,避免产生角色错位的现象。而作为军队院校科技期刊,《海军工程大学学报》(以下简称《学报》)不仅有作为科技期刊的学术性要求,更有作为军队院校宣传平台的保密性、政治性要求。这些应该是负责初审工作的责任编辑要特别注意的地方。

负责初审工作的责任编辑要辩证地处理与外审专家的关系,不推卸责任,也不越俎代庖。责任编辑在初审时有义务把稿件中明显存在的问题先做处理,解决一些基础性问题,比如论文的保密性、政治性问题,明显的缺项问题、排版格式混乱等问题,这些不应该丢给专家去审读,否则会严重损害专家对文稿的印象,甚至会影响期刊在专家心目中的形象。因此,要避免专家在低级错误上浪费时间,而将主要精力放在客观评判稿件的科学性和创新性上,让审稿专家的意见更具体、更有针对性、审稿更深入[2]。

责任编辑的初审工作也要防止"二审"和"终审"的包办,理性对待人情稿。"三审制"的制定就是为了更加公平公正地对待每一篇稿件,因此审稿工作每一环节的负责人都应承担起相应的责任。比如有的专家、教授将稿件直接交给主编或者编辑部主任,跳过了初审登记或外审审读,这样做不仅违反出版规定,也不符合办刊流程,不利于期刊的发展。

2 工作细致

要做好初审工作,责任编辑必须有强烈的责任心,首先在态度上要重视审稿,做到认真细致，审稿流程制度化、规范化。细致详尽的初审工作会大大缩短后续编审工作的周期，减轻稿件送外审的压力，避免无效劳动，提高工作效率[3]。

对于每一篇来稿，初审编辑应该做好登记，而且应当尽量把收稿登记表做得完善一些，除了作者信息、稿件编号、文章标题等，还要把复制比查询结果等附上。结合期刊自身的特点和要求，制作由外审专家填写的"审稿意见表"，附上责任编辑初审清单，以供专家参考。稿件拟录用后，要配备能清晰呈现审稿记录的"三审工作流程表"，使审稿行为更加规范化，严格贯彻落实"三审三校"制度。

挑选合适的审稿专家，不断扩充专家库信息，构建作者、编辑和专家三维一体的良好工作流程闭环。《学报》因为办刊的特殊性，接收的稿件大部分是校内作者当面投稿，所以收稿时可以很方便地让作者推荐相关专业的教授、专家，即使不能用来审读该篇论文，也可以纳入审稿专家资料库以备后来之用，这个库的数据还要坚持维护和不断更新。对于稿件的处理要慎重，尤其是退稿。对稿件不正确的处理方式，不仅影响科技期刊的稳定发展，还会导致投稿人对编辑部的不信任，一定程度上损害了科技期刊的形象[4]。

初审工作要做到有始有终，做好意见的总结归纳。责任编辑和专家、作者保持良好的沟通，尽量把修改意见细化，让作者可以一次性修改到位，避免后期审读或编校中的重复工作，提高工作效率。

3 内容分主次

结合科技论文的特点，在责任编辑能力范围内，分清审读内容的主次。责任编辑初审的内容概括如表 1 所示。

表 1 初审工作内容的主次划分

	主要工作	次要工作
内容审读	政治性及保密性审查；学术不端行为审查；基本判断筛选。	学术合理性、科学性判断；论点是否清晰，论据是否充足；结论是否有创新意义和应用价值
体例审查	完备性检查；规范性检查；一致性检查	合理性检查；科学性检查

内容审读中：政治性和保密性是期刊初审工作的首要内容，尽管《学报》是公开发表的刊物，每一篇稿件也有作者提供的不涉密证明表，但政治关和保密关仍不能松懈，这是军校学报编辑初审的首要工作职责；其次，严厉抵制学术不端行为，充分利用学术不端检测系统对稿件进行检测，以减少论文的剽窃、抄袭、一稿多投等学术不端行为的发生[5]；再次，根据刊物的宗旨和报道范围，对稿件的取舍做基本判断筛选。而术业有专攻，编辑的专业知识有限，对不熟悉领域稿件的判断不一定特别准确，所以论文的科学性、创新性可以交由外审专家把关或在复审工作中评议。

体例审查中：完备性检查就是按照学术论文写作标准，检查论文元素是否齐全，包括标题、中英文摘要、中英文关键词、正文(表格、公式和图表)、参考文献等。稿件格式统一化、规范化是学术期刊专业性的直接体现，更加注重学术严谨性的科技期刊需要尤为注意稿件的格式细节[6]，所以要对稿件进行规范性和一致性检查。规范性检查，就是根据国家制定的编辑出版常用标准和规范，检查各元素的体例撰写是否符合规定，例如参考文献的著录格式、表和图的绘制等；一致性检查，主要包括概念符号在文中描述的前后一致性、图表内容和正文文字描述的一致性、图题表题与图表自身内容的一致性、文内参考文献与文后参考文献的一致性[7]。这些需要编辑具备熟练的业务知识，对相关标准和规定烂熟于心，能在收稿时完成快速检查。至于稿件中图表设置的合理性，所列公式或论证的数据是否充分合理等审读工作，可以在后期审读、外审或者编辑环节中再进一步完成。

4 方法灵活

了解了初审工作的定位、内容后，责任编辑在做初审工作时，要做到灵活运用审读方法，提高审读效率，提升审读质量。

首先，要灵活规划审稿时间，提高初审速度。由于刊物的特殊性，《学报》在传统办刊形式下，要想提高工作效率，编辑必须在收稿时做到各种标准规范要求烂熟于心，在面对面收稿时，能够采用通读法快速浏览全篇，着重论文形式体例的检查，及时与作者沟通问题，让其重新按照格式要求修改完善后再投，以免后期出险问题堆积，不便处理。此外，根据来稿不同，分配给专业对口的编辑完成初审通读，以快速判断稿件的价值，完成初步的筛选工作。

其次，要充分利用相关软件，提升稿件判别能力。例如，在利用知网的学术不端行为系统检测稿件的重复率时，编辑不能仅局限于最后的那个重复率数字，而是要从详细的检测报告单中学会判断稿件参考的学术内容，从中去初步判断稿件的学术价值和创新性，这也是提高初审质量的有效方法。

最后，编辑要胆大心细。胆大体现在能够提出有建设性的意见，这需要编辑持续不断学习，做学术型、成长型编辑，尽可能扩展自己的学术知识，对每一篇来稿提出有建设性的看法，从而确保不错判、不流失稿件，稳定和发展作者队伍。心细体现为编辑要从专业的角度审读论文的每一项元素，按照标准要求筛选稿件，比如参考文献的时效性可以判断论文的创新性，标题的层次关系可判断论文内容的科学性和合理性等。

5 结束语

认真合理的初审是把握论文质量的第一道关口，在一定程度上决定了刊物的质量。负责初审的学报编辑应该加强责任意识，掌握并运用好编辑专业知识，不断丰富自身的学科知识范畴，提高审稿效率，提升初审质量，从而保证期刊稿件优质、优选，提升期刊整体质量。

参 考 文 献

[1] 陈文静,林树文.编辑初审的优化与完善[J]科技编辑,2018,45(1):106-110.
[2] 刘晓燕,徐晓芹,李春花.加强责任编辑的初审退修工作[J]编辑学报,2017,29(增刊 2):42-44.
[3] 张洁,刘东亮,田宏志,等.科技期刊要重视初审工作提高处理稿件质量[M]//学报编辑论丛(2019).上海:上海大学出版社,2019:375.
[4] 习沙,董军杰.如何提高科技期刊编辑的初审质量[J]新闻研究导刊,2020,11(15):198-199.
[5] 段为杰,于洋,吴立航,等.CrossCheck 检测平台及信息核实在学术不端防治中的作用[J]编辑学报,2018,30(1):64.
[6] 傅如海.科技期刊如何提高审稿效率而保持竞争力[J]科技传播,2018(10):70-71.
[7] 陆宜新.科技学术期刊青年编辑初审工作要做到"1234"[J]编辑学报,2019,31(1):106-108.

基于科技论文写作发挥"学报育人"的5个维度

陈春平

(青岛科技大学学报(自然科学版)编辑部,山东 青岛 266061)

摘要:归纳分析了4 000多份研究生撰写的科技论文中存在的共性问题及其产生的主要原因。基于科技论文写作,深入探讨了编辑人员可利用"三审三校"环节以及举办研究生科技论文写作或与研究生导师联合等方式,从5个维度提升研究生科研素质的培养策略,即:基于论文选题,提升研究生创新思维素质;基于论文IMRAD结构,提升研究生科学分析、逻辑推理能力素质;基于论文格式要求,提升研究生规范写作能力素质;基于论文发表过程,提升研究生学术交流(文字表达、语言沟通)能力素质;基于论文学术诚信,提升研究生学术道德素质;从而达到充分发挥"学报育人"的功能之目的。

关键词:研究生质量;科学素养;学术道德;培养策略

随着我国研究生规模的不断扩大,2020年在校研究生将近300万人,研究生教育质量日益受到社会各界的高度关注和重视。2020年7月29日召开的全国研究生教育会议,进一步强调了研究生教育在培养创新人才、提高创新能力、服务经济社会发展、推进国家治理体系和治理能力现代化方面具有重要作用。

科技论文是体现科技工作者创新思想、学术水平和科研能力的重要载体。科技论文的写作是科技工作者进行科学技术研究的重要手段。根据统计[1],对科技研究工作者而言,无论开展哪种类型的科学研究课题,从选题开始直至科研课题完成大多会查阅大量的研究资料作为参考,而他们所利用的全部资料中,70%来自各种科技期刊上同行已发表的相关研究论文,并且他们90%的研究成果也是通过发表科技论文来向业界展示。因为一篇好的科研论文,既是体现科研工作者创新思想的重要载体,又是体现其学术水平和科研能力高低的重要标志,还是他们与同行交流、取得业界认可的重要途径。基于此,众多高校把科技论文的撰写作为提升研究生科学素质和基本功训练的重要环节,还有很多高校以研究生公开发表重要学术论文作为研究生毕业的必备条件之一[2-4]。

近3年,笔者收集整理了学校期刊编辑部接收的4 000多份研究生来稿,通过统计分析,发现研究生撰写的科技论文中存在一些"共性问题":创新不足,深度不够,结构松散,格式不规范。如何解决这些问题,提高研究生培养质量?基于科技论文写作,笔者深入探讨了编辑人员可利用"三审三校"环节以及举办研究生科技论文写作或与研究生导师联合等方式,基于论

基金项目:中国高校科技期刊研究会"一流高校科技期刊建设"专项基金项目(CUJS2021-010);青岛市大数据发展促进会课题(QBKT202101)

文选题、论文 IMRAD(Introduction, Materials and Methods, Results, and Discussion)结构、论文格式要求、论文发表过程、论文学术诚信 5 个维度,充分发挥"学报育人"[5-6]的专业特长,提升研究生科研素质的培养策略,即:基于论文选题,提升研究生创新思维素质;基于论文 IMRAD 结构,提升研究生科学分析、逻辑推理能力素质;基于论文格式要求,提升研究生规范写作能力素质;基于论文发表过程,提升研究生学术交流(文字表达、语言沟通)能力素质;基于论文学术诚信,提升研究生学术道德素质。

1 基于论文选题,提升研究生创新思维素质

论文选题 科技论文是创新性科学技术研究成果的科学论述,其选题决定了论文所开展的研究内容是什么和如何研究。论文选题是开始从事研究的第一步,具有方向性和导向性,选准了论题,就等于完成论文写作的一半,题目选得好,可以起到事半功倍的作用。选题的基本原则是选题要有科学性、创新性、适用性和可行性,其中最为重要的是创新性。创新性是指论文要有新意,内容要"新"。创新性是衡量论文价值的重要标准之一。

典型问题 笔者整理了近 3 年学校期刊编辑部处理的 3 500 多份退稿,归纳了退稿的主要原因,具体见表 1。

表 1 退稿主要原因统计(基于 3 500 份退稿)

序号	退稿原因	篇数	所占比例/%	备注
1	选题陈旧,缺乏创新性	2 485	71	选题缺乏创新性;选题存在"虚、大、空"现象;实用价值低
2	学术质量低,科学性差	630	18	设计思路、研究方法、实验对象和实验条件等交代不清、实验不完善,数据或分析存在严重缺陷
3	写作粗糙,格式不规范	175	5	不合规范,不易阅读
4	稿件不符合刊物的专业性质	105	3	偏离所投刊物专业领域,不属其刊文范围的文章
5	存在学术不端现象	70	2	一稿多投,抄袭剽窃等
6	其他	35	1	应用领域窄,不具有普遍意义或推广意义

由表 1 可知:绝大部分稿件被退原因主要体现在"选题陈旧,缺乏创新性"和"学术质量低,科学性差"。经过归纳分析,选题原因导致退稿主要体现在 3 种情形:①选题缺乏创新性。具体表现:论文的选题已经被很多人研究过,而作者的研究缺乏新的见解,其研究成果与已有的相比较也没有显著的优势,其供他人学习和参考的价值不大。②选题存在"虚、大、空"现象。这类选题咋看有些"高大上",细推敲会发现其标题太大、内容太泛、难于创新。③选题所采用的方法以虚拟仿真为主,未有实验或实践验证,其实用价值低等。探究这些选题问题的原因,笔者调研了部分退稿作者,归纳起来主要有三个方面:①研究生培养初期,科研思维还未形成,视野窄,在选题上经验不足,存在盲目现象,对自己所选课题是否具有创新性认识不清,诸如许多研究生最初开始的选题仅是在模仿同课题组的师兄师姐们做过的课题;②有些研究生撰写论文的选题是其导师直接给予的,研究生本人缺乏独立思考,吃不透课题所研究的内涵,往往导致选题的"虚、大、空"现象;③有些导师或因所带的学生太多或因忙于其他事物或因本身认知不够,尤其是交叉学科,在选题上给予研究生的指导十分有限。

育人策略 编辑人员可以利用研究生科技论文写作指导课或与研究生导师联合从以下方面来指导研究生：①通过期刊发表的前沿文章，向研究生讲述选题方法。如通过查阅著名综合性数据库寻找相关领域最新文献、聆听高水平学术报告或者与同行交流等方式熟悉本学科方向的国际研究最新动态、最新理论成果、最新的技术发明以及学术热点问题，从中寻找具有创新性选题。②结合课题组多年在期刊发表的文章，启发研究生所在课题组的研究领域中，积极寻求新的有创新、有科学价值和现实意义的论题。③以期刊专辑或特色栏目文章为案例，鼓励研究生关注交叉学科的发展，从本学科的边缘处与交叉学科的结合部去探索新课题。

2 基于论文 IMRAD 结构，提升研究生科学分析、逻辑推理素质

论文 IMRAD 结构 科技论文通常采用 IMRAD[7]模式，即引言、材料和方法、结果、讨论四个部分。这四个部分针对科学研究提出了 4 个问题：①作者研究的是什么问题？②作者是如何研究这个问题的？③作者研究的结果如何？④这些研究结果有何意义？科技论文的撰写实质就是回答这 4 个问题。研究生如果能把这 4 个问题搞明白、写清楚，就具备了一定的科研素质。

典型问题 依照论文 IMRAD 结构，对比研究生科研论文分析，常见问题主要有：①对课题的背景、意义交代不清。如：很多研究生对课题研究背景不熟悉、前沿方向不了解、相关前人已有成果没有辨别判断力、自己的研究内容是否具有创新性不清楚等。②研究方法不科学、不严谨。如：课题该做的实验未做或只做了很少的实验；表征方法单一或偏少；实验数据统计不准确，实验数据处理、表述不科学；推理不严谨、重点不突出等。③研究逻辑思路不清晰、对结果的分析讨论不深入。如：文章逻辑结构凌乱、学术重点不突出；对实验结果未深入分析推理，只知道事物的表面现象，而不知事物的本质及其产生的原因；解决问题缺乏深度思考。

育人策略 针对这部分问题，编辑人员可利用论文修改环节从以下方面来开展指导工作。①结合引言部分写作要求，引导研究生通过阅读相关课题文献，学习如何归纳总结相关学科内前人的研究经过、成果、现实情况及存在的问题，并指出本课题研究的意义、所要解决的问题，阐明本课题解决问题的思路、方法和取得的研究结果以及得出的结论。②按照材料和方法写作要求，指导研究生通过实验掌握实验的原理、对象、方法和步骤。③依据对结果的描述，向研究生介绍掌握文字、图和表相结合的表达方式以及科学处理数据的方法。④通过对结果的分析与讨论，传授研究生学会运用"分析、比较、解释和推理"的过程和方法。

3 基于论文格式要求，提升研究生规范写作素质

论文格式 科技论文是科技信息交流、新知识存储和传播的重要载体，并为他人所用。一篇好的科技论文不仅应有科学的分析论证、独到的学术见解，而且还需要做到结构严谨、层次分明、语句通顺、用词准确，有较好的可读性，才能为他人所用。这就要求科技论文在撰写时，其格式须符合国际或国内颁布的有关标准以及行业"约定俗成"的习惯做法。

典型问题 统计研究生所撰写的科技论文存在的格式规范问题主要有：①论文标题未讲究准确、简洁、清晰、有效和吸引人原则，出现标题太大或太小以及主题表达不准确现象。②摘要未按目的、方法、结果、结论形式撰写或存在缺项现象，导致信息不全而未能覆盖全文内容。③关键词错误，如：将如"技术""应用""调查""化学式"等无检索价值的词语作为关

键词。④图表、量与单位格式不合要求。如：未采用科技论文常用的三线表；图题、表题缺乏自明性，标目或标值未包含量和符号等；未正确使用国际或国家法定的量名称(量符号)和单位符号以及其正体、斜体等。⑤参考文献引用失范。如：文献著录未采用通用标准，不符合常见规则等。

育人策略 论文格式规范是编辑工作的基本依据和抓手，通常也是研究生导师没有完全明白或掌握的，这就给编辑人员提供了发挥的舞台。编辑人员可利用期刊网站、写作指导课等多种方式，也可借助新媒体，宣传和引导研究生加强对科技文论所遵循的通用标准的学习，如：科学技术报告、学位论文和学术论文的编写格式标准(GB 7713—87)、量和单位标准(GB 3100~3102—93)、出版物上数字用法标准(GB/T 15835—2011)、标点符号用法标准(GB/T 15834—2011)、中国人名汉语拼音字母拼写规则(GB/T 28039—2011)和信息与文献参考文献著录规则(GB 7714—2015)等。

4 基于论文发表过程，提升研究生学术交流(文字表达、语言沟通)素质

学术交流 美国著名成人教育家戴尔·卡耐基曾指出：一个人的成功 15%靠自己的技术和专业知识，还有85%决定于自己处世技巧和处理人际关系的沟通交流能力[8]。由此可见，交流能力对人的成功十分重要，对于研究生教育而言也是如此。论文撰写既是专业精炼语言的凝练与表述[9]，本质上也是一种学术交流过程。

典型问题 对于研究生而言,学术交流(文字表达、语言沟通)能力是十分重要的一项素质，而这往往是他们所存在的短板[10]。通过对部分研究生学术交流能力方面的调研，发现的问题主要有：①论文文字表达问题，如：错字、漏字，标点符号错误；非专业术语乱用、口语化现象严重；行文拖沓冗余；行文句式杂糅，内容表达不清晰，甚至产生歧义等。②学术交流问题，如：在论文撰写或投稿发表期间，研究生与导师开展学术交流效率低[11]；与编辑部、编委等人员交流时胆怯等现象。

育人策略 编辑人员可利用研究生投稿、修改稿件和清样校对等过程中所形成多次交流机会来开展指导性工作。①引导研究生重视文字表达、语言沟通交流能力方面的锻炼的思想意识。如向他们介绍国家有关部门公布的期刊综合质量评价体系的量化指标细则(论文的学术内容与表达方式的评价权重指数分别为60%和40%[12])，讲明文字表达是评价学术论文质量的重要因素。②向研究生传授在文字表达上遵守一定的原则，如：用词准确、造句规范、标点分明；言语简练、内涵丰富、概述力强；文字朴实、数据可靠、内容可信；论述有序、论证有力、论据有方。③指导研究生对论文要反复修改，仔细推敲，应做到用词准确精练，语言文字通顺，论述层次清楚、逻辑推理严谨，追求"吟安一个字，捻断数茎须"的精益求精的精神。

5 基于论文学术诚信，提升研究生学术道德素质

学术道德 学术道德是科研人员在开展学术研究活动过程中所尊崇的基本道德规则，每一位科研人员都应该自觉遵守这一规则。研究生作为从事科研工作的后备军，也必须具备良好的学术道德能力。

典型问题 近年来，尽管教育部和各高校以及科研机构出台了一些防范学术不端行为[13]的措施和相关处理制度以及采取论文查重率的做法，但仍有部分研究生因毕业、读博或出国留学等方面有须发表论文的要求，依然铤而走险，弄虚作假，触犯学术道德规范。这些学术

不端行为归纳起来主要有：①伪造实验数据。有些研究生临近毕业急需文章时，就匆忙做少量实验或根据已发表的文章，伪造相近实验数据。这种行为相对隐蔽，不容易被课题组以外的人察觉，在审稿时审稿人也很难发现问题，目前已成为研究生作弊的惯用手段。②同一课题组成果被多次"改头换面"发表。有些研究生为了能快速发表文章，常将同一课题组已发表成果进行改头换面谋求再次发表。③虚假署名。目前一些高校给研究生毕业设定了一定的科研分数要求。碍于同门弟子关系，一些研究生将部分与论文研究成果无关的人员的名字署到了文章上。

育人策略 就科技论文发表而言，编辑人员既是防范学术不端行为的守护者，也是加强防范学术不端行为的宣传者。借助期刊平台，编辑人员可向研究生宣传国家政策文件，如：《高等学校预防与处理学术不端行为办法(教育部2016年)》《科研诚信案件调查处理规则(试行)(国科发监〔2019〕323号)》《关于进一步弘扬科学家精神加强作风和学风建设的意见(2019)》等文件精神，提升他们的学术道德思想意识，教育研究生遵守学术道德规范。另外学报编辑部规范管理，从制度上约束研究生，让其不敢、不能也不想触碰学术道德底线，如建立研究生论文导师签名制度、学术不端行为通报制度等。

6 结束语

高校学报是研究生发表论文的主阵地[5]，编辑人员可以以研究生撰写科技论文为抓手，利用网络采编系统、微信公众号等平台，通过"三审三校"环节、举办研究生科技论文培训、与研究生导师联合以及组织作者读者交流活动等方式，从论文选题、论文IMRAD结构、论文格式要求、论文发表过程、论文学术诚信5个维度，充分发挥"学报育人"的专业特长，提升研究生科学研究素质。

参 考 文 献

[1] 汪再非,杨国祥.学术期刊对科研的评价作用[J].科技管理研究,2006(11):170-172.
[2] 李永刚,王海英.理工科博士生科研能力的养成状况及其影响因素研究:基于对我国研究生院高校的调查[J].研究生教育研究,2019(4):35-44.
[3] 陆根书,刘秀英.优化研究生科研经历提高研究生教育质量:基于陕西省高校2017年度毕业研究生的调查分析[J].研究生教育研究,2019(1):19-26.
[4] 周海涛,朱玉成.近年来我国研究生教育研究的重点及启示[J].研究生教育研究,2020(2):1-5.
[5] 陈春平,周田惠.高校学报服务于本校研究生培养工作的思考[J].编辑学报,2019,31(1):102-105.
[6] 陈春平.高校科技期刊主编服务于研究生培养工作的4种角色[J].编辑学报,2019,31(5):502-505.
[7] ORIOKOT L, BUWEMBO W, MUNABI I, et al. The introduction, methods, results and discussion (IMRAD) structure: a survey of its use in different authoring partnerships in a students' journal [J]. BMC Research Notes, 2011, 4(1):1-5.
[8] 戴尔·卡耐基.卡耐基沟通的艺术[M].北京:中国城市出版社,2007:101.
[9] 赵新艳,王舒钰,余义霞,等.研究生学术写作能力的培养与提升探析[J].传播与版权,2019(2):158-160.
[10] 张睿,张伟.如何培养研究生的学术思维?[J].学位与研究生教育,2019(5):41-44.
[11] 刘志.研究生导师和学生关系问题何在:基于深度访谈的分析[J].教育研究,2020,41(9):104-116.
[12] 张小平,刘博涵,吴锦鹏,等.基于社交媒体的"互联网+"学术交流模式探究:以清华大学微沙龙为例[J].学位与研究生教育,2016(10):38-42.
[13] 何宏莲,宋雪.高校研究生学术道德失范问题防治策略研究[J].教育科学,2014,30(3):78-84.

完善我国出版专业技术人员网络继续教育的思考

赵 青[1]，沈 秀[2]

(1. 常州工学院学报编辑部，江苏 常州 213032；2. 常州大学学报编辑部，江苏 常州 213164)

摘要：进一步完善出版专业技术人员网络继续教育培训，是培养高素质、专业化出版专业技术人员的迫切需求。当前我国出版专业技术人员网络继续教育培训存在学习者认识不足、培训资源内容庞杂、教学方式单一、考查方式简单、培训管理缺位等问题，建议通过加大网络培训推广力度、提高学习者的接受度、加强教学资源建设、增加案例教学类网络课程、丰富培训模式、创新培训方式、完善考查方式、杜绝"网上挂课"、强化科学管理、确保服务到位等措施进一步发挥网络继续教育的优势，增强网络继续教育的实效性。

关键词：出版专业技术人员；网络继续教育；在线学习

1 出版专业技术人员网络继续教育研究回顾

随着出版行业新技术、新业态的蓬勃发展，业界对出版专业技术人员的素质、知识结构、专业技术能力提出了新的更高的要求，作为"建设高素质专业化出版专业人才队伍的基础性战略性工作"[1]，继续教育已成为提升编辑业务能力、培养高素质专业化编辑出版人才的重要途径和手段。早在2003年，张军等[2]就提出构建编辑业务现代远程培训信息平台的构想。

作为继续教育的重要形式之一，通过网络教育平台开展的网络继续教育培训已形成多层次、全方位的课程体系，具有教学资源集中、课程内容与时俱进、学习成本低、时间灵活等优点。然而，出版专业技术人员参加网络继续教育培训的积极性不高，他们更愿意选择传统面授方式，网络培训的优势和教育培训功能没有充分发挥出来，培训效果也不明显。对于出版专业技术人员网络继续教育培训存在的问题，郑德胜[3]、付一静[4]主要从课程与考试设置的角度指出在线培训课程赋值不合理、课程结构失当、在线考试设置不够合理、课程内容针对性和实用性不强等是制约网络继续教育培训实效性的重要因素。彭芳等[5]从互动交流和监督管理角度指出网络继续教育存在不足，认为网络培训难以达到提高编辑业务能力的目的。对于网络继续教育培训缺乏实效性的原因，曹明倩[6]认为现行的编辑网络继续教育未能充分利用当前高度发达的互联网技术和视频制作技术，因而在教学情境设计、教学互动、教学信息提供方面存在不足。田春霞[7]指出编辑的思维惯性、操作难度等导致网络远程培训的可操作性差、交互性差。对于网络继续教育网络培训平台建设，有的研究者在论及出版专业技术人员继续

基金项目：2019年度江苏科技期刊研究基金项目(JSRFSTP2019C14)；江苏高校哲学社会科学研究规划项目(2020SJA1234)

教育培训时顺带提及网络继续教育培训，并简单提出了改进措施[8-11]。如范瑜晛等[12]建议由科技期刊主管单位和新闻出版管理部门共建科技期刊编辑在线教育版块，设计开发适配的网络课程，增加双向互动模式，集学习、评价、反馈、考核、管理功能于一体，切实提高在线培训的实效。卓娜[13]认为应出台终身学习型出版继续教育系统，形成中国出版业最大的继续教育知识库。崔金贵[14]通过问卷调查方式，对原新闻出版总局网络继续教育培训平台运行状况进行研究和分析，对网络平台课程设计、结构优化、商业化运营等提出合理构建策略。曹明倩[6]建议加强相关学习资源的建设，提出应充分利用当代高度发达的互联网技术和视频制作技术，以编辑为中心，加强学习情境的建构，加强协作、会话平台的创设。本文拟在前人研究的基础上，进一步分析出版专业技术人员网络继续教育培训的价值和特点，探究制约其发挥作用的因素，提出实现网络教育培训效果最优化的适切策略。

2 开展出版专业技术人员网络继续教育的必要性

依托强大的师资力量和丰富的教学资源，原新闻出版总局教育培训中心开发了出版专业网络继续教育培训平台。与传统面授培训相比，网络继续教育培训克服了面授培训内容针对性不强、培训理念和方法陈旧、受培训经费限制等弊端，具有培训规模大、培训对象覆盖面广、满足多元化学习需求、成本低、知识更新快、管理信息化等优点，学习者不仅可以根据自己的专业背景、学习需求、学习兴趣自主选择培训内容，满足个性化学习需求，还可以享受国内知名专家授课的优质教学资源。而且，出版专业网络继续教育培训与编辑职业发展相衔接，学习者学习课程并通过考核后即可获得相应学时，学时可作为责任编辑注册和职称晋升的依据。作为出版专业技术人员继续教育培训的重要形式之一，网络继续教育已成为优化出版专业技术人员知识结构、提高其职业胜任能力的重要途径。

2.1 提升职业胜任能力

全国宣传干部网络培训平台(即原新闻出版总局教育培训中心开发的出版专业网络继续教育平台)在线选择的课程内容丰富，包括政策法规、出版基础、出版实务、新媒体与数字出版、版权贸易、经营管理、营销推广、综合课程、知识拓展等与编辑从业相关的各个方面。通过在线学习，学习者不仅能够掌握相关政治理论、法律法规、职业道德等基本知识，增强政治敏锐性和政治鉴别力，而且能够掌握出版政策法律、编辑业务知识、编校技能等专业知识，提升职业胜任能力。

2.2 满足获取学时的需求

2020年9月出台的《出版专业技术人员继续教育规定》对网络继续教育培训予以政策支持，规定出版专业技术人员参加省级及以上新闻出版主管部门、人力资源社会保障部门及其公布的继续教育机构组织的网络继续教育活动可获得继续教育学时，且每年最多不超过40学时。出版专业技术人员每年接受继续教育的时间为至少90学时，而现阶段参加一次面授最多可获得72学时，网络继续教育培训成为出版专业技术人员接受继续教育、获取学时的重要途径之一。

2.3 满足多样化的学习需求

移动互联网时代，随着手机、平板电脑等媒体终端的普及，移动学习已经成为了人们获取知识的新方式，尤其受到年轻人的喜爱。作为借助互联网和信息技术搭建的知识学习平台，网络继续教育培训平台不仅实现了移动学习，而且初步实现了分层次培训，能够最大限度满足不同资历、职称、专业的学习者多元化、个性化的学习需求，有利于充分发挥学习者的学习主动性和积极性，使其更加积极地学习新知识、新理论、新技术。

2.4 降低培训成本，解决工学矛盾

网络继续教育的培训费用与面授培训动辄几千元的费用相比，价格低廉，因此，对于拥有较多出版专业技术人员的期刊社、出版社而言，动员员工参加网络继续教育培训不失为降低培训成本的理想选择。网络继续教育培训不受时间和空间的限制，学习者能够掌握学习的主动权，不仅可以对工作和学习时间做合理安排，避免工学矛盾，而且可以将学习内容与工作实践结合起来，提高学习的针对性和实效性。

3 当前我国出版专业技术人员网络继续教育培训存在的问题

出版专业技术人员现场继续教育培训课程"重叠与缺位同时存在"[15]，网络继续教育培训可弥补这一缺憾，克服了面授培训授课团队选择的区域局限性，培训资源更权威，基本能做到知识点全覆盖，培训服务更精准。然而目前实施的出版专业技术人员网络继续教育培训多是将专家的课堂教学或学术讲座上传到网络继续教育平台进行传播，学习者学习的主动性和积极性不高，网络培训效果不理想，培训内容、培训方式、考核方式、培训管理等方面的问题逐渐显露。

3.1 学习者认识存在误区

由于网络继续教育培训过程缺少必要的约束，网络自主学习全凭自觉，缺少课堂氛围，受外界因素影响较大，学习者的学习无法受到监督。一部分学习者在学习过程中并不能做到集中注意力认真学习，甚至出现应付心理和片面追求学分的功利思想。很多学习者选择在培训日期截止前的一段时间集中学习，由于同时学习的人太多，会出现网络拥堵的现象，这严重影响了学习者的学习体验感和学习积极性。

3.2 培训资源内容庞杂

目前网络继续教育培训课程内容庞杂，缺少对各层次、各类别出版专业技术人员需求的细分，对差异化、个性化的培训需求关注不够，未根据学习者的具体情况定制课程。例如，由于大多数出版专业技术人员的学科背景为非编辑出版专业，需要在工作中不断完善知识结构，接受编辑基本业务知识的培训，因此网络继续教育培训内容多为基础性知识，侧重于提升编辑的基本业务能力，而针对高层次、创新性人才的培训内容较少，这不仅不利于出版专业技术人员提升创新能力，也不利于高层次出版人才的培养。

3.3 教学方式单一

网络继续教育培训平台目前多为点播式视频教学平台，主要采用"专家讲，学员听"的单向灌输模式，学习者通过观看讲座视频进行学习，处于被动接受的状态。在网络继续教育培训教学过程中，师生处于分离的时空环境中，无法实时互动。教师无法看到学习者的反应，处于无人共鸣的教学环境中，往往平铺直叙，照本宣科，未能充分运用多媒体等现代化教学手段，教学手段缺乏多样性和灵活性。学习者在学习过程中遇到困难时无法向老师提问、探讨，"教"与"学"契合度不高，这在一定程度上制约了学习者学习的积极性。

3.4 考查方式简单

由于缺少学习过程中的监督管理和考核，有的学习者学习态度不端正，"网上挂课"现象严重。网络继续教育培训的考查形式多为完成选择题，难度较小，对于某些课程，学习者即使

不观看视频,也可以轻松答题。为了满足"凑学分"的需求,有的学习者存在取巧心理,往往选择容易得分的课程,以修满学分作为参加培训的目的,并不能真正增长知识、提升业务技能。

3.5 培训管理缺位

培训管理方面,网络继续教育培训平台记录、存储了学员参加培训的情况,并为其建立网络化的学习档案,但是,培训平台未能针对实际培训效果收集、整理学习者的意见和建议,未能对培训效果进行跟踪管理,师生分离,教学和管理分离,完全依赖学生的自主性学习和自我管理,缺少教学管理、教学督导和教学评价,在培训管理方面存在缺位现象。

4 完善出版专业技术人员网络继续教育的路径选择

为了提升网络继续教育培训的吸引力和实效性,提高学习者参与培训的积极性,确保学习者学有所获,一方面,可以加大网络继续教育培训推广力度,另一方面,可以采用一些新技术新手段,使培训的内容更加生动、更加贴近学习者的需求,培训方式更加多样,监督管理更加科学。

4.1 加大网络继续教育培训推广力度,提高学习者的接受度

虽然国家以政策的形式支持网络继续教育培训,但是目前出版专业技术人员参加网络继续教育培训的热情不高。客观方面,网络继续教育培训机构应提升网络培训的可操作性,进一步简化操作流程,方便学习者操作使用。为了帮助学习者克服排斥和恐惧心理,可设置操作流程演示视频和常见问题解答界面,确保网络继续教育培训顺利开展。主观方面,出版单位应鼓励出版专业技术人员积极参加网络继续教育,提升他们对网络继续教育重要性的认识,增强其在线学习的主动性,引导学习者接受新鲜事物,制订学习计划,不断自我调整,自我激励。

4.2 加强教学资源建设,增加案例教学类网络课程

"培训资源是学员网络学习的内容和依据,培训资源的质量、呈现方式和组织方式影响着学员的学习效果。"[16]培训平台需要及时更新教育资源库,不断完善教学内容,根据培训主题定制专题培训课程资源,在课程设置、课程内容、课程选择、课程呈现方式等方面作进一步优化。

(1) 课程设置方面,坚持以人为本、按需施训,根据不同的教育对象和教育需求细化教学内容,组建课程体系。相较于传统面授学习,网络继续教育培训有利于实现分层分类多形态培训,能够实现培训内容主题化、模块化,可按照学科专业背景、工作岗位、学习兴趣和学习需求设置学习模块,激发学员学习的内在动力。例如:可设置党政课程、专业技术能力课程、拓展类课程 3 个一级分类,下设二级分类;可按照编辑的成长阶段和发展规律设置课程组块,如"新入职编辑组块""编辑职业成长模块""数字出版模块""国际化建设模块""优秀刊物模块"(介绍经验、经营管理方法)等。

(2) 课程内容方面,加强前沿性、实用性业务知识的培训,加大出版专业领域最近研究成果课程比重,引领学习者了解行业发展趋势,与时俱进,跟上时代发展步伐。如加大数字出版课程比重,引导学习者学习新媒体技术、数字出版技术,提升从事数字出版工作的能力。

(3) 课程选择方面,突出问题导向,建立课程搜索模式,增强学习的针对性和目标性。学习者根据自己的实际情况,针对自己的薄弱环节和工作需要有针对性地搜索课程,寻找相关学习资源,迅速进入学习状态。平台也可以利用信息技术为学习者进行能力测试,测试结束

后提供诊断报告，推荐最适合的学习内容。

(4) 课程呈现方式方面，体现学习者的主体地位，研制开发体验式、研讨式、案例式课程资源，如案例教学类课程、情景模拟类课程、任务驱动类课程，在此基础上，倡导自主探究式学习模式、问题引导式学习模式。

4.3 丰富培训模式，创新培训方式

在网络继续教育培训中，要充分利用现代信息技术和多媒体技术，调动学习者的学习兴趣，提升培训效果。

(1) 增强教学的趣味性和生动性。在课件制作上，为了提高学习者的学习兴趣，可采用文字、图片、视频、动画等多种方式，使教学内容形象化、生动化。

(2) 采用 MOOC 授课新模式。为了适应移动端短、精、快的学习方式，便于学习者在短时间内掌握一个相对完整的知识组块，对于某些学习内容，可以改变长视频专家讲座的模式，采用 MOOC 模式，将学习内容碎片化，采用微课、微动漫、图文解读等形式增强课程吸引力，提升学习者网络自主学习效能。

(3) 采用网络直播授课新模式。网络直播能够实时显示和反馈课堂中学习者的问题，为授课教师和学习者之间的互动沟通、学习者之间的切磋交流创造了条件。在网络直播中，授课教师可答疑解惑，与学习者共同探讨办刊中的难点和热点问题，帮助学习者探寻正确的发展思路和路径。这种授课方式增加了互动环节，有助于学习者掌握教学内容，能切实提高教学的实效性。

(4) 采用现场教学授课新模式。如为了让出版专业技术人员更好地"走出去"，开阔视野，把握出版业的发展趋势，培训平台可以遴选一批业内知名的出版单位，纳入教学资源，让他们现场介绍自己在稿件编校、流程管理、新媒体运营等方面的经验[17]。这种授课模式具有较强的吸引力，能很好地调动学习者的学习积极性。

4.4 完善考查方式，杜绝"网上挂课"

由于缺少学习过程考查、课程结束后考查题目较为简单，学习者"网上挂课"现象较为严重。建议培训平台基于过程考查和能力考查，进一步完善考查方式。

(1) 增加学习过程考查。为了杜绝"网上挂课"现象，建议在学习过程中设置答疑环节，在教学视频中嵌入弹窗小测验，学员回答正确后方可继续观看视频，回答错误则返回对应的内容继续学习。这种模式不仅可以检查学习情况，总结章节重点，也可以增强学习者和教学视频之间的互动，使学员在学习过程中集中注意力，提高学习效率。

(2) 注重能力考查。学习结束后的考核环节，需要从考核内容和考核形式两方面进行优化。建议通过增加选择题的选项提高考核难度，可适当增设填空题、主观题等，重点考查学习者某方面的能力，督促学习者端正学习态度，认真观看教学视频。

4.5 强化科学管理，确保服务到位

培训平台的科学管理是网络继续教育培训得以充分发挥培训作用的基础和前提。为了进一步提升网络继续教育培训的实效性，培训平台应在需求调研、课程设置、学习监督、培训效果跟踪等方面加强课前、课中、课后管理。

(1) 增加课前培训需求调研。遵循"以人为本、按需施教"的培训理念，培训平台应充分了解不同工作岗位、不同工作年限学习者的学习和工作需求，通过个别访谈、网上调查问卷、举办座谈研讨会等形式调查了解学习者的学习需求、培训目标，将其需求作为培训工作的出

(2) 加强课中监督管理。为了保证课程培训质量，培训平台可实行学习过程监控机制，在课程视频播放过程中可不定时弹出弹窗小测试，学习者如果未在规定时间内实行相应操作则视为离开课程，课程视频将停止播放。

(3) 重视课后反馈。培训平台应重视对培训数据的分析，对培训效果进行跟踪管理，在此基础上进一步改进专题、课程设置，完善培训内容，创新培训形式。

5 结束语

"互联网+"时代，在线教育发展迅速，网络继续教育培训适应信息化发展趋势，弥补了传统面授培训的不足，培训方式灵活便捷，培训内容丰富、针对性强、个性化突出，已成为出版专业技术人员高效快捷地接受继续教育、提升职业胜任力的重要方式。受主客观诸多因素影响，当前我国出版专业技术人员网络继续教育培训存在学习者认识不足、培训资源内容庞杂、教学方式单一、考查方式简单、培训管理缺位等问题。为了确保并提升网络继续教育培训质量，出版单位应加大网络继续教育培训推广力度，提高出版专业技术人员对网络继续教育培训的接受度，教育培训组织方应转变传统的继续教育理念，充分利用现代信息技术，努力构建分层培训模式，满足出版专业技术人员的差异化需求，不断优化教学资源、丰富培训模式、强化科学管理，进一步增强网络继续教育培训的吸引力，使培训形式、培训内容更好地满足出版专业技术人员需要，从而更好地发挥网络继续教育培训的优势，提升网络继续教育培训的有效性和针对性。

参 考 文 献

[1] 出版专业技术人员继续教育规定(国新出发〔2020〕18号)[EB/OL].(2021-01-08)[2021-05-17]. http://qkzx.xsyu.edu.cn/info/1011/1241.htm.
[2] 张军.编辑业务现代远程培训信息平台的构想[J].编辑之友,2003(增刊1):4-5.
[3] 郑德胜.媒体融合时代期刊编辑继续教育模式研究[J].成人教育,2017(11):50-52.
[4] 付一静.注册责任编辑继续教育问题分析及建议[J].出版参考,2018(10):38-40.
[5] 彭芳,金建华,董燕萍.学术期刊编辑继续教育改革之我见[J].编辑学报,2015(6):602-604.
[6] 曹明倩.基于建构主义学习理论的编辑远程教育[J].内蒙古电大学刊,2018(5):111-113.
[7] 田春霞.基于需求导向的编辑继续教育培训的问题与对策[J].出版科学,2019(4):48-52.
[8] 高虹.媒介融合背景下学术期刊编辑双元性继续教育机制研究[J].中国科技期刊研究,2018(7):664-670.
[9] 聂震宁.关于出版人才专业培养与继续教育的思考[J].中国编辑,2018(7):43-47.
[10] 孔艳,颜帅,张铁明.探讨责任编辑的继续教育制度[J].编辑之友,2010(4):94-97.
[11] 翟宇.从续展登记注册看编辑继续教育的问题与对策[J].现代出版,2013(5):64-65.
[12] 范瑜晛,刘畅,姜京梅.科技期刊编辑继续教育的适配情况及发展路径[J].中国科技期刊研究,2019(5):518-524.
[13] 卓娜.构建科学实用的出版编辑继续教育云端网络系统:试探出版继续教育培训系统解决方案[J].出版发行研究,2013(7):67-70.
[14] 崔金贵.试论编辑网络继续教育平台的建设及质量评估[J].编辑之友,2015(2):89-92.
[15] 田雪平.新时代编辑继续教育培训存在的问题与对策[J].科技与出版,2018(6):154-156.
[16] 李中亮."国培计划"下教师网络培训问题研究[J].西北成人教育学院学报,2016(1):15-17.
[17] 周巍.现场教学:出版专业技术人员继续教育中的有益探索[J].科技与出版,2019(4):140-144.

综合性医学科技期刊编辑培养核心素养的思考

陆 祎

(上海市医学会《上海医学》编辑部,上海 200040)

摘要: 在"培育世界一流科技期刊"背景下,努力把综合性医学期刊建设成为"一流医学学术期刊和学术交流平台"目标,提出综合性医学期刊编辑着力培养自身核心素养,是实现期刊高质量发展的基本要求。探讨了坚定编辑职业信念和培养专业型、研究型编辑核心素养的思考,以正确的职业信念为指导,以熟练的专业、学科知识为基础,以创新的工作思维和能力为保障,提高编辑核心素养,提升综合性医学科技期刊质量和学术影响力,实现综合性医学科技期刊承载、传播与交流医学科技信息的载体功能,为科技强国建设有价值的精品期刊,具有重要实践意义和社会价值。

关键词: 综合性医学期刊;编辑;核心素养;职业信念;专业型;研究型

近几十年,现代医学从传统内外科,走向按人体器官系统分科,医学科学得到飞速发展;但人体是一个整体,不论是诊断还是治疗,专科医师不但需要精于本专科知识,还必须考虑、兼顾到其他专科知识,这也是整合医学理念所倡导的[1]。在医学研究领域,学科整合同样越来越凸显出其重要意义。医学期刊亦是如此,综合性医学科技期刊是医学科技期刊的一个重要组成部分。期刊编辑是独立存在的、具有创造性劳动意义的职业之一。与其他科技期刊一样,编辑工作也是综合性医学期刊出版的核心工作,编辑兼有期刊文章筛选者、把关者、组织者、引导者、传播者、阅读者等多种职业身份,是保障和提高学术期刊质量的关键,医学编辑的工作具有创造性,同时也有其特殊性,优秀的医学编辑必须着力培养其核心素养。

1 提高编辑核心素养是实现期刊高质量发展的基本要求

核心素养指最关键、最必要的共同素养,是综合个人知识、能力、情感、态度、价值观等多种因素而形成的,包括发现、分析、解决问题的能力等认知性素养,还包括自我管理、组织、协调、沟通能力等非认知性素养[2]。许多学者总结报道了医学编辑需具备的素养[3-4],如编辑政治素养、专业素养、业务素养、医学学术素养、信息素养、创新素养、科研素养、人文素养等。综合上述文献的观点,笔者认为综合性医学科技期刊编辑的核心素养是在长期的编辑工作实践中形成的有价值的,推动个人发展和期刊发展必需的、不可或缺的素养,如从职业角度指编辑的职业信念,医学期刊专业角度指编辑业务专业知识和医学专业知识,工作能力角度指编辑的研究、创新意识、思维和能力等。

学术质量是期刊发展的关键,是期刊的灵魂。2019 年,中国科学技术协会等四部委联合印发了《关于深化改革 培育世界一流科技期刊的意见》,提出将推动科技期刊高质量发展作为实现科技期刊创新跨越的重要任务,突出以质量与价值为核心的绩效导向。期刊的质量建设须从服务科技创新、出版发行、文化传播等角度开展。医学科技期刊的水平在一定程度上反映了一个国家、地区的医学研究实力和学术水平,亦是医学研究和学科建设的风向标,应积极响应国家重大需求、引领行业创新、助力科研成果转化等，在国家科技的进步中发挥重要作用[5]。医学期刊要为科技强国战略服务，就必须提高期刊学术质量与价值。随着无线网络的覆盖率和移动终端普及率日益提升，新媒体影响越来越大，为学术期刊提供了新的传播和交流平台，同时也对其提出了更高要求。行业、学科和时代的发展，均对综合性医学期刊的质量提出了更高的要求。

从三审三校到新媒体建设，从期刊约稿、组稿到读者意见的反馈，编辑完成了学术期刊的主要工作流程。编辑的核心素养是决定期刊质量的关键环节之一。因此，加强编辑人才队伍建设，锻炼和培养编辑的核心素养，是把综合性医学期刊建设成为"一流医学学术期刊和学术交流平台"目标的重要内容之一。在新形势下，学术期刊编辑要应势而变，加强培养自身的核心素养。

2 坚定编辑职业信念，推动期刊可持续发展

编辑是保障和提高学术期刊质量的职业队伍，若要提高综合性医学科技期刊质量，首先需要培养有坚定职业信念的编辑队伍。

职业信念是指编辑对从事的职业有确信的认同感、使命感、责任感，并愿意将其作为职业追求的稳定认知[6-7]。职业认同是做好编辑的前提，强烈的认同感和使命感能激发编辑自身潜力，驱动自己长期持续做好编辑工作。具备坚定的编辑职业信念，能够让编辑摒弃杂念，更加专注地投入到编辑工作中去。

在信息互联网时代，信息更新迭代加速，科技期刊作为传统传播媒介，在做好纸版出版业务的同时，也需要通过新媒体拓宽传播途径。因此导致了编辑业务工作逐渐增多，难度和工作量增大，难免造成学术期刊编辑对自身职业发展产生诸多困惑[8]。期刊编辑需从职业发展角度，转变工作理念，更新自身知识结构，学习掌握新的理论、技术方法，适应编辑工作。

因此，编辑首先需坚定职业信念，树立积极的人生观、正确的价值观，在实际工作中不断努力实现个人的价值，有拼搏进取的理想信念。其次，编辑努力提升自身的政治素养，培养正确的政治立场、高度的政治敏锐性和社会责任感，熟知办刊宗旨，努力实现科技期刊学术影响的价值导向，传播医学学科规律，突显综合性医学期刊特色。为了满足这类需求，各出版单位内部可定期组织精神文明学习；上海市期刊协会和上海市新闻出版教育培训中心近年组织了各类学习，如《马克思主义出版观培训》，编辑应积极参加此类活动，不断提高政治判断力。而网络信息和新媒体技术给编辑带来的并非仅有挑战，而是一扇通往外界的大门。通过应用"学习强国"等 App，可提高自身境界和修养。

3 精通专业理论技术，培养专业型编辑

医学期刊内容质量和编校质量是期刊的两大核心竞争力。作为一名编辑，精通编辑专业和医学专业的知识，尤为重要。

一方面，期刊编辑要精通编辑理论知识、方法，熟悉编校业务知识、相关国家标准，规范[9-10]，懂得如何编校，合理调整文章的结构，发现文章不规范的问题，准确判断和熟练修改有歧义的语句，指出文字、词语运用准确与否，以不厌其烦、持之以恒、细致入微、一丝不苟的态度对待编校工作；了解并学习有关科技期刊建设的文件、政策，如《关于深化改革培育世界一流科技期刊的意见》《中国科技期刊卓越行动计划实施方案(2019—2023 年)》，通过研读政策及其相关文献、研究成果，进一步领会政策的指导思想、内容，是为何而制订、其

评价指标等，更要思考政策如何融入和落实到综合性医学期刊建设中，分析综合性医学科技期刊的发展策略，有效发挥期刊政策的指导作用[11-13]。2020年更新后的《专业技术人员继续教育规定》明确要求"出版专业技术人员每年累计不少于90学时，其中，专业科目不少于总学时的三分之二"。而每年的继续教育内容中，不乏各种法律法规的解析，出版专业各种规定、规范的更新，科技期刊发展方向研究等等内容，科技期刊编辑在参加继续教育学习时，可着重选择与期刊编辑实务相关的课程，兼顾政策研讨等方面的学习。

另一方面，对于医学科技期刊的编辑来说，对医学学科专业知识有一定深度和广度的了解，随着学科的发展，不断更新自身的知识储备，优化自身的知识结构，熟悉研究发展动态，才能从专业角度迅速看出文章内容逻辑是否合理、作者观点是否新颖，这样才能在整个稿件处理流程中驾轻就熟，对文章提出有依据、有见解的观点。再者，综合性医学科技期刊是记录、传播医学科研信息和成果，交流医学科学思想的重要媒介，为医学研究、临床诊断、治疗、预防和康复提供科学指导。编辑要坚定学术精神、深入探究，尽可能把创新的学术研究成果完美地展现给读者。

科技期刊要达到创新性、科学性、专业性和准确性，与编辑的编校工作密切相关。编辑在论文的编审处理流程中，既要关注内容，又要咬文嚼字，这就是专业编辑与专业学者的同与不同之处；这就要求编辑在日常工作中不断积累、不断学习，思考总结编辑成长规律，专业热点问题与专业需求，论文质量与编辑质量的关系等，更需要自己积极进取，思考如何在工作实践中锻炼培养自身的专业素养，融入到期刊优秀人才建设的队伍中。

4　突破传统思维限制，培养研究型编辑

在快速发展的信息网络时代背景下，医学科技期刊编辑的工作职能已发生明显变化，个人职业追求需突破传统编辑的思维限制，医学期刊编辑不仅要做好审稿、编校等日常工作，密切关注行业、学科的研究动态、热点和焦点，更应该提高思想认识，做好从版面编辑向研究型编辑转型准备[14]，编辑具备研究和创新思维、能力是编辑学术把关的重要保障，也是编辑必备的核心素养。因此，学校里学习的专业知识往往不足以应对工作中接触到的学科进展，笔者在参加工作之初，创造条件定期到本市三甲医院，跟随临床科室的主任、教授查房；回到大学旁听《医学统计学》等研究生课程；至今仍利用学会办刊的优势，参加上海市医学会主办的各相关学科的"东方会"等学术年会继续学习医学理论和临床应用，熟悉学科的研究动态，同时增加了与专家面对面交流沟通的机会，这也有利于在编辑工作过程中与作者、专家等有效的沟通，协助作者将其学术思想、观点、技术方案等研究成果及时准确，以新颖且有价值的文章形式完美发布，实现期刊的学术价值引领作用，服务于科技创新活动，这是作者所希望，读者所期望，也是期刊所需要。

创新是人类文明进步与社会发展的根本动力，它普遍被认为是人才发展的关键特征[15]。期刊的发展取决于期刊编辑队伍，编辑的工作理念、研究和创新能力等影响到期刊的发展。编辑的研究思维和能力有利于编辑工作方式、方法的创新，主动解决工作中的实际问题，是推动期刊发展的内在动力。具有"研究型"理念的编辑，需要学习掌握深厚的专业知识，有意识培养自身研究能力和创新能力，其内涵强调的是"研究"对于"编辑工作"的重要性，具有研究意识，掌握研究的思维方式，在工作实践中善于运用"研究能力"的解决问题[16-17]。

综合性医学科技期刊编辑往往编校一体，期刊编辑要负责编辑出版流程中的多个环节，思维易禁锢于其中；编辑参与科研活动也不同于研究人员，因其时间、经费、动力不足，难

度大而受到许多限制。一方面,医学期刊编辑在工作中强化科研和创新意识,在编辑实践中锻炼培养研究和创新思维、能力;一方面,通过查阅文献以及走出编辑部,参加学术会议、研讨、论坛,走进实验室、医院科室等途径,了解开展医学研究的实验技术原理、操作方法,熟悉编委会专家的专业专长、研究方向,编委会以外专家的主要研究方向,提高参与科研活动的频度,与专家学者交流的深度。《上海医学》编辑部依靠学会办刊的优势,抓住继续教育、学术会议、定稿会等机会,开展对于学科关键问题研讨、临床研究设计、研究方案的优化、统计学知识等各方面交流探讨,便于编辑掌握学科研究动态,提升科研素质,指导编辑实践活动。编辑通过在工作中及时学习和总结,更新知识体系,不断提高自身科研思维和能力,这对培养研究型编辑切实可行,有利于编辑自身的成长,也有利于医学科技期刊的质量提高。

5 结束语

建设高质量、一流综合性医学期刊是行业共识、社会发展所需,编辑永远比读者更早一步接触到科研结果,所以编辑也必须走在潮流的前线,与时俱进,开拓创新,通过培养自身核心素养,树立全新的工作理念,坚定编辑职业信念,保持一颗积极进取的心态,加强职业追求和个人追求,使自己成为专业型、研究型的编辑。这样才有可能创造出作者所希望、读者所期望的高质量、高水平的优秀文章,更好地为建设高水平综合性医学期刊学术传播和交流平台,实现期刊的可持续发展。

参 考 文 献

[1] 樊代明.疫后医学发展的思考[J/OL].医学争鸣[2021-02-16].http://kns.cnki.net/kcms/detail/61.1481.R.20210207.1421.008.html.
[2] 施久铭.核心素养的中国实践[M].上海:华东师范大学出版社.2019:5-6.
[3] 郭媛媛.科技期刊编辑职业素养提升途径[J].传播与版权,2020(2):56-57,61.
[4] 王艳.新时期科技期刊编辑综合素质的培养与提升[M]//学报编辑论丛(2020).上海:上海大学出版社,2020:427-431.
[5] 蒋学东,邓履翔,涂鹏,等.中国科技期刊卓越行动计划引领下的工程技术类期刊角色功能重塑途径探析[J].科技与出版,2021(1):145-150.
[6] 景云川,陆翠岩,刘健,等.新冠肺炎疫情下医学生职业信念现状调查分析[J].中国高等医学教育,2020(7):43-44.
[7] 赵伯格.民族高校管理类教师胜任力结构研究:基于扎根理论的分析[J].民族教育研究,2020,31(6):150-156.
[8] 金莹.网络化时代社科期刊编辑职业焦虑成因及干预策略[J].延边大学学报(社会科学版),2016,49(2):136-141.
[9] 程亮星.全媒体时代医学期刊编辑应当具备的素养[J].科技传播,2018,10(10):24.
[10] 李保平.创办世界一流科技期刊背景下编辑应具备的基本素养[J].新闻研究导刊,2020,11(18):182-183.
[11] 王继红,骆振福,李金齐,等.培育中国特色世界一流科技期刊的内涵与措施[J].中国科技期刊研究,2020,31(1):4-9.
[12] 杨睿,王宝济."中国科技期刊卓越行动计划"资助期刊特征分析[J].中国科技期刊研究,2020,31(9):1101-1109.
[13] 郭伟,马颖,于海洪.培育世界一流科技期刊中 8 个关系的辩证思考[J].中国科技期刊研究,2020,31(6):629-635.
[14] 王维朗,刘志强,游滨.科技期刊编辑提升科研能力的途径及策略[J].科技与出版,2018(9):50-53.
[15] 甘秋玲,白新文,刘坚,等.创新素养:21 世纪核心素养 5C 模型之三[J].华东师范大学学报(教育科学版),2020,38(2):57-70.
[16] 殷欢.文化大发展大繁荣背景下研究型编辑的培养[J].现代出版,2013(1):68-70.
[17] 文箐颖,周凌.浅谈医学编辑的创新意识在编辑工作中的重要性[J].教育观察(上半月),2017,6(7):132-133.

编辑素养提升："被动"编辑转型主动出版人
——以《成都体育学院学报》编辑部为例

马杰华[1]，罗勇[2]

(1.成都体育学院期刊部，四川 成都 610041；2.成都体育学院，四川 成都 610041)

摘要： 文章就新形势下体育科技期刊编辑应具有的素养进行探讨，并结合全国中文体育类核心期刊、CSSCI 来源期刊《成都体育学院学报》编辑部在新形势下提升编辑素养的实践探索，提出新形势下体育科技期刊编辑应具有"主动服务国家体育发展规划，服务人民的体育需求；掌握现代出版科技与新媒体出版技术，加强期刊的国际化传播能力；在学习世界先进体育理论与实践经验的基础上，构建自己独特的学科认知体系"的素养。通过研究以期能为"被动"编辑转型主动出版人提供些许帮助。

关键词： 编辑素养；"被动"编辑；主动出版；体育科技期刊

要培育世界一流科技期刊、实现科技期刊强国梦，必须要有一支能够担负重任的高素质科技期刊编辑队伍。在体育科技期刊界，高素质的体育科技期刊编辑队伍不仅是实现体育期刊强国梦的重要力量，也是助推体育强国、教育强国、健康中国的生力军。然而现实中，由于编辑的综合素养不足，尤其是不能及时跟上出版科技的发展和科技期刊出版服务国家发展战略的新要求，体育科技期刊编辑时常也会陷入"被动"状态。如何解决这之间的矛盾？笔者以为唯有不断跟上时代发展，不断提升编辑素养，变"被动"编辑为"主动"出版人才是解决问题的有效手段。本文将围绕这个主题，结合笔者在全国中文核心期刊、CSSCI 来源期刊《成都体育学院学报》担任编辑的实践经验，就体育科技期刊如何利好现代出版科技，服务好国家体育发展进行探讨。

从现存研究来看，编辑素养提升方面的文献较多，涉及各学科期刊编辑的理论与经验。然而，针对体育科技期刊编辑素养的研究却较少。在 CNKI 上以"体育期刊编辑素养"为主题词搜索来看，不足 10 篇文献。除王瑛[1]的《论当代体育科技期刊编辑的职业素养》是 2015 年发表的外，其他全都是 2000 年前的研究成果。2000 年以来的 20 多年，随着我国的综合实力的极大提升，现代出版技术的不断发展，国家对体育科技期刊出版传播也提出了新的发展要求，体育科技期刊编辑也理应有适应新形势的素养。基于此，本文就这些新变化后体育科技期刊编辑素养新提升进行探讨。

1 新形势下体育科技期刊编辑应有的新素养

1.1 主动服务国家体育发展规划，服务人民的体育需求的编辑素养

主动服务国家体育发展和人民的体育需求是体育科技期刊的重要职责。其在体育出版上应包含主动践行"健康中国、体育强国、教育强国、文化强国、数字强国、质量强国、网络强

国"[2]等方面内容，尤其是与体育直接相关的"体育强国、健康中国、教育强国"目标的实现。早在2017年10月18日，习近平同志在十九大报告中提出"健康中国"发展战略，指出人民健康是民族昌盛和国家富强的重要标志，要完善国民健康政策，为人民群众提供全方位全周期健康服务[3]。2019年7月，国务院印发《国务院关于实施健康中国行动的意见》，成立健康中国行动推进委员会，出台《健康中国行动组织实施和考核方案》[4]。2019年9月2日，国务院办公厅印发《体育强国建设纲要》，部署推动体育强国建设，充分发挥体育在建设社会主义现代化强国新征程中的重要作用。《纲要》指出，到2035年，参加体育锻炼人数达到45%以上，人均体育场地面积达到$2.5\ m^2$，《国民体质测定标准》合格率超过92%。在教育强国中提出要加快构建德智体美劳全面培养的教育体系目标的实现[5]。

国家的这些重大战略，指引着我国体育的发展方向，同时体育科技期刊也应自觉助力这些重大战略的落实与实现，在体育发展实践过程中给予理论与实践上的积极探索，解决体育发展过程中存在的问题，推动体育进一步向前发展。这是新时代体育科技期刊编辑应有的担当与应该具有的素养。

1.2 掌握现代出版科技与新媒体出版技术，加强期刊的国际化传播能力的素养

现代出版科技的发展，新媒体时代的新技术、新设备、新媒介的迭代更新，促使传统科技期刊出版行业面临技术革命的严峻挑战。新媒体时代要求加快科技期刊网络化改造和技术升级，建设"内容+平台+终端"的新型内容生产和传播体系，通过优化出版流程、革新出版手段、转换出版模式，平台再造升级，实现多媒体资源、生产要素有效整合，促进科技成果、技术研发、数据集成、平台终端共融互通，推动媒体深度融合[6]。这是加强科技期刊国际化传播，提升期刊学术影响力的有效途径。这些改变要求编辑要有跟上时代的科技思维，并能在实际工作中做到运用新媒体进行传播。在现代出版科技的发展浪潮下，体育科技期刊的出版同样被卷入其中，面临新的挑战与使命。通常情况下，年纪大的编辑的科技敏感度低于年轻编辑，在使用新媒体技术上容易陷入迟钝与被动。所以加强现代出版技术薄弱编辑的素养提升，是一项紧迫而重要的任务。

1.3 在学习世界先进体育理论与实践经验的基础上，构建自己独特的学科认知体系

体育学术研究，是建立在具体的体育实践的基础上。体育学术研究的成果，又反过来推进体育实践的向前发展。这也是马克思主义唯物认识论在体育领域的体现。在体育领域，有一些国内外都相似的课题，如在运动训练上和运动人体科学上的一些问题，它们的研究国内外有很大的相似性，在如何提升运动成绩和控制伤病方面有人体运动的一些共同的理论和方法。但是，在体育的发展体制和运行机制上，国内外有很大的区别，我们在不同的体制和机制中发展体育，遇到的问题是不同的，需要解决的问题也是不同的，在解决问题的方式方法上也是有很大差异，这需要对不同的体制机制下发展的体育有清醒的认知，找到适合不同实际发展环境的对策。如果看见别人发展的好就照搬照抄别人的经验，那么注定照搬过来会"水土不服"。认识不同环境里的事物，做不同环境的事物研究，务必要构建符合自己实情的独特的认知体系，不能人云亦云。

2 《成都体育学院学报》"被动"编辑转型"主动"出版人的实践

2.1 主动服务国家体育发展大局，以体育发展战略为导向策划选题，并征稿或约稿

《成都体育学院学报》是全国中文核心期刊、CSSCI 来源期刊、中国人文社会科学核心期刊、中国最具影响力期刊、四川省高校自然科学学报"精品期刊"和四川省社会科学学术期刊评选的"名刊"。近年来，围绕主动服务国家发展大局，以国家体育发展战略为导向，精心策划组织选题，征稿或组织专家约稿，并取得了一定的成效。如 2019 年，我们进行了"体育强国建设""体育课程改革""体育产业高质量""体育概念及价值功能笔谈"等主题的组稿与征稿。截至该年第 10 期，所发文章被人大复印报刊资料全文转载期刊 9 篇，其中专题文章占 5 篇。2020年，组织"中国体育史百年高峰论坛主题报告选编""女排精神与体育文化""竞技体育管理和兴奋剂问题""学校体育改革发展"专题文章，此外，组织特稿 9 篇，圆桌论坛 1 篇。该年所发文章被人大复印报刊资料全文转载 7 篇，其中组稿的文章 4 篇，尤其值得一提的是，《中国运动员文化教育政策(1949—2019)：演进特征及优化策略》被《新华文摘》第 9 期全文转载。2021年，组织了"体教融合""东京奥运会""冬奥文化与奥运遗产专题""女性体育""兴奋剂问题""幼儿体育""体育治理与体育公共服务""中国职业足球改革发展""体育国际传播""庆祝中国共产党成立 100 周年"等专题。截至今年 9 月，2021 年被人大复印报刊资料全文转载的已有 7 篇，其中组稿/征稿占 5 篇，其中约稿《女排精神与体育文化》被《新华文摘》第 13 期全文转载。

2.2 加强学习出版新科技，积极利用好多媒体出版平台，提升期刊影响力

2014 年，《成都体育学院学报》建立了微信公众号，对每期新刊出的稿件提前进行微信推送服务，一般会比纸质刊提前半个月与读者见面。可以说这项服务的启动走在了体育类期刊的前列，也收到了较好的传播效果，每期刊出的内容都会快速收到上千的点击量，大大缩短了出版时滞。2020 年，《成都体育学院学报》的微信公众号后台粉丝数，较 2019 年度上涨至 14 500[7]。微信公众号不断创新推动内容，2020 年新创推送全新板块："责编手记"，即每一期刊出版后，责任编辑需要就该期的组稿思路、栏目设置、编校心得等写成手记，在公众号上分享。这不仅能加强编辑与作者、读者交流与互动，也是倒逼编辑转型主动出版人的有效方式 。另有："编辑视角""审稿专家视角""域外视野""旧文新读""书评"等。截至 2021 年 9 月，《成都体育学院学报》微信关注度达到 1.8 万人，单篇阅读量最高达 1.4 万。新媒体传播方式拉近编辑与作者的距离，加强编辑与作者的联系互动。此外，还推出了部门英文刊的相关稿件信息，双刊联动以促进刊物发展。我刊在微信公众号上不断创新推送内容，每周五定期推送新内容，受到大量读者的关注与好评，提升了期刊的影响力。

《成都体育学院学报》于 2015 年底在中国知网数据库上实行了优先数字出版。新刊发的文章可以提前半月在知网与作者见面。今年，《成都体育学院学报》实现了文章首发，即拟刊发的文章可以在纸质刊出版前 1 年在知网上发表，大大缩短研究成果与读者见面的时间，提高了传播效率，提升了期刊的影响力。

高质量的研究成果必定有高的关注度与价值，《成都体育学院学报》因此也收获了一些肯定与荣誉。如《成都体育学院学报》获得 2020 年度中国高校科技期刊研究会优秀期刊。在 2020年 12 月北大中文核心数据库反馈的影响力指标中，《成都体育学院学报》排名有所提升；RCCSE中国核心学术期刊推出的《中国学术期刊评价研究报告》(第 6 版)中，《成都体育学院学报》进入 A 类；中国知网公布的影响因子年报 2020 版中，《成都体育学院学报》的影响力指数排第 9、专家同行学科排序为第 8，均有提升。

2.3 精心打造"域外视野"栏目，在借鉴"他山之石"的基础上助力构建独特的学科认知体系

钱旭红院士说，"我们现在的科技期刊不仅仅是为了发表，更重要是为了建立我们独特的

知识学科认知体系"[8]，从而为世界文明作出贡献。钱院士的话道出了我国科技期刊发展的方向，体育科技期刊也理应遵循。中国的体育学科认识体系是建立在中国的国情基础之上，在中国社会的体育实践基础上产生了中国的体育理论，这符合马克思的唯物认识论。如中国发展体育的"举国体制"，就是在特定历史条件下中国体育发展的创举，使中国的竞技体育在较短的时间内就取得了举世瞩目的成就。还有中国的全民健身与全民健康，中国的体育后备人才的培养，这些问题的解决也决不能照搬国外体育发达国家的经验，我们的体制不同，决定了我们的社会结构与国外有差异，不同的社会构成就有不同的社会治理方式，所以，相应产生不同的学科体系。近年来，《成都体育学院学报》在竞技体育发展转型、职业足球改革、体教融合、体育治理、竞技体育管理、体育产业高质量发展等不同国情下的体育发展方面都进行了讨论，也取得很多读者的关注。为了更好地讨论我国的体育发展问题，2020年，我刊新辟了"域外视野"栏目，专门刊发域外的体育研究成果，在域外研究中借鉴发展经验与理论，以更好地促进我国体育发展的研究。从2020年第4期开始，我刊共计在域外视野发文10篇，每篇文章的微信公众号关注度在1 500左右，高的甚至达2 000以上。相信这些域外研究成果能有助于拓展体育研究视野和构建独特的学科认知体系。

3　结束语

综上所述，在新形势下，体育科技期刊编辑在工作中出现的因未能及时提升编辑素养而出现的"被动"状态值得重视，需要及时分析清楚原因，准确提升编辑素养。在新形势下，各体育科技期刊编辑部或许不同程度地都在探索主动出版的途径，《成都体育学院学报》编辑部在提升编辑素养上的实践则是其中之一。相信在国家的编辑出版政策的引导下，在经验丰富的编辑的"传帮带"作用下，在体育科技期刊编辑自己的用心学习、刻苦钻研、执著努力下，编辑由"被动"转型主动的优秀出版人一定会很好实现。

参 考 文 献

[1] 王瑛.论当代体育科技期刊编辑的职业素养[J].山东体育学院学报,2015,31(2):55-57.
[2] 张健;王会寨.全生命周期体育融合发展研究[J].北京体育大学学报,2020,43(12):1-10.
[3] 十九大报告明确指出实施健康中国战略 新时代新起步[N/OL].人民日报,2017-10-23.
[4] 国务院.国务院关于实施健康中国行动的意见[A/OL].(2019-07-15)[2021-09-01].http://www.gov.cn/zhengce/content/2019/07/15/content_5409492.htm.
[5] 国务院.国务院办公厅关于印发体育强国建设纲要的通知[A/OL].(2019-09-02)[2021-09-01].http://www.gov.cn/zhengce/content/2019-09/02/content_5426485.htm.
[6] 吕琨,库雪飞,尹景瑞,等.基于新媒体技术的学术期刊数字品牌建设研究[J].华南理工大学学报(社会科学版),2021,21(4).
[7] 马杰华.体育科技期刊提升国际影响力的多元传播途径:以《成都体育学院学报》为例[J].传媒,2016(6):43-45.
[8] 论坛主旨报告凝练.中国科技期刊如何高质量发展？[EB/OL].(20-09-24)[2021-09-01]. https://baijiahao.baidu.com/s?id=1678714324360819972.

浅析新时代青年编辑如何践行"四力"

丁 寒

(安徽理工大学学术出版中心,安徽 淮南 232001)

摘要: 建设文化强国是每个文化传播者的职业使命,也是新时代赋予编辑的历史责任。为主动适应社会发展的需求,新时代的青年编辑如何践行"四力"新要求,对实现自我价值、传承文化创新具有重要意义。笔者从编辑工作性质出发,通过查阅文献和归纳总结的方法,结合新时代发展需求,阐述了青年编辑如何从脚力、眼力、脑力、笔力四个方面践行"四力",也反映了社会发展对新时代编辑在思想政治、理论素养、业务能力、专业素质等方面要求。作为青年编辑,我们要牢记出版使命、弘扬工匠精神,以高标准严要求适应社会发展需要,为建设社会主义文化强国贡献力量。

关键词: 新时代;青年编辑;四力

文化强国是我国提出 2035 年的文化发展目标,弘扬中国文化、提升文化软实力是每一个文化从业者的职业使命。出版工作作为传承文化创新的重要组成部分,对建设新时代中国特色社会主义文化事业有着重要作用。这对处于出版工作核心地位的编辑提出了更高的要求:牢记出版使命,坚定文化自信,不断为社会奉献有品质有品位的精神产品。据统计,2019 年全国新闻出版业从业人员 362.4 万人[1],青年编辑作为新闻出版事业的新力量和文化产品质量的把关人,被时代赋予高度的出版使命和文化重任[2]。人们常说编辑工作就是"为他人作嫁衣裳",作为青年编辑我们要有甘当人梯的心理准备,要认识到编辑工作是一项付出大于回报的工作,只有编辑的辛勤付出才能换来科研成果的成功转化和文化知识的高效传播[3]。编辑不仅是文化的守望者,也是作品的摆渡人,筛选优质稿件、策划新颖的选题以及专业的稿件加工对于高效高质量的文化传播十分重要。

十九大报告中指出:"满足人民过上美好生活的新期待,必须提供丰富的精神食粮"[4]。社会的进步使得人民对文化的需求也在发生变化,编辑作为文化知识的摆渡人,也要与时俱进适应社会发展需求,传播有意义有价值的作品。2018 年习近平总书记在全国宣传思想工作会议上强调,宣传思想工作者要不断增强脚力、眼力、脑力、笔力[5],这是继 2016 年习近平总书记在新闻舆论工作座谈会首次提出"四力"后,再次强调"四力"的重要性,而且将要求对象从新闻工作者扩大到整个宣传思想队伍。这是习近平总书记对新形势下宣传思想队伍建设提出的总要求,也是对广大宣传思想工作者寄予的殷切希望[5]。对于活跃在宣传思想工作一线的青年编辑来说,如何践行"四力",主动适应社会发展新形势、新要求,对更好地传承文化创新、助推社会文化事业的发展有重要意义。

1 脚力——脚踏实地

脚力是指编辑工作的性质要求编辑要脚踏实地。编辑工作要面对大量的文字,如审核文章、选题立意、修改加工、编辑校对等,对于初入编辑工作的青年编辑来说,常年伏案于文字中无疑是一种挑战。笔者作为高校学报的编辑深有体会,对每一篇来稿,编辑首先要经过认真的初审,对文章内容的政治、学术、写作标准化规范化等审查把关,甄选符合期刊宗旨和定位的初投稿件[6];其次要对专家审稿意见进行整理分类,做到依据充分、意见明确,能够指导作者高效高质地完成修改。

此外,对于作者修回的稿件要仔细研读,确保作者是否针对审稿意见进行有效的修改;再者,编辑还要分栏组稿、编辑校对,特别是校对稿件时,对语句的加工完善需要投入很多的体力和智力。而这种枯燥、复杂琐碎的修改工作更是日复一日,碰到一些专业性、内容性的修改,可谓是冥思苦想、绞尽脑汁。这就需要编辑要具备专业的职业素养,能够静下心、坐得住,脚踏实地编好每一本书。

2 眼力——慧眼识文、慧眼识人

新时代的青年编辑要练就一双"火眼",不仅要慧眼识文,还要慧眼识人。编辑在面对大量稿件时,要当好"把关人",发现优质稿件。初审是审稿工作是第一步,是决定稿件是否继续进行外审的关键。但往往初审不当会让期刊流失高质量稿件或者收入劣质论文,如初审工作时间滞长、编辑不能合理把握稿件方向等[6]。因此,当好"把关人"对保证期刊学术质量和提高科技期刊审稿效率有重要作用。首先,要确保论文传播的思想符合正确的政治导向[7],是否存在学术不端等行为,例如重复率是否过高、是否存在一稿多投等。其次,对论文的学术性进行审核,该论文的创新点是什么、使用方法或结论是否科学合理、该研究的影响力如何等。最后,审核论文内容是否符合刊物的选题要求,能否突出刊物特色,对该领域的研究贡献如何。例如2020年发表在《写真地理》杂志的一文"熟鸡蛋变成生鸡蛋(鸡蛋返生):孵化雏鸡的实验报告",该文作者系河南某一职业学校校长,如此伪科学的文章能刊发出来,编辑的审核把关实属缺位。慧眼识文还要求编辑能够发掘"好"的选题。在新媒体时代,传统媒体受到冲击,但"内容为王"始终是刊物立足的"法宝"。这就要求青年编辑既要传承以专业性、科学性为主导的传统,又要适应社会发展的新形势,时刻保持对科学创新、社会热点及难点的洞察,在选题策划中将这些问题落实到稿件中,引领学术创新,提高学术期刊的影响力[8]。

作为编辑不仅要慧眼识"文",还要识"人",一方面是指善于发现和培养优秀作者,挖掘潜在作者和作者的学术潜力,创造有价值有影响力的作品[9]。优质选题需要优秀的作者,因此编辑要熟悉各学科的作者,对不同作者的发文有详细的比较分析,那么在策划选题时就有了落实稿件的作者人选,来突出选题立意、凸显刊物特色。宗白华与郭沫若便是编辑史上有名的伯乐与千里马的佳例。1919年,《时事新报·学灯》杂志聘任22岁的宗白华作为编辑,宗白华便在作者队伍中发现了郭沫若,他发现了郭沫若在诗歌方面的潜力,于是便陆续发表了许多这位年轻作者的作品,而郭沫若的创作力也因此被激发。正是有这样一位慧眼识人的编辑才成就了一代浪漫主义诗人郭沫若。此外,编辑在审稿过程中也可以从作者中挖掘有潜力的审稿人,壮大审稿队伍,一般投稿成功的作者了解期刊的发文要求,也很乐意为期刊审稿。另一方面是指编辑要组建一支优质高效的审稿队伍,因为编辑要组织审稿专家对经过初审的稿件进行专业性的评审,这也是目前学术期刊评判稿件学术质量是否过关、是否具有发表价值的重要依据,因此发现优质的审稿人也是编辑应该要具备的眼力。优质的外审专家对稿件的科学性、创新性、学术价值有准确的把握,高效的审稿速度决定着稿件的发稿周期,这对提高学术期刊的质量和水平十分重要。

3 脑力——既是杂家，也是专家

高水平的期刊既离不开优质的选题策划，更离不开优质的编辑校对，这就要求编辑既是编辑学的专家，又是多学科的杂家。这是由编辑工作所决定的，也是时代赋予编辑的责任。这就要求青年编辑不仅要具有较高的业务能力，还要具备多方面的学科知识。因此青年编辑要树立牢固的学习意识，不断强化职业素质和业务能力。

学术期刊一般刊发的文章具有较强的专业性，但是同一领域的学术观点也可能存在争议，因此学术研究往往也带有一定的主观色彩。如果刊载不当的言论，将对期刊产生负面影响。例如前文提到的《写真地理》杂志，因为刊发"熟鸡蛋返生"这一伪科学文章，现已被停刊整顿。这就要求青年编辑，一方面要有一定高度的政治素养，不断学习政治理论并关注时政热点，保持高度的政治敏锐性，确保稿件正确的政治导向；另一方面要不断更新专业知识，关注该领域的热点、创新点，提升业务能力。首先，编辑要具备专业的编校知识和出版法规，只有遵循严谨、科学的审稿制度，才能保证刊发文章的质量；其次要具备一定的专业知识和研究能力，只有这样在审读文章时才能初步判断稿件是否具有研究意义，并给予作者科学、合理的判断和初审意见，必要时在审稿过程中和审稿专家共同探究稿件的学术问题[10]；最后，善于挑战新事物，坚持创新思维，不断学习新的传播思想并用专业的知识武装自己，具备强烈的前沿意识、市场意识以及较强的选题策划能力，才能多出富有新意、创造力的作品，进而成为一名创作高手、创新推手，而不是一个只知道咬文嚼字的文字加工匠。此外，还要不断掌握新技能，尤其在新媒体时代，学习融媒体相关技术，才能拓展期刊传播渠道，扩大刊物的传播力。

4 笔力——妙笔生花、点石成金

"笔力"是要求编辑有较高的论文编辑水平，也就是对稿件的加工润色，这就要求编辑不仅要特定的专业知识，还要有较高的编校和写作水平。编辑的基本工作之一是对文字进行加工，在审读作者稿件时，除了对文章的科学性、政治性、创新性等进行审核外，还要对文章写作水平和整体框架进行把关。例如检查文章表达是否简明流畅、文字运用是否准确、图表格式是否标准，了解作者的表达意图，从编校规范和专业的角度达到最佳修改，提升文字表达的可读性和科学性[10]，发现作者文字背后的闪光点，帮助作者转化为更深层次的思想内涵。学术期刊以学术为导向，在处理学术稿件时，编辑也要从学者角度对文章中的研究方法和研究结论进行审读，给予更加严谨、科学的编校，让作者的观点更加精炼、客观，帮助作者提升文章质量。编辑在此过程中也能提升自身的专业知识。因此，在做好编辑工作的同时，编辑更要勤于练笔，在为他人做嫁衣的过程中，也要学会和提升做"好"衣服的本领。

5 结束语

新时代背景下，编辑面对的稿件会涉及多个学科及其相关知识，作为编辑要致力于主动适应新时代的新需求，做好职业规划，提升职业能力，从根本上保证编辑职业素养建设[11]。"智山慧海传真火，愿随前薪作后薪。"冯友兰曾以此明志。在新时代的浪潮中，我们青年编辑也要像冯友兰先生学习，专心致力于出版文化的传承和发展，在"四力"上下工夫，不断提升政治能力严把作品的政治导向,不断提升学术素养传播有价值有意义的作品,不断提升自身业务水平助推"新"作品,不断提升专业素养为作品画龙点睛,与时俱进,争做时代先锋,以饱满的热情、高昂的斗志投入到出版事业的发展建设中去,为社会主义文化强国建设增砖添瓦,力争所编发的文章体现中国立场、中国智慧、中国价值!

参 考 文 献

[1] 国家新闻出版署.2019年新闻出版产业分析报告[R].2019.
[2] 石颖,王梅.从未来视野看科技期刊青年编辑的培养[J].辽宁工程技术大学学报(社会科学版),2008,10(4):396-398.
[3] 金琦,李静,王书亚,等.科技期刊青年编辑的培养与成长[J].编辑学报,2018,30(4):103-105.
[4] 习近平.决胜全面建成小康社会夺取新时代中国特色社会主义伟大胜利:在中国共产党第十九次全国代表大会上的报告[EB/OL].[2021-08-09].http://www.xinhuanet.com/politics/19cpcnc/2017-10/27/c_1121867529.Htm.
[5] 黄坤明.增强脚力眼力脑力笔力,守正创新做好新形势下宣传思想工作[EB/OL].[2021-08-09]. http://www.qstheory.cn/dukan/qs/2019-01/01/c_1123923852.htm.
[6] 丁寒.编辑如何同时把握科技期刊的审稿效率和论文质量[M]//学报编辑论丛(2018).上海:上海大学出版社,2018:326-329.
[7] 查朱和.新时代编辑素质"六要"新要求[J].中国出版,2020(7):33-37.
[8] 陈艳华.浅析学术期刊编辑如何做好选题策划[J].新闻世界,2018(1):19-21.
[9] 云慧霞.新时代编辑的使命担当与核心素养[J].北京印刷学院学报,2018,26(11):45-49.
[10] 郭旭.新时代学术期刊编辑的坚守与创新[J].科技传播,2019,11(2):54-55.
[11] 陈少志,祁艳红,姚圆.新时代编辑职业素养的现状调查与提升策略研究[J].出版科学,2020(4):5-14.

科技期刊 PowerPoint 软件短视频制作方法及实践

魏建晶,李亚敏,崔 红,刘素贞,张 莉

(《中国科学》杂志社有限责任公司,北京100717)

摘要:为拓宽科技期刊宣传渠道,实现期刊学术增值,文章探索了适合科技期刊的短视频制作方法。通过问卷调查和案例分析,对科技期刊运用 PowerPoint 软件制作短视频进行可行性分析,并梳理了制作短视频的具体步骤。PowerPoint 软件制作短视频操作简便、快捷、费用低、效果好,具有很强的可行性,是科技期刊宣传的一种良好途径。在人力和资金有限的情况下,科技期刊应该立足于内容质量,尝试短视频方式拓宽宣传渠道,树立期刊品牌形象。

关键词:科技期刊;短视频;PowerPoint 软件;制作方法

据 Web of Science 核心数据库,2020 年大约有 250 万篇论文发表在科技期刊及学术会议文集中。在爆炸式信息面前,科研人员几乎不可能阅读完自己所在研究领域的全部文献,他们更偏重于选择性阅读。如何使科技期刊发表的文章在海量文献中脱颖而出,成为办刊人亟待解决的问题之一。为了提升论文的显示度,需要出版人另辟蹊径。近年来,读者获取知识的途径日趋多样,而短视频因其展示直观、传播便捷的特点,受到观众的喜爱。因此,短视频可以作为科技期刊宣传的一个突破口。但是,视频采录与后期制作需要专业化的人才队伍[1],运营一个视频号需要 2~4 人的团队来保证批量且稳定的产出[2];拍摄短视频还需要智能手机、单反相机、摄像机、麦克风、轨道车等硬件设备,否则无法很好地落实创意[3]。若采用外包模式,价格亦不菲;例如,Wiley 出版的视频摘要由视频制作合作方负责,2020 年面向普通大众约 1 分钟时长的报价为 349 美元/个,面向专业观众时长 2~3 分钟的报价为 1490 美元/个[4]。因此,人力和资金成为科技期刊视频宣传的主要瓶颈。

在科技期刊资金和人力有限的情况下,为实现期刊学术增值,可以采取 PowerPoint 软件(以下简称"PPT 软件")制作短视频。首先,本文对科技期刊短视频宣传进行可行性分析;然后,基于《中国科学:地球科学》期刊官方微信号"中国科学地球科学"的短视频制作经验,展示短视频前期策划和制作方法,并提出短视频制作的注意事项;最后,针对科技期刊短视频宣传提出建议。

1 短视频宣传可行性分析

根据 2021 年 2 月 3 日发布的《第 47 次中国互联网络发展状况统计报告》,短视频用户

基金资助:中国科学院自然科学期刊编辑研究会"音频和视频知识服务推动科技期刊传播力提升"项目(YJH202131)

从 2018 年 6 月 59 403 万人增长到 2020 年 12 月的 87 335 万人[5]。面对巨大的市场需求，《中国科学：地球科学》鼓励作者提交论文的宣传视频，2021 年 3 月 25 日至 5 月 28 日期间联系 35 位作者，但仅 3 位作者提供了录制好的视频。国际期刊 Nature 旗下的 Nature Portfolio 微信号发布的短视频较为精美，但发布数量少，截至 2021 年 5 月 17 日发布的 4 076 篇原创内容中，短视频仅 30 个；其视频更新缓慢，从 2019 年 10 月 26 日发布第一个，至 2021 年 3 月 27 日发布第 30 个。《测绘学报》在引导作者提供视频方面做得比较好，作者录制的视频占比高达 60%[6]。这说明，在不同学科领域短视频制作技术的熟练程度和接纳程度存在较大差异；而视频制作技术、费用和时间成本等成为影响科技期刊短视频宣传的重要因素。在这种情况下，科技期刊可以考虑采取 PPT 软件制作短视频，其可行性受两个因素的制约：一是素材，PPT 宣传素材是否容易获得；二是制作方法，PPT 软件制作短视频的方法是否容易掌握。

为摸清作者是否愿意提供 PPT 宣传材料，2021 年 4 月 25 日在"中国科学地球科学"微信号发布问卷，并在"科学通报"等其他 7 个微信号上转发；提出的问题是："您的文章出版后，是否愿意协助编辑部宣传？"针对这一问题，截至 2021 年 5 月 7 日，阅读 2 476 次，填写反馈意见 1 352 份，结果见表 1。作为"作者"，15%的科研人员愿意提供录制好的短视频，这说明科研人员可能对制作技术不熟悉而不能够提供，也可能是因为时间成本而不愿意提供。相比提供短视频，34%的科研人员更愿意提供 PPT 材料。49%的科研人员愿意把关编辑部准备好的宣传材料，因此期刊编辑也可以基于论文的内容制作 PPT 宣传材料，之后再请作者确认。作者有意愿、编辑有能力撰写 PPT 宣传素材，这为科技期刊制作短视频提供了便利。

表 1 科研人员协助编辑部宣传的意愿调查

选项	人数	占比/%
A. 愿意提供含图文的 WORD 文档新闻初稿	1 018	75
B. 愿意提供录制好的短视频	198	15
C. 愿意提供文章 PPT 介绍材料	465	34
D. 愿意对编辑部准备好的宣传材料进行把关	668	49
E. 不愿意，自己发给同行或在学术报告中宣讲即可	28	2
F. 出版即可，不在意后期是否宣传	105	8

目前，短视频制作平台的技术较为成熟，如抖音、快手等，但是很多软件注重沉浸式体验而适合以即时娱乐为主的内容，并不适合科技期刊。例如，抖音短视频不支持长文案；快手只要有一部智能手机就能完成一条短视频的拍摄与发布，更适合大众娱乐性内容[2]。PPT 软件制作短视频具有如下优势：①支持长文案，可以很好地解读论文或补充论文外的相关知识，非常适合专业知识类的内容宣传；②作者及编辑大多都具备 PPT 编排能力，能够基于论文编排宣传材料，原始素材资源丰富且 PPT 软件操作难度低；③PPT 软件是一款常用办公软件，不必额外购买，制作费用低，且视频画面的效果较好。因此，对科技期刊而言使用 PPT 软件制作短视频是一种不错的选择。

2 PPT 软件短视频制作方法与步骤

与趋于"订阅疲惫"状态的微信号相比，科技期刊短视频尚处于起步阶段。丰富优质内容的文化价值作为短视频发展的目标[7]，科技期刊需要将论文的亮点表现出来。下面基于"中国科学地球科学"微信号 PPT 软件制作短视频的经验，详述其制作方法及注意事项。

2.1 前期策划

前期策划主要是确定主题和具体内容。幻灯片上的文字是简要概括重点内容，而详细解读则需要通过场外配音实现，这就需要把每张幻灯片涉及的播音内容先形成文字材料。因此，文案包括幻灯片和配音文字两部分，有两种获取方式：①作者提交 PPT 文案，并给出每张幻灯片对应的语音文字内容；②编辑依据论文内容确定文案初稿，并将幻灯片及其对应的配音文字材料发给作者确认，检查是否存在科学性及专业性方面的错误。

在此阶段，需要注意的是要使用 PowerPoint 2013 及以上版本；幻灯片的内容层次要分明、突出重点；还需要注意 PPT 文字的字体、字号、颜色和图片位置等，将幻灯片尽量排版得美观一些。此外，编辑还应该对文案内容进行审读，检查是否存在政治性问题、语句是否流畅，以及是否存在错别字等。若出现中国地图和世界地图，需要检查地图是否合乎规范。

2.2 短视频制作

第一步，制作音频。若采用人工配音，专业配音员价格昂贵；非专业配音员很可能出现语音不连续、断句有误等情况而重复录制，导致时间成本过高。目前，有很多配音软件(AI 配音)，价格从每月十元到几十元不等，且可选择的音质和背景音乐非常多。因此，建议采用 AI 配音完成音频制作。将配音文字提交到专业配音网站，选择合适的 AI 配音和背景音乐，最后下载完整音频。

第二步，合并音频与幻灯片。在 PPT 软件中点击"插入"菜单中的"音频"，选择"文件中的音频"，将事先准备好的音频插入，选择页面上的小喇叭图标，在窗口"播放"栏勾选"放映时隐藏"。建议将音频文件和 PPT 文件放置在同一个根目录下面，在不同电脑之间拷贝时复制整个文件夹，否则移动后的 PPT 文件将无法播放音频。

第三步，设置动画效果。选择 PPT 文案中的文字或图片，点击窗口上方的"动画"，从"旋转""弹跳"等样式中选择一个与内容相适合的动画效果。例如，"中国科学地球科学"微信号关于中国石笋古气候研究的短视频，根据表达内容的不同分别选择了"擦除""飞入"等效果。具体选择哪款动画形式，要以突出内容主题为原则。为了让动画效果更精彩，还可以通过网络教程、源文件和学习动画课程等方式进一步学习[8]。此外，学会运用"动画刷"功能将极大地减少动画制作时间；在 PPT 软件上方的"动画"页面选择"动画刷"，选择已有的动画效果，然后点击需要添加动画的文字或图片，该内容就成功添加了该动画效果。

第四步，制作视频文件。在完成添加动画效果及插入音频文件之后，在"幻灯片放映"中选择"录制幻灯片演示"；然后，从头开始播放全部幻灯片。此时要注意，音频讲解的内容要随着 PPT 页面的播放和页面切换同步录制，即保持音频讲解和幻灯片演示内容的一致性。在播放结束后，按下"Esc"键退出录制。最后，在 PPT 主菜单"文件"中，选择"导出"中的"创建视频"按钮，即可将带有音频文件的 PPT 存储为 mp4 视频文件格式。一般情况下，为达到较好的观看效果，码流率在 1 024 kbit/s 以上，帧率不低于 25 帧/s，分辨率不低于 1 024×576[9]。

3 利用短视频强化期刊品牌

国际科技期刊视听内容类型大致分为三种：一是内容增强型，对论文内容进行补充与延伸；二是摘要型，起到导读作用；三是科普展示型，针对非专业读者打破专业科学知识的壁垒，扩大读者群体，提升社会影响力[10]。为了在短视频宣传中强化期刊品牌，可以在片头或片尾强调期刊元素，也可以采用统一的幻灯片母版[9]。例如，"中国科学地球科学"微信号关于热带气旋的短视频,就是在每张幻灯片上都带有期刊的名称,将期刊的特征元素嵌入到 PPT 母版中,强化期刊品牌。

统一的片头可以塑造产品品牌形象。比如,网易公开课 TED 专栏推出了一系列长度在 10 分钟左右的视频,其不足 10 秒的片头设计通过以下方式突出了品牌特色:一是通过设置"TED"的颜色与字体造成视觉冲击效果以突出 TED 品牌;二是通过声音和动画增强动感效果;三是将"Ideas worth spreading"的理念展示给了观众。"中国科学地球科学"微信号短视频大多采用了统一的强化期刊品牌的片头,这种相似的模式还可以固化期刊形象,从而沉淀出一批对期刊风格高度认同的观众。

片尾的设计思路,有添加品牌 Slogan(口号)、使用固定的结束语、提供惊喜彩蛋等多种形式[2];对于科技期刊而言,建议从介绍文章内容回归到强化期刊品牌上。例如,可以每月或每周定期推荐一篇优秀文章,在片尾以"下期预告"的形式先行介绍,以达到吸引观众关注下期内容的目的。"中国科学地球科学"微信号短视频的片尾展示了期刊微信号二维码,引导观众关注期刊微信平台,起到为期刊微信号引流作用。

短视频还可以补充与论文内容相关的专业性知识,实现期刊的学术增值。在准备文案的过程中,除了以论文的亮点作为切入点外,还可以在论文基础上延伸专业知识,促使观众能够获得更广阔的研究思路,从而达到学术增值的目的。例如,"中国科学地球科学"微信号关于中国石笋古气候研究的短视频,除了介绍论文内容外,还补充介绍了石笋年代学等方面的研究内容,形成对原论文研究内容的补充,拓宽知识面,实现学术增值。

4 思考与建议

无论是展现论文亮点,还是延伸专业知识,或者将专业内容以科普形式呈现,短视频内容都能够提升期刊信息的传播能力,破除版面和形式限制,实现期刊的学术增值。面对短视频市场迅速增长的受众,"中国科学地球科学"微信号从 2021 年 4 月开始推出短视频内容,关注人数迅速增加近 2 000 人,是该微信号关注数量增长最快的时期。实践证明,形象生动的视频表现形式在科学传播中展现出了独特的优势。我们建议,科技期刊应该抓住这个契机,积极进行视频内容建设,提高科研成果的传播效率。

用户可以自主选择关注任何一个公众号,但创作优质短视频的难度和成本还是很高的,预计未来会有更多的科技期刊通过短视频展示自身形象,但最终流量只能被优质的公众号所占据。从目前开展较成熟的短视频图书市场看,推送内容的质量和频率差异非常大,既存在单个作品点赞量 2.8 万的视频,也存在 0 点赞视频[11]。内容为王,科技期刊应遴选一些优秀文章,从创意或补充与论文内容互补的专业知识等角度创作短视频,以独特的视角展现论文新观点、期刊新动态,以树立期刊品牌形象。"中国科学地球科学"微信号实践证明,PPT 方式录制的讲座视频引起的单日新增关注量高达 279 人,这说明内容质量的重要性。因此,建议视频制作的落脚点一定要放在内容质量上。

PPT 软件制作短视频的操作步骤简单、使用便捷,但不足之处是特效样式少,无法达到非常高的质量水平。如果视频制作有专门的技术团队负责,将会大大提高视频的表现效果,使得作品更加精美,但是费用不菲。在人力或资金条件允许的情况下,编辑部可以培养相关的技术人员,或者通过与技术服务商合作的方式进行视频制作,保证视频作品的数量和质量。但是,对人手及经费均不充裕的小型编辑部而言,建议通过较为简单实用的 PPT 软件制作短视频,以拓宽宣传渠道。在积累一定的制作经验的基础上,逐步提高制作水平,以期呈现更为精美的作品,实现期刊学术增值。

参 考 文 献

[1] 李鹏,卜延明,夏爽,等.视频技术在中华医学会系列期刊中的应用[J].中国科技期刊研究,2016,27(3):292-295.

[2] 刘兴亮,秋叶.点亮视频号[M].北京:电子工业出版社,2020:5,111-112,161-162.

[3] 刘东明.新媒体短视频全攻略[M].北京:人民邮电出版社,2018:37-46,104-106.

[4] 习妍,孔丽华,侯艳飞.新媒体出版在学术期刊知识传播中的应用策略[J].中国科技期刊研究,2021,32(3):382-389.

[5] 中国互联网络信息中心.第47次中国互联网络发展状况统计报告[EB/OL].[2021-05-28]. http://www.cnnic.cn/hlwfzyj/hlwxzbg/hlwtjbg/202102/t20210203_71361.htm.

[6] 宋启凡.学术期刊抖音短视频平台的发展与探索[J].中国科技期刊研究,2021,32(3):365-371.

[7] 何子杰,唐佳梅.个性、创意与互动:国外媒体机构的短视频融合之路[J].新闻与写作,2021(1):94-102.

[8] 秋叶.和秋叶一起学PPT[M].3版.北京:人民邮电出版社,2017:30.

[9] 李晓鹏.浅谈数字课程出版中的视频制作与编辑加工[J].出版与印刷,2017(4):45-48.

[10] 王国燕,金心怡.国际学术期刊的视听内容建设与启示[J].中国科技期刊研究,2021,32(4):446-452.

[11] 郭栋,李丹阳.出版机构的短视频图书营销探析[J].科技与出版,2020(2):96-101.

使好学术搜索引擎"双刃剑"
提升学术期刊可见度

张 蓓

(《南京航空航天大学学报》编辑部,江苏 南京 210016)

摘要:学术搜索引擎是国内外学者"海选"论文的最重要的平台,也已经成为学术期刊,特别是英文学术期刊最重要的推广平台。但是,学术期刊很少注意到学术搜索引擎是一把"双刃剑",对提升学术期刊的可见度有利有弊。本文以 Google Scholar(GS)为例,详细分析了学术搜索引擎排名算法的特点及它们可能产生的偏见,在此基础上,提出了学术期刊在加入学术搜索引擎平台之前需要采取的编辑加工和数字出版策略。这些策略可以帮助学术期刊扬长避短,充分利用学术搜索引擎平台,提升在其上的可见度。

关键词:数字出版;可发现性;可见度;学术搜索引擎;学术搜索引擎排名算法

学术论文在近 10 年爆炸性的增长,不仅给读者查找论文增加了难度,也使得大量的论文淹没在浩瀚的论文海洋中,难以出现在读者面前。这种情况催生了论文的"可发现性/可见度"研究[1]:一篇文章如何在众多文献中脱颖而出,出现在该出现的人面前[2]。大多数研究都表明,研究人员,无论是资深学者还是年轻的研究生和博士生,在开始搜索论文时最倾向于从搜索引擎和学术搜索引擎开始[1-2]。在搜索引擎和学术搜索引擎中,一个网页或论文在搜索结果中排名越靠前,被阅读和引用的可能性越高,其可见度越高。

从学术搜索引擎这个概念出现伊始,国内图书情报的从业人员就已经开始研究了。但他们多从性能比较的角度,深入分析学术搜索引擎的优势[3-5]。到了 2010 年之后,由于中国英文期刊的迅猛发展,很多国内英文期刊已经注意到在学术搜索引擎中崭露头角是抓住读者群和作者群的关键[6-7]。这些研究都推荐学术期刊,尤其是英文学术期刊,尽快加入学术搜索引擎平台,以期借助大平台,获得可见度的提升[7]。但是,加入学术搜索平台真的可以立竿见影,事半功倍吗?

针对论文在搜索引擎中的"可见度"策略,可以从"搜索引擎优化(Search Engine Optimization, SEO)"技术中借鉴[8]。国内也已经有人从学术期刊的角度,对期刊的在搜索引擎搜索结果的可见度进行了研究,提出了可行的可见度提升策略[9-10]。但是,针对学术搜索引擎,这个学者使用更频繁、对期刊影响更大的平台的可见度研究却寥寥无几。而学术搜索引擎对学术期刊论文可见度的影响的研究既棘手又迫切。

首先,国内方兴未艾的众多英文学术期刊迫切需要走出国门,提高国际影响力。加入学术搜索引擎平台,特别是 Google Scholar(GS),是首要选择。但是,很多学术出版从业者,尤其是国内的英文期刊编辑及出版人没有意识到,学术搜索引擎对学术期刊的影响力提升不一定是正面的。贸然加入学术搜索引擎未必能惠及期刊，反而可能导致期刊在学术搜索引擎平台上的边缘化。厘清学术搜索引擎的利弊，如何有的放矢地使用这把"双刃剑"，使之为学术期刊影响力提升发挥最大的作用，是学术期刊迫切需要考虑的问题。

其次，针对搜索引擎的可见度提升策略是不能直接移植到学术搜索引擎平台的。这是因为两者从搜索源到排名算法都有巨大的差异，主要体现在以下几点：

(1) 学术搜索引擎的搜索源需要"邀请加入(invitation-based search)"[11]。像 GS、百度学术等都需要论文出版方申请加入，或者由搜索引擎方在已收录的论文的引用中筛选；而搜索引擎则是针对所有公开的网页进行搜索，没有任何限制。

(2) 学术搜索针对的论文一旦发布，其内容和呈现格式基本就不会更改。这跟搜索引擎搜索的网页不同，SEO 技术可以调整网页的代码来适应排序算法以提高网页的排名。

(3) 搜索引擎会扫描整个网页文字，而学术搜索引擎通常基于传统的学术论文检索元数据，即重点扫描标题、关键字、摘要等数据，而不是全文扫描。

国外也有少量针对学术搜索引擎的优化技术[12-14]，但是缺少站在学术期刊角度的思考和研究。

GS 自 2004 年推出以来，迅速成为学者搜索和学术期刊推广的首要平台[1,15-16]，且国内外对 GS 排名算法的研究比其他各搜索平台都丰富。本文就以 GS 为例，从学术搜索引擎的搜索原理出发，总结其搜索算法对学术期刊及其论文的可见度提升的影响，并在此基础上提出应对策略，为学术期刊在数字出版时代的进步提供可行的技术参考。

1 双刃剑——学术搜索引擎的利弊

学术搜索引擎的搜索算法跟搜索引擎一样，是商业机密，并没有公开。很多研究只能通过算法或者试验反推各种因素在排序中所占的比重[12,17-18]。公认的影响 GS 排名的因素按照重要性排序为：引用次数、文章与搜索词的相关性、作者姓名和出版者，以及全文版本数量。这些排名因素对学术期刊可见度的影响并不是单纯正向的，稍有不慎可能会给期刊带来负面的影响。

1.1 引用次数导致可见度的马太效应

有研究表明，引用次数是 GS 结果中最有影响力的因素[13,18]。通常一篇论文的引用次数必须达到 200~300 次，才能出现在相关搜索结果的前三名。也就是说，如果一篇论文的引用次数较多，可见度更高，也会有更大的几率获得更多的引用；而如果其引用次数很少，那么它的可见度就会很低，更小概率会被看到，从而导致更少的引用。如此循环，引用次数高的论文会更多获得更多引用，引用次数少的论文将逐渐淹没在搜索结果中。这就是引用次数造成的马太效应。

这一机制对于刚刚加 GS 的论文和期刊来说是巨大的挑战：不做任何准备地贸然加入，不仅不会提高论文的可见度，反而会将期刊及其论文边缘化；如果能够获得逐渐增高的引用次数，则期刊及其论文都会进入良性发展的轨道。

1.2 题目的相关性几乎是"可见"与否的唯一因素

研究表明，搜索词在题目中出现是决定该篇论文相关性的最重要的因素；搜索词在论文中其他部分出现，及出现的频率几乎不会增加任何相关性的分值[14]，也就是说，搜索词出现的频率几乎不会对提高搜索排名有任何帮助。这跟搜索引擎中的网页搜索不同，如果题目中没有搜索词，而全文中的重要部分，比如小标题、摘要中都包含搜索词，且全文中搜索词的频率很高，也将会大大提高网页在结果中的排名。在学术搜索引擎平台，题目，且只有题目，是决定相关性的因素。

因此，如何选择题目的术语及表述就变得极为关键：一个长且跑偏的题目可能会直接导致论文完全淹没在浩瀚的论文海洋中；而一个简短切中要害的题目也可能直接将论文提升至搜索结果的前列。

1.3 "势利"的排名系统看重论文作者及单位的"名声"

GS 会倾向于有"名声"的作者和单位[11-12,19]。如果一名作者已经加入了 GS，并且他的 H 指数比较高，那么他的新发表的论文在搜索结果中的排名也会比较高。如果一篇论文引用了已经在 GS 里获得较高引用的论文，那么也将会获得更高的排名。换句话说，一名初出茅庐的作者，可能会因为空白的历史而丧失论文曝光的机会。

因此，学术期刊如果不对作者及其论文进行研究和处理，简单粗暴地将所有论文直接放到学术搜索平台上，有可能会损害有潜力的年轻学者的影响力，继而影响学术期刊未来的发展。

1.4 全文版本的发布数量也是决定因素

GS 将全文版本的数量纳入排名因素，且比重较大。同一篇论文在不同平台发布的数量越多，排名越靠前[13,20-21]。GS 会爬取各大型出版商的数据库、各种索引数据库、期刊主页、作者的个人主页、作者所在机构主页、期刊或者作者的社交平台等，并将这些论文对比合并，确定为同一版本后，统计数量。

这就要求学术期刊在加入 GS 之前必须具有一定的论文推广能力。这也说明，加入 GS 对学术期刊及其论文的可见度是锦上添花，而不是雪中送炭的作用；没有任何前期准备，单凭 GS 不仅不可能达到可见度提升的期望，反而可能是负面作用。

综合这四种利弊可以看出，GS 的排名算法更有利于"功成名就"的论文和期刊，而对起点较低，或者刚刚起步的论文和期刊来说则挑战大于机遇。国内大多数英文学术期刊恰恰处在上升期，如果不想也不能放弃 GS 这个重要阵地，那么就需要考虑如何变"弊"为"利"，使好这把"双刃剑"，提升自己的可见度和影响力。

2 学术期刊的应对策略

2.1 选好论文题目，趋利避害

如前所述，引用次数的多少是决定论文在结果排名中最重要的因素，而题目又是决定相关性的决定性因素。因此，在 GS 平台中，一个好的题目必须是在切题的同时，还能避开引用次数的马太效应，提高论文的可见度。为了达到这个目的，学术期刊编辑在编辑加工论文时，可以通过以下方法，跟作者一起讨论，增加论文的可见度。

(1) 选取几个最能概括论文研究的主题词，一个概念尽量有两个或两个以上的同义词。

(2) 利用 Google Trend 等工具，研究 GS 中与论文相关主题的论文收录情况。如果一个主题词对应的 GS 论文已经很多，且有很多论文的引用次数已经达到了 200 次以上，尽量将这个主题词替换成对应的，同类论文竞争力小的同义词。

(3) 使用尽量少的词组成题目，因为相同条件下，短题目的论文的排名会比长题目的排名靠前[18]。

(4) 尽量避免在题目中使用符号，比如化学符号和一些不常见的缩写等 GS 读不懂的字符。题目中有符号，会大大影响文章的被检索到的几率[20]，从而影响其可见度。

以国际期刊 *Robotics and Computer-Integrated Manufacturing* 2021 年发表的"Accurate positioning of a drilling and riveting cell for aircraft assembly"为例。题目中的关键字为 position、drilling and riveting 和 aircraft。机械加工的"钻铆"工作，英文是"drilling and riveting"，但是国际上也有只用"drilling"来代替钻铆。在 GS 中，用"position, drilling and riveting, aircraft"关键字进行模糊搜索，得到的结果如图 1 所示。

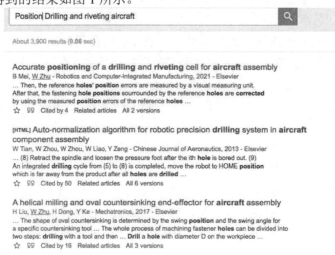

(a) 搜所词为"position, drilling and riveting, aircraft"时文章
"Accurate positioning of a drilling and riveting cell for aircraft assembly"排名第 1

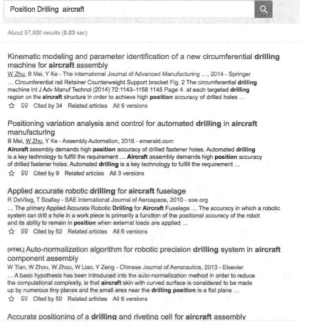

(b) 搜所词为"position, drilling, aircraft"时文章
"Accurate positioning of a drilling and riveting cell for aircraft assembly"排名第 5

图 1 关键词的变化改变文章在搜索结果中的位置

由图 1(a)可见，本篇文章排在搜索结果的第 1 名，甚至超过第 2 篇 2013 年发表，引用已经 50 次的文章。如果关键词换成"position, drilling and riveting, aircraft"，该篇文章的在搜索结果中的排名下降至第 5(图 1(b))，且位于图 1(a)第 2 名的文章之后。可见，一个能避开高引用的关键词出现在题目中，可以提升文章在搜索引擎的排名。但是提升的效果，还跟文章所属期刊的出版平台，作者等因素相关。

2.2 培养及维护"高价值"的作者群

如 1.3 节所述，Google Scholar 通过平台内的作者的论文引用来判断新出现的作者的论文的"价值"，以决定其在搜索结果中的排名。值得注意的是，GS 在计算引用次数时，似乎并不区分自引还是他引[17]。因此，学术期刊可以通过以下方法，逐步建立自己的"高价值"作者群，继而提高整个期刊在学术搜索引擎的可见度。

(1) 在期刊论文中适当考虑引用已经在 Google Scholar 中获得高引用的同行论文，这样 Google Scholar 会更信任该论文，提高其排名。

(2) 在期刊论文中适当引用该作者或者所在团队前期出现在 Google Scholar 上的论文，形成该作者研究的流畅轨迹，这将会提高该作者的当前论文及以后论文的可见度。

举个简单的例子，如图 2 所示。

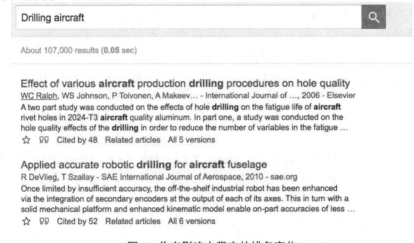

图 2 作者影响力带来的排名变化

在搜索"Drilling aircraft"时，排名第 1 的文章引用为 48，而排名第 2 的文章引用为 52。两者之间最明显的区别在于，第 1 篇文章的第 1 作者在 Google Scholar 中是有引用历史的(即作者姓名下面的下画线代表可以点击作者姓名，直达作者页面)；而排名第 2 的作者是没有任何引用历史。这极有可能是作者或者期刊没有申请在加入 Google Scholar。因此，我们可以帮助作者做更多的工作。

(3) 适当引用本期刊前期已经出现在 Google Scholar 上的论文，逐渐建立起的作者及作者群的"名声"，进而打造期刊的"名声"，提高来自本刊的论文的可见度。

2.3 多样化数字出版，统一各版本

由于 GS 将版本数量纳入排名因素，在加入 GS 之前，学术期刊出版单位必须拥有一定的实力，在各种平台上发布本刊论文。对于实力雄厚的期刊，跟各大著名的出版商合作是很好的途径。首先大出版商拥有好的"名声"，在 GS 中会获得更多的信任值；其次，GS 也跟各主流出版商有合作，会爬取它们的数据，省去学术期刊自己加入 GS 的麻烦。

对于势单力薄的学术期刊，依然有其他途径可以抗衡。相同条件下，GS 会将开放获取的论文排到有限制的出版商的论文之前[12]。因此，学术期刊可以增加开放获取的论文的版本数量。

(1) 在期刊的官方网站和社交媒体上发布全文。比如 *Transactions of Nanjing University of Aeronautics and Astronautics* (TNUAA)的主页上及时发布当期论文的 PDF 版和 HTML 版，方便学术搜索引擎爬取；TNUAA 的编辑在 ResearchGate 上拥有个人账号，不仅便于跟作者建立社交网络，也便于发布期刊论文，跟作者读者互相分享转发，增加版本数量。

(2) 利用"高价值"作者群，鼓励作者在自己的主页，作者所在机构的主页上发布全文链接。鼓励同方向的作者之间在各自主页上提供相互的同方向论文的链接。这样不仅可以增加全文版本数量，提高文章在学术搜索引擎的可见度，还可以提高各自网页在搜索引擎中的可见度[10]。可谓"一箭双雕"。

(3) 可以借助期刊的新媒体推广平台，发布全文。比如，TNUAA 就在期刊微信公号 TransAeroAstro 上及时发布当期论文目录及全文链接；并且不定期推出虚拟专刊，将过刊中相同主题的论文集结到一篇目录中，再次发送全文链接。TNUAA 还鼓励作者转发分享，大大提高了期刊论文在网络世界的传播度，也丰富了全文的数字版本。

值得注意的是，各种平台的论文版本，特别是 PDF 版本，一定要保持统一。GS 会爬取并对比相同题目、作者的论文，只有具有统一的格式和内容的论文才被视作同一版本。因此，学术期刊编辑要特别注意在发布最终版本后，及时修改优先出版或者预出版的格式和内容，使之完全统一。

3 结束语

虽然在学术出版界有这样的共识：学术搜索引擎尤其是 GS，是学术期刊尤其是英文期刊最重要的推广阵地，但是很少有学术期刊注意到 GS 排名算法对提升学术期刊的可见度有利有弊，贸然加入未必事半功倍。本文以 GS 为例，详细分析了学术搜索引擎的利弊，并提供了相应的提升期刊可见度的应对策略。

由于 Google scholar 的算法不公开，现有的研究都是按照其搜索结果进行反推。某篇文章在搜索结果中的排名的变化跟很多因素有关，因此很难进行有效跟踪分析。更长久有效的实施方法还要依赖对国内外学者的搜索及阅读习惯的深入研究和总结，特别是对国内学者的了解和分析。这对学术期刊的可见度和影响力的提升才会有深远的意义。

参 考 文 献

[1] GARDNER T, INGER S. How readers discover content in scholarly publications: trends in reader behavior from 2005 to 2015 [M]. USA: Simon Inger Consulting Ltd., 2016:50-55.
[2] CONRAD L Y. Pathways to a new way of working: discoverability [J]. Learned Publishing, 2017, 30(1):3-4.
[3] 翟中会.Google与Google学术及图书馆传统数据库差异性研究[J].图书馆工作与研究,2015,1(12):31-33.
[4] 谢奇,李立立,毕玉侠.五大学术搜索引擎比较[J].情报探索,2015,217(11):42-46.
[5] 苏建华.图书馆选择资源发现系统的策略分析:以资源发现系统与学术搜索引擎的比较为视角[J].情报科学,2015,33(6):91-105.

[6] 学术搜索网.《电力系统自动化》H5指数排名"谷歌学术搜索"中文学术期刊前列[J].电力系统自动化,2014(17):182-182.

[7] 林立华.搜索引擎在学术期刊工作中的应用及其影响[J].编辑之友,2008(4):48-49.

[8] KILLORAN J B. How to use search engine optimization techniques to increase website visibility [J]. IEEE Transactions on Professional Communication, 2013, 56(1):50-56.

[9] 张蓓,夏道家.可发现性研究对学术期刊可见度提升的启示[J].编辑学报,2018,30(6):613-616.

[10] 张蓓,张彤,胥橙庭.海量信息搜索中学术期刊可见度的提高途径[J].科技与出版,2018(11):104-109.

[11] COIFFAIT L. How Google Scholar Judges Research [EB/OL]. (2019-03-19)[2019-06-02]. https://www.socialsciencespace.com/2019/03/how-google-scholar-judges-research/.

[12] BEEL J, GIPP B. Google Scholar's ranking algorithm: the impact of articles' age (an empirical study) [C]// 2009 Sixth International Conference on Information Technology: New Generations. Las Vegas, USA: IEEE, 2009: 164.

[13] BEEL J, GIPP B. Google Scholar's ranking algorithm: the impact of citation counts (an empirical study) [C]// 2009 Third International Conference on Research Challenges in Information Science. Fez, Morocco: IEEE, 2009: 5-12.

[14] BEEL J, GIPP B. Google Scholar's ranking algorithm: an introductory overview [C]// Proceedings of the 12th International Conference on Scientometrics and Informetrics. Rio de Janeiro, Brazil: International Society for Scientometrics and Informetrics, 2009: 7-19.

[15] 付雅静,钱俊龙.数字出版时代提高科技期刊显示度途径的探讨[J].中国科技期刊研究,2014,25(10):1262-1266.

[16] DOSHI N. 'Finding' and 'discovering': how understanding researchers' search and discovery behaviour informed the building of Cambridge Core [J]. Learned Publishing, 2017, 30(1):39-44.

[17] MARTINMARTIN A, ORDUNAMALEA E, THELWALL M, et al. Google Scholar, Web of Science, and Scopus: a systematic comparison of citations in 252 subject categories [J]. Journal of Informetrics, 2018, 12(4):1168-1182.

[18] LOPEZCOZAR E D, ORDUNAMALEA E, MARTINMARTIN A, et al. Google Scholar: the "big data" bibliographic tool [EB/OL]. (2018-07-17)[2019-06-02]. https://arxiv.org/abs/1806.06351.

[19] ZHANG Y, LUN H L, YANG Z J. Is Google Scholar useful for the evaluation of non-English scientific journals? The case of Chinese journals [C]// iConference 2017 Proceedings. Wuhan, China: iSchool, 2007:242-256.

[20] DELGADO-LÓPEZ-CÓZAR E, CABEZAS-CLAVIJO Á. Ranking journals: could Google Scholar Metrics be an alternative to Journal Citation Reports and Scimago Journal Rank? [J]. Learned Publishing, 2013, 26(2): 113-116.

[21] DELGADO-LÓPEZ-CÓZAR E, ROBINSON-GARCÍAY N, TORRES-SALINAS D. Manipulating Google Scholar Citations and Google Scholar Metrics: simple, easy and tempting [EB/OL]. (2013-02-21)[2019-06-02]. https://arxiv.org/abs/1212.0638.

媒体融合创新发展模式探索
——以《南水北调与水利科技(中英文)》期刊为例

马 静,许 丹,郭丹丹

(河北省水利科学研究院,河北 石家庄 050057)

摘要: 在信息发展新时代的背景下,传统学术期刊的发行模式、时效性和传播方式在一定程度上受到挑战,探索学术期刊媒体融合创新发展模式势在必行。《南水北调与水利科技(中英文)》在借鉴国内外媒体发展经验的基础上,开创了"新媒体+期刊+技术服务+水利公益"的新型发展模式,逐步研究新模式媒体融合背景下的发展趋势,提出了一种集水利科技信息推广、科技成果传播和学术共同体的科技信息推广与交流的新媒体架构,提出了嵌入科研过程、基于水利科普、基于信息增值和基于用户关系网络等 4 种水利专业新媒体信息的传播与推广模式,开创了新媒体技术在学术会议组织、信息传播、成果推广等全链条的数据化和信息化技术应用模式,更加高效、全面地推动了我国水利行业的宣传工作,为传统学术期刊在新形势下实现全方位、多层次、宽领域发展提供一条新思路。

关键词: 媒体融合;《南水北调与水利科技(中英文)》;创新发展;学术期刊

"媒体融合"这一概念是由美国的浦尔教授提出的,它的基本含义体现为多种形式的媒体相互借鉴,呈现出一体化发展的趋势[1]。在新时代网络环境下新媒体技术陆续出现并趋于成熟,到目前为止已渗入学术期刊发展的多个环节中。在信息传输通道逐渐丰富的基础上,报纸、电视台等传统媒体对用户的吸引力不断降低,用户数量大幅缩减[2],致使其生存环境面临严峻挑战。运用好网络和手机客户端等现代化技术手段,使出版资源有效整合,创建资源共享、全方位、立体化、高效率服务广大用户的学术期刊媒体融合的创新发展模式势在必行[2]。

近年来,随着计算机技术、大数据和云计算等新技术的不断发展,网络电视、移动电视、电子杂志等新媒体不断涌现[3],使得媒体行业的竞争日益激烈。因此,传统的学术期刊出版模式与现代技术的新媒体进行有效融合的发展模式的出现成为全球范围内一个普遍存在且影响力巨大的现象[4-7]。学术期刊是展示学科领域内最新研究成果的窗口,媒体是将成果推向广大用户的技术平台,研究学术期刊媒体融合的创新发展模式,在新时代下不仅能发挥传统学术期刊的重要作用,而且能有效推动新型出版业和经济社会的发展[1]。

1 学术期刊媒体融合的必要性

网络技术的进步和智能手机、平板电脑等移动载体的蓬勃发展,不仅改变了用户的阅读

基金项目: 水利科研与推广计划项目-基于新媒体的水利科技信息推广模式研究
通信作者: 许 丹,E-mail:1615317751@qq.com

方式，同时也改变了人们获取资源与信息的习惯，为学术期刊媒体融合创造了广阔的空间[2]。数字信息与网络技术的迅猛发展使得媒体融合成为出版业发展的最新潮流和必然趋势。在媒体融合背景下，学术期刊的生存发展也不可避免地受到影响和冲击。开创学术期刊媒体融合发展模式是新信息时代的要求与社会发展的必然趋势。

2 学术期刊媒体融合创新发展模式探索

《南水北调与水利科技(中英文)》在信息新时代积极探索新媒体的发展路径，通过借鉴国内外传统学术期刊新媒体转型模式，并根据自身发展和实践现状，开创了"新媒体+期刊+技术服务+水利公益"的新型发展模式，创新性地提出"以学术期刊为阵地，以新媒体为驱动，促进行业产业联盟"的概念，对媒体融合背景下学术期刊的发展模式进行积极探索。在信息技术日新月异、舆论生态和传播格局加速变革的背景下，《南水北调与水利科技(中英文)》经过多年的探索与实践逐渐形成学术期刊媒体融合的新型发展模式，即从"传统出版"到"多元发展"，从出版内容服务走向全方位、立体化服务，从传统媒体本位走向新媒体本位。

2.1 新媒体建设

2.1.1 "两网"建设

《南水北调与水利科技(中英文)》编辑部运营一刊和两网，即"南水北调与水利科技"官网和水利科技知识服务平台。期刊官网设置"南水北调""水文水资源""生态环境""工程技术"和"节水"等栏目，及时发布南水北调及水利相关的科研成果。官网主页上期刊"在线投稿平台"的投审稿流程也得到简化，实现了在线投稿、审稿、编辑全网络化运行。水利科技知识服务平台项目的实施，建立以数字化知识资源为基础、以水利行业需求为中心、以先进的信息技术为手段的一体化、个性化知识综合服务与管理平台，并依托网络，采用现代信息技术和科学的管理手段，建设技术先进的自动化管理体系的水利科技知识服务平台，能够快速满足用户对水利知识的需求。

2.1.2 官方微信的建设

"南水北调与水利科技"官方微信是水利行业首批建设的微信公众平台之一，被业内称为"水利人都在看的公众号"，主要设置"南水北调""智者乐水""科技交流"栏目与广大水利工作者探讨南水北调与水科学知识，传递水文化。"南水北调与水利科技"微信实施每日更新，及时向广大用户提供最新的科研成果和水利相关资讯。微信公众平台的建设为《南水北调与水利科技(中英文)》传统学术期刊与新媒体的融合发展开辟了新的服务模式。

2.2 期刊出版

《南水北调与水利科技(中英文)》始终坚持社会效益第一的原则，坚持学术质量与编校质量并重，在完善数字转型的基础上，不断提升期刊学术水平。自2003年创刊至今，逐步创设了水资源、水环境、水生态以及南水北调工程等主题栏目。在媒体融合的新时代下期刊不断向网络和数字化转型。

2.3 技术服务

《南水北调与水利科技(中英文)》利用自身优势，面向水利行业内开展了系列图书及画册的编辑、策划、设计等技术服务项目。

2.4 水利公益

《南水北调与水利科技(中英文)》编辑部于2014年9月创建省内第一家致力于节水事业

的省级群众节水志愿者组织——河北省乐水志愿者协会。协会以"节水、爱水、护水"为主题，面向全社会开展志愿服务，用科学的方式和客观的数据来警醒人们，让更多的人参与到节水活动中，让节水成为一种生活习惯。

3 学术期刊媒体融合创新发展模式研究

3.1 新媒体与学术期刊同发展

3.1.1 新媒体粉丝区域分布

"南水北调与水利科技"微信公众号粉丝区域分布见表1(仅展示粉丝量排名前10的省份数据)。由表1发现，粉丝量排名前10的省份有河北、河南、北京、山东、湖北、江苏、广东、陕西、四川、浙江。其中，河北省的粉丝量是最多，为6 030人，占比为12.31%。河北省粉丝量最高的原因是微信公众号是与《南水北调与水利科技(中英文)》期刊同名，期刊编辑部在河北石家庄，所以河北省的粉丝量是最高的。其他省份的粉丝数量与期刊的作者及水利专业高校所属省份有密切联系。

表1 微信公众号粉丝区域分布情况

序号	地域	用户数/人	占比/%
1	河北	6 030	12.31
2	河南	3 973	8.11
3	北京	3 887	7.94
4	山东	3 297	6.73
5	湖北	2 977	6.08
6	江苏	2 912	5.95
7	广东	2 624	5.36
8	陕西	2 160	4.41
9	四川	1 752	3.58
10	浙江	1 679	3.43

3.1.2 学术期刊作者区域分布

科学知识图谱是显示科学知识的发展进程与结构关系的一种图形，是文献计量学具有前景的研究方向[8]。目前，绘制科学知识图谱工具有很多，其中 CiteSpace 软件是最常用的工具之一。CiteSpace 软件是一款由美国德雷塞尔大学信息科学与技术学院陈超美博士基于 Java 语言开发的一种主要用于计量和分析科学文献数据的信息可视化软件[9]。开发至今，CiteSpace 被广泛利用于图书与档案管理[10-11]、教育学[12]、心理学[13]等领域。本研究借助 CiteSpace 5.1.R8SE 版本对期刊投稿作者机构共现图谱进行分析。

数据选取中国知网，2010—2020 年《南水北调与水利科技(中英文)》期刊所刊发的所有学术论文。为保证文献的准确性，对检索结果进行整理，删除无关的文献，共得到有效样本文献 2 396 篇，所有文献均以 Refworks 格式导入到 CiteSpace 5.1.R8SE 处理。选取作者单位选项，得出期刊作者机构分布图谱见图 1。

发文机构共现分析能反映《南水北调与水利科技(中英文)》期刊发文作者的主要机构及其合作强度，将 2 396 条检索结果导入 CiteSpace，节点类型选择"institution"，对发文机构进行分析，得到如图 1 所示的图谱，节点越大代表发文数量越多，连线越粗代表机构之间相互交

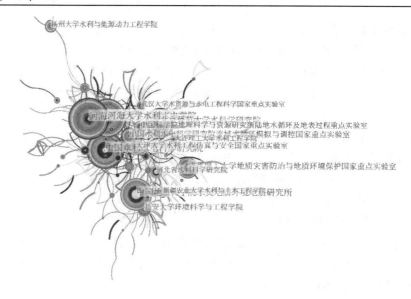

图 1 学术期刊作者区域分布图谱

流合作越多。从图中可以看出，期刊发文作者机构之间相对比较集中，只有部分作者机构之间分布较分散。期刊作者多集中在河海大学水利水电学院、中国水利水电科学研究院、中国地质大学水文地质与环境学院、长安大学环境科学与工程学院、中国水利水电科学研究院流域水循环模拟与调控国家重点实验室、大连理工大学水利工程学院、武汉大学水资源与水电工程科学国家重点实验室、成都理工大学地址灾害防治与地质环境保护国家重点实验室等机构。

3.1.3 新媒体粉丝分布与学术期刊作者区域分布相关分析

对表1、表2进行分析，发现新媒体粉丝分布与学术期刊作者区域分布相关性较大。新媒体的粉丝多集中在有水利高校存在的地域。如河南省的郑州大学、华北水利水电大学和各科研院所，北京的中国水利水电科学研究院、中科院地理所、北京师范大学等高校，山东的山东大学及南水北调各局，湖北省的武汉大学，江苏省的河海大学，广东省的水利高校及科研院所，陕西省的长安大学，四川省的成都理工大学，浙江省的浙江大学。综上所述，"南水北调与水利科技"微信公众号的粉丝分布与期刊作者区域分布基本保持一致。

3.2 期刊媒体融合发展

《南水北调与水利科技(中英文)》期刊网站实现全文 OA，全部文章进行单篇网络优先出版及数字出版和 DOI 注册，并实现单篇首发，展现最新科研成果的优质文章，最快以 24 小时的速度实现线上出版。

在学术期刊与媒体融合发展形势下，经过不断探索与实践，《南水北调与水利科技(中英文)》于 2007 年至今连续成为中国科技核心期刊、中国科学引文数据库来源期刊(CSCD)、RCCSE 中国核心学术期刊、中文核心期刊。国际上被美国《化学文摘》、美国《乌利希期刊指南(网络版)》等数据库收录。连续成为北方优秀期刊、河北省优秀期刊、河北省十佳期刊。2014 年被中国期刊协会评为"中国最美期刊"，2019 年成功入选"庆祝建国 70 周年"期刊展。

3.3 技术服务媒体融合发展

2008年以来，承担"南水北调工程科技创新成果交流"项目。主要完成《南水北调工程建设技术丛书：渠道工程》《南水北调工程建设技术丛书——渡槽工程》《南水北调工程建设技术丛书：膨胀土处理技术》《南水北调科技成果汇编》等图书及画册的策划、组稿、审稿和编辑工作。

2013年，承担河北省水利厅、河北省南水北调工程建设委员会办公室科技成果汇编、新闻集、画册的策划、编制、设计等工作。先后完成《欢歌伴着江水行——南水北调配套工程宣传标语暨艺术作品选集》《水生态文明建设研究与实践》《河北省南水北调工程简介》《情暖北雅握——河北省南水北调工程建设委员会办公室2013年基层建设年活动掠影》《2014年河北南水北调工程建设新闻材料选编》的组织、策划、设计和编辑工作。2019年走遍河北13条生态补水施工河道，为河北省水利厅河湖处制作了"湖畅河清美燕赵"的宣传画册及视频短片。随着技术服务与媒体融合发展的深入，近几年承揽项目的成果逐渐在新媒体平台上发布。

3.4 水利公益媒体融合发展

乐水志愿者协会自成立以来，发挥组织优势和专业优势，大力宣传爱水护水理念，动员广大爱水志愿者，并充分借助微博、微信、QQ群、网站等新媒体平台宣传、爱水、护水的理念，开展爱水节水工作，传播正能量。2019年3月22日(世界水日)，乐水志愿者走进公园、校园和社区，并充分发挥微信公众平台、微博、抖音短视频等新媒体的传播力向广大人民群众宣传节水知识，进行水利知识科普。

实施好"新媒体+科普"工程，构建层次丰富、良性循环、秩序发展的科普生态，秉承创新、提升、协同、普惠的理念，持续打造科学权威的"科普中国"品牌，形成汇聚海量资源、开放融合、互动共享的服务平台，更广泛动员社会各方丰富科普产品供给，提高科普服务的质量和效益。2019全年"南水北调与水利科技"微信公众号发布的水利科普文章，阅读量在前20名的见表2。

表2 2019全年发布水利科普文章阅读量Top20统计表

序号	标题	阅读量	公众号会话阅读	朋友圈阅读
1	带你走一遍长江流域！(I-181)	6 211	565	4 212
2	为什么是黄河？(C-464)	5 509	878	3 640
3	黄河！黄河！(C-524)	2 985	712	1 577
4	一条超级"天河"连接两条大江大河！(C-526)	2 915	1 281	1 365
5	地球的地下水抽完了怎么办？(I-169)	2 511	943	1 292
6	水利工程建设标准强制性条文公开(C-448)	2 495	879	781
7	大汇总｜黄河上游干流梯级水电站简介(C-502)	2 374	784	1 271
8	科普｜真正的生态河道该是什么样？(I-220)	2 225	702	1 090
9	知识库｜地下水资源与地下水系统(I-230)	2 033	1 024	689
10	中国又添一项世界遗产，迄今所知中国最早大型水利工程！看五千年前的良渚先民怎样防汛...(C-396)	1 800	1 089	601
11	壮丽70年｜新中国第一个超大型跨流域调水工程——南水北调(C-429)	1 717	600	926
12	水利部为何特别强调，这个问题千万不能松懈？(C-431)	1 716	904	525

续表

序号	标题	阅读量	公众号会话阅读	朋友圈阅读
13	关于世界水资源,你想知道的都在这里…(I-246)	1 701	684	714
14	南水北调工程:绘就四大流域联通的宏伟蓝图(C-404)	1 679	830	671
15	南水北调中线｜"源"来如此(C-529)	1 618	394	970
16	河道管理范围内涉河项目审批依据(I-166)	1 558	611	692
17	科普知识｜关于水库的这些小常识,你知道吗?(I-211)	1 558	504	456
18	知识库｜水利工程之水闸(I-226)	1 556	978	350
19	专家学者谈黄河｜多维调控是解决黄河水问题的重要方略(C-522)	1 531	623	634
20	实力干货｜听原南水北调总工程师讲述南水北调的前世今生(C-453)	1 523	665	672

水利科普文章主要围绕科普活动,水利行业科学技术知识、精神、思想、方法等为主题的文章,"南水北调与水利科技"新媒体自 2017 年以来,连续开展节水宣传活动(表 3),2019 全年发布科普类文章 250 篇,观察表 3 发现,受粉丝关注度较高的科普性文章的主题为长江、黄河、南水北调、地下水、水利工程等,今后要坚持推送水利科普文章,主题覆盖面可再逐步扩大,以满足粉丝的不同需求。

表3 2019 全年发布"节水"线上及线下活动表

序号	发文时间	文章标题
1	2019 年 3 月 21 日	河北省开启"世界水日"、"中国水周"纪念活动!(C-301)
2	2019 年 3 月 22 日	世界水日｜这群乐水志愿者吹响集结号
3	2019 年 3 月 23 日	世界水日｜不让任何一个人掉队——节水宣传进公园
4	2019 年 3 月 23 日	世界水日｜你鼓舞了我——节水宣传走进合作路小学
5	2019 年 3 月 23 日	世界水日｜大学水问——走进石家庄学院
6	2019 年 3 月 23 日	世界水日｜节水宣传——走进外国语小学四(12 班)
7	2019 年 3 月 24 日	世界水日｜走进外国语中学初中二年级
8	2019 年 3 月 24 日	世界水日｜节水从娃娃抓起——走进石家庄新兴小学
9	2019 年 5 月 22 日	河北节水主题宣传活动开启,你就是下一个节水大使!(C-357)
10	2019 年 8 月 07 日	不忘初心 忆水事 谈改革--中国水利学会党员专家走进河北省水利科学研究院(C-422)
11	2019 年 9 月 04 日	首届｜2019 年度全国节约用水知识大赛开始啦(C-451)
12	2019 年 9 月 17 日	今天你答题了吗?学习节水知识等你来挑战(C-460)
13	2019 年 9 月 30 日	喜迎国庆 节水先行——"节水护水 青春同行"主题活动走进石家庄外国语小学(C-473)
14	2019 年 10 月 17 日	64.7 万人次!看河北如何组织发动,掀起节水知识大赛热潮(C-488)
15	2019 年 11 月 14 日	节水护水 青春同行｜节水宣传走进石家庄北新街小学(C-509)
16	2019 年 12 月 09 日	节水大使评选投票通道开启,你就是大众评审!(C-530)
17	2019 年 12 月 28 日	河北省首批"节水大使"和"优秀文创作品" 通过专家评审(C-535)

4 学术期刊媒体融合创新发展历程反思

4.1 融合方式单一

从传统的期刊出版模式向新媒体融合模式的过渡，不是简单地将纸质期刊内容整体进行数字化转换[14]，投放至数字媒体平台，而是要实现期刊、内容、形式和平台的有机融合。学术期刊的媒体融合创新之路，需结合期刊自身性质和特点，以有机创新内容为核心，以读者需求为价值导向，以媒体平台为引流渠道，做到真正的多元化传播。

就《南水北调与水利科技(中英文)》期刊目前的发展路径来看，由于期刊自身性质的特殊性，期刊媒体融合存在融合形式单一的问题。目前，期刊仅建立了同名网站、水利科技知识服务平台和官方微信公众号，内容产出过于平面化、扁平化，缺乏音视频端期刊平台的建构或音视频方面的内容产出，没有顺应当下互联网传播移动化、社交化、视频化、互动化的趋势[15]，不利于期刊增强现有读者群的黏性和拓展更多潜在受众群体。

当然，期刊与音视频终端的融合也要考虑诸多因素，比如，期刊自身定位、特点、格调，期刊的受众定位与媒体平台用户画像的吻合度，以及内容视频化的创新方法和手段等等。这些方面的综合考虑，不仅有利于拓展期刊的多媒体传播渠道并实现内容的有机融合、深度融合，更重要的是，还能探索出一条适合本期刊自身特点和发展的特色融合之路，为期刊源源不断的生命力提供必要的养分。

5 学术期刊媒体融合创新发展方向展望

5.1 走兼顾本土化和国际化传播之路

学术期刊既要做好本土化的落地，又要不断提升国际影响力，为我国提高国家科技软实力，建设世界科技强国做出力所能及的贡献。

2020年，经中国国家新闻出版署批准，《南水北调与水利科技》更名为《南水北调与水利科技(中英文)》，出版语言的国际化是本期刊走国际化传播之路的第一步。未来，借助媒体融合的便利，通过不断吸收国际化编委成员，强化网络化编辑工作，增强新媒体化创新能力，期刊将坚定不移地拓展国际化视野，融入国际化市场，走国际化传播之路。同时，本土化的传播也不能忽视。期刊需利用好媒体融合的发展契机，将水利科技知识服务平台和其他期刊知识终端认真打磨，传播本国、本民族最新水利科技研究成果，为本土化、定制化知识服务提供良好的基础。

5.2 走期刊品牌化的心智传播之路

21世纪的媒体之争将是品牌之争[16]。学术期刊的媒体融合伴随着多个内容输出终端的产生，有效的品牌资源整合，能够加深受众对于期刊品牌的印象，从而提升期刊的核心竞争力。统一的期刊品牌VI标识，正向的期刊价值观导向，贴近受众的传播内容和审美趣味等，是构建期刊品牌的关键要素。在期刊的数字化、国际化和市场化媒体融合进程中，这些要素逐渐渗透并留存下来，成为期刊的品牌或标志，从而实现期刊品牌化的心智传播，巩固现有受众并不断开拓新的市场潜力。

6 结束语

在信息发展新时代下，媒体融合是大势所趋，传统学术期刊的数字化、信息化转型任重道远,媒体融合给学术期刊带来众多挑战的同时,也为其发展提供了新思路、新方法、新机制,为期刊的传播创造了新渠道,同时为学术期刊在媒体融合背景下的可持续健康发展创造了机遇。"南水北调与水利科技"要取得新的发展,就要转变发展理念,掌握新技术,开拓资源共建、共享的新媒体平台,不断完善"新媒体+期刊+技术服务+水利公益"的发展模式,为水利行业的发展做出更大的贡献。

参 考 文 献

[1] 郭雨梅,郭晓亮,吉海涛,等.媒体融合背景下学术期刊的创新之路[J].编辑学报,2014,26(6):521-525.
[2] 王福军,冷怀明,郭建秀,等.互联网背景下科技期刊的媒体融合路径[J].编辑学报,2016,28(1):11-14.
[3] 吉海涛,郭雨梅,郭晓亮,等.媒体融合背景下学术期刊发展新模式[J].中国科技期刊研究,2015,26(1):60-64.
[4] 夏虹."三网融合"背景下的媒介融合研究[D].南昌:南昌大学,2012.
[5] 桑翔.中国媒体融合的现状、模式和趋势研究[D].上海:华东师范大学,2009.
[6] 宋文婷.中国期刊在三网融合背景下的发展研究[D].南昌:南昌大学,2012.
[7] 温优华.媒介融合背景下学术期刊信息传播策略探讨[J].编辑之友,2013(5):45-47.
[8] 陈悦,刘则渊,陈劲,侯剑华.科学知识图谱的发展历程[J].科学学研究,2008(3):449-460.
[9] 苗小燕,张冲."劳动树人"的科学性与先进性:基于知识图谱的具身德育核心观点可视化研究[J].中国特殊教育,2018(3):72-77.
[10] 奉国和,李媚婵.基于Citespace的档案学研究可视化分析[J].档案学研究,2014(5):18-23.
[11] 袁红,许秀玲.基于WebofScience的信息资源管理研究的知识图谱分析[J].情报杂志,2012,31(12):58-64.
[12] 王圣云,吴丽红.国外教师权力研究热点与脉络演进:基于CiteSpace知识图谱方法的透视[J].外国教育研究,2014,41(12):114-122.
[13] 李峰,朱彬钰,辛涛.十五年来心理测量学研究领域可视化研究:基于CITESPACE的分析[J].心理科学进展,2012,20(7):1128-1138.
[14] 姜红.媒体融合背景下学术期刊发展路径探析[J].科技与出版,2020(8):68-72.
[15] 张海生,蔡宗模,吴朝平.学术期刊媒体融合发展:历程、问题与展望[J].中国编辑,2018(1):76-82.
[16] 岳阳.推动期刊融合发展服务全民阅读实践[J].新阅读,2018(11):48-49.

国际社交媒体平台对提升科技期刊国际影响力的研究

张丽英，董仕安，张亚非

(上海交通大学《纳微快报(英文)》期刊编辑部，上海 200240)

摘要： 探索社交媒体在期刊国际化推广中所扮演的作用，借其优势帮助建立科技期刊国际影响力。以 *Nano-Micro Letters*《纳微快报(英文)》期刊为例，介绍社交媒体在科技期刊国际化宣传推广中的方法及成果，并分析其优缺点。以 Facebook 和 Twitter 为主、Instagram 及 LinkedIn 为辅的社交媒体具有受众广泛，推广准确的优点，对科技期刊的国际化推广能起到明显的助力作用。科技期刊的海外社交媒体宣传推广是国内期刊走向国际化的重要一步。

关键词： 科技期刊；社交媒体；Facebook；纳微快报；国际影响力

科技学术期刊作为传播科学理论、展示科学研究成果、进行学术交流、开展学术前沿的探索、普及科学知识以及知识传播的重要载体，是国家科技实力和文化软实力的体现[1]。因此，如何建设世界一流期刊，打造高质量品牌学术期刊，成为了一个需要科技工作者和期刊工作者不断思考并付诸奋斗的议题。近年来，国内科技期刊在国内同行中影响力有较大提升，然而，如果与国际一流的科技期刊进行比较，仍然有较大的发展空间[2]。

2020 年，是充满挑战的一年，无论是美国对我国的技术封锁，还是来势汹汹的新型冠状病毒，抑或是其他的不利因素，都使得包括期刊行业在内的许多行业充满了危机感。但是，危机本身也代表着机遇——国际疫情的爆发给了我们国家科技期刊发展机会。今年，国内多家科技期刊编辑部组织了线上国际会议，在提供学术交流平台的同时，也提升了期刊的影响力[3]。但这种成本较高，而且受众主要聚集在国内的宣传方式，较难持续，也难以在国际上建立影响力。在科技蓬勃发展的今天，利用网络传播速度快的特点来宣传和推广期刊成为期刊建立影响力的最优解[4-6]，其主要方式是融合国际社交媒体建设科技期刊的影响力[7]。蒋亚宝[8]等在编辑学报发文指出利用微信公众号已经成为国内科技期刊宣传自身的重要策略。因此，从国际传播建立影响力的角度看，利用外国社交媒体进行宣传推广也是科技期刊建立国际影响力的重要途径[9-12]。目前，国际通用的主流社交平台主要包括 Facebook、Twitter 和 Instagram。他们的主要优势在于，拥有高达几十亿的总用户量，其中包含了大量的期刊直接受众及更多的潜在受众；而且，与昂贵的传统宣传相比，社交媒体成本较低且传播速度快，能够快速建立品牌影响力。此外，这些社交媒体平台拥有精准的用户定位系统，能够精确定位宣传对象，并于宣传后呈现全面的数据分析，为接下来的宣传提供参考和优化的方向，十分契合科技期刊宣传推广的条件[13]。因此，使用社交媒体对建立科技期刊的国际影响力有着极其明显的助力作用[14]。

1 Facebook 的推广方式及效果

Facebook 作为全球最大的社交网络，拥有几十亿的全球用户，是科技期刊国际影响力建立的最佳平台。Facebook 平台本身包含了非常强大的算法，便于高度目标化的宣传推广，有利于高效专业地宣传科技期刊。如图 1，国际顶级期刊《自然》和《科学》在 Facebook 上都有自己的账号，关注人数分别有 110 万和 437 万，平台主要用于更新与分享最新的学术成果，以巩固学术影响力。

(a) Nature (b) Science

图 1 知名科技期刊的 Facebook 账号首页

与行业内顶级科技期刊相同，Nano-Micro Letters 在 Facebook 上的推广方式主要有三种，分别为：①期刊介绍加图片，如图 2(a)；②文章创新性介绍加图片加文章链接，如图 2(b)；③将文章主要数据做成小视频加文章创新介绍加文章链接。期刊介绍的推广主要是为了让更多国外科研人员可以知道我们，了解我们，进而关注我们，提高科技期刊的知名度。而学术成果的推广，不仅在于宣传学术成果，向全世界展示发表于期刊的学术研究工作，同时也是通过学术成果的展示，让更多的科研人员了解到我们期刊所关注的研究方向，继而吸引更多的海外优质稿件。

(a) 期刊介绍加图片的推广方式 (b) 文章图片摘要加创新点凝练加文章链接的推广方式

图 2 期刊的推广方式

Nano-Micro Letters 自 2006 年创建 Facebook 主页以来，主页关注人数以每年约 3 万人次的速度增长，截至 2020 年 10 月底关注人数已达 12.8 万人。如图 3 所示，最近一月发布的信息覆盖人数达 50.7 万，互动 8.7 万，点击链接查看原文的次数达 9 120 人次，发布的科技论文在评论区也引起了讨论，包含是否可以运用于其他方向，是否可以商品化等等，切实贯彻期刊分享学术成果的宗旨。同时，多次有海外企业联系，是否可以合作，在主页中发布企业的宣传链接，都可以说明 4 年来我们已经逐渐建立起了品牌影响力。推广后的数据分析发现，在对欠发达地区的推广能够引起更多的互动，这主要是由于 *Nano-Micro Letters* 期刊属于开源期刊，免费获取对于期刊面向欠发达地区的推广有着明显的促进作用。此外，将专业性非常强的学术文章制作成小视频，概括核心思想不但是一件非常有意义的事情，而且增强了文章的可读性与易理解性，减少了读者了解主题所需要的时间，也能扩大期刊的潜在受众范围，而部分需要深入阅读的受众也可以通过每篇推文中提供的全文链接直接索引到原文，达到学术成果国际化推广的目的。

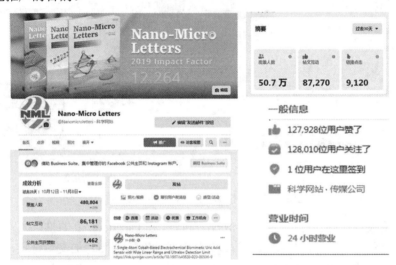

图 3　*Nano-Micro Letters* Facebook 主页概览及过去 30 天宣传情况

2　Twitter 的推广方式及效果

与 Facebook 不同，Twitter 是一款类似微博的社交软件，更加专注于社群网络建设。Twitter 的优点在于实时性与高效性，每一个转发和评论都会出现在分享者的通知里。举个例子，A 发布一个推文，B 分享该推文，C 在 B 分享的推文下评论，所有的评论都会被 A 收到，并可以实时回复所有评论者，从而建立联系。基于这样的设定，可以联系到所有对科技感兴趣的用户，从而有针对性地维系科技期刊与用户的联系。同时，也可以通过 Twitter 与领域内知名的科研人员形成互动，借助他们的圈层进行推广，如果应用得当，其覆盖人数将以指数级别递增。Twitter 的缺点也比较明显，与微博类似，推文的传播非常依赖推文趣味性与娱乐性，但科技期刊的推文通常具有极强的专业性，只有相关领域的专业人员才能对其有天然兴趣。但矛盾的是，专业的科研从业者往往花费比较少的时间在娱乐性较强的 Twitter 上。此外，推文具有字数限制，无法展开对文章细节的描述，也进一步增加了非专业人员的理解难度。因此，如若想要进一步通过 Twitter 推广科技期刊，需要制作精致的视频素材，增加趣味性减小理解难度，从而让更多的用户了解到我们的科技期刊。

Nano-Micro Letters 期刊自 2016 年 1 月建立 Twitter 账户以来，4 年间共发布推文 673 篇，累积粉丝 221 人，尽管人数不多，但这些人几乎都是本领域的科研从业者，未来在此方向继续耕耘，值得期待。

3 Instagram 的推广方式及效果

Instagram 是一款偏向手机端的社交媒体，其功能类似微信的朋友圈，专注于照片与视频的分享。截至 2018 年 6 月，全球范围内的用户数为 10 亿。我国科技期刊面对的主要困境在于起步晚，在国际上知名度较低[16]，而专业领域内的国际期刊基本都有领头羊期刊，因此，建立影响力首先要做的就是引起别人注意。赵鑫等[15]在科技期刊短视频营销发展策略中提出 AILSFA 模式，第一条 A 就是引起注意(Attention)。而 Instagram 是引起注意非常有效的社交媒体，快速而有效地让更多海外群体知道我们，进而了解我们。与 Twitter 类似，有趣易懂的素材是吸引注意的关键。

Nano-Micro Letters 期刊在 2020 年 5 月建立 Instagram 账户，目前共发帖 31 篇，主页粉丝数 34 人，属于发展初期，正在探索更加高效的方式将科技期刊的宣传与之有机结合。

目前，在国内还无法正常使用上述几款社交平台，可以采取与国外编辑合作的方式，国内编辑部将内容整理完成，通过海外编辑上传及发布即可。

4 结束语

总而言之，每款社交媒体都有自己的优缺点，合理的使用可以吸引更多的国际用户，进而发展成期刊的读者、作者、审稿人甚至编委。社交媒体是传播媒介，传播的内容需要我们期刊编辑们发挥强的主观能动性，制作出优秀的内容，让更多的国际科技从业者知道我国的期刊之后，愿意了解我们，关注我们，进而宣传我们，而影响力实际上就是大部分人的认可和推荐。当然，社交媒体也只是传播媒介，从建设科技期刊角度来看，真正想在国际上建立强的影响力还需要本身质量过硬，而这些也是我国科技期刊变得强大的硬核指标。

参 考 文 献

[1] 丁以绣,苗伟山.中国英文学术期刊走出去的现状、发展与挑战[J].出版发行研究,2020(5):65-69.
[2] 柳丰.我国学术期刊国际影响力与传播力提升策略研究[J].出版广角,2020,22:25-27.
[3] 张学梅,马振,王贵林,等.举办在线学术会议提升科技期刊品牌影响力[J].中国科技期刊研究,2020,31(11):1276-1280.
[4] 李明敏,苏磊,蔡斐.英文科技期刊借助网络平台提升国际影响力的实践[J].编辑学报,2018,30(2):188-191.
[5] 郝丽芳,陈宏宇,武文.科技期刊通过自我宣传提高学术影响力的途径[J].编辑学报,2015,27(3):285-286.
[6] 代艳玲,朱栓成,杨正凯,等.科技期刊传播质量与影响力提升与实践[J].编辑学报,2017,29(3):222-225.
[7] 李航,张国忠.学术期刊媒体融合发展路径探析[J].中国科技期刊研究,2018,29(12):34-1239.
[8] 蒋亚宝,栗延文,吕建新,等.科技期刊微信公众号传播力的影响和策略研究[J].编辑学报,2020,32(3):257-261.
[9] 闫群,刘培一,黄佳.国际专业出版机构科技期刊运营模式研究[J].中国科技期刊研究,2019,30(9):997-1002.
[10] 陈勇,郭伟.媒体新融合背景下科技期刊学术传播方阵的构建与探索[J].编辑学报,2019,31(2):138-140.
[11] 丁筠.移动互联网时代英文科技期刊的宣传推广[J].中国科技期刊研究,2016,27(8):904-909.
[12] 张海生,吴朝平,蔡宗模,等.学术期刊媒体融合发展的逻辑、模式与实践[J].中国科技期刊研究,2018,29(9):875-881.
[13] 李林.提升科技期刊传播力的实践与探索[J].编辑学报,2018,30(1):77-79.
[14] 武瑾媛,俞敏,袁睿.科普期刊新媒体融合发展的机遇与实践[J].编辑学报,2017,29(3):214-217.
[15] 赵鑫,李金玉.我国科技期刊短视频营销推广的现状、问题及对策[J].中国科技期刊研究,2020,31(8):951-922.
[16] 刘丹.我国英文科技期刊不同发展时期的国际组稿定位与策略[J].编辑学报,2016,28(5):498-499.

基于中国知网合作的数字化环境下高校学报增值模式

唐志荣，康 锋，陈丽琼，张会巍

(浙江理工大学杂志社，浙江 杭州 310018)

摘要：为提高高校学报的数字化增值服务能力，以《浙江理工大学学报》为例，利用中国知网(CNKI)的数字化服务平台，从出版流程角度探讨适合高校学报数字化出版的增值模式，以期为高校学报的数字化改革提供参考。介绍了一种学报与中国知网的合作增值模式，详细阐述了学报编辑部与中国知网合作出版流程中的录用定稿出版、排版定稿出版、整期定稿出版和期刊发行传播四个阶段。经过合作实践，学报取得了一定的经济效益和社会效益，影响力得到了提升。认为高校学报与大型数字化出版平台合作出版发行是一种快速缩短文献见刊周期和提高影响力的增值方式。

关键词：数字化；高校学报；增值模式；网络首发

有关科技期刊数字出版的增值模式是近年来编辑出版界的热点话题之一。张强等[1]结合编辑部的实际工作，对电子期刊、微信公众平台、网站3种模式进行分析。朱瑞芳等[2]对数字化环境下护理期刊增值服务模式进行总结，提出了包括期刊与互联网运营商进行合作的 5 种增值形式。翁彦琴等[3]根据增值功能的不同，总结出科技期刊的6种新兴增值服务模式。任艳青等[4]认为我国科技期刊通过增强出版、移动化传播、多渠道经营等举措，可形成内容深化再聚合、产学研一体化、专业与科普互补的增值模式。李前[5]认为疫情过后，启用线上和线下融合并存的服务模式，不断跟随客户需求变化推动增值升级，将成为行业期刊的新常态。上述文献从多个角度对科技期刊的增值展开了一定的研究，但较少涉及针对高校学报的编辑出版操作流程方面的增值模式。

对于在科技期刊中占较大比例的高校学报，虽然部分学报已经通过各种方式在推进增值服务，但是与国内外其他科技期刊提供的多层次增值服务[6-7]相比，高校学报整体推进过程相对缓慢。目前国内大多数高校学报的增值内容贫乏，服务单一，不能将稿件内容资源全方位开发利用，其主要原因在于大多数高校学报本身缺少自主建设数字化出版和传播平台的能力，存在建设数字出版平台的资金和技术壁垒，难以组建数字化增值运营团队。因此，在建设一流科技期刊的时代背景下，有必要深入研究适合高校学报的增值模式。为增强高校学报的数字化增值和服务能力，本文提出通过与国内外数字化服务平台合作来提高高校学报的经济效益和社会效益，同时提升服务能力。以《浙江理工大学学报》为例，利用中国知网(CNKI)的

基金项目：中国高校科技期刊研究会青年基金(CUJS-QN-2018-038)

数字化服务平台,从出版流程角度探讨适合高校学报数字化出版的增值服务模式,以期抛砖引玉,为其他期刊开展数字化增值建设提供参考。

1 科技期刊与中国知网合作出版现状

随着互联网络技术的迅速发展,全程数字化出版已成为学术期刊发展的方向[8]。2010年10月,中国知网正式启动了中国学术期刊优先数字出版(On-line First),开启了中国学术期刊数字出版的新纪元[9]。优先数字出版是解决出版时滞问题的一种有效方式,该模式推出后逐渐为中国期刊界接受。2017年10月,首批网络首发中国学术期刊、《中国学术期刊(网络版)》学术论文录用定稿网络首发联合公告发布[10],首批436种中国学术期刊(中/英文版)与中国学术期刊(光盘版)电子杂志社有限公司合作出版期刊的网络版,实行论文网络首发出版。2018年"中国知网"又推出期刊独家授权和个刊发行。根据中国知网数据库上发布的期刊统计,截至2020年底在该数据库发布的8 716本学术期刊中,实行网络首发的共有1 982本,独家授权的有1 331本,个刊发行的有558本。

《浙江理工大学学报》(下文简称学报)于2016年在中国知网上进行了优先数字出版,2017年实行网络首发,2019年与中国知网签订独家授权和个刊发行。经过几年的实践,学报编辑部已基本完善了数字化出版和传播流程,并取得了一定的增值效果。

2 学报与中国知网的合作增值模式

学报编辑部与目前国内最大的数字化出版平台(中国知网)进行合作,实行新型数字出版模式和全面委托经营的订阅模式,通过数字内容提供方(学报编辑部)、数字出版技术和渠道运营商(中国知网)相关部门充分融合的模式逐步实现学报网络首发、独家授权和个刊发行的增值模式。

学报与中国知网合作的数字化出版流程如图1所示,图中虚线框部分的工作流程由编辑部独立完成,其他流程双方合作完成。学报编辑部负责期刊论文的组稿和编修,CNKI提供新型数字出版平台服务,承担稿件的排版印刷和数字版加工、制作、发布,并统一发行;在经济成本和收入分配上,编辑部承担前期组稿和编辑成本,CNKI承担排版印刷和发布成本;发行收入按比例分成,CNKI承诺期刊保底收益并按年度增长。在出版流程上,双方出版力量资源互补、紧密合作。

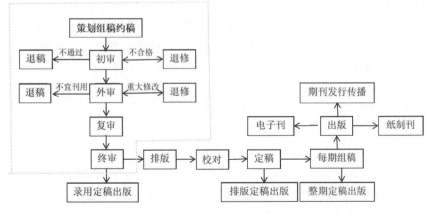

图1 全程数字化出版流程

3 学报与中国知网的合作增值流程

学报编辑部在与中国知网合作的全程数字化编辑出版模式中，分别对录用稿件进行录用定稿出版，对没有安排刊期但已校对定稿的稿件进行排版定稿出版，对安排刊期后的定稿稿件进行整期定稿出版，这三类出版均为网络数字化出版，最后进行纸刊出版和发行传播。按论文出版的流程可以分成录用定稿出版、排版定稿出版、整期定稿出版和期刊发行传播四个阶段。

3.1 录用定稿出版

稿件录用定稿出版阶段主要包括责任编辑(责编)初审、专家外审、编辑复审和终审 4 个环节，这些工作由编辑部独立完成。该阶段具体流程有：①作者投稿后稿件进入初审环节，由责编负责审核稿件的主题是否符合刊期栏目设置的要求，是否存在学术不端行为，结构和质量是否满足刊期的基本要求，文字是否规范，可读性是否达到初审通过要求。②如果稿件符合初审条件，进入专家外审环节。③外审结束后责编根据外审意见，针对论文具体情况作出退改或退稿处理；对于符合稿件录用要求的稿件，责编按照期刊的规范要求进行编修后提交复审。复审主要任务是形式和内容审核，查漏补缺，如果存在问题则返回责编处理。④复审通过后，进行终审，如果存在个别问题则返回责编处理，如果存在共性问题则定期在编辑部交流会上讨论，终审通过的稿件形成录用定稿。对于录用定稿稿件，编辑部汇总后，通知作者确认稿件并签署版权协议，将电子版稿件(word 文件)按照中国知网的要求和流程，进行录用定稿出版。由于录用定稿出版的稿件是在网络上正式出版的学术期刊论文，因此稿件要求内容正确完善、格式规范。

3.2 排版定稿出版

稿件排版定稿出版阶段主要包括对前一阶段终审通过后的稿件进行排版、校对(包括作者自校、责编一校、编辑部二校和三校)和定稿。具体为：①编辑部在进行录用定稿出版的同时，将电子版稿件交给中国知网排版部门按出版要求进行排版形成一校稿。②通知作者对一校稿(清样稿)进行自校。③责编结合作者自校情况进行一校，在论文首页页脚标注网络首发出版(录用定稿出版)日期，并在中国知网排版部门修正后完成二校稿。④编辑部三校及与排版部门合作修正，形成排版定稿。对于排版定稿，编辑部将电子版稿件(pdf 文件)按照中国知网的要求和流程，进行排版定稿出版。本阶段的重点是保证排版无误。

3.3 整期定稿出版

编辑部在排版定稿的基础上，根据出版要求按照栏目设置进行整期组稿，确定整期稿件的出版年、期、卷、起止页码、DOI，以及封面、封底、目录等内容送中国知网排版部门。排版部门对编制了页码等信息后的稿件进行整期排版，然后交编辑部校对后，形成整期定稿出版的电子版材料(pdf 文件)，并进行整期定稿出版，同时交印刷部门印制纸制期刊。本阶段的重点是合理安排栏目和保证论文刊期和具体页码等注录信息的正确。

3.4 期刊发行传播

在稿件整期定稿出版后进行期刊电子刊和纸制刊的发行和传播。本阶段的主要工作由中国知网完成，利用中国知网的数字出版平台进行国内外广泛发行和深度数字化传播。同时，编辑部可利用自建网页和本校的公众号等传播平台进行文献发布和推广。按照中国知网的合作要求，文献全文需在中国知网网络首发半年后发布。在本阶段，中国知网负责纸制期刊发行及向相关期刊管理部门递交样刊备案工作，同时通过服务平台的智能检索、个性化定制以及知网节进行文献数据的一次传播，并通过服务平台的行业知识服务和知识挖掘进行文献数据的二次传播。本阶段的重点是进行文献的内容传播。

4 学报与中国知网的增值服务合作效果

编辑部经过与中国知网几年的合作出版实践，工作流程顺畅，文章质量得到了提升，效果明显。与合作前对比，编辑部的工作量大量减少，文献出版周期明显缩短。根据中国知网的统计，《浙江理工大学学报》2016发表的自科类论文，论文的平均出版时滞为285天；实行优先出版后2017年平均出版时滞为166天，环比减少41.7%；实行网络首发后2018年平均出版时滞为85天，环比减少48.2%。

同时，经过合作出版，学报也取得了一定的经济效应和社会效应。在经济效应方面，"独家发行"的合作方中国知网承担了部分排版印刷等费用，减少了编辑部的经费支出；另外，中国知网每年支付编辑部一定的版税，增加了学报的经济收入，2019年在版税上比以前非独家发行时提高了4倍。在社会效应方面，经过中国知网服务平台的文献推广和二次传播，学报影响力得到了较大的提升。2018年，学报被评为"中国高校编辑出版质量优秀科技期刊"。2019年，学报自然科学版进入《中国学术期刊影响因子年报》综合类Q1区，社会科学版被评为"全国高校社科优秀期刊"。2020年，学报自然科学版荣获"中国高校优秀科技期刊"称号，社会科学版首次在中国知网上取得影响因子，复合影响因子为0.739。2019—2020年，学报社会科学版连续两年被评为"国家哲学社会科学文献中心学术期刊数据库综合性人文社会科学学科最受欢迎期刊"。

5 结束语

随着学术期刊数字出版的深入，学术期刊的稿件出版模式必然要求变革。在建设一流科技期刊的时代背景下，结合高校自身的特点，对高校学报出版实现更多的增值也是必然要求。与大型数字化出版平台合作出版发行是一种能快速弥补高校学报编辑人员不足、数字化技术力量欠缺等缺陷的有效增值方式。通过合作进行出版增值，可快速缩短稿件发表周期，并且通过对稿件数据二次加工、进行元数据整合出版、专题推广，有助于文献更精确传播，从而提高期刊的经济效应和社会效应，提升服务能力，最终提高期刊的学术影响力。

参 考 文 献

[1] 张强,王淑芹.科技期刊增值出版模式的探索[J].科技与出版,2018(5):26-30.
[2] 朱瑞芳,王秀娟,任红霞,等.数字化环境下护理期刊增值服务模式探析[J].科技创新与生产力,2018(10):9-12.
[3] 翁彦琴,王雪峰,张恬,等.科技期刊新兴增值服务模式及启示[J].中国科技期刊研究,2019,30(6):635-641.
[4] 任艳青,王雪峰,翁彦琴,等.数字环境下我国科技期刊增值服务模式探析及思考[J].中国科技期刊研究,2020,31(3):248-252.
[5] 李前.数字化转型背景下行业期刊增值服务升级思考[J].科技传播,2020,12(19):20-22.
[6] 李娟.媒体融合下国外出版机构的科技期刊增值服务现状研究[J].传播与版权,2021(1):84-86.
[7] 杨晓新,吴昊桢.增强现实出版的盈利模式研究[J].科技与出版,2020(11):50-56.
[8] 唐志荣,康锋,陈丽琼.大数据时代高校科技期刊全程数字化出版及其知识服务转型[J].未来传播,2019,26(6):21-27.
[9] 中国知网."学术期刊优先数字出版"介绍[EB/OL].[2021-01-20].http://caj.cnki.net/eapf/Html/优先数字出版简介.html.
[10] 《中国学术期刊(网络版)》首批网络首发期刊联合公告[EB/OL].[2021-01-20].https://wap.cnki.net/touch/web/lhgg/html/lianhegonggao.html.

高校学报微信推送内容的版权问题刍议

贾丽红,朱 倩,薄小玲

(《太原理工大学学报》编辑部,山西 太原 030024)

摘要:针对微信公众号侵权案例多发、微信发布者版权意识淡薄的现状,结合自身的工作,在总结大学学报微信公众号推送内容的种类(目录推送、单篇推送、专题推送、有价值信息转发或推送)的基础上,对推送内容的版权进行了分析,并对容易产生版权纠纷的内容,提出了自己的看法和举措。

关键词:微信公众号;推送内容;版权

随着"互联网+"时代智能手机的全面普及,即时化、便捷化、碎片化阅读逐渐成为大众的主流阅读方式。越来越多学术期刊通过网站、数字化期刊、微信、E-Alert(邮件推送)等方式吸引大量的网络用户,以期提升其传播力乃至社会影响力,其中微信公众平台的使用已成为学术期刊探索跨媒体融合发展、吸引和服务读者的重要模式之一。

期刊界的许多编辑同仁就学术期刊微信公众平台的创建、运营及其在学术期刊影响力提升中的技术手段、营销策略及创新模式等方面进行了大量细致的剖析。但是,涉及微信版权问题的论文数量和上述方向大量研究论文的产出数量相比,显得捉襟见肘。知网显示,搜索关键词"学术期刊+微信公众号",近三年产出论文数量约 67 篇。但是在这两个关键词基础上,加上"版权"关键词,近 3 年已有论文总数约 8~10 篇,近三年只有 5~6 篇。如果进一步加上"高校"这个关键词,显示研究型文献仅有 1 篇。只有韩静[1]从数字发展及保护方面做了宏观阐述,论文也主要针对编辑部和数据库之间的平衡问题。但是具体到推送内容涉及的版权问题还未有文献见之媒体。

版权是出版机构永远绕不开,却容易忽视的问题。2018 年 1—11 月,腾讯公司已处理微信公众号涉及"抄袭"的投诉接近 8 万单,处理涉嫌侵权的账号 5 万个,处理涉嫌侵权的文章接近 3 万篇[2]。2016 年微信公众号"硕士博士圈"发表的一篇论文被搜狐网在未署名、未标注来源的情况下对标题进行修改后全文转载,北京市海淀区人民法院对该案做出了被告向原告赔偿经济损失的一审判决。上述案例侵权主题虽然不是学术期刊,但却给学术期刊敲响警钟[3]。笔者在高校学报工作,关注的公众号大多是高校学报。高校学报的主办者都是高校,出版内容都是围绕学术研究撰写的论文,属于学术期刊中的重要组成部分。高校学报微信公众号传播的内容是广大科研工作者关注、下载、参考、引用的重要媒体,所以有必要对高校学报微信公众号推送内容结合版权做一个梳理,并针对性地做一些刍议,以期提醒高校学报在运营微信公众号时加强版权意识,规范出版行为,进而规避一些风险。

1 微信公众号运营方式

微信阅读的特点是免费性和资源共享性。公众号主要分为 3 种：订阅号、服务号、企业号。三种运营方式的基本特点如表 1 所示。

表 1 微信公众号三种运营方式的基本特点

类型	基本功能	推送频率	是否付费	显示界面及利弊
订阅号	功能相对简单，主要用于资讯。在未认证的情况下，订阅号的菜单不支持发送纯文字信息，也不支持跳转到外部链接。认证针对个人和企业	每天可推送 1 条	免费	微信页面的订阅号里，容易淹没在海量订阅号里
服务号	功能丰富。用户可以根据自身需求自定义菜单。用户的体验度良好，认证不针对个人	每月推送 4 条	付费	微信聊天界面里专门显示，容易被读者发现
企业号	主要用于企业内部的组织和管理	每日企业内部管理事宜	免费	企业人员通过认证才可进入相应的企业号

综合笔者关注的高校微信公众号和李文娟 2018 年的调查文献[4]可知，高校自然科学类期刊中开通服务号和订阅号的比例基本持平。鉴于高校学报的数字出版人才普遍紧缺，缺乏专人经营公众号，从微信平台服务维护的角度，笔者推荐高校学报采用服务号的发布方式。

2 高校学报推送内容及版权分析

高校学报是我国国情下科技期刊的特色群体，具有学科综合性强、读者较为小众、内容学术性强等特点。高校学报以坚持社会效益为首位，传播各学科具有前沿和创新的学术成果为己任，具有公益性质。学报公开发表的论文是广大科研工作者和研究人员浏览、下载、引用、传播的主体。这一系列动作都或有或无的涉及版权问题。明确版权信息、规范版权范畴是内容的发布者确保发布内容遵守版权规范的前提

著作权法所称的作品是指文学、艺术和科学领域内具有独创性并能够以某种形式复制的智力成果。微信中合法发布的生产、传播、分享的内容受著作权保护[5]。独创性是微信公众号版权认定的前提，也是其最核心的价值体现。按照我国著作权法规定的发表权、署名权、复制权等 17 项版权内容，微信公众号的作品在传播过程中主要涉及的是作品的署名权、发表权、修改权、复制权以及信息网络传播权等内容。微信公众号的版权认定也符合独创性和复制性两个必要条件。微信作品著作权人为作品本人，学术期刊的微信平台想要出版原创作品必须得到著作权人和作品版权人的同意，因此，微信公众号版权侵权也主要会体现在这几个方面[6]。

版权中对他人作品的合法使用，即转载符合法律规定，包括四种情形：直接使用、授权使用、合理使用和法定许可。

笔者对所关注的高校学报微信公众号推送内容和形式进行统计，总结出 4 种主要推送内容。笔者就这 4 种内容，结合上述 4 种版权合法使用做一些分析讨论。

2.1 推送每期的目录

随着数字融合出版的不断推进，按需数字出版和网络优先出版成为很多期刊采取的数字出版模式。但是，国内大多数期刊在数字出版基础上仍然保留着传统纸质出版，以满足作者

对纸刊实物的需求。所以在确定了纸刊每期的内容后，为了方便移动客户端阅读、吸引更多的读者和作者，大多数高校学报会在微信公众号中推送当期目录或者过刊目录。目录推送的形式大体有以下3种：

(1) 只显示纸刊目录原文的 PDF 文件，只有文章题目和作者，内容和当期纸刊目录一一对应。期刊的目录是期刊不可分割的一部分。每一种期刊在稿件处理的过程中，对于拟决定录用的稿件，会要求作者遵照《著作权法》签订一份版权协议，作者同意后可正式出版。出版方在版权协议中会给出如下条款：由甲(作者)、乙(出版方)双方签署版权转让协议，甲方将上述论文的版权(包括各种介质、媒体的版权)转让给乙方，并同意该论文被国内外文献检索系统和网络、数据库系统检索和收录。目录和内文的版权归编辑部所有。

(2) 有些目录推送包含对应论文的二维码。通过扫描二维码可以直接链接到对应文章所收录的数据库或者所对应的期刊网站，通过数据库和网站，作者可以免费或收费下载或阅读文章的全文。图1所示为添加二维码的目录推送。

如果版权归编辑部所有，这种目录推送属于合理使用，不存在版权纠纷。目前版权协议的签署主要分两种：一种是自动嵌入到投审稿系统，一旦作者进入投审稿系统投稿，无论稿件能否接收，都须自动签署一份版权协议；一种是稿件经过编辑部审核后拟决定录用，由编辑部通过邮箱向作者发送版权协议，作者签署后稿件才进入正式出版流程。后一种是由人工操作，存在因为人为疏忽而出现忘记签署版权和存档的可能，存在版权隐患。

(3) 第三种形式是对目录中每篇论文做深度加工，做精要展示，其中有文字、图片甚至视频，统称增强出版。

作者原创性的结论、视频、图像等都是作者智力创造成果。编辑部从保护作者和维护本编辑部版权的角度，有必要在这些结论、视频等末尾声明是否授权允许转载或分享，如果允许转载，还须附上"请注明出处"类似字样。

图 1　添加二维码的目录推送

习主席在 2018 年就提出"把论文写在祖国大地上"。2021 年中宣部、科技部、教育部联合出台的《关于推动学术期刊繁荣发展的意见》中明确指出"维护成果首发权应明确学术成果在我国期刊首发的比例，引导重大原创性科研成果更多在我国期刊发表"。编辑部对每一篇投到期刊的稿件都自动获得成果首发权，对于这些成果，编辑部有责任维护其首发权。目前，首发论文基本都以电子版形式在数据库、网站或微信上展示。比较而言，微信上展示更容易被人转载和分享。但是，论文的多次转载容易出现主题模糊，如果一些目的不纯的转载人在转载过程中添加或修改标题，就很有可能侵犯作者和编辑部对这些论文所拥有的版权，给作者和编辑部造成伤害。

2.2　推送单篇论文

作者的网络传播权受法律保护，期刊和数据库要进行网络传播，必须获得作者的授权。作者在向期刊投稿时，往往会先签署一份版权协议，协议里包含"凡向本刊投稿，一经采用视为作者同意编辑部使用作者的网络传播权"。

单篇论文的推送是高校乃至大多数学术期刊经常采取的一种推广方式。微信里的单篇论文往往是编辑部精心挑选出的论文，原创性和创新性都较高，论文的撰写者大多具有较高的学术影响力。而且，由于纸刊具有一定的滞后性，所以这些电子版往往先于纸刊优先在数据库、网站或微信公众号上先行出版。版权或者发表权归所在编辑部。此类文章因为具有较好的学术水平，往往会引起科研工作者的广泛关注，会成为读者下载、复制、引用的热点论文。笔者认为，在微信公众号上发布的单篇论文，除了要写清楚原创作者外，在文末也需写清楚是否允许转发，如果允许转发，写清楚版权的所属人。此外，公众号上推出的封面图片、论文图片等也应明确图片的出处，以方便他人引用。每一位出版人都应该认真领会和落实《著作权法》及《中华人民共和国信息网络传播保护条例》中相关规定。

2.3 专题的推送

高校学报因为自身综合性的特点，每一期涵盖多门学科。因为学报的功能就是学校科研的窗口，高校科研涉及的学科很多，因而高校学校包含的学科也很多。一直以来，高校学报都在努力探索新的发展方向，寻求影响力突破。2021年6月的中宣部、教育部、科技部印发的《关于推动学术期刊繁荣发展的意见》也对高校学报指出了发展方向：鼓励多学科综合性学报向专业化期刊转型，突出优势领域，做精做专内容，办好特色专栏，向"专、精、特、新"方向发展。所以综合类学报都在努力向"专"方向发展。

笔者重点搜集和统计了近两年综合类高校学报向"专业化"发展中的案例，发现高校学报围绕学校的重点优势学科出版专题或虚拟专题的特别多，且都有在微信公众号上集中展示。比如：A学报近几期推出了水资源专题，是历年在A大学学报出版的水资源方向的论文再次集结，网络传播，如图2所示。B大学学报经常推出各个学科的虚拟专题，这些虚拟专题是B大学学报选题策划方面的重要举措，效果显著，如图3所示。专题内容的推送属于学报的二次汇编，《著作权法》规定，出版汇编已有作品，应当取得汇编著作权人和原作品的著作权人许可，并支付报酬[3]。学术期刊微信平台在出版汇编作品除了需要取得著作权人的许可外，还需要取得微信公众号的授权，并支付报酬。如果未经授权擅自出版汇编作品，并且没有支付报酬，则有侵犯著作权人著作权的风险[8-9]。

图2 A学报专题二次出版示例

图3 B学报专题出版示例

要规避侵犯著作权风险，需在推文中添加版权相关说明。如图4所示，出版单位通过在微信推文末尾加添版权相关说明，成功规避了推文侵犯他人著作权的风险。

图 4 规范示例

2.4 发布资讯或转载内容

资讯可能包括办刊过程中的一些活动,比如会议、学者介绍、获奖等(封面图片另外讨论),这些没有版权问题。这些推文著作权相关问题的关注点应在转载其他微信公众号推文时是否存在违反网络传播及复制权的行为。从整体来看,学术期刊公众号的推文被转载的情形时有发生。这种转载是否一定要得到许可并支付报酬,是摆在学术期刊公众号运营者面前的另一法律问题。《著作权法》和《关于规范网络转载著作权秩序的通知》都规定了期刊"法定许可"的特权。刊登过的作品,除著作权人声明不得转载、摘编的外,都可以转载或者作为文摘、资料刊登,但与此同时,转载者应当按照规定向相应著作权人支付报酬。但须明确,转载的法定许可主体只适用于报刊单位,不适用于期刊单位与互联网媒体。报刊单位如果要转载报刊单位的文章只需要支付报酬,而转载网络媒体和期刊的推文时要获得许可[8]。

比如:笔者最近注意到 A 大学学报自然科学版转发了 B 大学学报在微信公众平台上发布的一篇文章,如图 5 所示。B 学报在发布时注明了原创,但是在文章里没有指明作者,文章结尾也没有指明原创作品能否分享和转发,而且没有证据显示 B 编辑部是否授权给 A 大学学报转发这篇论文,这种情况可能涉及侵权。对于 A 大学学报而言,是转载了未经 B 授权的原创作品,但这篇推文 B 大学学报并没有明确声明期刊和作者是否同意 A 大学学报转载,两个出版单位虽然都是严肃的学术性出版机构,都是一线的出版人,但都存在著作权意识淡薄、没有执行著作权和网络出版管理条例的相关规定的情况。当然,转载如果是为了公共利益或者符合著作权人意愿,且没有对著作权人造成实质性伤害,是可以当作合理使用的。不过,这种忽视著作权的做法并不值得提倡。学术研究成果的公布,重在首发。优秀成果的首发能够在一定程度上展示期刊的品牌影响力,而这种首发权需要法律的保护,更需要优秀成果的"传播人"用心维护。因此,学术期刊在传播优秀原创科研成果的时候,应该注重维护这些科研成果的首发地位,重视传播过程中可能存在的著作权问题。

事实上,娱乐性质的网络媒体很早养成了重视著作权的习惯,在发布推文的时候,在推文结尾处另加一段版权声明,用以规避版权风险,如图 6 所示。和这些网络媒体相比,学术期刊应该更严谨、更规范。

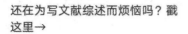

图 5　发布者(图上 A)和转载者(图下 B)示例

出版单位重视规避著作权风险的也很多,如图 7 所示,出版单位在转载发布别人的原创作品时就在文末说明,得到原创的授权,体现了出版人的版权意识。

图 6　版权声明示例　　　　　　　　图 7　版权的说明

出版单位声明著作权的形式和内容表达有很多种,但并不是所有方式都合理。如"本公众号部分图片来源于网络,版权属原作者。如有异议,请联系我们第一时间处理",潜台词为"文章我们转载了,但是没有被授权,如果作者认为侵权,我们会马上删掉[8]"。笔者认为,这是一种不负责的做法和说法。这种声明等同于声明转载者并没有寻找过相关推文的著作权人，是一种伪声明。

2.5 封面图片

发布封面图片是公众号发布消息的一个例行程序。按照微信公众号操作规则，一个成功发布的图文消息的内容本身可以没有图片，但不能没有封面图片。陈汉轮[10]经过调查统计认为：学术期刊微信公众号使用图片有一定的随意性。69中学术期刊中使用原创图片的仅9个。由此可见，多数学术期刊微信公众号对于原创图片的运用未引起足够的重视。由于网上获取图片比较容易，侵权成本极低，再加上编辑编校工作任务重及图片处理水平有限，制作、编辑原创图片占用较多的时间，相对于编辑自己创制原创图片，更倾向于选择前者。但是，无论如何，以上各种借口不应成为学术期刊微信公众号使用网上图片、发生侵权行为的理由。

以上笔者所述四种推送内容都离不开封面图片。学术期刊微信公众号使用的图片有两种情况：一是图文消息正文中出现的图片；二是图文消息的封面图片。笔者基于对高校学报封面的观察以及日常工作经验，建议高校学报在微信公众平台发布封面图片的时候分类处理：对于原创性论文的推送，本着从原创的角度推送，从论文中选择一张最能代表原作创新性成果的图片作为封面图片；对于目录、专题和资讯的推送，尽量选择自己刊发的原创图片作为期刊封面；对于非期刊原创的图片，选择后须在文后显著位置标明图片出处，并附以版权声明，规范出版行为，规避版权风险。图8所示是一家高校学报的图片版权说明。

封面图片来自：这9种"太理云"，你都见过吗？

图 8 封面图片规范示例

3 建议和对策

随着网络技术的不断发展，媒体融合的不断深入，微信公众平台上的内容轻而易举地就能被复制、被转载，甚至被修改，所以网络侵权呈现"遍地开花"的现象。又如前文所述，高校学报微信公众号因其公益性质，重传播，轻版权。又由于网络侵权成本低，维权成本高，期刊及学术工作者的重心都在论文质量和传播广度上，对论文的版权问题并不十分重视。而且，目前在学术期刊界，忽视版权的问题广泛存在，没有出现大的利益纠纷，本着"怕麻烦，算了"的心理，学术期刊因为维权而进入司法程序的屈指可数。但是，高校微信公众号非盈利的发展模式和传统版权保护原则并没有冲突,每个出版者都应在在尊重微信平台发展规律的基础上,结合传统版权保护的原则及方法,从完善规则,发布版权声明,利用平台技术及监督自律等方面,不断完善微信发布行为,在实践中逐步培养适应微信发展的版权应用新领域。

3.1 完善规则

信息网络版权领域相对完善的规则体系包括《著作权法》《侵权责任法》《信息网络传播保护条例》等。但这些规则并没有结合微信公众号信息创作数量多、传播速度快的特点,因此,利用其处理具体的微信版权问题时有些"捉襟见肘"。鉴于此,有必要在现行规则的基础上不断更新条例,以适应新的数字出版传播的要求[11]。最主要一点是明确微信作品原创性的认定。如前所述,只有具备原创性的作品才受著作权保护,高校学报在发布内容时必须添加"原创声明",作为微信原创作品的依据。微信原创声明很简单,只需在发布推文时,勾选原创选项,声明成功的标志为推文标题下方出现灰蓝色长方形色块,上边有深灰色字标注的"原创"字样。

3.2 发布版权声明

高校学报推送内容大体分成两种:①围绕学报论文所做的推送;②转发他刊的内容,不为盈利,只为扩大影响力有利于指导办刊等的内容,概念上属于合理使用。笔者认为在推送过程中要把握两点,推送自己的论文时,要写清楚自己的版权声明,欢迎转发、分享还是独家展示、不许分享(必要时加技术手段,不许下载,转发);推送转发他刊发布的内容时,要看清楚相关内容是否允许转发,如允许转发,在转发时要写清楚版权所属人。

上述分析总结的推送内容不排除存在著作权法中所规定的"合理使用",但真实情况是,在涉及公益性微信公众号的著作权侵权案件中,90%被认定为合理使用驳回起诉[11]。因此,笔者认为,无论"合理"与否,都有必要在文末说明内容的版权问题,并且在操作过程中标明内容允许使用的范畴,以此规避可能存在的版权风险。

目前微信用户超过 10 亿,微信公众号超过百万,围绕学术研究的公众号以万计。用户手指一点,就可以完成推文的下载和转发,如果不养成注明出处的习惯,很容易就会出现违反《著作权法》的风险。

3.3 技术保护

在版权保护上,国家一直在不断修订各种法律条款;在技术层面上,各研发部门也都在努力开发"版权印"的互联网产品,"版权印"可在权力人发布作品的同时发布"版权印"授权链,使作品有在线授权功能,方便获取版权转让许可。高校学报在发送推文的时候,可以广泛使用"版权印",保护作者和出版者的权益。

针对期刊,尤其一些高质量期刊,一些非法盈利机构专门做了假网站。假网站上有数据,有目录,有资讯,有全年 365 天的服务人员。他们的数据从哪里来?是从数据库得来,还是从期刊的网络传播平台上免费下载?不得而知。但是这些假网站的经营人确实从这些免费数据中非法盈利了,侵害了作者和期刊的著作权。网络版权问题层出不穷,作者的利益受到侵害后往往先给编辑部打电话。如果在发布作品时嵌入了"版权印"技术,著作权主体和编辑部在追责时有迹可循,就可以很方便维护自身的著作权益。

3.4 加强版权意识

高校学报编辑部的编辑和媒体运作人员为了不断扩大自己所在刊物影响力,在论文质量的提高、传播策略的运营上都在不断努力探索,但普遍不重视版权。在发布内容时不熟悉"明知"和"应知"的侵权边界，对一些基本的著作权知识缺乏了解和学习，这很不利于期刊的长远发展。所以期刊出版人一定要认真学习《著作权法》和不断修订的《网络信息传播条例》，将版权意识牢牢铭刻在心，不断提升版权保护意识及维权意识，定期检查公众号中的发布内容，同时多关注其他刊物的微信公众号，多分析、多思考，自我修订，担负起监督他刊的责任，为我国《著作权法》及《网络信息传播条例》的修订，为建立和谐的网络生态环境提供支持。

4 结束语

高校学报以繁荣学术交流、促进学科发展、获得良好的社会效益、树立良好的学术声誉为目的，肩负着把优秀的学术成果发在祖国大地上的责任，有责任和义务保护作者的版权和期刊的版权。学报在充分利用新媒体传播科研成果的同时，应该努力维护微信平台的健康生态，为中国优秀学术内容的传播做好守护和传承。

参 考 文 献

[1] 韩静.融媒体时代学报的数字发展与版权保护[J].上海政法学院学报,2019(1):106-112.
[2] 姜爽.微信订阅号作品版权保护研究综述[J].新闻传播,2019(12):27-28.
[3] 季晨宸.微信公众平台版权侵权现象的原因及对策分析[J].江苏科技信息,2019(9):75-77.
[4] 李文娟,朱倩,尚丽娜,等.我国自然科学综合类高校学报微信公众平台传播影响力提升策略[J].科技与出版,2018(6):123-129.
[5] 赫翌彤.公益性微信公众号的版权保护研究[J].当代研究,2018(16):102-104.
[6] 毛艳青.微信公众号的版权保护刍议[J].出版广角,2018(1):19-21.
[7] 中华人民共和国著作权法实施条例[EB-OL].(2013-02-08)[2021-07-25].http://www.gov.cn/zwgk/2013-02-08/content_2330132.htm.
[8] 魏新.学术期刊微信公众号著作权问题探析[J],版权之页,2018(3):51-55.
[9] 陈华丽,黄富艺.微信订阅号转载行为的法律探讨[J].法制厅.DOI:10.16510/j.cnki.kjycb.2017.03.013.
[10] 陈汉轮.微信公众号封面图片原创性调查:以68个学术期刊微信公众号为样本[J].黄冈师范学院学报,2018,38(4):116-120.
[11] 魏亮.有权与行权:新《著作权法》与微信原创作品版权保护探索[J].理论探索 2021(7):91.

科技期刊公众号优秀学术传播栏目的推文调查与分析

蒋 霞,孙启艳,黄 伟,孙 伟

(上海交通大学学报编辑部,上海 200030)

摘要: 分析科技期刊公众号中优秀学术传播栏目的推文特点,为优化推送策略提供参考。选取 8 个"优秀学术传播项目"为研究样本,通过定量比对和定性分析的方法,统计研究栏目中推文的基本情况、推送数量、推送频率和阅读量等数据,分析推文标题、内容和传播形式等特色。结果表明,在优化推文运营策略时重点关注推文质量,选择多样化的传播形式,有助于提升传播效果。

关键词: 科技期刊;微信公众号;学术传播;推送

中共中央宣传部、教育部和科技部在 2021 年 6 月 23 日印发《关于推动学术期刊繁荣发展的意见》,明确学术期刊是开展学术研究交流的重要平台,加强学术期刊建设对提升国家科技竞争力具有重要作用。在开放、多元的数字时代,科技期刊作为科学技术信息传播的重要载体,为适应新时代的发展,突破传统纸媒的局限,在信息化和数字化方面做了很多尝试。随着微信活跃用户数量的日益增加,微信公众号逐渐成为科技期刊尝试新媒体融合工作的重要平台和有效的学术传播工具。截至 2020 年第一季度,微信及 WeChat 的合并月活跃帐户数达 12.025 亿[1],包括了众多科研人员等科技期刊的主要受众,据张重毅 2020 年调查结果[2],其研究样本 311 本自然科学与工程技术类期刊中有 222 本开通官方微信公众号,达到 71.38%。由此可见,科技期刊公众号成为国内学者获取学术信息和进行学术交流的重要阵地。

已有较多文献对科技期刊微信公众号的开展现状进行了研究。有些研究[3-4]对不同类型期刊的微信公众号应用情况开展调查,有些研究[5-6]从统筹角度出发来分析微信平台的整体功能。绝大多数研究[7-8]基于科技期刊、CSCD 来源、高校学报或中文核心期刊等大样本或作者所在单位的个体案例进行调查,主要阐述总体发展现状和总结存在问题。推文是微信等社交媒体传播效果得以实现的重要基础,因此研究优秀栏目推文有助于深入了解科技期刊公众号运营成功机制。本研究通过对代表性科技期刊公众号中优秀学术传播栏目进行调查,尤其对其推文内容和传播形式进行深入分析,集中关注优秀学术传播栏目推文在选题和运营方面的策略,并重点分析阅读次数超过 1 万的推文,总结他们的成功经验,丰富科技期刊新媒体融合研究的视角,为各具特色的科技期刊公众号建设提供参考。

1 研究方法

采用定量比对和定性分析相结合的方法,选取代表性数据进行研究,推文数据统计时间

基金项目: 中国高校科技期刊研究会"一流高校科技期刊建设"专项基金立项项目(CUJS2021-028);上海交通大学期刊中心期刊发展研究基金课题(QK-Y-2021002)

截至 2021 年 8 月 2 日。

1.1 数据来源

数据统计源[9]为"科研圈""环球科学"等知名科研公众号(微信传播指数 WCI 分别高达 995.94 和 1 145.60)评选结果。"科研圈"等学术传播平台从读者提名和主动报名参加评选的 800 多个公众号中首先选出"2020 学术公众号 100 强",包括学术媒体、学术机构、中国期刊、国际期刊和科研团队共 5 类公众号,在此基础上进一步基于在线投票和传播影响力评价等大数据,以及专家意见评选出 5 类公众号中的 Top10 及各自旗下优秀传播项目。共有 10 个学术优秀传播项目分别来自此次入选的"年度中国期刊公众号 Top10",具体的公众号名称及其栏目如表 1 所示。这些优秀学术传播栏目是中国科技期刊利用微信平台积极尝试新媒体融合的成果,体现了中国科技期刊日益增长的影响力。除了"阜外说心脏"公众号和"中国科学杂志社"视频号为传播矩阵中的独立公众号,其他项目则为各科技期刊公众号的栏目之一,在推送服务研究中具有可比性,因此本研究以这 8 个微信传播栏目作为中国科技期刊学术传播代表,调查分析其推文内容特色及传播形式。

表 1　2020 年的"年度中国期刊公众号 TOP10"及其优秀学术传播项目

公众号	优秀传播项目
浙大学报英文版	"论文写作与投稿"专栏
机械工程学报	"论文 100 秒"视频节目
中国循环杂志	传播矩阵——"阜外说心脏"公众号
给水排水	"水业导航"专栏
中国实用外科杂志	"疝与腹壁外科"专栏
中国激光杂志社	"五分钟光学"视频节目
测绘学报	《测绘学报》论文推荐
环境工程	《环境工程》原创精华导读
中国科学杂志社	传播矩阵——"中国科学杂志社"视频号
中国光学	"Light 人物"系列访谈专栏

1.2 分析指标

定量指标采用推文总量、年度篇数来研究推文内容推送情况,采用阅读次数来评价推文影响力。学术类资讯文章多局限于某一或某几个专业用户群,推文一般很难达到娱乐类、新闻类或科普类文章 10 万+的阅读量,绝大多数[10]显示阅读数十、数百或 1 000 多。本研究以阅读量(即阅读次数)为考察指标,将推文分为 3 个层次,阅读量分别为<2 000、2 000~10 000 和≥10 000,其中阅读量≥10 000 的推文被认定为"爆款"推文进行重点分析。定性分析内容包括选题内容、传播形式以及爆款推文的特点等。

2　定量比对结果及讨论

评选出的公众号 Top10 分别属于 10 家中国期刊或期刊群,有浙大学报英文版系列、《中国循环杂志》、《机械工程学报》、《给水排水》杂志、《中国实用外科杂志》、中国激光杂志社、《测绘学报》、《环境工程》、中国科学杂志社、*Light*,覆盖了工程学、信息学、生物医学、心血管病学、机械工程、光学与光子学、环境工程科学与技术等各个学科。"年度中国期刊公众号 Top10"作为中国期刊新媒体的代表,有效利用微信平台建立了学术期刊和中国学者的紧密联系，体现了出版的创新要求，增强了中国学术期刊的服务能力。

2.1 栏目基本状况

作为研究对象的 8 个优秀学术传播栏目其基本情况见表 2。调查结果显示，各个学术传播栏目年度推文数量几篇到几十篇不等，总篇数和年度篇数并无明显的定期规律。

表 2 优秀学术传播栏目的基本情况

优秀栏目	开设时间	推文总量/篇	年度推文/篇						
			2021	2020	2019	2018	2017	2016	2015
"论文写作与投稿"专栏	2015 年 11 月	29	6	8	2	4	0	7	2
"论文 100 秒"视频节目	2020 年 1 月	29	18	11					
"水业导航"专栏	2015 年 2 月	54	5	5	9	9	13	10	3
"疝与腹壁外科"专栏	2020 年 12 月	58	56	2					
"五分钟光学"视频节目	2017 年 9 月	50	3	19	12	12	4		
《测绘学报》论文推荐	2020 年 1 月	131	61	70					
《环境工程》原创精华导读	2016 年 1 月	20	10	5	2	1	2		
"Light 人物"系列访谈专栏	2020 年 8 月	18	8	10					

入选的优秀传播栏目最早开设时间为 2015 年，最新开设时间不足 1 年，有一半(4 个栏目)均为 2020 年开设，体现了科技期刊在发展微信这一社交媒体平台的迅速进步和显著成效。有 6 个栏目 2020 年推送文章不足 12 篇，平均每月不足 1 篇，显示了在新媒体传播中，优秀传播栏目的推文质量对传播影响力的重要性高于推文数量或推文频率。

年度推文量最高的栏目为"《测绘学报》论文推荐"，2020 年 70 篇，2021 年 61 篇，主要内容来自纸刊出版的研究成果，因此供应量较其他栏目更为充足，可操作性更高。

2.2 推送阅读情况

推文的阅读量是微信运营的一个重要指数，与用户基础量、推文吸引力和传播渠道密切有关。如表 3 所示，有 6 个栏目将推文做到 1 万+的阅读量："论文写作与投稿"专栏的爆款推文数量最多，合计 6 篇；"论文 100 秒"和"《环境工程》原创精华导读"虽然没有创造爆款推文，但推文的整体阅读情况非常稳定。

表 3 优秀学术传播栏目的阅读次数

优秀栏目	阅读量		
	<2 000	2 000~10 000	≥10 000
论文写作与投稿	5	18	6
论文 100 秒	9	20	0
水业导航	6	45	3
疝与腹壁外科	49	0	1
五分钟光学	0	49	1
《测绘学报》论文推荐	118	12	1
《环境工程》原创精华导读	16	4	0
Light 人物访谈	0	16	2

由图 1 可见，"论文 100 秒"有 68.97%(20/29)的推文阅读稳定在 2 000~10 000；"《环境工程》原创精读导读"的推文阅读虽然只有 20%(4/20)在 2 000~10 000，但栏目一共发布 20 篇推

文,阅读量均大于700,比部分高校学报自然科学版 4~211 这一阅读次数区间[10]高出数倍。

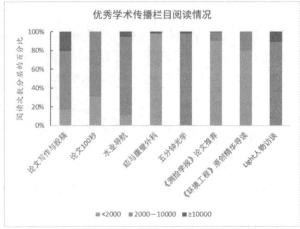

图 1　优秀学术传播栏目不同阅读量推文的百分比

3　定性分析结果及讨论

3.1　选题内容

"浙大学报英文版"公众号内容介绍"发布期刊写作与投稿审稿方面的技巧与建议",专设"论文写作与投稿"栏目。"机械工程学报"公众号介绍"以期刊和专家为基础",其专栏"论文 100 秒"的内容基本为各大高校知名专家团队的论文成果介绍。"给水排水"公众号宣传"重点报道国家水行业政策、工程案例"等热点问题,在"水业导航"专栏中也是主要介绍新的国家标准和治理中国污水之路等探索性论文。中国激光杂志社公众号内容介绍"报道光学领域重大事件",开设的"五分钟光学"节目同邀请国内外一线光学科学家介绍最新的光学动态和热点问题来构建高水准的学术交流平台。其他栏目也是如此。

优秀学术传播栏目在推文上不仅善于抓住科研人员的关注点,而且分别与所属公众号的特色介绍一一对应,各有千秋以避免同质化。

3.2　传播形式

本研究中的 8 个学术传播栏目采取了图文、视频、音频和线上直播等多种传播形式:"论文写作与投稿"专栏、"水业导航"专栏、《测绘学报》论文推荐和《环境工程》原创精华导读这 4 个栏目以文章介绍为主,推文多为图文形式;"论文 100 秒"和"五分钟光学"为视频节目,仅个别学者因疫情防控期间不得不临时改为语音采访;"疝与腹壁外科"专栏以图文为主,少数推文涉及手术介绍时则配发视频或辅以研究论坛或名医名家的在线直播;"Light 人物"系列访谈在文字整理的基础上配以原音音频,既方便快速浏览高效获取信息,也适合在不方便看字时有效利用碎片时间。

微信公众号作为发展成熟的自媒体平台之一,具有多样化的传播形式,不仅包括文字、图片、图文结合等传统纸媒传播形式,而且发展出语音、视频、在线直播等特有的数字化形式。在内容的展现方式上,微信公众号既可以碎片化展现,也可以通过话题订阅集中某一专题,方便读者依据喜好或兴趣来个性化选择阅读内容。不同的传播形式各具特色,适合不同人群需求。图片或文字形式耗费流量少、阅读速度快,可以在短时间内获取大量信息;视频更为直观形象,讲述故事更有趣,特别短视频形式更易传播;语音传播则更适合移动学习的用户需求，比视频下载更流畅和更保护眼睛。

3.3 "爆款"推文特点

"论文写作与投稿"专栏有 6 篇推文阅读达到甚至超过 1 万，篇名分别为《论文的结论与摘要的区别！很多人写着写着就混乱了……》《论文返修时，答复审稿人具体意见的三段结构》《投稿 cover letter 写法详解+范例模板，作者还能向期刊推荐审稿人吗？》《如何快速写作论文初稿？》《原创干货：参考文献，论文写作的重灾区！》《报告分享：英文 SCI/SSCI 论文写作、投稿技巧(I)——写作篇》。《论文的结论与摘要的区别！很多人写着写着就混乱了……》的阅读量不仅在所属公众号栏目中，且在 8 个优秀学术传播栏目的所有推文中达到最高，为 27 000 次。"水业导航"专栏有 3 篇推文阅读达到 1 万，篇名为《给水排水 |崔福义：满足行业人才需求是给排水科学与工程专业的责任与使命》《给水排水 |水业导航：新时代的国家标准《室外给水设计标准》《给水排水 |王洪臣：探索农村污水治理的中国之路！》。"疝与腹壁外科"专栏"五分钟光学"和《测绘学报》论文推荐各有 1 篇阅读超过 1 万，分别为：《指南与共识 | Lichtenstein 手术规范化操作中国专家共识(2021 版)》推文同时配发视频，阅读达到 13 000；《五分钟光学| 上海光机所王向朝研究员谈光刻机难在哪儿》阅读达到 21 000；《重磅！! |姚宜斌，杨元喜，孙和平，李建成：大地测量学科发展现状与趋势》阅读达到 13 000。"Light 人物"系列访谈专栏一共有 2 篇推文阅读达到 12 000，分别为专访首期(深度专访崔铁军院士)和第三期(专访南京大学副校长陆延青)。

阅读量过万体现了推文传播力之强，以上"爆款"推文主要表现出三个特点：①推文标题选取非常用心和"抓眼球"，称为"标题型"。不仅抓住"热点""痛点"，而且设计巧妙，有利于唤起读者的积极阅读情绪或心理。如论文写作专栏文章采用感叹号、问号或省略号等标点符号，利用"快速""干货""技巧"等词语来提醒读者，让读者感觉这正是他们需要的内容，如果点击标题后确实言之有物，将大大促进用户产生分享转发等行为。原创论文导读或科研资讯的推文标题则紧扣热点，并不原样照搬原论文题目，如带有"中国之路""光刻机"等字眼的推文发布时正值当时的讨论热点广受关注之际，或者利用作者知名度来取推文标题，便容易吸引用户点击阅读，增加阅读量。②推文内容提供价值高，使读者获益良多，可称为"内容型"。学术传播栏目中的推文要在科研人员群体中成为真正的爆款，紧抓眼球的标题只是表面形式，真正优质的内容才是首要因素。优质文章能为相关专业的用户提供他们需要的信息，没有辜负他们对文章标题的期望，符合他们对学术栏目的需求，才能保证用户黏性，起到学术传播平台的作用。③推文的传播形式有创新性，而且内容载体选择恰当，可称为"载体型"。合适的载体形式和高质量的方法可以让读者花最少的时间获取最多的信息，学术传播时应当根据内容传播需求去选择图文或视频等形式或手段。如表 4 所示，举例说明了典型爆款推文的具体特点及分类。

4 结论

通过新媒体推送等手段，不但能够提升科技期刊论文的传播效果，而且有助于科技期刊与学者的联系互动，可以发挥科技期刊的学术交流作用。为提升学术传播效果，推文质量和传播形式可以作为运营策略的优化重点之一。①在新媒体传播中，如能保证质量，即使不定期推送，也能建立有影响力的学术传播或学术交流平台。推文数量和推送频率对传播影响力虽然有一定的重要性，但并不绝对。②从选题内容及传播形式来看，优秀学术传播栏目不仅

表 4 典型"爆款"特点及分类

专栏名称	爆款特点	典型推文	阅读量
论文写作与投稿	标题型为主	论文的结论与摘要的区别！很多人写着写着就混乱了……	27 000
论文 100 秒	载体型为主	论文 100 秒｜西安交通大学雷亚国教授团队：面向机械装备健康监测的数据质量保障方法研究	5 568
水业导航	内容型为主	给水排水｜王洪臣：探索农村污水治理的中国之路！	12 000
疝与腹壁外科	内容+载体	指南与共识｜Lichtenstein 手术规范化操作中国专家共识(2021 版)(本文配发视频)	13 000
五分钟光学	标题+载体	五分钟光学｜上海光机所王向朝研究员谈光刻机难在哪儿	21 000
《测绘学报》论文推荐	内容型为主	重磅！｜姚宜斌，杨元喜，孙和平，李建成：大地测量学科发展现状与趋势	13 000
《环境工程》原创精华导读	内容型为主	预见 2017：从环博会细看未来环保产业趋势	3 581
Light 人物访谈	内容+载体	Light 人物首期：深度专访崔铁军院士	12 000

要在推文内容上与所属公众号专业紧密联系，紧贴读者需求，保证高质量，而且在传播形式上需要持续创新，才能拥有大量受众和良好口碑。③建立学术传播栏目品牌，需要充足的供应源才能长期运营，其中与纸刊相互配合实现论文成果的立体化传播，可操作性较好。

本研究的案例分析因样本数量所限，在公众号运营策略方面的分析尚不深入，未来还需要继续调研和积累数据，为加强优质内容出版传播能力建设提供更切实的策略参考。总体而言，通过创新内容载体、方法手段等来实现学术组织力、品牌影响力的提升，有利于推动科技期刊高质量发展，推进传统出版和新兴出版的融合发展。

参 考 文 献

[1] 新浪 VR.2020 微信就业影响力报告：微信月活跃帐户数达 12.025 亿[EB/OL].(2020-05-16)[2021-08-07]. https://baijiahao.baidu.com/s?id=1666812561393306486&wfr=spider&for=pc.

[2] 张重毅.中文科技期刊新媒体发展情况调查及分析[J].编辑学报,2020,32(4):443-447.

[3] 黄锋,辛亮,黄雅意.高校学报微信公众号平台的发展现状和运营策略研究[J].中国科技期刊研究,2016,27(1):79-84.

[4] 徐小明,董燕萍,杨扬,等.医学期刊微信公众号平台应用现状调查分析及提升策略:基于中华医学会系列杂志开通情况的分析[J].编辑学报,2016,28(5):478-481.

[5] 贺斌,秦福强,冯娟.浅谈科技期刊如何提升微信公众号阅读量:以《青岛大学学报(自然科学版)为例》[J].科技传播,2021(16):123-125.

[6] 彭广林.论科技期刊微信公众平台的用户思维构建[J].出版发行研究,2015(9):62-64.

[7] 王宝英.中国科学引文数据库来源期刊微信公众号现状调查与分析[J].中国科技期刊研究,2016,27(1):85-93.

[8] 钱筠,郑志民.中国科技核心期刊微信公众平台的应用现状及其对策分析[J].编辑学报,2015,27(4):379-383.

[9] 科研圈&领研网."2020 年度学术公众号 Top10"终榜出炉:五大榜单,勾勒中文学术传播全景图[EB/OL]. (2021-04-29)[2021-08-07].https://mp.weixin.qq.com/s/F7G045gjf6UXHsHajcZcxw.

[10] 刘钊.媒体融合下高校学报的微信公众号与网络运营现状和优化建议[J].中国科技期刊研究,2019,30(6):613-620.

服务型期刊出版平台的功能需求调查和建设思路

黄 伟

(上海交通大学期刊中心,上海 200030)

摘要: 期刊出版从专业出版向知识服务转型已成为趋势。服务型期刊出版平台不仅能提供全周期的出版服务,还可以为期刊、作者、科学界和机构提供其他更广泛的服务。目前,与国外大型出版集团相比,国内出版机构能够对用户提供的服务还非常有限。本文罗列了部分知名期刊出版平台一些具有特点的功能和服务,并概念化提出搭建服务型期刊出版平台应具有的框架和新要求,最后介绍了一批新颖的知识服务模式,可以为出版机构搭建服务型期刊出版平台提供功能参考。

关键词: 期刊出版平台;服务型;知识服务;建设思路

随着信息技术的发展,科学出版的模式已从纸质全面转向数字化,移动互联网时代的到来使得传播更加便捷与精准,而新时代下大数据和人工智能技术的引入则让科学出版的模式产生无尽的可能,期刊出版将迎来技术性的变革。目前中国科技期刊的数字出版水平还较大落后于国际同行出版集团,其原因之一在于缺少核心技术和集成平台的支撑。当同一机构主办的或具有相近专业方向的期刊形成集聚成为期刊群时,就需要有一个平台来把他们汇聚在一起,以实现集成全周期出版、集聚优质内容资源、集约管理和配置的目标。这个完整的期刊出版平台应该是集期刊稿件采编、文章生产、在线发布、费用管理等子平台功能,并集成各类资源和服务的一站式网络平台。这样的期刊出版平台不仅可以将最新的研究成果加速传播和推广,满足科技工作者对专业信息的需求,还可以增强期刊的影响力,并形成品牌效应[1]。现阶段对建设期刊平台的要求已不再局限于对研究成果的出版展示,而要向知识服务转型。需要的不仅仅是提供全周期出版的平台,而是能为期刊、作者、科学界和机构提供更广泛服务综合性平台。

曾经,HighWire 作为最大的数字学术期刊全文免费获取平台,帮助部分中小型出版商过渡到网络环境,为出版商提供在线出版、资料备份和存档功能,为科研人员提供信息访问和全文搜索功能,极大地推进了出版数字化[2]。如今,全世界的科技期刊主要由商业出版公司、科技社团、大学和科研机构进行出版[3]。目前国际上主流的期刊出版商有 Springer Nature 出版集团、Elsevier 出版集团、Wiley 出版集团、Taylor & Francis 出版集团、SAGE 出版集团等。科技社团主要有美国电气和电子工程师协会(IEEE)、美国物理联合会(AIP)、英国物理学会(IOP)、美国化学会(ACS)、英国皇家化学学会(RSC)等。大学出版机构中规模较大的有牛津大

基金项目:上海交通大学期刊中心期刊发展研究基金(QK-Z-2021001)

学出版社和剑桥大学出版社。这些出版平台基本涵盖了检索与导航、期刊内容、引文链接以及服务功能，但还需不断完善。

本文的研究内容主要如下：首先，调查目前比较知名的期刊出版平台的功能；然后，罗列国内外期刊出版平台部分特点功能和服务；接着，以知识服务为导向，概念化地提出搭建服务型期刊出版平台应具有的框架和新要求；最后，引入一批有建设服务型期刊出版平台可以借鉴的各类知识服务模式。

1 知名期刊出版平台的功能介绍

期刊出版平台是集稿件采编、文章在线发布、全文数据库以及各类资源和服务的一站式网络平台。笔者调查了国际上主流的期刊出版平台，包括其子平台的基本功能和具有特点的功能，以及服务平台的功能，结果如图1所示。

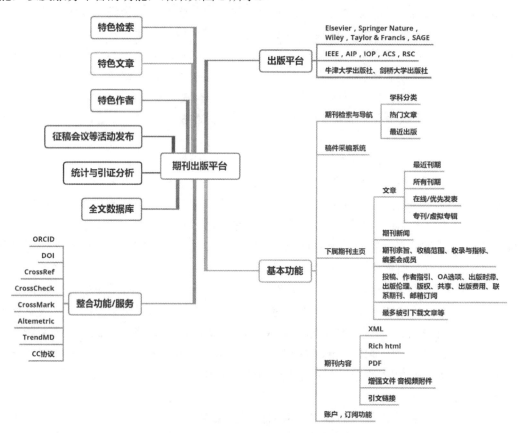

图 1 主流期刊出版平台具有的功能

由图可知，国际主流期刊出版平台的基本功能主要有：期刊检索与导航、采编系统、下属期刊主页、期刊内容、账户订阅功能等；特色功能主要有：特色检索、特色文章、特色作者、征稿会议、活动发布、统计与引证分析、全文数据库等。期刊服务平台的功能主要集成了 ORCID(为研究者配置唯一的并可链接到其研究成果的身份标识码)、CrossRef(引文外链服务)、DOI(出版内容可追踪的永久链接)、CrossCheck(查重服务)、CrossMark[4](判断此文章是否为最新版本)、Altmetric(在网络上获得的关注程度的定量测量)、TrendMD[5](网页插件实现文章精准推荐)、CC 协议(知识共享许可协议，创作授权方式)等。

2 国内外期刊出版平台的特点功能和服务

各种出版平台的架构大同小异,主要区别在于有着健全完整的全流程出版以及一些为了凝聚用户开发的特色服务工具。国际上主要的期刊出版机构有 Elsevier、Springer Nature、Wiley、Taylor & Francis、IEEE、SAGE 等。国内主要的期刊出版平台有中华医学期刊网、中国光学期刊网、有色金属在线、HEP Frontiers Online、SciEngine、Researching 等。笔者罗列了部分期刊出版平台具有特点功能和服务,结果如表 1 所示。

表 1　国际和国内期刊出版平台的功能和服务

出版机构/平台	特点功能和服务	介绍
Elseviser	Journal Finder	帮助作者找到适合的期刊
	Mendeley	文献管理
	ScienceDirect	全文数据库
	Author Services	论文准备、论文出版和其他服务
	Article Transfer Service	论文转投服务
Springer Nature[6]	SpringerLink	全文数据库
	Journal Suggester	帮助作者找到适合的期刊
	Transfer Desk	推荐重投的建议选项
	e.Proofing	在线修改文章校样
	SharedIt	轻松合法地分享内容
	English Language Editing	提供论文编辑服务
Wiley	Wiley Editing Services	稿件准备和稿件推广服务
	Wiley Online Library	全文数据库
	Journal Finder Beta	推荐相关研究的 Wiley 期刊
	Article Share	独特的全文分享链接
	Kudos	解释、分享和衡量研究的影响
Taylor & Francis	Editing Services	英语语言编辑、翻译加编辑、稿件格式调整、相似度检查以及技术审核
	Taylor & Francis Online	全文数据库
IEEE Xplore	IEEE Xplore	全文数据库
	Specialist English Editing Services	论文润色和翻译
	Virtual Journals	在特定学科发表的 IEEE 论文的集合
	Tools for IEEE Authors	期刊和会议推荐、验证 Latex 文件、核实参考文献
	IEEE Collabratec	基于云的学术协作中心
	IEEE DataPort	数据集存储器
SAGE	Author Services	专业的端到端出版支持与指导
	SAGE Journals	全文数据库
中华医学期刊网	Yiigle.com	中华医学期刊全文数据库
	平台服务	新冠科研成果交流平台、优先出版平台
中国光学期刊网	网络服务平台	光电资讯、文献情报、展会、培训
	出版服务平台	提供完备的数字出版管理服务
有色金属在线	有色通	检索《中国有色金属知识库》

分析图 1 可知,国外的出版机构均已搭建完成比较成熟的全周期出版平台,由其所提供的知识服务功能和工具来看,这些出版机构正在从专业出版不断向知识服务提供商转变。相对而言,目前国内的期刊出版平台仅仅只是出于起步阶段,对下属期刊的支持主要集中在基本功能的建设上,只有少量期刊出版平台致力于打造符合国际标准的结构化数据和生产管理系统[7],有些也在尝试接入一些知名学术平台(例如 ORCID、CrossRef、DOI、CrossCheck、CrossMark、Altmetric、TrendMD)以提升网络关注度和国际传播。与国外大型出版机构相比,国内期刊出版平台能够对用户提供的服务还非常有限。

3 服务型期刊出版平台的搭建

3.1 平台的建设框架

目前国内形成刊群集聚的平台寥寥可数,能够为用户提供关于出版活动的服务也比较单一。出版机构若想为其旗下期刊搭建一个新型的期刊出版平台,不应该仅满足于对研究成果进行网络化的出版展示,而是要响应潮流,向知识服务转型,为期刊、作者、科学界和机构能够提供其他更广泛的服务[8]。因此,本节概念化地提出了服务型期刊出版平台搭建应该具有的框架。如图 2 所示,服务型期刊出版平台主要包括采编平台、内容生产平台、在线发布平台、移动端平台、学术社交平台、增值服务平台、统计与引证平台和管理平台。

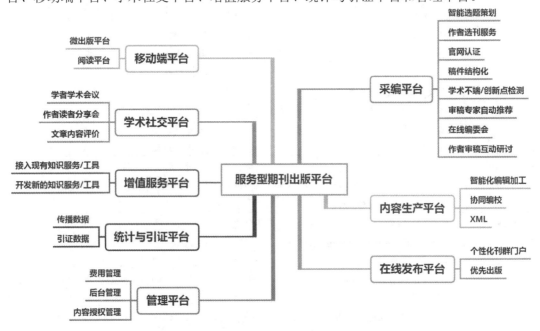

图 2　服务型期刊出版平台的搭建框架

3.2 分平台功能的新要求

采编平台需要完成投稿到录用的全过程。新时代下的新要求可以有:智能的选题策划可以让编辑部和编委团队把握研究热点和前沿,及时把控刊物的发展方向;作者选刊服务可以协助作者筛选目标期刊;搜索引擎官网认证可以让用户规避假冒、钓鱼网站,直接找到投稿入口;稿件结构化处理可以自动调整来稿格式,应对不同使用场景;学术不端和创新点检测有利于提升初审工作的效率;审稿专家自动推荐可以快速匹配,将稿件送至专业研究对口的审稿专家手中;在线编委会功能可以方便地连接起编委团队;作者审稿互动研讨可以让作者及时了解稿件处理动态。智能化程度高的采编系统可以大大解放编辑部的生产力。

内容生产平台需要将录用的稿件生产成可以发布的版本。新时代下的新要求可以有：智能化编辑加工可以自动地调整录用稿件的部分格式和内容问题；协同编校可以让作者、编辑和校对一起参与稿件的加工；能够兼容 XML 的编排格式(XML 是符合目前国际标准的元数据结构化处理方式)，可以实现生产流程的优化和文章的高效发布。

在线发布平台将加工后的文章进行上线。新时代下的新要求可以有：个性化刊群门户可以将重要的、热门的研究成果进行显要展示；优先出版则可以打破卷期号的约束，单篇文章进行单篇出版。

移动端平台主要解决了用户的使用和阅读习惯。新时代下的新要求可以有：微出版平台可以集约化出版平台的功能，部分操作可以在移动端实现；阅读平台则需要考虑如何提升阅读体验，留住读者的兴趣。

学术社交平台，如 ResearchGate 和科学网，可以加强科研人员之间的联系，达到信息共享和科研协作。新时代下的新要求可以有：学者学术会议可以在平台上方便快捷地开展；作者读者分享会可以培养读者成长为作者；文章内容评价可以让更多的人来评判文章的优劣。

增值服务平台主要是对用户提供关于出版的知识服务，接入或开发新的知识服务和工具都是可行的。

统计与引证平台主要是为了记录文章的传播数据和引证数据，客观评价文章的热度。管理平台则包括一些管理功能，方便平台管理员使用。

3.3 平台搭建的思路

据《中国科技期刊发展蓝皮书(2020)》记载，平均每个第一主办单位仅主办 1.61 种期刊，平均每个出版单位仅出版 1.16 种期刊[9]。我国科技期刊目前的数字出版平台存在单独作战、功能不够全面、非盈利为主、缺乏持续的维护和升级、增值服务较少、不可持续发展等问题[10]。为了满足时代发展趋势，关于数字出版平台的搭建，可以有以下一些建设思路：

(1) 借鉴已形成规模的期刊出版平台的经验。综合性平台以国外知名出版集团和中国知网为代表，专业平台可以参考英美各学科学会、中华医学会和中国光学期刊网的建设模式。

(2) 引入成熟的技术解决方案。与其大费周章地去开发理想中的期刊出版平台，不妨引入目前已发展成熟的平台搭建方案，可通过与国内外从事该业务的商业公司合作实现。

(3) 优先发展部分子平台。在资金和技术受限的情况下，优先发展如图 2 所示的部分子平台。例如，大力发展国际作者的单位可引入国际上主流的采编平台；想要提升编辑部工作效率，可以引入内容生产平台，由第三方来完成录用稿件的生产；着眼于吸引移动端用户的期刊单位，可考虑投入开发微出版平台和阅读平台；想要做好科研服务的单位，可引入或开发各类科研辅助工具和知识服务，助力科研。

4 各类知识服务模式对建设服务型期刊出版平台的可行性分析

新时代下，大数据和人工智能技术能够帮助出版机构在海量信息中寻找用户最感兴趣的内容并直接精准推送到用户眼前。在这种大环境下，出版机构从专业出版转型到知识服务提供商已成为趋势[11]。虽然目前国内的期刊出版机构在知识服务领域的发展还处于起步阶段，他们也在尝试采用一些新颖的知识服务模式[12]，这些知识服务模式实现的主要功能以及目前国内期刊出版机构已开发的相关产品参见表 2 所示。由表可知，目前国内期刊出版机构开发的知识服务相关产品已经能够提供相应的知识服务,力图打造服务型期刊出版平台的机构可以从中获得借鉴和灵感,适当引入或开发部分知识服务模式,以响应时代号召、丰富自身的功能、提升用户体验品质。

表2 国内外期刊出版机构较新颖的知识服务模式列表

知识服务模式	可实现的功能	相关产品
算法化的选题策划	抓取学术热点和学科发展趋势 综合下载和引用自动生成选题策划方案	Aminer、SciVal、wizdom.ai
智能化的采编系统[13]	来稿预处理、为论文初审提供参考意见、智能推荐审稿人、学术不端检测	UNSILO、ScholarOne、Editorial Manager
精准化的知识获取	对用户推荐他感兴趣的内容	精准邮件推送服务、TrendMD
语义化的检索	期刊内容更容易被搜索引擎抓取	Microsoft Academic Search 等其他学术搜索引擎
期刊微出版平台[14]	可移动的便于操作的微型稿件处理系统以及客户服务与管理系统	微信、学习通
统计与引证分析	追踪期刊的下载量、引用量等指标	CrossRef、Journal Citation Reports
学术内容发现	接入全球互联网学术资源	Web of Science、Scopus、Dimensions
社会网络影响力	在各类社交应用软件中被关注的情况	Kudos、Altmetrics
版权许可	提供方便便捷的版权再使用许可	版权结算中心(CCC)、CC协议
作者科研画像	描绘作者的科研轨迹	Aminer、Publons、Scopus Author Profile、Dimensions Profiles
科研社交网络	促进学术交流	ResearchGate、Mendeley、科学网
科研辅助服务	语言服务、图表格式调整、文献检索、文献管理、论文排版、论文修改等	各大国际出版商均有提供

5 结束语

本文通过调查国际国内知名的期刊出版平台的功能和服务,发现国际出版机构正在从专业出版向知识服务提供商转型,国内的期刊出版平台能够对用户提供的服务还非常有限。为了能够对期刊、作者、科学界和机构提供其他更广泛的服务,以知识服务为导向,本文概念化地提出了服务型期刊出版平台搭建应该具有的框架和新时代下服务型期刊出版平台搭建的新要求,旨在为拟打造或发展期刊出版平台的单位提供一些思路。在此基础上,文章还引入了一批新颖的知识服务模式,旨在为出版机构搭建服务型的期刊出版平台提供架构和功能参考。

参 考 文 献

[1] 白林雪.数字出版平台的功能特征及其发展趋势[M]//学报编辑论丛(2016).上海:上海大学出版社,2016:337-340.
[2] 赵廓,彭远红,颜帅.HighWire 学术期刊出版平台功能研究[J].科技与出版,2013(11):103-106.
[3] 程维红,任胜利,王应宽,等.国外科技期刊的在线出版:基于对国际性出版商和知名科技社团网络平台的分析[J].中国科技期刊研究,2008,19(6):948-953.
[4] 江玲.引用链接技术 CrossRef 研究[J].武汉理工大学学报,2010,32(8):156-159.DOI:10.3963/j.issn.1671-4431.

[5] 胡苇玮.国际著名期刊出版机构和服务平台介绍[J].传播与版权,2018(7):27-29.
[6] Springer Nature. How Springer Nature helps you: 19 author services to know in 2019[EB/OL]. [2021-08-13]. https://www.springernature.com/gp/authors/campaigns/19-for-19?utm_source=other&utm_medium=other&utm_content=null&utm_campaign=BSCN_1_CZ_1919_Scinet.
[7] 黄延红,侯修洲.科技期刊全流程数字出版平台的构建[J].中国科技期刊研究,2020,31(1):51-55. DOI:10.11946/cjstp.201908070553.
[8] 刘杨.国际顶级学术期刊出版机构作者服务体系建设经验与借鉴:以 SpringerNature 和 Elsevier 出版集团为例[J].中州大学学报,2019,36(3):61-64.DOI:10.13783/j.cnki.cn41-1275/g4.2019.03.011.
[9] 赵庆来.应对知识服务要求的学术期刊出版变革[J].中国出版,2019(7):27-31.DOI:10.3969/j.issn.1002-4166.2019.07.008.
[10] 林鹏.科技出版向知识服务转型的探索与实践[J].科技与出版,2017(6):3-8.
[11] 中国科学技术协会.中国科技期刊发展蓝皮书(2020)[M].北京:科学出版社,2020.
[12] 吴国云,卢焱.科技期刊数字出版平台建设的思考与建议[J].编辑学报,2020,32(5):487-491.DOI:10.16811/j.cnki.1001-4314.2020.05.004.
[13] 赵燕萍.出版流程下的科技期刊智能出版平台构建[EB/OL].[2021-08-13].https://www.21ks.net/lunwen/qikanzhishi/146677.html.
[14] 韩国良.期刊微出版平台浅析[J].科技视界,2015(27):350-350.DOI:10.3969/j.issn.2095-2457.2015.27.259.

方正学术出版云服务平台在科技期刊中的应用实践
——以《核技术》为例

霍宏

(中国科学院上海应用物理研究所联合编辑部, 上海 201800)

摘要: 通过不同排版模式的比较, 以及方正学术出版云服务平台在《核技术》期刊中的实际应用, 体现出其在现代化出版模式中的优势。本文以《核技术》发展历程为例, 分析了铅字印刷、方正书版、word 排版的优势和劣势, 详细阐述了方正学术出版云服务平台在科技期刊中的使用和优点。方正学术出版云服务平台使用简便, 易操作, 不仅提高了工作效率、保证了出版质量, 还能够实现单篇和整期发布、多版本同时发布, 大力推动科技期刊的传播与运营。方正学术出版云服务平台实现了编辑、排版、校对、发稿、传播一体化, 形成了集约化办刊模式。

关键词: 方正学术出版云服务平台; 《核技术》; XML; 数字化出版

随着计算机技术、网络技术、多媒体技术的发展, 再加上大数据时代的到来, 编辑出版行业产生了很大的变化, 自动化技术和编辑出版行业结合得越来越密切, 传统的"剪刀加浆糊"的出版模式彻底消失, 无纸化办公、编排校一体、虚拟编辑部应运而生[1]。随着计算机技术发展的日新月异, 科技期刊的排版模式又发生了如何的改变呢？哪些排版软件会更加适用于现在的编辑出版模式, 更加快速有效地解决编辑工作中常见问题, 并提升实际的工作效率呢？

带着这样的问题, 本文将对常用的一些科技期刊排版软件进行比较和分析, 对比每个软件的优缺点, 并结合自身的一些实际工作经验, 总结《核技术》从创刊以来所使用的排版软件对排版质量、出版周期的影响, 重点介绍了《核技术》目前采用的"编排校"出版平台——方正学术出版云服务平台的应用实践。

1 排版工作流程和软件介绍

《核技术》创刊于1978年, 由中国科学院上海应用物理研究所和中国核学会主办, 旨在展示最新的核科学技术发展动向, 及时反映我国核科学技术的现状和学术水平, 介绍最新的核科技成果[2-3]。本刊学科特色比较突出, 涉及的数学公式较多, 图片类型比较复杂, 从稿件编排要求角度而言, 期刊所选用的排版软件在一定程度上决定了期刊编辑排版工作的流程和模式。

1.1 铅字印刷

20世纪七八十年代, 由于计算机还没有普及, 所以《核技术》在创刊(1978年)初始, 都采用传统的排版模式[4], 即铅字打印和贴图, 费时费力, 且期刊印刷出来的效果不尽如人意, 经常出现图片歪歪扭扭、文字输入错误等现象。

1.2 方正书版

到了20世纪90年代，期刊采用了方正书版排版软件，此软件是北京北大方正电子有限公司研制的一款用于书刊排版的批处理软件[5]。方正书版功能强大，其批处理功能能批次处理书刊排版中的内容和格式，减少工作量。方正书版从20世纪90年代初的方正书版6.0版，发展到7.0版、9.0版、10.0版。运行也从DOS系统升级到Windows操作系统，又升级到Windows 95、Windows98、Windows XP、Windows 2000等操作系统。

利用方正书版排版软件，期刊只需两名专业的排版人员就能完成所有责任编辑交付的排版工作，工作效率和排版准确率大大提高，期刊的排版印刷质量也获得大幅提升。

1.3 Word排版

Microsoft Office Word 是微软公司的一个文字处理器应用程序[6]。它最初是由 Richard Brodie 为了运行 DOS 的 IBM 计算机而在 1983 年编写的。随后的版本可运行于 Apple Macintosh (1984 年)、SCO UNIX 和 Microsoft Windows (1989 年)，是 Microsoft Office 软件的一部分。Word给用户提供了用于创建专业而优雅的文档工具，帮助用户节省时间，并得到优雅美观的结果，是最流行的文字处理程序。

2003年，在强调无纸化办公的时代，本刊使用Word排版软件，此软件简单易懂，设置好一个文章模板后，每个编辑都能很快地学会排版，并在排版的过程中及时发现文章中的错误，边排边校，与作者之间往返校对，也不需要更改文件格式，大大提高了工作效率。

1.4 方正学术出版云服务平台

在人工智能、大数据、互联网技术的大力发展下，Word排版显然已经不能满足科技期刊现在的编辑出版需求，所以本刊从2019年起，摒弃Word排版，采用方正学术出版云服务平台[7]。此出版平台由北京北大方正电子有限公司研发，它融合了XML技术，借鉴了Word软件的排版方式，又兼顾了方正书版的排版效果，把文章内容进行了碎片化处理和结构化存储。方正学术出版云服务平台利用人工智能、大数据、互联网等技术，为学术期刊实现数学出版流程的升级与再造，为提升媒体融合的传播能力提供了一种可行的技术方案。它的生产平台旨在为学术期刊提供专业、高效、便捷的出版服务。以编辑加工、文献管理、成品发布为主线，以XML数据为唯一数据源驱动数字化生产方式升级，同时输出多种格式，能够适应当下新媒体出版的需求。它的资源中心旨在为出版单位提供文献和相关内容资源的自主管理能力。通过完美衔接生产平台，存储细颗粒度的标准全文XML数据，提供精准推送、统计分析等能力，实现内容资源的增值。

2 方正学术出版云服务平台的使用及优点

2.1 提高工作效率

无论是方正书版还是用 Word 排版，工作效率都主要取决于排版人员对软件的熟练使用程度，再加上软件的应用、不同排版形式的处理流程等，每次排版都需要花费大量时间，对工作速度和效率影响很大。

但是方正学术出版云服务平台不同，只要 Word 里面的项目齐全(图、表、公式等)，把录用的 Word 文件上传到方正学术出版云服务平台后，一键自动排版，只要 1 分钟，文章就自动排版好了，非常方便，而且十分省时；然后再通过精修按钮，对文章进行校对和通读，真正实现无纸化办公。此外，方正学术出版云服务平台还能实现多人次同时校对，不需要编辑与排版人员、校对人员反复多次调整和核校，且每次精修提交后系统都会自动保存带有精修标记的版本，便于后续核检。方正学术出版云服务平台具体工作页面参见图1。

图1　方正学术出版云服务平台工作页面

2.2　确保排版质量

方正学术出版云服务平台的精修页面见图2。由图2可见，精修页面与Word编辑一样，不需要对软件进行系统的学习就能快速掌握，"所见即所得"，非常直观。在方正学术出版云服务平台上，只需要设定好期刊的排版模板，如版心、页眉、页脚、页码等，然后把每个组件进行细分，比如中英文题目、中英文摘要、中英文关键词、正文、图、表、公式、参考文献等，就能保证每篇文章的排版都是统一样式。

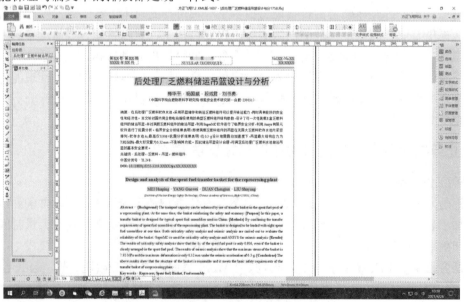

图2　方正学术出版云服务平台精修页面

方正学术出版云服务平台将排版系统安装在远程云平台上，日常升级由北大方正公司在云端完成，因此公式中的符号都会自动更新，不会出现乱码或者无法辨别的情况。表格和图片排版时会根据大小，自动排成通栏或者半栏形式，表格会自动生成"三线表"，图片可以自动导入 Photoshop 软件进行修改，大大节省了精修时间，提升了编辑工作效率。

2.3 实现单篇和整期发布

传统的出版流程是稿件定稿后，整期进行编辑加工、排版、校对，准确核算好版面后再网络出版，网络出版的时间和印刷版的出版时间相差无几。

方正学术出版云服务平台在排版初期，就能确定好页数，稿件进入到组刊中心后，就能确定页码、稿件目录等信息，既能够实现单篇发布，又能够快速方便地确定整期稿件，方便了稿件的印刷和出版。

2.4 多版本同时发布

传统的出版流程是经过排版后生成 PDF 文件，然后再对稿件生产加工，生成 HTML 和 XML 文件，生产加工非常耗费时间，而且一般的编辑人员不具备 XML 文件生产的能力，需要委托专业的编辑出版公司对稿件进行再加工，耗时耗钱。

方正学术出版云服务平台可以同时输出多种数据格式，例如：Word、印刷版 PDF、网络版 PDF、HTML、XML、H5 等，见图 3，完全能够满足当前全媒体时代的出版要求，实现多终端发布，可以自适应网页阅读和手机移动阅读。

图 3　方正学术出版云服务平台组刊页面

2.5 更好的传播与运营

方正学术出版云服务平台基于 XML 数据渲染，对文章进行了深度的数据挖掘，对稿件内容进行细化，图、表、公式、参考文献、作者、单位、基金等细颗粒度要素自动入库并按照科学的体系进行内容组织，如图 4 所示，揭示文献之间、文献与内容之间的深层次关联关系，揭示相关文章、相关作者、相关机构、相关文献、基金项目等核心要素之间的关联关系，形成统计分析报告和图表，为科技期刊今后选题策划、自主内容运营提供了很好的数据支撑和数据保障。

图4 方正学术出版云服务平台资源中心页面

3 结束语

随着计算机技术的飞速发展,传统的出版模式正发生着翻天覆地的变化,新的出版模式正在悄然产生,方正学术出版云服务平台正是顺应了现在科技期刊出版的要求,利用数字化出版技术实现现代化的生产和传播平台。今后,方正学术出版云服务平台还会不断扩展新功能,实现编辑、排版、校对、发稿、传播一体化,形成集约化办刊模式,更好地为学术期刊服务。

参 考 文 献

[1] 葛世俊,陈万福.编辑出版自动化技术在医药专业期刊编辑部的初步应用探讨[J].电脑知识与技术,2006(35):94-95.

[2] 霍宏,钱俊龙.2008—2011 年中国核科学技术类期刊主要文献计量指标统计分析[J].中国科技期刊研究,2013,24(5):870-875.

[3] 霍宏.对科技期刊封面设计的基本规则和发展趋势的探讨:以《核技术》封面重新设计为例[J].中国科技期刊研究,2013,24(4):818-821.

[4] 李晗,邓玲,唐湘茜.科技期刊不同排版模式的工作效率对比分析[J].湖北科技学院学报,2020,40(6):166-169.DOI:10.16751/j.cnki.hbkj.2020.06.042.

[5] 丁宇萍,袁璟.使用方正飞翔排版系统提高学术期刊工作效率[J].编辑之友,2011(增刊 2):66-67.DOI:10.13786/j.cnki.cn14-1066/g2.2011.s2.033.

[6] 丁璇.Word 排版在期刊数字出版中的应用研究[J].电子测试,2016(16):76,67.DOI:10.16520/j.cnki.1000-8519.2016.16.037.

[7] 王磊,李伟.科技期刊排版新模式的应用实践[J].科技传播,2020,(3):66-67,95.DOI:10.16607/j.cnki.1674-6708.2020.06.030.

媒体融合时代科技期刊数字化运营模式探索

李春红

(淮阴师范学院学报编辑部,江苏 淮安 223001)

摘要:2020年新冠肺炎疫情期间,数字出版发挥了独特作用,未来线上出版模式必将成为期刊行业主要发展模式。为此,构建线上线下相结合的内容生产和传播模式是未来期刊业转型升级的重要方向。本文拟从转变办刊理念、改变内容生产方式、构建网络出版平台、创新期刊发行机制和融合办刊几个方向来探讨科技办刊模式,以期与科技期刊的发展理念和受众的需求形成共振,进而满足数字化发展和受众多样化、个性化的需要,为科技期刊数字化运营提供借鉴。

关键词:科技期刊;数字化;运营模式

在新技术的支撑下,互联网不仅以方便、快捷、多方位、全覆盖等诸多优势改变了我们的生活和思维方式,也改变了我们的出版模式,改变着我们精神文化产品的创造、传播和接受[1]。2020年初,突如其来的新冠肺炎疫情给各行各业都带来沉重的冲击,也给原本呈下滑状态的传统出版行业重重一击。同时,我们也看到了出版业在疫情中展现出来的新机遇。疫情期间数字出版优势已经彰显,数字化内容体现了最大的优越性,未来线上出版模式必将成为期刊业主要发展模式。疫情就像一根导火索,加快了期刊数字化的进程。一方面,智能终端的普及以及数字化阅读群体规模逐步扩大,使得受众更关注内容、服务、参与度、社交体验、分享与交流等体验诉求,受众的心理需求也从"单向"向"双向"转变。另一方面,新的信息技术在期刊转型中的应用日趋深入,大数据、云计算、物联网、区块链等新一代信息技术与出版业融合,带来了传统出版体系与传播体系的重构,形成了以数据驱动、平台支撑、服务增值、智能主导为特征的出版新业态,推动出版生产力不断提升。因此,科技期刊数字化转型及其运营应抓住契机,面对新的变化做好前瞻性思考,顺应媒体格局变化、满足消费者的多样化需求。

1 科技期刊数字化转型现状

科技期刊在媒体融合时代的发展规模、范围和发展速度基于数字化的发展产生了巨大变化。在过去的几十年中,信息呈指数级增长,深刻影响了出版产业链价值的生产和运作。这些变化反过来又影响到科技期刊数字化平台的运作和发展趋势,从而创造了新的供应、需求和新的学术出版生态系统。2018年,伴随我国数字化进程的加快推进,大型出版商和媒体持

基金项目:中国高校科技期刊研究会专项基金项目(CUJS2021-036);江苏高校哲学社会科学研究资助项目(2020SJA1783);2021年教育部产学合作协同育人项目(202101395004);江苏科技期刊研究基金优秀面上项目(JSRFSTP2019B08)

续积极探索科技期刊数字化转型路径,开拓新的业务布局;有声读物持续快速发展,成为出版商数字业务的重点;"会说话的书刊"已经成为了现实[1]。多样化的数字化传播打破了时空的局限性,再现了一个扩大化的出版模式,拓展了出版概念的外延。同时,无论是图书还是期刊,传统的纸质本都受到了来自数字出版和网络出版的严峻挑战。

首先,大众的阅读习惯和阅读方式较以往发生了很大变化。在这一转变下,传统纸媒读者占有率迅速下滑,同时,其发行量锐减,受众主体面缩小,影响力也在减弱。其次,随着移动互联网时代微博、微信等自媒体客户端的迅猛发展,传统纸媒已不适应当下发展新形势[2],各大期刊社和图书商都在纷纷寻求数字化转型新路径及其运营模式。目前,学术期刊数字化转型的基本理论问题和发展问题是大家关注的焦点[3-4]。前者主要集中在学术期刊数字化转型的概念和特征两个方面,后者主要聚焦于其快速发展的原因、存在的问题以及发展对策等方面[5-6]。到目前为止,相关研究具有多视角、跨学科等特点,但也存在实践性不强等问题,本文借鉴前人的基础将对数字化转型运营模式进行探索。

2 科技期刊数字出版存在的问题

目前,我国大部分的科技期刊是在印刷品出版后,再将印刷的内容复制到网上进行传播。部分期刊是借助大型专业网站或机构来将印刷版的内容拷贝到网上。例如,万方数据的中国核心期刊数据库,清华同方的中国期刊网都是类似模式。这种方法比较省时省力且能节约资金,但还不能算真正意义上的数字出版。

部分自身具备一定的技术能力的期刊,用其研发出的编辑软件,通过网络来收稿、审稿以及修订。编辑部可以在电子公告板上发布信息和广告,读者可以从中看到相关期刊发行的信息,以及通过互联网完成订购。有些技术公司则利用资源平台来为科技期刊提供更多的营销渠道等等。即使如此,通过调查和实际使用之后,我们发现数字期刊的出版还是会有一些问题存在,影响到数字化期刊未来的发展。

(1) 人们的阅读观念和习惯短期难以改变。在过去的几百年间,人们已经习惯通过纸质媒介来进行文献的阅读。纸质期刊购买渠道和携带方式都比较简便,并且可以随时随地阅读。而数字期刊则需要借助计算机等电子设备来进行阅读,并且有的还需要付费;如果长期在电子设备上看电子期刊还会造成视力下降等。所以,部分读者还是不能完全接受和使用数字化期刊这种必须借助计算机网络技术来运行的电子期刊。美国的国会图书馆馆长曾经说过,虽然电子期刊比较方便,能够用来了解最新信息,但是如果是要做学问和研究,则还是纸质印刷版的文献好一些,也更具有收藏的意义。因此,可以看出数字化期刊在未来很长时间里无法完全取代传统出版[7]。

(2) 数字出版质量亟需加强。传统的出版模式已经发展了很多年,具有成熟且严格的出版流程,各个环节的质量控制都比较到位,从而可以很好地保障出版物的质量。但是当前的数字化出版,特别是网络出版物,与传统出版物质量相比,还涉及技术质量、数字化呈现等质量的监控与评价[2]。对此,目前在出版过程中缺乏比较标准和规范的工作流程。

(3) 著作权保护存在难度。数字期刊比较容易被复制和下载,并且我国的相关法律法规大多是针对传统出版物而制定的,并未对数字出版物进行明确约束。所以,数字出版物的相关著作权保护,还是十分困难的。目前,比较常用的是数字版权技术,需要读者付费才能下载,而且通过数字底纹加密和绑定了硬盘来限制传播范围。但是,现在数字出版的形式种类很多,相关的制作技术也在不断发展，硬件产品更新很快，加密技术最终也会被破解。目前，还没有通用且有效的技术来全面保护各种网络出版物。这些问题的存在将在很大程度上影响数字出版的发展。

(4) 文件格式的标准不够统一。目前，出版部门会根据实际情况来给用户提供不同文件格式的数字化期刊，没有比较统一的标准格式。当前主要有的文件格式是：纯文本、PDF、HTML、RealPage 等 4 种格式。大众的读者群比较常用的是 HTML 式的格式；如果是科技期刊，则需要处理比较多的公式或者图像，为了维持原版版面，则采用 PDF 格式更佳；如果编辑部的过刊较多，则可以通过扫描来上网处理。目前，最合适的方式是综合利用 HTML 和 PDF 两种格式。但是，读者和用户在阅读之前，需要安装阅读软件，而不同的文件格式是需要对应的阅读软件才能打开，这为用户增加了阅读的成本。

3 科技期刊数字化运营思路

结合数字出版和传统出版，实现互补双赢的局面。在未来的一段时间里，数字出版将会与传统出版形式并存，两种出版模式通过互补实现双赢是大家对当前出版形势的共同认识。即使是在信息电子技术如此发达的今天，读者和用户也还是出现分化的局面：部分读者习惯通过纸质出版物来进行阅读。习近平总书记在视察解放军报社时强调："读者在哪里，受众在哪里，宣传报道的触角就要伸向哪里，宣传思想工作的着力点和落脚点就要放在哪里。"[8]对于科技期刊同样适用。可以两种方式并存，以满足不同读者和用户的需求，以便更好地为用户提供服务。

纸质出版物发行后制作成电子版开始在网络上发表，或者是两种形式同时出版，读者就能从不同的渠道获取期刊信息。就覆盖面而言，数字化期刊比纸质出版期刊更广，读者可以在网络上先试读，如果感兴趣，很大可能会订购纸质版本来进行接下来的阅读。这也可以增加杂志社和读者之间的联系来刺激读者和用户的阅读兴趣，在一定程度上加大了纸质期刊的市场销量。另外，在数字化期刊中通过与读者进行实时互动交流，杂志社可以获取大量有效的反馈和意见，能够给出版社的市场部提供用户意见和市场信息，让其可以更好地了解读者的想法，打造出更好的作品。

3.1 转变办刊理念，增强数字出版意识

目前，我国科技期刊主要力量集中在科技期刊的编辑出版的生产环节，在选题策划、品牌营销等环节极其薄弱。同时，科技期刊的市场竞争力不强，盈利模式单一，面临生存的困难与挑战。因此，我国科技期刊要抓住数字化出版的机遇，转办刊理念，打破固有思维模式，强化研发、销售、品牌运营及推广等环节，运用现有的出版平台实现跨媒体出版，使科技期刊尽快融入数字化出版行列。

3.2 改变内容生产方式

传统的内容生产从选题策划到内容制作、编辑校对、印刷发行到推广传播等环节，需要面对大量不规范的信息格式，进行大量重复性的劳动，且会导致较高的差错率，最后还可能耽误刊期，延迟出版，无法触达真正的用户。传统科技期刊在数字化转型过程中还面临着如何有效地将各类型的资源进行生产、整理、交换、推广以及提供优质的信息服务。为了适应市场环境和技术的进步，必须对生产流程进一步优化，在提高生产效率和刊物质量。最后，通过出版流程再造，打通产业链，实现真正意义上的跨媒体出版。当前数字出版领域没有统

一的标准,基本上都采用可扩展标识语言技术对数据进行结构化生产,也可为将来的数据存储和交换奠定前期基础。

3.3 构建交互式网络出版平台

当前立体化出版模式是将传统的纸质出版模式与信息化的数字出版模式相结合,以传统纸质为主,数字出版为辅。数字出版包括光盘和其他图文声像丰富的增值产品、服务使产品可视化传播、立体化传播。过去的传统出版和电子出版都是彼此独立发行的,电子出版不具备比较成熟的发行渠道,如果读者想订购电子版刊物,需要使用邮购或者与发行部门联系来订购,渠道单一从而导致发行的数量无法得到增长。现在,将纸质出版物、光盘以及网站来进行结合和利用,构成立体化出版资源环路,能够有效提升科技期刊的市场竞争力,不仅让纸质期刊的资源更加丰富,而且配套的光盘和网站的商业价值可以明显得到体现。

传统科技期刊的出版方式仅限于纸版和自建网站,且纸质版刊物滞销、出版周期过长,网站功能单一,无法与外部实现有效链接,与作者和读者更是缺少交互。科技期刊需要以互联网平台为载体,以大数据技术为依托,发挥数字出版平台的强大资源整合能力,实现与检索系统的资源整合和科技期刊信息的精准传播与良好互动,使科技成果传播效果可追踪且立体化、可视化呈现,为科技成果的评价提供依据。

3.4 创新期刊发行机制

随着互联网技术的快速进步和数字出版的迅猛发展,科技工作者阅读文献和查阅文献的方式发生了很大的变化。同时,科技期刊纸本刊物印刷量逐年下降,使得科技期刊的印刷与发行陷入两难境地。相比于传统文献获取方式,数字化出版更容易实现资源获取。语义出版和网络首发出版更是为作者和读者提供了资源获取的效率。同时,多渠道的数字化发行还可以有效提升期刊的学术影响力。纸版发行与数字发行相比,传播能力及影响力均无法与数字出版抗衡。因此,在大数据技术赋能出版的时代,强化技术驱动实现流程优化升级,建立有针对性的读者或作者发行数据库,拓宽科技期刊信息的获取渠道才是王道。

4 结束语

出版物从传统模式转型到数字化模式是一个相当复杂的过程,我们不能停留在想象阶段,而需要进行合理的、战略性的规划,从数字化期刊的现状和问题出发,结合传统出版和数字出版的优势,形成新型的立体化出版资源模式,关注信息技术安全,加强网络营销力度,积极地发展科技期刊数字化,从而迎接数字时代的到来。

参 考 文 献

[1] 陈文静.数字出版时代的科技期刊:挑战与对策[J].中国传媒科技,2019(9):30-33.
[2] 唐虹.2009—2018年我国学术期刊出版研究综述[J].昆明理工大学学报(社会科学版),2019,19(5)122-128.
[3] 李志成.我国科技期刊由传统出版向数字出版转型的对策建议[J].电脑知识与技术,2018,14(23):244-245.
[3] 刘钊.我国科技期刊的数字出版现状和发展探析[J].黄冈师范学院学报,2015,35(3):54-57.
[4] 彭永刚.关于我国科技期刊数字出版商业模式的思考[J].中国科技信息,2013(19):60-161.
[5] 杨晓晨.数字时代科技期刊出版产业链分析及发展策略[J].河南科技,2011(13):22-23.
[6] 刘明寿.科技期刊出版产业链的资源整合[J].编辑学报,2009,21(6):471-473.
[7] 董潇珊.从"学习强国"平台看主流意识形态传播的有效性[J].南京航空航天大学学报(社会科学版),2021,23(1):22-26.
[8] 袁勃.总书记新闻舆论金句:把握传媒变革趋势[EB/OL].(20190-09-17)[2021-08-05]. http://yuqing.people.com.cn/n1/2019/0917/c209043-31357977.html.

新媒体视域下期刊编辑工作方式的转变与创新

贺 斌,冯 娟,秦福强

(青岛大学科技处学报部,山东 青岛 266071)

摘要:新媒体视域下,计算机技术发展迅速,数字化工作方式对传统期刊带来极大的冲击,暴露了传统期刊编辑工作方式的诸多问题,给传统期刊编辑工作模式带来挑战与机遇。期刊编辑工作方式必须适应新媒体时代的数字化形式和网络运行方式,转变观念、更新理念,调整心态,积极创新,提高能力,构建新媒体发展思维,成为集优秀编辑素养、深厚学术素养和出色媒介技术素养为一体的复合型编辑人才。

关键词:新媒体视域;期刊编辑;工作模式;创新

随着计算机技术的快速发展,新兴媒体一路高歌,各种新的出版模式方兴未艾,作为出版传播的主力,纸质期刊出版转化为多种新媒体出版成为必然。"越来越多的科技期刊开启了数字化征程,多媒体融合的创新模式不断涌现"[1]。以网络为基础的媒体融合发展成为一种颠覆性的创新潮流,传统期刊的生存模式面临前所未有的挑战和压力,但也为传统期刊的转型发展带来了巨大的机遇。面对新媒体的冲击,绝大部分传统纸质媒体开始调整战略,转变模式,出版电子刊物,利用数字化平台,提升自身的影响力。资金雄厚的新媒体产业,开始对传统媒体收购、合并,以此拓宽业务渠道。从宏观层面来看,新媒体技术的不断成熟,对传统媒体的运营方式造成了很大影响,但同时也为传统媒体的发展开拓出一条全新的道路[2]。新媒体融合的出版方式使得传统期刊的编辑工作模式受到严峻的变革压力,期刊的编辑角色必须满足新的要求。新媒体视域下,期刊编辑工作方式势必发生改变。

1 新媒体时代的特征

相对于传统媒体,新媒体把报纸、期刊、广播、电视等传统媒体的内容利用数字技术、网络技术、移动技术,通过互联网、无线通信网、卫星等渠道,在电脑、手机等终端设备为用户提供信息和娱乐服务的传播形态和媒体形态[3]。相对于传统媒体,新媒体具有很多优势。如,传播内容具有即时性和多样性,传播空间具有广泛性,用户利用电脑、手机、Pad 等智能终端,随时随地做到信息的即时发布、快速接收、跨国传播,突破了信息传送的时间限制和空间限制,实现了"一根网线"通全球的愿景。传播形式具有交融性,新媒体传播利用计算机和互联网技术可以同时集合多种媒体表现形式,实现信息的全方位、多角度、立体式呈现。传播双方具有互动性,新媒体传播的交流互动形式为一对多、多对多,信息发布者与阅读者之间可以随时随地双向沟通,反馈及时、调整快速。信息检索具有便捷性,新媒体将数据存储

基金项目:2020 年青岛大学创新型教学实验室研究项目(CXSYZD202010)

在网络存储器、网盘数据库中，用户只需动动手指，便可从搜索引擎或各类数据库中方便快捷地获取相关信息[4]。

2　新媒体视域下传统期刊编辑工作方式的不足与挑战

2.1　传统期刊编辑工作方式的不足

新媒体的快速发展已经融入到生活的每个方面，期刊也面临着新媒体带来的机遇与挑战。在新媒体视域下，传统期刊编辑既有困惑，又要面对新媒体带来的挑战[5]。

(1) 体制优势导致对新媒体意识淡薄。新媒体对人们的生活、工作带来极大的冲击，但是有些期刊编辑在工作中对新媒体意识淡薄，究其原因是制度问题。隶属于高校和科研院所的期刊编辑人员多为事业编制，工资不与期刊的出版发行等绩效挂钩，期刊不以盈利为目的，主要起到宣传和交流的作用[6]。因此，编辑在编辑部等稿件，期刊正常运营并能够按期出版即可。面对新媒体环境，只是做做表面工作，比如虽然开通微信公众号、微博等，但仅仅将论文内容放在网络平台上，供用户自行下载阅读，更新速度慢，推广范围窄，关注度极少，甚至成为僵尸号。

(2) 政策保护导致开拓创新动力不足。一些期刊，尤其是专业期刊稿源充足，编辑不需要策划选题、组稿和约稿，选题策划的机会较少，竞争意识淡薄。编辑的主要工作是对稿件内容初审，编辑加工和文字校对，按期出版发行。很多期刊的栏目形式几十年如一日，没有任何变化，尤其是科技类期刊。科技类型期刊作为一种受众较为固定的文化产品，相关政策的扶持使其运营与发展具有一定的垄断地位，而且科技类刊物的出版，必须要明确标注主办单位和主管部门[2]。但在新媒体视域下，科技类刊物的出版条件放宽，只要通过资格认证获得出版许可，科技行业外机构和个人出版都能够顺利得到电子出版物经营权。

(3) 人才结构老化导致新技术的应用能力有限。传统期刊编辑能力的要求是具备一定的专业背景知识，文字加工能力、编辑排版能力等。对于出版时间较早刊物，长期运行中逐渐形成了适合该期刊的工作方式，刊载的文章栏目和类型比较固定，期刊编辑，特别是资深编辑，将全部的精力放在专业知识方面，从而带动年轻编辑注重专业知识的准确性和语言运用问题。对于新媒体平台热情不高，由于个人学习能力等原因，对新媒体技术的应用水平较低。

(4) 发行方式单一导致发行量大幅度缩水。传统期刊影响力的重要指标之一是发行量。在新媒体视域下，数字出版形式多样，信息技术的革新使数字出版模式成为日常，读者的阅读习惯以及信息获取方式随之改变。2019 年，中国知识付费用户达到 3.82 亿人[7]，新型信息传播媒体的建立、网络阅读、公众号下载、按需打印强烈冲击着传统期刊的发行方式，对印刷类期刊的发行产生了严重影响，导致期刊发行量大幅缩水[8]。

2.2　新媒体视域下期刊编辑面临的挑战

(1) 传统工作方式面临挑战。传统期刊的出版模式是纸质出版，期刊编辑的工作基于纸质稿而展开。作者投稿、编辑约稿和组稿、专家审稿主要通过通信、电话进行，即使利用电子邮箱，也存在效率低、周期长、投稿渠道少等缺点[9]。新媒体带来了多种传播模式，沟通方式、信息和知识的传递方式不再限于纸稿，期刊编辑必须面对新的工作方式和出版模式，如网络出版、移动终端发行、数字媒体等多种形态媒体的融合。涉及的新媒体技术包括在线收稿、处理稿件；熟练运用微信、QQ 等即时通讯工具与作者、专家在线交流；借助网络媒体发布征稿信息，利用图像、音频、视频等多形式的数字资源实现信息和知识的综合编辑和立体呈现[10]。

然而，这些新媒体技术使一些期刊编辑无所适从，因为不能掌握，或者不能熟练掌握新媒体技术，从而成为"功能性文盲"。

(2) 传统出版方式面临挑战。传统期刊出版由于通讯方式和出版模式的限制，导致作者修改速度慢，专家审稿时间长，稿件审、校通过后，才能排版印刷，期刊出版周期长。出版方式也只有纸稿装订成册，形式单一。无论是否需要，读者都要购买整本期刊。新媒体视域下，期刊内容以多种方式与读者见面：微博、微信公众号、OA下载、按需打印。一篇好文章，经过网上投稿、审改、修改、编校、出版，可以在短短几小时传播到"地球村"中每个需要的人手中，体现出惊人的即时性和高效性。

(3) 期刊编辑影响力面临挑战。期刊在传统知识获取方面扮演重要角色，作为知识传播者的编辑在相应领域和固定的读者群中，具有较高的影响力。但新技术的快速发展对读者的阅读方式和阅读习惯也产生了颠覆性的影响，知识的获取途径不再依靠纸媒。不仅如此，每个人都可以发布新知识、新信息，成为自己的编辑。新媒体传播途径多样化的性质导致期刊编辑的影响力在一定程度上被削弱，期刊编辑的权威性受到质疑，甚至使期刊编辑产生自我怀疑，影响编辑的职业发展。

(4) 期刊编辑自身能力面临挑战。新媒体视域下，自媒体、公民记者等与传统期刊争夺市场。由统计数据可知，期刊在信息市场的占有率呈现出急剧下降的趋势。为扭转这一劣势，期刊编辑不但需要有较强的文字编辑能力，更需培养和提高创新能力。创新能力不仅包括选题、组稿的能力，而且包括对新媒体技术的应用能力。如，网络出版中，是否能够熟练编辑文字、网络排版、处理图片、插入链接、制作动画、导入音频、视频等多媒体技术。

3 新媒体视域下编辑工作方式的新要求

新媒体视域下，"来料加工"时代已经结束，期刊编辑不再是整个出版流水线上的一环，充当着"为他人作嫁衣"的被动角色[11]。期刊编辑工作变得更为丰富和多元，多种编辑角色的分工合作，使编辑工作成为一个整体。一些编辑坚守传统"期刊人"的工作职责，做好文章质量把关、稿件加工等工作，另一些编辑则将工作重心转向复合型"传媒人"，做好期刊的多媒体融合发展工作[12]。

3.1 传播媒介的运用者

新媒体视域下，期刊的出版渠道有多种平台和载体：网络、博客、微信、手机APP、电子期刊等。不同期刊具有不同特色，编辑首先需要根据自身期刊的宗旨和特色选择适当的出版渠道，针对不同传媒载体的特点，编辑和整合期刊内容，使其适合该载体的数字发行形式，再把相应内容精准推送出去[13]。这一系列工作主要在期刊的新媒体平台完成，期刊能否以新的形象完美呈现，取决于内容与载体是否完美契合。如，面对青少年的科普类期刊可以利用抖音、快手等视频、动画深入浅出地讲解科学理论，演示实验；科技期刊可以利用二维码发布录制的课题背景、实验过程，以及作者的观点见解；社科期刊可以插入历史背景、名家论坛等链接，丰富文章内容，扩充知识含量。因此，只有期刊编辑担负起传播媒介的运用者角色，期刊才能提供给读者一个多媒体互融的复合媒体平台。

3.2 知识传播的把关者

期刊出版流程中，不论是传统还是现在，编辑都承担期刊质量把关的重要工作。新媒体视域下，编辑的"把关人"职责将更加重要。新媒体给人们对知识获取带来更多的便捷，碎片化阅读方式成为日常。原来固定、缓慢的"收稿—审稿—发表"流程不得不做出改变。发表周期的缩短、井喷式信息、良莠不齐的稿件，对编辑的能力提出了更高的要求。为保证出刊质量与学术水准，要求期刊编辑独具慧眼，充分利用互联网等新媒体技术，去伪存真，选择精品稿件，严抓编校质量，做好知识传播的把关者。

3.3 信息传播的组织者

在传统期刊的单向传播方式中，读者处于受众地位，作者、读者、审稿专家和编辑之间的沟通渠道受限。新媒体视域下，大家可以利用网络论坛、微信群、手机 APP 等构筑的新媒体平台发表自己的观点，读者、作者甚至审稿专家的身份可以互换，交流学术、展开讨论不再受到时间、空间限制。此时期刊编辑的重要工作是有效的组织与引导大家交流信息，保证平台内学术互动在严谨、文明和平等氛围中开展。期刊编辑必须具有创新意识，及时捕捉前沿学术问题和热点问题，策划组织有价值的学术研讨与对话，为科研活动和学术创新选题提供讨论平台。

3.4 用户需求的服务者

表面看，学术期刊的数字化转型是新媒体技术发展造成的，但本质是满足读者需求。新媒体平台方便展示科研成果，追踪科研进程，讨论科研问题，反馈读者意见，检索学术信息。编辑的本质是为作者，读者之间架起桥梁，满足用户综合需求，通过编辑这种服务者，使读者、作者、专家团队的各种科研需求得以生成和实现，多元学术服务得到满足[14]。

3.5 市场竞争的开发者

传统期刊有自己固定的读者群，并不需要开发新的市场。但新媒体的出现使出版市场的竞争愈加激烈。各种期刊面临的不仅是同类刊物之间的竞争，更是与其他具有立体传播形式的直播、短视频等新媒体平台的竞争。新媒体的方便、直观使得原有读者转换阵地，一些期刊面临严峻的发行挑战。期刊编辑必须考虑如何用优质、独有的内容吸引读者注意力，在激烈竞争中占有一席之地[15]。

4 新媒体视域下期刊编辑的发展策略

新媒体视域下，期刊编辑面临着困惑，机遇与挑战。为适应期刊数字化变革，在激烈竞争中生存发展，期刊编辑要转变思维观念，提升自身综合能力，在新媒体视域下实现期刊和编辑自身的转型发展。

4.1 转变观念

改革发展中最难改变的是人的观念。为适应新的发展形势，期刊编辑首先要转变自身观念，从"等进来"到"走出去"，从简单的"内容发布者"到树立"编辑主体意识"[16]，积极改变传统期刊复杂的出版流程，充分利用网络化采编系统，改进期刊编辑的工作方式。利用信息技术和网络技术，充分发挥出在线投稿、查询、审稿等方面的作用和优势，通过计算机网络对相关工作实施网络流程控制，加强作者、审稿专家、读者之间就学术问题的有效探讨和信息交流，缩短各项工作环节的时间，提高工作效率[17]。

树立"用户至上"意识。读者、作者是纸媒时代的期刊用户，在新媒体视域下，"读者、作者、专家群体、论坛粉丝、微博博主、订阅号访客、微信群好友等一切能够给期刊带来效益与关注度的群体都有可能成为期刊服务用户"。编辑要紧跟时代步伐，做出调整，立足本期刊，选择目标用户，定制个性化的信息服务内容，针对用户反馈及时做出调整。加强与读者、作者、专家群体的联系，树立"即时互动观念"，密切关注学术平台中的交流互动情况，第一时间回应大家中提出的问题，在互动过程中挖掘有价值的学术信息[12]。

4.2 提升能力

相对于传统期刊编辑的能力要求，新媒体视域下的期刊编辑要求是"复合型"人才，既懂编辑业务又懂学术和新媒体技术。数字化出版是必然趋势，新媒体技术的应用也是编辑工作的常态，因此，编辑必须能够熟练运用网络化采编系统，掌握图片、视频、音频等各种形式的文件加工软件，在各类网络化社交媒体平台上，熟练推送信息，组织活动，构建期刊专属学术社群[18]。向优秀的社交平台及公众号学习，借鉴其网站建设和运营模式，搭建具有自身期刊特色的新媒体平台。

同时提高自身学术水平。前几年，"编辑学者化"和"学者编辑化"成为讨论的焦点，可见，期刊编辑的专业学术能力仍是其核心竞争力[19]。期刊编辑应关注学科的最新发展，工作过程中，保持敏锐的嗅觉，充分利用新媒体技术收集学科前沿信息，积极参加各种学术会议；经常与专家学者交流，深入到高水平实验室；编辑本身可以"编研"结合，利用自身的专业，参与到科学研究中。目前，很多高校期刊编辑也是一线教师，有自己的科研课题和团队，不仅把自己的专业知识充分运用在稿件的编、审中，而且在与作者、专家交流时，能够提出独到的见解。

4.3 团队建设

新媒体视域下，期刊的发展既简单又复杂。新媒体技术的应用使以往繁琐的工作变得简单，同时，新媒体技术又使出版的内容和形式变得复杂。如今科学内容纷繁复杂，发展日新月异，单兵作战不能适应时代要求，因此，团体合作，共同运作期刊发展极为重要。团队合作包括两方面：一是编辑部内部合作，如高校期刊，在传统期刊各类编辑合作基础上，应增加专业新媒体技术人员，负责期刊的新媒体平台运作[20]；二是期刊与专业的新媒体平台、宣传部门、互联网专家等合作，编辑负责协调沟通，分配任务，扩大传播力度和广度；与科技工作者合作，把握前沿，筛选信息，避免传播错误科学信息；与互联网等专业人员合作，运用相关专业技能将科学信息快速传播到各大平台[21]。

5 结束语

新媒体视域下，期刊编辑面临前所未有的机遇与挑战。编辑应适应时代要求，在具备基本专业能力的基础上，转变思想，树立"编辑主体意识"和"用户至上意识"；具有团队合作精神，加强与作者和读者沟通，拓宽期刊发行渠道；征求专家意见，选题策划大胆创新，捕捉学术前沿热点问题；学习利用新媒体技术，搭建数字化平台。期刊编辑要当好把关者，传播优质内容，进一步提升期刊编辑工作质量和发展效率，促进期刊走特色化和差异化发展道路。

参 考 文 献

[1] 高自龙.融合转型:期刊主体性困境与路径选择[J].澳门理工学报,2017(1):123.
[2] 李晓燕,黄鹿,霍红梅.新媒体视域下科技期刊发展困境与策略探析[J].传媒论坛,2020,3(24):82-83.
[3] 李晓东.论广播在新媒体时代的发展与创新[J].中国传媒科技,2012(14):52-53.
[4] 秦福强,贺斌.移动新媒体时代学术期刊编辑职业素养[J].传播与版权,2019(10):67-69.
[5] 贺斌,秦福强.传统媒体和新媒体深度融合的困境与对策[M]//学报编辑论丛(2019).上海:上海大学出版

社,2019:340-343.
[6] 马丽丽.新媒体背景下科技期刊编辑的能力提升策略[J].辽宁工业大学学报(社会科学版),2020,2(2):90-92.
[7] 2020年中国知识付费行业运行发展及用户行为调研分析报告[R/OL].(2020-02-14)[2020-11-15]. https://www.iimedia.cn/c400/69029.html.
[8] 董莉.试析数字化时代期刊发行的历史性转型[C]//中国科学技术期刊编辑学会.第十二届2014全国核心期刊与期刊国际化、网络化研讨会论文集.2014:40-44.
[9] 夏玮泽,黄艳刚,汤钧涵.新媒体环境下传统期刊编辑工作的传承与创新[J].湖北科技学院学报,2020,40(6):290-292.
[10] 甄真.媒体融合时代期刊编辑的角色转型[J].科技传播,2015(2):238-239.
[11] 曾文雪.新媒体时代学术期刊编辑职业素养提升探析[J].辽宁广播电视大学学报,2020(1):114-118.
[12] 庞达.论媒体融合时代科技期刊编辑的新角色与自我发展[J].编辑学报,2018,30(1):25-28.
[13] 韩啸,李琦.新媒体时代科技期刊出版现状及编辑素养的提升[M]//学报编辑论丛(2019).上海:上海大学出版社,2019:249-252.
[14] 郝雨,郭峥.内容、行为、需求组合视角下的编辑理念及实务创新[J].中国编辑,2018(4):21-25.
[15] 张剑英.全媒体出版时代编辑市场意识的创新研究[J].新闻研究导刊,2019,10(11):183,185.
[16] 杨闯.编辑主体意识与编辑职能转型[J].中国编辑,2011(5):27-31.
[17] 樊敏.新媒体环境下期刊编辑工作模式的转变路径[J].传播与版权,2020(8):61-63.
[18] 颜爱娟,陈爱华.媒体融合背景下学术期刊编辑队伍建设[J].辽宁警察学院学报,2017(2):125-128.
[19] 战炤磊.媒体融合时代学术期刊核心竞争力:综合动因与提升路径[J].中国编辑,2020(1):50-55.
[20] 游滨,周沫,欧阳雪梅,等.高校科技学术期刊构建科学传播平台研究[J].编辑学报,2013,25(5):416-418.
[21] 罗飞宁.学术期刊编辑媒介素养的提升路径[M]//学报编辑论丛(2018).上海:上海大学出版社,2018:293-297.

大数据背景下学术期刊融合发展路径选择

于 红

(青岛市社会科学院，山东 青岛 266001)

摘要：随着"大数据"时代的来临，表面上看"大数据"的概念及其价值更多地是被 IT 业和企业营销领域所关注，但从深层次看，"大数据"也深刻地改变着学术期刊的传播方式、营销方式、评价方式、读者获取数据的方式、作者与编辑的互动方式等，使学术期刊面临新的挑战和机遇。因此，建立智能化学术期刊平台，建立健全相关法律法规，加强复合型编辑人才队伍建设，建构科学的学术期刊评价机制，转变管理体制等，是学术期刊在大数据背景下融合发展的路径选择。

关键词：大数据；学术期刊；融合发展；路径选择

十九大报告指出要"推动互联网、大数据、人工智能和实体经济深度融合"。随着我国计算机技术的飞速发展，海量的信息正在被全面数据化，这预示着大数据时代的降临。虽然目前"大数据"的概念及其价值更多的是在 IT 业和一些营销领域得其所长，但从长远看，"大数据"也深刻地改变着学术期刊的传播方式、读者获取数据的方式、作者与编辑的互动方式以及营销方式和评价方式等。对出版行业的影响不仅体现在信息传输渠道创新方面，还将极大促进大数据、人工智能、物联网、虚拟现实等技术的应用[1]。数字化和网络化的发展正推动着我国学术期刊从传统的纸质出版向大数据时代数字出版融合发展。在大数据时代，如何应对受众搜集信息、阅读习惯的改变和期刊出版部门体制的改革，如何清除制约学术期刊发展的障碍，更好发挥学术期刊的功能和作用，让学术期刊从学术研究多元领域的方向发展等问题，是我们需要认真思考的时代命题。目前对于这方面研究总体是薄弱的，因此，为适应"大数据"时代对学术期刊的新要求，进行积极探索大数据背景下学术期刊融合发展路径亟为重要。

1 大数据时代学术期刊乘势融合发展渐成趋势

在大数据时代背景下，学术期刊融合发展问题已经成为期刊界乃至学术界关注的热点问题。人工智能将加速推进专业化知识服务平台建设，有效聚集专业领域数字内容资源，推动知识服务体系建设[2]。因此，学术期刊要想乘着大数据时代的东风更好更快发展，就应加紧战略谋划和整体布局，加快转型升级的步伐，并在转型中发展，应用大数据技术，通过互联网平台，实现内容的聚合、互动、创新，使得学术期刊内容迅速传播，广大受众共享与自由交流，赋予学术期刊"内容为王"全新的内涵。

1.1 大数据时代学术期刊的传播方式改变

"域出版"概念的提出将使学术期刊的传播方式发生革命性改变。"域出版"期刊是超星集团在移动互联网时代背景下，提出的新型期刊数字出版概念，它基于最先进的期刊数字出版技术,打破国内近 20 年的期刊数据库数字出版模式,推出新媒体融合的期刊域出版计划。从 PC 端、移动端全终端清除学术阅读障碍,同时不断提升阅读体验。以前的学术期刊数据库对知识传播虽起到了一定的作用,但也使得学术期刊失去了特色和独立性,如编辑的一些思想、抑或各专栏排篇布局以及专栏与专栏之间的联系没有得到整体展现,而在大数据背景下超星的域出版空间中,借助移动出版技术,可打造学术期刊的在线学术交流与互动的平台,包括专栏出版的文字与图片、音频与视频、论坛与授课等多媒体功能在内的多维平台,将扩展与充实传统学术期刊所刊载的页面,创新纸质出版的内容,加速学术期刊传播的影响力,从而为学术期刊的发展提供一个健康有序、良性发展的思想市场。

1.2 大数据时代读者获取数据的方式发生改变

随着数字阅读技术的成熟,使得受众在需求数据时摒弃以前纸质文献查阅行为,而是直接通过各类阅读终端迅捷搜集下载,除从中国知网、万方数据等商业平台获取相关数据外,学术期刊自建的门户网站也是读者获取数据的重要来源之一,另外,微信、微博等社交网站也成为读者获取数据的渠道。读者只需点开相应的数据终端就能直接阅读期刊相关内容,对自己所需信息可以随时选择保留或复制,其便捷性是纸质期刊不可比拟的。就算寻找以前久远的期刊资料,在大数据平台上也能通过搜索关键字而准确地找到符合自己需求的所有文献,这种信息检索与直接阅读的一体化的功能,让读者在一定程度改变以往保留或订阅纸质期刊的行为。如此,读者会从订购某种学术期刊转向订购某类文章,甚至是文章中的某个部分[3]。这些行为变化终将引起学术期刊在数据读取方式上的改变。

1.3 学术期刊作者、编辑之间互动更为明显

大数据背景下,数字化学术期刊随时随地交流和互动的属性,使得期刊作者和编辑可以不受时空限制进行交流。作者需要的不再是乏味的期刊,而是能精准解决其在获取信息或内容方面痛点、痒点的个性化产品及服务[4]。期刊作者从信息的接收者逐步变为信息传播的参与者,及时了解最新学术前沿资讯与各学科研究趋势,在大数据平台上搜寻自己研究方向的学科类别栏目或某类期刊投稿。同时,学术期刊编辑也能利用云数据,根据相关作者的研究方向、专业领域的热点,发挥编辑主体能动性,对各类学术信息进行筛选、整合、编辑、加工、分类,进行深层次的组稿和选稿,根据学术期刊的特色和办刊目标谋篇布局各栏目,恰如其分地选择各类文章。不断提高编辑的学术意识、学术自觉,这可让编辑成为学术期刊的主体人而不只是仅发挥对文章的修补功能,编辑们也能将积累多年的知识资源和编辑经验充分发挥出来,此举对与作者交流和选取精品文章大有助益。

1.4 学术期刊的营销方式发生变化

随着大数据技术的成熟与应用,出版企业可以利用大数据对准读者群进行分析预测,掌握阅读者的喜好与需求,为传统学术期刊拓展受众市场提供了更多渠道。一方面加强数字化学术期刊营销,学术期刊特有的学术专业性,能在一定的范围内形成个性化突出、小众性的营销模式,因数字期刊的易保存易搜寻等特征,更能引起读者对电子期刊购买欲;另一方面,可根据数据分析出的受众的阅读需求,及时为各学术期刊提供相对应的采编信息源,快速而准确地连接供需双方,形成有需求有供给的良性循环供需链条,进一步提高学术期刊的整体营销水平。

1.5 学术期刊评价分类产生新变化

目前对我国学术期刊评价多关注期刊的影响因子、被引频次等。随着大数据技术的传播

与使用，对学术期刊的评价不再囿于专家与编辑的参与，而是邀请更多的专业评价机构，甚至更多读者的参与。人们可通过大数据平台的数据来判别或分析学术期刊中学术成果的创新性、前沿性。人们可根据学术期刊中每篇论文获得在线关注的强度，以及其在学术网络平台上的浏览、下载和引用次数，来评定其的社会影响力和学术影响力，从而形成对学术期刊更加直观、更加全面、更多指标的评价标准，实现学术期刊评价机制新变化。

2 大数据背景下学术期刊融合发展的制约因素

2.1 缺少智能化学术传播平台搭建与整合

大数据时代的学术期刊的融合发展不再是简单地把期刊变成电子化模式，而是需要一个在内容制作高度专业化的智能化平台，即搭建集成果发表、学术资源检索、学术评价、学术动态、互动社交、增值服务等功能一体的新型在线学术交流平台，使得这种新型在线学术交流平台逐步取代传统的学术期刊的交流功能，成为大数据背景下的主流交流平台[5]。目前国内学术期刊因受资源规模、资金实力、技术开发、复合型人才、整合机制等因素制约，还无法实现资源共建共享这样一个智能化学术传播平台，各学术期刊依然停留在单打独斗的状态，各自建立自己的电子版网站，因此，难以实现学术资源的有效整合，产生规模效益，影响了期刊传播力。

2.2 缺乏完善的法律保障机制

国家目前对数字出版还没有形成十分明确的、专门的管理体系和管理办法，存在政策所无法覆盖的问题和漏洞。例如，从数字传播技术发展与其制定的行业标准的角度来看，其行业标准已然落后于时代发展，对数字期刊的知识产权、数字出版的防伪、保密等技术也未建立起一套行之有效的管理办法，同时对人工智能创作过程的侵权行为以及著作权归属问题都在法律法规上无据可依[6]。不久将来在智能化学术传播平台搭建后，作为引领学术发展的学术期刊是离不开国家政策层面的支持，离不开国家创造良好的政策环境和完善的法律保障机制。因此，在大数据时代学术期刊的融合发展过程中亟须建立和完善规范化、法制化的保障机制，为学术期刊网络传播健康发展提供政策支持。

2.3 复合型编辑人才匮乏

以"内容为王"的学术期刊，编辑重要角色不可或缺，而目前状况是传统期刊编辑具备较丰富的是关于纸质编辑的理论知识，而对于数字编辑所应掌握的知识储备不够全面。大数据时代，需要的是复合型编辑人才，既要有深厚的文化底蕴，发挥编辑学术意识，能对学术信息进行整合、编辑、筛选、加工、分类，又谙熟数字出版规律，具有利用云数据分析和解决数字出版中实际问题的基本能力。现今面临的窘境是既懂出版又能掌握数字化编辑技术的多面手型编辑人才少之又少，并且现在的高校很少开设涉及数字出版的专业，使得如今编辑出版人才培养的步伐落后于大数据背景下数字出版的发展，复合型编辑人才匮乏的局面已成为学术期刊融合发展的瓶颈。

2.4 管理体制滞后于数字出版发展

我国目前的学术期刊大多属于一个部门或由某一高校为其主管部门，此所面临局面呈现两极分化状态，一方面是由于所属主管部门不同，有的期刊部门办刊经费短缺，实力不强，期刊发行量小，应用数字化技术的意识也不强，缺乏对数字出版的研究，制约了大数据背景下期刊融合的发展；另一方面有的期刊因其专业性和特色明显，加上大量科研人员评聘职称发表文章投稿所需，没有办刊压力，缺乏竞争意识，对期刊融合发展缺乏积极主动性，持观望和等待的态度。究其原因，由于受目前管理体制的束缚，一些学术出版单位还是受到以前的事业化管理学术期刊出版的旧有模式影响，将期刊作为附属业务处室分布在单位里或高校某个院系中，或将学术期刊部门单独列出作为一个单位，并没有一个总的管理机构，对其进行资源整合与行政管理，各个期刊各自为据，没有任何横向联系与交流，这种低效和单一的管理模式很容易造成期刊内容的封闭，刊物趋同化的现象加重，这些势必成为学术期刊在大数据时代的融合发展的绊脚石。

3 大数据背景下学术期刊融合发展的路径选择

3.1 建立智能化学术期刊平台，造就大数据时代新意义的学术期刊

智能化学术期刊平台建设，对于大数据背景下学术期刊数字化发展能否快速健康发展的作用和价值意义重大，而且随着数据库平台建设的技术改造和功能日臻完善，会呈现越来越明显的效应。目前，大多数学术期刊与某些网站平台合作成效显著，期刊的传播、检索、利用率等都有大幅提高，直接标示着网站和学术期刊双向效益的最大化，学术期刊资源也日益发挥出社会效益和学术影响力[7]。因此，本着共建、共享、共赢的理念，各学术期刊出版在大数据背景下应不断走融合发展之路，与互联网共同打造全媒体内容资源和全流程数字出版服务平台[8]。

3.1.1 由政府部门作为牵头人，创建一个智能化的大数据学术期刊平台

改变以往纸质学术期刊的编辑出版流程，形成集投稿、编辑、印刷、发行、信息定制、学术研究于一体的功能强大的智能化平台。这样一个集作者、编辑和读者共享的虚拟学术圈，同时解决了作者花精力寻找适合自己成果的期刊发表、编辑策划选题搜索稿件难、读者花费时间筛选自己有用的信息等一系列问题。在这平台，极利于作者、编辑、审稿人即时交流沟通，不仅简化编辑工艺流程，提高期刊编辑出版的效率，而且出版周期也大大缩短，出版成本也大幅降低。

3.1.2 实现各学术期刊信息的共享，打破各学术期刊自我封闭的壁垒

有的传统学术期刊缺乏对学术期刊信息聚集一体化的态势的认识，生怕自己的好东西被人拿去而自我封闭。而通过学术期刊与智能化数据平台的合作，将实现各学术期刊的多学科和跨学科的融合，打破以往学术期刊综合性和专业性的区分，在数据平台上都表现为文献的提供者这样一个角色。

3.1.3 学术期刊内容生产机制创新

在智能化数据库平台上，重新对传统纸质期刊的内容进行整合、分类和包装，通过图片、音频、视频等丰富的多媒体形式，使优质的信息资源注入更多活力，并通过互联网这个强大信息传播平台，加强与读者的互动，使学术期刊的知识信息更迅速的传播和发布，同时及时获取读者的需求和对期刊的反馈，从而掌握期刊的选题内容，使期刊内容的生产与编辑更加主动，内容更加创新，达到学术期刊内容为王的真正高度。

3.2 建立健全相关法律法规，为学术期刊融合发展创造良好政策环境

大数据背景下学术期刊的融合发展在某种程度上给新闻出版管理工作带来了新的挑战，这就需要我们面对期刊业的大数据背景下融合发展机遇与挑战并存的局面，及时作出应对对策，保障数字出版产业的健康持续发展。

3.2.1 建立期刊内容监管平台

大数据背景下的学术期刊的数字发展对传统学术期刊产生较大冲击，其在线、互动、查询、储存功能强大，比纸质期刊更能满足人们的阅读需求，但学术期刊永远改变不了"内容为王"的特点，学术期刊的核心竞争力的实质也是其内容，所有的技术发展也是围绕服务期刊内容来完成。大数据技术和人工智能技术的日臻成熟，使得通过智能分析预测各学科领域的热点和发展趋势变为现实，并能在一些学科热点方向上及时地发掘优秀稿源[9]。如何把学术期刊现有的内容优势在网络化条件下更好地传播发挥出来，故要求出版单位与时俱进、创新思维模式，建立适合大数据背景下学术期刊发展的内容资源监管平台，由国家新闻出版署直接管理，除将整个期刊内容数字化外，还需完善数字出版相关标准，建立网络出版编辑的责任制度，严格执行编辑规范，体现正确政治和学术导向，促进学术期刊在大数据背景下健康发展。

3.2.2 健全数字版权管理平台

在大数据背景下，版权的范围和地域不相同，有些国家的法律对数字传输和在线提供版权内容方面设立了专门的权利[10]。为加快传统期刊出版和网络出版相互融合的步伐，我国必须建立健全数字出版保护体系。首先要从法律法规方面入手，修订和完善《中华人民共和国著作权法》，进一步修订法规中不适合大数据时代学术期刊发展的相关数字版权的条款；其次要加强数字版权执法机制，可用行政手段干预，配备执法队伍，对违反版权制度规定的侵权盗版行为加大对其惩处力度；第三要以技术手段来切实保障版权人的合法利益，建设规范的数字版权保护平台和认证体系；第四是数字出版企业联合建立版权保护协会，自觉建立行业标准，共同抵制侵权盗版行为。

3.3 加强大数据时代复合型编辑人才队伍建设

目前学术期刊数字化、网络化载体的改变，必将导致传统编辑角色转变和思维方式变革。数字化期刊出版将改变以往纸质编辑的工作习惯，并呈现新的工作特征：运用各专业学术性数据库，及时地获取相关文献资料，把握研究最新研究动向，公正判断稿件质量，通过检索系统查新技术，去除稿件中错误内容，使编辑活动更高效、更快捷。

因此，在大数据背景下一个合格的编辑不仅需要具备较高水平的编辑出版专业知识技能，同时也需具备以数字技术为先的技能素养，在海量信息中攫取目标用户的精准需求[11]，即复合型智力创造人才。加强数字出版复合型编辑人才队伍培养成为大数据时代学术期刊融合发展关键所在。

一是做好顶层制度设计，应在教育界的学科体系设置中有所体现。在本科开设数字出版专业课程，注重交叉学科人才的培养，注重高校培养的人才与企业需求的人才要挂钩，从而适应数字出版编辑工作的要求。二是对于已在职编辑人员，单位要鼓励其通过自学、参加培训、参与课题研究等自我加压方式不断提升业务技能适应时代发展。单位自身也要采取各种激励或奖惩措施实现编辑队伍的整体提升，引导编辑队伍向全能型方向发展。三是要真正提高编辑人员的地位，使编辑人员的身份在单位中有认同感，畅通编辑人员职称评审的路径，在各省市应全面推开数字出版职称系列评审，鼓励引导数字出版岗位编辑向复合型人才发展。

3.4 依托大数据建构科学的学术期刊评价机制

为提升大数据时代学术期刊的学术水平，谋求中国学术期刊国际化发展方向，应构建以"人工与智能"相结合的科学学术期评价机制。传统纸质的学术期刊评价大多强调论文的转引率、转载量、影响因子等指标,这种外在的学术评价体制,不符合学术研究中各学科的内在逻辑。这种单一的学术期刊评价机制将阻碍学术研究向更高层次发展。由此,要在智能学术期刊平台上建立专家资源库为学术期刊同行评议提供保障,即建立不同的学术共同体表达平台,通过学术共同体的全体参与者的评价意见、全网引用量、影响因子等各项数据融合客观评价[12]。此将使学术期刊评价行变得更为直观和科学,切实提高学术期刊的学术影响力。

3.5 转变管理体制,助力学术期刊大数据背景下融合发展

目前,业界争论较多的是将编辑部作为"出版单位"整体转企方式是否可行。如只是从学术期刊发展和出版产业发展来看,抑或从整合期刊资源做大期刊规模,提高我国学术期刊的国际竞争力这方面来讲,笔者认为是可以试行试改的,但若考虑学术期刊的所属学术属性、组织体系、人员待遇、学术编辑职业愿景等,又不能把学术期刊简单等同于普通报刊杂志。那么,可把管理体制改革分几步走:第一步,政府应解决好学术期刊平台建设以及期刊融合发展中的资金储备,因为学术期刊发展好坏与否直接关系到我国科研水平高低,各学术期刊编辑部先试行与出版企业联合办刊,为以后完成顺利过渡的生产发展奠定基础;第二步,改变传统管理体制,由出版企业接手期刊的编辑出版模式,此举更有利于大数据背景下各类学术期刊资源整合,对我国学术期刊向更高层次发展更有利处;第三步,组建学术期刊出版集团,利用大数据网络出版优势,缩短出版周期,加大信息量,同时创办外文版,吸收国内外优秀稿源,不断提高我国学术期刊影响力和竞争力,实现我国学术期刊跨越式发展。

总之,大数据背景下学术期刊的融合发展的路径任重而道远,笔者的论述旨在唤起业内学者对学术期刊如何更快更好地融入大数据时代发展的关注,让学术期刊在大数据时如何借东风乘势而起,走出发展的新境地。

参 考 文 献

[1] 陈璐颖,宋建武.打造智能出版平台:5G时代下出版行业的变革[J].编辑之友,2021(4):21-28.
[2] 杨鸿瑞,万岩.以智能化引领出版融合新生态[J].出版广角,2019(16):8-12.
[3] 周小华."大数据"时代中国学术期刊的转型与发展机遇[J].科技与出版,2014(4):102-104.
[4] 陈铭;徐丽芳.大数据时代编辑智能化路径分析[J].出版参考,2020(5):21-24.
[5] 桑海.我们需要什么样的在线学术平台:"中国高校系列专业期刊"之未来构想[J].南京大学学报:哲学·人文学科·社会科学,2015(3):55-64.
[6] 梁健楠,孙茂松,矣晓沅.基于神经网络的集句诗自动生成[J].中文信息学报,2019(3):126-135.
[7] 胡政平.学术期刊数字化的本质及其相关问题[J].甘肃社会科学,2011(5):202-206.
[8] 曹春海.探索数字出版可持续发展之路[J].出版参考,2011(11)22.
[9] 安琪.大数据时代学术期刊发展新探索[J].中国编辑,2017(7)58-61.
[10] 陈凤兰.版权管理应用区块链技术面临的法律问题研究[J].北京印刷学院学报,2021(3):2-5.
[11] 刘玲武;唐哲瑶.对媒体融合环境中数字出版人才培养的思考[J].出版与印刷,2019(3)74-79.
[12] 柴英,马婧.大数据时代学术期刊功能的变革[J].编辑之友,2014(6)28-31.

学术期刊数字化出版提高学术传播力实践

孙丽华

(中国科学院上海应用物理研究所联合编辑部,上海 201800)

摘要：学术期刊的数字出版,使传统期刊从以产品为主转变为以产品和服务为主,从基于形式转变为基于内容。本文分析了当前学术期刊数字化中存在的问题,基于《核技术(英文版)》数字化出版的实践,提出了学术期刊借助内容数字化和智能化手段提升学术传播力,拓展学术服务的途径,以期对同行有所借鉴。

关键词：学术期刊；数字化出版；传播力

科技期刊作为创新科技生产和传播的载体,在促进学术交流、推动科技与理论创新方面,肩负特殊使命[1]。20世纪90年代,为了加快学术信息传播,降低学术信息制作和维护成本,商业出版集团开始借助数字化手段进行内容的生产、复制和传播[2]。期刊数字化极大地缩短了科学研究成果发表的周期,通过学术资源的互联互通,提高了用户获取资源的效率和精确度,加速了科研发展[3]。期刊数字化需要足够的资金、技术、人才支撑,由于我国学术期刊大多数是由科研机构主办,技术力量薄弱,办刊资金匮乏,在出版数字化浪潮中,未能及时完成期刊数字化转型,造成学术期刊学术传播和知识服务功能下降,大量优秀科研成果外流[4]。为了提高学术期刊的国际影响力和办刊水平,国内学术期刊纷纷采用与大型商业出版商合作的方式"借船出海",在使用对方提供的技术服务的同时,不得不出让部分版权[5-9]。随着我国网络技术的快速发展,信息的传播方式从传统的一对多的单向传播向网络化传播发展,学术期刊作为内容的生产者,通过数字化建设实现信息的聚合、传播、使用、分享成为可能。此时,国内学术期刊办刊人员必须抓住机遇,转换办刊思路,从科研人员的实际需求出发,为创新性的学术内容向多学科学术群体介入提供支持,服务创新性国家建设[10]。本文分析了学术期刊数字化的形态,结合《核技术(英文版)》在期刊数字化出版中的实践经验,提出了学术期刊数字化的路径,以期为其他学术期刊在推动期刊数字化方面提供参考。

1 学术期刊的数字化形态

学术期刊的数字化包括四个阶段,即管理过程数字化、产品形态数字化、传播渠道网络化和知识服务智能化。

1.1 学术期刊管理过程数字化

学术期刊管理过程的数字化首先要实现稿件处理的流程化,即将期刊编辑的协作、稿件的同行评议、编辑加工和在线校对等工作通过在线信息系统进行业务逻辑固化,通过流程化的分级信息管控,实现资源的优化配置,提高期刊的工作效率。在期刊工作实现在线流程化的基础之上,通过信息提取,将过程数据进行存储,基于数学建模,对沉淀在系统中的数据进行分析，并以此为依据指导期刊工作流程的优化，实现期刊管理过程的数字化。当前，国内大部分英文期刊通过引入在线投稿系统和在线校对系统，实现了期刊管理过程的数字化[11]，在线系统中稿件信息和用户信息的沉淀，为期刊知识服务智能化奠定了基础。

1.2 学术期刊产品形态数字化

学术期刊产品形态数字化是指对论文要素进行结构化生产以实现资源分类存储和系统管理。20世纪90年代末，国际出版集团便开始出版数字化改革并形成了完整的数字加工体系。在国内出版领域数字加工技术和国际推广力量不足的情况下，国内英文期刊纷纷通过版权合作的方式使用国际出版商的数字加工技术和网络出版平台，通过国际合作国内英文期刊办刊水平得到快速提升，并实现与国际出版接轨。但是，随着国内网络技术的快速发展，国内期刊不能自主拥有出版内容的数字化产品，可能会导致期刊学术内容传播失去应有的效能。一方面，对于以订阅模式合作的期刊，出版商的数字出版平台限制了非订阅用户下载阅读全文，不利于学术内容的广泛传播，特别地，商业出版商的学术推广往往是针对学科进行，不会针对单一期刊来做，使得期刊的学术内容推广效果不佳；另一方面，商业出版商的"网络优先出版""单篇连续出版"等出版模式在加快出版速度的同时使得学术期刊的栏目丢失，学术期刊的"刊"和"期"的概念被淡化，学术期刊作为内容提供者的知识的系统性、完整性被破坏。国内学术期刊要借助网络主导学术信息的有效传播，实现期刊内容的数字产品自主拥有迫在眉睫。

1.3 学术期刊的传播渠道的网络化

随着物联网、移动互联网、区块链等数字化工具的使用，信息传播生态的结构被彻底改变，科研人员对学术信息的获取不再局限于传统出版商的在线发表，可以通过预印本数据库(如arXiv)第一时间获得所需学术信息[12]；与此同时，在信息技术的介入下，每个社会个体与族群在技术的驱动下建立了深度互联、高频互动的关系，深度学习、广度参与、交互影响在他们之间持续发生，并逐步发展为能够驱动社会发展的力量[13]。由社交媒体拓展的信息传播渠道为以"内容生产"为主业的学术期刊提供了新一轮的发展的契机。小领域学术期刊在社交媒体时代获得了新的话语权，学术期刊立足学术内容，通过对出版内容的深度加工，利用微博、微信等社交媒体积极主动的与"受众"进行内容共享，能够帮助学术同行、领域外专家、投资者和大众更多的了解相关领域的最新研究和科学发现，形成了多元话语共存的生态环境，从而有效地传播科学知识，促进跨领域研究，提升学术成果的社会影响力，扩展学术期刊的国际知名度。

1.4 知识服务的智能化

数字化时代，青年科研人员希望在可信的环境中获得完整的研究信息。《STM出版技术趋势2024》报告指出未来出版技术的趋势是以用户为中心，把AI技术与工作流程中产生的数据结合，为用户提供精准知识服务[14]。学术期刊基于垂直领域的内容资源，按照一定规范对用户信息和需求进行提取和分析，通过建立模型数据库，发掘隐性信息的联系，将能够根据科研用户知识资源需求提供深层次的精准知识服务[15]。

2 《核技术(英文版)》期刊数字化出版的策略和实践经验

《核技术(英文版)》通过ScholarOne在线投审稿系统和e-proof在线校对系统实现了管理过程数字化后，从内容入手，在实现出版内容数字化自主拥有的基础上，通过媒体融合打造增强出版，为用户提供全方位的知识服务。

2.1 依托纸质期刊，对期刊数据进行语义加工，以适应网络传播需求

期刊内容数字化的第一步就是实现期刊内容可扩展的标记语言(XML)加工[16-17]。XML文档由嵌套元素结构从根元素开始，每个元素都有一个与它关联的标记，因其结构简单、灵活易扩充，成为网络数据表示、数据发布和信息交换的标准。特别地，社交网络将XML作为跨平台之间数据交互的形式。随着《核技术(英文版)》论文数量的不断增长，将论文内容进行XML结构化生产，不仅能够使论文的元数据、章节、知识点、图、表、公式等元素被分类存储，实现系统化管理；还可以对碎片化元素进行语义关联，构建文献核心要素的联系，从而使内容资源在大数据的环境下满足数据存储、挖掘及交换的需求，实现学术内容价值最大化。2020年底，《核技术(英文版)》实现了创刊以来的所有论文的结构化数据的加工[18]，期刊专属数字化数据库的建立为全面实现期刊论文的增强出版打好了基础。

2.2 搭建期刊数据传播平台，提升知识生产价值

《核技术(英文版)》用户群体特征突出且稳定，为"核科学与技术"学科科研人员，分布在承担大科学工程建设和利用大科学工程开展实验研究的科研院所。在期刊数字化学术资源平台搭建完成后，通过媒体融合的学术信息传播平台向期刊用户群提供学术信息服务，不仅能践行知识服务理念，还有助于推动"核科学"领域的创新性技术向社会生产力转化，从而帮助期刊提升知识生产价值。当前，通过期刊官网、微信、微博和"核科学资讯"构建了《核技术(英文版)》的学术传播平台。期刊官网作为期刊论文出版信息发布的重要平台，具有全面性和权威性的特点，官网刊出了期刊自1990年创刊以来的所有学术论文。在论文加工中，按照期刊栏目和专题对论文进行标记归类，使得读者能够快速地把握我国核科学技术发展的脉络；同时根据用户需求，公开选稿标准，帮助作者了解期刊投稿规则和出版动态。微信公众号是通过情感因素维系的社交群体，信息传播特点是熟人网络、小众传播，信息到达率和精准度高，"核技术英文版 NST"微信公众号主要职责是实时向国内用户传播期刊动态，将优秀的学术论文制作成音频文件，辅以文字和图片在公众号中发布，语音传播较文字传播更为直观，较视频耗费的移动流量较少，这种富媒体传播方式不仅拉近了期刊与用户之间的距离，还帮助用户减少了获取信息的成本，使得期刊可以依靠学术内容价值积淀用户。微博给予了公众参与学术传播的机会，"核科学技术"微博主要发布期刊制作的视频、图形文摘和图片素材，在保持期刊学术严肃性的同时，通过向用户提供交互性学术知识增强与用户的良性互动。"核科学资讯"国内版以2周一次的频率通过邮件系统向期刊国内作者、审稿人定期发送学科领域动态和《核技术(英文版)》最新出版论文，对标国际核科学进展，展示我国科研人员最新研究成果，经过半年的推送，"核科学资讯"不仅帮助我国核科学领域科研人员提升了学术自信，还有效地推广了期刊的学术论文。《核技术(英文版)》通过发挥各平台的传播优势，形成对纸质媒体的补充，将期刊的传播力、影响力、辐射力最大化，展现出了学术期刊媒体的强大力量。

2.3 通过应用编程接口(API)与学术资源数据库实现对接

学术期刊作为用户信息和学术内容的生产者，在学术内容的结构化数据库搭建完成之后，如何避免期刊出版平台成为数据孤岛？《核技术(英文版)》通过在期刊网站增加应用编程接口(Application Programming Interface, API)，实现了期刊论文与学术资源平台的互联互通。学术资源数据库作为服务型网站，通常会将自己的网站服务封装成一系列API开放出去，学术期刊通过在其平台添加资源数据库开放API接口，可以快捷地获取相应的数据，从而为用户提供完整的学科信息服务。随着协同写作的发展，作者希望通过协同写作平台可以直接实现向期

刊投稿系统的投稿，2018年，《核技术(英文版)》通过在投稿系统嵌入Overleaf云端Latex投稿API实现了写作平台和投稿平台的关联[19]；与此同时，为了解决审稿人审稿认证的问题，2019年，在投稿系统嵌入了Publons API[20]，该接口在征得审稿人许可的条件下，可以将其审稿意见在Publons平台公开，实现对审稿人公益性审稿工作的认证；论文出版后，作者希望了解论文被同行关注和引用的数据，2020年，在期刊自建出版平台增加Altmetrics和Dimensions API[21-22]，为用户提供一站式信息查询服务，帮助用户实时掌握论文数据。通过资源的互联互通，学术期刊作为办刊主体，拥有了更大的话语权。但是，学术期刊要想形成一个完整的学术研究和产出的主体展示平台，还需要与学术研究共同体之间建立以学术期刊为主体的资源供给平台。

2.4 多元化学术资源生产增加期刊和作者的黏度

由于学术期刊文章的科学性、严谨性，以及"核科学与技术"领域的专业术语和缩略语的使用，导致《核技术(英文版)》出版论文对公众来说变得晦涩难读。学术期刊同新媒体平台的融合，首先要解决的问题就是通过什么方式将严谨的学术论文转换成公众喜闻乐见的资讯的问题。当前，学术资源的形态已不再是传统的文献资料，而是包括文本、图像、音频、视频等样态的多元化资源数据库[23]。资源样态的多元化为知识信息的分类筛选、摘编和深度加工提供了便利。学术期刊利用多媒体技术，将科研进展转化成更符合新媒体传播的内容和形式，不仅能够为作者提供增值服务，帮助作者利用自己的社交网络和学术活动推广自己的论文成果，还能使受众获取学术信息的门槛降低，加速科研信息向更深群体扩展，促进跨领域研究，提升学术成果的社会影响力。以《核技术(英文版)》期刊为例，通过科普文摘、图形摘要、视频博客等形式对严谨的学术论文进行深度加工[24]。科普文摘是把学术文章改写成科普故事，聚焦研究原创性和影响力，弱化具体实施细节和实验方案，避免使用领域内专业术语和缩略语，吸引非领域内研究人员的关注，促进跨学科写作，并结合联合国可持续发展17项指标[25]，突出科研成果的社会影响力；图像摘要是使用具有视觉影响力的设计，凝练研究要点，并搭配醒目的标题，帮助读者短时间内快速理解研究内容；视频博客是通过1~3分钟短视频，利用精美生动的影像，活泼精致的动画，深入浅出的展示科研数据和成果；在论文学术资源深加工的基础上，将论文的科普文摘、图形摘要、音视频等搭配上醒目的标题，转化成符合新媒体传播的推广单元，发布到国内外社交媒体，通过提高论文研究的可见性拓展期刊受众，提升期刊品牌的知名度。

3 结束语

数字化时代，信息的立体多维、交互传播为学术期刊的影响力塑造提供了无限可能，国内学术期刊要紧紧抓住信息技术在内容产业深入渗透的机遇期，立足于刊物定位，以专业化为导向，借助新的媒体技术整合学术资源、拓展出版传播渠道，将刊物打造成学术知识生产、传播、交流、和服务的平台，实现对学术共同体完整信息资源的供给。

参 考 文 献

[1] 中国科学技术协会,教育部,国家新闻出版广电总局等.关于准确把握科技期刊在学术评价中作用的若干意见.科协发学字〔2015〕83号[R].2015.

[2] 于成,张大伟.施普林格数字出版之路:Springlink 技术与内容结合的一种范式[J].编辑学刊,2014(4):12-17.
[3] 曹胜利,谭学余.专业出版社数字出版的赢利模式与路径选择[J].科技与出版.2020(4):3-7.
[4] 中国科学技术协会.中国科技期刊发展蓝皮书(2020)[M].北京:科学出版社,2020.
[5] 吴民淑,刘谦,周有林,等.《中国药理学报》国际合作办刊的经验与体会[J].编辑学报,2006,18(2),148-150.
[6] 程磊,张爱兰,李党生.国际化视角:Cell Research 办刊经验点滴[J].中国科技期刊研究,2010,21(5),672-675.
[7] 徐诺,程利冬.《International Journal of Smart and Nano Materials》国际合作办刊实践及体会[J].编辑学报,2015,27(3),283-284.
[8] 安瑞,肖鸣,程剑侠.《科学通报》英文版与 Springer 国际合作的实践及启示[J].中国科技期刊研究,2017,28(5):413-417.
[9] 徐丁尧,步召德.中国英文科技期刊国际出版合作探索[J].科技与出版,2016(8):62-64.
[10] 胡正荣,李荃.推进媒体融合,建设智慧全媒体,提升国际传播能力[J].对外传播,2019(5):4-7.
[11] 田欣,马瀚青,郑军卫,等.国内外 5 种主要网络同行评议系统平台对比研究[J].中国科技期刊研究,2014,25(11):1363-1368.
[12] 唐耕砚.重构与再造:预印本平台对科学交流体系的影响[J].科学学研究.https://doi.org/10.16192/j.cnki.1003-2053.20210327.002.
[13] 胡正荣,李荃.重点清障突破,催生深融质变:"十四五"时期主流媒体高质量融合发展进路展望[J].编辑之友,2021(2):24-32.
[14] Techtrends 2024-STM [EB/OL]. [2020-04-30]. https://www.stm-assoc.org/standards-technology/stm-tech-trends-2024-focus-on-the-user-connect-the-dots/.
[15] 向飒,杨媛媛.基于用户画像的学术期刊精准化知识服务策略[J].科技与出版,2021(2):103-107.
[16] 王晓光,陈孝禹.语义出版的概念与形式[J].出版发行研究,2011(11):54-58.
[17] 杨晶,周双娥.一种基于 XML 的非结构化数据转换方法[J].计算机科学,2017,44(1A): 414-417.
[18] 核技术英文版数据平台[EB/OL].[2021-08-01.http://www.nst.sinap.ac.cn/.
[19] Overleaf [EB/OL].[2021-08-01]. https://www.overleaf.com/.
[20] Publons [EB/OL]. [2021-08-01]. https://publons.com/.
[21] Altmetrics API [EB/OL]. [2021-08-01]. https://api.altmetric.com/.
[22] Dimensions API [EB/OL]. [2021-08-01]. https://www.dimensions.ai/dimensions-apis/.
[23] 赵庆来,学术期刊精准传播平台构建与内容推荐[J].中国出版,2020(6):23-27.
[24] Reseach story. [EB/OL]. [2021-08-01]. http://www.nst.sinap.ac.cn/academicDetail?columnId=941&columnName=%E5%AD%A6%E6%9C%AF%E8%B5%84%E8%AE%AF.
[25] 联合国可持续发展目标[EB/OL]. [2021-08-01]. https://sdgs.un.org/goals.

云平台生产模式下科技期刊的变与不变

王李艳

(上海市生物医药技术研究院《中华生殖与避孕杂志》编辑部，上海 200231)

摘要： 通过对《中华生殖与避孕杂志》使用云平台结构化排版的实践总结，阐述了云平台生产模式下科技期刊的变与不变，以期为中文科技期刊选择云平台生产模式提供参考与借鉴。研究显示：结构化排版让版面更加规范化，云平台预出版服务可以极大地提高单篇稿件出版效率，而且云平台生产模式一次制作、多元发布的特点更是加快了期刊传播效率。因此，云平台结构化排版正是实现科技期刊数字化、网络化的有效途径，是推进传统媒体转型的有力工具，值得广泛推广应用。

关键词： 科技期刊；云平台；结构化排版；XML

随着计算机和互联网技术的飞速发展，科技期刊数字化、网络化已成为主流趋势。便捷化、碎片化的阅读需求对科技期刊数字化出版提出了更高的要求。传统科技期刊若要适应市场发展，就必须对传统的生产流程进行优化，提高期刊的信息处理水平和发布效率，实现数字出版转型。而基于可扩展标记语言(extensible markup language，XML)结构化排版的出现，正好推动了数字出版的发展[1-2]。20多年前，国际科技出版巨擎已经开始基于结构化文档的排版生产模式转变，至今，几乎国外的科技大刊均实现了结构化排版，而国际科技出版商已打造了基于云平台的期刊生产流程，并通过全球化布局实现了期刊生产链的构造。

目前，中文科技期刊尚未进入结构化排版时代，基于排版文档的数据加工仍是XML数据的主要来源方式，虽然可以满足数据存储、发布和交换的需求，但是其加工模式相对落后，不符合出版发展趋势，造成资源的重复投入和损耗[3]。随着基于云平台的科技期刊生产平台日趋成熟，中国科技期刊也迎来了前所未有的变革机会，同时也面临新的挑战。在新模式下，科技期刊编辑该如何迎接挑战，中文科技期刊是否该尽快加入这一生产平台，本文将结合本刊实践经验对其进行分析探讨。

1 云平台结构化排版在中文科技期刊中的应用

目前，基于XML结构化数据的排版生产在各大数字出版商和数字图书馆中已经运用得较为成熟，如PLoSOne、PMC、AIP等[4]，而国内启用基于云平台生产的科技期刊也在不断增加。《含能材料》在2018年实现数字出版一体化，发布周期缩短了2周以上，同时生成PDF、HTML等格式文件，实现稿件优先出版、网络多平台发布[5]。《水产学报》使用XML结构化排版后稿件上线时间提前了至少2~3个月，基本做到文章一经采用后2周左右网络出版，平均网络出版时滞比以前减少近三分之一的时间[6]。中华医学会杂志社作为国内第一批试用结构化排版平台的出版机构，自2015年始，开始协同方正电子研发新一代的出版软件[7]，到2020年5月，已经有10余本期刊正式使用结构化云排版平台进行期刊的正式生产和数据的输出。本刊作为中华医学会系列刊，从2020年1月起开始使用这一平台进行结构化排版，单篇稿件完成三校后可以及时实现在线出版，部分稿件甚至可以实现比纸刊出版早2~3个月，极大地提升了出版效率，较好地满足了读者的全媒体阅读需求。

2 云平台生产模式下科技期刊的变

2.1 理念的变化

随着新媒体和自媒体的出现，人们利用手机、平板电脑、电子阅读器等便携式阅读设备进行碎片化阅读成了一种流行趋势，而这些设备对可阅读文件的格式提出了更高的要求，因此，论文的在线获得能力成为科技期刊影响力的重要基础。饶子和院士说过，如果一篇文献在网络无法检索到，那它就是不存在的。很直白地说明了论文被获取的唯一途径是在线版本的获取，而纸刊的获取变得次要。所以，科技期刊的编辑要意识到科技论文在线发布的重要性，在传统出版模式无法满足这一要求的情况下，应主动寻求方式去适应新媒体和自媒体发布要求。编辑的工作不能只停留在纸刊的付梓印刷，而需要将工作的重心向后续延长，实现科技期刊论文的复合出版。而云平台生产模式一次制作、多元多次发布、重复可用、规范标准等特点正好顺应了数字化出版的要求[8]。

2.2 版式与版面的变化

为了适应云平台结构化排版，按照中华医学会杂志社的新版编排规范对版式进行了调整：①摒弃了一些不适宜结构化排版的内容，如不规则的图文混排方式；②增加了体现结构化排版优势的内容，如二维码和本文引用格式。同时，为了方便国外数据库收录，我们将文末中文参考文献实行中英双语著录，迈出了走向国际化的第一步。

XML结构化排版可以实现双栏排版底部的完美对齐，行间距和字间距也更为均匀美观。InDesign排版在修改过程中左右栏经常会出现高低不齐的现象，通常编辑会调整部分段落的行距来解决，可能会导致部分段落行距不等。字间距也会因为标点符号字体的关系或者文字疏密而大小不等，手动调整比较困难。结构化排版的效果总体更加标准规范。

2.3 流程的变化

本刊传统的编校模式是word录用稿经Indesign软件初排后打印，编辑对打印稿进行校对。多名编辑校对完由责任编辑负责誊样，一校完成通常会有较多改动的地方，编辑改完后转成PDF文件发给作者修改校对，作者通常会以批注的形式返回校对稿，编辑再将作者修改内容誊到Indesign软件中。因为本刊编辑部没有专门的排版人员，所以誊样的工作占据了编辑很多时间，甚至有时一篇论文要花费1天的时间来修改。

改成结构化排版后，我们将编校流程进行了适当调整：①将校对放在排版前，即编辑直接在word录用稿上采用修订模式进行校对修改，然后将一校word稿发给作者进行校对；②编辑整理作者校回word稿并调整格式，发给排版人员进行结构化排版；③编辑对排版返回的PDF文件进行校对，采用批注形式修改，再返回给排版人员修改；④将修改后的PDF再次发送给作者进行校对。

结构化排版后作者校对由原先的1次改为2次，这样做的好处是第一次修改内容较多，修改意见相对集中，作者可以在word中直接修改，形式更加便捷。而第2次基本接近可出版的版本，修改内容很少甚至没有，可以最大限度地降低文章差错率，提高编辑加工质量，而作者对最终稿件也可以有更大程度地把关。我们在此过程中实现了无纸化操作，也将编辑从誊样的繁琐工作中解放出来，大大提高了工作效率。

2.4 学术推广的变化

学术推广作为学术营销的一部分一直是学术编辑较为欠缺的技能。在传统出版时代，编辑的工作仅仅停留在纸质期刊的出版，而忽略了在线版本的传播与推送服务。基于云平台生产模式，开展了预出版服务。

目前编辑部有大量作者已修改完成，但碍于版面限制还来不及出版的稿件，出版时滞较长，当期出版的稿件也要等到纸刊印刷了才会网络出版。现在只要稿件校对完成，就可以实现单篇预出版，除无刊期页码外，版式与正刊版式相差无几，并赋予跟纸刊同一个 DOI 号，有较高的辨识度，更好地保护了刊物的版权，让这些科研成果及时进入流通领域，提高出版效率，也间接提高了期刊的影响力。

特别是在 2020 年初新冠病毒肺炎疫情期间，刊登了 3 篇与新冠病毒肺炎相关的文章。这 3 篇文章从投稿到完成三审三校，后经中华医学会总编室审核通过，即利用结构化云出版平台实现在线优先发表，而这仅仅分别用了 7 天(3 月 17 日—3 月 24 日)、9 天(2 月 18 日—2 月 27 日)和 18 天(2 月 28 日—3 月 17 日)，大大加快了相关文献的上线速度，提升了文献的在线出版效率。截至 2020 年 5 月 16 日，这 3 篇文章的阅读人次分别达到了 415、9 288、429 人次，而在中国知网上相关数据为 0。这更进一步体现了预出版在快速在线传播中的优势。

3 云平台生产模式下科技期刊的不变

虽然生产模式和传播方式的范式革命为科技期刊带来了很多变革，但由于科技期刊的内在属性没有发生变化，因此，它作为学术成果载体的价值和使命也不会变。

3.1 对稿件质量的追求

稿件的质量仍然是评价一本刊物的核心指标，包括内容质量和编校质量。优质的内容永远是期刊保持影响力的源泉。在加快传播的同时，仍然要把好稿件的质量关，严格执行三审三校制度。结构化排版服务还提供版面精修，对图表及文字作精细修改，有力提高编校质量。优秀的科研成果快速发表保证了该成果的新颖性。因此，在云出版平台模式下，通过提升内容的生产效率、加快传播效率也可以更好地吸引优质的稿源。同时通过预出版，也可以快速地检验内容的质量。

3.2 对学术传播的拓展

通过加入知网、万方、维普、超星等大型第三方学术数据平台也是目前最常见且最稳定的学术期刊数字化传播路径。部分期刊尝试通过开通微博账号、微信公众号的方式拓宽自身的传播途径和影响力。在云平台生产模式下，期刊数据可以实现一次制作、多元发布。结构化排版后，可将最终校对完的整期 PDF 输出为可直接印刷的 PDF 文件、HTML 格式文件、XML 文件、H5、word。第三方学术数据平台不再需要对原有数据进行加工，可直接发布，极大地提高了发布时效。目前本刊通过结构化排版平台直接对接中华医学会系列期刊的发布系统，实现内容的在线出版，比纸刊至少提前 1 个月与读者见面，加快了传播效率。

4 存在的不足与建议

目前，本刊所使用的结构化排版独立于采编系统以外，文件通过微信进行发送与接收，如果不及时查收，很可能造成遗漏。如果能与采编系统有机结合起来，即作者修改回来编辑就可以一键发送排版，排版完成后编辑也能在系统上看到已排回，这样更能保证快捷高效，也不会有遗漏的情况。再者，从目前排版情况看，也存在识别错误的情况，说明这个软件还有待完善，排版人员也应根据word稿再进行核对，从而减少差错。另一个有待改进之处就是文末参考文献的识别修改，如果能自动识别并完善著录信息，将极大地体现其优越性。

5 结束语

总之，随着科学技术以及移动互联网技术的发展，数字出版为科技期刊带来了新的挑战，而云出版平台生产模式正好为期刊数字化发展注入了动力。科技期刊要冲破发展的瓶颈，必然要寻求自我革新，以"变"来推动"不变"。从最初理念的转变，到后来新技术的运用，科技期刊界必将掀起一股革命的浪潮。云平台结构化排版正是实现科技期刊数字化、网络化的有效途径，是推进传统媒体转型的有力工具，值得广泛推广应用。

参 考 文 献

[1] 刘冰,游苏宁.我国科技期刊应尽快实现基于结构化排版的生产流程再造[J].编辑学报,2010,22(3):262-266.
[2] 扶文静,蒋湘莲,周泉.基于XML的科技期刊排版生产流程再造及效益研究[J].价值工程,2016,35(13):89-91.
[3] 沈锡宾,李鹏,刘冰,等.CMAJATS在中华医学会杂志社数字出版中的三年实践总结[J].中国科技期刊研究,2018,29(3):248-252.
[4] 白杰,杨爱臣.XML结构化数字出版的特点与流程[J].出版广角,2015(5):28-31.
[5] 姜梅,张桂弘,王艳秀,等.《含能材料》基于XML技术的编排一体化数字出版实践[J].中国科技期刊研究,2020,31(2):173-178.
[6] 梁凯.XML结构化排版在科技期刊中的应用[M]//科技期刊发展与导向(第11辑).上海:上海大学出版社,2018:124-129.
[7] 付洪韬,赵婧,黄萌,等.新技术在科技期刊出版中的应用[J].出版与印刷,2018(4):5-12.
[8] 祁丽娟.XML在线排版在科技期刊出版中的应用实践[J].科技与出版,2018(5):65-69.

实现医学学术期刊微信公众号良好运营策略的探索
——以《中华烧伤杂志》微信公众号为例

吕艳玲，莫　愚，梁光萍

(《中华烧伤杂志》编辑部，重庆 400038)

摘要： 探讨医学学术期刊微信公众号良好运营策略。以《中华烧伤杂志》微信公众号为例，分析提高其影响力及传播力的有效途径，并提出其进一步发展的方向。通过明确定位，注重适时推送科普、资讯类及跨学科类消息丰富公众号内容；拓展微信新功能，突破服务号群发消息条数的限制；注重推文形式多样化，提升公众号吸引力；聚焦报道相关医学领域前沿进展或成果，增加用户的黏性；利用其他媒体吸引流量，提高公众号传播力；加强微信公众号技术人员团队建设；建立杂志俱乐部微信群，增强互动；总结公众号后台数据或借鉴他方经验，及时调整运营策略等途径有效提高了公众号的影响力及传播力。注重微信公众号功能建设，开发新模块、新应用；建立统一的论文写作与投稿指导平台，发挥新媒体育人功能或将成为医学学术期刊公众号未来发展的方向。

关键词： 医学学术期刊；微信公众号；功能建设

中国互联网络信息中心发布第47次《中国互联网络发展状况统计报告》指出截至2020年12月，我国网民规模为9.89亿人[1]，较2020年3月提升近10个百分点[1]。智研咨询发布《2020—2026年中国微信公众号行业市场经营风险及投资战略规划分析报告》显示，97.5%的受访网民表示拥有微信号，"使用便利""功能全面""已养成习惯"是受访网民使用微信最主要的3个原因[2]。以上数据表明，随着微信用户的日益增加，众多网民已习惯选择微信接收各种信息。新媒体时代，越来越多的医学学术期刊开通了微信公众号，希望通过微信平台将期刊消息推广给用户，并吸引更多目标用户的关注。然而，蜂拥式开通微信公众号之后，后期运营效果并不理想[3-4]。究其原因主要存在重开通轻运营；受学科内容限制，推送信息的内容或形式比较单一；受公众号消息条数推送的限制，不能将同类消息进行有效、及时的整合；缺乏媒体融合思想，不能广泛吸纳新用户；新媒体技术不够熟练等问题[5-6]。基于此，本文以《中华烧伤杂志》为例，探讨医学学术期刊微信公众号的良好运营策略，并探讨其进一步发展的方向，供同行们参考。

1 探索方法

医学期刊主要有5大类型，分别为科普类、综合类、技术类、学术类和检索类。《中华烧

通信作者：梁光萍，E-mail: maggie.liang@burnstrauma.com

伤杂志》是报道烧伤医学相关领域内领先的科研成果、临床诊疗经验以及对临床有指导作用且与临床密切结合的基础理论研究的医学学术期刊。为适应信息时代的发展，该杂志在 2014 年就开通了微信公众号，并于 2019 年 8 月 1 日对公众号进行了改版升级，优化了创作者和用户的体验。

2 运营策略

2.1 明确定位，注重适时推送科普、资讯类及跨学科类消息丰富公众号内容

烧伤外科学在医学中属于小学科，全国从事烧伤的医师仅 5 000 人左右。要提升《中华烧伤杂志》公众号的关注度，取得跨学科学者的支持是十分必要的。因而，推文的内容包含烧伤学相关论著外，还注重医学科普、资讯类及跨学科类消息。该杂志微信公众号后台数据也显示，后者有很大的阅读量并有效吸引了新用户的关注：①医学热点消息，如新冠疫情暴发以来，公众号及时发布了 23 篇包含 15 家医疗单位的抗疫事迹篇章，篇平均阅读次数达 3 000 余人次；②学科相关会议报道，如公众号推文"生长因子复兴计划"评审会议报道，阅读次数达到 5 385 人次；推送当日净增用户人数为 163 人，约占当时关注用户总数的 4%；③本刊资讯，如《中华烧伤杂志》成立 20 周年之际，开展了围绕"我与中华烧伤杂志发展"相关内容的人文征稿，择优选取了部分稿件发布在公众号上，发布当日阅读次数达到 1.5 万余人次；净增用户人数接近 100 人，约占当时关注用户总数的 2%；④跨学科类消息，如公众号推出的"功能材料"专辑，篇均阅读量达 1 500 余人次。通过提取并分析后台数据，笔者发现科普、资讯类消息较论著类文章吸引了更多用户的关注和阅读($P<0.05$)；跨学科类消息与论著类相比其阅读人数和新增加关注人数差别不大($P>0.05$)，但有利于吸引跨学科学者的关注，增强用户体验，见图 1。图中，根据推文内容将消息分为 3 个类别：论著类，科普、资讯类和跨学科类；每个自然月计为 1 个分组，1、2、3 组为 2020 年 10、11、12 月数据；篇均阅读次数取每条推送消息的 8 个单篇文章的均值；新增加关注人数为推文当日数据；A 组组内两两比较采用 t 检验，与论著类相比；a 代表 $P<0.05$。

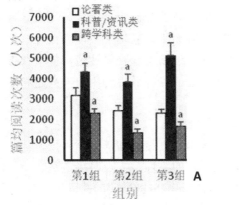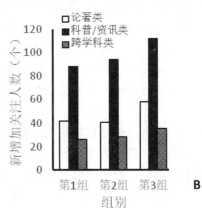

图 1 2020 年 10—12 月《中华烧伤杂志》微信公众号论著类，科普、资讯类和跨学科类推文的篇均阅读次数及当日新增加关注人数

2.2 拓展微信公众号新功能，突破服务号群发消息条数的限制

医学学术期刊的公众号运营方式一般选择服务号或订阅号[7]，两者各有优缺点。服务号每个月最多只能群发 4 条消息，消息可显示在好友会话列表中，与用户的交互功能比较强；订

阅号每天都可以发送1条消息，但消息折叠在订阅号的目录中，用户需要在目录中寻找目标订阅号才能浏览相关信息。《中华烧伤杂志》选择了"服务号"进行运营，受群发消息的条数受到限制，推文注重将内容相关的文章进行整合。如公众号推送的"精品导读""合集"，可将所有相关文章的全文链接整合成1条消息。这样，用户只需点击链接即可浏览相关内容的全文信息。基于论著类消息是学术期刊公众号需要展示的核心内容，故对其链接做整合才有意义。笔者随机选取了2021年5条被整合的论著类消息，每条消息包含8个单篇论著，统计被链接前后单篇论著的阅读量，结果取均值。分析得出较链接前，链接后文章的平均阅读量有明显的增加($P<0.05$)，见图2。图中，连接后1条消息的8个单篇文章为1个分组，数据取单篇文章阅读次数的均值；组内两两比较采用t检验，与链接前相比 $^aP<0.05$

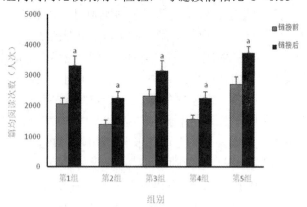

图2　2021年《中华烧伤杂志》微信公众号5条被链接前后论著类消息的篇均阅读量变化

2.3　推文形式多样化，提升公众号吸引力

充分利用多媒体等形式，在推文中增加音频、视频等表现形式，实现公众号的有效传播。该杂志公众号自2020年开始，定期开通网络直播课，在设计推文时也会加入动画、音频等形式以避免简单纸媒体"搬家"。①网络直播课，杂志定期邀请学科大咖做客公众号，开展线上网络直播课，规避了新冠疫情带来的风险同时为相关领域学者的交流提供了良好平台。截至目前公众号已推出了14期直播，平均每期在线人数为3000余人，新增加关注人数150位左右。②推文中增加视频、音频内容，因为单纯文字内容的阅读易引起视觉疲劳，如果在推文中增加小动画或音频讲解，尤其是增加外科手术短视频的播放可有效提升用户的兴趣和注意力。

2.4　聚焦报道相关医学领域前沿进展或成果，增加用户的黏性

作为学术期刊，其微信公众号首先应该满足相关领域研究人员的需求，因而报道其前沿进展或成果十分必要。此类推文可激发用户兴趣，增加用户的黏性：①及时推送医学最新研究进展，如转载自 *iNature* 杂志上的"揭示糖皮质激素在调控细胞机械反应的关键作用"及本刊报道的"院士论坛——不忘初心、牢记使命 努力把中国创面修复科建设好发展好"2个推文阅读量分别达到了5 200和6 456人次；②积极吸纳并推送"全国专家共识"类文章，如"指南与共识——烧伤休克防治全国专家共识(2020版)""指南与共识——多学科合作下糖尿病足防治专家共识(2020版)"等推文的阅读点击量分别达到了5 493和5 283人次。

2.5　利用其他媒体吸引流量，提高公众号传播力

"酒好也怕巷子深"，微信公众号除了将消息推送给已关注用户外，还需要将消息展现在更

多潜在用户的面前,进而扩大公众号的受众范围与影响力。通过第三方微信公众号、该杂志网站、网易邮箱等途径,实现该微信公众号与其他媒体的融合发展:①与相近学科如"中华医学会烧伤外科学分会"等公众号形成良好的互助合作关系,共享和交流动态信息,增加曝光度;②在该杂志网站上的明显位置刊登其公众号的二维码,实现公众号与网站的有机整合;③定期通过网易 E-mail 向杂志编委、通讯编委、作者、读者等发送公众号的优先出版消息、专题合集、指南共识合辑等精品信息,激发用户的兴趣[7]。

2.6 加强微信公众号技术人员团队建设

微信公众号的开发、功能完善、数据上传、图文处理、信息推送、用户交流等,都需要大量的时间和精力。《中华烧伤杂志》实施结构化排版后,极大提升了排版速度,缩短了排版时间。这样,原来负责传统排版的 2 位技术人员就有足够的时间和精力来处理微信公众号的排版、设计,保证了公众号推文形成图文并茂、版式优美、布局统一的风格,实现了微信公众号专人管理[8]。

2.7 建立杂志俱乐部微信群,增强互动

为加强读者和作者的沟通,实现读者和作者的良好互动,该公众号运营者建立了《中华烧伤杂志》俱乐部微信群,其成员包含了杂志的所有作者及编委会专家。在俱乐部微信群中定期推送公众号文章,每次推文均会引起群内成员热烈的讨论。俱乐部微信群的专家、编委和作者经常就某篇推文的科学性、严谨性及创新性等进行切磋交流。讨论见真知,群成员在讨论中互相观摩,互相学习,共同提高,大大增强了读者与作者之间的互动。

2.8 总结推文后台数据或借鉴他方经验,及时调整运营策略

微信公众号的运营指标,包含群发消息推送频次、阅读量与点赞量、粉丝关注数量、公众平台流量转化率、微信传播指数(WCI)等,利用这些指标,可以评估用户偏好哪些推文。对公众号后台数据评估,笔者发现文章推送时间段集中在 16:00—20:00,文章标题较新颖、醒目、内容偏重资讯等的 WCI 较高。同时,该公众号还积极借鉴其他类似公众号较好的栏目或排版格式,及时调整公众号的运营策略。

3 公众号进一步发展的探索

3.1 注重功能建设,开发微信新模块、新应用

未来开发用户喜欢的新功能如"微审稿""微投稿""文章投票"和"文章评论"等或将成为医学学术期刊公众号发展的一个重要方向。"微审稿"可以打破时间、空间上的阻碍,吸引各领域高精尖专家利用空闲时间提交审稿意见;"微投稿"模式则可使投稿者更便捷了解稿件的状态,同时也会吸引广大投稿者对杂志公众号的持续关注[8];"文章投票选项"和"文章评论"等功能,既可以满足用户的评论和发表意见的需求,又能充分调动用户的参与热情,同时还可以加强微信用户与运营者之间的互动交流,有助于建构微信用户的归属感,提升用户对公众号的忠诚度[9]。

3.2 建立统一的论文写作与投稿指导平台,发挥新媒体育人功能

医学学术期刊公众号传播的推文多为已刊发的学术成果,而指导青年医师论文写作方面的推文比较欠缺。医学论文涉及的内容比较专业,但又有一定的技巧或方法可循。建立专业的医学学术期刊专家和编辑授课团队,借助公众号平台开展医学学术论文写作与投稿线上讲

座或直播课程，以专题推送的形式供青年医师学习和分享，充分发挥育人功能的同时可吸引他们对公众号的持续关注[10]。

4 结束语

微信公众平台的出现推动了医学学术期刊与新媒体的融合，同时医学学术期刊也需要积极、充分利用新媒体平台。微信公众号在运营过程中尽可能以多媒体形式丰富内容的表达，并以互联网思维来思考、按照互联网规律来融合传统出版模式[11-12]，还要根据医学学术期刊连续性、时效性、创新性和渗透性的特点，努力做好公众号的服务工作，提高医学学术类期刊的竞争力和影响力，最终惠及广大读者、作者。

参 考 文 献

[1] 中国互联网络信息中心.第 47 次《中国互联网络发展状况统计报告》[EB/OL].[2021-02-03].http://www.gov.cn:8080/xinwen/2021-02/03/content_5584518.htm.
[2] 智研咨询集团.2020—2026 年中国微信公众号行业市场经营风险及投资战略规划分析报告[EB/OL].[2019-10-25].https://www.chyxx.com/research/201910/797081.html.
[3] 侯玉婷.医学科普期刊微信公众号存在的问题与改进策略[J].中国科技期刊研究,2020,31(3):295-303.
[4] 刘洋,李娜,李玉乐,等.优化医学期刊微信公众号运营的探索与实践[J].中国科技期刊研究,2020,31(8):898-903.
[5] 张小强,吉媛,游滨.微信传播指数领先的学术期刊公众号运营调查及启示[J].中国科技期刊研究,2018,29(6):574-584.
[6] 李德强,王领全.媒体融合背景下科技期刊微信平台建设及影响力提升策略[J].天津科技,2019,46(10):1-3,10.
[7] 黄林英,孙云倩,阮立.公共图书馆微信公众平台服务案例分析及创新思考[J].新世纪图书馆,2017,(3):49-52.
[8] 曾艳.我国学术期刊微信公众号现状及发展对策探析[D].长沙:湖南师范大学,2018.
[9] 程澄.微信公众平台的受众"使用与满足"行为探究[J].传媒,2014(10):50-51.
[10] 杜焱,蒋伟,季淑娟,等.典型高校期刊社微信公众号传播力与运营策略研究[J].中国科技期刊研究,2021,32(1):75-82.
[11] 胡海波.如何做好微信公众号:参加 2017 年四川省出版单位负责人岗位培训班的体会[J].传媒论坛,2018,1(3):89.
[12] 孙琳,周升蕾.传统纸媒健康类微信公众账号内容编辑提升策略[J].新闻前哨,2019(5):69.

综合性社科学术期刊微博发布现状与发展对策

黄谷香

(《上海交通大学学报(哲学社会科学版)》编辑部，上海 200030)

摘要：通过对我国 CSSCI 来源期刊(2021—2022)目录中的综合社科类期刊和高校社科综合类学报的微博现状的分析发现，综合性社科期刊微博开通和发布比例偏低。已开通的微博中，学术型微博占主体，且较非学术型微博的热门内容比例更高。在呈现形式上，多数微博形式较为单一。综合性社科学术期刊应转变传播理念，打造全方位知识信息服务平台，为读者提供有效的增值信息服务。

关键词：综合性；社科学术期刊；微博；现状；对策

随着网络技术的迅速发展，传播媒介推出了"短、平、快"为特征的传播平台以适应人们快速获取信息的要求[1]。微博等平台的出现，满足了人们快餐式阅读、碎片时间阅读的偏好，成为当下趋势[2]。学术期刊如何跟上时代步伐，借助微博等平台实现数字化传播的升级，是亟待解决的问题。目前多家科技期刊已开展了微博传播实践，部分刊物取得了良好的传播效果，也有很多期刊还在摸索阶段。综合性社科期刊涉及学科多，领域全，受众面广，可以借助微博平台的优势，制造各类学术话题，供应学术热点，扩大期刊的传播范围和社会影响力。

1 研究综述

从中国知网上已有的研究成果来看，关于期刊微博方面的研究成果有 50 多篇。从研究对象分布来看，研究最多的是医学期刊微博。其中既有案例研究，如《中华消化杂志》[3]、《临床误诊误治》[4]等期刊微博；也有对期刊微博的整体状况研究，如对新浪和丁香园上开通的 49 个医学期刊官方微博的研究[5]；还有对 10 家高影响力医学期刊官方微博的研究[6]。除医学期刊外，研究主要涉及科技期刊和社科期刊。在科技期刊方面，有研究期刊微博的现状和对策[7]、影响力提升策略[8]、影响力评价指标[9]、版权保护[10]等；在社科学术期刊方面，主要是对大学学报微博现状与对策的研究[11]；也有学者选取代表性科技期刊和社科期刊微博，研究期刊微博的现状和发展路径[12]。此外，休闲类期刊微博的现状与策略研究也有所涉及，主要包括艺术类、科普类、时尚类、财经类、消费类等期刊。总体来看，学术期刊微博研究数量较少，领域较窄，成果较零散，部分领域处于空白状态。

由于多数社科学术期刊的体制属性和思维惯性，编辑部对市场的关注较少，缺乏市场化传播经验。社科学术期刊要想在新的数字化传播市场中占据一席之地的话，需加强对期刊微博等传播方式的重视和实践，实现期刊微博传播的良性循环。

2 研究分析

研究基于 CSSCI 来源期刊(2021—2022)目录中的综合社科类期刊和高校社科综合类学报，

通过新浪微博搜索与期刊名称对应的微博账号，发现有 7 份综合社科类刊、13 份高校综合类学报注册并发布 1 条以上微博，占全部综合性学术期刊的 12%。为呈现社科综合期刊微博账号发布情况，笔者统计了各微博的认证情况、首次发布日期、上次更新日期(截至 2021 年 6 月 30 日)、微博数、粉丝数、热门内容条数、评论数等数据作进一步分析。

在 20 份综合性社科期刊微博中，有 15 份通过官方认证。从发布日期来看，有 9 份期刊微博处于正常发布状态(见表 1)，占比 45%；其余则处于停滞状态。这说明保持正常运转的微博比例偏低。微博作为一种传播快、影响力大的开放式社交平台，在期刊数字化传播过程中的影响力有待提升。

表 1 正常运营的综合性社科期刊微博发布状况统计表

微博名称	是否官方认证	首次发布日期	上次更新日期
人民论坛	是	2009-10-15	2021-06-30
文化纵横	是	2010-10-20	2021-06-30
学术月刊	是	2014-06-17	2021-06-30
浙江大学学报(人文社会科学版)	是	2011-02-16	2021-06-22
中国社会科学	是	2011-12-06	2021-06-16
上海师范大学学报(哲学社会科学版)	是	2014-03-31	2021-01-22
华南农业大学学报(社会科学版)	是	2014-07-07	2020-12-08
开放时代	是	2011-09-15	2020-11-07
文史哲	是	2014-12-04	2020-08-14

2.1 综合性社科期刊微博类型划分

依据 9 份正常发布的期刊微博的信息内容可将它们分为三种类型：学术型、学术综合型和非学术型。学术型微博内容发布主要为期刊(含他刊)学术文章推介、期刊目录、期刊荣誉、学者观点、学术会议等信息。这类包括"中国社会科学"等 7 份期刊微博。

学术综合型微博内容发布除包括学术型微博发布内容外，还包括编辑部信息公告、基金申报相关信息、论文写作技巧、影响因子转载、校园信息与风景等。这类以"华南农业大学学报(社会科学版)"为代表。

非学术型微博内容发布主要为国内外社会热点、新闻发布、节日纪念、美食制作、健康休闲、名家语录、生活智慧等视频图片，大多与期刊无直接关系。这类以"人民论坛"为代表。

在微博内容与社会热点问题联系的紧密程度上，非学术型微博最具优势，但内容缺乏学术性。学术型微博中"文化纵横"将学术性与社会热点问题结合较好，近年来发布了多篇与疫情、中美关系相关的研究，从多个学科视角对中国社会进行了反思。

2.2 综合性社科期刊微博的发布状况

综合性社科期刊微博的发布状况主要表现为微博数、更新频率、粉丝数和微博信息的转发、评论、点赞次数上。微博热门内容的条数等主要通过微博页面"他的热门内容"栏目统计得出(少数微博无此项)。热门比例是热门内容条数在总微博数中的比例。

从表 2 可见，除了"人民论坛"外，其他微博更新频率普遍不高。其中，"人民论坛"粉丝数最多，其微博数、热门内容条数、转发、评论、点赞次数总量都较高。这可能是因为"人民论坛"发布的热点新闻较多，吸引了较多的普通读者。在学术型微博中，"文化纵横"微博的粉丝数最多，这可能与其注重思想评论、文化重建，关注转型社会等相关，因而更能吸引读者关

表 2　综合性社科期刊微博热门内容发布状况

微博名称	微博数	更新频率	粉丝数	热门内容条数	热门比例/%	转发次数	评论次数	点赞次数
中国社会科学	681	每月	19 113	36	5.29	24	1	59
文化纵横	3 220	不定期	38 886	98	3.04	677	115	617
浙江大学学报(人文社会科学版)	3 727	每工作日	23 079	100	2.68	67	212	83
学术月刊	1 344	不定期	12 907	22	1.64	24	0	22
人民论坛	18 759	每日	1 080 000	96	0.51	215	73	713

注。其在 2020 年 2 月 14 日发布的《北大教授：我们为何不敢承认，大疫背后的小农心态?》微博在一周时间内便被转发 75 次，评论 7 次，点赞 39 次，说明期刊微博在结合社会热点进行学术分析方面具有巨大市场潜力。粉丝数居第二位的"浙江大学学报(人文社会科学版)"微博发布数量最高，热门比例居第三位。作为社科界学术影响力最高的"中国社会科学"微博，粉丝数居于第三位，其发布的微博数量最少，但热门比例最高，且转发、评论、点赞次数不突出。这说明其身为社科顶级期刊，亦存在"曲高和寡"。

虽然"人民论坛"微博数、热点内容条数等总量最高，但其热门内容的比例并不高。学术型微博热门内容的比例普遍高于非学术型微博，反映读者与学术型微博的互动更频繁。综合性社科期刊微博赢得读者认可的关键在于质量，这也是学术期刊"内容为王"在微博自媒体上的体现。学术型微博可以通过其特有的学术优势吸引大量的潜在读者，加快传播学术文化，增强期刊综合影响力。

2.3　综合性社科期刊微博的呈现形式

从正常更新的期刊微博的呈现形式来看，多数微博的呈现形式采用文字+图片或视频，且非学术型微博使用视频的频率较学术综合型微博高。学术型微博则大多采用文字+链接(微信或网站)+少量图片形式，少数微博则将摘要直接截图附在介绍文字后面或者采用文字+网页链接形式。综合性社科期刊微博在多媒体技术应用方面大多处于匮乏状态。

3　研究结果

综上所述，我国综合性社科期刊微博开通和正常发布的比例较低，学术型微博占主体且较非学术型微博的热门内容的比例更高，微博呈现形式较为单一。这些因素制约了期刊微博在期刊数字化传播过程中影响力的发挥。

3.1　综合性社科期刊应转变微博传播理念

期刊需要改变传统传播的"传-受"的思维方式，将读者视作用户，以一种多元互动传播的服务理念取而代之。学术刊物应依据读者的特点，积极研究读者的兴趣爱好，根据自身情况开展学术前沿追踪、学科热点聚焦、学术会议动态、学术荣誉奖励、知名学者观点等资源分享推介、导读、链接、资讯、标准、指南等不同深度的内容服务。综合性社科期刊的传播对象也包括很多对社会科学感兴趣的普通读者。因此，综合性社科期刊微博应扮演好学术科普角色，用人文社会科学的理论和方法解决读者普遍关注的社会热点问题，传播社会科学经世致用的一面。

3.2 综合性社科期刊应转变微博传播内容

首先,微博编辑需要掌握更多学术资源,充分获得第一手资料。对过刊资源要分门别类、内容数字化。这些资源可以在适当时候以一种新的面貌、视角为社会的热点问题提供有价值的数据分析和专业的理论见解。其次,综合性社科期刊微博应以社会热点为引子,整合资源,发挥综合性优势,从多学科、多视角构建学术链条。期刊微博在多视角展示研究成果时,可由成果追溯研究起因、过程和启示等,延伸期刊传播链[13]。再次,综合性社科期刊微博应定期更新。针对学术热点,期刊可根据评论中的兴趣点做成连续、系列报道,保持用户黏性。

3.3 综合性社科期刊应转变微博传播形式

综合性社科期刊微博不仅追求内容实用,还要讲究形式的有趣。形式有趣才能激发读者分享和转发的兴趣;文字、图片、音频、视频、直播等多媒体技术组合展示将使学术信息内容更加直观和生动;结合社会热点问题,及时传播推动与之有关的学术研究,更容易在读者中产生共鸣,提升传播效果[14]。

4 结束语

学术期刊微博传播力的本质是各类学术信息资源的整合[15]。通过对学术信息的多样化重组,读者藉由微博平台和自身的参与互动,将学术信息整合、延伸成完整的学术链条,再现学术生产的面目。学术期刊微博将知识单元有机组合、打造出新的知识链条或知识组合,满足读者的个性化阅读需求。综合性社科期刊微博应转变传播理念、内容和形式,打造全方位知识信息服务平台,成为学术期刊转型升级的重要途径。

参 考 文 献

[1] 魏艳君,彭熙,朱德东.学术期刊的碎片化传播[J].编辑学报,2016(8):378-381.
[2] 陈鹏,叶宏玉,梁凯,等.移动阅读环境下学术期刊的发展启示[J].中国科技期刊研究,2015(3):300-305.
[3] 冯缨,游苏宁.传统医学期刊与新媒体微博共赢发展[J].编辑学报,2012(3):269-271.
[4] 赵会懂,丁滨.专业医学期刊开通官方认证微博应用探讨:以《临床误诊误治》开通官方微博为例[J].科技与出版,2012(6):88-90.
[5] 沈菲飞.医学期刊微博发展分析:以新浪和丁香园为例[J].中国科技期刊研究,2013(3):539-542.
[6] 顾艳,崔金贵,盛杰.医学期刊中高影响力官方微博内容发布现状的调研与思考[J].编辑学报,2014(2):162-165.
[7] 朱淼.科技期刊的微博应用调查与微博运营策略探讨[J].出版发行研究,2013(12):81-84.
[8] 宋宁,刘婵君,李明德.科技期刊官方微博影响力提升策略研究[J].出版发行研究.2014(12):61-64.
[9] 石婧,段春波,周白瑜,等.科技期刊应用微博微信平台影响力评价初探[J].中国科技期刊研究,2014(5):655-660.
[10] 张鲸惊,韩健,黄河清.科技期刊微博发布中的版权问题[J].中国科技期刊研究,2014(6):797-799.
[11] 曾润喜,孙艳,尚悦.学术期刊微博应用的困境与进路:基于《浙江大学学报(人文社会科学版)》新浪微博的案例研究[J].中国科技期刊研究,2014(7):906-908.
[12] 胡洪彬.学术期刊微博应用现状分析和完善路径:以 12 个学术期刊官方认证微博为例[J].重庆工商大学学报(社会科学版),2014(5):121-126.
[13] 夏登武.大数据时代学术期刊的内容优化与价值重构[J].中国科技期刊研究,2016(3):264-268.
[14] 唐亚.浅议科技期刊的碎片化传播[J].科技传播,2018(4)下:35-36.
[15] 顾杨丽,吴飞.微博传播力的本质:碎片化即时信息的整合力:以温州"7·23"动车事故为例[J].当代传播,2011(5):49-51.

媒体融合背景下高校学报微信平台运营对策

刘建朝

(《三明学院学报》编辑部,福建 三明 365004)

摘要:总结高校学报微信平台存在运营水平参差不齐的现状,提出高校学报微信平台运营对策,指出媒体融合是媒体发展的趋势,高校学报应做好微信平台定位,综合利用微信平台的公众号、视频号、小程序、微信群、微店等产品形成多层面的微信平台运营格局。

关键词:高校学报;微信平台;媒体融合;公众号

高校学报是学术期刊的重要组成部分,它在推动高校科研、交流科研成果、培养科研人才等方面起到了重要作用。随着互联网技术日新月异的发展以及新兴媒体的蓬勃兴起,新媒体不断冲击着传统媒体,也对高校学报的生存与发展提出了挑战。媒体融合发展成为媒体行业的发展方向,在此背景下,高校学报积极转变办刊思路,将计算机、互联网技术运用到编辑出版活动中,如使用学报官网、采编系统、数据库,也包括当下流行的微信等自媒体。微信平台能够拓宽学报的传播渠道,提升学报的影响力,但有些高校学报在微信平台运营中存在效果不佳的问题。本文基于媒体融合发展背景,结合习近平给《文史哲》编辑部全体编辑人员的回信精神,探讨高校学报微信平台的运营对策。

1 高校学报微信平台运营现状

微信平台,一般指微信公众平台(简称公众号),而在广义上也指整个微信应用程序。微信应用程序自 2011 年上线以来,不断更新版本,目前具有聊天、支付、视频、学习、城市服务等丰富功能,已成为智能手机必备的基础程序,日活跃用户超过 10 亿。微信是高校开展学习、工作的常用程序。高校及其院系部门多有开通相应微信公众号,但作为高校的较边缘化部门,高校学报开通微信公众号的现象相对较少。

高校学报微信公众号不仅数量相对较少,还存在运营水平参差不齐的状况[1]。通过研究发现,高校学报公众号命名与刊物一致的较多,公众号发布学报目录、论文摘要、获奖情况等内容,设置栏目导航,并且与学报官网进行链接;同时,高校学报公众号也存在消息更新较慢、内容发布总量偏少等问题,有的公众号只与学报官网进行链接,没有发布任何内容,公众号的用户也较少。此外,虽然大多数的高校学报公众号和学报网站实现了链接,但对于微信近年推出的小程序、视频号等运用得极少[2]。反观当前大众杂志、报社公众号的优异成绩,

---

基金项目:福建省中青年教师教育科研项目(JAS180466/A201826);三明学院 2021 年度高教研究项目(SHE2109)

高校学报微信公众号的运营效果明显欠佳。究其原因，学术性强的高校学报具有自身的特殊性，其与微信公众号的融合存在难以破解的困境；而高校学报编辑队伍的新媒体素养不足，使之对微信公众号的功能缺乏研究，也不重视微信平台的整体运营。

2　媒体融合视角下的微信平台

　　不断发展的互联网和信息技术催生了各种新兴媒体，媒体形态、媒体传播方式变得更加复杂多样。可以说，作为创新驱动发展的先导力量，互联网正给媒体领域带来一场前所未有的变革。对此，国家及有关部门对媒体行业发展给予高度关注。2013年，习近平总书记在中共中央政治局集体学习时就指出，要发挥新兴媒体的作用以加强国际传播能力。2014年，被称为中国媒体融合发展元年。习近平总书记主持了《关于推动传统媒体与新兴媒体融合发展的指导意见》的审议，并就融合发展的思路、原则、方法、路径进行了全面而精辟的阐述。传统媒体与新媒体的融合过程，要遵循发展规律，以内容建设为根本，以先进技术为支撑，强化一体化发展理念，使内容、渠道、平台、人才、管理等各种资源要素相融为一体。2019年1月25日，习近平总书记[3]在中共中央政治局集体学习时强调："推动媒体融合发展、建设全媒体成为我们面临的一项紧迫课题。"随着媒体融合不断向纵深发展，要求打通报、网、端、微、屏各种资源，实现"全程媒体、全息媒体、全员媒体、全效媒体"的全媒体传播。2021年5月9日，习近平给《文史哲》编辑部回信，强调高品质的学报要坚守初心，引领创新。

　　在媒体融合发展趋势下，国家出台政策支持媒体融合转型发展，传统报刊、出版社等积极展开实践与探索。相应地，互联网技术平台也不断提升和丰富媒体功能，以吸引媒体行业入驻。如微信平台由最初的聊天、朋友圈功能，增加了公众号功能，又拓展了小程序、视频号等功能，以满足用户的更多需求。高校学报微信平台运营是应对数字化出版转型的探索、创新，是媒体融合发展的体现。高校学报要遵循新兴媒体发展规律，坚持移动优先策略，推动媒体融合并不断深化发展[4]。高校学报要发挥原有纸质学报和微信平台的各自优势，在内容、渠道、平台、经营、管理等方面实现深度融合，进而形成新的媒体出版传播格局。

3　高校学报微信平台运营的对策思考

　　目前，关于高校学报微信平台运营的研究已经取得较为丰硕的成果，特别是对于微信公众号的认证、栏目设置、更新频率、发布时间段等有较多的论述，对于微信公众号运营的互联网思维、用户思维，公众号运营人才的培养与引进等，也有较深入的论述[5]。这些研究可以为高校学报微信平台的运营提供借鉴。然而，随着移动互联网和自媒体的发展，微信紧跟形势开发了多种与公众号关联的产品，如微店、小程序、视频号等，目前对于这些产品运用于高校学报的研究还很少。高校学报运营微信平台，应不断开拓微信平台的边界，纳入微信的各种产品，形成微信平台多层次的立体运营格局。

3.1　做好高校学报微信平台的定位

　　高校学报微信平台的定位直接影响公众号、小程序、视频号等关联产品的内容和展示效度。高校学报在开通和运营微信平台前，应加强调查研究，并结合自身学报的特点对微信平台的功能、用户、内容等进行明确定位，包括微信公众号服务功能、传播功能、经营功能的定位，公众号用户是专业科研人员还是一般科研爱好者，公众号内容的专业性、科普性或两者兼容，等等。明确定位后，高校学报要完善微信平台的设置，如通过公众号、视频号的名称、头像、简介等设置，使学报在微信平台上具有鲜明标识度。

3.2 运营好微信平台的关联产品

从微信应用程序的功能来看，微信平台的关联产品可分为微信内部和微信外部两种，其中公众号、视频号、小程序、微信群、朋友圈是微信内部关联产品，用微信登录的其他网站、关联绑定公众号的百家号、设置链接跳转的网站等是微信外部关联产品。高校学报运营微信平台时，要用全局视野运营好各种关联产品，以微信内部关联产品为例，如图1所示。

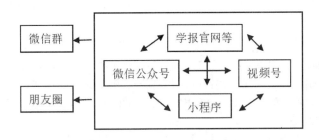

图1　高校学报微信平台内部关联产品运营

首先，高校学报要做好微信公众号与学报官网的链接。微信公众号链接到学报官网，可以方便作者从微信公众号跳转到学报网站，而避免误入各种中介、假冒网站。公众号可以在导航栏目设置学报官网的投稿信息、学报动态、科研资讯、刊期浏览等具体链接，方便用户通过公众号直接获得更多信息。学报网站还可设置微信公众号的二维码，方便读者扫描二维码后进入学报公众号。

其次，高校学报要做好微信公众号与视频号的链接。视频号是微信于2020年推出的视频类平台，可以发布视频、多图等格式内容。在短视频、网络直播盛行的当下，抖音、西瓜视频等抢占先机，获得了大量用户。微信视频号依托微信的10亿以上用户和视频号的独特定位，仍然获得了大量用户的关注。高校学报开通视频号，可以发布科研的实验过程和调研场景，拓展纸质学报的"文字+图表"形式之外的阅读形式，使读者在音视频环境中获得更好的阅读体验。公众号与视频号可实现互相跳转，使浅阅读与深阅读、读文(图)与读视频得到互补。

再次，高校学报要做好微信公众号与小程序的链接。小程序不仅有即开即用、免安装免卸载等优点，而且在某些功能上弥补了公众号的不足。如小程序的订阅支付功能，用户只需在小程序上按提示进行订阅，在支付后就能获得所需学报电子版或纸质版。小程序具有互动交流的回复功能，有助于编辑、作者和读者深入交流。小程序还可设置一些知识竞赛、有奖答题等活动，增强用户的参与意识。因此，高校学报可以按公众号运营的需求来设置小程序功能，做好小程序的链接跳转，使用户对学报的微信平台有更好的体验。

最后，高校学报要发挥好微信的朋友圈和微信群等作用。不同于微信公众号的开放性，微信朋友圈和微信群是圈子化、熟人化的，可以更精准地投放相关信息。高校学报可以组建作者微信群，集中发布学报最新消息，如转发微信公众号的内容，还能加强编者与作者、作者与作者间的交流沟通，增强作者对学报的集体归属感，形成稳定的作者队伍。高校学报编辑人员要发挥好朋友圈的作用，通过在朋友圈发布和分享公众号、视频号等内容，促使接收的用户进行二次传播，从而提升学报的知名度。

总之，微信已经深入千家万户的生活，微信平台已经成为新媒体的重要组成部分。从媒体融合发展和全媒体建设角度来讲，高校学报运营微信平台是符合媒体发展规律和传播规律的，也是学报更好服务科研人才的途径。高校学报要紧跟微信的发展步伐，在运营微信平台的公众号过程中引入微信其他产品，搭建起由多种产品构成的立体化媒体传播矩阵，进而实现高校学报多方式、多层次的展示，扩大高校学报的传播面，提升高校学报的学术影响力。另外，微信平台还可实现与第三方平台的合作，高校学报在这方面如何深化媒体融合发展，有待今后进一步研究。

参 考 文 献

[1] 刘建朝.高校学术期刊微信公众号应用研究:以福建省高校为例[J].绥化学院学报,2019,39(11):110-113.
[2] 刘建朝.基于用户思维的学术期刊小程序应用[J].传播与版权,2020,9(5):70-72.
[3] 习近平在中共中央政治局第十二次集体学习时强调 推动媒体融合向纵深发展 巩固全党全国人民共同思想基础[J].党建,2019,32(2):1,9.
[4] 刘建朝.习近平媒体观指导高校媒体发展路径探析[J].宁波工程学院学报,2021,33(2):7-12.
[5] 章诚.学术期刊微信公众平台运营现状及提升策略[J].科技与出版,2020,28(8):73-78.

开放获取出版和编委办刊模式下投审稿系统优化实践经验
——以 ScholarOne Manuscripts 为例

杨 燕[1]，徐海丽[1]，刘志强[2]，杜耀文[3]

(1.上海大学期刊社《应用数学和力学(英文版)》编辑部，上海 200444；
2.上海大学期刊社，上海 200444；3.科睿唯安，北京 100086)

摘要：开放获取出版和编委办刊模式对投审稿系统提出了更高的功能需求，期刊亟须优化投审稿系统。以国际主流投审稿系统 ScholarOne Manuscripts 为例，关注稿件管理新需求和新趋势，采用图形化分析和深度访谈相结合的方法形成优化构思，深入思考投审稿系统中存在的 OA 出版缺失、编委办刊和稿件管理错位等问题，将稿件管理中的实际诉求流程化，明确"补缺"和优化的环节，对照诉求，检验并应用优化成果，形成完整的优化框架和经验知识，为国内期刊投审稿系统优化提供借鉴。

关键词：编委办刊；开放获取出版；投审稿系统；融合优化；组稿约稿

1 现状和机遇

在线投审稿系统已成为期刊稿件处理的必备工具，但不完善。随着期刊的发展，开放获取(Open Access，OA)出版和编委办刊等在稿件处理中的地位日益突出，对投审稿系统提出了更高的功能需求：OA 出版常态化和办刊管理精细化。为适应新趋势和新模式、充分发挥投审稿系统在期刊稿件处理中的重要作用，推动我国科技期刊数字化转型，加快推进我国建设世界一流科技期刊的步伐，有必要优化投审稿系统功能。

OA 出版是全球开放科学发展的必然需要，是适应国际科技期刊开放潮流的必然需要，也是建设世界一流科技期刊的必然需要[1]。OA 出版可有效提升科技论文的显示度、引用率和影响力，促进学术交流和信息共享[2]。为此，国家和地方政府出台了优秀期刊资金扶持计划，不少期刊将一部分资金用于赞助优秀论文的 OA 出版以提升期刊影响力[3-5]。据统计，中国科技期刊卓越行动计划的领军期刊中，完全 OA 期刊占比 59.1%，混合 OA 占比 36.4%；重点期刊中，完全 OA 期刊占比 51.7%，混合 OA 占比 34.5%[1]。对国内大多数混合 OA 期刊而言，期刊文章分 OA 和非 OA 出版诉求。同时，在稿件处理过程中，编委会需要深度参与稿件处理的具体事务，结合稿件处理各个流程的审稿意见，对稿件的学术内容给予客观判断，包括是否赞助 OA 出版等。因此，OA 出版需求与投审稿系统的紧密融合非常重要，有利于期刊 OA 常

基金项目：中国科技期刊卓越行动计划重点期刊；2021 年度中国科技期刊卓越行动计划选育高水平办刊人才子项目-青年人才支持项目(2021ZZ053101)

态化。

编委会是期刊稿件学术质量的重要把关人,更是办刊的中坚力量。一流科技期刊的建设和发展离不开编委会核心力量的参与,与此同时,期刊的发展和壮大也能极大激发编委的荣誉感和责任心,鼓励其进一步投身到办刊工作中,编委会与期刊两者相互促进,共同进步。在利用在线投审稿系统处理稿件盛行的今天,编委会职能和作用的充分发挥极大程度上依赖期刊投审稿系统的便捷使用和办刊数据的直观体现。因此,优化投审稿系统,满足编委会诉求,对调动编委的积极性、促进期刊的发展有着积极的作用[6]。

2 问题和挑战

作为国际主流和通用的投审稿系统,ScholarOne Manuscripts 以其操作便捷、吸引国际稿源、加快审稿流程、分工明确、有效监督及强大的报表统计功能等优势吸引了全球 8 000 余种学术期刊。它最大的优势是可根据需求对通用的工作流程进行适当的修改和优化[7-8]。

作为国内较早迈出数字化出版转型步伐的期刊,《应用数学和力学(英文版)》(*Applied Mathematics and Mechanics (English Edition)*,简称 AMM)早在 2013 年便采用了 ScholarOne Manuscripts 投审稿系统,在 ScholarOne Manuscripts 投审稿系统的使用方面,积累了丰富的经验。随着 AMM 赞助优秀论文 OA 出版力度逐渐增大,编委会对稿件实施动态管理的需求日益显著,为了充分发挥编委办刊的优势,方便编委会动态管理稿件,AMM 对 OA 出版和编委办刊模式与 ScholarOne Manuscripts 投审稿系统的融合进行了积极的探索,发现 ScholarOne Manuscripts 投审稿系统存在 OA 出版缺失、编委办刊和稿件管理错位两大难题。据了解,这也是国内期刊使用 ScholarOne Manuscripts 投审稿系统普遍遇到的问题。

ScholarOne Manuscripts 投审稿系统稿件处理的 OA 出版缺失主要指系统无法体现 OA 出版需求,即在 ScholarOne Manuscripts 投审稿系统中,稿件决定只含拒稿、录用、大修、小修等选项,没有 OA 出版和非 OA 出版选项。虽然期刊可以借助 Note 标记传达该信息以克服上述决策困难,但不能解决相关的统计困难,这在很大程度上降低了工作效率,不利于期刊的长远发展。

编委办刊和稿件管理错位指的是 ScholarOne Manuscripts 系统无法直观地给编委传达录用稿积累量等信息,不利于编委会精准把握期刊组稿方向和制定计划,进而影响期刊的良性运行和影响力提升[9]。

鉴于此,本文从 ScholarOne Manuscripts 投审稿系统入手,结合期刊工作流程需要,对 ScholarOne Manuscripts 的优化实践进行探索,为国内期刊投审稿系统优化提供思路和借鉴。

3 优化实践经验介绍

鉴于当前的投审稿系统无法满足办刊工作需要,AMM 编辑部与 ScholarOne Manuscripts 技术方不断沟通,对原有的工作流程作了适当的优化,以适应 OA 出版需求和编委参与稿件管理的办刊趋势,其中面临的最大挑战是如何将实际诉求转为技术语言,以及如何借助工作流程图实现编辑部和技术方之间的无障碍沟通。

3.1 OA 出版缺失的优化实践

当稿件进行 OA 出版时,虽然可以借助稿件的 Note 标记告知编辑部该稿件入选期刊赞助的 OA 出版决定,但该方式需要人工操作,存在较多的不可控性,无法满足全程电子化自动化运作管理[10]。比如忘记在 Note 处标记和查看稿件的 Note 信息更新情况(ScholarOne Manuscripts 投审稿系统的 Note 在稿件信息页的最底部，容易遗漏)等。

针对上述问题，根据优化诉求，编辑部提出如下构思：在系统上的最终决定处增加一个 OA 选项，如此一来，可实现自动告知编辑部该篇文章的决定，便于编辑部及时处理后续的 OA 事宜。具体实施方案如下：在 Accept 处后加 as OA，即 Accept as OA，并增加一个决定：Accept not as OA(见图 1)。如此优化后，稿件是否 OA 出版的决定就可通过系统自动流转到下一步，而非人为标记、查看。

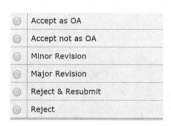

图 1　系统优化后稿件处理决策界面截图

3.2　编委办刊和稿件管理错位的优化实践

期刊是连续出版刊物，需要有少量备用录用稿。稿件积累过多或过少都不利于期刊的可持续发展。编委会通常会采取如下两种方式把控：第一，在符合期刊发文要求的前提下，把控稿件质量环节，加快稿件处理速度；第二，组稿约稿，组织编委专家策划专辑。在投审稿系统没有优化前，编委会无法获知期刊录用稿的动态积累量，编辑部只能利用电话或邮件告知编委会期刊录用稿储备情况，不仅操作不方便，而且存在一定的时滞，稿件处理无法完全做到与期刊出版要求同步。

针对上述问题，编辑部与技术方沟通后，增加了在编稿件栏目和已在线稿件栏目(见图 2)。具体实施方案如下：在理顺稿件的流转流程前提下，点击 PE Assign CE 后，增加一个模块，稿件可自动流转到在编稿件栏目；点击完成 CE Edit 后，增加一个模块，稿件可自动流转到已在线稿件栏目(见图 3)。如此优化后，呈现的稿件积累量清晰明了，满足了编委会对稿件实施动态管理的诉求，这最大程度解决了编委办刊和稿件管理错位的难题。

图 2　增加在编稿件栏目和已在线稿件栏目(已隐藏稿件数量)

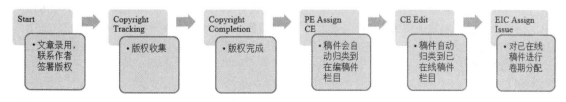

图 3　优化后的工作流程图

3.3 优化实践的意义和对同行期刊的借鉴启示

通过优化系统，AMM 解决了 ScholarOne Manuscripts 投审稿系统中固有的 OA 出版缺失、编委办刊和稿件管理错位等问题，实现了稿件与编委会内部流转同步，进一步提高了期刊稿件处理的自动化流程管理和办公效率，推动了期刊的相关出版工作。在优化后的稿件处理系统中，编委会可以随时随地快速方便地通过点击在编稿件栏目和已在线稿件栏目，获取期刊已录用但未纸质出版的稿件数量，针对期刊出版稿件的实际需求，优化稿件出版流程和期刊组稿、约稿的策略。

AMM 对 ScholarOne Manuscripts 投审稿系统的优化实践经验经概括总结得到优化思路七步法，见图 4，可供同行期刊借鉴。

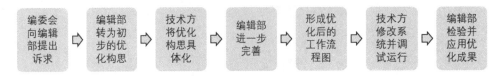

图 4 优化思路七步法

4 结束语

本文基于期刊实际需求，介绍了优化和改进 ScholarOne Manuscripts 投审稿系统的经验：第一，打通 OA 出版缺失的堵点，实现稿件自动流转 OA 出版决定；第二，消除编委办刊和稿件管理错位的痛点，实现稿件与编委会内部流转同步。通过探索 AMM 办刊需要与 ScholarOne Manuscripts 系统的融合优化实践，得到优化思路七步法，形成优化后的工作流程图和经验知识，为同行期刊投审稿系统的优化和完善提供借鉴。

参 考 文 献

[1] 彭斌.中国科技期刊开放获取与平台建设[R].第四届世界科技期刊论坛,2021.
[2] 王元杰,齐秀丽,王应宽.国内外期刊开放获取出版现状与启示[J].中国科技期刊研究,2020,31(7):828-835.
[3] 高洋.科技期刊 OA 出版的文献计量分析[J].编辑学报,2020,32(1):112-118.
[4] 张晓宇,闫群,刘培一,等.中国科技期刊运营模式探析:以中国科协科技期刊为例[J].科技与出版,2014(7):16-20.
[5] 梁偲.学术期刊开放获取的机遇与挑战[J].出版与印刷,2020(1):85-91.
[6] 杨臻峥,郑晓南.用真诚践行服务 以服务凝聚人心:也谈科技期刊如何做好编委服务工作[J].编辑学报,2018,30(5):510-513.
[7] 曹金凤,吕杰.采用 ScholarOne Manuscripts 在线投审稿系统的实践和思考[M]//学报编辑论丛(2015).上海:上海大学出版社,2015:302-304.
[8] 李明敏,葛建平,蔡斐.科技期刊稿件在线处理系统的建设与认识[J].编辑学报,2012,24(增刊 1):S42-S45.
[9] 王国栋,张月红,刘昌来,等.稿件远程处理系统中几种角色互动的感受[J].编辑学报,2013,25(6):556-557.
[10] 鲍芳,冉强辉,张慧,等.《运动与健康科学》国际化稿件处理流程的设计与实践[J].中国科技期刊研究,2014,25(6):788-792.

学术期刊微信公众号高阅读量文章标题的语用策略

祁 寒

(徐州医科大学《国际麻醉学与复苏杂志》编辑部,江苏 徐州 221000)

摘要:以我国关注量较大的 10 个知名学术微信公众号和 10 个北大中文核心期刊微信公众号发布的文章进行对比,以语用学为视角,通过归纳分析其标题的语用特征和功能来分析知名学术公众号的标题编辑策略,以此为学术期刊公众号推广提供参考,帮助学术期刊微信公众号更好地适应微信读者的习惯、顺应当前媒体行业的转型发展需求。

关键词:学术微信公众号;标题;语用;推广

在我国互联网发展的浪潮推动下,我国绝大多数学术期刊将业务扩展至线上,特别是"两微一端"等自媒体平台,其中较适合学术期刊的主要是微信公众号。目前微信公众号的运营已成为传统学术期刊数字化改革的关键一环。从学术期刊微信推广的目的来看,其更倾向于依靠发布电子学术成果和新闻来凸显其"专业性"与"权威性"。然而,对于微信公众号推广这一具有明显时代特征和传播特征的媒体来说,其"碎片化""紧凑化"和"大众化"的特征同传统纸质学术期刊格格不入。对此,很多学术公众号率先做出调整,将学术内容进行了梳理和整合,并通过标题的独特设计取得了成功,而我国少数学术期刊公众号也开始逐渐朝这方向发展,但仍未能实现有效突破。

我国关于微信公众号标题语言方面的研究始于 2016 年,由于标题型微信公众号的运营取得了良好效果,吸引了相关学者的持续关注。丁俊[1]以微博语料库为研究对象,发现关注度较高的微信公众号标题均包含大量网络流行语和语用化口头禅;周明强[2]提出,将流行网络用语或口头禅应用到政府机关单位中的微信推广,能够一改大众对于政府部门、机构宣传工作枯燥、乏味的刻板印象,提升宣传效果。随着微信公众号已作为商业推广活动的主流平台之一,一些学者认为,语用策略的调整对于微信公众号的运营起到十分关键的作用,姜萍等指出,当前我国人文学术期刊微信公众号的标题设置死板,缺乏时代顺应性;王雅萱[3]通过分析基础政府部门新媒体平台语言策略后指出,基层单位在互联网宣传标题中加入网络流行语的做法,极大地提升了政策的宣传效果和民众关注度。

对此,笔者以语用学为视角,分析运营较好的公众号和少数学术期刊公众号在标题上做出的革新,通过语用功能来反映其价值,为学术期刊微信公众号的推广提供参考。对于上述期刊微信公众号编辑们来说,在标题拟定时更多地考虑阅读效果,通过改变作者本位思想,吸引更多的科研工作者、科研爱好者以及广大对学术感兴趣的个人读者关注学术,以实现期刊读者群的有效扩充[4]。

1 语料收集与分析

本文选择了关注量超过 100 万的 10 个学术微信公众号和我国 10 家北大中文核心期刊的公众号为依据，收集、统计上述 20 个公众号在 2021 年 1 月 1 日—3 月 10 日推送的文章共 980 篇，其中包括学术论文概要 401 篇、原创文章 231 篇、学术新闻 186 篇、通知类信息 76 篇(招聘、招生、征稿等)、其他类 76 篇。本文选择学术论文概要、原创文章、学术新闻的标题共 700 篇作为语料进行研究，以观察其不同语用特征下的阅读量情况(表 1)。

表 1 选择语料来源

主流学术公众号	文章数量	学术期刊公众号	文章数量
Bioart		北京大学人文社会科学研究院	
机器之心		浙大学报英文版	
iNature		学术月刊	
经管世界		法学研究	
慕格学术	677	华东师范大学学报(教育科学版)	303
环球科学		经济学报	
科学网		同济大学学报(自然科学版)	
AI 前线		中国医科大学学报	
数据与算法之美		电子科技大学学报	
研之成理		食品科学技术学报	

在对语料的分析中，首先排除以客观语言表达为主的低主观度消息类标题；其次，分析文章标题中身份建构的框架，判定新闻标题作者不同类型的语用身份特点；最后，针对不同类型身份建构的话语方式分析其语用功能，继而归纳出几种主要的主观性话语策略。

2 学术文章标题拟定的语用身份建构

在本文所分析的语料中，微信公众号的关注量同公众号的内容有直接关联，其中，文章标题语用的多元化程度也决定了其阅读量，我们选择了其中标题新颖、阅读量超过 3 000 次的文章标题进行总结，可以将标题的语用类型分为以下四种：

2.1 运用权威身份建构

权威引用类的文章标题主要为了突出文章的权威性，在标题开头就说明文章的来源或权威性，通过将文章来源与后续标题内容做切割，从而突出其强调作用，以产生特殊的宣传效果。如：

(1) Cell│突破 IL-12 治疗瓶颈，独特结构带来肿瘤免疫治疗新策略(*Bioart* 2021-03-03)

(2) 大咖说 EP2│2 小时干货分享，足不出户掌握制造、金融、安全领域 AI 产业趋势(《机器之心》2021-02-05)

(3) Nature│百年老药苏拉明可以有效抑制新冠病毒，徐华强/张抒扬…合作解析新冠病毒复制没与苏拉明复合物结构(*iNature* 2021-03-08)

(4) 邓小南：人才建设要精准施策(《北京大学人文社会科学研究院》2021-03-03)

上述 4 个标题均把权威作为标题首要内容，运用权威效应吸引读者阅读随后的标题具体内容。从上述四个标题对权威的引用可以发现，权威引用的核心仍需要依赖于信息本身，语言学家 Grice 曾指出，信息发出者应遵循清晰明了、避免晦涩、言简意赅、避免歧义等准则，能快速引导他人有效回应[5]。从上述四个类型的权威引用标题来看，标题1、2、4 都选择在标题开头突出权威性，而将核心信息作为标题陈述预设信息，其中，标题 4 的预设信息较短未经处理，而标题 2 则选择了隐去权威的具体信息，并试图放大预设信息来吸引更多读者。

一般来说，权威作为某个学术领域的代表，这类主体发布的学术成果或相关信息本身就具有一定的前沿性和重要意义，作为某一领域内的研究者或相关人士，对于学术权威的关注度自然相对较高，通过对标题的语用处理，其阅读量往往能够得到基本保障。

2.2 主观情感建构

这一类标题同第一类在语用方面相似，但侧重点不同，前者通过突出标题主语，而此类属于省略主语或宾语的方式来达到强调目的，在这类有所侧重的修辞方式中，都运用标题结构的缺失来增加标题的层次，进而只保留自身侧重的内容。如：

(1) 这是个狠人！将 24 篇文章拼接成 2 篇自己的研究成果，关键是还不引用；没想到牵出更多内幕(*iNature*-2021-03-07)

(2) 高校悲歌？这所大学，规划停办(《经管世界》2021-03-11)

(3) 这样报销危险！常见科研经费违规和不合理使用典型问题(《浙大学报英文版》2021-03-10)

(4) 重磅！2020 年度"中国十大学术热点"评选结果揭晓(《学术月刊》2021-01-15)

在隐去主语或宾语的同时，通过运用感叹和疑问的方式来引发读者的好奇，是这类标题的主要特色，如标题 1、3、4 通过运用信息评价的方式隐去主语，并结合爆炸性标题内容引导读者的猜测和推论，而标题 2 则采用设问的方式引导读者的主观评价。这类修辞往往需要一定自由、大胆的词汇来描述被隐去的主语，通过事件性或拟人性的语义特征，来同后续标题内容相结合，向读者传达内容的重要性。

2.3 运用双视点身份建构

双视点互动句是由"A+评论者+B"组成的，其中 A 是被评论的对象，也就是标题核心，B 是评论者的评述，即另一观点与标题核心的互动。这类标题在近年的新闻评论中大幅增加，反映出新媒体背景下读者与编者的互动性需求。双视点互动标题的语义构成一般是读者对一些"不正常"现象或事件的评论看法，在标题中体现往往是光怪陆离或极富趣味性的观点，以此引起读者共鸣或实现趣味效果，引发读者关注。如：

(1) 博士被骗 10 多万，却被嘲"书白读了"？网友看不下去了……(《经管世界》2021-03-11)

(2) 用 AI"复活"逝者："深度怀旧"项目火遍推特，我们也用民国老照片试了下(《机器之心》2021-03-01)

(3) 这是一种多么轻喜剧的画风：有人抄袭了你的论文，然后特别认真地把你放在第二作者的位置上……(*iNature* 2021-03-10)

从上述标题中，标题 1 的双视观点来自于对立双方，引导读者选择立场；标题 2、3 的观点运用身份建构双视角，引发读者好奇。在学术公众号中，该类标题的运用范围并不仅限于对于新闻或事件的总结，同样可以用于学术成果介绍和推广。从双视点互动类的标题来看，还有多种语义评价方式(如寻结型、建议型等等)，均可以被运用在微信公众号的推文中，以增强公众号整体内容的可读性。

2.4 网络化身份建构

这类文章标题大量借鉴了网络环境中的流行词汇或流行言语行为，并将流行词汇的语义融入学术标题中，达到一种与常规汉语句法混合的创意效果，从而将原有晦涩的研究内容以轻松愉快的方式表达出来，便于读者了解研究内容。如：

(1) 美媒大呼 Mach"真香"，电动野马能挤压特斯拉吗？(《机器之心》2021-03-06)

(2) Lancet 长文 | 规模最大，50 万中国人群队列分析："不要喝酒，不要喝酒，不要喝酒"，北京大学李立明等揭示喝酒与心血管疾病的关系(*iNature* 2021-03-10)

(3) 美国科学家警告："腰不能粗，腰不能粗，腰不能粗"(*iNature* 2021-03-08)

(4) "水刊"洗白，Scientific Report 到底值不值得？(*Bioart* 2021-03-11)

在上述 4 个标题中，标题 1、4 直接使用了"真香""洗白"等具有鲜明网络化特征的表述，都有十分网络化和口头话的表达，有的运用了叠词，有的运用网络流行语，但无论哪种语义都表现了作者的强调态度，给读者一种强烈的心理暗示，促使读者阅读一探究竟。

结合上述学术公众号推送文章的特点可以看出，同一般学术公众号中"作者+论文题目"的文章推送相比，更具特色的标题对于读者的吸引力也自然更大。微信公众号是以折叠的方式向读者展示推送内容的，因此，标题的新颖性和趣味性决定了读者是否能够在有限时间内愿意点击公众号观看其中的文章，这对于运营公众号的各家学术平台或学术期刊来说，都是值得尝试的。

3 学术文章标题拟定的语用功能补充

对于学术文章来说，其标题的设置不能简单地等同于传统的新闻标题句，在结合文章内容的基础上，选择合理的身份建构确定标题框架十分必要，但在身份构建的同时，还需要考虑不同文章语境下的语用功能，通过合理的语用功能安排来完善标题，从而突出学术信息或观点。具体来说，标题拟定策略中的语用功能可以体现在以下几个方面：

3.1 合理设置标题长度

对于学术文章来说，标题往往较长，按照当前很多学术期刊将"作者名+分隔符+文章题目的做法"，以本文统计的 700 篇文章为对象，不带有副标题的标题长度平均为 23.7 个字符，带有副标题的文章标题长度则为 32.6 个字符，在推送显示界面中，能够显示的标题长度为 18 个字符。因此，一般的学术文章标题很少能在订阅号的列表界面完整显示出来，且将作者名称放在标题前的方式也占用了 3~5 个字符，如此一来，文章标题能够显示出的内容就更少了。从本文选择的特色标题中，权威引用类的标题平均字符数为 30 个，感叹疑问标题平均字符数为 25.5 个，双观点互动类的标题平均字符数为 32.75 个，流行表达类的标题平均字符数为 29.25 个。但从前 18 个字符所展示的内容来看，本文展示的标题均能较完整地体现出其核心内容。从这一点来看，对于标题的调整有利于文章整体信息的简化，帮助读者花费更少的时间了解文章观点，快捷地满足读者的阅读需求。

3.2 适当增强学术观点

相较于严谨枯燥的学术表达，标题上的修饰能够更好地突出文章的主题或强调文章的价值，如在感叹、疑问类标题中，通过省略主语或宾语的方式能够尽可能缩减标题长度，突出标题重点；在双观点互动类的标题中，读者观点的罗列能够进一步增强标题的可读性，流行表达类标题也有类似的功能。上述标题的设置减少了读者的阅读压力，构建了同读者的联系，间接实现了观点的强化，有助于引导读者花费更多时间来阅读文章。

3.3 缩短读者心理距离

在本文的语料中，有一些标题使用了流行语作为标题的核心语义，由于流行语具有大众性、创造性、新奇性等特点，使读者在阅读标题时不会受传统学术标题风格的影响，有效拉近了标题同读者的心理距离，提升了读者对于文章标题的心理认知，加之文章的学术本质同读者具有一定的需求契合，这种"接地气"的表达方式能够起到更好的语用效果。

3.4 有效表达读者诉求

在特色的标题句中，根据不同的内容客体，主语部分的模糊或缺失可以起到两个效果，一是吸引读者了解谁是标题中谈到的主体，二是让读者自我代入标题主体，进而深入了解文章观点和所述内容。如网络身份建构中的例句：③美国科学家警告："腰不能粗，腰不能粗，腰不能粗"(*iNature* 2021-03-08)，腰粗是当前多数人的体征现状，而至于为什么不能粗，粗又有什么样的后果，读者在具备这一体征时可能会基于强烈的主观代入感或表达强烈的主观诉求而阅读文章，作为具有科学依据和实验数据的学术文章，对于读者的启发和影响也会更大。

4 结论

学术文章标题不仅凝缩了学者的科研成果及应用价值，也是联系作者同读者交流和沟通的桥梁。对于微信学术公众号中推送的文章来说，标题还需要同时承担推动和促进读者与作者之间关系构建的功能。从这一点来看，传统学术标题设计的理念不仅同当代互联网媒体发展的趋势相悖，其设立微信公众号推广学术知识的想法亦不符。因此，在微信公众号的文章编辑工作中，必须要注重对文章高度提炼和浓缩，并据此来思考和设计文章标题，在提供信息和吸引读者之间取得平衡，为读者营造轻松、愉快的阅读环境，帮助其更好地理解文章内容，这是微信公众号运营的基本逻辑，也是学术推广的终极目的。

本文以10个学术公众号和10个北大中文核心学术期刊为研究对象，分析了其2021年1月1日—3月10日所推送的近千篇文章，以语用学为视角研究其标题的设置与微信公众号推广之间的联系，研究发现关注量越多的公众号其标题的设置往往更加灵活多样。语用功能方面，这类特色标题的设置也能够实现学术性与大众性相结合的目标，很好地顺应读者需求和适应性，增进作者与读者的互动，以简单、通俗的观点阐述学术成果，无论是对于相关领域的研究者还是对于科学文化感兴趣的普通读者，都实现了良好的吸引效果。所以，当学术类编辑在处理微信公众号一类稿件时，可以思考如何从语用角度构建标题，做到吸引不同类型的读者，否则对于习惯通过微信来阅读、学习的读者来说，很难直观地向其展示学术成果和信息的重要意义和价值。

参 考 文 献

[1] 丁俊.网络流行语影响下的语用化口头禅研究:基于微博语料库[J].语文学刊,2016(11):49-51,116.
[2] 周明强.论政务新媒体的语用特征与语用关系[J].绍兴文理学院学报(哲学社会科学),2016,36(4):46-56.
[3] 王雅萱.新媒体背景下党媒语用特征研究[J].出版广角,2020(7):89-91.
[4] 路丹丹.微信语用研究[D].贵阳:贵州民族大学,2018.
[5] GRICE H P. Logic and conversation [M]. New York: Academic Press. 1975.

媒体融合背景下科技期刊 OSID 出版应用问题及出路探寻
——以《太原理工大学学报》为例

薄小玲[1,2]，贾丽红[2]

(1.太原理工大学现代科技学院，山西 太原 030024；2.《太原理工大学学报》编辑部，山西 太原 030024)

摘要：在信息技术迅速发展的大背景下，具体以《太原理工大学学报》为例，分析了媒体融合背景下科技期刊 OSID 出版发展的必要性，对比分析了 OSID 出版与传统出版的优劣，以及《太原理工大学学报》编辑部在出版应用过程中遇到的实际问题，针对问题提出相应的措施，为科技期刊更好地实现 OSID 出版提供借鉴和思路。

关键词：媒体融合；科技期刊；OSID 出版；开放计划；太原理工大学学报

科技期刊是科研成果集中记录和交流传播的基本载体，是开展学术交流、弘扬科学精神、传播科学知识的重要平台，肩负着支撑、推动、引领科技创新的使命[1-2]。随着信息技术的快速发展，社会各个领域都出现了前所未有的新气象、新发展，也给出版行业带来了革命性的变革，而其中学术期刊首当其冲。在面对新技术发展带来机遇的同时，同时也面临前所未有的挑战，这就要求学术期刊与时俱进，寻求符合这一潮流的发展方式。随着现代科技的进一步发展，传统纸质出版面临着严峻考验，媒体融合逐渐成为了一种趋势。学术期刊要想改变、发展就要主动适应融合发展模式，集多种媒体服务期刊，由传统的纸质化传播转变为融合多种方式的现代化传播。2013 年 8 月 19 日，习近平总书记在全国宣传思想工作会议上发表重要讲话"加快传统媒体和新兴媒体融合发展，充分运用新技术新应用创新媒体传播方式，手段创新，就是要积极探索有利于破解工作难题的新举措新办法，特别是要适应社会信息化持续推进的新情况，加快传统媒体和新兴媒体融合发展，充分运用新技术新应用创新媒体传播方式，占领信息传播制高点。"[3]2019 年 1 月 25 日，习近平总书记在题为《加快推动媒体融合发展 构建全媒体传播格局》的重要讲话中指出，"传统媒体和新兴媒体不是取代关系，而是迭代关系；不是谁主谁次，而是此长彼长；不是谁强谁弱，而是优势互补。"[4]由此可见，媒体融合已经是一种不可逆的趋势。

在此背景下，国家新闻出版署出版融合发展(武汉)重点实验室于 2018 年初发起面向学术期刊行业的开放科学计划(open science identity，OSID)，这一计划给诸多期刊出版单位提供了很好的出版融合创新实践平台。据统计，国内已有 1 000 多家学术期刊加入 OSID，但在具体应用上仍然处于起步探索阶段，在运行上仍然很不成熟，存在诸多问题。

目前关于科技期刊 OSID 出版应用的研究不是很多，综合已有的研究如下：尚丽娜等[5]主要通过问卷调查的形式了解读者对 OSID 的认知度以及本刊的具体操作实践过程；袁萍萍[6]

从数字出版视角研究了提升学术期刊国际影响力的策略；王欢等[7]研究了科技期刊出版创新实践路线；杨郁霞[8]通过问卷调查方式分析了单篇论文在使用二维码融合出版过程中的现状；刘洁[9]研究了 OSID 背景下科技期刊媒体融合发展的意义及举措。以上研究大多是从科技期刊媒体融合出版(OSID 的使用)的价值、意义以及使用过程等方面进行研究，本文则侧重于从科技期刊在 OSID 出版过程中的应用问题着手，探讨了科技期刊 OSID 使用中存在的各类问题以及针对问题所探寻的出路。

1 OSID 融合出版与传统纸质出版的优劣对比

1.1 内容呈现更加多样，信息交互更加便捷

传统纸质出版的期刊在传播内容上比较单一，作者投稿发表的是什么，印刷出来的就是什么，假如读者在阅读过程中有一些困惑不解之处，只能单方向地接受，不能进一步地询问和了解，所以无法实现读者与作者的交流互动。而 OSID 码的加入可以创建一个读者和作者的互动平台，作者可以通过 OSID 码上传语音、视频、文字、图片等各种形式的内容，上传的内容不受篇幅、格式等方面的限制，可以实现对文章全方位、多角度的介绍，这样读者在读到某一篇文章时，如果有困惑之处，可以通过作者上传的各种内容来深入了解，同时也能够和作者进行在线互动问答，这样不仅能够解决读者的疑惑，同时还可以形成一定程度的学术交流，通过思维的碰撞启发新的研究思路。

1.2 科研展示更加透明，学术交流更加自由

在学术期刊领域，我们经常会看到一些学术不端、缺乏学术诚信的行为发生。学术不端行为不仅违背学术伦理道德，而且破坏了良好的学术创作环境。学术不端成为学术出版面临的一大焦点问题。传统纸质出版的学术不端问题更为明显，作者在完成一篇文章的写作过程中，可能会引用、借鉴一些优秀文稿的内容，为了避免学术不端，他可以将别人的文字换一种方式转化为自己的表达，所以在看到最终印刷的文稿我们也就只能认为是该作者自身的研究成果，难以及时发觉其中的学术不端问题。而 OSID 的出版应用使作者能够将整个文章研究思路、创新点、研究背景、研究方法和过程等上传到平台，这样就使文章的原始数据成为透明、开放共享的模式，读者在共享的过程中可以及时发现作者的思路、创新是否与他人雷同，是否存在学术不端嫌疑。这样就使得其学术成果得到了及时的关注和跟踪，起到了一定的监督作用，从而有助于科研学术诚信的实现。

1.3 提升期刊学术质量，扩大期刊影响力

在媒体融合的背景下，网络和技术的飞速发展为期刊发展带来了前所未有的便利。传统期刊的出版周期较长，篇幅有限，仅局限于印刷品的文字传播，对于期刊影响力的扩大作用不是很明显。读者面对海量信息，想要准确、高效地找到自己需要的内容也越来越难。而科技期刊加入 OSID 计划，使得读者对论文内可以进行深入地挖掘加工，增强了阅读体验，提高了科研传播的有效性。同时，通过这一平台科技期刊可以积累一定的阅读用户，通过平台的学术圈功能，将期刊的阅读用户分为各个专业领域的学术圈，定期将期刊发表的对应专业领域的新的研究点及研究方向推送给这些读者用户。这样不仅增加了期刊的学术影响力，而且有助于拓展人际交往互动，培养期刊的潜在作者，更加有效地将编辑、读者、作者、专家联结起来，从而提升期刊的学术质量，扩大期刊的学术影响力。

2 《太原理工大学学报》加入 OSID 的应用及问题

近年来，《太原理工大学学报》在加强刊物的传播力和影响力建设方面，不仅开通了微信公众号，增加来稿的网络首发，而且还在 2019 年加入了 OSID 计划，并申报了学术期刊融合出版能力提升计划，获得了 A 类项目的支持。加入 OSID 至今，编辑部已为 151 篇论文创建了 OSID 码。编辑主要通过"OSID 编辑助手"中的"OSID 管理"菜单对录用稿件进行建码，建码要求录入论文标题、关键词、作者、出版卷期等源数据，在录入这些相关信息后平台会提示进入下一步，之后为每篇论文生成 OSID 码，填写作者的手机号或者邮箱后，系统将直接发送 OSID 计划的通知给作者，告知作者及时上传文章写作的相关内容。同时编辑将标识码下载并将安排印刷在即将出刊的对应的每一篇摘要的右边。除此之外，在编校过程，编辑也可以通过电话或邮件的方式通知作者利用"OSID 作者助手"小程序添加开放科学数据与内容及语音介绍等信息。假如有稿件相关内容和数据发生改动，编辑还要对有改动的内容进行修改，并对作者上传的内容进行审核方可通过。这一开放计划实施了一段时间之后，《太原理工大学学报》的作者逐渐了解 OSID，响应 OSID 的作者数量和扫码阅读的读者数量逐渐增加。但是在具体计划实践和应用的过程中，编辑发现 OSID 的应用还存在明显的问题，其效果远远达不到理想的状态。

2.1 作者认知度不够，配合度低

在实践过程中，编辑在创建完成OSID码之后，都会通过邮件或电话的方式通知作者上传相关数据内容，通过对《太原理工大学学报》每期作者反馈OSID的情况进行统计，每期22~23篇文章中平均只有8~9位作者按照OSID相关要求完成内容上传，其余作者在经过编辑提醒后有少部分会补充上传，大部分作者还是觉得上传并非必要，有一种可做可不做的心理，认为只要论文发表了就可以，其他不太重要的就不会去做。整体而言，作者对OSID的认知度还很低，有的作者收到邮件会咨询OSID的具体内容及作用，以及如何正确使用OSID，但大部分作者收到通知后没有及时上传内容，编辑部也没有收到任何咨询反馈信息，甚至有些作者不愿意配合，他们大多会以"工作繁忙""出差在外"为理由进行推脱。而编辑通过深入了解和分析后发现，作者配合度低的原因大致有3种：一是对OSID这一开放计划不了解。在大部分作者看来，之前根本没有了解过什么是OSID，其实质和意义是什么，这样就导致作者对OSID形成一种无形的排斥和漠视。二是对OSID码的出版价值不认可。从作者的认知角度来讲，他们在编辑部最重要的任务就是能够顺利发表文章，在了解OSID码的作用之后，他们会认为OSID和自己的文章发表没有实质性作用，只是需要把自己的写作思路、创新理念以及一些研究过程或研究相关的数据、图片上传，所以对OSID价值的认可程度不高，也就不会积极主动上传数据和内容。三是担心自身写作信息的安全性。有一部分作者在了解这一计划后，乐意配合完成，但是他们会担心把自己写作的相关数据和图片内容上传成为共享资源后，每个读者都可以通过扫码了解到他的创作思路和更多数据，这样就很有可能造成私有信息的公开泄露，所以也有一部分作者处于这个考虑而不愿意完成OSID源数据的上传。

2.2 OSID 码流于形式，学术圈活跃度低

在编辑对稿件进行处理的时候，通过 OSID 平台可以让作者进行建码，也就是作者在投稿时建码；在编辑确定录用稿件后，编辑进行建码，上传文章相关内容信息；还可以是读者在阅读时扫码。通过编辑的统计发现，不管哪种使用 OSID 码的情况都存在一个问题：OSID 码

远远没有达到预期效果,更多的是流于形式,作者的上传内容、读者的扫码阅读量都很低,以《太原理工大学学报》为例的具体情况如图 1 和图 2 所示。由图 1 和图 2 可以看到,在 2 个月内的时间,一篇文章的扫码量为 0,读者量为 1;作者创建码记录仅为 4。由此可见,OSID 码在很大程度上可能只是印刷在期刊上的一种标识,并没有真正实现这一平台的价值。

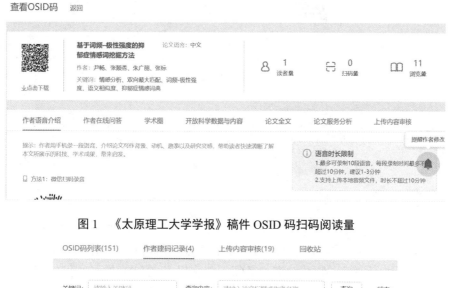

图 1 《太原理工大学学报》稿件 OSID 码扫码阅读量

图 2 作者创建 OSID 码的统计情况

作者通过上传内容可以加入在线问答和学术圈交流,所以读者阅读量越多,和作者互动的可能性就越大,这样才有可能形成更大的学术互动交流圈。由图 3 可知,在作者建码的过程中,一部分作者选择加入了学术圈,但是通过使用情况来看,加入学术圈的互动基本为 0。由于用户的参与度不高,所发布的内容受到关注的程度不也高,进而导致即使建立了学术圈,也很难产生互动性,活跃度很低。

2.3 编辑对于 OSID 开放计划认识与应用的缺位

除了上述提到作者、读者参与 OSID 的重要性外,编辑也是造成《太原理工大学学报》开放科学计划难以有效推广的原因之一。由于繁重的业务工作和人力的匮乏,编辑每天要面对组稿、编辑、校对、出版等一系列工作,还有其他方面的一些业务琐事,这些导致编辑没有更多的精力去一对一地向作者细致讲解这一计划,也没有更多的时间去一对一认真审查并督

图 3 作者创建 OSID 加入学术圈交流互动情况

促作者上传完整的源数据。同时由于 OSID 开放科学计划从研发到应用短短几年时间,没有组织编辑对这一计划进行学习了解和培训,使得一些编辑对 OSID 的了解仅停留在浅层次的水平,所以很难有效地去向作者和读者进行深入的讲解。所以定期组织对于 OSID 的培训学习是十分必要的。

3 科技期刊 OSID 应用的出路思考

3.1 引导激励作者的重视与认可

针对《太原理工大学学报》编辑部在使用 OSID 出版应用过程中存在的具体问题,首先可以从作者层面进行思考。作者在出版过程中的自觉配合是一方面,但要获得作者的重视与认可关键在还于出版编辑人员的引导,因此可将 OSID 的应用信息贯穿于整个出版过程中,让作者认识到其重要性。例如,在投稿的网页上面就附上 OSID 的具体说明;给作者退修稿件时将附有完整音频、视频等信息的 OSID 码作为稿件录用的必备条件;论文出版后跟踪扫码情况,并向作者反馈用户扫码量,及时与作者进行沟通和交流。此外,对于在 OSID 中提供较多详细信息或是配合积极认真的作者,可给予一定的奖励。

3.2 立足内容,全方位提升科技期刊影响力

其实不论在什么时代,什么样的期刊出版模式下,一个优秀科技期刊的发展最主要的还是要有好的、优良的内容做先导。内容如果优质,那么读者群体、用户积累慢以及学术圈活跃度低等问题就迎刃而解了。《太原理工大学学报》想要增加 OSID 读者扫码量、提升学术互动交流,就要打造精品稿件,拓宽优质稿件的来源的渠道,为大众读者提供更优质的读者服务,不断提高学术期刊影响力,从而吸引更多的用户。在坚持以内容为导向的同时,还要整合线上和线下各种资源,利用多种媒体出版方式,将好的内容以 OSID 形式出版外,还要建立完善微信公众号、网站、微博甚至是开启抖音官方号等方式,一方面要以好的内容吸引读者,另一方面还要利用多个媒体平台互相引流,实现期刊内容的不断推广,进而创造期刊品牌价

值,提升期刊学术影响力[10]。

3.3 开拓编辑思维,成为媒体融合出版的枢纽

编辑不仅仅是一种职业岗位,他对整个出版起决定作用。编辑除了一般工作上所需的细心、敏锐观察力、良好的沟通、清晰的逻辑与分析能力之外,也需要有灵活的思维和源源不断的创造力。因此一种科技期刊如何能更好地发展,关键在于编辑的头脑和思维。一个具有灵活思维和与时俱进意识的编辑甚至能够直接决定期刊发展的好坏。在媒体融合快速发展的背景下,编辑不仅要有扎实的业务功底,更要有敏锐的判断和思考能力,能够与时俱进,不断学习新的出版发展技术,并能将自身期刊的发展很好地融合在一起,探寻更好的发展路径。就《太原理工大学学报》编辑的工作而言,在OSID出版应用过程中,编辑在加入OSID这一开放科学计划后,首先自身应该深入学习并全面了解这一计划内容,方能更好地向读者、作者等用户传递信息,其次在发现OSID出版应用的一些问题之后,应该及时转变思维,积极引导,寻求能够增效的具体措施。编辑应该立足于学术期刊自身的资源,具有高度敏锐性,能够及时发现具有极高价值的一些文章,探索如何利用这些有价值的论文来吸引更多的用户群体。另外,编辑在在录稿过程中要有导向性地引导作者创建OSID码,并上传完善信息。因此,媒体融合出版是否成功关键在于编辑是否有灵活的头脑和思维,能否利用有效的媒体工具,成为媒体融合出版的中间人。

4 结束语

媒体融合技术的不断发展为科技期刊的发展带来了前所未有的契机。但是,伴随着机遇的同时期刊发展也面对各种不同的挑战和问题。针对目前科技期刊OSID出版的发展,如何更好地借助这一平台打造期刊影响力,提升稿件质量,传播学术内容成为我们每一个办刊人应该思考的问题。而借助"OSID开放科学计划"这一平台的同时,在实践应用过程中如何高效利用使其达到理想效果,以及在出版过程中内容质量仍然是融媒体下提高期刊质量不容忽视的重要因素。融媒体时代下高校自然科学学报编辑素质的重构,也是融媒体环境下普通高校自然科学学报办好期刊不可或缺的重要条件。

参 考 文 献

[1] 岳荣强,张琼,王芳,等.科技期刊对科技进步的作用:以《新疆农业科学》为例[J].科技视界,2017(29):47.
[2] 鲁博,谈平,武星彤,等.新形势下农业科技期刊影响力提升途径的探讨[J].编辑学报,2019(增刊1):43-44.
[3] 刘奇葆.加快推动传统媒体和新兴媒体融合发展[N/OL].(2014-04-13)[2021-08-15]. http://politics.people.com.cn/n/2014/0423/c1001-24930310.html.
[4] 刘瑞兴.我国研究科技期刊工作的论文的分布与主题词分析[J].编辑学报,1996,8(4):211-214.
[5] 尚丽娜,牛晓勇,刘改换,等.科技期刊实践OSID的调查分析与思考:以《煤炭转化》为例[J].编辑学报,2020,32(4):422-426.
[6] 袁萍萍.学术期刊国际影响力提升策略研究:基于数字出版视角[J].科技出版,2020(8):12-15.
[7] 王欢,刘娟,刘舒慧,等.科技期刊出版融合创新实践探索:以《电气传动》期刊为例[J].天津科技,2021,48(1):93-96.
[8] 杨郁霞.单篇论文融合二维码现状分析及其规范化应用建议:以中国高校科技期刊为例[J].中国科技期刊研究,2020,31(8):904-908.
[9] 刘洁.开放科学视角下科技期刊的媒体融合发展[J].技术与创新管理,2020,41(1):102-106.
[10] 汪婷婷,王明丰,周晓凤,等.OSID码出版应用下的学术期刊融合出版路径思考[J].传播与版权,2020(10):36-38.

顺序编码制参考文献编排顺序自动识别方法

王雁[1],吴灏[2]

(1.《安徽农业大学学报》编辑部,安徽 合肥 230036;2.扬州大学水利科学与工程学院,江苏 扬州 225009)

摘要:针对目前期刊编辑在日常对参考文献编码顺序的加工校对中大量重复性工作和自动校对方法的不足,在已有工作的基础上,应用正则表达式对特定格式进行匹配功能,利用Matlab编程,对论文中出现的参考文献序号错误进行自动识别。经过测试,运行Matlab程序后,可识别论文中参考文献排序错误并将结果生成txt文本。大大提升了编辑效率和准确率。在实际工作中,该方法可有效减轻人工校对工作量,减少编校错误,提高出版效率。

关键词:Matlab;正则表达式;参考文献;编排顺序

参考文献是由文内标注和相应的文后参考文献表组成的完整体系[1]。GB/T 7714—2015明确了顺序编码制要按正文中引用的文献出现的先后顺序连续编码[2]。不能漏引,不可颠倒,且两者要一一对应,正文中连续序号和文献表中连续页码间用短横线连接。

正文中常见的标注引用文献格式有"[1]""[1-2]""[1,3]""[1-3,5]""[1-3,5,7,9-11]"等,分散在文章字里行间[4]。核查引文是文献校对的重要工作。在文献较多的情况下,逐一人工查找易出现疏漏,编辑部需要承担大量繁琐的核对纠正工作。

侯修洲等[4]提出Word文档中,用正则表达式来表述,利用VBA辅助编程技术,对不连续和不一致的参考文献进行了识别和标识。并总结了连续性、一致性、唯一性等参考文献错误的三种类型,自动识别在文档中出现编码排序错误的参考文献。

但在校对工作中还有一种参考文献的引用没有正确使用连接符的问题,即正文中连续序号和文献表中连续页码间应该用短横线而不是逗号连接。如何自动识别尚未见报道。

为了进一步完善对参考文献编码错误类型的自动识别,在前人研究的基础上,本文尝试利用Matlab计算功能强大、与word交互便捷的特点,进行参考文献顺序自动识别的程序设计,理论上可以实现任意数量期刊正文参考文献编码错误的识别,以期为批量期刊参考文献校对提供一种减轻人工劳动,提高数据采集效率的新思路。

1 文献编码错误类型及自动识别方法

1.1 文献顺序错误类型

(1) 连续性。顺序编码制参考文献著录一般要求正文中的文献引用序号必须按照顺序出现,正文与文后参考文献数目必须一致。而作者写作中经常出现漏引,注录缺项,正文标注中或文献表里序号不连续,或未按顺序排列等问题[3]。

(2) 一致性。正文与文后参考文献作者不对应,正文中人名与文献表中相应的人名不一致[3]。如"张三，李四等[1-2]研究发现……"，结合原文献的参考文献列表，应改为"李四[1]，张三等[2]研究发现……"（斜体表示举例说明，与本文参考文献区别，下同），也就是说正文中参考文献的序号应对号入座，以免产生歧义[5]。

(3) 唯一性。文后的每一条参考文献只能出现一次，作者在写作和修改论文的过程中，常会出现同一种文献在同一篇论文中被反复引用，却使用了不同序号的标识。多次引用同一著者的同一文献时，在文中标注不同序号，在文后著录时出现重复著录现象[6]。

(4) 连接符。正文引用序号连续的参考文献，应该用"-"而不是"，"连接，如张三等指出[1-2]，应该为张三等指出[1-2]。

1.2 识别方法

正则表达式是一种通过指定的文本模式，从给定的文本字符串中提取指定文本模式的内容及对应的字符串位置的技术。能够识别单一数字、字母、特殊符号的匹配。也能够识别给定的多字符串，如句子等[7-8]。正则表达还提供对模糊模式串识别的修正符号方法，实现字符串模式的灵活识别、定位。此外正则表达式还提供量词表达式、范围表达式、逻辑表达式和标记表达式，提供对给定模式字符串的识别与操作。由于正则表达式的灵活性，对于同一指定字符串模式的识别，往往可以采用多种正则表达式完成。

2 自动检测方案设计

2.1 引文顺序异常识别模型

通过 word 文档的组件，读取文章全部文字内容。通过分析文章的结构，定位文章主体内容部位。文章主体内容起始字标题，结束到"参考文献："。

引文采用"[x]、[x,y]、[x-y]"三种及其组合模式，如[x-y,z]" "[x-y,z,z_i,x_i-y_i]，对引文的识别，既是对"[ ]"中间部分数字及符号的识别。下述正则表达式实现了对"["与"]"中间单一文献编号数字的识别。

```
regexp(a,'\[.*?\d*\]','match')
```
regexp(tt,'\[.*?\d\]','match');

其中\ [表示引用编号开始, \ ] 表示结束,

下述正则表达式实现了对"["与"]"中间"[x,y]、[x-y]"通过中英文连字符和"，"文献编号数字的识别。

```
regexp(b1,'\d+(?#\])','match')
```
regexp(tt,'[\-\—]','match');
regexp(tt,'[\,\，]','match');

通过分析期刊引文要求发现，引文大多采用一种单向递增的顺序，在后续的引文中，往往引用前述的引文编号，前面引文中则不能出现后续引文编号。据此，本文提出了引文顺序处理的两个基本条件：①引文顺序连续递增；②引文顺序单向不减。

针对上述两个条件，文章定义引文识别的模型如下：

假设 X 为文章的引文编号集合，x 为引文的编号，$S(x)$ 为 x 引文之前的引文编号的集合，则当前引文编号为 x 的引文满足如下公式：

$$x \leqslant \max(S(x))+1$$

即引文后一项的编号不超过前述项编号最大值+1。

如果 $y=x+1$，或 $z=y+1=x+1+1$ 表达式

文章通过"["与"]"，自动化识别"[x]、[x,y]、[x-y]"三种及其组合引文模式，通过对所有引文逐一检核，定位出不符合引文顺序要求的字符串模式及其位置，即实现对引文顺序异常的识别。

2.2 程序整体架构（流程图）

流程图如图 1 所示。

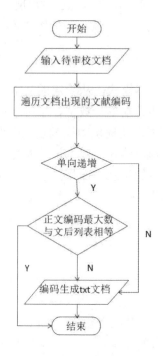

图 1 顺序编码制文献连续性校对流程图

识别编码顺序正则表达式代码如下所示：

```
clc
clear
%%读入 word 文件
file = ['D:\3\111.docx'];%word 所在的位置
try
    Word = actxGetRunningServer('Word.Application');   %启动 word 引擎
catch
    Word = actxserver('Word.Application');
end;
Word.Visible = 1;%  或 set(Word, 'Visible', 1);    %设置可见
if exist(file,'file');         %测试文件存在的话
    Document = Word.Documents.Open(file);   %获得文档的对象 Document
 else                      %不存在则创建添加
    Document = Word.Documents.Add;
    Document.SaveAs2(file); %保存文档
end
```

```
Content = Document.Content; %  返回 Content 接口句柄
Selection = Word.Selection;%光标所在处
Paragraphformat = Selection.ParagraphFormat;   %  返回 ParagraphFormat 接口句柄
Selection.Start=0;
Content.Start = 0;% 设置文档内容的起始位置
a=[];
num=Document.Range.end;
ii=0;
while ii<=num
    ii=ii+1;
    a=[a,Selection.text];
    Selection.MoveRight; %光标向右移动一格
end
a=a(1:num);  %取文本有内容的部分,也许由于汉字占有两个字节,所以一般读取后 a 的长度都是文本长度的两
    倍左右。

%% 参考文献引用格式矫正%%%
b= regexp(a,'\[.*?\d*\]','match');%读取[]
 k = strfind(b,'[J]');%判断由 J 的为 1
  for i2=1:length(b)
        aa=isempty(k{i2}); %  一个一个的判断,看 K 哪个位置不是空的
        if aa==0;
         ThatOne=i2;   %判断参考文献第一个[J]的位置
         break;
        end
  end
b(ThatOne:end)=[];%去掉参考文献部分
b2=regexp(b,'\d+(?#\])','match');%将 b1 数值化即[]内容设置成一个数组
bb={};
for   i3=1:length(b2)
      [n m]=size(b2{i3});

     %仅有一个参考文献引用
     if m==1;%如果仅有一个参考文献
          b11=cell2mat(b2{i3}(1));%数值转字符
          b12=strcat('[',b11,']');%添加[]
        bb{i3}=b12;%存入 b4
     end

        %参考文献引用内由两个数值
  if m==2;%[]内含有两个数字
        b21=cell2mat(b2{i3}(1));%读入第一个
        b211=str2num( b21);
        b22=cell2mat(b2{i3}(2));
```

```
            b221=str2num( b22);%读取第二个
            if b221-b211==1;%判断是插值是否为 1
            b5=strcat('[',b21,'-',b22,']');
            bb{i3}=b5;
            else
                bb{i3}=b{i3};
            end
    end
            %参考文献引用内大于 2 个数值
            if m>2;%[]内含有大于数字
                b3= (b{i3}(2:end-1));%去掉[,]
                b3= regexp(b3, ',', 'split');%根据逗号进行分割
                for i4=1:numel(b3)
                    k2 = strfind(b3(i4),'-');
                    if isempty(k2)==0;%判断是否为空 0 不为空，1 为空
                        b31=regexp(b3{i4},'\d+(?#\])','match');%转化成数值
                        b32=min(str2num(char(b31))):1:max(str2num(char(b31)));
                        b3{i4}=num2str(b32);
                    end
                end
                % 字符 cell 转换成数组
                b4=[];
                for i5=1:numel(b3)
                    b41=str2num(b3{i5});
                    b4=[b4,b41];
                end
            b4=sort(b4);%升序排列

                c1 = 1;
                arrset = cell(0,0);
                while(c1<numel(b4))
                    c2 = 0;
                    while (c1+c2+1<=numel(b4)&&b4(c1)+c2+1==b4(c1+c2+1))
                        c2 = c2+1;
                    end
%                   if(c2>=1)
                    arrset= [arrset;(b4(c1:1:c1+c2))];
%                   end
                    c1 = c1 + c2 +1;
                end
                if 1<b4(end)-b4(end-1)
                    arrset =[arrset; b4(end)];
                end
```

```
        b41=[];
     for i6=1:numel(arrset)-1
         b42=arrset{i6};
         if numel(b42)==1;
         b421=num2str(b42);%数值转字符
         b422=strcat(b421,',');%添加[]
            else
               b421= num2str(min(b42));
               b4211= num2str(max(b42));
         b422=strcat(b421,'-',b4211,',');%添加[]
         end
         b41=[b41,b422];
     end
         b43=arrset{end};
         if 1<numel(b43)
            b431= num2str(min(b43));
            b432= num2str(max(b43));
            b433=strcat(b431,'-',b432);
            b6=strcat('[',b41,b433,']');
         else
         b431= num2str(b43);
         b6=strcat('[',b41,b431,']');
         end
         bb{i3}=b6;
     end
end
b7=[b;bb];%合并，第一行是原始参考文献格式；第二行是改进参考文献格式
b8=cell2mat(b7);
[nrows,ncols]= size(b8);
filename = 'D:\3\myfile.txt';
fid = fopen(filename, 'w');
for row=1:nrows
    fprintf(fid, '%s \n', b8(row,:));
end
fclose(fid);
```

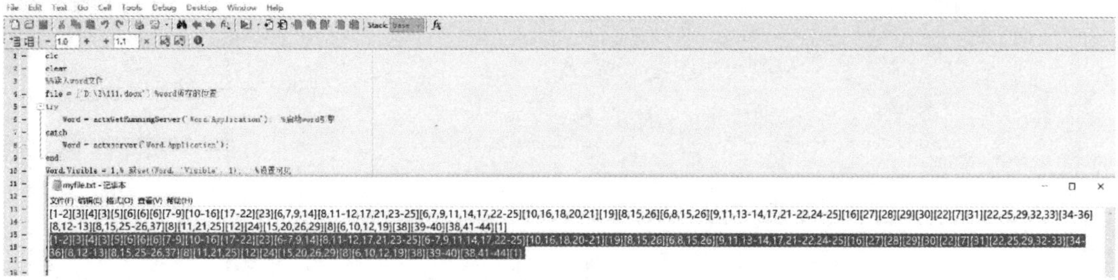

图 2　自动化方案运行界面结果

依照上述原则进行校对后，程序识别出正文带有[ ]的内容，在正文引用文献编码中出现以上问题的地方，输出txt文档，根据输出结果帮助编辑加工人员定位到文档中要修改的位置，辅助校对可以按照具体问题人工处理，避免程序自动替换引起其他问题。比如，正文[ ]内不是文献序号而是数值，需要人工识别，程序自动替换会造成错误。

3 结束语

本文提出了利用 Matlab 在参考文献编码自动识别中的思路，所用程序短、通用性强，无须修改程序就可随时添加所要检测的内容。这种方式可以在较大程度上减轻人工劳动，实现批量期刊自动化数据核对纠错。初步测试表明，该方法能较准确地识别正文中参考文献编码不连续问题，较好地实现辅助校对，证明这种方法有一定的可行性。还可以用于图表序号、公式序号、章节序号的校对，检查其编排顺序，有无漏引。

参 考 文 献

[1] 刘可静,鲍良言.参考文献与著作权[J].编辑学报,1995,7(3):175-180.
[2] 全国信息与文献标准化技术委员会.信息与文献参考文献著录规则:GB/T 7714—2015[S].北京:中国标准出版社,2015.
[3] 欧阳贱华,於秀芝,黄路,等.文后参考文献的校对方法[J].编辑学报,2008,20(1):31.
[4] 侯修洲黄延红.基于逻辑原则的科技论文自动校对方法中国科技期刊研究,2018,29(9):920-924.
[5] 吕国昌,吴江洪.科技期刊参考文献著录的现状调查与分析[J].科技与出版,2015(2):61-63.
[6] 程红.Word 2007 既有功能的新应用:参考文献编辑校对[J].编辑学报,2015,27(5):459-461.
[7] 刘永强.论文中参考文献标注连续性校对方法[EB/OL].[2018-11-29].https://mp.weixin.qq.com/s/8v02dDdroRjNmkpKdvQbLw.
[8] DEERCHAO.正则表达式 30 分钟入门教程 v2.4.1[EB/OL].[2019-11-15].https://deerchao.cn/tutorials/regex/regex.htm.

科技期刊微信公众号影响力提升策略
——以"中国科学杂志社"实践为例

李灿灿，王贵林，董少华，闫 蓓

(《中国科学》杂志社，北京 100717)

摘要：微信公众号是中国科技期刊宣传的重要手段之一，其运营模式也在不断探索中。本文以"中国科学杂志社"微信公众号平台为个案，总结了科技期刊微信公众号平台建设中的经验，探讨了科技期刊微信公众号平台提升自身内容建设和传播影响力的途径，以期为同行提供借鉴。

关键词：科技期刊；微信公众号；影响力；运营策略

自 2012 年 8 月正式上线以来，微信公众号平台引起了科技期刊界的广泛关注。随着新媒体的蓬勃发展，国内科技期刊多数都预判到微信公众号对期刊影响力提升的促进作用，纷纷采用微信公众号宣传期刊品牌，并不断探索其运营模式[1-8]。然而，目前多数科技期刊微信公众号平台的运营未能达到预期的效果，存在关注人数少、阅读量低、转发量低、用户互动低等问题，影响力甚微，有的甚至沦为"僵尸号"[3]。究其原因，一方面，科技期刊内容相对专业，读者群具有"小众"性；另一方面，多数微信公众号平台没有独立的运营团队，基本上由学科编辑兼职运营，普遍缺乏新媒体意识和运营观念。相当多的科技期刊在申请公众号后，没有依照自身情况进行科学定位，只是简单地将母刊内容搬到公众号上，导致用户阅读体验差，传播效果不佳。周心玉等[4]使用清博大数据检索、分析了我国英文科技期刊微信公众号的运营情况，发现多数英文科技期刊微信公众号仅把母刊文章全部或者部分内容复制粘贴至推文中，微信篇均阅读量仅 100 左右，影响力甚微。笔者所在的《中国科学》杂志社于 2014 年开通了微信公众号："中国科学杂志社"(scichina1950)，经过几年的运营取得了一些成绩，在微信公众号文章阅览量下滑的大趋势下[3]，关注用户、年发文量、篇均阅读量和高阅读量论文占比逐年增长(见表 1)，影响力不断提升，入选了"2019 年度学术期刊公众号 Top10"[9]、"2020 年度中国期刊公众号 Top10"[10]和"全球学术期刊微信传播力 TOP500(2021 年第一季度)"(排名 18)[11]。笔者尝试将"中国科学杂志社"微信公众号(以下简称"中国科学杂志社")如何提升竞争力和影响力的运营经验总结出来，以期为同行提供参考。

1 "中国科学杂志社"简介

"中国科学杂志社"创建于 2014 年，主要以《中国科学》杂志社出版的《中国科学》系列、《科学通报》(以下简称"两刊")和《国家科学评论》等 19 种中英文学术期刊为主要信息来源。至 2021 年 6 月 30 日，累积关注人数约 10.7 万，关注用户、年发文量、篇均阅读量(本文中的阅读量均指文章发布 7 日内的统计数据)和高影响力文章占比不断增长。特别地，2018 年底，杂志社开始增加微信公众号运营投入，如今已取得显著成效。与 2018 年相比，关注用户从 1.3

万增至 10.7 万，年发文量从 267 篇增至约 600 篇，篇均阅读量从不足 700 增至约 2 100，3 000+阅读量的文章比例从 1.9%增至 14.8%。

"中国科学杂志社"目前采用"新闻编辑+学科编辑"共同负责制，90%以上的推文由"两刊"和《国家科学评论》各编辑部负责供稿(学术论文由作者撰稿)，新闻编辑负责编排发布。周一至周六每天固定时间段(下午 2—3 点)推送至少 2 篇。

表 1　2018 年—2021 年 6 月"中国科学杂志社"关注用户和发布文章的统计数据

年份	关注用户/万人	年发文量/篇	篇均阅读量	3 000+阅读量的文章占比/%
2018 年	1.3	267	689	1.9
2019 年	2.5	500	1 880	6.8
2020 年	9.4	570	4 945	16.5
2021 年 1—6 月	10.7	297	2 131	14.8

2　"中国科学杂志社"的传播策略

2.1　定位明确，栏目多样化

科学的定位有利于加速学术期刊与新媒体的融合，扩大学术期刊的影响力[7-8]。学术期刊微信公众号平台的定位应"以为期刊和订阅用户服务为核心，着眼于增加学术期刊与科研工作者的黏度，以增强期刊品牌竞争力为宗旨，辅助学术期刊开展各项工作"[7]。"中国科学杂志社"自创建以来一直秉承着以服务为主的核心价值观，不断优化栏目设置。除了发布母刊内容之外，还为用户提供实用的论文写作技巧和写作规范、科学的研究方法、最新的科研资讯、学科发展规划等信息。近两年，"中国科学杂志社"逐步开设了编辑微讲堂、行业资讯、科研政策等栏目。例如，2019 年 5 月开设的"编辑微讲堂"栏目，由杂志社编辑撰写，涉及论文写作、制图/表、审/校稿、出版流程和出版道德规范等方面，累计发文 21 篇，深受用户欢迎，其中最高阅读量 6 740，篇均阅读量约 3 200。

2021 年，"中国科学杂志社"非母刊论文的文章占比为 30%，篇均阅读量约 3 700，高于全年篇均阅读量(约 2 100)。一般这类文章多占据月度阅读量排名的前三。例如，评优/评选类文章"2020 年度最佳封面评选投票开始啦！"和"2020 年度《中国科学》和《科学通报》优秀编委、优秀作者和优秀编辑评选揭晓"的阅读量分别为 63 845 和 10 771。政策性文章 "2018—2020 年国家自然科学基金委员会"材料化学与能源化学"领域项目申请和评审情况概述"的阅读量为 20 997。这些非论文文章为我们赢得了大量粉丝，也为期刊培养了潜在的读者和作者。

2.2　内容为王，精益求精

高品质内容是微信公众号平台可持续发展的基础。"中国科学杂志社"的内容主要是杂志社期刊出版的论文(约 70%)。这些文章大多基于本学科领域的院士和知名专家的权威观点，比较容易获得广泛关注和转发。例如，中国农业科学院哈尔滨兽医研究所发表的"最新进展！非洲猪瘟疫苗创制成功，向产业化应用迈出坚实一步"的阅读量为 45 539，并被多个社交媒体转发。"张平院士|Ubiquitous-X：构建未来 6G 网络(阅读量 20 047)；"樊春海院士、谭蔚泓院士、杨朝勇、杨黄浩、张晓兵教授等合著综述：核酸分析"(阅读量 10 818)。

学术论文一般专业性较强，冗长、晦涩的内容不能满足新媒体时代用户碎片化阅读的需要，因此必须对母刊内容进行二次加工。不同于一些科技期刊微信公众号平台仅对母刊论文或摘要进行简单加工，"中国科学杂志社"对推出的每一篇文章都进行精加工，改用通俗易懂的语言(基本是作者撰写,科学编辑修订),且精简为约 1 000 字。对于想进一步了解文章详细信息的用户,通过文中设置的超链接、页面左下角"阅读原文"等途径,可以直达期刊网站该文章所在页面。

2.3 紧跟热点,兼顾学术性与新闻性

紧跟时事新闻事件,融合科技期刊专业性和科学性强的优势,做到信息的特色发布,是"中国科学杂志社"提高信息传播效果的策略之一。例如,2020 年 1—2 月新型冠状病毒(以下简称"新冠")疫情爆发,"中国科学杂志社"第一时间迅速响应,集中刊发了 10 篇与"新冠"相关的文章(见表 2)。首发的"武汉新型冠状病毒的进化来源和传染人的分子作用通路"一文获得了 158 万+的阅读量;此外,邀请陈国强院士等知名学者从多个角度撰写文章,该文被科学网、健康时报、CCTV 央视网、人民网等多方关注并转发,切实发挥了高端学术期刊在疫情中的科学引导作用。

表 2　2020 年 1—2 月份"中国科学杂志社"发表的与"新冠"相关的文章

发布日期	微信标题	阅读量
2020-01-21	武汉新型冠状病毒的进化来源和传染人的分子作用通路	1 580 996
2020-02-23	痛中思痛　新冠疫情下的深刻反思——陈国强院士等在《中国科学:生命科学》发表特邀评述	172 076
2020-01-30	当"病毒进化"远快于"信息传播"时,学术期刊要有所作为	8 095
2020-02-21	新型冠状病毒肺炎疫情下武汉及周边地区何时复工?数据驱动的网络模型分析	6 890
2020-02-12	新冠肺炎严重程度预测及 ARB 类药物使用建议	6 037
2020-02-14	基于一类时滞动力学系统对新型冠状病毒肺炎疫情的建模和预测	5 131
2020-02-10	一种新定量化分析方法研判新冠状病毒肺炎疫情拐点将在 2 月 9—19 日出现	4 942
2020-02-04	抗击病毒,材料科学家能做些什么?	4 294

2.3 内容和形式并重,"外在美"—"内在美"

科技期刊公众号的用户多是科研人员,除了要保持权威性、前瞻性和学术性,还可以更加有趣、接地气。"中国科学杂志社"在不断积累用户反馈信息的基础上优化改进,从标题、封面、配图、排版等方面不断提升用户体验。①设计创意性标题,提升信息传播效果。科技期刊文章的题目一般专业性较强、晦涩难懂,难以吸引大众用户点击阅读。"中国科学杂志社"借鉴了科普类公众号推文标题"接地气"的做法[5],多使用感叹句、问句,通过适度夸张、设下悬念等手法拟选标题,获得了较多的关注。例如:"历经 30 年后,中国的植被分布发生了哪些变化?"(阅读量为 7 308)"引用不规范,撤稿两行泪!编辑'喊'你关注参考文献!"(阅读量为 6 741)"拭目以待:四吨'熊猫'能否捕获暗物质粒子?"(阅读量 6 299)"他们翻越群山,探究喜马拉雅山脉的动物演化史,以此揭示'世界之巅'的隆升过程|NSR"(阅读量 5 594)……②精选封面,"外在美"—"内在美"。"中国科学杂志社"一般配用作者精心设计的图文摘要图,以"外在美"吸引用户进一步了解"内在美",实现微信公众号内容的有效传播。③注重版式,提高用户阅读体验。"中国科学杂志社"特别注重通过视觉效果来营造出轻松的阅读体验,具体包括:选用大小合适的字体,注重图文/色彩搭配,划分段落层次,突出重点语句,增加音频、视频等。

2.4 贴心服务,增强微信平台用户黏性

除了前面提到的保持固定发文时间和频率、开设编辑微讲堂等栏目为用户提供期刊以外的信息服务之外,《中国科学》杂志社还建立了数十个由读者、作者和编委组成的专业微信社

群,为信息的精准推送和高端学术交流提供了基础。通过将相关微信及时推送给特定专业群,黏合目标受众,进而形成高度忠诚的微信粉丝群体。

此外,《中国科学》杂志社每年都会主办和协办各类学术活动数十场次。"中国科学杂志社"及各专业微信群在学术活动的举办过程中发挥了重要作用,通过会前预告(微信公众号介绍报告嘉宾,分享其精彩观点,发布网络直播信息,推送与会议内容相关的文章合集)、会中直播(微信群分享直播链接)、会后报道(微信公众号分享精彩内容、报告花絮、视频回放等信息)的形式广而告之,切实提升了学术会议的传播力和期刊影响力。以2021年《中国科学:材料科学》主办的"《中国科学:材料科学》纳米催化与绿色能源国际研讨会"为例,会前发布了会议预告,并将微信转发至各相关的微信群,借助群内成员将信息转发到朋友圈或相关专业群,从而实现信息网状扩散,会议共吸引了18万+观众参与。

3 结束语

虽然,"中国科学杂志社"取得了一些成绩,但是目前1万+、10万+以上阅读量的文章占比很少,离真正的"大号"相差甚远。作为中国科学的旗舰刊,"两刊"发表的文章具有较高的学术水准,但"酒香也怕巷子深",好文章也需要有效的传播手段才能呈现在更多的读者面前。根据我们这两年微信公众号运营的心得和一些"大号"的经验,笔者认为科技期刊微信公众号未来还需在以下几个方向继续努力:①密切关注和收集行业热点,融合科技期刊专业性和科学性强的优势,做到信息的特色发布。②提高运营人员的新媒体素养,打造有趣、会"撩"的微信公众号平台。只有不忘初心,以科研工作者的需求为根本,坚持"用户体验至上",才能从根本上提升微信平台的传播力,最终提升科技期刊传播力和影响力。

参 考 文 献

[1] 老万里,唐召群,徐佳鹤,等.我国科技期刊微信公众平台研究现状分析[J].新闻研究导刊,2019,10(23):27-29.
[2] 杜焱,蒋伟,季淑娟,等.中国高水平科技期刊微信公众号运营现状及提升策略[J].编辑学报,2020,32(2):204-208.
[3] 蒋亚宝,栗延文,吕建新,等.科技期刊微信公众号传播力及运营策略分析[J].编辑学报,2020,32(3):257-261.
[4] 周心玉,郭焕芳,郑爱莲.微信公众号对提升英文科技期刊影响力的影响:以"药学学报"微信公众号为例[J].中国科技期刊研究,2018,29(11):1171-1176.
[5] 孔薇.科技期刊微信公众号信息传播效果和运营策略研究[J].中国科技期刊研究,2019,30(7):745-753.
[6] 武文颖,李丹珉,洪晓楠.学术期刊微信推送文章传播效果影响因素研究[J].中国科技期刊研究,2017,28(4):326-331.
[7] 肖骏,谢晓红,王淑华.学术期刊微信公众平台定位及其意义:从学术期刊与微信公众平台差异的视角分析[J].编辑学报,2017,29(3):275-277.
[8] 辛亮,黄雅意,黄锋.科技期刊微信公众平台与纸刊融合的关键点[J].编辑学报,2018,30(4):410-411.
[9] 2019年度学术期刊公众号 Top10 发布[EB/OL].(2020-04-05)[2021-08-06].https://www.linkresearcher.com/information/39ea8f91-75b7-41e9-8670-7b37d90e0ef1.
[10] "2020年度学术公众号 Top10"终榜出炉:五大榜单,勾勒中文学术传播全景图[EB/OL].(2021-05-02)[2021-08-06].https://www.linkresearcher.com/information/4f0d7dd2-6d6d-4cc7-aba8-b3379e0aa74a.
[11] 全球500本学术期刊微信传播力大排行:2021第一季度,哪些期刊和出版品牌最受关注?|领研×ImpactScience[EB/OL].(2021-06-09)[2021-08-06].https://mp.weixin.qq.com/s?__biz=MzU2OTc5MjExMA==&mid=2247488328&idx=1&sn=e77c60096e2eec06be067b15a9ddb33e&chksm=fcf81049cb8f995f6c76e8fdb43d3ba0d34714e58fd13952357483e33b3e67e392e855bc5f06&scene=178&cur_album_id=1879062821733187591#rd.

融媒体时代图书编辑转型发展策略探究

石伟丽

(上海大学出版社,上海 200444)

摘要: 通过分析媒体融合背景下图书编辑所面临的问题,以及融媒体时代对图书编辑提出的要求,对图书编辑的转型发展策略进行探讨,以期为图书编辑更好地适应时代发展需要提供思路和借鉴。

关键词: 融媒体;编辑;转型

在经济、科技、信息等全球一体化这一大的时代背景下,人们的生活方式随之发生了变化,获取和传播信息的方式也发生了改变。与此同时,媒体行业也迎来新的机遇,媒体融合成为发展趋势。各种新媒体扩大了图书编辑出版工作的领域,提高了工作效率,内容传播也突破了出版企业的壁垒进入互联网等新的领域。"以数字化、网络化、智能化为基点的技术正在迅速、全面、深入地与出版业加速融合,出版业处在新的技术革命前夜。"[1] 面对这种情况,图书编辑需要积极应对融媒体时代发展的新要求,转变传统工作思路,探索创新工作模式,推动出版业走上高质量发展之路。

1 融媒体时代图书出版面临的问题

1.1 读者阅读方式改变,阅读需求升级

近年来,VR、AR、MR以及互联网和智能终端等技术的发展改变了受众的阅读方式,传播渠道及其背后的商业逻辑也促使出版业向全产业链的融合升级发展,传统的书刊、电视等传播方式彻底改变。据统计,2020年我国成年国民各媒介综合阅读率持续稳定增长,数字化阅读方式接触率呈上升态势,数字化阅读方式(网络在线阅读、手机阅读、电子阅读器阅读、Pad 阅读等)的接触率达 79.4%;手机阅读和网络在线阅读是成年国民数字化阅读的主要方式;成年国民有声阅读规模持续扩大,听书介质日趋多元化;未成年人数字化阅读方式接触率为 72.3%,听书率为 32.5%。在阅读体验方面,有超过 25%的读者对参加过的阅读活动表示一般或不满意[2]。因此,为了适应读者阅读方式的改变,运用融媒体出版技术满足读者不断升级的阅读需求,是融媒体时代图书编辑面对的问题之一。

1.2 传统出版与新媒体出版融合不够

对于出版业来说,出版融合发展是一场重大而深刻的变革。虽然近年来出版单位在积极探索融合出版的路径和规律,也形成了一定的融合发展的"点"的经验,但依然处于转型探索阶段。出版单位需要打破传统的以规模和数量的增长为目标的路径依赖,将传统出版与新媒体出版进行深度融合[3]。而如何融合新技术、利用新平台开发好新品种、新内容,控制好规模,突出特色,走精品出版的高质量发展之路,是摆在当前出版人面前的一个课题。

1.3 图书编辑队伍缺乏复合型人才

"融媒体出版需要各种媒介的专业人才，特别是能够将优秀内容和先进传播技术结合起来的复合型人才。"[4] 复合型人才短缺是当前出版领域亟须解决的重要问题，这一问题是由交叉型领域兴起的短暂性决定的[5]。在融媒体时代中，图书编辑已不仅仅要熟练掌握对内容进行编辑加工、版式设计、排版等相关工作的技能，熟悉出版工作，更要了解信息化时代传播信息的方式和特点，并且充分利用信息化的技术理念对传统出版编辑工作进行创新[6]。融媒体时代呼唤复合型编辑人才，出版行业不但要开展常规的技能培训，还应当加强信息化方面的教育，从而提升从业人员的整体素质，培养更多复合型人才，使业务能力优秀的编辑也会通过线上、线下多种渠道全面收集信息，立足全局，统筹策划，最终从传统的信息加工者转变成信息管理者和创意策划者。

2 融媒体时代对图书编辑的要求

2.1 提升学习能力和技术素养

融媒体时代下，图书编辑出版工作的每一步流程都需要技术支撑，从选题策划到编辑校对再到推广运营等每个环节，都需要网络和各类软件运用。编辑需要掌握的技能也需要提升和拓展，如制图、音视频编辑等等，还要了解新媒体公众平台，掌握运营维护的技术和规则，建立内容品牌，培养忠实读者用户社群。除此之外，编辑也要了解各种新媒体技术和平台的局限与缺陷，避免因技术或形式问题而影响图书品质和读者体验。因此，图书编辑在日常工作中树立互联网思维，熟练掌握多种新媒体技术，才能适应出版行业的发展，为传统书籍提供更丰富多样的内容，打造出优质的出版产品。

2.2 提高信息加工和创新能力

图书编辑应紧跟时代的发展，善于捕捉提炼有效信息，突破已有的工作模式，敢于创新，积极创新。首先，要了解融媒体时代信息采集、传播等各流程都有哪些变化，为图书出版提供了哪些平台和发展契机。在此基础上，编辑要从不同角度广泛收集整理素材，用新的视角从平凡事物中发现不同的观点。其次，应注重媒体间的融合，改变传统媒体行业各业务条线分割的模式，积极转变。最后，应对相应的学科领域有一定的了解，培养对该领域前沿发展的洞察力和前瞻性，提高编辑创新能力，最终生产出优质内容。

2.3 增强服务能力和服务意识

融媒体时代，由于传播技术与交流平台的发展，出版企业与读者的联系突破了时空的限制。大数据技术的成熟也实现了更为精准的读者群体锁定与分析，因此，图书在最开始的选题策划环节就与受众群体产生了紧密联系。借助微博、微信、抖音公众号等各种网络平台进行宣传推广，为读者按需选购提供服务，到后期形式多样的销售交付方式，这些都给读者提供了更方便快捷的服务。因此，编辑需要在各个环节都站在读者的角度，结合读者的需求，增强服务能力和服务意识，运用技术和平台为出版企业带来活力，实现工作模式的转型。例如，中老年群体在数字化阅读人群中的占比增高[2]，而老年读者群体在身体条件、认知水平、新媒体技术操作能力等方面有着一定的特点，操作简单的音视频比文字更适合他们。因此，对于老年读物，可以多运用 AR、VR、网络直播、抖音短视频等方式进行内容的呈现与推广，这样可以更加充分地发挥新媒体技术的优势，更好地满足老年读者的阅读需求。

3 融媒体时代图书编辑转型发展策略

3.1 具备融媒体出版意识,纸数同步策划

融媒体时代带来的不仅仅是技术的革新,也有对图书内容的变革。制作出有特色、有风格、符合读者精神需求的内容也是融媒体时代带来的一大挑战。这要求图书编辑在选题策划阶段就应具备融媒体出版意识,借助互联网资源和新媒体平台,收集相关信息,进而对出版市场进行分析,在此基础上与作者进行有效沟通,确立和优化选题,利用好各种新媒体技术,使所策划出版的内容能够充分发挥各种媒体、技术、平台的优势,满足读者的阅读需求和心理预期。例如,在策划教育类图书时,可先利用大数据分析或线上调研等方式了解读者的阅读兴趣、习惯、方式等;然后与作者就内容的呈现方式进行充分沟通,比如哪些内容放在纸质书上,哪些内容利用数字技术(AR、VR、MR 等)呈现,哪些内容放在教学资源库或其他教育平台上,等等,以实现内容和技术的优化组合,使形式更好地为内容服务,提高内容的附加值。还可以在策划或编辑过程中与读者在多媒体平台互动,收集思路建议,以此为参考进行内容的优化完善。上海外语教育出版社出版的"全新版大学进阶英语"系列教材就采用了纸质教材与数字内容同步策划,最终融合二维码、TOP 课件、"WE Learn"APP 等多种新媒体出版形式的混合式教材出版模式,使出版内容能够较好地满足师生教与学的需要[7]。

当然,在注重内容的同时,加强图书版权保护也是实现商业价值的关键。引进版权保护技术、利用版权保护条例和服务是非常有必要的。

3.2 打破传统模式,优化图书内容

新技术的迭代换新势必引发一个行业的变革,继而产生观念的革新。融媒体时代产生了数字出版模式,更加突出图书内容本身和推广传播模式的灵活快捷,因此,需要打破传统模式,通过挖掘图书深层次的内涵,设置不同维度的分类和关键字词搜索功能,丰富内容的出版形式,利用融媒体技术开拓资源多角度、多维度、多创意地将优质的内容呈现给读者。如传统的科普读物容易让读者感到枯燥乏味或艰涩难懂,如果能将科普内容与新技术完美结合,就可以在保证其科学性、严谨性的同时又兼顾趣味性和互动性,大大提升读者的阅读体验,少儿科普读物更是如此。上海大学出版社出版的"走进动物系列"丛书,从 2016 年出版的第一本开始就运用 AR 技术对其中的动物进行了动画展示(见图 1),使小读者可以 360°旋转动物,改变动物大小,看清动物特征,还能点读中外文名称、拍照截图等等,有效增强了该系列丛书的趣味性及与小读者的互动性,将科普阅读变成融知识学习与游戏体验为一体的趣味活动。

图 1 运用 AR 技术进行动画展示

3.3 提升营销能力，主动开拓市场

融媒体时代给出版行业带来冲击的同时也带来了更多机遇。信息时代更有助于编辑了解市场。比如线上问卷调研、微博话题讨论等等，这些灵活快捷的形式打破了区域的局限，给编辑和读者实现随时随地的互动提供了条件。图书的宣传和营销模式也更加丰富多样，音视频、网络直播等新媒体技术的应用产生了多元化的营销方式，与电商平台的合作也拓宽了销售途径。这些都要求图书编辑提高宣传营销能力，强化市场意识，提升市场敏锐度，掌握更多更全面的市场数据信息，借助大数据分析，预判读者的需求和市场发展趋势。在这些基础上，运用融媒体技术和平台发布信息和交流互动，借此更准确地预估图书的销售量，并在发行后期获得反馈信息以助于调整下阶段的营销战略。例如，针对主题出版物，可以有效利用融媒体技术构建场景式营销，将"线上/虚拟/技术/"与"线下/真人/情感"进行完美融合，使读者在沉浸式氛围中产生情感共鸣，提升营销的效果[8]。

4 结束语

综上所述，融媒体时代背景下，要保持鲜活的生命力和良好的市场占有率，满足广大读者多样化的阅读需求，打造新颖独特且长效的出版内容，图书编辑应根据新局面、新课题、新形势，提高自身综合素养，创新工作理念，积极应用融媒体手段提升图书品质，拓宽图书营销推广渠道，为广大读者提供更多高质量的图书，让自己在学习与实践中不断提高核心竞争力，促进图书出版行业高质量发展。

参 考 文 献

[1] 魏玉山.以出版融合促进高质量发展[J].编辑学刊,2020(1):1.
[2] 魏玉山,徐升国.第十八次全国国民阅读调查主要发现[J].出版发行研究,2021(4):19-24.
[3] 魏玉山.探索传统出版融合新路径[N].中国新闻出版广电报,2020-10-16(7).
[3] 张君成.聂震宁:高质量人才是出版业未来发展的关键[EB/OL].[2021-10-10].https://www.chinaxwcb.com/info/569895.
[4] 王青原."VR+出版",新闻出版的新模式[J].传媒,2020(6):29.
[5] 王丽豪.新媒体时代编辑出版工作创新路径分析[J].科技风,2020(27):147.
[6] 张传根.混合式外语教材出版路径研究[J].编辑学刊,2021(5):87-92.
[7] 吴申伦.以情分景:主题出版物的融媒体场景营销研究[J/OL].科技与出版(2021-09-30)[2021-10-10].https://doi.org/10.16510/j.cnki.kjycb.20210902.001.

《中国卫生资源》零被引分析

张伊人[1], 孙 梅[2]

(1. 上海市预防医学研究院《中国卫生资源》编辑部, 上海 200336; 2. 复旦大学公共卫生学院, 上海 200032)

摘 要: 了解《中国卫生资源》的零被引情况, 以该刊 2007—2012 年出版、在发表后 5 年内、在中国知网和万方数据的统计源期刊中均未受到包括自引在内的任何引用的文献为研究对象, 进行文献计量分析, 比较具有不同作者特征和文献特征的文献的 5 年零被引结局, 以期为期刊编辑部选稿、提升期刊影响力提供参考。研究显示: 该刊 2007—2012 年出版零被引文献 94 篇, 5 年零被引率为 10.4%。作者文化程度不高, 来自非科研院所, 文章篇幅和摘要过短, 引文数和下载次数过少, 未受基金项目资助, 这些可能是文献零被引的原因。建议期刊编辑部明确目标作者群, 提高稿件准入门槛; 明确论文形式要求, 规范论文写作; 提升编辑学术水平, 落实审稿人责任; 拓宽传播渠道, 促进文献引证。

关键词: 零被引文献; 被引文献; 特征比较; 作者特征; 文献特征; 文献计量分析; 卫生管理学

零被引文献是指在某个时间周期内出版的论文集合中, 在出版后的某个或几个引用时间窗口中未受到任何引用的论文[1]。零被引率能反映科学论文的影响力及传播、利用情况[2-3]。现行期刊评价体系缺少零被引率等负向指标[4], 不利于全面综合地衡量期刊的影响力。国内关于论文零被引的研究起步晚[2]、数量少[1], 学者[5-12]曾先后对水稻科学、眼科学等领域的零被引文献进行过研究, 但尚未发现有针对卫生管理学领域论文零被引情况的研究。

《中国卫生资源》创刊于 1998 年, 双月刊, 中文刊, 主要报道卫生管理相关理论研究和实践经验, 创刊至今共设置了 18 个栏目。该刊 2015 年起连续多年入编《中文核心期刊要目总览》预防医学、卫生学类核心期刊, 2016 年起连续多年被收录为"中国科技核心期刊"(中国科技论文统计源期刊)。成为"双核心"期刊后, 该刊稿量激增, 由 2015 年的 400 余篇猛增至目前年均 1 000 余篇。

该刊既往的影响因子和论文被引情况可从历年《中国科技期刊引证报告》《中国学术期刊影响因子年报》等年报资料, 以及中国知网、万方数据等国内主要数据库获得, 但是该刊的零被引情况却无从获悉。同时, 也亟待根据该刊的零被引规律为稿件筛选提供依据。

现了解《中国卫生资源》的零被引情况, 了解零被引论文的时间、学科和栏目分布情况, 比较不同作者特征和文献特征的文献的 5 年零被引结局, 以期为编辑筛选稿件、提升期刊影响力、引导作者提升稿件影响力提供决策依据。

基金项目: 国家自然科学基金面上项目(71974035); 教育部人文社会科学基金项目(19YJCZH143)
通信作者: 孙 梅, E-mail: sunmei@fudan.edu.cn

1 研究对象与方法

1.1 相关概念界定

引用是一个与时间密切相关的观念。研究零被引情况的引用时间窗口尚无公认标准[13]。基于既往零被引研究[3,5,9,14-16]的经验数据和实证考量,结合数据收集的实际情况,本研究将引用时间窗口设置为5年。考虑到适度自引是必要的[5],本研究在统计样本期刊的被引情况时,包含了自引的情况。

1.2 研究对象

研究对象为《中国卫生资源》2007—2012年出版的、在发表后5年内、在中国知网和万方数据的统计源期刊中未受到包括自引在内的任何引用的文献。

1.3 数据收集

分别在中国知网和万方数据检索《中国卫生资源》2007—2012年出版的全部文献。排除宣传、广告、信息动态、稿约、投稿须知、索引、征订启事、通知公告。导出文献题录信息,逐一检索每篇文献的被引情况。

1.4 研究方法

用文献计量分析法描述文献的零被引情况及特征[17]。通过定量比较了解具有不同作者特征和文献特征的文献在出版后5年的零被引结局(被引或零被引)差异。用率和构成比描述计数资料的分布,两组或多组分类资料率的比较用单因素logistic回归分析。检验水准$\alpha=0.05$。

2 结果与分析

2.1 零被引率

2007—2012年,《中国卫生资源》共出版文献907篇,其中5年零被引文献94篇,5年零被引率为10.4%,见表1。这一结果低于既往研究[3,15,18-20]结果。一方面可能由于不同学科论文的引证高峰和被引半衰期均不同[13,20],另一方面可能是引用时间窗口不同所致。

表1 《中国卫生资源》2007—2012年出版文献的5年零被引情况

项目	分组	被引文献 数量	被引文献 构成比/%	零被引文献 数量	零被引文献 构成比/%	发文数	零被引率/%	Exp(B)	P值
出版时间	2007年	126	15.5	18	19.1	144	12.5	0.973	0.656
	2008年	125	15.4	18	19.1	143	12.6		
	2009年	116	14.3	9	9.6	125	7.2		
	2010年	124	15.3	9	9.6	133	6.8		
	2011年	150	18.5	18	19.1	168	10.7		
	2012年	172	21.2	22	23.4	194	11.3		
学科级别	一级①	1	0.1	0	0	1	0		
	二级	63	7.7	5	5.3	68	7.4	—	—
	三级	749	92.1	89	94.7	838	10.6	1.497	0.398
学科交叉情况	单一学科	795	97.8	92	97.9	887	10.4	—	—
	交叉学科	18	2.2	2	2.1	20	10.0	0.960	0.957

注:①无零被引文献,未纳入比较。

续表

项目	分组	被引文献 数量	被引文献 构成比/%	零被引文献 数量	零被引文献 构成比/%	发文数	零被引率/%	Exp(B)	P值
栏目	公共卫生	92	11.3	18	19.1	110	16.4	—	—
	基层卫生	87	10.7	7	7.4	94	7.4	0.411	0.059
	其他研究	30	3.7	7	7.4	37	18.9	1.193	0.721
	他山之石①	32	3.9	0	0	32	0		
	卫生规划	23	2.8	4	4.3	27	14.8	0.889	0.844
	卫生经济	8	1.0	1	1.1	9	11.1	0.639	0.681
	卫生人力	41	5.0	4	4.3	45	8.9	0.499	0.233
	药事管理①	14	1.7	0	0	14	0		
	医改纵论	99	12.2	5	5.3	104	4.8	0.258	0.010
	医疗保险	73	9.0	8	8.5	81	9.9	0.560	0.201
	医院管理	222	27.3	35	37.2	257	13.6	0.806	0.494
	专栏	92	11.3	5	5.3	97	5.2	0.278	0.015
作者数量	1	199	24.5	28	29.8	227	12.3	—	—
	2	134	16.5	18	19.1	152	11.8	0.955	0.886
	3	118	14.5	14	14.9	132	10.6	0.843	0.623
	4	82	10.1	8	8.5	90	8.9	0.693	0.385
	5	70	8.6	11	11.7	81	13.6	1.117	0.772
	6~21	210	25.8	15	16.0	225	6.7	0.508	0.043
作者年龄②/岁	20~29	175	21.6	14	14.9	189	7.4	—	—
	30~39	296	36.5	34	36.2	330	10.3	1.436	0.275
	40~49	233	28.7	29	30.9	262	11.1	1.556	0.194
	50~80	108	13.3	17	18.1	125	13.6	1.968	0.076
作者文化程度③	大专及以下	15	1.9	6	6.6	21	28.6	—	—
	大学本科	231	29.0	45	49.5	276	16.3	0.487	0.158
	硕士研究生	317	39.8	27	29.7	344	7.8	0.213	0.003*
	博士研究生	234	29.4	13	14.3	247	5.3	0.139	<0.001
作者职称④	初级	34	6.1	4	5.6	38	10.5	—	—
	中级	252	45.2	35	48.6	287	12.2	1.181	0.766
	高级	271	48.7	33	45.8	304	10.9	1.035	0.951
作者所在机构类型⑤	高校	370	45.5	21	22.3	391	5.4	—	—
	公共卫生机构	59	7.3	12	12.8	74	16.2	3.584	0.001*
	医疗卫生机构	208	25.6	29	30.9	237	12.2	2.457	0.003*
	行政机关	91	11.2	16	17.0	107	15.0	3.098	0.001*
	科研院所	37	4.6	2	2.1	39	5.1	0.952	0.949
	其他	48	5.9	14	14.9	62	22.6	5.139	<0.001

注：数据上标*的表示 $P<0.05$。①无零被引文献，未纳入比较。②以第一作者计，1篇被引文献的作者年龄不详。③以第一作者计，16篇被引文献、3篇零被引文献的作者文化程度不详。④以第一作者计，256篇被引文献、22篇零被引文献的作者职称不详。⑤以第一作者所属机构计。

续表

项目	分组	被引文献 数量	被引文献 构成比/%	零被引文献 数量	零被引文献 构成比/%	发文数	零被引率/%	Exp(*B*)	*P*值
作者所在地区⑥	东部	681	83.8	78	83.0	759	10.3	—	—
	中部	66	8.1	7	7.4	73	9.6	0.926	0.853
	西部	63	7.7	8	8.5	71	11.3	1.109	0.793
	港澳台	3	0.4	1	1.1	4	25.0	2.910	0.357
来稿方式	自投稿	622	76.5	84	89.4	706	11.9	—	—
	约稿	191	23.5	10	10.6	201	5.0	0.388	0.006*
文献篇幅/页	1①	22	2.7	6	6.4	28	21.4	—	—
	2	296	36.4	48	51.1	344	14.0	0.595	0.285
	3	390	48.0	34	36.2	424	8.0	0.320	0.021*
	4~8	105	12.9	6	6.4	111	5.4	0.210	0.012*
文献类型	访谈	2	0.2	0	0	2	0	—	—
	综述/经验	497	61.1	63	67.0	560	11.3		
	研究	314	38.6	31	33.0	345	9.0	0.779	0.279
摘要类型	无摘要	55	6.8	13	13.8	68	19.1	—	—
	指示性	509	62.6	60	63.8	569	10.5	0.499	0.039*
	报道性	249	30.6	21	22.3	270	7.8	0.357	0.007*
关键词数	2	9	1.1	2	2.1	11	18.2	—	—
	3	586	72.1	65	69.1	651	10.0	0.499	0.381
	4	135	16.6	13	13.8	148	8.8	0.433	0.316
	5~19	83	10.2	14	14.9	97	14.1	0.759	0.741
引文数	0	93	11.4	20	21.3	113	17.7	—	—
	1~5	452	55.6	55	58.5	507	10.8	0.566	0.046*
	6~10	189	23.2	11	11.7	200	5.5	0.271	0.001*
	11~115	79	9.7	8	8.5	87	9.2	0.471	0.091
基金项目资助情况	未受基金资助	521	64.1	72	76.6	593	12.1	—	—
	受基金资助	292	35.9	22	23.4	314	7.0	0.545	0.017*
	受1项基金资助	184	22.6	14	14.9	198	7.1	0.551	0.050
	受2项基金资助	37	4.6	3	3.2	40	7.5	0.587	0.385
	受3项基金资助	48	5.9	4	4.3	52	7.7	0.603	0.345
	受4~6项基金资助	23	2.8	1	1.1	24	4.2	0.315	0.261
文献下载次数	1~100	146	18.0	67	71.3	213	31.5	—	—
	101~200	252	31.0	20	21.3	272	7.4	0.173	<0.001
	201~300	185	22.8	6	6.4	191	3.1	0.071	<0.001
	301~400	93	11.4	1	1.1	94	1.1	0.023	<0.001
	401~500①	47	5.8	0	0	47	0	—	—
	501~2 000①	90	11.1	0	0	90	0	—	—

注：数据上标*的表示 *P* <0.05。①无零被引文献，未纳入比较。⑥约2 400字/页。

2.2 零被引文献的时间分布

2009和2010年出版的5年零被引文献数量最少，均为9篇，占比均为9.6%；2012年出版的5年零被引文献数量最多，为22篇，占23.4%。年均出版零被引文献(15.67±5.391)篇。不同时间出版的文献的5年零被引情况无差异($P=0.656$)，见表1。

813篇被引文献的引证时间均在出版后5年及以内，并未发现在出版后5年内未被引用、但在第6年及以后受到引用的"睡美人"文献。这一结果可能与卫生管理学科自身的特点有关，卫生管理学科属于经典的非前沿学科，学术成果多建立在管理学经典理论之上或继承了前人的重要思想，因学术思想特别超前在发表后未受到同行认可和引用，但在引证周期外受到引用的研究成果较少，即该刊的零被引文献确实都是学术影响力欠佳的文章。

2.3 零被引文献的内容分析

2.3.1 学科

零被引文献涉及的学科级别以三级学科为主(占94.7%)。零被引率由高至低依次为内容涉及三级、二级、一级学科的文献。涉及单一学科文献的5年零被引率(10.4%)高于交叉学科文献的5年零被引率(10.0%)。涉及不同学科级别的文献的5年零被引情况没有差异($P=0.398$)，单一学科和交叉学科文献的5年零被引情况也没有差异($P=0.957$)，见表1。

2.3.2 栏目

94篇零被引文献共涉及10个栏目。零被引文献主要集中在"医院管理"(占37.2%)、"公共卫生"(占19.1%)和"医疗保险"(占8.5%)栏目。5年零被引率由高至低居前5位的栏目依次是"其他研究""公共卫生""卫生规划""医院管理""卫生经济"。不同栏目的文献的5年零被引情况没有差异($P=0.074$)，见表1。

2.4 零被引的作者因素分析

2.4.1 合著情况

零被引文献的作者人数最少1人、最多19人，篇均作者数为(3.37±2.844)人。独著的零被引文献最多(占29.8%)。零被引率最高的是5人合著的文献。不同合著情况的文献的5年零被引情况没有差异($P=0.348$)，见表1。

2.4.2 年龄

零被引文献的第一作者年龄最小为21岁、最大为67岁，平均年龄(40.03±9.412)岁。零被引文献的第一作者主要集中在30~<50岁年龄段(占67.1%)，零被引率最高的是50岁及以上的作者发表的文献。不同年龄段作者发表的文献的5年零被引情况没有差异($P=0.352$)，见表1。

2.4.3 文化程度

零被引文献的第一作者文化程度最高的是博士研究生，最低的是大专。第一作者的文化程度以大学本科(占49.5%)和硕士研究生(占29.7%)为主。大专文化程度的作者发表文献的零被引率最高。不同文化程度的作者发表的文献的5年零被引情况有差异($P<0.05$)，即作者文化程度越高，发表文献5年零被引的概率越低，见表1。这与既往研究[12,21]结果基本一致。原因可能是专科教育以培养人才的某种专科知识和技能为主，不注重科研能力的培养，作者获得专业指导和从事科研工作的机会较少，这部分作者撰写文章的影响力不高。

2.4.4 职称

零被引文献的第一作者职称以中级为主(占48.6%)。零被引率最高的是具有中级职称的作者发表的文献。不同职称的作者发表的文献5年零被引情况没有差异($P=0.863$)，见表1。

2.4.5 所属机构

零被引文献的作者所属机构主要集中在医疗卫生机构(占 30.9%)。零被引率最高的是除高校、公共卫生机构、医疗卫生机构、行政机关、科研院所以外的其他机构的作者发表的文献。不同机构的作者发表的文献的 5 年零被引情况有差异($P<0.05$)，即其他机构作者发表 5 年零被引文献的概率＞公共卫生机构作者＞行政机关作者＞医疗卫生机构作者＞高校作者，见表 1。这与刘武英等[22]的研究结果基本一致。行政机关和社会团体、企业等其他机构的作者没有因毕业和晋升职称而发表文章的需要，承担科研任务和接受专家指导的机会较少，科研能力和文章影响力可能较低。

2.4.6 所在地区

零被引文献的第一作者所在地区涉及 21 个省(自治区、直辖市)及香港地区。零被引文献的作者所在地区主要为上海、浙江、江苏等东部地区(占 83.0%)。零被引率由高至低依次为港澳台地区、西部地区、东部地区和中部地区作者发表的文献。不同地区的作者发表的文献的 5 年零被引情况没有差异($P=0.812$)。见表 1。

2.5 零被引的文献因素分析

2.5.1 来稿方式

84 篇零被引文献为自投稿(占 89.4%)。自投稿的 5 年零被引率(11.9%)明显高于约稿的 5 年零被引率(5.0%)。不同来稿方式的文献的 5 年零被引情况有差异($P<0.05$)。见表 1。尽管目前国内尚无关于约稿与零被引情况相关的研究支持上述结论。但一般而言，自投稿没有经过编辑选题策划，对学科重点和研究热点内容的把握度不够、针对性强，有不少重复性的研究，创新性欠佳，文章发表后受同行关注较低。

2.5.2 篇幅

零被引文献篇幅最短 1 页(约 2 400 字)、最长 4 页(约 9 600 字)，篇均文献篇幅为(2.43 ± 0.711)页。零被引文献的篇幅以 2 页(约 4 800 字)为主(占 51.1%)。零被引率最高的是篇幅为 1 页(约 2 400 字)的文献。不同篇幅文献 5 年零被引情况有差异($P<0.05$)，即文献篇幅越长，文献 5 年零被引率越低，见表 1。这提示篇幅过短可能是造成文献零被引的主要原因，与既往研究[9,13,23-24]基本一致。论文的篇幅过短，信息量有限，对于问题的阐述和论证可能不够充分，研究和分析不够深入，进而影响力论文的影响力。

2.5.3 类型

零被引文献的类型以综述和经验为主(占 67.0%)。零被引率最由高至低的文献类型依次为综述/经验、研究、访谈。不同类型文献的 5 年零被引情况没有差异($P=0.279$)。见表 1。

2.5.4 摘要

大多数零被引文献有指示性摘要(占 63.8%)。零被引率由高至低的依次为无摘要、具有指示性摘要和具有报道性摘要的文献。不同摘要情况的文献 5 年零被引情况有差异($P<0.05$)，即无摘要或摘要过短可能是文献零被引的原因之一。见表 1。这与既往研究[12,23,25]结论一致。摘要便于读者在最短的时间内了解论文的主题内容，也便于读者在数据库检索目标文献。它是整个研究的主要结果和核心价值浓缩。有没有摘要以及摘要撰写得好坏，可以在短短几分钟、寥寥数十行字内决定阅读者是否下载并最终引用文献。

2.5.5 关键词数

零被引文献的关键词数量最少为 2 个、最多为 12 个，篇均关键词数量为(3.78 ± 1.844)个。

大多数零被引文献有 3 个关键词(占 69.1%)。零被引率最高的是有 2 个关键词的文献。不同关键词情况的文献 5 年零被引情况没有差异($P=0.408$),见表 1。

2.5.6 引文数

零被引文献的引文数最少为 0 篇、最多为 85 篇,篇均引文数为(4.66 ± 9.310)篇。大多数零被引文献有 1~5 篇参考文献(占 58.5%)。零被引率最高的是没有引用参考文献的文献。不同引文数的文献的 5 年零被引情况有差异($P<0.05$),见表 1。这提示参考文献过少可能是文献零被引的原因之一,与既往研究[25-28]结论一致。科学发展史是在前人的研究成果基础上向前推进的,参考文献是论文的知识基础和载体,体现了科学研究的继承性、连续性、相关性[29]。论文没有参考文献,既反映出作者对学科知识的整体把握情况不佳以及治学态度不严谨,又从侧面折射出论文的含金量不高[30]。

2.5.7 基金资助

72 篇零被引文献没有任何基金项目资助(占 76.6%)。未受基金项目资助的文献 5 年零被引率(12.1%)高于受基金项目资助的文献(7.0%)。文献是否受基金项目资助造成的 5 年零被引情况有差异($P=0.017$),但受不同数量基金项目资助的文献的 5 年零被引情况没有差异($P=0.209$),见表 1。未受基金资助的文献的 5 年零被引概率高于受基金资助的文献,与既往研究[13,31-32]结论较为一致。与受基金项目资助的论文相比,未受基金项目资助论文在选题的理论价值、实践意义、科学性和前瞻性方面较差。课题的价值、研究团队的科研水平、研究进程及预期收益目标等方面缺少把关[33],因此,论文的影响力欠佳。

2.5.7 下载次数

将每篇零被引文献在中国知网和万方数据的下载次数累计,得到每篇文献的下载次数。零被引文献的下载次数最少 13 次、最多 362 次,篇均下载次数为(4.66 ± 9.310)次。零被引文献的下载次数集中在 1~100 次(占 71.3%)。下载次数在 1~100 次的文献的零被引率最高。不同下载次数的文献的 5 年零被引情况有差异($P<0.05$),即下载次数越少,零被引率越高,见表 1。既往研究[9,34-37]也得出了类似结论。原因可能是网络数据库已成为科研工作者获取科学文献的主要渠道和学术期刊传播的主要途径。文献在网络数据库和期刊网站的下载次数越少,获得关注、阅读和被引用机会就越小。

3 讨论与建议

本研究结果显示,零被引文献具有作者文化程度低(大专及以下)、隶属于非科研院校(行政机关、社会团体、企业等单位),论文为自投稿、篇幅过短、没有摘要、没有参考文献、未受基金项目资助、在数据库下载次数少(100 次以下)等特征。建议期刊编辑部可采取以下几方面措施以减少零被引论文。

3.1 明确目标作者群,提高稿件准入门槛

作者是论文质量的第一责任人。编辑部应根据期刊自身的内容定位明确和优化期刊的目标作者群[38]。在稿约中明确作者定位,在收稿及编辑三审过程中做好期刊质量的"守门人",提高稿件的准入和录用门槛,减少甚至拒收大专及以下文化程度作者以及行政机关、社会团体、企业等非科研院校作者的来稿,提高自投稿、未受基金资助论文的退稿率,从稿件的供给侧提升学术影响力。

3.2 明确论文形式要求，规范论文写作

期刊应在稿约中明确来稿的篇幅、摘要撰写和参考文献引用要求。在稿件返修时，编辑可指导作者把握好文章篇幅，阐明研究目的、资料来源和研究方法，呈现主要成果，围绕研究成果展开讨论并给出相关建议，以保证研究成果的完整性和科学性；提醒作者重视摘要的撰写，指导其根据文献类型撰写合适的摘要，通过摘要向读者提供定量或定性信息，体现研究的科学性及创新性；要求作者重视论文参考文献的引用，适度引用近 3~5 年的相关国内外研究。编辑部对于篇幅过短、没有摘要和参考文献的来稿也应谨慎录用，或直接退稿。

3.3 提升编辑学术水平，落实审稿人责任

零被引文献也是经过三审流程才最终得以见刊的。这从侧面说明期刊编辑对于学术论文质量、学科领域重点和热点内容的甄别能力不强，评审稿件的同行没有从学术角度把好质量关。为此，一方面建议期刊编辑部加大对编辑的学术能力培养，鼓励编辑参与学术会议、学术交流以主动了解学科领域的研究重点和热点，结合工作方向进一步参加在职或脱产的学历教育以提升自身的学术水平和专业能力；另一方面，期刊编辑部也要建立和完善对审稿人的考核机制和退出机制，根据审稿人的评审数量和质量优胜劣汰，确保其认真负责地把好期刊质量关。

3.4 拓宽传播渠道，促进文献引证

结合下载次数少的文献零被引率更高的结果，建议：期刊编辑部借助域出版、网络优先出版等服务，使已录用和已出版文献能更早地在数据库中被检索到；利用大数据技术向目标人群和重点受众精准、主动地推送每期内容或重点内容，以期提升传播效率，产生更好的下载和引用结果；同更多国内外数据库、出版服务商开展数据收录合作，以论文能够在更广的范围内被受众关注、获取和引用。

4 结束语

科学论文的零被引分析为作者、期刊学术影响力评价提供了更加多元的视角和更为丰富的内涵。受研究可行性等影响，本研究仅局限于一本卫生管理学期刊，所得结论难以推广到其他同类期刊及其他学科的期刊。下一步，笔者将收集其他卫生管理学期刊的数据，比较该学科期刊的文献零被引情况及影响因素，以期进一步提升文献零被引影响因素研究的科学性和借鉴意义。

参 考 文 献

[1] 胡泽文,武夷山.零被引研究文献综述[J].情报学报,2015,34(2):213-224.
[2] 罗式胜.引证分析的几个计量指标及其应用[J].情报理论与实践,1992(3):18-20.
[3] 胡泽文,武夷山,高继平.图书情报学领域期刊论文零被引率的演变规律研究[J].情报学报,2018,37(3):243-253.
[4] 刘雪立,方红玲,周志新,等.科技期刊反向评价指标:零被引论文率及其与其他文献计量学指标的关系[J].中国科技期刊研究,2011(4):525-528.
[5] 朱梦皎,武夷山.零被引现象:文献综述[J].情报理论与实践,2013(8):111-116.
[6] 罗式胜.未被引和高频被引论文占有率的规范统计方法[J].情报理论与实践,1995(5):25-27.
[7] 王红丽,刘苏君.《中华护理杂志》未被引文章分析[J].中华护理教育,2009(7):317-319.
[8] 陈留院.师范大学学报(自然科学版)零被引频次论文特征分析[J].中国科技期刊研究,2013(2):299-303.
[9] 职桂叶,何建妹,夏小东,等.《中国水稻科学》发表后两年内零被引论文分析[J].中国科技期刊研究,2013,

24(4): 716-720.
[10] 方红玲.我国5种眼科学中文核心期刊零被引论文特征分析[J].中国科技期刊研究,2014(7):945-948.
[11] 孙岩,邓莹.中国农业科技期刊零被引(未被引)论文分析[J].农业图书情报学刊,2014(12):60-63.
[12] 魏中青.生态学期刊零被引论文分析[J].科技与出版,2014(11):81-84.
[13] 石磊.期刊论文零被引现象实证研究[D].蚌埠:安徽财经大学,2015.
[14] GLÄNZEL W, SCHLEMMER B, THIJS B. Better late than never? On the chance to become highly cited only beyond the standard bibliometrics time horizon [J]. Scientometrics, 2003(3):571-586.
[15] 顾璇,孙云鹏,汤建军,等.预防医学类期刊引证指标与零被引论文率的相关性[J].中国科技期刊研究,2014(7):941-944.
[16] 李美玉,王硕,郑德俊.中文期刊零被引率与期刊关键评价指标相关性分析:以图书情报学科为例[J].中国科技期刊研究,2015,26(4):399-404.
[17] 邱均平,王曰芬.文献计量内容分析法[M].北京:国家图书馆出版社,2008.
[18] PRICE D J D. Networks of scientific papers [J]. Sience, 1965(145):510-515.
[19] 吴鹭萍.福建省2001—2010年医药卫生科技论文被引情况统计[J].医学信息,2012,25(3):51-52.
[20] 朱梦皎.科技论文零被引现象探析与实证[D].北京:中国科学技术信息研究所,2013.
[21] 陈留院.师范大学学报(自然科学版)零被引频次论文特征分析[J].中国科技期刊研究,2013(2):299-303.
[22] 刘武英,张薇,刘影梅.学术期刊中的零被引论文特征分析:以编辑出版类核心期刊为例[J].中国科技期刊研究,2015(9):987-991.
[23] 薛晓丽.跨学科论文零被引现象研究:基于零被引与高被引对比分析的视角[D].北京:中国科学技术信息研究所,2014.
[24] 鲍玉芳,马建霞.科学论文被引频次预测的现状分析与研究[J].情报杂志,2015(5):66-71.
[25] 李文平.我国教育经济学研究零被引论文:分布特征、研究主题和知识基础:基于36种教育类CSSCI来源期刊2004—2013年刊载论文的知识图谱分析[J].教育与经济,2016(4):83-91.
[26] 郭永正.非国际合作论文零被引率的中印比较[J].图书与情报,2015(4):90-95.
[27] 程靖.提升学术期刊学术影响力的具体路径:以经济管理类学术期刊为例[J].出版发行研究,2013(4):105-107.
[28] 王全金,吴泽九,李萍,等.科技论文引文量及篇幅对论文质量的影响分析[J].华东交通大学学报,2010(3):107-111.
[29] 颜志森.《南昌大学学报(理科版)》1999—2008年载文、作者和引文分析[J].南昌大学学报(理科版),2008(6):624-628.
[30] 张凤.科技资助对科技论文影响力的研究[D].长春:吉林大学,2015.
[31] 董建军.中国知网收录的国家自然科学基金论文的被引情况分析[J].中国科技期刊研究,2012(5):776-778.
[32] 严燕,顾冠华."基金论文比":一个欠科学的期刊评价指标[J].东南大学学报(哲学社会科学版),2011,13(6):122-125.
[33] 陈汐敏,丁贵鹏,接雅俐,等.医学学报类零被引论文特征及其下载情况分析[J].中国科技期刊研究,2016(3):330-336.
[34] 陆伟,钱坤,唐祥彬.文献下载频次与被引频次的相关性研究:以图书情报领域为例[J].情报科学,2016,34(1):3-8.
[35] 牛昱昕,宗乾进,袁勤俭.开放存取论文下载与引用情况计量研究[J].中国图书馆学报,2012,38(4):119-127.
[36] 张小强.期刊下载频次与被引频次及影响因子相关性:以中国知网CSCD与CHSSCD刊物为样本的计量分析[J].情报理论与实践,2011,34(8):36-40.
[37] 温芳芳.我国情报学论文零被引的成因及影响因素探析:基于零被引与高被引论文的比较[J].情报理论与实践,2016,39(4):27-31.
[38] 蔡明科,王小艳,宋妍娟.普通高校水利类学报零被引论文特征分析及改进措施研究:以《水利与建筑工程学报》为例[J].传播与版权,2020(10):51-53.

我国科技期刊编辑的职业发展调查研究

王婧[1]，刘志强[1]，郭伟[2]，张芳英[1]，王维朗[3]

(1.上海大学期刊社，上海 200444；2.北华大学学报编辑部，吉林 吉林 132013；3.重庆大学期刊社，重庆 400044)

摘要：近年来，我国科技期刊创新发展和影响力不断提升，而维持科技期刊可持续发展的重要因素之一是编辑人才队伍的建设，我国科技期刊编辑的职业发展不容忽视。通过访谈和调查问卷相结合的方式，研究我国科技期刊编辑的职业发展状况，提出编辑职业发展的政策、制度思考，以期激励我国科技期刊编辑的晋升发展。

关键词：科技期刊；编辑职业发展；职业晋升

近年来，在习近平新时代中国特色社会主义思想的引领下，我国科技期刊开始主动转型，创新发展，探索专业化、集约化、国际化发展之路，部分科技期刊已跻身国际一流科技期刊行列，国际学术影响力不断提升。中国科协、中宣部、教育部和科技部《关于深化改革 培育世界一流科技期刊的意见》中指出："全面提升科技期刊对全球创新思想和一流人才的汇聚能力。""采取多种形式加强编辑队伍建设，创造条件吸纳高水平国际编委和经营人才，提升出版传播的核心竞争力。"[1-3]科技期刊的创新发展和影响力提升，其第一要素是需要有一大批有开拓精神的高水平办刊人才队伍，编辑人才是维持科技期刊可持续发展的重要因素之一[4-5]。因此，我国科技期刊编辑的职业发展不容忽视。

本文以最具国际影响力科技期刊名单、卓越计划入选期刊名单、影响力提升计划入选名单以及各类期刊获奖名单，按照主办单位优选出高校、科研院所、企业和学/协会 4 类 13 家期刊作为访谈对象，通过访谈和调查问卷相结合的方式，研究我国科技期刊编辑的职业发展状况，提出编辑职业发展的政策、制度思考，以期激励我国科技期刊编辑的晋升发展。

1 研究对象及方法

综合中国知网发布的最具国际影响力科技期刊名单、卓越计划入选期刊名单、影响力提升计划入选名单以及各类期刊获奖名单，按照主办单位优选出高校、科研院所、企业和学/协会 4 类 13 家期刊访谈对象(上海大学、浙江大学、重庆理工大学、中国科学院上海生命科学研究院、中国科学院上海光学精密机械研究所、中国科学院长春光学精密机械与物理研究所、中国科学院金属所、高等教育出版社、中国科技出版传媒股份有限公司、中国工信出版传媒集团、中华医学会、中国化学会、中国有色金属学会)。

本研究借助典型单位访谈和问卷调查两种方式，对国内科技期刊的编辑职业状况进行了综合性调查。

基金项目：中国科协科技期刊课题研究项目(2019KJQK006)；中国高校科技期刊研究会专项基金(CUJS2021-006)；上海市科技期刊学会青年编辑"腾飞"项目(2020A03)

访谈内容主要包括招聘条件、继续教育与培训、职称提升途径及现状、工作感受等。在具体执行的时候，依据访谈对象的实际情况，对集约化程度较高的刊群对象，重点从管理层处综合了解；对集约化程度不高的访谈对象，则重点了解典型单刊的实际情况。经调查可知，受访对象中主办单位为高校和科研院所的刊群，绝大多数集约化程度较高；主办单位为企业性质的，许多期刊均为企业与高校/科研院所合办，刊群集约化相对较高；主办单位为学/协会的刊群，以分散办公为主，期刊的实际承办单位为高校或科研院所。

2 我国科技期刊编辑的职业状态

本次问卷调查共收到科技期刊编辑人员有效问卷 627 份，其中，高等院校 384 份，占 61.24%；科研院所 134 份，占 21.37%；出版企业 39 份，占 6.22%；学/协会 29 份，占 4.63%。出版企业与学/协会科技期刊编辑样本较少。主要以问卷调查的相关内容为主，总体了解我国科技期刊编辑职业状态，在工作中的状态及感受。鉴于所访谈对象所负责的期刊办刊能力均较强，所办期刊近几年进步和收获都比较大，所以整体感觉比较好，但对目前的工作地位和编辑的职业认同等普遍存在不满，普遍认为社会对编辑的重视程度有待提高。此外，编辑的杂事太多，不利于发挥编辑的学术和专业特长，保障期刊的学术先进性。

综合访谈结果可知，目前国内科技期刊编辑岗位单一，岗位职责包含的内容多且杂，对编辑的综合技能要求较高，重复性劳动较多，不利于编辑技能专、精、特发展，编辑职业整体比较稳定，但工资待遇和福利待遇等相对较低，社会职业认同感低，晋升较困难。

3 我国科技期刊编辑的晋升发展环境

3.1 招聘条件

编辑的入职条件主要包括学历、学科和能力三个方面。日常编辑(包括学科编辑和出版编辑)招聘条件为硕士及以上学历，期刊相关专业，有一定的科研能力、语言写作能力和沟通能力。编辑的招聘条件与招聘专业的市场就业情况、招聘单位所提供的福利待遇情况，以及招聘期刊的具体情况有关。市场就业情况较好的专业很难招到高水平博士，以硕士为主，编辑的职业能力在入职后集中培养和训练。福利待遇较好的单位，则不招应届毕业生，只考虑副高级职称及以上的科研人员。期刊比较好的，则重点考虑有海外留学背景的博士及以上学历人员。

除了常规编辑的招聘外，许多受访单位还设置了技术人员、美编及新媒体编辑，这些人员的招聘主要与实际技能有关，对学历和科研能力等的要求相对较低，但基本也要求本科及以上学历相关专业，如计算机专业、美术设计专业等。

3.2 继续教育培训

编辑继续教育与能力培训主要包括国家规定的继续教育培训和单位能力培养两部分内容。国家规定的继续教育部分各单位均严格执行，内容主要包括国内外各种出版政策法规等解读、国内外各重要数据库运用和新功能介绍、编辑校对经验介绍、办刊经验介绍等。单位能力培养部分主要包括出国进修、各类会议等，内容主要为国外出版实地考察、各类期刊相关学术交流等。具体继续教育的内容与各单位的实际情况有关，企业、科研院所出国进修机会较多，高校相对较少。英文期刊、主干编辑出国进修机会相对较多，其余编辑相对较少。

3.3 职级晋升制度与实践

编辑系列职称的评聘分开，总体而言，副编审的评审较容易，编审较难。中科院系统的编辑职称评审与所里研究员系列职称评审竞评。高校、企业、学/协会的评审情况各有不同，主办单位有评审资格的，评审与单位科研相关人员竞评，其余的则在各省市新闻出版管理机构与同省市其他单位编辑竞评。

有超过 1/4 的科技期刊出版单位有通畅的编辑职称(级别)晋升路线和完善的编辑职业培训制度，11.64%有完善的层级式编辑岗位竞聘制度，9.89%有完善的编辑工作激励制度，7.97%有具有一定吸引力的编辑人才引进制度；在制度的落实上普遍做得不到位，31.9%有部分制度，但主观上执行不彻底，37.8%有部分制度，但客观上落实比较困难；同时，有 24.24%，接近 1/4 的科技期刊出版单位没有与编辑队伍成长或编辑职级晋升相关的制度。

由此可见，制度是用来执行的，有的科技期刊虽然建立部分制度，但在主观上执行不彻底，客观上落实不到位，很大程度上会挫伤编辑人员的工作积极性、创造性，影响职业状态。

4 编辑事业走向成熟的最主要标志

71.29%的编辑希望期刊出版事业内形成完善的编辑职业晋升制度和竞聘上岗机制，70.23%希望期刊出版事业内形成相对稳定的编辑岗位结构和相对细致的职责分工，有超 4 成(40.19%)希望内外形成自由竞争的编辑人才流动状态，3 成希望形成公开透明的编辑职业规范和监督机制，在优先创造社会效益的同时也能创造可观的经济效益。

由此可见，大多数科技期刊编辑人员都希望完善编辑职业晋升制度和竞聘上岗机制，形成相对稳定的编辑岗位结构和相对细致的职责分工，形成自由竞争的编辑人才流动状态，并希望在创造社会效益的同时也能够创造可观的经济效益，能够让自己的努力工作获得相应的职级晋升、社会认可，能够在完善的制度下实现人才的自由流动；多而杂身、兼数职的工作已令科技期刊编辑很难专注于编辑工作，必须建立相对稳定的编辑岗位结构和相对细致职责分工制度，并真正落到实地，使编辑摆脱杂事缠身的状态，专注于编辑工作。

5 编辑职业发展的政策、制度思考

5.1 明确编辑出版单位岗位设置标准

建立健全科技期刊编辑岗位管理制度，从编制设置、准入条件、待遇等方面设置门槛；关注从业人员生存状态；完善编辑岗位各项指标，完善竞聘上岗机制，将编辑岗位等同于科研岗位；从国家层面明确编辑岗位设置，稳定队伍，使广大编辑有职业自豪感和归属感；建立灵活的工作模式。

5.2 改革评价方式，建立通畅的晋升通道

在编辑职称评聘上给予一定的政策倾斜，侧重工作能力，减少论文权重；科技期刊编辑晋升、评聘应与图书、报纸编辑分开；建立多元的职称晋升途径；增加科技期刊，特别是高校科技期刊的评审专家数量；以特殊岗位设置科技编辑人员职称晋升政策；建立健全公平合理的岗位竞争与激励机制；完善编辑工作质量考核制度，倡导奖优罚庸的工作导向。

5.3 国家层面出台科技期刊编辑职业政策与管理制度

适应形势发展需要，全面梳理、修订、完善国家现有的相关政策与管理制度，出台科技期刊界亟须建立的政策、制度，督促主管、主办单位切实落地执行。如职业资格制度、编辑

校对费管理、编辑校对人员职责分工与津贴、编辑部人员配备编制等。

5.4 加强职业培训，完善继续教育

制定编辑人才培养卓越计划，开展系统性业务培训和职业教育，鼓励在职完成编辑学科学位提升，分类开展继续教育，完善学时认定方法，改革考核方式，制定编辑学奖励计划，激励科技期刊编辑开展学术研究，增加编辑出版方面的科研经费投入。

6 结束语

新时期，我国科技期刊编辑的职业发展应积极坚持习近平新时代中国特色社会主义思想的引领，在创新发展中不断塑造胜任力，服务科技发展[6]，将科技期刊发展与自身职业发展协调统一，为文化积累和传播贡献力量。

参 考 文 献

[1] 中国科协,中宣部,教育部,等.关于深化改革 培育世界一流科技期刊的意见[J].编辑学报,2019,31(4):355-356.

[2] 李文娟,张红霞."双一流"建设契机下高校学术期刊编辑人才的发展之路[J].中国科技期刊研究,2019,30(1):64-69.

[3] 郭伟.中国科技期刊发展的新契机:试论《关于深化改革培育世界一流科技期刊的意见》政策亮点及实施建议[J].中国科技期刊研究,2019,30(10):1029-1033.

[4] 应艳杰,陈石平.新形势下科技期刊青年编辑成长的有效途径[J].科技传播,2021,13(8):6-10.

[5] 王继红,骆振福,李金齐,等.培育中国特色世界一流科技期刊的内涵与措施[J].中国科技期刊研究,2020,31(1):4-9.

[6] 李晶,翟自洋,张铁明.青年编辑继续教育培训创新探索与实践[J].中国科技期刊研究,2017,28(12):1176-1180.

中医药英文期刊国际合作出版现状浅析
——以《针灸和草药(英文)》为例

徐一兰，高 杉

(天津中医药大学期刊编辑部，天津 301617)

摘要：中医药科技期刊作为助力中医药事业国际化发展的重要平台，发展前景广阔但任重道远。目前国际科技期刊出版业已经形成比较成熟规范的运作模式，文章结合新刊《针灸和草药(英文)》在创办过程中的探索与实践，对中医药英文期刊与国际出版集团的合作现状进行调查与分析，以期为编辑同仁提供参考。

关键词：中医药；英文期刊；国际合作出版

中医药学起源于中国本土，属于中国的传统优势学科，近年来，党和国家高度重视中医药事业的国际化发展。2019年10月，习近平总书记在对中医药工作的重要指示中提出要"推动中医药事业和产业高质量发展，推动中医药走向世界"[1]。中医药英文期刊是促进中医药国际化发展的重要平台，为了稳固中医药在全球传统医学中的核心地位，中医药英文期刊的期刊工作者一直在不断探索和追求。2021年5月18日，中共中央宣传部、教育部、科技部印发《关于推动学术期刊繁荣发展的意见》的通知，为做好学术期刊出版工作，推动学术期刊繁荣发展，提出指导意见。该意见指出，快速推动中医药英文期刊国际化发展，提升中医药英文期刊国际传播能力，需要提升中医药英文期刊的开放办刊水平，积极开拓国际市场[2]。当前，这些都离不开与国际出版集团的合作。

国际科技期刊出版业的运作模式已经较为成熟规范，形成了专业化、企业化、集团化等办刊模式[3]。为了推动中医药学术期刊快速发展，本文调查和分析了目前中医药英文期刊与国际出版集团的合作现状，并以新刊《针灸和草药(英文)》创办与出版的探索实践为例进行详细说明。

1 中医药英文期刊国际主流出版集团合作情况调查

与国内中医药英文期刊出版进行合作的国内外出版集团包括荷兰爱思唯尔(Elsevier)、荷兰威科集团(Wolters Kluwer NV)、北京科爱森蓝文化传播有限公司(KeAi)、法国EDP Sciences出版社(EDP Sciences)等，多以外资集团为主，部分为中外合资、中资控股。

1.1 大型外资出版集团

经过调查，发现目前外资出版集团主要有威科集团、世哲出版公司、爱思唯尔、施普林格等，这些公司规模较大，覆盖的学科领域也相对较广。

基金项目：中国科技期刊卓越行动计划高起点新刊类项目(D-028)；中华中医药学会"蒲公英"优秀中青年编辑人才培育项目(HX2019-31)

通信作者：高 杉，E-mail:bianjibugs@163.com

(1) 威科集团总部位于荷兰，业务覆盖全球多个领域。医学出版属于威科医疗板块旗下，主要使用 Lippincott 和 Medknow 两个平台，在中国区共合作出版 50 多种期刊，其中多种为科学引文索引(SCI)期刊，20 多种期刊被 PubMed Central(PMC)数据库收录。Lippincott 出版包括 Circulation、Neurology 等 300 多种全球临床医学期刊，业务主要分布于美国和欧洲。2018 年开始与中国期刊合作，以订阅结合开放获取模式为主。Medknow 平台是威科集团 2013 年并购的子品牌，出版有 200 多种 OA 期刊，与国内多家学术机构合作出版 40 余种国际学术期刊，其中 2018 年国际创刊、2020 年正式创刊的由上海中医药大学主办的《中医药文化(英文)》期刊就采用此平台，期刊于 2021 年 8 月被 Directory of Open Access Journals (DOAJ)数据库收录。Lippincott 平台使用 Editorial Manager(EM)投审稿系统，可为期刊提供一套包括建设网站、学术不端管理、文章生产加工、市场营销、替代指标分析报告等综合性服务。Medknow 平台采用由威科自主开发的 Journal of Web 投审稿系统，增值服务选择较为灵活，可根据需求进行定制，申请相对简单。评估进入 Lippincott 的审核机制十分严格，与中医药类期刊合作较少，目前仅有天津中医药大学主办的《针灸和草药(英文)》和世界中医药学会联合会主办的 World Journal of Traditional Chinese Medicine 两种，其中 World Journal of Traditional Chinese Medicine 于 2021 年进入新兴资源引文索引(ESCI)数据库。值得一提的是，《针灸和草药(英文)》是该平台创刊即审核通过的第一种中医药期刊。

(2) 爱思唯尔总部位于荷兰阿姆斯特丹，出版 2 500 多种期刊，包括 Lancet、Cell 等，约有 250 种开放获取期刊，产品线较多，国际影响力较大，在各学科尤其是医学领域知名度高，中医药领域也出版了一些比较成熟的中医药期刊。如 2014 年创刊，北京中医药大学和清华大学出版社有限公司共同主办的《中医科学杂志(英文)》(Journal of Traditional Chinese Medical Sciences) (已被 DOAJ、Scopus 等数据库收录)，以及 2003 年创刊，上海市中西医结合学会和上海长海医院联合主办的 Journal of Integrative Medicine (JIM) (已被 SCI、Medline/PubMed、Embase 等数据库收录，2020 年影响因子 3.034)。

(3) 施普林格总部位于德国柏林，是世界性的出版公司，另在美国纽约、英国伦敦、日本东京等地都设有子公司，专注于科学、技术、数学以及医学领域。施普林格·自然旗下期刊影响力较大，为当今的重要研究发现提供平台，旗下也有相关中医药英文期刊出版，如上海市针灸经络研究所主办 2003 年创刊的针灸类杂志 Journal of Acupuncture and Tuina Science 和中国中西医结合学会与中国中医科学院联合主办 1995 年创刊的 Chinese Journal of Integrative Medicine(已被 SCI、中国科学引文数据库(CSCD)等数据库收录，2020 年影响因子 1.978)等。

(4) 世哲出版公司 1965 年创立于美国洛杉矶，旗下出版的社会科学专业期刊较多，医学、生命科学类期刊约 400 多种，大多分布在美国和欧洲，学科领域偏重社会科学，出版的医学期刊较少。世哲公司出版期刊采用 ScholarOne 投审稿系统，目前也有 1983 年创刊的英国针灸学会会刊 Acupuncture in Medicine(被 SCI 数据库收录，2020 年影响因子 2.267)出版。

(5) 约翰·威利父子出版公司(John Wiley & Sons)位于美国，主要出版教育、职业培训、科技、医药类和实用类图书、期刊和电子产品。目前该集团的出版期刊 400 多种，在生命、生物医学和技术领域具有较强的实力[5]。约翰·威利父子出版公司出版的中国医学类期刊包括《中国肺癌杂志》《华西口腔医学杂志》等，可提供的服务包括投审稿系统、编辑出版服务和后期推广等，但其出版的医学类期刊全部为主流现代医学方向，补充替代医学和民族医药方面涉及很少。

1.2 中外合资(中资控股)出版集团

除了以上所述，还有一些出版集团为中外合资经营，规模相对较小，如北京科爱森蓝文化传播有限公司、法国 EDP Sciences 出版社等。

(1) 北京科爱森蓝文化传播有限公司(简称科爱)是科学出版社和爱思唯尔于 2007 年共同投资成立的由中国控股的合资企业，业务包括自主创办 OA 科技期刊，为中国英文版科技期刊提供国际出版服务，利用爱思唯尔平台为科技期刊和科研机构提供科学评价服务。科爱编辑出版英文科技期刊 60 多种，已有合作期刊被 SCI、新兴资源引文索引(ESCI)、Scopus、PubMed 等数据库收录[4]。科爱目前已有中医药期刊进行合作出版，如湖南中医药大学主办的 *Digital Chinese Medicine*。但由于其公司规模较紧凑，中医药也非其优势学科，相对分配的出版工作人员较少。

(2) EDP Sciences 出版社位于法国，出版物专业涉及物理学、化学、生命科学、数学等领域，旗下有 70 多本学术期刊，大部分期刊收录于 Scopus、Web of Science、SCI 数据库，2019 年被中国科技出版传媒股份有限公司收购。EDP Science 为中法合资公司，具有中资背景，但在中国的公司规模较小，虽如此，公司也有中西医结合期刊正在创刊筹备中。

已经打开中国市场的国际出版公司还有泰勒·弗朗西斯、德古意特等，在此不一一进行介绍。综合看来，中医药英文期刊和出版集团的合作是一个双向选择的过程，大部分国际出版集团对中医药学科领域有所关注，有已经出版或即将出版中医药学科的期刊，其中有些期刊发展已相对成熟。规模较成熟的国际出版集团进入评估机制严格，一旦进行合作，其提供的服务全面、完善，但费用相对较高。而规模较新较小的公司进入评估手续简单，费用相对较低，服务也更加灵活和个性化，但整体业务流程不够完善，可提供的服务相对较少，出版经验也相对不足，对期刊国际化发展支撑作用有限。一种期刊的起点高度、受关注度和主办单位支持力度是被出版集团考察合作的重点，在创办中医药英文期刊人员和预算均较紧张的情况下，期刊需要根据自身需求和出版集团性价比进行综合选择。中华中医药学会和中国中医科学院联合主办的《中医杂志英文版》(*Journal of Traditional Chinese Medicine*)创刊于 1981 年，通过长时间办刊积累了一定的出版经验，取得了一定成绩，已被 SCI、Medline 等数据库收录(2020 年影响因子 0.848)。其在与爱思唯尔进行合作出版一定周期后，根据期刊根据自身发展特点和需求，灵活调整合作出版对象，于 2019 年转回社会，现由中国知网进行出版和首发。此外，期刊在选择出版集团进行合作时应充分考虑到本学科在出版集团中的关注度与该集团同类期刊的出版经验，只有一定数量的同学科期刊才可以进行"报团取暖"。

2 中医药英文期刊对国际出版集团的需求

现阶段，在中医药国际认可度高、发展趋向利好的大背景，中医药期刊国际化发展的大趋势下，亟须"借船出海"，借助国际出版集团的力量打开国际市场[6-7]。在保证出版质量的大前提下，中医药英文期刊想要推动其国际化发展，对国际出版集团所提供的服务主要集中在以下几个方面。

2.1 国际顶级医学期刊的出版经验

成熟的出版集团出版过大量科学、技术和医学内容的书籍和期刊，母公司旗下还会提供关于专业医疗、科研与教学资讯类的产品，如论文数据库、大数据服务、问题解决方案等。同时，出版集团与国内外大学、科研院所、协/学会合作的数量也在考察范围之内。只有拥有了以上的硬件条件，出版集团才有资源与能力对期刊相关评价指标进行综合数据分析，并定期给予期刊发展方向建议，协助确定期刊的办刊策略，制定发展计划。

2.2 提供国际一流的出版服务

由于国际期刊大多采用在线出版的模式，期刊的封面、标识与网站等外观形象是期刊呈现给读者的第一印象，封面设计是否国际化、专业化，网站风格是否清晰并方便操作，功能是否全面且个性化，将直接影响期刊的整体风格与定位。而判断一本期刊是否具有活力，丰富的稿源是关键，投审稿系统标准化与国际化程度对作者投稿的兴趣度与依从度至关重要。从投审稿系统初期的建设，到中期的使用，再到后期的维护更新，各个环节均离不开出版平台提供的服务。目前，EM 和 ScholarOne Manuscripts 在国际投审稿系统市场中平分秋色，选择使用主流投审稿系统的出版集团进行出版工作，对期刊的发展十分有利。

2.3 提供满足期刊需求的个性化服务

期刊一经出版，对外宣传是打开稿源、扩大期刊影响范围、提高关注度与知名度的关键。需要借助国际出版集团的力量与平台，采用线下和线上相结合的手段在全球范围内对期刊进行推广和宣传，提供出版行业营销相关的所有必要服务，如电子邮件和电话营销活动、广告、展销会展示、兄弟刊交流等。待期刊出版至一定周期和文章数量，还要按照需求，帮助期刊申请 Scopus、PMC、SCI 等国际权威索引数据库。此外，文字润色、第三方数据存储、法务支持等合作服务，新刊也可考虑选用。

2019 年，《针灸和草药(英文)》期刊获得中国科技期刊卓越行动计划高起点新刊项目资助，并于 2021 年正式获批。《针灸和草药(英文)》前期通过对各大国际出版集团进行调研，根据自身需求，选择威科医疗旗下 Lippincott 出版平台进行国际合作出版。威科医疗旗下的一些产品国内外知名度和市场占有率较高，Lippincott 出版平台提供了网站建设、投审稿系统建设与维护、期刊封面设计、文章校对与生产、市场推广、法务支持、水平评估、数据库申请、旗下期刊经验交流等较为完善的一体化服务，可以满足《针灸和草药(英文)》期刊创刊初期出版与发展的需求。作为 Lippincott 平台众多申请合作期刊中第一种通过审核的中医药期刊，希望 Lippincott 平台为《针灸和草药(英文)》影响力快速提升起到推动作用。

3 合作中可能遇到的问题和注意事项

3.1 与国际出版集团的沟通问题

国际出版集团总部大多设在美洲或欧洲，距离中国远，且存在较大时差，联络方式主要以电子邮件为主，不便于直接沟通。而且，与国际沟通语言以英语为主，虽然有出版集团中国办事处的出版人员进行协助，但仍存在沟通效率较低、理解容易出现偏差等问题。这就需要我们的编辑出版人员一方面注意提高自身的英语水平和沟通技巧，另一方面也要为工作提前准备好富余时间，避免因为沟通时间差对工作带来的影响，造成无法按时、按期出版。

3.2 东西方的文化与审美差异问题

国际出版集团提供的服务大多包括对期刊封面、标识、网站、排版风格等外观设计，而中医药作为十分具有中国特色的学科，应该体现中国元素。这就要求期刊在与国际出版集团合作时必须考虑东西方文化与审美的差异，尽可能明确设计要求，使设计尽可能符合期刊的学科特色。鉴于此，期刊可以在前期对同学科领域、类似风格定位的国际英文期刊进行检索归纳，提炼出期刊最想要的元素与风格，并通过实际案例呈现，以方便设计人员更准确地理解和把握期刊的设计要求。

3.3 中英文期刊办刊的侧重点不同

目前我国大多数中医药期刊为中文期刊，面向国内出版与发行，多由行政事业单位或科研院所主办，采用事业化管理[8]，办刊方式不够灵活，工作重点放在期刊出版形式和文字编校质量上，期刊编辑的主观能动性没有被充分调动起来。英文期刊面向全球，出版形式更加多元，不仅有进入主流检索数据库的压力，还肩负展示我国科技学术形象与水平的重要任务，这就要求中医药期刊人运用多种手段，带活期刊发展，推动期刊的国际化进程。中医药英文期刊要"形式和内容两手抓，两手都要硬"[9]。在正确的政治和学风导向以及高水平出版编校质量这个大前提下，侧重丰富优质稿源，设置合理科学的栏目，组建国际化、高水平的编委团队和审稿专家库，组约热点前沿的专题专栏稿件，进行网络化信息化全媒体出版等工作。只有这样才能更好地打开国际市场，提高中医药期刊的知名度和关注度，向全世界传递中医药学术成果，抢占我国在世界传统医药领域的首发权与话语权。

4 讨论

目前，中医药等世界传统医学研究领域仍存在研究方法较为局限，缺乏高质量循证医学证据，基础研究不足，尚未被国际广泛认同等问题。中医药期刊若想走出去，需要发表具有大量循证医学证据的研究，与世界接轨，而后再打造具有自身特色的文章与栏目。在国际出版集团的选择上，可以选择正处于上升阶段、对中医药学科感兴趣的中大型出版集团，出版经验相对丰富，对中医药学科分配的资源也较为充足，支持力度较大，比较符合本阶段中医药英文期刊发展的需求。

《针灸和草药(英文)》期刊主办单位天津中医药大学，在传统医药现代化方面做了大量卓有成效的工作，为创办以循证医学研究为特色，刊载针灸和草药创新研究成果，促进学术交流，推动成果转化，服务中医药国际化发展为办刊宗旨的中医药英文期刊提供了优越的平台环境和支撑体系，积累了雄厚的国际化编委、作者、稿源等资源。《针灸和草药(英文)》期刊与具有一定实力与医学出版经验的国际出版集团进行合作出版，将专业领域的知识与先进的出版模式相结合，以上期刊的发展经验可供期刊同仁参考。

参 考 文 献

[1] 习近平对中医药工作作出重要指示[EB/OL].(2019-10-25)[2021-08-05].http://www.gov.cn/xinwen/2019-10/25/content_5444863.htm.
[2] 中共中央宣传部教育部科技部印发《关于推动学术期刊繁荣发展的意见》的通知[EB/OL].(2021-06-23)[2021-08-14].http://www.nppa.cn/nppa/contents/279/76206.shtml.
[3] 蒋凯彪,朱民,李海洋,等.国际大型科技期刊出版集团的经营发展方式[J].出版与印刷,2016(1):2-6.
[4] 李海燕.新中国成立70年我国数字期刊国际合作研究[C]//中国编辑学会.分享七十年出版业荣光共创新时代编辑界辉煌:中国编辑学会第20届年会获奖论文(2019).2019:9.
[5] 杨永龙.品牌:专业出版的生命力:约翰·威利父子出版公司记略[J].出版广角,2004,10(2):68-70.
[6] 李海英.根植本土,向世界讲好中国故事:我国中医药英文期刊的国际化发展路径探析[J].科技与出版,2021,39(3):134-139.
[7] 张洁怡."一带一路"倡议下中医药期刊面临的机遇、挑战与对策[M]//学报编辑论丛(2018).上海:上海大学出版社,2018:66-70.
[8] 毛逸斐.中医药科技期刊国际化发展策略分析[J].出版与印刷,2021,32(3):59-65.
[9] 徐颖,杨阳,张文婷,等.科技期刊国际化发展思考:以中医药期刊为例[J].中国传媒科技,2020,28(1):111-113.

一流高校科技期刊刊发主办高校论文的情况及启示

张芳英

(上海大学期刊社《应用数学和力学(英文版)》编辑部,上海 200444)

摘要:基于 Web of Science 核心数据库,统计和分析了位于 2020 期刊引证报告(Journal Citation Report,JCR)学科 Q1 区的高校主办科技期刊(简称高校科技期刊)在 2010—2020 年刊发主办高校论文的数量占比和总被引占比情况,并结合这些期刊同期影响力指标进行了简要分析。数据显示:主办高校论文是高校科技期刊论文的重要组成部分,尤其是学科特色鲜明的高校科技期刊,但这些论文的质量普遍不高,数量占比通常比其同期的总被引占比高。高校科技期刊应该秉承服务高校学科发展的理念,与一流高校和一流学科建设协同发展。

关键词:高校科技期刊;学科发展;双一流

高校是我国重要的人才培育基地。2017 年,经国务院批准同意,教育部、财政部、国家发展和改革委员会联合发布了《关于公布世界一流大学和一流学科建设高校及建设学科名单的通知》,确认了首批"一流大学和一流学科"建设名单,有力推进了我国一流高校和一流学科的发展步伐。高校主办的科技期刊(简称高校科技期刊)以某些特定学科发展为基础,旨在全面推进相关学科快速发展,是高校学科建设的重要组成部分,能够在一定程度上反映高校某些学科的发展现状,推动高校及其学科发展,是高校学科发展的重要"代言人"[1]。孙劲奇等[2]指出,高校主办的 SCI 期刊对其学科发展有一定的促进作用。田江等[3]指出科技期刊与学科建设协调发展有利于培育和推进世界一流科技期刊、一流高校和一流学科建设。陈更亮等[4]指出一流高校科技期刊既是一流高校和一流学科建设的重要内容,也是其重要支撑。2019 年中国科协、中宣部、教育部和科技部联合印发《关于深化改革 培育世界一流科技期刊的意见》,强化了一流科技期刊对学科创新性的引领作用。为了全面了解我国一流高校科技期刊与其主办高校学科发展的现状,本文选取了位于 2020 期刊引证报告(Journal Citation Report,JCR)学科 Q1 区的高校科技期刊为研究对象,基于 Web of Science 核心数据库,简要分析了这些期刊在 2010—2020 年刊发其主办高校论文的数量和被引情况,以期为一流高校科技期刊、一流高校和一流学科协同发展提供参考。

1 位于 2020 JCR 学科 Q1 区的高校科技期刊

综合国家新闻出版署官网登记的期刊信息以及 2021 年 6 月份发布的 2020 JCR,筛选出所有有 CN 号且主办单位中含高校的科技期刊(不包括部队院校期刊),具体结果参见表 1。由表

基金项目:中国高校科技期刊研究会专项基金课题(CUJS2021-016)

可知,在 2020 JCR 中,共有 28 种高校科技期刊。其中,清华大学主办 4 种,上海交通大学和四川大学各主办 3 种,北京林业大学、上海大学和中国石油大学(北京)各主办 2 种,重庆大学、中国矿业大学、郑州大学、沈阳药科大学、上海体育学院、南京农业大学、华中科技大学、北京大学、北京航空航天大学、中山大学、重庆邮电大学各主办 1 种,中国地学大学(北京)和北京大学联合主办 1 种。涉及的 18 所主办高校中有 9 所为一流高校,占比 50.0%。进一步分析这些期刊的刊文宗旨及其对应主办单位的一流学科可知,28 种期刊中有 22 种期刊的学科方向与其主办高校对应的一流学科方向一致,占比 78.6%。由表 1 还可获知,这些一流高校科技期刊的创刊时间和被 SCI 收录的时间都不长。如表 1 所知,位于 2020 JCR 学科 Q1 区的 28 种高校科技期刊中仅 6 种于 2000 年之前创刊,9 种创刊于 2000 年和 2010 年(含)之间,13 种

表1 位于 2020 JCR 学科 Q1 区的高校科技期刊(按照创刊时间排序)

刊名	主办单位	一流高校	一流学科	创刊时间	首个 IF 时间
Applied Mathematics and Mechanics (English Edition)	上海大学、中国力学学会	否	否	1980	1999
Cancer Communications	中山大学肿瘤防治中心	是	是	1982	2014
Chinese Journal of Aeronautics	中国航空学会、北京航空航天大学	是	是	1988	2009
International Journal of Mining Science and Technology	中国矿业大学	否	是	1990	2019
Forest Ecosystems	北京林业大学	否	是	1994	2017
Communications in Nonlinear Science and Numerical Simulation	北京大学	是	是	1996	2010
Petroleum Science	中国石油大学(北京)	否	是	2004	2009
Asian Journal of Pharmaceutical Sciences	沈阳药科大学	否	否	2006	2017
Frontiers of Mechanical Engineering	高等教育出版社有限公司、中国工程院、华中科技大学	是	是	2006	2018
Building Simulation	清华大学	是	是	2008	2011
Nano Research	清华大学、中国化学会	是	是	2008	2009
Nano-Micro Letters	上海交通大学	是	是	2009	2012
International Journal of Oral Science	四川大学	是	是	2009	2010
Avian Research	北京林业大学、中国动物学会	否	是	2010	2015
Geoscience Frontiers	中国地质大学(北京)、北京大学	是	否	2010	2016
Journal of Palaeogeography-English	中国石油大学(北京)、科学出版社有限责任公司	否	是	2012	2017
Journal of Advanced Ceramics	清华大学	是	是	2012	2015
Journal of Sport and Health Science	上海体育学院	否	是	2012	2013
Translational Neurodegeneration	上海交通大学医学院附属瑞金医院、上海交通大学	是	是	2012	2017
Friction	清华大学	是	否	2013	2016
Journal of Magnesium and Alloys	重庆大学	是	是	2013	2018
Bone Research	四川大学	是	是	2013	2014
Horticulture Research	南京农业大学	否	是	2014	2016
Digital Communications and Networks	重庆邮电大学	否	否	2014	2019
Signal Transduction and Targeted Therapy	四川大学	是	是	2016	2018
Journal of Ocean Engineering and Science	上海交通大学	是	是	2016	2020
Electrochemical Energy Reviews	上海大学	否	否	2018	2020
Energy & Environmental Materials	郑州大学	是	是	2018	2020

创刊于 2010 年后；仅 5 种在 2010 年(含)之前获得首个影响因子，23 种在 2010 年后获得首个影响因子，且在 2015 年之后获得首个影响因子的期刊有 17 种。

2 位于 2021 JCR 学科 Q1 区高校科技期刊刊发主办单位论文情况

论文是期刊存在价值的重要体现，也是创新性研究成果的重要承载方式。高校科技期刊刊发的主办高校论文是其对相应高校学科贡献的重要方面。Web of Science 核心数据库中表 1 所对应期刊在 2010—2020 年刊发其主办高校论文的数量占比(同期主办高校论文数/总论文数)和总被引占比(同期刊发论文总被引频次/刊发论文总被引频次)数据显示，大部分一流高校科技期刊刊发主办高校论文的总被引占比低于其数量占比(见图 1)；一流高校科技期刊创刊初期刊发主办高校论文的总被引通常高于其数量占比(见表 2)。此外，学科专业特色较明显的一流高校科技期刊刊发其主办高校论文的占比越高(见图 1(b))。

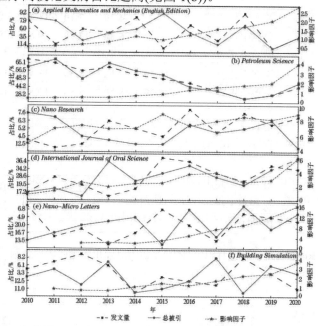

图 1 2011 年前被 SCI 收录且位于 2020 JCR 学科 Q1 区的部分高校科技期刊
在 2010—2020 年刊发其主办高校论文的情况

3 讨论与思考

一流高校科技期刊建设是一流高校和一流学科建设的重要组成部分，一流高校科技期刊可以促进一流高校和一流学科的发展，但也离不开一流高校和一流学科的支持。

(1) 一流高校科技期刊建设应与其主办高校对应学科协同发展。上述统计数据显示，位于 2020 JCR 学科 Q1 区的高校科技期刊与其主办高校一流科学息息相关，期刊主办高校刊发的论文数量和总被引占比普遍较高，尤其是学科特色比较显著的期刊，如 *Petroleum Science*(图 1)。

(2) 一流高校科技期刊建设应关注其主办高校优质学术论文。表 1 中高校期刊 2010—2020 年在 Web of Science 核心库中的刊文情况显示，虽然这些期刊主办高校的论文是期刊论文的重要组成部分，对期刊影响力提升也起到很大促进作用，但总体来说，刊文质量不高，大多数期刊主办高校论文的总被引频次占比低于其数量占比。

(3) 一流高校科技期刊的创建应与其主办高校特色学科相关。由表 1、图 1 和表 2 数据以及我国高校学科专业的特点可知，专业特色越明显的高校科技期刊与其主办高校的学科关联性越强，其对应主办高校在科技期刊发展过程中对其的积极推动作用也越明显。如 *Petroleum Science*(见图 1)和 *Horticulture Research*(见表 2)，主办高校刊发论文数量占比较高，且这些论文的总被引占比普遍比其对应的数量占比高。

表 2 2015 年后被 SCI 收录且位于 2020 JCR 学科 Q1 区的部分高校科技期刊在 2014—2020 年刊发主办高校论文情况

刊名	项目	2014	2015	2016	2017	2018	2019	2020
Friction	发文占比/%	16.10	14.30	15.20	11.80	14.30	11.90	17.10
	总被引占比/%	20.50	23.10	18.10	6.60	26.10	21.60	29.00
	影响因子			1.508	1.869	3	5.29	6.167
Journal of Magnesium and Alloys	发文占比/%		4.30	7.10	11.40	0.00	15.70	9.90
	总被引占比/%		6.50	13.20	9.60	0.00	20.20	28.10
	影响因子					4.523	7.115	10.088
Horticulture Research	发文占比/%	26.50	17.10	14.30	11.90	13.20	10.80	11.70
	总被引占比/%	34.70	18.20	8.80	10.80	14.10	14.80	15.70
	影响因子			4.554	3.368	3.64	5.404	6.793
Signal Transduction and Targeted Therapy	发文占比/%			40.00	20.00	6.30	18.60	11.90
	总被引占比/%			76.50	6.80	2.10	18.50	13.70
	影响因子					5.764	13.493	18.187
Journal of Ocean Engineering and Science	发文占比/%			12.90	3.20	10.80	0.00	3.10
	总被引占比/%			13.00	2.70	26.60	0.00	1.40
	影响因子							3.408
Electrochemical Energy Reviews	发文占比/%					9.50	14.30	6.70
	总被引占比/%					12.30	12.50	4.40
	影响因子							28.905
Energy & Environmental Materials	发文占比/%					27.80	13.00	7.20
	总被引占比/%					29.00	13.40	2.10
	影响因子							15.122

综上所述，在一流科技期刊、一流高校和一流学科建设大大背景下，高校科技期刊应秉承着学科服务理念，与主办高校学科建设深度融合、协同发展。

参 考 文 献

[1] 陈蓓.主管主办单位在科技期刊融合发展中的引领作用[J].传播与版权,2019(7):160-161.

[2] 孙劲奇,丁佐奇.中国高校科技期刊和学科发展的关联研究:基于中国高校主办的 SCI 期刊与 ESI 学科排名相关性研究[J].科技与出版,2021(9):6-12.

[3] 田江,王潇,宋景锐.科技期刊发展与学科建设协同机制研究:以成渝地区创新效率分析为例[J].科技与出版,2021(9):35-40.

[4] 陈更亮,吴坚.高校体育学术期刊与学科建设互促发展实践与启示[R].南京:第十一届全国体育科学大会,2019.

[5] 翟彬偲.高校学术期刊与学科建设协同发展研究:以浙江省 ESI 前 1%高校自然科学类中文学报为例[J].科技与出版,2021(9):26-34.

科技期刊论文初审工作的优化与实践
——以《南京农业大学学报》为例

刘怡辰

(南京农业大学学报编辑部,江苏 南京 210095)

摘要: 期刊发展内容为王,审稿机制是保证期刊学术质量的关键。本文以《南京农业大学学报》办刊经验为例,针对初审工作进行了优化,采用责任编辑和责任编委共同初审的制度,使责任编委对稿件的决定权从稿件处理流程的终端转移到了前端,目的在于能够更好地促进审稿机制的完善,缩短稿件处理周期,提高编辑工作效率。

关键词: 科技期刊;初审;编委;编辑

审稿工作是保证期刊学术质量的关键,严格执行三审制是期刊学术水平的保证。责任编辑在审稿过程中最头痛的问题是如何快速找对研究方向适合的审稿专家。老编辑一般凭借对学科领域及专家的了解能尽快指派审稿专家,但是对于研究方向较新的领域,也需要花费大量时间查找审稿专家;新编辑则需要一点一滴地慢慢积累才能找到合适的专家。缩短审稿时间不但可以缩短稿件出版周期,而且能够提高作者的满意度[1]。本文从《南京农业大学学报》(以下简称学报)办刊实践出发,总结本刊优化初审工作的经验办法,优化后的初审工作极大加速了责任编辑的工作效率,在此与编辑同行探讨。

1 学报传统三审制中编辑工作存在的问题

目前,学术期刊通行的审稿机制是"三审制":编辑初审,专家审稿(同行评议),主编(编委会)终审。三审制中各个审级的职责和任务各有差异。每位审稿者都应该明确本审级的职责和任务,才能全面和客观对稿件评价和判断。

编辑初审是三审制中的第一级审稿,初审者要在通读全稿的基础上,对稿件的学术研究水平、具体内容、体例、文字等进行全面审查。作为学术期刊的责任编辑,初审工作的重点在稿件体例、学术创新性及学术不端问题筛查等方面。让责任编辑负责稿件的学术性初审并不现实,因为受学术水平、专业范围的限制,普通编辑的学术性初审往往不能尽如人意[2]。如果责任编辑专业背景和初审稿件差距较大,编辑则很难判断其学术水平,并且很难给出专业的初审意见。因此,初审也就流于形式。

专家审稿即同行评议,是三审制中的第二级审稿,也是审稿流程最重要的一个环节,我们一般称之为外审。外审工作是在初审工作的基础之上,由责任编辑选择相关领域审稿专家进行盲审。在这一步审稿流程中,如何选择外审专家十分关键。学报从以下几个途径查找审稿专家:①从在线投审稿系统的专家库中匹配审稿专家;②作者提供审稿专家,作者提供的专家可能存在人情因素,编辑不一定采用,但是可以作为专家库的储备;③通过期刊网查找相关领域文章或查找来稿参考文献的作者作为审稿专家;④登录大学或者科研院所的网站,查找相关研究人员，通过个人简介和信息遴选审稿专家。对于责任编辑来说，找外审专家非常消耗时间，而且有时好不容易找到专家却面临退审的情况。

终审是三审制中的最终一级审稿，是稿件录用的决定性意见。期刊的终审一般由编委会讨论通过，学报现在采用的是主编领导下的责任编委和编辑部主任"两级终审制"[3]。只有责任编委通过终审，稿件才能录用。我们在实际工作中经常遇到以下问题：即使 2 位外审专家审稿通过，但责任编委也会退稿。责任编委与编辑部反映退稿原因是，外审专家审稿不认真导致没有看出关键性科学问题。这不仅耽误作者的时间，还耽误编辑部和责任编委的时间。

2 学报优化初审工作的实践

2018 年学报编委会换届时，编辑部提出了审稿存在的问题和困难。经编委会讨论，我刊采用了责任编辑和责任编委共同初审的制度。我们优化初审工作的实质是责任编委对稿件录用的决定权从稿件处理流程的终端转移到了前端。责任编辑和责任编委分别从头至尾负责稿件的编校质量和学术质量。明确了责任编辑和责任编委初审的职责和任务，并制作了流程图，分发给各个编委，并由责任编辑负责向编委解释采编系统具体操作流程以及督促编委工作。具体优化工作如下：①审查时间相同。责任编辑初审和责任编委初审同时进行。编辑部规定 3~5 个工作日内责任编委返回初审意见，编辑于 7 个工作日内返回作者责任编辑和责任编委初审意见。②审查内容不同。责任编辑初审的是稿件研究内容是否与本刊报道方向一致，稿件体例是否符合本刊规定，作者在投稿时系统中的信息是否上传完整，稿件是否存在学术不端问题以及是否投递本刊投稿声明等。责任编委只需要对通过编辑初审的稿件(编辑能够判断学术水平不高直接退稿的稿件不进入此环节)的学术水平进行评价，并给出具体的审稿意见、审稿结论(建议外审或者退稿)。③编委初审的要求。明确要求责任编委返回初审意见的时间，并由责任编辑负责催促；要求责任编委推荐 2 名以上相关领域的专家，以便责任编辑参考，责任编辑会根据具体情况进行指派外审。

3 优化初审工作后编辑工作的优势

3.1 加强编辑部与编委之间的有效沟通

学术期刊办刊应在编委会指导下，编辑部执行具体工作，因此与编委的高效沟通能提高工作效率。学报每年会召开一次编委会，总结学报一年的工作及部署下一年的工作。编委会上的讨论交流很重要但是不及时。编委会能够把控期刊的宏观方向，但是编委对下一年度期刊的来稿量并不是很清楚。通过优化初审工作，编委可以及时了解学报的来稿情况，灵活地根据学科的来稿量控制发文量。通过增加编委初审环节、完善审稿内容和优化审稿流程，可以缩短审稿周期，提高审稿效率和审稿质量，从而提升期刊的学术影响力和品牌形象[4]。另外，编委一般都是相关领域的专家，出差较多，比较忙，有时候来不及看邮箱。我们建立了编委微信群，有稿件初审或终审都可以微信提醒，这样极大提高了工作效率。编辑部要明确编委的职责，还应与编委保持经常的联系，为编委的工作创造便利的条件[5]。

3.2 准确给出专业性初审意见，快速精准外审

优化后的初审工作极大缩短了责任编辑处理稿件的时间，提高了工作效率。通过两轮初审的层层把关，最大限度保证进入外审阶段的稿件质量，减轻编辑和外审专家对后期稿件处理的工作量，降低外审退稿率，从而提高期刊整体质量[6]。责任编辑和责任编委共同初审后，

责任编辑汇总初审意见能够直接返回作者专业性的初审意见，能够做到退稿和返修有理有据，令作者信服；如果稿件可以直接指派外审，责任编辑可以采纳责任编委推荐的审稿专家，在查阅专家相关简历后发送邮件派审，并注明由我刊编委推荐。这样一来，外审成功率和准确率大幅提升，并且审稿质量也提高了。同时，责任编辑应重视审稿派送间隔周期和频率，有效保护和发挥审稿专家积极性，使专家专注于学术评审，确保审稿质量和效率[7]。

3.3 加快终审速度，避免人情因素

终审决定稿件的录用与否，是审稿中的关键环节。首先，终审要求编委对稿件进行客观评价，排除其他的一些干扰因素。人情因素是干扰终审工作最大的障碍。优化后的初审工作既能提高终审的速度，又能提前排除人情因素的干扰。编委在初审阶段已经对稿件有了初步了解，并且可以查看外审专家的审稿意见。责任编委只需要仔细阅读审稿意见和作者根据外审专家意见的修改稿及修改说明就可以快速判断稿件质量，终审速度自然加快了。另外，责任编委对稿件的决定权从稿件处理流程的终端转移到前端，充分发挥编委对稿件的决断权利，并缩短稿件处理时间，同时，也节省了作者时间。对于质量较差的稿件，责任编委在稿件处理初期就可以快速退稿，避免了稿件处理后期不必要的人情因素干扰。

4 优化初审工作后编辑工作存在的问题及应对办法

4.1 初审时间的控制

专家评审时间过长不仅影响论文的时效性，而且会增加作者的撤稿率，导致高质量稿源流失[8]。学报编委为相关研究领域有影响力的专家，科研工作繁忙，容易忘记初审。责任编委如若未在规定时间内返回初审意见，反而会延长稿件处理周期。责任编辑应及时督促编委返回初审意见，可以电话、邮件、微信等各种方式督促编委在规定时间内返回。如果这段时间编委的确没有时间初审，责任编辑可以改派相关领域其他编委为责任编委。如果责任编委的确因不可控制的因素未在规定时间返回意见，责任编辑应立即启动外审，由责任编辑指派外审，促使稿件回归正常的处理周期内。

4.2 审稿专家的选择

在选择专家审稿人时，编辑部应细化学科类别，尽可能寻找同一领域同一学科的代表人物进行审核[9]。责任编辑应根据具体情况灵活选择审稿专家。初审时，责任编委会根据稿件的研究内容推荐 2 名专家担任审稿人。编辑应当根据当时的情况合理地指派外审。我们遇见过此类情况，例如：编委提供的专家刚刚评审过稿件，此时编辑就要灵活处理，改派他人审稿，否则专家有可能会不愿再次审稿；编辑了解某些专家不愿意审稿，但是编委不了解却推荐他们审稿，编辑则不能再指派其担任审稿人，否则会耽误审稿时间。另外，针对比较熟悉的研究领域的稿件，专家库中也有相应领域且审稿记录良好的专家，编辑可以综合采纳编委建议和专家库选择审稿人。

5 结束语

初审环节是审稿流程中的首个把关环节，只有充分发挥编委会的力量，才能充分实现首个学术把关的作用，期刊才能越办越好。编辑部在优化初审工作后取得明显的效果。责任编辑应在办刊过程中不断总结经验，并不断提高编辑自身的专业认知能力[10]，积极探索和优化编辑工作流程，当好期刊的守门人。

参 考 文 献

[1] 龙静,孙云志.运用数据分析方法缩短科技期刊论文发表周期[J].中国科技期刊研究,2016,27(4):363-368.
[2] 毛善锋.优化流程细化分工,接力打造精品期刊[J].编辑学报,2009,21(6):532-534.
[3] 沈波,周广礼,夏爱红,等.《南京农业大学学报》的办刊经验及体会[J].中国科技期刊研究,2006,17(5):788-790.
[4] 李明敏,蔡斐.《Chinese Journal of Aeronautics》论文审稿新助力:编委初审[J].编辑学报,2017,29(3):271-274.
[5] 李丽,张凤莲.学术质量把关的重要环节:充分发挥编委的作用[J].科技与出版,2003(5):6-8.
[6] 叶文娟,余茜,杜新征.初审在科技期刊编辑工作中的重要性:以《水生生物学报》为例[J].编辑学报,2016,28(增刊1):S101-S103.
[7] 国荣,邱芬.初审和组织外审的优化对审稿质量与效率的作用[J].今传媒,2017(12):123-125.
[8] 唐耀.对科技期刊审稿周期的思考[J].科技与出版,2011(9):53.
[9] 徐雅雯,邓菁.高校优秀学术期刊审稿流程的优化[J].南通大学学报(社会科学版),2017,33(6):150-156.
[10] 陈小华.基于专业认知的学术期刊编辑工作改善路径[J].出版科学,2018,26(6):33-37.

学术刊物核心作者群的建立与维护
——以《云南社会科学》近年部分载文为例

陈慧妮

(云南省社会科学院《云南社会科学》编辑部,云南 昆明 650034)

摘要:学术期刊间的竞争归根结底是优秀稿源的竞争,刊文质量的稳定和提升离不开核心作者群的支撑。为提升刊文质量,需要编辑利用多途径开拓核心作者群:利用自身途径联系优质作者,通过学术会议或者论文集筛选适合的作者,通过优质作者的推荐找到更多优质作者,积极向学术名家约稿,同时注意挖掘和培养新作者。开拓作者群后更要注意优质作者资源的维护:通过定期的学术会议与作者保持联系,了解他们的最新学术进展;根据不同专题的需要,追踪不同的作者群;提前做好选题策划,使专题达到较佳效果;及时把优质文章推荐给二次文献、推送到微信公号。

关键词:学术刊物;核心作者群;竞争力;约稿

1 学术刊物建立核心作者群的重要性

在新媒体时代,对学术刊物来说,只有不断加强约稿、组稿以提升刊物质量,加强选题策划以突出刊物特色,才能在激烈的学术竞争中保持有效的竞争力,而这些都离不开核心作者群的支撑。培养和稳定核心作者群,为期刊提供源源不断的高质量稿件,对于提高期刊的学术质量和核心竞争力有显著成效[1]。没有核心作者群,仅靠在自然来稿中挑选稿件,既无法保证刊物栏目文章学术质量的稳定性,也缺乏持续性和后劲。专题组稿也离不开核心作者群的支撑,否则整体刊文质量难以维持在较高水准,也很难保证专题文章之间的协调。在整体刊文的表现上,不论是选题角度、学术质量、论述深度,还是文章把控度、热点难点分析、对策的针对性,甚至包括文章形式、严谨度方面,核心作者群的表现无疑更加优秀。

2 建立核心作者群的途径

初当编辑要努力多开辟途径拜访优质作者,虽然自然来稿也不乏好稿,如法学栏目开创栏目初期,2013 年 1~2 期刊载的岑峨《海峡两岸法律认同的现实障碍及解决构想》、栗峥《被害人抗争与压力型司法》、赵兴洪《关于中国司法区划分改革的思考》等文章均质量不错,但是完全依赖自然来稿是不具备可持续性的,无法长期保证稿件的高质量,需要利用多途径开拓核心作者群。

2.1 利用自身途径联系优质作者

2.1.1 依托母校资源

笔者工作 9 年多以来,约稿工作也是从无到有、逐步摸索出来的。首先,要确定一个约稿方向，那些全国顶级的著名学者对于青年编辑来说一般难度太大，所以应根据自身情况来定，如选取专业内全国排名较为靠前的学校的教授、青年教师。其次，要摸索出适合自己的约稿方式，尤其是青年编辑还没有多少资源，盲目去"大海捞针式"约稿必然效果不佳。

如法学栏目，笔者就是通过找到母校(专业水平在全国排名靠前)的老师开展约稿工作。通过和母校老师、博士生开会交流，介绍刊物特点、解答师生疑问，很好地开辟了交流的渠道。接下来，通过参加学术交流活动、旁听讲座等方式加强和老师们的接触、沟通，也对老师们的学术研究情况、擅长领域和关心的学术话题有了更多的了解。使约稿工作有了良好的开端。这样一些主动的约稿活动也得到了师生们的欢迎和支持。

通过多年努力和持续的沟通，先后刊载了樊启荣老师《民法典编纂背景下我国保险法之发展——以保险法与民法诸部门法之关系为视角》、韩桂君老师《从劳资正义角度思考和谐劳动关系之构建》、方世荣老师《论诱发公务不作为的制度缺陷及其改进》、张德淼老师《新媒体对中国公众法治认同的消解及其应对》等多篇优质文章，其中数篇得到《高等学校文科学术文摘》《人大复印资料》等二次文献的转载；2017年第1期组织了劳动法专题(后因法学栏目减为2篇而未设置专题名称)。从2015年左右开始刊载中南财经政法大学法学院作者的稿件，大约有13篇文章，从2013年法学栏目开创至今(2021年第4期)占比约为9.4%。

借助这些优质文章，不仅拓宽了法学栏目的研究领域，使内容更加丰富饱满，还得到了更多作者的关注，有效提升了刊文质量，对刊物也是一种良好的宣传，增加了法学栏目的关注度。

2.1.2 拓展本地高校资源

加强本地学者的开拓，挖掘好本地高校资源。经过多次交流，2016年第1期成功刊载了王启梁老师《中国殡葬法制的意外后果》一文，全文转载在《中国社会科学文摘》2016年第6期，论点摘编在《学术界》2016年第3期，并且推送在"法律和社会科学"公号上。后陆续刊载了陈伟强等老师的文章，如《共犯制度：域外考探与本土构造》。今后还会持续推动与本地各高校的约稿工作，以增加体现本地特色的优质文章刊载。从2013年法学栏目开创至今(2021年第4期)刊载云南当地作者的稿件，大约有15篇文章，占比约为10.8%。

作为一本边疆刊物，在没有太多优质学术资源的情况下，需要努力发出自己的声音，积极参与到全国的学术交流中去，否则很容易陷入闭门造车的困境中。经过9年多努力，法学栏目得到了越来越多学者的肯定，2021年还收到知名法学家的主动组稿投稿，可见长年的约稿工作收到了成效，核心作者群在不断拓展。

以上两种方式适合初入编辑行业的年轻人，此时可能更多依靠自然来稿，学术资源还不是太多。这样可以尽快摆脱尴尬处境，建立更多的优质作者资源、满足栏目编辑的需要。

2.2 通过学术会议或者论文集筛选适合的作者

青年编辑因缺乏资源、对同行的情况都不太熟悉，还应该多参加省内外的编辑行业交流会议、学习培训等，一方面为了学习编辑知识，提高业务水平；另一方面可以多向同行学习工作经验。包括专业方面的学术会议、专业讲座等，以达到熟悉行业专家教授，便于日后约稿的目的；通过不断学习逐步提升自身的专业水平，通过阅读专业期刊、积极学习专业知识不断更新知识储备，更好地提升工作水平、增强鉴别力。参会之前做好选题策划，带着目标有针对性参会，抓重点约稿对象，也要同时关注学术新星和有潜力的优秀作者。

如法学栏目2016年第4期"企业家刑事风险防控"专题中的3篇文章：左坚卫《论现代企

业制度对防控企业刑事风险的价值》、梅传强《民营企业家腐败犯罪的多元化治理》、周振杰《惩治企业贿赂犯罪合作模式之提倡》,就是笔者参加2016年4月9—10日在北京举行的第四届企业家刑事风险防控与经济发展高端论坛暨2015年中国企业家刑事风险报告发布会上,从会议论文集中筛选、联系、更换,经过反复沟通、加工打磨出来的一组专题。通过学术会议或者论文集筛选出文章的情况,《云南社会科学》近年部分载文情况统计见表1。

表1 《云南社会科学》部分栏目载文从会议或者论文集选出的比例统计

年份	栏目	刊发篇数	当年栏目载文数量	占比/%	栏目	刊发篇数	当年栏目载文数量	占比/%
2016年		专题3篇	20	15.0				
2017年						专题3篇	20	15.0
2018年	法学	2	13	15.4	政治学			
2019年		4	14	28.6		3	17	17.6
2020年		4	14	28.6		5	19	26.3

注:表格自制,为不完全统计,仅供本文使用。

通过这种方式,不仅集合了优质作者,使组稿顺利达到目的,也使编辑的组稿能力得到了锻炼,逐渐达到开辟作者群的目的。

2.3 通过优质作者的推荐找到更多优质作者

每一篇文章都通过约稿、会议论文集筛选当然不现实,还需要开拓更多的方式找到优质作者。例如,发掘了一位优质作者后,可以就专题或者特定选题请他推荐熟悉的、写作态度严谨的朋友,通常会有所收获。如法学栏目,2016年第5期"互联网金融规制"专题,就是先约到纪海龙老师《P2P网络借贷法律规制的德国经验及其启示》一文,请他推荐了赵冉冉《论中国互联网金融的法律制度根源——法治不健全、信贷歧视与异质性互动障碍》一文,再结合自然来稿《两岸互联网金融犯罪法律规制探析——兼以两岸非金融机构(电子)支付管理规则为核心》,成功组成一组专题。这种方式成本较低,还能收获较好的效果,事半功倍。当然,这种方式离不开编辑的鉴别和筛选,不合适的稿件一样不能采用,所以数量不会有很多。

以上两种方式适合有了几年工作经验的编辑,此时已经有了一定优质作者群的积累,需要更多关注热点和组稿的需要,根据需要针对性联系优质作者,以达到更好的专题策划效果。

2.4 积极向学术名家约稿

不管采取哪种方式约稿,都不可能在短时间内就取到好的效果。如大多名家教授都倾向于把稿件投向权威顶级期刊,并且有相对熟悉的刊物或者编辑,那么在约稿过程中要不怕拒绝,持之以恒通过一次次的接触、介绍刊物风格等方式交流,逐步达到约稿目的。在这个过程中,还需要编辑部集体及稿费梯度等方面的支持,光靠个人约稿是非常困难的。接下来,不仅是能约到稿件,而且要根据选题要求约稿、根据作者特点有针对性地约稿,而不是盲目地接收作者稿件。如果约稿对象交来的稿件有博士挂名情况(没有实际参与写作),或者直接拿来博士单独署名的稿件希望借助专题给予照顾,此时不能因为"老好人心态"就无条件接收,仍然要根据质量实事求是地判断,以决定是否推荐。以此向作者表明站在刊物角度坚持原则、希望约到好稿件的目的。

如法学栏目,除刊发高铭暄、樊启荣、戴孟勇、耿林等老师文章外,多年来持续在努力向名家大家约稿。从2016年起持续选取优质的民法典编纂方面的文章,前后组织了4组专题、超过10篇文章;经过多年努力,终于在2020年第1期成功约到王利明老师《民法典合同编通则中的重大疑难问题研究》一文,而且分别在2019年第2期"民法典编纂研究"、2020年1期"为迎接民法解释学的时代而努力"专题两次担任栏目主持人,对于我刊法学栏目来说,是极大的突破。民法典实施后,继续于2021年第2期组织了"民法典解释"专题,获得了较好的反响。2020年新冠肺炎疫情暴发以来,面对群众恐慌的心理,急需刊发学术理论文章以应对这一情况,法学栏目积极向方世荣老师约稿,刊发了《公共卫生事件"前预警期"的地方政府应对权配置》一文。该文重点突出、论述充分、行文有力,不仅展现了作者的学术功底,还体现了行政法学家对现实的关注和热点的反思,刊发后引起了较好的反响。

政治学栏目,经过几年的积累,在2019—2020年前后两次约到徐勇教授为"历史政治学"专题和"微观政治形态研究"专题担任栏目主持人,并两次亲自赐稿《历史政治学视角下的血缘道德王国——以周王朝的政治理想与悖论为例》《关系叠加视角下的家户制政治形态——以传统汉族地区家户社会为基点》。2020年第1期邀请到张贤明老师为"国家治理"专题撰写主持人语,2021年第3期邀请到张贤明老师为"责任政治研究"专题组稿、担任栏目主持人,并亲自赐稿《制度与责任融合发展的三重境界》。政治学栏目请到这些学术大家赐稿,是非常大的突破,刊发后也引起了较好的反响。这些都说明约稿工作是需要持之以恒的,不是一朝一夕就能取得良好效果。向学术名家约稿的情况,《云南社会科学》近年部分载文情况统计见表2。

表2 《云南社会科学》部分栏目载文为学术约稿的比例统计

年份	栏目	刊发篇数	当年栏目载文数量	占比/%	栏目	刊发篇数	当年栏目载文数量	占比/%
2015年	法学	2	17	11.8	政治学			
2016年		7	20	35.0				
2017年		4	10	40.0		8	20	40.0
2018年		3	13	23.0		3	19	15.8
2019年		5	14	36.0		7	17	41.2
2020年		5	14	36.0		4	19	21.0

注:表格自制,为不完全统计,仅供本文使用。

这种方式可以持续使用,毕竟专家约稿对于保证刊文质量、提升刊物和栏目影响力、开展专题策划等多方面的工作都非常重要,因此需要不断坚持、开拓才能取得更好的效果。需要针对性约稿,使优质作者群保持良好的效应和一定的影响力。

2.5 注意挖掘和培养新作者

虽然主动约稿是非常重要的工作,但是自然来稿永远是刊物文章资源的宝藏,从中细细筛选,不乏优秀的文章。我刊对于博士论文历来是择优录取、一视同仁的态度,据粗略统计,从2013年开设法律(后更名法学)栏目至2016年刊文中,博士刊文约占42%。后来因为核心刊物竞争激烈等原因,刊物加强了名家约稿、选题策划、主持人制度等工作,博士独作署名文章比例有所降低,但是优质的博士稿件始终有机会脱颖而出。当然,博士生在文章结构及其论述、选题角度的选取、写作水平上还有很多提升的空间,需要编辑耐心地多和他们沟通,指出问题,帮助他们进步[2]。

如法学栏目,2014年第4期王怡《论金融风险下金融立法的理念和维度》、2015年第5

期李帅《司法改革中"央—省"二阶独立司法预算的构建》、2016 年第 6 期赵恒《认罪认罚从宽制度适用与律师辩护制度发展——以刑事速裁程序为例的思考》, 2018 年第 6 期谢宇《论香港法院基本法解释权的制约机制——〈香港基本法〉实施 20 周年后的反思》, 等等, 都是比较优秀的博士作品。

政治学栏目, 如 2016 年第 3 期孙现朴《"一带一路"与大周边外交格局的重塑》、2016 年第 4 期王猛《政府 3.0 与治理变革: 韩国的经验及其对中国的启示》、2016 年第 4 期马超、张青磊《"一带一路"与中国-东盟旅游安全合作——基于亚洲新安全观的视角》、2017 年第 1 期董伟玮、李靖《街头官僚概念的中国适用性: 对中国街头官僚概念内涵和外延的探讨》、2018 年第 2 期温学鹏《"一带一路"资本技术合作中的风险与应对——以先进生产技术对政治的影响为视角》, 等等, 都是比较优秀的博士作品。也就是说, 在来稿面前, 博士生不要担心身份歧视, 只要文章足够优秀, 就有机会脱颖而出, 甚至在转载、引用量等方面表现突出。刊发博士文章(包含博士独作、博士署名第一作者或第二作者)的情况, 《云南社会科学》近年部分载文情况统计见表 3。

表 3 《云南社会科学》部分栏目博士载文比例统计

年份	栏目	刊发篇数	当年栏目载文数量	占比/%	栏目	刊发篇数	当年栏目载文数量	占比/%
2014 年	法学	10	21	47.6	政治学			
2015 年		9	17	52.9				
2016 年		7	20	35.0		9(3 期起算)	17	52.9
2017 年		2	10	20.0		8	20	40.0
2018 年		3	13	23.0		9	19	47.4
2019 年		2	14	14.3		11	17	64.7
2020 年		5	14	35.7		8	19	42.1

注: 表格自制, 为不完全统计, 仅供本文使用。

这种方式适合从事编辑职业已经达到较长年限的编辑, 因为工作通过长年探索已经有了一定的积累和成效, 不必执着于"评价体系的排名"或者"影响因子"之类因素的制约, 责任编辑应该对刊物和栏目长期的发展有一个规划和目标。这时候可以看到核心作者群的变化, 需要新鲜血液的补充, 需要去关注一些冷门以及对学科建设有重要作用却不太受关注的领域。因此, 关注博士群体以及新作者就成了必然的需求, 年轻人毕竟有更多的热情和精力, 是很有可能产生优质作品的一个群体, 编辑也有义务和责任去帮助他们成长, 使他们对学术界的发展做出更多贡献。

以上方式都是寻找优质作者、建立作者群的方式之一, 都需要不断探索、改进方式以达到更好的效果。如有的作者第一篇文章很不错, 第二篇约稿就不太理想、或者没有适应刊物的需要, 很多情况都会发生, 需要编辑不断摸索、学会更合适的处理方式, 把优质文章汇集到栏目中。

3 维护核心作者群的途径

挖掘高水平作者群不难, 让其偶尔撰写一篇论文也不难, 难的是作者对期刊建立充分的信任，或是否愿意一直给期刊写稿。期刊只有真正地为核心作者群服务，才能得到其源源不断的支持[3]。从事编辑工作的时间长了，更要注意优质作者资源的维护。有的老作者不能保证文章质量的稳定性，有的作者成名成家以后就不愿意再奉献优质稿件，有的作者觉得学生发文难、就喜欢署名带硕士，等等，会有很多意想不到的困难。很多好不容易建立起来的优质作者资源就这样慢慢流失了，但是编辑工作必须坚持文章质量为第一原则。约稿不容易，维护核心作者群更不容易。在这种情况下，需要编辑坚定信念、增强信心、坚持原则，持续不断把工作坚持做下去；同时做出栏目特色、争取得到作者的认可，这样才能长期把核心作者群维护好。

要定期总结工作经验，约稿方式要从最初的"盲目撒网式"约稿，过渡到"反思约稿效果"，学会总结后将作者资源分类，最终的目的是以稿件质量为第一标准，约到高质量稿件。在这个过程中，始终离不开核心作者群的参与。因为作者和刊物之间的良性沟通才是长久之道，不应该是冷漠、隔绝的关系，不应该是作者发完一篇文章就从此"石沉大海"、互不往来，而应该是互相成就、共同成长。刊物不仅仅是记录作者的成果，而是汇聚了编辑集体的心血和智慧，呈现出有风格和特点的集合体，最理想的效果是能够切实促进学术界知识的积累、激发学者们的思考甚至是碰撞出新的火花。

3.1 通过定期的学术会议与作者保持联系，了解他们的最新学术进展

编辑要及时了解撰稿人的学术研究近况、所托论文的进展情况以及学科前沿的发展动态。编辑约稿要了解撰稿人的难忘经历和容易引起情感共鸣的地方，找到一个合适的切入点和约稿对象感兴趣的话题，而这种话题又与期刊选题是密切相关的[4]。

通过积极参加学术会议的方式，不仅能快速了解学科内各方向的热点和最新研究动向，还能了解学者们最新的成果，可以从论文集中选出合适的稿件，这样效率比较高，也达到和核心作者群维持联系的效果，保持优质稿件的连续性。一般来说，会议上总能选出几篇优秀的稿件。

3.2 根据不同专题的需要，追踪不同的作者群

注重优质作者的分类。如按照研究方向和学科来划分，或者根据专题需要来划分。对作者有了了解、熟悉写作风格特点之后，就可以根据作者写作态度、风格等进行判断，针对性地开展工作。这就需要编辑手上掌握一定的核心作者群，否则无法为专题策划、选择作者。当然，约来的稿件也要根据质量进入审稿流程。

3.3 提前做好选题策划，使专题达到较佳效果

提前做选题策划才能保证有足够的时间和作者沟通、打磨文章。在这之前要对作者资源进行筛选，选择出合适的作者，再进行沟通、确定选题方向、作者分工、整体把握，最后才能呈现出较好的效果。如法学栏目民法典研究专题，就是经过了长期和作者的沟通、互相调整、不断交流，持续几年的努力之后效果才逐渐显现出来，而且效果越来越好。

3.4 及时把优质文章推荐给二次文献、推送到微信公号

因为核心作者群的写作能力都比较强，多数也是学术界知名学者，那么成功做了专题之后，不能停滞于此，还要积极开展宣传工作。如通过专业内微信公号及时快速推送出去、转发在微信群进行交流、通过刊物的宣传渠道等方式进行宣传，并且及时推荐给二次文献，特别是文章质量好又是热点的文章，比较受欢迎。例如2021年第1期"中国共产党成立一百周年"专题的两篇文章，刊发后没有找到较多合适的宣传途径，编辑就用百度网盘pdf发送朋友圈的

方式进行宣传，后来两篇文章均被人大复印资料转载，也是可喜可贺。看到优质文章得到宣传、转载、扩大了影响，哪怕多做了一些工作，对于编辑来说也是一件高兴的事情。

学术期刊间的竞争归根结底是优秀稿源的竞争。优秀的稿源来源于优秀的作者，期刊要想根基稳定，需要不断努力培植忠实而优秀的期刊作者群[5]。总之，建立核心作者群的目的是提升栏目刊文质量，并不是一味地只要"大咖"带来的学术影响力、歧视学生稿件，也不是盲目追逐热点，而是有刊物自己的思考和策划。说到底，刊物要做出特色、切实提高质量、坚持原则，让作者看到刊物的学术坚守和学术品味，获得他们的认可，才能得到优质作者的支持。进而通过长期的沟通才能促进长期优质的合作，最后催生出优质成果。作为编辑，要坚定地抵制关系稿、人情稿以净化学术氛围，坚决反对通过虚假引用等方式从形式上提升"影响因子"，坚持以文章质量为唯一标准来建立和维护核心作者群，使作者群的队伍不仅有功成名就的专家，也有初出茅庐的年轻人，使刊物真正成为促进学术发展和交流的纯净平台。

参 考 文 献

[1] 丁岩.基于作者群分析的科技期刊核心竞争力提升方法探索[J].中国科技期刊研究,2017(3):277-278.
[2] 陈慧妮.编辑和作者的良性互动在学术期刊中的重要性[J].大理大学学报(社会科学),2017(11):121-122.
[3] 代艳玲,朱拴成.科技期刊核心作者群的建立与培养[J].编辑学报,2019(3):344-345.
[4] 李建军,刘会强.科技期刊编辑电话约稿的特点与方法[J].编辑学报,2010(4):289-290.
[5] 丁筠.论学术期刊优秀作者群的养成[J].编辑学报,2018(1):19-20.

国内护理质性研究文献分析

徐 晶[1],汪 悦[1],钦 嫣[2]

(1.南京医科大学附属口腔医院杂志编辑部,江苏 南京 210029;2.江苏卫生健康职业学院,江苏 南京 210029)

摘要:为了解和梳理国内发表护理质性研究文献的特点,检索 CNKI 数据库建库至 2021 年 7 月 31 日收录的在期刊发表的护理质性研究一次文献共 1 947 篇,分析文献的时间、来源期刊、作者、单位、学科、主题分布,发现:文献数量逐年递增;《中华现代护理杂志》和《护理学杂志》刊载相关论文最多;蒋维连、刘义兰、夏海鸥、周云仙、岳鹏等发表的相关论文最多;43.86%的论文获基金资助;所纳入文献主要学科分类为护理学及分支学科;目前国内相关研究主要在临床护理、护理心理与人文、护理教育、护理管理等领域展开,研究方法以现象学研究为主,对护理专业人士关注较多,而对护理对象的探讨较少。可见护理质性研究在我国处于快速发展阶段,但高质量研究缺乏,关注患者心理和社会需求是今后的研究方向。

关键词:护理;质性研究;文献计量;Citespace

质性研究是以研究者本人作为研究工具,在自然情境下,采用多种资料收集方法(访谈、观察、实物分析),对研究现象进行深入的整体性探究,从原始资料中形成结论和理论,通过与研究对象互动,对其行为和意义建构获得解释性理解的一种活动,是一种在社会科学及教育学领域常使用的研究方法,通常是相对量化研究而言。

自 21 世纪初起,质性研究的方法在国内护理领域开始应用。本研究旨在用文献计量和可视化分析的方法,对质性研究在护理领域的应用现状作一展示,为护理研究者开展相关研究提供参考。

1 文献获取策略

1.1 纳入排除标准

计划纳入在国内正规期刊发表的护理相关质性研究,排除体系构建、文献分析类(如综述、meta 分析、文献计量等)文献。

1.2 文献检索方法

使用 CNKI 数据库,检索式:TKA=质性研究 AND TI=("护理"+"护士"-"系统评价"- "meta" - "体系构建"- "研究进展"- "可视化"- "文献计量")。检索时限:建库至 2021 年 7 月 31 日。

基金项目:2020 年度江苏高校哲学社会科学研究项目(2020SJA0846);江苏省期刊协会 2020 立项课题 (2020JSQKB17)

通信作者:钦 嫣, E-mail: njykdqy@163.com

1.3 文献分析方法

使用 Excel 软件保存搜索出文献的题名、关键词、(第一)作者、单位、基金、中图分类号、发表年份的信息。同期以 Refworks 格式保存，导入 Citespace 软件对相关文献的作者、单位、关键词等做共现可视化及聚类分析。

2 结果与分析

剔除一些不相关论文后，共得到 1 947 篇学术期刊论文。

2.1 文献的年度分布

2003 年，《护理学杂志》刊载了第一篇有关质性研究的文献，经过 3 年的积累，2006 年起，文献数量呈逐年上升趋势(图 1)。

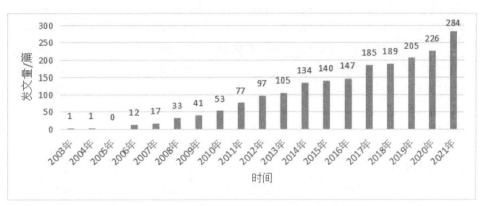

图 1 质性研究相关文献的年度刊载量

2.2 文献的期刊分布

由表 1 可见，纳入的 1 947 篇护理质性研究文献，共刊载在 229 本期刊上，其中护理专业期刊 1 434 篇，占文献总数的 73.65%。《中华现代护理杂志》和《护理学杂志》共刊载 330 篇，占文献总数的 16.95%。专门的护理统计源核心期刊(以 2020 年中情所公布名单为准)刊文数 891 篇，占全部的 45.76%，接近所有成果的一半。

2.3 文献的作者概况

以第一作者身份进行统计，同济大学附属第十人民医院的姜金霞发表最多(6 篇)，203 位作者发表多篇论文，绝大部分作者(1 474 位，87.90%)仅发表单篇论文。以所有作者身份进行统计，广西壮族自治区南溪山医院的蒋维连、华中科技大学同济医学院附属协和医院的刘义兰、复旦大学的夏海鸥、浙江中医药大学的周云仙、首都医科大学的岳鹏发表护理质性研究论文最多。

81 篇论文为独著；其余为合作完成，最多有 12 位作者。

2.4 文献作者单位

文献分布地域虽然广泛，但发表数量并不均衡；质性研究的热点地区为上海、北京、武汉、杭州、郑州、太原、桂林、苏州等地，研究单位主要集中在高等医学院校及其附属医院(见表 2)。

表 1 纳入文献的主要来源期刊(前 10 位)

文献来源期刊	文献数/篇	百分比/%
中华现代护理杂志	172	8.83
护理学杂志	158	8.12
护理研究	135	6.93
全科护理	124	6.37
中国实用护理杂志	111	5.70
解放军护理杂志	101	5.19
当代护士	77	3.95
护士进修杂志	64	3.29
齐鲁护理杂志	54	2.77
中华护理杂志	52	2.67
合计	1 048	53.83

表 2 纳入文献的主要发文机构(并列前 10 位)

发文机构	文献量/篇	百分比/%
华中科技大学同济医学院附属协和医院	47	2.41
复旦大学	37	1.90
山西医科大学	31	1.59
浙江中医药大学	27	1.39
同济大学附属第十人民医院	27	1.39
广西壮族自治区南溪山医院	26	1.34
第二军医大学	25	1.28
首都医科大学	23	1.18
第二军医大学附属长海医院	23	1.18
北京大学	22	1.13
山东大学	22	1.13

2.5 基金项目资助

共有 1 093 篇论文未获得基金资助,占大部分(56.14%),标注所获资助基金项目前 5 位的见表 3。

表 3 纳入文献的基金项目分布(前 5 位)

资助项目	文献量/篇
国家自然科学基金	44
浙江省医药卫生科技研究基金	14
河南省科技攻关计划	8
广东省医学科学技术研究基金	7
山西省软科学研究计划	6

2.6 学科分类

中图分类号可对科技文献进行主题分析,可用于大致判断文献的学科属性和特征,我们对 1 947 篇纳入文献的中图分类号进行初步归纳总结。

有 1 篇论文著录了 3 个中图分类号,为 G237.5(期刊编辑出版),G353.1(情报资料的分析和研究)，R47(护理学)；有 372 篇论文著录了 2 个中图分类号；其他 1 575 篇论文只著录 1 个。

所涉及护理学科中图分类号最多的 10 个、非医学学科中图分类号著录前 5 见表 4。可见，所纳入文献主要学科分类为护理学及分支学科，交叉学科主要涉及教育教学(包括高等教育、研究生教育、职业教育和培训及情报资料研究相关内容)。

表 4　纳入文献中主要的护理学科相关的中图分类号(前 10 位)

医学学科			非医学学科		
中图分类号	含义	涉及次数	中图分类号	含义	涉及次数
R47	护理学	836	G642	(高等教育)教学理论、教学法	127
R47-4*	护理相关	402	G643	研究生教育	68
R473.73	肿瘤科护理学	108	C975	职业培训	40
R473.5	内科护理学	87	G712	(职业教育)教学理论、教学法	30
R473.2	社区护理学	68	G353.1	情报资料的分析和研究	20
R473.6	外科护理学	61			
R473	专科护理	52			
R192.6	护士	51			
R4	临床医学	42			
R473.74	神经病、精神病护理学	41			

注：*此条目在《中图分类号》中未查到，系 CNKI 检索页面呈现。

2.7　文献关键词分析

将文献导入可视化软件 Citespace，设置参数，Node Types=Keyword，图谱修剪 Pruning 选择 Pathfinder、Pruning Sliced Networks(修剪切片网络)，Visualization 选择 Cluster View-Static(经典视图)、show merged network(显示出现的网络)。

关键词共现图谱共有 563 个节点，1 027 条连接。见图 2。图中的粉底蓝字代表出现较多的关键词，出现特别多的，节点呈现"十"字——"十"字越大，字号越大，出现频次越高。

导出关键词表，将近义词合并，如将"新型冠状病毒肺炎""新型冠状病毒""新冠肺炎""冠状病毒感染"合并为"新型冠状病毒肺炎"，将"专业学位""护理硕士专业学位""专业学位硕士"合并为"护理专业学位硕士"，将"护理本科生""本科护生"合并为"本科护生"，将"延续性护理""延续护理"合并为"延续护理"，将"icu""重症监护病房""重症监护室"合并为"ICU"……共计得到 20 个频次大于 20 的关键词，具体如表 5 所示。

分类汇总可知，研究主要着眼人群为专科护士(包括 ICU、急诊科、肿瘤科、精神科等)、新护士、男护士、护理研究生、护理本科生、护士长、老年人等群体；工作场景/境遇包括新型冠状病毒肺炎、ICU、手术室等；护理干预包括延续护理、人文关怀、健康教育等；研究方法有现象学研究、colaizzi 分析法、扎根理论、半结构式访谈等；涉及的主要二级学科有临床护理学、护理心理与人文学，其次为社区与家庭护理。这与 Citespace 对文献进行聚类分析所得内容(图 3)类似。

3　讨论

质性研究最早起源于人文学科，在社会科学和教育学领域应用较多。而护理学是自然科学、社会科学、人文科学等多学科相互渗透的一门综合性应用学科，从最初的简单的清洁卫

图 2 关键词共现可视化图谱

表 5 高频关键词(频次≥20)

领域	内容	频次	领域	内容	频次
研究性质	质性研究	1073	研究内容	工作体验	67
	定性研究	42		新型冠状病毒肺炎	59
研究方法	现象学研究	29		护理教育	59
研究人群	专科护士(含**科护士)	98		心理体验	50
	护理硕士研究生	51		ICU	46
	新护士	47		影响因素	39
	护理人员	39		手术室	32
	临床护士	38		延续护理	31
	护理本科生	29		人文关怀	27
	男护士	20		护理管理	22

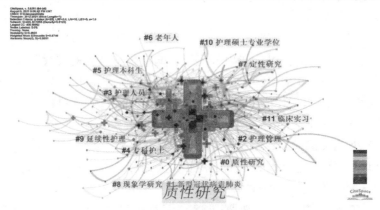

图 3 聚类分析可视化图谱

生护理不断发展，今日护理更倡导以人的健康为中心的护理，更多地关注患者心理和社会层面的康复，同时护理活动又受到文化、社会、经济、环境等诸多因素的影响，以现象学为主要方法论的质性研究更有助于认识护理学问题[1]。朱莲莲等[2] 2008 年统计了此前国内已发表的质性研究论文，发现 26 种期刊共发表 134 篇，其中 93.28%发表在 17 种护理专业期刊种中。2014 年，徐倩等[3]统计的结果显示，共有 535 篇此类期刊论文，涉及期刊 80 多种。因此，自 21 世纪初质性研究的概念被引入护理学研究以来，围绕护理人员本身、护理对象、陪护人员及家属等开展的相关研究已经深入到护理人员的工作、学习中。从发表的护理质性研究的外部特征来看，相关论文的发表数量、涉及期刊数目、研究方法方面越来越丰富，国内此类论文的发表已经进入快速发展阶段。

本次，我们对近20年的相关论文统计结果显示：1 947篇质性研究论文发表在229本期刊上。每6年一个跨度，期刊论文数量从134到535到1 947，接收期刊数从26到80多到229，无不说明：质性研究论文的数量在快速上升，出版界对此类论文越来越接受和认可。开展质性研究的单位主要集中在高等医学院校及其附属医院，这类单位的作者查阅文献接受新研究方法的能力较强，是敢于尝鲜者。从质性研究所标注的基金项目来看，此次统计的所有文献中有43.86%标注了基金，而2013年之前的质性研究论文29.3%标准基金[1]。这一方面是因为政府和相关研究资助机构加大了对护理研究的投入，另一方面也说明质性研究受到了越来越多研究者和资助者的关注，是大有可为的研究方法。从中国作者发表高水平国际论文角度来看，中国内地作者发表在SCI上的护理文献运用最多的还是量性研究方法。质性研究在国内护理科研中的应用发展缓慢，研究课题的数量、深度、研究范围的广度均存在一定差距[4]。2007—2016年，美国、英国、澳大利亚共计发表质性研究4 747篇(占50.89%)；而我国仅有414篇(占4.44%)，这其中台湾地区236篇，香港地区114篇，大陆(内地)只有64篇。我国发文前10的机构全部分布在台湾和香港[5]。可见，我们的质性研究还处于数量快速积累阶段，高水平论文的数量和质量还很欠缺，这需要充分利用国内科研资源，加强信息互通。

目前已发表护理质性研究论文主要涉及的学科是护理学，同时与教育教学(包括高等教育、研究生教育、职业教育和培训及情报资料研究相关内容)等交叉较多。使用Citespace对文献进行可视化分析可知，目前国内护理质性研究主要在临床护理、护理心理与人文、社区护理等领域展开，采用现象学研究、colaizzi分析法、扎根理论、半结构式访谈等研究方法，对专科护士、新护士、护理管理者、各类护生等护理专业人士关注较多，而对护理对象的探讨较少，主要涉及临床护理工作、护理教育和护理管理等内容。

有研究表明，目前国内质性研究还有很多问题，比如：内容分析法与方法论不匹配；研究方法单一；与量性研究结合不足；严谨性欠缺；操作步骤不清晰；文献引用不规范等[2-4,6]。总之，国内护理质性研究开展日益增多，主要涉及临床护理、护理心理与人文等领域，采用现象学、半结构式访谈等研究方法，但高水平研究仍缺乏。对研究对象进行宏观且深入地探究将非常有助于指导护理实践性工作，对护理人员构建知识框架、创建护理理论体系都大有助益。护理研究作为一门独立的学科离不开质性研究方法的助力。尤其在患者心理建设及社会需求方面，今后应开展更多高质量、高层次、多角度、有内涵的护理质性研究。质性研究在护理学领域发展前景无限。

参 考 文 献

[1] 刘军,张瑶,窦昊颖,等.国内护理质性研究文献计量学分析[J].护理研究,2015,29(19):2401-2403.
[2] 朱莲莲,高丽红.国内质性研究的护理文献分析[J].护理学杂志,2009,24(21):79-81.
[3] 徐倩,王凌,胡慧.近10年我国护理质性研究的应用和发展[J].护理研究,2014,28(7):887-889.
[4] 宋晓琳,胡宁宁,芦鸿雁,等.SCI源护理学期刊收录我国护理论文的文献计量学分析[J].护理管理杂志,2015,15(12):867-869.
[5] 瞿佳,翁雪玲,高玲玲.护理质性研究文献计量学分析[J].护理研究,2018,32(10):1637-1639.
[6] 朱丹玲，周云仙.护理文献中质性内容分析法的应用误区探讨[J].护理学杂志,2018,33(21):97-99.

一流科技期刊审稿人系统建设的思考
——基于 Reviewer Locator 和 Reviewer Recommender 审稿人推荐系统的分析

冯 景

(《中国科学》杂志社，北京 100717)

摘要：随着中国的学术期刊不断走向国际化，对期刊送审质量的要求越来越高。好的审稿人推荐系统可以提高审稿效率和审稿质量，从而促进期刊学术水平和国际化水平的提高。文中介绍了两个英文审稿人推荐系统——ScholarOne 系统的 Reviewer Locator 和 Aminer 平台上的 Reviewer Recommender。根据笔者已有的工作经验，介绍了两个系统的基本使用方法及数据检索的来源和算法，对比了两个系统的优缺点，进而归纳了审稿专家推荐系统的基本需求，为同行提供了参考。

关键词：审稿人；推荐系统；审稿系统；国际化

近年来，我国学术期刊在"中国科技期刊国际影响力提升计划"和"中国科技期刊卓越行动计划"的持续资助下，取得了突飞猛进的发展[1]。中国学术期刊的国际影响力不断提升，一大批英文国际期刊的影响因子大跨步前进，很多期刊跨入了所在学科的 Q2、Q3 区，并进一步向 Q1、Q2 区冲刺。在期刊提升国际影响力过程中，编委会国际化、稿源国际化、审稿国际化这几方面缺一不可。在一些国际化水平较高的期刊，海外审稿比例已经达到 50%以上。国际化的审稿专家推荐系统，对期刊缩短审稿周期、提高审稿质量、扩大审稿范围、提高审稿国际化水平有重要的推动作用。

1 审稿人推荐系统的重要性

早期的审稿系统，负责组织评审的编委，依靠自己的学科背景知识、工作经验、自己的学术社交圈为待审稿件配备合适的审稿人，手动把审稿人添加到审稿系统的数据库里，然后进行送审。这种送审方式难以避免小圈子送审、人情审稿等问题。有时编委自己对论文的研究方向了解不足，也会选择作者推荐的审稿人送审，有些作者借机伪造审稿人信息，造成评审舞弊问题，被发现后引发期刊大量的撤稿事件，给整个科研社区的诚信体系造成巨大危机。如何提高送审质量是各期刊编辑部普遍关心的问题[2]。随着人工智能、大数据技术的发展，审稿系统开发商开放了基于论文出版数据库的审稿人推荐系统。常用的搜索国际审稿人的数据库包括科睿唯安 Web of Science 数据库、谷歌 Google Scholar 学术搜索；常用的国内学术论文数据库包括 CNKI、万方、维普等。早期送审时采取的方式是把文题或关键词输入搜索，从搜索结果中找到合适的审稿人。这种手动搜索的笨办法，效率低，速度慢，搜索不准确。而且由于在我国不能直接访问 Google 搜索，很多国际数据库搜索不方便。如果审稿人推荐系统能够直接和审稿系统结合，在编委送审时自动推荐审稿人，将会给送审带来很大便利。目前两个比较好用的审稿专家推荐系统是 ScholarOne 审稿系统的 Reviewer Locator 和 Aminer 学术社区的 Reviewer Recommender 工具。国际上比较权威的论文检索数据库，一个是 Web of Science，一个是 Google Scholar[3]。这两个审稿专家推荐系统，前者是基于 Web of Science 数据库，一个是基于 Google Scholar 数据库，数据来源比较可靠，应用界面比较简洁，审稿人信息比较全面，得到了我刊编委会的认可。

2 ScholarOne 的审稿人推荐系统

随着中国学术期刊的国际化发展，越来越多的国内英文期刊选择使用 ScholarOne 审稿系统。该系统在几年前推出了审稿人推荐功能——Reviewer Locator[4]。在每篇等待送审的稿件选择审稿人页面下，该稿的编委 Associate Editor (AE)可以看到一组 Reviewer Locator 自动推荐的审稿人，如图 1 所示。

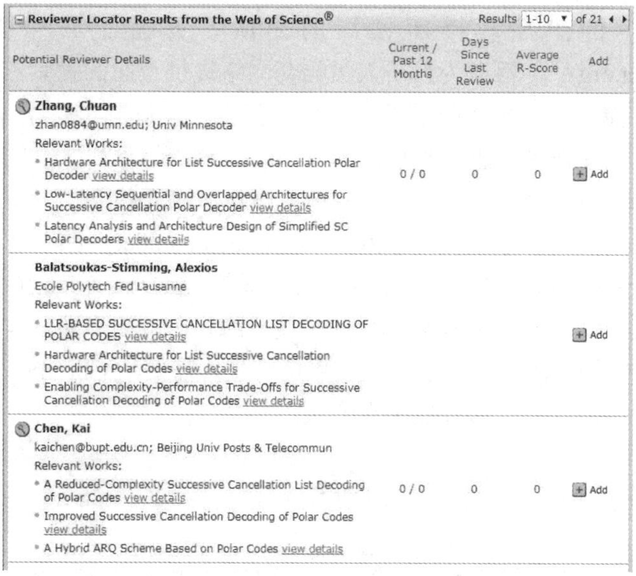

图 1 ScholarOne 系统上的 Reviewer Recommender 界面

推荐的审稿人是根据待审稿件的文题、关键词、摘要信息检索出来的。因为 ScholarOne 审稿系统和 Web of Science 数据库一样都是属于科睿唯安公司的，所以 ScholarOne 审稿系统推荐的审稿人也是在 Web of Science 数据库里搜索到的。众所周知，现在国际期刊都以影响因子为主要衡量标准，每年 JCR 公布的影响因子都来自 Web of Science 数据库，能被 Web of Science 核心数据库收录(也就是被 SCI 检索)的期刊被视为具有学术权威性的期刊，被 Web of Science 数据库收录的论文被视为具有较高学术水平的论文。ScholarOne 系统推荐的审稿人都是在发表过 SCI 论文的作者，比较具有权威性，可以保证搜索出的论文作者的学术水平基本可以达到评审期刊论文的水平。

但是该系统也存在一些问题。根据笔者近两年的使用经验来看，Reviewer Locator 搜索到的相关论文，大部分是两年前的论文，有些甚至是四五年前的论文。大部分研究论文的通信作者是博士生，联系 E-mail 留的是学校的 E-mail。通信作者在论文发表后很多都离开了原来的学校，大学一般在学生毕业离校后，也会注销相应的 E-mail，所以 Reviewer Locator 推荐的审稿人有很多 E-mail 都已废弃。而 ScholarOne 审稿系统发给审稿人的 E-mail 没有发送成功，这样造成很多审稿的延迟。

另外一个问题是，Reviewer Locator 的推荐审稿人，只是在 SCI 检索的期刊或学术会议上发表过文章，我们都知道期刊的影响因子只是一个统计数据，并不能说，每篇发表在该刊的论文都是高水平的文章，也不能完全代表该作者的学术水平。

随着 Reviewer Locator 系统被越来越多的编辑部、编委会使用，科睿唯安公司也在不断改进，在推荐系统里增加了作者已发文章数(Articles in Web of Science)和审稿人以往审稿量(Verified Reviews in Web of Science)两项，给送审编辑更多的参考。

3　Aminer 的审稿人推荐系统

随着学术界对学术期刊的越来越重视，同时中国的大数据研究也逐步走向国际前沿，期刊研究数据逐渐被大数据研究人员所重视，并进而产生了国内基于大数据的期刊研究和服务平台。清华大学的唐杰教授所领导的团队，开发了一个国际化的学术社区——Aminer(Aminer.org)[5]，旨在为科研人员社交网络提供全面的搜索和挖掘服务。Aminer 的主要搜索和分析功能包括：学术简历搜索、专家搜索、会议分析、学术课程搜索、学术传承关系搜索、热点研究搜索等。唐杰教授作为《中国科学：信息科学》的编委，和《中国科学：信息科学》编辑部一起，研究了学术期刊评审流程对审稿人的需求，基于 Aminer 的专家数据库开发了一套新的审稿人推荐系统——Reviewer Recommender，如图 2 所示。

Reviewer Recommender 可以和 ScholarOne 系统完美结合，它通过谷歌在线商店安装在谷歌浏览器的插件里。用谷歌打开 ScholarOne 审稿系统，在审稿界面下自动提取稿件的关键词，进行搜索，显示相关领域的专家信息。要使用此功能，需要从 Chrome 在线商店下载，如果不能访问谷歌在线商店，也可以通过安装包安装。

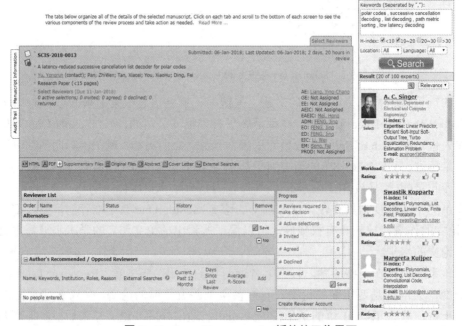

图 2　Reviewer Recommender 插件的工作界面

(左边是 ScholarOne 系统的稿件详细信息界面，右边是 Reviewer Recommender 推荐的审稿人列表)

Aminer 的专家数据库具有以下特点[5]：①通过从分布式 Web 提取信息来为每个研究人员创建基于语义的简洁档案；②从多个来源整合学术数据(例如，书目数据和研究者概况)；③准确地搜索异构网络；④从建立的研究者社交网络中分析和发现有趣的关联。

在 Reviewer Recommender 的搜索结果里，可以直接点击专家头像，转到专家个人学术介绍网页，如图 3 所示。在该网页中可以看到专家的学术关系网、主要研究方向、各项学术指标、研究方向相似作者、出版论文列表等，用可视化的方式全面反映专家的学术信息。可以帮助送审编辑更详细地了解推荐审稿人，更准确地送审，同时避免近亲送审。

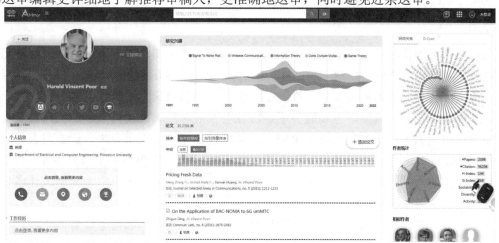

图 3　Aminer 的专家个人学术介绍网页

4 两个系统的功能分析比较

表 1　两个审稿人推荐系统的功能比较

项目	Reviewer Locator	Reviewer Recommender
开发者	科睿唯安	清华大学 Aminer 团队
后台数据库	Web of Science	Google Scholar
与 ScholarOne 系统集成方式	内嵌	浏览器插件
关键词自动搜索	有	有
自动添加审稿人	有	有
审稿人 SCI 论文发文量	有	有
审稿人以往审稿量	有	无
审稿人 H-index	无	有
审稿人学术网络关系	无	有
审稿人相关性排序	无	有
审稿人按国别语言筛选	无	有
独立网页访问	无	有
是否需要付费	必须是购买了 ScholarOne 服务的用户	免费

从以上两个审稿专家推荐系统的功能分析和比较来看，一个好的专家推荐系统首先要基于一个坚实可靠的数据库，这个专家数据库需要尽可能多地覆盖专业科研人员信息和专业论文数据库信息，目前来看最权威的英文科研信息数据库还是科睿唯安的 Web of Science 和谷歌公司的 Google Scholar。其次，审稿专家推荐系统是审稿系统的辅助功能，需要方便快捷地查

询功能。本文的两个推荐系统，一个是 ScholarOne 系统内嵌，一个是通过 Google 浏览器插件的方式，都很好地实现了和审稿系统的集成需求，大大提高了送审效率，减轻了送审的工作量，提高了送审质量。第三，推荐系统如果能提供被推荐审稿人的更多评估信息，将对审稿工作提供更多帮助。例如 ScholarOne 的 Reviewer Locator 升级后，除了提供推荐专家的 SCI 发文情况外，还可以显示其以往审稿量，对送审很有参考价值。而 Aminer 的 Reviewer Recommender，还可以扩展查看推荐专家的科研关系圈，避免近亲送审问题。两种系统各有擅长，编辑可以根据需要，两者结合使用，相互参考补充。

5　结论

当前，新一轮科技革命和产业变革正在重构全球创新版图，世界各国围绕科技创新抢占未来发展制高点的竞争日趋激烈。2016 年习近平总书记在全国科技创新大会、中国科学院第十八次院士大会和中国工程院第十三次院士大会、中国科协第九次全国代表大会上提出，科学研究既要追求知识和真理，也要服务于经济社会发展和广大人民群众，广大科技工作者要把论文写在祖国的大地上，把科技成果应用在实现现代化的伟大事业中。论文发表是科技成果转化的重要环节，要落实"把论文写在祖国大地上"的任务，国内学术期刊需要进一步提高为科研群体服务的水平，提供高质量、高效率的评审和出版服务，吸引广大科研工作者把优秀论文投稿发表到国内期刊上来。

在中国科协的卓越行动计划等项目的推动下，中国科技期刊取得了显著的进步，一批高水平中国期刊开始跨入国际一流期刊的行列，但是平台建设还远远没有跟上，大部分国内英文期刊使用的都是国外审稿系统，例如 ScholarOne 系统，因为国外审稿系统比较成熟，内嵌各种辅助功能，如查重功能、审稿人推荐功能等。国内目前也有一些自主开发的审稿系统，但主要用于中文期刊的审稿，在英文期刊尚未占据一席之地。一些国内科学家已经认识到有自主知识产权的专家数据库、专家推荐系统的重要性，像本文介绍的清华大学唐杰教授团队，他们的 Aminer 平台经过十几年开发，已经是比较成熟的系统。国内期刊要更好地国际化，要紧跟国际出版前沿，了解最新的出版技术手段，要和国内人工智能、大数据、多媒体等方向的科研团队合作，把新技术、新的出版理念融入期刊评审和出版工作，助力期刊在国际化水平上更上一个台阶。

参　考　文　献

[1] 王燕.《中国科技期刊国际影响力提升计划》对所资助期刊提升作者国际化水平的作用[J].编辑学报,2018, 30(1):46-50.

[2] 于洋,段桂花,张维维,等.科技期刊国内外审稿人的选择与合作[J].编辑学报,2016,28(4):362-365.

[3] MARTÍN- MARTÍN A, ORDUNA-MALEA E, TELWALL M, et al. Google Scholar, Web of Science, and Scopus: a systematic comparison of citations in 252 subject categories [J]. Journal of Informetrics, 2018, 12(4): 1160-1177.

[4] 汪全伟,周海慧,黄东杰,等.关于科技期刊专家审稿超期的思考[J].编辑学报,2018,30(2):185-187.

[5] Clarivate Analytics. ScholarOne Manuscripts Editor User Guide [EB/OL]. [2021-06-06]. https://clarivate.com/ webofscience group/support/ScholarOne-manuscripts/faqs-help/#userguides.

[6] TANG J, ZHANG J, YAO L M, et al. AMiner: extraction and mining of academic social networks [C]. Proceedings of the Fourteenth ACM SIGKDD International Conference on Knowledge Discovery and Data Mining (SIGKDD'2008). 2008:990-998.

[7] TANG J, ZHANG D, YAO L M. Social network extraction of academic researchers [C]// Proceedings of 2007 IEEE International Conference on Data Mining (ICDM'2007). 2007:292-301.

流行病学文章对肿瘤学中文核心期刊影响力的作用

王琳辉，倪 明，李广涛，彭 曼，徐 虹

(复旦大学附属肿瘤医院抗癌协会与杂志社办公室，复旦大学上海医学院肿瘤学系，上海 200032)

摘要：研究肿瘤学中文核心期刊、中国科技核心期刊 2015—2019 年发表的流行病学论文对期刊影响力的作用。选取《中文核心期刊要目总览》(2020 版)收录的 10 种肿瘤学中文类核心期刊，对其 2015 年 1 月—2019 年 12 月发表的流行病学载文量、区间分布进行分析，统计其高下载次数和被引次数论文及题目，得出期刊排序，并与连续 5 年该 10 种期刊的影响因子进行对比分析。结果表明：《中国肿瘤》发表流行病学论文最多；多数期刊的流行病学论文的发文量与被引频次区间分布一致。大多数期刊影响力与流行病学高被引次数、高下载量呈显著的正相关；全国的全病种流行病学数据的论文被引和下载次数最高，其次为全国的单病种流行病学数据分析，省(直辖市)一级的全病种及单病种流行病学文章下载和被引情况显著低于全国流行病学数据的文章；流行病学论文数量和质量对肿瘤学学术期刊的影响力的贡献呈正相关；在被引情况方面，全国性的流行病学文章对期刊影响力贡献显著。由此可见，肿瘤学中文核心期刊未来在组稿、约稿时，应尽可能向流行病学文章切斜。

关键词：流行病学；影响因子；肿瘤学；下载；被引

恶性肿瘤是世界上重大的公共健康问题。全球每年恶性肿瘤新发病例为 1 810 万例，相关死亡人数 960 万例，为肿瘤的防治工作带来了挑战[1]。为有效抑制恶性肿瘤患病增长，需要详细了解恶性肿瘤病患的生存状况和医疗需求[2-3]。作为研究肿瘤信息的载体，肿瘤学期刊是肿瘤学研究坚强而有力的后盾。肿瘤的防治包括预防和治疗。流行病学是研究特定人群中疾病、健康状况的分布及其决定因素，并研究防治疾病、筛查疾病及促进健康的策略和措施的科学，是预防医学的一个重要组成部分，也是预防医学的基础。在实际工作中，肿瘤学的基础研究和临床研究，均需要流行病学研究作为循证支持[4]，包括疾病的人群分布、发病率、死亡率等。基于上述原因，本文基于数据统计，探讨了流行病学文章对肿瘤学期刊影响力的贡献。

1 资料和方法

1.1 数据来源

选取《中文核心期刊要目总览》(2020 版)收录的 10 种肿瘤学中文核心期刊，对其在中国知网数据库(CNKI)中 2015 年 1 月—2019 年 12 月期间发表的流行病学文章进行分析，统计流

基金项目：上海市高等院校科技期刊研究基金(2018 年)
通信作者：倪 明，E-mail: niming@shca.org.cn

行病学论文的下载和被引频次，将统计结果与这些期刊同期的非流行病学高被引论文进行比较。流行病学论文检索关键词为：发病，或含死亡，或含流行，或含生存，或含筛查。10 种肿瘤学双核心期刊具体情况见表 1。

表 1　《中文核心期刊要目总览》(2020 版)收录的 10 种肿瘤学中文核心期刊基本情况

序号	刊名	CNKI 数据年份分布	期刊主办单位	办刊依托单位
1	《中华肿瘤杂志》	2019 年仅有 2 篇，无被引	中华医学会	中国医学科学院肿瘤医院
2	《中国癌症杂志》	2015—2019 年	复旦大学附属肿瘤医院	复旦大学附属肿瘤医院
3	《肿瘤》	2015—2019 年	上海交通大学医学院附属仁济医院	上海交通大学医学院附属仁济医院
4	《中华放射肿瘤学杂志》	无 2019 数据	中华医学会	中国医学科学院肿瘤医院
5	《中国肿瘤》	2015—2019 年	中国医学科学院(全国肿瘤防治研究办公室)	浙江省肿瘤医院
6	《中国肿瘤临床》	2015—2019 年	中国抗癌协会与天津市肿瘤医院	天津市肿瘤医院
7	《中国肺癌杂志》	2015—2019 年	中国抗癌协会，中国防痨协会，天津医科大学总医院	天津医科大学总医院
8	《临床肿瘤学杂志》	2018—2019 年	中国人民解放军东部战区总医院	中国人民解放军东部战区总医院
9	《中国肿瘤生物治疗杂志》	2015—2019 年	中国免疫学会、中国抗癌协会	海军军医大学
10	《中华肿瘤防治杂志》	2015—2019 年	中华医学会	山东省医学科学院

1.2　上述期刊流行病学文章的分类

对 10 种《中文核心期刊要目总览》收录的肿瘤学中文核心期刊 2016—2020 年发表的流行病学文章先简单按照病种、流行病学等分类，再在此基础上按照流行病学细分领域进一步分类，以明确不同研究方向流行病学文章对于期刊贡献度的影响。

1.3　期刊影响因子分析

分析 10 种《中文核心期刊要目总览》收录的肿瘤学中文核心期刊 2016—2020 年的影响因子，并比较分析这些期刊的影响因子排序与其对应的高被引流行病学论文之间的关系。因期刊影响因子反映的是评价年前两年的载文在评价年的被引情况，因此在实际比较的时候，2015—2019 年的流行病学论文对应着 2016—2020 年的影响因子。

2　结果

2.1　2015—2019 年 10 种双核心期刊发表流行病学论文篇数

对 10 种肿瘤学双核心期刊 2015—2019 年发表的流行病学论文进行统计，包括流行病学论文的篇数、被引情况等，具体数据信息见表 2。由表可知，《中国肿瘤》发表的流行病学论文数最多，为 209，其次分别为《中华肿瘤防治杂志》《中华肿瘤杂志》《中国肿瘤临床》《中国癌症杂志》，发表的流行病学论文数分别为 70、54、26 和 18。这些论文中，被引次数>100

次的论文《中国肿瘤》有 10 篇,《中国肿瘤临床》有 5 篇,《中华肿瘤杂志》有 3 篇,《中国癌症杂志》和《中国肺癌杂志》各有 1 篇;被引次数位于 50~100 区间的论文《中华肿瘤杂志》有 6 篇,《中国肿瘤》《中国肺癌杂志》各有 2 篇,《中国癌症杂志》有 1 篇,其他期刊无;被引次数位于 20~50 区间的论文《中国肿瘤》有 22 篇,显著高于其他杂志。总体而言,《中国肿瘤》《中国肿瘤临床》《中华肿瘤杂志》《中国癌症杂志》发表的流行病学论文较多,且高被引论文较多。《中华肿瘤防治杂志》发表的流行病学论文数量虽然位居第 2,但是高被引论文数为 0。

表 2 2015—2019 年发表流行病学文章篇数(CNKI)

刊名	发表流行病学文章篇数	被引用次数		
		20~50	50~100	>100
《中华肿瘤杂志》	54	5	6	3
《中国癌症杂志》	18	7	1	1
《肿瘤》	12	0	0	0
《中华放射肿瘤学杂志》	0	0	0	0
《中国肿瘤》	209	22	2	10
《中国肿瘤临床》	26	4	0	5
《中国肺癌杂志》	15	3	2	1
《临床肿瘤学杂志》	3	0	0	0
《中国肿瘤生物治疗杂志》	0	0	0	0
《中华肿瘤防治杂志》	70	7	0	0

2.2 2015—2019 年双核心期刊高被引流行病学论文的下载次数和被引次数对比

表 3 列出了 10 种肿瘤学双核心期刊 2015—2019 年给各自发表的流行病学论文被引次数排名前三位的论文情况。需要指出的是,CNKI 系统中,《中华肿瘤杂志》无下载数据,《中国肿瘤临床》和《中国肿瘤生物治疗杂志》相关数据也为 0。

由表 3 可知,不同期刊高被引论文的被引情况不同。《中国肿瘤》的 3 篇高被引论文总被引频次均超过 1 200;《中华肿瘤杂志》的 3 篇高被引论文总被引频次均超过 100,但最高只有 150;《中国癌症杂志》3 篇高被引论文总被引频次分别为 238、57 和 41;《中华肿瘤防治杂志》3 篇高被引论文总被引频次均不足 50;《肿瘤》和《临床肿瘤学杂志》3 篇高被引论文总被引频次均不到 20。

此外,期刊不同,期刊刊登的高被引论文的下载次数也不同。《中国肿瘤》的 3 篇高被引论文总下载次数均超过 10 000 次。其次为《中国肿瘤临床》,3 篇高被引论文的总下载频次均超过 7 000,但均小于 10 000。《中国肺癌杂志》的 3 篇高被引论文的总下载次数分别为 1 666、1 268 和 618。《中国癌症杂志》的 3 篇高被引论文的总下载次数相差较大,分别为 3 315、483 和 784。《临床肿瘤学杂志》的 3 篇高被引论文的总下载次数也相差很大,分别为 77、491 和 351。

综合分析表 3 中高被引论文的题目可知,与中国的全病种流行病学数据(发病和死亡分析)主题相关的论文被引和下载次数最高,其次为与中国的单病种流行病学数据主题相关的论文。省(直辖市)一级的全病种及单病种流行病学论文的下载次数和被引频次显著低于全国流行病学论文的下载次数和被引频次。

表3 10种肿瘤学双核心期刊2015—2019年各自发表的流行病学论文总被引频次排名前三位的论文列表

刊名	文章题目	下载次数	被引次数	发表时间
《中华肿瘤杂志》	中国食管癌发病状况与趋势分析	—	150	2016
	中国肝癌发病状况与趋势分析	—	118	2015
	2014年中国女性乳腺癌发病与死亡分析	—	104	2018
《中国癌症杂志》	中国甲状腺癌的流行现状和影响因素	3 315	238	2016
	2014年上海市恶性肿瘤发病和死亡特征分析	483	57	2018
	2015年上海市恶性肿瘤流行特征分析	784	41	2019
《肿瘤》	河北省2014年恶性肿瘤发病与死亡情况分析	274	13	2018
	西方发达国家乳腺癌筛查历史回顾	361	12	2015
	河北省2010—2013年宫颈癌发病和死亡现状及40年死亡趋势分析	247	8	2017
《中华放射肿瘤学杂志》	—	0	0	—
《中国肿瘤》	2012年中国恶性肿瘤发病和死亡分析	12 527	1 655	2016
	2011年中国恶性肿瘤发病和死亡分析	15 671	1 437	2015
	2013年中国恶性肿瘤发病和死亡分析	12 169	1 243	2017
《中国肿瘤临床》	中国女性乳腺癌发病死亡和生存状况	9 930	1 052	2015
	中国胃癌流行病学现状	7 140	948	2017
	中国恶性肿瘤流行情况及防控现状	7 770	161	2019
《中国肺癌杂志》	6 058例肺癌患者病理类型和临床流行病学特征的分析	1 666	201	2016
	中国肺癌和烟草流行及控烟现状	1 268	73	2017
	肺癌筛查方法现状	618	22	2016
《临床肿瘤学杂志》	高危型人乳头瘤病毒DNA检测在南京地区10 221例宫颈癌前病变筛查中的应用效果分析	77	17	2017
	EB病毒与宿主免疫在鼻咽癌发病中的作用及相关免疫治疗的研究进展	491	12	2017
	医院内癌症患者死亡观调查	351	8	2015
《中国肿瘤生物治疗杂志》	—	0	0	-
《中华肿瘤防治杂志》	2002—2013年上海市浦东新区居民卵巢癌发病死亡趋势分析	268	40	2015
	2002—2013年上海市浦东新区居民前列腺癌发病死亡趋势分析	502	32	2015
	2006—2013年江苏省昆山市居民结直肠癌发病与死亡趋势分析	196	27	2016

注："—"CNKI无数据。

2.2 流行病学论文的特点

通过分析发现，肿瘤学期刊2015—2019年刊登的流行病学论文主要为全国性、省、市、区肿瘤全病种的流行病学研究成果，流行病学调查内容主要包括：发病特征(总发病率、年龄别发病率、单病种发病率)、死亡特征(总死亡率、年龄别死亡率、单病种死亡率)、发病趋势、死亡趋势、病理学特征。

其中，全国性流行病学的总发病率和总死亡率主题相关的论文被引频次最多，包括全病种的发病率、死亡率；其次是病理学特征及发病趋势和死亡趋势主题相关的论文。

不同省市区的流行病学相关的研究论文被引用频次较低，但有地域性差异。以《中国癌症杂志》发表的上海市流行病学相关论文为例。由于上海市自20世纪50年代就建立了死因统计系统，20世纪60年代就建立了肿瘤登记系统，20世纪70年代就开始全面收集上海市市区居民恶性肿瘤发病资料，自2002年起，肿瘤登记范围从市区扩展到全市[5]，登记具有上海市户籍的恶性肿瘤(包括脑和中枢神经系统良性肿瘤)病例。发病数据自20世纪80年代起一直被收录入世界卫生组织下属国际癌症研究机构(International Agency for Research on Cancer，IARC)的《五大洲肿瘤发病资料》中，是我国以人群为基础的历史最长、质量最高的肿瘤登记资料。因此，有关上海地区流行病学相关的研究论文被引频次相对较高。此外，在分析研究过程中还发现，同一地区或同一单位的连续性论文，引用本机构或本地区已发表的流行病学论文的概率较高。

进一步分析发现，发病率或死亡率排序靠前的肿瘤单病种的流行病学论文的被引频次相对较高，如乳腺癌、宫颈癌、肺癌、甲状腺癌相关的全国性流行病学论文；其次是肿瘤单病种发区域的相关流行病学论文，如河南省作者撰写的食管癌相关的流行病学论文等。

2.3 2016—2020年10种双核心期刊影响因子统计分析

基于中国科学技术信息研究所发布的年度报告，统计和分析了10种双核心期刊2016—2020年的影响因子分布情况，结果如图1和图2所示。

由图1和图2可知，《中国肿瘤》的核心版影响因子自2017年开始，一直位居肿瘤学双核心期刊第1位，其期刊影响力与其流行病学高被引论文总被引频次和下载次数变化趋势一致。

10种期刊按照影响因子大小的排序依次为：《中华肿瘤杂志》《中国癌症杂志》《中国肺癌杂志》和《中国肿瘤临床》，顺序与期刊所对应的流行病学论文发文量和总被引频次大体一致，《中华肿瘤杂志》除外。《中华肿瘤杂志》影响因子的变化趋势与其刊载的流行病学论文的载文量的变化趋势不符，其原因可能是因为该刊载文量较大而其中的流行病学论文数量占比较低。

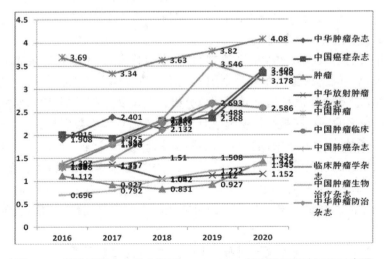

图1 10种肿瘤学中文核心期刊2016—2020年度扩展影响因子示意图

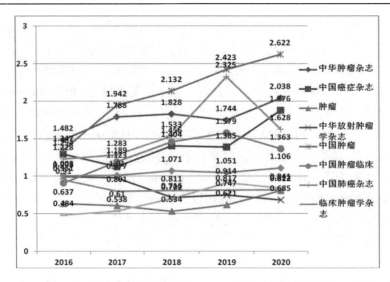

图 2 10 种肿瘤学中文核心期刊 2016—2020 年度核心影响因子示意图

3 讨论

肿瘤严重危害着人类的健康,由于大多数肿瘤患者在确诊时已处于晚期,生存率较低。究其原因,主要是因为目前相关诊断技术还不完善,存在确诊延迟。因此,肿瘤筛查的研究及其应用更具实际迫切性,作为肿瘤学实验室研究和临床研究的基石,肿瘤的流行病学研究的重要性不言而喻[4]。肿瘤学期刊作为肿瘤学研究信息的载体,为肿瘤学的基础研究和临床研究提供了坚实的保障。因此,发展高质量的肿瘤学期刊势在必行[6]。因为流行病学研究是肿瘤学研究的基石,因此,肿瘤学期刊在约稿、组稿的过程中应该适当相流行病学方向倾向[7]。

鉴于上述原因,本文探讨了流行病学论文对肿瘤学期刊影响力的贡献。本研究选取《中文核心期刊要目总览》(2020 版)收录的 10 种肿瘤学中文核心期刊,对 2015 年 1 月—2019 年 12 月这些期刊发表的流行病学文论文进行分析,统计其总发表篇数、被引频次区间分布,以及双核心肿瘤学期刊高被引论文的下载次数和总被引频次。结果显示,《中国肿瘤》发表流行病学论文数量最多,其次依次为《中华肿瘤防治杂志》《中华肿瘤杂志》《中国肿瘤临床》《中国癌症杂志》。在被引频次区间分布方面,多数期刊的流行病学论文的发文量与被引频次区间分布一致,除了《中华肿瘤防治杂志》。

在高被引论文的下载次数和被引次数方面,《中国肿瘤》《中国肺癌杂志》和《中国肿瘤临床》位居前三位;就文章题目而言,全国性全病种流行病学数据分析相关论文被引和下载次数最高,其次为全国性单病种流行病学数据分析相关论文,省(直辖市)一级的全病种及单病种流行病学相关论文的下载和被引情况显著低于全国性流行病学数据相关论文。

在期刊的影响因子方面,《中国肿瘤》的影响因子一直位于第一位,其期刊影响力与其流行病学高被引次数、高下载量呈显著的正相关,《中华肿瘤杂志》《中国癌症杂志》《中国肺癌杂志》《中国肿瘤临床》的排序每年有所调整,但是也位居前列。《中华肿瘤杂志》的影响因子与流行病学文章的载文量不符,究其原因可能是因为该刊载文量太大而刊载的流行病学论文占比太低。

综合分析可知,流行病学论文对肿瘤学期刊的影响力贡献显著,肿瘤学期刊可以直接设立流行病学栏目,以此吸引流行病学相关稿件[8],在供给侧优化期刊自然投稿和约稿,进而提升期刊影响力[9-10]。此外，通过分析也发现，全国性或具有代表性的省、直辖市流行病学相关论文有较高的被引概率，其次为发病率、死亡率较高的单病种相关的流行病学论文。肿瘤学期刊可以参照这个结论侧重性组约相关研究方向的稿件。

综上所述，流行病学论文对肿瘤学中文核心期刊的发展有积极影响，肿瘤学期刊未来在组稿、约稿时，应尽可能侧重于组约流行病学相关研究论文。

参 考 文 献

[1] BRAY F, FERLAY J, SOERJOMATARAM I, et al. Global cancer statistics 2018: GLOBOCAN estimates of incidence and mortality worldwide for 36 cancers in 185 countries [J]. CA Cancer J Clin, 2018,68(6): 394-424.

[2] IARC. Cancer today [EB/OL]. (2018/11/13)[2021-06-08].http://gco.iarc.fr/today/.

[3] 国务院办公厅.中国防治慢性病中长期规划(2017—2025 年)[EB/OL]. (2019/12/25)[2021-06-08]. http://www.gov.cn/zhengce/content/2017-02/14/content_5167886.htm.

[4] 郑莹.上海市肿瘤预防控制工作 70 年回顾[J].中国卫生资源,2019,22(4):269-273.

[5] 鲍萍萍,吴春晓,张敏璐,等.2015 年上海市恶性肿瘤流行特征分析[J].中国癌症杂志,2019,29(2):81-99.

[6] 刘婵君,付佳豪,金宣谕.科技期刊品牌影响力现状与提升策略分析:以陕西省科技期刊为例[J].中国科技期刊研究,2020,31(11):1363-1371.

[7] 杨睿,王宝济."中国科技期刊卓越行动计划"资助期刊特征分析[J].中国科技期刊研究,2020,31(9): 1101-1109.

[8] 陈汐敏.医学学报类期刊专题/专栏建设的调查及启示[J].中国科技期刊研究,2020,31(11):1148-1356.

[9] 周丽,张耀元,曾蕴林.国内检验医学期刊供给侧结构性改革的实践与思考[J].科技与出版,2020,31(11): 1372-1378.

[10] 王静,冯学赞,马宝珍.提高科技期刊约稿质量和成功率的途径与方法[J].编辑学报,2013,25(6):553-555.

SCIE 收录的运筹与管理学期刊分析及启示

张济明

(上海大学期刊社《中国运筹学会会刊》编辑部，上海 200444)

摘要：文章分析了 SCIE 收录的运筹与管理学(Operations Research and Management Science, ORMS)期刊，梳理了各国学者在该领域的发文情况。我国作者 2016—2020 年间在 SCIE 收录的 ORMS 期刊发文总数和 Q1 区论文数量以及高被引作者数量均居世界第一，顶尖期刊发文数量还有待提高。但我国的运筹管理期刊无论是数量还是质量均远远落后于学科的发展。根据我国 ORMS 期刊的实际状况，提出创办和发展高质量的 ORMS 期刊的建议，旨在为我国 ORMS 学科和期刊发展提供参考。

关键词：运筹与管理；SCIE 期刊；发文数量；中国作者；A 类期刊

1945 年以后，以美国管理学之父泰罗为代表的现代管理科学开始兴起，这是一门以运筹学、数学、行为科学等为工具的科学，旨在将管理量化并做出最优的决策。从此，运筹与管理成为密不可分的学科，先后创立了不少相关的期刊，形成一些具有国际影响力的顶级期刊，*Management Science*(MS，《管理科学》)和 *Operations Research*(OR，《运筹学》)成为该领域的两大顶级期刊。中国的运筹与管理科学也随之蓬勃发展，相关的期刊不断增加。我国目前的管理学期刊主要分为三类：工商管理类(《管理世界》《南开管理评论》《中国软科学》《科研管理》等)，管理科学与工程类(《管理科学学报》《系统工程理论与实践》《系统工程学报》《中国管理科学》等)，公共管理类(《公共管理》等)等。运筹学期刊则相对比较少，主要是中国运筹学会主办的三本期刊：《运筹与管理》《运筹学学报》《中国运筹学会会刊》(*Journal of the Operations Research Society of China*, JORSC)。

国内学者对运筹与管理类期刊的研究目前还偏少，主要包括以下论文。王怀诗和张彤[1]用文献计量和对比分析方法，对管理学核心期刊《管理世界》中的合作论文在年代、系统分布以及文献被引量三个方面存在的差异进行了研究。王凤华[2]等对 2010—2014 年发表在 10 本国际顶级管理学期刊的学术论文进行了编码分析，系统地分析了跨文化管理在主流期刊上的研究现状。张伶[3]分析了国家自然科学基金委员会管理科学部认定的管理科学类重要学术期刊和 CNKI"中国期刊全文数据库"B 辑中"社会与管理/管理/综合"类收录的所有管理学期刊的被引频次、影响因子、即年指标等数据，重点评价了《南开管理评论》在管理学期刊中的学术影响和地位。张济明等[4]以《中国运筹学会会刊》的办刊实践为例，分析了英文科技期刊创刊阶段的发展策略。吴领叶[5]以《运筹学学报》为例，提出依靠特约专稿和精品专刊切实提升中文科技期刊学术影响力。张济明[6]以国际高影响力期刊 *Journal of Operations Management* 为例，分析了运筹学高被引期刊并获得一些启示。根据笔者对中国知网的查找结果，目前国内对运筹与管理类期刊与学科的宏观研究还基本没有。

本文将对 Web of Science (WoS)数据库 SCIE 收录的运筹与管理(Operations Research and Management Science，ORMS)期刊加以分析，为中国运筹与管理学科在 WoS 中的表现勾勒一个全景图，对中国运筹与管理学的优势与不足加以分析，以期给中国运筹与管理学期刊一些启示。本文使用的数据主要来自 Clarivate 旗下的 Incites 数据库，涉及时间轴从 2016—2020 年共 5 年的时间，期刊影响因子以 2000 年 8 月发布的 2019 年各期刊影响因子为准。文中所指中国期刊、中国学者及其发表论文均指 Icites 数据库中国大陆、中国香港、中国台湾和中国澳门数据之和。

1 SCIE 收录的运筹与管理期刊的总体情况

1.1 收录期刊情况

SCIE 1997 年收录 ORMS 期刊 39 本，2015 年上升到 82 本，平均每年新增 2.4 本。2016—2020 年的 5 年时间变化幅度较小，总数增加 1 本期刊，中国系统工程学会主办，清华大学经济管理学院承办的 *Journal of Systems Science and Systems Engineering* 于 2017 年被收录。SCIE 目前收录的运筹与管理类期刊的具体情况如下：

SCIE 2020 年收录运筹与管理类期刊 83 本，平均影响因子为 3.176。与 2018 年相比，2019 年度的影响因子排名发生了较大变化。在过去 4 年一直蝉联运筹与管理类期刊影响因子第一的 *Joural of Operations Management* 影响因子由 2018 年的 7.776 降为 4.673，行业排名降为第 10 名。2018 年行业排名第 3 名的 *Technovation* 则凭借其不断上升的趋势，一跃成为行业第 1 名，影响因子由 5.250 上升为 5.729。2020 年 SCIE 收录期刊中影响因子最低的为 *Military Operations Research*，2019 年影响因子仅有 0.083，有效引用次数仅仅为 2。*European Journal of Operational Research* 的发文量和总引用次数一直稳居第一。

1.2 SCIE 收录期刊的国籍

SCIE 2020 年收录的 83 本期刊共由 11 个国家出版，具体情况如图 1 所示。

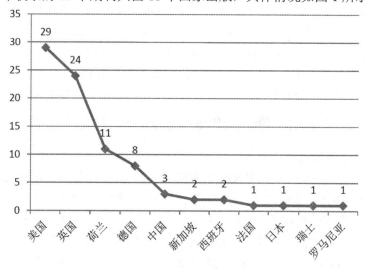

图 1 SCIE 2020 收录期刊的出版国籍

由图 1 可以看出，SCIE 收录的 ORMS 期刊主要由 4 个国家出版，美国出版的 29 本，英国出版的 24 本，荷兰出版的期刊 11 本，德国出版的期刊 8 本，总占比 86.7%。

1.3 SCIE 收录的中国 ORMS 期刊情况

SCIE 2020 年收录的中国主办的期刊共有 3 本，具体情况如表 1 所示。

表 1 SCIE 2020 年收录中国期刊具体信息

期刊名称	主办单位	2019 影响因子	刊期	年发文数量	出版商
Journal of Systems Science and Systems Engineering（系统科学与系统工程学报）	中国系统工程学会	1.280	双月刊	2020：36；2019：54；2018：40；2017：42；2016：27；五年总发文量：199；平均年发文量：40	Springer Nature
Journal of Systems Engineering and Electronics（系统工程与电子技术）	中国航天科工防御技术研究院、中国宇航学会、中国系统工程学会	0.907	双月刊	2020：123；2019：118；2018：133；2017：131；2016：142；五年总发文量：647；平均年发文量：129	北京航天情报与信息研究所《系统工程与电子技术》编辑部
Quality Technology and Quantitative Management（质量技术与数量管理）	台湾交通大学	2.231	季刊	2020：41；2019：62；2018：38；2017：28；2016：30；五年总发文量：199；平均年发文量：40	Taylor & Francis Ltd.

由表 1 可以看出，中国主办的 ORMS 期刊不仅数量偏少，影响因子也偏低，其中台湾交通大学主办的 *Quality Technology and Quantitative Management* 为二区期刊，中国系统工程学会主办的 *Journal of Systems Science and Systems Engineering* 为三区期刊，中国航天科工防御技术研究院主办的 *Journal of Systems Engineering and Electronics* 为四区期刊。

3 本期刊中 2 本由大陆主办，1 本由台湾主办。2 本为双月刊，1 本为季刊。2 本期刊的年均发文量为 40 篇，1 本为 129 篇。2 本与海外出版商合作出版，1 本由编辑部自行出版。

2 SCIE 收录的 ORMS 期刊 2016—2020 年发表论文情况

2.1 各国发表论文总体情况

根据 Incites 分析，Clarivate 数据共收录 1996—2020 年间发表 ORMS 论文 77 135 篇(包括了 SCIE 期刊、ESCI 期刊、书本和会议论文等)。SCIE 收录的 ORMS 期刊 2016—2020 年间共发表论文 38 850 篇(这个数据由 incites 中选择 Research area 项为 Rperations research and management science，JIF Quartile 项选择 Q1、Q2、Q3、Q4 得到)，其中，Q1=18 987，48.87%；Q2=8 778，22.59%；Q3=6 682，17.2%；Q4=4 403，11.33%。第一作者发文 1 000 篇以上的国家 11 个，共发文 29 088 篇，总占比 74.87%。其他 100 多个国家以第一作者共发文 9 762 篇，占比 25.12%。具体情况如图 2 所示。

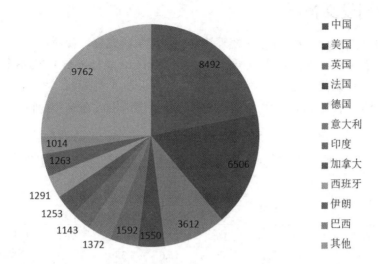

图 2 SCIE 收录的 ORMS 期刊 2016—2020 年间发表论文第一作者国籍统计

SCIE 收录的 ORMS 期刊 2016—2020 年发表论文第一作者来源最多的 5 个国家依次为：中国、美国、英国、法国和德国，占总数的 1/2 左右。中国学者以第一作者身份发表的论文数量为 8 492 篇，占比 21.85%，为世界第一。2016—2020 年，美国学者共发表 SCIE 论文 6 506 篇，英国 3 612 篇，德国 1 592 篇，法国 1 550 篇，分别占比 16.74%、9.29%、4.09%、3.98%，总占比 34.13%。

2.2 Q1 区期刊发表论文情况

SCIE 收录的 ORMSQ1 期刊 2016—2020 年间共发表论文 18 987 篇，发文数量超过 500 篇的国家共 11 个，具体情况如图 3 所示。

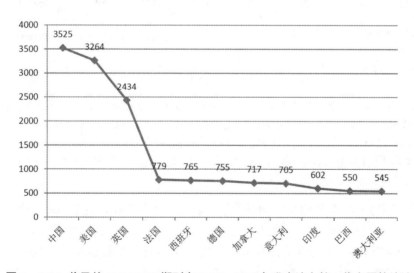

图 3 SCIE 收录的 ORMS Q1 期刊在 2016—2020 年发表论文第一作者国籍统计

从图 3 可以看出，发文最多的 3 个国家分别是中国、美国和英国，共发表论文 9 223 篇，占比 48.57%。其中中国作者发文表 Q1 论文 3 525 篇，排名世界第一，占比 18.56%。

3 A 类期刊发文情况

2020 年 8 月 29 日,中国优选法统筹法与经济数学研究会、管理科学与工程学会、中国系统工程学会三个管理科学领域国家一级学会召开发布会,联合发布了"FMS 管理科学高质量期刊推荐列表",其中运筹与管理 A 类期刊 7 种,运营管理 A 类期刊 3 种。成为运筹与管理期刊的权威认证标准,本文就以这 10 种期刊为例,分析中国学者在这 10 种运筹与管理 A 类期刊的表现。

表 2 中国 ORMS 学者在 FMS 管理科学高质量期刊推荐列表 A 类期刊中的发文情况

期刊名	发文总量	中国作者发文情况		美国作者发文情况		主办单位	出版商
		数量	占比/%	数量	占比/%		
Management Science	1 364	165	12.1	1 013	76.0	INFORMS	INFORMS
Operations Research	511	80	15.6	389	76.1	INFORMS	INFORMS
Mathematics of Operations Research	334	45	13.5	161	48.2	INFORMS	INFORMS
Mathematical Programming	687	64	9.3	337	49.0	MOS	Springer Nature
European Journal of Operational Research	3 442	729	21.2	991	28.8	EURO	Elsevier
IISE Transactions	424	178	41.9	265	62.5	IISE	Taylor & Francis
INFORMS Journal on Computing	275	44	28.0	171	62.1	INFORMS	INFORMS
Journal of Operations Management	208	29	13.9	145	69.7	ASCM	Wiley
Manufacturing & Service Operations Management	269	43	15.9	235	87.3	INFORMS	INFORMS
Production and Operations Management	768	196	25.5	592	77.1	POMS	Wiley

注:INFORMS,美国运筹与管理学会 The Institute for Operations Research and the Management Sciences;ASCM,美国供应链管理学会 Association for Supply Chain Management;MOS,美国数学优化学会 Mathematical Optimization Society;POMS,美国生产与运作管理学会 Production and Operations Management Society;EURO,欧洲运筹学会 Association of European Operational Research Societies;IISE,美国工业与系统工程学会 Institute of Industrial and Systems Engineers。

中国学者在这 10 本 A 类期刊中均有不错的表现,其中占比超过 20%的期刊有 4 种,最高的 IISE Transactions 中,中国学者的发文量达到 41.9%。在国际公认的顶级期刊 Management Science 和 Operations Research 也有不错表现,发文量达到 165 篇和 80 篇,分别占比 12.1%和 15.6%。美国学者在两本顶级刊物的平均发文量均为 76%左右,比中国学者高出不少。

10 本 A 类期刊中有 5 本是美国运筹与管理学会(INFORMS)主办并出版,4 本是由美国的其他学会主办,1 本是由欧洲运筹学会主办。出版商除 INFORMS 自己出版,Wiley 出版 2 本,Springer Nature、Elsevier、Taylor & Francis 各出版 1 本,均为国际知名出版商。

3 论文被引情况

3.1 学科总体被引情况

2016—2020 年的 5 年时间里，SCIE 收录的 ORMS 期刊表论文 38 850 篇，这些论文共被引 406 035 次，平均每篇论文被引 5.21 次。其中被引论文占比 62.43%，零被引论文占比 37.57%，1/3 稍多的论文没有被引用过。

ESI 高被引论文共 505 篇，引用超过 400 次的论文共 3 篇，引用超过 300 次的论文共 6 篇，引用超过 200 次的论文共 27 篇，引用超过 100 次的论文共 166 篇，引用超过 50 次的论文共 311 篇。

3.2 高被引作者分布情况

高被引作者的国籍分布如图 4 所示。

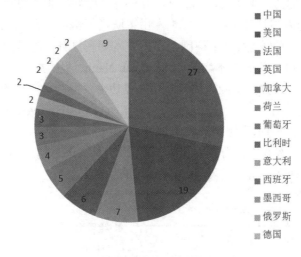

图 4 ORMS 高被引用作者国籍分布图

分析 ORMS 领域近 5 年前 100 名高被引作者，中国、美国、法国、英国、加拿大、荷兰、葡萄牙、比利时居前，其余国家只有 1~2 名高被引作者或没有。中国的高被引作者达到 27 名，占比 27%，他们分别来自香港理工大学(5 名)、中南大学(4 名)、中国科技大学(3 名)，四川大学、电子科技大学和北京交通大学(各 2 名)，武汉大学、北京理工大学、香港大学、香港科技大学、华中科技大学、合肥工业大学、北京航空航天大学、东华大学、中欧国际商学院(各 1 名)。

4 讨论与分析

4.1 运筹学学科发展分析

综合分析各国学者在 SCIE 收录 ORMS 期刊的表现，发文最多的前 10 个国家包括：中国、美国、英国、法国、德国、意大利、印度、加拿大、西班牙、伊朗；在 Q1 区发文最多的前 10 个国家包括：中国、美国、英国、法国、西班牙、德国、加拿大、意大利、印度、巴西；高被引作者来源最多的前 10 个国家包括：中国、美国、法国、英国、加拿大、荷兰、葡萄牙、比利时、意大利、西班牙。中国、美国、英国、法国在发文总数、Q1 论文总数和高被引作者都占据绝对优势，成为世界筹学界的主要力量。意大利、加拿大、西班牙也位列世界前 10，成为世界运筹学的重要力量。此外，德国、印度、伊朗和巴西作者的论文也有不错的表现。

毫无疑问，中国运筹学者在世界运筹学中已经占有重要地位，在 ORMS 学科的 SCIE 期刊过去 5 年的总发文量 8 492 篇，占比 21.85%，排名世界第一；Q1 期刊的发文量 3 525 篇，排名世界第一，占比 18.56%。过去五年中的全世界 100 名高被引作者中，中国作者占比 27%，排名世界第一。但中国学者在 A 类期刊中的发文量为总数的 20.5%，远远低于美国学者的 63.68%。在国际公认的顶级期刊 Management Science 和 Operations Research 发文量分别为 165 篇和 80 篇，分别占比 12.1% 和 15.6%，美国学者的平均 76% 相比还是有一定差距。中国学者的总发文量已经在 ORMS 学科排名第一，但是在顶尖期刊的发文量与美国还是有不小差距。

4.2 期刊分析

由图 1 可知，在 SCIE 收录的 83 本期刊中，主要来自美国(27)、英国(24)、荷兰(11)和德国(8)，占比分别为 32.53%、28.91%、13.25%、9.63%，总数达到 84.32%。美国的 27 本期刊中有 7 本是由美国的运筹与管理学会主办，1 本由军队运筹学会主办，1 本为美国数学会主办，1 本由美国产品与运作管理学会主办；德国主办的 8 本期刊只有一本是由德国数学优化学会与 Springer Nature 共同主办，其他 7 本均是由 Springer Nature 集团主办并出版。荷兰出版的 11 本期刊 8 本是由 Elsevier 主办并出版。美国期刊的成功主要得益于学会的引领作用，而荷兰和德国则主要是因为分别拥有世界上著名的出版公司 Elsevier 和 Springer-Nature。

4.3 中国学者的产出与期刊水平比例严重失调

中国的 SCIE 期刊只有 3 本，总发文量却高达 29.91%，远远超过拥有期刊数第一的美国，如果把这些国的 SCIE 期刊数量与发文量绘成图，即为图 5。

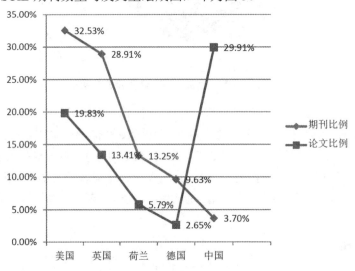

图 5 ORMS 学科发文前 5 国与主办期刊对比图

由图 5 可以看出，美国、英国、荷兰和德国的发文量与拥有期刊数量基本正相关，而中国的期刊数量与发文量却严重背离，中国作者的发文百分比是中国拥有 SCIE 期刊数量百分比的 10 倍还多，也就是说大量的中国作者文章发表在国外的期刊上，中国的期刊严重落后于科研工作。中国作者不仅发文总数较高，Q1 区论文数量也是世界第一，只是 A 类顶级期刊还与美国有一定差距。

中国的三本 ORMS 方面的 SCIE 期刊在过去 5 年的总发文量为 1 345，而中国学者在过去

5 年的总发文量达到 8 492，我国的三本 SCIE 期刊过去 5 年发表的论文中第一作者为中国(包括大陆、香港、台湾和澳门)共 701 篇，701/8 492=8.25%，也就是说在过去的 5 年中，中国的 ORSM 学者发表的 SCIE 论文中只有 8.25%是发表在中国自己的期刊上。

5 我国发展运筹与管理期刊的措施与建议

5.1 "做大"与"做强"，两手同时抓

中国的 ORMS 英文刊目前被 SCIE 收录的只有 3 本，加上其他没有被收录的英文刊，总数不会超过 10 本，3 本被收录的期刊中没有一本位于 Q1 区。可以说，中国的 ORMS 期刊目前无论数量还是质量，都与英美发达国家有较大差距，数量算不上"大"，质量也算不上"强"。但中国的 ORMS 学科无论质量还是数量，都在世界占有一席之地。2016—2020 年间，中国作者共在 SCIE 收录期刊发表 ORMS 论文 8 492 篇，按照每本季刊每年发表 50 篇论文，5 年发表 250 篇计算，中国作者发表的论文足够支撑 30 多本期刊，而我国目前拥有的 SCIE 期刊数仅为 3 本，1/10 的体量。中国学者有 2016—2020 年间发表的 Q1 论文数量为 3 525 篇，按照同样的方法计算，也足够支撑 14 本 Q1 季刊，而我国目前却 1 本都没有。

如何才能让中国的期刊与学刊发展相匹配呢？一方面，要抓国内期刊的数量，做大中国的 ORMS 期刊；另一方面，要提高中国目前期刊的质量，做强中国的 ORMS 期刊。做大期刊数量，可以通过如下几个算途径：一是创办新刊，国家目前无论从资金上还是刊号上，都对创办科技新刊给予了很大的支持，许多新办期刊很快被 SCIE 收录。统计表明，2015 年及以后中国创办的英文期刊有 40%以上在 2~3 年内被 SCIE 收录[7]，2020 年 SCIE 收录的中国期刊中有 3 种是 2018 年创办的，占总数 8 种的 37.5%[8]。二是通过期刊改版，已有的中文期刊改为英文刊，或者是原有中英合刊的期刊一分为二，一本中文刊，一本英文刊。*Journal of the Operations Research Society of China* 就是在《运筹学学报》的英文部分基础上创建的，目前已经被 ESCI、EI 等数据库收录。在做强中国 ORMS 期刊方面，一是要提升现有期刊服务水平，加快发表周期，吸引更多稿件在国内期刊上发表；二是要在政策上给予一定支持和引导。2019 年 7 月，教育部、科技部等四部联合印发了《关于深化改革 培育世界一流科技期刊的意见》，明确提出要遴选发布高质量科技期刊分级目录，形成全面客观反映期刊水平的评价标准。2020 年发布的"FMS 管理科学高质量期刊推荐列表"，*Journal of Systems Science and Systems Engineering* 和 *Journal of Systems Engineering and Electronics* 均为 C 类，国内的许多管理学院以此推荐列表作为衡量论文质量的重要尺度，如果能对国内的英文期刊的级别给予适当照顾，势必会增加期刊的吸引力，对做"强"我国 ORMS 期刊发挥重要作用。2019 年中国第一作者发表于 SCI 期刊的科技论文数是 45.02 万篇[9]，其中在中国本土期刊发表的不足 3 万篇(约 6.7%)。如果这些论文的 1/3 在中国期刊发表，则可能约 15 万篇论文会在中国科技期刊发表，这对于中国高水平期刊建设无疑是巨大的发展机遇。

5.2 充分发挥学会的引领作用

美国的运筹与管理学会(INFORMS)共主办了 17 本期刊，其中 7 本被 SCIE 的 ORMS 学科收录。其中的 *Management Science* 是国际上公认的管理类顶级期刊，主要发表关于管理理论和实践的科学研究；*Operations Research* 是运筹学顶级期刊，发表真正有深刻见解的研究结果，偏向应用数学在管理科学领域的工作，对算法复杂度和证明要求高，接受率低于 5%。

INFORMS 不仅拥有学界最重要的期刊，主办的年会也是运筹学和管理科学领域的年度顶

级盛会，得到了全世界运筹与管理学者的关注和支持，大会邀请的报告人包括了不少诺贝尔奖获得者、院士、学术界顶尖学者、企业界杰出领袖、全球知名学者，对促进运筹与管理学科在国际范围内的学术交流发挥了重要的作用。

中国涉及运筹与管理学科的学会主要包括：中国运筹学会、中国系统工程学会、中国管理科学学会。中国管理科学学会主办期刊 4 本：《管理科学》《中外管理导报》《国际经济观察》《科技进步与对策》，均为中文刊物。中国系统工程学会主办学术期刊 7 本：《系统工程理论与实践》、《系统工程学报》、《模糊系统与数学》、《交通运输系统工程与信息》、《系统工程与电子技术》、Journal of Systems Engineering and Electronics、Journal of Systems Science and Systems Engineering，其中的 Journal of Systems Science and Systems Engineering 为 SCIE 收录期刊，Journal of Systems Engineering and Electronics 为 EI 收录期刊。中国运筹学会主办期刊三本：《运筹与管理》、《运筹学学报》、Journal of the Operations Research Society of China，其中的最后一本英文刊已经被为 EI 收录。这三个学会也主办学术年会，在提升与凝聚中国运筹与管理学科方面做出了巨大贡献。但是主办的期刊离世界顶级期刊还有很大差距，一是历史的原因，二是学会对期刊的重视和投入有待进一步加强。中国的运筹与管理学科无论在发文数量和质量上都已经跻身世界强列，如何吸引和推动中国的学者把论文发表在国内期刊是各个学会的重要使命之一。

5.3 打造自己的出版航母，推进集群化转型

83 本 SCIE 收录的 ORMS 期刊中，Springer Nature 公司出版有 21 本，Elsevier 出版的有 16 本，Taylor & Francis 出版的有 14 本，Wiley 出版的有 9 本，这个 4 个公司出版的期刊共 60 本，占据总数的 72.28%。

中国的英文期刊目前多数采用借船出海的模式，与国外出版公司合作出版，共同拥有版权。这一形式为我国科技期刊走向国际发挥了重要作用，但随着时间的推移，越来越多的有识之士开始意识到我国的科技期刊需要拥有自主产权的出版平台。2019 年 8 月，中国科协、中宣部、教育部、科技部联合印发的《关于深化改革 培育世界一流科技期刊的意见》指出，要建设数字化知识服务出版平台，集论文采集、编辑加工、出版传播于一体，探索新型出版模式，提供高效精准知识服务，推动科技期刊数字化转型升级。文件中已经把建设出版平台列为首要的任务。我国不少科技期刊集群已经开始这方面的尝试。相信随着政策实施，我国的期刊出版平台一定会有新的突破与发展。

有研究指出，在短时间内，我国还很难出现能够与欧美国际出版集团相媲美的期刊出版集团，我们必须立足当下，积极稳妥分步走[10]。如果能够打造一个中国运筹管理学科期刊服务平台，服务中国学者和中国科学，中国的运筹与管理期刊就可刊群资源共享，提升市场竞争能力，跨上一个新的台阶。中华医学期刊网是国内领先的行业期刊平台，目前已经有 190 多本期刊加入，可以称为中国期刊行业出版典范。中国光学期刊网目前也已有 60 多本期刊加盟，为广大光学研究人员带来了不少便利，也为发展宣传中国光学期刊发挥了重要作用。

6 结束语

中国的运筹与管理学科已经跻身世界强林，中国学者在发文总量和 Q1 期刊发文量均为世界第一，已经超过美国。但中国相应期刊还处在发展阶段，国际上有影响力的期刊非常少。学科发展为期刊发展提供了可能与坚强后盾，中国已经具备做大做强 ORMS 期刊的基础。发

展中国 ORMS 期刊，充分发挥学会的引领作用是关键，建立自己的出版平台是手段，政策支持是路径。教育部、科技部联合印发《关于规范高等学校 SCI 论文相关指标使用，树立正确评价导向》以来，相关高校、科研机构据正在重新建立健全期刊评价体系，这对相对较弱的中国 ORMS 期刊是机遇也是挑战，如何服务好国内国际学术领域，提高期刊影响力，力争培育具有国际竞争力的 ORMS 期刊成为新时代的新使命。相信随着中国综合实力的提高，中国 ORMS 期刊也会迎来新的春天！

参 考 文 献

[1] 王怀诗,张彤.管理学期刊论文合作行为研究:与自然科学和人文学科的对比分析[J].文献与数据学报,2019,1(3):81-95.

[2] 王风华,杜娟,黄俊知,等.跨文化管理:顶级管理学期刊前沿趋势的调查研究(英文)[J].跨文化管理,2016(1):27-57.

[3] 张伶.基于文献计量学的管理学学术期刊定量分析与评价:以《南开管理评论》为例[J].南开管理评论,2005(1):108-112.

[4] 张济明,陆祯.英文科技期刊创刊阶段的发展策略:以《中国运筹学会会刊》的办刊实践为例[J].出版广角,2020(1):46-49.

[5] 吴领叶.依靠特约专稿和精品专刊切实提升中文科技期刊学术影响力[J].科技与出版,2018(9):138-141.

[6] 张济明.运筹学高被引期刊分析及启示:以《运筹管理杂志(JOM)》为例[M]//学报编辑论丛(2020).上海:上海大学出版社,2020:726-733.

[7] 任胜利,宁笔,陈哲,等.2019年中国英文科技期刊发展回顾[J].科技与出版,2020,39(3):6-13.

[8] 宁笔,杜耀文,任胜利,陈哲.2020年我国英文科技期刊发展回顾[J].科技与出版,2021(3):60-66.

[9] 中国科技论文与统计分析课题组.2019年中国科技论文统计与分析简报[J].中国科技期刊研究,2021,32(1):99-109.

[10] 曾伟明.打造具有国际竞争力的学术出版和传播平台[N].中国社会科学报,2021-01-12(008).

中文期刊出版"新冠"论文的文献计量分析

张儒祥,张琳琳

(《东南大学学报(医学版)》编辑部,江苏 南京 210009)

摘要: 为了解在新冠肺炎疫情下我国医学期刊出版"新冠"论文的情况,通过医学期刊数据库调查截至 2020 年 6 月 10 日入库的中文"新冠"论文,从文献计量学出发,分析出版"新冠"论文的期刊、关键词、作者、出版时滞、栏目及网页下载次数。结果显示,大多数期刊在拼速度,加快出版"新冠"论文,平均出版时滞 25.4 d。中医期刊如中医在"新冠"防治中不可或缺一样,出版了不少研究成果和诊治经验。从"新冠"论文的下载率来看,出版的"新冠"论文都有不错的传播效果,平均下载 1 375 次·篇$^{-1}$。然而有些"新冠"论文存在一些瑕疵。医学期刊只有因势而谋而动而为,积极组稿,严格执行出版制度,融合多媒体拓宽传播渠道,强化精准服务意识,重视科技新闻发布制度,才能真正提升期刊学术影响力,尽到传播科技信息之责。

关键词: 医学期刊; 新型冠状病毒肺炎; 文献计量学; 主观能动性; 论文质量; 科技新闻发布制度

2019 年 12 月突如其来的新型冠状肺炎病毒疫情(以下简称"新冠")在全球暴发[1],严重威胁着人民群众的生命健康。截至 2020 年 10 月 16 日,与境外相比,从累计确诊人数、累计死亡人数来看,我国抗新冠疫情取得了阶段性成果[2]。新冠肺炎疫情期间身处一线的我国医务人员和防控人员面临不少突发事件和难以解决的问题,积累了不少临床和防控经验,需要探讨和总结。这些成果对有效遏制病毒的传播和扩散,提高患者的诊治率,维护来之不易的防控成绩,显得非常重要。医学科技期刊在疾病特别是疫情防治中承载着传播诊治经验、分享医学知识、引导研究方向、及时更正疫情期间错误认知等的重要责任。本研究旨在从出版的"新冠"论文入手了解新冠肺炎疫情下我国医学期刊的出版行为。

1 "新冠"论文数据的获取

利用关键词"新型冠状病毒肺炎""新冠肺炎""新型冠状病毒"在中国生物医学文献服务系统(www.sinomed.ac.cn)、中国知网(www.cnki.net)和万方数据(www.wanfangdata.com.cn/index.html)数据库中进行"新冠"论文检索。首先,利用中国生物医学文献服务系统检索 2020 年 6 月 10 日前入库的"新冠"论文,然后根据检索结果利用两个全文数据库下载原文。采用 Excel 软件对下载数据进行分类统计。

2 已入库"新冠"论文的文献学特征与分析

2.1 出版"新冠"论文的期刊

截至 2020 年 6 月 10 日,共检索"新冠"论文 1 027 篇。其中核心期刊 791 篇;中华医学期刊 155 篇,中医类 229 篇。见表 1。262 种期刊中,周刊 1 种,旬刊 8 种,半月刊 33 种,月刊 146 种,双月刊 71 种,季刊 3 种。按出版"新冠"论文数量从大到小排序的 262 种期刊中,前 27 种期刊共出版 388 篇"新冠"论文,占 37.8%;前 53 种期刊共出版 580 篇,占 56.5%;前 133 种期刊共出版 880 篇,点 85.7%。文献出版相对集中。前 27 种期刊中旬刊 1 种(29 篇)、半月刊 9 种(108 篇)、月刊 13 种(203 篇)、双月刊 4 种(48 篇);中医类 9 种(125 篇)、中华 2 种(29 篇)、学报 2 种(20 篇)、护理 1 种(11 篇)、其他 13 种(203 篇);"新冠"论文主要发布在医学核心期刊上;中医期刊如中医在"新冠"防治中不可或缺一样,与时俱进,出版了不少研究成果和诊治经验;在出版周期上来看,主要集中在半月刊、月刊和双月刊。

表 1 已发表的"新冠"论文在期刊中的分布

期刊		数量/种	文献/篇
医学	中医	48	253
	西医		
	中华类	41	150
	学报类	20	91
	护理类	10	38
	其他医学类	124	447
非医学		19	48
合计		262	1027

注:中医类含 9 种学报(39 篇)、3 种中西结合期刊(4 篇);学报类不含 9 种中医学报和 5 种非医学类学报(12 篇)。

2.2 "新冠"论文的关键词及作者

从"新冠"论文的关键词的分布来看,主要集中在诊断、治疗、护理、中医药、防控、管理及身心健康方面,而"新冠"基础方面的研究,如基因序列、疫苗研发等还未见更多的报道,见表 2。发表"新冠"论文的作者较为分散,核心作者群还未出现,没有体现"二八定律",见表 3。

表 2 "新冠"论文关键词累积分布

关键词	累计/次	关键词	累计/次
新型冠状病毒肺炎	146	冠状病毒	5
新型冠状病毒	71	感染防控	5
新冠肺炎	61	管理	5
疫情爆发	12	核酸检测	5
中医药	12	焦虑	5
COVID-19	11	流行病学	5
肺炎	9	认知	5
治疗	8	心理	5
诊断	7	新冠肺炎疫情	5
疫病	7	中医药疗法	5
肺炎,病毒性	6	2019-nCoV	4
诊疗方案	6	辨证论治	4
数据挖掘	6	策略	4
冠状病毒肺炎	5	方舱医院	4

表3 "新冠"论文作者累积分布

作　者	累计/篇	作　者	累计/篇
王慧	6	陈辉	2
吕海侠	4	陈莉莉	2
潘锋	4	陈良安	2
蔡秋杰	3	陈琳	2
刘景院	3	陈青扬	2
施倚	3	陈仁寿	2
宋元林	3	陈婷婷	2
王伟	3	陈孝储	2
张燕	3	陈扬	2
卜军	2	陈政	2
曾繁典	2	丛斌	2
昌敬惠	2	党珊	2
陈晨	2	邓蓉	2
陈丹龙	2	董丽	2

2.3 "新冠"论文的出版时滞

1 027篇中从3个数据库中能下载全文文献的共880篇，其中没有收稿日期200篇，有收稿日期680篇。发表时间早于收稿日期28篇，通过查看下载文献，可纠正6篇；只有收稿日期14篇。最终纳入统计出版时滞的"新冠"论文共644篇，平均出版时滞25.4 d，其中6篇"新冠"论文当天就发表，30篇2 d内出版。一般来说，刊期与出版时滞呈正比，即刊期短，出版时滞也短。刊期影响着论文的时效性和传播速度。发表644篇"新冠"论文的期刊中，季刊3篇，出版时滞分为2、3、16 d；双月刊159篇，出版时滞0~92 d，平均23.4 d；月刊365篇，出版时滞0~139 d，平均27.4 d；半月刊108篇，出版时滞0~90 d，平均22.5 d；旬刊9篇，出版时滞7~36 d，中位出版时滞为26 d。本结果却说明了"新冠"论文的出版时滞在刊期上差异不明显。此结果显示，特殊时期论文的出版时滞有别于论文出版的正常规律。当然了，如能在万方数据库中免费下载到155篇中华医学期刊"新冠"论文，会更全面地了解"新冠"论文的出版时滞。

2.4 "新冠"论文的栏目

1 027篇"新冠"论文中篇首页标注栏目的有454篇，共有156个栏目名称，按出版"新冠"论文篇数排序，前30名的栏目名称见表4。学术期刊专栏策划有助于提高论文的下载率和学术影响力。专栏的推出体现了"新冠"论文内容的定位，彰显期刊的特色和优势。虽然这些栏目未必会形成品牌效应，但是在此次特殊疫情下急需要有这些特色的栏目，不仅便于作者准确投稿，而且将"新冠"论文集中在一起与其他论文相区分开，可吸引读者的注意力，反映论文题材的新颖和期刊重点推送的重视度。

2.5 "新冠"论文的下载次数

WEB下载率也是学术质量以及学术影响力的一项重要的评价指标[3]。从数据库中显示下载次数的808篇"新冠"论文来看，论文主要分布在月刊和双月刊，分别为463、198篇，下载分别为628 725、291 901次，平均1 358、1 474次·篇$^{-1}$。对下载次数进行排序发现，下载次数在个位数的15篇论文尽管出版均较早，但与"新冠"防疫、诊治、护理等不相关，所以这些论文下载得较少。而75篇"新冠"论文自出版以来，下载频率在3 000次以上，平均4 240次·篇$^{-1}$。

其中出版在双月刊 21 篇，月刊 43 篇，半月刊 9 篇，旬刊 2 篇。见表 5。

表 4 "新冠"论文栏目累积分布

栏　目	文献/篇	栏　目	文献/篇
论著	41	新型冠状病毒肺炎专题	6
新冠肺炎流行期公众心理卫生特别栏目	24	专家笔谈	6
新型冠状病毒肺炎	17	专家共识	6
COVID-19 专栏	13	热点聚焦	5
新冠肺炎专题	13	述评	5
新冠肺炎防控专栏	12	新冠肺炎防控	5
家庭医生签约	10	新冠肺炎防控与诊治	5
转运战	10	新型冠状病毒专栏	5
新冠肺炎防治	9	专题报道——新冠肺炎流行病学特征及防控策略	5
专家论坛	9	封面报道	4
新型冠状病毒肺炎专栏	8	见"疫"建言	4
抗疫专栏	7	新冠肺炎防控与诊治专栏	4
新型冠状病毒专题	7	新冠肺炎防控专栏——标准与规范	4
大势纵论	6	新冠肺炎防控专栏——论著	4
抗疫快报	6	新冠肺炎专栏	4

表 5 "新冠"论文下载情况

期　种	"新冠"论文/篇	下载/次	平均下载/(次·篇$^{-1}$)
季刊	5	1 257	251
双月刊	198	291 901	1 474
月刊	463	628 725	1 358
半月刊	121	172 523	1 426
旬刊	21	16 829	801
合计	808	1 111 235	1 375

3　讨论

对于新发传染病，在疫情初期及相当一段时期内，人们对其的认识很有限，亟须了解其传染性、病原体、传播途径及临床诊治等。在中国政府英明正确领导下，克服种种困难，全国人民同心同德、团结奋斗，各行各业的有识之士为这场全球新冠肺炎疫情战役做出了可歌可泣的贡献，涌现了防控"新冠"无数感人肺腑的事迹，取得了举世瞩目的抗疫成果。科技期刊的舆论传播力、引导力、影响力、公信力在这场"新冠"战役中得到锤炼和提升，对抗击新冠肺炎疫情、传播"新冠"防治新成果起着不可磨灭的作用。本研究基于入库"新冠"论文从文献计量学角度研究医学科技期刊在这场"新冠"战疫中如何进行"因势而谋、应势而动、顺势而为"[4]。

3.1　收录出版"新冠"论文期刊的数据库

中国生物医学文献服务系统由中国医学科学院医学信息研究所/图书馆研制，整合了中国生物医学文献数据库(CBM)、中国生物医学引文数据库(CBMCI)、西文生物医学文献数据库(WBM)、北京协和医学院博硕学位论文库(PUMCD)等多种资源，其中 CBM 收录 2019 年在版期刊 1 890 余种，全部题录均进行规范化加工处理。中国知网收录医药卫生科技期刊 1 258 种；

万方数据收录医药卫生 1 493 种期刊。各数据库收录期刊各有特色，互为补充。因此，检索"新冠"论文首先选用 CBM。CBM 在"新冠"疫情期刊期间提供了免费的账号，方便使用者检索和下载文献。对所检索的 1 027 篇题录文献从 3 个数据库中可下载到全文的共 880 篇。数据库特别是 CBM，在"新冠"疫情期间，积极响应，精准推送，以最快的速度网上发布"新冠"论文，以最大的热情进行知识服务，极大地方便广大医务工作者。

3.2 医学期刊在"新冠"疫情下如何有所作为

3.2.1 因势而谋

新冠肺炎疫情期间"新冠"论文之所以能够在各大数据库以最快的速度呈现给读者，医学期刊功不可没。医学期刊只有提高政治素质，提升业务本领，负起传播新冠肺炎诊治经验、分享新冠肺炎临床研究成果、引导针对新冠病毒的研究方向、以科学的态度纠正人们特别是有一定影响力的人在疫情期间所发布的错误的不利防控的言论之责，才能在新冠肺炎疫情期间展现担当。

3.2.2 应势而动

在"新冠"防疫战役中，期刊人要有所行动，不仅仅要进行出版谋划，更重要的是要将谋划付诸行动。抗击"新冠"期间靠自由投稿是不现实的，等不来稿件，须主动出击，进行组稿，并打破常规组稿，特事特办，从快从优。医学期刊共 1 800 多种，262 种期刊出版了"新冠"论文，其中 27 种期刊出版了 37.8%的"新冠"论文。1 027 篇"新冠"论文中 791 篇出版在核心期刊。说明医学主流期刊"守土"有责，"守土"尽责，一直在默默地行动着。有效的组稿是成功的关键。从关键词分布来看，文献主要分布在诊断、治疗、中医药、防控、管理及身心健康方面，也就是说医学期刊主要是针对"新冠"这些方面的内容进行了有目的地组稿。发布专题稿约，同时通过新媒体手段有目的地进行约稿，是必要的组稿方式。多媒体融合发展，促使出版工作创新，必须利用好新媒体进行组稿。期刊组稿不仅要依靠互联网平台，还要依靠移动平台；不仅要发动编辑出版人员，还要发动编委、期刊作者及行业专家。从"新冠"论文第一作者累积分布来看，发表篇数均较少，这与众多防疫人员和医务人员奋斗在抗击"新冠"第一线，主要精力在防治上，可支配的时间不多有很大的关系。发动这些人员，一定要有的放矢，组稿前有必要详细做好功课，方案应提纲挈领，减少"打扰"作者的频次。

3.2.3 顺势而为

全国上下在抗击"新冠"之际，期刊人应有所作为，要充分利用专业特长，为这次抗疫贡献一份力量。内容为王是硬道理，传播的时效性是关键。两者的有机统一才是最理想的出版效果。只有有目的地去组稿，按编辑出版要求认真加工内容，才能保证"新冠"论文的出版质量。同时以最快的速度在第一时间发布，才能保证好的传播效果。本研究中具有收稿日期的 644 篇"新冠"论文，平均出版时滞为 25.4 d；其中 6 篇"新冠"论文当天就发表，30 篇在 2 d 内就出版了。这说明，编辑部以非常规的工作方式抢时间拼速度出版"新冠"论文。同时，如此短的出版时滞与传统出版融合新媒体发布也有莫大的关系。新媒体技术改变了出版方式，网络首发和新媒体推广加快融合的进程。知网 808 篇"新冠"论文显示了下载次数的信息，主要分布在月刊和双月刊，平均 1 375 次·篇$^{-1}$。其中 75 篇"新冠"论文的下载次数在 3 000 次以上，平均 4 240 次·篇$^{-1}$。从下载次数来看，出版的"新冠"论文有很大的需求市场。再次证明选题策划、组稿、编辑出版等行为活动有着正向的回报，医学期刊的出版能力得到了进一步提高，反映了中文医学期刊牢牢掌握了出版传播我国"新冠"防治等研究成果的主动权和主导权。

3.3 几点思考

3.3.1 在疫情下应发挥医学编辑的主观能动性

编辑的主体意识、工作能动性、素质修养如何，工作实践如何，直接影响编辑工作的进程和质量[5]。科技期刊追求科研成果首发权的前提，须发挥编辑的主观能动性。编辑的主观能动性体现在出版活动的方方面面，如选题策划、组稿、编辑加工、出版、信息发布等，影响着期刊的质量、传播力、引导力、公信力。作为疾病预防和诊治知识、科研成果、临床经验的载体，医学期刊在新冠肺炎疫情下要有所作为，须充分发挥编辑的主观能动性，优化办刊各要素，建立快速反应的出版机制，才能保质按时出版传播"新冠"的最新防治方面的成果。医学期刊编辑不仅要有科技信息传播的意识，还要有为科研精准服务的意识。这些目标的实现必须建立在发挥医学期刊编辑的主观能动性上。

3.3.2 把好论文质量关

切实落实"三审制"和"三校一审"出版制度，以保证科技期刊的出版质量。张从新等[6]认为，科技期刊应通过前馈控制、同期控制和反馈控制把学术质量、编辑质量及出版质量的关。但就入库的"新冠"论文来看，有些论文的质量不尽如人意，如有的发表时间早于收稿时间，有的无收稿时间，最长的出版时滞达 139 d。导致这种情况的产生有主客观方面的原因。主观上与编辑责任心有关，其主观能动性没有得到充分发挥。客观上，时间紧迫，对"新冠"认识不够，期刊层次不一，编辑业务水平不一等等，对"新冠"论文出版质量存在不可避免的影响。从"新冠"关键词来看，有关新型冠状病毒肺炎的名称较多，英文缩写也不一样，再加上其预防、诊断、治疗也在不断更新和变化。*N Engl J Med* 执行主编斯蒂芬·莫里斯认为，医学期刊应当在保证信息可靠的前提下，尽可能快地传递最新信息。因此，我国医学期刊还须倍加努力，至少不能因主观方面的原因影响论文的出版质量。"Early transmission dynamics in Wuhan, China, of novel coronavirus-infected pneumonia"[1]一文，从提交到论文发表只花了 48 h。*N Engl J Med* 主编解释，该论文之所以这么快捷是因为其涉及紧急公共卫生事件。该文从数据上论证了新型冠状病毒可以人传人，这对全球防控"新冠"意义重大。对于新的还不了解的疾病的论文，要不要进行同行评议？如何进行同行评议？这些值得进一步探讨。特殊时期采取快速的出版机制是权宜之计。编辑出版工作应是锦上添花，不能传播被证明是错误的信息，如果发生须及时纠正。科学、严谨、标准、规范是我们出版传播科研成果的基本要求。灵活而快捷的出版行为并不意味着可以牺牲编辑出版质量。相反，关键时期医学期刊更应把好期刊论文的质量关，做到"守土有责，守土尽责"[4]。

3.3.3 借媒体融合之势拓宽出版渠道

张小强等[7]调查分析后认为，独家出版不仅导致传播范围缩小而对影响因子产生负面影响，还带来其他风险，如自出版或新媒体推送等。正是因为独家出版和经费的困难，未能下载到中华医学期刊出版的 155 篇论文。值得赞许的是，不少数据库对"新冠"论文实行了免费开放阅读。陈勇等[8]认为，纸本时代的科技期刊大多数情况下为被动传播，传播效果不明显，无法很好地适应媒体融合时代的受众需求。在媒体融合之势下，医学期刊只能也只有顺势而为，谋求学术传播新路径新渠道，才能在传播理念、办刊思维方式上实现蜕变。医学期刊可通过自己的网站或其他公知网站或移动媒体提供有关出版论文的丰富图片、视频、博客等多维素材，从不同角度展现论文的创新性，多角度拓宽出版渠道，提升期刊学术影响力[9]。

3.3.4 重视科技新闻发布制度

将医学期刊出版或预出版的"新冠"防治成果,通过多媒体形式进行发布,可扩大"新冠"防治成果的宣传效果,提高期刊的引导力和影响力,主动与新冠肺炎疫情下各种伪科学进行抗争,科学引导大众参与抗击"新冠"斗争,坚定战胜"新冠"的自信心,鼓舞全民斗志,安抚民众情绪。刘新艳[10]提出,采取多媒体融合将即将出版的论文重新撰写成可读性强的新闻稿,用简讯、快讯等形式,利用大众媒体对公众发布,这样不仅放大了纸质媒体信息的传播范围和效果,也能第一时间展示最新科技成果、加大科技成果的影响力。在这方面国际大刊值得我们学习,如 *Lancet*、*N Engl J Med*、*J Med Virol*、*Nature*、*Cell Res* 等。

4 结束语

此次新冠疫情对医学期刊来说,就是一场考验和检阅。医学期刊只有发挥主观能动性,充分利用新媒体手段,进行策划和组稿,做到因势而谋而动而为,才能不辱使命。262种医学期刊交出了答卷,后续还会有其他期刊陆续发布"新冠"论文,但随着我国取得抗"新冠"阶段性胜利,"新冠"论文数会呈现下降趋势。从"新冠"论文的出版时滞来看,大多数期刊在拼速度,加快出版"新冠"论文,所以有些"新冠"论文存在一些瑕疵。但从下载率来看,出版的"新冠"论文都有不错的传播效果。当然,医学期刊还应多角度拓宽出版渠道,提升期刊学术影响力。除此之外,还须重视科技新闻发布制度,适时利用多媒体推送与论文相关的可读性强的新闻稿,第一时间展示最新的"新冠"防治成果。

参 考 文 献

[1] LI Q, GUAN X, WU P, et al. Early transmission dynamics in Wuhan, China, of novel coronavirus-infected pneumonia [J]. N Engl J Med, 2020, 382(13):1199-1207.

[2] 新型冠状病毒肺炎疫情实时追踪[DB/OL].[2020-10-16].https://news.qq.com/zt2020/page/feiyan.htm#/global.

[3] 郑晓南,丁佐奇.学术期刊专栏策划与下载率及学术影响力的相关分析:以《中国天然药物》为例[J].编辑学报,2009,21(6):551-553.

[4] 习近平.加快推动媒体融合发展[M]//习近平谈治国理政:第三卷.北京:外文出版社,2020:319.

[5] 朱允.论学术编辑的主体性[J].出版发行研究,2011(12):16-17.

[6] 张从新,赵漫红.论科技期刊质量控制[J].编辑学报,2014,26(3):215-216.

[7] 张小强,史春丽.独家数字出版与期刊影响因子关系的实证分析[J].编辑学报,2014,26(3):205-209.

[8] 陈勇,郭伟.媒体整合背景下科技期刊学术传播方阵的构建与探索[J].编辑学报,2019,31(2):138-140.

[9] 王磊,张伟伟,马勇,等.学术期刊影响力提升措施研究:以《中国公路学报》为例[J].科技与出版,2019(9):143-147.

[10] 刘新艳.媒体融合出版时代医学专业期刊的现状和发展对策[J].广东师范学院学报,2016,36(1):104-106.

国内外环境科学类期刊被引半衰期的研究

周丽娟，章　诚

(南京工业大学学术期刊编辑部，江苏　南京 211816)

摘要：被引半衰期是评价期刊影响力的重要指标。比较国内外环境科学类期刊 2014—2019 年被引半衰期的变化趋势，实证分析这些期刊被引半衰期与其他文献计量学指标间的相关性。结果显示：美国期刊的平均被引半衰期最长，中科院系统期刊的平均被引半衰期最短；期刊的被引半衰期与总被引频次、复合影响因子显著相关，与其他文献计量学指标部分相关。因此，国内环境科学类期刊要想增加其被引半衰期，提升期刊影响力，需要吸引更多优质稿源，需要增加理论研究型文章的刊发，需要增加有效的传播途径。

关键词：被引半衰期；环境科学类期刊；期刊影响力；文献计量学指标；相关性分析

当前，建设世界一流科技期刊已成为支撑我国现代化经济建设、服务我国创新驱动的发展战略。近年来，教育部、中国科协等六部门先后启动了"中国科技期刊国际影响力提升计划"，推动了科技期刊的国际化水平。2018 年 11 月，在中央全面深化改革委员会第五次会议上，习近平总书记强调要以建设世界一流科技期刊为目标，做精做强一批基础和传统优势领域的中文科技期刊，全面提升期刊的国际化能力[1]。2019 年 8 月，中宣部、教育部、科技部和中国科协联合印发《关于深化改革 培育世界一流科技期刊的意见》，对加快建设世界一流科技期刊、提升科技期刊国际影响力的总体要求、建设目标、重点任务及保障措施做了具体安排[2]。可以说，我国科技期刊的发展迎来了政策机遇期，办刊人都在积极探索如何提高办刊质量、扩大期刊影响力。

期刊影响力受多种因素的影响，如刊发文章的学科特点、研究热点、学术价值以及期刊的传播途径、所在传播平台等。随着科学技术的发展，科技文献的老化是一种客观现象；随着科技期刊的发展，对期刊的评价也在不断调整并逐渐完善。目前比较一致的对国内外期刊进行评价的文献计量学指标包括总被引频次、复合影响因子、影响因子即年指标、可被引文献量、可被引文献比、引用半衰期和被引半衰期，各指标间既相互独立，又具有内在联系。其中，被引半衰期能够反映期刊的影响力和生命力，用于同类学科期刊之间的比较[3]。期刊的被引半衰期越长，说明期刊的影响力越长远[4]。在被引半衰期的研究中，戴丽琼等[5]分析了我国医学期刊被引半衰期的总体情况。杨彭[6]分析了艺术学科各子学科被引半衰期的变化。张黄群[7]研究指出被引半衰期可以反映期刊论文的生命周期，可以表示期刊的影响力。方红玲[8]对我国 SCI 收录期刊的被引半衰期进行了国际比较。在被引半衰期与其他文献计量学指标相关性的研究中，国内外学者对两个指标之间的关系说法不一。Tsay 等[9]研究发现内科和外科医学期刊中被引半衰期和引用半衰期呈正相关关系，与其他指标如被引量、影响因子之间不存在相关关系。他们利用皮尔逊相关分析方法研究了物理、化学、工程类期刊，发现这些期刊的被引半衰期与影响因子之间不存在显著的相关关系[10]。白云[11]研究社会、人文代表学科后发现期刊的被引半衰期与期刊在学科中的影响度及学术地位没有明显的关联，期刊的半衰期与影响因子之间并不存在明显的负相关。董敏红[12]研究了《中文核心期刊要目总览(2008 年版)》中 19 种图书情报类核心期刊，发现被引半衰期与影响因子呈正相关。在环境科学期刊的研究中，张康生[13]介绍了同时被《中文核心期刊要目总览(2004 版)》和 2007 年版《中国科技期刊引证报告(CJCR)》收录的 15 种环境科学类核心期刊被引半衰期的基本情况及其总被引频次、影响因子等文献计量学指标。王彦等[14]介绍了 SCI-E 收录的 42 种环境工程期刊的出版周期、出版者、期刊资源描述等信息。刘敏惠等[15]对同时被《中文核心期刊要目总览(2011 版)》和"中国科学引文数据库"(CSCD)来源期刊(2013—2014 年)收录的环境类核心期刊的数量、影响因子、被引频次等指标进行了对比分析。方红玲[16]比较了国内外眼科学、数学和环境科学期刊被引半衰期的差异，分析了这 3 类期刊被引半衰期与其他文献计量学指标的相关性，结果显示：我国环境科学期刊被引半衰期短于国外相同学科期刊，我国环境科学期刊被引半衰期与平均引文数呈正相关，国外 3 类期刊被引半衰期均与引用半衰期呈正相关。

综上，被引半衰期及其他文献计量学指标已经成为评价期刊影响力的重要指标。对环境科学类期刊的研究中，目前既没有文献对国内外同类期刊进行全面比较，也没有文献研究同类期刊被引半衰期与其他文献计量学指标的相关性。因此，本文通过比较 2014—2019 年国内外环境科学类期刊被引半衰期的变化趋势，分析被引半衰期与总被引频次、复合影响因子、引用半衰期等文献计量学指标间的相关性，为国内环境科学类期刊工作者找到与国际一流期刊的差距、制定适合自身发展的战略、扩大期刊的影响力提供一定帮助。

1 数据选取与研究方法

1.1 数据遴选与收集方法

本文利用网页信息调查法获取期刊的创刊时间、出版周期等基本出版情况，从中遴选出符合研究要求的期刊。

国外期刊数据遴选中，Web of Science(WoS)的 Journal Citation Report(JCR)中约有 60 种环境科学类期刊，其中，2014 年之前创刊且出版周期为月刊的 SSCI 期刊有 16 种，包括 7 种英国期刊、4 种美国期刊、4 种荷兰期刊、1 种德国期刊，本文选取英国、美国、荷兰的期刊进行比较研究。英国的期刊包括：*Energy & Environmental Science* (*Energ Environ Sci*)、*Nature Climate Change* (*Nat Clim Change*)、*Environmental Pollution* (*Environ Pollut*)、*Energy Policy* (*Energy Policy*)、*Environmental Modelling & Software* (*Environ Modell Softw*)、*Ecotoxicology and Environmental Safety* (*Ecotox Environ Safe*)、*Biological Conservation* (*Biol Conserv*)；美国的期刊包括：*Remote Sensing of Environment* (*Remote Sens Environ*)、*Environmental Health Perspectives* (*Environ Health Perspect*)、*Environment International* (*Environ Int*)、*Waste Management* (*Waste Management*)；荷兰的期刊包括：*Resources Conservation and Recycling* (*Resour Conserv Recy*)、*Ecological Indicators* (*Ecol Indicators*)、*Ecological Economics* (*Ecol Econ*)、*Climatic Change* (*Clim Chang*)。

国内期刊数据遴选中，《中文核心期刊要目总览(2017年版)》中环境科学类期刊(中图分类号为X但不包括X9)约有70种，其中，2014年之前创刊且出版周期为月刊核心期刊有11种，包括5种中科院系统主办的期刊、6种其他研究院所主办的期刊。中科院系统期刊包括：《环境科学》《环境科学学报》《中国环境科学》《环境工程学报》《环境化学》；其他研究院所期刊包括：《环境科学研究》《环境科学与技术》《生态与农村环境学报》《环境污染与防治》《环境工程》《工业水处理(天津)》。

1.2 研究方法

本文利用Excel对国内外环境科学类期刊2014—2019年相关文献计量学指标进行统计学处理和比较；利用Spearman软件分析期刊被引半衰期与其他文献计量学指标的相关性。

2 国内外环境科学类期刊被引半衰期的比较

2.1 国内外期刊被引半衰期的变化

英国、美国、荷兰、中科院系统以及其他研究院所主办环境科学类期刊2014—2019年被引半衰期的变化如表1所示。由表可知：其一，从平均值来看，被引半衰期从高到低依次为美国、荷兰、其他研究院所、英国和中科院系统，一定程度上说明美国期刊的影响力最久远，中科院系统期刊的影响力最弱。此外，中科院系统期刊的被引半衰期(5.49年)略短于英国期刊(5.78年)，其他研究院所期刊的被引半衰期(6.13年)略短于荷兰期刊(6.35年)，这4类期刊与美国期刊的差距都较为明显(7.57年)，说明国内环境科学类期刊的影响力与国际顶尖期刊相比还有不小的差距。其二，从历年数据来看，英国、荷兰和其他研究院所期刊的被引半衰期逐年小幅增长，且其他研究院所期刊增长最慢；美国期刊的被引半衰期相对稳定；中科院系统期刊的被引半衰期则逐年降低。其三，从期刊之间的比较来看，英国期刊之间被引半衰期的差距较大，其值为3.43~8.68年，其中增长最快的期刊是 *Nat Clim Change*，6年间增长118%；其他研究院所期刊中《环境科学与技术》的被引半衰期增长较快，6年间增长41%；其余期刊的被引半衰期则相对稳定。

中科院系统期刊被引半衰期逐年缩短的可能原因是：①受国内评价机制的影响，国内学者大多愿意将质量较好的文章刊发在国际影响力大的顶级期刊上，中文期刊的刊文质量则显得弱一些；②受期刊评价指标体系的影响，有些期刊为了影响因子的考虑，更愿意刊发社会热点文章，导致文章刊发后两年的数据较好，但其持续影响力不够；③期刊发文以技术与应用型学科为主，这类研究直接面向市场的技术需求，关注社会热点问题，研究更新速度很快；④环境问题是近几年的社会研究热点，处于研究的前沿，可参考的资料还有限，很多期刊都会争相刊发这类文章，中科院系统期刊文章的影响力则会被减弱。

2.2 国内外期刊文献计量学指标的变化

英国、美国、荷兰、中科院系统以及其他研究院所主办环境科学类期刊2014—2019年文献计量学指标的平均值如表2。由表可知：其一，总体来看，统计期刊的总被引频次逐年增加、可被引文献比相对稳定，这是期刊发文的正常现象；可被引文献量都呈逐年增加之势(其他研究院所期刊相对稳定)，一定程度上说明发文量逐年增加。其二，从国家内的比较来看，英国期刊、荷兰期刊以及其他研究院所期刊的文献计量学指标不断增长；美国期刊2017年、2018年的影响因子即年指标、引用半衰期和被引半衰期指标均有所下降；中科院系统期刊被引半衰期有所下降。其二，从国家间的比较来看，中科院系统期刊的可被引文献量(平均为572篇/

表 1 国内外环境科学类期刊的被引半衰期 年

国家	期刊名称	2014年	2015年	2016年	2017年	2018年	2019年	平均
英国	Energ Environ Sci	2.9	3.3	3.8	4.2	4.7	5.3	4.03
	Nat Clim Change	2.2	2.6	3.1	3.7	4.2	4.8	3.43
	Environ Pollut	7.0	7.3	7.5	7.3	6.6	5.3	6.83
	Energy Policy	4.9	5.5	6.1	6.7	7.1	7.5	6.30
	Environ Modell Softw	5.3	5.3	5.5	5.7	5.9	6.2	5.65
	Ecotox Environ Safe	6.3	6.1	5.9	5.6	5.1	4.4	5.57
	Biol Conserv	7.9	8.2	8.6	8.9	9.1	9.4	8.68
	平均	5.21	5.47	5.79	6.01	6.10	6.13	5.78
美国	Remote Sens Environ	8.4	8.3	8.5	8.7	8.8	8.7	8.57
	Environ Health Perspect	8.6	8.9	9.3	9.6	9.9	10.3	9.43
	Environ Int	6.5	6.6	6.5	6.1	6.1	5.4	6.20
	Waste Management	5.7	6.1	6.4	6.4	5.9	5.9	6.07
	平均	7.30	7.48	7.68	7.70	7.68	7.58	7.57
荷兰	Resour Conserv Recy	6.3	6.0	6.5	6.6	5.9	4.8	6.02
	Ecol Indicators	3.0	3.5	3.7	3.8	4.0	4.1	3.68
	Ecol Econ	7.1	7.5	8.3	9.0	9.3	9.7	8.48
	Clim Chang	7.0	6.9	6.8	6.9	7.6	8.2	7.23
	平均	5.85	5.98	6.33	6.58	6.70	6.70	6.35
中科院系统	环境科学	5.9	6.0	5.7	5.5	5.5	5.5	5.68
	环境科学学报	6.4	6.5	6.3	6.1	5.9	5.7	6.15
	中国环境科学	6.3	5.7	5.4	5.2	5.0	4.9	5.42
	环境工程学报	5.1	5.2	5.0	4.7	4.9	4.8	4.95
	环境化学	5.7	5.5	4.9	5.2	5.0	5.3	5.27
	平均	5.88	5.78	5.46	5.34	5.26	5.24	5.49
其他研究院所	环境科学研究	5.8	6.2	6.7	6.7	7.0	6.6	6.50
	环境科学与技术	4.6	5.0	5.5	6.0	6.3	6.5	5.65
	生态与农村环境学报	6.4	6.6	6.4	6.5	6.3	6.2	6.40
	环境污染与防治	6.1	6.2	6.5	6.5	6.5	6.5	6.38
	安全与环境学报	5.3	5.4	4.8	4.7	4.8	4.7	4.95
	工业水处理(天津)	6.8	6.7	7.0	6.8	7.0	7.1	6.90
	平均	5.83	6.02	6.15	6.20	6.32	6.27	6.13

年)最高,显著高于其他期刊;可被引文献量第二的英国期刊(平均488篇/年),其引用半衰期指标相对偏低;而被引文献量相当的美国期刊(平均382篇/年)和荷兰期刊(平均374篇/年)的引用半衰期也基本一致,但美国期刊的总被引频次、复合影响因子、影响因子即年指标、被引半衰期均比荷兰期刊要高;其他研究院所主办期刊的被引文献量最低(平均309篇/年),但其引用半衰期和被引半衰期均比其他4类期刊要高,间接说明引用半衰期与被引文献量呈负相关关系。

表 2　国内外环境科学类期刊的文献计量学指标

国家	年份	总被引频次	复合影响因子	影响因子即年指标	可被引文献量	可被引文献比	引用半衰期	被引半衰期
英国	2014 年	18 598	7.533	1.928	363	0.96	6.5	5.21
	2015 年	22 533	8.831	2.109	346	0.95	6.5	5.47
	2016 年	27 309	10.033	2.114	437	0.96	6.7	5.79
	2017 年	32 272	10.065	2.167	476	0.96	6.7	6.01
	2018 年	37 803	11.300	2.200	634	0.96	6.7	6.10
	2019 年	42 564	11.060	2.620	673	0.94	6.6	6.13
美国	2014 年	22 856	5.787	1.235	280	0.93	7.1	7.30
	2015 年	24 632	6.021	1.500	317	0.92	7.1	7.48
	2016 年	28 002	6.790	1.334	371	0.90	7.1	7.68
	2017 年	31 025	6.729	1.300	356	0.92	6.9	7.70
	2018 年	36 543	7.141	1.167	462	0.94	6.4	7.68
	2019 年	41 391	7.613	1.563	508	0.96	6.85	7.58
荷兰	2014 年	9 093	3.040	0.563	280	0.97	7.1	5.85
	2015 年	10 879	3.260	0.616	291	0.97	7.2	5.98
	2016 年	12 963	3.418	0.876	325	0.96	7.3	6.33
	2017 年	15 919	4.134	1.053	364	0.96	7.3	6.58
	2018 年	20 570	5.024	1.391	515	0.96	8.0	6.70
	2019 年	22 059	5.233	1.331	467	0.97	7.4	6.7
中科院系统	2014 年	10 115	1.770	0.186	540	0.91	7.0	5.88
	2015 年	11 968	1.809	0.190	558	0.91	7.2	5.78
	2016 年	12 645	1.907	0.231	591	0.93	7.2	5.46
	2017 年	14 158	2.090	0.245	625	0.94	7.0	5.34
	2018 年	16 080	2.271	0.325	611	0.95	7.1	5.26
	2019 年	15 595	2.396	0.343	506	0.94	6.86	5.24
其他研究院所	2014 年	5 028	1.189	0.141	297	0.88	6.8	5.83
	2015 年	5 758	1.309	0.109	306	0.88	7.3	6.02
	2016 年	6 000	1.236	0.124	327	0.88	7.3	6.15
	2017 年	6 300	1.258	0.121	310	0.89	7.3	6.20
	2018 年	6 703	1.324	0.129	309	0.92	7.3	6.32
	2019 年	6 234	1.422	0.129	304	0.94	7.15	6.27

英国、荷兰和其他研究院所主办环境科学类期刊的被引半衰期逐年小幅增长，这一现象表明此类期刊文献老化的速度在减慢，期刊的影响力在扩大。近年来，随着环境学科的发展逐渐成熟，相关研究热点引起了更多学者的持续关注，他们更加注重在他人研究成果基础上的创新，因此，环境科学期刊刊发文章的质量在提高，期刊的影响力随之扩大，从而导致期刊被引半衰期的增加。

期刊的发文数量(与可被引文献量大致相当)与被引半衰期也有一定的关系。一般来说，发文量越大，被引半衰期越小[17]。从国内外期刊可被引文献量来看，中科院系统期刊的平均可被引文献量(572篇/年)最大，这也是其引用半衰期最小的可能原因之一。

2.3 被引半衰期与其他文献计量学指标的相关性

运用Spearman软件，对国内外环境科学类期刊被引半衰期与其他文献计量学指标进行相关性分析，结果如表3所示，其中，显著性系数$P<0.05$表示差异具有统计学意义。

表3 国内外期刊被引半衰期与其他文献计量学指标间的相关关系

相关指标	美国		英国		荷兰		中科院系统		其他研究院所	
	r	P	r	P	r	P	r	P	r	P
总被引频次	0.939*	0.018	0.973**	0.005	0.951*	0.013	-0.932*	0.021	0.994**	0.001
复合影响因子	0.928*	0.023	0.966**	0.007	0.909*	0.033	-0.919*	0.027	0.678*	0.209
影响因子即年指标	-0.129	0.837	0.917*	0.028	0.963**	0.009	-0.886*	0.046	-0.298	0.626
可被引文献量	0.781	0.119	0.855	0.065	0.853	0.066	-0.966**	0.007	0.547	0.340
可被引文献比	-0.146	0.815	0.650	0.235	-0.888*	0.044	-0.984**	0.002	0.740	0.152
引用半衰期	-0.494	0.397	0.921*	0.026	0.774	0.124	0.018	0.977	0.818	0.090

注：r表示相关系数，P表示显著性，**和*分别表示0.01和0.05的显著性水平(双尾)。

从表中可以看出：首先，5类期刊中，被引半衰期与总被引频次、复合影响因子显著相关；美国期刊的被引半衰期与影响因子即年指标、可被引文献量、可被引文献比以及引用半衰期都没有相关性，英国期刊的被引半衰期与影响因子即年指标和引用半衰期显著正相关，与可被引文献量和可被引文献比没有相关性；荷兰期刊的被引半衰期与影响因子即年指标、可被引文献比显著相关，与可被引文献量、引用半衰期没有相关性。其次，中科院系统和其他研究院所主办环境科学类期刊的被引半衰期与总被引频次、复合影响因子显著相关；其他研究院所主办期刊的被引半衰期与影响因子即年指标、可被引文献量、可被引文献比以及引用半衰期都没有相关性，而中科院系统期刊的被引半衰期与影响因子即年指标、可被引文献量、可被引文献比显著负相关。最后，5类期刊中，只有中科院系统期刊被引半衰期与除引用半衰期以外的其他文献计量学指标之间都呈现显著的负相关关系，这个结果有待进一步分析。

3 研究结论与建议

3.1 研究结论

本文选取国内外比较有影响力的环境科学类期刊，分析这些期刊2014—2019年被引半衰期的变化趋势，并且对这些期刊的被引半衰期与总被引频次、复合影响因子等6个文献计量学指标进行相关性分析，得出如下结论。

首先，从国家间的比较来看，美国环境科学类期刊的被引半衰期最高，中科院系统期刊的被引半衰期较弱于英国期刊，其他研究院所期刊的被引半衰期较弱于荷兰期刊，与美国期刊的差距都较为明显。从历年的比较来看，英国期刊和荷兰期刊的被引半衰期逐年小幅增长，美国期刊与其他研究院所期刊的被引半衰期相对稳定，而中科院系统期刊的被引半衰期则逐年降低。

其次，中科院系统期刊中，除了引用半衰期相对稳定、被引半衰期有所下降之外，其余指标均有所增长；研究院所期刊中，可被引文献量、可被引文献比、引用半衰期3个指标相对稳定，其余指标均有所增长。此外，中科院系统期刊的平均被引文献量显著高于研究院所期刊，其引用半衰期和被引半衰期均比其他研究院所期刊要低。

最后，5类环境科学类期刊的被引半衰期都与总被引频次、复合影响因子显著相关，与其他指标部分相关。而且，中科院系统期刊的被引半衰期与除引用半衰期以外的其他文献计量学指标间都呈现显著的负相关关系。

3.2 国内环境科学类期刊影响力的提升建议

国内期刊要想走国际化发展的道路，首先需要提升期刊的影响力，既需要鼓励国内科技工作者重视基础理论研究，将其最新研究成果首发在国内科技期刊上；也需要增加期刊的传播途径，提升期刊的显示度。

首先，改革"SCI决定论"，争取成为国内科研成果的首发刊。我国环境科学类期刊被引半衰期较低的现状，与近年来国家对环境科学领域研究的大量投入并不相符，可能的原因是大多国内学者愿意将其最新的科研成果刊发到国外顶级期刊上。因此，科技部门和教育部门要改革"SCI决定论"的评价体制，要鼓励广大科技工作者在国内科技期刊发表其最新科研成果，把国内科技期刊作为他们科研成果的首发刊。科技部和教育部于2020年2月18日印发《关于规范高等学校SCI论文相关指标使用 树立正确评价导向的若干意见》，强调要规范各类评价工作中SCI论文相关指标的使用，探索建立定性和定量相结合的科学的评价体系。相信不久的将来，国内环境科学类期刊会刊出更多更新的研究成果，能够从整体上提升国内科技期刊的影响力。

其次，重视理论研究，刊发理论前沿文章。研究发现，理论研究型文章的被引半衰期更长，影响力更久远。因此，要鼓励科研工作者加强环境科学领域的理论研究，刊发更多的理论研究型文章。有关部门也应该加大对从事理论研究科研工作者的扶持，让他们潜心理论研究，不以短期成果为唯一评价标准。

最后，增加科技期刊传播途径，提升其显示度。当前，我国已经建设了一些科技期刊出版平台，也取得了一定成效，如科学出版社的平台SciEnginev出版期刊347种，其中英文科技期刊152种，约占全国英文科技期刊总数的1/3[18]。但是，科技期刊国际出版平台如Elsevier、Springer、Taylor & Francis、Wiley的垄断性地位已然形成，它们在全球范围内具有较多的期刊宣传推广资源，产生了较强的品牌影响力。因此，国内期刊要想在短时期内显著提升其影响力，可以采用"借船出海"或者"抱团取暖"的方式，与国际知名出版平台进行合作，或者加入国内影响力较大的出版平台，通过他人出版平台扩大期刊的传播途径，提高期刊的显示度，从而提升期刊的国际影响力。

此外，科技期刊自身也要"修炼内功"，建立适合自身的新媒体传播渠道，如独立网站、微信公众号、微信群、微博等,公开免费推广期刊文章,增加更多的受众群体,密切与作者、读者的互动,从而扩大期刊的影响力。

国际普遍认为,科技期刊的影响力是衡量一个国家科研水平和创新能力的重要指标之一,被引半衰期又是衡量期刊影响力的重要指标。因此,环境科学类期刊工作者要了解被引半衰期指标对期刊发展的意义,要了解被引半衰期与其他文献计量学指标间的关系,要找到期刊与国际一流期刊的差距,从而不断调整适合期刊自身的发展战略,多渠道提升期刊的影响力,向建设世界一流科技期刊的目标而努力。

参 考 文 献

[1] 习近平主持召开中央全面深化改革委员会第五次会议强调:深刻总结改革开放伟大成就宝贵经验 不断把新时代改革开放继续推向前进[N].人民日报,2018-11-15(01).

[2] 四部门联合印发《关于深化改革 培育世界一流科技期刊的意见》[EB/OL]. [2020-03-08].http://www.cast.org.cn/art/2019/8/16art_79_100359.html.

[3] 徐国红.2006—2010 年 7 种编辑出版类核心期刊学术影响力动态分析[J].中国科技期刊研究,2013,24(3):482-486.

[4] 周志中.国内外图书情报期刊半衰期分析[J].西南民族大学学报(人文社会科学版),2013,35(9):233-240.

[5] 戴丽琼,毛文明,姜美萍.医学期刊被引半衰期分析[J].科技情报开发与经济,2012,22(12):117-119.

[6] 杨彭.基于文献计量学的艺术学学科被引半衰期的分析[J].西南民族大学学报(人文社科版),2014,36(11):228-232.

[7] 张黄群.期刊被引半衰期与有关指标的相关性[M]//学报编辑论丛(2011).上海:上海大学出版社,2011:114-116.

[8] 方红玲.我国 SCI 收录期刊被引半衰期的国际比较研究[J].中国科技期刊研究,2018,29(9):935-939.

[9] TSAY M Y, CHEN Y L. Journals of general & internal medicine and surgery: an analysis and comparison of citation [J]. Scientometrics, 2005, 64(1):1730.

[10] TSAY M Y. An analysis and comparison of scientometricdata between journals of physic, chemistry and engineering [J]. Scientometrics, 2009, 78(2): 279-293.

[11] 白云.中国人文社会科学期刊被引半衰期分析研究[J].云南师范大学学报(哲学社会科学版),2006,38(4):127-130.

[12] 董敏红.基于主成分分析的图书情报类核心期刊评价指标有效性研究[J].情报科学,2010,28(11):1670-1672.

[13] 张康生.我国环境科学类主要核心期刊发展现状与文献计量分析[J].中国科技期刊研究,2008,19(2):223-226.

[14] 王彦,卞卫国,王如意.SCI 收录额环境工程期刊概况分析[J].环境与可持续发展,2013,38(6):130-134.

[15] 刘敏惠,王伟.中国环境类核心期刊的比较分析[J].农业图书情报学刊,2015,27(11):157-160.

[16] 方红玲.国内外眼科学、数学和环境科学期刊被引半衰期的比较[J].中国科技期刊研究,2018,29(2):165-170.

[17] 卓可秋.基于文献计量学的管理学学科半衰期研究[J].图书与情报,2014,16(4):55-60.

[18] 林鹏.关于建设世界一流科技期刊的思考与探索[J].中国出版,2020,43(9):15-20.

科技期刊的约稿策划
——以《辐射研究与辐射工艺学报》为例

赵翠兰

(上海技术物理研究所联合编辑部,上海 201800)

摘要:科技期刊既是创新科技发布的平台、学术交流的载体,又是科技工作者掌握科研动态的窗口。可持续的、高质量的稿源是科技期刊更好发展的生命线。本文以《辐射研究与辐射工艺学报》为例,分析了稿源不足、稿件质量不高的原因,对约稿策略进行了分析,介绍了编辑部的经验。科技期刊编辑做好约稿工作要不断提高自身的素质,掌握各项能力,策划恰当的约稿主题和约稿对象。

关键词:科技期刊;稿源;约稿策划

科技期刊是记录科学发现和发布创新科技的平台。2018年11月4日中央全面深化改革委员会第五次会议强调"科技期刊传承人类文明,荟萃科学发现,引领科技发展,直接体现国家科技竞争力和文化软实力,要以建设世界一流科技期刊为目标"。科技期刊的水平很大程度上取决于稿件的质量,对于一个一流期刊来说,一流的主编、一流的编辑队伍和一流的稿件缺一不可[1-3]。科技期刊的稿源主要来自于各科研院所以及高校的相关院系[4-6],《辐射研究与辐射工艺学报》还有一小部分稿源来自于医院的相关科室和应用相关技术的企业。行业相关的群体比较小,而同类刊物的种类不少,作者投稿的余地相对较大,因此稿源不足,尤其优质稿源不足是期刊一直以来面临的一个问题。约稿是科技期刊获得优秀稿件的一个重要措施。通过约稿可以提高期刊的稿源质量和学术水平,可以使刊载内容具有特色性、时代性和前瞻性[7-9]。

目前很多同行从约稿策略、质量控制等对组稿的重要性及做法等方面进行了积极的探索和尝试[10-12],但针对稿件来源及定向约稿的分析相对较少。通过编委会和编辑团队的不懈努力,两年来,《辐射研究与辐射工艺学报》作为一个双月刊期刊发表了8篇高质量的约稿综述,有2篇作为封面文章刊出,这些高质量文章大大提高了期刊网刊的点击率,说明约稿对期刊影响力提升有重要作用。本文结合已有的约稿实践,阐述了为做好约稿策划,编辑自身素质的提高对策划的作用,如何应对稿源不足的问题,希望对期刊的发展提供一些参考。

1 加强自身素质以做好约稿策划

学术期刊的质量既包括论文的内容质量,还包括编辑和校对质量。作者都愿意将自己的论文发表在高质量的期刊上,高质量的期刊也会吸引越来越多的优质稿源。科技期刊编辑作为学术质量的把关人,要不断提高自己的业务水平,使得期刊办的越来越好。

1.1 加强政治素质

编辑工作是一项政治性、政策性、纪律性很强的工作,编辑工作的特点之一就是政治性,期刊编辑作为把关人，要旗帜鲜明讲政治，坚持党的出版方针，把好政治关。

对科技期刊编辑的要求同样如此，这就要求编辑必须有较强的政治鉴别能力和政治敏锐性，加强对时事的学习，及时了解党和国家的基本方针政策，了解国际形势，帮助科技工作者把稿件中比较敏感的词汇或者观点进行把关。在2020年8月收到的一篇稿件中，作者写到"武汉新冠肺炎"的字样，编辑马上指出这种说法不妥，请作者进行了修改。

1.2 加强专业素质

编辑的专业素质既包括编辑业务专业知识，也包括对科技期刊中专业知识的积累。

在编辑界有一个共识，一个合格的编辑应该既"专"又"博"，具有"杂家"型的知识体系，"专"是"博"的立足点和基础，"博"是"专"的深入和发展。编辑业务专业知识的积累需要认真参加每年72学时的继续教育及培训，不断更新知识，提高业务能力。

编辑工作还有一项重要的基础任务是纠错。对科技期刊编辑来说，除了应对通常的字、词、语句的错误之外还要应对专业知识方面的错误。因为一篇学术论文可以看成是学术语言的集合，编辑要做好工作的前提是要能读懂这些学术语言。以《辐射研究与辐射工艺学报》为例，在辐射科技领域，"辐射"和"辐照"适用的场合，何种情况下用"辐照剂量"，何种情况下用"吸收剂量"，科研人员在文章写作过程中可能会使用比较随意，但这恰恰是编辑在"编辑加工"阶段需要特别注意的。

科技期刊编辑虽然具备一定的学科专业知识，但是工作过程中需要处理很多专业领域的稿件，审读很多领域的专业内容，综合知识水平会有一定程度的欠缺，多关注和了解相关领域的新技术、新知识才能应对遇到的难题。

2 吸引稿源以应对稿源不足

由于众所周知的原因，这些年中国科技工作者把大部分优秀的论文发表在SCI收录的国外期刊上，造成大量的优质稿件外流。近期国家也先后颁发了《关于破除科技评价中"唯论文"不良导向的若干措施(试行)》《关于规范高等学校SCI论文相关指标使用 树立正确评价导向的若干意见》等文件，从政策上引导中国科技成果首先开花在中国的大地上。除此之外，办刊人自身也要积极思考、转变理念、扩大期刊的传播力和影响力，吸引更多、更优质的稿源。

2.1 立足自身定位，吸引优质稿源

《辐射研究与辐射工艺学报》创刊于1983年，为联合我国辐射物理、辐射化学、辐照工艺、辐射生物学与辐射医学等领域的广大科研人员，加强辐射科技的基础和应用研究，并促进其产业化，而创办的辐射科技领域的同行评议学术期刊。

《辐射研究与辐射工艺学报》的宗旨是及时反映我国辐射科技界及有关学科的发展动态，展示辐射科技最新科研成果，成为国内辐射科技研究人员和工作人员的学术论坛和交流平台，也为促进我国辐射技术应用，产业更大发展而担当媒体角色，促进我国辐射相关专业的繁荣发展。

目前辐射相关的技术应用越来越广，不仅仅局限于研究院所、各大高校及医院，从事辐射相关技术应用的企业也越来越多，辐照技术与国计民生的结合也越来越密切，例如利用辐照技术不仅可以进行消毒杀菌、食品保鲜还能改善食品口感，利用辐射接枝技术改善布料的性能等已经成为辐射技术为社会和经济服务的一个十分活跃的领域。我们作为科技发布的平台，应尽早、及时地将这些技术成果发布出去。在目前这个融媒体时代，我们的宣传除了纸

刊还会尽快通过网刊进行发布，同时还通过我们的微信公众号进行宣传。

2.2 分析投稿来源，做针对性宣传

目前国内从事辐射相关的机构单位约百家，统计了近 5 年来在《辐射研究与辐射工艺学报》投稿的单位包括科研院所25家，985高校11所，211高校10所，普通高校39所，医院12家，从事辐射相关企业11家，每年各机构投稿单位数如图1所示，各类机构的发稿量见图2。从图1、图2可以看出投稿单位和稿源基本集中在研究机构跟普通高校，近两年985、211高校和医院、企业的投稿量也略有增长。

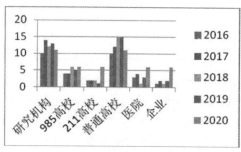

图 1 2016—2020 年发稿单位分布

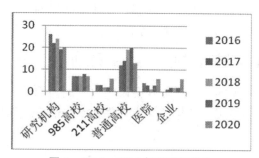

图 2 2016—2020 年发稿量分布

针对这种情况，本刊对研究机构和普通高校保持了一贯的宣传力度，对985、211高校及医院单位有所加强。通过学报编委的大力支持，向所在单位及领域积极宣传本刊，也向相关领域的研究人员积极约稿，既可以对撰文研究人员的工作进行快速宣传，也可以提升他们在该领域内的学术影响力，同时也可获得优质稿件，扩大期刊的学术和社会影响力。

2.3 扩大期刊收稿范围

随着辐射科学技术与其他学科的交叉研究越来越广泛和深入，本着为学科发展服务的宗旨，《辐射研究与辐射工艺学报》期刊论文的发表范围和发表形式亦随之扩展，近期增加了研究简报、前沿热点和行业快讯3个栏目。

期刊目前以综述、研究论文、简报、快报、行业快讯等形式，报道辐射化学与光化学研究、高分子材料辐射改性研究、辐射加工新技术、辐射剂量学研究、辐射技术与生物医药研究、辐射技术与农业和食品研究、辐射技术与环境保护研究、辐射技术的其他学科交叉研究、辐射技术与资源和能源可持续发展等领域的新发现、新成果和技术进展。期刊栏目有综述、辐射化学、辐射生物学与医学、辐射技术的应用、辐射剂量学、辐射防护、辐射交叉学科研究、辐射物理、研究简报、前沿热点、行业快讯等11个。

2.4 紧抓科技前沿热点

科技期刊的一个重要责任就是展示国际科技的前沿热点，同时挖掘出本土的原创研究。《辐射研究与辐射工艺学报》为了抓住前沿和亮点，在2019年4月增加了"研究简报"这一栏目，让科研人员可以以"简报"或"快报"的形式将研究成果、新技术应用等得以快速报道。

将2019年和2020年前沿热点类的文章前两个月的下载量与其他文章做对比(表1)，在文章发出的前两个月，热点文章的平均下载次数分别是非热点文章的2.1倍和约2.3倍。

表1 2019年和2020年热点文章与非热点文章前2个月平均下载量比较

年份	热点文章发稿2个月内平均下载量/次	非热点文章发稿2个月内平均下载量/次
2019年	21.0	10.0
2020年	35.7	15.9

2020年第一期热点文章，紧跟时事发表了《辐照技术为武汉疫情提供快速高效的医用防护服灭菌》一文，当时正好处于疫情严重时期，各界对医用防护服的关注度极高，对医用防护服短缺、医用防护服可否重复利用以及医用防护服如何快速灭菌等问题非常关注，科研人员用辐照灭菌工艺将常规医用一次性防护服灭菌工艺时长从 7~14 d 缩短为 1 d[7]。文章刊出后当月点击量达到127，比目前排在点击率第二位的文章刊高出约3倍，同时微信公众号的关注人数也有所增加。抓住热点对研究人员、期刊和读者是共赢的方法。通过期刊传播可以为读者答疑解惑，扩大了撰文研究人员或研究团队的知名度，提高了期刊的关注度。

3 《辐射研究与辐射工艺学报》约稿策划

约稿方式灵活多样，常见的约稿途径有会议约稿、编委约稿、多媒体约稿等，优质稿件不仅会吸引更多读者，也会吸引相关领域的优秀作者，形成良性循环会使科技期刊更好地生存，获得更大的发展空间。

3.1 参加学术会议

科技期刊的编辑要求有前瞻性的学术眼光以捕捉研究领域最前沿的信息和当前的研究热点。积极参加学术会议首先可以及时了解研究进展，发现学术问题，把握理论动态；在参加会议的过程中，认真听取学术报告，扩充自己的知识量；其次，参加学术会议是编辑部与专家和作者面对面交流的机会，可以更多的认识相关领域的专家学者；第三，还可以通过专家的介绍和推荐获知相关领域和行业内其他优秀的团队，进一步挖掘出优秀的作者，并保持联系以便以后可以约到高质量的稿件，同时也可以达到宣传期刊，吸引更多稿源的目的。

学术会议上青年科学家参加的人数越来越多，他们不仅科研上小有成就，需要得到关注和宣传自己的研究成果，而且大多思维活跃，热情积极，编辑可以经常关注他们的研究进度，并邀请他们将后续成果发表在自己的期刊上。

3.2 编委约稿

学报来稿多为作者自投稿，部分依靠约稿。比较而言，约稿对提升期刊的质量效果是显著的。通常会议约稿的稿件质量稍差；向专家约稿，有的专家积极性不高，仅在稿件中署名的稿件质量欠佳；向相关领域专家征稿，但是大部分热点研究的文章，科研人员更希望发表在国际主流英文期刊上。在约稿实践中发现，发动编委约稿的成功率更高，而且稿件的质量也会有保证。

由中国核学会辐射研究与应用分会主办的"辐射化学与辐射技术研讨会"每年都会举行，参加会议的是全国相关领域各个研究院所、高校、企业的专家、学者和工业界人士，学报编辑参加研讨会了解专家的发文需求。学报编委会的很多编委专家也同时是学会的成员，每次会议绝大部分编委都参加，编辑在此可以面对面将稿件需求与编委详细交流，由编委出面与其相关领域的专家约稿。这样不仅为期刊争取到了高质量稿件，同时也满足了专家的发稿需求。

3.3 多媒体约稿

在新媒体时代，多媒体约稿指的是科技门户网站、相关学会网站、微信平台等。随着自媒体越来越发达，微信平台对期刊越来越重要。

现今微信已经成为使用频繁的沟通方式，科技期刊编辑在利用常规约稿方式的同时要与时俱进的借助微信平台约稿。现在举办的学术会议主办方会建立参会人员微信群，期刊编辑可以通过微信群发布征稿通知以及期刊出版后的微信宣传链接。期刊编辑也可以直接通过微信与专家一对一联系，经实践微信一对一约稿成功率虽然比面对面约稿略低，但是通过微信线上视频同样能让专家感受到像面对面一样交流的效果，比通过 E-mail 约稿的成功率要高。期刊还可通过微信公众号将征稿通知、网刊发布等信息及时推送给该领域的相关人员。

4 结束语

约稿是科技期刊策划工作中一个比较重要的环节，要求编辑不断提高自身综合素质。通过多年的约稿实践，《辐射研究与辐射工艺学报》建立了多种约稿渠道，已颇见成效。2014—2019 年连续 6 年获得 CJCR 分类影响因子排名第一，2017 年、2018 年连续两年获得"百种中国杰出学术期刊"荣誉及连续两年入选"中国精品科技期刊"，2021 年《辐射研究与辐射工艺学报》被目前全球规模最大的摘要和引文(A&I)数据库 Scopus 正式收录。

参 考 文 献

[1] 肖宏.一流刊物要有一流的主编[J].科技与出版,2008(2):21-22.
[2] 肖宏.一流刊物离不开一流的编辑人才[J].科技与出版,2008(3):19.
[3] 陈宏宇,郝丽芳.中文科技期刊约稿的策略、问题及举措:以《生物工程学报》为例[J].编辑学报,2020,32(1):97-100.
[4] 林海妹,曾莉娟,汪汇源,等.科技期刊主动获取稿源途径探讨[J].科技传播,2020(10):42-45.
[5] 初迎霞,孙明,张品纯.我国科普期刊的发展历程[J].编辑学报,2011(4):288-290.
[6] 中国科学技术协会.中国科技期刊发展蓝皮书(2017)[M].北京:科学出版社,2017:207-217.
[7] 代艳玲,朱拴成.提升期刊学术质量与影响力的方法与途径:选题策划与组稿[J].中国科技期刊研究,2016,27(2):157-161.
[8] 孙喜佳,李盈,武斌,等.媒体融合模式下科技期刊如何获取优秀稿件:以《中国肿瘤临床》约稿实践为例[J].科技与出版,2016(12):59-61.
[9] 傅雪.科技期刊选题与约稿实践探索:以《科技导报》为例[J].编辑学报,2019,31(3):17-20.
[10] 杨弘.基于多媒体技术的科技期刊定向约稿[J].今传媒,2019(12):119-121.
[11] 张春丽.科技期刊约稿模式与质量控制探讨:以《中国地理科学》(英文版)为例[J].中国科技期刊研究,2017,28(2):117-120.
[12] 卢丹.科技期刊约稿工作的措施与方法[J].新闻研究导刊,2020,11(8):194-195.
[13] 郭丽莉,吴国忠,秦子淇.辐照技术为武汉疫情提供快速高效的医用防护服灭菌服务[J].辐射研究与辐射工艺学报,2020,38(1):011101.

英文科技期刊创办初期提升影响力的途径

孙　敏[1]，朱永青[2]

(1.上海市生物医药技术研究院《中华生殖与避孕杂志》编辑部，上海 200237；
2.复旦大学附属妇产科医院《生殖与发育医学(英文)》编辑部，上海 200082)

摘要： 随着我国科技发展水平的不断提高，英文科技期刊基于其语言优势，在国际学术交流中发挥越来越重要的作用。然而，我国英文科技期刊的发展水平相对不足，国际化水平不够。提升我国英文科技期刊学术影响力、扩大期刊国际化水平已日渐成为期刊界乃至科学界关注的热点话题。"中国科技期刊卓越行动计划"的实施进一步激发了期刊人的办刊热情，如何有效提高英文科技期刊学术影响力是一个亟须解决的问题。本文汲取前人办刊的成功经验，并结合本刊(Reproductive and Developmental Medicine)在创刊初期遇到的问题，探讨英文期刊办刊初期的期刊建设问题，为创建英文科技期刊或正处在创建初期的期刊人提供参考，推动我国科技期刊走向世界。

关键词： 英文科技期刊；创刊初期；学术质量；影响力

根据"2019年中国科技论文与引文数据库"发布结果，过去10年(2009—2019)，我国科研人员共发表国际论文260.64万篇，位列世界第二，被引次数2 845.23万次，也位于世界第二[1]。然而，与我国科学研究成果的高产出相比，我国科技期刊的发展相对滞后。截至2019年底，我国英文科技期刊仅有359种，而且刊均可被引文量总体呈下降趋势[2]。为响应总书记的号召"把论文写在祖国的大地上"，国家推出一系列有利于英文科技期刊发展的政策，加快建设和发展我国高学术水平的科技期刊。从数量上看，2019年国家新闻出版署共批准17种英文科技期刊的CN号，相比2018年的8种有大幅度增加。我国英文科技期刊从2017年底的302种稳步增加到2019年底的359种。而且，从2019—2023年，新刊资助项目也将从每年20项增加至30项[2]。与中文科技期刊不同，英文科技期刊采用国际通用出版语言，更便于国际学术交流，是我国科研成果"走出去"的重要渠道。相信，在英文科技期刊发展相对滞后和国家政策扶持的双向驱动下，我国会有更多的新创英文科技期刊。

而英文科技期刊在创刊初期会面临较多问题，如编委国际化程度不高、国际化稿源不足、语言质量不过关等，这些问题会严重阻碍英文科技期刊的发展。如何获得高质量的稿源，提高英文科技期刊的出版质量，加速英文期刊的国际化是英文刊编辑必须思考的重大问题。针对上述问题，一些学术期刊已在如何提高期刊国际化水平、加快审稿速度、缩短出版周期等方面进行有益探索，并在实践中不断总结出国际化办刊经验[3-8]。Reproductive and Developmental Medicine(下文简称RDM)创刊于2017年，由中华医学会、上海市生物医药技术

通信作者：朱永青，E-mail: yq_zhu@fudan.edu.cn

研究院(原上海市计划生育科学研究所)和复旦大学附属妇产科医院联合主办，拟将本刊打造成生殖与发育医学领域有影响力的期刊，引领创新，促进中外学术交流。在创刊初期，由于期刊知名度不够，期刊也遇到了国际优质稿源不足、审稿专家较少等问题。但经过主编、编委及编辑的共同努力，目前 RDM 已陆续被 ESCI、Scopus、DOAJ、CSCD 等国际、国内数据库收录，逐渐提高了本刊在生殖与发育医学领域的知晓度。

本文主要是汲取前人优秀的办刊经验，并结合 RDM 创刊初期遇到的问题，探讨英文期刊办刊初期的期刊建设问题，为创建英文科技期刊或正处在创建初期的期刊人提供参考，推动我国科技期刊走向世界。

1 建立国际化编委队伍

主编所领导的编委会是学术期刊的核心力量，决定着刊物的学术质量和影响力[9]。一支高效、尽职的国际化编委队伍不但能为期刊组稿、约稿，保证期刊论文的质量，还能利用各自的国内外资源扩大期刊的国际影响力，为期刊挖掘潜在作者，开拓期刊上升空间。"中国科技期刊国际影响力提升计划"的 A 类期刊都十分注重高水平国际化编委队伍的建设，通过增加国际编委的比例来实现组约稿的国际化[10]。我国 Cell Research 的编委中，64%的编委来自国外。Journal of Sport and Health Science 的 42 位编委中，海外编委 30 人，占全体编委会成员的 71%。而 Asian Journal of Andrology 的编委中，国外编委占了 81.5%。值得注意的是，国际著名的检索机构都把期刊编委人员组成的国际化程度作为收录期刊的重要参考[11]。因此，国际化的编委队伍对其提高期刊学术质量、拓展国际化稿源、提升期刊国际影响力，尽快进入权威检测系统具有重要意义[12]。

RDM 期刊在筹备期，首先综合考虑学术背景、科研成果、业内影响、参与意愿等方面确认主编人选。然后通过主编推荐和编辑部的文献调研，筛选出一批有学术影响力的国内专家学者，向他们发函请求举荐国外的专家学者加入编委会。接着再通过这些国外专家学者再次举荐，逐渐扩大编委队伍。最后结合期刊的发展目标，综合考虑编委的研究方向和地域等因素，确定第一届编委的人选。目前 RDM 期刊通过上述策略，组建了第一届编委共 48 人，其中 16 人为中国学者(其中包括 2 名来自中国香港和台湾学者)，32 名国外学者，主要来自美国、加南大、澳大利亚、比利时和日本，国际编委占总编委人数的 67%。大部分编委都具有论文发表的经验和担任国际学术期刊编委的经历，对稿件质量的把控有丰富的经验，有力保证了创刊初期稿件的学术质量。截至 2020 年底，RDM 累计刊出 150 篇文章，其中第一届编委贡献了 41 篇，约占总刊出稿件数的 27%。编委除了为 RDM 撰写高质量学术论文外，还积极向 RDM 推荐高质量学术论文，基本上每位编委每年撰写或推荐学术论文达到 1 篇。Top20 高被引文章中，有 12 篇(60%)来自编委。

值得注意的是，在初建编委队伍时，RDM 办刊人很注重在国际学术舞台上有学术影响力的华人科学家，他们具有较高的学术影响力，而且大多是很愿意为国内期刊的发展贡献力量。这些华裔学者的加入一方面可提高期刊外籍编委的比例，另一方面由于他们长期在国外，有大量的国外学者资源。通过他们的引荐，国际学者加入期刊编委的可能性更大。此外，港澳台的专家学者也是一支重要的力量，他们有较好的英文水平和较高的科研能力，这部分群体在组稿和审稿工作中亦能发挥较大作用。在 48 位编委中，有 36 位参与了 106 篇稿件的审稿，平均约 3 篇，其中外籍编委大多能邀请到国际同行专家把关稿件的学术质量，为后续期刊国际化奠定了良好的基础。此外，今年是 RDM 编委换届之年，第一届编委积极向编辑部推荐青年才俊加入第二届编委。截至当前，48 位编委已推荐 32 位专家学者，主编和副主编将结合研究方向和学术研究水平共同讨论后作出是否邀请的决定。

2 建立国际化投审稿系统

面向国际的英文科技期刊，投审稿系统不管语言还是系统使用习惯上，都应符合国际惯例，因此，期刊应尽量采用国际主流的投审稿系统，以满足不同国家投稿作者的需求。彭琳等[13]分析了我国 31 种已纳入 ESCI 的英文科技期刊，结果显示 84%(26/31)的期刊均选择与国际出版社合作，其中 15 种期刊选择与国际著名出版社 Spring、Elsevier、Taylor & Francis、Emerald 合作。为提高投审稿的便捷化程度、提升国际化水平，RDM 采用了 Editorial Manager 投审稿系统。Editorial Manager 是目前国际上使用最广泛的在线投稿与审稿系统之一。

对于英文科技期刊而言，除了投审稿系统的国际化外，更为重要是还需要国际化的审稿制度，为科研工作者提供给一个科学、公平的国际交流平台。张莹等[14]介绍了《光：科学与应用》为有效行使同行评议制度，建立了其学术领域的专家信息库，包含 10 000 多位专家的信息，为针对性的送审提供了便利。但是在期刊创刊期，由于缺乏系统的专家信息库，且稿件质量整体不高，经常会遇到审稿人不愿评审的情况，特别是国际审稿人审回率较低，这也导致稿件的审稿周期较长。

RDM 办刊伊始，在编辑部收到稿件后编辑进行简单的格式和内容审核后就送给专家进行外审，常常收不到审稿专家的回复或者直接拒审。编辑部反思后，改变了送审方式，即在收到稿件的 7 天内完成初审，包括查找文章的相关学术背景，依此进行学术定位，写出学术评价和处理意见，对需要修改的稿件写出详细的修改意见。责任编辑将通过初审的稿件，根据稿件的专业类别和专家的研究方向，转给副主编，由副主编负责邀请专业相同或相近的专家评审。在确保有两份外审意见且其中一份必须是国外专家给出时，责任编辑才开始整理审稿意见，并把意见返回给作者。这样的送审流程既可保证审稿质量，又能提高审稿效率，缩短审稿周期。另外，因副主编更熟悉专家的研究方向，邀请的审稿专家更有针对性，能更准确地把握稿件内容的科学性和创新性。

3 加强组稿和专题刊建设

对于一个刚起步的科技期刊，如何获取优质稿源，特别是国际优质稿源，是最重要的也是最难的一个环节，这需要主编、编委会及编辑的共同努力。

3.1 充分发挥期刊编委的作用

在创刊伊始，编委是推荐和撰写稿件、把握稿件学术质量的主力军[15]。编委成员可以根据自己最擅长的领域撰写述评、综述，概述领域的发展，当然如果有原创论著更好。编委成员也可以向自己熟悉的科研人员引荐期刊，以争取更多的稿源。《光：科学与应用》在创刊初期，依靠编委的力量，不仅编委自己提供了很多高质量稿件，而且依靠自身学术影响力积极组约稿，为期刊的发展作出了巨大贡献[16]。

3.2 发挥青年学者的作用

在邀请到学术领域的大咖稿件的同时，也要将更多的注意力放在崭露头角的学术新秀上。RDM 邀稿经验表明对青年学者的约稿和审稿邀请往往更能得到回应，而且在与这些青年学者的共同成长过程中，他们更能成为该期刊的忠实读者和作者，这有利于期刊的长远发展。

3.3 加强专题刊建设

由于专题刊选题一般是研究热点话题，且能围绕这一热点话题展开深入讨论，具有较高的学术价值。专题刊一般由编委负责组稿、约稿，保证数量的同时，稿件质量能得到一定的保障。

从创刊的第二期开始，RDM 编辑部就着力组织专题刊。新冠疫情期间，RDM 编辑部还针对新冠病毒是否通过垂直传播引起胎儿宫内感染展开专题讨论，这不仅有助于避免公众对新冠病毒感染导致孕期母胎垂直传播的不必要恐慌，也为临床医生提供了建设性指导意见。短短 6 个月，该文章的下载量已超过万次，引用 35 次。2021 年年初，我们发布的专题刊选题，得到编委的大力支持和积极响应，截至当前，已有 12 位编委愿意为 RDM 组织策划专题刊。

3.4 参加国际学术会议

争取国际性稿件对期刊的国际化发展非常重要。有报道表明采用参加学术会议与专家面对面交流的方式约稿，效率最高[17]。参加国际学术会议，有助于编辑了解学术前沿进展，有针对性地关注相关研究热点。更重要的是，编辑可以与本领域专家面对面交流，宣传自己期刊的同时，直接现场约稿和组稿。编辑可以直接向会议报告人自荐，也可由参加会议的编委引荐，根据报告人的报告内容，有的放矢地进行约稿。如果会议主办方有熟识的编委，则要充分发挥该编委的作用，争取与会议承办方合作，约到会议稿件，以便出专题刊或专栏[18]。

RDM 编辑在参加 2017 年第 33 届欧洲人类生殖及胚胎学会(ESHRE)年会时，事前了解了会议报告者以及本刊参会的编委名单，筛选出想结实的目标人群。在会场，RDM 编辑通过本刊编委的引荐，认识了多位国际学者。通过对本期刊的介绍，很多国际学者答应为我们期刊审稿。会后，编辑们又进一步通过邮件的方式及时联系这些学者，建立了良好的关系。在此次年会上，RDM 编辑利用各种机会，比如茶歇、过道、排队就餐等，创造与国际生殖协会(Society for the study of Reproduction, SSR)前任主席 Murphy 教授交谈的机会，并递上我们出版的期刊，请教授指正。会后，编辑查阅了 Murphy 教授与哪些中国科学家有过科研合作而发表的文章，再通过合作过的中国科学家出面帮忙推介。通过不懈努力，Murphy 教授终于同意加入我们编委队伍。这为我们期刊拓展国际编委、扩大国际稿源和提升影响力起到了积极作用。此外编辑部还联系参加会议的编委进行座谈，向其汇报了期刊的发展现状和存在的问题，征询他们的意见和建议，并请他们利用此次会议的机会，组稿和约稿。从期刊编辑角度来说，参加国际会议还可以拓宽编辑的视野，提升办刊水平。

3.5 充分利用数据库，寻找潜在作者

在创刊初期，编辑需主动出击，向学者介绍自己期刊和约稿。编辑可在一些数据库平台如 Web of Science、Scopus、PubMed 等搜索相关专业的高影响力作者和同领域的期刊作者，他们是本刊的潜在作者。编辑可以向这些潜在作者发送邀稿信，有针对性地宣传期刊和约稿。徐菡等[19]也介绍了《颗粒学报》通过此方法锁定期刊潜在作者，争取高质量稿件的经验。

RDM 编辑从创刊初期，就一直通过数据库检索生殖与发育医学的前沿进展，对热门话题进行有针对性的组稿，并和重点研究机构和研究人员建立联系，及时邀请他们撰写切合当前研究热点的综述，同时还把我们已发表的，与对方研究方向相近的文章有的放矢地推送给他们，以提高本刊的知名度和文章的显示度。

4 积极申请加入各类数据库

被知名数据库收录可有效增加期刊的知名度和显示度，增加期刊信息传播的广度和速度，有效提高期刊的影响力及学术地位[20]。创刊初期，稿源较少的情况下，编辑部特别是科研院所为主办单位的编辑部，可以主动争取主办单位的支持，以鼓励科研人员优先将研究成果发表在我们期刊上。同时，可与国际出版商合作，借助其专业数据库申请经验，从初期引导期刊建设和管理，确保期刊全方位符合国际数据库申请要求。

为了扩大期刊的稿源，RDM 的其中两家主办单位上海市生物医药技术研究院(原上海市计划生育科学研究所)和复旦大学附属妇产科医院相继出台了一系列激励政策，极大地促进了主办单位科研人员的投稿热情。在主编等积极争取下，本刊于 2018 年成为复旦大学 A 类核心期刊，有力争取了复旦大学科研人员的优质稿件。

RDM 在创刊伊始与荷兰 Wolters Kluwer 公司合作办刊，选择开发获取模式，快速提升了期刊显示度和国际影响力，使期刊出版更符合国际出版标准。目前，RDM 已陆续被 ESCI、Scopus、DOAJ、CSCD 等国际、国内数据库收录，有效促进期刊国际影响力的显著提升。

5 提高服务质量

5.1 缩短出版周期，扩大文章显示度

作者投稿选择期刊时，除了重视期刊的影响力和学术水平，出版周期及文章显示度也是作者考虑的重要因素。新创期刊稿源相对不足，可在缩短出版周期上下工夫。一些重大发现或者亟待出版的优质稿件，为了争夺首发，一般会选择出版速度较快的期刊。因此，新创刊要充分利用自己的优势，通过预出版和加快出版速度来争取这些优质稿件。同时，对已经发表的优质文章，编辑部还要通过邮件和社交媒体推广宣传，以提高文章的显示度。

5.2 提供英语润色修改服务

英文科技期刊的语言水平对期刊的学术质量至关重要。如何准确表达作者的意思，避免在传播学术成就过程中出现误读或歪曲思想是国内大多英文期刊面临的问题。但目前英文科技期刊存在着语言表达不规范、逻辑错误较普遍、中文式英语现象严重等语言质量问题。面对上述问题，有些研究者肯定了聘请外籍教师修改文字的作用，同时应重视与作者的良性互动[21-22]。为了减低作者的经济负担，增加作者的投稿积极性，RDM 对录用稿件进行全文语言免费润色加工。主要工作流程是先由英语为母语的医学专业学者进行润色，再由具有英文论文写作基础的专业编辑进行编辑修改，最后返回给作者进行审核定稿。经过三次的语言润色，基本能保证文章语言的正确性。

6 加强编辑自身能力建设

英文科技期刊的编辑除了应具有合格的政治素质和职业道德外，还应具备较高的专业知识水平和科技英语听说读写能力[23]。调查显示，超过八成的英文刊编辑部招聘要求以硕士、博士为主，5%的刊物更是要求海外博士或博士后[24]。

RDM 在组建初期招聘了两名博士后全职负责英文稿件的编审工作。两名编辑中其中一名有出国经历，英语水平较高；另一名具有医学研究背景，两位均具有英文科技论文写作的经验，均在国际期刊发表过较高水平文章。在实际编辑工作中，两位编辑能够迅速筛选出高质

量的稿件，并具有英文稿件的编辑修改能力，这为提高英文科技期刊的编辑质量发挥了很好的作用。因此，在计划创建英文科技期刊或正处在创建初期的期刊应充分考虑英文期刊的工作方式，招聘具有较高学术水平和语言能力的编辑，更利于英文期刊的快速发展。

值得注意的是，专业学术编辑在期刊建设和编辑学知识上比较匮乏，因此，编辑在工作中要注意学习优秀期刊的办刊经验，逐步提高自身综合素质。

7 结束语

英文科技期刊是我国科研成果走出国门、走向世界的载体，它为我国科研工作者提供了与国际同行交流的平台。随着我国科研技术的发展和强大，及国家"创建国际一流科技期刊"的总要求，创办高质量英文科技期刊的要求也与日俱增。期刊应积极发挥期刊编辑的主观能动性，不断创新和实践，巧举作者、编委和知名学者之力，在提高编辑自身水平的基础上，加大宣传推广力度，不断提高期刊的知名度和影响力，在留住国内优质稿源的同时，吸引更多国际稿源，提高期刊的国际化水平。

参 考 文 献

[1] 2019 年中国科技论文统计结果发布[EB/OL].[2019-11-18].http://conference.istic.ac.cn/cstpcd2019/newsrelease.html.
[2] 任胜利,宁笔,陈哲,等.2019年我国英文科技期刊发展回顾[J].科技与出版,2020(3):6-13.
[3] 郭利劭,游苏宁.践行科学发展观提高期刊竞争力:《中华医学杂志英文版》办刊实践[J].中国科技期刊研究,2010,21(3):343-346.
[4] 吕盈盈,张欣.英文版科技期刊编辑人员素质培养[J].中国科技期刊研究,2010,21(2):230-231.
[5] 徐雨晴.对英文版中国科技期刊论文写作的浅析[J].中国科技期刊研究,2011,22(6):971-976.
[6] 丁筠.移动互联网时代英文科技期刊的宣传推广[J].中国科技期刊研究,2016,27(8):904-909.
[7] 许平,严慧,项磊,等.国内英文科技期刊国际化审稿实践的探讨:以 Plasma Science and Technology 为例[J].中国科技期刊研究,2017,28(4):312-319.
[8] 王雅娇,田杰,刘伟霄,等.入选"中国科技期刊卓越行动计划"的新创英文期刊调查分析及启示[J].中国科技期刊研究,2020,31(5):614-621.
[9] 朱晓文,宋冠群.编委会对提高期刊质量所起的作用[J].编辑学报,2013,25(6):564-566.
[10] 张广萌,张昕.英文科技期刊组约稿优化路径探索:以"中国科技期刊国际影响力提升计划"A 类期刊为例[J].出版广角,2019(5):21-24.
[11] 许昌泰,潘伯荣.科技期刊如何入选 ISI 数据库[J].编辑学报,2002,14(2):151.
[12] 张慧,冉强辉,鲍芳,等.国际化编委会在英文科技期刊被 SCI/SSCI 收录中的作用与实践:以《运动与健康科学》为例[J].中国科技期刊研究,2015,26(5):470-474.
[13] 彭琳,刘凤红.我国英文科技期刊申请 ESCI 收录的策略分析[J].中国科技期刊研究,2018,29(6):639-644.
[14] 张莹,李自乐,郭宸孜,等.国际一流期刊的办刊探索:以 Light:Science & Applications 为例[J].中国科技期刊研究,2019,30(1):53-59.
[15] 游苏宁,陈浩元.科技学术期刊编辑应承担更多的社会责任[J].编辑学报,2006(2):81-82.
[16] 白雨虹,刘文武.向国际一流光学期刊努力:《光:科学与应用》的办刊实践与体会[J].传媒,2015(20):18-20.
[17] 李卫红,寿彩华.关于《分子细胞生物学报》(英文版)编辑初审工作的思考[J].中国科技期刊研究,2013,24(5):982-984.
[18] 朱永青,赵玲颖,孙敏.英文科技编辑在国际学术会议中的宣传和实践:以 Reproduction and Developmental

Medicine 为例[M]//学报编辑论丛(2020).上海:上海大学出版社,2020:753-758.

[19] 徐菡,白蕴如,曹竹友.创精品与国际化:《颗粒学报》创刊9年的探索与实践[J].科技与出版,2012(3):65-68.

[20] 朱诚,李晶.国际重要数据库收录中国医学期刊现状与提高中国医学期刊国际地位的建议[J].中华医学图书情报杂志,2011,20(7):1-6,64.

[21] 徐金琪.聘请外籍教师为英文版科技期刊语言把关:《东南大学学报》(英文版)的实践[M]//学报编辑论丛(2004).上海:上海交通大学出版社,2004:121-123.

[22] 葛建平,蔡斐.英文科技期刊语言润色中与作者的互动策略及启示:《中国航空学报》(英文版)的实践[J].中国科技期刊研究,2016,27(3):274-277.

[23] 张英,朴红梅,尹航,等.浅谈编辑素质对期刊质量的影响[J].农业图书情报学刊,2009,21(1):159-161.

[24] 程磊,徐佳珺,姜姝姝,等.我国英文科技期刊编辑人才队伍现状及对策[J].中国科技期刊研究,2019,30(9):989-996.

科技期刊审稿专家库的建立及运用

杨文英

(上海船舶设备研究所，上海 200031)

摘要：受学术水平的限制，科技期刊栏目编辑往往较多地仅参与稿件的初审及编校工作，难以对论文进行高水平的学术价值评价。而判断一篇稿件有否达到刊发要求，需要更权威的学者从创新性、研究价值等方面进行学术把关。为此，文章从建立期刊专家库的角度出发，研究专家库建立的意义、建立模式以及激励模式，并探讨其运用的可行性，以期为科技期刊学术把关提供保障。

关键词：科技期刊；专家库；审稿

科技期刊传承人类文明，汇聚科学发现，引领科技发展，直接体现国家科技竞争力和文化软实力。科技强国离不开一流科技期刊的支撑，随着我国科技创新步伐不断加快，打造具有国际影响力的一流科技期刊势在必行。为深入贯彻落实中央关于建设世界一流科技期刊的重要指示精神，落实《关于深化改革 培育世界一流科技期刊的意见》，七部门联合实施中国科技期刊卓越行动计划，制定中国科技期刊卓越行动计划(2019—2023 年)框架方案(简称"方案")，以推动我国科技期刊高质量发展。方案指出，要营造科技期刊发展的良好生态，实现科技期刊管理、运营与评价等机制的深刻调整，全力推进数字化、专业化、集团化、国际化进程，形成有效支撑世界一流科技期刊建设的体系[1]。

对于科技期刊本身而言，要围绕方案目标和要求，建立适合自己学术水平的良性评价体系。但是，我国科技期刊编辑团队大多存在强编辑能力而弱学术能力的矛盾，往往需要将初审接收的稿件送专业领域的专家审稿把关。一篇文章能否刊发，更多取决于专家的学术判断。因此，着眼于现状，科技期刊急需建立稳定的专家团队，即专家库，为期刊学术把关储备人力资源。

笔者以"审稿专家库"为篇名关键词在中国知网中进行检索，共计 32 篇文献针对审稿专家库的建立进行研究，但这些文献均以定性的方式展开说明研究，例如：何艳[2]主要阐述了审稿专家的遴选方法及对审稿专家库的维护和管理；益西巴珍[3]介绍了审稿专家遴选的方法，以及审稿专家库的组成形式；万园[4]主要介绍了审稿专家的优选策略；杨开英等[5]主要介绍了审稿专家的遴选途径；修春[6]主要介绍了审稿专家的遴选方式及审稿专家信息的建立和更新。本文从定量的角度，对审稿专家库进行设计，建立库模板，以期为审稿专家库的实践运用提供新的思路。

1 审稿专家库建立的意义

科技期刊的学术质量取决于学术论文的质量，因而优选稿件是基础，也是重中之重。目前，多数学术期刊通过采用"栏目编辑初审、专家评审和主编(编委会)终审"的"三审"制度，其中专家评审由于审稿专家审查稿件的站位更高，在学术与科研层面更权威，因此其意见是衡量论文能否刊发的最重要环节[7]。因此，对审稿专家进行良好管理，更有利于发挥专家的审稿作用，促进挑选出更高质量的稿件。

科技期刊栏目往往根据专业细分领域建立，这就需要各细分专业领域的专家参与到审稿队伍中来。随着科技期刊的发展，审稿专家的队伍也随之扩大。如果采用传统的送审方式，即将一篇待审稿件发给不同的审稿人，期待回收至少 2 份审稿意见作为参考[8]，则存在以下问题：①无或者仅 1 位专家接受审稿邀请，则需重新选择审稿老师，审稿时间增长；②全部专家接受审稿，则需等待所有专家意见到齐才能决定是否录用，审稿时间仍然增长；③最理想的状态是 2 位专家接受审稿邀请，但这种情况不是常态。因此，在面临稿件大量以及刊发及时性的要求，传统的送审方式已越来越不适应科技期刊的壮大发展。

怎么合理地、最大效率地邀请专家审稿，是编辑在送审稿件过程中需要思考的问题。专家库的建立可在一定程度上解决这个问题。专家库，顾名思义，是将众多期刊栏目相关领域的专家集合在一起，形成一个数据库。在这个数据库里，我们可以根据专家的年龄、学历、专业、研究方向、从业经验等进行数据库的管理，并根据专家审稿的速度、质量等对专家进行评价，最后依此评价选择审稿专家以提高审稿的效率和质量。因此，建立审稿专家库，具有以下重要意义。

1.1 有效管理并精准选择审稿专家

专家数量少，专家管理工作将不会存在问题。但随着期刊的不断发展，特别是向一流科技期刊迈进的过程中，专家人数的扩充是不可避免的，此时如果仅仅依靠人工经验进行选择，很难有效利用专家资源，结果导致多数审稿专家难以获得审稿机会，特别是对于小栏目或是专业较偏的稿件来讲，审稿专家的研究方向往往被忽视。建立审稿专家库后，编辑可将稿件专业作为主要筛选条件，筛选出专业相符的所有可审稿专家。

依靠经验送审稿件，这对编辑人员的从业经验有一定要求。要建设一流科技期刊，编辑队伍的壮大是必然的，对于零送审经验的编辑来讲，送审稿件将变得困难。建立审稿专家库后，任何编辑均可根据稿件专业选择到相应专业的可审稿专家，再根据可审稿专家的待审稿文章数量等条件，精准选择出审稿专家。

1.2 有效控制审稿时间

在稿件送审至多个审稿专家后，往往存在因专家待审稿件多或是工作、个人等原因发生长时间后才退审的情况，这将导致审稿周期拉长，不利于留住好的稿件。审稿专家库将通过专家的待审稿件量以及接受审稿时间来进行审稿专家的筛选，以保证审稿周期。

1.3 动态更新审稿专家

审稿专家库将建立进入或退出机制。对于新申请成为审稿人的专家，根据审稿人条件进行审核发，审核通过后加入审稿专家库。而对于退审率较高的审稿专家，将作移出处理。这一操作可保证审稿专家库中的专家成员始终处于活跃的审稿状态。

2 审稿专家库的建立

以《船舶工程》期刊的专家资源为数据，建立审稿专家库。

2.1 审稿专家的遴选

目前《船舶工程》审稿专家的遴选方式主要包括以下几方面。

(1) 作者推荐。《船舶工程》在作者投稿时开通了专家推荐渠道，作者可以将其熟悉的领域内专家推荐给编辑部，编辑部联系被推荐专家，确认是否符合审稿专家的相关要求。

(2) 编委推荐。《船舶工程》拥有庞大的编辑委员团队，其本身即是行业内专家，由编委成员推荐的审稿专家，其学术水平极高。

(3) 专家自荐。《船舶工程》的作者也即是期刊的忠实读者，优秀的作者也是审稿专家的来源之一。

(4) 编辑部主动寻找。由于船舶行业细分领域众多，经常会出现小栏目审稿专家不足的情况，特别是融合专业审稿专家极度缺乏，这就要求编辑部主动寻找符合文章专业的审稿专家。《船舶工程》主要从以下几方面着手：①利用中国知网平台，搜索领域内专家；②从学术会议中搜索领域内专家；③从优秀作者中挖掘领域内专家；④从相关学术期刊或刊物中挖掘领域内专家；⑤从审稿专家人脉中挖掘领域内专家。

2.2 审稿专家库的设计

对审稿专家库进行设计，具体如图 1 所示。由图 1 可知：该审稿专家库设置了研究领域、在审稿件量、审稿总量、退审率、审稿质量评价、平均审稿周期等项目，用以在送审稿件时供选择参考。其中，专家 1、专家 2……等均设置链接，点击可链接到每位专家的具体信息页，以专家 1 为例，专家信息界面如图 2 所示。

《船舶工程》审稿专家库

序号	姓名	研究领域	在审稿件量	审稿总量	退审率	审稿质量评价	平均审稿周期
1	专家1	轮机工程	7	12	7.69%	79.00	9.40
2	专家2	船舶与海洋工程	3	7	46.15%	84.25	14.25
3	专家3	流体力学	6	11	15.38%	53.00	9.60
4	专家4						
5	专家5						
6	专家6						
7	专家7						
8	专家8						
9	专家9						
10	专家10						
……							

图 1　审稿专家库界面

审稿专家信息表

姓名	专家1	单位	XXX
出生年份	XXX	职称	XXX
性别	XXX	研究方向	轮机工程
学历	XXX	手机	XXX
毕业学校	XXX	E-mail	XXX

审稿情况			
稿件编号	审稿状态	审稿周期/天	审稿质量得分
200001	审稿中		
200002	审稿完成	15	90
200003	退审		
200004	审稿中		
200005	审稿中		
200006	审稿完成	6	85
200007	审稿完成	7	90
200008	审稿中		
200009	审稿中		
200010	审稿中		
200011	审稿中		
200012	审稿完成	9	75
200013	审稿完成	10	55
……			

图 2　专家 1 信息界面

图 2 是编辑主要需要定期更新的项目，如送审文献、审稿状态、审稿周期、审稿质量得分等信息的更新。图 2 的数据更新将直接、自动地体现在图 1 中。

2.3 审稿专家库的运用

2.3.1 稿件送审

编辑在拿到一篇待送审稿件后，可查询审稿专家库(图 1)，选择审稿专家。具体步骤如下：

(1) 确定待送审稿件的专业领域，以"轮机工程"为例，在审稿专家库中以"轮机工程"为研究领域的筛选条件，筛选出所有轮机工程专业的专家 $N_{轮机工程}$。

(2) 若 $N_{轮机工程} \leq 2$，则送审专家即为所有筛选出的轮机工程专家。

(3) $N_{轮机工程} > 2$，则先根据期刊本身的审稿周期 T 和专家审稿周期 $T_{专家}$，确定专家在审稿件量 $N_{在审}$ 极大值 $N_{在审\,max}$，在 1)的基础上，筛选出 $N_{在审} < N_{在审\,max}$ 的专家 $N_{可审}$。

(4) 若 $N_{可审} < 2$，则应选择 $N_{可审}$ 专家以及 $N_{在审}$ 专家中 $N_{在审}$ 最小的那位专家送审。

(5) $N_{可审} = 2$，则选择这 2 位专家送审。

(6) 若 $N_{可审} > 2$，则根据审稿质量情况进行选择送审。

最终选择出 2 位以上审稿质量较高、在审稿件量不多的相关专业专家进行审稿邀请，以保证稿件的审稿周期和审稿质量。

该方式既适用于经验丰富的送审编辑，也适用于零经验的新编辑完成稿件送审工作。

2.3.2 课题项目开展

审稿专家库的作用不局限于稿件送审。从审稿专家的总审稿量、退审率、审稿周期以及审稿周期等因素，可以看出审稿专家对期刊的一个认可度和对于自身期刊审稿老师的身份认同感。对于那些总审稿量高的、审稿周期快的且审稿质量高的专家，我们需要认真对待，并邀请他们开展进一步的项目合作。

对于《船舶工程》期刊来讲，以《船舶工程》期刊为平台，邀请专家进行图书和会议方面的合作，进一步挖掘专家在专业知识领域的资源，为读者带来专业知识领域更多新的、前沿的知识和技术。已经完成的"十三五重点图书一期"以及目前正在开展的"深蓝装备理论与创新技术丛书"以及"十三五重点图书二期""十三五重点图书三期"等图书，均是《船舶工程》与审稿专家的合作典范。

2.4 审稿专家库的维护更新

审稿专家库的维护更新是一项非常重要的工作，需坚持有一条信息更新一条信息的原则，做到及时、准确地维护与更新。对于新审核通过的审稿专家，在审核通过后就要及时添加进审稿专家库；对于每一篇稿件的动态更新，其对应的审稿专家的审稿信息也应随之更新；对于退率审很高或是审稿质量极差的审稿专家，也应根据审稿专家退出机制从审稿专家库中移出。

3 审稿专家库的激励模式

审稿专家审稿属于编辑环节中的外审环节，因而审稿专家是"编外"编辑，审稿后一般也只能获得适当的审稿费。然而，对于专家来讲，审稿费不能达到持续的激励作用。要想促使审稿专家以期刊主人的精神来审稿，必须从多方面建立激励机制。

3.1 开展项目合作

如 2.2.2 节内容所述，与审稿专家进行多方面的合作，对于审稿专家而言，可以进一步促进其在学术领域的研究,将其学术见解和知识以印刷文字的形式表现出来,利于其获得行业认同感,提升行业地位。

3.2 纳入期刊编委会

对于审稿量大、审稿质量高、审稿周期短的审稿专家,可考虑将其纳入期刊编委会,即将其身份从"编外"转为"编内",更多地参与期刊建设。

《船舶工程》期刊成立了青年编委会,因此,对于优秀的年轻审稿专家,还可将其纳入期刊的青年编委会,参与期刊建设,并享受青年编委会赋予青编委的权利和义务。

3.3 提升期刊自身学术水平

对审稿专家来讲,能成为行业内顶尖期刊的审稿专家,这也是一种专业地位的认可。因此,在对审稿专家提出要求的时候,期刊自身应不断提升学术水平和行业地位,与审稿专家相互促进,相互成就。

3.4 提供干净的审稿环境

审稿专家均是兼职,是利用业余的时间进行审稿,在面对一篇稿件时,若是格式比较整齐,将大大提高审稿效率。因此,编辑在送审稿件时,最好事先对稿件格式进行处理,尽最大努力为审稿专家提供一个干净的审稿环境。

4 结束语

审稿专家是科技期刊质量的重要把关人,要建设一流科技期刊,必须拥有一大批优秀的审稿专家。因此,对审稿专家进行优化管理和调配,对于期刊的质量保障具有重要意义,需要期刊编辑给予极大重视。本文阐述了审稿专家库建立的意义,并对审稿专家库进行了设计和应用,希望能通过审稿专家库的建立优化稿件送审工作,建立精准的送审流程。

参 考 文 献

[1] 中国科协.中国科技期刊卓越行动计划(2019—2023 年)实施方案[EB/OL].[2021-07-15].http://www.honggehui.org/cast/.
[2] 何艳.小型学术期刊审稿专家库的建设与管理[J].苏州教育学院学报,2016,33(5):85-88.
[3] 益西巴珍.科技期刊审稿专家库的构建及有效利用[J].编辑学报,2011,23(4):341-343.
[4] 万园.基于多源数据融合的审稿专家优选策略与功能实现[J].编辑学报,2019,31(增刊 1):40-42.
[5] 杨开英,吕小红.组建核心审稿专家队伍的必要性研究[M]//学报编辑论丛(2019).上海:上海大学出版社,2019:459-462.
[6] 修春.中医药期刊审稿专家库的构建与维护:以《中药新药与临床药理》为例[J].科技传播,2020,12(11):66-67.
[7] 高凌杰,史海英,孙协胜.提升学术期刊专家审稿效用的策略[J].天津科技,2020,47(8):99-102.
[8] 杨开英.比较式审稿的建议[J].编辑学报,2020,32(5):546-548.

中医药科技期刊新型冠状病毒肺炎相关论文出版概况分析及建议

张 倩

(安徽中医药大学学报编辑部,安徽 合肥 230012)

摘要:对中医药科技期刊出版的新型冠状病毒肺炎论文进行分析,为后续论文的出版提供指导。对 66 种中医药科技核心期刊出版的新型冠状病毒论文的数量、被引频次以及是否设立相关栏目进行分析。66 种中医药期刊中,2020 年 1 月 1—12 月 31 日出版的新型冠状病毒肺炎论文共计 943 篇。其中 41 种期刊设立专栏刊登新型冠状病毒肺炎相关论文,共计 888 篇。66 种中医药科技期刊中,有 38 种期刊将新型冠状病毒肺炎论文进行网络首发,这些新型冠状病毒肺炎论文的被引频次远高于其他期刊。中医药科技期刊可将新型冠状病毒肺炎栏目设置为固定栏目,积极优选兼具中医药特色及循证医学特征的新型冠状病毒肺炎论文,提高论文发表时效,出版中医药治疗新型冠状病毒肺炎的最新成果。

关键词:中医药;期刊;新型冠状病毒肺炎

由新型冠状病毒引起的肺炎于 2019 年末大范围流行,世界卫生组织将其命名为新型冠状病毒肺炎(COVID-19)[1]。COVID-19 具有起病隐匿性、传染性强、致死率高等特征,我国目前境内发生由于输入传染源导致本土聚集性疫情频次增多,全球疫情呈现高水平态势。

针对此次新型冠状病毒肺炎疫情,国内外医学界均积极探索行之有效的治疗方法,在此基础上,国内外医学学术期刊出版了相关的论文。以"COVID-19"为关键词在美国生物医学数据库 PUBMED 进行检索,发现 2020 年全年出版新型冠状病毒肺炎论文共计 97 541 篇。以"新型冠状病毒肺炎"为关键词在中国知网进行检索,发现 2020 年全年出版相关中文论文 13 628 篇,其中大多数为医药类论文。

中医药学作为中华民族原创医学科学,历史悠久,底蕴深厚,特色鲜明,优势明显,代有传承。新型冠状病毒肺炎可归属于中医学疫病范畴,中医药在治疗该病中发挥了重要作用。

1 中医药科技期刊新型冠状病毒肺炎论文出版概况

笔者以 2020 年中国科技核心期刊收录的 66 种中医药类期刊为对象,在中国知网及万方数据知识平台对这些期刊进行检索,首先检索是否设立新型冠状病毒肺炎相关专栏,对该栏目 2020 年全年发表的新型冠状病毒肺炎相关论文进行统计,若该期刊未设置相应栏目,则以"新型冠状病毒肺炎""新冠肺炎""COVID-19"为检索词对 2020 年该期刊刊载的所有论文进行检索,探寻是否发表相关论文。结果显示,66 种中医药期刊中,2020 年 1 月 1 日—12 月 31 日出版的新型冠状病毒肺炎论文共计 943 篇。

1.1 设立新型冠状病毒肺炎专栏

66 种中医药科技期刊中，有 41 种期刊设立专栏刊登新型冠状病毒肺炎相关论文，共计 888 篇。其中《辽宁中医杂志》虽然设置了共同战疫栏目，但是仅刊载了《口罩的选择与使用》，与新型冠状病毒肺炎相关的学术论文并未纳入该栏目。此外，《中草药》设立了 3 个与新型冠状病毒肺炎相关的栏目，即"抗新冠肺炎专栏、抗新冠肺炎——网络药理学专栏、抗新冠肺炎专论"，分别刊载 57、14、1 篇论文，如表 1 所示。

表 1 设立专栏的中医药科技期刊发表新型冠状病毒肺炎论文概况

刊名	出版周期	专栏名	论文数
安徽中医药大学学报	双月刊	新型冠状病毒肺炎专栏	8
北京中医药	月刊	专题——新型冠状病毒肺炎的中医药防治	36
北京中医药大学学报	月刊	新冠肺炎专题	10
广州中医药大学学报	月刊	新型冠状病毒肺炎中医诊疗	4
河北中医	月刊	新冠肺炎证治	7
河北中医药学报	双月刊	新冠肺炎中医辨治	4
湖南中医药大学学报	月刊	防治新冠肺炎专题	12
吉林中医药	月刊	防治新冠肺炎专栏	10
江苏中医药	月刊	新冠肺炎诊治	3
辽宁中医杂志	月刊	辽宁中医杂志	1
南京中医药大学学报	双月刊	新型冠状病毒肺炎专栏	18
山东中医药大学学报	双月刊	新冠肺炎专题研究	7
山东中医杂志	月刊	新冠肺炎专题	14
上海中医药杂志	月刊	新冠肺炎专栏	55
时珍国医国药	月刊	COVID-19 专栏	15
世界科学技术-中医药现代化	月刊	专题讨论一：中医药防治新型冠状病毒肺炎	31
世界中西医结合杂志	月刊	新冠肺炎防治与诊治	2
世界中医药	半月刊	专题——新型冠状病毒肺炎防控	31
四川中医	月刊	新冠肺炎证治	37
天津中医药	月刊	新型冠状病毒肺炎	55
中医杂志	半月刊	新型冠状病毒肺炎专栏	62
天津中医药大学学报	双月刊	新型冠状病毒肺炎	1
西部中医药	月刊	疫病_新冠肺炎	22
现代中西医结合杂志	旬刊	新型冠状病毒肺炎研究	8
现代中医临床	双月刊	新型冠状病毒肺炎专题	3
浙江中医药大学学报	月刊	新冠肺炎研究论著	7
针刺研究	月刊	抗疫专栏	1
中草药	月刊	抗新冠肺炎专栏/抗新冠肺炎——网络药理学专栏/抗新冠肺炎专论	72
中国实验方剂学杂志	半月刊	抗疫专题	39
中国中西医结合急救杂志	双月刊	新型冠状病毒肺炎	36
中国中西医结合肾病杂志	月刊	新冠肺炎	5
中国中西医结合杂志	月刊	新型冠状病毒肺炎专题	6
中国中药杂志	半月刊	中医药防治新型冠状病毒肺炎专题	35
中国中医急症	月刊	新冠肺炎防治	43
中国中医眼科杂志	月刊	抗疫速递	3
中华中医药学刊	月刊	新冠肺炎研究	29
中药材	月刊	新型冠状病毒肺炎专栏	3
中药药理与临床	双月	新型冠状病毒肺炎中医药防治专题	72
中医学报	月刊	新冠肺炎中医防治研究	63
中医药导报	半月刊	新冠肺炎	14
湖北中医药大学学报	双月	中医战疫	4

1.2 仅发表相关论文，未设立新型冠状病毒肺炎专栏

66种中医药类科技期刊中，有16种期刊仅刊载了新型冠状病毒肺炎相关论文，并未设置相应栏目，包括《环球中医药》《辽宁中医药大学学报》《上海中医药大学学报》《天然产物研究与开发》《云南中医学院学报》《长春中医药大学学报》《针灸临床杂志》《中成药》《中国现代中药》《中国针灸》《中国中西医结合耳鼻咽喉科杂志》《中国中西医结合外科杂志》《中国中医基础医学杂志》《中国中医药信息杂志》《中西医结合心脑血管病杂志》《广西中医药大学学报》，见表2。

表2　未设立专栏的中医药科技期刊发表新型冠状病毒论文概况

刊名	出版周期	新型冠状病毒肺炎论文数
环球中医药	月刊	1
辽宁中医药大学学报	月刊	8
上海中医药大学学报	双月刊	2
天然产物研究与开发	月刊	2
云南中医学院学报	双月刊	4
长春中医药大学学报	双月刊	5
针灸临床杂志	月刊	2
中成药	月刊	1
中国现代中药	月刊	2
中国针灸	月刊	7
中国中西医结合耳鼻咽喉科杂志	双月刊	3
中国中西医结合外科杂志	双月刊	1
中国中医基础医学杂志	月刊	3
中国中医药信息杂志	月刊	4
中西医结合心脑血管病杂志	半月刊	2
广西中医药大学学报	季刊	4

1.3 无相关论文

66种中医药科技期刊中，有9种期刊未发表新型冠状病毒肺炎相关论文，分别是《国际中医中药杂志》《上海针灸杂志》《现代中药研究与实践》《中国骨伤》《中国中西医结合消化杂志》《中国中医骨伤科杂志》《中华中医药杂志》《中西医结合肝病杂志》《中药新药与临床药理》。究其原因，可能为这些刊物的载文类型与新型冠状病毒肺炎关系不大。

2 中医药科技期刊新型冠状病毒肺炎论文出版总体评价

2.1 总量分析

通过对66种中医药科技核心期刊进行统计分析，发现2020年全年共出版新型冠状病毒肺炎相关论文943篇。其中出版新型冠状病毒肺炎论文数排名前十的期刊为《中草药》《中药药理与临床》《中医学报》《中医杂志》《天津中医药》《上海中医药杂志》《中国中医急症》《中国实验方剂学杂志》《四川中医》《北京中医药》《中国中西医结合急救杂志》。与其他医学期刊相比，中医药期刊出版的新型冠状病毒肺炎论文总量仍较少。

2.2 论文类型分析

研究结果显示，中医药科技期刊出版的新型冠状病毒肺炎论文主要为中医对新型冠状病

毒的认识、名老中医治疗新型冠状病毒肺炎的经验、各地新型冠状病毒肺炎的证候特点及临床诊治，以及治疗新型冠状病毒肺炎方剂及其药理学研究。张宇等研究表明，研究热点主要集中在新型冠状病毒肺炎的中医病因病机、中医证候、预防与辨治、中药的作用机制、抗病毒药物的筛选及中西医结合的探讨[2]。

2.3 网络首发与被引频次

66 种中医药科技期刊中，有 38 种期刊具有网络首发功能，研究结果显示，具有网络首发功能的期刊刊载的新型冠状病毒肺炎论文的被引频次远高于其他期刊。被引频次排名前十的中医药治疗新型冠状病毒肺炎论文见表 3。

表 3 被引频次排名前十的中医药治疗新型冠状病毒肺炎论文

论文题目	期刊	被引频次
"清肺排毒汤"快速有效治疗新型冠状病毒肺炎的中医理论分析	中医杂志	105
新型冠状病毒肺炎中医预防及诊疗方案汇总分析	中医杂志	87
90 例普通型新型冠状病毒肺炎患者中医证候与体质分析	中医杂志	57
清肺排毒汤治疗新型冠状病毒肺炎的临床疗效观察	中药药理与临床	47
新型冠状病毒肺炎中医认识初探	天津中医药	37
温病学理论指导下的新型冠状病毒肺炎诊治刍议	上海中医药杂志	33
天津地区 88 例新型冠状病毒肺炎患者中医证候特征初探	中医杂志	33
南京地区 42 例新型冠状病毒肺炎临床特征及中医证候初探	南京中医药大学学报	31
湿瘟为病，疏利透达——上海地区新型冠状病毒肺炎中医临床证治探析	上海中医药杂志	30
中医药防治重症新型冠状病毒肺炎的分析与思考	上海中医药大学学报	29

3 中医药科技期刊新型冠状病毒肺炎论文出版方向

3.1 可将专栏设置为固定专栏

期刊栏目是刊物办刊宗旨、办刊方向和办刊特色的体现，也是方便读者阅读和检索的重要手段[3]。尽管随着信息传播方式的改变和数据库的兴起，学术传播方式发生转变，期刊的整体性被破坏，栏目作为期刊的基本单元也经常被忽略，但是从传播学的角度来看，栏目仍然是编辑、作者、读者注意力的焦点[4]。

3.1.1 将中医药治疗新型冠状病毒肺炎设置为固定栏目是疫情防控常态化的需要

一般来说，期刊设置栏目是从刊物自身发展角度出发，由编辑部根据期刊定位及发展方向，主动策划而成。新型冠状病毒肺炎相关栏目的设立初衷是应对突如其来的疫情，栏目的策划具有应急性。当前疫情防控进入常态化，及时探索治疗新型冠状病毒肺炎的有效药物是今后相当长一段时间的工作重点。因此，将中医药治疗新型冠状病毒肺炎相关栏目设置为固定栏目很有必要。

3.1.2 将中医药治疗新型冠状病毒肺炎设置为固定栏目是发挥中医药治疗作用的需要

此次新型冠状病毒肺炎疫情可归属于中医学"疫病"范畴，中医学博大精深、源远流长，中医古籍中关于疫病的记载众多。目前，已有诸多学者围绕中医典籍中关于疫病的治疗进行研究、整理、挖掘相关治疗疫病的方剂。今后，应根据疫情，继续深入探索古方、经方在抗击新型冠状病毒肺炎中的作用。

3.1.3 将中医药治疗新型冠状病毒肺炎设置为固定栏目是发挥中医药康复作用的需要

尽管大部分新型冠状病毒肺炎患者经过规范化的治疗均已康复，但是国内外相关临床研究均表明，康复的新型冠状病毒肺炎患者仍存在各种后遗症[5]。中医与西医治疗模式不同，中医从整体出发，因人制宜，综合治疗，提高机体的抗病能力，从而防治疾病的复发。中医学在新型冠状病毒患者的康复中将发挥积极作用。

3.2 新型冠状病毒肺炎相关论文的优选

国务院办公厅日前印发《关于加快中医药特色发展的若干政策措施》，要求认真遵循中医药发展规律，认真总结中医药防治新型冠状病毒肺炎经验做法，破解存在的问题，更好发挥中医药特色和比较优势，推动中医药和西医药相互补充、协调发展[6]。这也为今后中医药科技期刊有关新型冠状病毒肺炎论文的优选指明了方向。

3.2.1 中医理论、文献研究论文

应结合新型冠状病毒肺炎疫情特点进行古方、经方的整理与挖掘。此次新型冠状病毒肺炎总体归属于中医学"疫病"范畴，但是，通过临床研究，此次疫情为湿毒疫，病机特点为湿、毒、瘀、虚[7]。因此，今后应根据此次疫情特点，有针对性地整理和挖掘治疗湿毒疫的古方、经方，开展相关研究。

3.2.2 中医临床研究论文

应对临床行之有效的方剂开展循证医学研究以及相关药理学实验研究。中医药在治疗新型冠状病毒肺炎疫情中发挥了重要作用，取得了一定的临床效果，但是相关的循证医学研究还相对滞后。谢洋等[8]对国际临床试验注册平台(ICTRP)发布的所有新冠肺炎相关临床试验进行分析，指出中医药临床研究需要在干预措施及结局指标方面进一步突显中医药疗效特点和优势。因此，应采取循证医学方法对评价中医药在治疗新型冠状病毒肺炎中的作用。

针对此次新型冠状病毒肺炎疫情，国家卫生健康委员会和国家中医药管理局推荐在中西医结合救治新型冠状病毒肺炎中使用清肺排毒汤，该方为张仲景相关经方的融合创新运用，可为疫情防控和临床救治发挥重要作用[9]。2021年，河北疫情的局部爆发迅速引起公众关注。中药清肺排毒汤已经运用于新型冠状病毒肺炎患者的治疗，该方对新型冠状病毒肺炎核心病机研判充分，配伍精妙，疗效显著。系统药理学研究阐明清肺排毒汤治疗新型冠状病毒肺炎的机制与调节免疫、抗感染、抗炎及多器官保护有关[10]。这正是结合此次疫情特征，在挖掘经典方剂的基础上，开展临床研究，并进一步进行药理学研究的典范。

3.2.3 侧重于有关新型冠状病毒肺炎患者康复期的研究

应关注中医药在新型冠状病毒肺炎康复中的作用。针对新型冠状病毒肺炎患者康复后存在的肺纤维化、器官损伤等问题，应切实发挥中医药优势，根据因地制宜、因人制宜等原则，采用针灸、推拿等多种方法增强患者体质，促进患者康复。

4 建议

4.1 积极发挥组稿优势，力争发表专家共识

各中医药科技期刊有关新型冠状病毒肺炎论文的分析结果表明，大部分论文为作者自发投稿，编辑部主动组稿较少。今后编辑部应更积极组稿，并切实发挥编委会作用，因为很多中医药科技期刊的编委乃至主编均是抗击疫情一线人员。编辑部可以采取线上会议的方式，选定议题，由专家口述，编辑部进行文字整理汇总，发表专家共识。

4.2 缩短出版周期，力争网络首发，突出时效性

此次疫情属于突发公共卫生事件，充分利用传播平台，实现快速发表传播对疫情防控和疾病治疗均具有重要意义[11]。然而，66 种中医药科技期刊中，仅有 38 种期刊具备网络首发功能，这就导致了很多新型冠状病毒肺炎论文的关注度有所下降。因此，各中医药科技期刊应积极与相关数据库合作，争取网络首发权，让中医药治疗新型冠状病毒肺炎相关论文更及时地出版。

4.3 论文选择上应在突出中医药特色的基础上兼具循证医学特征

中医学强调因时、因地、因人制宜，在此次新型冠状病毒肺炎的治疗上亦是如此。因此，梳理相关中医药治疗新型冠状病毒肺炎的论文可以发现，国医大师、名老中医关于新型冠状病毒肺炎的认识不尽相同，不同地区的患者治疗方法存在差异。因此，今后在论文的选择上，应在突出中医药特色的基础上，尽可能地扩大样本量，采用循证医学的方法，更好地评价中医药治疗新型冠状病毒肺炎的疗效。

参 考 文 献

[1] UMAKANTHAN S, SAHU P, V RANADE A, et al. Origin, transmission, diagnosis and management of coronavirus disease 2019 (COVID-19) [J]. Postgrad Med J, 2020, 96(1142):753-758.

[2] 张宇,张华敏,刘思鸿,等.基于 CNKI 的中医药防治新冠肺炎载文特点及主题聚类分析[J].中国中医药图书情报杂志,2021,45(1):1-6,12.

[3] 翟彬偲.基于引文分析法的学术期刊栏目评价研究:以《编辑学报》为例[J].科技传播,2020,12(14):6-10.

[4] 臧莉娟,唐振贵.中国学术期刊栏目评价研究:基于引文分析视角[J].重庆大学学报(社会科学版),2019(2):100-114.

[5] 李露露,宋圆英,胡馨予,等.中医药促进新型冠状病毒肺炎感染后患者康复的临床方案初探[J/OL].中药药理与临床[2021-06-08].http://doi.org/10.13412/j.cnki.zyyl.20210121.002.

[6] 国务院办公厅.关于加快中医药特色发展的若干政策措施[EB/OL].(2021-02-09).[2020-02-14]. http://www.gov.cn/zhengce/content/2021-02/09/content_5586278.htm

[7] 孙倩,于小勇.中医治疗新型冠状病毒肺炎述评[J].河南中医,2020,40(7):983-986.

[8] 谢洋,张彭,赵虎雷,等.国际临床试验注册平台注册的新型冠状病毒肺炎临床研究特点分析[J].中医杂志,2020,61(15):1294-1298.

[9] 薛伯寿,姚魁武,薛燕星."清肺排毒汤"快速有效治疗新型冠状病毒肺炎的中医理论分析[J].中医杂志,2020,61(6):461-462.

[10] ZHAO J, TIAN S, LU D, et al. Systems pharmacological study illustrates the immune regulation, anti-infection, and multi-organ protection mechanism of Qing-Fei-Pai-Du decoction in the treatment of COVID-19 [J]. Phytomedicine, 2020:153315. DOI:10.1016/j.phymed.2020.153315.

[11] 谢裕,张带荣,胡家胜,等.医药卫生期刊应对突发公共卫生事件的编辑出版实践:以医药导报为例[J].湖北科技学院学报,2020,40(6):46-49.

科技期刊同行评议质量的提升策略
——以《振动工程学报》为例

郭 欣，姚 巍，朱金才

(南京航空航天大学《振动工程学报》编辑部，江苏 南京 210016)

摘要：简要介绍了目前科技期刊同行评审报告在时效和内容中存在的问题，针对这两个问题并结合《振动工程学报》的特点和办刊实践提出了帮助审稿专家提升审稿效率，优化审稿报告内容，拓展审稿专家队伍，激发审稿人的工作热情以及如何从建立期刊自身的审稿特色等方面提升审稿的质量和速度。

关键词：科技期刊；同行评审；审稿专家；审稿报告

同行评审是保证科技期刊学术质量的关键环节和重要手段。编辑依据审稿专家对于稿件在科学性、创新性、应用价值等方面的客观、准确的判断和评价决定是否采用稿件[1]；作者基于审稿专家对稿件提出的具体的修改建议或意见来完善稿件，提升稿件在内容和形式上的质量。因此，选择合适的审稿专家，并收集到审稿专家客观、详细的审稿报告是科技期刊编辑最重要的工作之一。然而，在实际工作中，由于编辑、审稿专家和稿件的问题致使邀请的审稿专家不完全合适，审稿专家提交的报告较为笼统，参考价值不大，审稿周期过长等问题的出现。审稿报告的质量水平参差不齐，同行评审不能完全发挥应有的价值。

审稿报告的质量主要体现在报告的内容以及时效两个方面。在内容上，优秀的审稿报告应该包括审稿专家对文章各个方面的审慎的评价与具体的建议，为编辑和作者提供参考和帮助；在时效上，快速的评审不仅能够为作者及时提供意见，而且能够提升作者对期刊的满意度，为期刊吸引更多优秀的稿件，同时这也与科技类论文对时效性和创新性的高要求相一致[2]。

《振动工程学报》是由中国振动工程学会主办、中国科协主管的全国性核心期刊，主要反映我国振动工程领域的最新研究成果，评介最新科技成就。《振动工程学报》存在着评审周期长的问题，2020年平均的审理周期在100天以上。一方面是由于本刊的审稿流程较为复杂，在编辑部初审后，第一轮外审包含两位审稿专家的同行评审和一位编委的复审，之后根据文章的情况还会进行编委再审和主编或编辑部终审；另一方面，也存在着因工作量大而送审不及时，对审稿人的回复等待时间较长，没有及时处理审稿人审理拖延的情况。针对这些问题，编辑部也在认真反思并且采取一些积极的措施。

本文将结合《振动工程学报》的办刊实践，讨论学会主办的工程应用类科技期刊在同行评审中如何提升审稿报告质量的一些工作方法和心得体会，以期为各位科技期刊编辑同行提供一些参考和启发。

1 评审效率的提升

评审周期长一直是许多期刊普遍存在的问题，评审周期过长不仅会影响学术传播的时效性，也会提高作者的撤稿率，从长远来看，对于期刊的学术质量也是有负面影响的。一些编辑、学者对于如何解决这一问题提出了许多建议[2-3]。在本刊的工作实践中，主要从以下途径提高审稿效率。

1.1 把控送审文章的质量

首先，编辑部应当对投稿进行严格的把关，避免将明显不符合学术出版规范(例如存在剽窃、一稿多投、不符合国家保密规定等问题的稿件)，不符合本刊的办刊宗旨和学术范畴及学术水平明显达不到期刊要求的稿件送到审稿专家手中。有调查显示，79.31%的审稿专家认为如果稿件水平明显不足会影响他们的评审意愿[4]。《振动工程学报》编辑部会对每篇投稿在重复率、创新性、写作规范、学术水平等方面进行较为严格的初审。2019年的投稿中，编辑部初审的退稿率约为33%，2020年为25%左右，这一数字与经过同行评审后的退稿率基本是持平的。

1.2 提高送审的准确率

在保证稿件质量的基础上提高送审的准确率将可以大大提升审稿专家接受审稿并快速返回报告的概率。选择合适的审稿专家需要编辑明确期刊的办刊宗旨、定位和范畴，掌握本学科的基本知识，密切关注新的研究进展，也需要对本学科的学者队伍有一定了解，因此编辑要在日常工作中不断学习，积累经验；但寻找合适的审稿专家并不能完全依靠经验或一些常用的做法(例如利用学术文献数据库如CNKI、万方等来发掘审稿专家的研究兴趣)，因审稿专家的研究兴趣不是一成不变的，一个课题组所涉及的研究较为宽泛，这可能导致审稿专家所发表的论文并不仅仅聚焦于某一个问题。《振动工程学报》在实践中首先关注审稿专家两到三年以内发表的最新文章，大致掌握审稿专家的研究领域，重点放在了解审稿专家的基金项目和课题上，这应是审稿专家短期内最关注、最感兴趣的细分领域。有研究表明，如果稿件与审稿专家的在研项目相关，超过89%的审稿专家会更有兴趣审稿[4]。

同时，在工作实践中本刊也非常注意审稿专家库的动态更新，依据审稿专家的个人主页的新动态和在数据库中的新文献不定期更新专家库中审稿专家的审稿领域等信息。我们也会在送审邮件中提醒审稿专家及时更新个人的信息，例如工作单位、联系方式、研究兴趣、可审稿的领域等。在收到审稿专家的"退审"邮件时，我们也会留意审稿专家给编辑部的留言，"退审"的原因是时间不足还是因为稿件的内容与审稿人的研究兴趣不匹配。如果审稿专家认为该文不适合自己审稿，可以提醒编辑部是否对该文的理解有偏差，或是审稿专家的研究兴趣是否有了调整，需要在审稿专家库中变更信息，以进一步提高送审的准确率。

1.3 为审稿专家提供更多便利

在审稿的实际操作过程中应当尽量为审稿专家提供更多的便利。例如，《振动工程学报》会在送审邮件中清楚地写明审稿专家的登录网址、在线审稿链接、"退审"链接，以及审稿专家注册时的用户名和密码，以防审稿专家因为遗忘这些信息或不清楚如何进行线上审稿操作占用一些时间。

1.4 拓展审稿专家队伍

审稿专家也是科研工作者，同时承担着科研、教学、项目申报或解决工程难题等大量工作，因此不宜将过多的审稿任务压在审稿专家肩上。这就要求在期刊办刊领域内的各个细分方向都有一定的审稿专家储备量，且编辑对于期刊现有专家库应非常熟悉并不断拓展审稿专家队伍[5-6]。

本刊编辑部在审稿专家队伍建设的实践中也参考了许多同行的做法[5,7-8]。除此之外，本文提出一些其他挖掘新审稿专家的方法以供参考：例如，《振动工程学报》会要求每篇投稿的作者推荐 2~3 位审稿专家，但是这些审稿专家大多数情况下不会用于本篇文章的审稿，编辑部会根据作者提供的信息检索查询审稿专家的研究兴趣和科研履历，如果满足本刊对审稿专家的要求，研究兴趣与本刊的办刊范畴高度相关，编辑会将这些被推荐的审稿专家加入到本刊的审稿专家库中，并详细登记下审稿专家的信息，留待以后邀请他们审稿。我们也会将投稿中符合审稿专家要求的作者加入到我们的专家库中去，这样可以促进审稿专家数量和投稿数量的匹配，避免因某一领域审稿专家数量不足而频繁打扰部分审稿专家的问题。

此外，还有很多其他的手段，例如随着移动办公的兴起，现在已经有编辑部开始尝试通过自媒体、公众号等来招募审稿专家，也取得了不错的效果[7]。本刊在审稿工作中也开始类似的尝试。对于一些审稿周期很长的文章，我们会采取直接以微信联系审稿人的方式来确定审稿意向，但是这种方法只适用于编委或一些经常审稿，对期刊非常熟悉的审稿人。此外，编辑会还通过一些审稿专家的公众号和微信平台的分享，了解到最新的科研动态、学科建设、新的重点实验室或研究基地的落成等信息，便于我们挖掘审稿人和作者。

《振动工程学报》为中国振动工程学会主办的期刊，可以通过充分利用学会的资源来发掘合适的审稿人。中国振动工程学会根据不同职能和不同研究领域划分为 23 个分支机构。对于一些难以把握送审正确性或者研究领域较窄的文章，我们可根据文章的大致研究领域向相应的学术专业委员会成员征求意见，请他们审稿或推荐审稿人。这样既保证了送审的准确性，又可以发掘更多审稿专家和作者，同时也是一种与会员互动联络的方式。

2　优化审稿单

针对审稿报告笼统和评审时滞的问题，可以通过巧妙地设置审稿单的栏目和问题来引导审稿专家快速做出判断。编辑应当帮助审稿专家多做"选择题"，少做"简答题"，在审稿单中将审稿的要求具体化，使审稿专家的评审效率提升的同时获得期刊需要的评价项目和指标。例如，在《振动工程学报》的审稿单中，与期刊的特色和要求相对应，需要审稿专家对学术价值、创新性、工程应用价值的大小进行单项勾选，同时还需要对文章是否涉及版权问题或国家机密以及审稿专家对该文章内容的熟悉程度进行勾选。这些问题提示审稿专家应当着重注意文章的哪些问题，并且以单选的形式出现，使审稿专家更加直接，方便地做出选择，节省了时间。此外，审稿专家还可以通过对文章的熟悉程度作出评价来自我判断是否应该接受这篇文章的审稿邀请。审稿单中还包括了"总体评价意见"和"具体修改建议"两个部分，可以提示审稿专家需要对文章提出非常具体的建议，避免过于笼统的报告的出现。在实际操作中，本刊编辑会第一时间查看审稿专家返回的报告，如果认为报告较为笼统，会立刻联系审稿专家，在审稿专家审稿刚刚结束，对文章还留有印象时恳请审稿专家再提供一些更为具体的建议。

这些实践取得了非常好的效果，笔者也在一些学术论坛，例如"小木虫"，对本刊的评价中看到了作者对于本刊审稿报告的积极、正面的评价，认为本刊的审稿过程严谨，审稿报告详细，提出的建议对文章的提高帮助很大。

3　提高审稿专家的工作热情，形成期刊的审稿特色

提高同行评议质量的关键在于审稿专家，审稿专家对于审稿有较高的热忱，会促使评审

工作高效优质地完成。关于如何提高审稿专家的工作热情,已有一些文献做过报道,主要是体现在精神上和物质上的激励[8-10],例如刊登审稿人致谢、颁发审稿专家证书、评选优秀审稿专家、发放审稿费等。本刊也采取了类似的做法,在每卷卷终刊登审稿专家致谢,每年集中为审稿专家发放审稿费。我们也计划在将来的工作中,为优秀的审稿人减免版面费,或优先发表优秀审稿人的文章。同时,根据本刊的工作实践经验以及有关数据显示[4],审稿专家对审稿的热情也和文章与其研究兴趣的相关度以及对期刊的认同度大大相关。因此本刊在对审稿专家物质和精神的激励外,也非常注重提升期刊的审稿流程和要求以及工作方法在审稿专家中的认同度,努力形成期刊自己的"审稿特色"。

在"三审制"的基础上,每个期刊都有自己的审稿流程和审稿要求。强化本刊的审稿特色,改变传统期刊同行评审工作的固有模式,将本刊的审稿"制度"建立起来,并在审稿人中形成惯例,将使同行评审工作事半功倍,最终可以达到使审稿专家在接受本刊的审稿邀请时即对本刊的审稿要求了然于胸,对于本刊的审稿时限和审稿标准都有很深的认可度的目标。

在审稿时长上,作者经过调研了解到绝大部分的中文期刊和爱思唯尔,施普林格等一些国际知名的出版商的传统期刊,一般都会给审稿专家 4 周左右的评审时间。但缩短评审时间已经逐渐成为一种趋势,尤其是一些开放获取(OA)期刊,例如施普林格·自然旗下的 *Scientific Reports* 会根据稿件所属的学科特点给审稿专家 7~10 天的审稿时间;类似地,施普林格·自然旗下的大部分开放获取(OA)期刊和一些开放获取出版商(如 MDPI、Hindawi)的评审时间都在 1 周左右。这表明在较短的时间内返回质量合格的评审报告是可行的。大部分的审稿专家也认为如果稿件的内容与他们的研究兴趣非常匹配,评审稿件并不会占用很长时间[4]。因此,在实践中,本刊设置合理的评审时长,合理的提醒审稿时间和提醒间隔,及时取消未能按时回复或提供报告的审稿邀请,改变因怕打扰到审稿专家而在发送审稿邀请后编辑部只能等待的做事方法,不浪费审稿专家和作者的时间。经实践发现,及时向审稿人发提醒信息是非常关键的,无论是通过邮件还是微信等社交媒体工具,无论是在审稿人接受审稿邀请之前还是之后。因审稿专家平日的工作有大量信息要处理,有时候仅仅是遗忘或忽略了审稿的邀请,并不是不愿意审稿,及时的提醒可以帮助我们大幅度缩短评审时间也可以帮助审稿人合理安排他们的时间。

在审稿质量上,坚持本刊对于报告内容的高标准,对于不符合本刊标准的报告要及时与审稿专家取得联系,说明报告中缺失的内容并恳请审稿专家提供更为详细的报告,使本刊的评审标准逐渐在审稿专家中得到共识。

除此之外,要提高审稿报告的质量,对审稿专家进行审稿方面的培训也是非常必要的。一些国际知名的出版商会组织一些线上或线下的审稿人培训,例如 Wiley 组织了线上线下同步的审稿人培训,对审稿人进行了内容为"同行评审的必要性;如何成为审稿人;对审稿人的要求"的培训,并组织了"同行评审技能大赛"[11]。对于单一期刊来说组织大型的培训是有难度的,参与的人数也有限,今后的工作中可以通过刊物的主管或主办单位或是同一地区的兄弟期刊来组织类似的活动。

4 结束语

对于与《振动工程学报》类似的涉及多学科交叉的期刊,审稿专家涉及各个理论与工程应用领域,准确送审难度大;审稿专家大多承担科研及工程类工作,评审所需时间较长。针对这些问题，本文提出了提升审稿效率、优化审稿单以及激发审稿专家热情的一些措施来提升本刊的同行评议质量，特别是借助移动媒体以及依托学会的资源等办法在本刊的同行评审实践中取得了较好的效果，截止到 2021 年 5 月 15 日，本刊的审理周期为 48 天，相比 2020 年下降超过 50%。同时，我们也可以看到，在审稿时效与审稿质量上，与国际知名出版商的期刊相比，还存在一定的差距。这可能与期刊的声誉、审稿流程的设置、审稿平台、审稿专家的激励机制等诸多因素相关。对期刊自身来说，我们目前欠缺的是进一步发展出期刊自身的审稿特色，以及组织一些对审稿人的培训，提高审稿人的审稿水平；而在科研评价体系中，如何将审稿工作纳入到评价体系中以及建设如 Publons 这样的审稿专家平台，提高学者对审稿工作的重视和在科研评价体系及同行中对审稿工作的认同，我们任重而道远。

参 考 文 献

[1] 绳宇.审稿专家对学术期刊的作用及审稿问题分析[J].中华护理杂志,2011,46(12):1244-1245.
[2] 胡晓梅.科技期刊审稿专家拒审、拖延审稿原因分析及应对办法[J].编辑学报,2019,31(2):187-190.
[3] 谢辉.国内科技期刊的出版时滞过长原因探析及对策[J].韶关学院学报(自然科学),2011,32(2):72-75.
[4] 刘潇.如何让专家欣然、高效、准确地审稿[J].中国科技期刊研究,2013,24(4):795-797.
[5] 聂兰英,王钢,金丹,等.论科技期刊审稿专家队伍的建设[J].编辑学报,2008,20(3):241-242.
[6] 罗向阳,李辉,张翔.加强审稿科学管理,切实提高科技期刊质量和水平:《机电工程》杂志探索提高审稿质量的方法[J].中国科技期刊研究,2013,24(1):143-145.
[7] 李丹,苏磊,蔡斐.新形势下科技期刊审稿专家队伍建设[J].编辑学报,2019,31(增刊 2):208-210.
[8] 冯广清.浅谈审稿专家队伍的建设与优化[J].新闻传播,2017(2):24-25.
[9] 陈晓峰,蔡敬羽,刘永坚.科技期刊同行评议中审稿人激励措施研究[J].中国科技期刊研究,2019,30(11):1157-1163.
[10] 任卫娜.近年来我国科技期刊审稿问题研究综述[J].出版科学,2020,28(2):45-51.
[11] ISTIC & Wiley 医学领域国际期刊同行评审培训[EB/OL].[2021-02-02].https://app6sjglueg4184.pc.xiaoe-tech.com/detail/l_5fc9e7b4e4b0231ba88aa940/4?fromH5=true.

多渠道组稿和传播促进优秀论文写在祖国大地上
——以《中国科学》杂志社期刊为例

张学梅,张冰姿,卢 珊,王 晶,王贵林

(《中国科学》杂志社,北京 100717)

摘要:中国科研水平的提升、论文出版数量的增长以及国家政策的倾向性支持,为国内科技期刊发展带来了机遇。在这些有利的背景下,如何吸引"优秀科研成果"和科研人员的"代表作"成为国内科技期刊重点思考和主要突破的方向。本文阐述了《中国科学》杂志社在吸引优质稿源,通过发挥期刊的学术评价功能促进优秀成果广泛传播等方面采取的措施以及取得的成绩,以期为同行提供可借鉴的经验。

关键词:科技期刊;优秀论文;学术评价;组稿;影响力

科技期刊作为一种特色文化产品,是记录、交流和传播科技创新成果的载体,在培养科技人才和提升文化软实力等方面发挥了巨大作用[1]。但我国科技期刊在国家创新体系中的功能定位还不够清晰,在学术影响力和市场竞争力等方面还相对薄弱,而且中国优秀成果的出版内容外流非常严重。例如,2010—2019 年,中国作者高被引论文数达到 33 671 篇,而中国期刊高被引论文数只有 1 060 篇,仅占 3.1%[2]。说明我国优势学科的成果并没有很好地通过国内科技出版推向国际。为了扭转该局势,近年来相关部门发布了多个纲领性文件,如 2015 年 11 月,中国科学技术协会(科协)、教育部、国家新闻出版广电总局等联合发文倡议优秀科研成果优先在我国科技期刊发表[1]。2016 年 5 月 30 日,习近平总书记号召"广大科技工作者要把论文写在祖国的大地上,把科技成果应用在实现现代化的伟大事业中"[3]。2020 年 2 月 17 日,科技部印发《关于破除科技评价中"唯论文"不良导向的若干措施(试行)的通知》,提出对论文评价实行代表作制度,其中国内科技期刊论文原则上应不少于 1/3[4]。这些政策,将会促进重要科技成果和出版资金的"回流",切实为中国科技期刊的发展迎来了"春天"。众所周知,提高发表论文的学术水平,是提升科技期刊国际影响力和竞争力、实现世界一流科技期刊目标的根本[5]。在这些有利的背景下,如何吸引"优秀科研成果"和"代表作"以及如何留住中国的顶级论文,成为国内科技期刊重点思考和主要突破的方向。

本文结合《中国科学》杂志社旗下 19 种期刊近几年的改革与实践,针对"如何吸引科研人员把优秀论文发在祖国大地上"这一课题,提炼了一些举措,并分析了取得的成效,以期为其他科技期刊的发展提供借鉴。

1 优秀论文的含义

根据中国科协评选中国科技期刊年度优秀论文的要求,优秀论文是指"在国际学术界有影响、在科技前沿有突破和建树、对原始创新有引领作用、对国家经济社会建设有重大贡献的论文"。根据论文类别来看，综述类论文须反映某分支学科或重要专题的历史背景、研究现状、发展趋势，具有较高的科学性和情报学价值[6]；基础研究论文须在基础研究领域对所在学科发展有重大影响或能够开拓和引领学科发展；应用研究论文须在应用研究领域具有巨大应用价值，能够引导所在学科工程与技术发展。优秀论文通常需要通过定量(如被引次数、下载次数)和定性(同行评议)相结合的方式确定。发表顶尖的科研成果，服务于科技创新，始终都是世界一流科技期刊建设最重要的特征[7]，是科技期刊不懈追求的目标。

2 多措并举，吸引优秀学者重要科技成果

目前，组织专刊是国内科技期刊吸引优质稿源的主要途径之一[8-9]。但因为依靠该措施组稿的国内外期刊很多，约稿对象又相对比较集中，而科研人员很难在短时间内产出足够多的高质量成果，所以很多专刊中稿件的质量难以保证。因此，要想真正吸引到高质量成果，期刊需要采取创新性措施，才能从同质期刊中"脱颖而出"。

2.1 向新当选院士约稿

《中国科学》系列期刊和《科学通报》(以下简称"两刊")的主管单位是中国科学院，自2008年开始依托中国科学院学部平台办刊。学部在推进"两刊"建设中开展了多项措施，如由各学部常委会推选院士担任各辑主编，依托"科学与技术前沿论坛"支持"两刊"选题组稿，搭建期刊宣传展示平台等[10]。特别地，在吸引优质稿源方面，学部平台为"两刊"创造了良好的政策环境，如2008年5月，向新当选院士发出了《关于请新当选院士向〈中国科学〉和〈科学通报〉投稿的通知》，鼓励新当选院士在"两刊"以第一作者或者通信作者身份发表反映其学术成就的论文。这些措施为提高"两刊"的文章质量提供了制度保障。《中国科学：生命科学》自2016年设立"From CAS & CAE Members"(新院士专栏)，特邀发表中国科学院、中国工程院新当选院士的代表性文章。目前已发表中国科学院、中国工程院新当选院士高质量文章30余篇。如周琪院士团队撰写的《干细胞在再生医学领域的应用前景》、陈化兰院士团队撰写的《家禽疫苗免疫成功阻断人感染H7N9》、刘耀光院士团队撰写的《水稻杂种不育分子遗传研究》等一批高水准、高影响力的文章。近5年，"两刊"共发表300余位院士担任第一或通讯作者的文章近700篇，占总发文量的6%。

2.2 向新晋"杰青"约稿

获得国家杰出青年科学基金项目的专家(简称"杰青")都是在世界科技前沿领域取得突出成绩的青年学者。他们积极活跃在各自的研究领域，不仅学术水平高，而且正值科研成果产出的高峰期。自2014年，《中国科学：化学》主编万立骏院士和化学部主任朱道本院士每年都会联名向新晋"杰青"约稿，邀请他们把反映其高学术水平的"代表性"成果投在该刊[11]。目前，《中国科学》多个期刊，如《中国科学：技术科学》《科学通报》等都在采用该措施，均取得良好效果。

2.3 组织编委/青年编委专刊

"两刊"的编委会主要由院士、"杰青"和国际著名专家组成[12-13]。他们的科研工作均处于相关研究领域的最前沿，而且作为编委，他们也更有热情为期刊发展作贡献。依托编委会组织专刊，有助于吸引这些优秀科研人员的高质量成果。如《中国科学：化学》2017年第5期组织出版的"青年编委专刊"，其包括的14篇文章在出版后第一年和第二年的篇均被引频次分别为8.428和7.671，远高于期刊2018和2019年的影响因子(6.132和6.056)，而且其中2篇文章

还入选了该刊的年度优秀论文,充分展现了其对期刊发展起到的重要推动作用。

2.4 组织科技新星专刊(Emerging Investigator Issue)

组织出版 Emerging Investigator Issue 旨在吸引处于独立科研生涯早期阶段(通常是博士毕业 10 年内)的科研人员将杰出研究成果投到本刊。《科学通报》《中国科学:化学》和《中国科学:材料科学》近几年陆续采取了该措施组稿。作者遴选方式主要有两种:①发布专刊征稿启事,科研人员提交个人简历(包括教育和工作经历、研究领域、相关研究成果的 10 篇代表作、获得的奖项和荣誉等),编委会遴选通过后投稿;②由主编、副主编和编委推荐所熟悉领域的若干位青年科学家,通过编委会和编辑部发送约稿信,邀请其投稿。接收的稿件经过同行评议后决定是否录用。该项措施有助于吸引"青年千人""青年拔尖人才""优青""青年长江学者"等年轻学者的优秀科研成果。实际上,国外出版社也常常采用该种方式组稿。

2.5 开设国家自然科学基金专栏

自 2011 年 8 月开始,《中国科学》杂志社各刊设立了"自然科学基金项目进展专栏",将国家自然科学基金各领域创新研究群体、重大研究计划、重大和重点、杰出青年基金等项目资助的代表性成果收录在该专栏发表。该项措施,不仅成为推介和展示自然科学基金项目重要成果的窗口,也有助于吸引科研人员把高质量、创新性强的成果投给"两刊"[14]。

3 提高同行评议质量,严控录用文章水平

上述多种措施,保证了投稿数量的增加,但如何从众多稿件中筛选出高水平成果或代表作,同样需要编辑部和编委会采取创新性措施来实现。同时,同行评议在保证期刊学术质量方面也发挥着非常关键的作用。

3.1 增加编委初审环节

《中国科学》系列期刊大多由副主编组织评审,因他们学术水平更高,对前沿研究的了解更充分,筛选文章质量的标准更严格,从而保证了录用文章的质量[11]。但副主编人数通常较少(10 位以下),对于综合性期刊来说,副主编们的研究背景不能覆盖所有学科领域。在此情况下,期刊增加了编委初审环节。即收到投稿后,编辑部先送给研究领域相近的编委初审,初审未通过的,直接退给作者,这样不但保证了录用文章的水平,而且节省了作者等待同行评议结果,以及审稿专家的时间;编委初筛通过的稿件再送给副主编筛选和组织同行评议,通过双重把关,进一步提高了送审文章的质量。

3.2 提高同行评议质量

同行评议在对学术期刊进行稿件质量控制方面起着关键性作用,评审意见也是影响编辑最终决定的重要因素。为了切实获得高质量的、对研究工作有重要指导作用的评审意见,期刊也采取了多项措施,包括:①建立庞大的审稿人数据库,精确匹配到小同行审稿人;②在审稿邀请信中不仅给出期刊定位,同时明确审稿标准;③邀请国际审稿人,且提高审稿专家队伍的多样性;④通过宣讲和交流等方式,使专家了解期刊的审稿标准;⑤认真检查,避免只给出笼统的评价,而没有具体修改建议的"无效评审";⑥根据评审速度、数量和质量等因素,遴选优秀审稿人并发布新闻和颁发证书,维护热心支持期刊的审稿人队伍。

4 充分发挥科技期刊的学术评价功能,促进优秀成果广泛传播

学术评价是科技期刊的一项基本功能。通过该功能,科技工作者可获得同行认可、学术

认定和社会认同[1]。国外大型出版商非常重视发挥科技期刊的学术评价作用。如美国化学会(ACS)设置 ACS Awards，英国皇家化学会(RSC)依托其丰富的期刊群设置 RSC Awards，细胞出版社(Cell Press)联合中国科学报社评选"中国年度优秀论文"等，都受到了科研人员的广泛认可，所产生的影响也日益扩大。因此，如果国产科技期刊能够根据自身特点，巧妙借鉴这些举措，就能助力作者的研究成果得到更广泛的传播，也有利于进一步吸引到高质量的科研成果。

近几年，《中国科学》杂志社多个期刊根据自身特点，设置了不同类型的奖项，包括在中国科学院层面评选"两刊"优秀作者、设置期刊创新奖、评选年度优秀论文等，在促进优秀科技成果广泛传播的同时，也提升了期刊的显示度和影响力，并且延伸了其价值链——科技期刊的人才发现功能。

4.1 依托高端平台，评选"两刊"优秀论文

借助"学部平台办刊"的优势，自 2016 年起，"两刊"开展优秀作者的评选活动，旨在表彰长期支持"两刊"发展、近 5 年内在"两刊"发表优秀论文、为"两刊"影响力提升作出突出贡献的学者。优秀作者由编辑部提名人选，编委会讨论确定推荐名单，并由"两刊"理事会评审通过后，在当年召开的理事会会议上由中国科学院院长颁发荣誉证书[15]。该项活动不仅遴选了优秀成果，还增强了广大科学家参与"两刊"工作的责任感和荣誉感。

4.2 设置"创新奖"，遴选优秀科学家

"中国科学材料·创新奖"由《中国科学》杂志社旗下《中国科学：材料科学》期刊于 2018 年设立，旨在表彰在国际材料科学领域作出重大贡献、推动我国材料学科发展的杰出科学家。该奖项每年评选一次，由《中国科学：材料科学》编委会成员提名，并由组建的评奖委员会决定最终人选[16]。如首届创新奖颁发给了中国科学院大连化学物理研究所的张涛院士，以表彰在"在工业催化材料研究领域的作出突出贡献，特别是在单原子催化方面做出开创性研究"；第二届创新奖颁发给加州大学洛杉矶分校的段镶锋教授，以表彰他"在纳米材料与器件研究领域作出突出贡献，特别是在二维材料异质结的可控合成和范德华集成方面做出开创性研究"。该奖项的设立，不仅提升了期刊的品牌价值，也有助于吸引或约请国际著名专家的高质量成果。编辑部还借助"创新奖"的评选，组织出版相关专题文章，如已出版的"单原子催化"专题中，首届"创新奖"获奖者张涛院士的研究团队贡献了 2 篇高质量论文。

4.3 评选各刊年度优秀论文，彰显高质量成果

自 2012 年起，《中国科学》杂志社所有期刊都开展了年度优秀论文的评选活动，主要由编委会和编辑部共同遴选出过去 1~2 年对学科发展具有重要推动作用的研究成果。除了颁发证书和奖金，各刊会通过期刊网站、微信公众号以及其他科学媒体、社交平台等进行广泛宣传。这些评优活动充分调动了作者的积极性，增进了优秀作者对期刊的黏性，也为期刊赢得了更广泛的关注。

4.4 参加重要机构的优秀论文遴选，提高论文影响力

近年来，为了从源头上推动我国科技期刊质量的提升，同时推广优秀科研成果，相关部门开展了优秀论文的遴选活动，如中国科协的"中国科技期刊年度优秀论文"和中国科学技术信息研究所(简称"中信所")的"领跑者 5000"。《中国科学》杂志社各刊积极参选，以期进一步推广其发表的高质量成果。

4.4.1 参评"中国科协优秀科技论文遴选"

自 2016 年起，中国科学技术协会每年组织开展"中国科协优秀科技论文遴选"活动，旨在通过评选优秀论文鼓励科技工作者多出科研精品和原创性研究成果，并引导他们把更多优秀成果首发在我国科技期刊上[6]。通过牵头单位组织实施、专家推荐、初评遴选、终评审定以及公示等程序，每年从近 3 年中国科技期刊发表的 300 多万篇论文中遴选不超过 100 篇优秀论文予以发布。中国科协除了对入选论文的作者进行表彰和奖励，还通过中国科协官网公布，通过科界、学会服务 365 等新媒体渠道对入选论文进行宣传推介。该活动的举办对引导科研工作者把优秀成果投给国内期刊，助推世界一流科技期刊建设具有重要作用。自举办以来，《中国科学》杂志社各刊积极组织专家推荐文章参选，目前已有 29 篇文章入选，并且通过杂志社网站、微信公众号等对获奖论文进行了详细的报道和深度的推广。

4.4.2 参评"领跑者 5000"

"领跑者 5000"(F5000)是中信所在依托中国科技论文引文数据库(CSTPCD)进行定量评估的基础上，结合同行评议或期刊推荐的方式，从中国精品科技期刊中遴选的优秀学术论文[17]。为了更好地对外展示和交流我国的优秀学术论文，除了建立 F5000 平台(http://f5000.istic.ac.cn/)，中信所还与科睿唯安、约翰威立国际出版公司、泰勒弗朗西斯集团以及加拿大 Trend MD 公司等合作实现 F5000 文章在 Web of Science 中的引用链接，在国际著名出版社下的期刊网站上跨平台展示等。《中国科学》杂志社旗下期刊每年都积极参加该项活动。其中，2019 年有 29 篇文章入选。

5 取得的成效分析

无论是国内或国外出版企业，其发展壮大的核心都是作者资源的获取和利用。近年来，《中国科学》杂志社在吸引作者"把论文发在祖国大地上"进行了大量的努力和尝试，采取了一系列卓有成效的措施。不难看出，各期刊开展的向新当选院士约稿、向新晋杰青约稿、组织 Emerging Investigator Issue 等措施覆盖了"老、中、青"优秀科研人员，依托《中国科学》品牌优势设置奖项、积极参加省部级优秀论文遴选等活动满足了作者希望科研成果"被认可"的需求。因此，这些措施为杂志社各刊吸引到了大量代表性成果，从而促进了各刊的持续发展。近 5 年，"两刊"高影响力论文不断涌现：ESI 高被引论文数从 2016 年总计 35 篇增长到 2020 年的 126 篇；1 篇论文入选"中国百篇最具影响力国际学术论文"；13 篇论文入选"中国百篇最具影响力国内学术论文"(中信所评选)；29 篇论文入选"中国科协优秀科技论文"。"两刊"还发表了一批解决学科瓶颈问题的重要成果，如全球最快超级计算机"神威太湖之光"、最高效率超过 16%的聚合物太阳能电池等，充分体现了期刊服务科技创新发展的功能。此外，正是由于文章质量的显著提升，《中国科学》系列期刊和《科学通报》的影响因子和国际排名指标也得到了大幅提升(见图 1)。

6 结束语

当前，我国科研人员发表论文的总数和高被引论文数都在大幅度增长，这为我们培育世界一流期刊提供了"源头活水"。如何吸引中国一流稿件发表在祖国大地上是我们实现目标的突破口和发力点。国家的多项倾向性支持政策，已给国内科技期刊发展创造了良好时机，但各编辑部仍需突破传统办刊模式，不断寻求创新性措施，才能把一流稿件吸引到自己的期刊。《中国科学》杂志社采取多项措施，吸引到优秀论文，甚至世界一流成果，对提升期刊的国际影

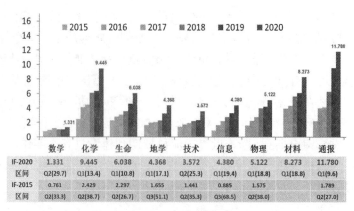

图1 "两刊"影响因子和国际排名的变化情况

响力起到了重要作用,可为其他科技期刊的发展提供借鉴。

参 考 文 献

[1] 中国科学技术协会.关于准确把握科技期刊在学术评价中作用的若干意见[EB/OL].(2015-11-11)[2020-08-21].http://www.gapp.gov.cn/news/1663/268504.shtml.

[2] 中国科学技术协会.中国科技期刊发展蓝皮书(2020)[M].北京:科学出版社,2020:104.

[3] 央广网.习近平治国理政"100句话"之:把论文写在祖国的大地上[EB/OL].(2016-06-10)[2020-08-02].http://news.cnr.cn/dj/20160610/t20160610_522366922.shtml.

[4] 科技部.关于破除科技评价中"唯论文"不良导向的若干措施(试行)的通知[EB/OL].(2020-08-21)[2020-02-17].http://www.most.gov.cn/xxgk/xinxifenlei/fdzdgknr/fgzc/gfxwj/gfxwj2020/202002/W020200716318617342543.pdf.

[5] 李自乐,郭宸孜,张莹,白雨虹.成为一流科技期刊的几个必要条件[J].科技与出版,2019(1):6-12.

[6] 中国科协组织开展中国科技期刊年度优秀论文遴选推介活动[EB/OL].(2016-06-23)[2020-08-21].http://www.cast.org.cn/art/2016/6/23/art_42_63620.html.

[7] 张昕,王素,刘兴平.培育世界一流科技期刊的机遇、挑战与对策研究[J].科学通报,2020,65(9):771-779.

[8] 蔡斐,苏磊,李世秋.科技期刊争取优质稿源的重要抓手:策划出版专刊/专栏[J].编辑学报,2018,30(4):416-419.

[9] 张伟伟,王磊,马勇,等.以出版学术专刊为抓手提升科技期刊影响力[J].科技与出版,2019,38(4):145-150.

[10] 魏秀,李雪,王振宇,等.依托学部办好《中国科学》《科学通报》的实践与启示[J].中国科技期刊研究,2018,29(8):849-852.

[11] 张学梅,郑建芬,许军舰.提升科技期刊内容质量的措施和实践:以Science China Chemistry为例[M]//学报编辑论丛(2020).上海:上海大学出版社,2020:19-23.

[12] 董少华,王贵林,张学梅,等.探索建设世界一流科技期刊之路:以《中国科学》杂志社19种期刊为例[J].中国科技期刊研究,2020,31(7):747-751.

[13] 张学梅,许军舰.创新编委会工作模式,提升期刊国际影响力:Science China Chemistry成立青年工作委员会经验浅析[J].中国科技期刊研究,2016,27(4):444-448.

[14] "自然科学基金项目进展专栏"栏目介绍[J].中国科学:数学,2011,41(12):1104.

[15] 2019年《中国科学》和《科学通报》理事会会议在京召开[EB/OL].(2019-12-05)[2020-08-21].http://www.casad.cas.cn/yw/201912/t20191205_4726549.html.

[16] 张涛研究员获首届"中国科学材料·创新奖"[EB/OL].(2018-06-18)[2021-08-20].https://engine.scichina.com/news/journalNews/vYaANMA6bZz2Qf2Rd.

[17] 领跑者5000:中国精品科技期刊顶尖学术论文平台(F5000)[EB/OL].[2021-08-20].http://f5000.istic.ac.cn/f5000/index.

Journal of Environmental Sciences 提高审稿效率的探索与实践

王紫萱,冯庆彩

(中国科学院生态环境研究中心《环境科学学报(英文版)》编辑部,北京100085)

摘要: 介绍*Journal of Environmental Sciences*(JES)在同行评议中为提高审稿效率、缩短审稿周期所做的探索与实践,以期为英文科技期刊工作者提供可借鉴的做法和经验。JES组建专家数据库、确定审稿制度,针对不同来源稿件灵活送审不同数量的专家审稿,针对稿件不同送审结果采用相应策略以缩短审稿周期。JES审稿周期由10年前的3~4个月缩短到现在的1.5个月左右,审稿效率明显提高。JES在同行评议过程中,通过对审稿工作的不断调整和改进,提高了审稿效率,缩短了审稿周期,文章质量得到明显提升,这些实践经验可为英文科技期刊编辑开展审稿工作提供参考与帮助。

关键词: *Journal of Environmental Sciences*; 英文科技期刊; 同行评议; 审稿效率

近年来,在期刊管理部门的持续关注和科学界的大力支持下,我国英文科技期刊发展迅速,2010—2016年就创办了99种新刊。虽然目前我国已有300多种英文期刊,但科学界和期刊界对创办英文科技期刊的需求仍然很大[1]。在国家政策和经费的鼓励和支持下,越来越多的英文科技期刊被国际主流检索系统收录,国际影响力也有所上升,但期刊发表论文的数量规模却持续减少,稿源竞争力下降[2]。因此,在国家提出要深化改革、培育世界一流科技期刊的当今,怎么发展英文刊也成了业界关注和讨论的热点问题。

学术质量作为影响英文期刊发展的主要因素,它既是期刊生存的根本,也是期刊工作的重点[3],而同行评议是保证文章质量的必要环节[4]。面对日益激烈的国际化竞争,在同行评议中,加快审稿速度、缩短审稿周期是获取优质稿源、提高英文科技期刊国际竞争力的有效举措,因此审稿在出版工作中占有举足轻重的地位。2018年9月,全球规模最大的出版商——科睿唯安(Clarivate Analytics)旗下面向研究人员的同行评议平台Publons公布了"Publons同行评议奖"的获奖者名单——表彰全球范围内在同行评议质量和数量方面表现最佳的科研人员[5],这也足以说明同行评议在国际期刊出版领域的重视程度。

但送审中常常出现找准审稿专家难、退审多、审稿意见回来缓慢等问题,这是科技期刊在稿件送审过程中经常遇到的困难与挑战。*Journal of Environmental Sciences*(以下简称JES)期刊近10年的年来稿量在2 100~3 600篇之间,审稿工作量巨大。本文作者结合10多年的一线送审工作经验,阐述了JES在同行评议过程中为了提高审稿效率、缩短审稿周期,使文章质量得以提升所做的探索和实践,以期为英文科技期刊编辑开展审稿工作提供参考与帮助。

基金项目: 中国科学院科学传播局重点期刊支持项目
通信作者: 冯庆彩, E-mail: qcfeng@rcees.ac.cn

1　JES基本概况

JES是由中国科学院主管、生态环境研究中心主办的一本环境科学领域英文期刊，也是我国环境科学领域第一份综合性英文学术期刊，1989年创刊，1991年被EI收录，2001年被SCI收录，国内由科学出版社负责发行。2007年开始与Elsevier合作，由其负责海外发行。自创刊以来，JES一直坚持自己独特的办刊理念和办刊宗旨：立足国内，面向国际，为环境科学工作者打造高水平的学术交流平台[6]。根据科睿唯安公司2021年发布的最新期刊引证报告数据显示[7]，JES在2020年度的SCI影响因子上升到5.565。在全球274份环境科学领域的SCI期刊中，排名55，居Q1区。目前在环境科学领域JES已成为中国乃至亚洲最具国际影响力的期刊，越来越受到国内外学者的关注。

2　JES提高审稿效率的实践

2.1　审稿专家数据库建设

英文科技期刊是为全球相关领域的科技工作者提供学术交流的平台，所以一定数量和规模的国内外审稿专家——审稿专家数据库是必不可少的。JES创刊后的最初10年，外审是采用将纸质稿件邮寄给审稿专家，然后审稿专家将审稿意见邮寄给编辑部，其过程费时费力，与专家交流不通畅，审稿专家库是手写在本上的简单表格。随着网络的兴起，接下来的5年，JES采用E-mail送审，虽然比纸质邮寄快捷，但收发邮件、存取审稿意见等步骤繁琐，且特别不适合采编一体化。但这个阶段JES开始使用Excel表建立数据库，根据专家的研究方向和兴趣分类，记录每位专家的详细信息，这是专家数据库的雏形。

2.1.1　专家数据库的初建

网络投审稿系统所具有的优越性是传统的纸质信件或者E-mail处理方式无法比拟的，它推动了科技期刊更快更好地发展[8]。2006年，JES开始使用勤云网上采编系统，并将之前的Excel表专家库导入该系统中。最初审稿专家约300人，数据库不大，JES选用专家原则上应具有副高级以上职称，但也有个别研究工作突出的博士后、助研等。JES最初扩充数据库的途径主要是：①将编委加入审稿专家行列；②在比较知名的大学或研究所网站上查找环境领域的相关专家，这是当时审稿专家的主要来源。

2.1.2　专家数据库的维护和更新

专家数据库是期刊的重要资源，随着期刊的发展，专家库需要不断地更新和完善[9-10]。JES近几年新的审稿专家主要来源有：①外审时，根据文章关键词在网上搜索相关领域专家，或者查看文后比较新的参考文献的作者，网上搜索其信息；②作者投稿时推荐，不过作者推荐的审稿专家层次不齐，审查后只有一小部分可用；③审稿专家在退审时推荐的专家，这部分专家水平都较高，且审稿认真；④一些青年专家自荐，这部分专家审稿积极、认真，对于所有自荐或推荐的专家，我们都将对其资历进行审核，以确定他们能否为JES审稿；⑤编辑在ScienceDirect、Taylor & Francis等平台上查找环境领域期刊、注册E-alert，只要这些期刊有最新文章上线，E-mail就能收到，经常关注这些文章，能精准找到一些审稿专家；⑥从2014年开始使用Elsevier的采编系统，该系统后台链接的数据库是Scopus，Scopus数据库是Elsevier推出的全球最大的同行评审期刊文摘和引文数据库，包括全球5 000多家出版社的近22 000种同行评议的学术期刊，涵盖了全球3 000多万学者的信息。JES通常根据文章的关键词在Scopus中搜索审稿专家，并将其添加到JES专家数据库中，这是目前JES查找审稿专家的一个重要且主要的来源。JES的专家数据库也由最初的300名增长到现在的近万名。

随着审稿专家库的不断扩大，不合格的审稿专家也会增加，这些专家在数据库里不仅占用空间，而且编辑每次送审搜索关键词时也会出现，这很影响工作效率，所以需定期剔除。JES剔除审稿专家的原则是：①连续2次以上退审或者送审后不回应；②不擅长电子版审稿，或者不善于使用网上投审稿系统；③连续2次以上审稿意见简单，写几句话就直接下结论接收或退稿。对于这些不合格的审稿专家，JES及时清出审稿专家库。

2.2 JES审稿制度
2.2.1 采用单向匿名审稿

近年来很多期刊实行双向匿名审稿，即双盲审，作者不知道审者，审者也不知道作者。这是国际上高水平学术期刊审稿的一个通例，国内外早就在探讨匿名审稿和公开审稿的利弊，王志娟等[11]认为双盲审可以减少对作者的偏见，在一定程度上实现审稿的公平公正。Newcombe and Bouton[12]研究则认为如果不知道作者的资历，审稿人就不能提供较多的意见给经验不足的作者。JES在10多年前也实行过一段时间的双向匿名审稿，但有审稿专家提出异议：他们认为同在环境领域内，彼此的研究工作和水平大体知道，如能知道稿件作者，审稿意见将更具有针对性。因而JES又改回单向匿名审稿，即审者知道作者。JES多年的单向匿名审稿质量也表明，大部分专家都很公平公正。JES是环境领域专家学者公认的国际大刊，他们认为有责任去维护和保证期刊的学术质量。因此，JES近10年来一直采用单向匿名审稿。

2.2.2 根据稿件来源送审一位、两位或多位专家审稿

因为JES稿件来源多样化，所以采用送审一位、两位或多位专家审稿的外审方式。

普通日常来稿：JES送审的原则是送至少一位中国专家和一位外国专家审稿，中国专家一般比外国专家好找。送审时：①快速浏览文章，根据关键词在JES审稿专家数据库中搜索专家，查看该专家最近的审稿记录，如果之前的审稿记录很好，最近没有文章待审，则可以选择该专家，这是最好的状态；②作者投稿时推荐的专家不一定会用，但要求回避的审稿专家一定回避；③根据文章主题词在Scopus数据库中查找国内外专家。

专栏、特刊稿件：专栏、特刊的稿件大多为会议组稿文章，JES通常要求组织方确定一位学术地位比较高的专家作为责任编辑，让其初审后推荐审稿专家，专栏或特刊文章一般不严格要求推荐一中一外两位审稿专家，两位中国专家、或者对于高水平文章仅一位专家审稿都可以。编辑送审时在邮件落款处写上该责任编辑姓名，专家基本都能按时按质按量完成审稿。

约稿：约稿知名专家的综述或研究性论文一般送一位编委或知名专家评审。

走快速通道的稿件：作者投稿到国际大刊被退稿了的文章转投JES时，编辑要求作者将前期刊的退稿意见和根据退稿意见修改好的文章一起传来，一般送一位审稿专家，审稿时间1~2周，以做到快速。

初审把握不定的稿件：JES来稿量大，每个月有200~300篇不等，有些稿件编辑初审把握不准，且限于专业水平也不能给出具体的审稿意见，对于这类稿件，JES找编委协助初审，审稿要求快速(1~2周)，但审稿意见可简单，初审通过后再外审。根据JES多年的实践经验，虽然这类文章初审结果大部分是退稿，但这样做既给了作者一个合理的审稿意见，无形中也加快了审稿速度。

外审退稿、但作者有异议的稿件：编辑综合两位外审专家审稿意见退稿后，作者不同意

专家的观点或者觉得可以根据审稿意见修改好文章，达不到退稿的程度等等，对于这种有争议的稿件，如果作者陈述有理，JES 将找一位知名专家进行再次评审。

2.3 针对不同稿件的送审情况采用相应策略

JES 给审稿专家发送审通知后，有专家退审和不回应等多种情况出现。为了提高审稿效率，针对这些情况 JES 采用了相应策略。

2.3.1 解决专家退审或不理会问题，快速遴选合适的审稿专家

JES 审稿专家退审的原因有很多，最主要的是没时间审稿和对稿件内容不熟悉。针对第一种情况，编辑注意控制专家的审稿数量：每次送审时都查看该专家的审稿记录，做到每位专家一年的审稿量不超过 3 篇。如果遇到特殊情况(比如有些稿件长时间收不到审稿意见，而一时间又找不到合适的审稿专家等)，年审稿量超过 3 篇时，一定在邮件中说明原因，以免给专家造成过多的负担和压力。同时，JES 给专家的审稿时间是 3 周，对于修改后再审的文章，作者第一次修改返回后，JES 送给同一专家再审的时间是 2 周，这样即使专家短期内很忙，也有足够的时间完成审稿，以减少因没时间审稿而退审的概率。一般大学科、小分支的情况会导致有些送审稿件和专家的研究领域或方向虽然相近但因内容不熟悉而被退审[13]，这也是第二种情况的主要退审原因，因为研究领域与方向很大，但具体的研究内容很小。因此 JES 加专家入数据库时，力求详细地记录其具体的研究兴趣、最近发表的文章以及在研项目等。同时，编辑在送审时附上稿件摘要，如果专家认为不适合，可以尽快退审，以节约时间，提高效率。

还有一种情况是送审之后专家没有任何回应，针对这个问题，JES 在投审稿系统中设置了专家回复时间——2 周，即审稿通知发出后 2 周之内如果专家不回复，系统将自动取消该次审稿任务，编辑再另找专家。同时，编辑每天翻阅稿件，对每一篇稿件的处理进程都了如指掌。对有些同意审稿、但超过审稿期限仍没有回复的专家，除了系统自动发催审信之外，编辑也写 E-mail 说明稿件的投稿时间、作者催问、编辑要考虑审稿周期等情况，提醒其尽快审稿。另外，青年专家审稿热情高、认真、细致，且承担的社会事务较少，审稿速度快，所以 JES 送审倾向于选择青年专家，以尽量减少这些情况出现。

2.3.2 灵活处理审稿意见，快速完成审稿

对于外审稿件，JES 原则上是收到两份审稿意见才下结论。但对于有些稿件，如果第一份审稿意见是退稿，而第二份意见超过审稿期限没有返回，编辑也不再催审第二位审稿专家，直接对该文作退稿处理，这样能缩短审稿周期约 0.5~1 个月，如果第二位审稿专家随后回复了审稿意见，编辑再转给作者以作参考。这种根据一份退稿意见就退稿的方式或许有作者觉得不公平，但笔者曾做过统计，对于收到一正一反两份不同审稿意见的稿件，再送给第三位专家裁审，裁审结果极大部分是退稿。所以为了加快审稿速度，不浪费作者时间，JES 对收到一份退稿意见的文章一般退稿处理。

2.3.3 与审稿专家建立良好的联系，有利于提高审稿效率

送审是一个常年与专家打交道的过程，除了上述针对不同稿件外审情况采取一些具体的策略外，跟审稿专家建立良好的互动关系也非常重要。JES 在这方面做了许多工作：①多参加学术会议，多与专家交流，介绍自己，宣传 JES。特别对于经常给 JES 审稿的专家，主动跟他们交流，一方面让他们知道为 JES 审稿，编辑心中有数，另一方面为将来再找他们审稿打下基础。②走访国内知名的经常给 JES 投审稿的专家实验室、课题组，与专家学者面对面交流。实践证明，我们走访过的课题组中大部分专家审稿都非常积极。③有些稿件被退审，退审专

家有推荐其他专家的,编辑送审时说明是某专家推荐的,被推荐专家大多比较重视,审稿意见返回也较快。审稿意见返回后再告诉推荐专家审稿情况并感谢其推荐和支持,推荐专家觉得备受尊重,下次审稿也都积极配合。④在国内一个成功的期刊后面都有一个强大的研究团队在支撑,通常这个研究团队就是这个期刊的主办单位[14],因此,团结主办单位的专家至关重要,JES 是中国科学院生态环境研究中心主办的期刊,中心有很多国内外知名的大专家,JES 编辑与专家们联系和交流都非常多。一些急等结果的稿件,如走快速通道要求快速审稿的,或者送审出去很长时间没有意见返回的,常常找中心的专家审阅。⑤与审稿专家建立良好的关系,每年年底写信给专家汇报这一年来 JES 工作的进展、取得的成绩和来年的主要工作计划。⑥每年遴选审稿数量和质量最好的年度优秀审稿专家 20 名左右,在 JES 期刊上宣传介绍,以提高审稿专家的积极性等。

3 审稿效率明显提高,文章质量显著提升

审稿周期一般是指从编辑部收到稿件后,经初审、外审到收到审稿意见的时间。审稿周期是衡量期刊好坏的重要指标,也是作者投稿时最关心的问题之一。审稿周期过长将影响科技论文的时效性、导致高质量稿源的流失[15]。近 10 年来 JES 来稿量逐渐增加,2011—2014 年的年来稿量在 2 100~2 500 篇之间,年发表量在 290 篇左右,2019 年之后年来稿量超过 3 000 篇,年发表量 330 篇左右(见表 1)。因为审稿任务繁重,所以对审稿工作不断调整和改进就显得尤为重要。JES 10 年前的平均审稿周期是 3~4 个月,目前平均审稿周期是 1.5 个月,审稿速度明显加快,稿源质量也有所提升。如这篇文章:Yearly variation in characteristics and health risk of polycyclic aromatic hydrocarbons and nitro-PAHs in urban Shanghai from 2010 to 2018,作者 Ning Tang 在 2020 年 3 月 25 日投稿,编辑在 2020 年 4 月 16 日给作者退修改通知,审稿周期仅 22 天,该文发表在 2021 年 1 月(Volume 99)。查阅 Web of Science(2021 年 6 月底的数据),发表不到半年已经被引用 6 次,成为高被引论文。

表 1 2011—2020 年 JES 年来稿量和发表量的变化

年份	来稿量/篇	发表量/篇	录用率/%
2011	2 100	282	15.0
2012	2 300	282	12.0
2013	2 500	298	12.0
2014	2 400	295	12.0
2015	2 700	311	11.5
2016	2 860	311	10.9
2017	2 880	340	11.8
2018	2 900	331	11.4
2019	3 100	341	11.0
2020	3 600	317	8.8

随着 JES 文章质量的提高,近 10 年 SCI 影响因子和总被引频次持续上升,在 Elsevier 的 ScienceDirect 平台上的下载量也是逐年上涨,具体数据已另文发表[6,16],同时,根据 Elsevier 在 2021 年 4 月提供的数据,JES 文章 2020 年在 ScienceDirect 的下载量高达 138.6 万次。另外,2020 年 12 月,中国科学技术信息研究所公布 JES 入选"第 5 届中国国际化精品科技期刊"。

4 结束语

提高审稿效率是保证英文科技期刊获得优质稿源的重要因素。JES 采用单向匿名审稿方式，稿件审理流程是责任编辑初审、同行专家外审、部分有争议的稿件主编/副主编终审的三级审稿制度。面对不同稿件的不同状况，快速找对、找准专家，与专家及时有效地沟通与交流、适时奖励优秀审稿专家、多用青年专家是 JES 提高审稿效率、缩短审稿周期的重要举措。因为来稿量连年持续增长，为了进一步提高审稿效率，保证审稿质量，2021 年 JES 开始实施副主编负责审稿制。审稿流程基本不变，但审稿工作由副主编来负责完成。即编辑部简单初审后，分配给副主编，副主编可以自己再次初审或送外审，也可分配青年编委或科学编辑再次初审或送外审，直到稿件录用。因该制度正在起步阶段，其效果还有待时间来验证。

随着科技期刊对审稿效率和审稿质量的关注，近年来出现了一种新型的审稿方式——公开审稿，即编辑部将作者来稿在网络平台上公开，同时将审稿专家的姓名告诉作者，作者和读者都能在网络平台上看到审稿专家的评审意见，并与审稿专家进行对话和交流，论文最后发表时将审稿人的名单列在文章之后[17]。公开审稿也是 JES 未来想探索的一种审稿方式。在期刊发展过程中，同行评议始终是筛选优质文章的重要途径，期刊编辑一定要与时俱进，保证审稿工作的高质与高效。

参 考 文 献

[1] 任胜利,肖宏,宁笔,等.2018年我国英文科技期刊发展回顾[J].科技与出版,2019,38(2):30-36.

[2] 中国科学技术协会.中国科技期刊发展蓝皮书[M].北京:科学出版社,2017.

[3] 任胜利.国际学术期刊出版动态及相关思考[J].中国科技期刊研究,2012,23(5):701-704.

[4] 王俊丽,郭焕芳,郑爱莲.英文科技期刊遴选审稿专家的途径与原则:以《中国化学快报》为例[J].中国科技期刊研究,2015,26(4):351-154.

[5] Peer review awards-celebrating the value of review and the critical role of reviewers [EB/OL].[2018-9-12].https://publons.com/community/awards/.

[6] 冯庆彩,王紫萱,刘素琴,等.与时俱进勇于创新创办国际化科技期刊:*Journal of Environmental Sciences*发展过程浅析[J].中国科技期刊研究,2012,23(5):834-837.

[7] Clarivate Analytics[EB/OL].[2021-08-01].https://apps-webofknowledge-com.webvpn.las.ac.cn/.

[8] 张欣欣,张纯洁,林汉枫,等.网络投稿与审稿系统EditorialManager初探[J].中国科技期刊研究,2010,21(3):331-335.

[9] 许平,严慧,项磊,等.国内英文科技期刊国际化审稿实践的探讨:以*Plasma Science and Technology*为例[J].中国科技期刊研究,2017,28(4):312-320.

[10] 金丽群,张蕾.同行评审专家库动态管理及有效方法探讨[J].编辑学报,2018,30(3):288-291.

[11] 王志娟,法志强,郭洪波.科技期刊同行评议形式的不足与完善[J].中国科技期刊研究,2012,23(2):300-302.

[12] NEWCOMBE N.S., Bouton M.E. Masked reviews are not fairer reviews[J]. *Respectives on Psychological Science*, 2009, 4(1):62-64.

[13] 赵丽莹,冯树民,刘彤,等.如何选择"小同行"审稿专家[J].编辑学报,2007,19(1):75.

[14] 周浙昆.一个主编的心路历程[EB/OL].(2019-03-04)[2021-08-01].http://blog.sciencenet.cn/blog-52727-1165652.html.2019-3-4.

[15] 唐耀.对科技期刊审稿周期的思考[J].科技与出版,2011,30(9):53-57.

[16] 王紫萱,刘素琴,刘阔,等.我国环境科学领域英文期刊迈向国际:任重而道远*Journal of Environmental Sciences*的国际化发展之路[J].中国科技期刊研究,2021,32(2):254-261.

[17] 石新中.国外知名学术期刊利用网络改变审稿机制:从匿名审稿到公开审稿[N].中国新闻出版报,2014-05-12(4).

热点专题出版提升英文科技期刊影响力的实践探索
——以 *Journal of Sport and Health Science* 为例

秦 莉

(上海体育学院期刊中心《运动与健康科学(英文)》编辑部,上海 200438)

摘要: 以中国大陆第一本体育健康领域的英文科技期刊 *Journal of Sport and Health Science* 为例,探索热点专题出版对于提升科技期刊影响力的实践经验及路径。本文从科技期刊的热点专题选题、客座编辑邀请、快速处理路径、出版后推广及专题论文被关注情况等角度出发,聚焦实践经验,探索提升路径。成功的热点专题出版不仅能获得领域专家学者的关注,扩建优质审稿人队伍,吸引更多优质作者,优化稿源,还能通过专业的运动与健康知识服务社会群体。科技期刊应充分认识热点专题可能带来的潜在影响力,结合期刊具体情况和特点,"精、准、快"地实施出版计划,抓住发展机遇,提升中国科技期刊的国际影响力和话语权。

关键词: 热点专题;科技期刊;学术传播;国际影响力

专题出版是指科技期刊根据自己的定位及报道范围,集中刊出某一方向学术成果的出版形式,集中展现该领域的研究热点话题、最新研究成果和研究进展,它是提高科技期刊影响力和保持其学术可持续性发展的重要机制之一[1]。随着学术研究的分化越来越快,以专题形式出版的、专业性一流的科技期刊不仅能实现传播前沿科研成果的重要价值,而且能突出期刊特色,增强期刊吸引力,提高期刊影响力[2]。

Journal of Sport and Health Science (JSHS,《运动与健康科学(英文)》)作为中国的第一本体育健康领域的英文科技期刊,正是秉承着这样的理念,持续将专题组稿和自由来稿两手抓作为工作重点,实现了创刊第二年就被 SCI 和 SSCI 双收录,并逐渐被 MEDLINE、PubMed Central、Scopus、EBSCO、DOAJ、EMBASE、CA、Hinari 和 CSA 等国际权威数据库收录,2021 年最新影响因子为 7.179,学科排名在体育类期刊中位居第 3。2019 年的一项调查研究显示,当前的 81 种 SCI 和 50 种 SSCI 体育学期刊大多是以体育分支学科命名的,目前尚缺乏一种绝对权威的综合期刊,而体育学的综合性学科特征明显,被 SCI 和 SSCI 双收录的"双 S"期刊既有责任又有空间打造出综合权威期刊,进而带动学科的整体发展,增强体育科学研究领域的国际认同度[3]。基于此,本文以 *Journal of Sport and Health Science* 为例,探索热点专题出版对于提升体育领域科技期刊的国际影响力的实践经验和路径。

1 热点专题出版的重要意义

中国的竞技体育、全民健身和体育产业目前正处于快速发展态势,中国体育科研实力也在不断提升,但是作为体育科研展示平台的体育学术期刊还远远落后于中国体育的发展,提升体育学术期刊的国际影响力迫在眉睫[4]。《中国科技期刊发展蓝皮书(2020)》指出,据不完全统计,截至2019年底,我国科技期刊数量为4 958种,仅次于美国(12 274种)和英国(6 214种)。其中,中文科技期刊占绝大多数(4 429种,89.33%),英文科技期刊359种,占比仅为7.24%[5];而且由于我国开始创办英文期刊的时间比较晚,目前还处于发展阶段,在国际上的影响力还不够大,这就需要我们通过出版优质的英文期刊科技论文,吸引国际研究学者的关注,奠定国际化出版的语言基础,打造中国的世界一流期刊[1]。

专题出版对于提高期刊影响力的作用不容忽视。这是因为自由来稿的主题具有分散性,相同主题的稿件通常不会在同一个时间段来稿,从而无法对某一专业热点话题进行深入和全面的探讨,无形中制约了读者对于知识的需求和期刊对于品质发展的追求。因此,除了传统固定的栏目运营以外,有特色、有品质的专题策划是科技期刊的生存保障和发展前提[6]。热点专题的出版,可以集中呈现专题领域最前沿的科研动态和研究进展,将该领域的专家、作者、读者联系在一起,为他们搭建沟通、探讨、交流的学术平台,实现科技期刊服务于学术交流与科技传播的目标[7]。

专题出版不仅需要了解学术发展动态,熟悉读者需求,关注科技前沿,还要第一时间抓住热点,迅速组稿,精心编排,持续跟踪,充分发挥科技期刊的导引作用[8]。抓住热点、突出特色是专题策划的灵魂;读者需求、学科发展是专题出版的依据;精心设计、缜密实施是专题出版的关键[9]。

2 热点专题出版的核心要素

成功的专题出版离不开成功的专题策划和专题组稿,而专题论文质量更是其能否产生较广传播力的核心。高质量的热点话题是提高科技期刊在业界认知度和影响力的根本性因素,同时也是打造优秀期刊和扩大传播效果的必要条件[10]。Journal of Sport and Health Science 从2012年创刊至今,已经走过了整整9个年头,从2014年被 SCI 和 SSCI 双收录到目前的稳居体育类期刊 Q1 区(88种被 SCI 收录的体育类期刊中排名第3),期刊也从创办初期的季刊发展到目前的双月刊。无论形式如何变化,对于热点专题的挖掘和组稿工作始终是编辑部的工作重点之一,我们坚信优质的稿源是期刊走向国际,取得世界一流科技期刊话语权的保证。

2.1 热点选题,精心策划

一个高质量的热点选题是专题出版获得成功的必要条件,只有进行精心选题和高标准执行的专题创作才有可能带来关注。Journal of Sport and Health Science 会在每年的年底召开编委会,届时邀请国际编委们来到上海进行工作交流和商讨期刊的发展规划,会议的其中一个重要环节是按照编委们的研究领域进行分组和筛选热点话题展开讨论,并最终经过与主编的全面沟通,确定未来1~2年的热点专题组稿方向。

优质的热点专题出版可以帮助期刊迅速打响招牌,引起相关领域研究学者们的兴趣,和吸引更多的作者投稿,提高自由来稿质量,带来良性循环。当然,除了好的选题,专题的名称、文章内容以及文章类型构成也非常重要[11]。例如2018年编委会期间确定的专题 Exercise, Cognitive Function, and Brain(运动、认知功能与脑健康)在2019年9月出版后即刻得到了该研究领域学者们的密切关注,被引频次为6.5,显著高于同期发表的自由来稿文章(3.4)。

2.2 邀请学科带头人担任客座编辑

专题选题确定以后,需要选出一位编委会成员或者行业内的学术带头人担任客座编辑,对专题的整个进程和论文质量进行把控。客座编辑作为工作在科研一线的行业专家,能够很好把握该领域的前沿技术和学术动态,更好地评审稿件和找到最合适的审稿人进行审稿,这对于保证稿件质量非常重要。具体而言,首先,客座编辑需要具有很好的专业认知度,是大家公认的可以胜任之人;其次,他还要有很强的责任心,有效制定专题出版计划,督促、协调好专题论文的作者们和审稿专家们的时间及工作量,确保专题组稿和审稿工作的顺利进展。

2.3 开通绿色通道,快速发表见刊

热点专题对时效性通常较为敏感,因此编辑部的专题执行编辑需要密切配合客座编辑展开工作,并为专题文章开通"绿色通道",即在收到投稿后,第一时间与客座编辑进行沟通,辅助其快速高效地开展邀审工作和推进专题出版,并在专题的所有稿件被录用以后,立即交予负责最近一期整期出版的执行编辑进行校样出版,确保热点专题的时效性。

Journal of Sport and Health Science 的热点专题,通常保证6个月内见刊出版。例如2020年全球爆发新型冠状病毒肺炎(COVID-19),"远离疫情,保持健康"瞬时成为全世界人民共同关注和祈祷的热点,作为一本体育与健康领域的科技期刊,*JSHS* 的使命自然责无旁贷。在COVID-19疫情爆发初期,编辑部和编委会成员们迅速召开网络会议沟通新冠专题组稿事宜,最终实现在2月底全面开展全球组稿工作,5月份完成稿件提交,7月份正式见刊出版。

2.4 通过媒体融合,实现全方位推广

俗话说得好"酒香也怕巷子深",读者是检验专题成功与否的唯一标准。媒体融合的快速发展,正是为热点专题出版后的全方位传播提供了一种快速、精准的宣传方式。*Journal of Sport and Health Science* 编辑部在每期专题出版之后,都会利用传统纸质期刊、电脑终端和个人移动终端,通过国内微信,国外 Facebook、Twitter 及邮件等全方位推广体系进行热点专题的传播,使得热点专题"热"起来。下面以邮件宣传为例,介绍 *Journal of Sport and Health Science* 在专题出版后的推广工作。

JSHS 精心策划专题 "Children's motor skills, physical activity and health promotion?"(儿童运动技能、身体活动和健康促进)于2019年5月出版之后,编辑部立刻制作了邮件推广内容(图1),并以期刊名称和关键词为搜索主题对相关领域的海内外学者进行精准筛选,最终确定了5 250位邮件推送目标人群。邮件发送后一周即获得了良好反响,邮件打开率和论文点击率分别为47.36%和5.21%。通过邮件推送将最新、最热门的文章信息以点对点

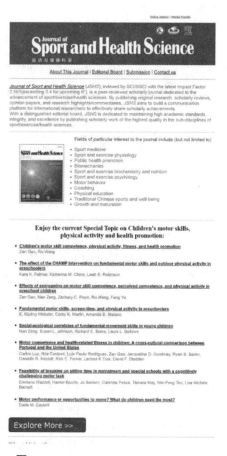

图1 Children's motor skills, physical activity and health promotion?热点专题推广邮件示意图

的方式发送给目标读者群，宣传和推广热点专题，提高期刊的影响力。

3 热点专题出版的实践探讨

Journal of Sport and Health Science 2017—2020 年的专题出版情况进行统计分析，结果显示，*JSHS* 每年出版专题 3~4 个，每个专题包含文章 5~9 篇，占比当期刊文总数的 30%~60%(图 2)。其中，2017 年出版专题 4 个，每个专题包含文章 6~9 篇，专题占比为 36%；2018 年出版专题 4 个，每个专题包含文章 5~9 篇，专题占比为 43%；2019 年出版专题 3 个，每个专题包含文章 5~8 篇，专题占比为 44%；2020 年出版专题 4 个，每个专题包含文章 5~7 篇，专题占比为 48%；专题总占比呈现逐年上升趋势。(表 1)。

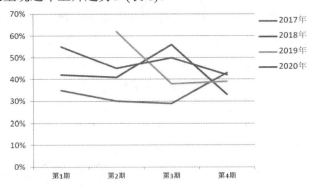

图 2　2017—2020 年 Journal of Sport and Health Science 专题文章刊文占比

表 1　2017—2020 年 Journal of Sport and Health Science 专题出版情况

刊期	专题名称	专题文章篇数	自由来稿篇数	总刊文数
2017 年第 1 期	Promoting physical activity and health through active video games(运用体感游戏促进身体活动及健康水平)	7	13	20
2017 年第 2 期	Hamstring muscle strain injury: injury mechanisms(腘绳肌损伤的主要机制)	7	16	23
2017 年第 3 期	Hamstring muscle strain injury: prevention and rehabilitation(腘绳肌损伤的预防和重建)	6	15	21
2017 年第 4 期	Physical activity, fitness, and obesity in Chinese school-aged children and adolescents: An update(中国学龄青少年儿童身体活动、体质健康与肥胖最新研究)	9	12	21
2018 年第 1 期	Physical Activity and Public Health(身体活动与公共健康)	8	11	19
2018 年第 2 期	Team Sport and Health(团队运动与健康)	7	10	17
2018 年第 3 期	Eccentric muscle action(肌肉离心活动)	9	7	16
2018 年第 4 期	Performance and injury prevention in elite skiing(高水平滑雪运动员的运动表现及损伤预防)	5	10	15
2019 年第 1 期	—	—	13	13
2019 年第 2 期	Children's motor skills, physical activity and health promotion(儿童运动技能、身体活动和健康促进)	8	5	13

续表

刊期	专题名称	专题文章篇数	自由来稿篇数	总刊文数
2019 年第 3 期	—	—	12	12
2019 年第 4 期	Exercise, Cognitive Function, and Brain: Update and Future(锻炼、认知功能与大脑：更新与未来)	5	8	13
2019 年第 5 期	—	—	11	11
2019 年第 6 期	Improving BRICS's public health and wellness through physical activity(通过身体活动促进金砖国家的公共健康)	7	12	18
2020 年第 1 期	School-based physical activity and wellness(学校体育活动和健康)	6	5	11
2020 年第 2 期	Obesity, exercise, and the gut microbiota(肥胖，运动和肠道微生物群)	5	6	11
2020 年第 3 期	—	—	11	11
2020 年第 4 期	Physical activity during the COVID-19 global pandemic(COVID-19 全球大流行期间的身体活动)	7	7	14
2020 年第 5 期	Exercise and oxidative stress(运动与氧化应激)	5	7	12
2020 年第 6 期	—	—	27	27

3.1 密切关注科技前沿

随着电子科技的发展，视频竞技运动游戏(video game)应运而生，这种新兴电子运动游戏对身体健康的影响也受到越来越多的身体活动健康领域学者的关注。届时，*JSHS* 编委会相关领域专家组织的专题"Promoting physical activity and health through active video games (运用体感游戏促进身体活动及健康水平)"在 2017 年第 1 期刊出后即刻引起了该领域学者的阅读兴趣。该专题包含原创文章 4 篇、综述文章 1 篇、评论文章 1 篇和社论文章 1 篇，篇均被引频次为 26.7，显著高于同期自由来稿(6.6)。同时，这一热点专题也引起了社会媒体的广泛关注，上海新闻综合频道、看看新闻网、搜狐新闻等知名媒体频道都分别以视频和文字的形式对该专题进行了重点报道，为儿童居家运动和身体健康带来新的知识补充和指导思路[12–14]。

3.2 紧密依托学科优势

Journal of Sport and Health Science 依托主办单位上海体育学院的学科优势，积极组织热点专题出版。2016 年，学校受教育部委托，独立承担了全国中小学生体育健身效果测评研究，它是中国首次开展的全国范围内的青少年身体活动与体质健康研究的国家数据。*JSHS* 借此时机，积极策划组稿了专题"Physical activity, fitness, and obesity in Chinese school-aged children and adolescents: An update (中国学龄青少年儿童身体活动、体质健康与肥胖最新研究)"，该国家级数据报道了当前中国规模最大、最全面的学龄儿童青少年身体活动和体质健康情况，有助于了解中国学龄儿童青少年的行为健康问题，以及进一步明确中国开展常规性公共卫生监测的重要性。专题于 2017 年第 4 期正式出版，包括 5 篇原创文章、3 篇评论文章和 1 篇社论，出版后得到了国内外学者的广泛关注，篇均被引频次为 16.6，明显高于同期自由来稿文章(6.2)。

3.3 重视既往热点话题

Journal of Sport and Health Science 也非常关注既往优质专题的系列报道，其不仅能吸引广

大读者的阅读兴趣，还增强了读者的阅读期待。例如，2015 年专题"Acute Exercise and Cognitive Function: Emerging Research Issues(急性运动与认知功能)"由来自中国台湾的一位心理学研究学者联合美国心理学领域顶尖专家、北美运动心理与身体活动学会前主席作为客座编辑，进行专题组稿。由于该专题正是近些年来学者们非常关注的热点领域，出版以后获得了读者的持续关注，论文阅读量和下载量长期处于领先地位。于是编辑部在该专题出版后的第 2 年，再次向两位客座编辑发出邀请，希望能够在上一次专题的基础上，继续为 JSHS 的读者分享运动与认知领域的最新研究动态，两位客座编辑欣然接受了邀请，并且很快提交了专题计划书，在征得主编同意后，编辑部同事积极配合客座编辑按照计划开展专题组稿和出版工作，最终专题"Exercise, Cognitive Function, and Brain: Update and Future (锻炼、认知功能与大脑：更新与未来)"于 2019 年第 4 期顺利出版。该专题包括了 3 篇原创文章、1 篇综述文章和 1 篇社论文章，篇均被引频次为 6.3，亦明显高于同期出版的自由来稿(3.4)。

3.4 引领国际健康风向

2020 年初，新冠肺炎肆虐全球，全人类的健康安全受到了极大的威胁，此时的地球就像是被按下了暂停键，全球停工停学，好似时间也停下了前进的脚步。居家隔离期间身体活动和健康促进如何进行？*Journal of Sport and Health Science* 在疫情初期迅速组织 Physical activity during the COVID-19 global pandemic(COVID-19 全球大流行期间的身体活动)专题，并于 2020 年 7 月正式见刊发表。专题共计 7 篇文章，作者团队分别来自美国、加拿大、英国、澳大利亚、丹麦和中国。2021 年 6 月的统计数据显示，专题论文累计阅读次数和被引频次分别为 1 542 次和 102 次，均显著高于同期出版的自由来稿 3~5 倍(分别为 301 次和 38 次)(图 3)。

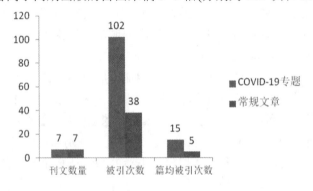

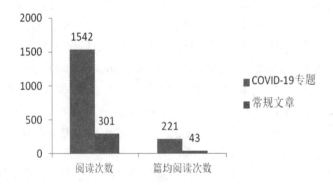

图 3　Physical activity during the COVID-19 global pandemic 专题被引次数及阅读次数统计图

4 结束语

科技期刊的影响力取决于刊登的科研论文的学术质量和影响力。热点专题出版正是针对某一学术观点有计划组织的一组具有足够广度和深度的论文专辑,因此,专题出版具有话题集中性、知识性、探索性和争鸣性比较强的特点,其所承载的学术价值更强,被关注度也相应更高。总而言之,热点专题出版可以借助其热点性、原创性和专业性优势,通过对科学前沿和业界普遍关注的热点或者重点问题进行研讨剖析,阐发科研工作者对于该专题涉及领域的新见解,和传播科学前沿的新知识,显著提高期刊的学术质量和影响力,增强中国科技期刊的国际认同度和国际话语权。

参 考 文 献

[1] RUBEN R J. The promotion of academic pediatric otolaryngology by journal peer review [J]. International Congress Series, 2003, 1254:255-261.

[2] 邢建春,张亚晓.一流学术期刊专题策划的思考:以《网络与信息安全学报》为例[J].中国传媒科技,2020, 2(2):90-91.

[3] 鲍芳,吴坚.SCI和SSCI双收录的期刊特征及其对体育学术期刊的启示[C]//第十一届全国体育科学大会论文摘要汇编.2019:3959-3961.

[4] 高伟,冉强辉,鲍芳,等.我国中文体育学术期刊国际影响力提升路径[M]//学报编辑论丛(2016).上海:上海大学出版社,2016:13-19.

[5] 《中国科技期刊发展蓝皮书(2020)》发布[EB/OL].[2021-07-15].http://news.sciencenet.cn/htmlnews/2020/9/446124.shtm.

[6] 刘晓红,张蕾,张锦波.学术期刊专题策划略论[J].成都大学学报(社会科学版),2017(5):12-15.

[7] 张凤丽.中文科技期刊专刊(专栏)出版的"优"与"忧":以《应用生态学报》为例[J].编辑学报,2017,29(5):482.

[8] 黄敏.科技期刊专题策划路径探析[J].中国科技期刊研究,2012,23(4):642-645.

[9] 万美,易秋莎.医学期刊选题策划与专题组稿:以《公共卫生与预防医学》为例[J].黄冈师范学院学报,2019, 39(6):34-37.

[10] 王荣兵.提升我国科技期刊传播效果的对策[J].东南传播,2010(7):91-94.

[11] 刘晓红,张蕾,张锦波.学术期刊专题策划略论[J].成都大学学报(社会科学版),2017,173(5):12-15.

[12] 研究表明体感游戏有益儿童健康,有助于释放宅家儿童和家长的压力[EB/OL].[2020-08-12].https://baijiahao.baidu.com/s?id=1662013560197834076&wfr=spider&for=pc.

[13] 研究称体感游戏有益幼儿健康看看专家怎么说[EB/OL].[2020-08-12].https://baijiahao.baidu.com/s?id=1636678874611820422&wfr=spider&for=pc.

[14] 研究表明体感游戏有益儿童健康,宅家的儿童和家长终于可以轻松一刻了[EB/OL].[2020-08-12]. https://www.sohu.com/a/382651981_120627547.

基于"零缺陷"理论的学术期刊质量提升策略

董 燕

(陆军炮兵防空兵学院教研保障中心编辑部,安徽 合肥 230031)

摘要:质量是期刊的立命之本与发展之基。为加强学术期刊质量管理,促进学术期刊质量提升,引入"零缺陷"理论来探索期刊质量的管控问题。在阐述"零缺陷"理论基本内涵的基础上,分析了影响学术期刊质量的主要因素,围绕稿源质量、审稿制度、编校管理、编辑素质等四个方面,运用"零缺陷"理论探讨了提升学术期刊质量的对策措施。

关键词:"零缺陷";期刊质量;质量管理

1 "零缺陷"理论的基本内涵

20世纪60年代初,世界质量管理大师菲利浦·克劳士比首次提出"零缺陷"思想。继美国之后,日本制造业全面推行"零缺陷"管理思想使其产品质量迅速提升,从而极大地推动了全球质量运动的开展。该理论的基本内涵可概括为零缺陷不是代表缺陷要绝对为零,而是每个人都要以缺陷等于零为最终目标,并努力在自己工作的职责范围内做到零缺陷,争取"第一次就要把事情做正确"。推行"零缺陷"管理并不是要求企业的工作缺陷达到数学意义上绝对的零,而是为了让全体员工树立正确的质量意识和观念[1]。因此,"零缺陷"不仅是一种工作标准或管理方法,而是一种指引质量持续不断改进的文化理念,更是一种系统化的质量管理知识和系统化的质量改进理念[2]。

"零缺陷"理论不仅是质量管理自我完善的结果,更是全面质量管理的重要组成部分[3]。"零缺陷"理论的应用是实施产品质量预防和工作质量改进的有效途径,通过向企业全员发起全面参与的号召,要求全员树立新思维新理念,提高企业的产品质量和工作质量[4]。在学术期刊质量管理中应用"零缺陷"理论思想,即要求编辑出版过程中应以"零差错"为质量目标,以"三全管理"(全员、全程、全面)为管控手段,从关注"事后把关"转变为重视"事前预防",自觉把追求高质量、无缺陷作为全体人员的职责,构筑起有效的差错预防系统,从而促进期刊质量的科学化规范化管理。对于学术期刊而言,内容质量和编校质量是决定期刊质量的重中之重。因此,本文从"零缺陷"理论的核心理念出发,结合影响学术期刊质量的主要因素,探讨将其应用于期刊质量的提升与改进策略,旨在为编辑工作者提供一种具有理论指导的实践操作模式。

2 学术期刊质量的主要影响因素

学术期刊是传播科研成果的重要载体和工具,是进行学术交流的重要园地和平台。质量是期刊的立命之本与发展之基,学术期刊的质量主要取决于其所刊载论文的质量。对于学术期刊而言,内容质量和编校质量是期刊质量的重中之重。结合期刊编辑出版全流程,可以发现影响学术期刊质量提升的关键因素主要有：稿源质量、审稿制度、编校管理、编辑素质。

2.1 稿源质量

稿源质量是影响学术期刊质量的基础因素，只有立意新颖、论证充分、表述严谨的文章，才能成为质量上乘的学术论文。从编辑实践来看，虽然一些投稿作者的学科专业背景较为丰厚，但体现在学术论文写作方面却并不尽如人意。有的逻辑结构混乱，层次关系不清；有的分析论证有失严谨，结论建议不够客观；有的遣词造句拖沓冗长，引文著录不合规范。这些问题一定程度上影响了稿件的学术质量和水平，也给后期的编辑加工造成了不少困难。

2.2 审稿制度

审稿制度是保证学术期刊质量的有力保证，同行专家的审稿质量直接影响到期刊编辑、主编对论文的认识、评价、遴选和取舍[5]。随着学科交叉、专业细分的不断发展，选准选对审稿专家更是至关重要。目前国内期刊界普遍采用同行评议审稿制度，但实际操作中由于个别专家教学工作繁忙、科研任务繁重、行政琐事繁杂等因素影响，一些学术期刊的复审或外审环节，存在着或流于审稿形式流程，或失于质量把控松懈，有时并未能得到真正有效的贯彻执行。

2.3 编校管理

编校管理贯穿于期刊出版工作的始终，是保证学术期刊质量的中心环节。期刊的编辑出版是系统工程，编校流程任意环节把握不严都会影响到编辑出版质量[6]。期刊编辑囿于自身知识局限无法深入其他学科领域的论文编校，人手紧张和纷杂琐事又极大牵扯分散了其时间和精力投入，有关编辑出版的国家标准与行业规范不断增加且时常更新，这些对编校流程规范、编校质量控制都形成了艰难考验。

2.4 编辑素质

编辑的业务素质和能力是促进期刊高质量发展的先决条件，是保证学术期刊质量的核心要素。从选题策划到组稿约稿，从初审把关到编辑加工，从刊前质检到刊后审查等各个环节，编辑在提高学术期刊质量中都发挥着举足轻重的作用。编辑不仅应具有较高的学术敏感性，能够组选专业前沿热点选题，不断增强期刊的影响力；还应具有良好的学术沟通力，能够搭建高水平的编研互动平台，不断提升期刊的竞争力。

3 运用"零缺陷"理论提升学术期刊质量的对策

"零缺陷"作为一种系统的管理方法，其核心思想是树立"零缺陷"目标和标准，打造"零缺陷"产品和服务，倡导"第一次把正确的事情做正确"，强化全体员工的质量责任意识，通过建立事前预防机制，持续推动质量改进活动，从而提升企业质量管理的整体水平。运用"零缺陷"理论来提升学术期刊质量，首先的是改变编辑人员的思维理念和工作态度，通过发挥其主观能动性，使每一位编辑都将"零缺陷"思想自觉地融入到编校出版全流程中。

3.1 挖掘优质稿件，从源头上提高质量

克劳士比认为，质量问题的产生是由于人们没有在第一次把事情做对而导致的缺陷和失误[7]。质量系统是控制和预防，而不是检验，预防产生质量，而检验不能产生质量[8]。丰富优质的稿源是办好期刊的基础与保证，"零缺陷"理论下的期刊质量提升也应首先从论文的源头质量抓起。

一是主动出击，积极组稿约稿。广泛吸收前沿热点科研信息，发现、捕捉并紧密跟踪重点难点问题，引导作者围绕选题开展精准研究；定期发布期刊报道要点，根据重大活动适时

组织专题专栏，针对性地开展组稿约稿；充分发挥编委会专家教授的智囊团作用，利用其学术权威性和学术影响力，准确把握专业研究最新动态。

二是加强宣传，扩大学术影响。依托学科专业的品牌优势定期召开学术会议或研讨活动，保持与高等院校、科研院所、行业专家等经常性的学术联系，通过赠送刊物、发约稿函和主题征文等方式介绍和宣传刊物，使更多的读者、作者了解并认识期刊，以此扩大期刊对外的知名度和显示度，从而吸引更多高水平的优质论文。

三是做好服务，争取优质稿源。充分利用学术活动和编委年度会议等契机，直接向专家约稿或委托专家约稿；在平时审稿和退修过程中加强与作者沟通与交流，巩固并发展一批关注、支持期刊发展的核心作者群；建立和完善沟通联系渠道服务于作者与读者，发挥编辑在链接科研、采编、出版生态链的桥梁纽带作用。

3.2 完善审稿环节，从内容上把关质量

"零缺陷"管理主力倡导"第一次就把事情做对"，其实代表了一种不断推动质量持续改进的文化理念，其核心思想就是从客户需求出发，以"零缺陷"作为产品质量追求的最高目标。为了实现期刊质量"零差错"的管理目标，在期刊编辑出版过程中应树立学术精品意识，关注读者需求，倡导全程把关，建立预防系统，落实相关责任。为了实现期刊质量"零差错"的管理目标，应当从健全完善适合刊物自身特点的审稿机制出发，重视审稿环节，加大审稿力度，确保审稿质量。

一是严格前端把控，确保初审质量。作为期刊论文的第一阅读者和评价人，编辑对稿件质量的评判鉴别尤为重要。编辑应以"零缺陷"为工作标准和目标，执行责任编辑初审制度，从科学性、先进性、学术性等方面对稿件进行严格把控，力求从编审的第一环节就减少质量问题发生的可能性，做好缺陷管理的基础性和预防性工作，坚决不让导向偏差、内容贫乏的稿件得以刊发。

二是健全编委队伍，确保复审质量。建设一支学术水平高、粘合度好的编委团队，是学术期刊持续发展的稳定基石，更是学术期刊高质量发展的客观需要。作为学术期刊编辑出版工作实体的编辑部，应实行编委工作量化制度，细化编委会成员的责任与义务，将其对期刊建设的贡献率纳入期刊质量管理环节中，在审稿、组稿、约稿等内容质量控制方面，明确具体的评价指标与标准。

三是坚持定稿制度，确保终审质量。为加强期刊质量管理，促进期刊质量提升，应坚持并固化学术期刊终审定稿会制度。按照学科专业组分别进行的同行专家集体定审会，使全体审稿人可以就稿件的存疑之处进行深入探讨，对稿件作出客观公正的质量评价，给作者提出更具针对性的质量建议，避免了由主编个人定稿可能带来的主观定论和意见偏倚，从而极大提高用稿质量。

3.3 规范编校管理，从过程上控制质量

用事前缺陷预防的理念取代传统事后结果干预的思想，是"零缺陷"管理的基本思路。根据"零缺陷"理论的质量控制观点，预防的基础是"全员参与"，重点做好"过程管理"。编校质量是期刊质量的直接体现，是期刊规范性、可读性的根本保证。期刊质量控制仅靠后期的编校质量检查显然不够，必须通过编辑出版全过程持续的质量改进来实现。

一是重视印前交叉校对，尽量减少编校问题。由于学术期刊各栏目编辑人员知识结构各有差异，经过其编辑加工过的稿件，可能还存在如标点符号、公式图表、量和单位等责任编辑自身容易忽略的微小差错。因此，坚持刊前交叉校对制度，严格执行"三校三读"程序，能够

起到预防缺陷、质量控制的作用，最大限度地将问题消灭在出刊之前，减少和避免出刊后的错误与疏漏。

二是加强刊后内部审读，不断提高编校质量。为了梳理总结编校问题，及时集中纠正错误，应在刊后增加内部审读环节，这既是编辑工作流程的有力延伸，也是防范后期质量缺陷的必要步骤。每期刊物印刷出版结束，编辑部应尽快组织开展质量讲评，研究解决措施，这样既可以提升全体人员专业素质能力，也可以促进期刊编校规范更趋完善，从而推动期刊质量更上层楼。

3.4 培养编辑人才，从根本上保证质量

"零缺陷"理论认为，质量文化是确保工作质量和产品质量的基础，以人为本首先要解决人的心智问题和变革组织文化。通过开展培训可以培养员工的"零缺陷"观念与意识，为未来的过程控制和预防系统控制奠定了基础。学术期刊质量的高低不仅取决于稿件的学术水平，同时也与编辑综合素养的高低息息相关[9]。因此，坚持以人为本管理理念，重视编辑队伍建设，不断加强其素质和能力是提升期刊质量的因应之策。

一是恪守职业初心，树牢责任意识。实施零缺陷管理可以提高员工对业务质量和产品质量的责任感[10]，而强烈的责任意识则是推进学术期刊质量全面提升的源头动力。编辑不仅要具备良好的职业道德、严谨的工作态度和扎实的知识素养，更要切实担负起文化传播的政治责任、社会责任、质量责任，以强烈的文化担当意识认真地对待每一篇稿件，将更多更好的精品良作呈现给广大读者。

二是加强学习培训，完善知识结构。编辑出版工作是一项繁琐缜密的系统工程，需要编辑人员不断学习、实践、改进。为了适应"互联网+"时代媒体融合和信息技术发展，期刊编辑部应定期开展学习交流，组织编辑参加业务培训、专业会议和学术活动，不断提高知识水平和思维层次；鼓励编辑深入科研一线，参与项目研究，撰写学术论文，为期刊质量提升提供有力保证。

三是建立激励机制，提高工作质效。为全方位开展编辑工作绩效评价，可根据单位自身实际设置科学合理的考核评价指标，制定编辑岗位责任制能力评价机制。如在拟制年度考核目标的基础上，可以建立奖优罚劣的激励机制，精神激励与物质激励相结合，以精神激励为主；目标激励与责任激励相结合，以责任激励为主，等等，促进编辑个人素质和期刊质量建设共同提高。

参 考 文 献

[1] 郭斌.零缺陷文化在企业的落地[J].中国质量,2016(8):16-19.
[2] 贾志涛."零缺陷"、"零缺陷"管理与系统工程[J].质量与可靠性,2009(3):22-28.
[3] 田晨曦."零缺陷"理论的探究[J].价值工程,2019(32):89-91.
[4] 曹洋.零缺陷质量成本管理的案例研究[D].苏州:苏州大学,2014.
[5] 冷怀明,杨祖彬,罗长坤.科技期刊同行审稿的研究现状及发展趋势[J].重庆工商大学学报(自然科学版),2004(6):617-621.
[6] 游斌,蔡珍红,彭建国,等.高校学术期刊质量保障体系建设的思路与举措[J].编辑学报,2012(2):152-153.
[7] 常会利.树立零缺陷质量控制理念,降低企业质量成本[J].科技经济导刊,2016(23):94-99.
[8] 宋祥彦.对克劳士比四项质量原则的思考[J].标准科学,2009(7):44-49.
[9] 李小艳.编辑素养推动期刊质量建设[J].内蒙古科技与经济,2020(10):28-29.
[10] 丁鼎.论图书编校质量检查中的误区[J].传媒论坛,2019(2):139-141.

中国学者在 SCIE 收录的 OA 期刊中所发论文的分析

邹 强，马静秋

(上海交通大学医学院附属新华医院，上海市儿科医学研究所，《临床儿科杂志》编辑部，上海 200092)

摘要：为分析中国学者在开放获取(OA)期刊上发表的论文的情况。本研究收集了 2017—2019 年 SCIE 收录的 1 499 本 OA 期刊信息。中国和美国学者是 OA 论文的主要贡献者，相比之下美国学者的论文质量更高。中国学者发表在载文量最多的前 1%的巨型 OA 期刊中的论文数量超过了美国学者在这些期刊发表的论文数量，且占中国学者在所有 OA 期刊论文总数的 40%。而被 SCIE 收录的我国期刊，无法承接国内学者如此大量的英文论文。希望通过国家科研管理部门、科技界、期刊界多方努力，鼓励学者提高科研产出的质量，并更好地引导我国科技工作者把论文写在祖国大地上。

关键词：开放获取；科学引文索引扩展库；巨型期刊

自 2002 年布达佩斯开放获取倡议(Budapest Open Access Initiative)[1]发布以来，开放获取(Open Access，OA)期刊的数量迅速增长。OA 期刊的发展促进了图书馆的健康发展、学术交流的活跃和读者的免费获取。而在最新"OA2020"[2]的倡议下，越来越多的订阅期刊加入了 OA 阵营。迄今为止，OA 出版商 BioMed Central 已推出 300 余种同行评审期刊[3]。开放获取期刊目录(DOAJ)数据库包含超过 15 000 种经过同行评审的开放获取期刊，涵盖科学、技术、医学、社会科学、艺术和人文学科的所有领域[4]。OA 期刊的蓬勃发展，也形成了一些巨型的 OA 期刊[5]，其载文量大，受到广大学者的欢迎。而我国 OA 期刊发展缓慢[6]，有必要对国际 OA 期刊的发展现状进行分析。2020 年 6 月末，科睿唯安发布了 Web of Science(WoS)的 2019 版期刊引证报告(JCR)，并为该数据库所收录的期刊提供了更多有关 OA 的信息[7]。本研究主要基于 2019 版 JCR 数据对科学引文索引扩展库(Science Citation Index Expanded，SCIE)收录的 OA 期刊进行分析，以了解 OA 期刊的发展现状、中国学者在 OA 期刊上发文情况及巨型 OA 期刊对我国学者发文导向的影响，以期为我国 OA 期刊发展提供借鉴。

1 数据来源

登录 WoS 的 JCR 数据库，通过选择"浏览期刊(Browse by Journal)"，选择 JCR 年份为 2019 年，收集 SCIE 数据库全部 178 个专业下的所有 1 499 本标记为 OA 的期刊。逐一点击期刊链接，打开期刊属性页(Journal Profile)，收集每本期刊的所在分区(Q1~Q4)、期刊影响因子(JIF)、

基金项目：上海市科技期刊学会腾飞项目(2020B03)；上海交通大学期刊中心 2021 年期刊发展研究基金项目(QK-Y-2021006)

国家/地区和出版商。从期刊属性页[2017-2019]中,收集作者贡献最高的国家/地区以及来自中国和美国学者的发文数量,并收集该期刊的可引用项目(citable items)和其他项目(other items)。可引用项目包括期刊中发表的综述和论著。所有项目(all items)是可引用项目与其他项目之和。在 WoS 中国家/地区的作者贡献定义为所有列出的作者和地址中至少有一位作者来自的国家/地区。

2 结果与分析

2.1 OA 期刊现状

SCIE 收录 OA 期刊 1 499 本,占所有 SCIE 收录期刊(9 381)的 15.98%。在 SCIE 中,每种专业分类下的 OA 期刊中位数量为 8(IQR: 3-16)。在 5 个专业(医学:普通内科学;神经科学;肿瘤学;植物科学;公共、环境与职业健康)下,有 50 余种 OA 期刊,其中 4 种专业与生物医学相关。在计算机科学:硬件和架构,工程与制造,海洋工程,材料科学:表征和测试,运筹学与管理科学这 5 个专业下,没有发现 OA 期刊。

在 Q1 区发现有 OA 期刊 385 本(22.06%),Q2 区 421 本(24.13%),Q3 区 350 本(20.06%),Q4 区 343 本(19.66%)。平均影响因子为 2.71±2.36。SCIE 收录的 OA 期刊分布于 65 个国家/地区。排名前三的分别是英国(386 本)、美国(221 本)和瑞士(125 本)。SCIE 收录的 OA 期刊数量最多的出版商是 Springer & BMC(281 本,共发表论文 124 523 篇),其次是 Wiley & Hindawi (148 本,101 229 篇)、Elsevier(88 本,42 120 篇)和 MDPI(70 本,171 178 篇)。

2.2 中国学者的作者贡献

2017—2019 年,SCIE 收录的期刊中,总收录 6 485 775 篇,其中中国学者贡献 1 307 744 篇论文,美国学者贡献 1 729 338 篇论文。2017—2019 年,在 SCIE 收录的 OA 期刊上,共发表了 1 042 610 篇论文。美国学者贡献 267 412 篇(25.65%),中国学者贡献 223 768 篇(21.46%)。

美国学者贡献最高的期刊有 474 本,中国学者贡献最高的期刊有 426 本。以 JIF 比较,美国作者贡献最高的期刊的 JIF 平均为 3.91±2.90,高于中国(2.80±2.10)和其他国家/地区(1.72±1.42)。

将美国、中国和其他国家/地区的作者贡献最高的期刊在各分区的占比进行比较,差异有统计学意义(χ^2=209.33,P<0.001)。根据调整后的标准化残值(Adjusted Residual, AR)进行进一步 post hoc 检验,结果表明,美国在 Q1 和 Q2 区的期刊比例高于中国和其他国家/地区(AR 均>3.0),其他国家/地区在 Q3 和 Q4 区的期刊比例高于美国和中国。中国在 4 个分区中的占比均衡,见表 1。

表 1 美国、中国与其他国家/地区期刊分区比较

国家/地区	Q1 (n=385)		Q2 (n=421)		Q3 (n=350)		Q4 (n=343)	
	n(%)	AR	n(%)	AR	n(%)	AR	n(%)	AR
美国(n=473)	216(56.10)	12.0	161(38.24)	3.5	67(19.14)	−5.7	29(8.45)	−10.5
中国(n=426)	107(27.79)	−0.3	125(29.69)	−0.7	118(33.71)	2.5	76(22.16)	−2.9
其他国家/地区(n=600)	62(16.10)	−11.1	135(32.07)	−3.9	165(47.14)	3.1	238(69.39)	12.6

在出版 OA 期刊最多的前 10 大 OA 出版商中，中国学者贡献最高的期刊占比较高，见表 2。在前 10 大 OA 出版商所出版的期刊中，中美学者贡献最高的期刊合计占比均超过了 60%，见表 2。

表 2 中美学者在前 10 大 OA 出版商的期刊中的作者贡献 [n(%)]

出版商	期刊数量	中国学者贡献最高的期刊	美国学者贡献最高的期刊	合计
Springer & BMC	281	93 (33.10)	116 (41.28)	209 (74.38)
Wiley & Hindawi	148	85 (57.43)	41 (27.70)	126 (85.14)
ELSEVIER	88	23 (26.14)	30 (34.09)	53 (60.23)
MDPI	70	32 (45.71)	32 (45.71)	64 (91.43)
TAYLOR & FRANCIS	61	25 (40.98)	13 (21.31)	38 (62.30)
SAGE	42	16 (38.10)	20 (47.62)	36 (85.71)
FRONTIERS	42	6 (14.29)	35 (83.33)	41 (97.62)
Nature	36	8 (22.22)	25 (69.44)	33 (91.67)
DE GRUYTER	31	19 (61.29)	1 (3.23)	20 (64.52)
Oxford	24	4 (16.67)	18 (75.00)	22 (91.67)
合计	823	311	331	642

2.3 中国学者在巨型 OA 期刊发文现状

2017—2019 年，OA 期刊中发表的所有项目中位数为 235 篇/3 年(IQR：131~498)。收集 15 本所有项目≥9 295 篇(≥99th 百分位，即 top 1%)的巨型 OA 期刊信息，见表 3。这 15 本巨型 OA 期刊中，中国学者贡献最高的有 11 本，其余为美国有 4 本。中国学者在 15 本巨型期刊发表论文 91 447 篇，占中国学者在所有 OA 期刊发表论文(223 768 篇)的 40.87%。美国学者在这 15 本巨型期刊中发表论文 65 928 篇，占美国学者在所有 OA 期刊发表论文(267 412 篇)的 24.65%。

3 讨论

OA 期刊经过 20 多年的快速发展，目前数量庞大，占所有 SCIE 收录期刊的 15%以上。近一半的 OA 期刊属于高质量期刊(Q1 区 21.06%和 Q2 区 24.13%)，几乎涵盖了的所有学科。英国出版的 OA 期刊最多，主要得益于 BMC 出版商的贡献。三大传统出版商(爱思唯尔、威利和施普林格)在 OA 运动中并未落伍；施普林格通过收购 BMC 成为最大的 OA 出版商，威利通过收购 Hindawi 成为第二大 OA 出版商。然而，从发表的论文数量看，2017—2019 年 MDPI 发表的 OA 论文数量超过了三大传统出版商。中国和美国是 OA 期刊的主要贡献者。两国最高贡献的期刊数量和发表 OA 论文数量之和均在 50%左右。排名前 10 的 OA 出版商都非常重视中国和美国，大部分 OA 论文来自中国或美国的学者。

在 OA 期刊上发表的论文，无论是数量，还是质量，美国仍然是领先的。从期刊分区看，与中国及其他国家/地区相比，美国学者的论文质量较高，主要发表在 Q1 和 Q2 区。同样

表3 2017—2019年载文量top 1%巨型OA期刊的信息

期刊	分区	影响因子	出版商	可引用项目	其他项目	所有项目	最高贡献国家	美国学者发文量	中国学者发文量
SCI REP-UK	Q1	3.998	NATURE PUBLISHING GROUP	61 846	2 087	63 933	美国	16 447	14 534
PLOS ONE	Q2	2.740	PUBLIC LIBRARY SCIENCE	49 515	2 365	51 880	美国	14 656	6 428
IEEE ACCESS	Q1	3.745	IEEE-INST ELECTRICAL ELECTRONICS ENGINEERS INC	23 853	98	23 951	中国	2 473	15 915
INVEST OPHTH VIS SCI	Q1	3.470	ASSOC RESEARCH VISION OPHTHALMOLOGY INC	1 928	18 108	20 036	美国	10 912	1 599
RSC ADV	Q2	3.119	ROYAL SOC CHEMISTRY	15 806	315	16 121	中国	1 179	9 892
NAT COMMUN	Q1	12.121	NATURE PUBLISHING GROUP	14 870	1 013	15 883	美国	8 112	3 639
SUSTAINABILITY-BASEL	Q2	2.576	MDPI	14 344	147	14 491	中国	1 542	5 007
INT J MOL SCI	Q1	4.556	MDPI	13 061	196	13 257	中国	2 121	2 782
SENSORS-BASEL	Q1	3.275	MDPI	12 954	89	13 043	中国	1242	5 430
MEDICINE	Q3	1.552	LIPPINCOTT WILLIAMS & WILKINS	12 249	492	12 741	中国	696	7 786
ENERGIES	Q3	2.702	MDPI	10 460	68	10 528	中国	779	3 997
MOLECULES	Q2	3.267	MDPI	10 155	121	10 276	中国	997	3 518
INT J ENV RES PUB HE	Q2	2.849	MDPI	9 504	181	9 685	中国	2 089	2 548
OPT EXPRESS	Q1	3.669	OPTICAL SOC AMER	9 428	86	9 514	中国	1 832	4 508
APPL SCI-BASEL	Q2	2.474	MDPI	9 171	124	9 295	中国	851	3 864

地，美国学者贡献数最多的期刊的平均 JIF 为 3.91±2.90，高于中国和其他国家/地区。而中国在期刊各分区的表现相对均衡。Wei 等[8]曾对 PLoS One 上发表的 OA 论文进行分析，发现美国学者的论文比中国学者的论文影响更大。近年来我国经济的强劲增长大大促进了科研投入的增加。2019 年，科学技术领域的研发投入达到 2.21 万亿元人民币[9]。中国的科技研发支出仅次于美国，位居第二[10]。中国学者有着庞大的科研经费支持，所以对 OA 期刊的支持程度也是正面的。Xu 等[11]的调查表明，大多数中国学者对 OA 期刊持积极态度，并且在决定投稿前，学者们非常喜欢使用 WoS 数据库了解 OA 期刊的收录情况。因为论文所发表的期刊是否被 WoS 数据库收录对中国研究人员来说非常重要[12]。

Wakeling 等[13]研究了 11 本巨型 OA 期刊，发现其中 7 本期刊的中国作者贡献比例较高，这可能与巨型 OA 期刊的高影响因子有关。本次研究还发现，在 2017—2019 年载文量排名 top 1%的期刊中，中国作者贡献数量最多的期刊有 11 本(73.3%)，而且这些都是相对高质量的期刊(Q1 区 4 本，Q2 区 5 本和 Q3 区 2 本)。Wakeling 等[14]对 11 883 位作者的调查发现，巨型 OA 期刊在发表速度、JIF 分数高，足以满足学生毕业或职称晋升的需求。本研究发现中国学者有超过 40%的 OA 论文发表在这些载文量 top 1%的期刊上。我国实行论文发表的科研绩效奖励制度[15-16]，因此，中国学者一般以 JIF 作为投稿时的主要考虑因素[17]。这载文量 top 1%的期刊，尤其是上述 11 种期刊，受到中国学者高度关注。然而有学者认为，这些巨型 OA 期刊的 JIF 极具吸引力，在市场的推动下不断扩张，在发表大量论文同时，可能会降低对学术质量的要求[18]，认为巨型 OA 期刊的同行评审模式不如传统期刊严格，并曾猜测这些巨型 OA 期刊将会出现大量撤稿。

4　结束语

本项研究存在局限性，只关注了在 WoS 数据库中明确标记为 DOAJ 的期刊，一些被 SCIE 索引的 OA 期刊没有被识别。可能是因为虽然这些期刊需要支付论文处理费用，但它们可能没有加入 DOAJ 数据库中，也可能是目前尚处在订阅+OA 的混合出版模式，导致一些期刊被排除在本研究之外。

在"OA2020"倡议的推广下，必然会吸引更多的订阅期刊将加入 OA 阵营。在鼓励 OA 期刊发展的同时，我们还是需要警惕巨型 OA 期刊可能会降低论文的学术质量以更多地收取发表费用。此外，OA 期刊的论文发表费可能超出了较贫穷国家学者的经济能力范围[19]。我们期待 OA 期刊在提高期刊的知名度的同时承担更多的社会责任，适度降低论文发表费，让更多科研经费不足国家的学者的科研成果发表在 OA 期刊上。

我国科学技术的高速发展，带来了科研产出快速增加，科技论文的数量已经仅次于美国。目前，被 SCIE 收录的我国期刊有 200 多本，其载文量的总和也仅相当于一本巨型 OA 期刊[20]，无法承接国内学者如此大量的英文论文产出。已有学者提出有必要建立具有中国特色的大型 OA 期刊[21]。对于我们期刊工作者来说，高质量发展中国科技期刊是期刊界的使命[22]，需要通过改变办刊思路，创办更多优秀期刊。只有通过国家科研管理部门、科技界、期刊界多方努力，才能鼓励学者提高科研产出的质量的同时，更好地引导我国科技工作者把论文写在祖国大地上。

参 考 文 献

[1] Budapest Open Access Initiative [EB/OL]. [2021-06-28]. https://www.budapestopenaccessinitiative.org/read.
[2] OA2020: A Global Initiative to Drive Large-Scale Transformation of the Subscription System [EB/OL]. [2021-06-28]. https://oa2020.org/wp-content/uploads/OA2020_Conceptual_Framework.pdf.
[3] About BMC [EB/OL]. [2021-06-28]. https://www.biomedcentral.com/about.
[4] About DOAJ [EB/OL]. [2021-06-28]. https://doaj.org/about.
[5] 任胜利,高洋,程维红.巨型OA期刊的发展现状及相关思考[J].中国科技期刊研究,2020,31(10):1171-1180.
[6] 王元杰,齐秀丽,王应宽.国内外期刊开放获取出版现状与启示[J].中国科技期刊研究,2020,31(7):828-835.
[7] Clarivate Introduces New Open Access Data into Web of Science Journal Citation Reports [EB/OL]. [2021-06-28]. https://clarivate.com/webofsciencegroup/news/clarivate-introduces-new-open-access-data-into-web-of-science-journal-citation-reports.
[8] WEI M K, QUAN W, SADHANA M, et al. Research on differential and interactive impact of China-led and US-led open-access articles [J]. J of Inform Sci, 2021. https://doi.org/10.1177/ 0165551521998637.
[9] 2019年全国科技经费投入统计公报发布:R&D投入超2万亿元意味着什么[EB/OL]. [2021-06-28]. http://www.gov.cn/xinwen/2020-08/28/content_5538075.htm.
[10] NORMILE D. China again boosts R&D spending by more than 10% [EB/OL]. [2021-06-28]. https://www.sciencemag.org/news/2020/08/china-again-boosts-rd-spending-more-10.
[11] XU J, HE C, SU J, et al. Chinese researchers' perceptions and use of open access journals: results of an online questionnaire survey [J]. Learn Publ, 2020, 33(3): 246-258.
[12] LI Y. "Publish SCI papers or no degree": practices of Chinese doctoral supervisors in response to the publication pressure on science students [J]. Asia Pac J Edu, 2016, 36(4): 545-558.
[13] WAKELING S, WILLETT P, CREASER C, et al. Open-access mega-journals: a bibliometric profile [J]. PLoS One, 2016, 11(11):e0165359.
[14] WAKELING S, CREASER C, PINFIELD S, et al. Motivations, understandings, and experiences of open-access mega-journal authors: results of a large-scale survey [J]. J Assoc Inf Sci Technol, 2019, 70(7): 754-768.
[15] QUAN W, CHEN B, SHU F. Publish or impoverish: an investigation of the monetary reward system of science in China (1999-2016) [J]. Aslib J Inform Manag, 2017, 69(5 SI):486-502.
[16] DA SILVA J A T, RUAN C J, et al. International collaboration, scientific ethics and science writing: focus on China [J]. Asian Aust J Plant Sci Biotechnol, 2013, 7(Special Issue 1):38-45.
[17] DA SILVA J A T. Does China need to rethink its metrics- and citation-based research rewards policies? [J]. Scientometrics, 2017, 112(3):1853-1857.
[18] DA SILVA J A T, TSIGARIS P, AL-KHATIB A. Open access mega-journals: quality, economics and post-publication peer review infrastructure [J]. Publ Res Q, 2019, 35(3):418-435.
[19] ELSE H. Radical open-access plan could spell end to journal subscriptions [J]. Nature, 2018, 561: 17-18.
[20] CHEN L, ZHANG M, XIONG W, et al. Performance of China's journals indexed in SCIE: an evaluation based on megajournal metrics [J/OL]. Learn Publ, 2021. [2021-08-10]. http://doi.org/10.1002/leap.1391.
[21] 林章碧.国外大型综合开放存取期刊的嬗变对我国创办同类期刊的启示[J].编辑学报,2021,33(1):114-118.
[22] 朱邦芬.高质量发展中国科技期刊是中国科技界和期刊界的使命:在"2020中国学术期刊未来论坛"的发言[J].编辑学报,2020,32(6):591-592.

口腔医学类期刊组稿策略与实践
——以《口腔医学》为例

汪 悦，徐 晶

(南京医科大学附属口腔医院杂志编辑部，江苏 南京 210029)

摘要： 组稿是期刊提高质量和扩大影响力的方法之一。口腔医学类期刊因其学科的特殊性，在组稿时需考虑文章的专业性和实用性，利用多种方式进行推广。本文以《口腔医学》实际工作为例，从选题策划、作者约稿、专题推广等方面进行阐述，以期为口腔医学类期刊组稿提供一些经验。

关键词： 口腔医学；组稿；策略；实践

组稿是书报刊物编者(编辑部门)按照选题计划约请合适的作者就预定的题目写稿[1]。期刊的发展仅靠作者的自由投稿是远远不够的。2017年《口腔医学》设立"述评"栏目，主动出击，向相关专家约请稿件，改变了之前只能接受自由投稿的被动局面。在此基础上，《口腔医学》2019年起组织策划专题组稿。专题刊登以来，获得读者一致好评。笔者以此为例探讨组稿策略及实践经验，希望能够为口腔医学类期刊提供一些参考。

1 口腔医学类期刊组稿的意义

现如今，社会各领域对口腔医学的需求不断增多[2]，相关人才的培养也获得了更多的重视。口腔医学是一门讲究实践和理论紧密结合的学科，医学知识和技术更新快，对医生操作技能要求高，还要求医生具备良好的科研思维及能力[3]。一本好的期刊，应知读者所想所学，利用自己的学术和社会影响力，为读者创造良好的阅读环境。口腔医学类期刊的读者作者多是口腔临床医生和口腔医学专业学生，期刊刊登内容围绕口腔医学基础研究和临床操作。目前，中文科技期刊的影响力在世界范围内依然较弱，一些医院的职称评价体系也不完善，很多作者更倾向于先将稿件投向国外SCI收录期刊[4]，导致国内口腔医学类期刊优质稿源缺乏，优秀作者流失，如何扩宽稿源、提升期刊影响力成为口腔医学类期刊发展的重中之重。口腔医学类期刊统计源有20本，但北大中文核心期刊只有5本。期刊竞争压力大，如果仅靠自由投稿维持稿源，会让自己陷入"被动"局面。一方面，自由投稿的文章质量没有保障，作者水平参差不齐；另一方面，投稿文章内容不一定是读者最期望了解的，受众范围有限。而组稿可以限定选题，约请行业内权威专家撰写，既保证了文章质量，拓宽了稿源，又与专业热点相结合，对期刊提高办刊水平、扩大影响力、推进专业发展具有重要作用[5]。

《口腔医学》由南京医科大学口腔医学院主办，自1981年创刊以来已有40年历史，是国内第二本口腔医学专业杂志。组稿以来，编辑充分发挥主观能动性，化被动为主动，转变来稿方式,将当前热点问题汇总,邀请口腔医学专家学者以专题的形式从不同方面对相关技术进行阐述剖析,集众家之所长为读者答疑解惑,为科研和临床工作提供相关指导。

2 口腔医学类期刊组稿的实施难点

2.1 组稿专题的确定

选题是组稿的灵魂,一个好的专题不仅可以吸引读者,还可以让作者有话可写,有想法可说。笔者所在的《口腔医学》编辑部通常提前半年确定选题,预留充足时间,约请相关专家撰写,做到提前准备,精心策划。

在选题上,考虑到读者以口腔临床医生为主,选择的多是具有临床实用性的专题。编辑在选题上有主导权,很多口腔医学类期刊编辑具有双重身份,除了正常的编辑工作外,还承担口腔临床工作,从事方向涵盖了口腔医学各个专业。临床医生和科技期刊编辑身份的结合使得编辑在策划内容和约稿对象的选择上更具优势。编辑需深入到临床实际工作中,与临床同事和口腔医学专业学生深入交流,知道读者想看什么内容,想学习什么技术,有哪方面的困惑,收集归纳,整理提炼,集中讨论,确定选题。

口腔医学类期刊编辑还需积极了解行业动态,关注专业学术交流会议。会议内容常常是口腔热点的指向标,同时也对未来口腔医学专业的发展作出展望,对编辑的选题具有一定的启发。2018年中华口腔医学会设立了"健康口腔,牙周护航"年会主题,2020年是该主题年的收官之年,值此之际,我们组织了"牙周专栏"组稿。纵观学会内容,会议多次提到牙周与口腔多学科的交叉联系及与全身健康的关系,这也给我刊选题提供了方向。除"牙周炎的微创治疗"和"牙周炎免疫"两个角度外,我们还邀请专家就"牙周病与全身疾病"和"牙周辅助正畸治疗"进行了阐述。同时,专题的选择必须立足行业热点,《口腔医学》在今年第2期策划了"美学与种植专题"。种植修复一直是行业热点问题,如何在恢复口腔功能的同时达到最佳的软组织美学效果越来越受到口腔医生的重视。近年来,人们对软组织美学的认识有了提高,相关技术也得到了进一步发展,因此,《口腔医学》针对这一临床热点策划了一次专题组稿。

除此以外,编辑在组稿专题时还应紧跟时事,体现个性。自2020年初"新冠疫情"以来,很多期刊编辑部都组织了"新冠专题"组稿,口腔医学类期刊要体现自己的特色,就必须与口腔临床工作相结合,从实际出发,体现期刊的社会担当。因为操作的特殊性,口腔诊疗过程中医生不可避免地要接触患者口腔,使用的超声洁牙机、三用气枪、高速手机可产生含有包含唾液和分泌物的飞沫和气溶胶,诊疗环境也较封闭。在2020年初疫情下,口腔门诊停诊,之后诊疗逐渐恢复正常。如何做好防护,重启口腔诊疗,保证工作人员、患者零感染,对医院感控提出了更高的要求。我刊从此着手,加急组稿,约请相关专家撰写"新型冠状病毒肺炎"专题文章,及时推送,分别在2020年第4期和第7期出版,为疫情中和疫情后口腔诊疗的感控工作提供参考。其中,《新型冠状病毒肺炎疫情中口腔专科医院分级精准感染防控管理策略》作为指导文件在江苏省口腔医学会下发,指导各机构开展诊疗工作。

2.2 约稿专家选择及沟通

梁倩[6]在主题化运作科技期刊的组稿中发现,要多管齐下物色作者,积极开拓优质稿源渠道,不拘泥于一种约稿方式,通过多种方式组稿,以保证取得良好的组稿效果。

确定选题后,编辑可以根据选题方向,上网搜索相关文献,筛选出从事相关研究的专家,经编辑部讨论研究后,联系各位作者,发出约稿申请。这要求编辑有一定的专业基础,观察敏锐，熟知行业变化。口腔医学知识日新月异，技术不断改善，编辑可以通过文献搜索发现有哪些学者在相关领域处于领先地位，继而确定哪些合适邀约。

充分利用编委会资源，口腔医学类期刊编委会成员一般是口腔医学专业领军人物，这些专家学者对于自己专业范围内的信息都很了解，包括国内外专业发展方向、前沿领域动态、知名专家学者情况、交叉学科的研究进展、学业争鸣的热点等[7]。如果有编委从事该专题的研究，可以直接向其约稿，或让其推荐合适的专家，发挥编委力量。另外，很多口腔医学类期刊依托口腔医院和医学类高校平台，医教力量雄厚，在口腔医院和高校中都处于前列，这同样也为期刊提供了约稿专家资源。

在平时工作中，期刊编辑也要学会发现作者，通过整理"国家自然科学基金"等基金项目和课题负责人信息，定期发送邮件向其约稿，起到宣传期刊、吸引作者的效果。约稿信需简洁明了，及时更新期刊信息，一旦有新作者回复反馈，加紧跟进，将其发展成长期合作作者。做好平时积累，及时更新作者库，提高作者质量，为专题组稿做准备。

确定了约稿关系后还应尽快和作者落实文章，组织作者完成作品创作。编辑在组稿过程中要增强服务意识，提供人性化服务，尊重作者，建立平等、亲切、融洽和谐的编辑-作者关系。同时还应提高工作效率，加快编辑流程，获得作者信任，成为将来作者投稿的首选，实现期刊的可持续发展[8]。

2.3 组稿专题的刊出和推广

专题组稿将是该期期刊中最有亮点的地方，有目的性地编排将读者关注的内容集中在一起，可以方便读者系统地学习。出版后，常规印刷纸质期刊，上线"中国知网""万方"等数据库。近两年组稿的"隐形矫治专题""牙周专栏"和"美学与种植专题"的平均下载量分别为296.67、138.75、117.60次，平均引用量分别为5.17、1.75、0.60次；同期发表其他文章的平均下载量分别为134.31、130.56、76.36次，平均引用量分别为1.62、0.31、0.09次(数据来源中国知网)。从读者反馈来看，专题组稿相对于当期自由投稿的文章阅读量、引用量更多。

随着网络科技的发展，纸媒的订阅量相对过去明显减少，《口腔医学》的期印数也在逐年减少。对于读者来说，口腔医学类期刊纸媒的获取不是很方便，使用感相对网刊较差。出版业的数字化发展也使得各个编辑部将目光投向微博、微信等平台进行推广，口腔医学类期刊要想获得发展，也要注重数字化转型。微信公众号于2012年8月上线，这一平台为期刊的推广提供了更多的便利。在2014年之前，口腔医学类期刊还未有开通微信公众号的先例，《口腔医学》在2015年率先开通"口腔医学杂志"公众号。相对于纸媒和上线的数据库来说，微信公众号运营成本更低，订阅获取方便，符合现今读者手机阅读的习惯。图片、视频可以直接刊载在公众号中，口腔医学类文章有不少涉及临床的内容，图片、视频更能直观地体现相关病例情况和治疗过程，这相对纸媒有很大优势。每期的组稿专题都可以利用微信公众号进行发布推送，可直接获取全文内容，使订阅的读者可以更及时、更直接地阅读文章内容。同时作者、编委对内容进行转发后，能吸引更多的作者进行阅读、订阅公众号，对提升口腔医学类期刊的知名度也有一定的帮助。《口腔医学》在2019年11月推出的"隐形矫治专题"反响热烈，纸质期刊进行了加印，这在往期中也较为少见，单篇刊发24小时内阅读量过5 000，日转发550次。"好酒也怕巷子深"，光有好的专题组稿却没有相应的推广，没有得到足够多读者的认可，这与前期作者和编辑的付出是不相匹配的。

3 结束语

通过专题组稿提高期刊质量,提升专业影响力,对于口腔医学类期刊的发展至关重要。要想在同行中脱颖而出,期刊内容是重中之重,专题组稿既可以丰富内容,又可以扩大读者群,但同时也是对编辑的挑战。选择专题时,要从临床实际出发,理论和实践相结合;确定选题后,多种途径选择约稿专家,同时也要注重平时作者的积累;专题发表后,进行宣传和推广,合理应用网络社交媒体。组稿专题的每一步都至关重要,合理策划、积极约稿、有效推广,迎难而上,推进出版,发展口腔医学类期刊,进而吸引更多优秀稿源和优秀作者,提升期刊的核心竞争力。

参 考 文 献

[1] 王慧.论社科类学术期刊编辑组稿策略创新[J].理论与改革,2013(5):155-157.
[2] 叶畅畅,张彦,小林宏明.中、日、美高等口腔医学教育体系与科研人才培养[J].中华口腔医学研究杂志(电子版),2021,15(3):173-177.
[3] 吴珺华,苏俭生,王鹏,等.五年制口腔医学专业临床实践考核体系的探索[J].口腔颌面外科杂志,2014,24(4):314-316.
[4] 孙昌朋,林萍,郎朗,翁嘉敏,陈望忠.打造中文品牌科技期刊的策略与方法:以《南方医科大学学报》为例[J].中国科技期刊研究,2020,31(3):331-336.
[5] 朱晋峰.学术期刊编辑的组稿能力培养[J].中国司法鉴定,2019(5):93-96.
[6] 梁倩.主题化运作类科技期刊的组稿模式与策略探索[J].天津科技,2016,43(12):75-78.
[7] 曾德芳,罗亚军,程碧军.科技期刊组稿方法浅谈[J].黄冈师范学院学报,2011,31(3):161-163.
[8] 赵黎明,沈懿,王楠,等.听神经瘤专题编辑导读及组稿实践[J].中国耳鼻咽喉头颈外科,2017,24(9):471-473.

部分师范类高校学报自然科学版论文参考文献引用情况调查

封 毅

(温州大学学报编辑部,浙江 温州 325035)

摘要:为了解现阶段我国师范类高校学报科技论文中参考文献引用水平,选取同一时期我国 8 所师范大学学报自然科学版刊登的 152 篇科技论文文后参考文献为研究样本,采用文献计量的方法,从单篇引文量、引文语种、引文类型、引文作者合作情况和引文年代这 5 个方面对文后参考文献进行统计分析,并比较了不同期刊之间引文的差异。研究表明,样本期刊平均引文量为 24.03 篇;外文文献的引用率为 54.26%,高于中文文献 8.52%;科技论文的主要引用源为期刊;引文作者表现出高合作度的态势,独著仅占 19.46%;近 5 年出版的文献在引文中所占比重最大。在此基础上,提出科技期刊编辑在参考文献编校实践中应该注意的问题。

关键词:科技论文;参考文献;引文量;定量分析;高校学报

科技论文是科研成果的产出形式,科研成果依托科技论文得以发表和公开。参考文献是科技论文的一个重要组成部分,反映了论文的起点和深度,体现了科技论文学术质量的高低。研究表明[1-3],参考文献影响论文质量。参考文献的引用情况是衡量科技论文质量的一个重要指标,近年来其定量化分析已成为国内外期刊研究的一个热点。引文分析,就是利用数学及统计学的方法进行比较、归纳、抽象、概括等逻辑方法,对各类文献的引用和被引用现象进行分析,以揭示其数量特征和内在规律的一种信息计量研究方法[4]。师范大学学报是师范类高校教学和科研工作的重要平台,是展示师范类高校科研成果的窗口,也是中国学术期刊不可或缺的组成部分。了解现阶段我国师范类高校学报自然科学版论文的引文现状及规律,了解该类作者群阅读、使用文献的能力,可以从一定程度上了解我国科技论文参考文献的引用水平。本研究选取了 2021 年我国 8 所师范大学学报(自然科学版)出版的第 1 期所刊登科技论文文后参考文献为研究对象,采用文献计量的方法,考查了这些样本论文文后参考文献的引用特征,旨在揭示现阶段我国师范类高校学报作者群对文献信息的需求和利用情况,评价科技论文引文分布结构和水平。研究得到的定量结果,清晰展现了目前我国部分一流师范类高校学报(自然科学版)参考文献的数量特征,可为了解和评价这些科技期刊参考文献引用情况提供参考。参考文献是科技论文的组成部分,是编辑初审和专家外审的重要依据,科技期刊编辑应重视参考文献的编辑加工,消除冗余参考文献著录,提高科技期刊参考文献编校质量。

1 研究方法

1.1 研究对象

根据曼彻斯特大学中国校友会中国大学排名情况(https://www.4hw.com.cn/p/451280.

html),选取了2020年排名前8位的我国师范大学,锁定这些高校的自然科学版学报。为了便于时效性的比较,选取这些学报2021年第1期所刊登的科技论文中参考文献为研究对象。这8所师范大学自科版学报分别是:北京师范大学学报(自然科学版)、华东师范大学学报(自然科学版)、华中师范大学学报(自然科学版)、南京师范大学学报(自然科学版)、湖南师范大学自然科学学报、东北师大学报(自然科学版)、华南师范大学学报(自然科学版)和陕西师范大学学报(自然科学版)。

所选期刊均入选中国核心期刊,除东北师大学报(自然科学版)为季刊外,其他均为双月刊。采用双语著录参考文献的期刊有2本,分别是华中师范大学学报(自然科学版)和华南师范大学学报(自然科学版)。依据大学排名和遴选进入核心期刊的科技期刊,代表了我国现阶段科技论文的较高水平。

以CNKI为数据统计源,在CNKI中选择"出版物检索"类型,选择"来源名称",以刊名作为字段进行检索,时间设定为各期刊2021年第1期,除去没有引文的发言稿1篇和书评1篇外,最终得到152篇科技论文引文文献作为本次研究样本。

1.2 研究方法

对筛选出来的科技论文中的引文分别从载文量、引文数量、篇均引文量、引文语种、引文类型、作者合作情况和引文年代等方面进行考查,对这些信息逐条登记,并利用Excel 2016的统计功能,对数据进行汇总和计算。本文使用的评价指标说明如下。

载文量,即在抽样时间内,样本期刊刊发论文的数量,是反映期刊信息含量的重要指标。引文数量,即在抽样时间内,样本期刊引文的总数量,体现了研究者对已有科研成果的吸收利用能力。篇均引文量,即每篇论文所占有的引文数量,其计算公式为:篇均引文量=引文数量/载文量。

引文语种体现了研究者的学术视野和利用国内外文献的能力。本研究中,将引文划分为中文文献和外文文献2种。在样本数据统计中发现,本研究样本中外文文献几乎都是英文文献,其他语种的参考文献引用很少。

对引文文献类型进行分析,可以了解作者的主要知识来源和知识结构。根据文献标识码,将文献类型分为期刊(J)、专著(M)、学位论文(D)、析出文献(包括论文集中的析出文献C、汇编中的析出文献G和书籍中的析出文献M)、研究报告(R)电子文献(DB、CP、EB)和其他(P和S)。由于研究样本中不涉及其他更多类型的文献,故仅将文献类型划分为以上7类。

拥有众多的作者是科技论文的属性之一,按照作者数量将引文作者类型分为独著(1位作者)、2位作者、3位作者和3位以上多位作者这4种情况。

为了考查引文献的"新旧"程度,将引文年代作为考查依据,从时间的角度对引文分布规律进行分析,近20年文献以5年为时间段对引文年代进行划分。

2 研究结果

2.1 载文量和引文量

表1为样本期刊引文的总体情况,样本期刊的平均载文量为19篇,引文量为3 653篇,平均每本期刊的引文量为456.625篇/期。对于不同的期刊,单篇引文数量表现出较大差异,单篇引文量最高的是陕西师范大学学报(自然科学版)为36.64篇,其次是北京师范大学学报(自然科学版)为33.58篇。单篇引文量最低的是东北师大学报(自然科学版)为16.89篇,其次为南

京师范大学学报(自然科学版)为 19.57。陕西师范大学学报(自然科学版)单篇引文量是东北师大学报(自然科学版)的 2.169 倍。华南师范大学学报(自然科学版)、华东师范大学学报(自然科学版)、湖南师范大学自然科学学报、华中师范大学学报(自然科学版)单篇均引文量分别为 26.24 篇、23.71 篇、23.21 篇和 20.04 篇，差别不大。在调查样本中，单篇最高引文量为 77 篇，最低引文量为 6 篇，单篇平均论文平均引文量为 24.3 篇。

表 1　样本期刊引文量情况　　　　　　　　　　　　　　　　　单位：篇

样本名称	载文量	引文量	单篇引文量	单篇最高引文量	单篇最低引文量
北京师范大学学报(自然科学版)	19	638	33.58	69	6
华东师范大学学报(自然科学版)	17	403	23.71	49	8
华中师范大学学报(自然科学版)	23	461	20.04	33	7
南京师范大学学报(自然科学版)	21	411	19.57	37	9
湖南师范大学自然科学学报	14	325	23.21	42	7
东北师大学报(自然科学版)	27	456	16.89	34	6
华南师范大学学报(自然科学版)	17	446	26.24	51	15
陕西师范大学学报(自然科学版)	14	513	36.64	77	18
总计		152	3 653		
平均		19	456.625	24.03	

2.2　引文语种

表 2 为研究样本中各期刊引文语种分布情况。从表 2 可以看出，样本期刊引文以外文文献为主，平均单篇外文引文数量为 13.04 篇。外文文献占总引文数量的 54.26%，超过中文文献 8.52%。北京师范大学学报(自然科学版)刊文中来自外文文献的数量最多，平均单篇外文引文数量为 20 篇。华南师范大学学报(自然科学版)刊文中来自外文文献的比重最大，占比达到 65.47%。

表 2　样本期刊中引文语种分布

样刊名称	中文文献			外文文献		
	引文量/篇	单篇平均引文量/篇	引文率/%	引文量/篇	单篇平均引文量/篇	引文率/%
北京师范大学学报(自然科学版)	258	13.58	40.44	380	20.00	59.56
华东师范大学学报(自然科学版)	150	8.82	37.22	253	14.88	62.78
华中师范大学学报(自然科学版)	237	10.30	51.41	224	9.74	48.59
南京师范大学学报(自然科学版)	206	9.81	50.12	205	9.76	49.88
湖南师范大学自然科学学报	196	14.00	60.31	129	9.21	39.69
东北师大学报(自然科学版)	205	7.59	44.96	251	9.30	55.04
华南师范大学学报(自然科学版)	154	9.06	34.53	292	17.18	65.47
陕西师范大学学报(自然科学版)	265	18.93	51.66	248	17.71	48.34
总计	1 671			1 982		
平均	208.878	10.99	45.74	247.75	13.04	54.26

2.3　引文类型

表 3 为调查样本中引文类型分布。从表 3 可以看出，期刊是科技论文引用的主要文献来

源,其次科技论文作者也比较偏爱来自专著和学位论文的文章,分别占到引文数量的 5.64%和 3.34%。引文类型可以看出研究者获取情报的主要特点,在样本期刊中,引文以期刊形式为主,期刊的引文率达到 87.13%。

表 3 调查样本中引文类型分布

样刊名称	期刊/篇	专著/篇	学位论文/篇	析出文献/篇	研究报告/篇	电子文献/篇	其他文献/篇
北京师范大学学报(自然科学版)	559	36	26	14	2	0	1
华东师范大学学报(自然科学版)	359	13	20	8	1	0	2
华中师范大学学报(自然科学版)	401	23	14	11	4	3	5
南京师范大学学报(自然科学版)	352	26	15	13	1	0	4
湖南师范大学自然科学学报	281	25	5	8	3	1	2
东北师大学报(自然科学版)	371	37	17	28	1	1	1
华南师范大学学报(自然科学版)	392	18	15	13	0	0	8
陕西师范大学学报(自然科学版)	468	28	10	2	3	2	0
总计	3 183	206	122	97	15	7	23
平均	397.875	25.75	15.25	12.125	1.875	0.875	2.875
引文率/%	87.13	5.64	3.34	2.66	0.41	0.19	0.63

2.4 作者合作度

表 4 为调查样刊中作者合作情况统计表。从表 4 可以看出,调查样本引用参考文献中作者的合作程度高,3 位以上的作者在作者群中的比例达到 40.24%,其次是 2 位作者的占比为 21.49%,3 位作者的占比为 18.81%,独著作者占比为 19.46%。

表 4 作者合作情况

样刊名称	1 作		2 作		3 作		3 作以上	
	引文量/篇	引文率/%	引文量/篇	引文率/%	引文量/篇	引文率/%	引文量/篇	引文率/%
北京师范大学学报(自然科学版)	118	18.50	126	19.75	108	16.93	286	44.83
华东师范大学学报(自然科学版)	82	20.35	85	21.09	77	19.11	159	39.45
华中师范大学学报(自然科学版)	105	22.78	133	28.85	78	16.92	145	31.45
南京师范大学学报(自然科学版)	88	21.41	91	22.14	94	22.87	138	33.58
湖南师范大学自然科学学报	68	20.92	49	15.08	69	21.23	139	42.77
东北师大学报(自然科学版)	112	24.56	112	24.56	91	19.96	141	30.92
华南师范大学学报(自然科学版)	61	13.68	73	16.37	90	20.18	222	49.78
陕西师范大学学报(自然科学版)	77	15.01	116	22.61	80	15.59	240	46.78
总计	711	19.46	785	21.49	687	18.81	1 470	40.24
引文率/%	19.46		21.49		18.81		40.24	

2.5 引文年代

表 5 是调查样本中引文发表时间统计。从表 5 可以看出,研究样本在研究时段内刊登的科技论文引用最多的文献是近 5 年发表的文献,其次依次为近 10 年和近 15 年的文献。值得注意的是,发表超过 20 年的文献,在引用数量上有所反弹。

表 5　引文年代

样刊名称	2015—2019 引文量/篇	2015—2019 引文率/%	2010—2014 引文量/篇	2010—2014 引文率/%	2005—2009 引文量/篇	2005—2009 引文率/%	2000—2004 引文量/篇	2000—2004 引文率/%	2000年之前 引文量/篇	2000年之前 引文率/%
北京师范大学学报(自然科学版)	196	30.72	158	24.76	98	15.36	79	12.38	107	16.77
华东师范大学学报(自然科学版)	101	25.06	118	29.28	69	17.12	42	10.42	73	18.11
华中师范大学学报(自然科学版)	203	44.03	95	20.61	59	12.80	49	10.63	55	11.93
南京师范大学学报(自然科学版)	129	31.39	114	27.74	58	14.11	44	10.71	66	16.06
湖南师范大学自然科学学报	162	49.85	73	22.46	27	8.31	16	4.92	47	14.46
东北师大学报(自然科学版)	143	31.36	124	27.19	73	16.01	43	9.43	73	16.01
华南师范大学学报(自然科学版)	144	32.29	134	30.04	85	19.06	39	8.74	44	9.87
陕西师范大学学报(自然科学版)	199	38.79	144	28.07	74	14.42	33	6.43	63	12.28
总计	1 277	34.96	960	26.28	543	14.86	345	9.44	528	14.45
引文率/%		34.96		26.28		14.86		9.44		14.45

3　讨　论

2018 年我国 2 029 种科技核心期刊平均引文量为 20.3 篇[5]，本研究选取的样本期刊单篇论文平均引文量为 24.3 篇，高于全国核心期刊平均引文量。单篇论文的参考文献数量，反映了这些期刊论文作者利用文献的广度和深度，在一定程度上可以说明论文与被引文献在学科内容上的联系强度。参考文献数量受多种因素影响，如学科性质、论文语种和某些人为因素制约[4]。科技论文作者应该按照需要设立参考文献条目，参考文献太少会使研究背景缺失或不连贯，造成读者的阅读障碍；参考文献太多，又会造成论文主要信息不突出。

研究选取的样本期刊参考文献语种以外文为主，平均单篇论文外文引文数量为 13.04 篇，占总引文数量的 54.26%。研究表明，2014 年我国林业类核心期刊外文文献的引用率为 7.41%[6]；2017—2018 年我国出版类期刊论文英文引文率为 6.37%，日语引文率为 0.24%[7]；2018—2019 年我国护理核心期刊发表论文英文引文率为 34.34%，日文引文率为 0.07%[8]。样本期刊外文文献的引用率远高于上述期刊外文引用率。引文语种可以反映作者对于不同语种的了解、掌握和运用的能力，体现了科技论文作者研究内容的国际化程度和受国外研究成果影响的力度。外文文献的大量使用，显示了论文作者对外文文献的重视和和对国外研究成果的继承和发展，说明该作者群对国外科研成果有较强的借鉴吸收能力。

研究选取的样本期刊使用的文献范围很广，包括期刊、专著、学位论文和研究报告等多种文献形式，其中期刊论文是科技论文引用的主要文献来源。其原因在于，期刊作为连续出版物，其出版周期短、信息量大、内容新颖、时效性强，这些特点决定了期刊是广大科研工作者获取研究领域动态的主要信息源。在被引文献中，期刊论文所占比例最大，这与以往研究[9-10]相一致。

研究选取的样本期刊引用参考文献的作者合作程度较高，3 位以上的作者在作者群中的比例最大，为 40.24%；2 位作者的情况位居占其次，为 21.49%；3 位作者的占比为 18.81%；独著作者占比为 19.46%。拥有众多作者是学术期刊的重要属性之一，现代科技融合渗透的特点，使得科研工作分工成为一种必然趋势，表现在科研成果产出的科技论文署名上，出现了多作者合作的特点。多作者联合署名，既是现代科学研究发展态势的必然结果，也是科研工作者研究选取的样本期刊在研究时段内刊登的科技论文引用最多的文献是近 5 年发表的文献，其次依次为近 10 年和近 15 年的文献。发表超过 20 年的文献，在引用数量上有所反弹。研究表明[4]，科学文献被引用的最佳年限，中文文献大致为出版后的 2~5 年，外文文献约为 3~8 年，这与本文研究结论相一致。同时，文献[4]研究发现，20 年前的文献很少被人引用。在本文研究中，20 年前的引文文献比重并不低，可能与所选样本中基础学术理论研究偏多和样本数有限的原因有关。对于学术理论研究的论文，大部分研究成果是在原有科学理论基础上进行的，这时引用参考理论的初始文献就非常重要。

4 科技期刊编辑应重视参考文献著录质量

4.1 消除冗余参考文献，提高参考文献著录质量

编辑实践中发现，有些作者由于对参考文献的著录理解不到位，认为参考文献越多越好，把一些专业常识或者与论文内容不相关的内容，以参考文献形式罗列出来，这样科技论文中就会出现一些不必要存在的参考文献，导致冗余参考文献的产生。冗余参考文献的存在，违背了参考文献著录的基本原则。起不到节约篇幅、增加论文信息量的目的，而且降低了科技论文的学术水平，暴露了作者的写作层次和科研态度。冗余参考文献的存在，影响了文献计量学指标的客观性，造成期刊在人力、物力、财力上的浪费，给期刊造成一些负面的影响，削弱了期刊影响力。研究表明[11]，常识性冗余、非观点性冗余、道德性冗余、拼凑性冗余和著作权归属性冗余是科技论文中 5 种常见的参考文献冗余形式。科技期刊编辑应树立参考文献的质量意识，重视冗余参考文献问题，遵循参考文献著录八条基本原则[12]，即时效性、原始性、全面性、相关性、代表性、准确性、版权原则和标准化原则，认真审查科技论文每条参考文献存在的必要性，对作者著录的参考文献逐条进行分析，甄别科技论文中是否存在冗余参考文献。针对科技论文中出现的冗余参考文献，一经确认，就要毫不犹豫地删除掉。

4.2 规范参考文献著录格式，提高参考文献著录标准化水平

参考文献的准确性直接影响到检索原文文献的可靠性，此次调查发现，8 所师范大学学报自然科学版刊登的 152 篇科技论文文后参考文献著录存在格式不规范的问题，见表 6。

表 6 参考文献著录格式常见错误类型

错误类型		典型错误形式说明
著录符号	//	论文集、会议集等文献的出处项少前置符"//"，或用其他文字代替
	/	期刊合期出版，合期号误用为"-"连接
	,	期刊出版年和期之间使用"，"
	:	标题与副标题前置符误用为"——"
著录项	责任者	欧美著者姓不全拼、名不缩写或保留缩写符号"."，3 个以上著者全部著录
	其他责任者	3 个以上责任者全部著录
	保存地	保存地著录到省级别，不是出版单位所在城市
	版本	使用汉字表示版本号，没有省略"第"，如"第三版"
	文献标识码	[M]误用为[J]
其他问题		缺/多著录符号，缺/多著录项

从表 6 可以看出，著录符号的使用不当和著录项著录不规范，是常见的参考文献著录格

式问题。产生这些问题的原因，主要是编辑和作者标准化意识不强，对GB/T 7714—2015《信息与文献 参考文献著录规则》[13]学习不够认真细致，尤其是对新修订和增补的内容未能真正理解。因此，科技期刊编辑在编校实践中，应该认真研读GB/T 7714—2015相关条款要求，严格实施要求性条款，强化标准化意识，规范参考文献著录格式，重视参考文献编辑加工，仔细核实每一条参考文献，减少参考文献的著录差错，提高参考文献编校质量。

5 结束语

选取我国8所师范类高校学报自然科学版152篇科技论文的参考文献作为研究对象，采用文献计量的方法，考查了单篇引文量、引文语种、引文类型、引文作者合作情况和引文年代等相关引文特征。定量研究结果，有助于了解和评价这些科技期刊参考文献引用情况。参考文献是科技论文的重要组成部分，针对编辑实践中常见的参考文献问题，提出从消除冗余参考文献著录和规范参考文献著录格式等方面，来提高科技期刊参考文献的编校质量。

参 考 文 献

[1] 姜磊,林德明.参考文献对论文被引频次的影响研究[J].科研管理,2015,36(1):121-126.
[2] 肖元春.从参考文献评价学术期刊论文质量[J].出版广角,2015(4):48-50.
[3] 毛大胜,周菁箐.参考文献数量与论文质量的关系[J].中国科技期刊研究,2003,14(1):34-35.
[4] 邱均平.文献信息引证规律和引文分析方法[J].情报理论与实践,2001,24(3):236-240.
[5] 潘云涛.2018年版中国科技期刊引证报告(核心版)[M].北京:科学技术文献出版社,2018:1.
[6] 刘美爽,李梦颖.林业类科技核心期刊文献引用研究[J].编辑学报,2017,29(1):15.
[7] 高卫星.出版编辑类期刊论文引文分析:2017年—2018年刊载编辑类论文引文分析[J].传媒观察,2020,3(22):4.
[8] 武瑞,程金莲.护理核心期刊2018年—2019年刊载护理管理类论文引文分析[J].护理研究,2020,34(12):2220.
[9] 高卫星.出版编辑类期刊论文引文分析[J].传媒论坛,2020,3(22):4-6.
[10] 周群英.《桉树科技》近五年(2014—2018)引文分析[J].桉树科技,2019,36(2):52-56.
[11] 常思敏.科技论文中冗余参考文献分析[J].出版科学,2015,23(1):43-45.
[12] 常思敏.科技论文写作指南[M].北京:中国农业出版社,2008:23-25.
[13] 中华人民共和国国家质量监督检验检疫总局,中国国家标准化管理委员会.信息与文献 参考文献著录规范GB/T 7714—2015[S].北京:中国标准出版社,2015.

利用 WOS 数据库实现英文学术期刊精准传播
——以《亚洲两栖爬行动物研究》为例

赵鹤凌，朱 丹，毛 萍

(中国科学院成都生物研究所《亚洲两栖爬行动物研究》编辑部，四川 成都 610041)

摘要： 近年来，学术期刊的精准传播已逐渐成为一种新的发展趋势。英文学术期刊因其语言和专业特性，在传播的过程中要真正意义上实现"精准"二字，就需要针对期刊自身的选题方向，利用 Web of Science 数据分析和个性化推送来锁定目标读者群，做到"信息"与"人"精准一一对应。本文以《亚洲两栖爬行动物研究》(*Asian Herpetological Research*，AHR)为实例，探讨了如何利用大数据来定位精准传播的目标群，以及如何制定和优化符合期刊自身特色的精准推广策略。本文的相关经验将为其他英文学术期刊自主实现精准传播提供重要参考。

关键词： 大数据；精准传播；Web of Science 数据库；推广策略

2016 年以来，习近平总书记在党的新闻舆论工作座谈会、全国宣传思想工作会议等的讲话中多次提出"切实提高党的新闻舆论传播力、引导力、影响力、公信力"的"四力"要求。在这"四力"中，传播力是基础，没有传播力，引导力、影响力、公信力都无从谈起[1]。随着"互联网+大数据"时代的到来，学术期刊的传播力建设迫在眉睫。要提高学术期刊的传播力，就要突破依靠读者单向检索期刊内容的传统模式，实现从"人找信息"到"信息找人"的转变[2]。特别是英文学术期刊，因其语言和专业特性，如果只是单纯的"打包"推送，很容易被淹没在信息的汪洋大海中，要真正意义上的实现"精准"二字，就需要针对期刊自身的选题方向，利用数据分析和个性化推送来锁定目标读者群，做到"信息"与"人"精准一一对应。

近年来，英文学术期刊的精准传播已逐渐成为一种新的发展趋势[3-4]，国外的知名出版集团如 Springer、Elsevier、Wiley 等都相继建立了自己的精准推送平台，为期刊的精准传播提供了便捷的途径。然而，对部分平台进行调研和试用后发现，这些平台主要依托的还是本出版集团的数据库，在推送中虽然对期刊所在的学科领域有很强的指向性，但无法精准定位到期刊的具体选题(或需要编辑部进行手动筛选)。其次，这些平台的费用昂贵，如果期刊本身不在这些出版集团旗下，推送效果不明显，性价比相对不高。特别是那些处于起步阶段的 SCI 学术期刊，由于预算有限，相较于直接购置各大出版集团的商业推送平台，利用期刊现有传播平台，通过数据库分析自主实现精准传播更有利于期刊发展。本文将以《亚洲两栖爬行动物研究》(*Asian Herpetological Research*，AHR)为实例，探讨如何利用 Web of Science 数据库分析和问卷调查，实现英文学术期刊的精准传播。

通信作者：朱 丹，E-mail: zhudan@cib.ac.cn

1 数据收集和分析

以 AHR 的 ScholarOne 投审稿系统中注册的用户为基础，筛选近 3 年来活跃度相对较高的作者和审稿人 209 人，建立期刊精准推送目标群体库。利用 Web of Science 核心数据库，分析目标群体近 5 年发表的论文。具体的检索步骤如下：①首先登录 www.webofscience.com，选择"Web of Science 核心合集"数据库。②在检索界面选择"作者"检索，输入作者名的相关检索字段，时间跨度选择"2016—2020"进行检索。③在"检索结果"页面左侧的"精炼检索结果"选项中，通过作者所属的"组织"和"学科类别"，对目标作者进行"精炼"，即得出目标作者发表的相关文献。利用 Web of Science 的"分析检索结果"功能，分析论文的研究方向，发现其研究方向主要包括三个方面：①生态与资源(包括保护保育、生物多样性、种群衰退、栖息地利用、迁移等主题)；②分子进化与系统发育(包括形态学、分类学、新种发现、生物地理等主题)；③生理与行为(包括繁殖发育、进化、行为、性别二态性等主题)。其中，生态与资源研究方向的主题占比接近 50%(见图 1)，这与近 5 年来，生态与资源研究方向是两栖爬行动物学研究的热点息息相关。

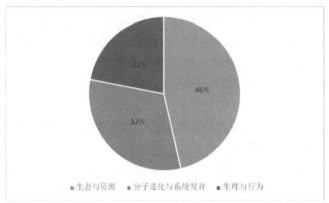

图 1 基于 Web of Science 数据库的精准传播目标群研究方向分布

同时，为进一步获取目标群体的个性化数据，编辑部采用电子邮件的形式，对目标群体就①是否愿意接收期刊的精准推送邮件(单选)和②对哪个研究方向和主题的精准推送感兴趣(多选)展开问卷调查，结果表明(共发出问卷 209 份，收回 201 份)：在有效问卷中，有 197 人表示愿意收到期刊的精准推送(占比 98%)，其中，生态与资源研究方向的主题是目标群体重点关注的领域，这一结果和 Web of Science 的大数据分析基本一致(见图 2)。但进一步对比分析发现，在一些细节处仍有值得注意的不同之处：①由于问卷调查中，对于研究方向和主题的意向选择是多选的，部分对象在选择时除了勾选了自身研究所在的领域，还勾选了与自身的研究相关、相对比较感兴趣的交叉领域。例如，巴西 Universidade de São Paulo 大学的 Bochetti Bassetti 博士，主要从事爬行动物的新种和分类学相关主题的研究，自身发文所属的研究方向为分子进化与系统发育，但由于对部分特定区域的种群衰退问题感兴趣，因此在问卷调查中，同时勾选了生态与资源研究方向。统计发现，有 26 份问卷在感兴趣的研究方向选项上，除自身研究领域外还勾选了交叉领域的研究方向(占比 13%)。②Web of Science 数据库主要是基于作者已发表论文的情况来推测其感兴趣的研究方向的，相较之下，个性化的问卷调查更加直观和准确，能真正掌握目标群的精准推送需求。但是，问卷调查的耗时太长，而且在收集和统计的过程中，需要耗费编辑部的大量精力。而 Web of Science 数据库可以一键导出相关的文献数据,在数据分析上大大节约时间和精力。经编辑部调研发现,Clarivate Analytics(科睿唯安)的期刊精准推送服务也是基于 Web of Science 数据库来定位期刊推广目标群的。可见,虽然个性化问卷调查仍有一些不足之处,利用大数据进行期刊精准传播已然逐渐成为省时省力的新趋势。

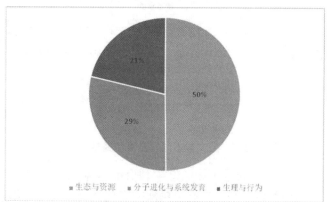

图 2　基于个性化问卷调查的精准传播目标群兴趣意向分布

2　搭建精准传播框架

期刊数据的收集和分析是搭建具有期刊自身特色的精准传播框架的基础,在此基础上编辑部将精准传播的目标群按照其关注的研究方向分成了 3 大类群(生态与资源、分子进化与系统发育、生理与行为),并针对不同的精准传播需求制定了不同的推广策略(见图 3):①新发表的论文精准推广的关键点在于时效性。将最新的科研成果以最快的速度进行推广,除了常规的预出版,还需要针对论文的主题内容,尽快将文章推送给对相关主题感兴趣的目标群。同时,对于需要重点推广的新发表论文,还应该有针对性地设计与论文相关的期刊封面,突出论文的创新性和特色性,以封面故事为主题对论文进行二次加工和推广,提升新发表论文对读者群的吸引力。②亮点论文精准推广的关键点在于亮点论文的定位和选题。在已发表的论文中选取热度和影响力相对较高的论文,需要借助 Web of Science 数据库,筛选高被引论文。同时,结合个性化问卷调查,针对精准传播目标群感兴趣的热点,筛选能获得广泛关注的主题,以亮点论文的形式对论文进行二次加工和精准推广。在推广的过程中,除了常规的邮件精准推送,还需要利用如期刊官网、微信平台、国内外开放获取平台等渠道加大推广的力度,实现点面相结合的精准传播。③主题专辑的精准推广不同于一般的论文,需要有更强的特色性和集中性。针对主题的筛选也需要更加严谨,需要 Web of Science 数据库和个性化问卷调查双管齐下,筛选期刊本学科领域的前沿主题。在推广的形式上,可以采取虚拟专辑的形式,针对精心挑选的前沿主题来组织论文集。例如,针对近年来备受关注的生物多样性主题,编辑部将近 1 年来已发表的相关主题的论文进行了整理,同时,在期刊的最新一期以约稿的方式请印度 University of Delhi 大学的 Biju 教授撰写综述性研究论文,以新文带旧文的形式于同期推送了期刊生物多样性的虚拟专辑。结果,不但最新发表的论文备受关注,虚拟专辑中其他论文的下载量也得到明显增长。

其次,在精准传播完成以后,编辑部还就其传播的效果进行了全面评估。评估的方式包括:①推广点击下载量。在精准推送邮件发出后,统计邮件的接收和阅读量(邮件打开统计和

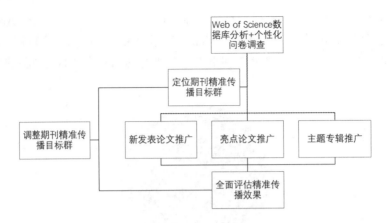

图 3　英文学术期刊精准传播框架

邮件中的期刊官网链接的点击下载量统计)。②期刊引证指标。针对已进行过精准推广的论文，利用 Web of Science 数据库跟踪、统计其被引频次的变化情况。③个性化问卷调查。以邮件的形式对接收精准推送的目标群就是否希望继续接收期刊的精准推送，是否对精准推送的相关主题感兴趣，以及是否对期刊的精准推送有其他的建议进行问卷调查。多渠道多方面评估不但可以进一步调整期刊精准传播的目标群，还可以进一步优化期刊精准推广的具体策略，提升精准传播的效果。

编辑部对 2020 年新发表论文和亮点论文的推广效果进行了跟踪评估，结果发现：①邮件的接收率为 99.6%。可见，推广前期通过数据收集精准定位目标群，保障了精准推送的有效性。②与 2019 年未进行精准推送的论文相较，精准推送后新发表论文的阅读量增加了 62%，亮点论文的阅读量增加了 29%。可见，精准推送对新发表论文的推广效果更加显著。③编辑部针对已接收精准推送的目标群进行了满意度调查，发现 98.8%的读者表示愿意继续接收期刊新发表论文的精准推送，并有 87%的读者表示对期刊所推送的亮点论文的主题很感兴趣。可见，大数据分析精准定位推送的形式和内容保障了精准推送的满意度。

3　结束语

近年来，随着融媒体的不断发展，学术期刊的传播形式也越来越多元化，逐渐从传统的固定卷期、出版集团订阅发行、读者单向检索模式发展为连续出版、开放获取、期刊精准传播的新模式。随着精准传播的不断发展，很多学术期刊都开展了精准推送期刊内容的探索和实践[5-6]。在这些成果的基础上，本文针对英文学术期刊的具体特点，着重探讨了如何利用大数据来定位精准传播的目标群，以及如何制定和优化符合期刊自身特色的精准推广策略。本文的相关经验将为其他英文学术期刊自主实现精准传播提供重要参考。

参　考　文　献

[1]孙伟,梁赛平.精准传播:高职高专期刊品牌塑造[J].中国出版,2018(21):57-61.
[2]赵庆来.学术期刊精准传播平台构建与内容推荐[J].中国出版,2020(5):23-27.
[3]侯丽珊.科技期刊多渠道精准传播体系的构建和应用[J].中国科技期刊研究,2017,28(5):422-426.
[4]郑泉.媒体融合时代提升科技期刊精准传播能力的对策与思考[J].编辑学报,2020,32(2):188-190.
[5]朱琳峰,李楠.学术期刊内容精准推送服务研究及单刊实践[J].编辑学报,2021,33(2):193-196.
[6]杨郁霞.科技期刊精准推送优化策略[J].编辑学报,2021,33(2):147-150.

科技期刊编辑对报刊质量管理新规的认识和继续教育需求调查

张俊彦

(上海实验动物研究中心《实验动物与比较医学》编辑部，上海 201203)

摘要：针对 2020 年更新后的《报纸期刊质量管理规定》，面向科技期刊编辑开展问卷调查，以了解一线编辑人员对期刊质量管理的认识水平、办刊经验和相关需求，从而指导继续教育工作。本次调查从可能影响科技期刊质量的出版基本信息、编辑对期刊质量管理的认识和对相关继续教育的需求三个方面设计问卷，定向发放问卷二维码，最终收回有效答卷 195 份。分析答卷结果提示：保障科技期刊质量最基本的是重视编辑人力资源建设，严格落实三审三校制度；科技期刊编辑应将内容质量和编校质量两手抓，可相互学习优秀办刊经验；科技期刊质量提升需要进一步完善继续教育培训工作，不断优化培训内容和形式。

关键词：报刊质量管理；科技期刊；继续教育；调查问卷

2020 年 5 月 28 日，国家新闻出版署印发了《报纸期刊质量管理规定》(简称新规)，对持有国内统一连续出版物号的报纸和期刊质量提出了新的要求，尤其是在期刊编校质量上将合格线从差错率不超过万分之三修改为不超过万分之二。那么，对于科技期刊而言，一线编辑如何认识新规的变化，并在实际工作中有效把控期刊质量，以及为了进一步提升期刊质量需要哪些更实用的继续教育培训内容及方式，这些问题值得深入交流和探讨，以便开展相关培训及指导工作，也利于期刊之间的相互学习和协作。为此，笔者在上海市科技期刊学会交流与培训工作委员会的指导和协助下，面向广大科技期刊编辑开展问卷调查研究。现将本次调研结果报告如下。

1 调研方法

1.1 调查对象及问卷设计内容

本次调查对象为我国科技期刊编辑专业技术人员。

本次问卷设计内容共 3 个部分 24 项：①可能影响期刊质量的出版基本信息，包括主管及主办单位是否建立期刊中心或期刊联盟进行统一管理、期刊编辑部之间是否合作办刊、期刊主管及主办单位的级别和性质、期刊被数据库收录情况、刊期及每期刊文数量、期刊专职工作人员数量及其承担的职能、期刊来稿送外审(即同行评议)的频次及终审负责人，以及发表文稿前的校对频次等，共 13 项；②编辑对期刊质量管理的认识，包括对新规中四个方面质量要求的了解程度、对期刊各方面质量的重要程度认识排序、所在编辑部对提升期刊内容质量及编校质量的有效经验、所在期刊最近 1 次的编校质量评定结果、自认为制约期刊编校质量的主要因素及提升我国期刊质量的关键环节等，共 8 项；③期刊编辑对相关继续教育的需求，包括为提升期刊质量期望哪些方面的交流与培训内容、喜欢怎样的交流与培训形式、希望参加面授培训的学时数，共 3 项。

以上均是必填项。另外，还有 2 项选填问题，包括所在期刊名称、对本问卷有何建议和意见。答题选项为互斥关系的题目设置是单选题，其中对新规的了解程度及判断各方面质量重要程度的题目设置为矩阵量表题；答题选项为并列关系的题目设置是多选题，其中质量提升的经验、制约因素和关键的选题要求仅限选择最主要的三项，而培训内容和形式的选项数则无限制。另外，多选题的末尾还设置"其他(请您尽量详细补充)"作为未尽项，以供被调查对象补充其具体情况及观点。

1.2 调查工具及执行过程

本次调查通过问卷星网站(https://www.wjx.cn/)设计问卷内容(ID：85055555)，并于 2020 年 7 月 15 日生成调查问卷的二维码。问卷初稿先提交上海市科技期刊交流与培训工作委员会进行预调查，征求团队意见，根据意见和建议做修改完善后，形成最终问卷，并进行问卷作答设备控制，即限定同一手机或电脑只能作答 1 次。自 2020 年 7 月 28 日起，开始进行正式的问卷调查，即将问卷二维码发布到上海市及全国性科技期刊编辑工作群、学习群、交流群、继续教育培训群等微信和 QQ 群。调查对象通过主动识别二维码后，自愿、匿名、直接填写问卷。调查时间截至 2021 年 2 月底，最终收回答卷 195 份。

1.3 问卷质量判断及统计分析

首先根据问卷填写所用时间来初步判断答卷的有效性，结果显示收回的 195 份答卷中有 194 份作答时间均在 120 s 以上；接着仔细阅读每一份答卷的具体内容，发现所有答卷的质量均很高，包括用时不足 120 s 的那份答卷，均不存在无效答案。因此最终将全部 195 份回收答卷都纳为有效答卷。然后使用问卷星网站自带的统计软件进行结果分析。其中，单选题的结果分析以百分率显示占比，矩阵量表题的结果分析以雷达图显示权重，多选题的结果以百分率由高到低排序进行富集分析。

2 调查结果与分析

2.1 回收答卷的总体信息

全部 195 份答卷均来源于微信。参与问卷调查的 195 名科技期刊编辑分别来自我国 22 个省市自治区，其中以上海市最多，有 123 份，占 63.08%。回收答卷中有 83 份提供了期刊名称或联系信箱及具体意见，其中可对应期刊详细信息的实名期刊有 73 种，可供进一步详细分析(另文发表)；另外，收集到多选题中"其他"选项的手工输入内容共 123 人次。综上提示，本次回收答卷虽然份数不很多但质量过硬，分析其结果可真实反映或一定程度上代表我国科技期刊及一线编辑的实际情况。

2.2 影响期刊质量的办刊条件

分析 195 份答卷涉及的科技期刊基本信息后发现，主管及主办单位建立期刊中心或期刊联盟进行统一管理的占 41.75%，期刊编辑部或期刊中心进行多刊合作的占 19.46%(其余均单刊独立运营，占 81.54%)，其中多刊协作方式占比由高到低依次为稿件处理(包括编校)(占 7.18%)、发行及宣传(占 5.64%)、排版(占 2.56%)，而全面融合办刊的比例也已占 3.08%；具体到上海市科技期刊而言，进行期刊集约化管理的比例更高一些，可占到 45.9%，多刊协作全面融合办刊的比例占到 3.25%。以上数据说明集约化办刊已成新态势。

本次调研中科技期刊主管单位为国家级机构或全国性专业学术团体的占 48.21%，省级机构和专业团体的占 36.93%，其余市级和企事业单位占 13.84%；主办单位多为高等院校(47.18%)和科研院所(24.62%)，其次为各类学会等社会团体主办期刊(18.97%)、企业(10.77%)和医院(8.72%)；科技期刊大多被国内外大型数据库收录，其中包括国外著名数据库如 SCI、EI、SCOPUS 和 MEDLINE 等(48.72%)，属于国内三大核心期刊即北大核心、科技核心和 CSCD 数据库收录(分别对应 42.56%、56.41%和 42.05%)，尚未被数据库收录的期刊仅占 18.97%。以上数据说明本次调研期刊的主管及主办单位性质基本代表了我国科技期刊的一般情况，且学术质量相对较高。

195 份答卷涉及科技期刊的刊期占比由高到低分别为双月刊(占 53.85%)、月刊(占 30.26%)、季刊(占 14.87%)、半月刊或周刊(均各 1 本)；每期刊发文献数量大多在 10~30 篇(占 78.98%)，其中 21~30 篇、16~20 篇和 10~15 篇的占比相当，而每期刊文量大于 30 篇的期刊也占 13.85%。每本期刊的专职工作人员数量大多在 3~4 人(占 53.33%)，5~9 人的仅占 28.20%，还有占比 14.87%的仅 1~2 人。图 1 所示为不同刊期及刊文量对应的工作人员数量。另外，编辑部专职人员大多承担的是学术编辑(92.82%)，其余主要职能还有编务(60.51%)、网络编辑(40.51%)、英文编辑(38.46%)和美术编辑(18.97%)；编辑部近一半无外聘辅助(41.54%)，若有外聘岗位，较多的是排版(32.82%)、英文编辑(25.13%)、文字加工(18.46%)。以上数据提示科技期刊编辑部普遍存在工作人员配置不足，编辑往往一人多职。

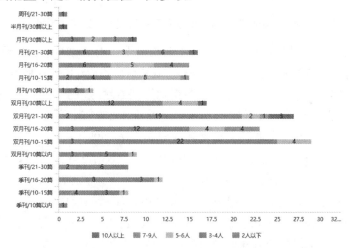

图 1 不同刊期及每期刊文量对应的科技期刊工作人员数量

科技期刊每篇文稿送同行专家外审的频次主要是同时送 2 位(占 49.74%)，同时送 3 位及 3 位以上的有 12.31%，但仅送 1 位专家外审的仍占 37.95%；终审负责人大多是期刊主编(占 47.18%)和编辑部主任(占 21.54%)，以定稿会形式进行终审讨论的占 14.36%；每篇稿件送印前进行标准三校即 3 人共校对 3 次以上的占比为 39.49%，另有 27.18%的科技期刊经过了多于 3 人的多次校对，但仍然有 33.34%的期刊仅 1~2 人校对。以上数据提示科技期刊大多能够严格执行三审三校制度，但还有一定比例的期刊执行力度需加强。

2.3 编辑对期刊质量管理的认识

新规中明确指出：期刊质量包含内容质量、编校质量、出版形式质量和印制质量 4 项；4

项均合格的，期刊质量为合格；4 项中有 1 项不合格的，期刊质量为不合格[1]。本次调研中，大多数科技期刊编辑对新规中 4 项质量的管理要求都比较了解，占比均在 60%左右；但还有约 10%的编辑尚未仔细阅读。而针对期刊 4 项质量的重要程度(在精力有限的情况下)进行排序时，有 66.67%的编辑认为内容质量最重要(见图 2)，其重要程度分值(4.38)高于编校质量(3.74)、出版形式质量(3.34)和印刷制作质量(3.18)。

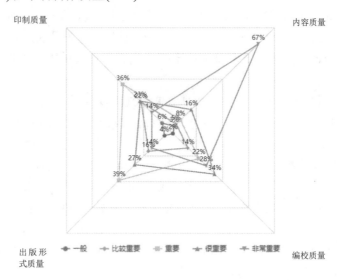

图 2　科技期刊编辑对期刊质量管理 4 个维度重要性的认识

具体到期刊内容质量和编校质量，科技期刊编辑认为可以从若干方面进行质量提升，其中提升期刊内容质量选择最多的 3 项是严格三审甚至多审(74.36%)、利用各种软件技术进行不端文献筛查(63.08%)、每年制定选题计划并定期组织专题(53.85%)，而提升期刊编校质量选择最多的 3 项是加强期刊编辑和校对人员的技能培训(88.72%)、制定编校细则并完善编校流程(69.74%)、聘请统稿专家及专业英文编辑和校对员等(63.59%)。本次调研的约 195 种全国科技期刊中，编校质量优秀者占 42.56%，合格占 49.74%。以每 2 年进行一次编校质量检查的上海市科技期刊为例，将本次调查中最近一次审读质量为优秀的上海期刊进行多因素交叉分析后发现：严格执行三审三校是提高期刊内容质量和编校质量的最直接保障(见图 3)。

本次调研中，科技期刊编辑认为制约期刊编校质量的主要因素是人力资源不足(66.67%)、编辑能力欠缺(49.23%)和编校流程不规范(32.82%)，除此之外还有主管及主办单位管理责任落实不到位(17.95%)和奖惩绩效制度不科学(26.67%)等。值得一提的是，还有 33.85%的编辑认为"时间精力有限的情况下顾了内容质量就顾不上编校质量，而内容质量才是最重要的"。

对于期刊整体质量提升，大多数科技期刊编辑认为改革现有的科研评价体系、引导优秀稿件回流是关键(76.41%)；除此之外，还应尽快建立权威的中国期刊评价数据库(51.79%)，进一步提升期刊编辑职业素养(49.23%)，积极推动多刊融合发展和资源共享共建(38.46%)，以及强化期刊主管及主办单位职能(28.72%)等。

2.4　编辑对相关继续教育的需求

鉴于新规要求，期刊需要进一步提升整体质量。对此，科技期刊编辑最期望获得的交流与培训内容依次为：期刊内容质量提升技巧及实践经验分享(72.82%)、期刊审读结果通报及案

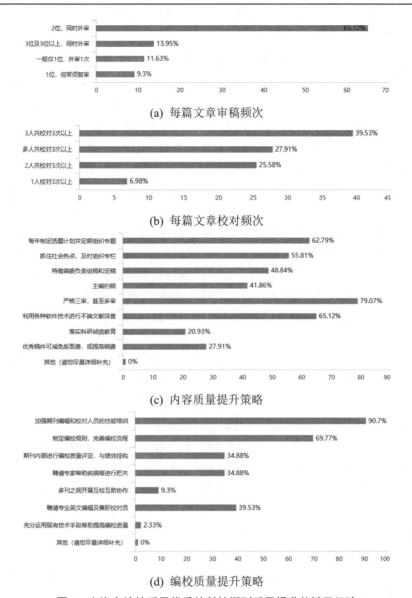

图 3 上海市编校质量优秀的科技期刊质量提升关键及经验

例解析(68.72%)、期刊编校技能培训(68.21%)、期刊质量管理规定的解释说明(61.03%)、期刊出版研究与论文写作(42.56%)、期刊信息资源集成开发与推广(30.77%)等。

有关交流和培训的形式,科技期刊编辑最喜欢的是:小型研讨会如座谈和讨论(64.10%)、参观优秀期刊和印刷出版单位并进行交流学习(62.56%)、中大型专业化深度专题讲座(54.36%);除此之外,线上视频会议授课(48.21%)和编校及版面设计技能大赛(29.74%)等形式也受欢迎。

鉴于 2020 年《出版专业技术人员继续教育规定》也有更新,每年参加继续教育的时间累计要求从原来的 72 学时增加至 90 学时[2]。因此,本次调研时,有 30.26%的科技期刊编辑呼吁培训交流活动应尽量提供学时证明,其中参加面授培训的继续教育学时希望能在 24 学时以上(占 95.90%),甚至有 33.85%的编辑希望能获得 72 学时以上的面授培训课程。

3 讨论及建议

3.1 编辑人力资源是科技期刊质量提升的重要基石

近年来，高质量发展中国科技期刊已经成为中国科技界和期刊界的一个重要使命[3]。建设世界一流科技期刊需要从深化体制机制改革、完善科研评价体系、加快期刊集群化建设、培养专业化的编辑人才队伍等多个方面着手[4]。对此，国家相应出台了一系列的有关出版管理政策及法规，这对促进我国科技期刊发展发挥了显著作用[5]。新出台的《报纸期刊质量管理规定》即是为进一步规范期刊出版秩序、促进期刊质量提升、保障期刊高质量发展而生。那么政策法规的执行效果如何，归根结底决定在人。科技期刊编辑成为了贯彻新规、提升期刊质量的关键所在。

有研究者提出，当前科技期刊编辑需要从基本素养、职业技能和卓越能力三个层级进行能力建设，才能满足我国科技期刊发展要求[6]。可见，编辑人才培养及人力资源建设是科技期刊发展的重要基石。从本次调查结果来看，目前我国科技期刊普遍存在编辑人员配置不足的问题，很多编辑部一人多职，分身乏术；少数期刊甚至连"三审三校"都无法落实，导致其在有限的时间和精力下常常仅能应付最基本的按期出刊，难以保障期刊出版质量，更无法顾及深层次的业务能力拓展，这势必大大制约期刊整体质量提升和长远发展。因此，除了加快集群化办刊及多刊协作机制、完善现有的出版人员继续教育体系外，还建议能够从政策层面加强科技期刊主管及主办单位职能落实，保障期刊工作人员数量及质量，多角度多层面强化科技期刊编辑能力建设。

3.2 内容质量和编校质量均是科技期刊质量管理的重点

众所周知，内容为王、质量第一，是期刊出版工作的核心。加强期刊内容生产能力是提升科技期刊质量和影响力的关键环节，其策略包括组约优质稿件、提升初审和同行评议质量、优化生产流程、提高编校质量、加强双语显示度等[7]。需要说明，新规中期刊内容质量仅指出版内容是否符合《出版管理条例》第二十五条、第二十六条规定，以及国家新闻出版主管部门批准的业务范围，即着重合法性，区别于编校质量。但广义的科技期刊内容质量还包括期刊学术(又称内容)质量和编校质量。因此，在实际工作中，一旦期刊编辑人员精力不足或重视不够时，容易出现"重内容轻编校"的心态。本次调查结果也反映出一线编辑人员的这个思想苗头，例如有相当比例的编辑认为："科技期刊内容质量才是最重要的"，在精力有限的情况下学术内容质量的优先级别高于编校质量。

对此，有编辑前辈及同仁提出不同观点，他们认为培育世界一流科技期刊既需要一流的原创的内容，也需要一流的精益求精的编校质量，只有编校质量这艘船(内容的载体)的性能有保障了，才能安全高效地将内容这一货物运达彼岸，使优秀科研成果得以有效传播[8]。笔者赞同这一观点。因为一方面学术期刊除了同行评议这一重要特征及学术价值之外，另一个重要价值就是编辑加工所产生的附加价值；另一方面，编辑校对是保障期刊整体质量的基石，编校技能也是科技期刊编辑的最基本职能。优异的编校质量甚至能够提升期刊出版内容质量，而编校质量缺失往往导致期刊内容质量失守。因此，科技期刊编辑要有精益求精的工匠精神，力求内容质量和编校质量齐头并进，不能顾此失彼。

3.3 提升科技期刊质量需要不断完善继续教育培训的内容和形式

本次问卷调查活动既是对科技期刊质量管理一线工作经验的交流和探讨，也是基于上海市科技期刊学会(简称学会)每年开展交流与培训工作的实际需求开展调研,有助于今后进一步提升继续教育培训质量,更好地服务科技期刊人才建设。例如,本次调研发现我国科技期刊一线编辑对新规解读、期刊编校质量提升、出版研究论文写作的培训需求较强,因此学会在2020年9月中旬开展的第21~22期上海市科技期刊编辑业务培训班上增设了以上相关课程,包括"《报纸期刊质量管理规定》解读及案例分析""期刊编辑过程中冒犯差错辨析""医学期刊编校中常见问题辨析""编辑出版类论文的写作与指导"等,结果证明这些课程很受学员欢迎,培训效果显著,得到了大家的一致好评[9]。

另外,除了本学会现有的继续教育培训和编校技能大赛这两个服务品牌外,今后还可以根据科技期刊编辑需求,进一步开展形式多样的交流活动,例如小型研讨会、中大型专题会、优秀期刊出版单位的参观和座谈会等。而且可以借鉴国内外优秀学术出版学会的培训方式,一方面提高培训信息的预先性,即结合最新的编辑出版方向及热点提前发布培训计划以征集学员意见,并在培训过程中和培训结束后强化主持互动和反馈评价机制[10];另一方面纳入跨界教员团队,提供多元化的分层的培训内容,加强培训课程的前瞻性、实用性、系列化和持续化[10-11]。

4 结束语

本次问卷调研主要是为了了解国内科技期刊一线编辑对期刊质量管理新规的认识和需求,并且总结交流科技期刊质量提升经验,同时发现问题和短板以指导后续的继续教育培训工作。调研结果提示:重视编辑人力资源建设、严格落实三审三校制度是保障科技期刊质量的重要基石;而且期刊学术质量和编校质量应二者兼顾,科技期刊编辑应相互交流学习优秀期刊质量提升经验;此外,科技期刊管理及培训部门需要进一步完善继续教育培训机制,不断优化培训内容和形式,助力我国科技期刊整体质量提升。

致谢:感谢上海市科技期刊学会交流与培训工作委员会各位老师对本次调研问卷设计及发布提供的帮助和意见!也感谢所有提交调查答卷的各位编辑同仁,尤其是提供细节观点或期刊实名的编辑朋友!

参 考 文 献

[1] 国家新闻出版署.报纸期刊质量管理规定:国新出发(2020)10号[A].2020-05-28.
[2] 国家新闻出版署,人力资源社会保障部.出版专业技术人员继续教育规定[A].2020-09-24.
[3] 朱邦芬.高质量发展中国科技期刊是中国科技界和期刊界的使命[J].编辑学报,2020,32(6):591-592.
[4] 李志,方圆.建设世界一流科技期刊背景下我国科技期刊发展策略研究[M]//学报编辑论丛(2020).上海:上海大学出版社,2020:158-161.
[5] 陈鹏,徐海丽.我国科技期刊出版管理政策及实施效果[J].中国出版,2020(20):14-19.
[6] 杨保华,伍锦花,陈灿华."卓越计划"背景下中文科技期刊编辑能力建设[J].编辑学报,2020,32(5):581-585.
[7] 孙涛.科技期刊青年编辑如何才能成长为一名好编辑:在"兴昌精神"激励下不断前行[J].编辑学报,2020,32(6):698-702.
[8] 曹启花,谭辉,阮剑,等.中文科技期刊内容生产能力提升策略[J].中国科技期刊研究,2020,31(5):570-580.
[9] 上海市科技期刊学会.上海市科技期刊学会2020年(第21、22期)科技期刊编辑业务培训班成功举办[EB/OL].[2020-09-26].https://mp.weixin.qq.com/s/izpeTHjbnA6EmjeWL6dnKQ.
[10] 李晶,翟自洋,张铁明.青年编辑继续教育培训创新探索与实践[J].中国科技期刊研究,2017,28(12):1176-1180.
[11] 李玉乐,李娜,刘洋,等.我国科技期刊编辑技术人员继续教育培训现状调查[J].中国科技期刊研究,2020,31(4):447-454.

简洁的作者须知提升科学出版的效率和质量

杨建霞[1]，黄 伟[2]

(1. 东华大学期刊中心，上海 201600；2. 上海交通大学期刊中心，上海 200030)

摘要：作者须知是作者向目标期刊投递手稿前所要阅读的重要内容，简明、易懂的作者须知可以规范投稿的内容，高效指导作者投稿准备，提高科学出版效率和质量。本文首先研究了 *European Science Editing* 关于作者须知制定的先进经验，然后对比分析了国内外部分优秀科技期刊关于作者须知的具体要求，最后分类别地制定了关于稿件基本信息、图片、表格、量和单位的 4 类自查表，以适应不同的自查需求。

关键词：作者须知；规范投稿；自查表；投稿准备

作者准备将手稿提交给目标期刊的时候，通常会按照期刊网页上所列的作者须知或投稿指南等来检查一遍自己的手稿是否符合期刊要求，以期增加文章接收的概率。作者须知必要的信息包括收稿方向、字数范围、摘要和关键词要求、图表公式格式要求、参考文献要求等。期刊在作者须知中所列的要求规范了作者稿件，剔除了部分态度不端正的作者群，减轻了稿件初审的压力，有利于稿件录用后编辑加工的顺利开展。在一定程度上，作者须知可帮助作者厘清思路，增强研究表述的逻辑性。因此简洁的作者须知可以提升科学出版的效率和质量。

根据欧洲科学编辑学会(EASE)发布的《学术期刊编辑黄金法则》[1]，作者须知应该是简单的，且易于理解的。在《EASE 英文科研论文写作和翻译指南》[2]中，作者须知需要提供简单、明确的建议，旨在提高科学的国际传播效率。该指南主要对学术内容、文章结构、语言三个方面做出要求。Ufnalska 等[3]建议期刊应该提供一个简单的表格，以清晰地指导作者有关手稿的准备和提交。该表格可以让作者直接获取这本期刊对结构、内容、格式等要求。不同的期刊对作者须知都会有不同的要求，资源有限的期刊希望作者参与更多的编辑与排版，而资源充足的期刊会有专职编辑来确保稿件的质量。Lang[4]建议期刊的作者须知做到标准化(个人偏好遵循指南)、最小化(减少须知的数量，让作者把精力放在最重要的事情上。要求越多，细节越多，作者须知越随意，遵循的作者就越少)和精炼化(向作者提供精炼的作者须知检查列表)。

国内编辑界的前辈和同仁就投稿规范化做了大量工作，如制作投稿模板、作者须知。这类规范多为文字性叙述，不够简洁清晰。国内也有编辑[5-6]提出制备作者自查表，但这些表格为全局导向，不够简单明确。因此，有必要制定简明、易懂的作者自查表，以高效指导作者投稿，提高出版的质量和效率。本文拟对部分科技期刊研究论文作者须知进行分析和总结，制作更加简洁的作者须知，以高效指导作者投稿，提高科学出版效率和质量，促进科学的高效传播。

基金项目：上海市科技期刊学会青年编辑"腾飞"项目(2020C02)

1 关于作者须知的案例研究

1.1 European Science Editing

Ufnalska 等[3]给出了如表 1 所示的稿件提交前作者需要确认的基本信息。表 1 的第 1 列为作者须知中的事项，第 2 列为示例，以说明如何能符合该事项的要求。不同的期刊可以据此进行调整，制定类似表 1 的快速自查表。例如，European Science Editing 在其作者须知中给出自查表[7]，以期节省每个参与者的时间，并使稿件尽可能满足提交标准。

1.2 国内外期刊作者须知的对比分析

选取《清华大学学报(自然科学版)》(简记清华学报)、《浙江大学学报(工学版)》(简记浙大学报)、《上海交通大学学报(自然科学版)》(简记交大学报)、《天津大学学报(自然科学与工程技术版)》(简记天大学报)、《同济大学学报(自然科学版)》(简记同济学报)、Journal of Zhejiang University Science B (Biomedicine & Biotechnology) (简记 JZUS-B)、Tsinghua Science and Technology(简记 THST)、Journal of Central South University(简记 JCSU)、Nature、Science，对其在网络平台发布的作者须知进行对比分析。结果显示，国外期刊作者须知对出版伦理、学术道德、投稿人出版协议、开放获取和作者权益等都有详细介绍。中文期刊通常有中图分类号的相关介绍。作者须知对论文的创新性、科学性、合理性都有提及，对文章字体、字号、字数、行距等进行简单要求。鉴于本文研究内容，表 2 所示为对作者须知中的论文格式具体要求进行的对比，包括标题、摘要和关键词、图表、量和单位符号、参考文献等。

就各个期刊作者须知对论文格式的具体要求而言，文献格式要求所占篇幅最大，均列举了各类型文献的格式。JZUS-B 和 THST 给出了文献引用的模板，极大地减轻了作者的工作量。除对文献格式有要求外，清华学报、浙大学报、交大学报、JCSU 还对文献有时间和比重方面的要求。

从表 2 可看出，几本期刊对文章格式的具体要求有同有异。JCSU 要求文章标题简洁，不出现"study on" "research on"等词。除浙大学报外，所选中文期刊对标题字数有严格规定，以突出其简洁性：清华学报和天大学报规定标题字数不超 20 字，交大学报建议标题字数不超 25 字，同济学报建议标题字数不超 24 字。JZUS-B 和 THST 对文章标题则无要求。而 Nature 和 Science 对文章标题字数有明确限定，即分别不超过 75 和 96 个字母，以突出其简洁性。各期刊对摘要字数和内容都有明确的规定，摘要主要内容为研究目的、研究方法、研究主要结果、研究结论；在此基础上，摘要需够精炼。各期刊对图也有较详细的要求，而 Nature 和 Science 对图的格式要求更多，主要为图的清晰考虑，对作者的指导性更强。其中，Science 对图的配色和颜色对比有更明确的提示：考虑到红绿色盲读者，不建议同时使用红色和绿色，图片选用 CMYK 模式而非常用的 RGB 模式；不使用浅色底纹；不使用色调相近的颜色区分图片不同部位等。对于量和单位符号，期刊总要求一致，即采用国际单位制(SI)。而 JCSU 就数值的表示给出更具体的指导。由于 JZUS-B 为生物类期刊，其对基因书写做了规范要求。Nature 对字数有较严格的限制，包括标题字数、图注字数、总字数。Nature 要求正文及总结段的总字数为 2 000~2 500。可见，篇幅短的研究文章未必不是好文章。此外，JCSU 对语言规范提出要求：描述实验过程选用一般过去时，描述结果和结论选用一般现在时；建议多采用被动式。当数据离散度较大时，JCSU 明确提出应对数据进行可靠性分析。

表 1 稿件提交前作者需要确认的基本信息

事项	示例
字数限制	
正文部分	≤X 字
摘要部分	≤X 字(结构化的研究论文,摘要包括背景、目的、方法、结果、结论)
关键词	≤X 个(按字母顺序列出,用分号分隔;单数,小写,专有名称除外;避免使用缩写)
研究亮点	X~Y 条(每条≤X 个单词)
图/表	总数≤X 个图片/表格。内容(标题、值、单位等)一致,信息丰富,并说明了所有的缩写
页面标题信息(要包含的元素,格式要求)	
题名	≤X 字,应附研究类型的描述(如综述)
副题名	≤X 字
作者姓名	全名:名在前,姓在后
机构信息	所属部门,单位,城市,邮编,国家
通信作者	以特殊符号表示通信作者,并提供联系方式
作者的持久标识符	ORCID ID、研究机构、基金、研究项目识别码
正文结构,附录和参考文献	
标题	引言(背景和目的),方法,结果,讨论(带结束语)
副标题	≤X 级副标题,不编号
附录	作者贡献、利益冲突
参考文献	不受限制(可加上 DOI、URN、PURL 等)
引用样式	确保每项引用都是完整准确的
格式	
字体,页边距,表格,数字	链接到样式指南/模板和示例
提交注意事项	
是否需要投稿信?	非必需项,可在在线提交系统中附言给编辑部
作者签名是在提交稿件时附上?还是稿件接收后附上?	在提交时附上
推荐审稿人:可选还是必须?需要几人?	可选:建议/反对最多 3 名审稿人(全名、电子邮件、机构) 考虑不同性别、种族和地理分布方面的多样化的同行审稿人
表格:单独文件?	附在稿件的最后,每页单独一个表
图片:嵌入正文还是单独提供?首选哪种格式?	初次提交时,可以在稿件中嵌入图片。稿件接收后,需要提供高分辨率的文件(EPS/TIFF/RAW)
补充文件	上传任何支持数据或其他要求的文件(如伦理批准)以供审查
费用	开放获取,彩图和其他
期刊政策和其他	
出版模式	订阅,混合,开放获取
预印本政策	可以在任何预印本服务器上发布
数据分享	临床试验必须包括数据共享声明
同行评议	初审大约需要 X 天。双盲审查通常需 X 个外审专家,大约需要 X 天/周。编辑部做出最后的决定
稿件接收率	大约为 X%

表2 国内外部分期刊作者须知详细要求对比

期刊	事项	内容
清华学报[8]	标题	格式，字数
	摘要和关键词	格式，摘要字数和内容，关键词个数
	图表	格式(图注、图线、标目、标值、标线、表头)，自明性，尺寸，先文后图表
	量和单位符号	依照国家标准，重点介绍符号的正斜体、黑体
	参考文献	依照国家标准，注意文献的相关性和时效性
	其他	投稿周期，中图分类号，数值的表示
浙大学报[9]	标题	格式
	摘要和关键词	格式，摘要字数，关键词个数
	图表	格式，独立性和自明性，彩图，正文有说明
	量和单位符号	符号正斜体，矢量、张量为黑斜体，参数符号意义说明
	参考文献	格式，注意文献的时效性和数量
	其他	中图分类号
交大学报[10]	标题	格式，字数
	摘要和关键词	格式，摘要字数和内容，关键词个数
	图表	自明性，简洁性，坐标轴格式，表格同列数值具有相同的量和单位
	量和单位符号	单字母表示，首次出现的符号需说明，符号的正斜体
	参考文献	格式，注意文献的时效性
	其他	无
天大学报[11]	标题	格式，字数
	摘要和关键词	格式，摘要内容，关键词个数
	图表	格式，尺寸，编号，先文后图表
	量和单位符号	依照国家标准，重点介绍单字符变量、符号的正斜体选择
	参考文献	格式
	其他	公式编排
同济学报[12]	标题	格式，字数，无非公知缩写
	摘要和关键词	格式，摘要字数和内容，关键词需为专业术语
	图表	自明性，按序编号，标题的英文翻译，图的标值及标值线清楚，尺寸，字体、字号，图表需在文中有引用
	量和单位符号	依照国家标准
	参考文献	格式
	其他	公式排版，化学或生物学表达式排版，中图分类号
JZUS-B[13]	标题	—
	摘要和关键词	摘要字数和内容，术语，关键词个数
	图表	标题，序号及位置，引用规范，格式，图像的比例尺、分辨率、线宽，彩图
	量和单位符号	遵循SI，数字与单位有间隔
	参考文献	引文格式，文献模板
	其他	基因和数字书写

续表

期刊	事项	内容
THST[14]	标题	—
	摘要和关键词	摘要字数和内容
	图表	字号，图表文中需有引用，尺寸，图像的线宽、分辨率，分图需有标注，表格的脚标
	量和单位符号	遵循SI
	参考文献	数字标注，引文格式，模板
	其他	—
JCSU[15]	标题	简洁
	摘要和关键词	摘要字数和内容，关键词个数和分隔符
	图表	文中引用
	量和单位符号	SI词头，数值的表示
	参考文献	文献的时效性
	其他	时态、语态，数据可靠性分析
Nature[16]	标题	字数
	摘要和关键词	—
	图表	标题，文字，图像的数量、尺寸、分辨率、线宽，图注，彩图
	量和单位符号	正斜体
	参考文献	数量
	其他	总字数，页数，作者贡献
Science[17]	标题	字数，标题无缩写
	摘要和关键词	摘要无缩写及引用，摘要字数
	图表	图像的分辨率、尺寸、线宽、标题、文字、比例尺、分图界线、颜色
	量和单位符号	遵循SI
	参考文献	格式
	其他	最多3级标题

综上所述，各期刊对作者须知的制定均出于自身期刊的考虑，对自己感兴趣和重视的部分会重点阐述。但调查发现，这些要求(对文章内容格式、对图表、对量和单位的要求等)均糅杂一块，且为文字性叙述，对于作者来说，一一对照可能会加大投稿的工作量，也比较容易忽视掉一些细节，对稿件接收产生不利的影响。

2 简洁的作者须知表

基于上一节提出的期刊作者须知的不利之处，如果能以简洁的自查表形式罗列作者须知事项，类似如表1所示制定的快速自查表，以供作者对照后一一打勾核实，那么这对规范稿件内容将是极好的。考虑到期刊收稿内容和作者需要关注对象的多样性以及实际工作过程遇到的情况，本节分别制定了关于稿件基本信息自查表(见表3)、关于图片的自查表(见表4)、关于表格的自查表(见表5)，以及关于量和单位的自查表(见表6)，以适应不同的自查需求。作者如需了解更详细的稿件要求，可有针对性地查询期刊更详尽的文字版作者须知。

表 3　稿件基本信息自查表

项目	推荐细则	禁止细则
期刊政策	稿件审理流程，稿件发表周期，稿件接收率	一稿多投
标题	简洁，概括	虚词，Study/Research on，非公知缩写
作者及机构	姓名，通信作者标识	缺项，非官方机构名称
摘要	简洁，独立，四要素齐全(目的、方法、结果、结论)	大量背景信息，非公知缩写，公式、图片、表格、文献的引用
关键词	个数，规范性	非公知缩写
引言	相关研究进展报告及评论总结，本文预研究的内容	一一陈述他人研究，复制摘要或结论
实验和方法	方法的再现性，多样本，必要的数据分析	单一样本
结果与讨论	结果分析的逻辑性和合理性；图表均有标题，字体、字号统一，按序编号；先文后图表；综合版面设置图表尺寸；图表自行绘制	图表结果简单重复，无讨论；缺标题，标题无自明性；先图表后文字；图表中字体、字号不统一；图表截图
结论	本文研究总结	文献引用，摘要复制
文献	时效性，相关性，数量，格式规范	陈旧，缺项

表 4　图片自查表

项目	推荐细则	禁止细则
格式	线条图可保存为 TIFF、EPS、PSD、RAW 等格式，Matlab 图可保存为 EMF、EPS 等格式	截图
分辨率	注意查看期刊要求	太低或太高
线宽	线条需清晰可见	太大或太小
坐标轴	刻度向内；标出量的名称或符号/单位符号；SI 和科学计数法，数值范围合理	刻度向外
颜色	彩色线条图宜设置不同线型；黑底白字，白底黑字，对比度明显	同色调区别不同部分
比例尺	放大或缩小的图需标注比例尺	无比例尺
图注	图元注在图题上，整图注在图题下；字号小于图题字号；图元注中的注码和注文间用一字线或下圆点隔开，各条注之间用分号隔开，最后一条注末用句号	图元注放在图题中

表 5　表格自查表

项目	推荐细则	禁止细则
表头	量的名称或符号/单位符号	无量的名称或符号，无单位符号
数据	同列数值修约一致；数值为零，填写 0；数据不适用，可采用空白单元格；数据无法获得，可采用一字线；与文中数据一致	同列数值修约不一致，数据后有单位，与文中数据不一致
表注	表格内容注应按在表中出现的先后顺序，在被注文字的右上角标注注码，在表下排注码和注释文字	无注码，未按先后顺序排

3　结论

发表是研究的最后阶段，作者须知对作者的指导对于提高科学文献的质量至关重要。本文受到期刊 *European Science Editing* 对作者须知要求的启发，对比了国内外部分期刊关于作者

表 6 量和单位自查表

项目	推荐细则	禁止细则
符号	量和单位的符号选择符合 SI	将量或单位的名称缩写用作符号，如 rpm(正确为 r/min)
字体	单位符号为正体；变量符号一般斜体，矢量、矩阵符号为黑斜体	不区分正体、斜体、黑斜体
大小写	单位符号一般为小写字母；来源于人名的符号为大写字母，如 A(安培)；部分特殊符号采用大写字母，如 L(升)；SI 词头小写，如 k(千)	单位符号：l(升)；单位符号词头：K(千)

须知的情况。考虑到简明、易懂的目标，本文分类别制定了关于文章内容格式、图片、表格、量和单位的自查表，以适应不同的自查需求。

参 考 文 献

[1] European Association of Science Editors. Golden rules for scholarly journal editors [EB/OL]. [2021-08-14]. https://ease.org.uk/publications/ease-toolkit-journal-editors/golden-rules-scholarly-journal-editors/.

[2] European Association of Science Editors. EASE guidelines for authors and translators of scientific articles to be published in English [J]. European Science Editing, 2018, 44(4): e1-e16.

[3] UFNALSKA S, TERRY A. Proposed universal framework for more user-friendly author instructions [J]. European Science Editing, 2020, 46: e53477.

[4] LANG T A. An author's editor reads the "Instructions for Authors" [J]. European Science Editing, 2020, 46: e55817.

[5] 康锋,唐志荣,陈丽琼,等.研究生稿件作者自查表的编制与应用[J].编辑学报,2019,31(2):191-193.

[6] 刘永强.利用作者自查表提高来稿规范性:以《热力发电》为例[J].编辑学报,2018,30(5):483-484.

[7] European Association of Science Editors. Instructions for authors [EB/OL]. [2021-08-14]. https://ese.arphahub.com/about#Quickcheckforsubmissions.

[8] 清华大学学报(自然科学版).投稿指南[EB/OL]. [2021-09-13].http://jst.tsinghuajournals.com/CN/column/column217.shtml.

[9] 浙江大学学报(工学版).论文模板[EB/OL]. [2021-09-13]. http://www.zjujournals.com/eng/CN/1008-973X/home.shtml.

[10] 上海交通大学学报(自然科学版).投稿指南[EB/OL].[2021-09-13].http://xuebao.sjtu.edu.cn/CN/column/column2019.shtml.

[11] 天津大学学报(自然科学与工程技术版). 投稿须知[EB/OL].[2021-09-13]. http://xbzrb.tju.edu.cn/#/FixedBody?ItemId=30.

[12] 同济大学学报(自然科学版).论文格式要求[EB/OL]. [2021-09-13]. https://tjxb.tongji.edu.cn/lwgsyq.htm.

[13] Journal of Zhejiang University-SCIENCE. Author guidelines for submission [EB/OL]. [2021-08-14]. http://www.jzus.zju.edu.cn/manuscript.php.

[14] Tsinghua Science and Technology. Information for contributors [EB/OL]. [2021-08-14]. http://tst.tsinghuajournals.com/EN/column/column2217.shtml.

[15] Journal of Central South University. Information for contributors [EB/OL]. [2021-08-14]. https://www.springer.com/journal/11771/submission-guidelines.

[16] Nature. For authors [EB/OL]. [2021-08-14]. https://www.nature.com/nature/for-authors.

[17] Science. Information for authors [EB/OL]. [2021-08-14]. https://www.sciencemag.org/authors/science-information-authors.

学术期刊评价机构与期刊社之间的博弈分析

曾剑锋

(江西师范大学学报杂志社，江西 南昌 330022)

摘要：从期刊的评价指标角度出发，建立学术期刊评价机构与期刊社之间的博弈模型，利用博弈论方法对期刊评价指标与稿件学术质量之间的相互作用机理进行分析，结果表明：针对不同类型的指标，博弈双方会分别采取对自身更为有利的策略。

关键词：期刊评价；核心期刊；学术质量；评价指标

目前，学术期刊评价机构通过数量化评价方式、按照统一的标准对学术期刊的影响力和地位进行比较和排名[1-3]，这对学术期刊带来一种压力和动力，在一定程度上对提高期刊的学术质量和竞争力起到推动的作用；随着教师的科研评价体系逐渐渗透到各个高校，教师的科研成果往往发表在国内外的相关期刊中[4]，而国内对期刊的评价评比活动较为活跃，各种索引、文摘引文数据库统计源机构不断报出各年期刊的各种数据的排名位次[5-6]，这种压力使得学报不得不按"核心期刊"评价指标看齐，期刊自从成为核心期刊评价体系的研究对象后，其生存机制已经发生了很大的改变，所有的期刊社都希望自己的期刊能成为"核心期刊"[7-9]。在当前评价指标量化分析与期刊挤进核心来源行列这种大环境的背景下，学术期刊评价机构与期刊社之间必然会在各自利益上产生冲突与碰撞，两者存在博弈关系[10-14]。

现有文献大多是从定性角度分析学术期刊评价机构与期刊社之间的关系[15-16]，而从定量视角探讨两者关系的研究较为少见。本文利用博弈论方法分析学术期刊评价指标对提高期刊学术质量的影响机理。本文构建学术评价博弈模型的主体为一个期刊评价机构和一个期刊社。文中期刊评价机构设立一种指标体系对期刊社中某个期刊的学术影响力进行评价。期刊评价机构在博弈中的策略有：采纳某一个指标(记为"A")和不采纳该指标(记为"N")。期刊社在博弈中的策略有：以高水平要求期刊提高该指标(记为"H")和以低水平要求期刊提高该指标(记为"L")。

1 评价机构与期刊社的博弈分析

假设评价机构采取 A 策略和 N 策略的效用分别为 F 和 f，期刊社采取 H 策略和 L 策略的效用分别为 v 和 u。这里考虑当评价机构采纳某指标界定期刊的学术水平时，若期刊对提高该指标的要求为低水平，则评价结果可能将该期刊放入"非核心"的区域，这意味着在评价机构采取 A 策略时，期刊社若采取 L 策略则会遭受某种程度的"惩罚"，假定期刊社支付的"罚金"为

基金项目：江西师范大学规范项目(12019633)；江西师范大学2021年度发展对策研究课题(JXSDFZDC20210105)资助

t(这可理解为期刊社在效用上遭受一定的损失);若期刊对提高该指标的要求为高水平,则评价机构在该指标上的效用得到某种程度的"奖励",假定评价机构获得的"奖金"为 s(这可理解为评价机构因设立该指标促进期刊提高学术质量而带来了正效用)。

根据以上分析,构建博弈的效用矩阵如表 1 所示,采用划线法求解该效用矩阵的纳什均衡解。

表 1 评价机构与期刊社博弈的效用矩阵支付(评价机构,期刊社)

		评价机构的策略	
		N	A
期刊社的策略	L	(f, u)	($F, u-t$)
	H	(f, v)	($F+s, v$)

(1) 当 $f < F$ 时,即评价机构采纳某指标来评价期刊的学术水平会提高自身的效用,如评价机构采用期刊被引用计量指标能够有效对期刊进行分类,有:

(i) 若 $v < u-t$,则纳什均衡为(采纳,低水平),也就是如果评价机构采取 A 策略的效用高于采取 N 策略的效用,且期刊社采取 H 策略的效用低于采用 L 策略受处罚后的效用,那么评价机构将采纳该指标,同时期刊社会以低水平要求期刊提高该指标;这可以解释如下现象:对于离收录还有较大差距的期刊,这部分期刊可能会偏离学术质量的高水平要求,走上经济效益至上的道路[17]。

(ii) 若 $u-t < v$,则纳什均衡为(采纳,高水平),也就是如果评价机构采取 A 策略的效用高于采取 N 策略的效用,且期刊社采取 H 策略的效用超过采用 L 策略受处罚后的效用,那么评价机构将采纳该指标,且期刊社会以高水平要求期刊提高该指标;这也表明,对于有可能通过努力被收录或已收录的期刊,这部分期刊会比较重视学术质量的高水平要求和相关评价指标的提高[18]。

(2) 当 $F < f < F+s$ 时,即评价机构采纳某指标来评价期刊的学术水平会降低自身的效用,但能助推期刊提高学术质量,如评价机构采用期刊来源计量指标虽然不能直接对期刊进行分类,但其能够间接反映期刊的学术影响力,有:

(i) 若 $v < u-t$,则纳什均衡为(不采纳,低水平),也就是如果评价机构采取 N 策略的效用高于采取 A 策略的效用,而低于采取 A 策略受奖励后的效用,且期刊社采取 H 策略的效用低于采用 L 策略受处罚后的效用,那么评价机构将不采纳该指标,同时期刊社会以低水平要求期刊提高该指标;这是评价机构和期刊社对一些不重要的期刊来源计量指标(如载文量、文摘量、作者数等)都不重视的原因之一[19]。

(ii) 若 $u-t < v < u$,则纳什均衡为(不采纳,低水平)和(采纳,高水平),也就是如果评价机构采取 N 策略的效用高于采取 A 策略的效用,而低于采取 A 策略受奖励后的效用,且期刊社采取 H 策略的效用高于采用 L 策略受处罚后的效用,而低于采用 L 策略的效用,那么当评价机构不采纳该指标时,期刊社会以低水平要求期刊提高该指标,而当评价机构采纳该指标时,期刊社会以高水平要求期刊提高该指标;这也意味着,对于一些较重要的期刊来源计量指标(如基金论文比、平均引文数等),当评价机构强调该指标时,期刊会鼓励发表能够提高该指标的论文,而当评价机构未采纳该指标时,期刊对刊发的论文不会严格要求能够提高该指标[20]。

(iii) 若 $u<v$，则纳什均衡为(采纳，高水平)，也就是如果评价机构采取 N 策略的效用高于采取 A 策略的效用，而低于采取 A 策略受奖励后的效用，且期刊社采取 H 策略的效用超过采用 L 策略的效用，那么评价机构将采纳该指标，且期刊社会以高水平要求期刊提高该指标；这说明，对于一些非常重要的期刊来源计量指标(如可被引用文献量)，评价机构和期刊社都较为重视[21]。

(3) 当 $f>F+s$ 时，即评价机构采纳某指标来评价期刊的学术水平会降低自身的效用，比如一些需要花费大量人力物力的计量指标就具有这种特征，有：

(i) 若 $v<u$，则纳什均衡为(不采纳，低水平)，也就是如果评价机构采取 N 策略的效用高于 A 策略受奖励后的效用，且期刊社采取 H 策略的效用低于采用 L 策略受处罚后的效用，那么评价机构将不采纳该指标，同时期刊社会以低水平要求期刊提高该指标；这类指标主要是一些难以计量化的期刊评价指标(如间接经济效益、人才培养等)，对于这些指标，评价机构不愿意花费精力去采集相关数据，且期刊社因在短期内难以见成效而不会重视提高该指标[22]。

(ii) 若 $u<v$，则纳什均衡为(不采纳，高水平)，也就是如果评价机构采取 N 策略的效用高于 A 策略受奖励后的效用，且期刊社采取 H 策略的效用超过采用 L 策略的效用，那么评价机构将不采纳该指标，且期刊社会以高水平要求期刊提高该指标；这类指标主要是一些不宜计量化但有利于期刊质量的期刊评价指标(如优秀期刊获奖情况、编校质量指标、期刊标准化等)，对于这些指标，评价机构因信息不对称而无法进行数据统计，而期刊社从自身内在要求上很乐意以高水平来提高该指标[23]。

根据前面的分析，将各种情形的均衡结果汇总如表 2 所示。

表 2 评价机构与期刊社博弈的均衡策略汇总

评价机构的效用条件	期刊社的效用条件	均衡策略
$f<F$	$v<u-t$	(采纳，低水平)
	$v>u-t$	(采纳，高水平)
$F<f<F+s$	$v<u-t$	(不采纳，低水平)
	$u-t<v<u$	(不采纳，低水平) (采纳，高水平)
	$v>u$	(采纳，高水平)
$F+s<f$	$v<u$	(不采纳，低水平)
	$v>u$	(不采纳，高水平)

2 期刊发展的策略分析

在现行的学术期刊评价机制下，要想让自己的期刊提升质量，期刊社有必要通过对期刊评价机构的指标体系进行分析研究，对照其评价指标检视刊物存在的不足，寻找提高期刊学术质量的策略。根据本文进行博弈分析的结果，笔者认为从四个方面提出一些期刊发展的措施。

(1) 刊发具有原创性或前沿性的高质量论文。已有研究表明：被引用或转载率较高的文章，其内容上都紧扣时代信息，反映当前学科发展前沿或社会热点，研究方法处于领先水平，技术上具有原创性，理论具有创新点。作为学术期刊，必须把学术质量放在第一位，鼓励学术创新，刊载具有学术影响力的高质量论文，这不仅有利于提高期刊的一些重要评价指标(如影响因子、总被引频次、他引量等)，而且有助于提升期刊的声誉。

(2) 做好专题栏目的策划与设置。在运用期刊评价体系对期刊进行量化分析的实践表明：一些多次被转载和被引用的论文大多是刊发在专题栏目中的论文。在期刊结构和栏目的策划与设置上有所创新，除设置一些传统学科栏目外，应该立足地域文化特色或本校科研优势开办专题栏目，使期刊在某一研究领域中占有一席之地，从而提高期刊的声誉。

栏目的设置和策划是学术期刊发展中一个非常关键的环节。这必须紧紧围绕期刊定位，切实根据特定读者群的各方面需求来设置专业性强、实用性强、服务性强的各种栏目，以真正有效地实现办刊宗旨，体现期刊的特色与风格。同时要善于捕捉当前学术理论研究中的热点焦点问题，围绕这些问题打造特色专栏，将不同学者对此问题的看法及研究成果以专题的形式展示出来，会产生比较大的社会影响。通过特色化的栏目设置和策划，不仅有助于刊物形成自身的风格，提高期刊的专业化水平，而且也避免办刊的同质化，促进期刊各项评价指标的提高[24]。

(3) 加强编辑人才素质建设。期刊之间的竞争其实也是人才的竞争，培养一支优秀、高效、有创造力的编辑队伍是提高期刊核心竞争力的有力保障。刊物的质量取决于编辑的素质，没有高素质的编辑就不可能产生高质量的期刊。编辑人才素质建设主要表现为：第一，提高编辑的学术素质。编辑学术能力的大小直接影响刊物学术质量的高低，具有一定专业学术素质的编辑对学科进展和专家学者更为熟悉，能够初步识别论文的学术质量并对内容进行初级筛选，同时，他们与国内外专家的沟通交流更容易，对刊物长远发展非常有利。第二，提高编辑的能力素质。将一篇论文的初稿转变成规范性的论文定稿，这需要编辑具有过硬的编校本领，期刊社应该要求编辑培养规范化意识，加强标准化学习，实行"三校、互校"制度，除了避免语言、标点符号、政治方向等常识性错误外，对文后参考文献、文中图表、注释、摘要、关键词等也要精益求精，符合规范；同时，期刊社也要给编辑外出学习和培训的机会，加强与同行的联系，编辑之间可以经常进行沟通交流，探讨工作问题，从而丰富编辑的经验；此外，期刊编辑还需要具有良好的人际沟通能力，乐于同国内外作者、读者沟通，并能虚心接受各方面的建设性意见，善于借鉴其他期刊社的成功经验，不墨守成规，勇于开拓创新。第三，提高编辑的品质素质。优秀的编辑需具备守德敬业、团结利人的品质素质，能把期刊社发展放在首要位置，不计较个人得失，能耐得住常规编辑工作的繁琐，能遵守编辑道德规范、保持勤奋学习的心态。

培养一支复合型的编辑人才队伍是期刊的立身之本。一个高素质的编辑不能只是"会编校论文"的文字匠，而应该是具备深厚学养、进取的精神，勤奋学习的态度，这才能为目前激烈的期刊竞争贡献自己一份力量。期刊社可以要求编辑通过各种学习途径和实践积累，提高自身的编辑素质，使自己具有较深广的专业知识，具有较强的洞察力，做到敬业、爱业、乐业。当然，期刊社对编辑还需营造一个良好的工作环境和发展空间，如教育部关于编辑人员的有关政策和待遇落实、对有创新能力或推荐一些有分量论文的编辑给予充分肯定和奖励、对编辑提供进修学习或对外交流的机会、用激励机制使编辑积极参加学术会议和多渠道主动组稿，以及与作者群保持密切联系等,这有利于编辑团队成员施展才华、最大限度地发挥其智慧。

(4) 重视期刊的规范性。目前,仍有相当多的期刊认为论文是否写作规范对期刊质量的作用不大,从而不太重视论文的规范性。其实不然,期刊编辑出版的规范化会涉及期刊评优和引文分析的多项指标,比如论文题目及相关信息不完全、缺少关键词、作者信息不完全等格式不规范问题,这直接降低了信息的准确性,从而在期刊评优中带来一些误判;尤其是文后参考文献著录不规范,出现文献名称不准确、期刊卷期错误等问题,如果不规范的著录发展到一定数量,则会造成引用统计结果失真,失去被引指标的科学性,从而大大降低了引文分析的准确性。因此,要提高期刊的学术质量,必须强化出版规范化意识,重视期刊标准化指标、编校质量指标等,尤其是参考文献著录的准确与规范。

综上所述,期刊社必须全面系统地考量各个指标并采取综合措施,如多发表高质量论文、进行专栏的设计、提高编辑的素质等,以便提高期刊的学术水平和影响力,从而提升期刊的自身质量。

3 结论

运用完全信息静态博弈理论对评价机构与期刊社的博弈分析证明了双方出于各自利益得出的策略将使期刊社仅重视一些外在的评价指标,而忽视与内涵密切相关的期刊指标。从长远发展来看,评价机构主导下的期刊建设并不一定有利于学术水平的提高。作为学术期刊评价机构,应该结合期刊的内涵建设设立一些更为公平、公开、公正的定性指标,不能一味地追求定量指标,才能更为客观地评价一个刊物以及刊载的论文,从而促进期刊健康、可持续的发展,实现学术水平提高的办刊理念。

参 考 文 献

[1] 叶继元.学术期刊质量评价具有多元性与复杂性[J].清华大学学报(哲学社会科学版),2015,30(2):182-186.
[2] 张良辉,刘虹.期刊评价:H5和H5中位数[J].情报杂志,2015,34(2):89-92.
[3] 邱均平,李爱群,周明华,等.中国学术期刊评价的特色、做法与结果分析[J].重庆大学学报(社会科学版),2008,14(4):64-69.
[4] 源善.职称评审背后的利益博弈[J].教育:高教观察(中旬),2007(2):35-36.
[5] 熊水斌,彭桃英,骆超,等.我国科技期刊引证指标数据库的对比分析与评价[J].中国科技期刊研究,2015,26(2):198-204.
[6] 李超.国内期刊评价及其方法研究的进展与实践[J].情报科学,2012,30(8):1232-1237.
[7] 邱均平.从期刊评价看中国期刊的质量发展:RCCSE期刊评价的做法、特色和结果分析[J].评价与管理,2013(2):9.
[8] 朱剑.重建学术评价机制的逻辑起点:从"核心期刊"、"来源期刊"排行榜谈起[J].清华大学学报(哲学社会科学版),2012,27(1):5-15.
[9] 吴志猛.利用中国知网个刊影响力评价分析系统谈非核心期刊的发展方向:以《东华理工大学学报(自然科学版)》为例[M]//学报编辑论丛(2011).上海:上海大学出版社,2011:197-200.
[10] 俞立平,潘云涛,武夷山.学术期刊评价中不同利益主体关系研究[J].科学学与科学技术管理,2009(12):43-47.
[11] 李聪.基于供应链的国外学术期刊数据库出版商博弈策略探析[J].情报科学,2013,31(1):40-45.
[12] 陈欢,张斌.基于网络外部性的学术电子期刊供应链纵向合作研究[J].情报理论与实践,2012,35(11):98-103.

[13] 陈欢,马费成.国内学术电子期刊供应链上多元主体竞争合作关系探讨[J].情报杂志,2012,31(4):180-184.
[14] 靳萍,彭述娟,应永铭.自由探索与学术交流互动机理的探索性研究[J].中国软科学,2008(1):141-148.
[15] 骆品亮,陆毅.学术腐败与学术激励[J].科研管理,2003,24(4):6-20.
[16] 龚赛群.学术期刊论文科技信息不完全性分析[J].出版科学,2012,20(5):54-57.
[17] 程琴娟,马文军.综合性科技期刊的栏目传播效果评价:以《陕西师范大学学报》(自然科学版)为例[J].中国科技期刊研究,2013,24(2):330-332.
[18] 徐小红.学术期刊文献泛滥之博弈分析[J].安徽农业科学,2011,39(15):9446-9447,9450.
[19] 赵丽莹,刘彤,王小唯."一稿多投"的博弈分析[C]//中国高等学校自然科学学报研究会第13次年会论文集.北京:中国高校学术出版,2009:169-171.
[20] 孟庆勋,刘志强,丁嘉羽,等.学报稿源的影响因素及其对策:以《上海大学学报(自然科学版)》为例[M]//学报编辑论丛(2012).上海:上海大学出版社,2012:256-259.
[21] 赵晔.从博弈论角度分析期刊学术水平的提高[J].中国科技期刊研究,2013,24(1):194-196.
[22] 刘荣军.从信息博弈看科技学术期刊的审稿策略[J].编辑学报,2010,22(3):192-194.
[23] 范少萍,张志强.撤销论文对学术期刊的影响分析[J].中国科技期刊研究,2014,25(5):605-610.
[24] 陈学智.转型期学报编辑的职业倦怠及疏解[J].传播与版权,2015(1):59-60.

《渔业现代化》近10年高被引论文及高频关键词分析

鲍旭腾，黄一心，梁　澄

(中国水产科学研究院渔业机械仪器研究所，上海 200092)

摘要：以中国知网《中国学术文献网络出版总库》为统计源，分析《渔业现代化》2011—2020年10年共60期杂志论文的高被引论文的分布规律、核心作者、关键词特点等。10年期间共收录AR(学术性和综述性)论文812篇，总被引频次为4 991次，单篇最高被引频次68次。被引用文献705篇，被引率86%，其中被引10次(含)以上的160篇，占被引论文总数的22.6%，符合"二八定律"。其中被引频次60次以上的1篇，被引50次以上的1篇，被引40次以上的8篇，被引30次以上的7篇，被引用10次以下的545篇。前10篇高被引论文中：栏目高被引论文最多前3位分别是水产品加工、渔业信息化和水产养殖工程；个人高被引论文数最多的是徐皓(3篇)。通过分析近10年《渔业现代化》前20个高频关键词，并与2019年学科红点关键词对比，红点关键词无法准确反映本杂志的学科特点，但可以进一步了解并凝练本杂志的学科特色，对期刊栏目设置、优质作者群建设以及追踪行业研究热点等都有巨大帮助。统计了前10篇高被引论文，这些论文几乎每年都有被引用，同时均有不同程度地被最近5年的本刊发论文所引用，其中年均被引最高达到9.6次，具有长期的被引潜力。本研究结果可对科技期刊建设、优质稿源甄选、追踪学术热点、培养编辑素质等提供参考。

关键词：渔业现代化；　高频关键词；　红点指数；　高被引论文；　被引率

《渔业现代化》杂志创刊于1973年，由农业农村部主管，中国水产科学研究院渔业机械仪器研究所主办，以刊发渔业装备与水产养殖工程为专业特色的学术期刊。自创刊以来，发表了大量渔业水产领域应用性及少量基础性的研究论文，在渔业水产学科及其他领域产生了较大影响，连续入选中国科技论文统计源期刊(中国科技核心期刊)、中国科学引文数据库(CSCD)扩刊版、《中文核心期刊要目总览》等，并被多家国外重要检索系统收录。

期刊论文的被引频次是该论文发表后某时期内被其他文献引用的累积次数，是评价论文质量和学术水平的重要指标，是计算期刊影响因子的主要参数，也是目前大多数期刊评价机构选用的最重要的评价指标之一[1-2]。高被引论文是指被引用频次相对较高、被引用周期相对较长的论文，可以从一定程度上反映某学科或专业方向的研究前言和热点，是评价高水平研究成果的重要手段之一，逐渐引起广泛重视[3-5]。

期刊的学术影响力，与在该期刊中发表的高被引论文有着重要的关系。被引频次越高的论文，说明其使用价值越大，其对核心总被引频次、核心影响因子等的影响也越大，因此更需要引起期刊编辑的重视和关注。通过分析高被引论文的期刊被引用计量指标[6](如核心总被引频次、核心他引刊数、核心他引率等)可以评价期刊的学术影响力,从而为编辑部甄选高质量论文、建立特色栏目等提供重要参考。通过分析高被引论文的期刊来源计量指标[6](如作者来源、平均引文数、地区分布、机构分布等)可以了解优秀论文的产出来源,从而方便编辑部构建核心专家作者群、有针对性地组稿约稿等。通过分析高被引论文的期刊学科内期刊计量指标[6](如红点指标等),可以了解本期刊在本学科中的学术影响力,了解本期刊论文与所在学科研究热点的重合度,从而为期刊准确了解学科发展动向,调整期刊定位和方向提供重要参考。

本研究利用中国知网(CNKI)《中国学术文献网络出版总库》[7],检索 2011—2020 年来源期刊《渔业现代化》的数据进行分析。

1 《渔业现代化》被引用情况

1.1 总体情况

通过在中国知网在线检索(http://acad.cnki.net)系统检索来源期刊《渔业现代化》杂志,检索时间段为 2011 年 1 月 1 日—2021 年 1 月 1 日,剔除文摘、征稿简则、国外渔业信息等非论文信息,并经过本刊纸质发表目次的进一步核对后确认,统计共发表 AR(学术性和综述性)论文 812 篇,有被引记录的论文 705 篇(图 1)。其中最高被引 68 次(排第 1 位),最少被引 1 次(排第 705 位)。10 年共发表 60 期,平均每期发文约 13.5 篇,平均每期被引论文约 11.8 篇。

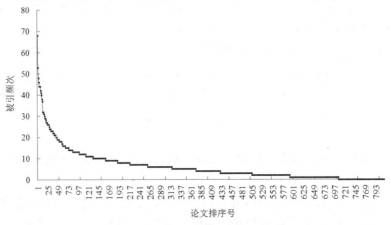

图 1 2011—2020 年《渔业现代化》论文被引频次由高到低排序

由图 1 可知,《渔业现代化》论文最高被引频次为 68 次,单篇论文被引频次随着文章数量的增加呈指数递减。没有被引用的文章 107 篇,占全部发文量的 14%,被引 1 次的文章 113 篇,占 16%,被引 2 次的文章 88 篇,占 12%,被引用 10 篇以下的 545 篇,占 77%。说明大多数文章很少被引用或暂未被引用。总被引频次为 4 991 次,前 120 篇文献(约占发文总数的 17%)累计被引频次 2 439 次,约占总被引频次的 48%。从发文量与被引量的关系看,共收录论文 812 篇,被引用文献 705 篇,被引率 86%,其中被引 10 次(含)以上的 160 篇,占被引论文总数的 22.6%,显然约 20%的稿件拥有了较高的被引频次,基本符合"二八定律"。

1.2 不同被引频次组论文数量及年度分布

图 2 展示了被引次数与论文数量的关系。可以看出,引用 10 篇以下的论文占绝大多数,

数据显示，有 545 篇论文是被引频次 10 以下，占比 77.3%。而被引频次 20 以上的只有 46 篇，占比 6.5%。

图 3 展示了被引频次≥20、≥10、≥5 的论文逐年的分布情况。可以看出，3 组被引用论文总体趋势一致，均从高走低，表明《渔业现代化》期刊论文引用总体平稳，没有出现引用高峰年。高被引论文主要出现在统计当年的前 5~10 年，其中，前 20 篇高被引论文中 2016 年以前的 18 篇，占比 90%。被引频次≥20 和≥10 的两组曲线在 2016 年由小幅升高，可能原因是当年发表的综述性论文相对较多。因此，总体上，期刊论文高被引频次数量与时间的持续积累有关系，在编辑部处理稿件时，要立足于长远，高被引的好文章是经得起时间的检验的[8]。

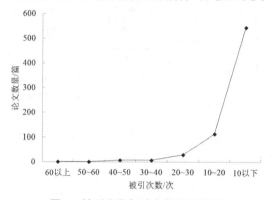

图 2　被引次数与论文数量的关系

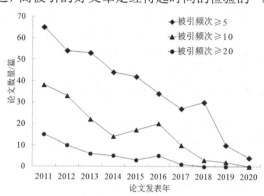

图 3　2011—2020 年不同被引频次组论文的年度分布

2　前 20 篇高被引论文情况分析

2.1　特色栏目情况

《渔业现代化》所设的栏目主要有"水产养殖工程""水产品加工""渔船与捕捞""综述与专论""渔业信息化""饲料与营养""渔业节能减排""渔业设施及渔港"等。

高被引论文的选取参考了相关文献[9-11]的方法，将 2011—2020 年刊登的论文总被引频次进行分年排序后，选取总被引频次前 20 篇(约 2.8%)论文作为高被引论文，同时将最后 1 篇高被引论文被引次数相同的所有论文都计入其中。

前 20 篇高被引论文中，主要包含水产养殖工程(11 篇)、水产品加工(3 篇)、渔船与捕捞(3 篇)以及渔业信息化(3 篇)4 个栏目板块，其中，水产养殖工程栏目高被引论文占比 55%，在其他几个栏目中占绝对优势，这也完全体现了本刊主要刊发论文渔业装备工程技术的期刊特色。

在水产养殖工程栏目的 11 篇论文中，高被引前 10 篇论文中也有 5 篇属于水产养殖工程栏目，也达到了 50%的比例。该栏目中排名第 1 的是前 20 篇高被引中排第 5 的《我国离岸网箱工程发展策略》，第一作者是本所所长徐皓研究员。

在水产品加工栏目的 3 篇论文中，有 2 篇论文排到了前 5。其中，中国农业大学信息与电气工程学院张小栓教授的《水产品冷链物流技术现状、发展趋势及对策研究》高居榜首；海南大学农学院本科在读生段伟文第一作者、段振华教授通信作者的《贻贝的加工利用研究进展》位列第 4。可以看出，高被引频次论文、高质量论文不问出处。

在渔船与捕捞栏目的 3 篇论文中，排名靠前分别是本所所长徐皓研究员的《我国海洋渔船发展策略研究》(第 7)和中国水产科学研究院黄海水产研究所刘世禄研究员的《关于加快发展我国远洋渔业的战略思考》(第 11)。

在渔业信息化栏目的 3 篇论文中,排名靠前的分别是湖南农业大学工学院曾洋泱的《水产养殖水质监控技术研究现状及发展趋势》(第 2)和江苏大学电气信息工程学院宦娟的《基于 ZigBee 的水产养殖水环境无线监控系统设计》(第 8)。

前 20 篇高被引论文中,属于综述性论文 15 篇,占比 75%;非综述性研究论文 5 篇,占比 25%。其中前 10 篇高被引论文中,属于综述性论文 8 篇,占比 80%;非综述性研究论文 2 篇,占比 20%。可以看出,综述性论文是被引论文中占绝对优势,其数值在本刊的统计结果中比较符合"八二定律",即 80%高被引频次论文为综述性论文,20%为研究性论文。

表 1 2011—2020 年《渔业现代化》高被引前 20 篇论文情况

题目	作者	发表年期	被引	所属栏目	文章属性	基金项目	关键词
水产品冷链物流技术现状、发展趋势及对策研究	张小栓,邢少华,傅泽田,田东	2011/3	68	水产品加工	综述	国家自然科学基金	水产品;冷链物流;射频识别技术;无线传感器网络
水产养殖水质监控技术研究现状及发展趋势	曾洋泱,匡迎春,沈岳,向欢,刘新庭	2013/1	53	渔业信息化	综述	国家科技支撑计划	水产养殖;集约化;水质监控
我国深远海养殖工程装备发展研究	徐皓,谌志新,蔡计强,黄一心,刘晃	2016/3	48	水产养殖工程	综述	上海市科委项目	深远海养殖;工程装备;发展战略;研究
贻贝的加工利用研究进展	段伟文,罗伟,段振华,雷新桂,冯爱国	2013/3	46	水产品加工	综述	国家科技支撑计划	贻贝;加工;利用;研究进展
我国离岸养殖工程发展策略	徐皓,江涛	2012/4	44	水产养殖工程	综述	国家科技支撑计划	离岸养殖工程;深水网箱;养殖工船;发展策略
国外封闭循环水养殖系统工艺流程设计现状与展望	宋奔奔,吴凡,倪琦	2012/3	44	水产养殖工程	综述	农业部引进国际先进农业科学技术计划(948 计划)	循环水养殖系统;工艺流程设计;工艺特征;设计原则
我国海洋渔船发展策略研究	徐皓,赵新颖,刘晃,谌志新,梁建生	2012/1	44	渔船与捕捞	综述	农业部公益性行业(农业)科研专项	海洋渔船;现状与问题;发展战略
基于 ZigBee 的水产养殖水环境无线监控系统设计	宦娟,刘星桥,程立强,孙雷霸,李成春	2012/1	42	渔业信息化	非综述	江苏省高校优势学科建设工程项目	ZigBee;无线传感器网络;水环境监控系统;水产养殖;溶解氧;pH;温度
我国海水工业化养殖面临的机遇和挑战	刘鹰,刘宝良	2012/6	41	水产养殖工程	综述	国家自然科学基金	海水养殖;循环水养殖系统;工业化

题名	作者	年份/期	被引次数	栏目	类型	基金	关键词
浒苔营养成分分析与投喂刺参试验	廖梅杰，郝志凯，尚德荣，姜燕，陈贵平	2011/4	40	水产养殖工程	非综述	山东省农业良种工程重大课题	浒苔；营养成分；饲料；刺参；生长率；成活率
关于加快发展我国远洋渔业的战略思考	刘世禄，冯小花，陈辉	2014/4	38	渔船与捕捞	综述	中国工程院重大咨询项目	远洋渔业；远洋渔船；发展战略
基于计算机视觉的鱼类行为自动监测系统设计与实现	卢焕达，刘鹰，范良忠	2011/1	37	渔业信息化	非综述	国家自然科学基金	计算机视觉；鱼类行为；行为监测
中国海水鱼类陆基工厂化养殖产业发展现状及展望	刘宝良，雷霁霖，黄滨，梁友	2015/1	32	水产养殖工程	综述	国家自然科学基金	海水鱼类养殖；陆基工厂化；关键问题；现状及展望
欧洲循环水养殖系统研究进展	丁建乐，鲍旭腾，梁澄	2011/5	32	水产养殖工程	综述	国家鲆鲽类产业技术体系	循环水养殖系统；生命周期评估法；脱硝反应器；淤泥浓缩；臭氧处理；欧洲水产养殖
我国远洋渔船现状及发展策略	胡庆松，王曼，陈雷雷，李俊	2016/4	31	渔船与捕捞	综述	国家自然科学基金项目	远洋渔船；捕捞方式；甲板装备；标准形成机制；全生命周期
鲍鱼冷风干燥和自然晾晒试验的比较分析	刘倩;高澄宇;黄金发;许加超;付晓婷	2012/4	31	水产品加工	综述	国家自然科学基金项目	鲍鱼；冷风干燥；自然晾晒；色差；多糖；微观结构
集中式自动投饵系统的研制	王志勇，谌志新，江涛	2011/1	30	水产养殖工程	综述	农业部现代农业产业技术体系建设项目	池塘养殖；投饵机；气力输送；自动控制
增氧机池塘增氧效果试验的研究	张祝利，顾海涛，何雅萍，门涛，吴为国	2012/2	29	水产养殖工程	非综述	农业部农机推广与体系建设项目	叶轮式增氧机；水车式增氧机；射流式增氧机；曝气式增氧机；增氧效果
养殖栉孔扇贝对桑沟湾碳循环的贡献	张明亮，邹健，毛玉泽，张继红，方建光	2011/4	29	水产养殖工程	非综述	国家科技支撑计划	栉孔扇贝；碳循环；碳汇渔业；桑沟湾
藻类生物燃料乙醇制备的研究进展	庞通，刘建国，林伟，刘倩	2012/5	28	水产养殖工程	综述	国家重点基础研究发展计划(973计划)	藻类；微藻；大型藻类；生物乙醇；生物燃料

2.2 关键作者情况

前 20 篇高被引论文中,个人高被引论文数最多的是本所所长徐皓研究员(3 篇),且 3 篇高被引频次论文均为第一作者。其次是大连海洋大学刘鹰教授,分别以第一作者和第二作者出现 2 篇高被引论文。另外,本所谌志新研究员分别在不同的文章中出现 3 次,本所刘晃研究员、江涛研究员分别在不同的文章中各出现 2 次。可以看出,前 20 篇高被引论文中的第一作者,大多数为行业内专家,也有一些在读学生,甚至包括本科在读生(段伟文)。因此,编辑部在组稿约稿中,重点关注行业内专家的同时,也不能忽视一般作者的投稿,需要从论文本身的创新性、前沿性、引领性等角度出发,甄选优秀论文。在核心作者群构建上需要考虑包容各个层级的作者,行业专家、一般研究者、在读学生都可以入选,可以通过以发表文章的高被引水平来衡量评价优秀作者,而不是简单的作者学历、职称、头衔,或发表论文的数量等外部条件作为评价标准。

2.3 基金项目情况

前 20 篇高被引论文中,国家级项目论文有 12 篇,占比 60%;省部级项目论文 8 篇,占比 40%。其中国家自然科学基金项目 6 篇,国家科技支撑计划项目 4 篇。可以看出,高被引论文绝大多数是具有国家级、省部级项目支撑背景的论文。说明基金项目越权威,其论文被关注和引用的几率就越大,也就越容易成为高被引论文。因此,编辑部在处理稿件初期,要特别关注论文基金项目的情况,对于国家级、省部级项目支撑的投稿论文尤其引起重视,严把质量关,做到精益求精。在组稿约稿中,更要优先挑选有相关基金背景的科研团队论文。

2.4 关键词情况

从表 1 可以看出,前 20 篇高被引论文中,关键词主要在 3~7 个之间。其中,3 个关键词的有 5 篇论文,4 个关键词的有 8 篇论文,5 个关键词的有 3 篇论文,6 个关键词的有 3 篇,7 个关键词的有 1 篇论文。

这 20 篇高被引论文中总共有关键词 83 个。其中,"循环水养殖系统"出现 3 次,"水产养殖"和"远洋渔船"分别出现 2 次。可以看出,这 3 个关键词与本刊主要刊发的方向和专业特色紧密相关。另外"发展战略"也出现了 3 次,由于其属于词义宽泛,不能准确传达论文主题内容、不利于检索的词,可以作为无效关键词[12-13]。

结合中国知网(https://navi.cnki.net/knavi/journals/HDXY/detail?uniplatform=NZKPT)[12]《渔业现代化》杂志近 10 年的关键词分布情况(图 4),也能发现,"循环水养殖系统"和"水产养殖"两个关键词在所有近 10 年发表的论文中属于前 20 个高频关键词。

本研究数据显示,关键词选用的数量对被引频次的高低没有关系。关键词选用的"关键性"对体现刊物刊发特色具有重要意义。另外无效关键词的选用过多,也是目前存在的问题之一。比如,这些关键词中的"发展战略""研究""研究进展""发展策略""设计原则""现状与问题""关键问题""现状与展望"等均属于词义过于宽泛,不能通过数据库有效检索的词汇。

在目前的大数据时代,通过关键词的分析,可以凝聚期刊办刊特色,也能追踪行业热点。《2017 年中国科技期刊引证报告(核心版)》首次引入了红点指标(red point factor),该指标旨在通过分析关键词,找出该期刊与所在学科研究热点的重合度。其公式是,选用某时间段内(通常 1 年),该期刊发表论文中关键词与该期刊所在学科同期排名前 1%的高频关键词重合的论文数与总发表论文数之比[14]。

对比中国科学技术信息研究所官方引证报告 App 提供的 2020 版水产学科红点关键词的词

频图(图5)，可以发现，"生长""水质""数值模拟""凡纳滨对虾""人工鱼礁"等《渔业现代化》近10年来高频关键词也是水产学科的2019年的红点关键词。然而，体现本刊特色的渔业装备工程相关的高频关键词，比如"循环水养殖""循环水养殖系统""渔船""池塘养殖""工厂化养殖"等都没有出现在学科红点关键词中。这说明，学科红点关键词反映了整个学科科研的动态，不能准确反映专业性、特色性强的期刊研究论文动态。也说明了，《渔业现代化》主要刊发的是渔业装备工程领域的综述性、研究性论文，与大多数水产学科期刊相比，特殊性较强，因此，无法有效通过红点指标反映出《渔业现代化》的学术追踪能力和前沿论文发表的动态，更不能凸显期刊的学术水平高低和特色[15]。

当然，可以通过红点关键词结合本刊特色追踪学科学术热点，进一步了解并凝练本杂志的学科特色，对期刊栏目设置，优质作者群建设，以及为编辑部对学术热点的把控能力等都有巨大帮助。

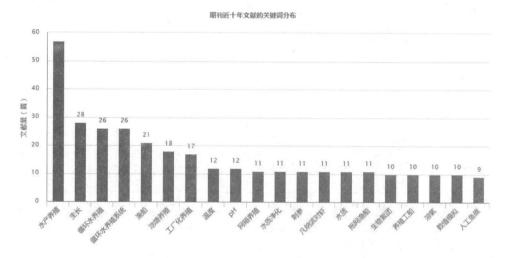

图4 中国知网《渔业现代化》近10年文献的关键词分布

图5 中信所2020版水产学科红点关键词词频图

2.5 高被引文章的生命力

前10篇高被引论文，几乎每年都有被引用，同时均有不同程度地被最近5年的本刊刊发论文所引用。排名第1的《水产品冷链物流技术现状、发展趋势及对策研究》2011年第3期发表，近10年来，除了发表当年外，每年均有被引用，年均被引6.8次。其中年均被引最高的是9.6次，排名第3的《我国深远海养殖工程装备发展研究》，该文发表于2016年第3期，仅有5年的被引时间，在前10篇高被引论文中属于被引年数最少的。然而其平均每年约有10

次被引用,其中,2020 年被引次数在本次统计的前 10 篇论文中更是达到最高值 24 次。深远海养殖是当前的研究热点和学术前言,可以预测该论文在未来是时间内有望继续被高频引用。

这里需要说明的是,由于检索输入的截止日期是 2021 年 1 月 1 日,而检索到的文章被引用的数据实际上是截止于检索日期的,理论上应该剔除 2021 年 1 月 1 日以后被引用的数据,考虑到 2021 年引用数据量不会对总体数据造成太大影响,为了统计计算的方便,这里没有剔除。可以看出,2021 年,目前为止,有 3 篇还未被继续引用,其余的 7 篇均不同程度地被引用了。

表 2 前 10 篇高被引论文 2011—2021 年间逐年被引用情况

序号	题目	发表年期	2011	2012	2013	2014	2015	2016	2017	2018	2019	2020	2021	总被引	年均被引
1	水产品冷链物流技术现状、发展趋势及对策研究	2011/3	0	6	10	7	7	14	7	6	7	2	2	68	6.8
2	水产养殖水质监控技术研究现状及发展趋势	2013/1	0	0	1	4	4	11	8	13	9	1	2	53	5.8
3	我国深远海养殖工程装备发展研究	2016/3	0	0	0	0	0	0	3	11	6	24	4	48	9.6
4	贻贝的加工利用研究进展	2013/3	0	0	0	3	7	8	4	7	10	5	2	46	5.7
5	我国离岸养殖工程发展策略	2012/4	0	0	3	1	4	6	7	2	12	3		44	4.8
6	国外封闭循环水养殖系统工艺流程设计现状与展望	2012/3	0	0	8	6	5	9	6	4	2	3	1	44	4.8
7	我国海洋渔船发展策略研究	2012/1	0	2	7	3	11	7	5	2	5	2	0	44	4.8
8	基于 ZigBee 的水产养殖水环境无线监控系统设计	2012/1	0	5	4	8	7	4	3	1	2	0		42	4.6
9	我国海水工业化养殖面临的机遇和挑战	2012/6	0	0	4	5	5	7	3	3	3	6	5	41	4.5
10	浒苔营养成分分析与投喂刺参试验	2011/4	0	3	5	5	8	5	3	5	3	3	0	40	4

2.6 高被引论文被水产学科期刊引用情况

统计了前 20 篇高被引论文被不同期刊引用的情况(表 3)。表 3 所示,高被引论文主要是被期刊、学位论文、会议论文等引用,其中被期刊引用的数量占总被引数量的比例浮动较大,从 21.9%到 81.3%的比例不等。可以看出,超过 50%的有 16 篇高被引论文,说明学术期刊是高被引论文主要的引用载体,而且 20 篇高被引论文中总被引期刊数与总被引数的比值为 58.7%(462/787),也是超过一半是被期刊引用,41.3%(325/787)是被学位和会议论文引用。另外,可以看出:本刊 20 篇高被引论文中,总自引 81 次,占比 10.3%(81/787),各篇论文被本刊自引从 0%到 22.9%不等;被本学科核心期刊(不含本刊)引用的数据是,总被引 26 次,占比 3.3%(26/787),被各本学科核心期刊引用从 0%到 14.3%不等;而被本学科非核心期刊引用的数据是,总被引 28 次,占比 3.6%(28/787),被各本学科非核心期刊引用从 0%到 10.5%不等。从除了水产学科以外的其他期刊引用情况可以看出,20 篇高被引论文主要被《船舶工程》《农业工程学报》《食品安全质量检测学报》《食品工业科技》《中国农机化学报》等期刊引用。显然,20 篇高被引论文将近 41.5%(327/787)的被引期刊均来自水产学科以外的期刊,即在总被引期刊中有 70.8%(327/426)是来自水产学科外期刊,只有 29.2%(135/462)数据是来自水产学科内的期刊引用,而且包括自引的 17.5%(81/462)。进一步说明本刊在水产学科的独特性、偏离性,也说明本刊发表论文在船舶领域、大农业领域、装备领域及食品工业领域等的跨学科性。

表 3 前 20 篇高被引论文被不同期刊引用情况

序号	题名	被引	被期刊引用数量	被引期刊/被引数	自引	水产学科核心期刊引用	水产学科非核心期刊引用	其他主要被引期刊(超过 2 次)
1	水产品冷链物流技术现状、发展趋势及对策研究	68	38	55.9%	0	0	2	《食品安全质量检测学报》4 次;《食品工业科技》2 次
2	水产养殖水质监控技术研究现状及发展趋势	53	25	47.2%	3	0	0	《中国农机化学报》2 次
3	我国深远海养殖工程装备发展研究	48	39	81.3%	11	1	1	《船舶工程》13 次
4	贻贝的加工利用研究进展	46	30	65.2%	3	0	1	《农村经济与科技》2 次;《食品研究与开发》2 次;《食品科学》2 次;《现代食品》2 次
5	我国离岸养殖工程发展策略	44	35	79.5%	9	1	3	《船舶工程》6 次
6	国外封闭循环水养殖系统工艺流程设计现状与展望	44	25	56.9%	4	1	4	无
7	我国海洋渔船发展策略研究	44	25	56.9%	6	1	1	《船舶工程》4 次;《安徽农业科学》2 次
8	基于 ZigBee 的水产养殖水环境无线监控系统设计	42	29	69.0%	4	0	0	《中国农机化学报》2 次;《农业工程学报》2 次
9	我国海水工业化养殖面临的机遇和挑战	41	24	58.5%	7	4	1	《农业工程学报》3 次
10	浒苔营养成分分析与投喂刺参试验	40	20	50.0%	0	4	3	无

11	关于加快发展我国远洋渔业的战略思考	38	24	63.2%	3	0	4	无
12	基于计算机视觉的鱼类行为自动监测系统设计与实现	37	16	43.2%	2	2	1	无
13	中国海水鱼类陆基工厂化养殖产业发展现状及展望	32	16	50.0%	3	1	3	无
14	欧洲循环水养殖系统研究进展	32	7	21.9%	5	0	0	无
15	我国远洋渔船现状及发展策略	31	15	48.4%	3	1	0	《船舶工程》3次
16	鲍鱼冷风干燥和自然晾晒试验的比较分析	31	16	51.6%	1	0	0	《食品科技》3次；《现代食品科技》2次；《食品工业科技》2次；《食品安全质量检测学报》2次
17	集中式自动投饵系统的研制	30	23	76.7%	8	2	2	《农业工程学报》3次
18	增氧机池塘增氧效果试验的研究	29	21	72.4%	6	1	1	无
19	养殖栉孔扇贝对桑沟湾碳循环的贡献	29	15	51.7%	1	3	0	无
20	藻类生物燃料乙醇制备的研究进展	28	19	67.9%	2	4	1	无
总数		787	462	—	81	26	28	—

3 结论

高被引频次论文反映了期刊的学术影响力。通过统计分析近10年《渔业现代化》高被引频次论文及高频关键词发现，高被引论文约占所有被引论文的20%，基本符合"二八定律"。而高被引频次论文中综述类论文在前20篇高被引频次论文中占比75%，在前10篇高被引频次论文中占比80%，说明综述性论文是被引论文中占比较大，因此，在稿件甄选中应优先选用高质量的综述性论文，对这类稿件需要精雕细琢，力求完美；当然对创新性、前瞻性较强的非综述性论文更要练就慧眼识珠的能力。

高被引频次的论文的特点是一般为国家级、省部级的项目，一般为行业内的专家，当然不能唯基金、唯出身选论文，本科生投稿同样也能产生高被引论文，因此要构建不同层次的核心作者群，设置各个梯度的作者群，特别要关注成长期的核心作者群。

通过分析高被引论文的关键词、高频关键词，并与学科红点关键词的比较，可以发现，本刊的论文刊发方向与水产学科的重合度偏离较大，这也体现出了期刊特色性。这在20篇高被引论文被水产学科期刊引用的情况中更能看出，总被引期刊数占总被引文献数的58.7%，其中仅只有17.2%的被引数据是来自水产学科的期刊(含本刊的10.3%)，而且水产学科中核心期刊(不含本刊)的引用数据只有3.3%，将近41.5%的被引期刊均来自水产学科以外。进一步说明了本刊在水产学科的独特性、偏离性，也说明本刊发表论文在船舶领域、大农业领域、装备领域及食品工业领域等的跨学科性。因此，在本刊的学术影响力方面，一方面要积极宣传推广本刊论文在学科内的影响，也需要进一步向学科外拓展。

另外，通过高频关键词及红点关键词的比较发现，红点指标可以反映出学科的整体学术动态，但无法准确反映个刊的具体学术追踪能力以及期刊特色。无效关键词的选用会影响高频关键词的出现，因此需要进一步按照关键词规范选用合适的关键词，让关键词更关键。

在栏目设置方面，水产养殖工程、水产品加工、渔船与捕捞以及渔业信息化栏目均有不同程度出现高被引论文，因此需要进一步凝练本刊在这几个栏目下的刊发论文特色，可以进一步以专刊、专辑的方式凸显特色栏目，同时也要跟踪和培育新的栏目。

通过进一步凝聚本刊特色，在特色栏目建设、关键作者群构建、核心关键词选用、甄选高水平基金论文等方面重点突出，从而可以有能力有机会提高高被引论文的产出率，并通过精细编校和期刊宣传，保障高被引论文长期被引用的旺盛生命力，以此不断提升本刊的学术影响力。

参 考 文 献

[1] 马峥,俞征鹿.《编辑学报》2002—2018年主要计量指标分析[J].编辑学报,2019,31(6):701-705.
[2] 张韵,侯春晓,万晶,等.农业科学类期刊高被引论文分析及启示[J].科技通报,2021,37(6):121-126.
[3] MOED H F.The impact-factors debate:the ISI's uses and limits [J]. Nature, 2002, 425(15):731-732.
[4] 李东凤.高被引会成为新的科研评价指标吗?[J].科学新闻,2021,23(3):46-48.
[5] 樊秀娣.热捧"高被引"缺乏科学依据[N].中国科学报,2021-05-18(005).
[6] 中国科学技术信息研究所.2016—2020年版中国科技期刊引证报告(核心版)[M].北京:科学技术文献出版社,2016-2020.
[7] 中国知网.中国学术文献网络出版总库[EB/OL].[2021-08-08].https://www.cnki.net/.
[8] 张建合.《编辑学报》高被引论文分析[J].编辑学报,2010,22(6):562-564.
[9] 张韵,陈华平.《浙江农业学报》2009—2018年高被引论文计量分析[J].浙江农业学报,2021,33(5):955-964.
[10] 张业安.近30年CSSCI收录体育学术期刊高被引论文主题的演进特征[J].中国科技期刊研究,2017,28(11):1047-1057.
[11] 张晓丽,乐建鑫.《东南大学学报(自然科学版)》高被引论文特征及启示[J].中国科技期刊研究,2012,23(6):1008-1012.
[12] 张银凤,高嵩,尹春霞,等.学术论文中关键词的选取与常见问题分析[J].黄冈师范学院学报,2019,36(6):223.
[13] 伍锦华,陈灿华.科技论文10个无效关键词计量学分析[J].编辑学报,2020,32(4):403-408.
[14] 马峥,俞征鹿.学术期刊"红点指标"的定义与应用[J].编辑学报,2018,30(1):102-104.
[15] 李达,李军纪.基于红点指标对《山西医科大学学报》办刊质量的思考[J].山西医科大学学报,2020,51(6):605-608.

军校学员自办内刊建设方向及路径方法

王 薇

(陆军步兵学院教研保障中心编辑部,江西 南昌 330100)

摘要: 近年来,军队院校越来越重视校园文化建设,对学员自办刊物也在积极实践中。与地方高校相比,起步晚、发展慢,办刊模式处在探索阶段,不同程度上都面临着学员思想上不重视、刊物特色不鲜明、优质稿源不够、学员编辑不"专"等方面的瓶颈问题,军队院校应根据自身特点,明确办刊定位,突出自身军事特色,应在学员自办刊物的宏观管理、在内容策划和刊物设计上、组稿和办刊形式、学员编辑队伍培养等方面采取有效措施,促进军校学员自办刊可持续发展,打造出一块属于军校学子的文化阵地。

关键词: 军队院校;学员自办刊;建设方向;路径方法

学生自办刊物作为反映学生思想动态、宣传校园最新活动、汇聚学生创新成果的交流平台和校园文化阵地,是校园文化建设的重要组成部分,发挥着展现学生风采,培养学生创新思维,提升学生能力素养的积极作用。当前,地方高校涌现出不少版面主题不一、风格各异的学生自办刊物,不少高校都拥有 2 种或 2 种以上不同种类的学生自办刊物,因地方高校学生自办刊建设起步早,办刊模式和规模相对成熟。近年来,军队院校也越来越重视校园文化建设,对学员自办刊物也在积极探索实践中。军校学员自办内刊突出军事特色,是学员精神风采的展示窗口,是第二课堂活动的实践载体,更是学习训练心得的交流平台,为学员提升自身军事理论素养、文字功底提供实践平台。与地方高校相比,起步晚、发展慢,办刊模式处在探索阶段,笔者以某军校为例,总结学员自办内刊的实践经验,反思当前军校学员自办内刊面临的困难和瓶颈,进一步探索军校学员内刊建设的路径方法。

1 军校学员自办内刊面临的困难和瓶颈

军校学员自办刊建设在探索过程中取得了一些经验成果,但学员在办刊过程中也面临不少的困难和瓶颈问题,一定程度上制约了自办刊建设水平。

1.1 学员对内刊缺乏重视

对学员自办刊认识不深。军校学员主要任务是学习训练,大家对自办内刊的目的认识不深,有的认为是额外的任务,占用了自身的业余时间,对培养指挥打仗的技能并没有多大帮助,对提升学习成绩也起不到直接作用,加之学员理论研究基础弱,自身文字功底不强,因此写作热情不高。

对纸媒传播方式兴趣不高。随着自媒体、电子刊物的盛行,基于其传播速度快、方式便捷的特点,学员对新媒体的热情远远高于传统纸媒,认为以纸媒形式发行的内刊,周期长、流程繁琐、内容受限，甚至认为可有可无，相比之下受欢迎程度并不高。

投稿得失心较重。不少学员，无论是作者还是编辑都更关注参与建设自办刊物的收获，比如学分、上稿率、奖励等，而内刊不对外发行，只在校内交流，在学分计算、表彰奖励上的力度相对偏低，加之校园文化阵地形式丰富，学员通过撰写新闻稿、在网络平台上建言、参加各学科领域比赛等方式同样可以获得一定的荣誉和收获，相对写文章、写论文来说见效更快，因此对内刊建设并不重视。

1.2 刊物特色不鲜明

办刊风格不突出。当前军校学员自办刊物仍处在模仿借鉴阶段，参考地方高校办刊模式和整体风格，种类不多，以综合类为主，刊物版块设置大致相同，内容大同小异，很少能做到推陈出新。以某军校学员自办刊物为例，当前期刊版面设置中规中矩，设有思想政治、学习训练、军旅抒怀等栏目，内容涉及面广，但并没有突出该军校培养特点，形成自身刊物特色。

选题不接地气。就指导学员自办内刊的实践经验来看，有的学员拟制征稿启事，列举选题方向大而空，部分学员投稿方向偏重思想表态、报告总结、体会抒怀，贴近学员学习、训练、比武竞赛的具体经验总结不多，对当前军事热点的研究思考更是少之又少，降低了内容可读性。

栏目设置不新颖。军校学员自办内刊，一般设置政工、学习、训练、管理、军旅抒怀等常态栏目，特色栏目少，比重上往往偏重政工类栏目，一方面，可以及时了解学生思想动态，及时做好意识形态引导；另一方面，可以构建思想政治教育的渠道平台，但在实际组稿中，却发现不少文章出现光喊口号而忽视实践思考的现象。就某军校学员刊物的栏目设置来说，近年来常态栏目中思想政治类栏目增多、研战研训栏目比重偏少，学研思考类文章比重明显不足，内容普通，没有突出特色。

1.3 高质量稿源不够

充足的稿源是一本刊物赖以生存的基础，优质稿源则是衡量刊物质量的重要指标。军校学员很大部分来自部队和高考生，整体文化水平不够高，且学员文字功底参差不齐，低年级学员时间相对充裕，积极性高，但撰写文章的基础薄弱，稿件质量不高；高年级学员思想和文笔水平相对成熟，但面临比武、考核、实习等任务，学业压力大、时间有限，投稿积极性下降，一定程度上造成优质稿源不足的现象。从笔者收集某军校学员内刊收稿情况来看，基于一定的奖惩和评定机制下，投稿数量大幅度增加，但有的为快餐式文章，内容浅显，缺乏实用价值和启发性，具体表现为以下三个方面。

创新性的选题不多。从某军校学员自办刊近三年来的收稿情况来看，60%的文章选题关注的是学习、训练、生活等内容，选题角度普通，缺乏特色选题，如军旅抒怀栏目每期投稿数量最多，多数直抒胸臆表达家国情怀，但缺少角度新颖的文章，有些文章内容老套，无法打动读者；研战研训类栏目中涉及前瞻性、军事热点问题的选题不多，选题内容陈旧，少数选题虽抓住最新战例、武器装备应用等热点，但仅仅停留在对战争过程、高新技术装备的介绍上，没有自己的创新观点，缺乏思考启迪作用。

应用性强的文章不多。从某军校学员投稿情况来看，学员自办刊每期能收到三四百篇稿件，每期刊用 45 篇左右，收到稿件以泛泛而谈的感想和体会类文章居多，研究军事理论的很少。如练训心得、管理方法这样的实用性强的栏目，也有不少文章介绍、表态为主，总结方法经验,思考改进措施的文章不超过该栏目投稿数的 30%,反映出学员不善于反思总结,无法将实践经验转化为成果,学以致用。

内容有深度的稿件不多。从学员内刊刊用的稿件中发现,具有思辨性、启发性、争鸣性的文章不多,深入浅出的表达观点,突出现实意义的文章也不多,在评选优质稿件时,这类文章占比数量有限,从培养学员思辨能力的角度来说,自办刊在内容上还有不小的差距。

1.4 学员编辑不够"专"

编辑队伍不稳定。学员自办刊物的编辑从学员中推荐选拔产生,并非专业人员,关于编辑刊物的基本流程和要求了解不多,大多数都是从零开始培养,目前采取学员建制单位轮流办刊的形式,每期都由不同的学员编辑组队办刊,每次指导对象都是新的队伍,虽扩大了学员参与覆盖面,但却缺乏承接,编辑队伍相对不固定,不利于编辑团队积累经验,即使培养出骨干力量,没有高低年级之间的传帮带,随着高年级学员毕业离岗,编辑队伍又需重新组建培养。

编辑缺乏必要的专业精神。一方面,学员编辑对自身定位认识不清,觉得是业余的编辑,不需要提升自身专业素养,存在完成任务、得过且过的心态,不重视编辑质量,缺乏职业精神。另一方面,提升编辑素养从短期看并不能对自身能力提升产生多大的作用,也不能在短期内获得荣誉,学员编辑积极性不高,自我提升动力不足。

编辑能力基础薄弱。大部分学员对编辑出版方面的专业知识了解甚少,基本功不扎实。自学和短期的培训并不能弥其补先天不足,就目前自办刊实践结果来看,表现以下三方面:一是学员编辑在审稿环节对稿件的判断把控不准。具体表现在标准不统一、主观性较强、反馈意见不准确,容易导致同期刊用稿件好坏标准不一,栏目稿件质量参差不齐等问题。二是自身文字功底不扎实,编校不到位。笔者统计某军校近 3 年来的学员自办内刊,发现刊物中或多或少都有语言文字、标点符号使用错误的问题,语言表达不通顺、生造词现象不少,反映出学员编辑编校标准不高。三是不了解编排要求,版面设计不规范。排版编辑基本是当期承办编辑临时现学排版操作技术,没有固定的人员,所以在排版过程中常常出现不必要的疏忽和错漏现象,封面设计往往会出现风格迥异、不统一,版面设计不美观等问题。

2 加强军校学员自办内刊建设的路径方法

办刊之初要"定三位",即受众、内容和风格。要明确军校学员自办期刊主要面向本校学员,是军校学员知战研战、展示风采、培养创新思维、开扩视野的重要平台;以"倡导自主学习,鼓励创新求真,反映思想心声,服务学员成长"办开宗旨,创办紧贴学员学习训练生活实际,鼓励学术创新,突出军校特色,活跃校园文化氛围,且有一定影响力的自办刊物。

2.1 加强对军校学员自办刊物的宏观管理

强化对思想认识的教育引导。军队院校相关管理部门和业务指导机关应加强对学员的思想教育,创新能力是新型指挥人才培养目标的重要内容。以"遵循高等教育规律、培育学员创新能力、锻造学员综合素质"的教育理念来引导在校学员。一方面,积极开展关于介绍学员自办刊平台建设目的、学员参与建设的主要任务、自办刊文化阵地建设目标和主要特色等系列主题教育讲座,深化学员对自办刊建设的认识,引导学员在自主完成投稿编刊过程中,不断创新基础理论研究、战训法研究、武器性能改造,创新栏目设置、组稿方式、版面设计,了解办刊条件和优势,树立主人翁意识,为打造符合学员实际需求的思想交流平台和特色校园文化，营造氛围，取得认同。另一方面，邀请专业人员定期进行授课辅导，讲解专业知识，介绍编辑期刊基本要求和运行模式，为学员答疑解惑，尤其是在学员编辑部组建之初对编辑进行培训辅导，布置任务，打牢办刊基础。

加大对编刊过程的指导力度。学员编辑毕竟能力水平有限，应积极为学员提供专业指导。抽调专业教员服务学员内刊刊建设，定期指导学员办刊，采取线上线下辅导，面对面指导帮带，了解学员实际困难，解决编辑过程中遇到的问题，特别是在选题策划、审稿组稿、版面设计、专栏规划等方面给学生一些合理化的建议，或聘请部分教员担任指导老师，对学员编辑把握不准的稿件进行复审，具体指导学员编辑反馈审稿意见，以编促学，以学促编。一方面，指导要贯穿编辑全过程，引导学员科学编刊。由常任指导教员对学员编辑进行培训，按照编辑基本流程实行编辑责任制，指导学员编辑合理制定计划；指导教员或业务指导部机关对照国家编辑校对标准，汇总学员编校常见错误，供学员编辑参考，制定审稿要求和总结基本方法，为学员审稿提供依据；动员内刊成员自学或报班学习文字排版、平面图片处理等软件操作，提升排版和版面设计技能。另一方面，要严格审核把关，保证编校质量。以反映现实、大胆创新、突出特色、质量第一为基本原则，对拟制征稿启事、组织征稿、审稿、编辑加工等各个环进行审核把关，定期检查三审三校流程落实情况，做好对文章政治导向、内容质量、保密、学术不端等方面的把关工作，保证编刊质量。

完善学员参与编刊的奖励机制。适当的奖励措施可以调动学员参与积极性。一方面，可以将学员投稿数量、刊用情况、学员编辑编刊表现纳入学员学期综合评定，记录学分，投稿积极、上稿率高的学员和表现突出的学员编辑，在评优评先上适当倾斜。另一方面，每学年组织一次优秀编辑和优质稿件评选，也可根据军队院校实际情况定期组织，评选结果纳入表彰奖励范围，优秀的稿件还可推荐至军内公开发行刊物上发表，可以极大地激发学员的干劲。

2.2 在内容策划和刊物设计上彰显军校特色

精心策划选题，增强"军味"。军校是要培养未来指挥官的，军校学员自办刊物面向的是青年学员，自办刊应紧紧围绕青年学员成长历程、学习训练任务、部队实习经历等内容，研究备战打仗，书写军旅青春，彰显军人本色。一是明确服务备战打仗导向。在拟制征稿启事时突出重点选题，积极约稿组稿，重点策划新编制体制下战训法研究、先进武器装备和技术应用、军事前沿热点问题辨析、比武训练心得、带兵管理等选题。二是强化自办刊现实导向。加大应用性、现实指导意义较强的选题组稿力度，关注学员学习训练经验总结、军事科技创新提案、学员成长现实问题等选题，鼓励学员思辨争鸣，挖掘选题深度，引导学员能从简单抒发心得体会向思考问题提出对策转变，从简单介绍分析向比较研究提出创新观点转变，增强可读性。三是突出军队院校培养特色。不同兵种院校结合自身培养目标、自身培养重点和教学训练大项活动精心策划选题，形成自己办刊特色。如步兵指挥院校学员自办刊重点关注步兵指挥人才的培养要求、学习训练重难点问题、成长心路历程、现实困难等选题方向，突出针对性和自身兵种特色。

合理设置板块，打造精品特色栏目。栏目编排能够传达出期刊的风格和特色，学生自办期刊需要注重栏目的总体搭配，在稳定的基础上不断追求创新。一是突出重点栏目。在栏目设置上遵循"类型多样、重点突出、特色鲜明"的原则，可设置军事技能类(如兵棋推演、武器装备运用)、军事理论类(如无人作战理论研究、智能化作战研究等)、学习训练心得类(如练兵场、学习方法小妙招)、思想政政治工作类(如基层政治工作、红色资源铸魂育人、青年学员心理问题分析等)、军旅文学类(军旅抒怀、迷彩青春)、战案例研讨类(战例研究)等常态栏目,加大对政工管理、研战研训、军事理论研究、学习经验总结、训练心得等重点栏目的组稿力度,并对重点栏目的文章组稿要提高组稿标准,注重内容价值,紧跟当前热点,追踪实时更新,严格把关,将常态栏目打造成精品栏目。二是流动栏目要常更新。栏目常新、内容常新才能增强自办刊的活力,吸引更多读者,可以根据教学训练重点、学员阶段性任务、学习比武活动设置专题栏目,反映最新动态,如毕业季、军技大比武经验交流、综合训练展风采、部队代职实习体会、园丁故事等,还可根据院校学科专业特色,结合学员当前学习训练重难点问题定期开设系列专栏,如障碍训练心得、军事英语学习难点突破、射击精准度训练法等,组织专栏约稿比稿,营造深度交流的氛围,突出针对性。三是培育特色栏目。根据院校培养特色,了解学员关心的问题,培育军事科创论坛、战例分析、热点分析、演训场、讲武堂、学员谈带兵等特色栏目,营造论战研战氛围,还可以通"教员讲堂""骨干访谈"等栏目,启迪学员思考。

封面设计展示学员风采,形成独特风格。选材上,可以选取训练场景、武器装备操作、校园风景照等图片作封面背景,及时刊载学员比武竞赛、大型教学活动、综合演练、实习代职等消息报道,营造勤学苦练氛围;精选刊载反映学员军校生活的精彩瞬间、感动画面,记录军队院校丰富多彩的校园生活,每期突出一个主题,全面展示军校学子的独特风采。版式上,尽量采用明亮色彩,板块分配注重美观,设计上要改变现有中规中矩的板硬风格,借鉴地方高校灵活多样的版式,融合军校元素,比如迷彩、军旗、武器装备、院徽、校训、标志性建筑等元素,折射军校特色,形成自己的风格。另外,刊物整体风格上应保持全年统一,尤其是面封,内封设计可以相对灵活多变一些。

2.3 采用多种方法手段丰富组稿和办刊形式

开展专题征文。开展主题征文,既有利于活跃学员撰稿投稿氛围,拓宽稿源,又有利于反映院校实际突出自办刊特色。依托军队院校大项活动,积极开展主题征文,适时组织专刊,引导学员围绕特定主题探讨现实问题、经验做法。如部分军队院校定期会开展重走红军路红色资源现地教学活动,可结合主题活动组织专刊,引导学员学习红军精神,锻造血性胆魄;结合军队院校学员科创基金项目研究,定向组稿,拟编学员科创成果专刊,汇聚学员智慧结晶,鼓励学员大胆创新;设有外军交流学员短期培训项目的军队院校可定向组织外训专刊,组织中外学员分享经验,交流思想。针对选题较突出的稿件,可以邀请教员指导学员进行修改加工,提高文章质量,并根据实际情况组织稿件评比,提高大家参与的积极性。

开展研讨沙龙活动。加深学员对军事理论、信息化武器装备的了解,依托院校学员科创俱乐部定期围绕最新军事理论成果、军事科技应用、未来作战方式等前沿热点,开展学术研讨、学习经验交流、学员创新项目合作交流等活动,力求深入思考、鼓励争鸣、汇聚创新观点,将讨论交流结果转化为有效成果,择优刊登在学员自办刊上,必要时组稿形成专刊。一方面,可以促进学员深度思考,引导学员大胆创新,在交流研讨中碰撞出思想火花,形成的成果可以为自办刊提供优质的稿源。另一方面,可以深化学员对自办刊的认识,真正为学员交流思想、展示风采提供平台,营造良好的学习氛围。

融入多媒体、自媒体传播手段。在当前"互联网+出版"新生态下,单一的传统纸媒出版方式已不能满足读者需求,军队院校学员自办刊要适应时代要求,在遵守保密规定的前提下,运用数字化、网络化技术,融合多媒体手段,拓宽传播渠道。一是依托校园局域网,完善数字化办刊。在校园网站上开辟学员自办刊物板块,制作电子刊物、发布征文公告、公布每期优质稿件等,实时更新自办刊编辑动态,引进使用局域网稿件采编系统,实现稿件一体化处理流程。二是利用多媒体手段定期推送,加强互动。借助军队院校电子图书馆、军校内网通信工具,由学员编辑定期推送刊物最新动态,还有网络采编系统中的作者和读者意见栏、留言栏,鼓励学员建言献策,增强学员编辑与作者、读者之间的互动交流。三是在遵守保密规定的前提下,基于军队院校微信公众号平台开设自办刊窗口或链接,每期摘录部分文章主要思想观点、内容概要,经过保密审核后发布,及时分享交流,并推荐优秀文章供学员学习借鉴,改变学员自办刊单一的纸媒传播形式,为青年学员带来便利的同时,也可以激发他们学习和投稿的热情。

2.4 培养稳定优质的学员编辑队伍

科学组建编辑队伍。组建一支能力过硬编辑队伍是出刊的重要条件,一方面,严格进行编辑选拔。学员按"优中选优"原则,重点考察学员思想认识、军事理论知识、文字功底、组织协调能力、专业技能,挑选责任心强、编辑基本素养较强的学员骨干,可经过培训之后进行相应考核,考核通过后纳入编辑队伍。另一方面,重视编辑梯队建设。既要积极吸纳优秀的新鲜血液,又要坚持以老带新。新编辑上岗前需加入到老编辑的团队中参与编辑实践,定期开展新老编辑交流会,让老编辑传授经验;必要时可以实行学员编辑之间结对帮扶,培养积蓄骨干力量,即使一批学员编辑毕业或离岗,后备骨干力量也可以及时接替,保证编辑队伍的相对稳定。

发挥学员骨干的帮带作用。依托学员骨干或学员俱乐部自身号召力,帮助其他学员了解投稿要求,实时指导帮助,调动周围同学的投稿积极性,提高学员撰稿水平和上稿率。一方面,学员自办刊编辑可以分工,点对点指导投稿积极的学员。或者由高年级学员骨干就撰稿、投稿改稿等方面的要求对低年级学员进行指导帮带。另一方面,由当期承办学员编辑加强栏目要点和刊物宣传。可通过校园网公告、板报、面对面座谈等方式宣传学员内刊特点和投稿要求,明确指出当期投稿重点和热点,为学员撰稿投稿指明方向。

开展全面系统的培训。培训是提升学员编辑能力的重要举措,要采取多种培训形式,引导学员进行全方位系统学习,提升编辑整体能力水平。一是为学生自学提供有力保障。院校可以依托图书馆为学生订阅一些有关写作、军事理论、编辑出版等内容的期刊;依托军事职业教育平台,开启学员线上网络课程,加强军事理论学习,拓宽学员视野,激发学员学习动机,为学员自学指明方向。二是邀请专业教员进行授课辅导。定期邀请业务指导教员围绕编辑刊物基本流程、审稿方法、编辑加工要点、校对重点等内容对学员编辑进行专题培训,也可外请专家开设讲座,就军事理论创新、论文撰写等方面介绍基本方法,开拓学员视野,提升学员编辑自身理论素养。三是定期组织编辑业务知识技能竞赛。为打牢基础,促进学员自我提升,可定期组织编辑业务知识技能、军事理论知识评比,分基础知识、编辑技能、文字功底、实践应用等多个模块全方位考察学员编辑能力,促进编辑有针对性地查漏补缺,提升编辑素养。

实行竞争机制。必要的竞争可以促进学员自我加压,自我提高,有利于提升编辑队伍的整体素质。一方面,实行定期考核评价制度。制定具体的考核标准和内容,就工作量、工作表现、个人成果等方面对学员编辑进行综合评价,根据学员编辑岗位分工要求制定个人考核要求和总体考核标准,常态考核和年终考核相结合,多次未达标的自动退出编辑队伍。另一方面，开展编辑之间的调研评比活动。可采用由编辑内部自荐、学员推举的方式，定期组织编辑评比活动，这样既可以进编辑队伍之间的互评互促，又可以强编辑与读者之间的交流互动，同时形成良性竞争。

参 考 文 献

[1] 王婉婉,何如海.大学生内刊建设问题管窥[J].长春理工大学学报,2012(8):114.
[2] 鲍家树,张霞.守正出奇 观乎人文:探析高校大学生自办学术期刊的发展路径[J].郧阳师范高等专科学校学报,2015(4):73-75.
[3] 尹梅红,张辉,李元同.军校学员创新能力的培养[J].军事交通学院学报,2019(8):80-83.
[4] 王秋妍,周伟,王凯,等.军校学员自主学习能力培养模式的创新与实践[J].教育教学论坛,2020(32):126.

在循证医学背景下临床研究质量的
评价及提升策略的探讨
——以《口腔医学》为例

曹 丹

(南京医科大学附属口腔医院杂志编辑部,江苏 南京 210029)

摘要: 循证医学是现代医学的趋势,循证医学的基础是证据,而证据来源于医学期刊的临床研究。在循证医学背景下学期刊编辑应该加强循证医学意识,充分认识到循证医学和医学期刊的相互关系。本文以《口腔医学》杂志为例,讨论循证医学背景下临床研究质量的评价及常见问题,并进一步探讨相应的提升策略,以期促进高质量临床研究文章的发表,有利于循证医学的发展。

关键词: 医学期刊;编辑;循证医学;临床研究

循证医学(evidence-based medicine,EBM)就是遵循证据的医学。著名临床流行病学家David Sackett 教授将循证医学定义为"慎重、准确和明智地应用所能获得的最好研究依据来确定患者的治疗措施"。循证医学的核心思想是医疗决策应尽量以客观研究结果为依据[1]。所提到的客观研究结果一般是临床研究,而医学期刊作为临床研究发表的载体,具有重要作用,最佳的证据来源是医学期刊。在循证医学背景中如何发挥医学期刊编辑的作用是我们要关注的新问题。提升了医学期刊编辑的 EBM 能力也促进医学期刊中临床研究质量的提升,而临床研究质量的提升也有利于提供更佳的证据,推进医学的进步[2-3]。所以循证医学和医学期刊相辅相成。

1 医学期刊编辑的循证医学能力要求

首先,医学期刊编辑应该了解循证医学的基本特征,明确证据是循证医学的基本。而证据来源于医学期刊,所以要充分认识到医学期刊和循证医学的关系。医学期刊应该尽量发表高质量的临床研究证据,使临床医生在进行医疗决策时能获取更多高质量的证据,这是循证医学对医学期刊编辑的要求[4-5]。发表存在学术质量问题的临床研究不仅不能为循证医学提供高质量的证据,还会错误引导其他临床医生的医疗决策。因此医学期刊编辑要把好临床研究的质量关,促进循证医学的发展。

对于医学期刊编辑来说,应该掌握循证医学的证据分级,这是循证医学的基础,也是编辑评价临床研究整体质量的一个标准。作为临床研究论文也就是证据的编辑者,要了解临床医生所提供证据的分级,才能从整体上评价文章的价值和科学性。所以掌握循证医学的证据分级应该是医学期刊编辑的一个基本能力。循证医学中的证据依据按质量及可靠程度可分为五级(可靠性依次降低)[6]。I级证据:所有临床随机对照试验(randomized controlled trial,RCT)的系统评价/Meta 分析。II级证据:样本量足够的单个 RCT 的结果。III级证据:设有对照组但未用随机方法分组的研究。Ⅳ级证据：无对照的病例观察。Ⅴ级证据：病例报告及专家意见。这五级证据中，前三级中由于设置了对照组，所以证据质量较高。

本文对 2020 年《口腔医学》发表的 12 期杂志中临床研究质量进行了归纳总结(表 1)。研究结果显示 2020 年共发表临床研究类文章 69 篇，证据分级Ⅰ~Ⅲ级证据共 18 篇(26%)，期刊发表以Ⅳ证据为主，共 36 篇(52%)，此类文章仅有病例组，未设置对照组，证据质量一般。目前医学期刊缺少高质量证据的发表，这也是我们面临的问题之一。医学期刊应该尽量刊登高质量的证据，医学期刊编辑在审稿过程中可以根据证据分级，筛选高质量的临床研究文章。

表 1 2020 年《口腔医学》各期临床研究文章的证据分级 篇

期数	Ⅰ级证据	Ⅱ级证据	Ⅲ级证据	Ⅳ级证据	Ⅴ级证据	合计
第 1 期	0	0	0	3	0	3
第 2 期	0	0	3	1	1	5
第 3 期	1	1	2	3	0	7
第 4 期	0	0	1	5	0	6
第 5 期	0	0	1	6	0	7
第 6 期	0	0	0	4	0	4
第 7 期	0	0	1	2	1	4
第 8 期	0	0	3	3	0	6
第 9 期	2	1	2	2	0	7
第 10 期	0	2	1	3	1	7
第 11 期	1	1	2	1	2	7
第 12 期	1	0	2	3	0	6
合计	5	5	18	36	5	69

2 临床研究中常见的循证医学问题

医学期刊编辑具备一定循证医学能力后，在工作中就要有意识地发现临床研究论文中的循证医学问题。目前医学期刊中发表的临床研究论文存在不少循证医学问题。早期，毛宗福[7]曾指出在国内权威医学期刊发表的诊断性研究论文约有 60%存在方法学上的问题。而且王家良[8]也报道过，目前国内临床研究关于治疗性文章中约 79.3 %以上存在方法学上的缺陷。任何研究，无论多么具有创新性，如果研究方法存在错误，所得的研究结果一定是不可靠的，会严重影响论文的质量。所以这就需要医学期刊编辑的把关。

虽然现在临床研究的质量相比以前有一定提升，但目前发表的临床研究还存在一些循证医学问题，影响临床研究的质量。总体来说，发表的中文临床随机对照试验较少，发表的临床研究很少有满足随机、对照和盲法三个基本原则。已发表的文章中常见的问题有：①不设置相应的对照组或者设置的对照组不合适。如果没有合理的对照，那么研究的结论也不可靠。②没有进行盲法，研究结果会存在一定偏倚。③没有进行随机化或者随机化的方法不对，导致样本没有代表性，存在样本偏倚，影响研究结果。上述这些问题也存在于《口腔医学》中临床研究类文章。

再者，由于临床研究论文中会涉及很多统计问题，所以不少文章中存在统计学方面的问题。本文根据《口腔医学》收稿的临床研究类文章，总结了常见问题如下：①未进行样本量估计。未进行样本量估计就无法判断样本量是否满足研究需求。如果存在样本量过少的问题，则得出的研究结果可靠性也存疑。②仅列出 P 值，未列出具体的统计学方法和统计量，也未注明如何进行比较。这也不符合循证医学要求，无法判断统计学方法是否误用，而影响研究结果。③统计学方法误用。比如对不符合正态分布的数据使用方差分析；在方差分析之后误用 t 检验代替两两比较；配对 t 检验的误用；用卡方检验代替精确概率法，未考虑统计学方法的应用要求。④对统计学结果的错误解释。比如作者会列出统计学结果无法得出的结论。

最后，医学临床研究中还存在一个常见问题就是缺少伦理审查报告和知情同意书。由于临床研究多数均涉及人体，所以需要取得伦理审查报告和知情同意书，这也是完整临床研究的一部分。

3 医学期刊编辑提升临床研究质量的相应改进措施

目前医学期刊的临床研究论文存在不少循证医学相关问题，从医学期刊编辑的角度，应该发挥主观能动性，针对问题提出相应的改进措施，提升临床研究质量。

3.1 提升医学期刊编辑对临床研究质量的评价能力

一方面，医学期刊编辑可以根据循证医学的证据分级来评价临床研究的整体质量，另一方面，医学期刊编辑可以借助相关的循证医学知识来对临床研究的各个要素来进行分析，从而评价此研究的质量。针对常见的循证医学问题，循证医学专家在其著作[9-11]中提出了诊断性试验、病因学、治疗及预后研究论文的评价标准。医学期刊编辑应该了解和运用这些评价标准，以此来辅助编辑评价临床研究的质量。在评价临床研究之前，医学期刊编辑首先判断此临床研究属于何种研究[12]。临床研究中尤其口腔医学方面的有不少研究是病因学研究。对于病因学的临床研究，就要参考病因学研究的评价标准，包括：①研究的因果关系结果是否源于人体实验；②是否选择了高质量证据的设计方案；③是否符合伦理学要求；④研究中的病因学联系的强度如何，是否运用正确统计学方法，并合理地计算了相对危险度或危险度比值比及 95%可信区间等。医学研究中包括口腔医学研究中也常常见到对于治疗前和治疗后的研究，临床研究中会有很多干预性措施。对于干预性研究的质量评价重点应该放在可靠性、实用性及真实性等方面。此类研究设置随机对照，尤其是采用了盲法的随机对照研究的可靠性高。各类的临床研究都有具体的评价标准，需要医学期刊编辑主动去学习相关著作，并且在工作及学习中不断更新知识库，这也是循证医学对医学期刊编辑的要求。

3.2 加强临床研究文章的统计学审稿流程

由于，目前临床研究论文存在不少统计学方面的问题，一方面要求医学期刊编辑加强医学统计学的学习，掌握基本统计学概念，避免上述的统计学问题；另一方面，建议在审稿过程中增加统计学老师的审稿流程。虽然医学期刊编辑应该具有一些统计学素养，但是在医学期刊编辑对文章统计学方法没有把握时或者有些临床研究用的统计学方法比较复杂时，增加统计学审稿流程，可以更专业、更快速地找出文章的统计学问题，提升文章的统计学质量，进而提升临床研究的整体质量。有些临床研究，比如口腔医学方面的有限元分析及深度学习等方面的研究需要建模，用到多元回归模型，甚至结合大数据，运用了随机森林、神经网络等复杂的方法，此时医学期刊编辑可以考虑增加临床研究的统计学审稿，以保证文章的质量和可靠性。

3.3 医学期刊编辑注重审核临床研究的规范性及伦理要求

由于循证医学及伦理的要求，建议临床试验在中国临床试验注册中心(Chinese Clinical

Trial Register, ChiCTR)进行注册。中国临床试验注册中心作为世界卫生组织国际临床试验注册平台(WHO ICTRP)一级注册机构之一和中国国家临床试验中心,其旨在提高我国临床试验设计和实施的质量,并管理我国临床试验信息。所以在进行临床试验注册时,一方面可以通过临床试验注册中心把关临床试验的质量,临床试验注册中心可以审核并指导临床研究的设计;另一方面医学期刊作为临床试验的出口,通过监督临床试验注册情况,评估临床研究质量。近几年,随着循证医学发展和伦理的要求,已经有越来

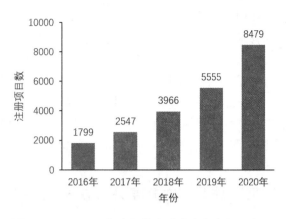

图 1 2016—2020 年中国临床试验注册中心预注册项目数

越多的临床试验在此平台上进行了预注册。本文统计了 2015—2020 年在中国临床试验注册中心进行注册项目(见图 1)。统计结果显示,每年的临床试验注册项目数都在快速增长,而这些临床试验的结果最终会转化为论文发表,这将有助于提升临床研究文章的质量。

虽然已经有部分临床试验进行了注册,但就目前医学期刊编辑工作经验来看,并不是所有作者都了解这个平台及要求,而我们作为医学期刊编辑应该加强这方面意识。如果投稿的临床研究标注了已在中国临床试验注册中心进行注册,说明此研究至少通过了中国临床试验注册中心的审核。不少外文的临床研究文章发表要求作者提供临床试验注册号,所以医学期刊编辑也应提高对中文临床研究文章的要求,鼓励作者完成临床试验注册。这样中国临床试验注册中心和医学期刊,互相促进,共同促进临床研究质量的提升。

4 结束语

在循证医学背景下,对医学期刊编辑的要求更高。一方面要求医学期刊编辑掌握循证医学的基本特征,将循证医学意识贯穿到审稿中,另一方面要求医学期刊编辑运用循证医学来加强对临床研究的质量评价,并进一步指导作者改进临床研究,提升临床研究的质量。而高质量临床研究的发表,会促进循证医学的发展,从而形成良性循环。

参 考 文 献

[1] SACKEET D L, RONENBERG W M C, GRAY J A, et al. Evidence-based medicine: what it is and what it isn't [J]. BMJ, 1996, 312(3):71.
[2] 董秀玥.医学期刊质量和编辑水平的提高与循证医学的关系[J].编辑学报,2004,16(4):256-257.
[3] 常志卫.循证医学与医学期刊的学术质量[J].福建医科大学学报:社会科学版,2004,5(1):79-80.
[4] 彭羽.循证医学在医学期刊编辑中的应用[J].泸州医学院学报,2010,33(1):78-80.
[5] 程翠,王静,胡世莲.试论大数据环境下的医学期刊与循证医学[J].出版广角,2019(13):49-51.
[6] 杨扬,沈志超.循证医学和医学论文中统计学问题编辑鉴审的必要性[J].编辑学报,2001,13(2):77-78.
[7] 毛宗福.临床诊断试验中的缺陷实例分析[J].湖南医学,1998,(5):302.
[8] 王家良.重视科研设计,提高临床科研质量[J].中华医学杂志,1999,2:85-86.
[9] 王家良,刘鸣.循证医学[M].北京:人民卫生出版社,2001.
[10] 史宗道.循证口腔医学[M].北京:人民卫生出版社,2003.
[11] 李幼平.循证医学[M].北京:高等教育出版社,2003.
[12] 王晴,刘怡,史宗道.在医学期刊的编辑和审稿中应用循证医学[C]//首届科技出版发展论坛论文集.北京:中国科学技术出版社,2004:262-266.

高被引论文"名效应"图景和启示
——基于人文社科领域高被引论文的特征分析

张 园，张 丛，杨 越，赵 歌

(西安交通大学期刊中心，陕西 西安 710049)

摘要：本文以人文社会科学领域 600 余篇高被引论文为研究对象，尝试抽离出较为普遍的高被引论文的特征，以期指导办刊实践。经过量化分析得出的高被引名刊、名校、名人效应是所研究论文特征的客观呈现，但反过来满足"名刊、名校、名人"是否一定能造就高被引论文却难以保证。研究获得的办刊启示有坚守内容质量，争取优质稿源；做好选题策划，保持学术传承；提升服务质量，抢占传播先机。

关键词：高被引；人文社科；内容质量；选题策划

论文的被引频次是论文显示度和学术影响力的重要表征。被引频次较高的论文，说明在学术交流中被使用的次数较多，受关注程度较高，可参考价值较大。所谓的"高被引"并非一成不变，具有一定的相对性，因时间截取、学科定位的不同而不同。虽然高被引与高品质不能完全等同[1]，但是在不同的学科领域内部，高被引往往是具有突破性、创新性的研究成果[2]。甚至有研究者认为，高被引论文的质量决定了期刊学术影响力的深度，高被引论文的数量决定了期刊学术影响力的广度[3]。高被引论文研究已广泛应用于学术评价、选题组稿、热点追踪、学科发展等领域。

1 高被引研究现状

本文以中国知网(CNKI)为数据源，按时间 2010—2020 年，搜索主题"高被引"，剔除无关文献，共获取 200 篇高被引研究文献资料，通过整理分析发现，高被引论文研究呈现出两大研究转向：

1.1 研究范围逐步扩大，从个刊转向刊群/学科

从文献数量来看，2010—2011 年，高被引论文研究处于刚刚起步的阶段，2012—2013 年文献量大幅增加。从研究对象上看，这一阶段大多集中于各个期刊一定年度范围内高被引论文的解构与分析，主要从发布时间、作者特征、科研机构、主题分布、学科分布、文献类型、基金资助、栏目设置、参考文献等方面进行归类、量化，试图寻找出一些规律性的分布特征，指导未来的选题和办刊。张垒[4]通过研究发现高被引论文倾向于引用影响力较高的期刊，但参考文献数量与论文高被引不具有相关性。由于各刊存在差异性，以各刊为分析对象得到的结果结论存在差异，甚至完全相反，只适用于各刊，很难达成具有一定普遍意义的指导性认识。正因为个刊研究存在的局限性，2014 年开始，研究范围进一步扩大，指向同一类别的刊群或某一学科领域内的高被引论文，研究数据占有量增加，一定程度上可以发现一些规律性或指

导性的特征,指导意义大一些。比如,苗松等[5]以 2000—2010 年为时间限制,对我国图书馆学、情报学领域被引频次≥60 的高被引论文作统计分析,分析作者分布、被引规律、发表刊物以及高被引论文引文半衰期、引文支持方式等文献特征。常青[6]选取被引最高的前 50 篇情报学论文作为高影响力论文,研究高影响力论文的作者特征、机构分布、刊物分布和年代分布,进而获得情报学研究论文的一些特征。李洁等[7]对《中文核心期刊要目总览(2011 年版)》"综合性农业科学类核心期刊表"中排列前 20 位期刊的 600 篇高被引论文进行研究,发现此类文章的被引频发期,热门主题和综述文章高被引率较高。王军[8]对思想政治教育学科期刊高被引论文进行分析,发现该学科的高被引论文来源期刊、重点研究对象和主要研究领域。

1.2 研究方法日渐多元,比较视野研究突显

与高被引论文相对的零被引论文,虽然被引频次处于"睡美人"状态,但学术价值不可轻易忽略,菲尔德早在科学引文索引 SCI 创立之初就呼吁对零被引论文要理性对待。赵越等[9]以 17 种《中文社会科学引文索引(2017—2018)》来源期刊为研究对象,利用知识图谱,通过对比同期高被引论文的主题,发现零被引论文的研究主题分散、陈旧,但是研究主题并没有显示出偏离学科研究领域或高度前瞻性的特点。温芳芳[10]以 CNKI 收录的情报学期刊论文为样本,借助于零被引与高被引论文的比较,寻找论文被引频次的影响因素。论文的可见度和可获得性、作者影响力、论文合著者数量以及论文选题是否新颖和热门等因素,均对论文被引频次产生不同程度的影响。潘菲等[11]从主题视角切入对环境科学领域零被引与高被引论文进行对比分析:在研究主题相同时,期刊的影响因子是影响零被引论文的主要因素;主题不同时,论文研究的主题内容是导致论文零被引的主要原因。钟镇[12]以 *Scientometrics* 和 *JASIST* 两种期刊为样本,对比高被引与零被引论文的引文结构差异,研究发现高被引论文比零被引论文在引文的新颖性、热点性、耦合关联性上具有比较优势,然而反过来这些并不能高效映射潜在的高被引论文。

数字化、国际化、集约化是中国学术期刊未来的可持续发展之路。相关数据显示,我国科研成果的国际他引总被引频次呈增长态势。科学研究本身是国际化的,中国学术期刊只有立足全球,从自身的创新改革中寻找出路,才能闯出国际化发展的新道路。2018 年之前已经出现一些将研究视野扩大到国际的高被引论文比较研究,从对比中寻找不足,发现自身特色所在,2018 年达到一个研究高峰,并且仍在持续。张琦等[13]选取 2016—2018 年 ESI 高被引论文,从年度分度、学科属性、国际合作、主力发文机构、期刊分区与影响因子、主力发文期刊等维度对比分析,找出差距与不足。钱艳俊等[14]对 SCI/SSCI 高被引论文进行分析,发现基于高被引论文的研究成果、参考相关度高的高被引文献对产出高被引论文有显著促进作用。张新玲等[15]以 Web of Science(WoS)中 SSCI 收录的 3 种编辑出版类期刊的高被引论文为研究对象,从年度、主题、文献类型、作者国别等分析高被引论文的特点。李根[16]以 ESI 数据库中全球最受关注的前 10 位研究前沿中的高被引论文为样本,分析学科归属、来源期刊和作者地域。交叉学科、办出特色、国内科研实力的突破是国内期刊提升国际化水平的大好契机。陈汐敏等[17]对比 ESI、CNKI 中临床医学研究的高被引论文,发现国内外该领域的高被引论文来源期刊在高被引论文发表、期刊类别、数据库收录、出版周期、期刊网站建设及出版单位情况等方面存在差异。刘晓燕等[18]分析了 SCI 中的 4 种植物营养学高被引论文的文献类型和学术特征。结果发现,相对于一般研究论文,特约综述和会议论文所占比例较大,且在特刊上分布较多,被引用较快。

综上，在期刊评价的外在作用、国际化办刊趋势的指引、提升期刊质量的内在驱动等三者的共同作用下，高被引论文的研究引起编辑出版从业人员、相关领域学者专家的广泛重视和关注。基于已有的研究，本文发现高被引论文在学科性、时间性、主题性、类型性、国别性等方面的诸多差异，这给寻找高被引论文普遍意义上的特征增加了难度。现有研究的刊群/学科转向正是由此而生发出的有意义的尝试。经过梳理，主要有图书情报、农业、食品工业、医学影像、林业、思政、眼科学、信息资源管理、编辑出版、植物营养等。但是本文认为，目前的研究所选择的刊群/学科一方面范围过窄，不利于研究对象之外的学科或期刊展开可信、可行的办刊实践；另一方面就具体的学科或刊群来说，缺少人文社会科学领域高被引论文分析的研究成果，同样不利于指导人文社科类期刊的具体工作。而且目前人文社科领域跨学科、跨国别的交叉研究已成为一大研究趋势，成为科研成果新的生长点，如果仍局限于某一具体的学科领域，很难发挥期刊对学术研究前瞻性的引领作用，更难以使得中国的科研成果融入国际趋势，难以使得中国的期刊走向国际舞台。本文尝试在这些方面有所创新和突破，做出一些针对人文社科领域期刊的有价值的探索。

2 数据来源和分析

2.1 数据来源

目前学界对高被引论文的界定主要有限定被引频次法、百分比法和普莱斯定律法三种。在国内的相关研究中，限定被引频次法使用最广，大多选择 10 或 10 的倍数作为截取依据。百分比法即运用"二八定律"，选取前 20%的论文，这一方法使用的前提是文献总量要比较准确。在总量数字较大的情况下，前 20%样本量会是比较艰巨的分析任务，而且耗费人力、物力的必要性值得商榷。普赖斯定律法是文献计量学中常用来确定高产作者和高影响力作者的方法，数学表达式为 $m = \sqrt{n_{max}}$，其中 n_{max} 为最高被引频次，m 即为选取的高被引论文的被引频次的基准线。以上方法各有所长，可根据研究目的、数据特征灵活掌握。本文的高被引论文来源于 CNKI 人文社会科学领域 2006—2020 年，时间跨度之长、学科跨度之广，使得本文采用最常用的限定被引频次法来限定高被引论文最为适宜。

本文选取了中国知网《中国学术文献网络出版总库》中的论文引用数据，以 2006—2020 年发表的人文社会学科高被引论文的前 600 名论文(共计 603 篇)为研究对象，对其年代分布、被引频次、来源期刊、署名单位等方面进行了统计分析。涉及学科包括如哲学、社会学、经济学、艺术学、法学、政治学、民族学、马克思主义理论、教育学、心理学、体育学、中国语言文学、外国语言文学、新闻传播学、考古学、中国史、世界史、工商管理、农林经济、公共管理、图书情报与档案等。

2.2 数据分析

总体来看，入榜的 603 篇文章总被引频次共 525 856 次，单篇被引最高频次达到 7 613 次，最低频次 427 次，如图 1 所示。

由图 1 可知，样本中论文最高被引频次为 7 613 次，单篇论文被引频次随着文章数量的增加呈指数递减。其中被引频次在 3 000 次以上的有 8 篇，约占样本总数的 1.3%，累计被引频次 37 717 次，占到总被引频次的 7.2%。被引频次在 1 500 以上(包含 1 500)的达到 40 篇，约占总数的 5.7%，累计被引频次 101 289 次，占总被引的 19.3%。被引频次在 1 500 次以下，1 000 次以上(包含 1 000)共有 98 篇，约占样本总数的 16.3%，累计被引次数 116 591 次，占总

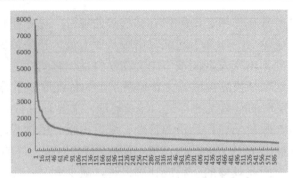

图 1　高被引论文被引频次由高到低排序

被引的 22.2%。被引频次在 1 000 次以下,500 次以上(包含 500)共计 415 篇,占样本总数 68.8%,累计被引 286 820 次,占总被引频次的 54.5%。从已有数据来看文章数量与被引频次的关系,较少的论文数量拥有较高的被引数,符合"二八定律"。前三名高被引分别为张金磊、王颖、张宝辉《翻转课堂教学模式研究》被引 7 613 次,周黎安《中国地方官员的晋升锦标赛模式研究》共计被引用 6 929 次,温忠麟、叶宝娟《中介效应分析:方法和模型发展》被引 5 904 次,仅仅 3 篇文章,累计被引频次就占总被引频次的 3.9%,可见这 3 篇论文具有极大的影响力。学术论文的价值在于被使用,被引频次越高,说明论文的使用价值越大,样本中的 603 篇文章的平均被引次数远远超于其他文章,可见样本中的论文学术价值都很高,得到了专业领域学者的广泛认可。

为了研究高被引论文分布年限的差异,将被引频次分为≥1 500、≥1 000、≥500 按照出版年先后进行分组,结果如图 2 所示。

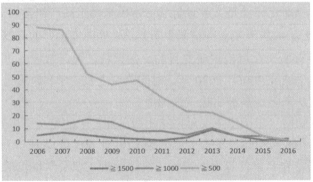

图 2　不同被引频次组论文的年度分布

从图 2 可以看出,603 篇高被引论文发表的时间分布在 2006—2016 年之间,2006、2007 年发表的论文占比很大,其中 2006 发布 124 篇,占比 20.6%,2007 年发表 121 篇,占总数的 20.1%,2016 年仅仅只有 3 篇上榜,值得注意的是,在 2013 年的论文数据均优于附近几个年度,可见 2013 年高品质论文发表较多。样本中前 100 篇高被引论文中,在 2006—2009 年间最多,其中 2006 年 11 篇、2007 年 18 篇、2008 年 16 篇、2009 年 12 篇,占总量 603 篇高被引论文的 11.1%,累计被引 178 031 次,前 100 篇高被引论文的被引次数却占总被引次数 33.9%。2007 年论文被引频次≥1 500 的数量最多,说明在 2007 年发表了大量有影响力的论文。由此可以看出,高被引论文出现的时间段比较集中,当然也要考虑发布时间越久的文章被引用机率越大,频次可能越高。

3 研究结果

3.1 名刊效应

从来源期刊分布情况来看，样本中的 603 篇论文共涉及期刊 160 本，集中在 C 刊，其中 229 篇来源于顶级期刊[1]，占样本总数的 38.3%，累计被引 212 151 次，约 40.3%。232 篇来源于核心期刊，占总数的 39.5%，累计被引 205 967 次，占总被引频次的 39.2%。109 篇属于权威期刊，占总数的 18.1%，累计被引 83 082 次，占 15.8%。其余少量来自于扩展期刊。将来源中的所有期刊按照高被引文章数量进行汇总，仅选取前 5 名分析，如表 1 所示。

表 1 前 5 来源期刊被引频次排序

期刊名称	论文数量	最高频次	最低频次	总被引频次	平均被引
经济研究	92	6 929	455	93 746	1 019
管理世界	75	2 445	487	61 183	816
会计研究	69	1 508	427	53 775	779
金融研究	21	1 437	440	17 406	829
中国社会科学	17	1 399	523	13 306	783

从样本数据来看，《经济研究》《管理世界》《会计研究》位居前三，且论文总数远远超过后两本期刊。其中 92 篇来自《经济研究》，占总数的 15.3%，累计被引 93 746，占总被引的 17.8%，位列第一。《管理世界》75 篇排名第二，占 12.4%，累计被引 61 183 次，占总被引的 11.6%。69 篇来自《会计研究》占 11.4%，累计被引 53 775 次，约占总被引 10.2%。三本期刊共计 236 篇文章，占总数的 39.1%，累计被引高达 208 704 次，占总被引的 39.7%。其中《经济研究》2020 版复合影响因子为 15.063，综合影响因子 10.699；《管理世界》《中国知网中国学术期刊影响因子年报(2020 版)》显示，其复合影响因子为 7.597，综合影响因子 5.067；《会计研究》2020 版复合影响因子 9.765，综合影响因子为 4.460。三本期刊的影响因子足以显现其在各自专业领域的地位及影响力。从数据来看，大比例的高被引论文来源期刊多为知名期刊(一般指核心以上期刊)，影响因子远高于普通期刊，此类期刊的文章学术价值高，影响力大，在学界具有很强的权威性。因此，来源期刊的质量在很大程度上影响着论文的被引频次，知名度越高的期刊，其出现高被引论文的比例越大，高被引论文呈现来源名期刊的特征。

3.2 名校效应

将样本的 603 篇文章的署名单位进行统计分析，多作者论文按第一作者单位处理，统计结果如图 3 所示。从图 3 可看出，985 高校拥有绝对优势，署名单位为 985 高校的足足有 375 篇，占比高达 62.2%，占据极大的比例。署名为 211 院校位居第二，共计 116 篇，占比 19.2%。剩余的少量论文来自中国科学院、研究所以及 88 所其他高校。在所有署名单位中，北京大学、中国人民大学、复旦大学三所高校占比最高，其中北京大学以绝对优势 54 篇位居第一，占样本比 9.0%，被引频次共 49 065 次，占总被引频次 9.3%。署名中国人民大学的有 46 篇，占样本的 7.6%，被引频次共 38 823 次，占总频次 7.4%。署名单位复旦大学的共计 38 篇，占比 6.3%，被引频次 36 805 次，占总被引频次 7.0%。在第一作者单位中，知名单位(985 和 211 高校)占

---

[1] 本文提及的顶级、权威、核心、扩展期刊的划分依据的是中国社会科学评价研究院发布的《中国人文社会科学期刊 AMI 综合评价报告(2018 年)》，主要从吸引力、管理力和影响力三个层次对期刊进行评价，涉及 33 个子学科，129 种期刊。

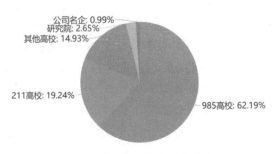

图 3　第一作者署名单位分布

有极大的比例，相较于普通单位，拥有较为明显的优势，名校、研究院专职研究人员较多、学校资源优异，因此名单位的产出成果质量更高，更容易得到专业领域学者们的广泛认可。高被引文章被引频次与第一作者单位呈正向相关，凸显来源名单位特征。

3.3　名人效应

在 603 篇论文中，本文对第一作者或独立作者为同一人的成果进行统计，并按照发表的论文数由高到低进行排序，第一作者或独立作者为同一人且发表 3 篇以上的作者见表 2。

表 2　第一作者发表高被引论文数量分析

第一作者/独作	论文数	总被引频次	平均被引频次
吕长江	6	6 147	1 024
方军雄	6	4 946	824
罗党论	5	4 413	883
林毅夫	5	3 767	753
张德禄	4	5 095	1 274
姜付秀	4	4 876	1 219
方红星	4	3 154	789
余明桂	4	7 047	1 762
沈洪涛	3	2 680	893
陈信元	3	2 164	721

从表 2 可以看出，吕长江、方军雄以第一作者身份发表 6 篇论文，位居第一，累计被引频次分别为 6 147、4 946 次，罗党论、林毅夫分别以 5 篇文章上榜位居第二，累计被引频次分别为 4 413、3 767 次。从被引总频次来看，第一作者余明桂 4 篇论文总被引 7 047 次，平均被引达到 1 762，这些作者对总被引频次的贡献是巨大的。由此可见，作者水平的高低很大程度上影响着论文的被引频次，当作者学术水平越高，学术成果多且可以得到业界广泛认可，因而总被引频次也就越高。

另外在 603 篇文章中，第一作者职称为教授的共计 382 篇，占比 63.3%，累计被引频次 325 528 次，占总被引的 61.9%。第一作者职称为副教授的共计 99 篇，占比 16.4%，累计被引频次 78 682 次，占比 15.0%。可以看出，绝大部分作者是高级知识分子，第一作者职称为教授占据极大比例，且很多作者拥有较多的社会身份，具有一定的权威性，这反映出在学术界，声望越高的学者其作品被引用的机率越大。高被引论文整体呈现出名人效应的特征。

4 原因探析

引用是撰写学术论文过程中的常见行为，正当的引用是为了通过阐述已有研究的脉络，建立知识关联，找出研究空白或不足，或为正在进行的研究提供可行性支撑。尽管是处于科学研究的理性行为，但不得不承认引用行为的主观性和个人化特点[19]。引用主体的心理因素在引用行为的发生过程中发挥了重要作用。从认知反应和情感反应(个体层面)、社会影响(群体层面)来看，感知文献内在质量促进科研工作者对文献的认知反应，感知文献外在声誉显著促进情感反应，认知反应和情感反应均正向促进引文意愿[20]。通过前文的结果分析，本文发现，期刊、单位、作者的"名效应"在引用意愿及行为发生中的显著作用，造就了文献资料的高频词被引。这种"名效应"是引用主体将名刊、名校、名人的声誉迁移到被引用文献的质量评价中，促进引用主体对被引用文献的正向心理反应，产生了学术圈的"马太效应"。具体原因阐释如下：

(1) 本文所分析的高被引论文绝大部分来自中文社会科学引文索引数据库(Chinese Social Sciences Ciation Index，CSSCI)，少量来自扩展版。CSSCI 期刊也成为文献学术质量的"名片"。以《西安交通大学学报(社会科学版)》为例，其一直为 CSSCI 收录期刊，在选稿、用稿中，坚持问题导向，反映社会科学领域的最新研究成果，以及社会科学研究的热点、重点和前沿问题，树立了《西安交通大学学报(社会科学版)》在作者、读者、专家中的良好的品牌形象。

(2) "名校效应"仍然体现的是以质量为核心。985、211 高校属于国家重点大学，在国家的重点扶持下，985、211 高校在人才培养、学科建设、队伍建设、公共服务、国际交流等方面都处于优势地位。作为科研产出成果的文献也相应地在质量上有所保证。

(3) 本文主要以"职称"来界定名人，其实广义上的"名人"并非如此，还包括学术影响、学术道德、社会活动等很多方面。但从学术研究的角度来说，本文注重的是学术能力、专业能力。而作为社会公认的人才评价体系，其中的"教授"职称代表着具备深厚的学术积淀、良好的专业素养等，能够把握其所从事学科领域的前沿、热点和重点。这些都成为文章质量的重要保障。

5 办刊启示

本文以人文社会科学领域 600 余篇高被引论文为研究对象，尝试抽离出较为普遍的高被引论文的特征，以期指导办刊实践。经过量化分析得出的高被引名刊、名校、名人效应是所研究论文特征的客观呈现，但反过来满足"名刊、名校、名人"是否一定能造就高被引论文却难以保证，两者的影响机制需要未来进一步的深入研究。尽管如此，本研究仍然对办刊过程中需要坚守什么、突破什么有很多的启示。

(1) 坚守内容质量，争取优质稿源。不管未来评价标准、出版环境如何变化，质量标准都将是期刊生存与发展的生命线，也是每一位出版人必须坚守的职业操守。"内容为王"是信息传播本质的回归，也是期刊的制胜王牌。只有占有优质的作者资源，只有拥有高质量的稿件资源，才能确保刊物的内容质量。

(2) 做好选题策划，保持学术传承。对于级别越高的期刊来说，来稿的数量从来都不是问题，但稿件的质量、选题的前沿却难以保证。而且在期刊生态竞争日益加剧的情况下，学科编辑如果不走出"故纸堆"，以引领、担当的角色开展选题策划，通过"走出去"掌握学科发展动态,了解社会现实和研究前沿,可以说已经很难适应当下的职业环境。本文对高被引论文"名效应"特征的分析可以作为约稿的参考,但不是盲从。从保持学术传承的角度来看,本文建议以策划选题为切入点,以点带面,带动更多的科研力量的加入;而在人员布局上,以老带新,以资深专家带动新锐力量的壮大。

(3) 提升服务质量,抢占传播先机。一般情况下,如何让自己的成果尽快发表是作者首先考虑的问题。为最新、最好的成果提供展示和传播平台,保证快速出版,尤其是在当下互联网迅猛发展的情况下,如何保质保量而且还能抢占传播先机,是期刊应该思考的问题。需注意,编辑的工作在文章发表之后仍然需要持续,提升文章的可获取程度的同时,扩大文章在科研人员中的显示度,通过丰富、完善自己刊物的网站和数据库,借力社交媒体平台加强宣传推广,吸引更多的关注。

参 考 文 献

[1] 叶鹰.高品质论文被引数据及其对学术评价的启示[J].中国图书馆学报,2010,36(1):100-103.
[2] SCHNEIDER J W,COSTAS R. Identifying potential "breakthrough" publications using refined citation analyses: three related explorative approaches [J]. Journal of the Association for Information Science & Technology, 2017: 68.
[3] 韩维栋,薛秦芬,王丽珍.挖掘高被引论文有利于提高科技期刊的学术影响力[J].中国科技期刊研究,2010,21(4):514-518.
[4] 张垒.论文高被引的参考文献特征及其对影响因子贡献研究[J].情报科学,2016,34(8):94-98.
[5] 苗松,袁润.我国图书馆学、情报学高被引论文特征分析(2000—2010)[J].情报科学,2014,32(1):98-103.
[6] 常青.情报学研究高被引论文的特征分析[J].情报资料工作,2014(4):100-102.
[7] 李洁,雷波,曹艳,等.我国 20 种综合性农业科学核心期刊的高被引论文研究[J].中国科技期刊研究,2014,25(1):74-78.
[8] 王军.思想政治教育学科期刊高被引论文分析[J].思想理论教育,2014(8):58-63.
[9] 赵越,肖仙桃.基于主题因素分析的图书情报领域零被引现象研究[J].中国科技期刊研究,2017,28(7):641-646.
[10] 温芳芳.我国情报学论文零被引的成因及影响因素探析:基于零被引与高被引论文的比较[J].情报理论与实践,2016,39(4):26,27-31.
[11] 潘菲,王效岳,白如江,等.研究主题视域下零被引与高被引论文分析:以环境科学领域为例[J].图书情报工作,2018,62(20):77-87.
[12] 钟镇.从高被引与零被引论文的引文结构差异看 Research Front 与 Research Frontier 的区别[J].图书情报工作,2015,59(8):87-96.
[13] 张琦,张勇.中美 ESI 高被引论文对比分析及启示[J].出版广角,2018(21):58-61.
[14] 钱艳俊,李健梅,林军.高被引 SCI/SSCI 论文的成因分析[J].情报杂志,2015,34(3):107-111.
[15] 张新玲,谢永生.SSCI 收录的 3 种编辑出版类期刊高被引论文分析及启示[J].科技与出版,2018(5):124-128.
[16] 李根.TOP10 研究前沿中高被引学术论文特征分析及启示:基于 ESI 数据库[J].编辑学报,2018,30(2):178-181.
[17] 陈汐敏,丁贵鹏,接雅俐,等.国内外临床医学高被引论文来源期刊的差异及思考[J].科技与出版,2015(4):92-96.
[18] 刘晓燕,李春花,徐晓芹.植物营养学 SCI 期刊高被引论文的文献类型与学术特征分析[J].编辑学报,2014,26(增刊 1):180-183.
[19] MARYN J. Citation analysis [J]. Journal of Documentation, 1975,31(4):290-297.
[20] 张敏,夏宇,刘晓彤,等.科技引文行为的影响因素及内在作用机理分析:以情感反应、认知反应和社会影响为研究视角[J].图书馆,2017(5):77-84.

提高高校科技期刊稿件退修意见的有效性与全面性的策略

王开胜

(玉林师范学院学报编辑部/生物与制药学院，广西 玉林 537000)

摘要：稿件退修是科技期刊编辑的日常工作，本文针对高校科技期刊稿件的多次退修和"越修问题越多"等问题进行分析，提出对特定作者群进行重点关注和培养，提升编辑自身各方面水平和能力，加强编辑与作者间的沟通交流。同时应注重针对不同群体，其稿件返修意见也应采取相应的策略，以提高退修意见的有效性与全面性。

关键词：高校科技期刊；稿件退修；全面性；有效性

科技论文的退修是责任编辑将文稿退给作者修改的过程，是编辑工作流程中的重要环节之一[1]，也是科技期刊质量的重要保障措施，其包括编辑要求作者对论文进行学术上的修改和完善，以及按照期刊的要求进行规范性的修改。很多学者从不同角度对科技期刊的稿件退修进行了研究，而笔者以长期从事《石河子大学学报(自然科学版)》编辑出版工作以及《玉林师范学院学报》编辑的从业经历为启示，对高校科技期刊稿件的多次退修和"越修问题越多"等问题进行分析，归纳出其中的原因，并提出解决问题的相应策略，以期为提升高校科技期刊稿件退修意见的有效性和全面性提供参考。

1 高校科技期刊稿件退修中常见的问题

1.1 作者自身的问题

高校科技期刊的稿件经常出现的问题主要有：文章组织结构不合理、缺少数据支持、统计学方法存在问题、逻辑关系不强、结论不能使读者信服等[2]。专家审稿时，这些问题往往要花费较多时间和精力，甚至多次审稿，而对编辑来说，也要几次填写退修意见才能完全解决问题。同时，这些中的每个问题都需要作者花费大量的时间和精力进行修改完善，甚至重新做实验，重新撰写论文，然后重新投稿，重新专家审稿。

1.2 编辑初审时把关不严

当前，我国高校科技期刊多采用"三审制"，即编辑初审、专家审稿、主编终审，对稿件质量进行控制，而初审是第一道环节。初审中，编辑要对稿件的政治导向、学术价值、创新性、写作质量进行审阅。此环节经常会出现的问题包括：稿件不符合办刊宗旨和选题方向，存在学术不端，学术价值低，创新性低，可读性不强，逻辑性差等问题。

1.3 专家审稿不严

编辑部会时常遇到审稿专家对稿件审理不规范，不严谨，甚至不按照编辑部的审稿要求审稿，这就造成其未能发现和指出稿件中研究内容存在的所有学术性问题，从而这些问题留给填写修改意见的编辑,这就造成专家复审时前面未注意到的"新问题"才被发现。

1.4 返修意见不全面不深入

编辑需要将专家审稿意见同自己的审稿或编校结果相结合,对科技论文的研究目的、方法、内容、结果、讨论、结论以及文章结构等做出总体考察,对研究内容中的实验数据、图表、公式和文字等进行仔细推敲。经常出现的问题有:只填写专家审稿意见而没有编辑自己的审稿意见,编辑自己考虑得不够周全,未一次性将所有问题提出来,以致退修意见不全面,从而导致作者多次修改。

1.5 编辑同作者之间缺乏信任和交流

在编辑实践中,会遇到作者与编辑因论文返修意见中的问题而发生争执,如作者不信任审稿专家,甚至怀疑编辑有意为之,而编辑认为作者是故意刁难或认为作者学术水平低,从而不能理解返修意见或不能解决问题。

1.6 返修实践中问题的发现

笔者对《石河子大学学报(自然科学版)》和《玉林师范学院学报(自然科学)》已录用和已印刷出版的文章的编辑初审,专家一审、二审、三审及三审以上的校内外文章各群体稿件 30 篇的各级返修意见次数及数量进行统计。由统计结果(表 1)可见,两个刊物录用和发表的稿件的返修次数均有三修及以上的情况,但整体上,均呈返修次数递减的趋势,其中,《石河子大学学报(自然科学版)》稿件在各级审稿后的返修次数及数量明显低于《玉林师范学院学报(自然科学)》;同时,两个期刊中,本校研究生的稿件返修的次数和数量明显高于本校教师和科研人员;另外,校外稿件的返修次数和数量较高,其中,《石河子大学学报(自然科学版)》的校外稿件的返修次数明显高于本校稿件,而《玉林师范学院学报(自然科学)》的校外稿件的返修次数明显低于本校稿件,但其校外稿件的返修次数和数量依旧较高。

表1 2个科技期刊已录用和出版的部分论文的返修情况统计

项目		编辑初审意见		一修意见		二修意见		三修及以上意见	
		A	B	A	B	A	B	A	B
I	C	16	14	26	4	15	2	5	0
	D	15	15	21	9	7	1	2	0
	E	16	14	25	5	20	2	9	0
II	C	18	12	30	0	28	0	23	0
	D	16	14	30	0	24	0	18	0
	E	20	10	30	0	26	0	14	0

注:A 表示返修意见不全面且不详细;B 表示返修意见全面且详细;I 表示《石河子大学学报(自然科学版)》;II 表示《玉林师范学院学报(自然科学)》;C 表示刊物所在高校校内研究生稿件;D 表示刊物所在高校校内教师和科研人员稿件;E 表示刊物所在高校之外的作者稿件。

2 高校科技期刊稿件退修原因分析

2.1 作者自身问题分析

高校科技期刊的作者群以评职称和项目结题的老师和即将毕业的硕士研究生为主。一些年青教师和大部分硕士研究生急功近利,同时其写作经验不足,科研能力欠缺、撰写论文时间仓促等原因,虽然稿件具有一定的学术价值和创新性,但在格式和研究内容中还存在着不少问题,需要大量的时间和精力进行大量的修改完善,存在着较大的修改难度,不能一次性解决所有问题。同时，表 1 中稿件的返修次数也反映出，两所高校的研究生的稿件质量低于本校教师及科研人员的稿件质量，且校外稿件整体质量不高。因此，上述原因这就造成其稿件多次退修和"越改问题越多"的现象反复出现的结果。

2.2 编辑的自身问题分析

稿件退修需要编辑将审稿专家的意见与编辑自身对论文的修改意见相结合，这需要编辑具有较高的学术水平。然而有些编辑对自己所学专业学科前沿动态并不了解，更不用说对相关学科论文进行审查了，其不能对稿件的学术水平、写作质量有清晰的认识和把握。稿件退修工作非常细致而复杂，需要编辑对内容、结果、结构等进行整体考虑，对数据、图表、公式、文字等进行仔细推敲。如果编辑由于学术功底不足，或工作责任心不强，很可能导致生硬照搬专家意见，或考虑得不够周全，导致退修意见不全面不细致，以致作者多次修改或"越改问题越多"。此外，编辑工作需要有很强的责任心和服务意识，甚至需要高度集中精力，而现实中，编辑部中来往人员较多，致使编辑不能集中注意力，思路模糊，进而填写的退修意见不明确不具体，从而导致作者不能将稿件一次修改到位。表 1 中统计的编辑的初审和第一次返修意见是否全面和详细也会对返修次数造成一定影响。

2.3 审稿专家问题分析

泛泛而谈、平庸的审改意见，并不能调动作者修改论文的积极性，甚至会产生对抗心理，对修改要求不能切实执行，从而影响修改稿件的质量[3]。一般来说，编辑部选择审稿专家以本校副高职称的老师为主，其目的有二：一是给专家审稿的机会，培养其学术审稿的能力和水平，同时也是为其提供同相关专业作者交流的机会，但主要还是要为期刊的可持续发展选拔水平高和认真负责的审稿专家；二是从副高职称的老师中发现和选择科研能力、科学素养高和写作水平较高的老师，以将其作为潜在的重点关注的作者。而在这个过程中，就会有一些老师审稿不认真和不严谨情况的发生，从而影响编辑填写返修意见的全面性和详细程度。

2.4 编辑同作者之间的沟通

笔者作为处理稿件的编辑，有时也作为作者向相关期刊投稿，切身感受到期刊编辑和作者之间关系或沟通的问题。笔者发现的问题主要有：一是国内一些期刊只收稿件，不回复，甚至拒绝在投稿系统中回复；二是返修意见不明确也不具体，其中既有要求作者必须修改的内容，也有询问作者如何修改或是否修改的内容[4]；三是两者的沟通交流障碍。大多数情况下，此类事件的发生在于编辑的交流方式有问题，如，编辑只顾自身感受，不断批评作者文章的错误之处，责怪作者的写作能力有问题、实验内容有问题等等，而忽略了作者的感受和情绪，从而引起作者反感，并产生争执，导致作者产生抵触情况，以致多次修改不到位。

3 稿件退修意见的有效性与全面性的策略

3.1 对特定作者群进行重点关注和培养

编辑部人力有限，所以要有重点进行特定作者群培养。长期以来，优质稿源一直是高校科技期刊追求的目标，而优质稿源数量少且仅来源于少数特定的个体和群体。

首先，在重点高校，高水平的作者一般为科研水平和科研素养较高的老师，少数存在于在读硕士研究生当中(博士研究生一般投稿国外 SCI 期刊，故不考虑)，而在二本高校，高水平的作者数量很少。同时，相较于在读研究生，本校教师工作单位比较固定，研究领域和方向明确。另外，表 1 中稿件的返修次数及数量也显示了，重点高校中教师及科研群体的稿件质量较高，问题较少。因此，高校科技期刊应将本校科研水平和科研素养较高的老师和科研人员作为特定作者群，进行重点培养。根据本校老师稿件的质量和水平，判断其是否具有较大的发展潜力，以将其作为重点培养对象。在初审返修和专家审稿返修阶段，编辑应主动积极联系作者，同作者进行沟通和交流，使其感受到编辑部对其重视和关注，使其产生良好的投稿体验，提高对期刊的忠诚度。同时，在成为研究生导师后，其会将自身在稿件修改和同编辑部编辑进行交流中所获得的相关规范和经验传授给研究生，并会适当考虑要求其研究生将研究成果发表在本校科技期刊上。

其次，对于硕士研究生作者，他们的研究能力和写作水平参差不齐。这就需要编辑具有相当的细心和耐心，在稿件退修的过程中加以恰当的引导，使其懂得科学精神和严谨态度在科学实验和论文写作中同样重要，使其基本掌握科技期刊的写作规范和要求。对这类作者可采取以点带面的做法，保持或扩大作者群。笔者在《石河子大学学报(自然科学版)》编辑部工作期间，每年会有 2~3 名勤工俭学的在读硕士研究生作为助理，协助编辑部进行一些日常业务处理，如对一般稿件的是否符合学报的基本要求进行审核，对排版较乱的投稿进行规范性排版。后来，据其导师反映，在科技论文和学位论文撰写方面，这些研究生的能力明显强于其他学生，撰写的论文在形式和内容方面更加规范和严谨。这也使得编辑部和编辑的作用突显。这也提示，高校科技期刊应积极增加勤工俭学的在读硕士研究生的数量，使更多研究生得到在编辑部锻炼的机会，将其作为特定作者群进行重点培养，一方面，可利用这些不同专业的研究生利用所学编辑经验指导其同学的科技论文写作；另一方面，为本校科技期刊做宣传，拉近期刊、编辑部同在读研究生之间的距离，使每届不同专业研究生都有一批主动投稿的群体。

再次，对于我国高校科技期刊而言，本校的优质稿源流失到国外 SCI 期刊的现象十分普遍，所以各编辑部纷纷将目光投向了国内高水平的高校、科研院所和学者，这就需要编辑、编辑部通过各种渠道物色国内高水平且有意投稿的学者。而对一般的二本高校来说，优质稿源更是难得，很多所谓的"特约稿"的水平难以称为高水平，"只看作者名气不管论文质量"的现象较普遍。另外，由表 1 中科技期刊稿件的返修次数可见，重点高校科技期刊的校外稿件质量明显低于本校稿件，而二本高校科技期刊的校外稿件整体上质量不高，但明显高于本校稿件。因此，编辑部和编辑则应更加主动、积极地对外拓展优质稿源的渠道，在本地区或其他省份的高校和科研院所寻找科研水平较高的学者作为其潜在的高水平作者，积极约稿，建立长期联系或合作关系，以弥补本院科技期刊无优质稿源或优质稿源奇缺的缺憾，这对二本高校的科技期刊水平的提升尤为重要和紧迫。

3.2 提升高校科技期刊编辑自身各方面水平、能力和意识

事在人为。建立一支由业务水平高、科学素养好、专业能力强的编辑组成的队伍，对每个科技期刊的快速和高质量发展尤为重要。一支高素质的编辑队伍是科技期刊生存的基础，是科技期刊运作的动力，是科技期刊质量的保证，是科技期刊发展的灵魂，高素质的编辑创造了高品质的期刊[5]。

当今世界，科学技术飞速发展，各学科各专业领域的发展也十分迅猛，而科技期刊的编辑们也具有不同专业背景，经过科研的训练和熏陶，而其在从事编辑出版工作后，同样需要不断学习，更新知识，与时俱进。首先，在科技期刊论文初审工作中编辑应充分发挥主体性。如，面对作者的来稿，初审编辑需要做出积极的反应与答复，综合发挥编辑主体的自主性、

能动性和创造性，才能有效提升初审工作的质量和效率，打好学术期刊出版的基础[6]。同时，编辑也要具有科学的精神和严谨的工作态度，严格遵守编辑出版流程，在每个环节中不能随意改变或干预。另外，为了科技期刊水平的提高和可持续发展，现在的编辑必须具备一定的创新意识和能力，同时其编校水平和业务能力也需要通过不断学习和实践来获得保持或提升。上述特征在高校科技期刊表现尤为突出，且在不同层次的高校，这些特征的差异性较大。然而只有具备以上特征的编辑才能对稿件中的科学问题进行清晰的理解和判断，据此提出的退修意见才能获得作者高度认可和信服，从而使期刊和编辑部在作者群体中获得良好的口碑，这对作者群体的扩展和高水平作者的吸引有着重要意义。

3.3 加强编辑与作者间的沟通与交流

刘畅[7]指出，"稿件退修"连接着稿件与编辑、编辑与作者以及审稿专家与作者之间的关系，具有重要的意义。胡志彬[8]指出稿件退修是加强编辑部与作者之间的思想沟通、交流信息、互相商讨、共同提高稿件质量的重要形式。同高校科技期刊的同行类似，笔者遇到过无数作者，每位作者的性格、对本校期刊和编辑的态度千差万别，我们每位编辑都希望水平高的作者能将高水平的稿件在本校期刊上发表，希望通过编辑、作者和审稿专家的共同努力将优质稿件提升到更加完美，有问题的稿件越来越完善。这期间，就需要编辑充分发挥纽带和桥梁的作用，积极主动地将专家的审稿意见和编辑的修改意见及时和准确地传递给作者。在同作者沟通交流时，通过电话或面对面，编辑应简明扼要地将稿件存在的问题指出来，对问题较大的部分，应重点阐述，并以实践经验来举例说明；同时，编辑也要具有一定人文关怀的理念，要注意作者情绪变化，在其情绪低落的时候对其进行鼓励，对其优点进行肯定，进而使其能够意识到返修意见中的客观性、合理性和必要性；另外，编辑也要耐心地倾听作者对其稿件和返修意见的看法和评价，是则虚心接受，非则再议。这样的沟通和交流才具有相互性，才能够达到编辑、作者和稿件之间的完美结合，编辑与作者之间才可能建立真正的信任和友谊，对有效和全面提高作者一次性修改到位的几率大有裨益。

3.4 不同群体稿件返修意见的相应策略

编辑初审时，由于编辑处理的稿件量较大，工作繁忙，可能会忽视此环节的重要性，但此环节为稿件源头，所以应得到编辑部和编辑的充分重视，严把稿件初审稿件的质量关。这样的修回稿就会在第一时间将格式和一些科学问题上进行更好的修改完善，尽可能地减少以后稿件返修的次数和数量。

一般来说，专家审稿后的返修意见才能够涉及稿件实验内容中的一些实质性问题。这时，针对不同作者群体，编辑在填写返修意见时，应采取不同的策略。首先，针对高校教师，高校的科技期刊编辑应更加注重稿件中问题的科学性、严谨性和逻辑性，在此基础上将专家审稿的意见与编辑的审稿意见融会贯通，有的科学问题，可以向作者进行提醒或点拨，如有必要可通过电话或当面同作者探讨，交流时，编辑应观点明确，但需要语气平缓，态度谦和，这样有利于达到交流的最佳目的。其次，针对研究生，高校的科技期刊编辑应更加注重稿件中问题的本质，就事论事，返修意见要用词准确、要求明确，使作者能准确获取其中的信息，能正确理解其中的修改要求。同其交流时，编辑应表现出严谨细致的科学态度和专业的编辑素养，以此影响研究生，以提升其科学素养水平，同时提高其对科技期刊和科技论文的认识程度。

4 结束语

为了减少高校科技期刊稿件返修过程中的无效流动环节,尽量避免多次退修或"越修问题越多"的问题,编辑部和编辑需要提高稿件退修意见的有效性及全面性。编辑需要在提高自身多方面的水平和能力的同时,还需要有重点的培养特定的作者群,同时加强同作者的沟通与交流,同时,针对不同群体,其稿件返修意见应采取相应的策略,从而在提高稿件退修过程的质量和有效性的同时,大幅提高稿件处理效率,提高稿件的处理速度,进而增强高校科技期刊学术论文刊载和传播的时效性,并提升期刊质量和水平。总之,高水平的作者、高水平的编辑和规范的稿件处理流程是减少退修次数的前提和重要保障。

参 考 文 献

[1] 曹作华,田力.做好文稿的退修工作[J].编辑学报,2001,13(6):351.
[2] 李秀敏.科技期刊退修稿件修回率分析[J].教育教学论坛,2012(3):200-201.
[3] 杨旺平.科技论文多次退修的原因探析及应对策略[J].广东石油化工学院学报,2018,28(4):87-89.
[4] 中国科学技术期刊编辑学会.科学技术期刊编辑教程[M].北京:人民军医出版社,2010.
[5] 仲卫功,黎雪.编辑素质是科技期刊质量的保证[J].编辑学报,2002(4):301-302.
[6] 王慧.学术期刊初审工作中编辑主体性的发挥[J].山西高等学校社会科学学报,2020,32(12):73-76.
[7] 刘畅,姚仁斌.科技期刊稿件退修未回的编辑对策[J].中国科技期刊研究,2012,23(3):510-512.
[8] 胡志彬.科技期刊工作的关键一环:稿件退修[J].山西医药杂志,2012,41(12):1294.